HORST WOLFGANG BÖHME (HG.)

BURGEN DER SALIERZEIT
TEIL 1
IN DEN NÖRDLICHEN LANDSCHAFTEN DES REICHES

PUBLIKATIONEN ZUR AUSSTELLUNG
»DIE SALIER UND IHR REICH«
VERANSTALTET VOM LAND RHEINLAND-PFALZ
IN SPEYER

RÖMISCH-GERMANISCHES ZENTRALMUSEUM
FORSCHUNGSINSTITUT FÜR VOR- UND FRÜHGESCHICHTE

MONOGRAPHIEN

BAND 25

JAN THORBECKE VERLAG SIGMARINGEN
1992

RÖMISCH-GERMANISCHES ZENTRALMUSEUM
FORSCHUNGSINSTITUT FÜR VOR- UND FRÜHGESCHICHTE

HORST WOLFGANG BÖHME (HG.)

BURGEN DER SALIERZEIT

TEIL 1
IN DEN NÖRDLICHEN LANDSCHAFTEN DES REICHES

JAN THORBECKE VERLAG SIGMARINGEN
1992

Publikationen zur Ausstellung
»Die Salier und ihr Reich«
veranstaltet vom Land Rheinland-Pfalz
in Speyer

gefördert durch die
KulturStiftung der Länder
aus Mitteln des
Bundesministers des Innern

Die Deutsche Bibliothek – CIP-Einheitsaufnahme

Ausstellung Das Reich der Salier 1024–1125 ⟨1992, Speyer⟩: Publikationen zur Ausstellung »Die Salier und ihr Reich« / veranst. vom Land Rheinland-Pfalz in Speyer. – Sigmaringen: Thorbecke.
NE: Rheinland-Pfalz; Die Salier und ihr Reich

Burgen der Salierzeit.
Teil 1. In den nördlichen Landschaften des Reiches. – 3. Aufl. – 1992

Burgen der Salierzeit / Römisch-Germanisches Zentralmuseum, Forschungsinstitut für Vor- und Frühgeschichte. Horst Wolfgang Böhme (Hg.). – Sigmaringen: Thorbecke.
(Publikationen zur Ausstellung »Die Salier und ihr Reich«)
ISBN 3-7995-4134-9

NE: Böhme, Horst Wolfgang [Hg.]

Teil 1. In den nördlichen Landschaften des Reiches. – 3. Aufl. – 1992
(Monographien / Römisch-Germanisches Zentralmuseum, Forschungsinstitut für Vor- und Frühgeschichte; Bd. 25)

NE: Römisch-Germanisches Zentralmuseum ⟨Mainz⟩: Monographien

Dritte Auflage 1992

Dieses Buch ist aus säurefreiem und alterungsbeständigem Papier hergestellt.

Gesamtherstellung: M. Liehners Hofbuchdruckerei GmbH & Co. Verlagsanstalt, Sigmaringen
Printed in Germany · ISBN 3-7995-4134-9

INHALT

INHALT TEIL 2

VORWORT

Schon während der ersten Hälfte des 19. Jahrhunderts erfolgten in Deutschland – bewegt und angetrieben nicht zuletzt durch romantische Schwärmerei – Ausgrabungen und Vermessungen auf mittelalterlichen Burgen, doch erst vor annähernd 100 Jahren setzte eine ernsthaftere Erforschung dieses vor allem von Adel und Ministerialität bevorzugten Siedlungstyps ein, von dem zwischen dem 11. und 15. Jahrhundert allein in Zentraleuropa nahezu 15000 Einzelanlagen errichtet wurden. Zahlreiche Gebiete Mitteleuropas verwandelten sich im Verlaufe des genannten Zeitabschnitts in wahre Burgenlandschaften, und noch heute prägen Ruinen, Burghügel und -gräben oder zu Schlössern umgebaute ältere Befestigungen weithin das Siedlungsbild und zeugen von der einstigen Bedeutung dieser adligen Wohn- und Wehranlagen.
Schon bald nach dem Erscheinen der ersten systematischen Inventare früh- bis hochmittelalterlicher Wehrbauten beschäftigte sich die Wissenschaft auch bereits mit den wichtigen Fragen nach Entstehung und Entwicklung dieser hochmittelalterlichen Adelsburgen in Mitteleuropa, ohne freilich bislang zu allgemein verbindlichen Aussagen und endgültigen Erkenntnissen kommen zu können. Ursachen dafür sind vor allem das Fehlen einer ausreichenden Anzahl modern ergrabener Burganlagen, die einen überregionalen Vergleich erst ermöglichen könnten, die bis heute andauernde Unsicherheit in der zeitlichen Zuordnung der baugeschichtlichen Grabungsbefunde mit Hilfe der Keramik, die häufig die einzigen Datierungshinweise zu liefern vermag, und der nicht minder unbefriedigende Publikationsstand, der vielfach darauf beruht, daß wichtige Ergebnisse nur in unvollständigen Vorberichten oder an recht entlegener Stelle veröffentlicht wurden.
Während der Vorbereitungen für die Salierausstellung in Speyer lud das Römisch-Germanische Zentralmuseum namhafte Mittelalterarchäologen und Historiker aus fast allen Ländern Mitteleuropas zu einem wissenschaftlichen Gespräch ein, das vom 17.–19. Juni 1988 in Mainz stattfand, um aus berufenem Munde zu erfahren, welche Burgen in das 11. und frühe 12. Jahrhundert zu datieren sind und wie solche für die Salierzeit typischen Wehranlagen ausgesehen haben, damit entsprechende Modelle für die Ausstellung angefertigt werden konnten.
Bei dieser Zusammenkunft wurde recht bald deutlich, daß sich zu diesem Zweck zwar einige, meist altbekannte Beispiele anführen ließen, daß aber generelle Erkenntnisse über den Burgenbau zur Salierzeit derzeit ganz offensichtlich nicht zur Verfügung standen. Das für die Genese der »privaten« mittelalterlichen Adelsburg so entscheidende 11. Jahrhundert erwies sich – und das wurde auch in anderen Bereichen erkennbar – als das »dunkle Jahrhundert« der Mittelalterarchäologie.
Es gelang dem Herausgeber in den folgenden Monaten nach dem Mainzer Treffen, die damals versammelten Burgenspezialisten sowie einige weitere, erst später angesprochene Kollegen zu ermuntern und anzuspornen, ihre Forschungstätigkeit bevorzugt dem Problem des salischen Burgenbaus zu widmen oder ihre schon früher gewonnenen Ergebnisse zu diesem Thema unter verändertem Blickwinkel erneut zu behandeln.
Herausgeber und Autoren war es von Anfang an bewußt, daß eine möglichst umfassende Aufarbeitung aller nennenswerten Reste von Befestigungen des 11./12. Jahrhunderts in den Kernlanden des Salierreiches nördlich der Alpen ein kaum zu bewältigendes Vorhaben darstellte. Diese Bedenken wogen umso schwerer, da diese bedeutungsvolle Epoche des europäischen Burgenbaus wegen der Spärlichkeit ihrer Zeugnisse und deren häufig problematischer Datierung als eine der am schwierigsten zu erforschenden Zeitabschnitte zu gelten hat. Aus diesem Grunde wurden einige Burgenlandschaften bzw. einzelne Wehranlagen exemplarisch ausgewählt, deren guter Forschungsstand Aussicht auf Erfolg versprach und in denen Fachkollegen bereit waren, trotz Zeitnot und sonstiger Arbeitsbelastungen sich der langwieri-

gen Aufgabe einer Materialsammlung zu widmen. Daß dieses nicht gerade leichte Unterfangen zu einem erfolgreichen, die Erwartungen letztlich übertreffenden Abschluß gelangt ist, erfüllt wohl alle Mitarbeiter mit einer gewissen Genugtuung.

Mit den hier vorgelegten Aufsätzen zum Burgenbau der Salierzeit dürfte zumindest ein erster Versuch unternommen worden sein, den heutigen Stand unserer Kenntnisse zu Fragen nach der Entstehung der hochmittelalterlichen Adelsburg in Mitteleuropa während des 11./12. Jahrhunderts zusammenfassend darzulegen. Sollten die recht unterschiedlich konzipierten und häufig detailreichen Einzeluntersuchungen in den folgenden Jahren die Burgenforschung zu weiterführenden Studien anregen, wäre der Zweck unserer Bemühungen in kaum erhoffter Weise erfüllt.

Abschließend ist es dem Herausgeber eine angenehme Pflicht, allen Beteiligten am Zustandekommen der zwei Bände herzlich zu danken. Dieser Dank gilt in erster Linie allen in- und ausländischen Autoren, die teilweise bis zum letzten Augenblick bemüht waren, durch Wort und Bild ihre Beiträge auf den neuesten Forschungsstand zu bringen. Mit wertvollen Anregungen, persönlichem Engagement und tatkräftiger Hilfe förderte der Generaldirektor des RGZM, Dr. Konrad Weidemann, während zweier langer Jahre der Vorbereitung die vielfältigen Arbeiten, die zum Gelingen des vorliegenden Druckwerks notwendig waren. Ohne die bereitwillige Unterstützung und Hilfe bei Text- und Bildredaktion ebenso wie bei den mühevollen Zeichenarbeiten durch meine Kolleginnen und Kollegen am Zentralmuseum, im besonderen den Damen Dr. Gisela Clauß, Pia Eisenbarth, Dr. Antje Kluge-Pinsker, Ingrid Nix, Julia Ribbeck, Dr. Mechthild Schulze-Dörrlamm und Monika Weber sowie den Herren Dr. Paul Betzler, Dr. Friedrich-Wilhelm v. Hase, Dr. Franz Josef Hassel, Kay Maeritz und Hartmut Schmidt, hätte die Drucklegung nicht in so kurzer Zeit und in solch gediegener Weise erfolgen können. Ihnen allen sei ebenso gedankt wie Herrn Dr. Joachim Bensch, dem Inhaber des Jan Thorbecke Verlages in Sigmaringen, und seinen Mitarbeitern, besonders den Herren Dr. Eckhart Grünewald, Ulrich Ulrichs und Arnold Buck, die für die qualitätvolle Ausstattung und das termingerechte Erscheinen des zweibändigen Werkes verantwortlich waren.

Mainz, im Juli 1990 *Horst Wolfgang Böhme*

HANS-WILHELM HEINE

BURGEN DER SALISCHEN ZEIT IN NIEDERSACHSEN – EIN ÜBERBLICK –

Einleitung

Das Bundesland Niedersachsen umfaßt in seinen heutigen Grenzen überwiegend Gebiete, die zum sächsischen Stammesherzogtum des frühen und hohen Mittelalters gehörten. Ausnahmen bilden im Nordosten das Hannoversche Wendland, das seit dem 7./8. Jahrhundert von Slawen besiedelt wurde, und im Nordwesten Ostfriesland. Naturräumlich hat Niedersachsen Anteil an der großen, quer von Frankreich über die Benelux-Staaten bis in die Sowjetunion reichenden europäischen Tieflandregion nördlich der zentraleuropäischen Bergland- und Mittelgebirgszone. Hierzu gehören die Küsten- und Flußmarschlandschaften ebenso wie die weiten Moorflächen und Geestlandschaften und der dem Bergland vorgelagerte Lößgürtel. Den kleineren südlichen Teil des Landes prägen waldige Berg- und Höhenzüge, durchsetzt von kleinräumigen Becken- und Tallandschaften. Allein der Oberharz kann wegen seiner Höhe und seines Klimas als Mittelgebirge angesprochen werden[1].
Durch die Ausgrabungen in den Königs- und Kaiserpfalzen[2] sowie an zahlreichen Burgwällen des frühen Mittelalters ist von der Befestigungsweise des 9./10. Jahrhunderts soviel bekannt geworden, daß sich, wenn auch mit Einschränkungen, ein repräsentatives Bild gewinnen läßt[3]. Dies gilt, zumindest punktuell, auch für die Domburgen, so z.B. für Verden, die nahen Hansestädte Bremen und Hamburg sowie neuerdings für Hildesheim[4].

1 H. H. Seedorf, Topographischer Atlas Niedersachsen und Bremen (1977).

2 Vgl. K. Weidemann, Untersuchungen zur Kultur- und Siedlungsgeschichte Norddeutschlands im frühen Mittelalter. Ausgrabungen in Deutschland 3. Monogr. RGZM 1,3 (1975) 5ff.; Streich, Burg und Kirche; Heine, Burgenforschung 370 (mit weiterer Literatur).

3 Vgl. u.a: K. Weidemann, Frühgeschichtliche Befestigungen zwischen Weser und Leine. Führer 4 (1966) 47–64; ders., Frühmittelalterliche Burgen im Land zwischen Elbe- und Wesermündung. Führer 30 (1976) 165–211; M. Schulze, Die Burgen am West- und Südrand des Oberharzes. Führer 36 (1978) 33–58; H.-G. Peters, Frühgeschichtliche Befestigungen im Osnabrücker Land. Führer 44 (1979) 64–96; W.-D. Tempel, Frühgeschichtliche Burgen. Führer D 4 (1984) 121–136; B. Wachter, Das Mittelalter – Germanen, Slawen, Deutsche. Führer D 13 (1986) 127–157; hier 135ff. – Ferner: OS; C. Schuchhardt, Die frühgeschichtlichen Befestigungen in Niedersachsen (1924); von Uslar, Studien; R. von Uslar, Ringwälle Nordwestdeutschlands. Die Kunde NF 18, 1967, 52–84; H.-G. Peters, Ur- und frühgeschichtliche Befestigungen zwischen Oberweser und Leine. Neue Ausgr. Forsch. Niedersachsen 5 (1970) 63–183; Ringwall (1971); Heine, Ringwall und Burg; W. Schlüter, Frühe Burgen im Grönegau. Meller Jahrb. 2, 1984, 34–54; Ahlers, Untersuchungen; Heine, Burgenforschung 369ff. (mit weiterer Literatur). – Zum frühmittelalterlichen Burgenbau in Niedersachsen demnächst: H.-W. Heine, Frühe Burgen in Niedersachsen. Vom Erdwerk zur Kaiserpfalz. Wegweiser Ur- u. Frühgesch. Niedersachsen (in Vorbereitung).

4 D. Schünemann, Ein karolingisch-ottonischer Spitzgraben im Bereich des Domes zu Verden. Die Kunde NF 31/32, 1980/81, 193–227. – K. B. Kruse, Die Bernwardsmauer in Hildesheim. Grabungsvorbericht. Die Diözese Hildesheim in Vergangenheit und Gegenwart 55, 1987, 21ff. – Ferner: Stephan, Stadtforschung 29ff., u. Heine, Burgenforschung 370.

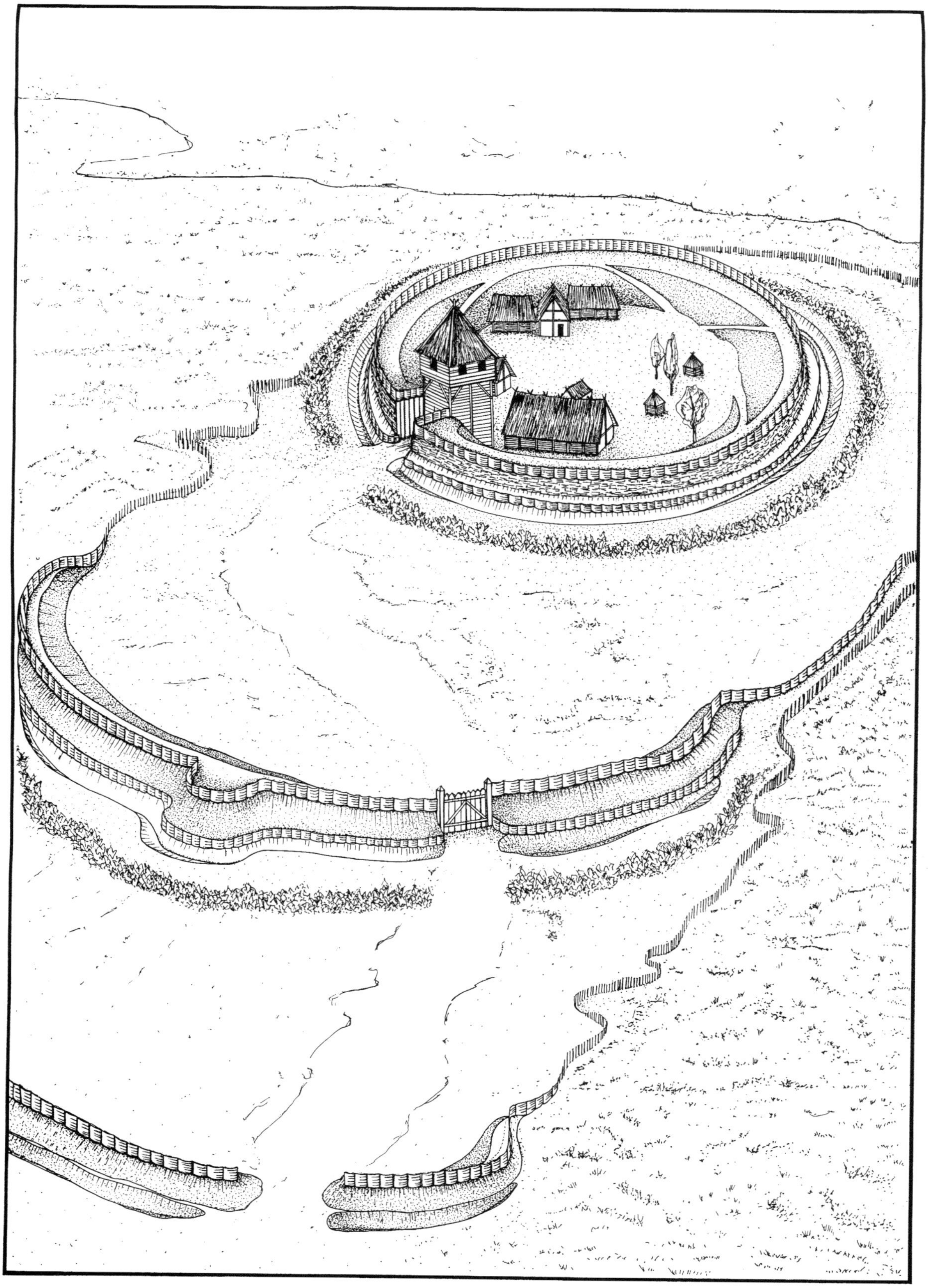

Abb. 1 Frühmittelalterlicher sächsischer Ringwall bei Stöttinghausen (Rekonstruktion, Umzeichnung n. W. Meyer).

Die Burgen des 10. Jahrhunderts liegen in der Regel nicht auf hochragenden Berggipfeln oder in extremen Niederungsbereichen. Im Bergland finden sie sich meist auf flachen abfallenden Bergrücken, die häufig von Wasserläufen begleitet sind, bisweilen in Eck- und Spornlage, am Rande von Geländeabsätzen, Bergplateaus, höher gelegenen Flußterrassen und Erhebungen, häufig unterhalb von Berggipfeln. Im niedersächsischen Tiefland legte man die Burgen um 1000 gerne an Terrassenrändern über Flußauen oder am Ende einer in die Niederung vorgeschobenen Geestzunge in vergleichbarer Weise an[5]. Eine typische Erscheinung ist der häufig kreisförmige Ringwall, z.T. mit Vorburgen, der vom 9. bis 11. Jahrhundert vorkommt (Abb. 1)[6]. Daneben gibt es auch regelmäßige kastellähnliche Anlagen[7], bisweilen ringförmig geführte Abschnittsbefestigungen[8] und kleinere befestigte Siedlungen [9]. Funktional handelt es sich überwiegend um Fluchtburgen. Eine Reihe königlicher Burgen und Pfalzen, aber auch Burgen von Adel und Kirche wiesen schon ständige Besatzungen, dazu repräsentative Gebäude, geistliche Einrichtungen (Kapelle) und Wirtschaftsanlagen auf, wobei durchaus nicht die ganze Burgfläche benutzt wurde[10].

Nur vereinzelt ist mit frühem Burgenbau auf Bergeshöhen im 10. Jahrhundert zu rechnen, wie z.B auf dem steilen, siedlungsnahen Kalkberg in Lüneburg nahe der im Mittelalter so bedeutsamen Saline[11].

Die salische Epoche in Nordwestdeutschland ist dadurch gekennzeichnet, daß Kaiser und Könige des Deutschen Reiches nicht mehr aus dem sächsischen Stamm kamen. Das salische Königsgeschlecht hatte aber aufgrund des blühenden Montanreviers im Harz und den hier vorhandenen Reichsgütern immer ein vitales Interesse an den alten Besitzungen des Reiches in Sachsen, Thüringen und im Harzraum. Heinrich III. (1039–1056) fand in der von ihm prachtvoll ausgebauten Pfalz Goslar seinen Lieblingssitz. Sein Herz wurde in dem von ihm gegründeten Pfalzstift beigesetzt. Heinrich IV. führte hier im Harzgebiet mit

5 Vgl. u.a. von Uslar, Studien passim; Peters, Ur- und frühgeschichtliche Befestigungen (Anm. 3) 141ff.; Heine, Ringwall und Burg 29ff.; Schlüter (Anm. 3) 47ff.

6 von Uslar, Studien 68ff. – H. Jankuhn, Heinrichsburgen und Königspfalzen. Deutsche Königspfalzen 2 (1965) 61–69. – Ders., Die sächsischen Burgen der karolingischen Zeit. In: Patze, Burgen 1, 359ff.; 378ff. – D. Zoller, Burgen und Adelssitze im Ammerland. Ringwall (1971) 45f.; 49f. – H.-W. Heine, Die Isenburg bei Landringhausen. Eine frühmittelalterliche Burg im Calenberger Land. Nachr. Niedersachs. Urgesch. 54, 1985, 127–161. – Ders. u. N. Steinau, Die Lüningsburg bei Neustadt am Rübenberge (1985).

7 von Uslar, Studien 114ff. – Vgl. z.B. Heisterburg (OS 10; 124ff.; Bl. 3; W. Nowothnig, Die Heisterburg bei Nenndorf. Führer 4 [1966] 104–108); Wittekindsburg bei Rulle (H.-G. Peters, Die Wittekindsburg bei Rulle. Ausgrabungen in Deutschland 3. Monogr. RGZM 1,3 [1975] 41–56; ders., Führer 44 [1979] 64ff.; Beil. 1); Bernshausen im Eichsfeld (K. Grote, Archäologie eines frühmittelalterlichen Zentralortes: Bernshausen im Untereichsfeld. Führer D 17 [1988] 62–84; hier 71ff.; ders., Nachr. Niedersachs. Urgesch. 54, 1985, 82 Abb. 2; 90ff.).

8 von Uslar, Studien 148ff.; 165ff. – Vgl. z.B. Peters, Ur- und frühgeschichtliche Befestigungen (Anm. 3) 108ff. Beil. (Hünenburg bei Barterode/Dransfeld); 112ff. Beil. (Hünenburg bei Hemeln); Führer 16 (1970) 181ff. Abb. (Hünstollen/Plessewald, Ldkr. Göttingen); H. Rötting, Neue archäologische Quellen zur Frühmittelalterforschung im nördlichen Harzvorland. Naturschutz und Denkmalpflege im Braunschweiger Land (1983) 56ff. Abb. 5–7 (Lüersburg).

9 Z.B. Schloßplatz bei Husum, Ldkr. Nienburg, Bomhof bei Lügde, Kr. Lippe (vgl. Anm. 10).

10 Vgl. die Pfalzen Werla (C.-H. Seebach, Die Königspfalz Werla. Die baugeschichtlichen Untersuchungen [1967]; ders., Der Stand der Werla-Forschung. Château Gaillard 5, 1970 [1972] 165–173; dazu A. Gauert in: Deutsche Königspfalzen 3 [1979] 263ff.; Streich, Burg und Kirche 153ff.; E. Ring, Bibliographie zur Werla-Forschung. Harz-Zeitschr. 37, 1985, 11–35) und Grone (Streich, Burg und Kirche 159ff.; Th. Zotz, Pfalz und Burg Grone. Göttingen. Geschichte einer Universitätsstadt 1 [1987] 31–50; ders. in: Führer D 17 [1988] 85ff.). – Bewohnte Burgen des 10./frühen 11. Jahrhunderts sowohl archäologisch wie historisch bekannt: u.a. Heisterburg bei Bad Nenndorf (Führer 4 [1966] 104ff.); Kanstein bei Langelsheim, Ldkr. Goslar (A. Tode, Die Untersuchungen auf dem »Kanstein« bei Langelsheim am Harz, Kr. Gandersheim. Neue Ausgr. Forsch. Niedersachsen 5 [1970] 219–234; ders. in: Führer 35 [1978] 199ff.; F.-A. Linke, Abschließende Untersuchungen auf dem Kanstein bei Langelsheim, Ldkrs. Goslar. Harz-Zeitschr. 36, 1984, 117–127; H. Rötting, Höhenburg und Kalksteinbruch. Ein letzter Kampf um den Kanstein? Ber. Denkmalpflege Niedersachsen 8, 1988, 89–91); Hüburg bei Greene, Ldkr. Northeim (K. Grote, Die Hüburg bei Greene. Eine früh- bis hochmittelalterliche Burganlage im Leinetal. Nachr. Niedersachs. Urgesch. 56, 1987, 175–194); Schloßplatz bei Husum, Ldkr. Nienburg (F.-A. Linke, Eine mittelaltertliche Befestigung bei Husum, Ldkr. Nienburg. Nachr. Niedersachs. Urgesch. 50, 1981, 157–184; Heine, Ringwall und Burg 31f.); Mundburg und Burg Wahrenholz, beide Ldkr. Gifhorn (M. Last, Zeitschr. Arch. 18, 1974, 170ff.; Ahlers, Untersuchungen 96f.; 119f.). – Vgl. auch die Verhältnisse im benachbarten Lipper Land: H. Hohenschwert, Ur- und frühgeschichtliche Befestigungen in Lippe (1978) 136ff.; 148ff.; ders. in: Führer D 10 (1985) 197f. (Uffoburg bei Bremke, Bomhof bei Lügde).

11 Last, Burgen 446; 460. – Historisch-Landeskundliche Exkursionskarte von Niedersachsen. Blatt Lüneburg (1982) 86f.

dem unruhigen, auf seine Rechte achtenden sächsischen Adel heftigste Kämpfe, die eng mit dem Investiturstreit verwoben waren. Mächtige Adelsgeschlechter, die z. T. schon in den vorhergehenden Jahrhunderten eine Rolle spielten, waren die Träger dieser Auseinandersetzungen, so die Brunonen, Billunger, die Northeimer und Süpplingenburger. Im fortgeschrittenen 11. und in der 1. Hälfte des 12. Jahrhunderts werden zunehmend edelfreie Geschlechter faßbar, die im politischen und sozialen Gefüge ihre Stellung unter Erlangung von Kirchenlehen und Grafschaftsrechten ausbauten, während die Ministerialität erst ihren Aufstieg begann. Ein wichtiges Mittel jener Adelsfamilien war dabei der Besitz, Erwerb und Bau von Burgen[12].

Nach Bemerkungen zum Forschungsstand folgt anhand von Beispielen der Versuch, den Burgenbau der salischen Zeit in Form, Gestalt und Bedeutung in Niedersachsen zu skizzieren. Am Anfang steht das Traditionelle, Althergebrachte, danach ist auf das Neue einzugehen: die Entstehung der Niederungsburgen vom Typ Motte (Turmhügelburgen), die Wohntürme und Turmburgen, schließlich auf den »modernen« Typ der Höhenburg, der in Einzelheiten immer wieder Verbindendes zu den Burgen des Tieflandes und der Tallandschaften aufweist.

Aufgrund der Unschärfe der Datierung von Baubefunden und Funden, insbesondere von Keramik, ist es in der Regel schwierig, den Beginn oder das Ende einer Burg archäologisch genauer als ein halbes Jahrhundert zu bestimmen. In den meisten Fällen lassen sich die bekannten Funde weder Schichtzusammenhängen noch Baubefunden befriedigend zuordnen. So muß häufig auf historische Daten, wie z.B. Ersterwähnungen von Burgennamen und allgemeine Erwägungen, zurückgegriffen werden.

Auf die äußere Gestaltung und die Bauformen hat neben den topographischen Verhältnissen und ihrer vom Bauherrn gewünschten Umformung das vorhandene Baumaterial entscheidenden Einfluß. Steine und Kalk waren in weiten Teilen des norddeutschen Tieflandes Mangelware, Findlinge nur ein ungenügender Ersatz. Ziegelmauerwerk tritt erst ab Mitte des 12. Jahrhunderts stärker in Erscheinung. Vorherrschend ist in den steinarmen Regionen die Holz-Erde-Bauweise, deren Tradition bis weit in das späte Mittelalter weiterlebt. Anders stellt sich die Situation im Harzraum und dem südlichen Niedersachsen dar, weil hier genügend Kalk und Bruchstein zur Verfügung standen. Trotzdem ist mit einem hohen Anteil an der Verwendung von Holz und Erde für den Befestigungsbau zu rechnen, da für den Mörtelmauerbau spezialisierte Handwerker benötigt wurden sowie hohe Gestehungskosten für Steinbrucharbeiten und Steintransporte einzukalkulieren waren.

Forschungsstand

Über den Burgenbau der salischen Zeit in Niedersachsen hat der Landeshistoriker M. Last 1976 eine umfassende Abhandlung vorgelegt, die bis heute noch gültig ist und für viele Orte mehr als informative Einzelheiten liefert[13]. An diese Vorarbeiten konnte G. Streich in seinen Untersuchungen zu »Burg und Kirche während des deutschen Mittelalters« anknüpfen, der – ebenfalls Historiker – unter Einbeziehung archäologischer und baugeschichtlicher Fragestellungen intensiv den Burgenbau der salischen Zeit behandelte und dabei zahlreiche niedersächsische Stätten berücksichtigte[14]. Damals wie heute gilt für die niedersächsische Archäologie, daß nur wenige moderne Grabungen genaue Auskunft über das Aussehen der Burgen des 11./frühen 12. Jahrhunderts geben. Der Bestand an obertägig sichtbaren und datierbaren Mauerresten von Burgen dieser Zeit ist äußerst gering (Harzburg, Sachsenstein, Iburg). Das meiste ist

12 Zur Geschichte der Salierzeit: E. Boshof, Die Salier (1987) (mit weiterführender Literatur). – Vgl. u. a.: G. Glaeske, Die Erzbischöfe von Hamburg-Bremen als Reichsfürsten, 937–1258. Quellen und Darstellungen zur Geschichte Niedersachsens 60 (1962); W. Heinemann, Das Bistum Hildesheim im Kräftespiel der Reichs- und Territorialpolitik vornehmlich des 12. Jahrhunderts. Quellen und Darstellungen zur Geschichte Niedersachsens 72 (1968); L. Fenske, Adelsopposition und kirchliche Reformbewegung im östlichen Sachsen. Veröffentl. Max-Planck-Inst. Gesch. 47 (1977); G. Pischke, Herrschaftsbereiche der Billunger, der Grafen von Stade, der Grafen von Northeim und Lothars von Süpplingenburg. Studien Vorarb. Hist. Atlas Niedersachsen 29 (1984); R. Hildebrand, Herzog Lothar von Sachsen (1986). Jeweils mit weiterer Literatur.

13 Last, Burgen.

14 Streich, Burg und Kirche.

abgerissen, verschüttet, überbaut oder, was an Geländerelikten vorhanden ist, topographisch bzw. archäologisch-historisch nicht hinreichend erschlossen.

Die archäologische Burgenforschung in Niedersachsen stützte sich lange Zeit auch in Hinblick auf das 11./12. Jahrhundert im wesentlichen auf die Forschungen von C. Schuchhardt[15], der entgegen dem Titel seines von A. von Oppermann begonnenen »Atlas vorgeschichtlicher Befestigungen in Niedersachsen« überwiegend früh- und hochmittelalterliche Anlagen erfaßte und untersuchte. An älteren, noch heute wichtigen Ausgrabungen dieser Zeit sind u.a. die Untersuchungen auf der Hünenburg bei Todenmann (Stadt Rinteln, Ldkr. Schaumburg)[16], der Aseburg bei Aselage (Herzlake, Ldkr. Emsland)[17], der Luccaburg bei Loccum (Rehburg-Loccum, Ldkr. Nienburg)[18], der Pipinsburg bei Sievern (Ldkr. Cuxhaven)[19] und der Hünenburg auf dem Königsberg bei Bad Pyrmont (Ldkr. Hameln-Pyrmont)[20] zu nennen. Unabhängig davon sind die Freilegungen Nehrings auf der Harzburg oberhalb von Bad Harzburg (Ldkr. Goslar) zu betrachten[21]. Wesentliche Fortschritte erbrachten eine Reihe von Grabungen der Nachkriegszeit, hier seien besonders die Untersuchungen auf der Motte Dreibergen bei Elmendorf im Ammerland, der Harzburg bei Bad Harzburg, der Burg Warberg im Landkreis Helmstedt, der Iburg in Bad Iburg, der Motte bei Bernshausen, Ldkr. Göttingen, dem Schloßplatz bei Husum, Ldkr. Nienburg, und der Moorburg in Herbergen bei Menslage, Ldkr. Osnabrück, hingewiesen[22]. Weitere ältere, leider auch jüngere Grabungen haben aufgrund (noch) unvollkommener Methoden oder unwissenschaftlicher Durchführung nur begrenzten Wert[23]. Nicht unerwähnt sollen in diesem Zusammenhang auch die Untersuchungen der Nachkriegszeit in Hamburg bleiben, da hier überregional bedeutsame Ergebnisse zur Burgenforschung des 11. Jahrhunderts erzielt werden konnten[24]. Von der baugeschichtlichen Seite her gibt es bislang keine neuere Zusammenstellung des Burgenbaues der salischen Zeit in Niedersachsen, wenn man von der 1950 abgefaßten Dissertation G. Steins absieht, die auf Anlagen wie den Sachsenstein bei Walkenried, die Harzburg und andere wichtige Burgen Südniedersachsens eingeht[25]. O. Gaul gab eine regional auf das Oberwesergebiet bezogene Übersicht, die für die salische Zeit weitgehend überholt ist[26].

Für die weitere archäologische und baugeschichtliche Erforschung erschwerend wird immer die Tatsache bleiben, daß die meisten Burgen der salischen Epoche in Niedersachsen in späterer Zeit völlig überbaut und tiefgreifend umgestaltet wurden. Als Beispiel mag hier nur an die Oldenburg in Oldenburg erinnert werden, wo D. Zoller trotz intensiver Bemühungen nur wenige Funde des 12./13. Jahrhunderts in den ältesten Kulturschichten fand, ohne daß der Befund die Existenz einer Burg der Zeit um 1100 an der Stelle des späteren Schlosses erhärtete[27].

15 OS. – C. Schuchhardt, Die frühgeschichtlichen Befestigungen in Niedersachsen (1924). – Ders., Die Burg im Wandel der Weltgeschichte (1931).

16 C. Plath, Ausgrabung der Hünen- oder Frankenburg an der Langen Wand bei Rinteln a.W. Verhandl. Berliner Ges. Anthr. Ethn. Urgesch. 29, 1897, 369–372 (Neudruck Schaumburger Heimatbl. 1960/1961, 42–44). – OS 9; 51 f.; 77 f.; 140; Bl. 44; Bildtaf. G. – Last, Burgen 394 ff. – Historisch-Landeskundliche Exkursionskarte von Niedersachsen, Blatt Stadthagen (1985) 58; 90 f.

17 OS 112 ff.

18 OS 91 ff. – O. Weerth, Die Burg Lucca beim Kloster Loccum. Zeitschr. Hist. Ver. Niedersachsen 1916, 125–142. – H.-W. Heine, Mittelalterliche Keramikfunde von der Luccaburg bei Loccum. Ein Beitrag zur archäologischen Burgenforschung. Nachr. Niedersachs. Urgesch. 51, 1982, 171–188.

19 OS 94 ff. – H. Hofmeister, Die Grabungen auf der Pipinsburg in den Jahren 1907 und 1908. Jahrb. Männer Morgenstern 10, 1907/08, 7–31. – Ringwall (1971) 11 ff. – Führer 31 (1976) 40 ff. – H. Aust, Die Vor- und Frühgeschichte des Landkreises Cuxhaven, Teil I: Altkreis Wesermünde (Diss. Hamburg; 1972) 633 f.

20 OS 118. – C. Schuchhardt, Die frühgeschichtlichen Befestigungen in Niedersachsen (1924) 91 f.

21 R. Nehring, Die Ausgrabungen der Harzburg 1900–1908. Berichte über die in den Jahren 1900–1908 vorgenommenen Grabungen auf dem kleinen und großen Burgberge bei Bad Harzburg (1958). – Stolberg, Harz 137 ff. – Zu den neueren Grabungen vgl. unten.

22 Heine, Burgenforschung passim. Vgl. unten.

23 Last, Burgen 394 ff.; 409 ff.

24 Stephan, Stadtforschung 30 f.

25 G. Stein, Untersuchungen zum deutschen Burgenbau der romanischen Epoche (Diss. Berlin; 1950).

26 O. Gaul, Die mittelalterlichen Dynastenburgen des oberen Weserraumes. Kunst und Kultur im Weserraum 3. Forschungsbd. (1970) 244–279.

27 Zuletzt: D. Zoller, Archäologische Beiträge zur Geschichte der Stadt und des Schlosses Oldenburg. Arch. Mitt. Nordwestdeutschland 11, 1988, 25–60; hier 39; 42. – Ders., Neue Erkenntnisse zur Stadtkernforschung. Bodenfunde aus der Stadt Oldenburg. Arch. Mitt. Nordwestdeutschland Beih. 3 (1988) 54 ff. u. ebd. 101 f. (Fundstellenkatalog).

Bauformen von Burgen salischer Zeit in Niedersachsen

Burgen traditioneller Art

Selbstverständlich ist es nicht so gewesen, daß ab dem 11. Jahrhundert neue Bauformen im Burgenbau schlagartig eingeführt wurden. Dieser Prozeß war vielmehr recht langwierig, wobei Altes, Bewährtes wie Holz-Erde-Mauern, Erdwall mit vorgeblendeter oder aufgesetzter Steinmauer usw. noch viele Jahrhunderte Verwendung fanden. Die Pfalzen und Burgen der Kaiser und Könige, die Domburgen von Hamburg, Bremen, Verden und Hildesheim, aber auch eine Reihe von Burgen im Besitz des Adels und der Kirche, die schon im 10. Jahrhundert bestanden haben, wurden weiter gepflegt, ausgebaut und bewohnt. Im gleichen Sinne galt dies auch bei den Burgen des Hochadels wie z.B. der Burg auf dem Kalkberg bei Lüneburg, der Burg Stade oder der Burg Dankwarderode in Braunschweig[28]. Doch ist es auffällig, daß viele ältere als Fluchtburgen benutzte Anlagen im 11. Jahrhundert verlassen wurden (z.B. Bokeler Burg bei Wiefelstede/Ammerland; Lüningsburg bei Neustadt a.Rbge., Ldkr. Hannover; Isenburg bei Landringhausen, Ldkr. Hannover; Lüersburg bei Rieseberg, Ldkr. Helmstedt; Klusberg bei Volksen, Ldkr. Northeim)[29].

Aufgrund von schriftlichen Quellen, archäologischen Geländebefunden, Ausgrabungen und Funden ist es möglich, das Fortleben des älteren Burgwall-Typs in Niedersachsen zu verfolgen[30].

Nahe von Osnabrück liegt auf einem Sporn des Reremberges die *Bardenburg* bei Oesede. Die Burg gehörte mit Zubehör den Grafen von Tecklenburg. Vor 1147 hatten sie diesen Besitz dem Osnabrücker Bischof zu Lehen aufgetragen. 1184 wird die Burg dem Kloster Oesede geschenkt und zugunsten der Tecklenburg endgültig aufgegeben[31]. Schon dem Geländebefund nach läßt sich die Hauptburg im Osten als jüngerer Einbau erkennen (Abb. 2). Gegen Spornspitze bzw. Vorburg im Westen sowie anschließendem Bergrücken im Osten schützen hohe Wälle und tiefe Gräben. Ein Zangentor liegt im Osten, ein weiterer Durchlaß im Westen. Mit 0,53 ha ist sie nur halb so groß wie die Hauptburg der Wittekindsburg bei Rulle nördlich von Osnabrück[32]. Steinmauern hat es als Versteifung der Wallfront offensichtlich nicht gegeben. Beim offenbar nicht vollendeten Ausbau der westlich gelegenen, ca. 1 ha großen Vorburg wurden Teile einer sicher urgeschichtlichen Vorgängeranlage überbaut und blieben so in ihrem Verlauf sichtbar[33].

Am Nordrand des Osnabrücker Landes befinden sich zwei weitere Burganlagen des 11./12. Jahrhunderts, die schon länger bekannte Aseburg bei Aselage (Herzlake, Ldkr. Emsland) und die erst jüngst bekannte Moorburg bei Herbergen nahe Menslage, Ldkr. Osnabrück. Die *Aseburg* liegt auf einem weit in die Niederung vorspringenden Sandsporn, dessen Ende die etwa fünfeckige Hauptburg einnimmt (Abb. 3)[34]. Die Hauptburg ist ca. 80 m lang und 65 m breit. Der umlaufende Wall erhebt sich bis ca. 3 m über den Innenraum. Nach Westen schützt ein etwa 3 m tiefer Graben, der quer über den Sporn läuft. Deutlich abgetrennnt gegen die übrige Spornfläche ist ein trapezförmiges Areal von 40 auf 55 m Größe, die Vorburg, an deren Westseite eine sehr flache Grabenmulde den Sporn quert. Bei den Grabungen 1891 entdeckte Schuchhardt reichlich Siedlungsspuren dicht hinter dem Wall der Hauptburg, darunter an der Nordostseite ein Findlingsfundament mit Zweiteilung, mutmaßlich ein Holzschwellenbau von 4–5 m Breite und 8 m Länge. Die zahlreiche Keramik (»schwarzbraune« Kugeltopfware, Ware Pingsdorfer Art)

28 Vgl. hierzu Streich, Burg und Kirche 348f.; 359f.; 362; 434f. u. unten.

29 Ringwall (1971) 49f. (Bokeler Burg). – H.-W. Heine, Die Isenburg bei Landringhausen – eine frühmittelalterliche Burg im Calenberger Land. Nachr. Niedersachs. Urgesch. 54, 1985, 127–161 (Isenburg). – Ders. u. N. Steinau, Die Lüningsburg bei Neustadt am Rübenberge (1985) (Lüningsburg). – H. Rötting in: Naturschutz und Denkmalpflege im Braunschweiger Land (Hrsg. M. Wiswe; 1983) 58ff. (Lüersburg). – Arch. Korrbl. 18, 1988, 397ff. (Klusberg).

30 von Uslar, Studien 108ff. – Last, Burgen 447ff.

31 OS 5;131; Pl. 8. – Last, Burgen 480f. – H.-G. Peters in: Führer 44 (1979) 91f. Abb. 17. – Streich, Burg und Kirche 466.

32 Führer 44 (1979) 64ff.; Beil. 1.

33 Grabungen durch W. Schlüter um 1984 noch unpubliziert. Für frdl. Einblicknahme sei ihm recht herzlich gedankt.

34 OS 112ff. Pl. 75 B. – Ringwall (1971) 90. – W. Schlüter in: Quakenbrück. Von der Grenzfestung zum Gewerbezentrum (Hrsg. H.-J. Jarck; 1985) 57.

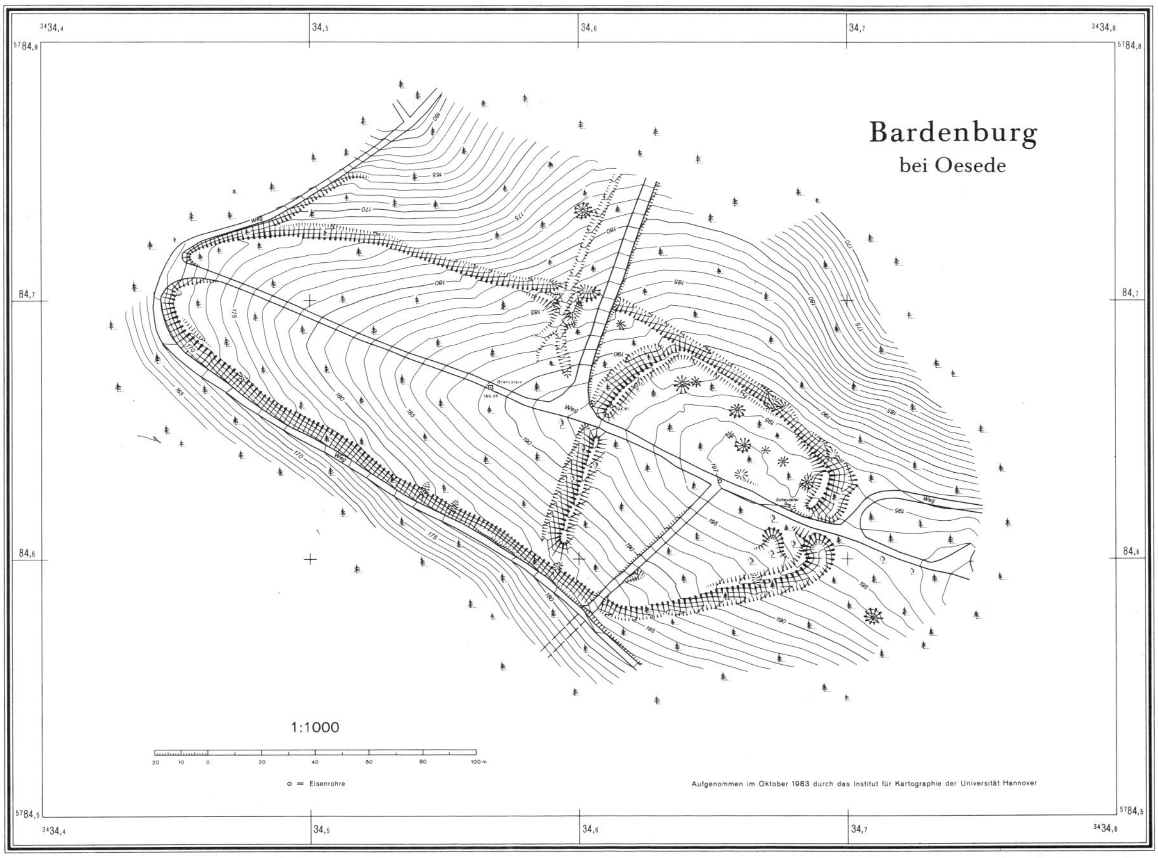

Abb. 2 Bardenburg bei Oesede, Ldkr. Osnabrück. Neuvermessung der spätestens im 12. Jh. verlassenen Burg durch das Institut für Kartographie der Universität Hannover.

und die reichlichen Metallfunde (Wellenhufeisen, Stachelsporn mit geschweiftem Bügel, Kloben, Fensterangeln, Schlüssel, Nägel, Beil, Gürtelteil, Schere, Messer, Geschoßspitzen u.a.) lassen auf eine Datierung vom 11. bis weit in das 12. Jahrhundert schließen (Abb. 4)[35]. Ebenso wie für die Innenbebauung dürfte auch für die Versteifung der Wallfront Holz als Baustoff verwendet worden sein. Die Burg gehörte zweifellos dem Edlen Wal. 1074 verkaufte er seine Güter an das Bistum Osnabrück, da er keine männlichen Erben hatte und seine Tochter Nonne geworden war. Als Lehen erhielt er die Güter unter Gewährung weiterer Zehntgelder auf Lebenszeit zurück[36].

Auf einem Sporn zwischen dem Böhmetal und der Warnauniederung liegt die *Hünenburg bei Borg*, Ldkr. Soltau-Fallingbostel (Abb. 5). Zurecht ist jüngst aufgrund der für die Lüneburger Heide im 9./10. Jahrhundert ungewöhnlichen Lage und Grundrißgestaltung eine Datierung in das 11. Jahrhundert angenommen worden[37]. Die Hauptburg ist dreiseitig von einem Wall eingefaßt, der eine Fläche von über 0,2 ha Fläche einschließt. Ca. 70 m nördlich des Abschnittsgrabens, über dessen Ostende die Hauptburg zugänglich war, liegt ein Vorwall mit zugehörigem Graben, ähnlich wie bei der Aseburg[38].

35 Eine neuere fundierte chronologisch-kulturgeschichtliche Fundanalyse steht noch aus.

36 W. Hillebrand, Besitz- und Standesverhältnisse des Osnabrücker Adels bis 1300 (1961) 25f.; 32. – G. Wrede, Geschichtliches Ortsverzeichnis von Niedersachsen, Bd. 3. Ehem. Fürstbistum Osnabrück, Teil 1 (A-K) (1975) 27.

37 J. Assendorp in: Führer D 9 (1984) 150f. Abb. 64; 183f. Abb. 82. – Vgl. OS 88; W. Piesker, Untersuchungen auf der Hünenburg bei Borg. Nachr. Niedersachs. Urgesch. 11, 1937, 144–163.

38 Schuchhardt vergleicht die Hünenburg bei Borg mit der Läseckenburg bei Freden, Ldkr. Hildesheim, die aufgrund ihrer Bauformen, Gräben, Mauern, Schildwall, Turm, Abschnittswälle im Vorgelände, wohl am ehesten ins 11./12. Jahrhundert datiert. Vgl. OS 88; K. Riess, Läseckenburg. Führer 49 (1981) 246ff. Abb. 8.

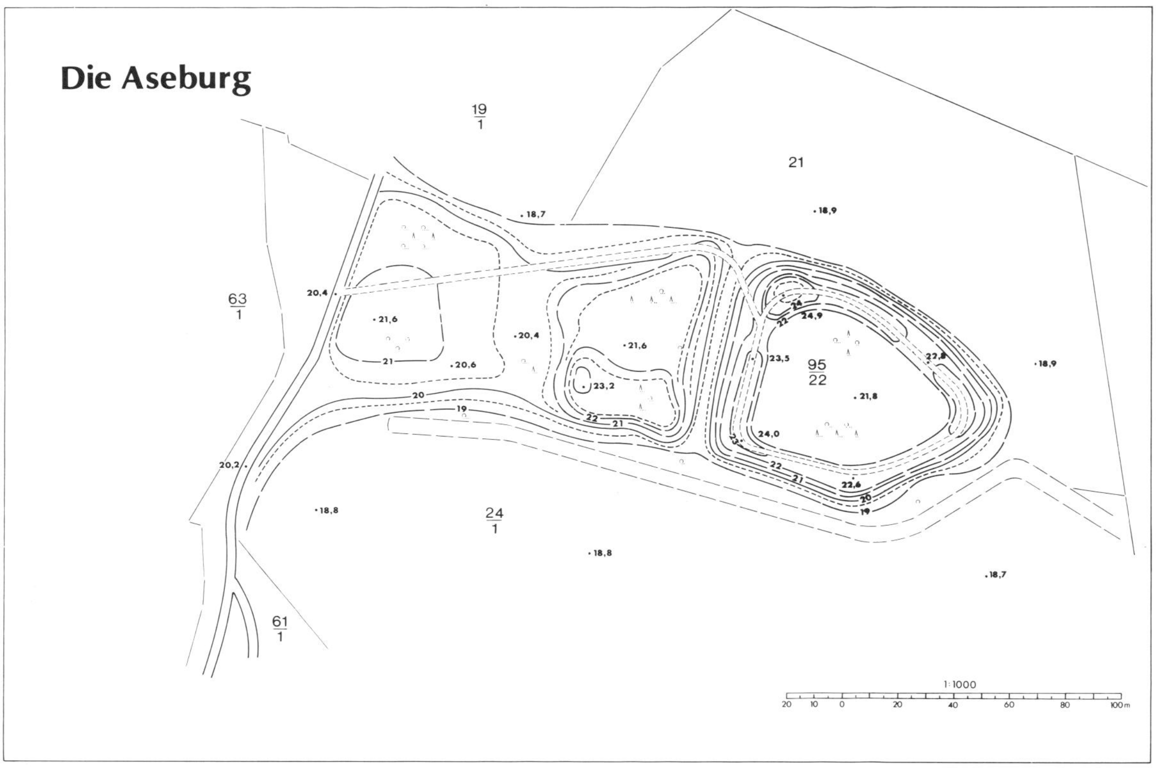

Abb. 3 Aseburg bei Aselage, Ldkr. Emsland. Plan (Aufnahme: Katasteramt Meppen, Umzeichnung: J. Greiner, IfD Hannover).

Die *Moorburg* in Herbergen bei Menslage, Ldkr. Osnabrück, war bis vor wenigen Jahren unbekannt. Durch genaue Geländeuntersuchungen und Ausgrabungen gelang es W. Schlüter und seinen Mitarbeitern, die Gestalt der Burg zu erschließen. Die Moorburg liegt auf einer Schwemmsandinsel in einem Niederungsgebiet. Die Befestigung, eine Holz-Erde-Mauer, umfaßte einen Raum von 95 m Durchmesser. Sie ging den Funden nach im 11./12. Jahrhundert durch Brand zugrunde. Durch späteren Plaggenauftrag für eine ackerbauliche Nutzung erhielten sich Befunde und Funde im Untergrund in hervorragender Weise[39].

Nicht nur im westlichen Niedersachsen, sondern auch im Elbegebiet in und um Hamburg gibt es Zeugnisse vom Fortleben älterer Bautraditionen. So errichtet 1061 der Billunger Herzog Ordulf in einer Alsterschleife einen gewaltigen Ringwall, die *Neue Burg* (vgl. Abb. 23), deren Befestigung aus starken Holzpackungen, Faschinen und Kleisoden eine Sohlenbreite von 17 m erreichte. Für den Innenraum verblieb so nur eine Fläche von 0,3 ha[40].

In *Jever* sind seit 1953 immer wieder Reste einer hochmittelalterlichen Wall- und Grabenbefestigung angeschnitten worden, die zwischen Mitte des 11. und Mitte des 12. Jahrhunderts zu datieren sind[41]. Die

39 Schlüter (Anm. 3) 57. – Ders. in: Arch. Mitt. Nordwestdeutschland 12, 1989, 128.

40 R. Schindler, Ausgrabungen in Alt-Hamburg (1957) 95ff.; 163f. – Ders., Die Bodenaltertümer der Freien und Hansestadt Hamburg (1960) 41f. – Last, Burgen 443. – Streich, Burg und Kirche 453. – R. Schneider, Ergebnisse hamburgischer Bodendenkmalpflege nördlich der Elbe. Bodendenkmalpflege in Hamburg. Veröffentl. Helms-Mus. 56 (Hrsg. R. Busch; 1989) 24f. – Vgl. dazu die Burg in Itzehoe: H. H. Andersen, Die Burg in Itzehoe. Ausgrabungen und Funde. Offa-Ergänzungsreihe 4 (1980).

41 Vgl. K. H. Marschalleck in: Neue Ausgr. Forsch. Niedersachsen 1 (1963) 257ff.; ders. in: Nachr. Niedersachs. Urgesch. 34, 1965, 132f. – Last, Burgen 421ff. – H. van Lengen in: Patze, Burgen 332ff. – H. Winkler, Archäologische Untersuchungen im Stadtkern von Jever. Arch. Mitt. Nordwestdeutschland 6, 1983, 43–50.

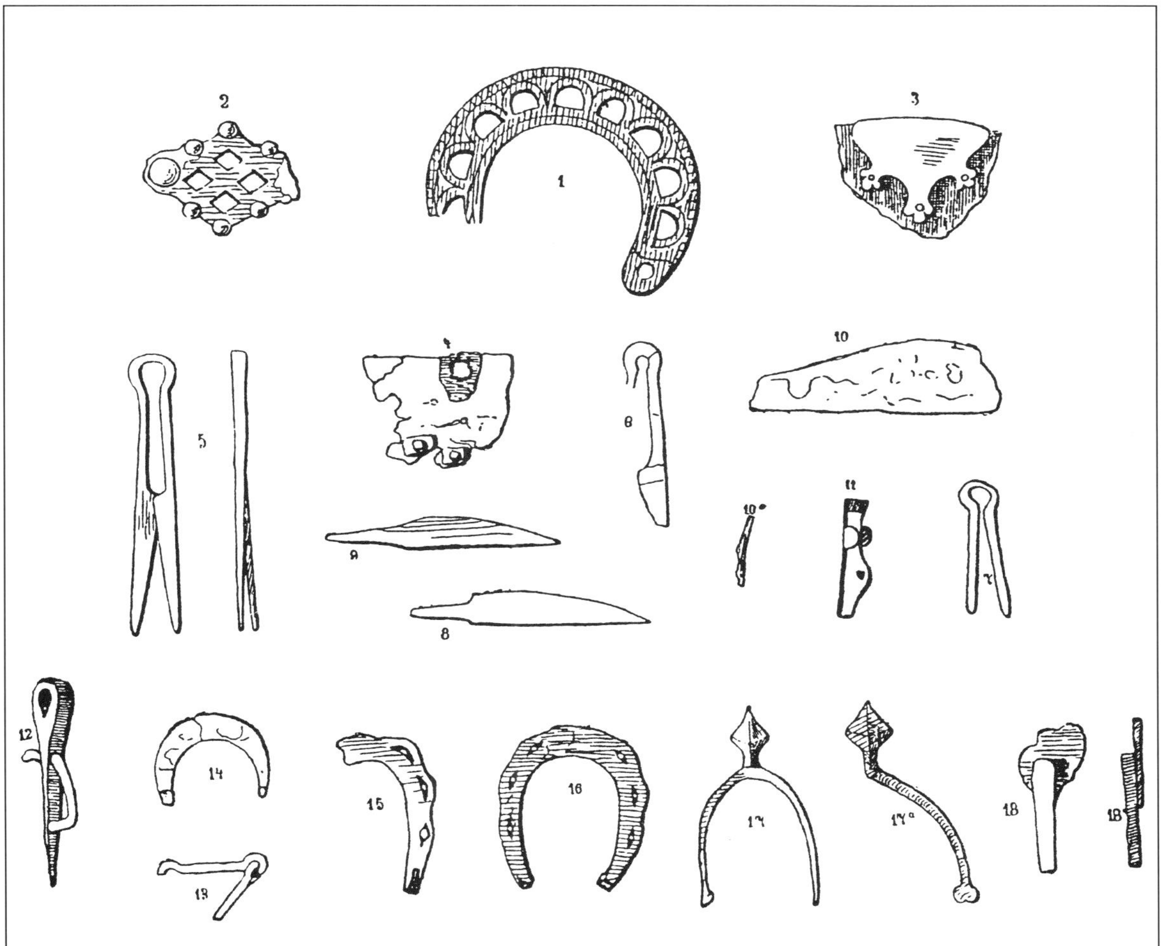

Abb. 4 Aseburg bei Aselage, Ldkr. Emsland. Kleinfunde des 11./12. Jhs. (n. Schuchhardt). 1–3 M. 2:3; übrige M. 1:5.

Abb. 5 Hünenburg bei Borg, Ldkr. Soltau-Fallingbostel. Rekonstruktion. Spornanlage mit Holz-Erde-Befestigung. Wohl 11. Jh.

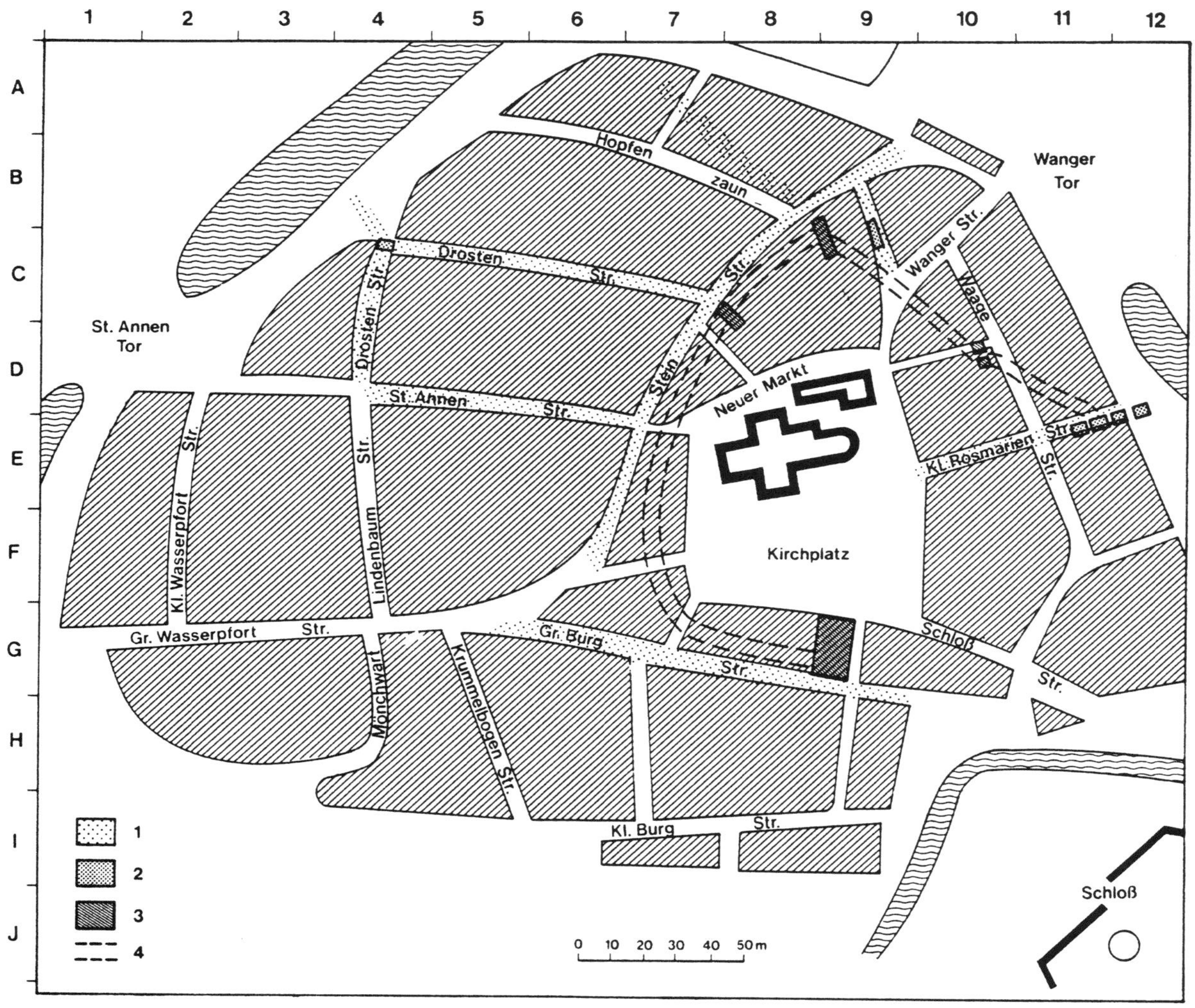

Abb. 6 Jever, Ldkr. Friesland. Vermutliche Ausdehnung des Burgwalles im 11. Jh. (n. Winkler).
1 Hochmittelalterliche Straßen mit Steinpflasterung. – 2 Weitere Grabungsschnitte. – 3–4 Nach den bisherigen Grabungsbefunden Verlauf des hochmittelalterlichen Grabens.

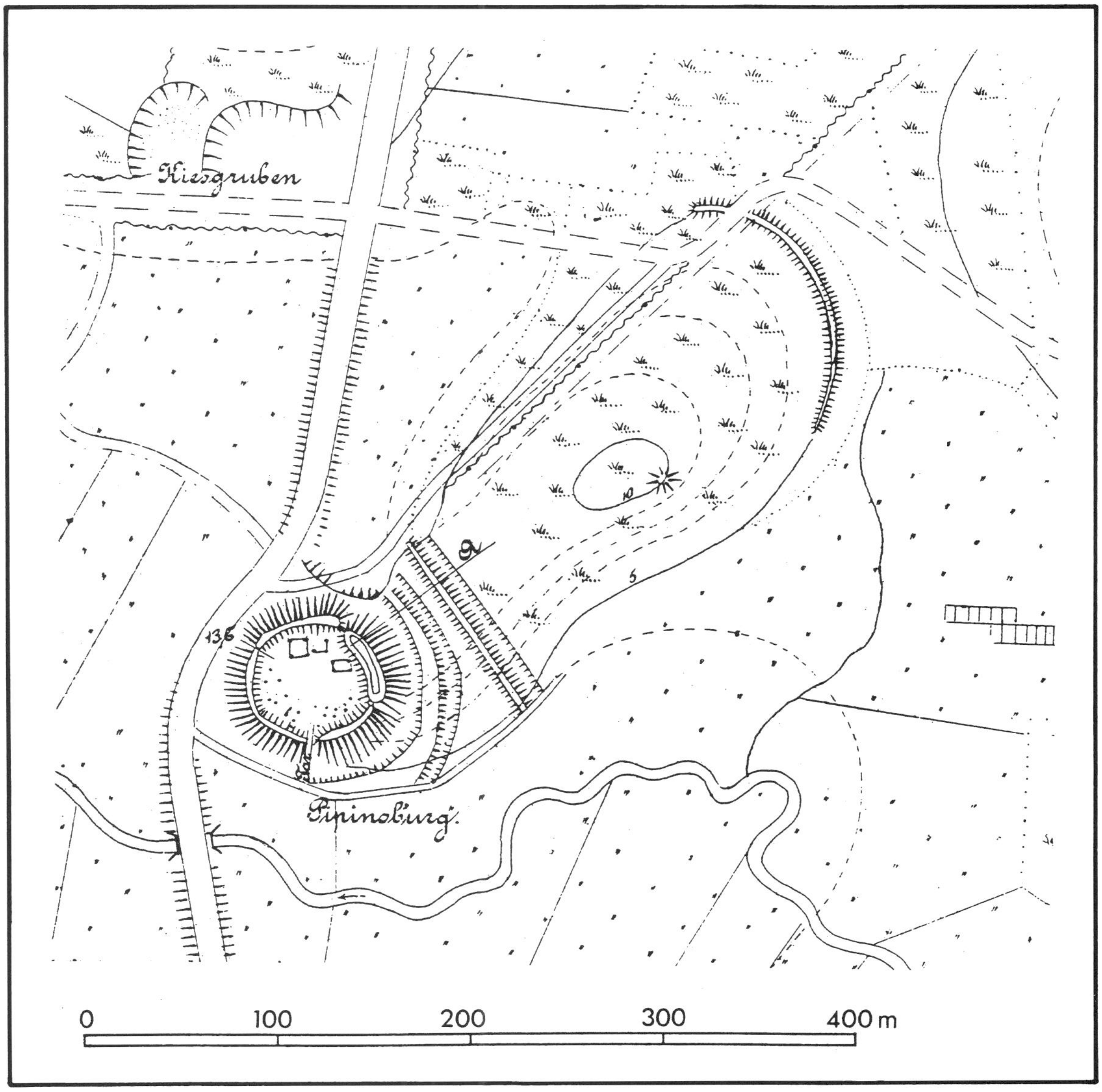

Abb. 7 Pipinsburg bei Sievern, Ldkr. Cuxhaven. Grundriß nach v. Oppermann u. Schuchhardt.

Wehranlage, ein Erdwall von mindestens 2,5 m Stärke mit zugehörigem Graben, umschließt ein unregelmäßiges Oval von mindestens 120 m auf 150 m Durchmesser (Abb. 6). 1959 ergab sich die Gelegenheit, in der Stadtkirche St. Cyriak zu graben. Dabei erwies sich der hochmittelalterliche dreischiffige Vorgängerbau, eine Basilika von 49,9 m Länge und 19,5 m Breite, als stratigraphisch eng mit der Wallbefestigung verbunden. Denn offensichtlich entstanden der Westabschluß der Kirche und die Wallschüttung gleichzeitig.

Während Marschalleck und Last den Bau der frühen Burg in Jever den Billunger-Herzögen Bernhard II. (1011–1059) und Ordulf († 1071) zuschreiben, bringt van Lengen die Befestigung mit dem Burgenbauprogramm Erzbischofs Adalberts von Bremen zusammen, dem er aufgrund des bekannten großen Ehrgeizes auch den monumentalen Kirchenbau in Jever zuweisen möchte.

Unweit von Sievern, Ldkr. Cuxhaven, liegt am Ende eines Geestrückens ein Ringwall von ca. 65 m Durchmesser, Kern der *Pipinsburg*, der außer im Osten von Niedermoor umgeben war (Abb. 7)[42]. Gegen den anschließenden Geestrücken ist zusätzlich ein Doppelgraben angelegt worden, 10 m davor überquert ein geringer Wall mit Graben den Sandrücken, an dessen nordöstlichem Ende Schuchhardt noch Reste eines Randwalles gesehen hatte. Die Grabungen 1906 bis 1908 ergaben, daß der Kern des 25 m breiten und fast 5 m hohen Walles aus Plaggen aufgeschichtet war. Davor hatte man Sand bzw. Grabenaushub geschüttet, der durch Holzwände mit Wehrgängen mehrfach abgestuft gewesen sei. Alternativ wäre auch an eine Mehrperiodigkeit der Befunde zu denken. Im Süden legte man eine Torgasse frei, deren Wände mit Holz ausgekleidet waren. Dicht an der Innenböschung standen die meisten der 11 bis 12 Holzgebäude, die als Wohngebäude, Pferdestall und Speicher gedeutet wurden. Dichte Brandspuren weisen auf eine Vernichtung der Burg durch Feuer. Eine in der Nähe gefundene Scheibenfibel mit drei Münzen des 10. Jahrhunderts wird bisweilen als Grund für eine ältere Datierung der Pipinsburg in Anspruch genommen. Die ergrabene Keramik, durch Kriegswirren verloren, gehört zum großen Teil in das 11. und 12. Jahrhundert. Ein Teil (harte grautonige Irdenware, Steinzeug, u.a. Siegburger Art) datiert in eine kurze Benutzungsphase des 14. Jahrhunderts[43].

Bisweilen werden auch Rundwälle wie die *Hünenburg bei Emsbüren* (Ldkr. Emsland) für das 11./12. Jahrhundert in Anspruch genommen, ohne daß die Befundlage eindeutig ist[44]. Doch läßt sich in der Tat das Erscheinungsbild des runden oder ovalen Ringwalles in Niederungsgebieten als Überreste von Wasserburgen noch weit ins späte Mittelalter verfolgen[45]. In kleinerer Form als Umwallung eines Hofes, eines festen Gebäudes oder Turms dürften sie ebenfalls noch im hohen und späten Mittelalter gebräuchlich gewesen sein[46].

Im Jahre 1106 starb der letzte Billunger in der *»Ertheneburg«* an der Elbe nördlich von Bardowick/Lüneburg. Über die Lage der Burg ist lange gestritten worden. Die neuere Forschung ist sich aufgrund der historischen Quellenlage, der Orts- und Flurnamen darüber einig, daß sich die eigentliche Ertheneburg im heutigen *Artlenburg*, Ldkr. Lüneburg, befand und nicht mit der Wallanlage auf dem nördlichen Elbeufer gegenüber zu identifizieren ist, die erst im 19. Jahrhundert den Namen »Ertheneburg« erhielt[47]. Die schon 1026 bezeugte Ertheneburg/Artlenburg verlor nach 1181/82 an Bedeutung, die Steine fanden beim Bau der nahen Lauenburg Verwendung. Burgsiedlung und eine Kirche blieben bestehen.

Gegenüber von Artlenburg liegt beherrschend auf einem Geländevorsprung ein halbkreisförmiger Ringwall mit 65 auf 100 m großem Innenraum. Der 15 m breite und noch 3,5 m hohe Wall besteht aus Erdaufschüttungen, deren Außenfront von einer Holzkonstruktion aus Pfostenpaaren in 3 m Abstand und verbindenden querliegenden Hölzern gehalten wurde. Der Graben hat eine Breite von 15 m bei ca. 3 m Tiefe. Die Funde datieren Befestigungsbau und Nutzung ins 11./12. Jahrhundert[48]. Trotz der spärlichen Überreste am Elbsüdufer muß die nördliche Wallanlage als Gegenüber zur bezeugten Ertheneburg/Artlenburg des 11./12. Jahrhunderts aufgefaßt werden, zumal es bei diesem wichtigen

42 OS 96ff. Abb. 100–115; Bildtaf. B; Bl. 66. – W. Haarnagel, Die Ringwallanlagen Heidenschanze und Pipinsburg im Kreise Wesermünde, Gemarkung Sievern. Ringwall (1971) 15ff. – H. Aust, Die Vor- und Frühgeschichte des Landkreises Cuxhaven. Teil 1. Altkreis Wesermünde (Diss. Hamburg; 1972) 633f. – P. Schmid, Die Pipinsburg bei Sievern. Führer 31 (1976) 40–43.

43 OS 101f. Abb. 110, 13. 14 u. 111. – Aust (Anm. 42) 634.

44 So erwogen von A. Kaltofen in: Ausgegrabene Vergangenheit. 9000 Jahre Besiedlung im Emsbürener Raum (Hrsg. Landkreis Emsland; 1988) 50; 102. – Zur Anlage vgl. E. Sprockhoff, Die Ausgrabung der Hünenburg bei Emsbüren, Kr. Lingen. Germania 27, 1943, 143–168.

45 Heine, Ringwall und Burg 30f. (mit Nachweisen).

46 Vgl. H.-W. Heine in: Nachr. Niedersachs. Urgesch. 48, 1979 (1981), 251. Siehe auch unten.

47 G. Meyer, Zur Lage von Ertheneburg. Lüneburger Bl. 7/8, 1957, 64–80. – U. Lange, Ertheneburg im 11. und 12. Jahrhundert. Offa 32, 1975 (1977), 42–47. – U. Reinhardt, Historisch-Landeskundliche Exkursionskarte von Niedersachsen, Blatt Lüneburg (1982) 83; 89f. – W. Hübener, Bardowick/Lüneburg als archäologisches Forschungsproblem. Hamburger Beitr. Arch. 8 (1981) 201–229; hier 209f. – Ders. in: Niedersächs. Jahrb. Landesgesch. 56, 1984, 120, der auf den Flurnamen »Burgplatz« am Elbufer nordöstlich der Kirche von Artlenburg ausdrücklich hinweist, in deren Umgebung wohl Reste einer weiteren Befestigung erhalten sein dürften.

48 W. Hübener, Ein Wallschnitt auf der Ertheneburg, Kr. Herzogtum Lauenburg. Offa 11, 1952, 112–114. – J. Kühl in: Lauenburgische Heimat NF 104, 1982, 8ff. – H. Reichstein, Ertheneburg. Führer D 2 (1983) 35–38.

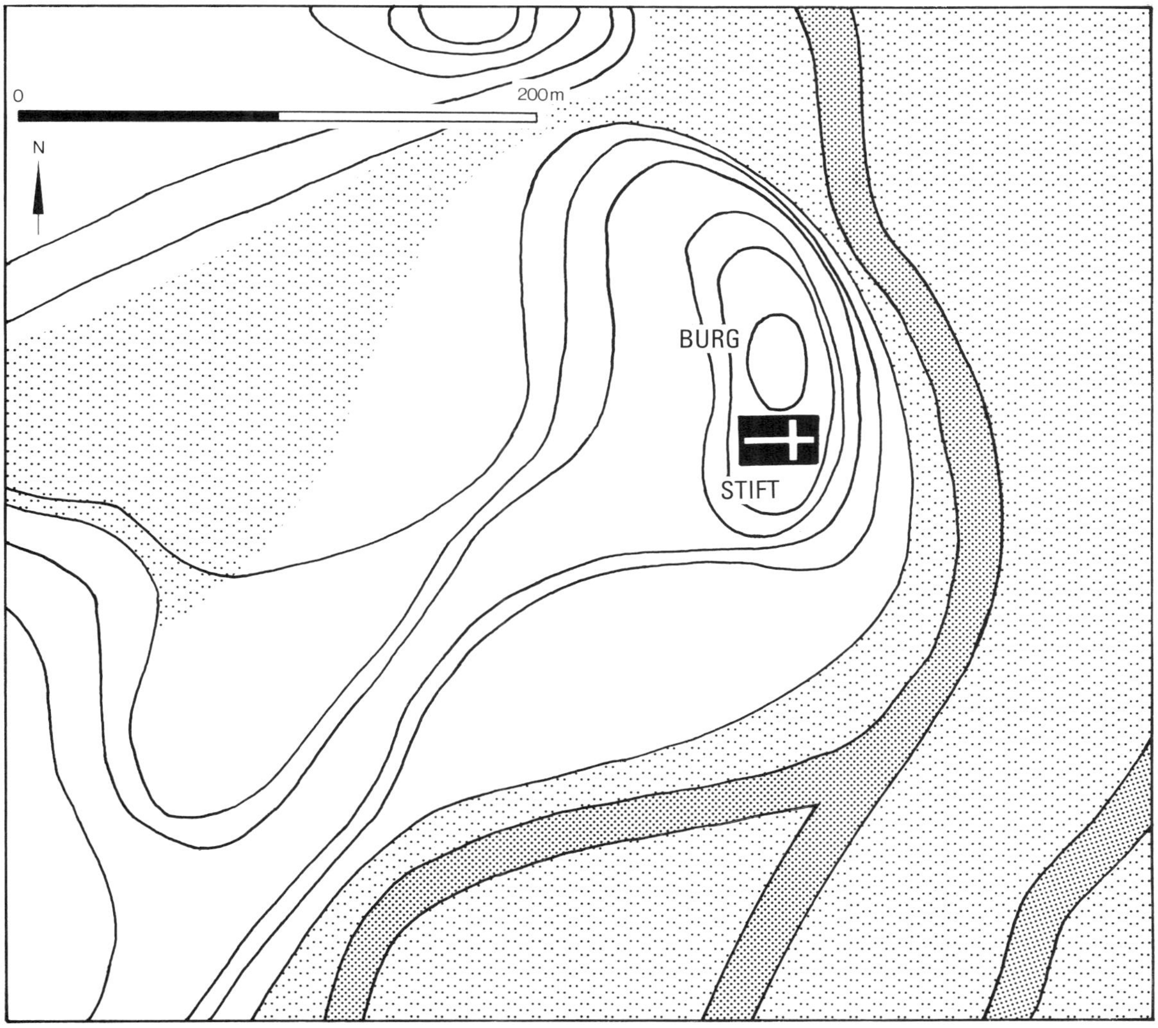

Abb. 8 Braunschweig. Burg Dankwarderode auf vorgeschobener Erhöhung am Rande der Oker-Niederung im 11./frühen 12. Jh. (Umzeichnung RGZM n. Rötting).

Flußübergang am Wege von Bardowick/Lüneburg nach Alt-Lübeck/Lübeck nicht verwunderlich ist, wenn beide Seiten des Fährüberganges durch Burgen geschützt sind (Burgenpaar).

Aus der historischen Überlieferung ab dem frühen 11. Jahrhundert ist uns eine größere Anzahl von Burgen der großen sächsischen Adelsgeschlechter, wie z.B. der Billunger, Stader Grafen, Süpplingenburger, Brunonen, bekannt. Abgesehen von einigen Ausnahmen wie z.B. der Burg auf dem Lüneburger Kalkberg folgen sie – sofern sie überhaupt zu lokalisieren sind – den topographischen Vorlieben des Burgenbaues im 10. Jahrhundert. Sonst wissen wir erstaunlich wenig über ihr Aussehen im 11. Jahrhundert[49]. Wie sahen die Sitze der Billunger in Hermannsburg (Ldkr. Celle), Wichmannsburg (Ldkr. Uelzen) oder Suderburg (Ldkr. Uelzen) aus[50]? Ähnlich wie die Anlagen in Hamburg?

49 Vgl. z.B. die Forschungssituation in Stade, wo man zeitweilig die Burg der Grafen des späten 10./11. Jahrhunderts sowohl auf dem Spiegelberg als auch auf dem Georgsberg suchte: Last, Burgen 440; J. Bohmbach u. M. Nagel in: Auf den Spuren des alten Stade. Ein Arbeitsbericht zur Stadtkernforschung der letzten Jahre (1986) 14; 42f.; 81ff. – Vgl. neuerdings die Grabungen im nahen Harsefeld: M. Nagel, Archäologie in Deutschland 1989 (4) 38f.

50 Streich, Burg und Kirche 382.

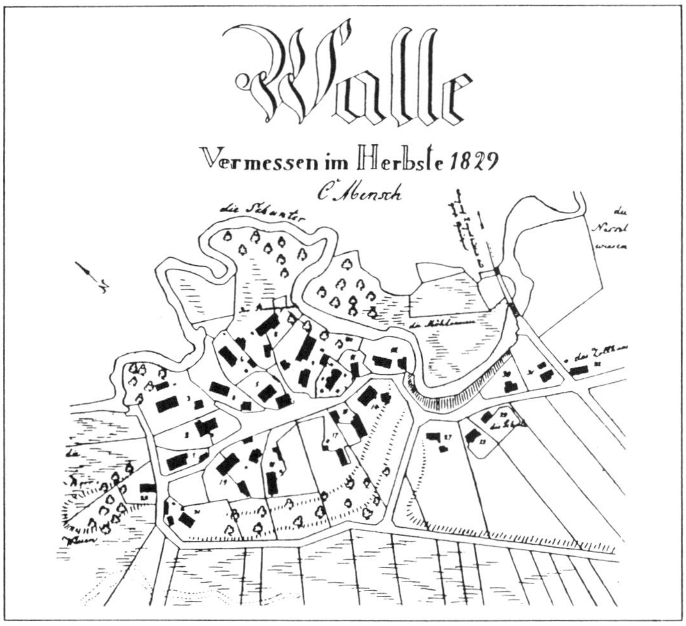

Abb. 9 Scheverlingenburg/Walle, Ldkr. Gifhorn. Lageplan der Burg des 11.–13. Jhs. (n. H. A. Schultz).

Von der brunonischen Burg in *Braunschweig*[51] sind aufgrund der neueren Untersuchungen im Vieweg-Haus durch H. Rötting einige Ergebnisse beachtenswert, die in Verbindung zur Erforschung des Umfeldes der Burg, der Stadtgründung und dem abschließenden Stadtausbau des 13. Jahrhunderts stehen (Abb. 8). Die Braunschweiger Burg »Dankwarderode« liegt auf einer halbinselartigen Erhöhung innerhalb der Okerniederung. Das ovale Burggelände hat eine Größe von ca. 1,5 ha bei einer Ausdehnung von 190 auf 100 m. Von Südwesten hatte es über eine Landbrücke Verbindung zur anschließenden Niederterrasse. Soweit die nur fragmentarisch erhaltenen Befunde Aussagen zulassen, ist spätestens im 10. Jahrhundert die Siedlung auf dem späteren Burggelände durch einen Holz-Erde-Wall befestigt gewesen[52]. Danach, in der 1. bzw. 2. Hälfte des 11. Jahrhunderts, entstand eine Blendmauer und nach deren Abbruch eine mit Geschiebelehm und Mörtel gesetzte Bruchsteinmauer, die nach Rötting zur Befestigung gehörte[53]. Um 1030 erfolgte die Weihe der ersten Stiftskirche, deren Bezirk ab dieser Zeit den Südteil der Burginsel einnahm[54]. Die Gründung adeliger Stifte in Burgen und Herrensitzen war als »Ausdruck der verstärkten Ausbildung hochadeliger Herrschaftzentren« nichts Ungewöhnliches[55].
Eine weitere brunonische Burg, die *Scheverlingenburg*, lag im Dorf Walle nordwestlich von Braunschweig (Ldkr. Gifhorn) unweit der Schunter-Mündung in die Oker (Abb. 9). Die topographische Lage, langgestreckter Niederterrassensporn zwischen Schunter- und Okerniederung, spricht für eine Mehrteiligkeit der Anlage[56]. 1091 suchte Gertrud, die letzte Angehörige des brunonischen Geschlechtes, in der Scheverlingenburg Schutz, nachdem Braunschweig in die Hand Kaiser Heinrichs IV. gefallen war. Da

51 Last, Burgen 446. – J. Martens, Der Burgplatz am Ende des 16. Jahrhunderts. Arbeitsber. Städt. Mus. Braunschweig 28 (1978). – H. A. Schultz, Burgen und Schlösser des Braunschweiger Landes (1980) 164 ff.

52 F. Niquet in: Braunschweigische Heimat 40, 1954, 131. – H. Rötting, Stadtarchäologie in Braunschweig. Ein fachübergreifender Arbeitsbericht zu den Grabungen 1976–1984. Forsch. Denkmalpflege Niedersachsen 3 (Hrsg. H.-H. Möller; 1985) 130; 132.

53 Rötting (Anm. 52) 21; 132.

54 Streich, Klöster 45.

55 Streich, Burg und Kirche 483 ff.

56 O. Hahne, Die mittelalterlichen Burgen und Erdwälle am Okerlauf (1965) 12 ff. – Last, Burgen 448. – Streich, Klöster 117. – H. A. Schultz, Burgen, Schlösser und Herrensitze im Raum Gifhorn-Wolfsburg ([5]1987) 13 f. – Ahlers, Untersuchungen 121 f.

die Burg zur Zeit Kaiser Ottos IV. († 1218) nochmals an Bedeutung gewann und sich schließlich nach deren Verfall die Bewohner des nahen Dorfes Hohenrode hier ansiedelten, sind dem 11. Jahrhundert keine Überreste sicher zuzuweisen. Im Südwesten des ehem. Burggeländes ist jedoch noch das längere Stück eines mächtigen Erdwalles erhalten, dessen Kern sicherlich in die Zeit des 11./frühen 12. Jahrhunderts zurückreicht.

Als weitere Burg der Brunonen ist eine Befestigung im Süden von *Altencelle* (Ldkr. Celle) zu nennen, in der 1938/39 E. Sprockhoff Grabungen unternahm[57]. Auf einem vorgeschobenen Teil der Niederterrasse am Rande der Allerniederung bestand ursprünglich ein Ringwall von ca. 100 m Durchmesser mit einem aus Plaggen geschichteten Wall. Der Zeit nach 1000 wird der Einbau einer jüngeren halbkreisförmigen Anlage mit Graben und Palisadenwehr zugeschrieben, die sich an die Niederterrassenböschung anlehnte. In ihr entdeckte man einen repräsentativen Holzbau von 9 auf 18 m Größe, einen Bohlenständerbau mit Rollsteinfundamenten, Feuerstelle in der Südwestecke und Raumunterteilung, danebenliegend ein rechteckiges Findlingsfundament von 7 auf 11 m bei 2–2,5 m Mauerstärke, Überreste eines sehr viel jüngeren Turmes. Südlich, aufgrund der Erosion nur noch teilweise erfaßt, lag der Westabschluß der St. Peter-Burgkirche.

Auf einer inselartigen Erhöhung war die *Süpplingenburg* (Ldkr. Helmstedt) angelegt worden. Aus dem Besitz der Grafen von Haldensleben an Kaiser Lothar III. (1125–1137; ab 1106 Herzog in Sachsen) gekommen, gab sie seinem Geschlecht den Namen. Über die Befestigungsbauten ist nichts bekannt[58]. Dieser Zeit sind nur einige Mauerreste zuzuschreiben, die sich bei Grabungen im Bereich der um 1130 errichteten und im 13. Jahrhundert umgebauten Stiftskirche fanden. Dabei handelt es sich vornehmlich um Fundamente einer rechteckig ummantelten Apsis inmitten der Stiftskirche, die wohl noch ins 11. Jahrhundert zurückreichen.

Auch im niedersächsischen Bergland und in der Lößzone leben traditionelle Lagegewohnheiten und Bauformen fort, so z.B. hohe breite Erdwälle, die häufig über älteren Befestigungen aufgeschüttet und auf halber Höhe oder im Kronenbereich eine mehr oder weniger starke Brustwehr aufweisen[59]. Dies liegt wohl auch daran, daß bei seit dem 9./10. Jahrhundert ständig oder immer wieder hergerichteten Burganlagen, wie der Hüburg bei Greene, Ldkr. Northeim[60], oder der Pipinsburg bei Osterode am Harz[61], die vorhandenen älteren Wälle als Kern des erneuerten Befestigungswerkes wieder verwendet werden. Wie bereits die schriftliche Überlieferung zeigt, werden schon ab dem 10. Jahrhundert höher ragende, jedoch verkehrsgünstig und siedlungsnah gelegene Bergsporne oder Höhenrandlagen für den Bau mittelgroßer Burgen benutzt. Der Übergang zur eigentlichen Höhenburg, bisweilen bewußt vollzogen, ist dann nur noch ein kleiner Schritt.

Eine Reihe von Burgen wird in den schriftlichen Quellen erst bezeugt, wenn sie ihre Funktion verlieren, da in ihnen entweder ein Kloster oder Stift gegründet wird oder sie mit dem Ziel der Auflassung an die Kirche gegeben werden. Aufgrund des fehlenden späteren fortifikatorischen Ausbaus mag sich mit der gebührenden Vorsicht in Lage und Aussehen noch einiges Zeittypische ablesen lassen.

57 Eine Publikation der Grabungen und ihrer Funde bereitet R. Busch, Hamburg-Harburg, vor. Aufgrund der über das Mittelalter bis heute andauernden Nutzung des Geländes ist die Datierung der Befunde schwierig (frdl. Mitt. R. Busch). – Vgl. derzeit: Die Kunstdenkmale des Landkreises Celle (Bearb. J. Bühring u. K. Maier; 1970) 13ff. Abb. 10; Streich, Burg und Kirche 382f.

58 K. Hecht, Niedersächsische Denkmalpflege 9, 1976–1978 (1978) 21ff. – F. Berndt, Braunschweigisches Jahrb. 63, 1982, 31ff. (Grabungen). – H. A. Schultz, Burgen und Schlösser des Braunschweiger Landes (1980) 26ff. – Streich, Burg und Kirche 545f. – Ders., Klöster 122f. – Ahlers, Untersuchungen 219ff.

59 Vgl. die erste kurze Übersicht bei H.-W. Heine, Grabungen auf dem Klusberg bei Volksen (Einbeck, Ldkr. Northeim). Zur Erschließung einer früh- bis hochmittelalterlichen Burganlage. Arch. Korrbl. 18, 1988, 397–405; hier 402.

60 K. Grote in: Nachr. Niedersachs. Urgesch. 56, 1987, 181.

61 M. Claus u. W. Schlüter, Die Pipinsburg bei Osterode am Harz. Ausgrabungen in Deutschland 1. Monogr. RGZM 1,1 (1975) 263ff. – M. Claus, Archäologie im südwestlichen Harzvorland. Wegweiser Vor- u. Frühgesch. Niedersachsen 10 (1978) 62f. – W. Schlüter, Die Pipinsburg bei Osterode am Harz. Damit Jahrtausende nicht spurlos vergehen … Archäologische Denkmalpflege im Landkreis Osterode am Harz 1986/87 (Hrsg. Landkreis Osterode am Harz; 1987) 37–42.

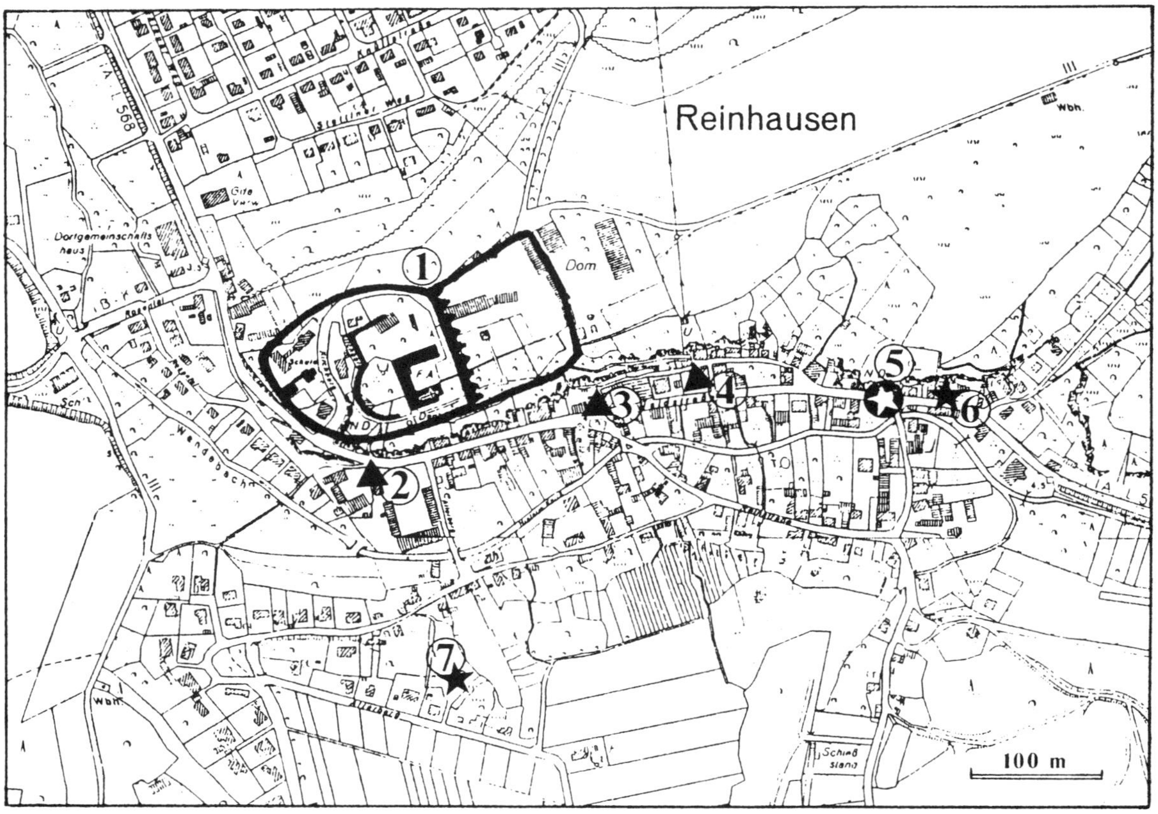

Abb. 12 Reinhausen, Ldkr. Göttingen. Vermutlicher Grundriß der Burg (später Kloster) Mitte des 11. Jhs. (n. Grote). 1 Burg. – 2–4 Felsentreppen am Kirchberg im späteren Klosterbereich. – 5 Bielstein. – 6–7 Urgeschichtlich besiedelte Abris.

kloster umgewandelt wurde[66]. Baulich sind aus der zweiten Hälfte des 11. Jahrhunderts noch Reste in Teilen der Klosterkirche des 12. Jahrhunderts erhalten, wobei anstelle der romanischen Doppelturmfassade ursprünglich eine Einturmanlage vorhanden war[67]. Obgleich nicht schriftlich überliefert und archäologisch erfaßt, muß aufgrund der Topographie der ehemalige Herrensitz der Grafen von Reinhausen befestigt gewesen sein. Dafür spricht allein schon die Lage auf markantem, besonders im Süden durch Felsen geschütztem Sporn am Rande einer Hochfläche[68]. Grote vermutet aufgrund der Form des Geländes und der Grundrißdisposition des Klosters eine zweiteilige Abschnittsbefestigung: im Westen die Hauptburg mit schwer zugänglichem Wohnbereich und Burgkapelle, der späteren Klosterkirche, am Südrand des Sporns (ca. 1,5 ha) und im Osten die Vorburg mit ca. 1 ha Fläche[69]. Während Funde des 10. und 11. Jahrhunderts und Reste der Randbefestigung inzwischen bekannt geworden sind, ist nach Resten von Abschnittsmauern und -gräben sowie der Innenbebauung dieser Zeit unter der mittelalterlichen und neuzeitlichen Überbauung noch zu suchen (Abb. 12). In ähnlicher Weise wird man sich auch die oben erwähnte Katlenburg vorstellen dürfen[70]. Von besonderem Interesse ist aber die

66 Streich, Burg und Kirche 472f. – Ders., Klöster 113f.

67 Historisch-Landeskundliche Exkursionskarte, Blatt Göttingen (1972) 161. – Führer D 17 (1988) 212ff.

68 Historisch-Landeskundliche Exkursionskarte von Niedersachsen, Blatt Göttingen (1972) 108. – Streich, Burg und Kirche 472f.

69 K. Grote, Die Burg der Grafen von Reinhausen. Führer D 17 (1988) 210–212. – Ders. in: Nachr. Niedersachs. Urgesch. 59, 1990 (im Druck).

70 Vgl. als Beispiel für noch erhaltene Anlagen des 10./11. Jahrhunderts die auf einem Sporn liegende Lippoldsburg südwestlich von Lippoldshausen, Ldkr. Göttingen, mit Haupt- und Vorburg: OS 34f.; Bl. 29 B; Historisch-Landeskundliche Exkursionskarte von Niedersachsen, Blatt Göttingen (1972) 105f. – In diesem Zusammenhang ist auch auf die in Grundriß und Lageform ähnlichen Burgen im nahen Nordhessen zu verweisen, die als frühmittelalterlich gelten, durchaus aber noch weit ins

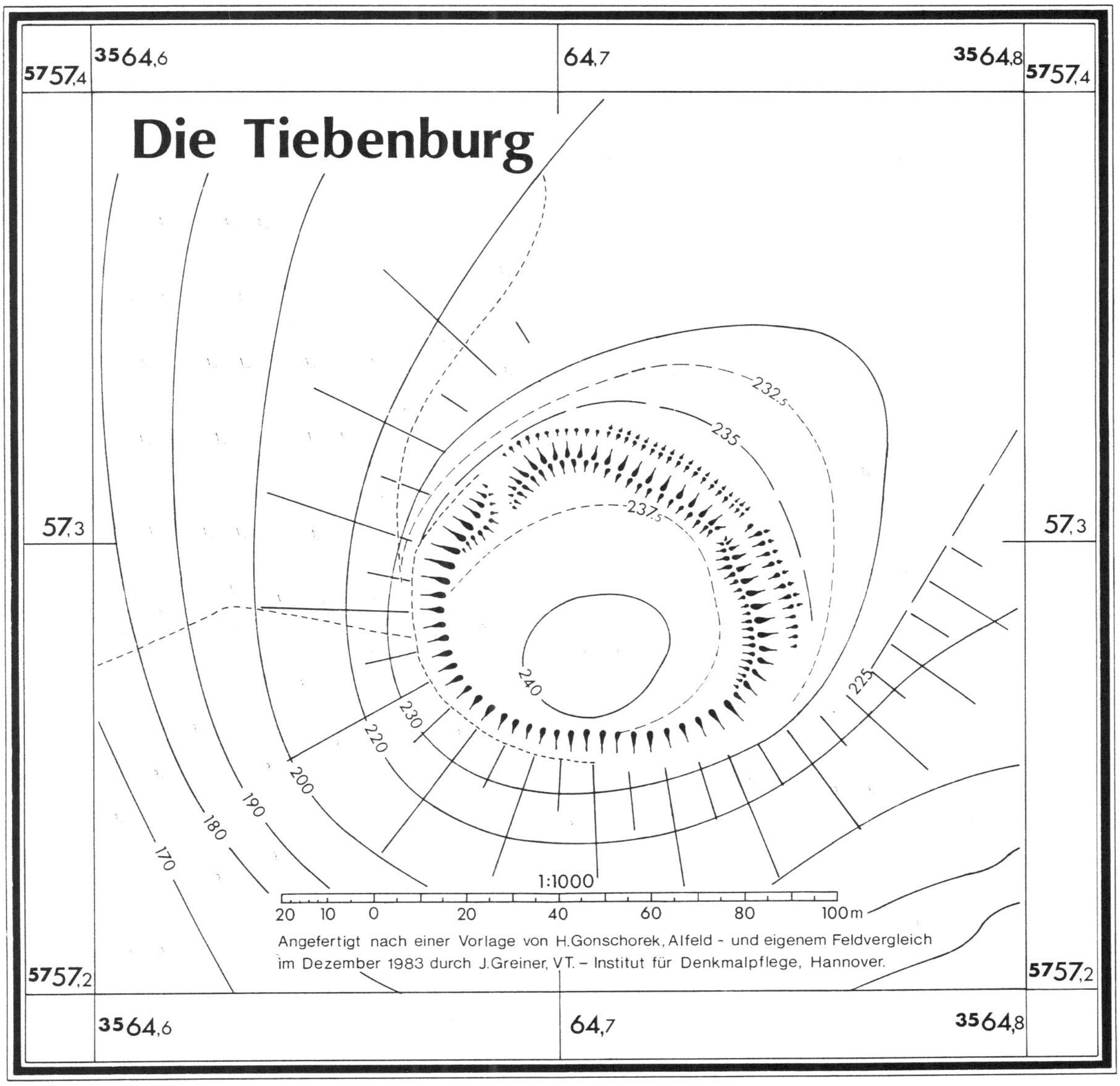

Abb. 13 Tiebenburg bei Winzenburg, Ldkr. Hildesheim. Plan der Burg des 11./12. Jhs. (überarbeitet n. Barner).

Nachricht aus der um 1156 verfaßten Gründungsgeschichte des Klosters Reinhausen, daß die Gründer die nahegelegene Burg Gleichen erstellt hätten (um 1079)[71], womit die Übersiedlung einer Adelsfamilie von einem siedlungsnahen Sitz auf eine »moderne« Höhenburg bezeugt ist.

Ergänzend sei noch auf die baulich-archäologisch kaum erforschte, schon 984 bei Thietmar von Merseburg[72] genannte *Asselburg* im westlichen Landkreis Wolfenbüttel hingewiesen. In der Anlageform auf flachem, von Bachläufen eingerahmtem Bergrücken folgt sie dem Schema des 10. Jahrhunderts[73]. Besonders gegen das ansteigende Gelände im Westen sind noch Reste von Wällen und Gräben vorhanden, welche die unregelmäßig ovale Anlage von ca. 160 auf 130 m Größe gegen Angriffe geschützt

11. Jahrhundert hineinreichen: z. B. Wahlsburg (Führer D 7 [1986] 105 ff.); Ringwall Hahn (ebd. 114 ff.); Ringwall Eberschützer Klippen (ebd. 119 ff.). Vgl. auch die Uffoburg bei Bremke, Kr. Lippe (F. Hohenschwert, Ur- und frühgeschichtliche Befestigungen in Lippe [1978] 136 ff.; Führer D 11 [1985] 34 ff.).

71 Last, Burgen 510 f. – Streich, Burg und Kirche 473. – Ders., Klöster 114.

72 Thietmar IV,3.

73 Last, Burgen 458 f. – Streich, Burg und Kirche 473 f.

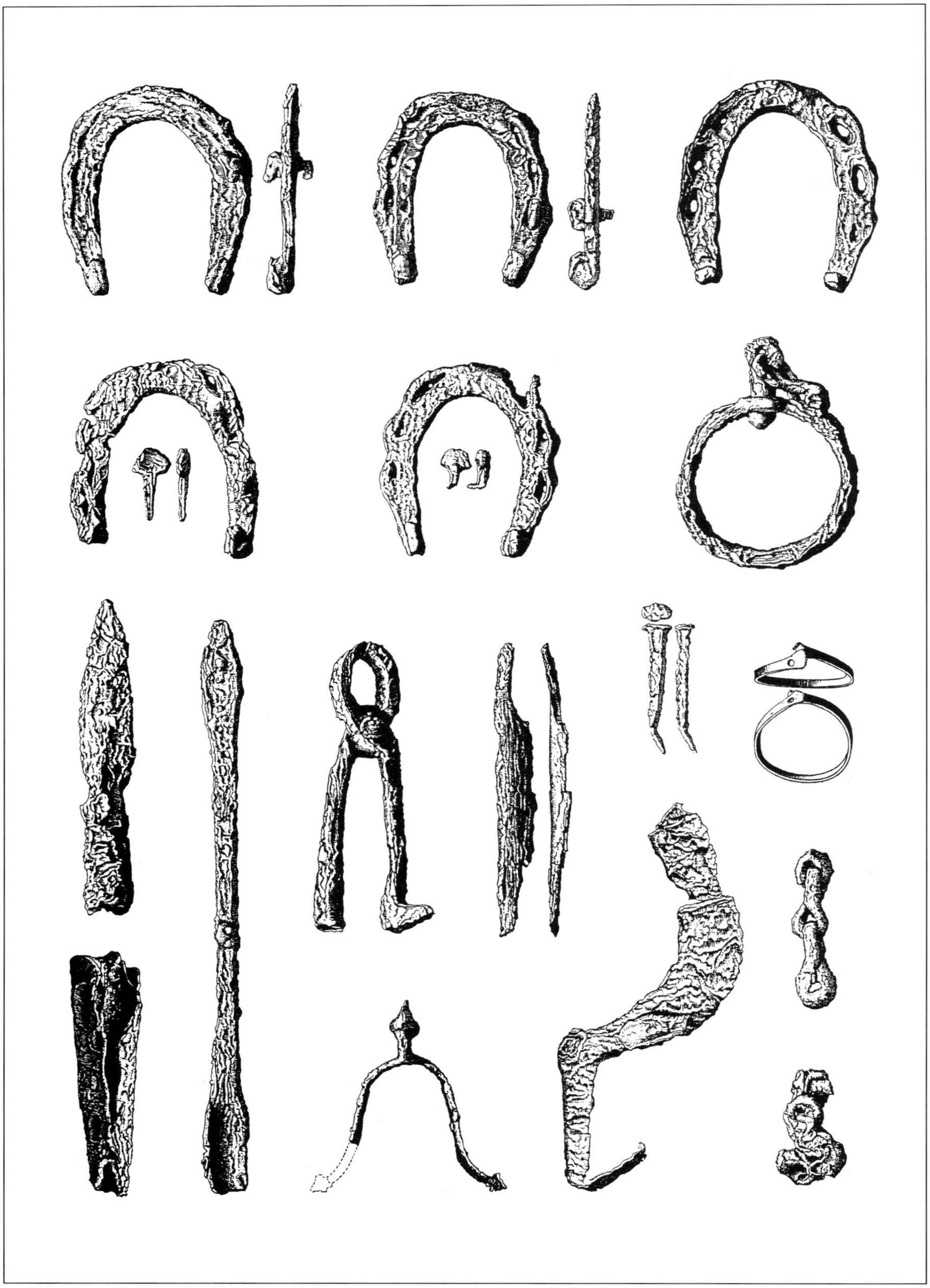

Abb. 14 Tiebenburg bei Winzenburg, Ldkr. Hildesheim. Kleinfunde des 11./12. Jhs. (n. Barner). M. 1:3.

haben. Wie bis 1143 die unweit gelegene Derneburg, Ldkr. Hildesheim[74], ist die Asselburg Eigenbesitz der Grafen von Asselburg (-Winzenburg), nach deren Aussterben sie an Bedeutung verlor. Erst durch Ausgrabungen ließe sich feststellen, wie die Asselburg in ihren einzelnen Benutzungsphasen vom 10. bis 12. Jahrhundert ausgesehen hat. Höchstwahrscheinlich ist aber, daß sich in den Geländerelikten der Verlauf der Befestigung des 11./12. Jahrhunderts widerspiegelt.

Die *Hüburg bei Greene*, aus königlicher Hand 980 an das Reichsstift Gandersheim gegeben, vertritt bereits den Typ der frühen Höhenburg[75]. Sie wurde bis ins 12. Jahrhundert hinein erhalten, erneuert und benutzt. Aufgrund diffiziler Geländebeobachtung gelang es K. Grote, mindestens zwei Altersphasen zu unterscheiden[76]. Die letzte Ausbauphase dürfte dem Fundspektrum nach in die Zeit um 1100 fallen, als die wechselvollen Auseinandersetzungen um die Vogtei des Stiftes Gandersheim ihren Höhepunkt erreichten.

Am auffälligsten wird das Fortleben der alten Burgenbautraditionen an zwei kleineren Burgen in der Nähe der Winzenburg, Ldkr. Hildesheim. Letztere, um 1100 errichtet, ist eine Höhenburg fortschrittlicher Prägung, wie unten noch zu zeigen ist. Bei der ersten Kleinburg handelt es sich um die *Tiebenburg*, einen Ringabschnittswall mit Graben, der das Ende eines breiten Sporns schützt (Abb. 13)[77]. Die Wallenden gehen in eine umlaufende Randbefestigung über. Der Innenflächenraum beträgt 0,3 ha. Ein Tordurchlaß konnte archäologisch am südöstlichen Hang nachgewiesen werden, ein weiterer ist in dem Walldurchbruch am Nordwesthang zu vermuten, während die mittlere Walldurchfahrt sicher neuzeitlich ist. Der über 1 m hohe Wall besteht aus Erdaufschüttungen. Im Innenraum wurde ein rechteckiges Steinfundament von 10,2 auf 6 m Breite bei 0,9 m Mauerstärke freigelegt. Keramikfunde, Hufeisen, Sichelreste, Stachelsporn u.a. datieren ins 11., vorwiegend 12. Jahrhundert, wie schon Jankuhn angemerkt hat (Abb. 14)[78]. Der zweite Burgwall, der *Dörhai*, in Sichtweite gelegen, besteht ebenfalls aus einem ringförmig geführten Wall, der einen breiten Bergvorsprung schützt. Die Funde aber datieren die 0,22 ha große Anlage bereits in das ausgehende 12. Jahrhundert[79].

Fortschritte und Neuerungen im Burgenbau

a. Niederungsburgen (befestigte Höfe, Motten, Türme, Turmburgen)

Nicht nur im Rheinland[80], sondern auch in Niedersachsen läßt sich an verschiedenen Stellen verfolgen, wie sich aus geschützt liegenden bzw. befestigten Höfen Burgen vom Typ Motte herausgebildet haben. Kern einer Burg vom Typ Motte ist der aufgeschüttete Hügel oder ein entsprechend künstlich umgeformtes Gelände (Sporn, Terrassenrand, Kuppe usw.). Auf dem Hügelplateau stand meistens ein Turm (daher auch die Bezeichnung Turmhügelburg) oder eine turmartige Baulichkeit, daneben – wenn noch Platz war – kleine Wirtschaftsgebäude oder ein Brunnen. In der Regel ist mit dem Vorhandensein einer Vorburg zu rechnen. Sie kann aber auch fehlen. Den Burgen vom Typ Motte ist die Turmburg nahe verwandt. Im Unterschied zur Motte gründet der Turm bzw. das turmartige Gebäude auf dem

74 Streich, Burg und Kirche 473. – Ders., Klöster 54f.

75 Hierzu: P. Grimm, Der Ilsestein bei Ilsenburg Harz, eine Burg des XI. Jahrhunderts. Alt-Thüringen 6, 1962/63 (1963), 555ff.; Streich, Burg und Kirche 141ff.; 479.

76 K. Grote, Die Hüburg bei Greene. Eine früh- bis hochmittelalterliche Burg im mittleren Leinetal. Nachr. Niedersachs. Urgesch. 56, 1987, 175–194; hier 179ff. Abb. 3 (mit weiterer Literatur).

77 W. Barner, Die Tiebenburg. Göttinger Jahrb. 1960, 3–27 (Grabungsbericht). – Ders. in: Nachr. Niedersachs. Urgesch. 39, 1970, 166f. – Von Uslar, Studien bes. 76. – K. Riess, Tiebenburg. Führer 49 (1981) 238f. Abb. 2. – W. Behre u. B. Kloth, Rund um die Winzenburg (1985) 44ff.

78 H. Jankuhn in: Deutsche Königspfalzen 2 (1965) 65.

79 H.-W. Heine, Zum »Dörhai« bei Winzenburg, Ldkr. Hildesheim, einer hochmittelalterlichen Wallanlage. Burgen und Schlösser 30/I, 1989, 19–22. – Ders., Der Burgwall auf dem Dörhai bei Winzenburg (Ldkr. Hildesheim) – Archäologische Befunde und Funde der Grabung 1965. Die Kunde NF 40, 1989, 101–142.

80 Vgl. hierzu W. Janssen, Niederungsburgen im Rheinland. Vom Holzbau zur Steinburg. Burgen aus Holz und Stein. Schweiz. Beitr. Kulturgesch. Arch. Mittelalters 5 (1979) 19ff.; Hinz, Motte und Donjon. – Zum Verhältnis Motte – ältere Hofsiedlung vgl. auch P. Donat, Haus, Hof und Dorf in Mitteleuropa vom 7.-12. Jahrhundert. Schr. Ur- u. Frühgesch. 33 (1980) 106ff.

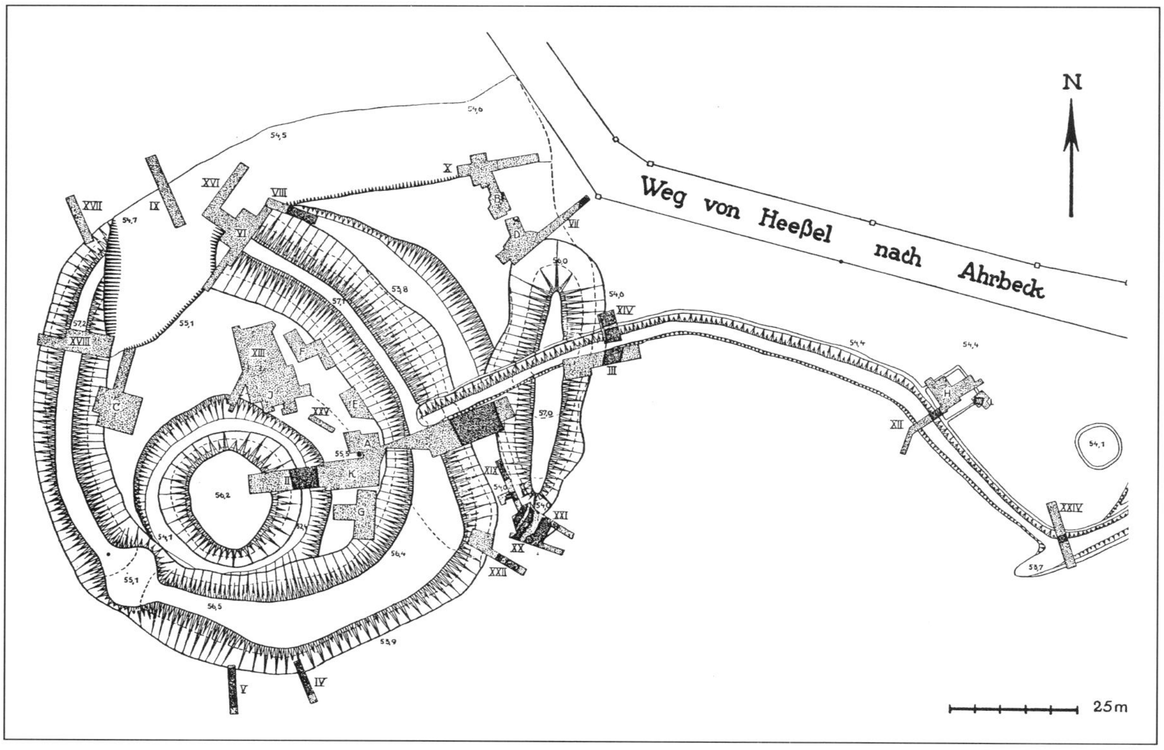

Abb. 15 Heeßel bei Burgdorf, Ldkr. Hannover. Grundriß der Burganlage mit Motte, 12. Jh. (n. Schroller).

gewachsenen Boden und steht nicht auf bzw. in einer Hügelschüttung. Zwischen eventuell vorhandener Randbefestigung (Mauer oder Palisade) ist häufig nur wenig Platz für Nebengebäude[81].

Die Entwicklung von der ebenerdig angelegten, in der Regel befestigten Hofanlage zur Burg vom Typ Motte soll anhand zweier Beispiele, des Burgwalles bei Heeßel, Stadt Burgdorf, Ldkr. Hannover, und der Burg Elmendorf im Ammerland bei Bad Zwischenahn erläutert werden.

Südlich von *Heeßel* errichtete man im Niederungsgebiet auf einer Sandinsel eine kleine geschützte, vielleicht befestigte Siedlung, von der Reste zweier Häuser des 9./10. Jahrhunderts mit Schwellenfundamenten aus Raseneisenstein, Lehmdiele und Herdstelle freigelegt wurden (Abb. 15)[82]. Danach erst entstand über einer älteren Schicht mit Holzkohle und Hüttenlehm der kaum 2 m hohe Burghügel mit umlaufendem Ringgraben. Als spätere Verstärkung ist der 50 bis 60 m große Rundwall anzusehen, da er sichtbar den inneren Burghügel überragt und dessen Ringgraben überschneidet. Als Besonderheit ist auf den zwingerartigen Vorbau im Nordosten und die spiralförmige Anlage des Hauptwalles hinzuweisen. Der noch bestehende Wallschenkel südlich des Nordosttores hatte ursprünglich als Front eine Mauer aus Raseneisenstein, der überall in den Niederungen der Umgebung ansteht. Die komplizierte Art von Wallführung und Zugang spricht für eine Datierung des letzten Ausbaus des Burgwalles in das 12. Jahrhundert. Die Burg steht möglicherweise in Verbindung mit der Grundherrschaft der Edelherren von Depenau, die für das 12./13. Jahrhundert im Raum Burgdorf nachweisbar sind. Mit Gründung ihrer

81 Hinz, Motte und Donjon 72. – H.-W. Heine, Studien zu Wehranlagen zwischen junger Donau und westlichem Bodensee. Forsch. Ber. Arch. Mittelalter Baden-Württemberg 5 (1978) 39f. – D. Lutz, Turmburgen in Südwestdeutschland. La Maison Forte au Moyen Age (1986) 140f. – G. P. Fehring, Einführung in die Archäologie des Mittelalters (1987) 111.

82 H. Schroller, Die sächsische Wallburg bei Heeßel, Kr. Burgdorf. Nachr. Niedersachs. Urgesch. 9, 1935, 27–46. – Hinz, Motte und Donjon 33 (nimmt für die Umwallung frühmittelalterliche Datierung an, was der Befund bisher nicht belegt). – Heine, Ringwall und Burg 32f.

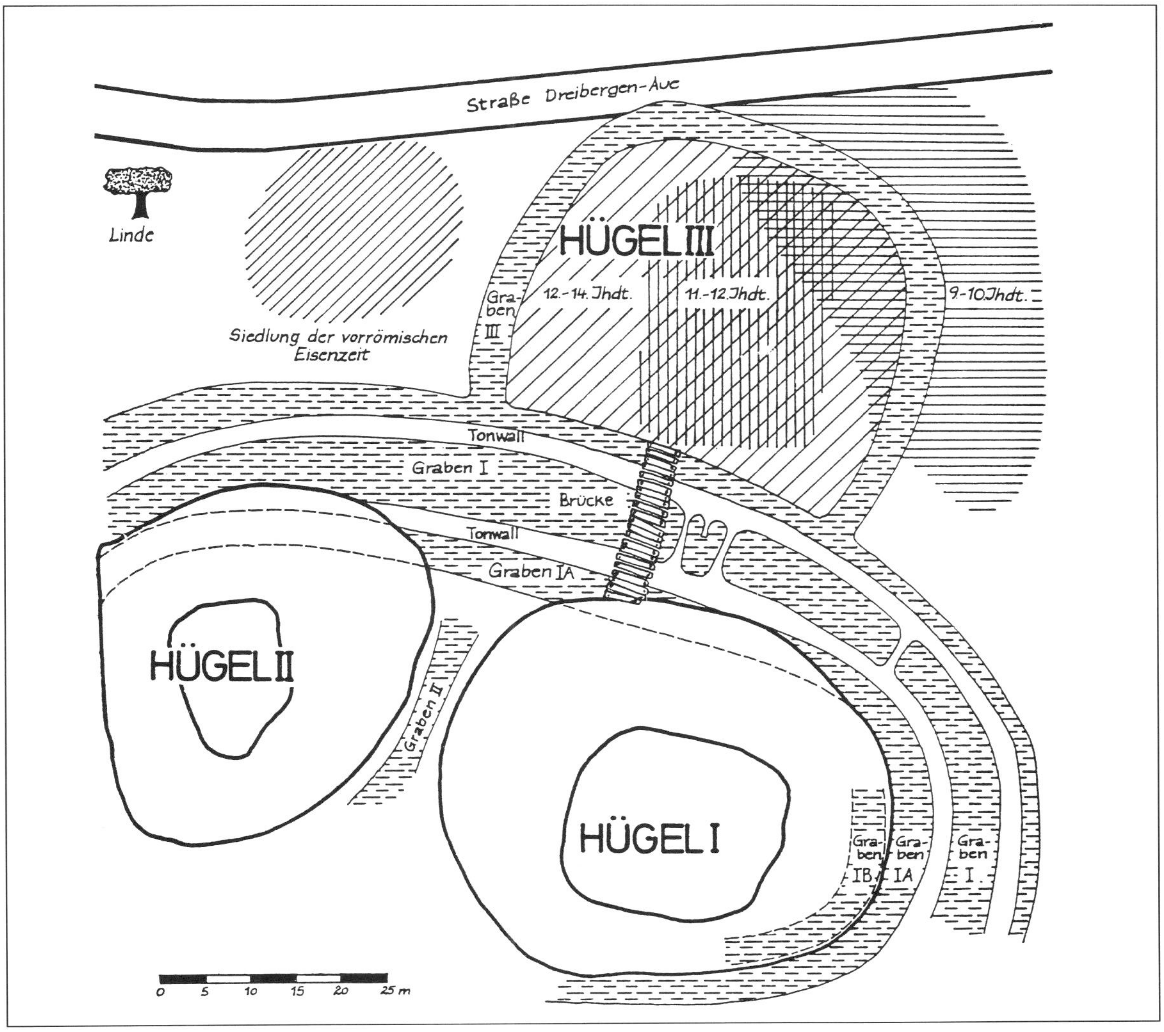

Abb. 16 Burg Elmendorf, Ldkr. Ammerland. Plan der Burg des 12. Jhs. mit Vorgängeranlagen (n. Zoller).

neuen und namengebenden Burg Depenau 2,5 km südöstlich kurz vor 1145 dürfte der Heeßeler Burgwall mit seinem Burghügel an Bedeutung verloren haben[83].

Eine der wichtigsten, überregional bedeutsamen Burgengrabungen fand Ende der 60er Jahre am Nordufer des Zwischenahner Meeres bei *Elmendorf* im Ammerland statt[84]. Dort erhebt sich eine mächtige Doppelmotte, noch heute ein eindrucksvolles Kulturdenkmal (Abb. 16). Zwischen ihr und dem Zwischenahner Meer lag ein weiterer kleiner Hügel. Auf ihm stand die 1134 genannte hölzerne St. Bartholomäus-Burgkapelle[85]. Nördlich des ersten Burghügels befand sich die Vorburg des 12. Jahrhunderts.

83 Last, Burgen 387; 464; 473. – H. Scheelje, Zur Geschichte und Lokalisierung der Burg Depenau bei Burgdorf (Ldkr. Hannover). Nachr. Niedersachs. Urgesch. 53, 1984, 183–195.

84 D. Zoller, Burg Elmendorf. Eine Dreihügel-Motte im Landkreis Ammerland. Neue Ausgr. Forsch. Niedersachsen 4 (1969) 372–390. – Ders., Burg Elmendorf. Zweiter Vorbericht über die Grabungsergebnisse 1968. Ebd. 5 (1970) 184–200. – Ders. in: Arch. Korrbl. 1, 1971, 251 f. – Ders., Burgen und Adelssitze im Ammerland. Ringwall (1971) 40–80; hier 42 f.; 46 f.; 50 ff. – Ders., Keramische Bodenfunde vom frühen Mittelalter bis zum 17. Jahrhundert im Nordoldenburger Geestgebiet. Töpferei in Nordwestdeutschland (Hrsg. W. Lehnemann; ^{2}1980) 10 f. – Last, Burgen 412 ff.

85 C. Ahrens, Frühe Holzkirchen im nördlichen Europa (1981) 506.

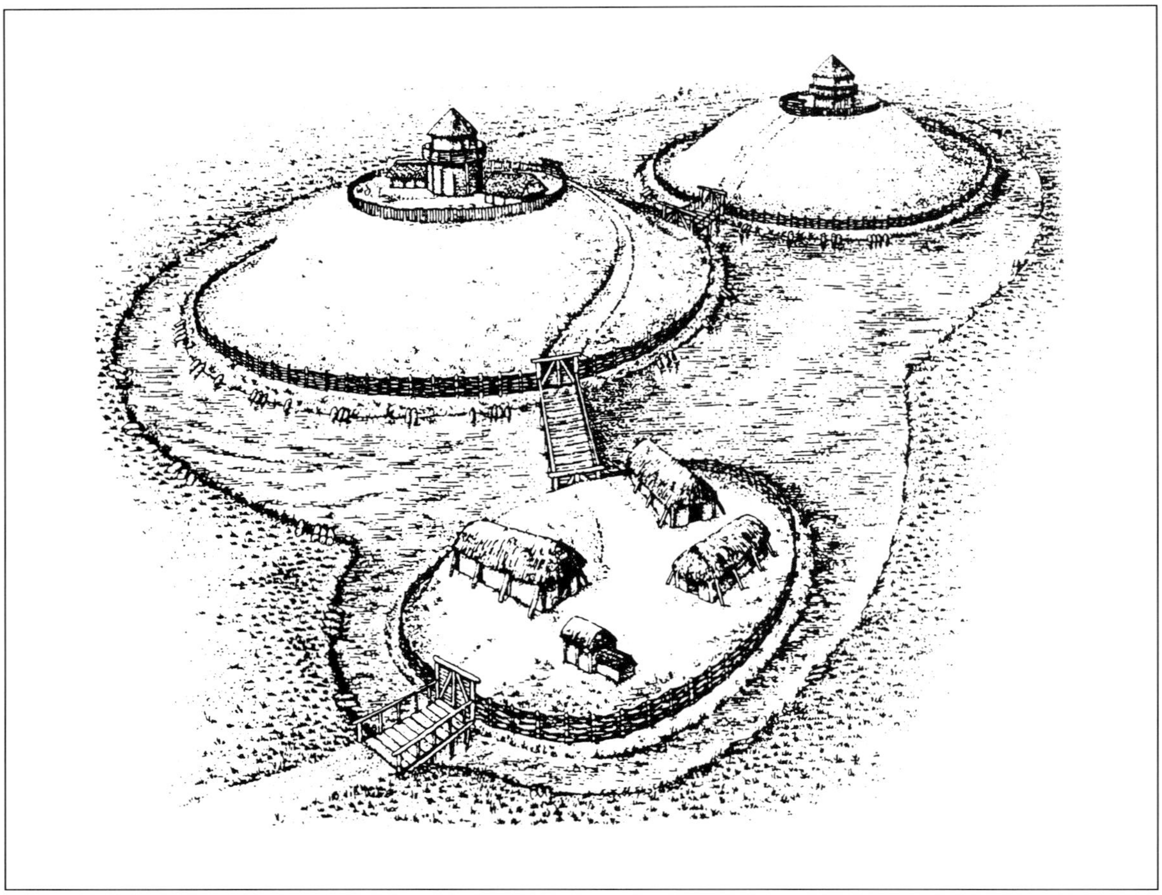

Abb. 17 Burg Elmendorf, Ldkr. Ammerland. Rekonstruktion der Burg des 12. Jhs. (n. Fehring/Zoller).

Nach den Ergebnissen der Grabungen stellt sich die Entwicklung zur Motte folgendermaßen dar: Gegen Ende des 9. Jahrhunderts wird etwa im Bereich der hochmittelalterlichen Vorburg eine palisadenbewehrte Siedlung errichtet, zu der mehrere kleinere Gebäude mit Herdstellen und ein Haus mit Steinfundamentierung und Pflaster gehörten. Nicht nur der Befund, sondern auch die Funde (u.a. bronzene Geldwaage, drei Emailscheibenfibeln, verschmolzene Bronzereste als Zeugnisse von spezialisiertem Handwerk) heben die Hofsiedlung aus dem bäuerlichen Rahmen heraus. Ende des 10. Jahrhunderts kommt es zur gewaltsamen Zerstörung, die man sowohl inneren Auseinandersetzungen des Adels als auch den immer noch gefährlichen Wikingern anlasten kann. Um 1000 wird über den Brandresten, nur wenig neben der alten Siedlungsstelle, ein neuer Hof gegründet, dessen Hauptgebäude mit einem Zaun aus Holzpfählen umgeben ist. Im Laufe des 11. Jahrhunderts errichtet man im Bereich der späteren Burghügel eine grabenbewehrte kaum erhöhte Anlage, die um 1100 oder kurz danach abbrennt. In der ersten Hälfte bis Mitte des 12. Jahrhunderts dürften schließlich die beiden 7 bzw. 5 m hohen Burghügel mit dem komplizierten Grabensystem vollendet gewesen sein. Der höhere von beiden trug ein großes zwölfeckiges Holzgebäude, das offensichtlich einem Rundturm nachgebildet war. Daneben hatte auf dem engen Hügelplateau mit der randlichen Palisade nur ein kleiner Schwellbalkenbau mit Herdstelle Platz. Die nördlich gelegene Hofsiedlung wurde zur Vorburg mit Befestigung ausgebaut (Abb. 17). Burg bzw. Hof (»Herrensitz«) gehörten um 1130 einer edelfreien Familie, die eng mit den Grafen von Oldenburg verbunden war.

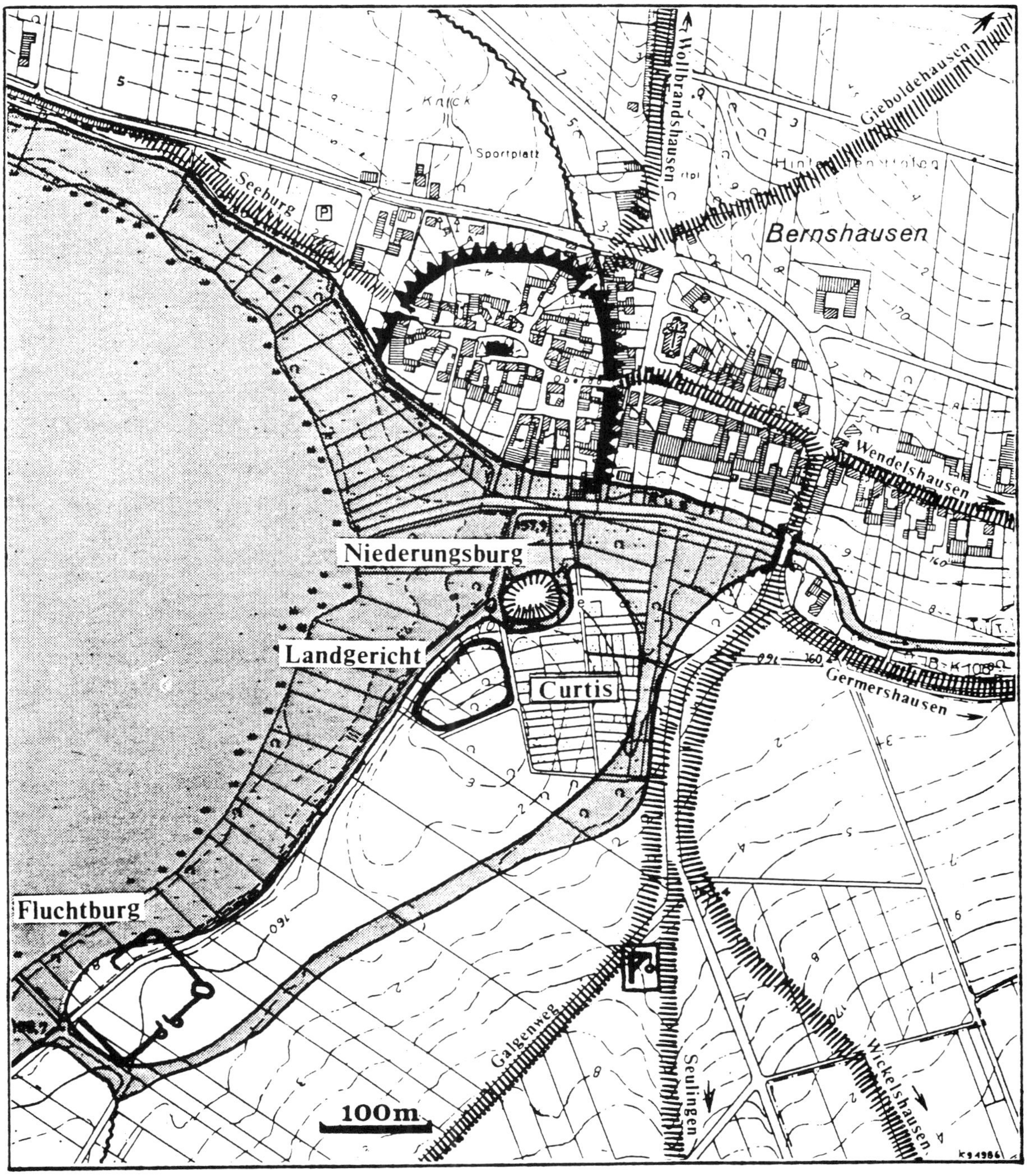

Abb. 18 Historische Topographie von Bernshausen, Ldkr. Göttingen. Südlich des von einer Dorfbefestigung geschützten Ortes lag die Niederungsburg (Motte) des 12. Jhs. am Rande des vermutlichen Herrensitzes (curtis) des 10./11. Jhs. Am Südwestende der »Insel«, am Rande des Seeburger Sees, befand sich die frühmittelalterliche Fluchtburg (n. Grote).

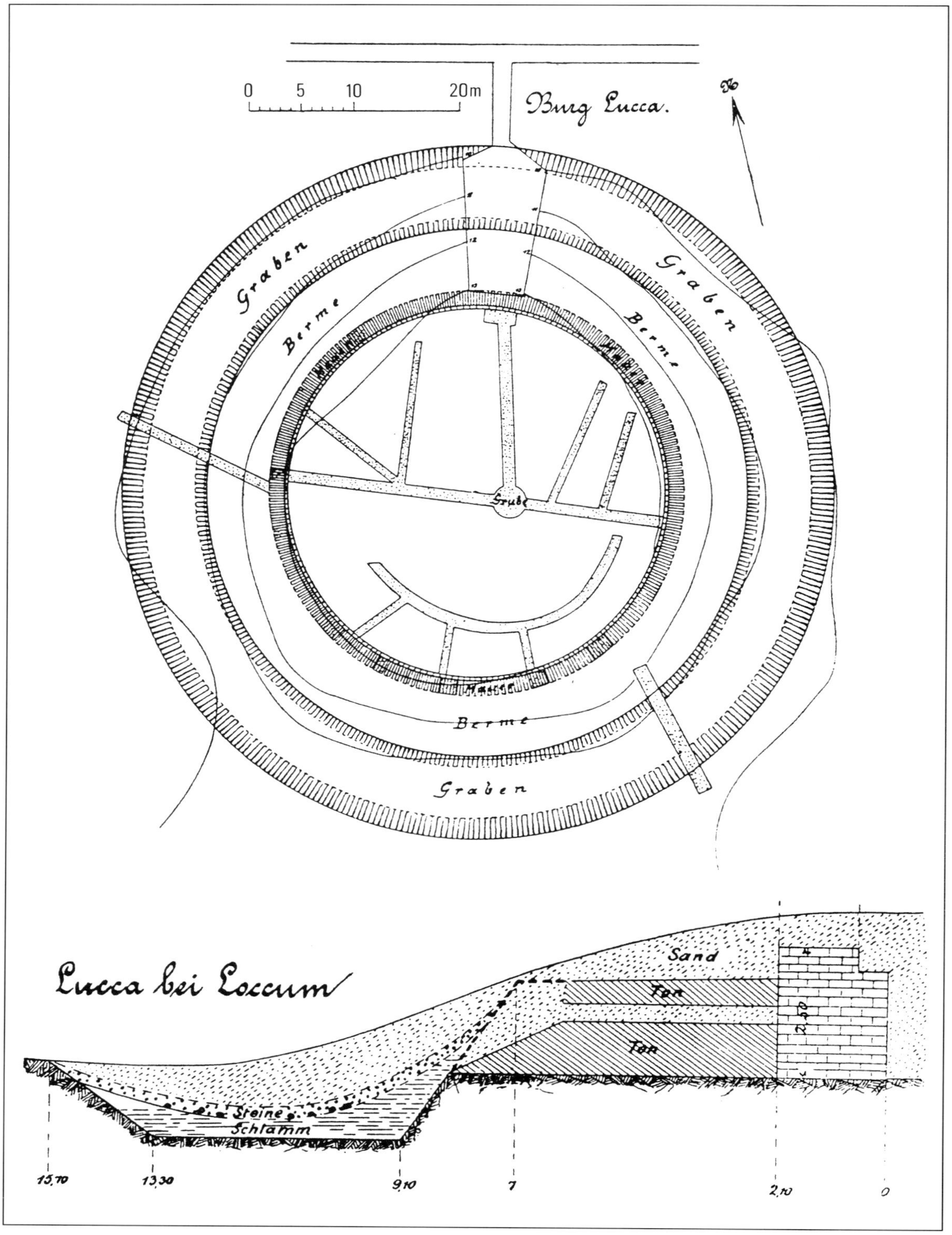

Abb. 19 Luccaburg bei Loccum, Ldkr. Nienburg. Grundriß der Motte mit Grabungsschnitten und Profil durch Mauer, Berme und Graben; 1. Hälfte des 12. Jhs. (n. Schuchhardt).

Eine ähnliche Entwicklung läßt sich für den *Dachsberg* genannten Burghügel beim Kloster Ihlow, Ludwigsdorf, Ldkr. Aurich, annehmen. Am Rande einer Niederung bestand seit dem frühen Mittelalter eine Hofsiedlung, neben der im 12. Jahrhundert ein knapp 3 m hoher Burghügel aufgeschüttet wurde[86]. Am Rande des Seeburger Sees südlich von *Bernshausen*, Ldkr. Göttingen, im hügeligen unteren Eichsfeld bestand vom 10. bis 12. Jahrhundert eine Siedlung mit »curtis« (Hof, »Herrensitz«), die dem bedeutenden Immendinger-Geschlecht zugeschrieben wird, aus dem u.a. Erzbischof Unwan von Bremen (1013–1029) und der bekannte Bischof Meinwerk von Paderborn (1009–1036) stammen (Abb. 18)[87]. Nach Auflassung dieser Siedlung entstand am Rande der Seeuferterrasse eine Burg vom Typ Motte, auf der eine niederadelige Familie als Lehensleute und im Auftrag der Grafen von Lauterberg ihren Sitz nahm. Die erste Aufschüttung für den Burghügel geschah nicht vor Mitte des 12. Jahrhunderts, ihre heutige Gestalt mit weiterer Erhöhung und breitem Graben erhielt die Anlage im ersten Drittel des 13. Jahrhunderts.

Für eine Reihe weiterer Motten im niedersächsischen Tiefland dürfte ebenfalls eine Entstehung in der ersten Hälfte oder Mitte des 12. Jahrhunderts wahrscheinlich sein: so z.B. bei der *Luccaburg* südlich Loccum, Ldkr. Nienburg, einem ca. 3 m hohen rundlichen Burghügel mit gemörtelter Ringmauer, dessen Fundgut in das frühe 12. Jahrhundert zurückreicht (Abb. 19 u. 20)[88]. Mit Gründung des Zisterzienserklosters Loccum 1163 fand die Luccaburg ihr Ende.

Wohl schon kurz nach 1100 errichteten in Lehnsabhängigkeit zu den Bischöfen von Minden die Grafen von *Wölpe* in der Niederung des gleichnamigen Flüßchens bei Erichshagen (Stadt Nienburg) eine Burg, deren Hügel nach spätmittelalterlicher Überformung und neuzeitlicher Zerstörung bei einer Höhe von 4,5 m ein Plateau von 50 bis 70 m Durchmesser besitzt und offensichtlich im Kern eine Burg vom Typ Motte war[89]. 1150 ist die Burg Wölpe erstmals bezeugt. Ihr Wirtschaftshof lag in weitem Abstand am Rande der Niederung. Eine Vorburg war wie bei der Luccaburg nicht vorhanden.

Bei zahlreichen niedersächsischen Motten ist die Anfangsdatierung nicht hinreichend geklärt. Gerade Anlagen wie die zerstörten Motten Stumpenhausen[90], Ldkr. Nienburg, und Warpke[91], Ldkr. Lüchow-Dannenberg, könnten durchaus in der 1. Hälfte des 12. Jahrhunderts ihren Ursprung haben, als befestigte Flachsiedlungen oder schon als Motten? Festzuhalten bleibt, daß die ersten Burgen vom Typ Motte in Niedersachsen kaum vor dem 12. Jahrhundert auftreten, in der Masse erst nach der Mitte des 12. Jahrhunderts[92]. Eher finden sich, neben älteren Bauformen in Art der Burgwälle, kleinere befestigte Höfe oder wasserburgähnliche Anlagen dicht bei Höfen bzw. Herrensitzen (Elmendorf), aus denen in einer Ausbauphase Hochmotten entstehen konnten. Daß dies nicht immer der Fall war, zeigt das folgende Beispiel.

86 H. van Lengen, Der mittelalterliche Wehrbau im ostfriesischen Küstenraum. Patze, Burgen 1, 325–357; hier 353 f. Abb. 14. – Nachr. Niedersachs. Urgesch. 57, 1988, 364 f. (n. W. Schwarz, dem für Einblicknahme in die Grabungsbefunde zu danken ist). – W. Schwarz in: Arch. Mitt. Nordwestdeutschland 11, 1988, 75 f.; 79; 12, 1989, 49. – Ders., Ostfriesland 1989/2, 29 f. Abb. 23.

87 M. Last, Aussagen schriftlicher Quellen zur mittelalterlichen Siedlungsgeschichte des Unteren Eichsfeldes. Nachr. Niedersachs. Urgesch. 54, 1985, 3–25; hier 10 ff. – K. Grote, Siedlungs- und burgenarchäologische Befunde des Früh- und Hochmittelalters bei Bernshausen am Seeburger See, Kr. Göttingen. Ebd. 54, 1985, 77–118; hier 83 f.; 111. – Ders., Archäologie eines frühmittelalterlichen Zentralortes: Bernshausen im Untereichsfeld. Führer D 17 (1988) 62–84; hier 78 ff.

88 OS 91 ff. – O. Weerth in: Zeitschr. Hist. Ver. Niedersachsen 1916, 125 ff. – H.-W. Heine, Mittelalterliche Keramikfunde von der Luccaburg bei Loccum. Ein Beitrag zur archäologischen Burgenforschung. Nachr. Niedersachs. Urgesch. 51, 1982, 171–188.

89 Last, Burgen 387; 501; 506 f. – H.-W. Heine, Die »Motte« bei Erichshagen, Burg der Grafen von Wölpe. Führer 49 (1981) 89–92.

90 Last, Burgen 389 Abb. 1; 484; 487.

91 Last, Burgen 484; 489. – B. Wachter, Die Burg Warpke. Führer D 13 (1986) 237 f.

92 Die von M. Last (Burgen 430 ff.; 435 und in: Zeitschr. Arch. 18, 1984, 177 ff.) als Motten bzw. deren Frühformen bezeichneten, von Bischof Bernward von Hildesheim um 1000 errichteten Anlagen Mundburg und Wahrenholz, beide Ldkr. Gifhorn, dürften nach allem Bekannten keine Motten im eigentlichen Sinne gewesen sein. In ihrer topographischen Lage (siedlungsfeindlich gelegen unter Ausnutzung natürlicher Erhebungen in schwer zugänglichen Niederungen) sind sie gegenüber den üblichen frühmittelalterlichen Burgwällen an Niederungsrändern bzw. wenig exponierter Spornlage fortschrittlich zu nennen. – Vgl. Streich, Burg und Kirche 465 f.

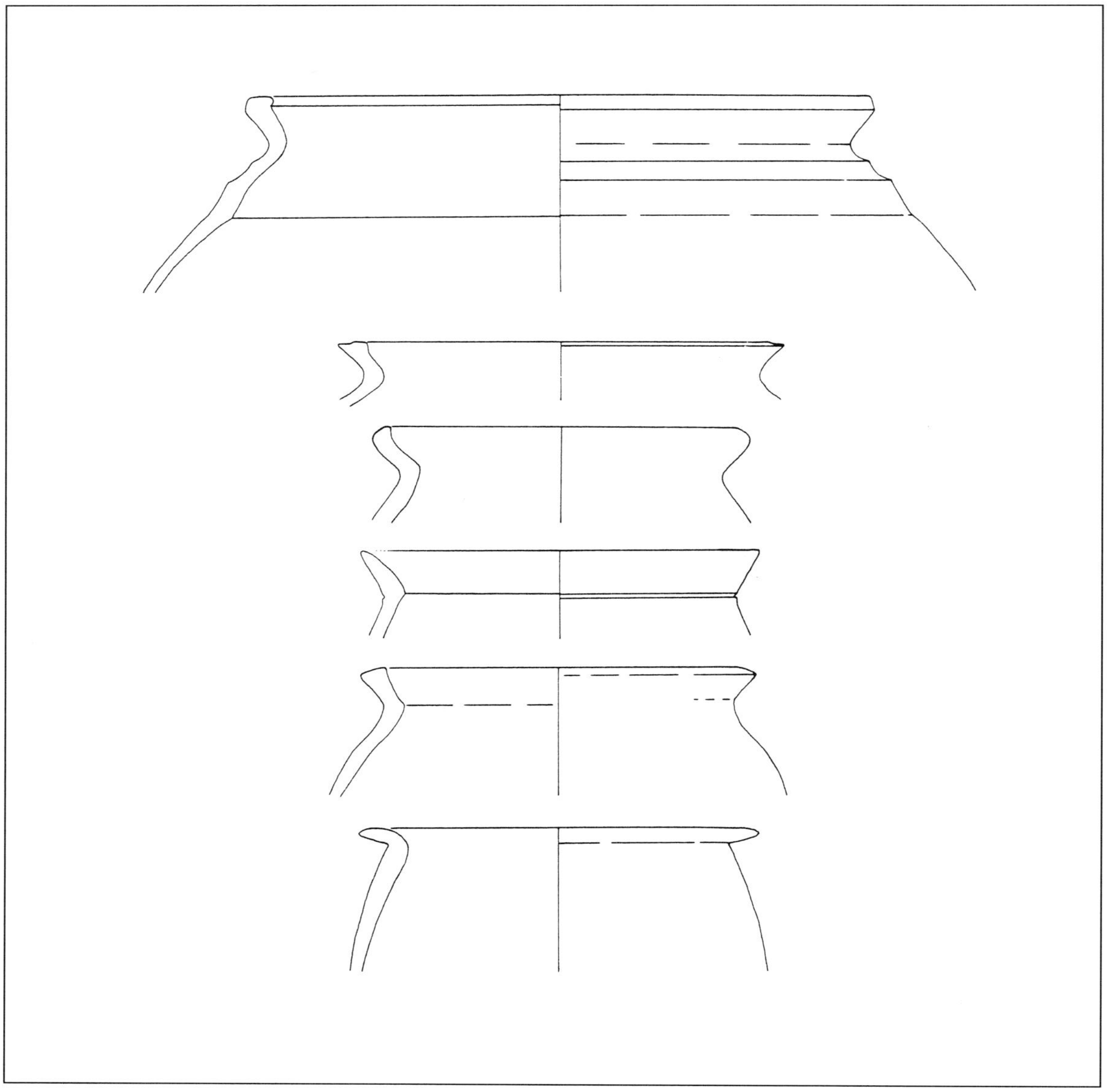

Abb. 20 Luccaburg bei Loccum, Ldkr. Nienburg. Ausgewählte Keramik, Anfang/Mitte 12. Jh. (n. Heine). M. 1:3.

Bei der systematischen Archäologischen Landesaufnahme im Mittelwesergebiet[93] entdeckte man in der weiten Meerbachniederung bei Husum, Ldkr. Nienburg, am Ende eines Sandrückens eine kleinere Wallgrabenanlage, die von alters her den Namen *»Schloßplatz«* führte[94]. Wall und Graben nahmen den Südwestteil des Geländes ein, wobei ein Raum von 50 auf 37 m (0,17 ha) umschlossen wird (Abb. 21). Der Graben nördlich des östlichen Vorgeländes geht auf neuere Kultivierungsmaßnahmen zurück. Den Grabungsergebnissen nach war der Wall 7 m breit, wobei seine Front wohl durch eine Palisade, möglicherweise unter Verwendung von Plaggen, gestützt wurde. Nach einer 2,5 m breiten Berme folgt nach außen ein flacher, ca. 7 m breiter Sohlgraben, vor dem Spuren eines Pfostengrabens und von Pfosten

93 H.-G. Peters, Ein siedlungsarchäologisches Forschungsprogramm im Gebiet der Mittelweser, südlich von Nienburg. Nachr. Niedersachs. Urgesch. 48, 1979, 127–133.

94 F.-A. Linke, Eine mittelalterliche Befestigung bei Husum, Ldkr. Nienburg. Nachr. Niedersachs. Urgesch. 50,1981, 157–184. – Führer 48 (1981) 214f. – Heine, Ringwall und Burg 31f. – Frdl. Hinweise F.-A. Linke, Goslar.

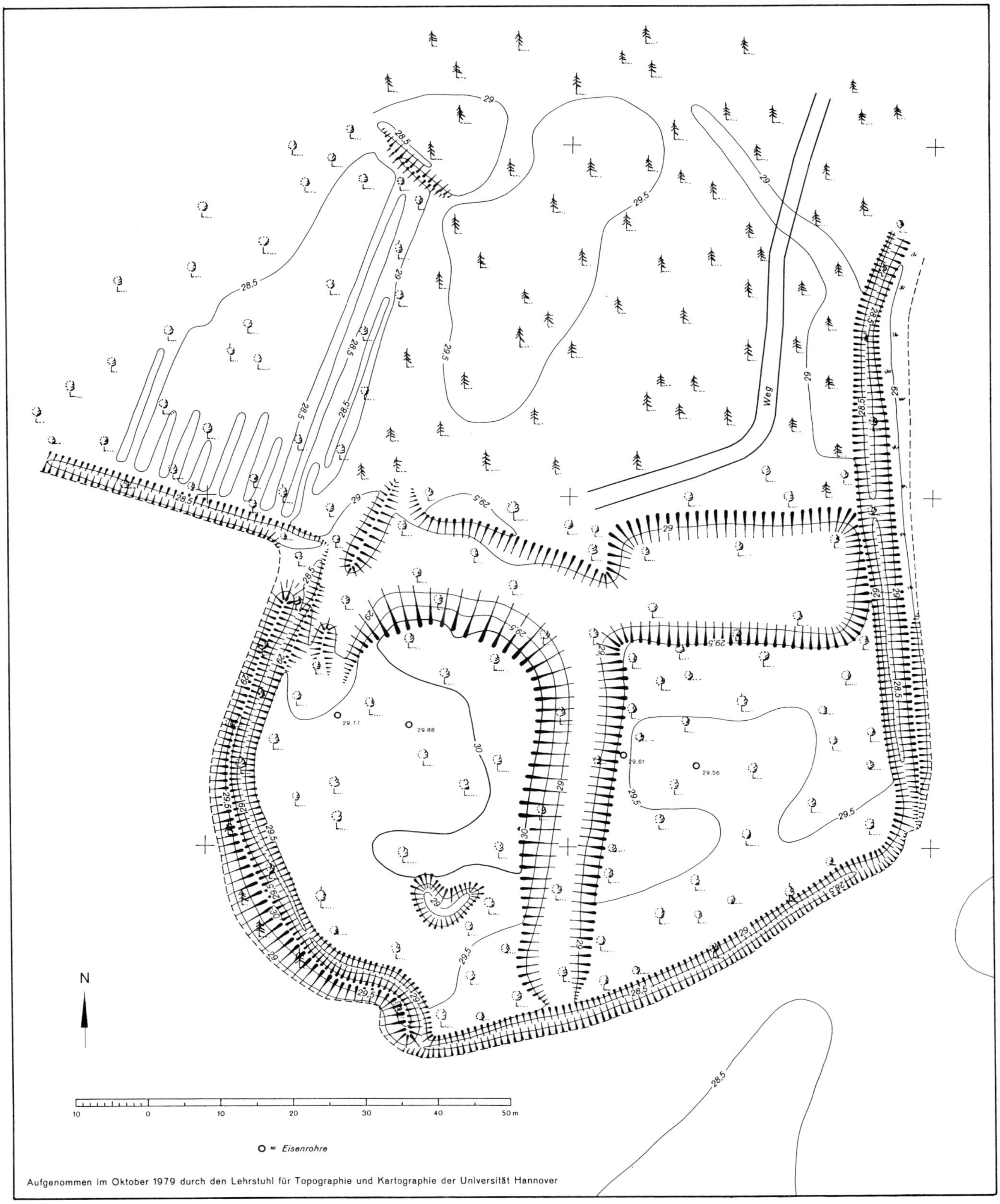

Abb. 21 Schloßplatz bei Husum, Ldkr. Nienburg. Plan der früh- bis hochmittelalterlichen Befestigung.

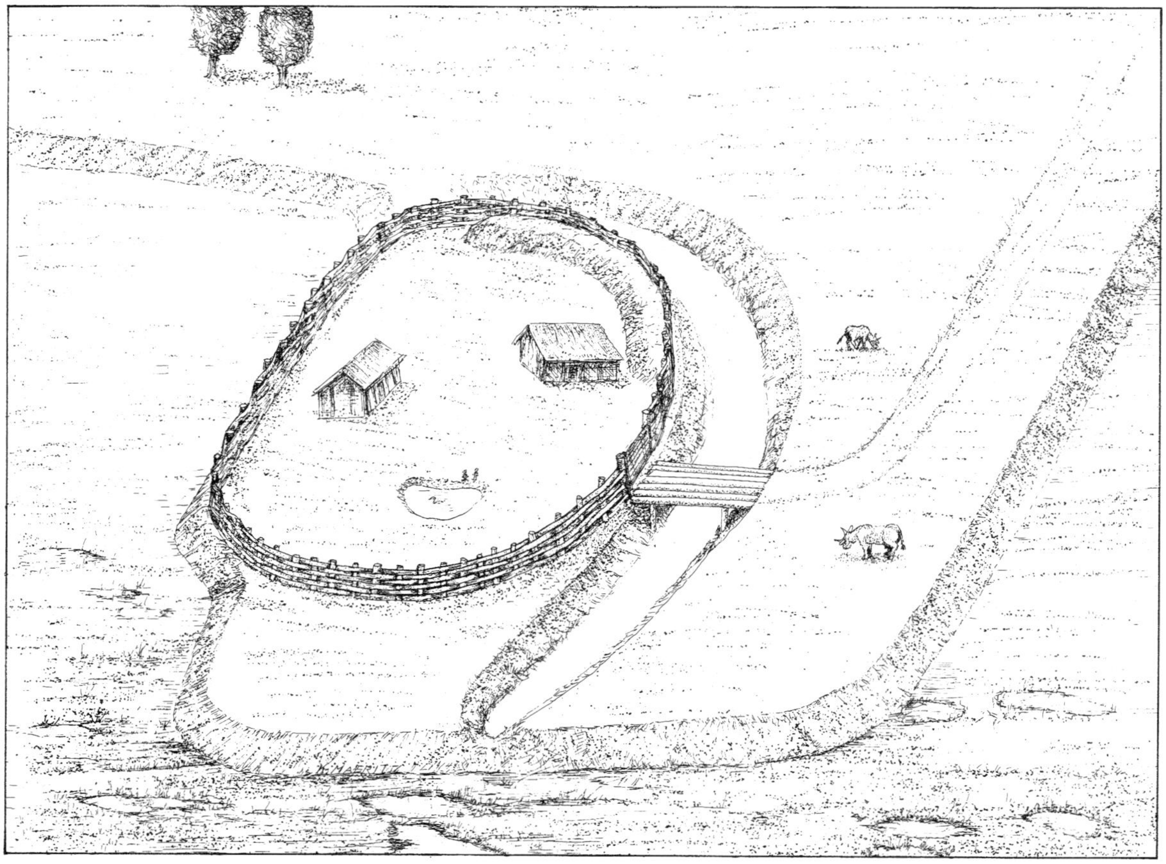

Abb. 22 Schloßplatz bei Husum, Ldkr. Nienburg. Rekonstruktionsversuch (Zeichnung: RGZM).

gefunden wurden. Im Inneren wurden Siedlungsspuren des 9. bis 11. Jahrhunderts angeschnitten, darunter eine wenig eingetiefte Hausgrube mit begleitenden Pfosten (Abb. 22). Eine Aufschüttung von ca. 1 m Stärke mit Fundeinschlüssen des 12. Jahrhunderts überdeckte die Wall- und Siedlungsbefunde. Offensichtlich war der weitere Ausbau der Anlage geplant, doch aus unbekannten Gründen kam es zu keiner weiteren Ausführung.

Eine weitere Neuerung im Burgen- und Befestigungswesen des 11. Jahrhunderts war für den Raum zwischen Ems und Elbe das Aufkommen von großen offensichtlich bewohnbaren Türmen, noch ehe sich die Burgen vom Typ Motte durchsetzen konnten. 1962 legte man bei Bauarbeiten im Hamburger Stadtkern ein mächtiges Feldsteinfundament frei, das als *»Bischofsturm«* bezeichnet wurde (Abb. 23 u. 24)[95]. Bei einer Mauerstärke von 4 m hatte es einen Außendurchmesser von 18,4 bis 19 m, so daß ein Innenraum von über 90 m^2 verblieb. Das Unterteil war in Marschenschlick verlegt, während sich in oberen Lagen noch Mörtelreste fanden. In die westliche Außenschale war ein Brunnen eingebunden. Aufgrund der Schichtenabfolge und der Funde datiert das Fundament in das 11. Jahrhundert. Wichtig war fernerhin, daß ein gleichzeitiges Mauerstück in Ostrichtung an die südöstliche Mauerschale stieß und daß der Turm an günstiger Stelle nördlich der karolingerzeitlichen Domburg hinter dem die Alster-

95 D. Bohnsack, Das Fundament eines steinernen Rundturmes des 11. Jahrhunderts in der Hamburger Altstadt. Château Gaillard 2 (1967) 1–6. – Ders., Die »Bischofburg« am Speersort in Hamburg. Hammaburg NF 7, 1984–85 (1986), 147–162. – Last, Burgen 442. – Streich, Burg und Kirche 453 f. – Stephan, Stadtforschung 30 f. – Von den Sachsen zur Hammaburg. Bilder aus Hamburgs Frühzeit. Veröffentl. Helms-Mus. 50 (Hrsg. R. Busch; 1987) 248 f. – R. Schneider in: Bodendenkmalpflege in Hamburg. Veröffentl. Helms-Mus. 56 (Hrsg. R. Busch; 1989) 23 f.

Elbe-Schleife abschneidenden »Heidenwall« errichtet wurde (Abb. 25). Auf den »Heidenwall«, eine Holz-Erde-Befestigung, bezieht sich zweifellos die Nachricht Adams von Bremen, daß 1020/29 Erzbischof Unwan und der Billunger Herzog Bernhard II. von Sachsen nach der Zerstörung Hamburgs im großen Slawenaufstand 983 und nach der Plünderung durch slawische Obodriten 1018 Dom und Burg wieder aufgebaut haben[96]. Dem widersprechen Befunde und Funde nicht. Schließlich notierte Adam, daß Erzbischof Bezelin (1035–1043) ein mit Türmen und Brustwehren befestigtes Steingebäude errichtet hatte. Diese Nachricht bezieht sich offensichtlich auf den ausgegrabenen Rundturm, wobei sich Adam der bildlichen Sprache seiner Zeit bediente[97].
Baugeschichtlich gesehen, gehört der Hamburger Bischofsturm zu den frühesten runden Wohntürmen des nördlichen Mitteleuropas. In ähnlicher Position, dicht hinter einer Abschnittsbefestigung bzw. in sie eingebunden, stehen z.B. der runde Wohnturm auf der Wiprechtsburg bei Groitzsch (Westsachsen) mit

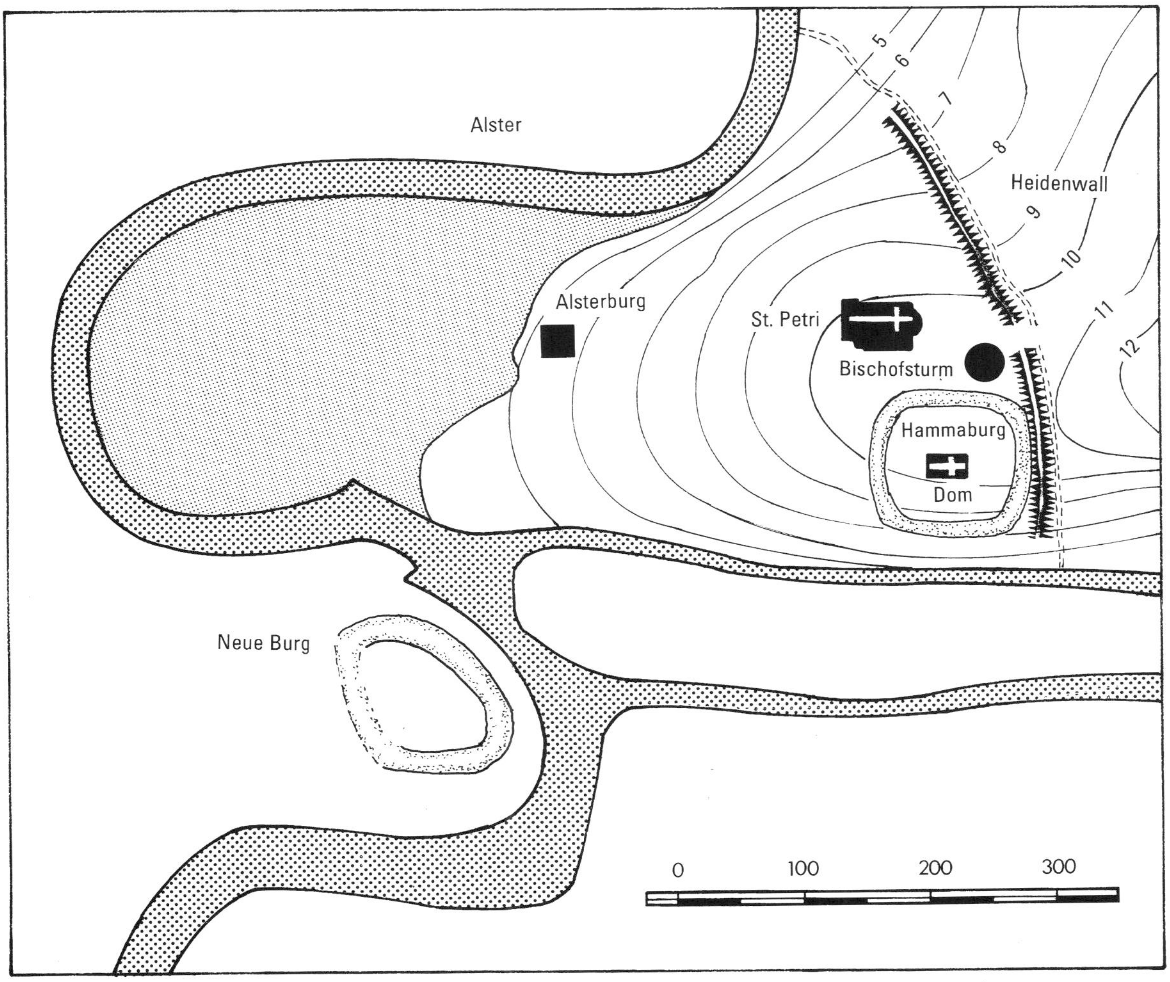

Abb. 23 Hamburg. Historische Topographie (Umzeichnung RGZM n. Schindler/Busch).

96 Adam II,49.60.70. – Zum Heidenwall: R. Schindler, Ausgrabungen in Alt Hamburg (1957) 81ff.; 156ff. – Stephan, Stadtforschung 31. – Last, Burgen 442.

97 Adam II,70: »... sibi domum lapideam fecit, turribus et propugnaculis valde munitam.« – Die Gleichsetzung mit dem gefundenen Turm ist kürzlich von Stephan, Stadtforschung 31, angezweifelt worden. Die Ergänzung Adams »turribus ... munitam« als Charakterisierung des Gebäudes steht dagegen. – Neubearbeitung der Befunde durch F. Lüth vorgesehen.

Abb. 24 Hamburg. Bischofsturm des 11. Jhs.; Steinplan (n. Bohnsack).

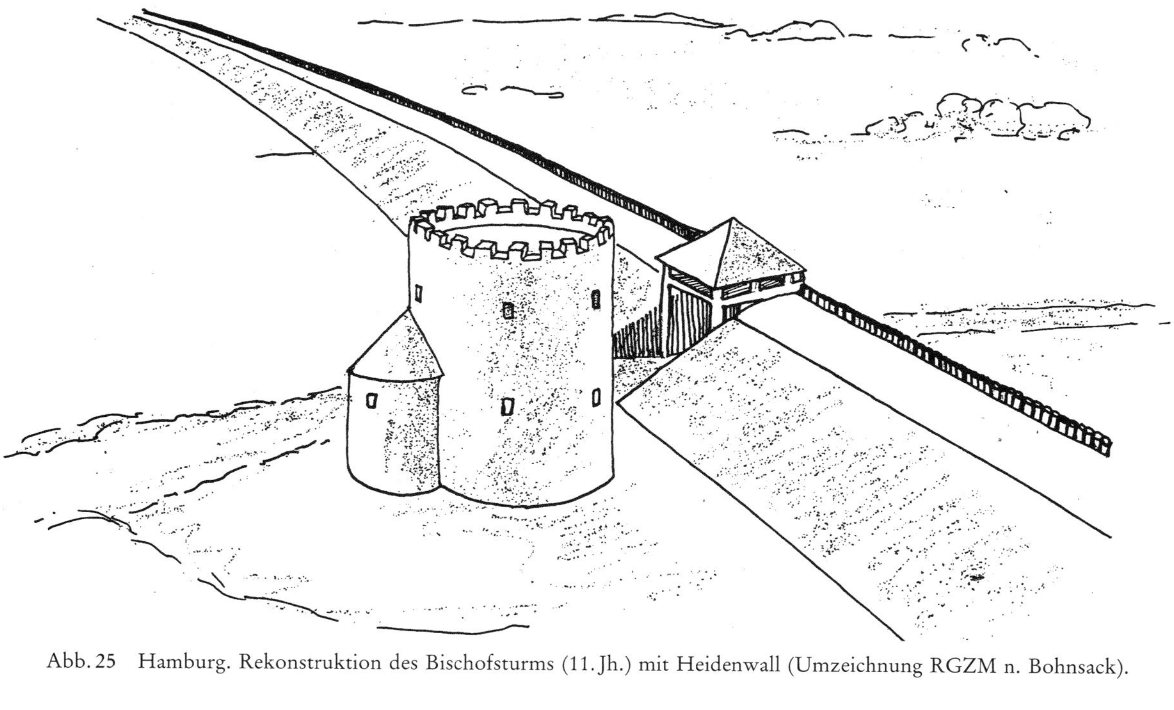

Abb. 25 Hamburg. Rekonstruktion des Bischofsturms (11. Jh.) mit Heidenwall (Umzeichnung RGZM n. Bohnsack).

13,1 m Durchmesser und 2 m Mauerstärke (65 m^2 Innenraum)[98] und der runde Wohnturm auf dem Sachsenstein bei Walkenried, Ldkr. Osterode am Harz (vgl. Abb. 38), mit 13,5 m Durchmesser und ebenfalls 2 m Mauerstärke (70,8 m^2 Innenraum)[99]. Die erhaltenen datierbaren Rundtürme ab dem 12. Jahrhundert, vor allem in Schleswig-Holstein und Dänemark, unterstreichen den Vorbildcharakter des Hamburger Bischofsturmes für diesen Raum.

Erzbischof Bezelin (1035–1043) hatte den Berichten Adams von Bremen zufolge weiterreichende Pläne zum Ausbau seiner Residenz Hamburg: Die Domburg sollte mit einer Mauer umgeben werden, die zur weiteren Befestigung drei Tore und zwölf Türme erhalten sollte. Der Wachtdienst würde bei dem ersten Turm der Bischof selbst zu besorgen haben. Für die nächsten fünf sollten die geistlichen und weltlichen Funktions- und Würdenträger zuständig sein, nämlich Vogt, Probst, Dekan, Schulvorsteher, Domherren und Kanoniker. Die übrigen sechs seien von den Burgbewohnern (»cives«) zu bewachen[100].

Es mag genügen, in diesem Zusammenhang auf einige Parallelen hinzuweisen. Einmal hat Bezelin selbst in Bremen am Westrand seiner Domburgummauerung gegenüber dem Marktplatz ein großes Tor in Form eines festen Turmes errichtet, der in italienischer Art befestigt und mit sieben Kammern für verschiedene Zwecke der Domburg ausgestattet war[101]. Von weiteren Türmen ist nicht die Rede, auch archäologisch nichts bekannt. Vielleicht mag die Situation in Trier die Planungen Bezelins in Hamburg näher beleuchten. Zur Zeit Erzbischofs Ludolfs (994–1008) entstand um die Trierer Domimmunität eine starke Mauerbefestigung[102]. Die Umfassungsmauer wurde zu einem späteren Zeitpunkt durch feste Wohntürme verstärkt. Auch innerhalb des Beringes entstanden weitere Turmbauten, die wie überall in Trier wohl kaum vor Mitte des 12. Jahrhunderts zu datieren sind[103]. Als Inhaber gelten Ministeriale des Domstifts und aus dem städtischen Bereich.

98 H.-J. Vogt, Die Wiprechtsburg bei Groitzsch. Eine mittelalterliche Befestigung in Westsachsen. Veröffentl. Landesmus. Vorgesch. Dresden 18 (1987) 62f.; 135f. (kurz nach 1080), der auf weitere Rundtürme gleichzeitiger und jüngerer Zeitstellung im DDR-Gebiet verweist. – Dazu auch G. Stein, Untersuchungen zum deutschen Burgenbau der romanischen Epoche (Phil. Diss. Berlin; 1950) 54ff.; ders., Burgen und Schlösser in der Pfalz (1976) 25f.; ders., Frühe deutsche Wohntürme. Neue Ausgrabungen und Untersuchungen im Nahen Osten, Mittelmeerraum und in Deutschland. Berichte über die Tagung der Koldewey-Gesellschaft in Berlin (1961) 36ff.; P. Grimm, Zu den drei Burgen bei Aschersleben. Jahresschr. mitteldeutsche Vorgesch. 49, 1965, 87–98; hier 89; 92 (Alte Burg, 1. H. 12. Jahrhundert); G. Binding, Schloß Broich in Mühlheim/Ruhr (1970) 26 (mit Auflistung); H. Stiesdal, Die ältesten dänischen Donjons. Château Gaillard 7 (1976) [1977] 279ff. u. Chr. Radtke, Die Oldenburg an der Schleimündung. Offa 31, 1981, 341ff. (mit Hinweis auf die mächtigen Rundtürme der 1. Hälfte des 12. Jahrhunderts im dänischen Machtbereich wie Bastrup mit 48,5 m^2 Innenraum); H. Flohr, Die Retburg. Fundamente und Burgrest einer Flachmotte in der Leineniederung bei Koldingen, Stadt Pattensen, Lkr. Hannover. Nachr. Niedersachs. Urgesch. 44, 1975, 259ff. (starker Rundturm Mitte/2. Hälfte 12. Jahrhundert); U. Lobbedey, Der Altenfels nahe Brilon. Rettungsgrabung an einer hochmittelalterlichen Burg. Beiträge zur archäologischen Burgenforschung und Keramik des Mittelalters 1. Denkmalpflege Forsch. Westfalen 2 (1979) 11–78; hier 33ff.; 40ff.; 74f. (Türme 1 u. 2 Ostburg; um 1100); E. F. Warnecke, Burg Holte. Führer 44 (1979) 122ff.; 126 Abb. 1 (zerstört 1144 oder um 1200); Streich, Burg und Kirche 453; 533; ferner Harzburg und Sachsenstein bei Walkenried, wohl auch Hünenburg bei Todenmann und Osterburg bei Deckbergen (siehe unten). – Der Rundbau auf der Frohburg, Kt. Solothurn mit 7,5 m Durchmesser und 0,8 m Mauerstärke, 2. Hälfte 11. Jahrhundert, ist für einen Turm recht schwach gebaut, m. E. wohl als Kapelle anzusprechen: Nachr. Schweiz. Burgenverein 49 (6), 1976, 45f. Abb.; W. Meyer, Runde Haupttürme auf Burgen in der Umgebung Basels. Mélanges d'Archéologie et d'Histoire Médiévales en l'honneur M. de Bouard (1982) 287–293; hier 289; 291 Abb. 4; ders., Die Frohburg. Ausgrabungen 1973–1977. Schweiz. Beitr. Kulturgesch. Arch. Mittelalter 16 (1989) 124. – D. Bohnsack, Hammaburg NF 7, 1984–85 (1986), 116f. Abb. 14, vermutet, daß der Bischofsturm auch für die zahlreichen Rundtürme von Kirchen der 2. Hälfte des 12. Jahrhunderts im Gebiet zwischen Elbemündung und westlicher Ostsee Vorbild gewesen sei.

99 Stolberg, Harz 333. – Stein, Untersuchungen (Anm. 98) 74f. – Führer 36 (1978) 197ff. (um 1070).

100 Adam II, 70 Schol. 54.

101 Adam II, 69.

102 R. Brandts, Die Trierer Domimmunität im Wandel der Baukunst vom 11. bis zum 18. Jahrhundert. Rhein. Vierteljahresbl. 12, 1942, 89ff. – H.-J. Mrusek, Die feudale Eigenbefestigung im Mittelalter. Abh. Sächs. Akad. Wiss. Leipzig 60/3 (1973) 37ff. – Führer 32/1 (1977) 43; 113f.

103 A. Wiedenau, Katalog der romanischen Wohnbauten in westdeutschen Städten und Siedlungen. Das deutsche Bürgerhaus 34 (1983) 12ff.; 247ff. – In diesem Zusammenhang ist auf die Stadtbefestigung und die Turmbauten des 11./12. Jahrhunderts in Basel hinzuweisen (D. Rippmann u. a., Basel Barfüsserkirche. Grabungen 1975–1977. Schweizer Beitr. Kulturgesch. Arch. Mittelalter 13 [1987] 125ff.; R. Aujourd'hui in: Basler Zeitschr. Gesch. Altertumskde. 87, 1987, 234ff.; ders. u. Chr. Bing, ebd. 88, 1988, 261ff. Abb. 45; 295f.).

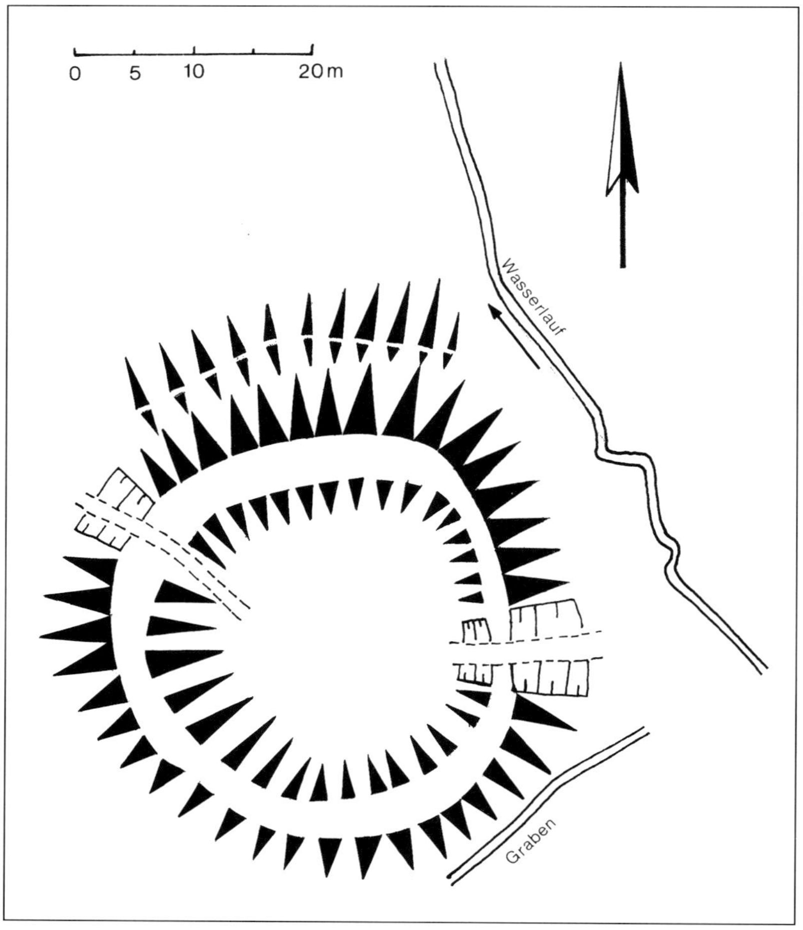

Abb. 26
Alfstedt, Ldkr. Rotenburg/Wümme. Kleiner Rundwall des 11./12. Jhs. (Umzeichnung RGZM n. Tempel).

Zurück nach Hamburg: Adam von Bremen bezeugt fernerhin, daß der Billunger Herzog Bernhard II. (1035–1043) ebenfalls ein festes Haus (»domus«) gegenüber dem erzbischöflichen Sitz errichtet habe[104]. Dieser Bau wird allgemein mit der *Alsterburg* gleichgesetzt, deren Reste man im vorigen Jahrhundert beim Rathausneubau gefunden hatte (zur Lage vgl. Abb. 23). Leider ist das rechteckige Findlingsfundament von wohl 18 bis 20 m Seitenlänge durch Funde nicht datiert. Die Verwendung von Ziegelgrus im Mauerwerk spricht gar für eine Datierung dieses Baues, der möglicherweise an Stelle eines älteren »Hauses« stand, in das fortgeschrittene 12. Jahrhundert[105]. Ebenso wie beim Bischofsturm gab es auch hier keine Hinweise auf nahe zugehörige Ringgräben, welche auf die Existenz einer regulären Turmburg hinweisen.

Eine Nachricht von 1112 bezeugt, daß die Dame Ida von Elsdorf und ihr Sohn in *Elsdorf*, Ldkr. Rotenburg/Wümme, ein Steingebäude (»lapidea structura«) errichtet hatten[106]. Bei dem Dorf liegt, fast völlig von Mooren umgeben, das Gehöft »Burgwall«[107]. Bis 1958 waren hier noch Reste eines

104 Adam II, 70.

105 R. Schindler, Ausgrabungen in Alt Hamburg (1957) 94 ff.; 161 ff. – Ders., Die Bodenaltertümer der Freien und Hansestadt Hamburg (1960) 42. – Stephan, Stadtforschung 31. – R. Schneider in: Bodendenkmalpflege in Hamburg. Veröffentl. Helms-Mus. 56 (1989) 24.

106 Annales Stadenses, Monumenta Germaniae Historica SS 16 (1859) 271–379; hier 319 f.

107 H.-G. Steffens, Untersuchungen über die mittelalterliche Besiedlung des Kreises Bremervörde. Göttinger Geogr. Abh. 29 (1962) 20; 23. – Last, Burgen 438 f. Abb. 15a. – Führer D 4 (1984) 132. – Der Befund in der Wüstung Assum bei Eime, Ldkr. Hildesheim, Steingebäude in Gehöft mit Schmiede, gehört wahrscheinlich erst in das ausgehende 12. Jahrhundert. Eine Neubearbeitung der Befunde und Funde bleibt abzuwarten (vgl. M. Schulze, Die Wüstung Assum bei Eime. Führer 49 [1981] 279–282 mit Literatur).

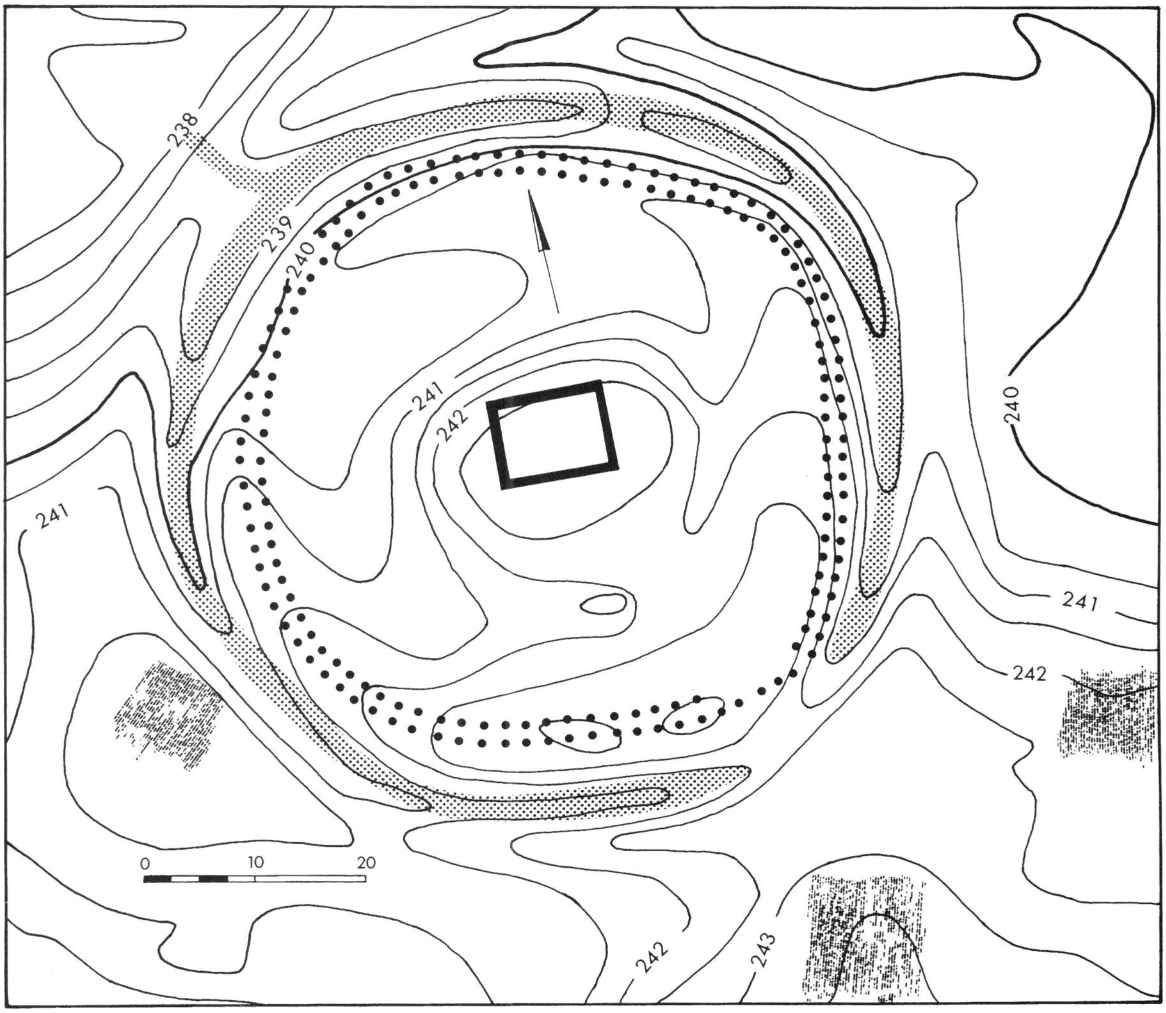

Abb. 27 Barbis, Ldkr. Osterode am Harz. Wüstung Königshagen. Höhenschichtenplan der Burg mit Eintrag des »Wohnturms«, der Doppelpalisade, des Ringgrabens, des Zuganges und der benachbarten Hausstellen. Dargestellt der Zustand Phase 1 (12. Jh.) (Umzeichnung RGZM n. Janssen, ergänzt).

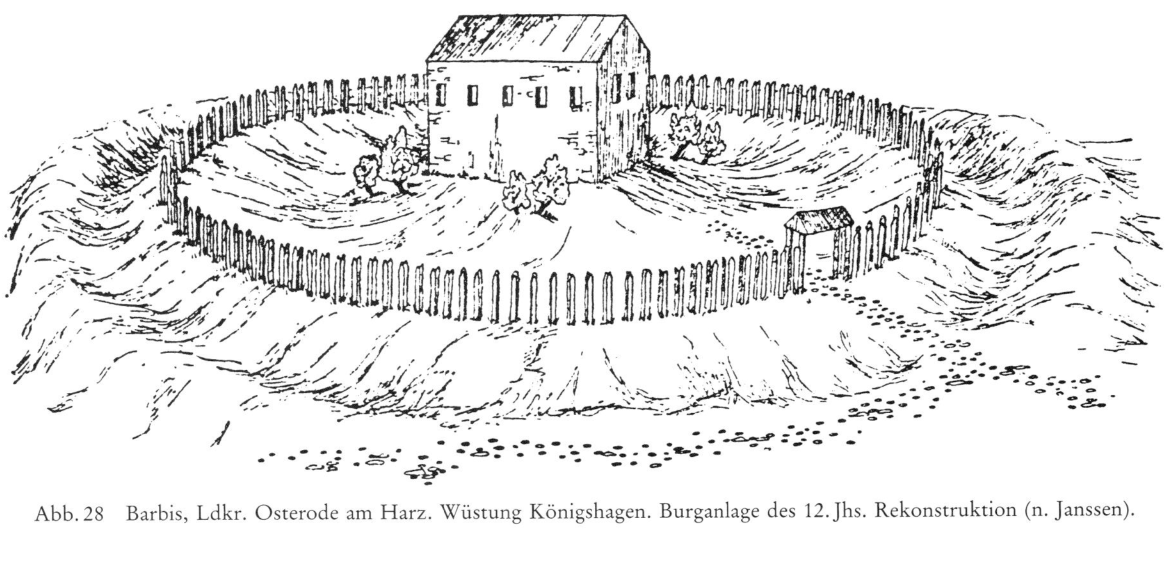

Abb. 28 Barbis, Ldkr. Osterode am Harz. Wüstung Königshagen. Burganlage des 12. Jhs. Rekonstruktion (n. Janssen).

Ringwalles erkennbar. Bei Ausschachtungsarbeiten wurde der zugehörige Graben angeschnitten. Ob es sich bei dem Steingebäude um einen turmartigen Saalgeschoßbau oder einen festen Wohnturm handelte, ist ungewiß.

In diesem Zusammenhang darf auf eine wenig beachtete Gruppe von Rundwällen hingewiesen werden, die sich von den frühmittelalterlichen durch ihren sehr geringen Umfang unterscheiden. Mehr als ein repräsentatives Gebäude oder Turm dürfte in ihnen kaum Platz gefunden haben[108]. Leider ist ein Großteil dieser Befestigungen der neuzeitlichen Landeskultur oder späterer Überbauung zum Opfer gefallen. Eine gut erhaltene Anlage liegt noch am Rande einer Bachniederung bei *Alfstedt* im Landkreis Rotenburg/Wümme neben einer mittelalterlichen Wüstung (Abb. 26). Ein 1,5 m hoher und 10 m breiter Erdwall mit Resten eines vorgelegten Ringgrabens umschließt einen Raum von nur 20 m Durchmesser (ca. 315 m^2). Historische Gründe legen ein Entstehungsdatum zu Beginn des 12. Jahrhunderts nahe[109]. Vom Äußerlichen her ähnelt die in einem Tal gelegene, etwas größere Burganlage in der Wüstung *Königshagen* bei Barbis, Ldkr. Osterode am Harz, diesem Befestigungsschema[110]. Wie die Grabungen von W. Janssen ergaben, geht das heutige Erscheinungsbild erst auf den jüngeren Ausbau im 13./14. Jahrhundert und den späteren Verfall zurück. Ursprünglich bestand in der Mitte auf einem 2–3 m hohen, z.T. mottenartig aufgeschütteten Hügel ein rechteckiges Steingebäude von 8 auf 11 m Größe mit 1 m Mauerstärke und 54 m^2 Innenfläche (Abb. 27 u. 28). Dabei handelt es sich um einen wohnturmartigen Saalgeschoßbau, der sich am »Vorbild der Turmburg (Motte)« orientiert[111]. Um das Gebäude zog sich eine Doppelpalisade mit vorgelegtem Graben, die eine Kreisfläche von ca. 50 m Durchmesser umfaßte. Keramik, historische Quellenlage und Ortsname (-hagen) sprechen für eine Entstehung der Befestigung um 1120/30.

Sein Vorbild hatte der später in eine Kirche umgewandelte Steinbau sehr wahrscheinlich im nahen *Düna* bei Osterode am Harz. In einer Geländemulde erstellte man im 9./10. Jahrhundert im Zwickel zweier Bachläufe ein repräsentatives Steingebäude mit schmalem Annex an der östlichen Langseite. Seine Größe betrug, fast identisch mit Königshagen, 8 auf 11 m bei 1,1 m Mauerstärke. Nach einem Brand und teilweiser Niederlegung entstand um 1100 auf den alten Mauerstümpfen unter Einziehung einer aufwendigen Drainage ein neuer wohnturmartiger Saalgeschoßbau (Abb. 29). Im Westen gab ein starker Bachlauf Schutz, während auf den übrigen Seiten ein Graben herumgeführt wurde. Bald darauf fügte man im Westen nach weiterer Auffüllung des Baches einen fast quadratischen Anbau hinzu, der einen Fachwerkoberbau besaß, als Küche diente und schließlich im 13./14. Jahrhundert durch Feuer unterging[112]. Düna wie Königshagen gehen auf Königsgut zurück, so daß die Ähnlichkeit der Steingebäude gut erklärbar erscheint.

108 K. Weidemann, Frühmittelalterliche Burgen zwischen Elbe- und Wesermündung. Führer 30 (1976) 165. – W.-D. Tempel, Frühgeschichtliche Burgen. Führer D 4 (1984) 131.

109 W.-D. Tempel, Mittelalterliche Wüstung und Burgwall bei Alfstedt. Führer D 4 (1984) 139f. Abb. 68. – Ders., Mittelalterliche Wälle und Burgen im Landkreis Rotenburg/Wümme (Faltbl.; 1985) mit Rekonstruktion als Turmburg. – Grabungen auf einem dieser kleinen Rundwälle – möglichst an einem gefährdeten Objekt – wären aus Forschungsgründen wünschenswert.

110 W. Janssen, Königshagen. Ein archäologisch-historischer Beitrag zur Siedlungsgeschichte des südwestlichen Harzvorlandes. Quellen und Darstellungen zur Geschichte Niedersachsens 64 (1965) 158ff. Abb. 17; 180ff.; Taf. 18. – Ders., Die Wüstung Königshagen. Führer 17 (1970) 98–114; hier 109ff. – Ders., Die Wüstung Königshagen. Damit Jahrtausende nicht spurlos vergehen ... Archäologische Denkmalpflege im Landkreis Osterode am Harz 1986/87 (Hrsg. Landkreis Osterode am Harz; 1987) 101–112; hier 112.

111 Janssen, Königshagen (Anm. 110) (1965) 181.

112 L. Klappauf, Archäologische Prospektion, Befunde und Funde des frühmittelalterlichen Herrensitzes zu Düna. Düna/Osterode – ein Herrensitz des frühen Mittelalters. Arbeitsh. Denkmalpflege Niedersachsen 6 (Hrsg. H.-H. Möller; 1986) 46–59; hier 48ff. Abb. 3. 4 u. 6. – Ders., Die Grabungen 1981 bis 1985 im frühmittelalterlichen Herrensitz zu Düna/Osterode. Damit Jahrtausende nicht spurlos vergehen... Archäologische Denkmalpflege im Landkreis Osterode am Harz 1986/87 (Hrsg. Landkreis Osterode am Harz; 1987) 87–99; hier 92f. – Ders., Auswirkungen der Grabungen im frühmittelalterlichen Herrensitz Düna bei Osterode am Harz auf die Montanforschung im Harz. Nachr. Niedersachs. Urgesch. 58, 1989, 171–184, hier 173f.

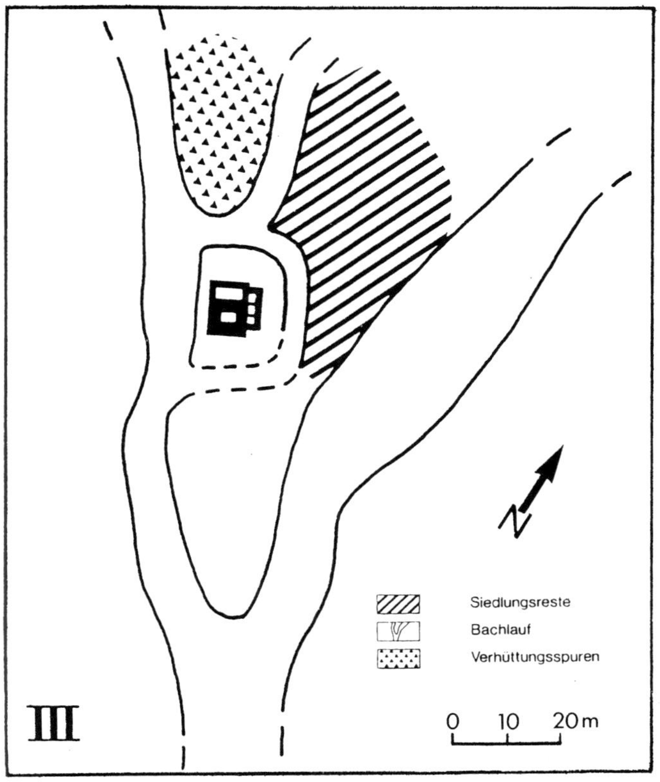

Abb. 29
Düna bei Osterode, Ldkr. Osterode am Harz. Der um 1100 zur Burg umgebaute repräsentative Herrensitz des 10. Jhs. (n. Klappauf).

Diese Art der kleinräumigen Befestigung mit wohnturmartigem Saalgeschoßbau oder Palas hat nicht nur in Hessen[113], West- oder Süddeutschland[114] Vorbilder und Entsprechungen, sondern auch in Niedersachsen.

Auf der königlichen Burg *Kanstein* bei Langelsheim, Ldkr. Goslar, stand ein 19,3 auf 10,4 m großes Steingebäude mit 0,8 m Mauerstärke , das um 900 errichtet wurde. Die westliche Längsseite war in die Befestigungsmauer an der Steilkante zur Innerste-Niederung eingebunden. Ohne ihre Fortsetzung nach Norden und Süden zu zerstören, wurden später um das Gebäude halbovalförmig Wall und Spitzgraben angelegt, die zur Nutzungsphase um 1000 bzw. des frühen 11. Jahrhunderts gehörten[115].

Aufgrund des Keramikspektrums und einiger Kleinfunde aus den Grabungen von H.A. Schultz darf mit dem Bau der Turmburg *Warberg* um 1100 bzw. in der 1. Hälfte des 12. Jahrhunderts gerechnet

113 R. Gensen, Frühmittelalterliche Burgen und Siedlungen in Nordhessen. Ausgrabungen in Deutschland 2. Monogr. RGZM 1,2 (1975) 331 ff. – Ders. in: Hessen im Frühmittelalter. Archäologie und Kunst (Hrsg. H. Roth u. E. Wamers; 1984) 63 f.

114 Vgl. die Zusammenstellungen bei G. P. Fehring, Unterregenbach. Kirchen – Herrensitze – Siedlungsbereiche. Forsch. Ber. Arch. Mittelalter Baden-Württemberg 1 (1972) 126 ff.; ders., Einführung in die Archäologie des Mittelalters (1987) 111 ff. u. Hinz, Motte und Donjon 74 ff.; 84 ff., der wie P. Frey (Nachr. Schweiz. Burgenver. 58, 1985, 452 f. u. Argovia 98, 1986, 95 ff.; 103 ff.) von den festen Türmen bzw. Wohntürmen eine frühe Gruppe »mehrgeschossig repräsentativer Steinhäuser« absetzt.

115 A. Tode, Die Untersuchungen auf dem Kanstein bei Langelsheim am Harz, Kr. Gandersheim. Neue Ausgr. Forsch. Niedersachsen 5 (1970) 219–234; hier 229 ff. Abb. 6. – Ders. in: Führer 35 (1978) 201 ff. Abb. 2 u. 4. – R. Busch, Frühgeschichtliche Funde aus dem Braunschweiger Land. Veröffentl. Braunschweig. Landesmus. 6 (1976) 77 ff. – K. Weidemann in: Führer 35 (1978) 12 ff. (sieht in dem Bau den Sitz eines königlichen Beauftragten, ähnlich wohl in Düna). – F.-A. Linke, Abschließende Untersuchungen auf dem Kanstein bei Langelsheim, Ldkrs. Goslar. Harz-Zeitschr. 36, 1984, 117–127; hier 120 ff. Abb. 3. – H. Rötting, Höhenburg und Kalksteinbruch. Ein letzter Kampf um den Kanstein? Ber. Denkmalpflege Niedersachsen 8, 1988, 89–91.

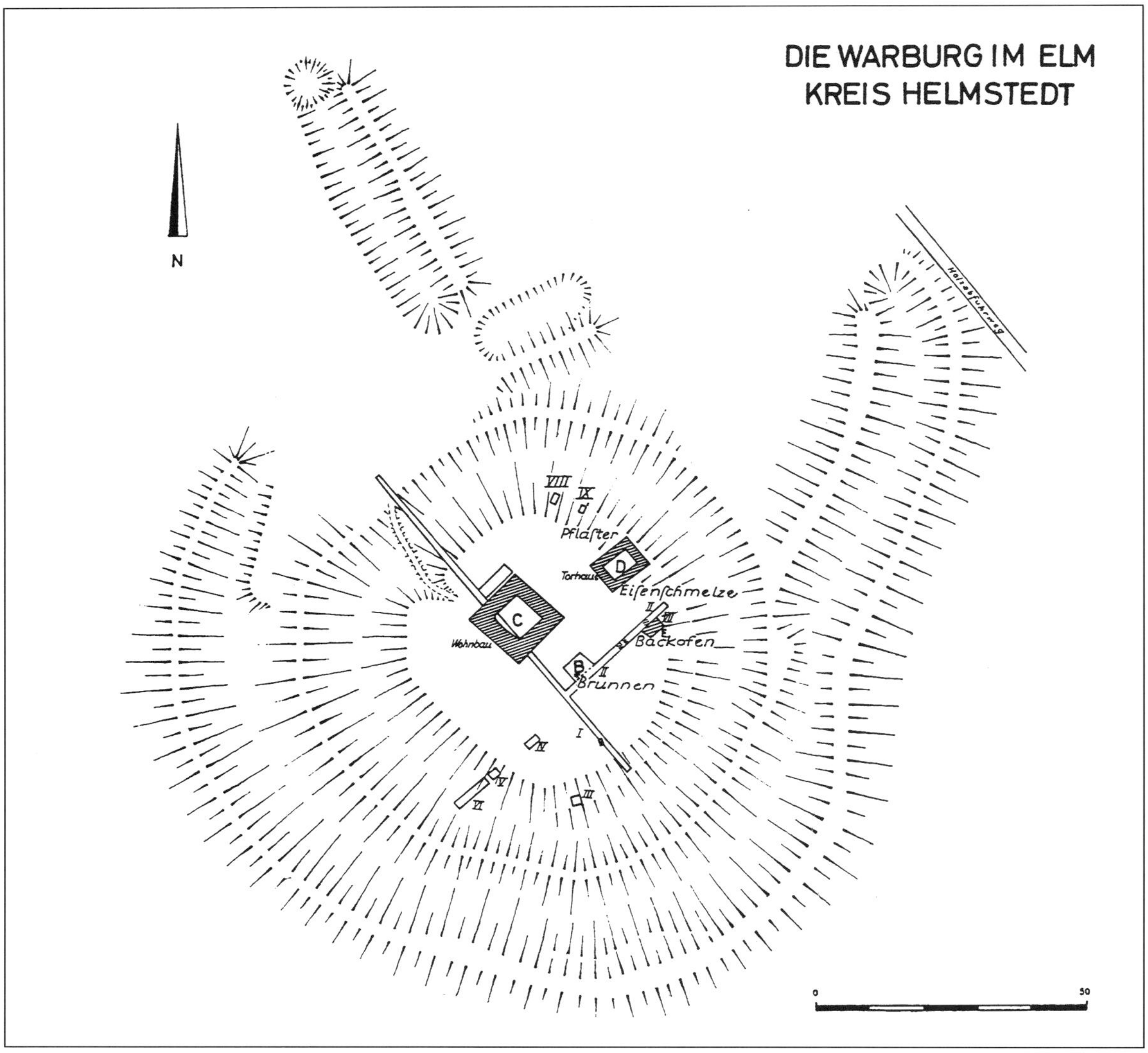

Abb. 30 Burg Warberg im Elm, Ldkr. Helmstedt. Turmburg, um 1100 bis 1199. Grundriß (n. H. A. Schultz).

werden[116]. Das Enddatum 1199 ist durch die historische Überlieferung gesichert. Die Burg liegt im flachen Nordhang des Elms, so daß man sie nicht als Höhenburg ansehen kann (Abb. 30 u. 31). Bemerkenswert ist das Fehlen einer mottenartigen Überhöhung gegenüber der Umgebung, insbesondere gegen den ansteigenden Elm. Aus der Mitte nach Nordwesten verschoben, erhob sich ein quadratischer Wohnturm von 13 m Seitenlänge, der mit 3 m Mauerstärke einen 49 m^2 großen Innenraum einfaßte. Die Mauerschalen bildeten gleichmäßige Lagen sorgfältig geschlagener Handquader, während der Kern von Muschelkalkbrocken und Mörtel ausgefüllt war. An seiner Nordwestseite fanden sich Reste eines anschließenden Gebäudes von 4,8 auf 5,1 m Größe mit zwei Öfen. Im Nordosten wurden die Mauern des Torhauses angeschnitten, südöstlich ein Backofen freigelegt. Südöstlich des Turmes entdeckte man den Brunnen. Das Burgplateau wird fast allseitig von einem Doppelgraben mit Vorwällen eingefaßt.

116 H. A. Schultz, Erster Bericht über die Ausgrabung der Burg Warberg 1962/63. Braunschweigisches Jahrb. 45, 1964, 14–28. – Ders., Grabungen auf der Burg Warberg (Elm). Nachr. Niedersachs. Urgesch. 34, 1965, 126–127. – Ders., Die Keramik der Burg Warberg im Elm, Kreis Helmstedt. Neue Ausgr. Forsch. Niedersachsen 2 (1965) 253–260. – Ders., Burgen und Schlösser des Braunschweiger Landes (1980) 34–37. – Ahlers, Untersuchungen 227–231.

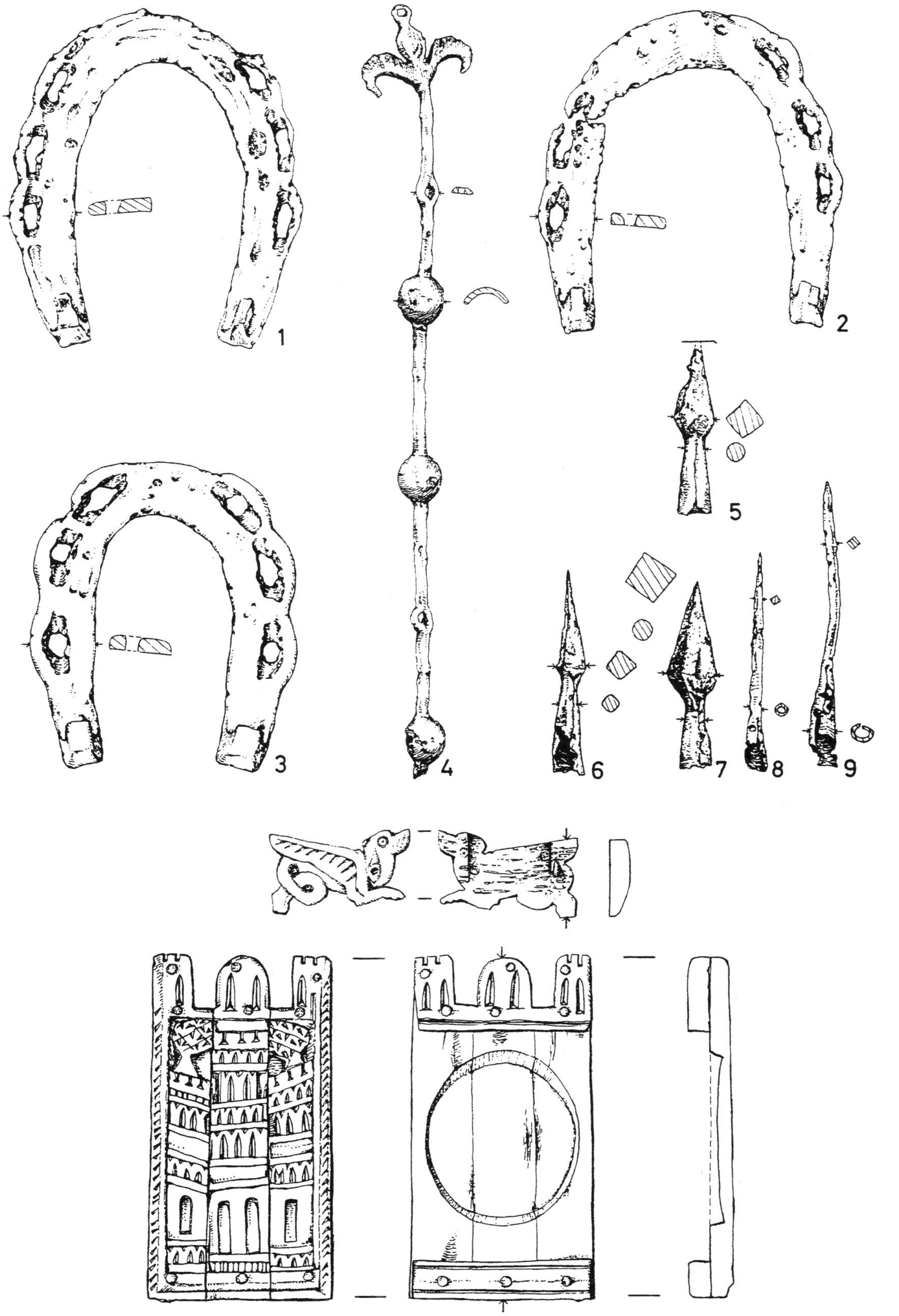

Abb. 31 Burg Warberg im Elm, Ldkr. Helmstedt. Turmburg, um 1100 bis 1199. Kleinfunde. Oben: Hufeisen, Beschläge, Geschoßspitzen, M. 1:2. Unten: Beinfunde, M. 2:3 (n. H. A. Schultz).

b. Höhenburgen

Kein *Burgenbau* hat so ein gewaltiges Echo in den zeitgenössischen Schriftquellen gefunden wie derjenige *Heinrichs IV.* Schon Erzbischof Adalbert von Bremen, der dem jungen König den Rat zur Errichtung von Burgen gab [117], hatte selbst versucht, sich ab etwa 1063 durch systematisch betriebenen Burgenbau gegen die billungischen Grafen und Herzöge durchzusetzen und die Herrschaft in seinem Territorium zu festigen. Die Zahl der Gegner, die Bedrückung, welche die Bevölkerung spürte, und Adalberts überzogene Politik führten bei einem Feldzug der Billunger nach Bremen zur Zerstörung dieser Burgen (1064/1066) [118]. Auch die ursprünglich gegen die Slawen errichtete Höhenburg Süllberg in Hamburg-Blankenese fiel der Wut der Umwohner zum Opfer [119].

Um 1065 begann Heinrich IV. mit dem Bau der Harzburg, dem bald die Errichtung weiterer Burgen auf abgelegenen Höhen folgte [120]. Als Planer und Bauherr gewann Heinrich IV. Benno, den späteren Bischof von Osnabrück (ab 1068) [121]. In welcher Weise diese Burgen als Gefahr für die betroffene Bevölkerung, vom Adel bis hin zu den Bauern, empfunden wurden und welche Macht sie aufgrund der Lage, Bauweise und Funktion ausstrahlten, zeigt trotz aller Parteilichkeit die Schilderung Brunos in seinem Buch über den Sachsenkrieg [121a]:

»Unterdessen entwuchs der König bereits dem Jünglingsalter und begann, bald nachdem er den Bischof Adalbert von Bremen als Ratgeber gewonnen hatte, auf dessen Rat, hohe und von Natur aus befestigte Berge in einsamen Gegenden zu suchen und Burgen auf ihnen zu bauen ... Der ersten und größten gab er den Namen Harzburg. Er befestigte sie nach außen hin durch eine starke Mauer, Türme und Tore, schmückte sie im Inneren mit wahrhaft königlichen Gebäuden, errichtete ein Stift in ihr und trug so reiche Geräte zusammen und versammelte hier eine so ansehnliche und zahlreiche Geistlichkeit, daß es dank seiner gesamten Ausstattung einigen Bischofssitzen durchaus gleichkam, einige aber sogar übertraf ... Bei den übrigen Burgen aber sah er weniger auf Schönheit und Pracht als auf Festigkeit ... Indessen erschien dieser Burgenbau an den verschiedensten Orten unseren Landsleuten (den Sachsen) zunächst als ein kindliches Spiel, weil seine böse Absicht noch nicht durchschaut war. Und da sie sich noch in keiner Gefahr wähnten, hinderten sie ihn nicht nur nicht daran, als sie es noch gekonnt hätten, sondern unterstützten ihn sogar mit Geld und Dienstleistungen beim Bau, weil sie es gleichsam als Zeichen dafür ansahen, daß er einmal gegen fremde Völker kriegerisch vorgehen werde. Nachdem aber Besatzungen in die Burg gelegt waren und diese rundum auf Beute auszuziehen begannen, um für sich zu ernten, was sie nicht gesät hatten, freie Männer zu knechtischer Arbeit zu zwingen und mit den Töchtern und Frauen ihren Spott zu treiben, da sahen sie endlich ein, was die Burgen bedeuteten ...«

Der Burgenbau Heinrich IV. ab 1065 hatte den Zweck, nicht nur die alten Rechte des Reiches im Harzraum wieder zu beleben, sondern für die Zukunft eine militärisch gesicherte Territorial- und Wirtschaftsbasis aufzubauen, deren Verwaltung zuverlässigen Ministerialen anvertraut werden sollte. Auch in Hinblick auf den Bergbau im Harz und die Verarbeitungsbetriebe dürfte dies von Bedeutung gewesen sein [122]. Hiermit reagierte Heinrich IV. auch auf das nach dem Tode seines Vaters entstandene

117 Bruno c. 16.

118 Außer dem Süllberg ist keine der Burgen Adalberts sicher zu lokalisieren.

119 Zu den Vorgängen vgl. Adam III, 26.37.44. – H. van Lengen, Der mittelalterliche Wehrbau im ostfriesischen Küstengebiet. Patze, Burgen 1, 334. – Streich, Kirche und Burg 452f.

120 Vgl. Bruno c. 16ff.; Vita Bennonis c. 9. – Lampert 194f. (zu 1073) nennt als Burgen Heinrichs IV.: Harzburg, Sachsenstein bei Walkenried, Hasenburg bei Großbodungen, Spatenburg bei Sondershausen, Heimburg im Kr. Wernigerode, Volkenroda bei Mühlhausen (?), Wigantestein (?), Moseberg (?). Hierzu werden aus verschieden Gründen weitere Burgen gerechnet: Steinberg bei Goslar, Alter Falkenstein bei Pansfelde (Kr. Hettstedt), Kyffhausen, Schildberg bei Seesen, Ilsestein bei Ilsenburg (Kr. Wernigerode) (um 1000 angelegt). Hierzu vgl. u.a. M. Keibel-Maier, Die Grabungen auf der Harzburg 1970–1975. Harz-Zeitschr. 29, 1977, 2f.; Streich, Burg und Kirche 437; H. Spier, Die Geschichte der Harzburg (1985) 31 (mit Nachweisen).

121 Vita Bennonis c. 9. – Vgl. unten.

121a Vgl. Anm. 117.

122 Vgl. W. Janssen, Die Bedeutung der mittelalterlichen Burg für die Wirtschafts- und Sozialgeschichte des Mittelalters. Das Handwerk in vor- und frühgeschichtlicher Zeit 2. Abh. Akad. Wiss. Göttingen. Phil.-hist. Kl. 3. Folge, Nr. 123 (1983) 261–316; hier 310; 315 (für die Harzburg); M. Schulze, Die Burgen am West- und Südrand des Oberharzes. Führer 36 (1978) 39ff. u.

Machtvakuum und Verwaltungsdefizit ebenso wie auf den bezeugten Burgenbau des sächsischen Adels[123].

Als kennzeichende Merkmale des Burgenbaues Heinrichs IV. gelten insbesonders:
- extreme Höhenlage unter Betonung des Wehrcharakters, Vernachlässigung von Bequemlichkeiten und Repräsentationselementen,
- ständige Besatzungen,
- nach innen gerichtete Funktion zur Sicherung, Ausbau und Mehrung der Wirtschaftsbasis und territorial bezogener Herrschaft,
- Schaffung eines Burgensystems zum gegenseitigen Schutz und zur Durchdringung eines Raumes unter strategischen Gesichtspunkten[124].

Während die Königsburgen der Ottonenzeit als Antwort auf äußere Bedrohung oder als gelegentliche Schutz- und Stützpunkte in Fehden und Kriegen dienten, stellten die neuen Burgen auf den fernen Höhen, abgehoben von der übrigen Bevölkerung, in ihrer großen Anzahl sichtbar eine Bedrohung dar, zumal man für ihren Bau Leistungen und Abgaben in erheblichem Umfang forderte. Da zudem außersächsische Besatzungen in die Burgen gelegt wurden, die versorgt sein wollten und schwer angreifbar schienen, nahm nach anfänglicher Akzeptanz der Unwille von Adel und Landbevölkerung so zu, daß er sich im Aufstand gegen die sich verdichtende Königsherrschaft entlud. Die Kämpfe, die sowohl im Feld als auch um die Burgen von Adel und König tobten, führten schließlich zum erzwungenen Einlenken Heinrichs IV., der im Frieden zu Gerstungen 1074 die Schleifung seiner Burgen einräumen mußte.
Zwei der Burgen Heinrichs IV., die Harzburg, Ldkr. Goslar, und der Sachsenstein bei Walkenried, Ldkr. Osterode am Harz, vielleicht noch eine dritte (Moseburg), liegen in Niedersachsen. Auf der Harzburg und dem Sachsenstein sind sowohl im Aufgehenden als auch aufgrund von Freilegungen und Grabungen erhebliche Baureste aus salischer Zeit bekannt.
Die *Harzburg* verkörpert am besten die von Bruno beschriebene siedlungsferne Lage der Burgen Heinrichs IV. auf von Natur gesicherter Bergeshöhe (Abb. 32)[125]. Als erste der Harzburgen begann ihr Bau um 1065. Schon 1068 muß sie voll ihre Funktion erfüllt haben, da Bischof Burchard II. von Halberstadt hier gefangen lag und Heinrich IV. selbst auf der Burg weilte. Die Burganlage wurde auf einer langgestreckten felsigen Spornkuppe, dem Großen Burgberg errichtet, welche steil nach Nordosten und Südosten über 170 m abfällt (Abb. 33). Die Befestigungsreste auf dem Kleinen Burgberg gehören offensichtlich erst in die Mitte des 12. Jahrhunderts, während die spärlichen Relikte auf dem östlich gelegenen Sachsenberg wohl nicht zu Unrecht als eine unvollendete Befestigungsanlage der Zeit Heinrichs IV. angesehen wird, möglicherweise eines der Belagerungswerke der Sachsen gegen die Harzburg 1073[126]. Aufgrund älterer Grabungen und der umfangreichen Untersuchungen, besonders 1970 bis 1975 durch M. Keibel-Maier, sind wesentliche Befunde aus der Gründungszeit der Harzburg bekannt[127].

neuerdings L. Klappauf, Der Harz – im archäologischen Dornröschenschlaf? Ber. Denkmalpflege Niedersachsen 9, 1989, 64–66; hier 65, und ders., Auswirkungen der Grabungen im frühmittelalterlichen Herrensitz Düna bei Osterode am Harz auf die Montanforschung im Harz. Nachr. Niedersachs. Urgesch. 58, 1989, 171–184. – Zu dieser Frage wird die Auswertung der Grabungen auf dem Herrensitz Düna mit der um 1100 angelegten Befestigung und den reichlichen Spuren von Erzverarbeitung in Verbindung zu weiteren Forschungen auf der nahen Pipinsburg bei Osterode entscheidend beitragen (freundl. Mitt. L. Klappauf).

123 Hierzu u. a.: Last, Burgen 425ff.; L. Fenske, Adelsopposition und kirchliche Reformbewegung im östlichen Sachsen. Entstehung und Wirkung des sächsischen Widerstandes gegen das salische Königtum. Veröffentl. Max-Planck-Inst. Gesch. 47 (1977) 28ff.; Streich, Burg und Kirche 436ff.; 461f.; H. Spier, Die Geschichte der Harzburg (1985) 30ff.; G. Voigt, Die historischen Voraussetzungen für die Entstehung und Entwicklung der Burgen im Raum Mittelelbe-Mulde-Unstrut vom 8.–15. Jahrhundert. Beiträge zur Burgenforschung. H. Wäscher zum 100. Geburtstag (1989) 103ff.

124 Streich, Burg und Kirche 461 (mit weiterer Literatur).

125 Stolberg, Harz 137ff. – Last, Burgen 426ff. – Streich, Burg und Kirche bes. 439ff. – H. Spier, Die Geschichte der Harzburg (1985) (mit Bibliographie).

126 Stolberg, Harz 322f. – Spier (Anm. 120) 18f.

127 P. J. Meier u. K. Steinacker, Die Bau- und Kunstdenkmäler des Kreises Wolfenbüttel mit Ausschluß der Stadt

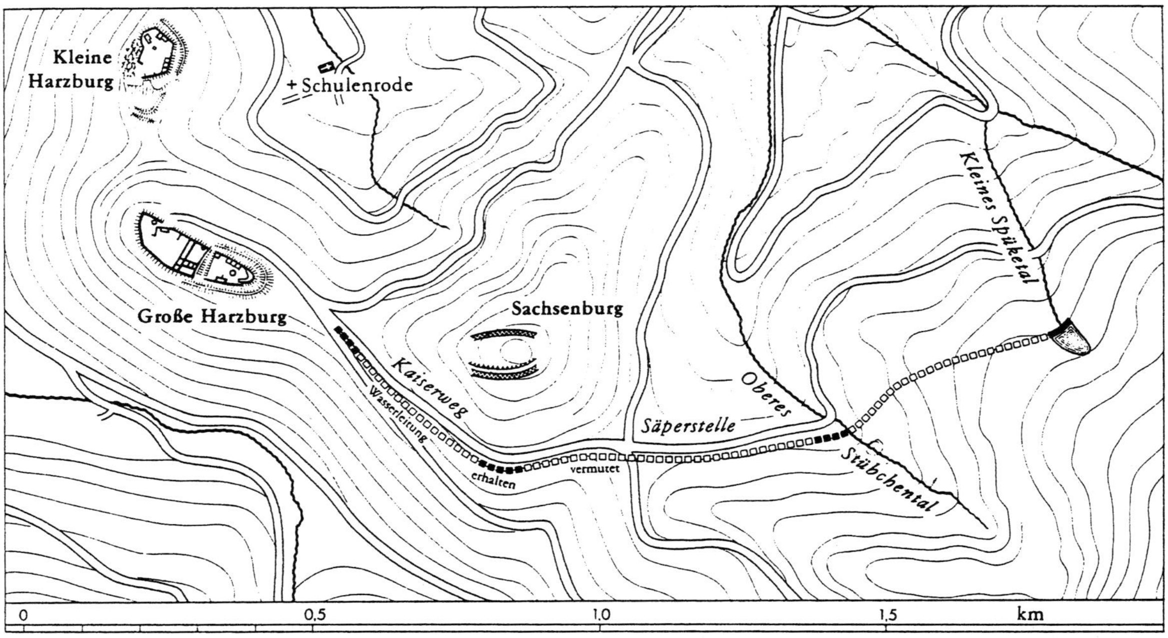

Abb. 32 Lage der Großen und Kleinen Harzburg bei Bad Harzburg, Ldkr. Goslar, mit Eintrag der Wasserleitung Heinrichs IV. zur Großen Harzburg (n. Weidemann).

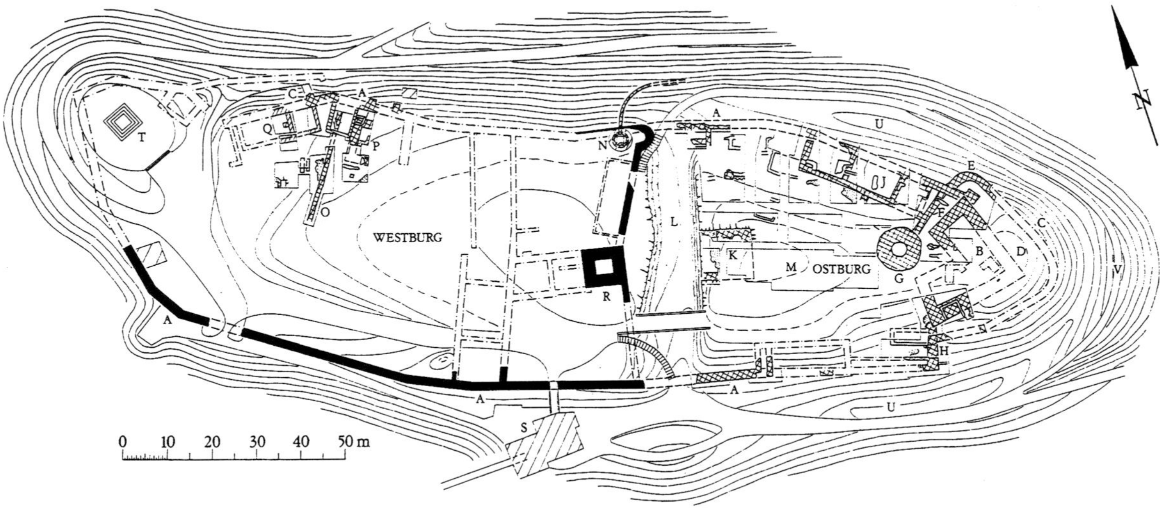

AUFGEHENDES MAUERWERK

GRABUNGEN 1902–1904 UND 1959: BEFUND UND REKONSTRUKTION

GRABUNG 1970–1975:

VORHANDENES ODER DURCH UNTERSUCHUNG NACHGEWIESENES MAUERWERK

REKONSTRUKTION

ROMANISCHES MAUERWERK

MAUERWERK JÜNGERER BAUPERIODEN

ESTRICH

GRABUNGSGRENZEN

HÖHENLINIEN

A Ringmauer
B Zweiflügeliger Wehrbau
C Wehrmauer
D Zwinger
E Flankierungsturm
F Abschlußmauer der Kernburg
G Rundturm
H Burgtor mit Torkammer
J Palas
K Künstlicher Felseinschnitt mit Fundamentresten
L Abschnittsgraben
M Ehemaliges Wirtschaftsgebäude, bisher nicht archäologisch untersucht
N Burgbrunnen mit einmündender Wasserleitung
O 25 m lange Mauer
P Turm (?)
Q Kapelle
R Quadratischer Turm
S Seilbahnstation
T Obelisk (sog. Canossasäule)
U Graben
V Wall um die Ostburg (heute Rundweg)

Abb. 33 Harzburg bei Bad Harzburg, Ldkr. Goslar. Gesamtplan der (Großen) Harzburg mit Eintrag der Bau- und Grabungsbefunde (n. Keibel-Maier).

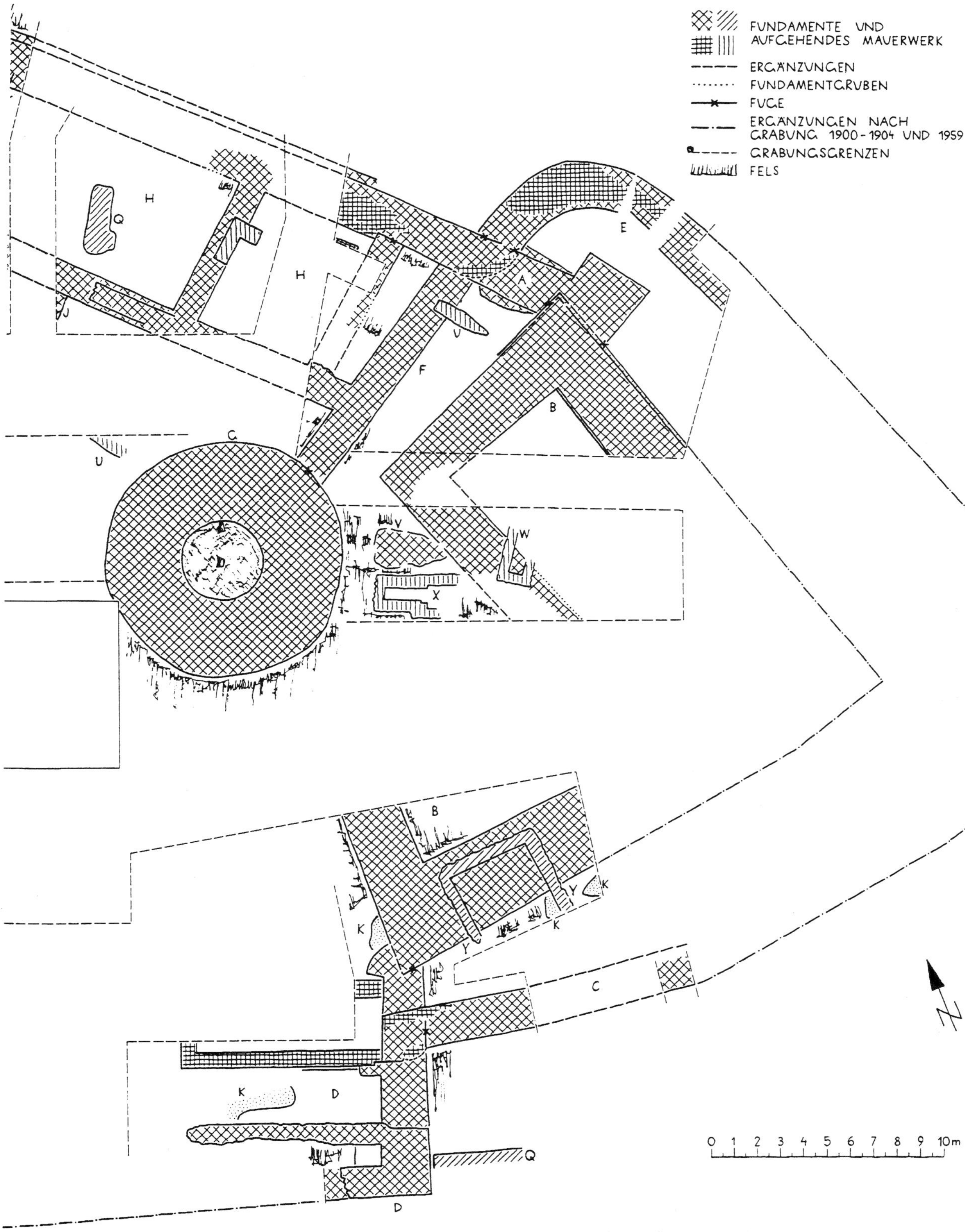

Abb. 34 Harzburg bei Bad Harzburg, Ldkr. Goslar. Befundplan der Ostburg (n. Keibel-Maier), um 1070.
A Ringmauer. – B Zweiflügeliger Bau (»Donjon«). – C, E Zwingermauer. – D Burgtor. – F Abschlußmauer der Kernburg. – G Rundturm. – H Palas.

Wie so häufig, war es vor Baubeginn nötig, den Baugrund durch Abtragen von Fels und Ausplanieren des gewonnenen Materials zu vergrößern. So entstand innerhalb der großenteils noch heute auf Fundamenten der Salierzeit ruhenden Ringmauer ein längsovaler Innenraum von ca. 225 m Länge und 60 m Breite (ca. 0,8 ha). Das östliche Drittel wurde durch einen Felsgraben abgetrennt, der nach bisheriger Erkenntnis in die Zeit Heinrichs IV. gehören dürfte [128].
Die Ostburg wird gegen den Sattel zum östlich höher gelegenen Sachsenberg sowie an ihrer steilen Nord- und Südflanke durch einen breiten Graben mit Vorwall geschützt. Das markanteste Bauwerk am östlichen Rand der Ostburg ist ein mächtiger donjonartiger Zweiflügelbau, dessen Außenecke mit der Spitze gegen den 20 m tieferen Sattel zum Sachsenberg hin gerichtet ist (Abb. 34). Die Flügel sind 22,5 bzw. 23,7 m lang, die Mauerstärke schwankt zwischen 2,9 und 3,9 m. Der Innenraum dürfte etwa 150 m^2 groß gewesen sein. An den äußeren Ecken stößt im Norden die Ringmauer, im Süden ein Verbindungsstück zum Tor. Vor dem Zweiflügelbau an der Ostspitze befand sich ein Zwinger, dessen Außenmauer im Norden rundlich an die Ringmauer schloß, während er im Süden an das Burgtor stieß. Offensichtlich gleichzeitig sind, dicht westlich des Zweiflügelbaues, die Reste eines großen Rundturmes mit 10 m Durchmesser und 3,6 m Fundamentstärke. Von ihm lief eine Mauer nach Nordosten, die etwa auf Höhe des Zwingeranschlusses die Ringmauer erreicht. Vermutlich verlief auch nach Süden zum Burgtor hin eine Mauer, die jedoch durch weitere Grabungen zu bestätigen ist. Nördlich des Rundturms, nordwestlich des Zweiflügelbaues, erstreckte sich entlang der Ringmauer ein Rechteckbau von 9,5 m Breite und 33 m Länge mit drei großen Räumen, der Palas. Auf der Hofseite des Gebäudes wurde mittig ein Mörtelfundament freigelegt, das wahrscheinlich zu einer Treppe gehörte. Eine künstliche Felseintiefung am Felsgraben mit Mauerwerksresten und nischenartigen Aussparungen von 12 auf 12 m Größe und 1,6 m Tiefe gehörte vermutlich zu einer wehrhaften Brückenkonstruktion, die ihre Entsprechung auf der Gegenseite des Grabens gehabt haben dürfte, wie entsprechende Spuren andeuten [129].
Die Frage, wo das Burgstift gelegen hat, ist bislang nicht eindeutig zu beantworten, möglicherweise im Bereich der archäologisch weitgehend unerschlossenen Westburg, in einem vom kaiserlichen Bereich abgetrennten Teil [130]? 1069 ist es erstmals bezeugt. Heinrichs IV. Bruder Konrad und einer seiner Söhne (1071 beigesetzt) sollten in der prachtvollen Holzkirche ihre letzte Ruhe finden [131]. Bei der Niederlegung der Befestigungswerke 1074 jedoch zerstörten die mit dem Abbruch beauftragten sächsischen Bauern in ihrem Haß und Übereifer auch die Stiftskirche und plünderten die königlichen Bestattungen, was die zeitgenössischen Schriften mit großer Empörung berichteten.
Südlich des Zweiflügelbaues liegt »zurückgezogen« am Hang ein Burgtor mit Torkammer, dem man sich auf einem inzwischen nicht mehr vorhandenen Weg nur so nähern konnte, daß ein Krieger seine schildabgewandte Seite nach oben zur Burg zeigen mußte. Als salierzeitlich gilt auch das an der Ringmauer liegende Gebäude am Südrand der Ostburg. Das Tor der Westburg ist in seiner bekannten Form jünger.
In die Zeit Heinrichs IV. geht auch der 42 m tiefe Burgbrunnen in der Nordostecke der Westburg zurück. Ein Teil seines Wassers erhielt er über eine Wasserleitung, die von einem Staubecken im Kleinen Spüketal auf 1,3 km Länge über das Obere Stübchental parallel zum Kaiserweg und am Nordhang des Burgberges

Wolfenbüttel (1906) 403–414 Abb. 194. – R. Nehring, Die Ausgrabung der Harzburg 1900 bis 1908 (Hrsg. K. Kamieth-Nehring, Manuskriptdruck Braunschweig; 1958). – Stolberg, Harz 137ff. – M. Keibel-Maier, Die Grabungen auf der Harzburg 1970–1975. Harz-Zeitschr. 29, 1977, 1–31. – Dies., Die Harzburg. Führer 35 (1978) 209–226. – Dies., Die Harzburg. Große Baudenkmäler 327 (1981). – Dies., Die Harzburg. Zur Geschichte, den Ausgrabungen und Ergebnissen. Ausgrabungen in Niedersachsen. Archäologische Denkmalpflege 1979–1984 (1985) 272–275.

128 Leider gab es aufgrund der Umstände bei den Grabungen keine Möglichkeit, diese Frage intensiv anzugehen: M. Keibel-Maier in: Harz-Zeitschr. 29, 1977, 17ff.; 23; Spier (Anm. 120) 22. – Stolberg, Harz 138 vermutete eine Datierung in nachsalische Zeit.

129 Die Vermutung von C. Machens (Harz-Zeitschr. 30, 1978, 101ff.; Spier [Anm. 120] 23), hier die Stelle der Stiftskrypta (ein Holzbau!) zu suchen, ist bestechend, aber beim bisherigen Stand der Auswertung nicht zu erhärten, zumal entscheidende Bereiche nicht ausgegraben werden konnten (frdl. Mitt. M. Keibel-Maier).

130 Vgl. die Verhältnisse auf der Iburg, Ldkr. Osnabrück, s. u. Text bei Anm. 140ff.

131 Streich, Burg und Kirche 439ff; 443f. – Ders., Klöster 70. – Spier (Anm. 120) 22f.; 36f.; 44.

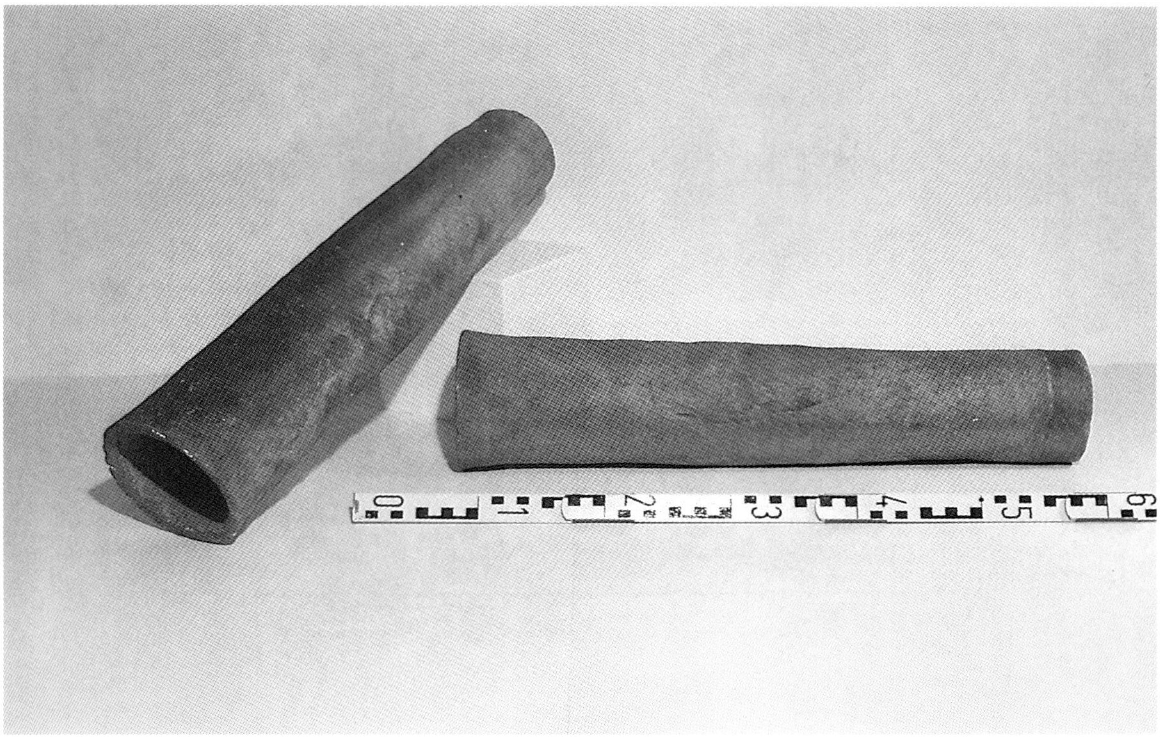

Abb. 35 Harzburg bei Bad Harzburg, Ldkr. Goslar. Tonröhren der Wasserleitung zur Harzburg Heinrichs IV. (Foto: Braunschweigisches Landesmuseum, Abt. Ur- und Frühgeschichte, Wolfenbüttel).

durch einen Stollen in den Brunnenschacht führte. Die Wasserleitung bestand aus konisch geformten Tonröhren von 52 cm Länge bei 8 bis 12 cm Durchmesser, deren Enden tütenförmig ineinander gesteckt werden konnten (Abb. 35)[132].

Die historische Quellenlage und die baulichen Überreste lassen auf eine geschlossene Gesamtkonzeption schließen. Burgstift und Palas nehmen Elemente auf, wie sie sich im größeren Bereich bei Pfalzanlagen, z.B im nahen Goslar, wiederfinden. Für größere Reichsversammlungen behielt Goslar aufgrund der besseren Erreichbarkeit und Akzeptanz bei Adel und Kirche in Sachsen seine Bedeutung[133]. Mit der Harzburg besaß Heinrich IV. eine nur ihm unterstehende wehrhafte Nebenresidenz mit repräsentativen Gebäuden und königlichem Stift, aus der man ihn aufgrund der starken Befestigungswerke nur schwer verdrängen konnte. Auch die Anlage einer Wasserleitung nach den Vorbildern von Aachen, Ingelheim und anderen Pfalzen unterstreicht die Absicht, Wehrcharakter und Residenz zu verbinden, ebenso wie der zeitweilige Aufenthalt der Reichskleinodien und der Versuch, ein Grablege für die königliche Familie zu schaffen (Abb. 36 u. 37).

Wie die Belagerung der Harzburg 1073/74 jedoch zeigte, konnte die Beweglichkeit und damit Regierungsfähigkeit des Herrschers nahezu unterbunden werden. Die schnelle Flucht Heinrichs IV. –

132 K. Müller, Die Wasserversorgung der Gebäude des Burgberges bei Harzburg in alter und neuer Zeit. Braunschweig. Magazin 1899, 174–176. – F. Tenner, Die alte Wasserleitung der Harzburg. Harzer Heimatland. Geschichtsbeil. Goslarsche Zeitung Jg. 144, 1927, Nr. 81. – K. B. Fischer, Die Wasserversorgung der alten Harzburg. Brunsviga Monatshefte 17 (H. 3/4), 1930, 171–174. – Stolberg, Harz 139f. – K. Weidemann, Die Wasserleitung der Harzburg. Führer 35 (1978) 227–228. – M. Keibel-Maier, Die Harzburg. Große Baudenkmäler 327 (1981).

133 Zum Verhältnis Harzburg – Goslar: K. Weidemann, Burg, Pfalz und Stadt als Zentren der Königherrschaft am Nordharz. Führer 35 (1978) 11–50; hier 33ff.; Spier (Anm. 120) 35ff. (mit weiterführender Literatur).

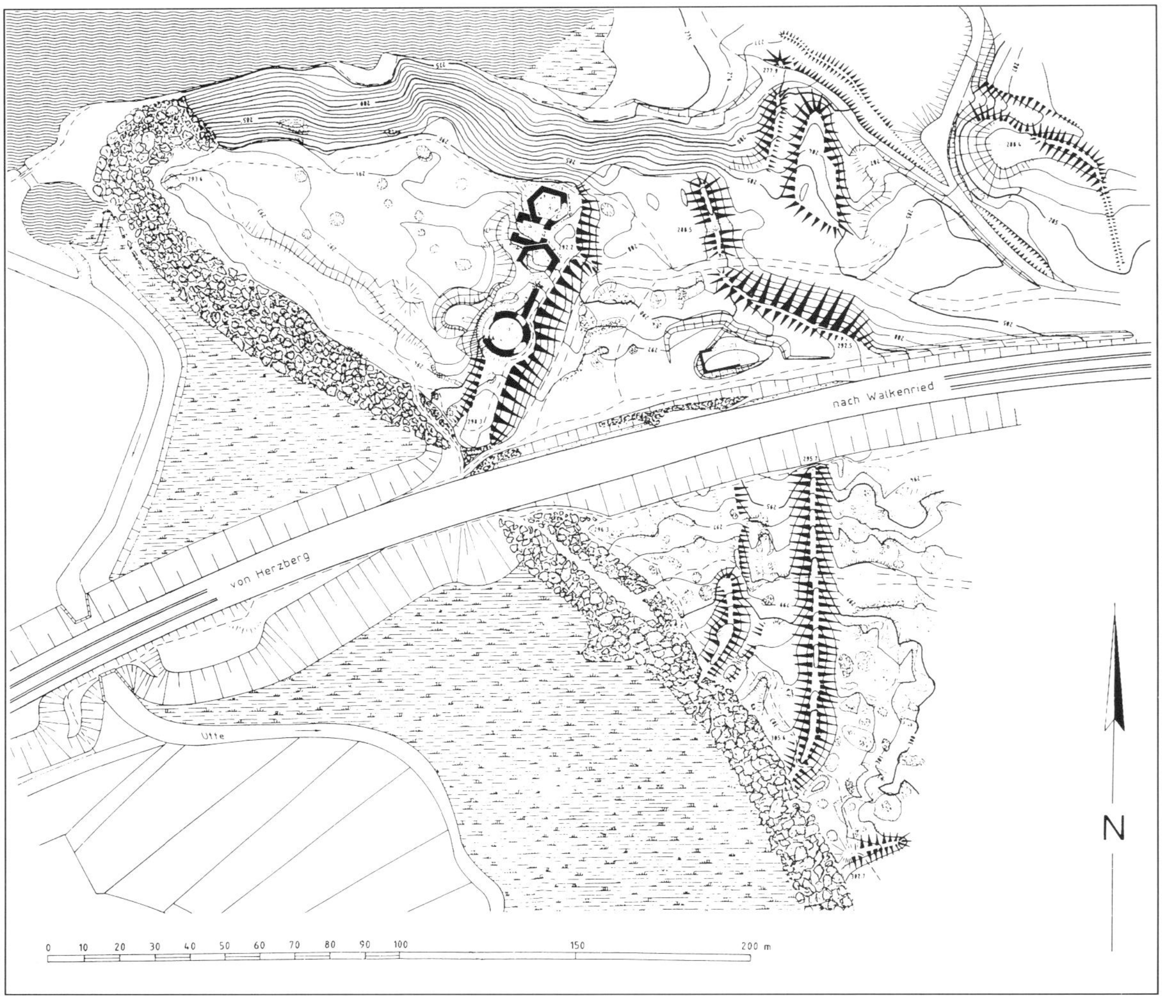

Abb. 38 Sachsenstein bei Walkenried, Ldkr. Osterode am Harz. Plan der Burg Heinrichs IV., vor 1074. (Neuvermessung des Landkreises Osterode am Harz).

errichtete man noch im letzten Drittel des 11. Jahrhunderts einen gegen den östlichen Halsgraben übereck gestellten, fast quadratischen Turm, dem ein Zwinger vorgelegt wurde. Wie bei der Harzburg konnte man südlich des östlichen Zwingers und Turmes die Burg erreichen.

Rundturm und zugehörige Verbindungsmauer, die etwas später als der Zweiflügelbau entstanden, bilden sichtlich eine gesonderte Kernbefestigung, um das Sicherheitsbedürfnis des Herrschers zu befriedigen. Man sollte bei Betrachtung der Harzburg nicht außer acht lassen, daß nur ein Bruchteil der Anlage archäologisch untersucht ist, z. T. fragmentarische Befunde vorliegen und einige offene Fragen (z.B. Datierung des Abschnittsgrabens, Standort des Stifts) eine Gesamtrekonstruktion erschweren und in vielem hypothetisch erscheinen lassen.

Südlich des Harzes zwischen Walkenried und Bad Sachsa liegen auf dem steilen Sporn des *Sachsensteins* die Reste einer mehrteiligen Abschnittsbefestigung[136]. Nord- und Südwestseite des Sporns sind durch steile Felsen geschützt (Abb. 38). 100 m östlich der Spornspitze sperrt eine nordost-südwest verlaufende

136 OS 21; 30; 36. – C. Schuchhardt, Die Burg im Wandel der Weltgeschichte (1931) 229 Abb. 217. – G. Stein, Untersuchungen zum deutschen Burgenbau der romanischen Epoche (Diss. Berlin; 1950) passim; Abb. 1 u. 11. – Von Uslar, Studien 218f. Abb. 91. – Stolberg, Harz 331ff. – Last, Burgen 425f.; 428f. Abb. 10 a.b. – H.-W. Heine, Der Sachsenstein. Führer 36 (1978) 197–201. – M. Claus, Archäologie im südwestlichen Harzvorland. Wegweiser Vor- u. Frühgesch. Niedersachsen 10 (1978) 179–183.

Abb. 39 Sachsenstein bei Walkenried, Ldkr. Osterode am Harz. Blick über die Ruine des Rundturmes und die Abschnittsmauer in Richtung Tor, vor 1074.

Abb. 40 Sachsenstein bei Walkenried, Ldkr. Osterode am Harz. Rekonstruktion der Hauptburgbefestigung mit Rundturm und türmebewehrtem Tor, vor 1074 (Umzeichnung RGZM n. Stein).

Befestigung mit vorgelegtem Graben den Zugang. In seinem nördlichen und mittleren Bereich wurden Reste einer Abschnittsmauer, eines Rundturmes und eines Tores freigelegt (Abb. 39 u. 40). Das Tor, im äußersten Norden gelegen, besitzt eine 9 auf 10 m große, rechteckige Torkammer, die von zwei sechseckigen Türmen flankiert ist. Die Mauerstärke beträgt 2 m, der größte Durchmesser 13 m. Südlich der Toranlage erheben sich am Ende der bis 3 m starken Abschnittsmauer die Reste eines Rundturmes mit 13,5 m Durchmesser, 2 m Mauerstärke und noch über 3 m Höhe (Innenraum: 70,8 m^2). Die Mauerschalen des Turms bestehen aus schichtweise verlegten, hammerrecht geschlagenen kleineren Quadern. Die Innenfüllung ist ebenfalls schichtweise und auf weiten Strecken in abwechselnder Schrägschichtung eingebracht. Der Abschnitt südwestlich des Rundturmes nutzte eine mehrere Meter hohe Felsrippe aus, auf der sicherlich nur eine Brustwehr stand. Auf seiner Krone zeugen Scherbenfunde (Verf. 1989) und verbrannter Lehm von der kurzfristigen Siedlungstätigkeit. Das Gelände der Vorburg ist durch Vorwälle und Gräben gesichert, die jedoch durch Bahnbau beschädigt wurden. Der Vermutung, daß die Vorbefestigungen älter seien als die Hauptburg, stehen nicht nur die Gestalt der Wälle, sondern auch der Fund eines hochmittelalterlichen Kugeltopfes am Bahneinschnitt entgegen.

Der Sachsenstein gehört zu den acht bei Lampert von Hersfeld genannten Burgen, die Heinrich IV. gegen die aufständischen Sachsen erbauen ließ[137]. 1074 wird der Sachsenstein, wie ein Großteil dieser Befestigungen, geschleift worden sein. Seit dem 12. Jahrhundert spielt er nur noch als Grenzpunkt eine Rolle.

Im Vergleich zur Harzburg wirkt bei Annäherung von Westen der Sachsenstein zwar auch wie eine Höhenburg (Abb. 41), doch finden sich bei ihm aus topographischen Gründen und wegen des Fehlens entsprechender hochragender größerer Bergkuppen in der Führung von Abschnittsmauer und Vorwällen traditionelle Elemente des Befestigungsbaues wieder. In der Gesamtnutzfläche mit 0,32 ha für die Hauptburg und 0,62 ha für den Vorburgbereich steht der Sachsenstein der Harzburg kaum nach, jedoch darin, daß die Merkmale einer Residenz fehlen. Die außergewöhnliche Toranlage mit von sechseckigen Türmen flankierter Torkammer hat im Burgenbau der Salierzeit bisher nichts Vergleichbares[138]. Das bastionsartige Vorziehen des gewaltigen Rundturmes, der in seiner Größe als Wohnturm (Innenraum 70,8 m^2) angesprochen werden muß[139], sowie die außergewöhnliche Toranlage sind auf wehrhafte Repräsentanz gerichtet. Auch hier ermöglichte der Bauunternehmer Heinrichs IV., Benno, ab 1068 Osnabrücker Bischof, ebenso ausgefallene Lösungen, vergleichbar etwa der Kombination von singulärem Zweiflügeldonjon und Rundturm auf der Harzburg.

In Anlagetypus, Grundriß und Nebeneinander von weltlichem und geistlichem Bereich ist die *Iburg* bei Bad Iburg im Teutoburger Wald südlich von Osnabrück wiederholt mit der Harzburg verglichen worden (Abb. 42). Entscheidend für ihren Aufbau waren auch hier die Aktivitäten Bischof Bennos II. von Osnabrück (1068–1088)[140].

In den Überresten einer von Wald bedeckten frühmittelalterlichen Wallanlage stand zur Zeit Bischof Bennos I. (1052–1068) ein Speicher, in den die Abgaben der umwohnenden Bevölkerung flossen. Den

137 Lampert 194f. zu 1073.

138 Stein (Anm. 25) 52; 57; 83; 100; 108. – Stein verweist sowohl auf das Vorbild römischer und byzantinischer Bauten als auch auf die »sächsischen« Turmfronten im mittelalterlichen Sakralbau der 2. Hälfte des 11. Jahrhunderts. – Im Frühmittelalter wird vereinzelt die Idee der von zwei Türmen bzw. Bastionen flankierten Torkammer aufgenommen: z. B. Christenberg bei Münchhausen, Kr. Marburg (R. Gensen, Frühmittelalterliche Burgen und Siedlungen in Nordhessen. Ausgrabungen in Deutschland 2. Monogr. RGZM 1,2 [1975] 316f. Abb. 2; ders., Althessens Frühzeit. Frühgeschichtliche Fundstätten und Funde in Nordhessen. Führer Hessische Vor- u. Frühgesch. 1 [1978] 42ff.; ders. in: Hessen im Frühmittelalter. Archäologie und Kunst [Hrsg. H. Roth u. E. Wamers; 1984] 257); wohl auch Bürkli bei Riburg/Aargau (E. Gersbach, Das »Bürkli« bei Riburg/Aargau, eine spätrömische Befestigung? Helvetia Antiqua. Festschr. E. Vogt [1966] 273 Abb. 2; 279). Vermutet wird bei der Fluchtburg von Bernshausen, Ldkr. Göttingen, eine von halbrunden Türmen flankierte Torgasse des 10. Jahrhunderts, die aber aufgrund umfangreicher Störungen unsicher bleibt (K. Grote, Nachr. Niedersachs. Urgesch. 54, 1985, 98ff. Abb. 12 u. 14,2; ders., Archäologie eines frühmittelalterlichen Zentralortes: Bernshausen im Untereichsfeld. Führer D 17 [1988] 73).

139 Zur baugeschichtlichen Einordnung siehe oben.

140 Zum folgenden: Vita Bennonis c. 13–15. – Zur Burg und ihrer Bedeutung: Last, Burgen 428; 430; R. Poppe, Schloß und Kloster Iburg. Führer 44 (1979) 110–119; Iburg. Benediktinerabtei und Schloß. Beiträge zum 900. Jahrestag der Klostergründung (1980); Streich, Burg und Kirche 451f.; Streich, Klöster 40.

Abb. 41 Sachsenstein bei Walkenried, Ldkr. Osterode am Harz. Der Burgfelsen von Norden.

Streit über die Nutzung und die Gerechtsame auf dem Burgberg und seiner Umgebung entschied Benno I. gegen die beteiligten Markgenossen zu seinen Gunsten[141]. Er ließ den Berg entwalden und begann nach Errichtung einer »Hütte« mit der Befestigung des Burgberges, wobei er ältere Grundmauern mitverwenden konnte. Benno II., sein Nachfolger, als Parteigänger Heinrichs IV. allseits angefeindet, begann 1070, intensiver 1073 nach Verlassen der Harzburg, die Iburg auszubauen[142]. 1080/81 stiftete er das langgeplante Burgkloster auf dem Ostteil des Berges, während er den Westteil für sich und seine Nachfolger behielt[143]. Schon wenig später, 1082 mußte die Iburg einer harten Belagerung durch den Gegenkönig Heinrich von Salm standhalten, die Benno II. durch persönlichen Einsatz aufheben konnte[144].

Aufgrund der Ausgrabungen 1979 in der Klosterkirche und 1983 bis 1986 an der Westspitze der Iburg ist Genaueres über ihr Aussehen in salischer Zeit bekannt geworden[145]. Die Iburg selbst nimmt einen 400 m langen und 100 bis 120 m breiten nach Westen ansteigenden Bergrücken ein. Trotz der starken bis in die

141 H. Keller, Bischof Benno, Iburg und die Iburger. Osnabrücker Mitt. 93, 1988, 9–24; bes. 14ff.

142 Vita Bennonis c. 15.

143 Vita Bennonis c. 19.

144 Vita Bennonis c. 20.

145 W. Schlüter, Wohnturm Bischof Bennos II. von Osnabrück auf der Iburg ausgegraben. Ber. Denkmalpflege Niedersachsen 4, 1984, 48–57. – Ders., Ausgrabungen in den Jahren 1983 bis 1985 (Iburg). Ebd. 6, 1986, 184. – Ders., Vorbericht über die Ausgrabungen auf der Iburg in den Jahren 1983 bis 1985. Osnabrücker Mitt. 90, 1985, 13–31. – Ders. in: Zeitschr. Arch. Mittelalter 14/15, 1986/87, 169f. – Ders., Ausgrabungen auf der Iburg (Faltbl.; 1988). – Ders., Ausgrabungen in der Kirche des Klosters Iburg (Faltbl.; 1988). – Für freundliche Einblicknahme in die Grabungen und anregende Gespräche sei W. Schlüter recht herzlich gedankt.

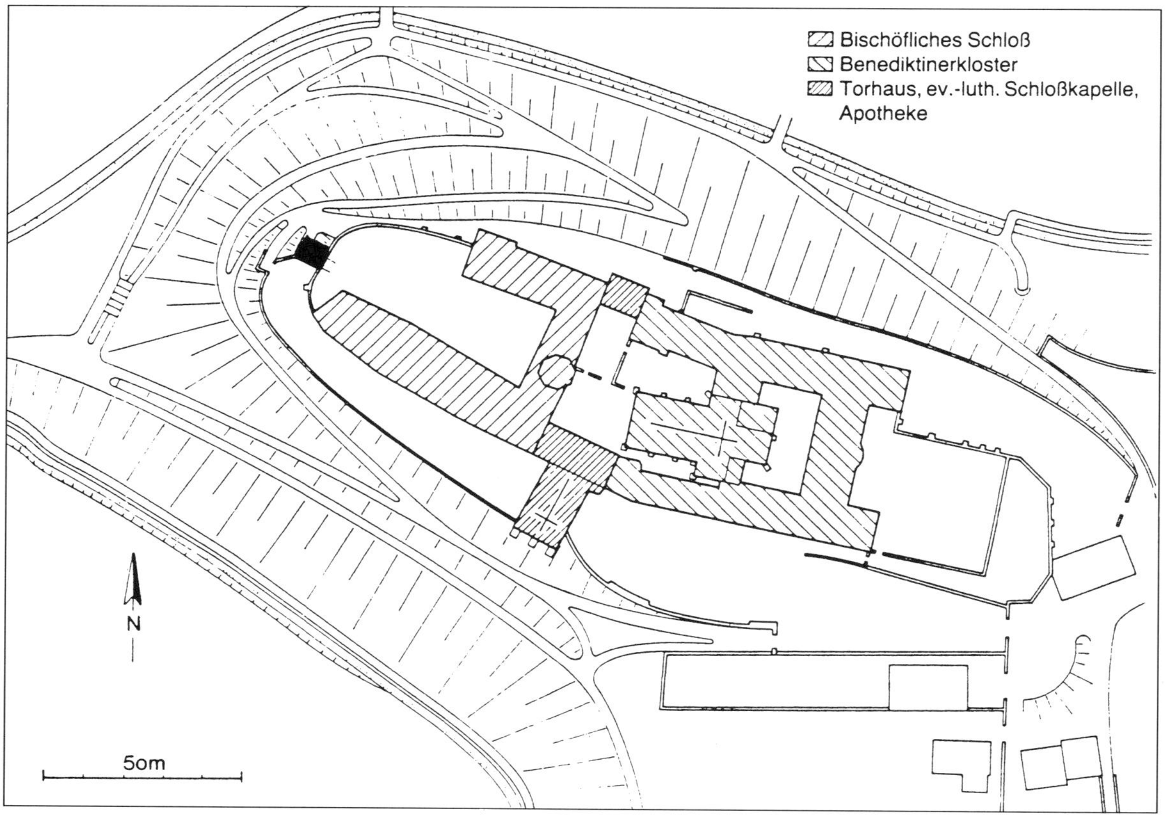

Abb. 42 Iburg, Ldkr. Osnabrück. Plan. Immer noch erkennbar die Grundrißdisposition des 11. Jhs. mit weltlichem Bereich im Nordwesten und geistlichem im Südosten (n. Poppe/Schlüter). ■ = Turm des späten 11. Jhs.

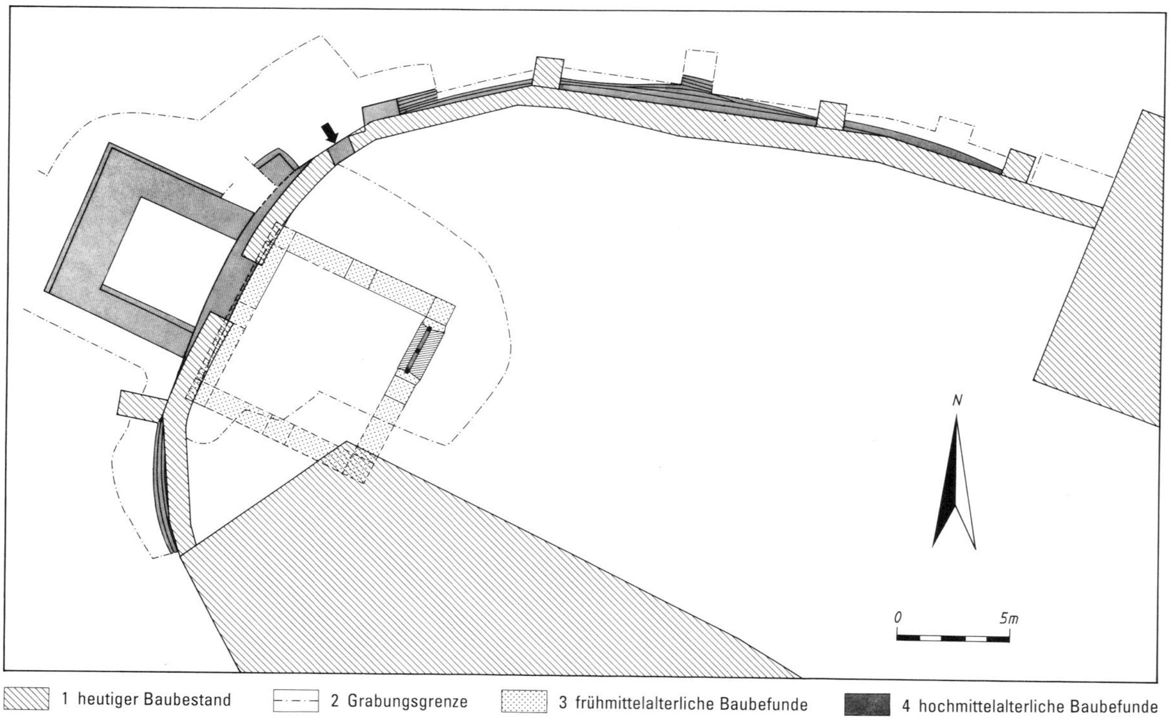

Abb. 43 Iburg, Ldkr. Osnabrück. Grundriß der Iburg mit dem Turm im Nordwesten (n. Schlüter).

Neuzeit andauernden Überbauung und Umgestaltung des Berges ist die Trennung zwischen »weltlichem« und »geistlichem« Bereich noch heute sichtbar. Unter der gotischen, später weiterhin veränderten Klosterkirche entdeckte man bei den Ausgrabungen Gräber und Mauerreste vom Kirchenbau des späten 11. Jahrhunderts.

Für die Geschichte des Wehrbaues von größerer Bedeutung waren die Grabungen an der hochragenden Westspitze der Iburg. Als ältestes erwies sich ein wohl im 10. Jahrhundert erstelltes, bis ins 12. Jahrhundert bestehendes quadratisches Steingebäude von ca. 9 m Seitenlänge. Im 11. Jahrhundert entstand im Zuge der Westwand die erste bekannte Ringmauer. Bald darauf, noch im 11. Jahrhundert, baute man hier vor die Außenfront der Ringmauer einen mächtigen rechteckigen Turm von 7,3 auf 6,8 m Seitenlänge und 1,5 bis 2,2 m Mauerstärke in Zweischalentechnik (Abb. 43–45). Außen zeigt er, noch über 3 m hoch erhalten, ein kleinquadriges Schichtmauerwerk, das über dem Fundament eine dreifach abgetreppte Sockelzone besitzt. Diese Art der Sockelzone wie auch des Schichtmauerwerkes läßt sich – wenn auch weniger sorgfältig ausgeführt – an großen Teilen der bestehenden Ringmauern erkennen. Das Füllmauerwerk besteht aus Bruchstein in festem Mörtelverband, das vielfach in wechselnden horizontalen Schräglagen eingebracht war. Die Innenschale wurde aus größeren, weniger sorgfältig geschlagenen groben Steinen aufgeführt, die nicht als Sichtmauerwerk gedacht waren. Dies, wie auch fehlende Spuren einer Bewohnung und die geringe Größe des Innenraumes (19 m^2) schließen die Deutung als Wohnturm aus.

Die Mauerwerkstechnik zeigt, wie auch der Ausgräber hervorhob, eine markante Ähnlichkeit zu der des Wohnturmes vom Schlössel bei Klingenmünster in der Pfalz, den G. Stein in die Zeit zwischen 1040 und 1060 datiert. Bearbeitungstechnik, feiner Saumschlag und sorgfältig abgearbeiteter Spiegel weisen schon in die Zeit um 1080 bis 1120[146]. Benno II. hielt sich seit den vierziger Jahren mehrfach in Speyer auf. In Hildesheim und wohl auch in Goslar hatte er zahlreiche Bauvorhaben geleitet, nicht zuletzt den Burgenbau Heinrichs IV. ab 1065. Auf königliches Geheiß hin begab er sich 1080/82 nochmals nach Speyer, um nach der Lösung statischer Probleme die Vollendung des Domes zu ermöglichen[147]. So darf es nicht verwundern, wenn er Maurer und Steinmetze beschaffen konnte, die ihre offenbar in Südwestdeutschland, im Harzgebiet oder anderenorts erworbene Erfahrung mitbrachten.

Die Technik des Schichtmauerwerkes aus kleinquadrigen Verbänden findet sich beim Burgenbau des 11. und 12. Jahrhunderts recht häufig, wobei sich besonders im Buntsandsteingebiet der Pfalz chronologische Differenzierungen in bezug auf die Oberflächenbearbeitung der Quader und ihre Eckausbildung ergaben. Großquadriges Schichtmauerwerk und – wo verbreitet – die Verwendung von Buckelquadern (ab Mitte des 12. Jahrhunderts) stehen am Ende der Entwicklung[148]. Daß regionale Unterschiede, schon

146 W. Schlüter in: Ber. Denkmalpflege Niedersachsen 4, 1984, 52. – Ders., Osnabrücker Mitt. 90, 1985, 21. – G. Stein, Das »Schlössel« bei Klingenmünster. Zur Baugeschichte einer salischen Turmburg. Mainzer Zeitschr. 67/68, 1972/73, 108–117; hier 112.

147 Vita Bennonis c. 4. 9. 21 – Zur Rolle Bennos als »Architekt«: I. Hindenberg, Benno II. von Osnabrück als Architekt. Stud. z. Dt. Kunstgesch. 215 (1921); H. J. Böker, Benno II. von Osnabrück. Beiträge über Bauführung und Baufinanzierung im Mittelalter (Hrsg. G. Binding). 6. Veröffentl. Abt. Architektur Kunsthist. Inst. Univ. Köln (1974) 80–87; H. Spier, Benno II. von Osnabrück am Goslarer Königshof. Harz-Zeitschr. 7, 1955, 57–67; ders., Die Geschichte der Harzburg (1985) 32–35 (dazu D. Leistikow, Burgen und Schlösser 27/I, 1986, 58, der wie Böker Bennos Rolle mehr in der des Bauherrn oder seines Vertreters sieht, als in der des bauleitenden und planenden Architekten); C. Möller, Benno von Osnabrück als Architekt (1988). – Zu Berechnungen dieser gewaltigen Bauleistungen bei Errichtung salischer Burgen im Harzgebiet H.-J. Mrusek in: Beiträge zur Burgenforschung. H. Wäscher zum 100. Geburtstag (1989) 15–17.

148 G. Stein, Untersuchungen zum deutschen Burgenbau der romanischen Epoche (Phil. Diss. Berlin; 1950) 38ff. – Ders., Das »Schlössel« bei Klingenmünster. Mainzer Zeitschr. 67/68, 1972/73, 108–117; hier 112f. – Ders., Burgen und Schlösser in der Pfalz (1976) 16; 19f.; 24; 30f.; 72f. – H.-M. Maurer, Bauformen der hochmittelalterlichen Adelsburg. Zeitschr. Gesch. Oberrhein 115, 1967, 61–116; hier 75f. – Ders., Hochmittelalterliche Burgen im Hegau. Ebd. 123, 1975 (1977) 65–91; hier 71f. – U. Lobbedey, Der Altenfels bei Brilon. Rettungsgrabung an einer hochmittelalterlichen Burg. Beiträge zur archäologischen Burgenforschung und Keramik des Mittelalters in Westfalen 1. Denkmalpflege Forsch. Westfalen 2 (1979) 33ff.; 74. – Ders., Burg Nordenau. Baugeschichtliche Beobachtungen an der Burgruine zu Nordenau. Ebd. 100ff. – W. Meyer, Der Burgenbau im Kyburgischen Machtbereich. Die Grafen von Kyburg.

Abb. 44 Iburg, Ldkr. Osnabrück. Turm des späten 11. Jhs. am Nordwestende der Iburg.

Abb. 45
Iburg, Ldkr. Osnabrück.
Turm des späten 11. Jhs. Rekonstruktion
(Umzeichnung n. Schlüter/Lindhorst).

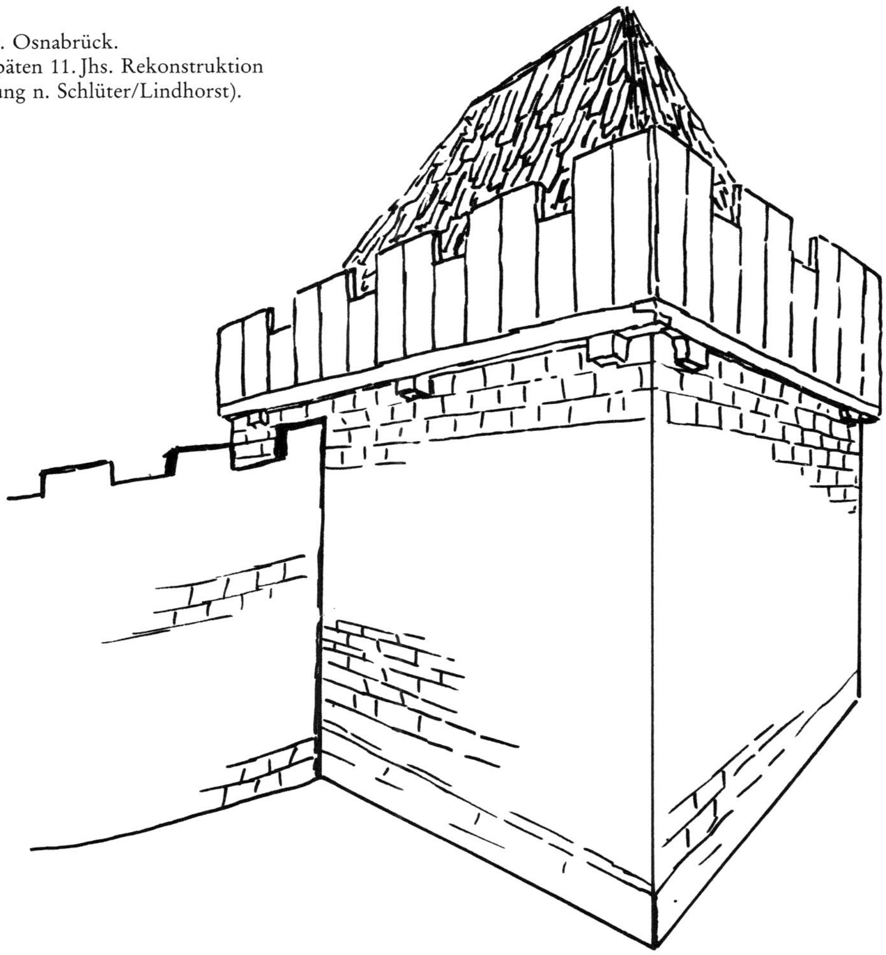

bedingt durch das vorhandene Baumaterial, und das Nebeneinander von Altem und Neuem bzw. Retardierungen eine Datierung allein mit Hilfe der Mauerwerktechnik erschweren, braucht nicht besonders betont zu werden.

An einer Reihe von Burgen der Salierzeit beobachtete man, daß kleinquadriges Schichtmauerwerk bisweilen mit einem festen Füllmauerwerk aus Bruchstein kombiniert ist, das schichtweise und z.T. oder gänzlich in wechselnden Schräglagen (Fischgrätenmuster/ opus spicatum) eingebracht war[149]. Im

Schweiz. Beitr. Kulturgesch. Arch. Mittelalter 8 (1980) 69. – D. Reicke, Findlingsmauerwerk und Bossenquader. Beobachtungen zum Mauerwerk von Burgtürmen in der Deutschschweiz. Nachr. Schweiz. Burgenver. 59 (4), 1986, 82–87; hier 84f. – Vgl.auch die Untersuchungen von H. Klettke, Die mittelalterliche Dorfkirche der Diözese Hildesheim (Diss. Göttingen; 1953) 11ff.; H. Griep, Harz-Zeitschr. 9, 1957, 55; Taf. 8; R. Habermeyer, Mauerwerkstechnik und Steinbearbeitung der romanischen Zeit im ehemaligen Bistum Minden (Diss. Hannover; 1983) 57ff. Abb.; H. P. Authenrieth, Über das Flachrelief in der romanischen Architektur. Baukunst des Mittelalters in Europa. H. E. Kubach zum 75. Geburtstag (1988) 27–70 (bes. zur Bearbeitung der Quaderoberfläche). – Aus der reichhaltigen Literatur über Bukkelquader und ihre Entstehung vgl. die Übersichten bei: Maurer, Bauformen (diese Anm. 148 oben) 71ff.; A. Rieber u. K. Reutter, Die Pfalzkapelle in Ulm (1974) 139–170; W. Pefferkorn, Buckelquader an Burgen der Stauferzeit (1977); C. Meckseper, Über die Verbreitung und Zeitstellung des Buckelquaders in Frankreich. Burgen und Schlösser 23/I, 1982, 7–16.; Th. Biller, Die Burgengruppe Windstein und der Burgenbau in den nördlichen Vogesen. 30. Veröffentl. Abt. Architektur Kunsthist. Inst. Univ. Köln (1985) 316ff.; 323; St. Uhl, Buckelquader an Burgen im Nord- und Ostteil der Schwäbischen Alb (1985); J. Mesqui, Parements à bossage dans la fortification et le génie civil en France au Moyen Age. Château Gaillard 13, 1986 (1987) 97–126.

149 G. Stein, Untersuchungen (Anm. 148) 39f.; 58. – Maurer, Hochmittelalterliche Burgen (Anm. 148) 71. – H.-W. Heine, Studien zu Wehranlagen zwischen junger Donau und Bodensee. Forsch. Ber. Arch. Mittelalter Baden-Württemberg 5 (1978) 33f.

Oberrheingebiet (Pfalz, Raum Karlsruhe), im westlichen Bodenseegebiet, im Harzraum, vereinzelt in Westfalen und Lothringen sind Beispiele zu nennen, die sich bei besserem Kenntnisstand noch vermehren lassen dürften[150]. Füllmauerwerk in opus spicatum-Technik, das mit größeren, schichtweise gemauerten Quadern verblendet ist, läßt sich auch noch im fortgeschrittenen 12. Jahrhundert nachweisen[151].

Während der Burgenbau von König und Kirche zur Zeit Heinrichs IV. in den erzählenden Quellen reichlich Niederschlag findet, ist man bei den Adelsburgen des 11. Jahrhunderts auf zufällige Nennungen in den schriftlichen Quellen angewiesen. Dies mag dazu verleiten, den Burgenbau Heinrichs IV. im Harzraum als etwas völlig Neues darzustellen[152]. Bedenkt man, daß häufig zwischen der wirklichen Entstehungszeit einer Burg und ihrer ersten Nennung bzw. der Verwendung ihres Namens als Herkunftsbezeichnung des Adels ein großer Zeitraum verstreichen kann[153], dann muß auch in Niedersachsen mit einer unbekannten Anzahl von Burgen gerechnet werden, die archäologisch gesehen schon im 11. Jahrhundert existiert haben müssen. Erschwerend kommt hinzu, daß die Sitte des Adels, sich nach Herkunftsort oder einer Burg zu benennen, in Niedersachsen erst ab 1100/1110 mit Verspätung einsetzt[154].

Im ganzen südniedersächsischen Bergland errichtete der *sächsische Adel* eine große Anzahl von *Höhenburgen* in Gipfellagen, auf vorgeschobenen Bergkuppen und hochragenden Bergspornen, soweit die morphologischen Möglichkeiten vorhanden waren. Dieser Prozeß setzt in Südniedersachsen und den angrenzenden Landschaften spätestens Mitte des 11. Jahrhunderts ein. So werden doch recht früh derartige Höhenburgen mächtiger Grafenfamilien wie der Northeimer oder Reinhäuser genannt, die in Ziel und Zweck den königlichen Anlagen vergleichbar sind[155]. Um 1100 bis zum Ende der salischen Epoche treten, in den Schriftquellen nachweisbar, eine ganze Reihe Höhenburgen der neuen Art hinzu, vor allem im Weser- und Leinebergland.

150 1. Alter Turm bei Aach, Kr. Konstanz, um 1100: Maurer, Hochmittelalterliche Burgen (Anm. 148) 71 Abb. 1; Heine (Anm. 149) 49 Nr. 1; Abb. 96 u. 97. – 2. Tudoburg bei Honstetten, Kr. Konstanz, 2. Hälfte 11. Jahrhundert: Maurer, Hochmittelalterliche Burgen (Anm. 148) 71 Abb. 2; Heine (Anm. 149) 59f. Nr. 30; Abb. 98 u. 99. – 3. Turmburg bei Langensteinbach, Kr. Karlsruhe, um 1100: D. Lutz, Die Turmburgen von Langensteinbach, Gem. Karlsbad und Kleinsteinbach, Gem. Pfinztal (Kr. Karlsruhe). Forsch. Ber. Arch. Mittelalter Baden-Württemberg 4 (1977) 151–172; hier 157; 172 Abb. 16. – 4. Turmburg bei Langensteinbach, Kr. Karlsruhe: Lutz (diese Anm. 150 oben) 152; 168 Abb. 10. – 5. Habsburg, Kt. Aargau, Vorderburg/Kernbau: P. Frey, Argovia 98, 1986, 49 Abb. – 6. Vaudémont bei Nancy/Lothringen, 2. Hälfte 11. Jahrhundert: H. Collin in: Château Gaillard 2, 1964 (1967) 29f.; Taf. 4. – 7. Burg Nordenau, Hochsauerlandkreis, um 1105 ± 6 (dendrochronologisches Datum mit Waldkante): U. Lobbedey in: Beiträge zur archäologischen Burgenforschung und zur Keramik des Mittelalters in Westfalen 1. Denkmalpflege Forsch. Westfalen 2 (1979) 100ff. Abb. 2–6; 108. – 8. Turmburg bei Niederwalluf, Rheingau, wohl um 1100: M. Elbel, Die frühmittelalterliche Turmburg von Niederwalluf. Nass. Ann. 96, 1985, 82ff. Abb. 4. – 9. Harzburg bei Bad Harzburg, Ldkr. Goslar, ab 1065 bis 1074/76: M. Keibel-Maier in: Harz-Zeitschr. 29, 1977, 22. – 10. Sachsenstein bei Walkenried, Ldkr. Osterode am Harz, um 1070 bis 1074: Stolberg, Harz 331ff.; Führer 36 (1978) 197ff.; Autopsie. – 11. Kyffhäuser/Unterburg, westliche Ringmauer, Ende 11. Jahrhundert/vor 1118: Stolberg, Harz 228ff.; Autopsie. – 12. Iburg bei Bad Iburg, Ldkr. Osnabrück, Ende 11. Jahrhundert: W. Schlüter in: Ber. Denkmalpflege Niedersachsen 4, 1984, 52 Abb. 5–7 u. in: Osnabrücker Mitt. 90, 1985, 18ff. – 13. Wiprechtsburg bei Groitzsch (Sachsen), Ende 11. Jahrhundert: M. Küas, Arbeits- u. Forschber. sächs. Bodendenkmalpfl. 23, 1979, 117f. Abb. 7b.

151 Kyffhäuser/Unterburg, westlicher Rundturm, um 1150: Stein, Untersuchungen (Anm. 148) 39f.; 57f.; Stolberg, Harz 230; Autopsie. – Homburg bei Stadtoldendorf, Vorderburg, 2. Viertel/Mitte 12. Jahrhundert: Stein, Untersuchungen (Anm. 148) 58f.; Autopsie. – Alte Burg bei Aschersleben, Mitte des 12. Jahrhunderts: P. Grimm in: Jahresschr. mitteldt. Vorgesch. 49, 1965, 89. – Vgl. auch die Wildburg bei Wehrden, Kr. Höxter, Abschnittsmauer, 1160/62: H.-G. Stephan, Die Wildburg, eine Höhenburg aus der Mitte des 12. Jahrhunderts an der Oberweser. Beiträge zur archäologischen Burgenforschung und zur Keramik des Mittelalters in Westfalen 1. Denkmalpflege Forsch. Westfalen 2 (1979) 123–130; hier 124f. Abb. 1 (»Außenschale der Kalkmörtelmauer in gewöhnlichem Verband«).

152 Zum folgenden: Streich, Burg und Kirche 438f; 461f. in Berufung auf Lampert von Hersfeld u. a.

153 W. Meyer, Frühe Adelsburgen zwischen Alpen und Rhein. Das ritterliche Turnier im Mittelalter. Veröffentl. Max-Planck-Inst. Gesch. 80 (1985) 571–587; hier 577f. (= Nachr. Schweiz. Burgenver. 57 [3], 1984, 72; 78).

154 Last, Burgen 450ff. – Streich, Burg und Kirche 464f.

155 Vgl. Beichlingen 1069, Burgscheidungen 1069, Gleichen ca. 1070, Desenberg 1070, Hanstein 1070 (Streich, Burg und Kirche 439; 443; 473; mit Nachweisen).

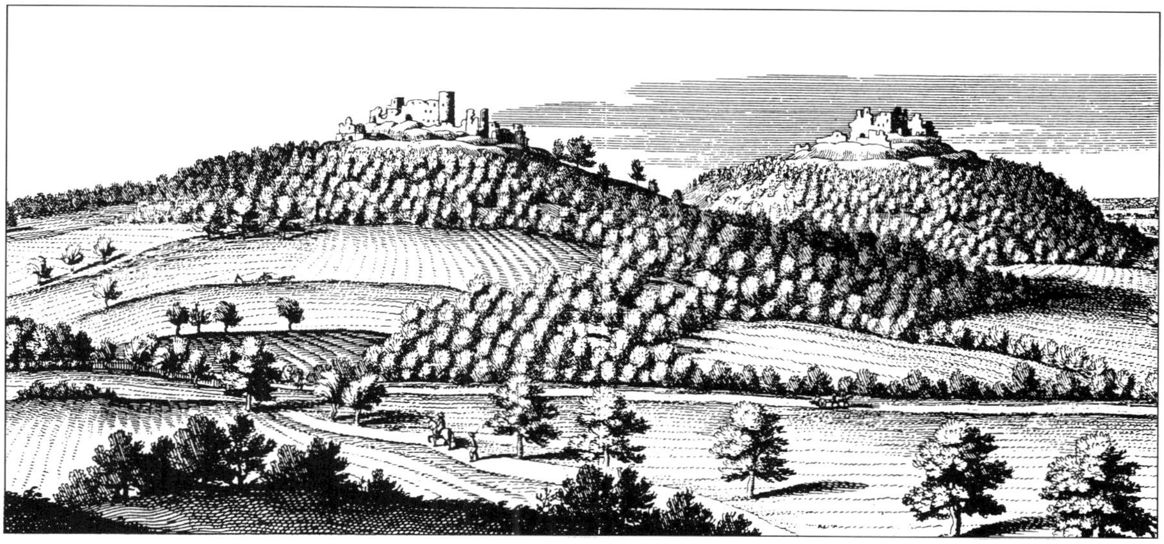

Abb. 46 Die Burgen Gleichen, Ldkr. Göttingen (n. Merian). Um 1070 von den Grafen von Reinhausen begründet. Beispiel einer »klassischen« Höhenburg.

Von den zahlreichen südniedersächsischen Höhenburgen des Adels sind aufgrund der späteren Überbauung oder fehlender archäologischer Erschließung nur an wenigen Stellen die ursprüngliche Bebauung und Befestigungsweise zu erkennen. Dies gilt leider auch für so bedeutende Anlagen wie die Burgen Everstein[156], die nahe Homburg bei Stadtoldendorf[157], beide Ldkr. Holzminden, die Schaumburg, Ldkr. Schaumburg[158], die Burgen Gleichen, Ldkr. Göttingen (Abb. 46)[159], die Burg Hardenberg bei Nörten, Ldkr. Northeim[160], oder Bentheim, Ldkr. Grafschaft Bentheim[161], welche alle über das 12. Jahrhundert hinaus benutzt und verändert wurden, so daß keine Befunde der Gründungszeit bekannt sind. Selbst von einer so gut erforschten Burg wie der Plesse bei Bovenden, Ldkr. Göttingen, fällt es schwer, das Aussehen im frühen 12. Jahrhundert auch nur ansatzweise zu bestimmen[162].
Das Gleiche gilt auch für die *Winzenburg*, Ldkr. Hildesheim, südlich von Alfeld, auf der vor über 20 Jahren gegraben wurde. Die umfangreiche, im 16. Jahrhundert abgegangene Burg liegt auf einem langgestreckten, nach Westen gerichteten Sporn (Abb. 47 u. 48). An seinem äußersten Ende erhebt sich

156 Erstnennung 1120. – H. H. Kaminsky, Studien zur Reichsabtei Corvey 127; 257 (U. 3). – Vgl. auch G. Schnath, Die Herrschaften Everstein, Homburg und Spiegelberg (1922) 9ff. – Last, Burgen 458; 506; 508; 511. – Grabungen E. Sommerfeld 1966 bisher unausgewertet (vgl. A. Metzler, Zur Inventarisation archäologischer Denkmale im Landkreis Holzminden. Jahrb. Ldkr. Holzminden 5/6, 1987/88, 11f. u. Ber. Denkmalpflege Niedersachsen 7, 1987, 90).

157 Erstnennung 1129. – Steinacker (Anm. 156) 181ff. – Schnath (Anm. 156) 19f. – Last, Burgen 398; 458.

158 Siehe unten (Anm. 167).

159 Bauzeit um 1070, aus etwas jüngerer Quelle erschlossen. Last, Burgen 458; 488; 496f.; 510f. – K. Grote, Die Gleichen. Führer D 17 (1988) 227f.

160 Erstnennung 1098. – Historisch-Landeskundliche Exkursionskarte von Niedersachsen, Blatt Moringen (1976) 128ff. – Last, Burgen 485; 488. – R. Pröpper, Burg Hardenberg. Eine historische und baugeschichtliche Untersuchung (1978) (= Plesse-Archiv 7, 1972, 15–39). – H. A. Graf u. A. Gräfin von Hardenberg (Hrsg.), Die Burg Hardenberg und das historische Nörten (1987).

161 Erstnennung 1116. – R. Poppe, Burgen des Osnabrücker Landes. Ringwall (1971) 93f. – Last, Burgen 509f.

162 Erstnennung vor 1128. Die 1015 genannte »urbs in loco Plesse« bezieht sich auf die weiter östlich gelegene Wallanlage Hünstollen. – Historisch-Landeskundliche Exkursionskarte von Niedersachsen, Blatt Göttingen (1972) 106f. – Last, Burgen 436f.; 460; 462; 472; 492. – Ders., Die Burg Plesse. Plesse-Archiv 10, 1975 (1977), 9–249. – Th. Krüger, Ausgrabungen auf der Burg Plesse bei Bovenden, Ldkr. Göttingen, von 1979 bis 1981. Nachr. Niedersachs. Urgesch. 50, 1981 (1982), 199–216. – 4. Grabungskampagne auf der Burg Plesse, Gemeinde Bovenden, Kr. Göttingen (mit Beiträgen versch. Autoren). Plesse-Archiv 20, 1984, 11–157. – Streich, Burg und Kirche 473. – U. Elerd u. M. Last, Kleiner Plesseführer (^{5}1986). – Th. Moritz, Archäologisch-baugeschichtliche Untersuchungen zu Sanierungsmaßnahmen auf der Burg Plesse. Ber. Denkmalpflege Niedersachsen 7, 1987, 104. – Ders., Burg Plesse. Führer D 17 (1988) 243–247.

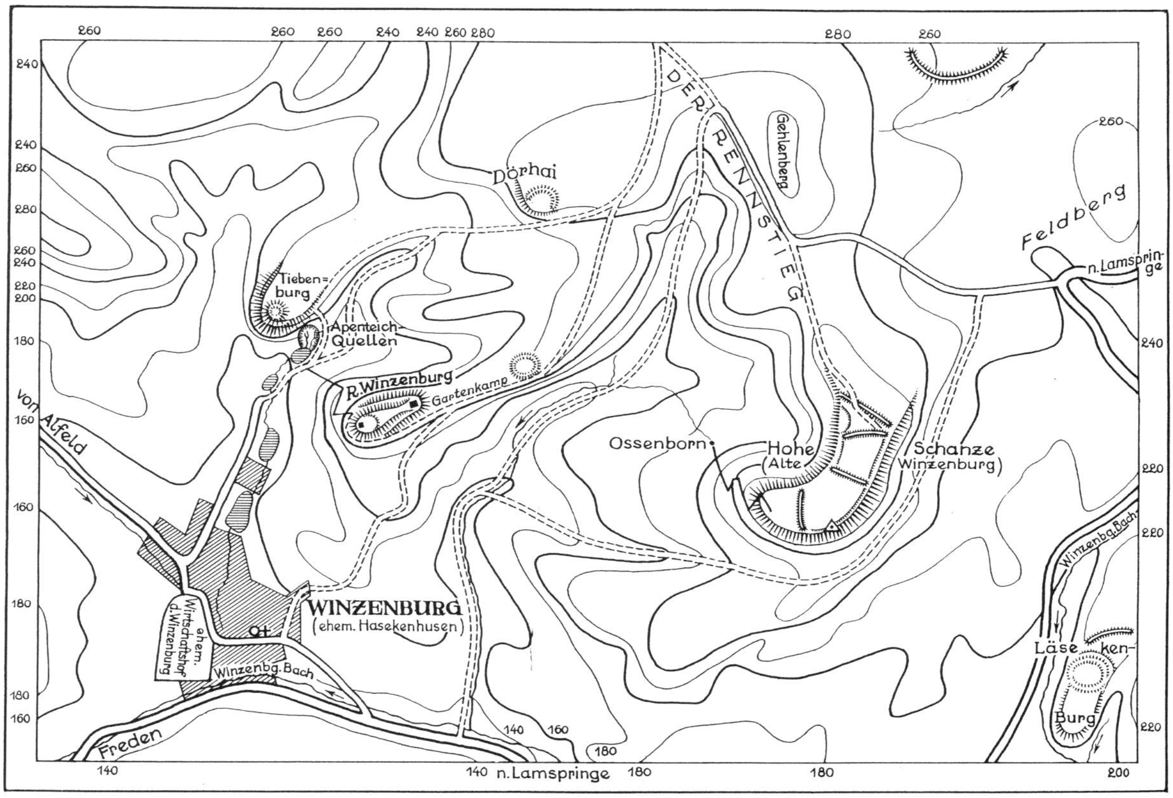

Abb. 47 Burgen im Raum Winzenburg (n. Barner): Hohe Schanze (Eisenzeit, frühes Mittelalter). – Tiebenburg (11./12. Jh.). – Winzenburg (um 1100–16. Jh.). – Dörhai (2. Hälfte 12. Jh.). – Läseckenburg (vermutlich 11. Jh.).

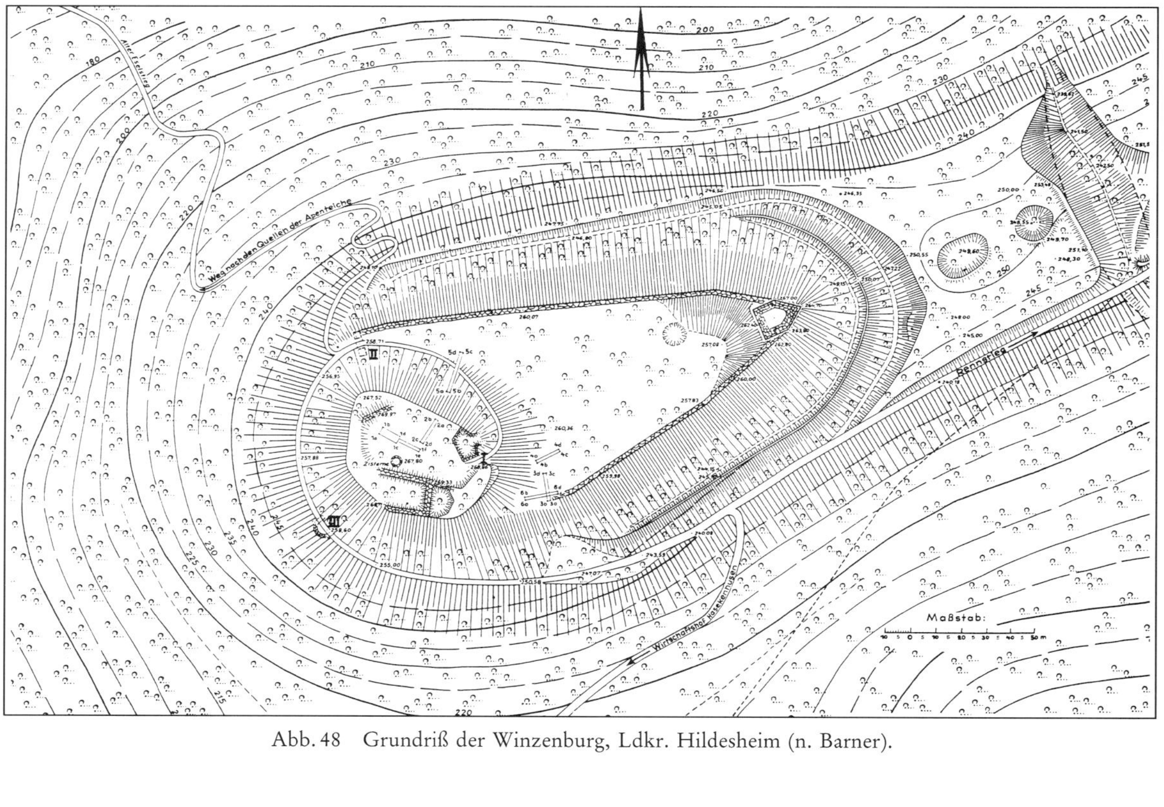

Abb. 48 Grundriß der Winzenburg, Ldkr. Hildesheim (n. Barner).

ein künstlich überformter Hügel von 9 m Höhe als Kern der Anlage, der randliche Gebäude, aber offensichtlich nie einen Turm getragen hat und dennoch wie ein großer Motten-Hügel wirkt. Davor erstreckt sich ein freier Platz mit Ringmauerresten bis zu einem weiteren Hügel, auf dem sich die Ruine eines fünfeckigen Bergfrieds des 13. Jahrhunderts erhebt. Die ca. 200 m lange und 80 m breite Hauptburg wird nach Osten hin durch steile Böschung und Gräben von der tiefer gelegenen Vorburg getrennt, die ihrerseits Kellerspuren und Befestigungsreste aufweist[163].

Graf Hermann I. (†1122), 1109 erstmals nach der Burg benannt, die er vom Bistum Hildesheim zu Lehen trug, gilt nach glaubhafter Überlieferung als Erbauer der Winzenburg. Wegen des Baues einer Burg zog im Jahre 1130 dessen Sohn Graf Hermann II. seinen Lehnsmann Graf Burchard von Loccum zur Rechenschaft. Der Streit führte zum Mord an Burchard. König Lothar III., ein enger Verwandter des Ermordeten, äscherte noch im selben Jahr die Winzenburg ein. Hermann II. ging seiner Lehen verlustig, darunter auch der Winzenburg. Es wäre nicht nur für den Landeshistoriker reizvoll zu untersuchen, in welcher Weise die Grafen von Winzenburg(-Asselburg) – sei es durch Erbschaft, Lehen oder auf andere Weise – Burgen besitzen, sich aneignen und nutzen. So tragen sie als Herkunftsbezeichnungen die Namen der Höhenburgen Plesse (1139) und Asselburg (1143), besitzen die Derneburg (bis 1143) und die Gipfelburg Gleichen (um 1070 errichtet, aus Erbschaft) mit vorläufigem Erfolg[164]. 1145 erwirbt Graf Hermann II. die Homburg bei Stadtoldendorf und bekommt 1150 die Winzenburg als Lehen zurück, die nach seiner Ermordung 1152 an das Bistum Hildesheim zurückfällt, während Heinrich der Löwe als Erbe der Northeimer die Homburg an sich bringt[165].

Fast beispielhaft erscheint für die Burgenforschung das südliche *Schaumburger Land*. Nördlich der Weser am Rande des Wesergebirges reihen sich auf Sichtweite vier Burgen aneinander, deren Ursprünge in die 2. Hälfte des 11. Jahrhunderts bzw. die Zeit um 1100 zurückreichen. Zwei von ihnen liegen auf vorgeschobenen steilen Bergkuppen, die Osterburg bei Deckbergen und die Schaumburg, die Hünenburg bei Todenmann auf einer aus dem Hang des Wesergebirges herausragenden Spornterrasse. Die ehemalige Burg Rohden nimmt das Ende eines steilen Sporns am Westabhang des Amelungsberges ein[166].

Nach der *Schaumburg* nennt sich ab 1110 ein Grafengeschlecht, das seit dieser Zeit auch als Grafen in Holstein tätig war und mit dem Erwerb des slawischen Ostholstein den Landesausbau betrieb. Aufgrund der späteren Überbauung kennt man bislang außer einigen Scherben keine Reste aus der Gründungszeit der Burg[167].

Dagegen ist es möglich, die Baureste auf der *Hünenburg bei Todenmann* (Stadt Rinteln) aufgrund der Funde in die 2. Hälfte des 11. Jahrhunderts bzw. ins 12. Jahrhundert zu datieren[168]. Bei der Hünenburg

163 Die Kunstdenkmäler der Provinz Hannover II. Reg.-Bez. Hildesheim 6. Kreis Alfeld (1929) 284ff. – W. Barner, Die Winzenburg. Ihre topographisch-militärische Lage und die Datierung ihrer Gründung. Göttinger Jahrb. 1968, 37–48. – Ders., Die Hohe Schanze, die Winzenburg und das Kloster Lamspringe. Neue Ausgr. Forsch. Niedersachsen 4 (1969) 219–244; hier 234ff. – Last, Burgen 416ff. – K. Riess, Ruine Winzenburg. Führer 49 (1981) 239–242.

164 Vgl. Streich, Burg und Kirche 473 (mit Nachweisen).

165 Zu den Grafen von Winzenburg und ihrer Geschichte vgl. u. a.: H. Patze, Die Entstehung der Landesherrschaft in Thüringen 1. Mitteldt. Forsch. 22 (1962) 582ff.; ders., Rechtsgeschichte der Burgen in Niedersachsen. In: Patze, Burgen 1, 555ff.; B. Heinemann, Das Bistum Hildesheim im Kräftespiel der Reichs- und Territorialpolitik vornehmlich des 12. Jahrhunderts. Quellen und Darstellungen zur Geschichte Niedersachsens 72 (1968) bes. 133ff.; 192ff.; 324; Last, Burgen 418ff.

166 K. Weidemann, Frühgeschichtliche Befestigungen zwischen Weser und Leine. Führer 4 (1966) 60ff.; 61 Abb. – Historisch-Landeskundliche Exkursionskarte von Niedersachsen, Blatt Stadthagen (1985) 50ff.; Karte.

167 Führer 4 (1966) 120; 122ff. Abb. – Last, Burgen 410; 452; 455; 462; 467 Abb. 23 b. – F. Kölling u. E. Sindermann, Die Schaumburg im Wesertal (1977). – Historisch-Landeskundliche Exkursionskarte von Niedersachsen, Blatt Stadthagen (1985) 62f. Abb. 9; 84; 86.

168 C. Plath, Ausgrabung der Hünen- oder Frankenburg an der langen Wand bei Rinteln a. W. Verhandl. Berliner Ges. Anthr. Ethn. Urgesch. 29, 1897, 369–372. – Ders., Die Hünenburg von Todenmann bei Rinteln. Mitt. lippische Gesch. Landeskde. 1, 1903, 200. – OS 9; 51f.; 77f.; 140; Bildtaf. G; Bl. 44. – C. Schuchhardt, Die frühgeschichtlichen Burgen in Niedersachsen (1924) 83–85. – Ders., Die Burg im Wandel der Weltgeschichte (1931) 218ff. Abb. 207–210. – von Uslar, Studien bes. 110. – Führer 4 (1966) 118ff. – Last, Burgen 394ff. (der ausführlich auf die verfehlte Frühdatierung um 900 eingeht). – Historisch-Landeskundliche Exkursionskarte von Niedersachsen, Blatt Stadthagen (1985) 58; 70f.

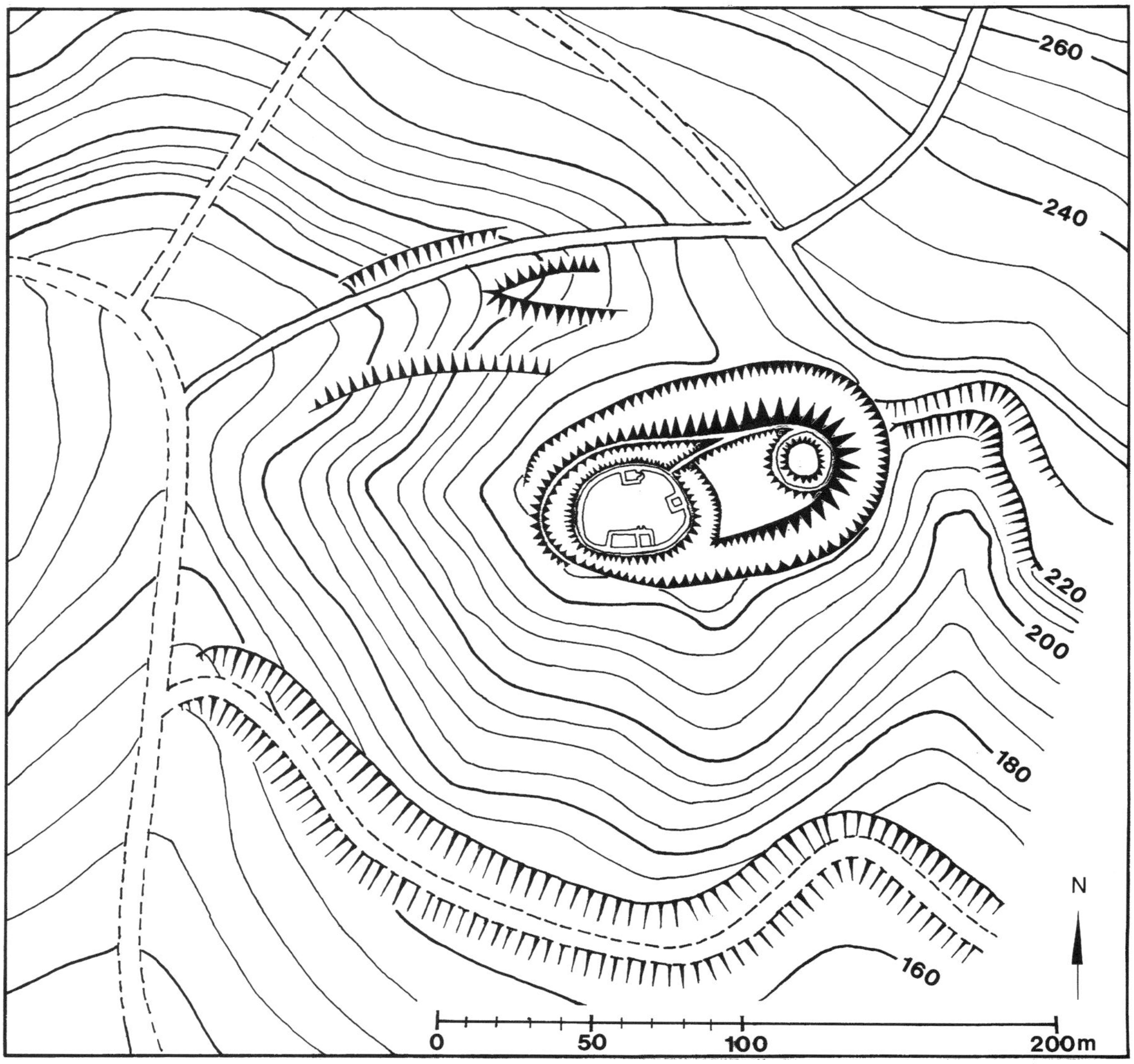

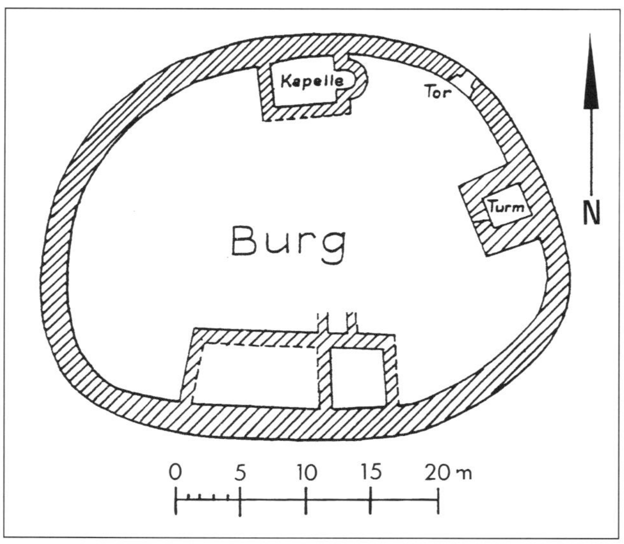

Abb. 49
Hünenburg bei Todenmann, Rinteln, Ldkr. Schaumburg.
Zweiteilige Höhenburg des 11./12. Jhs. – Hauptburg mit Palas, Kapelle und randlichem Turm, davon abgesetzt vorgelagerte Turmanlage (n. Schuchhardt).

Abb. 50
Hünenburg bei Todenmann, Rinteln, Ldkr. Schaumburg.
Innenaufteilung der Hauptburg mit Palas im Süden, Kapelle im Norden und Turm im Osten (n. Schuchhardt).

Abb. 51 Hünenburg bei Todenmann, Rinteln, Ldkr. Schaumburg. Blick auf die wiederhergestellten Mauern der Burgkapelle des 11./12. Jhs.

handelt es sich um eine zweiteilige Anlage mit spiralförmig umlaufendem Grabensystem, das Vor- und Hauptburg trennt (Abb. 49). Im Westen liegt die ovale Hauptburg von 27 auf 35 m Größe, die von einer gemörtelten Ringmauer eingefaßt wird. An die Ringmauer lehnen sich im Norden eine Kapelle mit halbrunder Apsis (Abb. 50–52)[169], im Nordosten ein Turm und im Süden der zweiräumige Palas mit vermuteter Heizungsanlage an. Zwischen Kapelle und Turm öffnet sich eine kleine Pforte zur Vorburg. Stellenweise konnte an den sorgfältig aufgeführten Mauerschalen opus spicatum-Technik beobachtet werden. In der östlich gelegenen Vorburg markiert gegen den ansteigenden Hang ein Hügel mit Mauerresten offenbar einen Rundturm[170]. Die Vorburg, in der anscheinend keine weiteren Steinbauten vorhanden waren, bildete sozusagen eine eigene Turmburg vor der repräsentativen Hauptburg, die ihrerseits mit kleinerem Turm, Palas und Kapelle die wesentlichen Elemente des mittelalterlichen Burgenbaues aufweist.

Die *Osterburg bei Deckbergen*, ebenfalls eine Doppelburg, liegt auf einem vorspringenden Bergsporn mit am Ende aufgesetzter Kuppe (Abb. 53). Beide Teile der Befestigung sind von einem breiten achtförmigen Graben umgeben, wobei der nördliche kleinere Teil der Burg jünger erscheint[171]. Hier erhebt sich ein etwa 3 m hoher, leider stark gestörter Hügel mit südwestlich anschließendem Raum, der an den äußeren Rändern einen Wall aufweist. Im Südwesten erhebt sich am Ende des Sporns ein weiterer 6 bis 7 m hoher, im Kern natürlicher Burghügel, dessen Plateau einen randlichen Schuttwall mit weiterer rundlicher Anhäufung im Osten aufweist, die als Rest eines Rundturmes zu deuten ist. Davor am

169 Zur Datierung der Kapelle ebenfalls in das hohe Mittelalter vgl. Streich, Burg und Kirche 135; 515.

170 C. Schuchhardt, Die Burg im Wandel der Weltgeschichte (1931) 220. – Zuletzt G. Stein, Frühe deutsche Wohntürme. Neue Ausgrabungen und Untersuchungen im Nahen Osten, Mittelmeerraum und in Deutschland (1961) 36–39; hier 38. – Entsprechend dem Geländebefund zu erwarten. Bisher nicht ausgegraben.

171 OS 12; Bl. 12. – Führer 4 (1966) 120 f. – Historisch-Landeskundliche Exkursionskarte von Niedersachsen, Blatt Stadthagen (1985) 58 ff. Abb. 7.

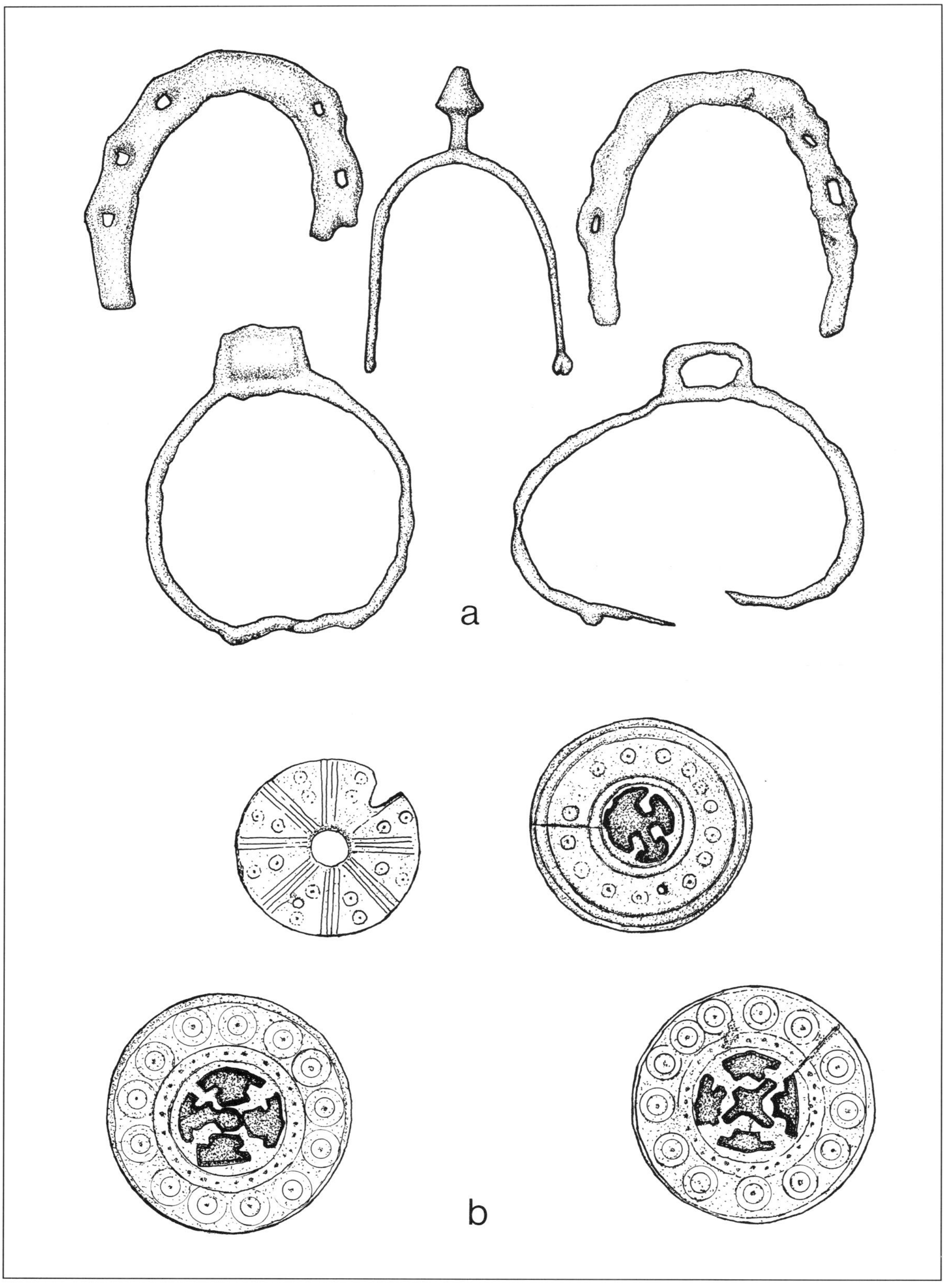

Abb. 52 Hünenburg bei Todenmann, Rinteln, Ldkr. Schaumburg. Kleinfunde des 11./12. Jhs. (n. Schuchhardt). – a. Hufeisen, Sporn und Steigbügel. – b. Spielsteine. – Ohne Maßstab.

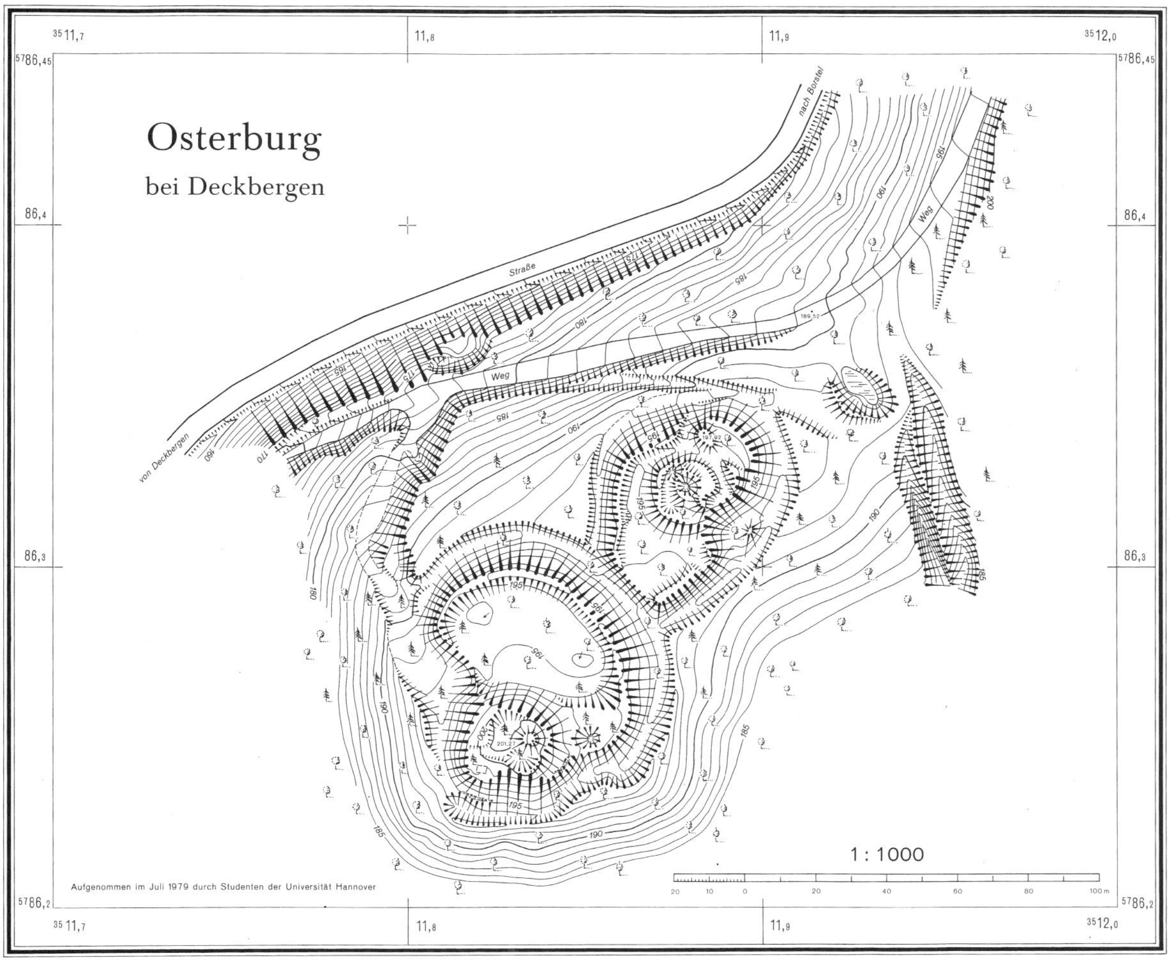

Abb. 53 Osterburg bei Deckbergen, Stadt Rinteln, Ldkr. Schaumburg. Plan der Doppelburg, Ende 11./frühes 12. Jh.

Nordostfuß des Hügels erstreckt sich eine größere umwallte Vorburg. Aufgrund fehlender Grabungen auf der Doppelburg sind bislang keine datierenden Funde bekannt. Die historische Überlieferung nennt für 1121/41 die edelfreie Wunstorfer Stiftsdame Rasmode und ihre Schwestern Bertheide und Wicburga (Gemahlin des Edelherren Mirabilis) als Eigentümerinnen der Burg[172].

Doppelburgen mit gemeinsamen umschließenden Gräben sind auch aus der westfälischen Bergregion bekannt. Ein bekanntes Beispiel ist die Ostburg des Altenfels bei Brilon: Zwei gegenüberliegende kleinräumige Kuppen tragen jeweils einen Rundturm, die einerseits jede für sich als isolierte Befestigungen angelegt sind, andererseits ein gemeinsames Wall- und Grabensystem besitzen. Die hügelartigen Kernteile erinnern dabei auch an Doppelmotten im Tiefland, wie die oben schon genannte Burg Elmendorf bei Bad Zwischenahn[173].

Den Kern der ehemaligen *Burg Rohden* (Hess. Oldendorf-Langenfeld, Ldkr. Hameln-Pyrmont) bildet ein kleiner mottenartig aus dem Gelände herauspräparierter Hügel mit einem Plateau von 22 auf 26 m Größe (Abb. 54)[174]. Auf ihm sind, leider schlecht dokumentiert, Reste der Ringmauer, eines zweiteiligen

172 C. W. Wippermann, Regesta Schaumburgensia (1853) Nr. 25. – H. Dobbertin, Zur Herkunft der Grafen von Roden. Niedersächs. Jahrb. Landesgesch. 35, 1963, 199 f. – Last, Burgen 396.

173 Siehe oben (Anm. 84); vgl. auch Hinz, Motte und Donjon 13 Abb. 2; 22 f.; 25 Abb. 14.

174 P. Erdniß, Der Dynastensitz auf dem Amelungsberg. Ein Schlußbericht und eine kurze Zusammenfassung.

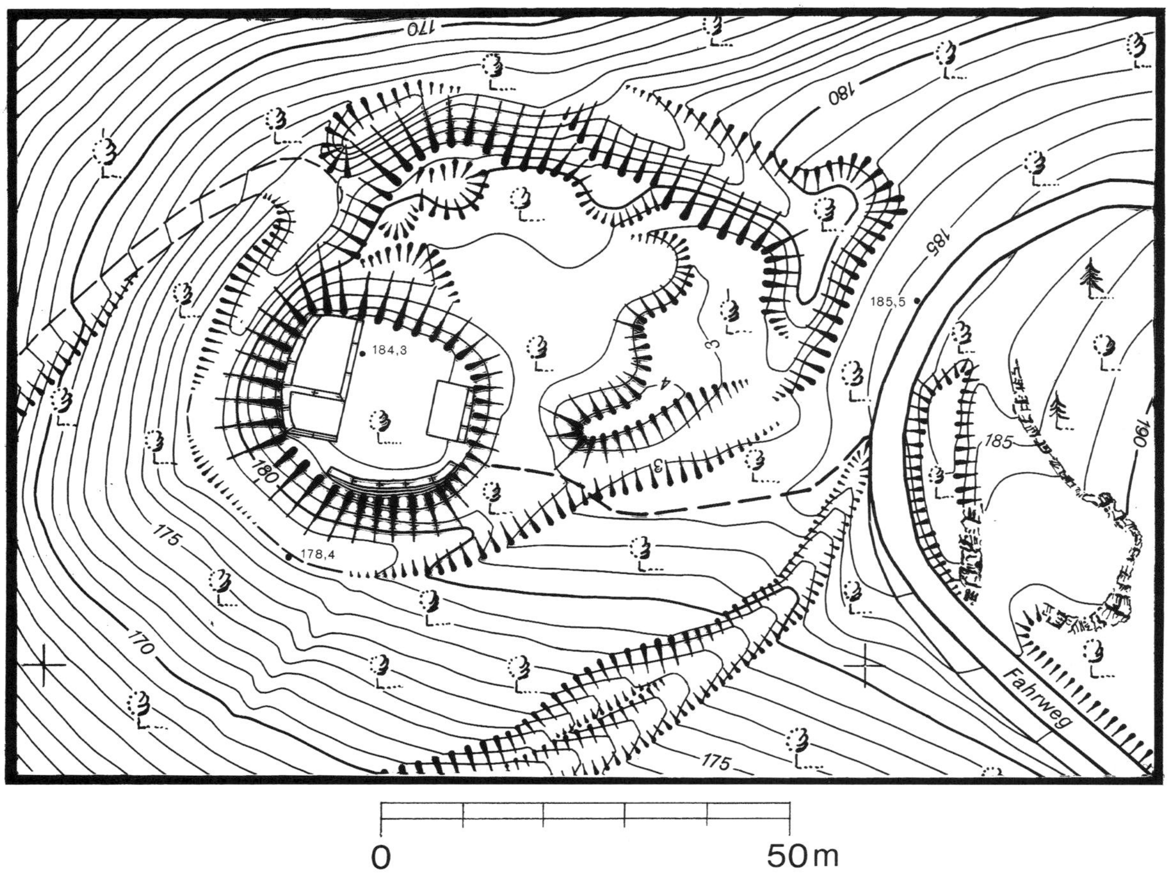

Abb. 54 Ehem. Burg Rohden bei Langenfeld, Hess. Oldendorf, Ldkr. Hameln-Pyrmont. Grundriß der Burg des 12. Jhs. (Aufnahme: Universität Hannover, Institut für Kartographie).

Gebäudes, wohl des Palas, am Westrand und eines weiteren Baues mit Durchlaß nach Osten zur Vorburg freigelegt worden. Das Mauerwerk zeigte, wie das der Hünenburg bei Todenmann, ebenfalls sorgfältiges lagenweises Schalenmauerwerk, das stellenweise in opus spicatum-Technik hergestellt war[175]. Um den steil abgeböschten Kernhügel sind 3 bis 5 m tiefer Reste eines Ringgrabens erhalten. Nordöstlich schließt die unregelmäßig viereckige Vorburg mit einer Ausdehnung von 20 auf 40 m an, die ihrerseits außen von einem Graben eingefaßt ist und vermutlich weitere Baulichkeiten enthalten hat. Seit 1120/27 ist ein edelfreies Geschlecht bekannt, das sich ab 1121/41 nach dem neuen Sitz »Roden« nannte und den Grafentitel führte.

Ein beherrschender Turm war auf der Hauptburg der ehem. Burg Rohden nicht vorhanden. Dieser trat baulich auch bei der Hauptburg der Hünenburg bei Todenmann zurück. Aus dem Lipper Land sind zwei Burgen zu nennen, Alt-Sternberg bei Schwelentrup[176] und die Burg auf dem Schildberg bei Lügde[177],

Schaumburger Heimatbl. 1959, 43–50. – H. Dobbertin, Zur Herkunft der Grafen von Roden. Niedersächs. Jahrb. Landesgesch. 35, 1963, 188–208; hier 197ff.; dazu ders. in: Niedersächs. Jahrb. Landesgesch. 39, 1967, 295ff. – Führer 4 (1966) 135. – Last, Burgen 410; 413 Abb. 4; 484f.; 504. – Historisch-Landeskundliche Exkursionskarte von Niedersachsen, Blatt Stadthagen (1985) 60 f. Abb. 8.

175 Diese Mauertechnik, Einschub von gegenläufigen, in die Kleinquaderschichten der Schalenmauer eingebrachten Lagen schräggestellter Steine, ist an mindestens zwei weiteren Burgen des 11./12. Jahrhunderts zu beobachten: Hünenburg bei Todenmann (s. o.), ehem. Burg Kohlstätt, Kr. Lippe (H. Hohenschwert, Ur- und frühgeschichtliche Befestigungen in Lippe [1978] 168; Taf. 52; Führer D 11 [1985] 214ff.).

176 Hohenschwert (Anm. 175) 158ff. Abb. 56. – Ders. in: Führer 10 (1985) 199 u. Führer 11 (1985) 69 Abb. 31.

177 Hohenschwert (Anm. 175) 162ff. Abb. 58. – Ders. in: Führer 10 (1985) 199 u. Führer 11 (1985) 197ff. Abb. 91.

Abb. 55 Hünenburg auf dem Königsberge bei Bad Pyrmont, Ldkr. Hameln-Pyrmont. Blick in den restaurierten Wohnturm.

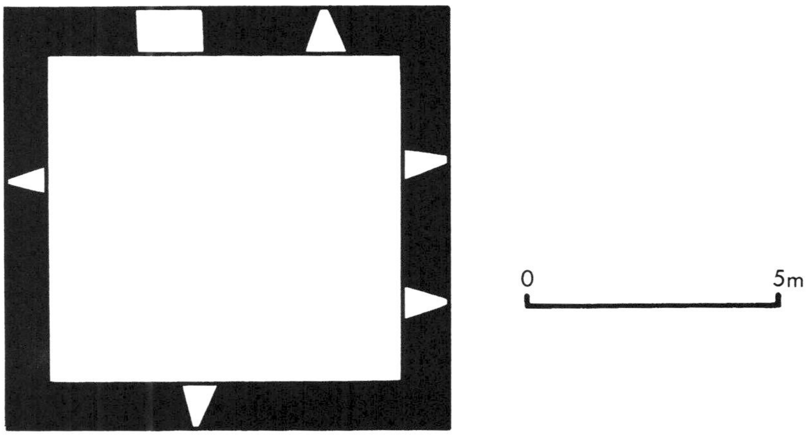

Abb. 56 Hünenburg auf dem Königsberge bei Bad Pyrmont, Ldkr. Hameln-Pyrmont. Grundriß des Wohnturms (Umzeichnung n. Gehrs).

deren Kern aus dem Gelände (Bergnase bzw. Sporn) herausgeschnitten und von einem mehr oder weniger starken Grabensystem umfangen wurde. Auf ihren, gegenüber der Burg Rohden, etwas größeren Plateaus sind randlich Keller bzw. Kellergruben beobachtet worden, ohne daß es Hinweise auf große Turmbauten gibt. Alt-Sternberg gehört dem Fundspektrum nach in die Zeit vom Ende des 11. Jahrhunderts bis Anfang des 13. Jahrhunderts, während die Burg auf dem Schildberg aufgrund fehlender Funde nur allgemein dem 11./12. Jahrhundert zugeordnet wird.
Auf einem nach Westen gerichteten Sporn des Königsberges bei *Bad Pyrmont*, Ldkr. Hameln-Pyrmont, in Sichtweite des oben erwähnten Schildberges, liegt eine insgesamt ca. 50 auf 30 m große Burganlage, die

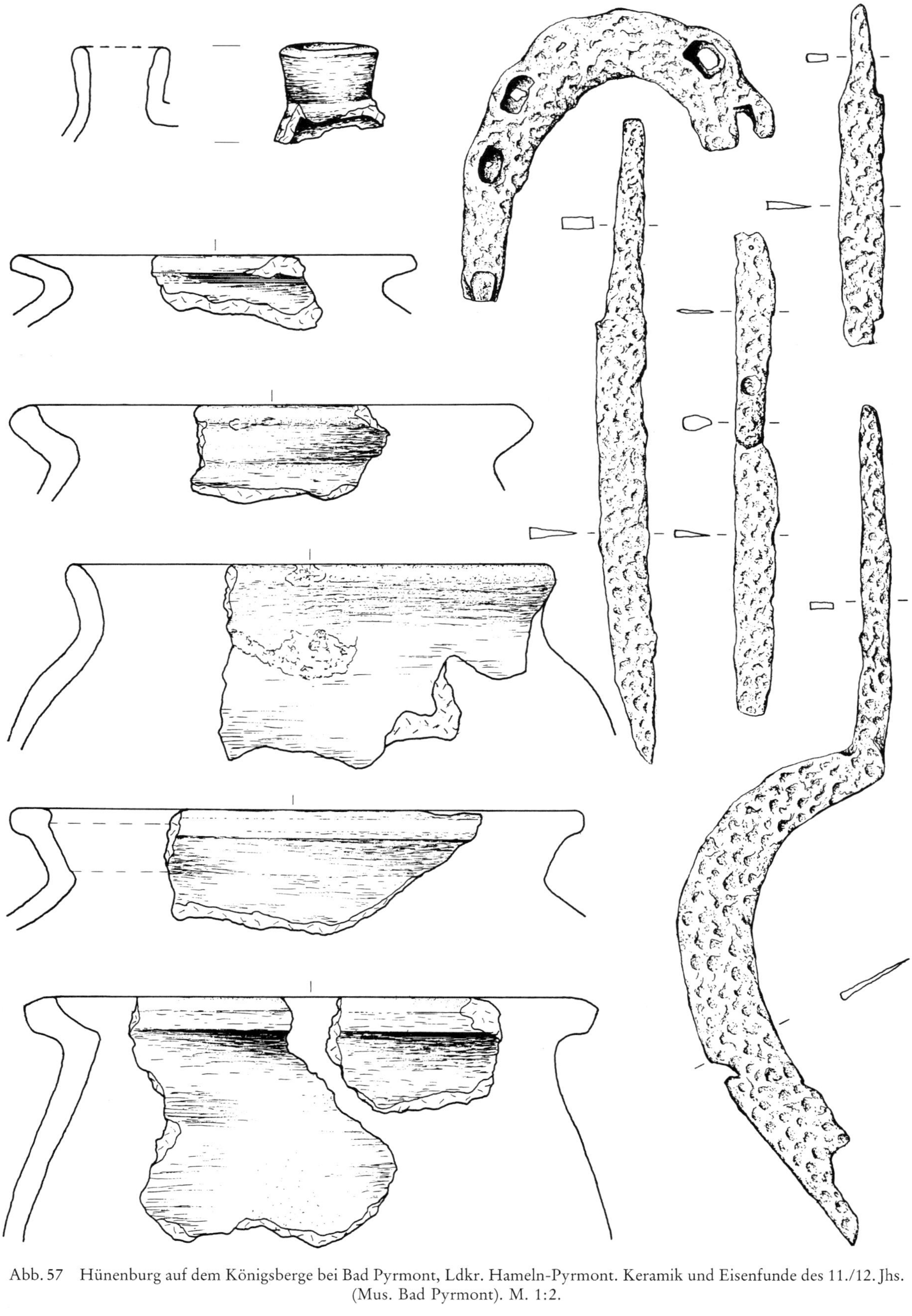

Abb. 57 Hünenburg auf dem Königsberge bei Bad Pyrmont, Ldkr. Hameln-Pyrmont. Keramik und Eisenfunde des 11./12. Jhs. (Mus. Bad Pyrmont). M. 1:2.

Hünenburg[178]. Außen umzieht ovalförmig unter Aussparung des Spornendes ein Sohlgraben mit Vorwall die Burg. Ihren Kern bildet ein nach Osten vorgeschobener, künstlich erhöhter Hügel, in dem 1910 ein 9 auf 9 m großes wohnturmartiges Gebäude mit hochgelegenem Eingang und Schlitzfenstern freigelegt wurde, das nur eine Mauerstärke von 0,8 m besitzt (Abb. 55 u. 56). Der Fuß des Baues war ringsum von einer 90 cm starken gemörtelten Steinpackung eingefaßt. Im 54,8 m^2 großen Innenraum fanden die Ausgräber u.a. Reste eines Herdes und von Holzwerk (verkohlte Schwellbalken, Pfosten), das zu einer Inneneinteilung gehört haben soll. Westlich des Burghügels und am Rande des Vorwalles fand man einige eingetiefte kleinere, ehemals bewohnte Gebäude von bis zu 2 auf 4 m Größe mit Eingängen auf den Schmalseiten und Herdstellen. Im Westen wird das Ende des Sporns gesondert von einem flachen Wall mit Graben abgeteilt. Das bewegte Gelände deutet auch hier auf abgegangene kleine Bauten. Die Funde, Keramik, Messer, Hufeisen, Sichel u. a., gehören in die Zeit von um 1100 bis in die zweite Hälfte des 12. Jahrhunderts (Abb. 57)[179]. Die Mauerstärke widerspricht eigentlich der Deutung des Gebäudes als Wohnturm. Die mottenartige Überhöhung (offensichtlich als Einmottung) und die geschlossenen Mauerfronten erweckten jedoch bei Außenstehenden sicher den Eindruck der Festigkeit.

Nicht nur die Hünenburg bei Pyrmont und die Osterburg bei Deckbergen, sondern auch die ehem. Burg Rohden machen deutlich, wie der Motten-Gedanke auch im Bergland Geltung gewinnen konnte, nämlich die wichtigsten Bauteile hügelartig zu erhöhen, indem man ein entsprechendes Gelände wählte und umformte. Im größeren Maßstab ist dies auch schon bei der Winzenburg zu beobachten gewesen. Dabei muß darauf hingewiesen werden, daß nicht in jedem Fall ein Turm oder turmartiges Gebäude eine mottenartig umgeformte Spornkuppe im Bergland bekrönte[180].

Eine andere Art kleinräumiger Höhenburgen begegnet uns in der *Poppenburg bei Holzen*, Ldkr. Holzminden (Abb. 58)[181]. Am Ende eines abfallenden Sporns liegt eine Kalkfelsgruppe, die vor allem nach Westen Klippen und Felsabstürze aufweist. Ein herausragendes Felsplateau wird gegen den ansteigenden Bergrücken im Osten und Norden von einem abknickenden 7 bis 9 m breiten, über 2 m tiefen Graben geschützt. Hinter dem östlichen Teilstück ist ein ca. 2 m hoher Wall erhalten. Im Nordwesten und Südwesten schützen steile Felswände den ca. 18 auf 27 m großen Innenraum, in dem sich ein tiefer Trichter, wohl Rest eines eingetieften Gebäudes (Keller), befindet. Im Südwesten erstreckt sich eine natürliche, grabenartige, 5 bis 8 m breite Felsspalte, deren Außenseite von Felsklippen gebildet wird. Südwestlich davon schließt, tiefer gelegen, eine etwa 15 auf 30 m große, nach Südwesten geneigte Fläche an, die nach außen von einer mauerartigen, hangparallelen Felsklippe begrenzt wird. Eine Datierung ergibt sich einmal aus aufgelesener Keramik, die vom frühen 12. bis über die Mitte des 12. Jahrhunderts reicht, zum anderen aus dem Fund eines Paares eiserner Kugelstachelsporen (Abb. 59), deren frühestes Vergleichsstück aus dem Palas der Harzburg stammt[182], sonstige Parallelen eher in den Anfang bis in die Mitte des 12. Jahrhunderts verweisen[183].

178 OS 118; Bl. 78 C. – C. Schuchhardt, Die frühgeschichtlichen Befestigungen in Niedersachsen (1924) 91f. Abb. 48. – J. Bühring, Die Kunstdenkmäler des Landkreises Hameln-Pyrmont (1975) 56. – L. Stemler, Geschichte der Stadt Bad Pyrmont (1967) 302f. – F. Andraschko in: Der Brunnenfund von Bad Pyrmont. Bildh. Mus. Schloß Bad Pyrmont 3 (1988) 27f. Abb. 21 a.b. – Grabungsbericht F. Gehrs im Museum Bad Pyrmont von 1912. Funde der Grabung 1911 ebd. Für die Überlassung der Funde zur Publikation ist dem ehem. Museumsleiter Heinrich Spieß zu danken.

179 H.-G. Stephan, Archäologische Studien zur Wüstungsforschung im südlichen Weserbergland. Münstersche Beitr. Ur- u. Frühgesch. 10–11/1 u. 2 (1978/79) 27; 29f.

180 Hierzu schon: P. Grimm, Die vor- und frühgeschichtlichen Burgwälle der Bezirke Halle und Magdeburg. Handbuch vor- und frühgeschichtlicher Wallanlagen 1. Deut. Akad. Wiss. Berlin. Schr. Sekt. Vor- u. Frühgesch. 6 (1958) 143.

181 H.-W. Heine, Die Kugelstachelsporen von der Poppenburg bei Holzen. Nachr. Niedersachs. Urgesch. 55, 1986, 317–321. – A. Metzler, Zur Inventarisation archäologischer Denkmale im Landkreis Holzminden. Jahrb. Ldkr. Holzminden 5/6, 1987/88, 11. – Ders. in: Ber. Denkmalpflege Niedersachsen 7, 1987, 90f.

182 M. Keibel-Maier, Die Harzburg. Führer 35 (1978) 217f. Abb. 6.

183 R. Koch, Stachelsporen des frühen und hohen Mittelalters. Zeitschr. Arch. Mittelalter 10, 1982 (1984) 74ff. – I. Gabriel, Starigrad/Oldenburg. Hauptburg der Slawen in Wagrien I (1984) 129f. – Heine, Kugelstachelsporen (Anm. 181) 317ff. Abb. 1.

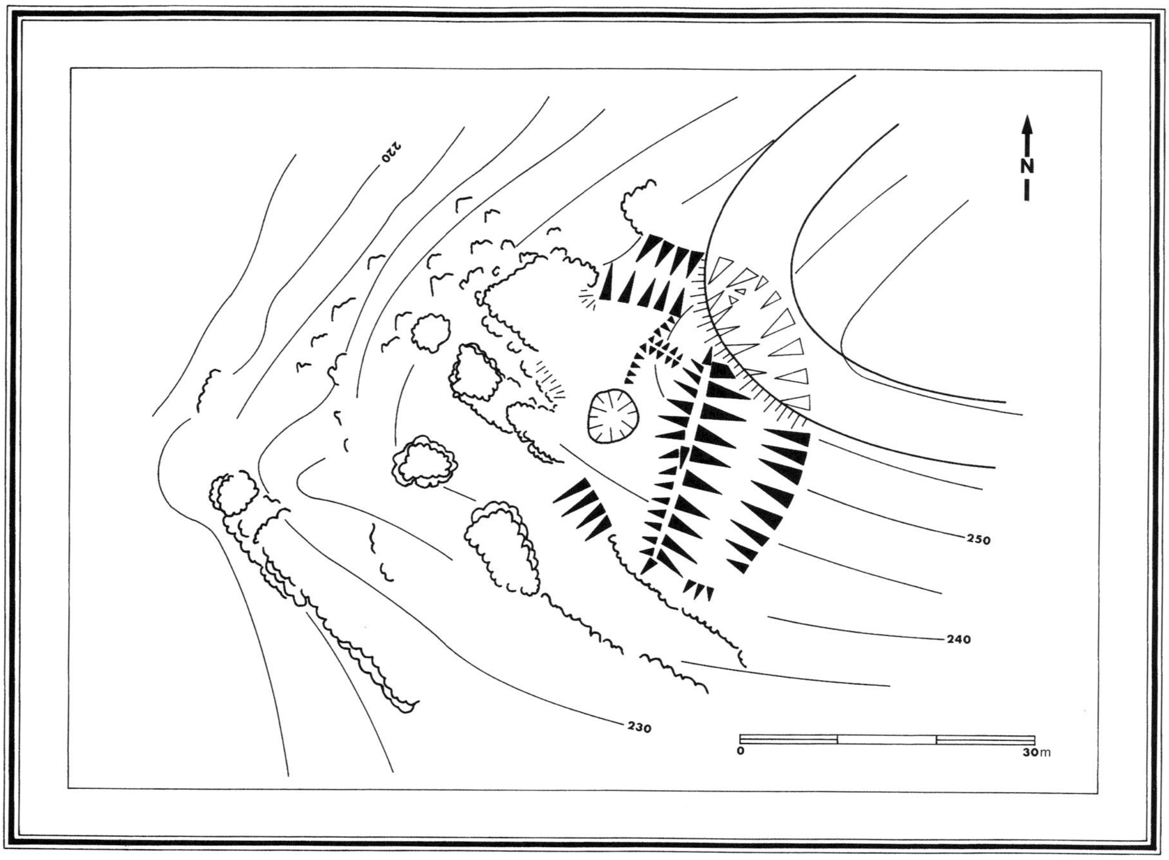

Abb. 58 Poppenburg bei Holzen, Ldkr. Holzminden. Grundriß der Burg, 1. Hälfte 12. Jh.

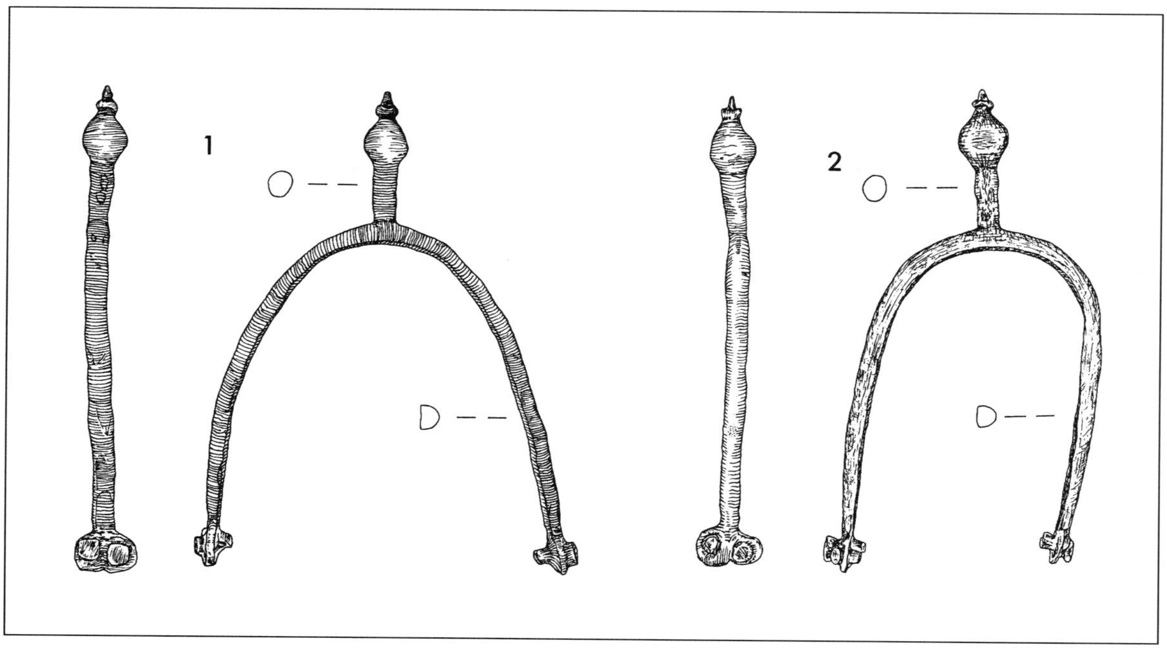

Abb. 59 Poppenburg bei Holzen, Ldkr. Holzminden. Sporenpaar, um 1100. M. 1:2.

Schlußbetrachtung

Tendenzen des Burgenbaues

Auf die Problematik von Grundrißtypologien unter Betrachtung der Lage der Gebäude und Türme in Beziehung zur Ringbefestigung hat schon H.-M. Maurer im Katalog der Staufer-Ausstellung hingewiesen[184]. Dies gilt wegen des Überlieferungsstandes um so mehr für den Burgenbau der Salierzeit in Niedersachsen. Aus diesem Grund war es folgerichtig, getrennt nach der geographischen Großgliederung, neben den wenigen gut bekannten Burgen des 11./ frühen 12. Jahrhunderts auch bei später überbauten oder wenig erforschten Anlagen dieser Zeit nach typischen Merkmalen zu suchen. Datierungsunschärfe und fehlende archäologische bzw. bauliche Befunde lassen noch vieles hypothetisch erscheinen. In Zukunft wird man mehr auf die Erforschung von Einzelmerkmalen, das Aufkommen neuer Befestigungs- und Bauelemente und auf eine abgesicherte Datierung achten müssen[185]. In bestimmten Bereichen erwies sich, daß wie auch anderenorts zwischen Niederungsburg, siedlungsnaher und siedlungsferner Höhenburg nicht immer eindeutig zu unterscheiden ist. Der Typ der hochragenden Höhenburg verbreitete sich zunehmend seit den 60er Jahren des 11. Jahrhunderts, wobei den Schriftquellen nach besonders in der Zeit um 1100 und in der 1. Hälfte des 12. Jahrhunderts eine große Burgenbauwelle ihren Höhenpunkt fand. Charakteristisch für das steinarme Tiefland, aber auch für weite Bereiche des Berglandes ist die Weiterführung traditioneller Bauweisen und Lageformen, die vielfach erst nach und nach aufgegeben wurden.

Größere Burgen in und am Rande von Niederungen, wie Scheverlingenburg, Braunschweig-Dankwarderode, Altencelle, werden noch Jahrhunderte weiterbenutzt und verändert, so daß ihre ursprüngliche Form nur aus der überkommenen historischen Topographie und wenigen archäologischen Einblicken erschlossen werden kann. Die Beispiele Jever und Oldenburg führen diesen Mangel besonders drastisch vor Augen, zumal mancher dieser Plätze kontinuierlich seit dem frühen Mittelalter eine Bedeutung hatte. Burgwälle wie die sogenannte Ertheneburg oder die Neue Burg in Hamburg lassen die Kontinuität im Burgenbau spüren, auch wenn die Mächtigkeit der Befestigungswerke gegenüber den sächsischen Wällen des Frühmittelalters zunimmt und deren Ausdehnung die des geschützten Innenraumes häufig übertrifft.

Niederungsburgen vom Typ Motte sind in frühsalischer Zeit, zumindest in Niedersachsen, noch nicht nachweisbar. An ihrer Stelle findet man an Flußauen orientierte befestigte Anlagen sowohl in kleinerer Form mit Innenbesiedlung oder als Fluchtanlagen neben Herrenhöfen. Erst nach 1100, gesichert seit der 1. Hälfte des 12. Jahrhunderts, finden die Burgen vom Typ Motte ihre volle Ausprägung. Älter als die Burgen vom Typ Motte erscheinen repräsentative Wohntürme und feste Steinhäuser, z. T. schon eng mit Wall und Graben umgeben, die zur späteren Turm- bzw. Turmhausburg überleiten. Auch im niedersächsischen Bergland ist früh mit Turmburgen zu rechnen. Die Herrichtung von Berg- und Geländekuppen nach Vorbild der nordwesteuropäischen Motten ist, soweit erkennbar, um bzw. in den ersten Jahrzehnten nach 1100 voll ausgebildet.

Baugeschichtlich ist neben der Entwicklung von Turm- bzw. Turmhausburg und Motte das Aufkommen von festen Rundtürmen seit der Mitte des 11. Jahrhunderts sowohl für den thüringisch-sächsischen Raum als auch für Südskandinavien von Bedeutung. Daß sich bei den Burgen Heinrichs IV., deren Neuartigkeit und Einzigartigkeit bereits die Zeitgenossen betonten, Experimentierfreude in Bauplanung und Ausführung zeigt, ist für die Frühzeit einer Epoche geradezu als typisch zu bezeichnen.

184 H.-M. Maurer, Burgen. Die Zeit der Staufer. Geschichte – Kunst – Kultur 3 (1977) 121f.

185 So auch W. Meyer, Die Frohburg. Ausgrabungen 1973–1977. Schweiz. Beitr. Kulturgesch. Arch. Mittelalter 16 (1989) 114f.

Funde

Der unvergleichlich hohe Stand der Publikation von Burgenfunden des 11. und frühen 12. Jahrhunderts in der Schweiz ist fast nirgends wieder zu finden, auch nicht in Niedersachsen. Hier ist es das Verdienst von C. Schuchhardt gewesen, in der seinerzeit üblichen Form Funde der salischen Zeit aus Burgengrabungen publiziert zu haben[186]. Die Fundmaterialien aus Grabungen und Schürfungen der Nachkriegszeit sind in der Regel nur in Vorberichten ausschnitthaft oder unvollkommen vorgelegt[187]. Schwarzbraune Kugeltopfware, im Laufe des 12. Jahrhunderts zunehmend als Übergangsware und in grautoniger Ausprägung, Keramik nach Pingsdorfer Art, Stachelsporen, Steigbügel, Trensenteile, Wellenhufeisen, Beschläge, Werkzeuge wie Beile und Sicheln, Messer, Fenster- und Türangeln, Krampen, Schloßteile, Schlüssel usw. bilden in unterschiedlicher Menge und Zusammensetzung, nicht immer vollständig oder nur ausschnittsweise, das Fundspektrum von der Aseburg bei Aselage (vgl. Abb. 4), der Pipinsburg bei Sievern und der Hünenburg bei Todenmann (vgl. Abb. 52). Letztere zeichnet sich nicht nur durch das Vorkommen von Münzen der Zeit Heinrichs IV. aus, sondern auch durch Funde verzierter Knochenplättchen, die ihre Gegenstücke auf der nahen ehemaligen Burg Rohden bei Hess. Oldendorf haben[188]. Von der Hünenburg auf dem Königsberge bei Bad Pyrmont sind neben Keramik Messer, Sichel und Hufeisen Zeichen der engen Verbindung von Wehranlage und bäuerlichem Betrieb (Abb. 57)[189]. Verhältnismäßig bescheiden wirkt das vom Ausgräber vollständig vorgelegte Fundgut des Schloßplatzes bei Husum, Ldkr. Nienburg, das neben reichlich Keramik kaum hervorragende Kleinfunde (Schlüssel, Hufnagel, Wetzstein) aufweist[190]. Häufig zitiert – jedoch mit falscher Datierung – ist die Publikation der Funde aus der Tiebenburg (Winzenburg, Ldkr. Hildesheim). Das Fundspektrum dieser kleinen Burg des 11., eher wohl des 12. Jahrhunderts, weicht von dem üblichen kaum ab: Kugeltopfkeramik, Hufeisen, Stachelsporn mit Pyramidenende, Kettenglieder, Sichelfragment, Nagelzange, Holzbohrer usw. (vgl. Abb. 14)[191]. Einzelfunde wie z.B. das Paar Kugelstachelsporen von der Poppenburg bei Holzen, Ldkr. Holzminden, sind hier und dort vorhanden (vgl. Abb. 59)[192], Keramik findet in regionalen Monographien und Aufsätzen Beachtung[193]. Selten sind noch systematische Fundaufarbeitungen älterer Grabungen[194]. Von der kaiserlichen Harzburg sind neben der üblichen Keramik Wellenhufeisen, Schlüssel, Geschoßspitzen der Zeit Heinrichs IV. bekannt, daneben verzierte Beinbeschläge, Griffel, Bronzeziernadel und verschiedene Bronzebeschläge, die auf die hohe Lebenskultur der Bewohner hinweisen (vgl. Abb. 36 u. 37)[195]. Auch auf der Ebene der Bischofsburgen wie bei der Iburg im Landkreis Osnabrück scheint sich durch den Fund eines Thebalringes die hohe Stellung der Eigentümer zu dokumentieren[196].

186 Vgl. z. B. Aseburg bei Aselage, Herzlake, Ldkr. Emsland (OS 112ff. Abb. 129–130); Hünenburg bei Todenmann, Rinteln, Ldkr. Schaumburg (OS 51; 140; Bildtaf. G.; C. Schuchhardt, Die Burg im Wandel der Weltgeschichte [1931] 219f. Abb. 207 u. 209; freundliche Hinweise von K. Goldmann auf die ehem. Fundbestände in Berlin); Pipinsburg bei Sievern, Ldkr. Cuxhaven (OS 100f. Abb. 108–115).

187 Dies gilt u.a. für die Grabungen Burg Elmendorf und Harzburg. Die Aufarbeitung der Grabungen auf der Iburg und der Moorburg in Herbergen bei Menslage, Ldkr. Osnabrück, ist begonnen. Siehe die Bemerkungen zur Forschungsgeschichte.

188 P. Erdniß, Der Dynastensitz auf dem Amelungsberg. Schaumburger Heimatbl. 1959, 45ff. Abb.

189 OS 118. – C. Schuchhardt, Die frühgeschichtlichen Befestigungen in Niedersachsen (1924) 91f.

190 F.-A. Linke, Eine mittelalterliche Befestigung bei Husum, Ldkr. Nienburg. Nachr. Niedersachs. Urgesch. 50, 1981, 165ff.

191 W. Barner, Die Tiebenburg. Göttinger Jahrb. 1960, 18ff. Abb. 7–9.

192 Heine (Anm. 181) 317–321.

193 Z. B. H.-G. Stephan, Archäologische Studien zur Wüstungsforschung im südlichen Weserbergland. Münstersche Beitr. Ur- u. Frühgesch. 10/11 (1978/79); D. Zoller, Keramische Bodenfunde vom frühen Mittelalter bis zum 17. Jahrhundert im Oldenburger Geestgebiet. In: Töpferei in Nordwestdeutschland (Hrsg. W. Lehnemann; ²1980) 9–66; Nachtrag.

194 H.-W. Heine, Mittelalterliche Keramikfunde von der Luccaburg bei Loccum – Ein Beitrag zur archäologischen Burgenforschung. Nachr. Niedersachs. Urgesch. 51, 1982, 171–188.

195 Vgl. M. Keibel-Maier in: Harz-Zeitschr. 29, 1977, 10ff. Abb. 3–12. 15.; dies. in: Führer 35 (1978) 217ff. Abb. 5–8; dies. in: Ber. Denkmalpflege Niedersachsen 1 (2), 1981, 12f. Abb. 6; dies., Die Harzburg. Große Baudenkmäler 327 (1981) 12 Abb. – Die zeitliche Differenzierung der Funde des 11. und 12. Jahrhunderts verspricht auch für die Nutzungsgeschichte der Harzburg interessante Aspekte (Kontinuität – Diskontinuität zwischen Salier- und Stauferzeit).

196 W. Schlüter, Ausgrabungen auf der Iburg (Faltblatt; 1988) Abb. 33.

Von der Turmburg Warberg (1199 zerstört) sind neben der Keramik auch die Kleinfunde publiziert worden, die wie die bekannte zusammengesetzte Elfenbeinplatte mit der Turmdarstellung meist der nachsalischen Zeit angehören (vgl. Abb. 31)[197]. Eine systematische Bearbeitung der Keramik, soweit vorhanden, der Tierknochen, besonders aber der Kleinfunde aus der salischen Zeit ist noch ein Desiderat[198].

Immerhin lassen sich aufgrund der Funde die Anwesenheit Berittener, ihrer Helfer wie Schmiede sowie die Tätigkeit von Zimmerleuten und Holzhandwerkern anhand von Krampen, Kloben, Löffelbohrern usw. nachweisen. Auf Sichelfunde als Zeugnisse von landwirtschaftlicher Tätigkeit, die von den Burgen ausging, ist gleichfalls hinzuweisen. Direkte Hinweise auf Bein- oder Bronzeverarbeitung sind erst von der weiteren Auswertung älterer und jüngerer Grabungen zu erwarten[199]. In Düna, wo um 1100 auf den Fundamenten des repräsentativen Steingebäudes ein wohnturmartiges Gebäude entstand, das mit einem Graben umgeben wurde, ist seit dem frühen Mittelalter Erz aus dem Harz verarbeitet worden[200].

Träger des Burgenbaues

Besitzer und Bauherren der Burgen des 11. und frühen 12. Jahrhunderts sind im niedersächsischen Bereich der König, die Kirche (Bischöfe, wohl weniger die Klöster) und die großen Adelsgeschlechter, wie die Billunger, Brunonen, Stader Grafen, Northeimer und Süpplingenburger, denen möglicherweise noch andere als die für sie bezeugten Burgen zuzuschreiben sind, weil diese einfach in den Quellen nicht benannt werden[201]. Um 1100 ist eine Reihe weiterer edelfreier Adelsgeschlechter, häufig mit dem Grafentitel, bekannt, die als Träger des Burgenbaues in Erscheinung treten, während die langsam aufsteigende Ministerialität erst an Bedeutung gewinnt und im behandelten Zeitraum zwar in Burgenbesatzungen oder als königliche Beauftragte, aber noch nicht als Burgeninhaber bezeugt ist.

Burg und Besiedlungsgeschehen

Die mittelalterliche Wohnburg als Sitz einer Adelsfamilie stellt von sich aus einen besonderen Siedlungstyp dar, bei dem nicht effektives Wirtschaften und bequemes Wohnen im Vordergrund stehen, sondern Repräsentation und Wehrhaftigkeit. Allein schon für die Versorgung der Burgbewohner war es nötig, ein Areal im Umfeld der Burg für landwirtschaftliche Nutzung (Weide, Wiese, Feld) urbar zu machen, falls nicht ältere nahe Kulturlandflächen zur Verfügung standen. In einigen Landschaften ist der Burgenbau des hohen Mittelalters zusätzlich mit Landesausbau und Rodungsgeschehen verknüpft. Doch bleibt festzuhalten, daß großräumige Besiedlungsvorgänge durchaus nicht mit dem Bau von Burgen durch Adel oder Kirche Hand in Hand gehen müssen und in den kolonisierten Gebieten häufig erst später aus alten Haupt- und Lokatorenhöfen Rittersitze entstehen[202]. Nur vereinzelt geht

197 H. A. Schultz, Die Keramik der Burg Warberg im Elm, Kreis Helmstedt. Neue Ausgr. Forsch. Niedersachsen 2 (1965) 253–260; vgl. auch ders. in: Braunschweigisches Jahrb. 45, 1964, 21–28.

198 Vgl. hier z. B. die Zusammenstellungen aus dem benachbarten Westfalen in: Beiträge zur archäologischen Burgenforschung und zur Keramik des Mittelalters in Westfalen 1. Denkmalpflege Forsch. Westfalen 2 (1979) (Grabungen Altenfels, Graf-Gerlachsburg, Nordenau, Ascheberg) und bei F. Hohenschwert, Ur- und frühgeschichtliche Burgen in Lippe. Veröffentl. Altertumskomm. Provinzialinst. Westfälische Landes- u. Volksforsch. 5 (1978) 205 ff.; 210 ff.; Taf. 9–13. 16 (Alt-Schieder, Kohlstätt, Alt-Sternberg).

199 Allgemein: W. Janssen, Die Bedeutung der mittelalterlichen Burg für die Wirtschafts- und Sozialgeschichte des Mittelalters. Das Handwerk in vor- und frühgeschichtlicher Zeit 2. Abh. Akad. Wiss. Göttingen, Phil.-hist. Kl. 3. Folge, Nr. 123 (1983) 261–316.

200 Vgl. oben (Anm. 112).

201 Vgl. hier die Angaben bei G. Pischke, Herrschaftsbereiche der Billunger, der Grafen von Northeim und Lothars von Süpplingenburg. Stud. Vorarbeiten Hist. Atlas Niedersachsen 29 (1984).

202 K. Mittelhäusser in: H. Patze (Hrsg.), Geschichte Niedersachsens 1. Veröffentl. Hist. Komm. Niedersachsen Bremen 36 (1977) 324. – Vgl. ferner u. a. E. Deisting, Historisch-geographische Wandlungen des ländlichen Siedlungsgefüges im Gebiet um Verden (Aller) unter besonderer Berücksichtigung der Wüstungen. Mitt. Geograph. Ges. Hamburg 61 (1973) 31 ff. Abb. 35; K. Mittelhäusser (diese Anm. 202 oben) 294 ff.; 306 ff.; A. E. Hofmeister, Besiedlung und Verfassung der Stader Elbmarschen im Mittelalter, Teil 1 u. 2. Veröffentl. Inst. Hist. Landesforsch. Univ. Göttingen 12 u. 14 (1979 u. 1981).

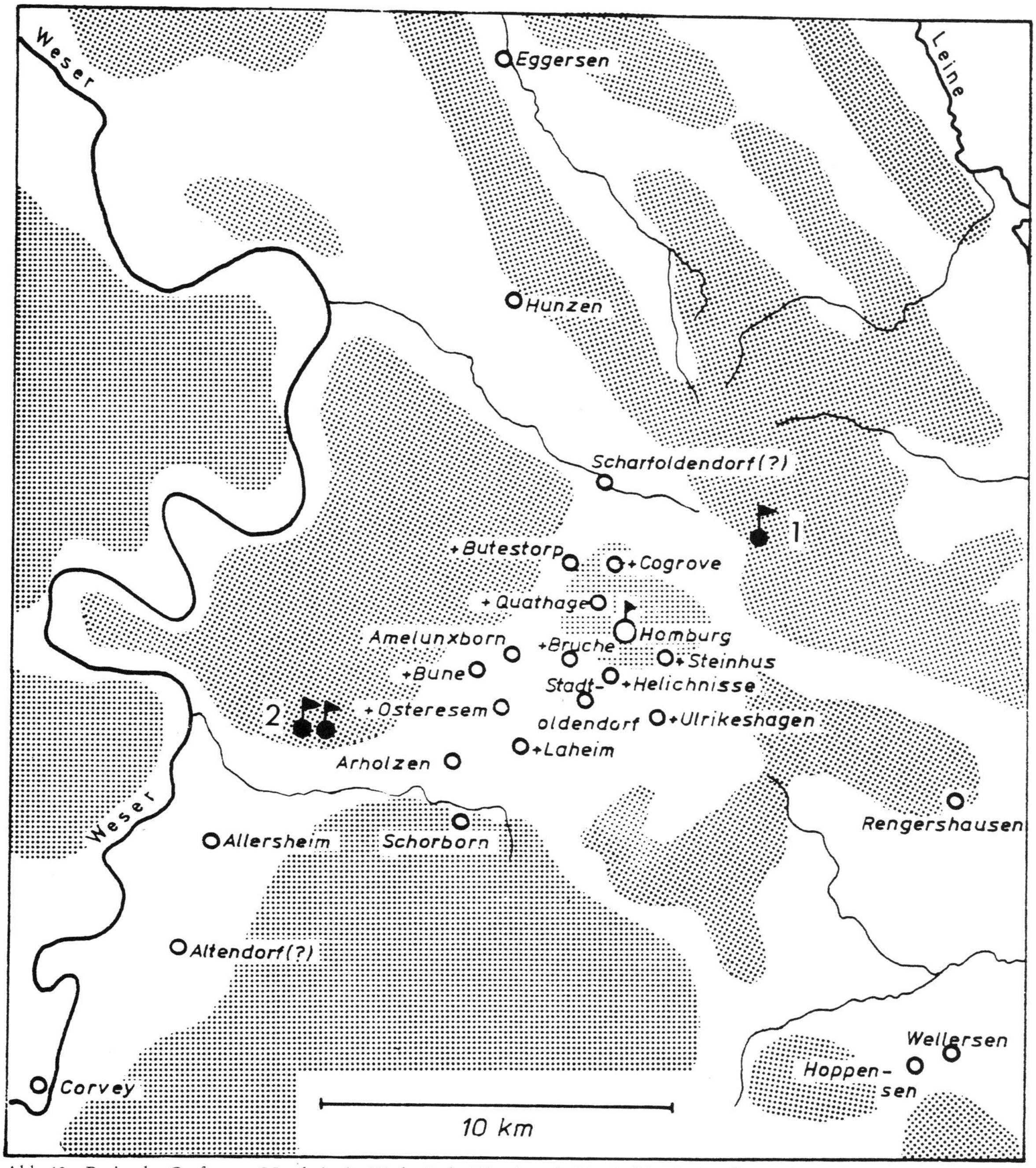

Abb. 60 Besitz der Grafen von Northeim im Umkreis der Homburg bei Stadtoldendorf, Ldkr. Holzminden, in der ersten Hälfte des 12. Jhs. Dazu die gleichzeitigen Burgen anderer Herren (n. Lange/Last, ergänzt). 1 Poppenburg bei Holzen. – 2 Großer und Kleiner Everstein.

Burgenbau mit der Hagenkolonisation zusammen, wie das Beispiel Königshagen zeigt, wo ein ursprünglich königlicher Beauftragter eine Burg am Ort errichtete. Auch an der ehem. Burg Rohden läßt der Name von Lokalität und Adelsgeschlecht um 1100 einen ähnlichen Vorgang erwarten. Doch nur am Anfang der Siedlungstätigkeit der Grafen von Roden sind Urbarmachung und Burgenbau miteinander verknüpft, denn ihre großen Siedlungsunternehmen (-hagen Kolonisation) ab Ende des 12. Jahrhunderts sind wie bei den Schaumburgern und den Bischöfen von Minden lange Zeit ohne neue Burgen ausgekommen[203]. Ähnlich steht auch bei den -hagen Gründungen der Hildesheimer Bischöfe im Raum Eschershausen keine Burg in ursächlichem Zusammenhang mit einer Rodung, es sei denn lokal wie bei der Poppenburg bei Holzen, deren Inhaber unbekannt sind. Als Stützpunkte und zum Schutz des inneren Landesausbaues sind sie sicher von Nutzen gewesen. Aber Burgen wie die Homburg bei Stadtoldendorf, Ldkr. Holzminden, haben als Zubehör in der Mehrheit Besitz in Orten des Altsiedellandes und früheren Landesausbaues (Abb. 60)[204]. Es bleibt Aufgabe der Landesforschung, hier weiteres Material zusammenzutragen und auszuwerten.

Exkurs: Slawische Burgen

Außerhalb des sächsischen Kerngebietes in Niedersachsen liegt das Hannoversche Wendland, das ab dem 7./8. Jahrhundert von Slawen besiedelt wurde. Angeregt durch die Forschungen über die Slawen in der angrenzenden DDR fanden nahezu parallel archäologische Forschungsprogramme im Hannoverschen Wendland (Ldkr. Lüchow-Dannenberg) und im benachbarten, ebenfalls von Slawen besiedelten östlichen Holstein statt. Ein Schwerpunkt lag dabei auf der Erforschung der Burgen[205].

Westlich des Höhbeck bei *Meetschow* liegt in der Niederung am Westufer des Flüßchens Seeve eine halbinselartige Erhöhung, die um 800 von den Slawen besiedelt wurde und gegen Süden eine Abschnittsbefestigung erhielt[206]. Gegen 1000 entstand am Ende der Halbinsel ein Burgwall von 20–30 m Durchmesser, der nach dendrochronologischen Befunden in einem Zeitraum von knapp 45 Jahren zweimal erneuert wurde. Wie bei vielen slawischen Niederungsburgen sind auch bei der Meetschower Burg die Hölzer hervorragend erhalten gewesen. Die Frontbefestigung des Walles bestand in den ersten drei Phasen aus einer Holz-Kastenkonstruktion mit zwei Reihen von waagerecht verbauten Eichenspaltbohlen, die miteinander durch Ankerhölzer verbunden waren. In der dritten Phase erreichte der Wall eine Breite von fast 19 m und eine Höhe von über 4 m. Die Anlage wurde um 1200 nochmals verstärkt, die Berme mit Hölzern befestigt und der Wallfront eine Palisade vorgesetzt (Phase 4). Nach 1200 schließlich entstand die letzte Ausbaustufe mit Kappung und Ausplanierung der Wälle, Herrichtung als Turmhügel vom Typ Motte mit 80 m Durchmesser und 3–4 m Höhe (Phase 5). Die letzten Phasen gehören bereits in die Zeit der deutschen Durchdringung ab Mitte des 12. Jahrhunderts. Welche Adelsfamilie den Platz belegt hat, ist bislang unbekannt. Im 14. Jahrhundert gab man den Burgplatz aufgrund des durch den Deichbau mitverursachten Hochwasseranstiegs und der Vernässung der Niederungen auf.

203 Rustenbach, Über Häger und Hägergerichte in den braunschweigischen Weserlanden. Zeitschr. Hist. Ver. Niedersachsen 1903, 557–645. – R. Weiß, Über die großen Kolonistendörfer des 12. und 13. Jahrhunderts zwischen Leine und Weser (Hagendörfer). Zeitschr. Hist. Ver. Niedersachsen 1908, 147–174. – R. Blohm, Die Hagenhufendörfer in Schaumburg-Lippe. Schr. Niedersächs. Heimatbund NF 10 (1943). – F. Engel, Rodungskolonisation und Vorformen der Hagenhufen im 12. Jahrhundert. Mitt. Ver. Schaumburg-Lippische Gesch. Altertümer Landeskunde 11, 1951, 125–146. – H. W. Böhme, Sachsenhagen und die Gründung der Schaumburg-Lippischen Hagenhufendörfer. Führer 49 (1981) 150–156. – Historisch-Landeskundliche Exkursionskarte von Niedersachsen, Blatt Stadthagen (1985) 22f.

204 Vgl. die Karte bei Last, Burgen 497 Abb. 37.

205 H. Steuer, Slawen und Deutsche im Hannoverschen Wendland. Rapports du IIIe Congrès International d'Archéologie Slave, Bratislava 1975, Tom. 1 (1979) 773–779. – B. Wachter, Frühgeschichtliche Burgen und Städte im Hannoverschen Wendland. Ebd. 883–890. – Ders., Das Mittelalter – Germanen, Slawen, Deutsche. Führer D 13 (1986) 127–157. – Ders., Zur politischen Organisation der wendländischen Slawen vom 8. bis 12. Jahrhundert. Festschr. W. Hübener = Hammaburg NF 9, 1989, 163–173. – Ferner: J. Herrmann (Hrsg.), Die Slawen in Deutschland. Ein Handbuch (Neubearbeitung 1985) 210ff.; 377ff.

206 H. Steuer, Die slawische und deutsche Burganlage bei Meetschow, Kreis Lüchow-Dannenberg. Arch. Korrbl. 6, 1976, 163–168. – H. Reichstein, W. Schenkel u. H. Steuer, Zur Auswertung der Funde aus der slawisch-deutschen Burganlage von Meetschow, Gemeinde Gorleben, Kr. Lüchow-Dannenberg. Nachr. Niedersachs. Urgesch. 45, 1976, 177–220. – Führer D 13 (1986) 197ff. – M. Bernatzky-Goetze, Die slawisch-deutsche Burganlage von Meetschow und die slawische Siedlung von Brünkendorf, Ldkr. Lüchow-Dannenberg. Neue Ausgr. Forsch. Niedersachsen 19 (im Druck).

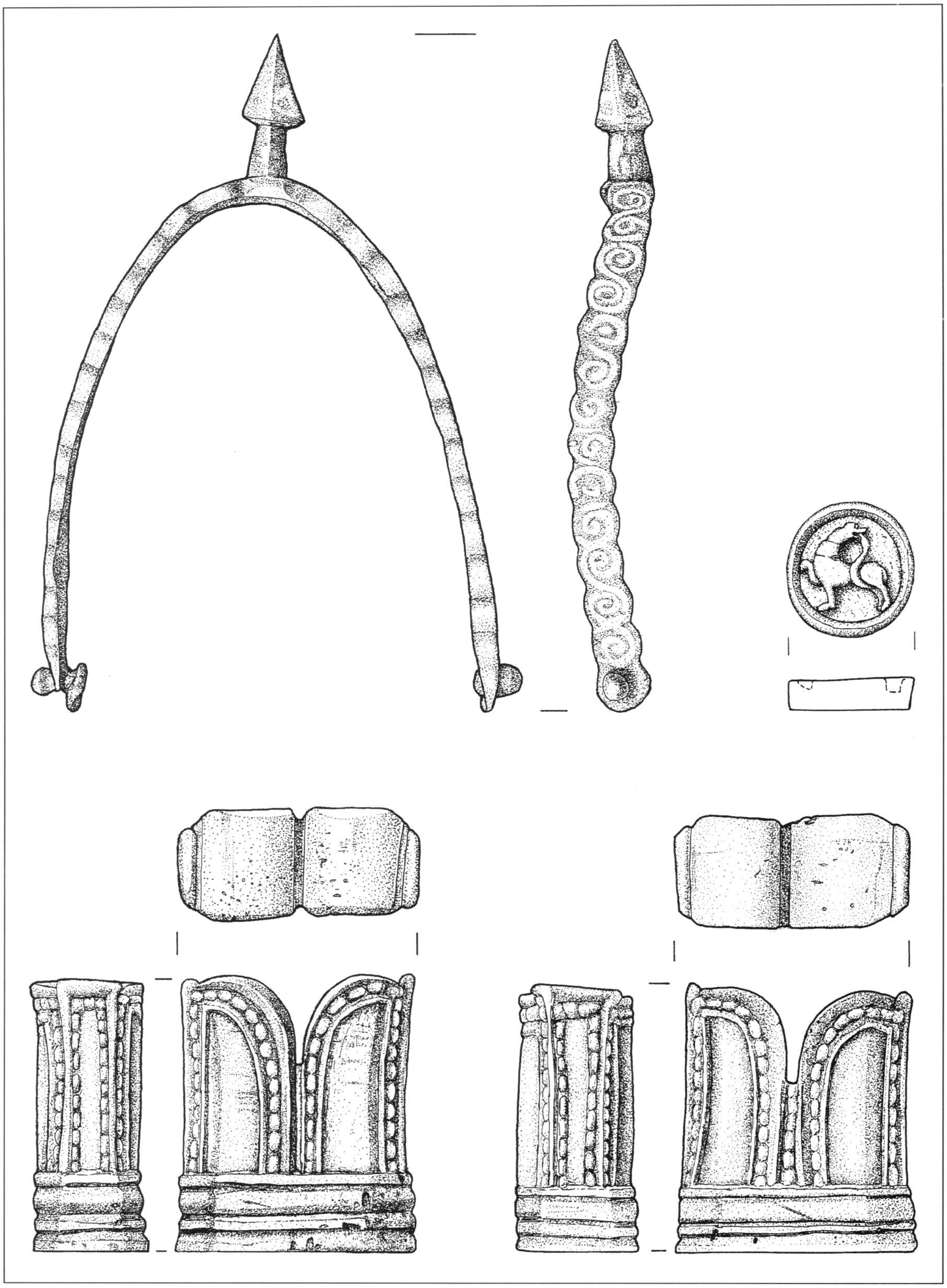

Abb. 61 Weinberg bei Hitzacker, Ldkr. Lüchow-Dannenberg. Ausgewählte Kleinfunde (tauschierter Eisensporn, Spielstein, Schachfiguren; Zeichnung RGZM). M. 1:1.

Die Kontinuität von der slawischen zur deutschen Epoche zeigt sich auch auf Burgplätzen wie Lüchow, Dannenberg oder auf dem Weinberg bei Hitzacker. Seit dem 9./10. Jahrhundert wird eine Reihe von Burgen aufgelassen, was für eine Konzentration der Macht in Hand einzelner Fürsten- und Adelsfamilien in begrenzten Kleinräumen spricht. Aufgrund der Ausgrabungen auf dem *Weinberg bei Hitzacker* kann dieser Prozeß nachvollzogen werden: von der Stammesburg des 9./10. Jahrhunderts zum slawischen Fürstensitz des 11./12. Jahrhunderts und schließlich zur Übernahme der Burg durch Heinrich den Löwen. Im Gegensatz zu Ostholstein und Mecklenburg kam es im Wendland jedoch zu keiner umfassenden staatlichen Organisation durch die Slawen.

Ausgrabungsbefunde auf dem Weinberg ergaben einen vierphasigen Wallaufbau von einer Holz-Kastenkonstruktion des 8./9. Jahrhunderts bis hin zu Holz-Erde-Wällen mit Stein- und Lehmverkleidungen, Sand- und Plaggenaufträgen des 12. Jahrhunderts[207]. Die Qualität der Kleinfunde aus der slawischen Spätzeit des 11./12. Jahrhunderts ist außerordentlich hoch und in ihrem Spektrum durchaus mit Burgenfunden dieser Zeit aus dem westlichen Deutschland vergleichbar. Zwei Schachfiguren aus Hirschhorn (Türme), Kästchenbeschläge, ein Zweizeilenkamm, ein verzierter Spielstein aus Bein sowie ein vergoldeter Messerscheidenbeschlag, Beschläge, ein Griffel bzw. eine Nadel aus Bronze und ein silbertauschierter Stachelsporn aus Eisen sind in ländlichen Siedlungen kaum vorstellbar. Dazu kommen 47 Glasringe bzw. deren Fragmente. Viel bedeutsamer ist aber die Tatsache, daß u.a. unbearbeitete Blechstücke aus Glockenbronze, Glasbruch, Glasflußreste, Rohlinge für Beinschmuck und -geräte sowie ein Goldblechstück hochwertiges Kunsthandwerk (Gold-, Bronze-, Glas- und Beinbearbeitung) bezeugen (Abb. 61). Aber auch Eisen wurde verarbeitet, wie entsprechende Funde zeigen. Die Keramik blieb bis ins 12. Jahrhundert slawisch bestimmt, doch nahmen ab dem 10. Jahrhundert der Westimport und deutsche Einfluß zu. Der Fleischbedarf wurde durch Haustiere, vorwiegend Schwein, gefolgt von Schaf/Ziege und Rind, gedeckt. Beim Geflügel herrschte das Huhn vor. Fisch, ab dem 11./12. Jahrhundert sogar Seefisch, stand ebenfalls auf der Speisekarte.

Ähnliche Bedeutung für die slawisch-deutsche Geschichte im Wendland werden in Zukunft die seit 1984 stattfindenen Grabungen auf dem *Amtsberg von Lüchow* haben. Allein für die Zeit von etwa 1000 bis 1140 sind sechs Wallbauphasen mit zugehörigen Siedlungsschichten zu unterscheiden[208].

Mit Einrichtung der Grafensitze Lüchow (Erstnennung 1144) und Dannenberg (Erstnennung 1153), dem Vordringen Heinrichs des Löwen und dem Eindringen weiterer deutscher und slawischer Adels- und Ritterfamilien, die im Wendland eine Reihe von Burgsitzen gründeten, nahm die slawische materielle Kultur ihr Ende.

Danksagung: Für die Überlassung noch unpublizierter Druck- und Abbildungsvorlagen darf W. Steinmetz M.A. (Braunschweigisches Landesmuseum, Wolfenbüttel), Dr. H. Kohnke (Landkreis Osterode am Harz) und Dr. W. Schlüter (Stadt bzw. Landkreis Osnabrück) recht herzlich gedankt werden.

207 B. Wachter, Burghandwerk auf dem Weinberg bei Hitzacker (Elbe) – Die Ausgrabung im Jahre 1974. Nachr. Niedersachs. Urgesch. 44, 1975, 273–283. – Ders., Die Burg auf dem Weinberg bei Hitzacker (Elbe) – eine slawische Fürstenburg. Die Kunde NF 26/27, 1975/76, 217–231. – Ders., Das Verhältnis von deutscher und slawischer Keramik im 11./12. Jahrhundert auf dem Weinberg in Hitzacker (Elbe) als chronologisches Problem. Nachr. Niedersachs. Urgesch. 46, 1977, 281–290. – Ders. in: Führer D13 (1986) 138f.; 145ff.; 156f. (mit Bibliographie der Untersuchungen zu Tierknochen und Pflanzenresten).

208 Führer D 13 (1984) 216ff. – B. Wachter in: Hannoversches Wendland 11, 1986, 27–31.

Literaturabkürzungen

Ahlers, Untersuchungen
S. Ahlers, Topographisch-archäologische Untersuchungen zu ur- und frühgeschichtlichen Befestigungen in den Landkreisen Gifhorn, Helmstedt und Wolfenbüttel sowie im Stadtkreis Wolfsburg (Diss. Hamburg; 1988).

Führer
Führer zu vor- und frühgeschichtlichen Denkmälern.

Führer D
Führer zu archäologischen Denkmälern in Deutschland.

Heine, Burgenforschung
H.-W. Heine, Burgenforschung in Niedersachsen. Gedanken aus Sicht eines Archäologen. Plesse-Archiv 24, 1988 (1989) 367–380.

Heine, Ringwall und Burg
H.-W. Heine, Ringwall und Burg im mittleren Niedersachsen. Burgen und Schlösser 24/I, 1983, 27–38.

Hinz, Motte und Donjon
H. Hinz, Motte und Donjon. Zur Frühgeschichte der mittelalterlichen Adelsburg. Zeitschr. Arch. Mittelalter, Beih. 1 (1981).

Last, Burgen
M. Last, Burgen des 11. und frühen 12. Jahrhunderts in Niedersachsen. In: Patze, Burgen 1, 383–513.

OS
A. von Oppermann u. C. Schuchhardt, Atlas vorgeschichtlicher Befestigungen in Niedersachsen (1887–1916).

Patze, Burgen
Die Burgen im deutschen Sprachraum. Ihre rechts- und verfassungsgeschichtliche Bedeutung. Vorträge und Forsch. 19/1 u. 2 (Hrsg. H. Patze; 1976).

Ringwall (1971)
Ringwall und Burg in der Archäologie West-Niedersachsens (1971).

Stephan, Stadtforschung
H.-G. Stephan, Archäologische Stadtforschung in Niedersachsen, Ostwestfalen, Hamburg und Bremen. Stadt im Wandel. Kunst und Kultur des Bürgertums in Norddeutschland 3 (1985) 29–79.

Stolberg, Harz
F. Stolberg, Befestigungsanlagen im und am Harz von der Frühgeschichte bis zur Neuzeit. Forsch. Quellen Gesch. Harzgebiet 9 (1968).

Streich, Burg und Kirche
G. Streich, Burg und Kirche während des deutschen Mittelalters. Untersuchungen zur Sakraltopographie von Pfalzen, Burgen und Herrensitzen. Vorträge und Forsch., Sonderbd. 29/1 u. 2 (1984).

Streich, Klöster
G. Streich, Klöster, Stifte und Kommenden in Niedersachsen vor der Reformation. Stud. Vorarbeiten Hist. Atlas Niedersachsen 30 (1986).

von Uslar, Studien
R. von Uslar, Studien zu vor- und frühgeschichtlichen Befestigungen. Beih. Bonner Jahrb. 11 (1964).

Mehrfach benutzte Quellenwerke

Adam
Magistri Adam Bremensis Gesta Hammaburgensis ecclesiae Pontificium. Ausgewählte Quellen zur deutschen Geschichte (Freiherr vom Stein-Gedächtnisausgabe) 11 (^{5}1978) 135–503.

Bruno
Brunonis de Bello Saxonico. Ebd. 12 (^{3}1974) 191–405.

Lampert
Lamperti monachi Hersfeldensis Annales. Ebd. 13 (1962).

Thietmar
Thietmari Merseburgensis episcopi: Chronicon. Ebd. 9 (^{5}1974).

Vita Bennonis
Norberti Vita Bennonis II. episcopi Osnabrugensis. Ebd. 22 (1973) 363–441.

Abbildungsnachweise: Soweit nicht anders vermerkt Zeichnungen des Niedersächsischen Landesverwaltungsamtes – Institut für Denkmalpflege – Hannover; Fotos: Verf.

CORD MECKSEPER

ZUR SALISCHEN GESTALT DES PALAS DER KÖNIGSPFALZ IN GOSLAR*

Nirgendwo tritt heute dem Besucher eines einstigen Pfalzbereichs ein Palas monumentaler entgegen als in Goslar. Es ist nicht so sehr die Inszenierung von Denkmälern in seinem Vorfeld, was diesen Eindruck hervorruft. Es sind Lage und Gestalt des Palas selbst. Zwar ist dieser heute zu nicht geringen Teilen eine Rekonstruktion aus den Jahren 1873–79, bei der jedoch, gemessen an anderen Wiederherstellungen jener Zeit, auf überbetont neuromanische Schöpfungen bewußt verzichtet wurde und als Grundlage der Ergänzungen in erstaunlichem Maße baugeschichtliche Beobachtungen dienten (Abb. 1). Quergelagert steht der Palas vor uns, nach Karls des Großen Saalbau in Aachen der größte uns in einer Pfalz erhaltene [1]. Über einem nahezu geschlossenen Untergeschoß öffnet sich in ungewöhnlich starkem Maße die Reihung der von Bögen überfangenen Öffnungsarkaden und weist damit auch künstlerisch ein repräsentatives Obergeschoß auf. Jeweils drei Fenstergruppen rahmen in einer für hochmittelalterliche Palasbauten ebenfalls ungewöhnlichen Symmetrie ein architektonisch besonders hervorgehobenes Mittelstück: ein schon in mittelalterlicher Zeit über die Traufkante des Gebäudes hochgezogenes und giebelakzentuiertes Bogenfeld, dessen Füllung allerdings eine Schöpfung des 19. Jahrhunderts ist und das von zwei strebepfeilerartigen Vorlagen abgestützt erscheint. Die Rückseite des Bauwerks war zu allen Zeiten prinzipiell geschlossen. Der Palas hat also eine eindeutige Blickrichtung. Am höchsten Punkt des Pfalzbereichs errichtet, blickt er über diesen hinweg in die Ferne und macht dem von dort Kommenden deutlich, daß seine Gestalt offenbar von bestimmtem Anspruch ist.

Clarissimum illud regni domicilium, jene glänzendste, berühmteste Wohnstätte des Reiches nannte Goslar zum Jahr 1071 aus zeitgenössischer Sicht Lambert von Hersfeld [2], und die Schriftquellen lassen keinen Zweifel daran, daß Goslar zu den bevorzugtesten Pfalzen der salischen Könige gehörte. Allein fünfzehn Aufenthalte sind für Heinrich III. überliefert, sogar dreißig für seinen wahrscheinlich dort geborenen Sohn Heinrich IV. Nach dem Wunsche Heinrichs III. sollten seine Eingeweide in Goslar bestattet werden, weil er mit dem Herzen immer in Goslar gewesen sei, *quia corde semper fuerit Goslarie* [3]. Von der Bauornamentik her gesehen hat der Palas der Pfalz seine Gestalt allerdings im wesentlichen erst in staufischer Zeit erhalten. Dennoch handelte es sich offensichtlich nicht um einen vollständigen Neubau, vielmehr um die Erneuerung einer älteren Anlage. Es stellt sich damit die Frage, inwieweit wir uns noch eine Vorstellung von dem Saalbau in salischer Zeit machen können.

Grundlegend zur baugeschichtlichen Erforschung des Palas ist die Pfalzenmonographie Uvo Hölschers, 1927 als erster Band einer schon 1909 vom Deutschen Verein für Kunstwissenschaft konzipierten Reihe »Denkmäler deutscher Kunst. Die deutschen Kaiserpfalzen« erschienen [4]. Sie wurde erst 1985 durch Fritz Arens mit einem Aufsatz über die Königspfalz Goslar und die Burg Dankwarderode in

* Ein Teil der Überlegungen des Verfassers wurde bereits auf dem von der Kommission für Niedersächsische Bau- und Kunstgeschichte der Braunschweigischen Wissenschaftlichen Gesellschaft unter Mitwirkung von O. G. Oexle, Max-Planck-Institut für Geschichte (Göttingen) am 5.–9. Oktober 1989 in Goslar veranstalteten Symposion »Goslar. Bergstadt – Kaiserstadt« vorgetragen.

1 Aachen (ohne Apsiden): ca. 43,8×17,2 m. – Magdeburg (ohne Apsiden): ca. 42×12 m. – Goslar: ca. 46,8×14,7 m. – Vgl. dagegen Westminster Hall (1097–99): ca. 78×20 m! Selbst für Goslar sind die Pläne und Maßangaben in der Literatur widersprüchlich. Zumindest ein verformungsgetreues Bauaufmaß der Grundrisse des Palas ist ein Desiderat.

2 Monumenta Germaniae Historica, Scriptores V, 179.

3 Erst in einer Quelle der 2. H. des 12. Jhs. überliefert, der sogen. Pöhlder Chronik: Monumenta Germaniae Historica, Scriptores XVI, 69. Die Untersuchung des Grabbefunds 1909 in Speyer ergab, daß der Körper tatsächlich entsprechend ausgenommen war: H. E. Kubach u. W. Haas, Der Dom zu Speyer. Die Kunstdenkmäler von Rheinland-Pfalz 5 (1972) Textband 1049–1050.

4 U. Hölscher, Die Kaiserpfalz Goslar. Denkmäler deutscher Kunst. Die deutschen Kaiserpfalzen 1 (1927).

Abb. 1 Königspfalz Goslar. Gesamtansicht des Palas 1989 (Photo C. Meckseper).

Braunschweig ergänzt, der zur Rekonstruktion und Datierung für die staufische Zeit immerhin einige neue Akzente setzte[5].

Die Schriftquellen geben für die Baugeschichte nur wenig und nicht immer präzise Anhaltspunkte, machen bei ihren Nennungen vor allem nur selten deutlich, ob Goslar als Pfalzort, der engere Pfalzbereich, der Palas oder nur ein Teil dessen gemeint sind. In Gegenwart von Heinrich II. und Kunigunde fand 1019 eine Synode unter Vorsitz Bischof Bernwards von Hildesheim *in consistorio regali Goslare praeminenti, in aeclesia scilicet australi lateri eodem adherente* statt[6]. Wir hören also von einem Consistorium, an das südlich eine Kirche anschloß und das auf einen ersten Saalbau noch ottonischer Zeit hinweisen könnte. Von Heinrich III. (1039–56) erfahren wir, er habe zu Füßen des Rammelsbergs die Pfalz Goslar angelegt und dort die Kirche St. Simon und Juda gebaut: *palatium ad radicem montis Ramisberc ... construxit, et basilicam ibidem apostolorum Symonis et Iudae aedificavit*[7]; wobei ibidem darauf hindeutet, daß mit palatium die Pfalz als Ganzes gemeint ist. 1063 floh Heinrich IV. anläßlich eines Streits aus der Kirche in das Palatium: *in palatium se recepit*[8]. Für den 27. März 1065 überliefert zeitgenössisch Berthold von Regensburg einen Brand: *Domus regalis Goslari concremata est*[9]. Seit dem 13. Jahrhundert wird der Palas in den Quellen »Kaiserhaus« genannt. Ist diese Bezeichnung aus domus

5 F. Arens, Die Königspfalz Goslar und die Burg Dankwarderode in Braunschweig. In: Stadt im Wandel. Kat. Landesausst. Niedersachsen. Braunschweig (1985) 117–149.

6 Monumenta Germaniae Historica, Leges II b, 173.

7 Monumenta Germaniae Historica, Scriptores XII, 230.

8 Monumenta Germaniae Historica, Scriptores V, 164.

9 Monumenta Germaniae Historica, Scriptores V, 428.

regalis entstanden, müßte die Brandnachricht auf den Palas bezogen werden. 1132 soll dann unter Lothar von Süpplingenburg ein Einsturz des Palatiums stattgefunden haben: *ubi (rex) cum palatium cum omnibus ruisset* – und niemand wurde dabei verletzt: *nullum Dei gratia vulneravit*[10]!
Dies sind die wenigen Daten, die vor allem Hölscher als historische Bezugspunkte seiner Baugeschichte dienten. Dennoch versuchte er als Bauhistoriker seine Datierungen auch aus dem Bauwerk selbst abzuleiten. Die Schwierigkeit lag schon für ihn darin, daß eine genaue Bestandsaufnahme des Altbestands aus der Restaurierungszeit nicht vorlag und zahlreiche seinerzeit gemachte Beobachtungen am Bau nicht mehr verifiziert werden konnten. Dies ist noch heute das Problem. Bei der Restaurierung wurden z.B. teilweise vom Mauerwerkskern gelöste Teile der Mauerschale abgebrochen und neu wiederaufgemauert. Vor scheinbaren Baufugen ist also Vorsicht angebracht. Leider ist die Bestandsaufnahme in Hölschers Buch bezüglich des Mauerwerks nicht exakt. Seine Pläne geben zwar sehr genau die Struktur des Mauerwerks wieder, sind jedoch nicht, wie sie es suggerieren, steingerecht. Eine exakte Neuaufnahme bestimmter Partien des Palas erscheint nach wie vor lohnend. Auch eine vollständige Publikation der ornamentalen Bauteile wäre für die weitere Forschung von Nutzen. Ergänzende Grabungen in und vor dem Palas könnten nicht zuletzt die Vorgängersituation weiter aufklären.
Exakte Datierungen für die älteren Partien des Palas sind aus den Schriftquellen, aber auch aus dem Bauwerk selbst, nur schwer zu gewinnen. Hölscher bezog die zuvor genannte Erwähnung eines Consistoriums 1019 auf verhältnismäßig schwache Mauerzüge, die anläßlich der 1886–87 vor dem Palas errichteten Denkmalanlage zutage traten, und über denen er sich einen Aufbau mit einem zweigeschossigen Saal aus Holz vorstellte. Daß der im Vergleich mit älteren Saalbauten ungewöhnlich große Palas in seinen ältesten Partien salischer Zeit angehört und auf Heinrich III. zurückgeht, wird traditionell zunächst einmal mit seiner Mauerwerksstruktur begründet. Sie zeigt in der Tat jenes Kleinquaderwerk, teilweise mit den »aus der Waage« geratenen oder keilförmig auslaufenden Schichten, das für den Bau I des Doms zu Speyer typisch ist[11]. Nicht zu beobachten sind Reihen aufrecht gestellter Steine in Schräglage, der sogenannte Fischgrätenverband (opus spicatum). Solchermaßen ältere Mauerwerkspartien haben sich an der Fassadennordseite und auf der Rückseite des Saalbaus jeweils im Erdgeschoßbereich erhalten, wobei der Bestandsbefund nicht ausschließen läßt, daß sie auf der Rückseite doch noch teilweise bis in den Obergeschoßbereich ragen[12]. Die übrigen Partien sind jünger oder wurden im 19. Jahrhundert stark erneuert. Keine einzige Ecke ist heute noch ursprünglich und eine vergleichende Aussage über deren Konstruktion daher nicht mehr möglich.
Das Erdgeschoß des Palas war von Anfang an durch eine Stützenreihe zweigeteilt, wobei der größere Abstand der ältesten Fundamente zwar Steinpfeiler zu rekonstruieren erlaubt, jedoch keine Bogenstellung[13]. Auch den oberen Saal nimmt die Literatur von Anfang an als zweigeteilt an, wobei sie allerdings gesichert jüngere Vergleichsbeispiele zurückschreibt. Ohne weiteres wäre der Obergeschoßsaal konstruktiv auch von einem Dachwerk ohne Mittelstützen überspannt vorstellbar. Dennoch soll damit eine zweischiffige Unterteilung nicht ausgeschlossen werden. Gehen wir also von einem zweigeschossigen Saalbau aus, der in seinem Inneren auf jeden Fall im Erdgeschoß und vielleicht auch in seinem Obergeschoß zweigeteilt war, und wenden uns der Kernfrage zu: Wie war die Fassade des Palas gestaltet? Wir untersuchen dafür zunächst die beiden Flügel, die an den zentralen Mittelteil anschließen, dann diesen selbst, um abschließend mögliche Konsequenzen daraus für die innere Aufteilung des Palas zu diskutieren.
Kein Problem macht das Erdgeschoß. Der bauliche Befund und die Überlegungen Hölschers erweisen die heute mit Rechteckfenstern zugesetzten und kleeblattbogenförmig überfangenen Öffnungen eindeutig als ursprüngliche Rundbogenfester, die später umgebaut wurden. Ob sie durch eine Zweibogenstellung über Mittelstütze unterteilt waren, wie es Hölscher vorschlug, ist nur durch eine Freilegung am Bau zu überprüfen. Für eine Unterteilung spricht schon die sonst gedrückt niedrige

10 Monumenta Germaniae Historica, Scriptores IX, 138.
11 W. Haas in: Kubach u. Haas (Anm. 3) 482 f.
12 Hölscher (Anm. 4) 49–59 und Tafeln 21; 23–24.
13 Die Stützen wurden offensichtlich in einer jüngeren Bauphase enger gestellt: Hölscher (Anm. 4) 40.

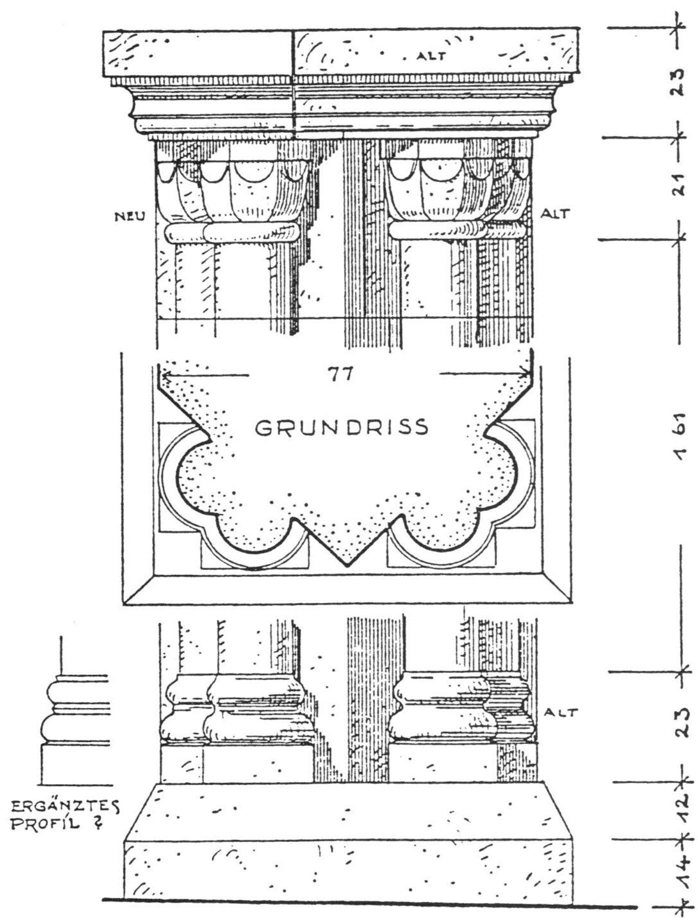

Abb. 2 Königspfalz Goslar.
Nördlicher Endpfeiler am Obergeschoß des Palas
(vgl. Hölscher [Anm. 4] 19 Abb. 7).

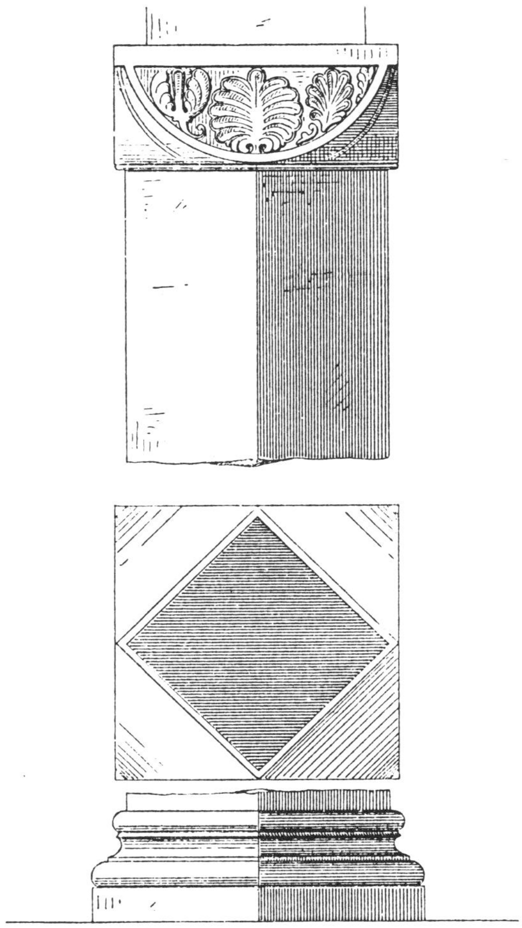

Abb. 3 Helmstedt, ehem. Benediktinerabtei
St. Ludgeri. Pfeiler in der Krypta
(vgl. Meier [Anm. 19] 19 Abb. 7).

Gesamtform der Fenster. Ihre Größe deutet darauf hin, daß das Erdgeschoß des Palas nicht ein kellerartiges Substruktionsgeschoß war, sondern eine eigene repräsentative Bedeutung besaß. Waren die Fenster aufwendiger gestaltet, spräche dies andererseits für eine Gestaltung der Öffnungen des Obergeschosses von erheblichem Rang, da dieses auf jeden Fall das höherwertige war.

Heute werden im Obergeschoß beidseitig des Mittelteils drei Dreierarkaden von Überfangbögen zusammengefaßt, die auf Pfeilern ruhen. Hölscher kam zu dem auch von Arens nicht widersprochenen Ergebnis, daß der nördliche Endpfeiler noch aus salischer Zeit stamme (Abb. 2)[14]. Der Pfeiler, der auf einem Sockel aus Platte und Schräge steht, ist zur Öffnung hin keilförmig zugespitzt. Den beiden Schrägseiten sind jeweils zwei miteinander verschmolzene Säulchen vorgelegt. Oben wird der Pfeiler von einer verhältnismäßig reich profilierten Kämpferplatte abgeschlossen. Die Säulchen haben steile Basen aus zwei Wulsten ohne Eckzehen. Ihre polygonalen Kapitelle sind aus dem Würfelkapitell entwickelt. Gehen wir für eine Datierung zunächst von ihnen aus. Ihre Form tritt in salischer Zeit in der Kirche des Goslarer Pfalzstifts St. Simon und Juda auf[15]. Verwiesen werden kann weiterhin auf das Münster in Konstanz (ca. 1050/80), dessen Bauherren Bischof Rumold und Otto I. dem Goslarer Stift entstammten, auf das von Konstanz abhängige Stein am Rhein, ebenso auf gleichartige Kapitelle, die wohl aus einem salischen Bau (1081/99) im romanischen Neubau der ehemaligen Stiftskirche St. Marien in Utrecht

14 Hölscher (Anm. 4) 55–56; Zeichnung des Pfeilers Abb. 10, Photo Tafel 7. Das südliche Gegenstück ist nach Hölscher eine »spätromanische, freie Nachbildung des ursprünglichen Pfeilers«.

15 Hölscher (Anm. 4) Abb. 24 und Tafel 7.

Abb. 4 Essen, ehem. Damenstiftskirche (Münster). Eckpfeiler im südlichen Vorchor (vgl. Wilhelm-Kästner [Anm. 20] Tafel 11).

wiederverwendet wurden[16]. Vergleichbar ist auch die Form eines Viertelkapitells im Querhaus des Speyerer Doms, das bisher für den Einbau des Rippengewölbes nach 1159, jüngst aber bereits für den Bau II Heinrichs IV. in Anspruch genommen wurde[17]. Die Kapitellform, aber auch der Gegensatz zwischen einfachem Sockel und aufwendiger Kämpferplatte des Goslarer Endpfeilers deuten damit durchaus auf eine Entstehung in salischer Zeit.

Dennoch scheint zunächst Skepsis angebracht. Vorlagen vor übereck gestellten Pfeilern, die gratartig keilförmig zwischen jenen hervortreten, sind eine spezifische Gestaltungsform seit der zweiten Hälfte des 12. Jahrhunderts vor allem im Rhein-Maasgebiet. Wir finden sie bereits um 1170/80 in den beiden Scheitelpfeilern der Ostempore der Liebfrauenkirche in Maastricht, dann z. B. in Bonn (Münster, Westchor 1220/30), Villich (ehem. Klosterkirche St. Peter, Alheidiskapelle 2. Jahrzehnt 13. Jh.), Mainz (Dom, Westchor Zwerggalerie gegen oder um 1239) oder in Köln am ehemaligen Kreuzgang vor St. Gereon[18]. Hölscher dagegen verwies für die Gesamtform des Pfeilers auf die Krypta von St. Ludgeri in Helmstedt (nach Mitte 11. Jh.), wo sich immerhin zwei übereck gestellte, allerdings nicht weiter gegliederte Vierkantpfeiler finden (Abb. 3), und auf die Pfeiler in der Krypta des Doms zu Merseburg

16 Die Kirche ist abgebrochen. H. E. Kubach u. A. Verbeek, Romanische Baukunst an Rhein und Maas (1976) Bd. 2, 1165.

17 Kubach u. Haas (Anm. 3) 743; 780 mit Fig. 98. Rückdatierung: D. v. Winterfeld, Worms, Speyer, Mainz und der Beginn der Spätromanik am Oberrhein. In: Baukunst des Mittelalters. Festschr. H. E. Kubach. (1988) 236 f. mit Abb. 23.

18 Teilweise freundlicher Hinweis von Clemens Kosch, dem ich dafür danke.

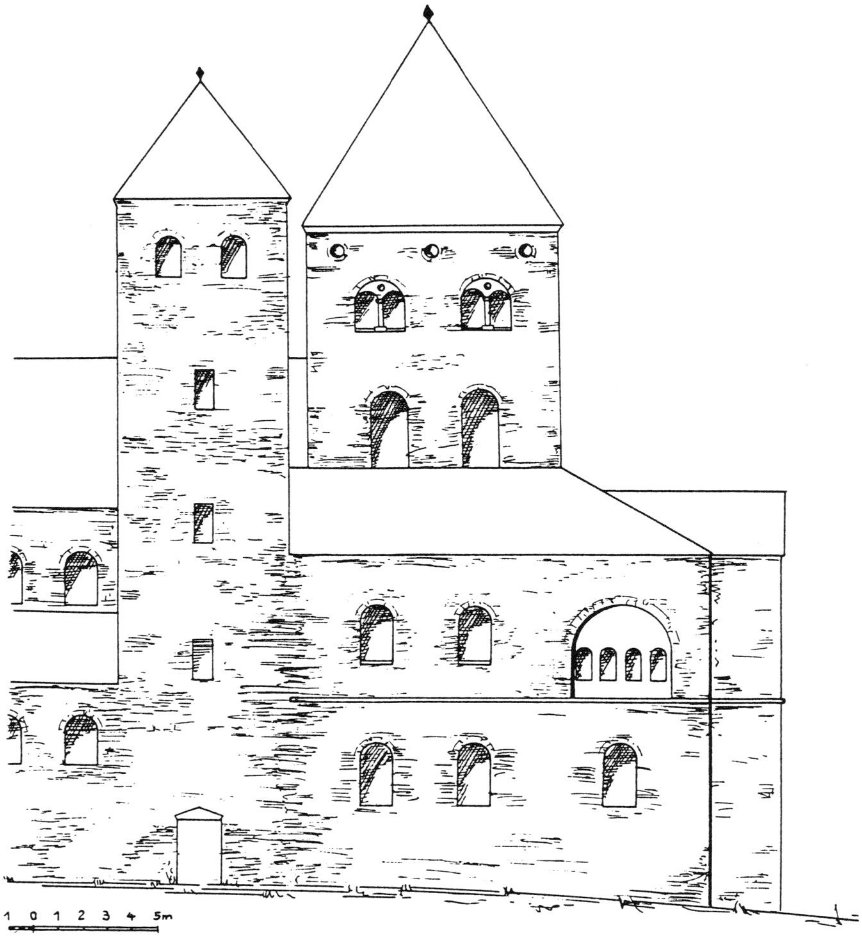

Abb. 5 Essen-Werden, ehem. Benediktinerabtei St. Liudger. Westwerk; Rekonstruktion H. Borger 1959 (vgl. Borger [Anm. 28] 147 Abb. 163).

(1036/42), wo die höchst geistreich aus dem Quadrat entwickelten Bündelpfeiler auch Rundelemente mit dazwischen gratartig vortretendem Mittelteil aufweisen[19].

Die Merseburger Kryptenpfeiler sind nicht ihrem Detail, aber ihrer Konzeption nach vergleichbar denen des östlichen Kryptenteils der ehemaligen Damenstiftskirche (Münster) in Essen, deren Außenkrypta laut zeitgenössischer Inschrift 1051 geweiht wurde – eine Spur, die zu einem für die Goslarer Datierungsfrage offensichtlich entscheidend wichtigen Bauwerk führt. In der südöstlichen Ecke des in der zweiten Hälfte des 12. Jahrhunderts umgebauten südlichen Vorchors ist in Zweitverwendung ein Pfeiler eingebaut (Abb. 4), der dort heute einen gotischen Laufgang trägt, seinen Einzelformen nach aber eindeutig noch der Neubauphase der Kirche unter der Äbtissin Theophanu (1039–56), Enkelin der Kaiserin Theophanu und Ottos II., angehört[20]. Der Pfeiler besteht aus einem übereck gestellten,

19 Hölscher (Anm. 4) 56. – Helmstedt: P. J. Meier, Die Bau- und Kunstdenkmäler des Kreises Helmstedt. Die Bau- und Kunstdenkmäler des Herzogthums Braunschweig 1 (1896) 19 Abb. 7. – Merseburg: H. Mrusek, Drei deutsche Dome, Merseburg, Naumburg, Meißen (1976) Abb. 26 und 27.

20 K. Wilhelm-Kästner, Das Münster in Essen (1929) Tafel 11 (eine der hervorragenden Aufnahmen von Albert Renger-Patzsch). – W. Zimmermann, Das Münster zu Essen. Die Kunstdenkmäler des Rheinlands, Beih. 3 (1956) 243 und Abb. 186; 191; 197; 250; 251 und 253. – A. Verbeek, Die ottonische Bautengruppe um Essen und Werden und die viergeschossige Wandgliederung. In: Karolingische und ottonische Kunst. Werden, Wesen, Wirkung. Forschungen zur Kunstgeschichte und christlichen Archäologie 3 (1957) 150–158. – W. Braunfels, Die Kirchenbauten der Ottonenäbtissinnen. In: Beiträge zur Kunst des Mittelalters. Festschr. H. Wentzel (1975) 33–40. – Kubach u. Verbeek (Anm. 16) Bd. 1, 274.

quadratischen Kern, dessen Seiten jeweils zwei miteinander verschmolzene Rundvorlagen mit Basen und antikisierenden Kapitellen vorgelegt sind, und ist konzeptionell damit dem Goslarer Endpfeiler sehr ähnlich. Er wurde von Walther Zimmermann, dem Adolf Verbeek folgt, als ursprünglicher Mittelpfeiler einer erdgeschossigen Bogenstellung angesprochen, mit der sich der heutige Vorchor zur Theophanuzeit als Nebenchor auf den Hauptchor öffnete. Ist der Pfeiler mit dem Goslarer verwandt, woran meines Erachtens trotz unterschiedlicher Kapitellform kein Zweifel besteht, wird damit einerseits die Datierung Hölschers zusätzlich bestätigt, andererseits diese noch stärker auf die Zeit gegen oder um 1050 eingrenzbar. Zugleich wird der künstlerische Umkreis, aus dem heraus der Goslarer Palas entstand, eindeutig in der höchstrangig spätottonischen Architektur faßbar, vor allem in der Stiftskirche zu Essen – einem »Schöpfungsbau, von dem eine weitreichende Wirkung ausging«[21].

Die aufwendige Gestalt des Endpfeilers in Goslar gibt endgültig Anlaß, eine nicht minder anspruchsvolle Gestaltung der Gesamtöffnungen zu vermuten. Hölscher rekonstruierte in die Wandfläche der Fassade eingeschnittene Dreierarkaden über Säulchen. Erhaltene Vergleichsbeispiele aus dem älteren Saalbau fehlen. Allgemein ist die frühe Entwicklung des Reihenfensters ungeklärt[22]. Gerne wird als Vorstufe für den Saalbau das Abtshaus auf dem Klosterplan von St. Gallen herangezogen, für dessen Erdgeschoß beidseitig vorgelegte Portiken mit Arkadenöffnungen eingezeichnet sind[23]. Arkadenreihen im Obergeschoß zeigt der vor 1148/49 gezeichnete Plan des Kathedralklosters Canterbury für die wohl nach dem Brand 1070 erbaute Aula Nova[24]. Sicher treten Arkadenreihen bereits früh in Kreuzgängen auf, obwohl wir dort mit der baulichen Überlieferung ebenfalls auf unsicherem Boden stehen. Ottonische Arkadenöffnungen kennen wir aus dem Kreuzgang von St. Pantaleon in Köln[25]. Für Obergeschoßöffnungen zweigeschossiger Kreuzganganlagen können die Bogenreihen des gegen 1050 entstandenen, auf einem Substruktionsgeschoß hochgestellten Kreuzgangs im St. Simeonsstift in Trier genannt werden[26]. Die Bogenreihen des Kreuzgangobergeschosses am Dom zu Hildesheim dürften erst in der zweiten Hälfte des 12. Jahrhunderts entstanden sein[27].

Die Verwandtschaft des nördlichen Endpfeilers mit der entsprechenden Ausprägung in der Stiftskirche zu Essen eröffnet jedoch die Möglichkeit, auch nach Vergleichen für aufwendigere Öffnungslösungen zu suchen. Innerhalb der Essen-Werdener Baugruppe ist z. B. auf die einst nordseitige, bei der Restaurierung 1840–50 zugesetzte Wandgliederung des Obergeschosses der Treppenaufgänge in das Westwerk (St. Peter, 943 geweiht) der ehemaligen Abteikirche in Werden zu verweisen, die nach einem älteren Plan sich mit einer großen Rundbogenblende öffnete, in deren Grund sich vier Rundbogennischen reihten[28] (Abb. 5). Damit sind sogar die heutigen Prunköffnungen in Goslar bereits ansatzweise vorgegeben. Auf jeden Fall eröffnet die Essen-Werdener Baugruppe den Blick auf weitere Öffnungsbeispiele, bei denen Bogenstellungen von Überfangbögen zusammengefaßt werden. In Essen selbst ist der zentrale Turmauf-

21 Verbeek (Anm. 20) 155.

22 Reallexikon zur deutschen Kunstgeschichte 7 (1981) Artikel »Fenster« (W. Haas) 1306.

23 A. Horn u. E. Born, The Plan of St. Gall 2 (1979) 310f.; dort auch verschiedene Aufrißrekonstruktionen (vgl. dazu A. Sennhauser, Der Profanbau. In: Ur- und frühgeschichtliche Archäologie der Schweiz 6 (Hrsg. W. Drack; 1979) Abb. 22. – K. Hecht, Der St. Galler Klosterplan (1983) 241–245.

24 Horn u. Born (Anm. 23) 1, 311. – Zur Datierung: D. Verfaillie-Markey, Le dernier cahier du Psautier d'Eadwine (Ms. Cambridge, Trinity College, R.17.1). In: Scriptorium 37/2, 1983, 245–258, wonach die Pläne ursprünglicher Teil des Manuskripts sind (257).

25 H. Beseler, Fragen zum ottonischen Kreuzgang des Pantaleonklosters in Köln. In: Karolingische und ottonische Kunst. Werden, Wesen, Wirkung. Forschungen zur Kunstgeschichte und christlichen Archäologie 3 (1957) 159–166.

26 Grundlegend H. Bunjes, Die Wiederherstellung des Simeonstiftes in Trier. In: Deutsche Kunst und Denkmalpflege (1938) 81–94. – Kubach u. Verbeek (Anm. 16) Bd. 2, 1140f.

27 H. Reuther, Die Baugeschichte des Domes und seiner Vorgängerbauten. In: Der Hildesheimer Dom. Architektur, Ausstattung, Patrozinien. Die Diözese Hildesheim in Vergangenheit und Gegenwart 41/42, 1974, 15 und 29, sprach sich für die Zeit Bischof Hezilos (1054–79) aus. Dagegen: J. Zink in: Die Kirche zum Heiligen Kreuz in Hildesheim. Die Diözese Hildesheim in Vergangenheit und Gegenwart 46/47, 1980, 111.

28 W. Effmann, Die karolingisch-ottonischen Bauten zu Werden 1 (1899) 247 mit Anm. 4, Fig. 137; 139 und 165; vgl. allerdings auch die ältere Ansicht Fig. 273. Von Hugo Borger wurde die Nischengliederung nicht in Frage gestellt: H. Borger, Zur Baugeschichte des Werdener Westwerks. In: W. Zimmermann u. a., Die Kirchen zu Essen-Werden. Die Kunstdenkmäler des Rheinlands, Beih. 7 (1959) 141 mit Rekonstruktionszeichnung Abb. 163.

Abb. 6 Königspfalz Nymwegen, Nikolauskapelle. Rekonstruktion A. van Agt 1957 (vgl. van Agt [Anm. 32] 186 fig. 64).

satz über dem Westbau der Kirche zu nennen. Noch weiter wird das Spektrum, akzeptiert man eine Fassadenhaftigkeit des innenräumlichen Aufrisses von Kirchen als Anregung. Bereits spätkarolingisch finden wir den Überfangbogentypus an der Empore des Westwerkobergeschosses in Corvey[29]. Die Rekonstruktion von Überfangbögen über den Arkaden im ottonischen Dom zu Halberstadt (992 geweiht) muß eine, wenn auch aus dem Befund heraus begründbare, Vermutung bleiben[30]. Aber die Emporen der ehemaligen Damenstiftskirche in Gernrode (2. Hälfte 10. Jh.) zeigen noch heute, durch einen Pfeiler getrennt, je zwei Sechsbogenreihen, innerhalb derer immer zwei Öffnungen von einem Bogen überfangen werden. Weiter ist vor allem an die ehemalige Stiftskirche St. Martin in Zyfflich (wohl um 1015 vollendet) zu erinnern, in der bei einfachem Stützenwechsel die beiden säulengeteilten Öffnungen der Scheidbögen jeweils durch einen Blendbogen zusammengefaßt werden. Dieser Scheidbogentypus war am Niederrhein und darüber hinaus im 11. Jahrhundert mehrfach gebräuchlich: Süsteren (um 1060), Aachen (St. Adalbert, vermutungsweise), Echternach (1016 f.), Essen-Werden (St. Luzius, um 1050/60). Auch für die Stiftskirche in Essen hat Zimmermann eine entsprechende Bogenstellungsform für das Langhaus angenommen, allerdings ohne jeglichen baulichen Befund[31]. Fassadenhaft wirkte auf jeden Fall auch die westliche Abschlußwand des Langhausinneren von St. Maria im Kapitol in Köln, wo im Erdgeschoß gleich drei Bögen überfangen werden. Die dort an der Pfalzkapelle in Aachen

29 F. Kreusch, Beobachtungen an der Westwerkanlage der Klosterkirche zu Corvey. Bonner Jahrbücher, Beih. 9 (1963). Die heutigen Öffnungen sind nach Befund rekonstruiert.

30 G. Leopold, E. Schubert, Der Dom zu Halberstadt bis zum gotischen Neubau (1984) 59–60 und Abb. 45.

31 Zimmermann (Anm. 20) 238–239 mit Abb. 248; vgl. auch 261.

orientierte Obergeschoßöffnung führt uns zum sogenannten Alten Turm in Mettlach (989f.), dessen oberer Umgang sich mit säulchengeteilten und von einem Blendbogen überfangenen Dreierarkaden öffnet. Stellt man neben den Typus dieser Kirche die salische St. Nikolauskapelle in Nymwegen (nach 1047) (Abb. 6), weiter die vor allem in salischer Zeit entstandene Folge der Nachfolgebauten zur Pfalzkapelle in Aachen, nicht zuletzt die Stiftskirche in Essen, und in Goslar selbst die wahrscheinlich bis in die Zeit Konrads II. zurückgehende und 1527 zerstörte Kirche des ehemaligen Augustiner-Chorherrenstifts St. Georg[32], liegt die weitere Versuchung nahe, die Fassade der Goslarer Pfalz gleichsam als deren zentralräumlichen Aufriß auseinandergeklappt und in die Ebene gebracht zu begreifen.

Insgesamt erweisen unsere Überlegungen für das salische Obergeschoß die Rekonstruktion Hölschers als die sicher unverfänglichste, wenn auch aufwendigere Öffnungsformen aufgrund der über den nördlichen Endpfeiler erschließbaren Schicht spätottonischer Architektur nicht auszuschließen sind. Letztere gäben der heute sichtbaren Gestaltung – die im wesentlichen der Substanz nach aus der auf Friedrich I. Barbarossa folgenden Zeit stammt, als Goslar von den deutschen Königen nur noch sporadisch aufgesucht wurde – dann einen Sinn, wenn sie als eine, sich vielleicht nicht unbedingt sklavisch an das Vorbild haltende, von diesem aber doch deutlich inspirierte Erneuerung eines älteren Zustandes aufgefaßt werden könnte. Selbst wenn die Fassade eine staufische Neukonzeption darstellt, bleibt sie im übrigen für ihre Zeit einzigartig – und die Frage nach ihrem Auftraggeber und daher nach ihrem politisch-historischem Sinn ein Rätsel[33].

Wenden wir uns dem Zentrum der Fassade zu, das heute von zwei Strebepfeilern flankiert erscheint. Hier muß zunächst eine noch in salischer Zeit durchgeführte Planänderung erläutert werden[34]. Hölscher fand direkt an der Innenseite des südlichen Strebepfeilers ein älteres zweites Fundament. Die Pfeilerstellung war also ursprünglich etwas enger geplant. Ebenso ist rechts des Mittelportals die senkrechte Fuge mit Bogenansatz eines früheren Portals mit niedrigem Bogenansatz zu erkennen. Da das jetzige Portal ohne Schwierigkeit in salische Zeit datiert werden kann, muß die Verbreiterung des Zentrums der Fassade schon damals durchgeführt worden sein. Sie hatte eine leicht asymmetrische Lage des Mittelteils zur Folge, die in der Konsequenz am südlichen Palasflügel zu schmaleren Pfeilern unter den Überfangbögen der Obergeschoßöffnungen führte. Hölscher rekonstruierte vermutungsweise über den in salischer Zeit laut Grabungsbefund noch stärker vorspringenden, unteren Teilen der Strebepfeiler, die dort mit der Wand des Palas im Verband gemauert sind, ein Tonnengewölbe und insgesamt einen altanartigen Vorbau, auf den der Kaiser hinaustreten konnte[35]. Man mag sich fragen, ob eine solche Form des Inerscheinungtretens eines Herrschers nicht eher wilhelminischen Vorstellungen vor dem ersten

32 A. Verbeek, Zentralbauten in der Nachfolge der Aachener Pfalzkapelle. In: Das erste Jahrtausend, Textb. 2 (1964) 898–947. – A. Verbeek, Die architektonische Nachfolge der Aachener Pfalzkapelle. In: Karl der Große. Lebenswerk und Nachleben 4 (2. Aufl. 1967) 113–156. – M. Untermann, Der Zentralbau im Mittelalter. Form, Funktion, Verbreitung (1989). – Nymwegen: H. van Agt, Die Nikolauskapelle auf dem Valkhof zu Nymwegen. In: Karolingische und ottonische Kunst. Werden, Wesen, Wirkung. Forschungen zur Kunstgeschichte und christlichen Archäologie 3 (1957) 179–192. – Goslar: G. Borchers, Die Grabungen und Untersuchungen in der Stiftskirche St. Georg zu Goslar 1963/64. Niederdeutsche Beiträge zur Kunstgeschichte 5, 1966, 9–60.

33 Es sei denn, sie wurde noch von Barbarossa bei seinem letzten, glanzvollen Aufenthalt in Goslar 1188 als programmatischer Neubeginn in Auftrag gegeben, eine Vermutung, die von mir auf dem oben genannten Goslarer Symposion ausgesprochen wurde. Die Obergeschoßöffnungen haben unter den erhaltenen Bauwerken meines Wissens lediglich im talseitig obersten Geschoß des Wartburgpalas (um 1200) eine Parallele, mit Überfangbögen zusammengefaßte Zweieröffnungen dagegen z. B. in Kaiserslautern, Babenhausen, Wartburg (Erdgeschoß) und Girbaden (Elsaß). Die Regel bleibt auch in staufischer Zeit die einfache Arkadenreihe: z. B. Eger, Bamberg, Wimpfen, Gelnhausen, Münzenberg, Köln (erzbischöfl. Pfalz), Wartburg (1. und 2. Obergeschoß hofseitig), Braunschweig (Dankwarderode). Sonderfall ist die Rechteckrahmung von Öffnungsarkaden: z. B. Gelnhausen, Münzenberg, Büdingen und Konradsdorf, also in regionaler Verbreitung.

34 Hölscher (Anm. 4) 51–52.

35 Hölscher (Anm. 4) 113–114. Die dort genannten Vergleichsbeispiele sind wenig aussagekräftig. Näher vergleichbar ist aber das mit einem Umbau in der 2. Hälfte des 11. Jhs. zusammenhängende Portal, das auf einen Treppenvorbau an der östlichen Fassadenseite des spätottonischen Palas der Königspfalz in Paderborn führte: W. Winkelmann, Die Königspfalz und die Bischofspfalz des 11. und 12. Jahrhunderts in Paderborn. Frühmittelalterliche Studien 4, 1970, 138–172. – W. Winkelmann, Est locus insignis, quo Patra et Lippa fluentant. In: Château Gaillard 5 (1972) 203–225. – M. Balzer, Die karolingische und die ottonisch-salische Königspfalz in Paderborn (4. Aufl. 1987).

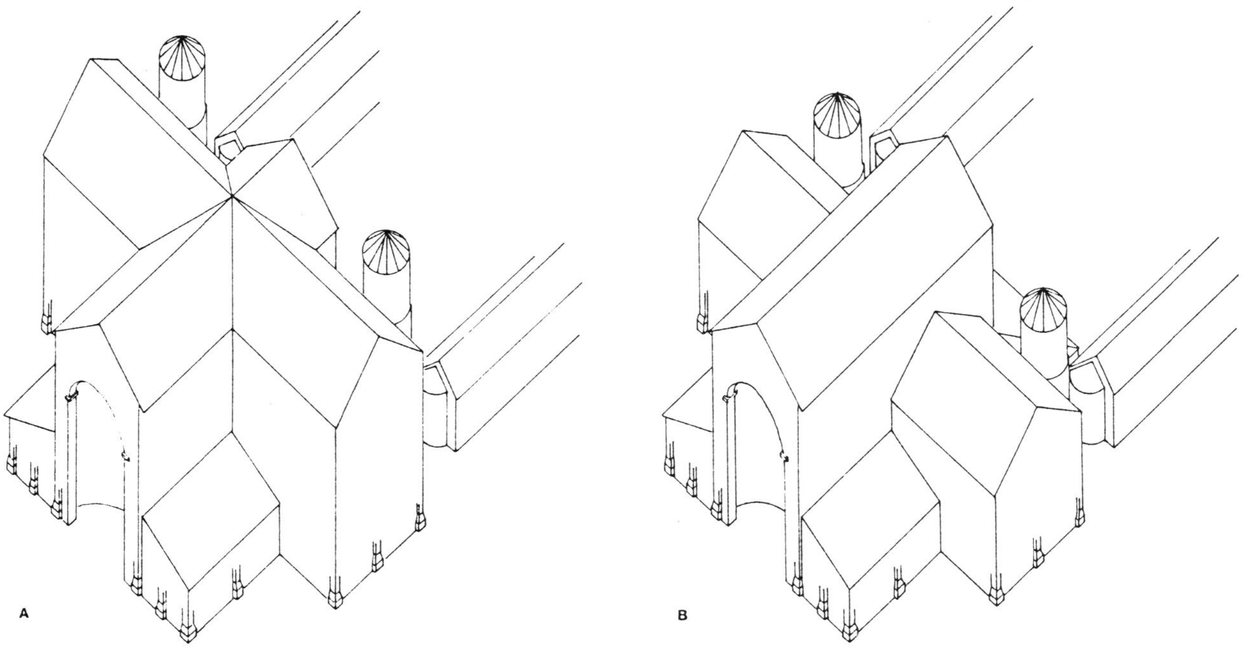

Abb. 7 Königspfalz Magdeburg. Rekonstruktionsversuche C. Meckseper 1986 (vgl. Meckseper [Anm. 37] 105 Abb. 6).

Weltkrieg entspricht, und daran die Frage knüpfen, inwieweit andere Lösungen der Palasmitte zu begründen sind. Betrachten wir dazu nochmals die innenräumliche Konzeption des Erdgeschosses. Dort war in der Mitte der den Raum in zwei Schiffe teilenden Reihe der Stützenfundamente offenbar eine größere Lücke[36]. Gleichgültig, ob wir von Anfang an mit einer engen Stützenreihe oder, nach Hölscher, mit einer weiten rechnen: Der Abstandsrhythmus der vorhandenen Fundamente im nördlichen und südlichen Saalflügel zieht sich nicht gleichmäßig durch die gesamte Saallänge hindurch und weist darauf hin, daß sich in der Saalmitte kein Fundament befunden haben wird (will man dort nicht mit einer engeren Stützenstellung rechnen). Der Mittelteil wird daher als etwas besonderes ausgewiesen. Die in ihrer Konzeption auf das ausgehende 13. Jahrhundert zurückgehende heutige Querteilung des Obergeschoßsaals war offensichtlich bereits bei Baubeginn des salischen Palas begründet worden und dürfte daher auch schon damals eine Entsprechung gehabt haben.

Hölscher läßt den Mittelteil mit einem Giebel schließen und sich auf den Altan durch eine hohe Dreibogenstellung öffnen, deren Mittelstück die beiden seitlichen überragt. Dennoch mag nicht ausgeschlossen sein, daß auch die obere Fassadenmitte über dem erdgeschossigen Vorbau vorgezogen war. Am Bau nachprüfbar ist dies nicht, da alle höheren Teile an dieser Stelle ihrer Substanz nach aus nachsalischer Zeit, weitgehend sogar erst aus dem 19. Jahrhundert stammen. Aus konstruktiven Gründen auszuschließen ist eine über das ganze Obergeschoß hochgezogene Bogennische. Ihr würden oben die seitlichen Widerlager fehlen. Denkbar ist jedoch eine vorgezogene und von größeren Öffnungen durchbrochene Abschlußwand, mit der die innere Querzone des Obergeschosses über die Flucht der seitlichen Palasflügel querhausartig vorragte. Was uns zu dieser Überlegung bewegt, ist die Möglichkeit eines direkten Bezugs auf die Pfalz Ottos des Großen in Magdeburg, deren Grundriß in wichtigen Partien durch eine 1968 abgeschlossene Grabung ans Licht trat[37]. Dort wurde ein breitgelagerter Saalbau durch einen mittigen Querbau geteilt, der beidseitig des Saals mit Apsiden schloß und sich dem Besucher zugleich durch eine monumentale Außenkonche öffnete (Abb. 7). So möchte man in Goslar gleichsam eine Usurpation des Magdeburger Baugedankens nicht ausschließen. Da wir keinerlei weitere Anhaltspunkte haben, soll diese Überlegung nicht weiter differenziert werden. Die große Flächigkeit, mit der die Palasfront heute dem Besucher gegenübersteht, wäre durch einen hohen Vorbau

Abb. 8 Königspfalz Goslar, salischer Palas und Liebfrauenkirche. Rekonstruktion U. Hölscher 1927 (vgl. Hölscher [Anm. 4] 107 Abb. 28).

entscheidend verändert. Vielleicht bestand sie von Anfang an und bildete das Magdeburger Vorbild gleichsam nur ab[38].

Es ist insgesamt ein recht schemenhaftes Bild, das auch wir nur für den salischen Palas zeichnen können. In fast allen wichtigen Punkten seiner Fassadenkonzeption müssen wir uns bescheiden. Für das Clarissimum Regni Domicilium bleibt lediglich die machtvolle Realität eines groß dimensionierten, zweigeschossigen Saalbaus, der in seinem Innern auf beiden Ebenen ein räumlich eindeutig betontes Zentrum besaß und nach außen mit einer monumentalen Mitte in Erscheinung trat (Abb. 8). Wie der Anspruch des Bauwerks architektonisch seinen Ausdruck fand, bleibt uns immerhin dann nicht ganz verschlossen, wenn wir über die Detailverwandtschaft mit der Essener Damenstiftskirche auf die uns heute noch vor Augen stehende Wirklichkeit der mit ihren bedeutendsten Beispielen den Auftraggebern nach spätottonische, zeitlich gesehen aber bereits salische Architektur in Sachsen, am Niederrhein und im Maasgebiet blicken. Lassen wir dennoch die Frage dahingestellt, ob darin ein bewußter programmatischer Bezug ausgedrückt werden sollte oder der Goslarer Palas nicht einfach Anteil an regionalen Bautraditionen hatte – ebenso wie auf seine Weise der stilistisch ganz anders ausgeprägte Dom zu Speyer. Letzteres ist zumindest das im ursprünglichen Wortsinn Naheliegendste.

36 Hölscher (Anm. 4) 40. Hölschers Ausführungen machen leider nicht ganz deutlich, ob dort kein Fundament gesucht oder keines gefunden wurde.

37 E. Nickel, Magdeburg in karolingisch-ottonischer Zeit. Zeitschr. f. Archäologie 7, 1973, 102–142. – E. Nickel, Magdeburg in karolingisch-ottonischer Zeit. In: Vor- und Frühformen der europäischen Stadt im Mittelalter 1. Abhandl. d. Akademie d. Wissenschaften Göttingen, Phil.-hist. Kl. 3, 83 (1973) 294–331 und Tafel 25–32 (beide Publikationen sind textlich identisch). – E. Lehmann, Der Palast Ottos des Großen in Magdeburg. In: Architektur des Mittelalters. Funktion und Gestalt (1984) 42–62. – E. Lehmann, Die Pfalz Ottos des Großen in Magdeburg. In: Der Magdeburger Dom. Ottonische Gründung und staufischer Neubau (1989) 57–61 (= gestraffte Zusammenfassung des vorhergehenden Aufsatzes mit Ergänzungen). – C. Meckseper, Das Palatium Ottos des Großen in Magdeburg. Burgen und Schlösser 27, 1986, 101–115 (dort Goslar versehentlich spiegelverkehrt abgebildet).

38 Die neuromanische, sich an die Pfalzkapelle in Aachen anlehnende Vergitterung der großen Mittelöffnung ist nach den obigen Überlegungen vielleicht nicht ganz daneben gegriffen.

HANSJÜRGEN BRACHMANN

ZUM BURGENBAU SALISCHER ZEIT ZWISCHEN HARZ UND ELBE

Das Verständnis des salischen Burgenbaues wird in bedeutendem Maße durch die zeitgenössische Überlieferung geprägt[1]. Vor allem die anschaulichen Schilderungen im Geschichtswerk des Lampert von Hersfeld und auch in Brunos Sachsenkrieg sind, trotz ihres Charakters als Tendenzschriften, für die Burgenarchäologie von nicht geringer Bedeutung. Die Heinrich IV. zugeschriebene Neuerung, seine Burgen auf siedlungsfernen, unzugänglichen Höhen errichtet, zu ihrem Bau Burgwerk erzwungen und in sie ständige, zu versorgende Besatzungen gelegt zu haben, ist von den Zeitgenossen als Aufsehen erregende Innovation empfunden worden[2]. Inzwischen hat die Forschung verdeutlichen können, daß die Heinrich IV. zugeschriebenen neuen Elemente des Befestigungsbaus durchaus nicht auf dessen Herrschaftszeit begrenzt waren, ihre Anfänge vielmehr bereits um die Jahrtausendwende faßbar werden. Das gilt vor allem für die siedlungsferne Höhenlage bzw., wo die natürlichen Voraussetzungen fehlten, das Aufschütten künstlicher Burghügel (Motten), ist aber auch mit Eigenheiten der Befestigungsstruktur, wie die Durchsetzung des Steinbaues, die Errichtung freistehender wehrhafter Türme und eine an die Ringmauern angelehnte Bebauung zu verbinden. Zugleich haben die bisherigen Untersuchungen gezeigt, daß parallel zu diesen Neuerungen bis ins 12. Jahrhundert hinein im hier untersuchten Raum durchaus noch mit einem Fortleben der größeren spätkarolingisch-ottonischen Befestigungen zu rechnen ist.

Dennoch ist nicht zu übersehen, daß der Forschungsstand, gerade was den Burgenbau der Salierzeit betrifft, bis heute vergleichsweise unbefriedigend geblieben ist. Was sind dafür die Ursachen? Erstens handelt es sich um einen sich eben in dieser Zeit vollziehenden entscheidenden Umbruch in der Entwicklung des Befestigungsbaues, der zwar gesellschaftlich schon längst angelegt erschien[3], seinen Niederschlag aber erst jetzt im 11. Jahrhundert fand. Das hatte gerade in diesem Jahrhundert eine Formenvielfalt zur Folge, die einerseits noch aus den Vorstellungen und Erfahrungen der vorhergehenden Zeit schöpfte, andererseits aber auch bereits Ansätze hervorbrachte, die die künftige Entwicklung bis etwa ins 13. Jahrhundert prägen sollten. Zugleich bedeutete das aber, daß viele der im 11. Jahrhundert neugegründeten Burgen in den nachfolgenden Jahrhunderten wiederholt überbaut wurden, was zur Zerstörung, wenigstens jedoch zu erheblichen Beeinträchtigungen ihrer ursprünglichen Strukturen führte. Zweitens war mit diesem Übergang ein Wechsel von der Technik der Holzerdebefestigung zum Steinbau verbunden. Damit aber wechselte in der bisherigen Forschungspraxis auch der Forschungsgegenstand für Archäologen und Architekten bzw. Kunsthistoriker. Interessierten sich die einen noch nicht für den Steinbau oder waren sie von ihrer Ausbildung her auf die mit dessen Erforschung verbundenen speziellen methodischen Anforderungen nur unzureichend vorbereitet, so vermieden es die anderen, ihre Untersuchungen auf das Umfeld des Bauwerks auszudehnen. So blieben erforderliche kombinierte bauarchäologische und bauhistorische Untersuchungen zumindest im Bereich des mittelal-

1 Lamperti Monachi Hersfeldenses Annales. In: Ausgewählte Quellen zur deutschen Geschichte des Mittelalters und der Neuzeit (Freiherr-vom Stein-Gedächtnisausgabe) 13 (1958). – Brunonis liber de bello Saxonico (Ebd., Bd. 12 [1963] 197ff.).

2 Lamperti Annales ad 1073 (S. 166, 174) und 1076 (S. 354). Lampert nennt acht Burgen (Ann. ad 1073, S. 195), von denen die Anlagen Spatenberg (Spatenburg bei Sondershausen), Heimenburg (Heimburg bei Blankenburg), Asenberg (Hasenburg bei Haynrode) in unserem Arbeitsgebiet liegen und sicher lokalisierbar sind. Wigantestein, Moseburg und Vokenroht sind bisher nicht eindeutig zu identifizieren, während die Hartesburg mit der Harzburg über Bad Harzburg identisch ist.

3 H. Brachmann, Der mittelalterliche Befestigungsbau. Untersuchungen zur Stellung und Funktion der Wehrbauten im Geneseprozeß der mitteleuropäischen Feudalgesellschaft (masch. Diss. B Berlin 1983). Thesen publiziert in: Ethnographisch-Archäologische Zeitschrift 26, 1985, 457ff.

terlichen Befestigungsbaues bis heute selten. Für unser Arbeitsgebiet spiegeln diese Situation sehr nachdrücklich zwei vor nunmehr rund 30 Jahren erschienene Publikationen wider. Zum einen handelt es sich um das Buch des Archäologen P. Grimm, dessen Interessen und Ausführungen eindeutig bei den karolingisch-ottonischen Befestigungen, nach seinem Verständnis den Burgwällen, d.h. den wüsten Burgstellen liegen, während die hochmittelalterlichen Anlagen nur summarisch und unter typologisch-topographischen Aspekten abgehandelt werden[4]. Ihm steht das Werk des Architekten H. Wäscher gegenüber, das sich gerade mit diesen Steinburgen befaßt, der nun aber seinerseits auf die ältere Zeit auch nur wieder ausschließlich unter formalen Fragestellungen zurückschaut[5]. Beide Autoren haben das 11. Jahrhundert zwar nicht aus ihrer Betrachtung ausgeklammert, sind ihm aber in seiner besonderen Bedeutung als Übergangsperiode des mittelalterlichen Befestigungsbaus folglich auch nicht im notwendigen Maße gerecht geworden. Die Salierzeit ist für die Burgenforschung bis heute das dunkle Jahrhundert geblieben. Daran können auch einige neuere Untersuchungen an einzelnen Objekten kaum etwas ändern[6]. Die nachfolgende Darstellung kann deshalb noch immer nicht viel mehr als eine Zusammenschau von bisher bereits Bekanntem bieten. Mit der Einbindung solcher Erkenntnisse, die bei Ausgrabungen von Burgen in dem erst ein Jahrhundert zuvor eroberten slawisch-sorbischen Siedlungsgebiet gewonnen wurden, wird überraschend deutlich, wie neue Elemente der Befestigungstechnik sich parallel zum Ausgriff deutscher Herrschaft rasch auch in diesem Raum verbreiteten.

Der Befestigungsbau der vorsalischen Zeit war durch das Dominieren im allgemeinen großer mehrteiliger Anlagen geprägt[7], die aufgrund ihrer Lage zur zeitgleichen Siedlung durchaus als deren Zentren verstanden werden konnten, deren ökonomische und militärische Existenz aufgrund der vorherrschenden naturalwirtschaftlichen Verhältnisse ohne dieses Hinterland undenkbar wäre. Der im 11. Jahrhundert einsetzende Aufschwung in den Produktivkräften, insbesondere in der Landwirtschaft, wie er sich vor allem in der sich ausbreitenden Rodungstätigkeit[8] und in einer raschen Zunahme der Bevölkerung[9] widerspiegelt, sowie der Übergang zur Marktwirtschaft und das Aufblühen städtischer Gemeinwesen eröffneten der gesellschaftlichen Entwicklung jedoch völlig neue Perspektiven[10]. Neue Möglichkeiten der Organisation und der Sicherung adliger Herrschaft boten sich an. Ein Ausdruck dessen war die Durchsetzung der Bannherrschaft, die den Kampf des Adels um Macht und Herrschaft und, damit verbunden, den Ausbau des Machtapparates beschleunigte[11]. Da sich mit dieser Entwicklung zugleich auch die sozialen Bedingungen erheblich verschärften, und zwar nicht nur innerhalb des Adels selbst, sondern auch zwischen Adel, Bauern und sich formierendem Bürgertum[12], mußten neue, wirksamere Mittel der Erhaltung und Stabilisierung der Macht gefunden werden; und sie fanden sich im Burgenbau. Die Burg wurde zum wichtigsten Attribut adliger Herrschaft.

Wenn man die einschlägigen Nachschlagewerke, etwa das Handbuch der historischen Stätten für Sachsen-Anhalt, Sachsen und Thüringen oder ergänzend auch die z. B. von P. Grimm, H. Wäscher und

4 P. Grimm, Die vor- und frühgeschichtlichen Burgwälle der Bezirke Halle und Magdeburg (1958); zur Definition ebd., S. XVII.

5 H. Wäscher, Feudalburgen in den Bezirken Halle und Magdeburg (1962).

6 Eine Zusammenstellung dieser Burgen befindet sich jeweils mit einer kurzen Charakterisierung der für den Befestigungsbau der Salierzeit bedeutenden Aussagen am Ende dieser Arbeit. Im Text wird durch laufende Nummern auf diese katalogartige Aufarbeitung Bezug genommen.

7 Grimm (Anm. 4) 36 ff.

8 E. Lange, Grundlagen und Entwicklungstendenzen der frühgeschichtlichen Agrarproduktion aus botanischer Sicht. Zeitschrift für Archäologie 10, 1976, 75 ff.

9 Dazu die Beiträge in B. Herrmann u. R. Sprandel (Hg.), Determinanten der Bevölkerungsentwicklung im Mittelalter (1987).

10 E. Werner, Die Anfänge der kommunalen Bewegung und der Investiturstreit (1056 bis 1122). In: E. Engel und B. Töpfer (Hg.), Deutsche Geschichte 2 (1983) 10 ff.

11 K. Jordan, Der Harzraum in der Geschichte der deutschen Kaiserzeit. Eine Forschungsbilanz. In: Festschrift für H. Beumann (1977) 163 ff. – H. Patze, Rechts- und verfassungsgeschichtliche Bedeutung der Burgen in Niedersachsen. Die Burgen im deutschen Sprachraum 1 (1976) 515 ff. – E. Werner, Ökonomische und soziale Strukturen im 10. und 11. Jahrhundert. Zeitschrift für Geschichtswissenschaft 28, 1980, 455 ff.

12 E. Müller-Mertens, Der Sachsenkrieg von 1073 bis 1075 und die Frage nach dem Verbleib freier Bauern in der Feudalgesellschaft. In: Die Rolle der Volksmassen in der Geschichte der vorkapitalistischen Gesellschaftsformationen (1975) 237 ff.

F. Stolberg zusammengestellten Burgenkataloge nach Erwähnungen von Burgen für das 11. Jahrhundert durchsieht[13], dann fallen drei Überlieferungsschichten auf:

1. Ältere Burgen, deren Nachweis Anfang des 11. Jahrhunderts ausläuft;
2. Burgen, die durchgehend und mehr oder weniger regelmäßig auch im 11. Jahrhundert selbst überliefert werden, und
3. Burgen, für die im 11. Jahrhundert eine Überlieferungslücke besteht, während sie für die ottonische und dann wieder die staufische Zeit in den Quellen Erwähnung finden.

Es ist offensichtlich, daß sich hinter dieser Überlieferung, wenn man vom Einzelfall absieht, kein Zufall verbergen kann, daß sie vielmehr Spiegelbild des sich in diesen Jahrhunderten vollziehenden gesellschaftlichen Umbruchs ist. Versuchen wir, nach Einzelheiten, nach spezifischen Äußerungen dieser Entwicklung zu fragen.

Auf die Burgen der ersten Überlieferungsgruppe wollen wir hier nicht zu sprechen kommen; sie sind ausführlich bereits von P. Grimm behandelt worden[14]. Wesentliche neue Erkenntnisse hat die jüngere Forschung nicht erbringen können. Auch die Burgen, die erst im 12. Jahrhundert erneut in das Blickfeld der schriftlichen Überlieferung traten, seien aus der nachfolgenden Analyse ausgeschlossen. Ihre Bewertung deckt sich im wesentlichen mit der der Gruppe 2, d.h. jenen Burgen, die bereits in spätkarolingisch-ottonischer Zeit angelegt wurden und deren kontinuierliche Nutzung über die salische Zeit hinaus belegt ist. Diese Gruppe ist schließlich durch solche Burgen zu ergänzen, die im 11. Jahrhundert neu entstanden und die, da sie bereits von den Beteiligten als neuartig empfunden wurden, unseren Vergleich eigentlich erst fruchtbar werden lassen.

Einleitend hatten wir bereits die zu den Siedlungsgebieten abseitige Lage als auffälligstes Kennzeichen der neuen Burgen herausgestellt. Das gilt überzeugend für die bei Lampert von Hersfeld[15] genannten Anlagen. So war die Hasenburg (12)[15a] auf einem natürlich allseits gut geschützten und deshalb nur partiell befestigten größeren Plateau errichtet worden (Abb. 1, vgl. auch Abb. 15). Und auch die Spatenburg bei Sondershausen entstand auf kleiner felsiger Kuppe und war von Ringwall und Graben umgeben[16]. Als Gründung Heinrichs IV. gilt ferner die kleine siedlungsferne Spornburg des Alten Falkenstein bei Pansfelde, Kr. Hettstedt (16; Abb. 2), während die Arnsburg bei Seega, Kr. Artern[17], auf einem Bergvorsprung oberhalb des Wipperdurchbruchs durch die Hainleite gelegen, vielleicht etwas jünger ist. Schließlich wird auch die Lauenburg bei Stecklenberg (Abb. 3), Kr. Quedlinburg, aufgrund ihrer starken Ähnlichkeit u.a. mit der Harzburg bei Goslar auf Aktivitäten Heinrichs IV. zurückgeführt[18].

Andererseits steht der Bau von Höhenburgen durch Heinrich IV. durchaus nicht isoliert da, weder liegen bei ihm die Anfänge, noch war er auf die Reichsgewalt selbst beschränkt. Das wird bereits aus den Annalen des Lampert (ad 1069 und 1070) deutlich. Aus archäologischer Sicht hatte schon P. Grimm am Beispiel des Ilsesteins (13) vor Jahren darauf hingewiesen[19]. Hier war es mit Übergabe der Reichsburg Ilsenburg an den Bischof von Halberstadt und die Einrichtung eines Benediktiner-Klosters am Ort 1018 zur Umsiedlung der ehemaligen Bewohner auf den Ilsestein gekommen. Das aber hatte für die Betroffenen die Aufgabe der in niedriger Spornlage über der Ilse gelegenen Burg zugunsten des

13 Handbuch der historischen Stätten 8, Sachsen (Hg. W. Schlesinger; 1965). – Bd. 9, Thüringen (Hg. H. Patze in Verb. m. P. Aufgebauer; 2. Aufl. 1989). – Bd. 11, Provinz Sachsen Anhalt (Hg. B. Schwineköper; 1975). – Grimm (Anm. 4). – Wäscher (Anm. 5). – F. Stolberg, Befestigungsanlagen im und am Harz von der Frühgeschichte bis zur Neuzeit (1968).

14 Grimm (Anm. 4). – Ders., Tilleda. Eine Königspfalz am Kyffhäuser. Teil 1: Die Hauptburg (1968) 83ff.

15 Lamperti Annales (Anm. 2).

15a Die in Klammern gesetzte Numerierung bezieht sich auch im folgenden Text jeweils auf den anschließenden Katalog.

16 Stolberg (Anm. 13) 347f.

17 H. Eberhardt, Die Hainleiteburgen als historisches Problem. Alt-Thüringen 6, 1962/1963, 543ff.

18 H. Goern, H. Wäscher u. W. Grosse, Die Lauenburg im Ostharz (1940). – H. Wäscher, Die Baugeschichte der Burgen Quedlinburg, Stecklenberg und Lauenburg (1956).

19 P. Grimm, Der Ilsestein bei Ilsenburg/Harz, eine Burg des XI. Jahrhunderts. Alt-Thüringen 6, 1962/1963, 555ff. – Ders., Der Ilsestein. Eine Burg des 11. Jahrhunderts (1963).

Abb. 1 Haynrode, Kr. Worbis. Hasenburg (nach Timpel, Burgen, Gräber, Kreuze 1970).

siedlungsfeindlichen, kleinflächigen Felsens des Ilsesteins bedeutet (Abb. 4). Durch wenige Baumaßnahmen konnte dessen Siedlungsfläche zwar geringfügig erweitert werden, für ein komfortables Wohnen blieb dennoch kein Platz. Der Ilsestein, dessen Bewohner über das Kloster die Schutzvogtei ausübten, geriet bald in die Wirren des Investiturstreites, was schließlich 1105 zur Bannung und zur Zerstörung sowie zur endgültigen Aufgabe der Burg führte.

Ähnlich früh erfolgte dieser Wechsel in Halle-Giebichenstein (8). Wenn hier die Überlieferung und insbesondere die Grabungsergebnisse auch nicht so eindeutig sind, so ist am Übergang von der größeren und insgesamt siedlungsgünstiger gelegenen »Alte Burg« zum benachbarten, wesentlich kleineren isolierten Porphyrfelsen des Giebichenstein (Abb. 5, vgl. auch Abb. 29–30) um die Jahrtausendwende dennoch kaum zu zweifeln. Die Funde rechtfertigen jedenfalls die Annahme, daß die 1012 bei Thietmar von Merseburg (Chron. VI, 70–73) genannten Gebäude bereits auf dem Felsen und nicht mehr in der »Alte Burg« standen, wie das zuletzt J. Schneider glaubte vertreten zu können[20]. Ein solcher Wechsel könnte auch dem Baubeginn auf der Oberburg des Kyffhäusers (2) zugrunde liegen. Lag die Pfalz Tilleda noch auf einem nur etwa 25 m hohen Bergsporn, gewissermaßen in Rufweite der vielleicht namengebenden Siedlung[21], so entstand die Oberburg Kyffhausen siedlungsfern auf einem Ausläufer

20 J. Schneider, Ein Beitrag zur Entwicklung der Burg Giebichenstein bei Halle/Saale. Ethnographisch-Archäologische Zeitschrift 16, 1975, 533 ff. – Dagegen hält R. Schmitt, Halle – Burg Giebichenstein (Baudenkmale 67 [1988] 3) in Anlehnung an J. Schneider an einer ersten Bebauung des Porphyrfelsens erst im 12. Jh. fest.

21 E. Gringmuth-Dallmer, Die Wüstung Stedten bei Tilleda, Kr. Sangerhausen. Ein Beitrag zur Siedlungsgeschichte der Goldenen Aue. Jahresschrift f. mitteldt. Vorgeschichte 71, 1988, 153 ff.

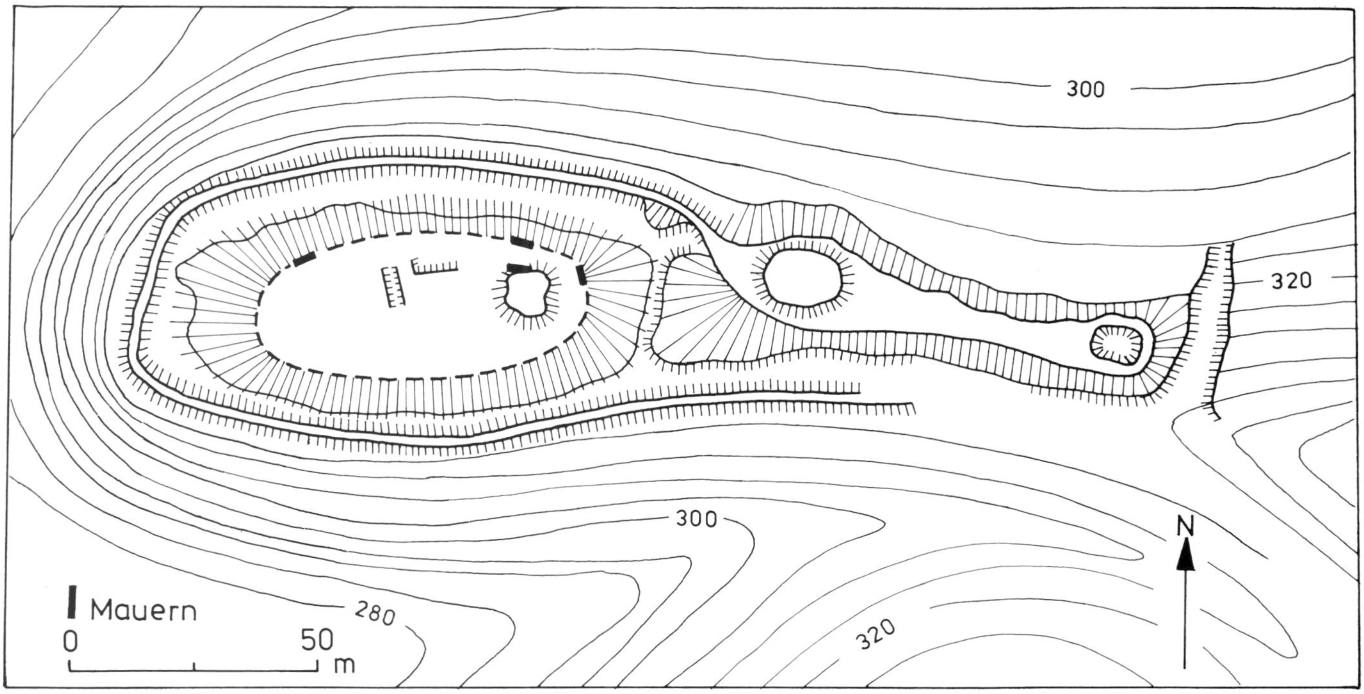

Abb. 2 Pansfelde, Kr. Hettstedt. Plan des Alten Falkenstein (nach Wäscher 1955).

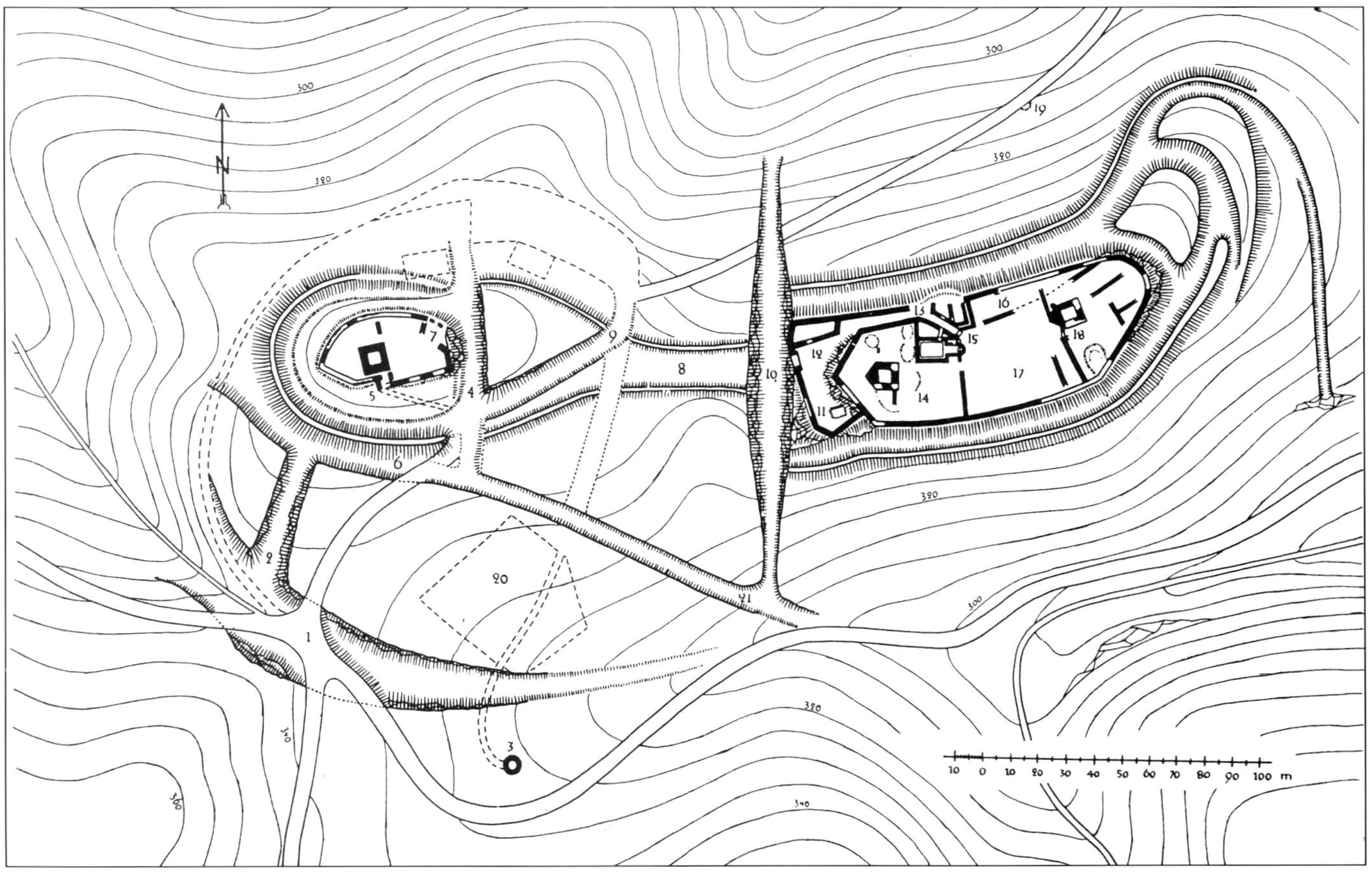

Abb. 3 Stecklenberg, Kr. Quedlinburg. Grundriß der Lauenburg (nach Wäscher 1962).

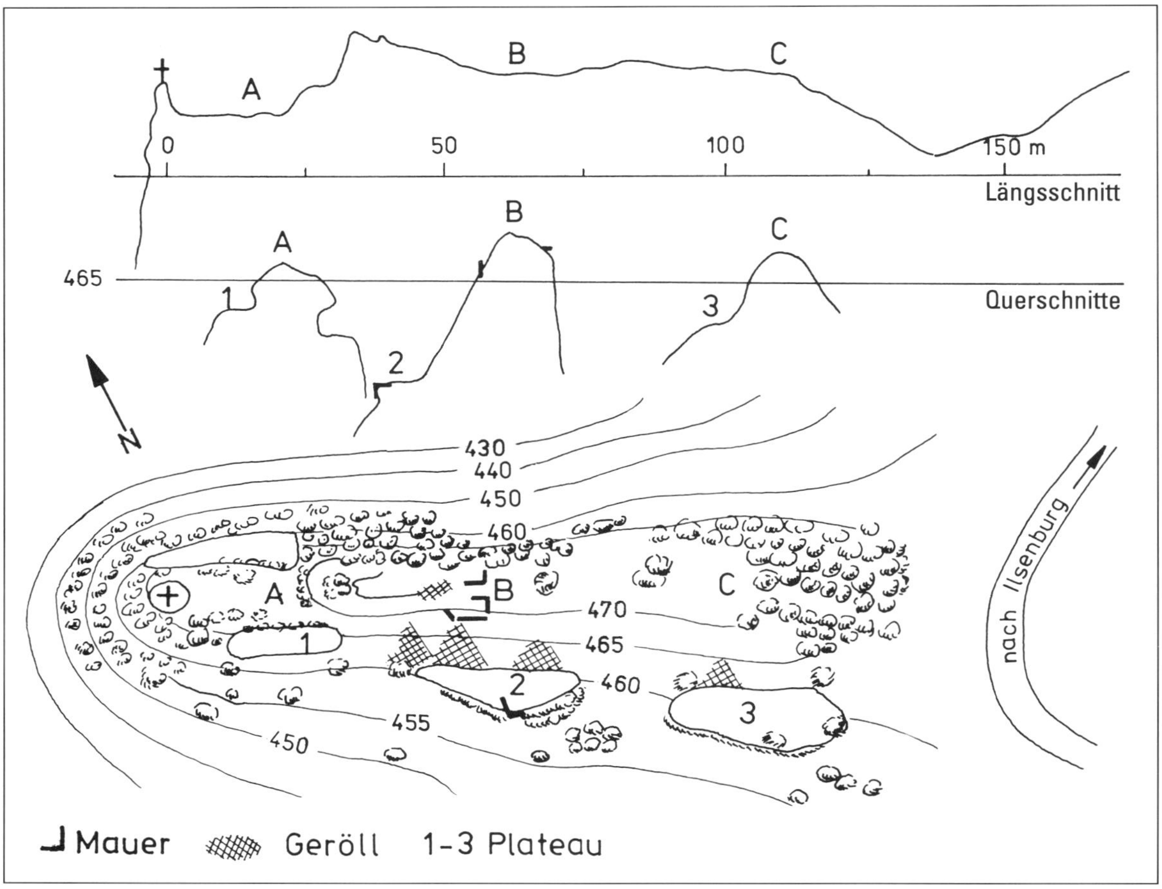

Abb. 4 Ilsenburg, Kr. Wernigerode. Plan und Profile des Ilsesteins (nach Grimm 1963).

Abb. 5 Halle-Giebichenstein. Blick auf »Alte Burg« und Oberburg (Merian, vor 1636).

Abb. 6 Blick von der Pfalz Tilleda auf die Reichsburg Kyffhausen. Im Vordergrund das Fundament des stauferzeitlichen Kammertores der Hauptburg der Pfalz (Foto: K. Hamann, Berlin).

des gleichnamigen Gebirges in rund 250 m Höhe über der umliegenden Siedlungslandschaft (Abb. 6, vgl. auch Abb. 20).

In einer Reihe von Fällen sind solche Platzwechsel an Aktivitäten von Grafenfamilien gebunden[22]. So gaben die Askanier bereits Mitte des 11. Jahrhunderts ihren Sitz in Ballenstedt, Kr. Quedlinburg, zugunsten der Burg Anhalt (11; Abb. 7) im oberen Selketal auf, nachdem die Burg 1046 in ein Stift umgewandelt worden war[23]. Auch der Neue Falkenstein (17; Abb. 8) bei Pansfelde, Kr. Hettstedt, ebenfalls im Selketal gelegen, ist eine solche kleinere Nachfolgeburg. Sie wurde Anfang des 12. Jahrhunderts von den sich bald nach ihrem neuen Sitz nennenden Grafen angelegt, nachdem diese ihre Stammburg, die Conradsburg (Abb. 9) in Neuplatendorf, Kr. Hettstedt[24], ebenfalls in ein Kloster umgewandelt und aufgegeben hatten.

Andere Burgen wurden von ihren adligen Herren offenbar von vornherein in natürlicher Schutzlage errichtet. Zu diesen ist auch die Schauenburg bei Friedrichroda, Kr. Gotha, zu rechnen, Zentrum einer ersten um 1040 angelegten Grundherrschaft der Ludowinger. Mit Ausweitung ihrer Macht verlor sie zugunsten der Wartburg über Eisenach, Kr. Eisenach, deren Anfänge um 1060 zu liegen scheinen, sowie der um 1090 errichteten Neuenburg (7) bei Freyburg (Abb. 10) an Bedeutung[25]. Die Rothenburg (3) im Kyffhäuser-Gebirge entstand um 1100 (vgl. Abb. 21). Sie geht auf Aktivitäten der Herren von Rothenburg zurück. Bereits um 1000 hatten die Ekkehardinger auf langgestrecktem Höhenrücken über

22 P. Grimm, Drei Befestigungen der Ekkehardinger. Archäologische Beiträge zum Problem von Graf und Burg im 10. Jahrhundert. Zeitschrift für Archäologie 5, 1971, 60 ff. – G. Streich, Burg und Kirche während des deutschen Mittelalters. Vorträge und Forschungen, Sonderbd. 29 (1984) 461 ff.

23 Grimm (Anm. 4) 267.

24 Wäscher (Anm. 5) 109.

25 H. Brachmann, Burg und Siedlung im deutschen Feudalstaat vom 8.–13. Jahrhundert. In: Archäologie in der Deutschen Demokratischen Republik (1989) 306 ff. – Ders., Eisenach (Bez. Erfurt). In: ebd., 846 ff.

einem Paß der Finne die Eckartsburg, Kr. Naumburg, gegründet[26]. Mit der ebenfalls durch Lampert[27] genannten Heimburg, Kr. Wernigerode (Abb. 11)[28], aber erscheint eine Burg in der Überlieferung, die sowohl die Aussagen der Zeitgenossen als auch unsere bisherigen Beispiele grundlegend ergänzt. In den Auseinandersetzungen der Salier mit den Sachsen wird sie mehrfach genannt. Errichtet wurde sie jedoch nicht siedlungsfern und aus wilder Wurzel, wie die vorgenannten Burgen, sondern in Anlehnung an eine ältere Befestigung auf einer ovalen Kuppe dicht nördlich des Ortes. Auch wenn es sich in ihrem Fall nur um eine Platz- und offensichtlich nicht um eine in die ottonische Zeit oder gar spätkarolingische Zeit zurückreichende Nutzungskontinuität zu handeln scheint, lenkt sie den Blick doch auf jene langlebigen Burgen, die wir bereits aus der Überlieferung erschließen konnten.
Zu ihnen gehören in erster Linie die sächsischen Pfalzen[29]. Der vergleichsweise günstigere Forschungsstand ließ für sie die Entwicklung und die mit ihr verbundenen Änderungen bis ins Detail nachzeichnen.

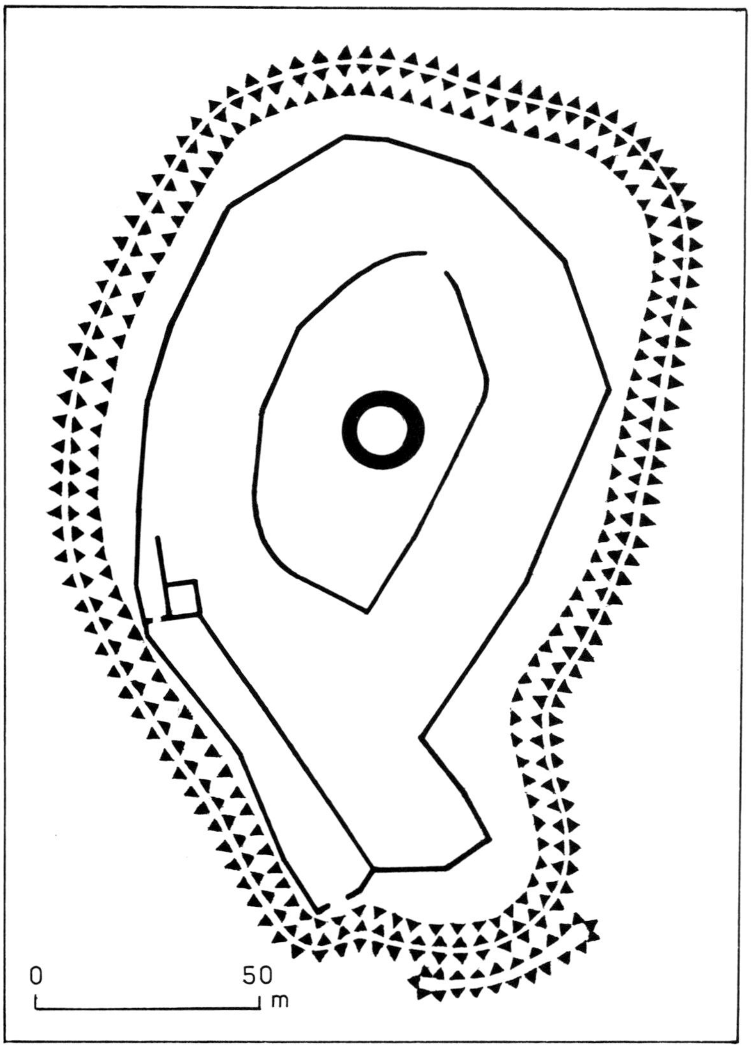

Abb. 7 Plan der Burg Anhalt. Harzgerode, Kr. Quedlinburg (nach Stein 1950).

26 Wäscher (Anm. 5) 153ff.
27 Lamperti Annales (Anm. 2).
28 Grimm (Anm. 4) 414. – Wäscher (Anm. 5) 106f.
29 P. Grimm, Stand und Aufgaben der archäologischen Pfalzenforschung in den Bezirken Halle und Magdeburg (1961).

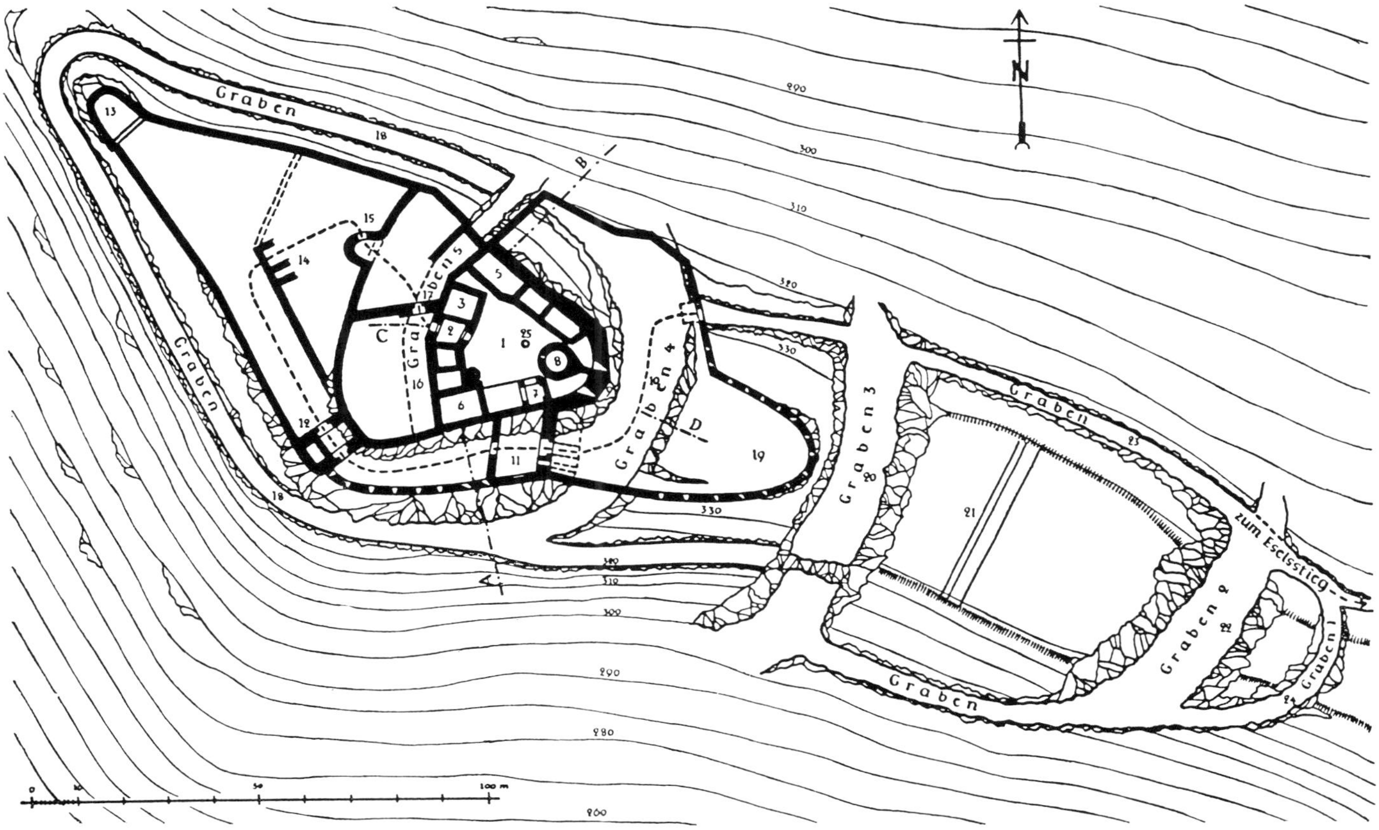

Abb. 8 Pansfelde, Kr. Hettstedt. Plan des Neuen Falkenstein (nach Wäscher 1955).

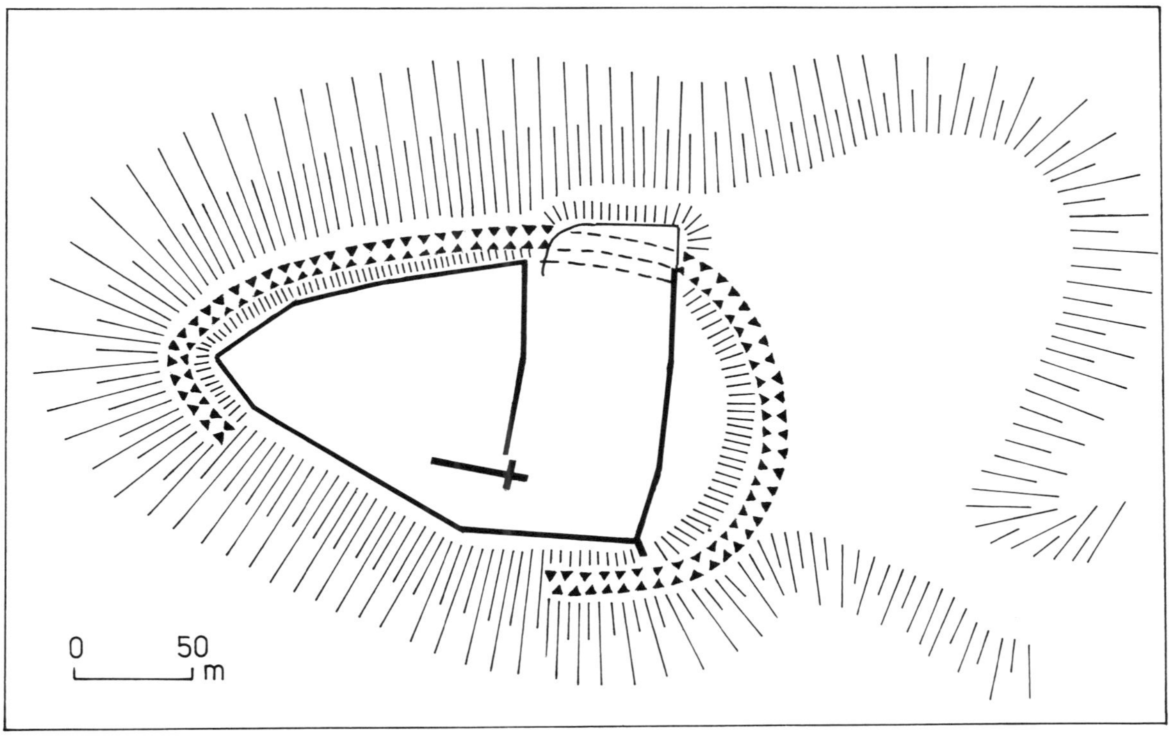

Abb. 9 Neuplatendorf, Kr. Hettstedt. Plan der Conradsburg (nach Wäscher 1962).

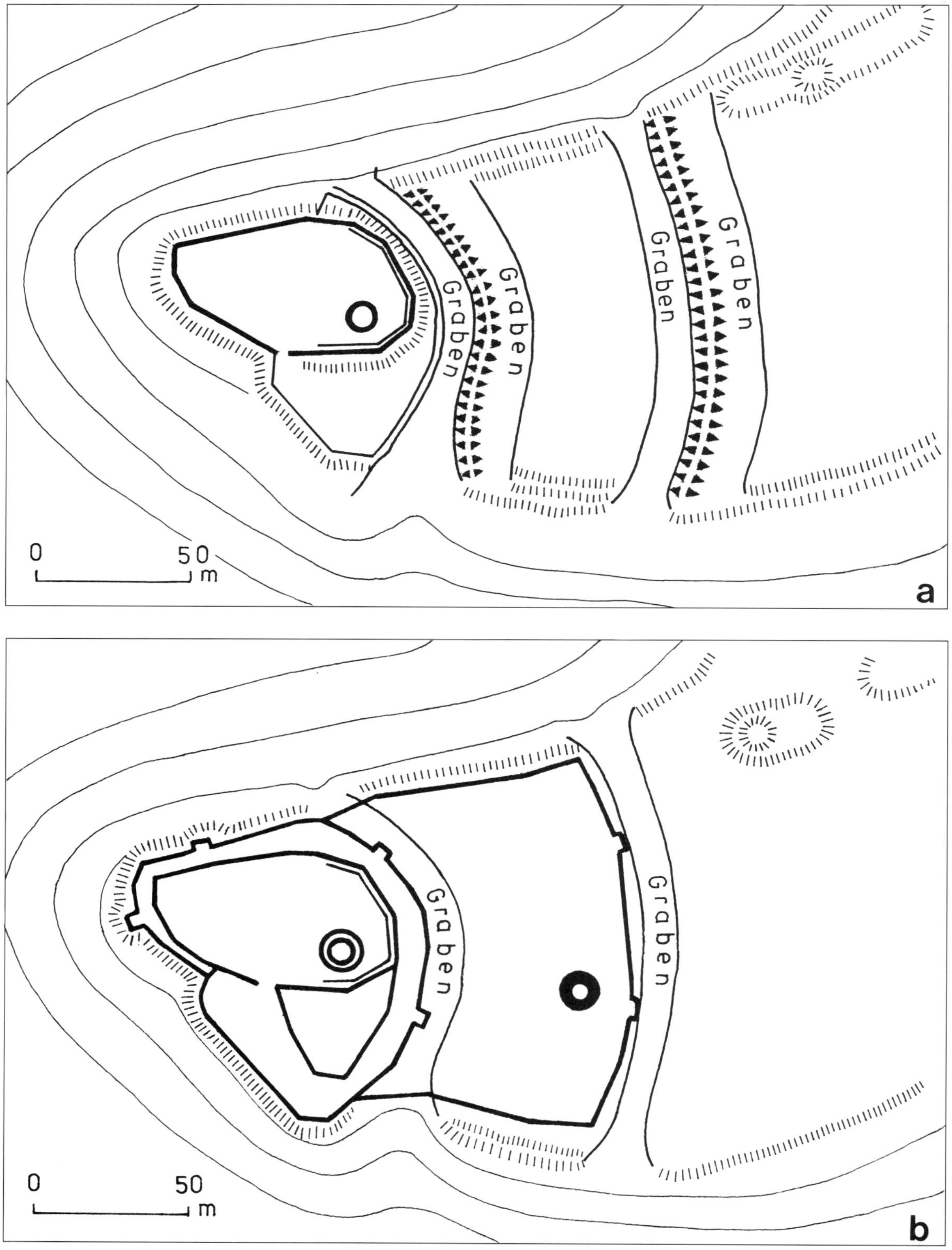

Abb. 10 Freyburg, Kr. Nebra. Grundrisse der Neuenburg; a = im späten 11. Jahrhundert; b = im 12. Jahrhundert (nach Wäscher 1962).

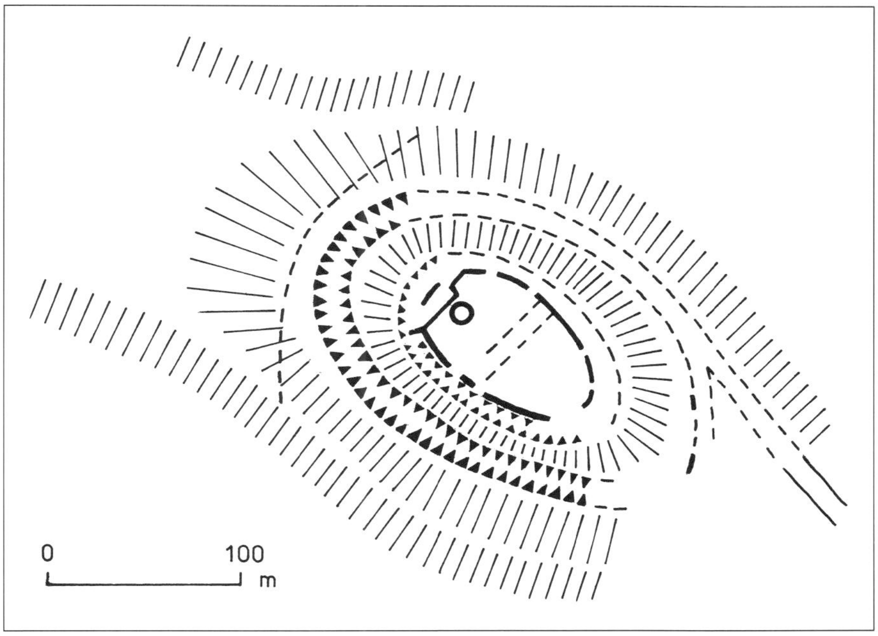

Abb. 11 Heimburg, Kr. Wernigerode. Grundriß (nach Wäscher 1962).

Wie in keinem anderen Fall gilt das für die Pfalz Tilleda, Kr. Sangerhausen (20, vgl. Abb. 13), deren vollständige Ausgrabung das Auf und Ab von Reichsgewalt und partikularen Kräften anschaulich deutlich werden ließ[30]. Ähnliche Entwicklungen dürften sich auch andernorts, wie etwa in Allstedt[31] und Wallhausen[32], beide Kr. Sangerhausen, wiederholt haben, werden aber auch für ein solches Zentrum herrschaftlicher Begegnung wie Quedlinburg deutlich[33]. Die schriftliche Überlieferung läßt daran keinen Zweifel. Leider haben sich die Untersuchungen hier bisher im wesentlichen nur auf die Stiftskirche konzentriert[34] und blieben für den uns interessierenden Befestigungsbau ohne detaillierte Aussage. Ganz ohne Bedeutung kann dieser jedoch nicht gewesen sein, wie überlieferte militärische Aktionen zu 1088 und eine Einnahme der Burg 1115 durch sächsische Fürsten nahelegen[35].
Welche Breite diesem direkten Rückgriff auf ältere Anlagen tatsächlich zugrunde lag, wird vor allem aber im Zusammenhang der Auseinandersetzungen der Salier mit dem sächsischen Adel deutlich. Das betrifft u.a. die Burgen Beichlingen, Kr. Sömmerda[36], Bornhagen (Hanstein), Kr. Heiligenstadt[37], und Burgscheidungen, Kr. Nebra[38], die von Heinrich IV., sowie die Burgen Bornstedt, Kr. Eisleben[39], und Salzwedel, Kr. Salzwedel[40], die von Heinrich V. belagert und teilweise zerstört wurden. In Eckartsberga, Kr. Naumburg[41], hielten sich beide Herrscher wiederholt auf. Die Dornburg, Kr. Jena[42], übergab Heinrich IV. 1085 an Wiprecht von Groitzsch. Heinrich V. vergab die Burg Beyernaumburg, Kr. Sanger-

30 Grimm (Anm. 14). – Ders., Tilleda. Eine Königspfalz am Kyffhäuser. Teil 2. Die Vorburg und Zusammenfassung (1990).
31 Grimm (Anm. 4) 294. – M. Gockel, Allstedt, Kr. Sangerhausen, Bezirk Halle. In: Die deutschen Königspfalzen 2. Thüringen (1984) 1ff.
32 Grimm (Anm. 4) 306.
33 H. Brachmann u. E. Schubert, Quedlinburg, Bez. Halle. In: Archäologie in der Deutschen Demokratischen Republik (1989) 703ff.
34 H. Wäscher, Der Burgberg in Quedlinburg (1959). – G. Leopold, Die Stiftskirche zu Quedlinburg (2. Aufl. 1983).
35 Quellen bei Wäscher (Anm. 34) 58.
36 H.-J. Mrusek, Gestalt und Entwicklung der feudalen Eigenbefestigung im Mittelalter (1973) 107f.
37 H. Wäscher, Hanstein, Kr. Heiligenstadt. In: O. Schlüter u. O. August, Atlas des Saale- und mittleren Elbegebietes 2 (1961) 215, Teilkarte III.
38 Grimm (Anm. 4) 263.
39 Stolberg (Anm. 13) 59f.
40 Wäscher (Anm. 5) 66.
41 Wäscher (Anm. 5) 153ff.
42 M. Gockel, Dornburg, Kr. Jena, Bezirk Gera. In: Die deutschen Königspfalzen 2. Thüringen (1984) 83ff.

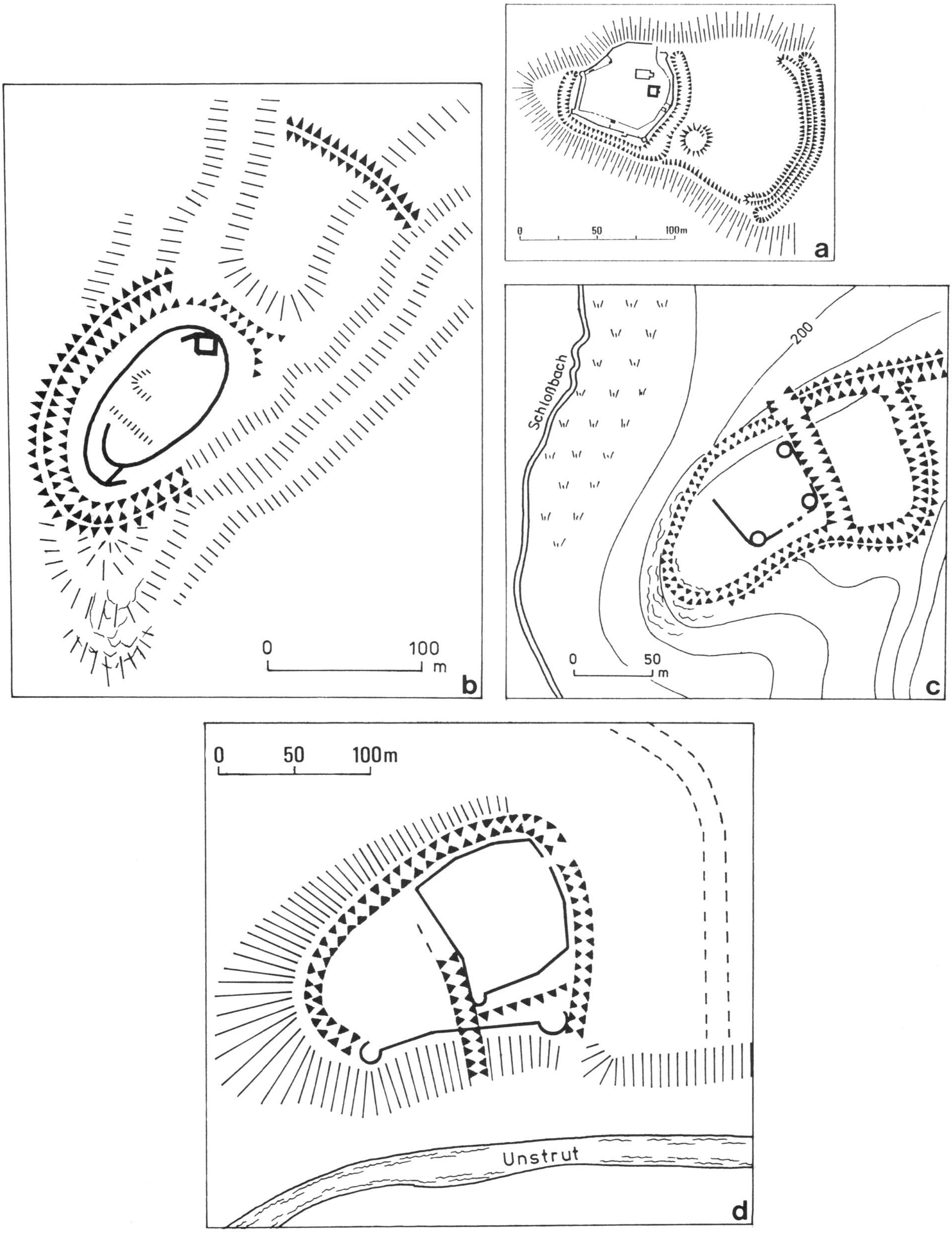
0
50
100m
a
0
100
m
b
Schloßbach
200
0
50
m
c
0
50
100m
Unstrut
d

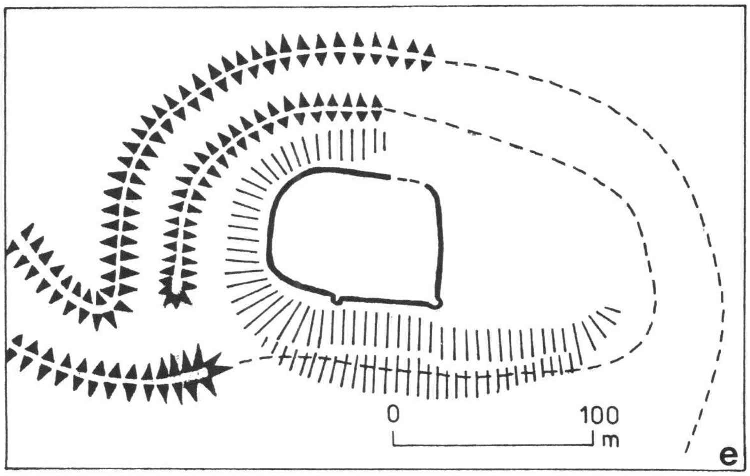

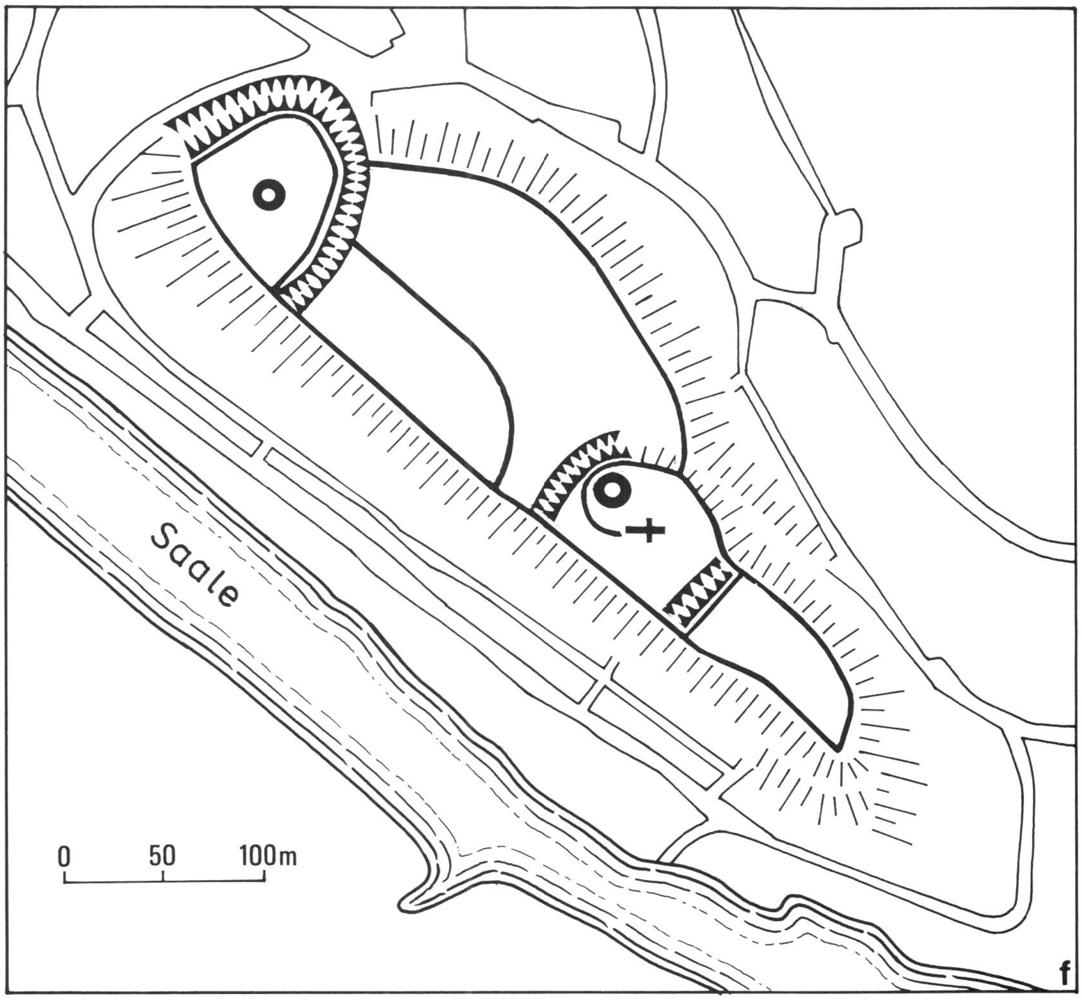

Abb. 12 Grundrisse von Burgen, die in salischer Zeit in ältere Anlagen hineingebaut wurden: a = Groß Lohra, Kr. Nordhausen. – b = Wippra, Kr. Hettstedt (Schloßberg). – c = Harkerode, Kr. Hettstedt (Burg Arnstein). – d = Vitzenburg, Kr. Querfurt (Schloß). – e = Sommerschenburg, Ortsteil von Sommersdorf, Kr. Oschersleben. – f = Wettin, Saalkreis. – (a nach Grimm 1974; b–f nach Wäscher 1962).

hausen[43], und kam 1113 selbst in den Besitz der Vitzenburg, Kr. Querfurt (Abb. 12d)[44]. Auf ältere Anlagen griffen aber auch die Grafen von Wippra bei der Einrichtung der Burg Wippra (Abb. 12b)[45] und die Herren von Arnstedt mit dem Bau ihrer Burg Arnstein (Abb. 12c) bei Harkerode, beide Kr. Hettstedt[46], zurück.

In dieses Umfeld gehören auch die Anstrengungen der Halberstädter Bischöfe[47]. 997 hatte Kaiser Otto III. dem Hochstift den Wildbann im Huy übertragen (MGH DO III 243). 1038 gründet Bischof Burchard I. in *Huiesburch palacium* und *capellam*. Der Name zeigt, daß zu dieser Zeit am Ort bereits eine Burg bestanden haben muß. Sie könnte auf einen ottonischen Jagdhof zurückgehen. Überreste der 1070 als *locus*, 1084 als *civitas* und *urbs* bezeichneten Befestigung sind im Gelände allerdings nicht auszumachen[48].

Auch wenn für fast alle diese Anlagen das Fortbestehen des ehemals bestimmenden Beziehungsgefüges von Burg und Siedlungsnähe, und wie z. B. die Burgen von Beyernaumburg und Vitzenburg sowie die erst um 1135 angelegte Burg Arnstein zeigen, sogar bis in die erste Hälfte des 12. Jahrhunderts hinein erhalten blieb, so ist doch nicht zu übersehen, daß in diese kontinuierlich genutzten Wehranlagen zugleich kleinere Kernburgen eingebaut wurden (Abb. 12a–f). In dieser Beziehung glich sich ihre Entwicklung völlig der allgemeinen Tendenz des Burgenbaus an, die auf eine spürbare Verkleinerung der Hauptburgen bei gleichzeitiger Verstärkung ihrer Befestigungswerke zielte. War dieser Aspekt bei den Höhenburgen im allgemeinen durch den zusätzlichen natürlichen Schutz gesichert, so mußte er sich bei den fortbestehenden älteren Anlagen aus der Vervielfachung der Befestigungswerke ergeben. Dabei stand jedoch im 11. Jahrhundert nicht mehr die Anlage neuer Holzerdewälle und das Ausheben weiterer Gräben im Vordergrund der Anstrengungen, vielmehr griff man jetzt verstärkt und bald ausschließlich auf den Stein als neues Baumaterial zurück. Zugrunde lag dieser Entwicklung eine Tradition, die über den fränkischen Burgenbau bis in die römische Zeit zurückreicht[49]. Schon die Ottonen hatten an diese Erfahrungen angeknüpft, und besonders die Maßnahmen Heinrichs I. im Rahmen der Ungarnabwehr waren mit entsprechenden Aktivitäten verbunden[50]. Auch in der Pfalz Tilleda haben die Ausgrabungen die Übernahme des Steinbaus in der Befestigungstechnik bereits für das 10. Jahrhundert nachgewiesen (Abb. 13)[51]. Während die Hauptburg und die besonders gefährdete Westseite der Vorburg zunächst durch Holzerdewall und Graben befestigt waren, wurde letztere noch im 10. Jahrhundert durch eine mörtelverfestigte Steinmauer ersetzt. Eine Steinmauer schützte wohl auch die nördliche Flanke der Vorburg. Sie ging hier unmittelbar aus der östlichen Wange des Tores hervor. Tilleda zeigt aber auch, daß die alte Technik des Holzerdebaues selbst im Befestigungsbau der Zentralgewalt durchaus nicht vorbehaltlos und umfassend zugunsten des Steinbaues aufgegeben wurde. Noch in der ersten Hälfte des 11. Jahrhunderts wurde aus dem Bereich der Vorburg durch Wall und Graben ein Teil herausgeschnitten, aber auch der Hauptwall blieb, trotz mehrfacher Umbauten, bis in die zweite Hälfte des 12. Jahrhunderts hinein als einfacher Holzerdewall erhalten. Zwar begann man in dieser Zeit mit dem Einbau eines repräsentativen Kammertores in die Wallschüttung (vgl. Abb. 6), doch blieb der Ansatz unvollendet.

43 Wäscher (Anm. 5) 149f.

44 Wäscher (Anm. 5) 197f.

45 Grimm (Anm. 4) 151. – Wäscher (Anm. 5) 143.

46 Wäscher (Anm. 5) 89f.

47 Zum bischöflichen Burgenbau siehe zusammenfassend W. Giese, Zur Bautätigkeit von Bischöfen und Äbten des 10. bis 12. Jahrhunderts. Deutsches Archiv für Erforschung des Mittelalters 38, 1982, 388ff., und Streich (Anm. 22) 450ff. – Zur Huysburg siehe Stolberg (Anm. 13) 189f.

48 Siehe dazu auch die Ergebnisse von W. Schlüter, Vorbericht über die Ausgrabungen auf der Burg Iburg in den Jahren 1983 bis 1985 (Osnabrücker Mitteilungen 90, 1985, 13ff.) auf der Iburg bei Osnabrück, wo es gelang, den in der Vita Bennonis überlieferten Rückgriff Bischof Bennos II. bzw. bereits seines Amtsvorgängers auf eine ältere Befestigung auch archäologisch eindeutig nachzuweisen. Das Beispiel Iburg ist deshalb so interessant, weil es sich bei Bischof Benno II. von Osnabrück (1068–1088), neben Erzbischof Adalbert von Hamburg-Bremen (1043–1072), zweifellos um den Inspirator und Baumeister des Burgenprogramms Heinrichs IV. gehandelt hat. Siehe auch Streich und Giese (beide Anm. 47).

49 H. Brachmann, Zur Herkunft und Verbreitung von Trokken- und Mörtelmauerwerk im frühmittelalterlichen Befestigungsbau Mitteleuropas. In: Studia nad etnogenezą Słowian 1 (1988) 199ff.

50 Vgl. dazu Thietmari Merseburgensis episcopi chronicon I, cap. 18 (MGH. SS. rer. Germ. N. S. IX) (Hg. R. Holtzmann; 1935). – Widukindi monachi Corbeiensis rerum gestarum Saxonicarum libri tres, cap. 35 (MGH. SS. rer. Germ.) (Hg. P. Hirsch; 1935).

51 Grimm, Tilleda 1 (Anm. 14) 92ff.

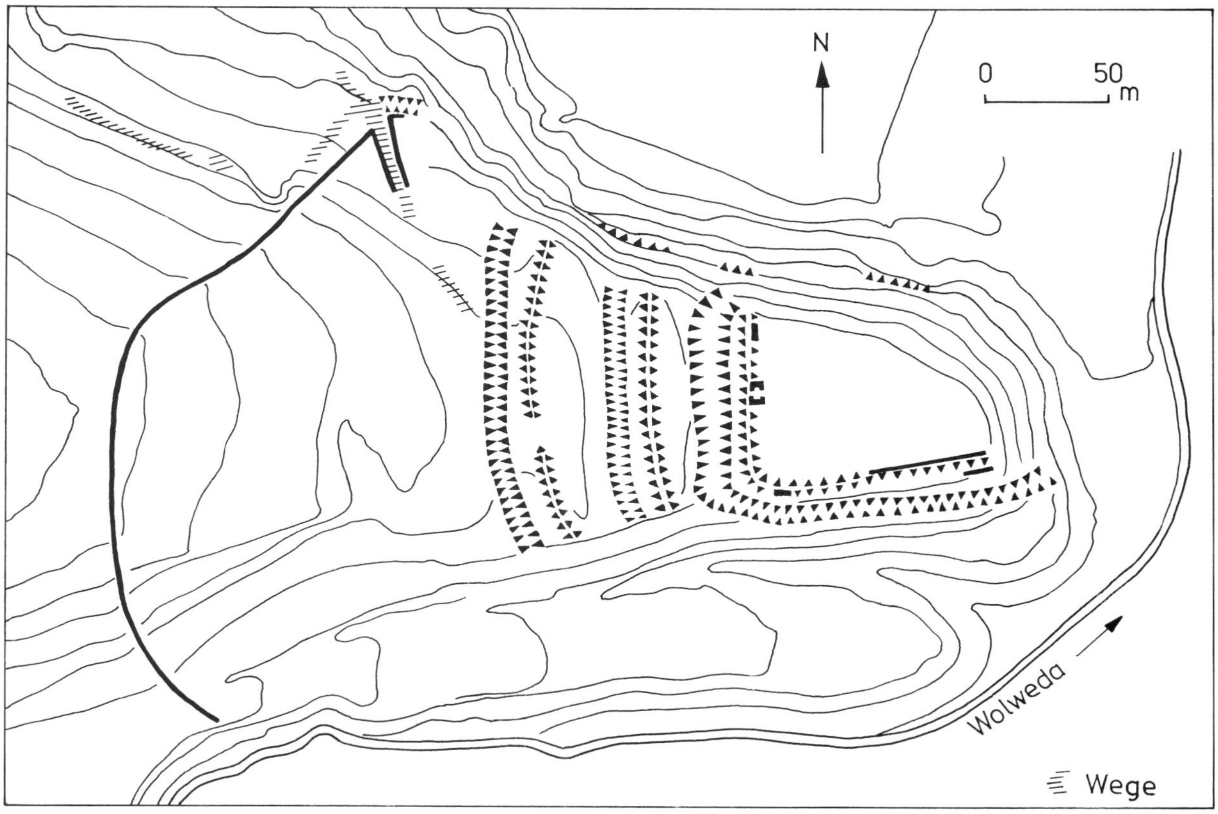

Abb. 13
Tilleda, Kr. Sangerhausen.
Befestigungen der Pfalz
in den Stufen I–III (nach Grimm 1968).

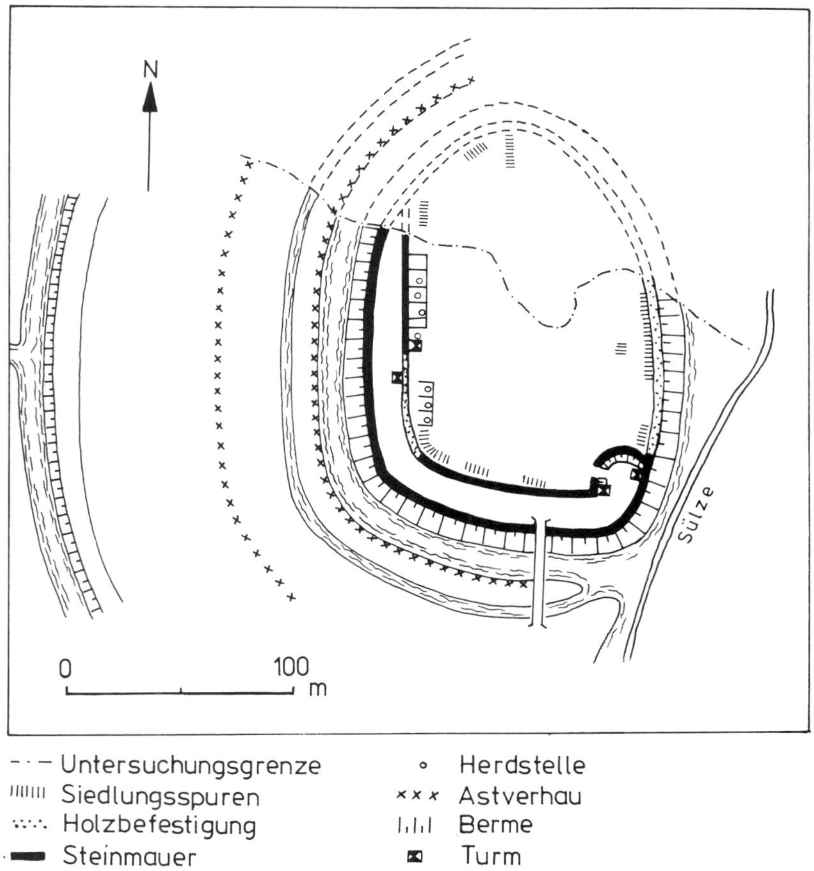

Abb. 14
Elbeu, Ortsteil von Wolmirstedt,
Kr. Wolmirstedt. Hildagsburg.
Grundriß der deutschen Burg des
11. und 12. Jahrhunderts
(nach Dunker 1953).

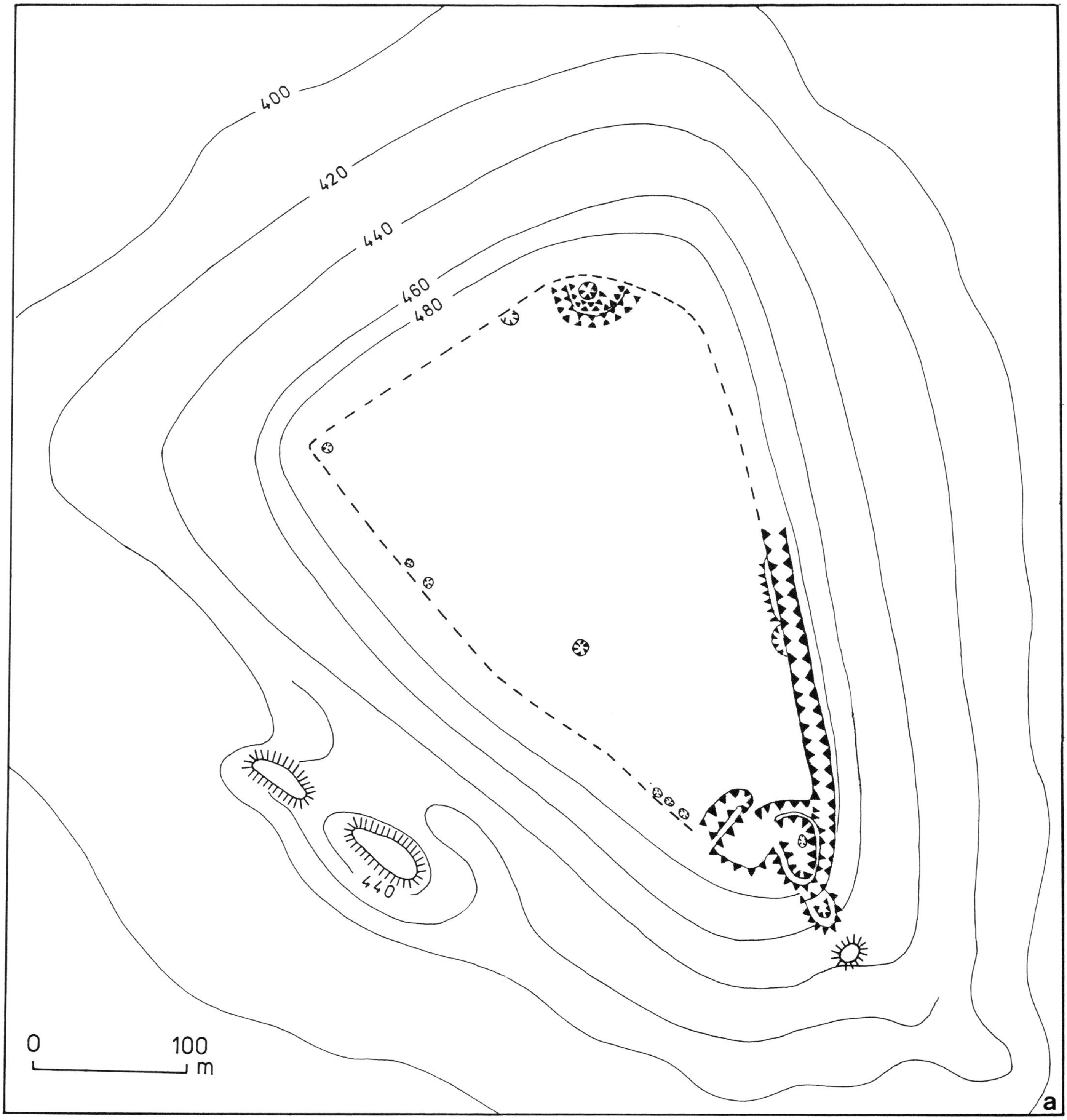
400
420
440
460
480
440
0
100
m
a

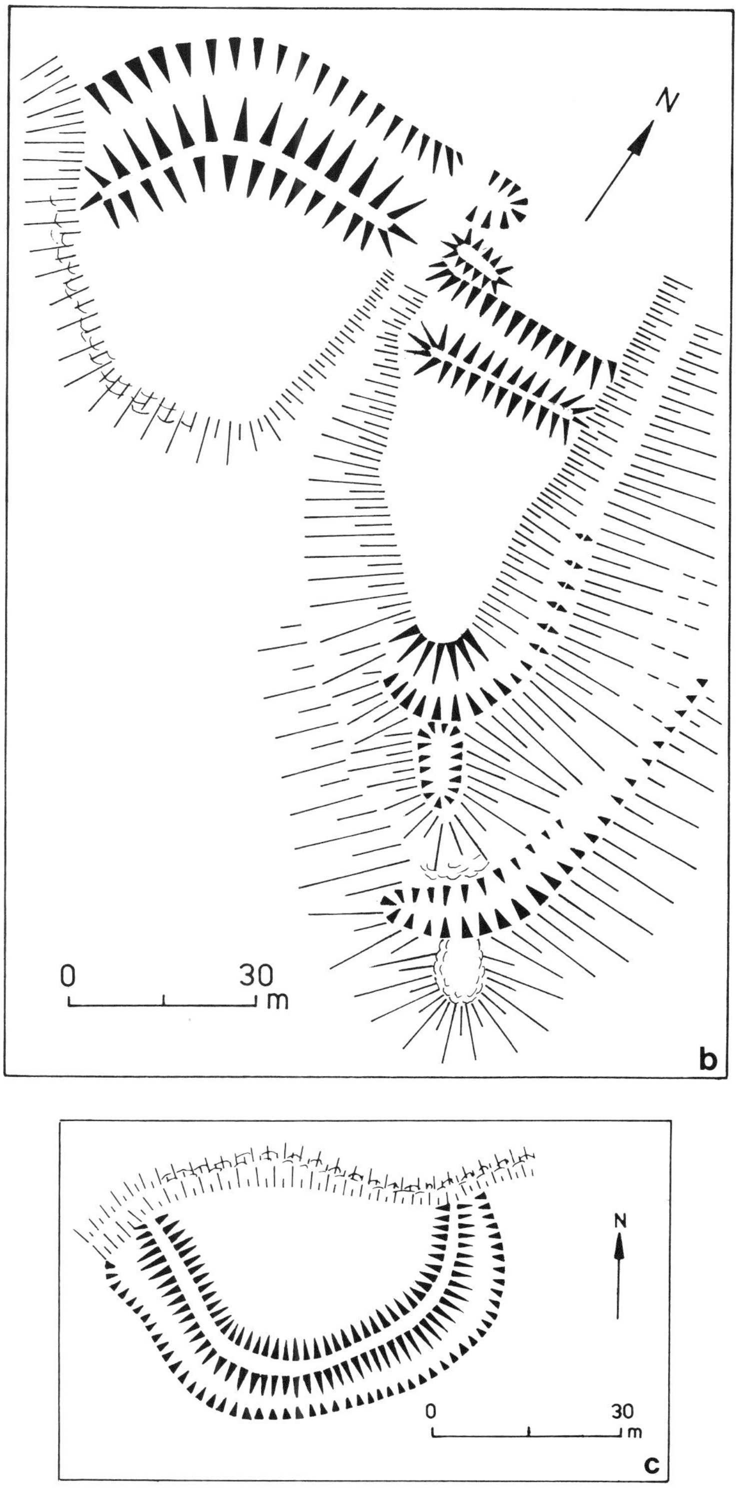

Abb. 15 Haynrode, Kr. Worbis. Hasenburg. Pläne des Plateaus (a) und der Burgen I (b) und II (c) (nach Timpel).

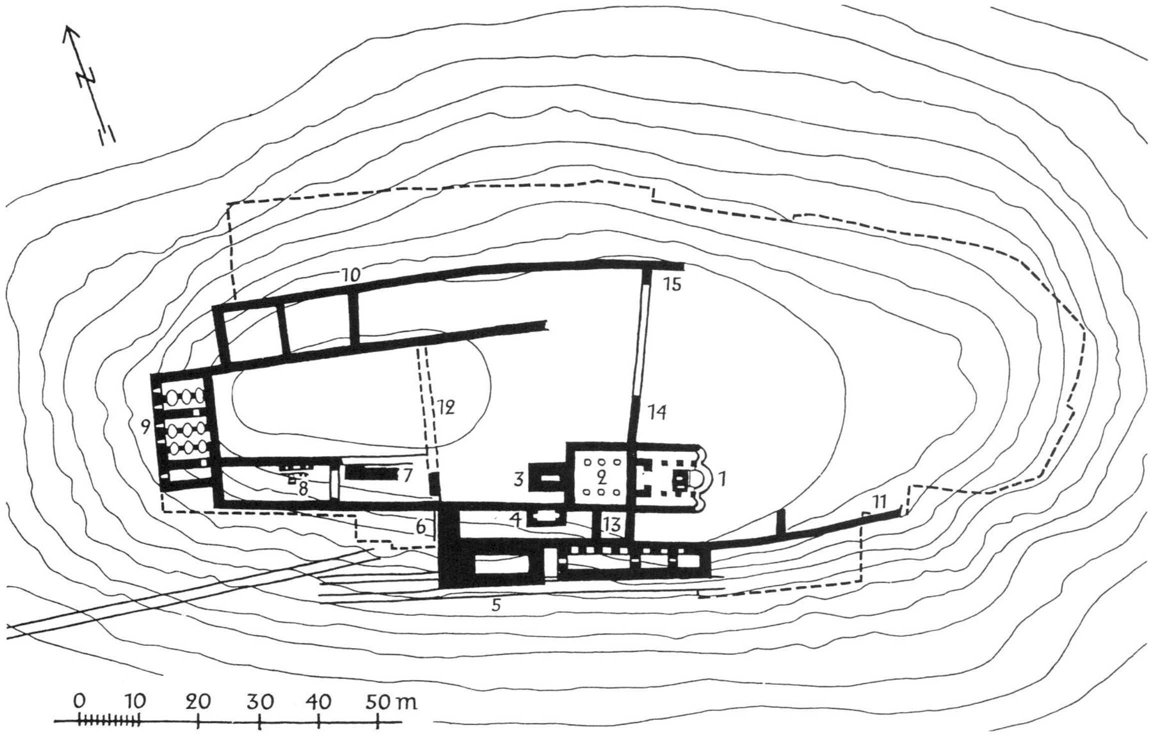

Abb. 19 Quedlinburg, Kr. Quedlinburg. Grundriß des Burgberges um 1000 (nach Wäscher 1959).

Im wesentlichen an die Umfassungmauer angebaut erscheinen dagegen Gebäude der Kyffhäuserburgen. Da der Plan (Abb. 20) sich auf die Aufmessung der Bau- und Grabungsbefunde stützt, dürfte er auch ohne nähere zeitliche Schichtung bereits in der Grundaussage das salische Anlageschema widerspiegeln. Hinsichtlich der Bebauung ist eher von einer geringeren Dichte in den jeweiligen Jahrzehnten auszugehen. Im Bebauungsschema der benachbarten Rothenburg (3; Abb. 21) ist das Prinzip der Randhausburg bereits für die erste ergrabene Phase um 1100 ausgeprägt.

Zu den auffälligsten wehrtechnischen Zeugnissen des mittelalterlichen Befestigungsbaues gehören zweifellos die Türme; in den hier interessierenden Burgen stehen sie fast immer mehr oder weniger von den übrigen Gebäuden isoliert und abseits der Ringmauer. Auch aus dem Arbeitsgebiet ist eine größere Anzahl zum Teil recht gut datierter runder und eckiger Türme bekannt:

Ort	Form	äußerer Durchmesser	Fundament-stärke	Datierung
Querfurt (18)	rund	14,5	4,34	2. H. 11. Jh.
Harzgerode (11)	rund	18	2,8	2. H. 11. Jh.
Meißen (15)	eckig	11×12	2,5–2,9	2. H. 11. Jh.
Leipzig (14)	rund	10	3,3	2. H. 11. Jh.
Groitzsch (9)	rund	13,3	2	E. 11. Jh.
Steingrimma (19)	rund	9,8	1,6	ca. 1100
Freyburg (7)	rund	12	2,4 (+2)	E. 11./M. 12. Jh.
Groß Lohra (10)	eckig	12×12	3,4	ca. 1100
Aschersleben (1)	rund	14,2	3,5	E. 11./12. Jh.
Rothenburg (3)	rund	12	2,7	ca. 1100
Kyffh./Unterburg (2)	rund	11	3,5	A. 12. Jh.

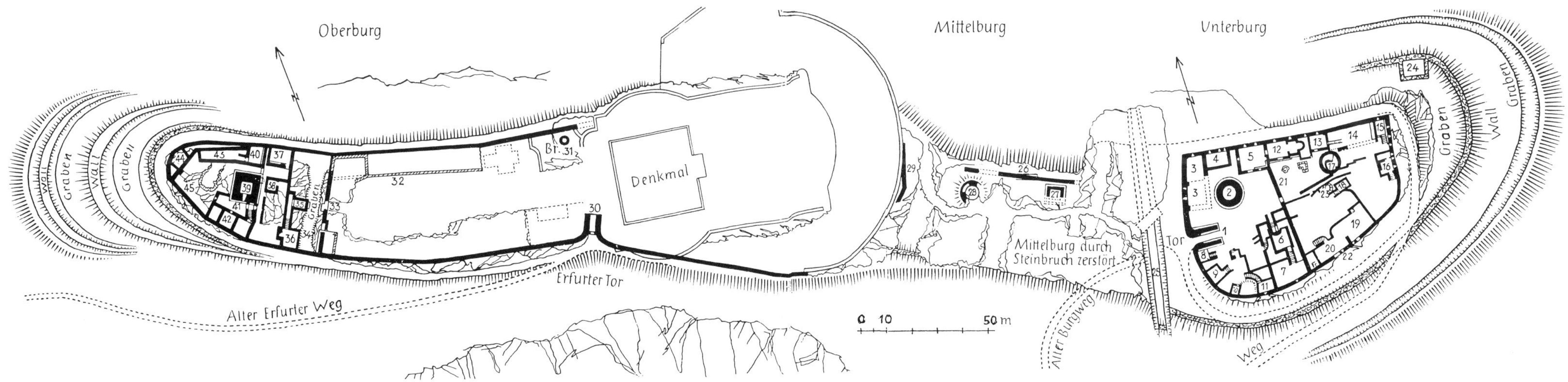

Abb. 20 Bad Frankenhausen, Kr. Bad Frankenhausen. Plan der Kyffhäuserburgen (nach Wäscher 1962).

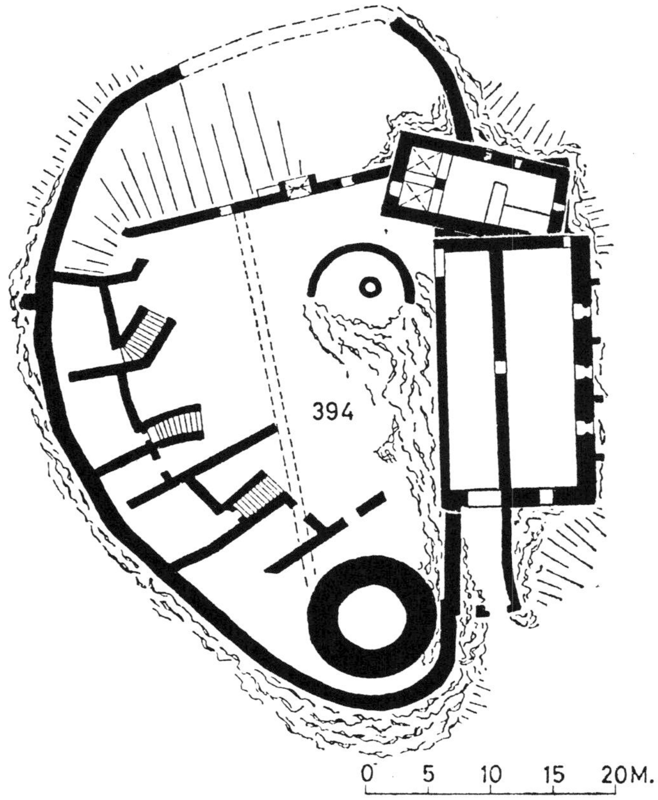

Abb. 21 Bad Frankenhausen, Kr. Bad Frankenhausen. Grundriß der Rothenburg (nach Stolberg 1968).

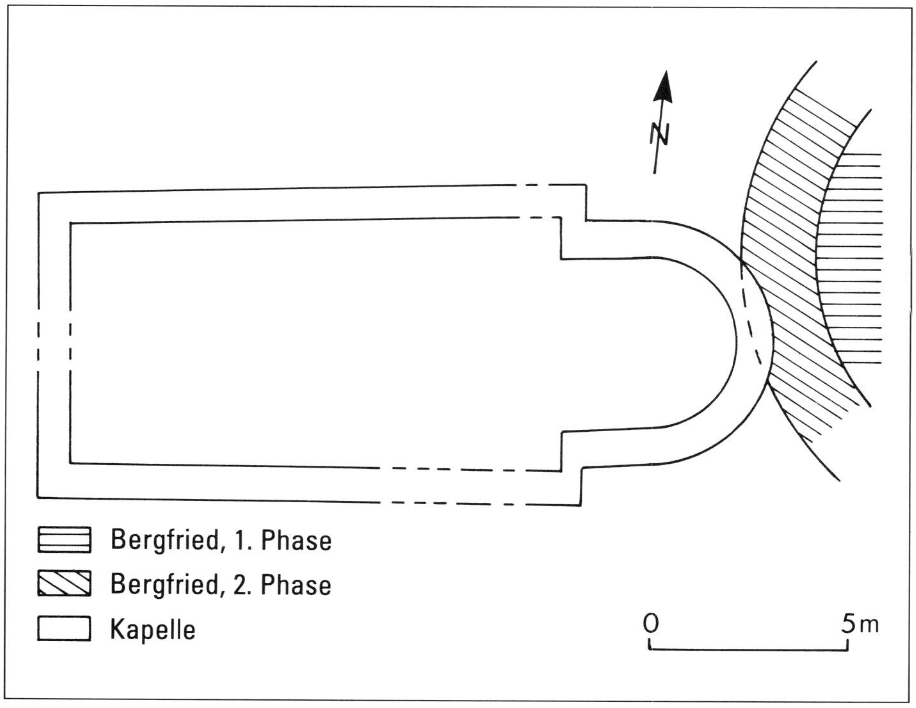

Abb. 22 Freyburg, Kr. Nebra. Neuenburg. Stratigraphie von Kapelle und Bergfried (nach Schmitt 1989).

Wie die Auflistung zeigt, entstand die Mehrzahl in der zweiten Hälfte des 11. Jahrhunderts, wobei eine nähere Eingrenzung des Baudatums bisher in keinem Fall möglich ist. Zu den frühesten Anlagen könnte der Turm der Burg Anhalt (11) gehören. Zweifellos ist er zu den ersten und ältesten Gebäuden der Mitte des 11. Jahrhunderts entstandenen Burg zu rechnen. Mit rund 18 m Durchmesser und nur 2,8 m Mauerstärke gehört er darüber hinaus zu den größten und im Mauerwerk schwächsten der bisher aus dem Arbeitsgebiet bekannten Türme. Von den Ausmaßen kämen ihm nur der Turm von Groitzsch (9), die erste Phase des Turmes der Neuenburg (7) sowie der Turm der Rothenburg (3) und der eckige Turm vom Burgberg Meißen (15) nahe. Da deren Datierung in die zweite Hälfte des 11. Jahrhunderts bis um 1100 recht gut abgesichert ist, bestätigt sie die allgemeinen Überlegungen von G. Stein, daß »verhältnismäßig geringe Mauerstärke und massiver Baukörper ... auf noch unvollkommene Angriffsmittel, also auf die Frühzeit des steinernen Burgenbaues (deuten)«[65].

Alle anderen oben genannten Türme sind in ihrem Verhältnis von äußerem Durchmesser und Mauerstärke massiver aufgeführt. Am auffälligsten ist das Beispiel des Turmes von der Neuenburg (7; Abb. 22, vgl. auch Abb. 10a–b), der in einer zweiten Phase, aber noch vor der Mitte des 12. Jahrhunderts, fast eine Verdoppelung seiner Mauerstärke erfuhr. In dieses Umfeld gehören dann der sogenannte »Dicke Heinrich« von Querfurt (18; vgl. Abb. 17 u. 33), der Leipziger Turm (14; vgl. Abb. 32), der eckige Turm von Groß Lohra (10; vgl. Abb. 12a) und vielleicht auch der Turm von Aschersleben (1; vgl. Abb. 28). Zuzuordnen sind ihnen der runde Bergfried aus der Unterburg der Kyffhäuserburgen (2; vgl. Abb. 20) sowie der Turm vom Neuen Falkenstein (17; vgl. Abb. 8), der mit 8,5 m äußerem Durchmesser bei annähernd 23 m ursprünglicher Höhe und nach Osten spitz ausgezogenem und mit der Schildmauer verbundenem 2 m starkem Mauerwerk freilich bereits eine jüngere Phase des Turmbaues markiert. Dennoch ist auch hier die exakte Datierung jedes einzelnen Turmes noch zu sichern.

Schwierigkeiten bereitet die Antwort auf die Frage nach der Funktion dieser Türme. Zweifellos hatten sie von Anfang an zwei Aufgaben zu erfüllen, die des Wohn- und die des Wehrbaus. Dabei dürften vor allem in der Frühphase des Turmbaues noch beide Funktionen eng miteinander verbunden gewesen sein. Dafür scheint vor allem der Turm der Burg Anhalt (11; vgl. Abb. 7) zu sprechen, dem offensichtlich ersten und zumindest wohl zeitweilig einzigen Gebäude hinter der angeblich zeitgleichen Ringmauer. Von den Ausmaßen her war er für Wohnzwecke geräumig genug, und auch die Mauer dürfte zunächst ausreichend Schutz geboten haben. In dem ähnlich geräumigen Turm aus Groitzsch (9; Abb. 23 u. 31) glaubt H. Küas deshalb auch eher einen Wohnturm, den Palas des Grafen Wiprecht, sehen zu können, während die beiden zu 1080 in den Pegauer Annalen überlieferten Wehrtürme seiner Meinung nach bisher nicht gefunden worden seien[66]. Daß das Schutzbedürfnis mit der Zeit jedoch immer mehr zu dominieren schien, belegt das sich allmählich umkehrende Verhältnis von Mauerstärke und Innenraum. Dabei könnte der doppelschalige Turm der Neuenburg eine Übergangsphase vertreten (7; vgl. Abb. 10b), da dessen 2,4 m starke erste Mauer nach H. Wäscher aufgrund der Sorgfältigkeit der Steinbearbeitung zunächst durchaus als Außenmauer gedacht gewesen sein muß[67], ehe man ihn durch eine weitere 2 m dicke Mauer verstärkte. Hier suchte man mit dieser Reparatur offensichtlich einem gewachsenen Sicherheitsbedürfnis Rechnung zu tragen. Einen gewissen Abschluß der Entwicklung und die Dominanz des Schutzgedankens markiert schließlich der Turm des Neuen Falkenstein (17; vgl. Abb. 8).

In den bisherigen Ausführungen haben wir mit Groitzsch (9), Leipzig (14) und Meißen (15) wiederholt auf Burgen aus dem ehemaligen sorbischen Siedlungsgebiet östlich der Saale zurückgegriffen[68]. Wenn auch alle drei Burgen vermutlich erst als Ergebnis früher deutscher Eroberung entstanden und der Festigung der deutschen Herrschaft im 10. Jahrhundert dienten[69], für Meißen ist uns das durch Thietmar

65 G. Stein, Zur Datierung des Bergfrieds der Burg Stolpe a. d. Oder. Jahrbuch für brandenburgische Landesgeschichte 6, 1955, 56 ff.

66 H. Küas, Steinbauten der Wiprechtsburg bei Groitzsch, Kr. Borna, seit dem Ende des 11. Jahrhunderts. Arbeits- u. Forschungsber. Sachsen 23, 1980, 107 ff.

67 H. Wäscher, Die Baugeschichte der Neuenburg bei Freyburg an der Unstrut (1955) 27 ff.

68 H. Brachmann, Slawische Stämme an Elbe und Saale. Zu ihrer Geschichte und Kultur im 6. bis 10. Jh. – auf Grund archäologischer Quellen (1978).

69 H. Vogt, Die Wiprechtsburg Groitzsch (1987) 28 f.

Abb. 23 Groitzsch, Kr. Borna. Wiprechtsburg. Kapelle und Turm (nach Küas 1977).

ausdrücklich überliefert[70], so blieben sie ihrem ganzen Habitus nach zunächst im wesentlichen slawisch geprägt. Die deutsche Herrschaft lehnte sich an die slawischen Siedlungsgebiete an, die Burgen bildeten deren Mittelpunkt[71]. Dabei griff man auf slawische Befestigungen zurück, wenn sie den strategischen Ansprüchen der neuen Herren entsprachen, oder aber man legte neue Burgen an[72]. Den Bau führten in jedem Fall die einheimischen Slawen aus. Sie griffen dabei auf ihre Traditionen und Erfahrungen zurück, und sie lieferten die notwendigen Mittel des Unterhaltes für die Burgbesatzungen, die sich oft in sicher nicht geringer Zahl aus Sorben selbst rekrutiert haben werden. Schließlich war mancher Burgherr selbst ein Slawe in deutschen Diensten.

Zu ersten bedeutenderen Änderungen kam es um die Jahrtausendwende, als eine Reihe der älteren Befestigungen aufgegeben und, oft in ihrer Nähe, aber in strategisch günstigerer Lage, neue Burgen angelegt wurden[73]. Dieser Wechsel dürfte seine Ursache in erster Linie in den Auseinandersetzungen mit

70 Thietmar (Anm. 50) I, cap. 16.

71 G. Billig, Die Burgwardorganisation im obersächsisch-meißnischen Raum. Archäologisch-archivalisch vergleichende Untersuchungen (1989).

72 H. Vogt, Burgenforschung in Sachsen. Bodendenkmalpfl. u. archäolog. Forschung (1983) 144, sieht in »Abschnittsbefestigungen in Höhenlage ... Gründungen aus der I. Phase der feudalen deutschen Ostexpansion«. Mit deutschem Einfluß verbindet J. Herrmann (J. Herrmann u. R. Hoffmann, Neue Forschungen zum slawischen und frühdeutschen Burgwall »Räuberberg« bei Phöben, Kr. Potsdam-Land. Ausgrabungen und Funde 4, 1957, 294 ff.) die mehrteiligen Befestigungen im ehemals slawischen Siedlungsgebiet, das von Heinrich I. und Otto I. erobert und der Burgwardverfassung unterstellt wurde. Vermutlich bereits auf Kontakte zum fränkischen Reich, wenn nicht eigene Traditionen aus der Wanderzeit zugrunde liegen, dürfte die Übernahme der ohne Bindemittel gesetzten Trockenmauer im slawischen Befestigungsbau zurückgehen (Brachmann, Anm. 49).

73 W. Coblenz, Zum Wechsel der Befestigungsfunktion vom IX. bis zum XI. Jahrhundert im ostsaalischen Gebiet (am Beispiel des Meißner Landes). Slovenská archeológia 18, 1970, 137 ff. – H. Brachmann, Provintia Sclavorum Nizici. Bemerkungen zu Geschichte und Struktur einer slawischen Siedlungslandschaft am Übergang zur frühdeutschen Zeit. Jahresschr. f. mitteldt. Vorgeschichte 72, 1989, 267 ff.

dem jungen expandierenden polnischen Staat gehabt haben[74], doch läßt die mit dieser Verlagerung spürbare Tendenz zur Verkleinerung der Burgen, zur deutlicheren Differenzierung in Haupt- und Vorburgen, eine Entwicklung erkennbar werden, deren inhaltliche und zeitliche Nähe zu den in eben dieser Zeit einsetzenden Neuerungen des deutschen Burgenbaus westlich der Saale nicht zu übersehen ist und m. E. auch nicht übersehen werden darf, da ihm neben möglichen aktuellen politisch-militärischen Ursachen vor allem sich nähernde gesellschaftliche Bedingungen zugrunde liegen dürften[75]. In der Befestigungstechnik selbst, wenn man von der Topographie absieht, wie in der materiellen Kultur überhaupt, kam es aber auch jetzt offenbar noch zu keinem spürbaren Wandel.

Das änderte sich erst im Laufe des 11. Jahrhunderts im Ergebnis der immer engeren Einbindung dieses Gebietes in den deutschen Feudalstaat und seine damit verbundene, immer intensivere politisch-administrative Durchdringung[76]. Wie im Altland westlich der Saale kam es auch hier z. Zt. Heinrichs IV. zu Rivalitäten zwischen dem Reich und territorialen Gewalten. Mit den Ausgrabungen in Meißen (15) und Groitzsch (9) gelang es, Auswirkungen dieser Entwicklung auch auf den Befestigungsbau dieser Zeit sowohl an einem Brennpunkt der Reichspolitik als auch am Sitz eines der bedeutendsten Grafengeschlechter der Zeit zu fassen. In beiden Fällen können wir für die Mitte bzw. zweite Hälfte des 11. Jahrhunderts grundlegende Veränderungen in der Struktur der Anlagen beobachten, die ihre Parallele westlich der Saale finden. Wir hatten vergleichend bereits auf einzelne Elemente hingewiesen. Zusammenfassend genannt seien nochmals die spürbare Verstärkung des Befestigungssystems bei gleichzeitiger Verkleinerung der Hauptburg, der verbreitete Einsatz des Steins als Baumaterial und die Einbindung der Bebauung in die Befestigungsmauern im Interesse eines freien Hofraumes (Abb. 24a–b), das Errichten steinerner Türme als kombinierte Wohn- und Wehrelemente (Abb. 25a–b)[77].

Die Beobachtungen werden durch eine Einzelheit ergänzt, die die genannten engen Beziehungen noch deutlicher werden läßt. Bei der Bauaufnahme des bei den Ausgrabungen entdeckten Turmes von Groitzsch (9) bemerkte H. Küas eine Schichtung der Steine in der Mauerfüllung in der Weise des sog. *opus spicatum*[78], einer Bautechnik, die für die Salierzeit eine gewisse Bedeutung gehabt zu haben scheint. Auch die runden Türme von Querfurt (18) und Aschersleben (1) sowie der eckige Turm von Groß Lohra (10) ließen diese fischgrätenartige Lagerung des Füllmauerwerkes erkennen. Es ist eine Eigenart, die auch das Mauerwerk des größeren Gebäudes der Burg I der Hasenburg bei Haynrode (12) kennzeichnet und hier recht gut in die Zeit um 1070/75 datiert ist[79]. Daß es sich beim Auftreten dieser Technik in dieser Zeit im Arbeitsgebiet um keinen Zufall zu handeln scheint, belegen Beispiele auch außerhalb des östlichen und südlichen Harzvorlandes. Hingewiesen sei hier nur auf den Turm auf dem Westsporn der Iburg bei Osnabrück, dessen Entstehen auf Baumaßnahmen Bischof Bennos II. von Osnabrück zurückgeht[80].

Wir haben uns bisher vorrangig mit der Genese der Höhenburgen und der Struktur und Chronologie der mit ihnen verbundenen Befestigungselemente beschäftigt. Dabei hatten wir im allgemeinen den Burgenbau der Zentralgewalt bzw. des führenden Adels, der Reichsbischöfe und Grafen, im Blick. Es ist jedoch nicht zu übersehen, daß es auch innerhalb des niederen Adels und der Ministerialität in dieser Zeit zu einem ersten eigenen Befestigungsbau kam. Frühester Ausdruck dafür sind die zuerst und vorwiegend

74 Zusammenfassend dazu H. Ludat, An Elbe und Oder um das Jahr 1000 (1971).

75 Unter diesem Aspekt hat sich die vergleichende Burgenforschung dieser Frage bisher nicht angenommen. Siehe dazu aber Anm. 72.

76 Billig (Anm. 71).

77 Zu den Einzelheiten siehe die Daten im Katalog unter Groitzsch (9), Leipzig (14) und Meißen (15).

78 Küas (Anm. 66) 118, Abb. 7b.

79 Auf das Phänomen des opus spicatum in Verbindung mit kleinquadrigem Schichtmauerwerk als möglicherweise typische salische Mauertechnik machte mich freundlicherweise auch Dr. H.-W. Heine (Hannover) aufmerksam. Aber schon G. Stein (Anm. 54, S. 38 f.), der sich wiederum auf O. Piper (Burgenkunde, 3. Aufl. 1912) berief, erwähnte die Anwendung dieser Bautechnik auch für Eckartsberga und die Kyffhäuserburgen. Nachdem die Hünenburg von Todenmann bei Rinteln ebenfalls am ehesten ins 11. Jh. datiert wird (u. a. U. Lobbedey, in: Denkmalpflege in Westfalen 2 [1979] 75 Anm. 90), hat sich die Annahme des opus spicatum als einer am ehesten salierzeitlichen Bautechnik weiter erhärtet.

80 Schlüter (Anm. 48).

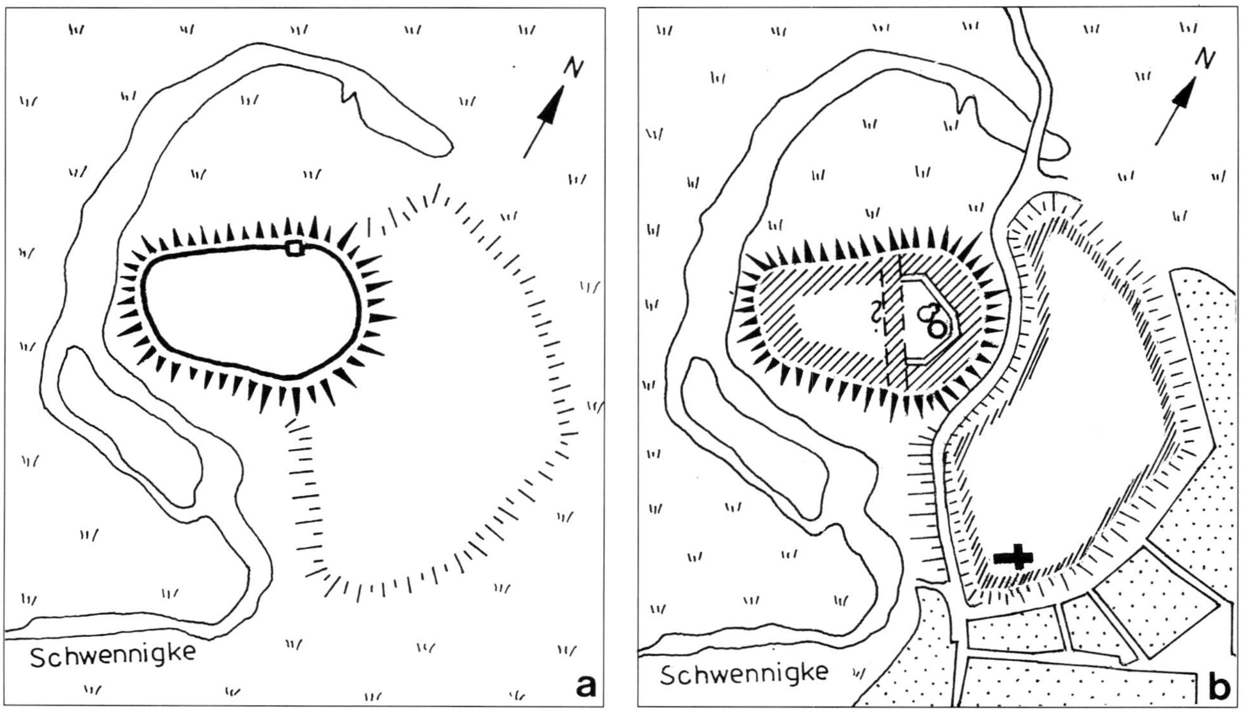

Abb. 24 Groitzsch, Kr. Borna. Wiprechtsburg: a = Phase I und II des 10./11. Jahrhunderts. – b = Phase III um 1100 (Nach Vogt 1987).

im Flachland verbreiteten, künstlich aufgeschütteten Burghügel. Auch ihre Erforschung ist bisher über Anfänge nicht hinausgekommen. Einen näheren Einblick in die Genese dieser Burgformen bzw. ihren zeitlichen Ansatz ermöglichen noch immer allein die Untersuchungen in der Wüstung Gommerstedt bei Bösleben, Kr. Arnstadt (4). Hier war es neben einer bis dahin offenen Ansiedlung um die Jahrtausendwende zur Aufschüttung eines ersten flachen Hügels und zugleich zur Anbindung der Siedlung durch einen Graben an die Flachmotte gekommen (Abb. 26). Es ist offensichtlich, daß sich in dieser Entwicklung gesellschaftliche Veränderungen widerspiegeln, denen eine Polarisierung der Kräfte am Ort vorausging. Die weitere Geschichte des Platzes zeigt einen allmählichen, auf eine immer deutlichere Ausprägung herrschaftlicher Strukturen gerichteten Ausbau der Motte.
Eine solche Entwicklung könnte auch anderen Burghügeln zugrunde liegen. In das 11., eventuell frühe 12. Jahrhundert, die bisherigen Publikationen erlauben noch keine Überprüfung der Datierung, sollen auch die Burghügel von Freienbessingen (6) und Steingrimma (19) gehören. Für den letzteren ist interessant, daß auf ihm, nach einer Zerstörungsphase, ein steinerner Rundturm errichtet wurde, der mit seinen Maßen von 9,8 m Außendurchmesser und 1,6 m Wandstärke zwar deutlich hinter den Ausmaßen der oben betrachteten frühen Türme zurücksteht, ihnen in seinen Proportionen jedoch durchaus entspricht. Vielleicht ist auch der in den Wall einer Vorgängerbefestigung eingebaute Turm von Aschersleben (1; Abb. 27 u. 28) im weiteren Sinne den Burghügeln zuzurechnen. Leider bedarf auch dessen Datierung noch der näheren Untersetzung.
Wenn das Material auch noch gering ist, so scheint W. Timpel mit seinen Beobachtungen an Burghügeln des Bezirkes Erfurt doch Recht zu haben, wenn er resümierend zu dem Schluß kommt, daß solche im westlichen Thüringen bereits relativ früh im 11. Jahrhundert aufgeschüttet worden seien[81]. Ob sie aber,

81 W. Timpel, Feldforschungen auf mittelalterlichen Turmhügeln in Thüringen. In: Bodendenkmalpflege und archäologische Forschung (1983) 223 ff.

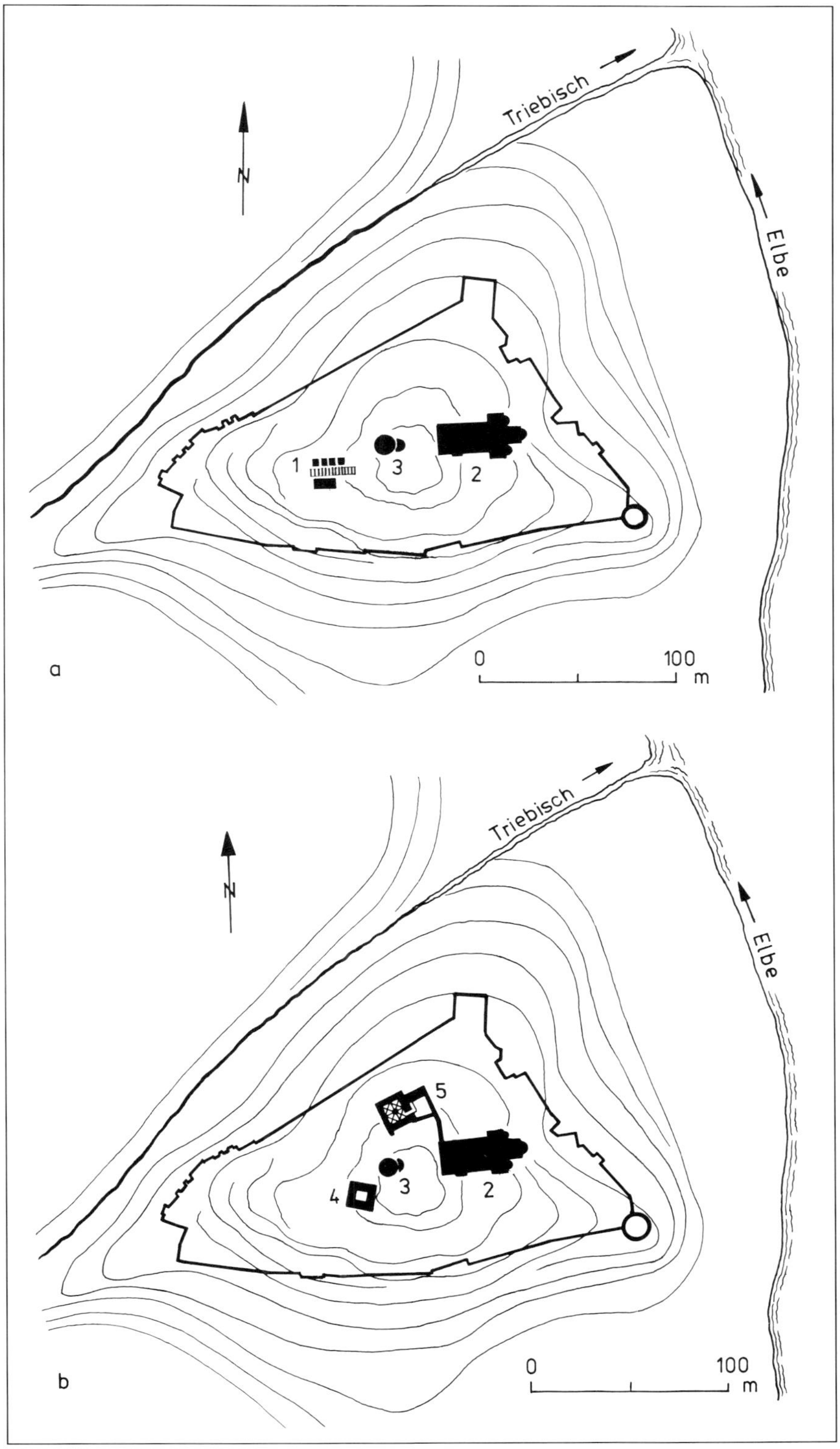

Abb. 25 Meißen, Kr. Meißen. Burgberg: a = im 11. Jahrhundert. – b = im 12./13. Jahrhundert (nach Küas 1966). – Die auf Grabungen und ältere Beobachtungen zurückgehenden Befunde sind hervorgehoben: 1 Fahrweg aus Bohlen, von Häusern flankiert. – 2 Dom. – 3 Rundkapelle. – 4 Turm. – 5 Unterkellerter, mehrstöckiger Gebäudekomplex. – Die Andeutung einer älteren Rundkapelle (3) unterhalb des Chorabschlusses der Fürstenkapelle des 15. Jahrhunderts stützt sich nur auf ein bei Mauersanierungen teilweise sichtbares gerundetes Fundament.

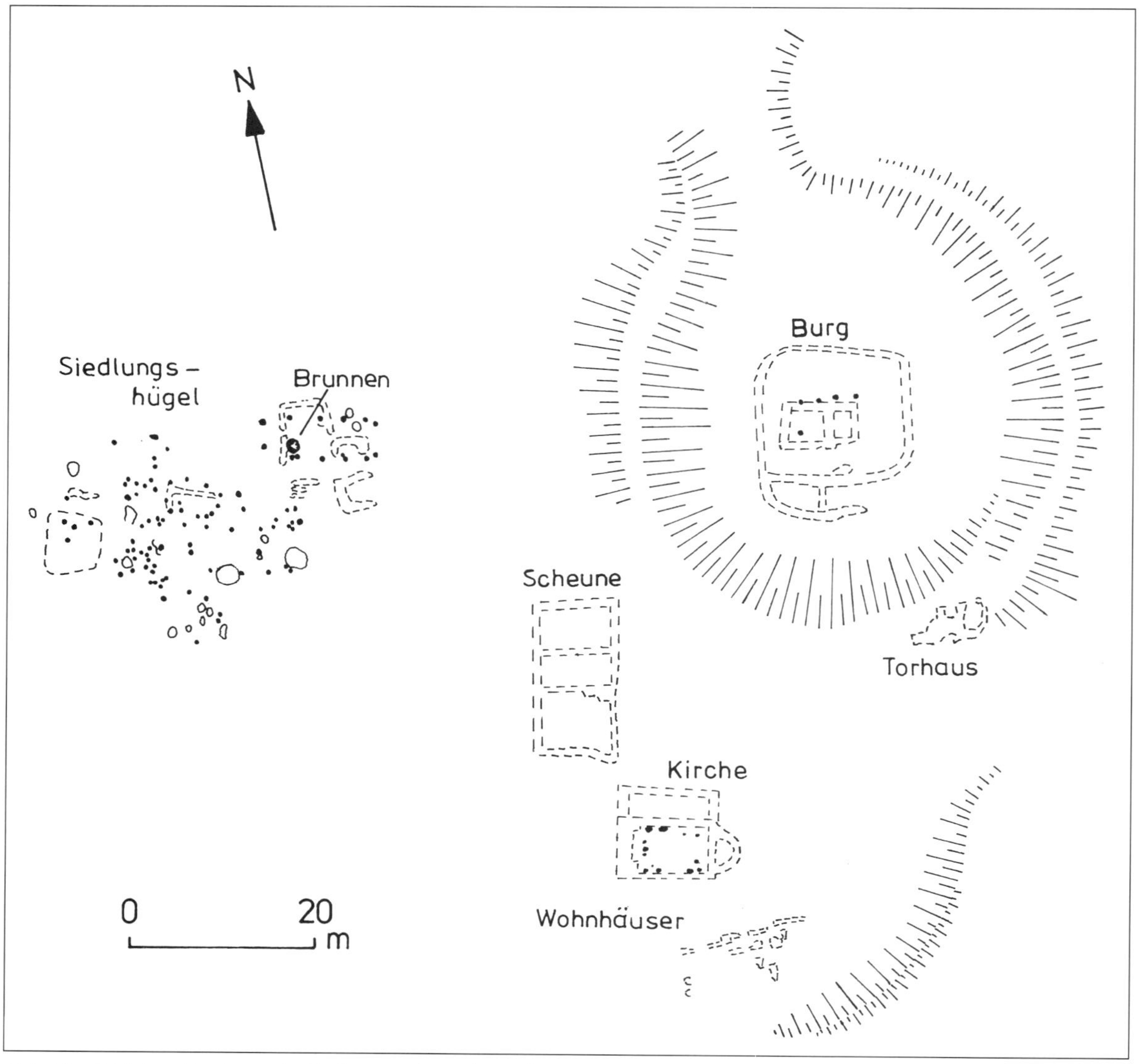

Abb. 26 Bösleben, Kr. Arnstadt. Siedlung und Burghügel der Wüstung Gommerstedt am Ende des 10. und in der 1. Hälfte des 11. Jahrhunderts (nach Timpel 1976).

wie er glaubt, östlich der Saale eher jünger sind, wird erst noch durch weitere Untersuchungen zu erhärten sein. Der Befund von Steingrimma könnte dagegen sprechen. Auch G. Billig betonte bereits vor längerer Zeit, daß die Burghügel hier, er hatte besonders das Elster-Mulde-Gebiet im Blick, neben weiteren Kleinformen in Sporn-, Niederungs- und Gipfellage »um die Mitte des 12. Jahrhunderts bereits voll ausgebildet«[82], »als Mittelpunkte meist reichsministerialischer Herrschaften« und als »Ausgangs- und Stützpunkte des Landesausbaus« erscheinen[83]. Es ist nicht auszuschließen, daß sich hier, östlich der Saale, auch im Falle des Entstehens und der Verbreitung der Burghügel eine zeitlich dem westsaalischen Gebiet zumindest angenähert parallele Entwicklung vollzog. Die enge Verzahnung beider Gebiete in oft einheitlichen Territorien im Zuge der Ausprägung landesherrschaftlicher Gewalten schließt diese Annahme zumindest nicht aus.

82 G. Billig, Mittelalterliche Wehranlagen am Elsterknie zwischen Plauen und Oelsnitz. Arbeits- u. Forschungsber. Sachsen 11/12, 1963, 354.

83 G. Billig, Mittelalterliche Wehranlagen im alten Reichsland. In: Aus Ur- und Frühgeschichte (1962) 152.

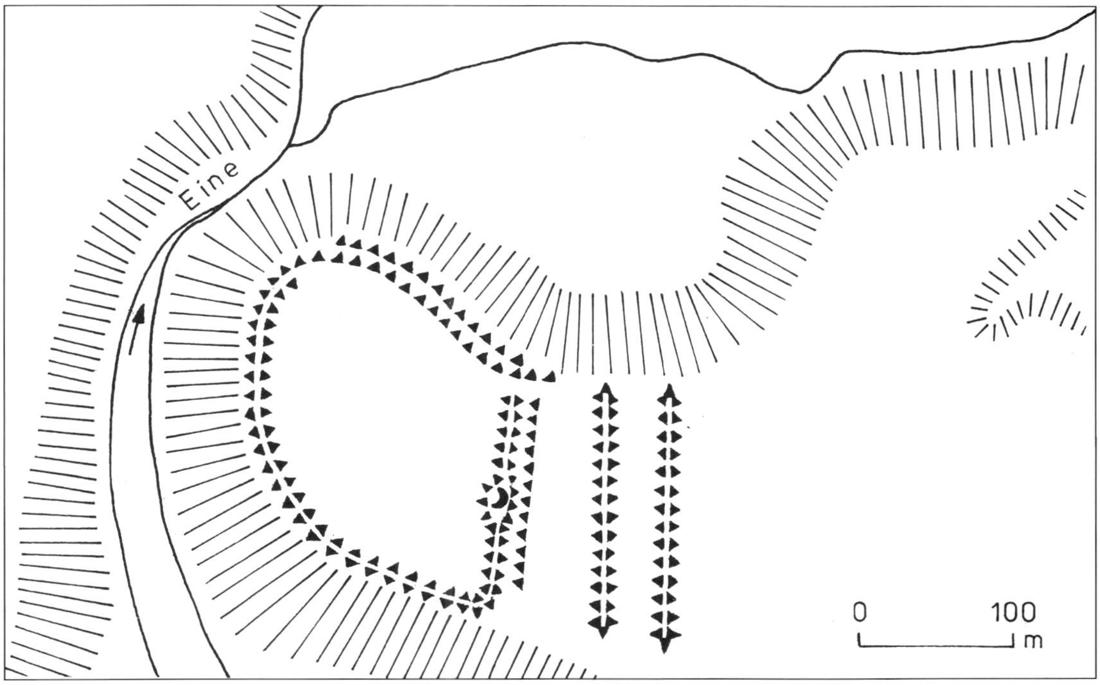

Abb. 27 Aschersleben. Kr. Aschersleben. Alte Burg. Im Wall der Hauptburg das Fundament eines Turmes (nach Grimm 1965).

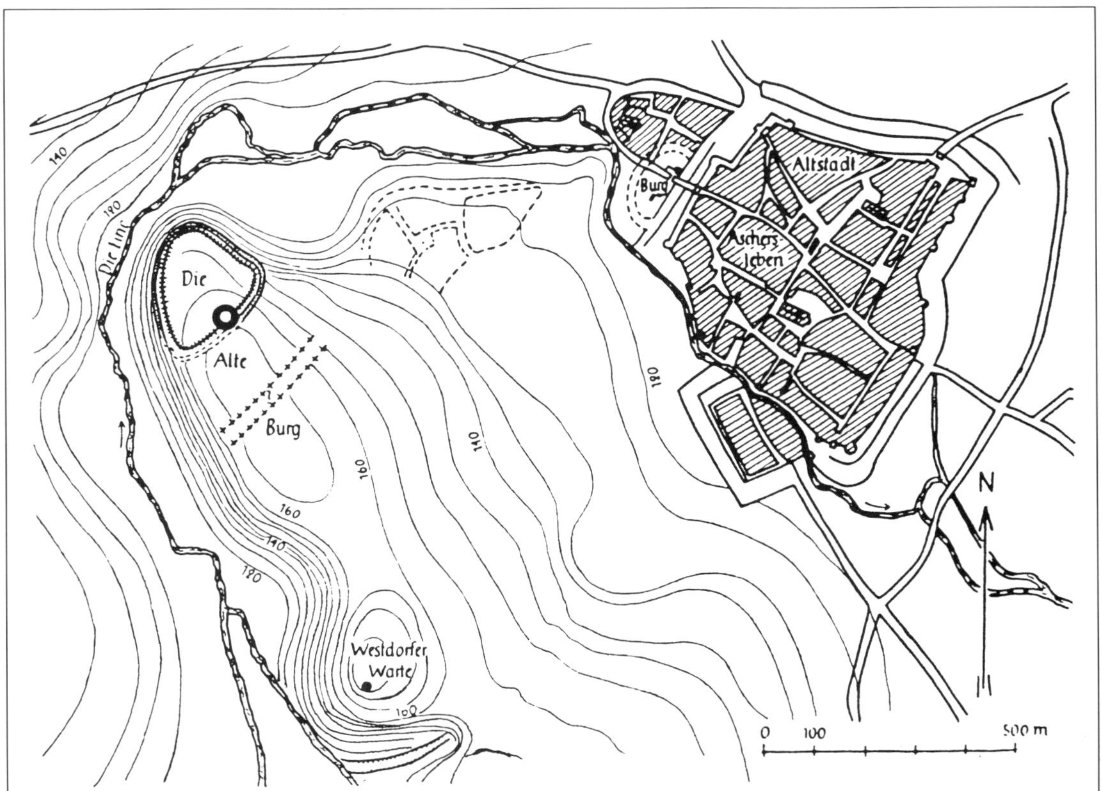

Abb. 28 Aschersleben, Kr. Aschersleben. Stadt und Alte Burg (nach Mrusek in: Burgen und Schlösser 1961, H. 2).

Ziehen wir aus den vorstehenden Ausführungen das Fazit, so stellt sich uns die Salierzeit im Hinblick auf den Befestigungsbau als eine Zeit des Übergangs dar. Das gilt für das ganze hier zugrunde gelegte Arbeitsgebiet uneingeschränkt, für das Harzvorland und Thüringen ebenso wie für das ehemalige slawische Siedlungsgebiet östlich der Saale, und zwar ohne daß bisher zeitliche und inhaltliche Unterschiede zwischen ihnen erkennbar würden. Zugrunde lag dem der einheitliche gesellschaftliche Auf- und Ausbau des betrachteten Territoriums, die in die gleiche Richtung wirkende Entwicklung der Produktivkräfte, das Ringen von Reichs- und Territorialgewalten um die Schaffung möglichst geschlossener Herrschaften und das Bemühen um deren Sicherung durch geeignete Machtmittel. Die Konsequenz war ein Burgenbau, der mit dem Streben nach einem ständig wachsenden Sicherheitsbedürfnis verbunden war, wie es im Ausweichen auf siedlungsferne, natürlich gut geschützte Höhen, die Verstärkung des Befestigungssystems, insbesondere durch die Einführung der gemörtelten Steinmauer, die Verkleinerung der Burgfläche, den Aufbau von Steintürmen und die Anlehnung der Gebäude an die Ringmauern zum Ausdruck kam. Wo ältere Befestigungen diesen Ansprüchen nicht mehr Rechnung trugen und diese auch durch geeignete Maßnahmen nicht realisierbar waren, wurden sie wiederholt in Burgstifte umfunktioniert[84]. Fragen der Repräsentation spielten beim salischen Burgenbau zunächst wohl nur eine untergeordnete Rolle, wie die anfangs schlichte Ausführung der runden und eckigen Türme, der festen Häuser und Kapellen vermuten läßt. Es war der Steinbau selbst, der Macht und Wohlstand demonstrieren sollte und konnte. Im Zentrum stand der herrscherliche Anspruch, den es zunächst durchzusetzen galt und der sich auch in der jetzt üblich werdenden burgengebundenen Namengebung widerspiegelt. Hinter den neuen Mauern war bestenfalls Platz für den Burgherrn selbst, seine Familie und ein kleines Gefolge. Als Fluchtburg standen sie der Umgebung nicht mehr zur Verfügung.

Manche Burg trug allein temporären Zielen Rechnung, bildete einen militärischen Stützpunkt und diente dem Schutz bzw. der Kontrolle von Straßen und Pässen. Andere Burgen waren von vornherein stärker auf Dauer angelegt und entwickelten sich folgerichtig mit der Zeit zu herrschaftlichen Zentren. Den eigentlichen Durchbruch in dieser Beziehung brachte jedoch erst die Stauferzeit mit ihren reich gegliederten Fassaden der Palasbauten und den Doppelkapellen. In ihnen erreichte der mittelalterliche Burgenbau eine neue Qualität, einen neuen, seinen eigentlichen Höhepunkt.

84 Streich (Anm. 22) 483, sieht in der Gründung dieser Burgstifte »Ansätze zu frühen landesherrlichen Burgen«.

KATALOG

1. Aschersleben, Kr. Aschersleben (Abb. 27 u. 28)

Alte Burg

Drei frühgeschichtliche Burgen konnte die Forschung im Umkreis der Stadt Aschersleben nachweisen (P. Grimm 1958, 195 f.). Unter diesen kommt der Alten Burg auf dem Wolfsberg eine besondere Bedeutung zu (Abb. 27). Diese annähernd dreieckige, sich in Spornlage rund 40 m über dem Einetal erhebende Befestigung von 160×180 m Fläche ist allseitig von einem Wall umgeben. Zwei weitere Wälle schützen im Osten zusätzlich gegen die Hochfläche (Abb. 28) (P. Grimm 1965, 89 ff.). Angelegt wurde die Burg vermutlich im frühen Mittelalter. Ein Schnitt im Innern, unmittelbar hinter dem Hauptwall, ergab keine Kulturschicht. Der angeschnittene Wallfuß könnte auf Zweiphasigkeit der Anlage hindeuten. Funde aus dem Humus gehören ins 11./12. Jahrhundert. In der Mitte des östlichen Wallteiles sind die Reste eines runden Turmes von 14,2 m Durchmesser und 3,5 m Mauerstärke erhalten, dessen innere Mauerfüllung nach Art eines »Fischgrätenmusters« gepackt ist. H. Wäscher (1962, 90 f.) gibt mit 15,9 m Durchmesser und 4,25 m Mauerstärke nach oben abweichende Maße. Außerdem deutet er die Existenz eines Mauerringes im Sinne eines Zwingers um den Turm an. Aufgrund baugeschichtlicher Überlegungen ist dieser Turm ins 11./12 Jahrhundert zu datieren. P. Grimm (1965, 92) möchte seine Entstehung mit der Niederlassung Albrechts des Bären Mitte des 12. Jahrhunderts in Aschersleben in Verbindung bringen. Anfang des 14. Jahrhunderts erscheint die Alte Burg als in *veteri urbe* bzw. *antiquum castrum* erstmals in der Überlieferung (Cod. dipl. Anh. III, Nr. 352 u. 389).

2. Bad Frankenhausen, Kr. Artern (Abb. 20; vgl. auch Abb. 6)

Kyffhäuser-Burgen

Auf einem 800 m langen östlichen Ausläufer des Kyffhäuser-Gebirges, rund 200 m hoch über der Goldenen Aue gelegen, befinden sich die drei durch Gräben voneinander getrennten Kyffhäuser-Burgen (Abb. 20) (H. Wäscher 1959; 1962, 109 ff.; F. Stolberg 1968, 224 ff.). Ihre Anfänge liegen noch weitgehend im Dunkeln, zumal die schriftliche Überlieferung erst spät einsetzt. Es kann jedoch kaum ein Zweifel daran bestehen, daß ihre Errichtung in engem Zusammenhang mit der Verwaltung und besonders der Sicherung des gerade im Südharz umfangreichen Reichsgutes steht (H. Eberhardt 1960). Sicher ist auch, daß die etwa 600 m lange und 40–66 m breite, durch eigene Ringmauern in Ober-, Mittel- und Unterburg dreigeteilte Anlage nicht gleichzeitig entstand. Dafür sprach sich schon H. Wäscher (1959) aufgrund seiner bauhistorischen Untersuchungen aus. Eine Analyse der während der Grabungen 1934–1938 (G. Neumann) geborgenen Keramik (W. Timpel 1990) hat im Gegensatz zur Annahme von H. Wäscher jedoch ergeben, daß die Oberburg die ältere der drei Anlagen ist und schon in der ersten Hälfte des 11. Jahrhunderts, eventuell sogar bereits im späten 10. Jahrhundert entstanden ist. Die Unterburg ist jünger, muß aber auch bereits vor der Zerstörung der Burgen in den Auseinandersetzungen zwischen Kaiser Heinrich V. und dem sächsischen Herzog Lothar von Supplinburg 1118 bestanden haben. Nur in diesem Sinne wird ein auf ihr ergrabener, ausgeprägter Brandhorizont zu interpretieren sein. Dieses Datum stellt zugleich die Erstnennung der Kyffhäuser-Burgen dar. Allerdings dürfte sie nach dem Zeugnis der Bodenfunde nicht wesentlich vor dem 12. Jahrhundert entstanden sein.

Seine Blüte erlebte das Burgenensemble im 12. und 13. Jahrhundert, wobei der Oberburg in dieser Zeit offenbar die Funktion der Haupt- oder Kernburg zukam. Dafür sprechen vor allem die nur hier in auffallender Anzahl und Qualität geborgenen Funde, unter ihnen z. B. kunstvoll gearbeitete, z. T. vergoldete Metallgegenstände. Herrscheraufenthalte sind für diese Zeit in ihren Mauern freilich nicht bezeugt, dagegen Reichsministeriale, denen möglicherweise auch die Verwaltung der unterhalb des Kyffhäusers gelegenen Pfalz Tilleda (vgl. Abb. 6) oblegen haben könnte.

Während die bei den Ausgrabungen 1934/38 geborgenen urgeschichtlichen Funde und Befunde, unter ihnen auch Reste einer in die Mitte des 1. Jahrtausends v. u. Z. zu datierenden ältereisenzeitlichen Befestigung, bereits länger publiziert sind (G. Neumann 1940), fanden das nichtkeramische mittelalterliche Material und, in Verbindung damit, die Baubefunde noch keine Aufarbeitung. Von grundlegender Bedeutung ist deshalb noch immer die Bearbeitung der Anlagen durch den Architekten H. Wäscher (1959), die sich freilich ohne Berücksichtigung der Grabungsergebnisse nur auf die sichtbare bzw. auch die freigelegte Bausubstanz stützt, und diese unter bauhistorischen Gesichtspunkten zu datieren versucht. Während entsprechend der historischen Bedeutung das aufgehende Mauerwerk weitgehend der staufischen Blütezeit seinen Ursprung verdanken wird, und dort tatsächlich auch vielfache Parallelen findet, reicht die Topographie des Befestigungssystems, zumindest in ihren Grundzügen, bereits in die salische Zeit zurück.
Die Oberburg ist durch zwei Abschnittsgräben in sich dreigegliedert. Der Zugang erfolgt von Süden durch ein Kammertor, das sogenannte Erfurter Tor. Der östlich anschließende Teil, wie übrigens auch wesentliche Teile der mittleren Burg durch einen seit dem 15. Jahrhundert betriebenen Steinbruch und beim Bau des Kyffhäuser-Denkmals 1890–1896 weitgehend zerstört, muß einst Ort vor allem der Repräsentationsbauten, unter ihnen wohl auch einer Kirche mit Mosaikfußboden, und von Wohnbauten gewesen sein. Vom mittleren Teil der Oberburg ist an der Nordmauer ein 176 m tiefer Brunnen erhalten. Reste weiterer Bauten, unter ihnen vermutlich ein größeres Palasgebäude, lassen sich nachweisen. Der Zugang zum westlichen Teil der Oberburg erfolgte über eine Zugbrücke. Sein Bild wird heute durch die Ruinen eines viereckigen Bergfriedes, des sogenannten Barbarossa-Turmes, geprägt. Er hat einen Grundriß von 10,2×10,8 m, seine Grundmauern sind 2,8–3,2 m dick. Buckelquadermauerwerk prägt das Äußere dieses kombinierten Wohn- und Wehrturmes. Hinzu treten Überreste weiterer Gebäude unterschiedlicher Größe. Gegen die Hochfläche schützen drei Wälle und Gräben.
Von der mittleren Burg sind nur Teile einer Mauer und Reste je eines viereckigen und eines runden Turmes erhalten. Die etwa 50 m tiefer liegende Unterburg war ebenfalls in sich zweigeteilt. Der Zugang, wiederum durch ein einfaches Kammertor, liegt in ihrem westlichen Teil. Im Inneren standen ein runder Bergfried, Wohnbauten und ein Wohnturm. In der östlichen Hälfte wurden die Überreste einer Kapelle, im 15. und 16. Jahrhundert ein vielbesuchter Wallfahrtsort, Wohn- und Wirtschaftsbauten, eine Zisterne sowie die Fundamente eines Rundbaues, vermutlich der alten Burgkirche, freigelegt. Der Nordteil der die Unterburg einschließenden Wehrmauer ist streckenweise noch in der ursprünglichen Höhe von rund 10,5 m erhalten. Gegen Osten wird die Unterburg durch zwei Gräben und einen Wall mit Stützmauern zusätzlich abgesichert.

3. Bad Frankenhausen, Kr. Artern (Abb. 21)

Rothenburg

Auf nach NW vorspringendem Sporn des Kyffhäuser-Gebirges liegt die Ruine der Burg Rothenburg (F. Stolberg 1968, 320 ff.). Ringmauer, Graben und Vorwall umgeben eine annähernd ovale Anlage von 50×50 m Größe. Der Mauer sind im SW drei Kellerräume angefügt, unter denen in den dreißiger Jahren Mauern eines kleinen romanischen Palas und einer Kapelle freigelegt wurden. Wie der im SO gelegene runde und noch etwa 16 m hoch erhaltene Bergfried von 12 m Durchmesser, bei 2,7 m Mauerstärke, sind auch sie aus Granit errichtet. Sie dürften damit insgesamt zur ersten, gegen 1100 erbauten Burg gehören. Palas und Kapelle im NO sind jünger und kennzeichnen eine Ausbauphase des frühen 13. Jahrhunderts. Ein frühgotischer Wohnbau fiel bis auf seine Südmauer dem 1906 errichteten Bismarckturm zum Opfer. Neuzeitliche Baumaßnahmen zerstörten auch eine nordöstlich gelegene und durch einen Halsgraben geschützte Vorburg. Im Hof der Hauptburg fanden sich ferner Reste einer Zisterne sowie eine die Burg in eine Ost- und eine Westhälfte trennende, 1937 abgebrochene Mauer. Als erster Namensträger begegnet 1103 ein Christian von Rothenburg. Die Burg selbst erscheint 1202 erstmals in den Quellen. 1209 nennen sich die Grafen von Beichlingen Burggrafen von Rothenburg und Kyffhausen.

4. Bösleben, Kr. Arnstadt (Abb. 26)

† Gommerstedt

Ausgrabungen des Museums für Ur- und Frühgeschichte Thüringens in Weimar (W. Timpel) im Bereich der Wüstung Gommerstedt in den Jahren 1964–1971 führten zur vollständigen Freilegung einer mehrphasigen mittelalterlichen Siedlung (W. Timpel 1982). Nach der ältesten, bei den Ausgrabungen geborgenen Keramik erfolgte die erste Ansiedlung am Ort bereits im späten 7. Jahrhundert, vermutlich im Rahmen des fränkischen Landesausbaus. Ein kleiner unbefestigter Hof wurde freigelegt, der bis in den Anfang des 9. Jahrhunderts bestand. Für diese Zeit läßt sich aufgrund von Schenkungen am Ort Besitz der Klöster Fulda und Hersfeld nachweisen.

Ende des 10. Jahrhunderts bzw. in der ersten Hälfte des 11. Jahrhunderts spiegeln Änderungen in der Siedlungsstruktur die Polarisierung gesellschaftlicher Widersprüche wider. Deutlich von der Siedlung abgesetzt, wurde im sumpfigen Gelände ein flacher Hügel (Motte) aufgeschüttet und mit einem Graben umgeben. Auf ihm errichtete man ein Gebäude aus Holz, dessen acht Pfosten eine Innenfläche von 6,2×3,6 m umstanden. Der Ausgräber rekonstruiert daraus ein festes Haus, keinen Turm. Zugleich wurde die Siedlung durch einen Graben befestigt. Er schloß diese und eine in derselben Zeit entstandene Holzkirche an die Motte an. In den folgenden 150 Jahren wird der Schutz der Siedlung durch Wall und Graben verstärkt, zugleich belegen kleine einräumige Häuser mit Lehmwänden auf unregelmäßigen Steinfundamenten die erste Steinbauphase am Ort.

Gegen Ende des 12./Anfang des 13. Jahrhunderts erbaut man dann auf dem Burghügel einen Turm mit massivem Steinfundament und errichtet einen Anbau. Der Turm besaß eine Grundfläche von 5,4×5,6–6 m, bei 1,1–1,25 m starken Mauern. Er dürfte mehretagig gewesen sein. Der Rand der Motte wurde mit einer Steinmauer befestigt, an die weitere Gebäude angebaut waren. Der Zugang erfolgte über eine Brücke und durch ein zwischen die parallel zueinander auslaufenden Mauern gesetztes Tor. Die Holzkirche wird durch einen einschiffigen Steinbau abgelöst. Die weitere Entwicklung bis zur Auflösung des Komplexes am Ende des 14. Jahrhunderts ist immer deutlicher durch die Ausprägung seines herrschaftlichen Charakters gekennzeichnet. Burg, Kirche und Scheune stehen in der Siedlung vier Höfe gegenüber. Ökonomische Grundlage dieses kleinen Herrenhofes bildete die Landwirtschaft. Sie ermöglichte dem Herrn, wie Funde und Befunde zeigen, das Führen eines gegenüber den übrigen Bewohnern der Ansiedlung gehobenen Lebensstandards.

5. Elbeu, Ortsteil von Wolmirstedt, Kr. Wolmirstedt (Abb. 14)

Hildagsburg

1,4 km südöstlich Elbeu, westlich der Alten Elbe, liegen auf einer leichten Erhöhung in der Elbaue die Überreste der Hildagsburg (H. Dunker 1953, 210ff.; B. Schwineköper 1975, 109f.). Umfangreiche Beobachtungen und Grabungen während des Baues des Mittellandkanals 1926–1929 ergaben Aufschluß über die Geschichte des Platzes. Einer germanischen Siedlung des 1.–3. Jahrhunderts und einer (oder von zwei ?) slawischen Befestigung folgte im späten 10. Jahrhundert der Bau der deutschen Hildagsburg, die 1129 zwar im Streit um die Nordmark durch Markgraf Albrecht den Bären zerstört wurde, danach aber wohl erneut aufgebaut worden war. 1134 bezeichnete sich Albrecht selbst kurzfristig als Markgraf von Hildagsburg. Noch 1196 erscheint die Burg als erzbischöflich-magdeburgisches Lehen in askanischem Besitz. Die Burg sicherte seinerzeit den Verkehr über die Elbe. Zugleich verband sie die nördlich und südlich liegenden Besitzungen der Askanier. Die Bürger des benachbarten Elbeu waren zur Burghut verpflichtet. Danach muß infolge von Elbverlagerungen ein allmählicher Verfall der Burg eingesetzt haben, lediglich die Kapelle bestand als Wallfahrtsort noch Jahrhunderte fort. – Mitte des 11. Jahrhunderts waren in der Burg vermutlich Münzen geprägt worden.

Im Unterschied zur vorhergehenden slawischen Befestigung ist die deutsche Burg zweiteilig. Der rund 2 ha großen Hauptburg war im Westen eine größere Vorburg vorgelagert, die durch Wall, Graben und Berme geschützt wurde. Der 10 m breite Wall, aus dem Aushub des gleichbreiten Grabens aufgeschüttet, war offenbar durch Faschinen befestigt worden. Der Innenraum blieb unbesiedelt. Nur ein Astverhau, in einen schmalen Graben mit senkrechten Wänden gesetzt, bildete eine weitere Innengliederung. Die Ausgrabungen in der Hauptburg zeigten, daß sie sich im wesentlichen an den Grundriß der vorausgehenden slawischen Befestigung anlehnte. Durch eine Erdschüttung von ca. 15 m hatte man allerdings die Basis für den Wehrmauerbau im Süden und Westen wesentlich verbreitert. Zugleich strebte man eine Begradigung des Wehrverlaufes an. Auf dem so vorbereiteten Fundament errichtete man im Süden und Westen zwei Wehrmauern. Von ihnen war die innere in einer ersten Phase offensichtlich ebenfalls noch als Holzerdemauer errichtet, wie die Befunde im SW der Befestigung erkennen lassen, und als solche um die gesamte Anlage geführt worden. Doch hatte man, wie die übrigen Teile und das Tor zeigen, bereits mit ihrem Umbau in kalkgemörteltem Schalenmauerwerk begonnen. Hinter die Innenmauer stellte man an die Westseite einen massiven quadratischen Turm von 6,25 m Innenmaß. Er war unmittelbar an die Mauer angelehnt, mit ihr im Fundament jedoch nicht verzahnt. Die umfangreichen Schuttmassen lassen auf eine ursprünglich beträchtliche Höhe des Turmes schließen. Ein Holzbau soll ihm vorausgegangen sein. Lehm- oder Kalkmörtel banden auch Schalenmauerwerk und Innenfüllung der zwingerartig in 13 m Abstand im Süden und Westen vorgeblendeten äußeren Mauer. Das Tor befand sich im Südosten und war durch Wehreinrichtungen zusätzlich geschützt. Der Zugang erfolgte von Süden her über eine Holzbrücke. Sie überquerte die hier und im Westen dem Zwingerwerk vorgelagerten zwei Gräben.
Die Aussagen zur Struktur und Innenbesiedlung der Hauptburg blieben nur begrenzt. Baubefunde und Scherbenstreuungen sprechen am ehesten für eine an die Innenbefestigung angelehnte Bebauung von aus Lehm aufgeführten, nicht unterkellerten Häusern. Auf der Westseite ließen sich dazu unter den Versturzschichten der Befestigung Einzelheiten ermitteln. Hier waren Gebäude von mindestens 5,5 m Breite und 7,5–8 m Tiefe im Bereich der Steinmauer mit ihrer Rückwand direkt an diese gestellt worden, während sie im Bereich der Holzerdemauer einen Abstand von ca. 3 m bewahrten. Die Gebäude besaßen Herdstellen. Ein Haus war zweiräumig. Die Hauswände bestanden aus Flechtwerk, das wie die Fußböden mit Lehm verstrichen war. Die nach dem Zerfall der Burg fortbestehende Kapelle lag wenig nördlich der südlichen Zwingermauer. Zahlreiche Funde ermöglichten einen näheren Einblick in die Lebensbedingungen der Zeit (H. Brachmann u. E. Faust 1973, 215 ff.).

6. Freienbessingen, Kr. Sondershausen

Über Ausgrabungen im Bereich eines teilweise überbauten Burghügels am Ortsrand von Freienbessingen liegen bisher nur Kurzberichte vor (W. Timpel 1979, 357 f.; 1983, 226). Der Burghügel war in einer 200×270 m großen, rechteckigen Wallanlage vermutlich frühgeschichtlichen Ursprungs errichtet worden. Die Grabungen ergaben Teile der Fundamente eines zentralen Gebäudes, eine starke Befestigungsmauer am oberen Rand des Hügels und einen vorgelegten, 2,5 m tiefen Graben. Unmittelbar neben dem Hügel liegt die heute wüste Kirche. Durch die Keramik wurde ein Siedlungsablauf für das 11./12. Jahrhundert bis 15. Jahrhundert erschlossen.

7. Freyburg, Kr. Nebra (Abb. 10 u. 22)

Neuenburg

Oberhalb einer Furt durch die Unstrut liegt auf einem nach Westen vorspringendem Bergsporn die Neuenburg, eine Gründung der späteren Landgrafen von Thüringen aus dem späten 11. Jahrhundert. Ihre heutige Bebauung ist das Ergebnis eines jahrhundertelangen historischen Prozesses. Nur mit Schwierigkeit ist es möglich, aus dieser Substanz das Werden des Ganzen zu rekonstruieren. Es ist das

Verdienst des Bauhistorikers H. Wäscher (1955), diesen Versuch unternommen zu haben. Danach ist die durch Gräben dreigeteilte Burg in mehreren Phasen entstanden. Am Anfang (Abb. 10a) stand eine ovale Hauptburg mit rundem Bergfried, Kapelle und an die Ringmauer angelehnten Wohnbauten. Ein Spitzgraben bot zusätzlichen Schutz. Durch die Anlage von Zwingerbauten und den Ausbau der Vorburg mit einem zweiten Bergfried sowie die Errichtung des Palas erfuhr die Befestigung im Laufe des 12. Jahrhunderts eine erste Verstärkung (Abb. 10b). Um 1200 wurde der Komplex zur landgräflichen Residenz ausgestaltet. Neuere bauarchäologische Forschungen haben dieses Bild im Detail nicht unwesentlich bereichert (R. Schmitt 1989, 140f.). Sie betreffen das zeitliche Verhältnis von Kapelle und Bergfried, also zwei wesentliche Elemente der Hauptburg (Abb. 22). Das Fundament dieses nicht mehr bestehenden Turmes war bei Arbeiten an der Kapelle bereits 1939 zufällig entdeckt worden. Es handelte sich um einen ersten Turm von 12 m Durchmesser und 2,4 m Mauerstärke, der bald nach seiner Erbauung eine Verstärkung der Mauer durch einen 2 m dicken Mantel erfahren hat. Damit vergrößerte sich der Turmdurchmesser auf 16 m. Schon H. Wäscher erkannte, daß dieser Turm mit dem Ausbau der Kapelle kollidierte, und, da die Apsis der Kapelle das verbreiterte Fundament überlagert, frühzeitig abgerissen worden sein muß. Die neuen Untersuchungen konnten dieses Bild weiter klären und chronologisch präzisieren. Danach könnte der erste Kapellenbau, der keinen Vorgänger besaß, im mittleren 12. Jahrhundert errichtet worden sein, d. h. aber, daß der Turm »und die ihn verstärkende Ummantelung, sofern dies alles je fertig geworden ist, ... älter als der erste Kapellenbau mit seiner Apsis sein (müssen)« (R. Schmitt 1989, 141). Der Turm wäre deshalb mit der ersten Befestigung des Bergsporns im späten 11./frühen 12. Jahrhundert zu verbinden. Der Umbau der Kapelle zu der heute noch bestehenden Doppelkapelle war dann erst das Ergebnis der bereits genannten Umbauten um 1200 und wird ins erste Jahrzehnt des 13. Jahrhunderts datiert.
Außerhalb der Kernburg, parallel zu ihrer Erweiterung nach Süden, baute man an die Ringmauer einen neuen Wohnturm an, der als eindrucksvolles Zeugnis romanischer Profanarchitektur mit seinen 9×9 m Grundfläche und etwa 20 m Höhe bis heute erhalten ist. Erneut wurde die Befestigungsanlage verstärkt. Eine zweite Vorburg, wiederum mit einem Bergfried, entstand. Der Zugang erfolgte von Osten durch die Vorburgen. Der heutige Eingang im SW ist das Ergebnis erst von Aus- und Umbauten des 16. Jahrhunderts.

8. Giebichenstein, Ortsteil von Halle, Stadtkreis (Abb. 5 u. 29–30)

Rund zwei Kilometer nördlich der Altstadt von Halle befindet sich der mittelalterliche, dreiteilige Siedlungskomplex von Ober- und Unterburg Giebichenstein sowie der sogenannten Alten Burg (Amtsgarten) (Abb. 29). 961 erscheint die *civitas Giuicansten* erstmalig in der schriftlichen Überlieferung (DO I, 231). Thietmar von Merseburg (Chron. VI, 70–73) erwähnt 1012 im Zusammenhang mit dem Ableben von Erzbischof Walthard von Magdeburg in Giebichenstein eine Kemenate und eine Kapelle, zwischen die man die Eingeweide des soeben Verstorbenen beigesetzt hatte. Dann schweigen die Quellen. Erst im 12. Jahrhundert wächst die Überlieferung wieder rasch an. Schließlich ist zu 1154 die erste Beurkundung am Ort durch Erzbischof Wichmann belegt. Während die sogenannte Unterburg als erzbischöfliche Residenz erst in der Mitte des 15. Jahrhunderts entstand, blieb die Zuordnung der älteren Überlieferung zu Oberburg oder Alte Burg bisher umstritten.
Antwort darauf gaben die Grabungen des Kunsthistorischen Institutes der Martin-Luther-Universität Halle/Wittenberg (H.-J. Mrusek), die von 1961–1970 in der Oberburg stattfanden (Abb. 30) und zur Freilegung der gesamten Anlage führten (H.-J. Mrusek 1989). Dabei und bei Nachuntersuchungen durch das Landesmuseum für Vorgeschichte Halle (J. Schneider 1975) erwies sich, daß die Bebauung des Porphyrfelsens in drei Perioden erfolgte, wobei die Siedlungsfläche von ursprünglich etwa 20×50 m durch Aufschüttung und Stützmauern allmählich auf rund 40×90 m vergrößert wurde. Ihre Blütezeit erlebte die Befestigung in der zweiten Hälfte des 12. Jahrhunderts, in der die Burg bei maximaler Ausnutzung des Baugrundes zu einer Randhausanlage von unregelmäßigem Umriß mit Ringmauer, Tor-

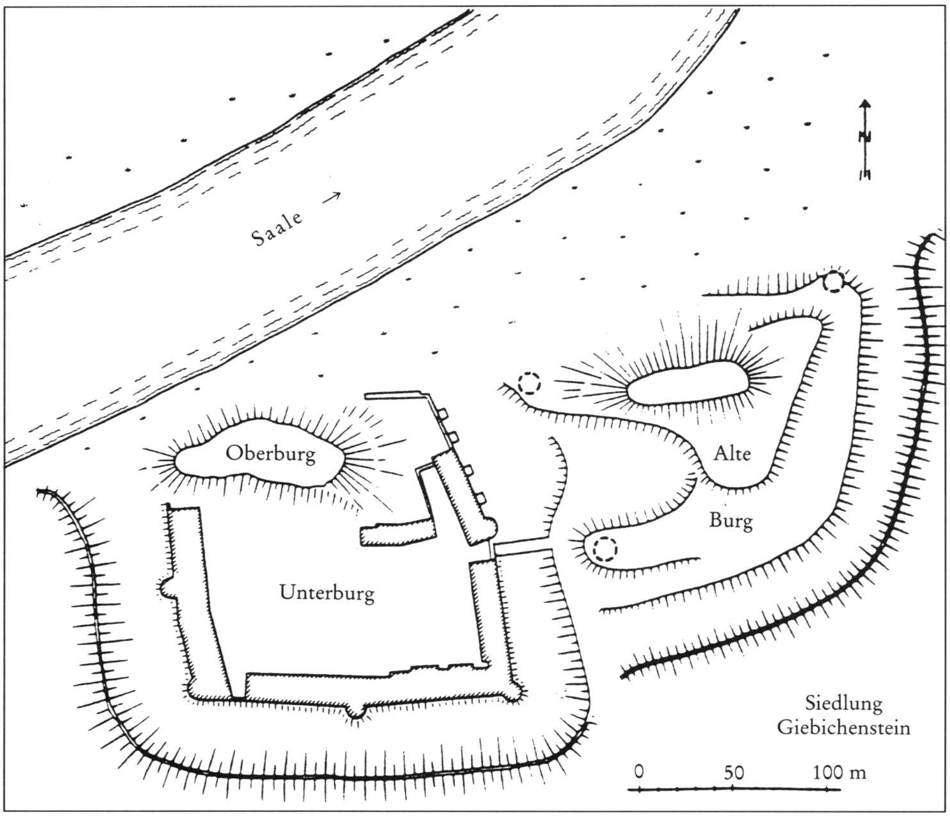

Abb. 29 Halle-Giebichenstein. Rekonstruktion der Gesamtburg Giebichenstein: die Alte Burg mit Wall und Graben; Annahme von drei Wehrtürmen auf den vorgeschobenen Geländeausläufern (nach Mrusek in: Burgen und Schlösser 1972, H. 2).

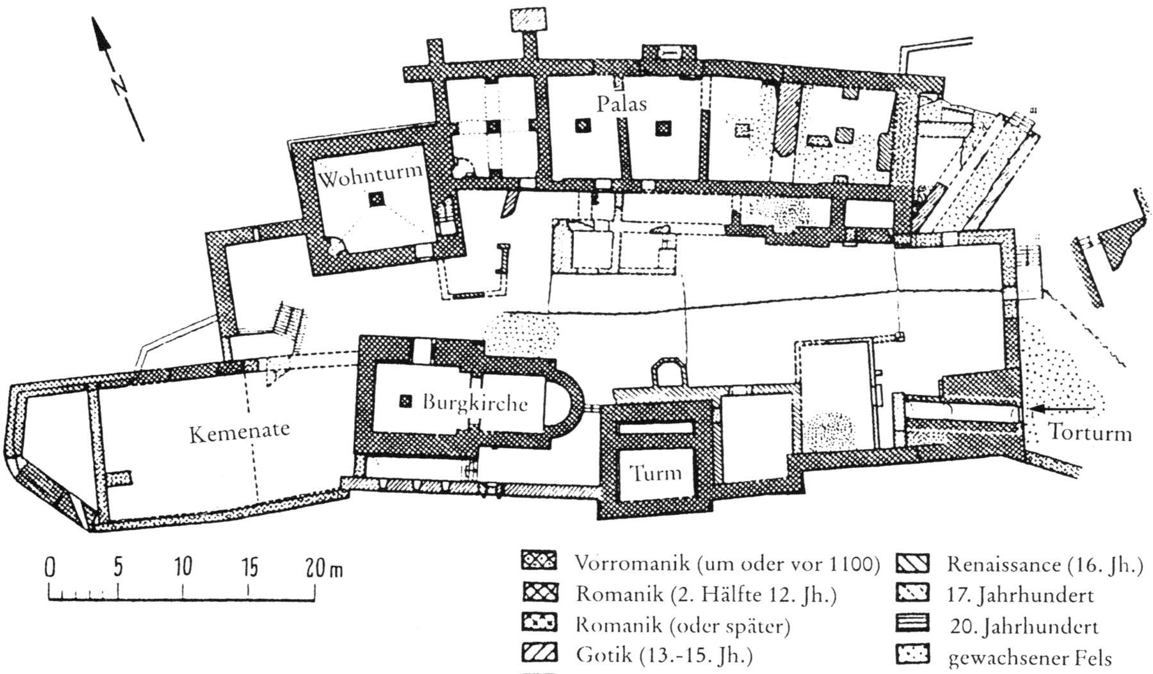

Abb. 30 Halle-Giebichenstein. Burg Giebichenstein. Freigelegte Oberburgruine mit den Grabungsergebnissen: Randhausburg der romanischen Zeit mit älteren und jüngeren Mauerteilen (nach Mrusek; der Plan gibt den Stand der Forschung 1972 wieder).

und Wehrturm, Burgkirche, Kemenate, Wohnturm, Palas u.a. Gebäuden ausgebaut wurde. Dieser Bebauung voraus gingen im 11. Jahrhundert eine ältere Phase der Ringmauer sowie zumindest die zu 1012 überlieferten Gebäude. Während der bauarchäologische Nachweis der letzteren nicht mit Sicherheit gelang, ist ihre Existenz auf der Oberburg dennoch vorauszusetzen, da die geborgene Keramik gegen J. Schneider für diese Zeit repräsentativ ist und damit durchaus eine Besiedlung des Felsens belegt. Dagegen dürfte sich die ältere Überlieferung des 10. Jahrhunderts noch auf die Alte Burg beziehen, die sich damit und auch durch entsprechende Funde als deren Vorgänger ausweist.

9. Groitzsch, Kr. Borna (Abb. 23–24 u. 31)

Wiprechtsburg

Bei der Wiprechtsburg handelt es sich um eine zweiteilige Befestigung in Spornlage über dem Elstertal. Ausgrabungen des Landesmuseums für Vorgeschichte Dresden (H.-J. Vogt) von 1959–1967/68 in der östlichen Hälfte der Hauptburg zeigten, daß die Befestigung in dieser Zeit bereits über einen längeren Zeitraum bestand (H.-J. Vogt 1987). Der Ausgräber bringt die Gründung der Anlage mit Maßnahmen der Ottonen im Zuge der Eroberung und Festigung des ostsaalischen slawischen Territoriums in der ersten Hälfte des 10. Jahrhunderts in Verbindung. Als die Anlage 1073 als Burgward erstmals in der schriftlichen Überlieferung erscheint (Ann. Pegav.; MGH. SS. XVI, S. 236), befindet sie sich in den Händen des Markgrafen der Nordmark, eines Verwandten des salischen Königshauses, der diesen ehemaligen Reichsbesitz in dieser Zeit im Tausch gegen Ländereien im westelbischen Balsamerland an Wiprecht von Groitzsch vertauscht. Die Belehnung Wiprechts erfolgte 1080 durch den Bischof von Zeitz. Für die gleiche Zeit berichten die Pegauer Annalen die Erneuerung der Burg und den Bau von zwei starken Türmen. Vorausgegangen war dem Ereignis offenbar ihre Zerstörung in der Folge der Niederlage König Heinrichs IV., zu dessen Parteigängern Wiprecht seit Anfang 1080 gehörte.
Stand der Charakter der Anlage in den ersten zwei Burgperioden noch weitgehend in slawischer Befestigungstradition (Abb. 24a), so folgte der Wiederaufbau nun einer völlig neuen Konzeption (Abb. 24b). An die ausgebrannte Wallmauer der Burg II wurde innen eine Kastenkonstruktion »aus hochkant übereinander gestellten und miteinander winklig verplatteten, 2–4 cm starken Bohlen, die Kästen von 3,8 m Länge und 0,8–3,5 m Breite ergaben« (H. J. Vogt 1987) angebaut, die mit Sand, grobem Kies und Lehm gefüllt waren. Diese Konstruktion, die über 25 m Länge untersucht werden konnte, war im günstigsten Fall noch bis zu 3,2 m Höhe erhalten. Sie umzog die Innenfront des Walles polygonal an der N-, O- und S-Seite. Im Westteil der untersuchten Fläche trennte offensichtlich eine mächtige Erdschüttung die vermutliche Hauptburg in zwei Teile. Zur gleichen Zeit wurde auch der verbrannte Wall der Burgen I und II hinter den Holzkästen mit Sand und Kies überschüttet. Es entstand auf diese Weise ein neuer Wall, der mit einer Basisbreite von 27 m das Burggelände nach Osten erweiterte und das Hofniveau um 8 m überragte. Die Wallkrone, einschließlich der Kästen, die wohl den Druck des Walles abfangen sollten, war 15–18 m breit und trug vermutlich zusätzliche Aufbauten.
Im verbleibenden Hofraum konnten vier sichere, jeweils mit Holz abgedeckte Hofhorizonte erkannt werden, in die eingetieft bzw. auf sie aufgesetzt einzelne kleinere Gebäude freigelegt werden konnten. Sie wurden durch die bereits 1849 entdeckte und nun eindeutig der dritten Burgperiode nach 1080 zuzuweisende Rundkapelle sowie einen bis dahin unbekannten Turmbau ergänzt (Abb. 23 u. 31) (H. Küas 1977, 8 ff.; 1980, 112 ff.). Während H.-J. Vogt (1987, 62 f.) mit dem Rundturm einen der zwei in den Pegauer Annalen (MGH. SS. XVI, S. 242) überlieferten Wehrtürme glaubt identifizieren zu können, sieht H. Küas (1980, 112 ff.) in ihm lediglich einen Wohnturm und damit den Palas der Burg Wiprechts. Die beiden überlieferten Wehrtürme seien durch die Grabungen dagegen nicht gefunden worden. Der Turm war in die Kastenkonstruktion, d. h. die Befestigung der dritten Burg eingebunden und damit älter als diese. Er war aus Bruchsteinen in gemörtelter Schalenmauertechnik aufgemauert. Sein äußerer Durchmesser betrug ca. 13,3 m, der innere Durchmesser 9,3 m und die Mauerstärke ca. 2 m. Das Fundament des Turmes, in Lehm gepackt, war in die Schichten der Burgen I und II eingetieft worden.

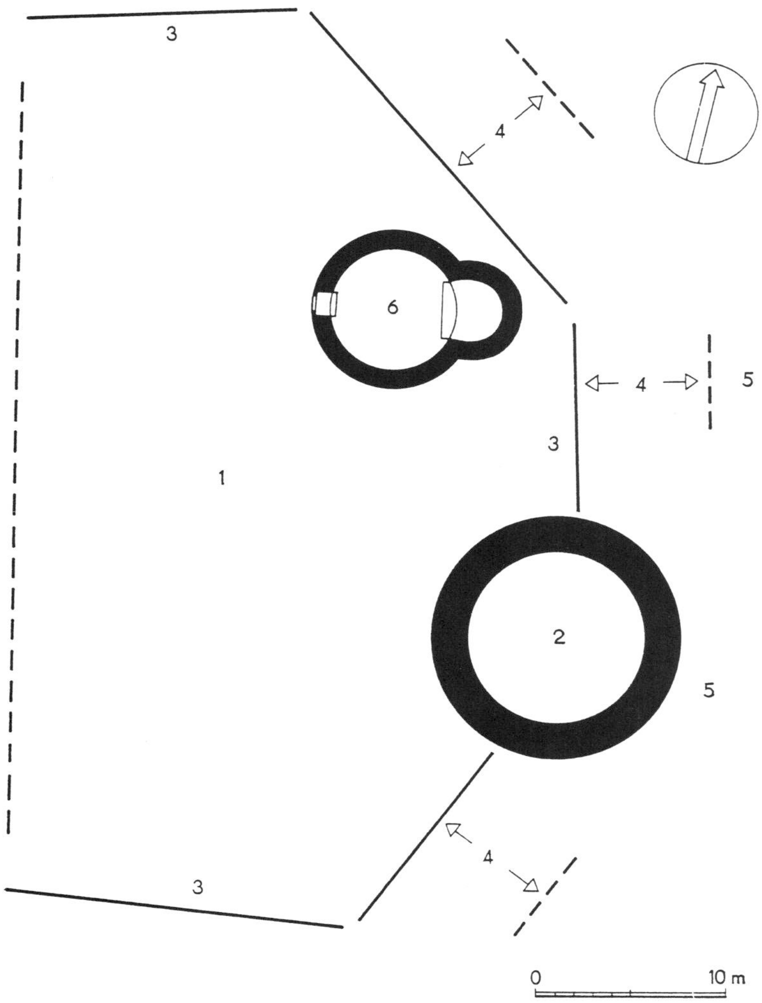

Abb. 31 Groitzsch, Kr. Borna. Wiprechtsburg. Grundriß von Wohnturm und Kapelle der Burg Wiprechts: 1 Hof der Hauptburg. – 2 Wohnturm. – 3 Polygonale Abgrenzung des Burghofes. – 4 Innenwall der neuen Wallanlage; berührt sekundär den Wohnturm. – 5 Hauptwall. – 6 Später errichtete Burgkapelle (nach Vogt 1987).

Etwa 1,6 m über der Sohle verengte sich das Fundament um ca. 10 cm. Das Mauerwerk zwischen den Schalen, in schlechter Mörtelbindung, war horizontal geschichtet, »wobei die Steine öfter schräg zurückgelegt sind, was gelegentlich den Eindruck von ›opus spicatum‹ macht« (H. Küas 1980, 118 Abb. 7b). In der bis auf 6 m Höhe erhaltenen, dem Wall zugewandten Turmseite waren Balkenlöcher für Gerüststangen erhalten. Das Erdgeschoß könnte 4,2 m hoch gewesen sein, bei fünf Geschossen hätte der Turm eine Höhe von rund 22 m erreicht, »wofür die Mauerstärke bei flachgedeckten Stockwerken genügt hätte« (ebd., 118).
Auch das Fundament der Rundkapelle war vom Hofhorizont I der dritten Burg aus in die Schichten der vorhergehenden Burgen eingetieft worden. Während das Fundament aus grobbehauenen Sandsteinen in Lehm gelegt war, erscheint das aufgehende Schalenmauerwerk gut gemörtelt. Der Innendurchmesser der Kapelle beträgt 6,16 m, die Mauerstärke 1,2 m. Östlich ist ihr eine hufeisenförmige Apsis mit kleinem Bogenfenster eingefügt. Kapelle und Turm waren nicht durch einen Gang verbunden, auch ließ sich für erstere keine Empore nachweisen. H.-J. Vogt (1987, 63 ff.) sieht in ihr eine Eigenkirche der Familie Wiprechts. Beachtung verdient wiederholt beobachteter Ziegelbruch verschiedenen Formats, dem bisher frühesten Beleg zur Verwendung und vermutlichen Produktion von Ziegeln östlich der Saale.

Parallel zur Hauptburg ließ sich durch Sondagen eine intensive Besiedlung auf der sich östlich anschließenden Vorburg erweisen, für die an der Ostseite durch eine Palisade mit äußerer Aufschüttung eine eigene Befestigung nachgewiesen werden konnte. Es ist möglich, daß in dieser Zeit in der Vorburg auch bereits ein weiterer Kirchenbau bestand. Das Ende der Burgphase setzt der Ausgräber um 1120 an. Er verbindet es mit den überlieferten Auseinandersetzungen des Burgherrn mit Kaiser Heinrich V.

10. Groß Lohra, Ortsteil Amt Lohra, Kr. Nordhausen (Abb. 12a)

Schloßberg

In Spornlage, über der Eichsfelder Pforte, erhebt sich der Schloßberg, eine zweiteilige Befestigung von etwa 140×240 m (F. Stolberg 1968, 246ff.; P. Grimm 1974, 59). Graben und Wall trennen eine größere Vorburg von der etwa 60×70 m großen Hauptburg, der eine romanische Rundanlage zugrunde liegt. Ein mächtiger quadratischer Bergfried von 12×12 m im östlichen Teil der Hauptburg ist noch etwa 15 m hoch erhalten. Er bildet das Zentrum der Befestigung. Die Wandstärke des Schalenmauerbaus beträgt 3,4 m. Die Außenwände zeigen eine glatte Quaderverblendung, die Zwischenfüllung ist in Fischgrätenverband gepackt. Nördlich des Turmes steht eine Doppelkapelle. Spätere Bauten haben das Aussehen der romanischen Burg stärker beeinträchtigt. Zu den ältesten Befestigungselementen dürfte der die Hauptburg im Osten begrenzende Abschnittsgraben gehören, der die Anlage hangbegleitend auch im Süden und Westen umfaßt. Unklar sind die Ursprünge. Nach der Burg nennt sich zu 1116 ein mit den späteren Landgrafen von Thüringen verwandter Berengar (H. Eberhardt 1963, 526ff.).

11. Harzgerode, Kr. Quedlinburg (Abb. 7)

Burg Anhalt

Auf einer 80 m langen und 40 m breiten Kuppe über der Selke liegt die Ruine der romanischen Burg Anhalt (B. Schmidt 1989, 702f.). Ausgrabungen 1822 und 1901–1907 belegten die Zweiphasigkeit der Anlage. Während die um 1150 durch Markgraf Albrecht den Bären erbaute zweigeteilte Kernburg trotz späterer Um- und Ausbauten noch gut zu erkennen ist, gehören nach H. Wäscher (1962, 87f.) Ringmauern und die 1902 ergrabenen Fundamente eines Rundturmes von 18 m Durchmesser und 2,8 m Mauerstärke zu einer älteren Befestigungsphase. Beide Bauwerke unterscheiden sich durch die Anwendung von Bruchstein und Gipsmörtel von der jüngeren, durch den Gebrauch von Ziegel im Aufgehenden gekennzeichneten Anlage. Es ist möglich, daß ihre Ursprünge in der Mitte des 11. Jahrhunderts liegen und auf Baumaßnahmen der Askanier zurückgehen, die in dieser Zeit ihre Burg Ballenstedt in ein Kloster (Weihe der Kirche 1046) umgewandelt hatten. Ihre Zerstörung erfolgte um 1140 (Ann. Pegav., MGH. SS. XVI, S. 258).

12. Haynrode, Kr. Worbis (Abb. 1 u. 15)

Hasenburg

Seit 1972 führte das Museum für Urgeschichte Thüringens in Weimar (W. Timpel) Ausgrabungen im Bereich der Hasenburg bei Haynrode durch (Vorberichte durch W. Timpel 1975; 1976; 1979, 350ff. und 1980, sowie durch W. Timpel u. V. Kramer 1977). Das 7,5–8 ha große Plateau der allseitig durch Steilhänge natürlich geschützten Hasenburg erhebt sich 170 m über die Umgebung (Abb. 15a). Es war im Neolithikum, der späten Bronze-/frühen Eisenzeit und in der späten Merowingerzeit besiedelt. 1070 ließ König Heinrich IV. den Berg im Zuge seiner Burgenpolitik befestigen (Lampert von Hersfeld). Wo der Berg keinen ausreichenden natürlichen Schutz bot, wie an der NO- und der O-Seite, wurde dieser durch

Längswall und Graben gesichert. An der Südspitze (Burg I) und an der Nordkante (Burg II) des Plateaus wurden Schanzen herausgeschnitten (Abb. 15b u. 15c).
Nach Aussage der systematisch angelegten Suchschnitte konzentrierte sich die mittelalterliche Besiedlung auf die Südspitze. Sie wurde im wesentlichen vollständig untersucht. Danach handelt es sich um zwei Burgteile, die durch einen hohlwegartigen Zugang voneinander getrennt erscheinen. Ein Tor ermöglichte den Zutritt. Das freigelegte Kammertor von 6×2 m Größe, dessen Wangen an die Felswand gesetzt sind, ist freilich jünger und dürfte nach 1074, vermutlich Anfang des 12. Jahrhunderts errichtet worden sein. Über dem Tor erhob sich ein Holzturm. Aus dem Zuweg führte eine Treppe in den östlichen Teil der Burg I. Abschnittsgraben und Wall sicherten den Sporn gegen das Hinterland. Der Wall sitzt auf dem Felsen auf, er ist in Holzbalkenkonstruktion mit Steinfüllung errichtet worden. Der Graben ist kantig in den Fels eingetieft. Der Innenraum ist durch eine bis zu 3 m breite Mauer in Schalenbautechnik mit Steinfüllung geschützt. Anfangs ist neben ihr wohl auch mit einer Holzpalisade zu rechnen. Von der Spornspitze ist zusätzlich ein Felsvorsprung durch einen nach Norden im Hang auslaufenden Graben abgetrennt. An die Randbefestigung der Burg I angelehnt wurden ebenerdige Gebäude mit Steinfundamenten und vermutlich Blockbautechnik von etwa 4×4 m Grundfläche freigelegt, die neben Keramik auch Goslarer Denare des 11. Jahrhunderts enthielten. In ihnen dürfte die Burgbesatzung untergebracht gewesen sein. Viele Eisenschlacken und -geräte lassen auf Schmiedearbeiten am Ort schließen. Nachgewiesen ist auch die Kalkbrennerei. Ein Haus, das durch seine Größe von ca. 4×8 m auffiel und das über 1 m in den anstehenden Fels eingetieft war, dürfte Unterkunft des Burgverwalters gewesen sein. Die Hausgrube war mit Steinen z.T. in der Technik des opus spicatum ausgemauert. – Vermutlich etwas jünger ist dagegen der westliche Teil der Burg I. Er ist gegen Norden durch einen 4 m hohen Wall und einen tiefen Graben geschützt, die beide am Westhang ansetzen und über den Hohlweg hinaus sich auf der östlichen Burgseite fortsetzen. In ihrem Bereich wurden Pfostenhäuser freigelegt. Unter der Keramik dominiert die des 12./13. Jahrhunderts.
An der Nordseite des Plateaus umschließen ein halbrunder Wall und ein vorgelegter Graben die kleine Fläche der Burg II. Der Wallschnitt ergab auch hier eine ursprüngliche Steinmauer, die auf einer Brandschicht mit handgearbeiteter Kugeltopfkeramik errichtet worden war, und die der Ausgräber mit der überlieferten Zerstörung der Anlage 1074 glaubt verbinden zu können. Die jüngere Befestigung bestand bis ins 13./14. Jahrhundert. Steingebäude belegen ihre ständige Nutzung, die insgesamt offensichtlich jedoch geringer als in der Burg I ausgeprägt war.
Mit den Ausgrabungen wurde die durch Lampert von Hersfeld überlieferte Geschichte der Hasenburg bestätigt. Sowohl ihre um 1070 erfolgte Errichtung als auch Belagerung und Zerstörung 1073/74 und ihr Wiederaufbau 1075 ließen sich archäologisch belegen. Abgesehen von z.T. qualitätvoll gearbeiteten Kleinfunden, wie z.B. eine Gürtelschnalle mit zwei emaillierten Löwenköpfchen, bronzene Schreibgriffel u.a., den bereits genannten Münzen sowie einigen gut gemauerten Gebäuden wurden jedoch keine eigentlich repräsentativen Bauten freigelegt. Offensichtlich hatte die Burg eine betont militärische Aufgabe zu erfüllen, oblag ihr die Kontrolle der nördlich vorbeiführenden, das Thüringer Becken mit dem westlichen Harzvorland verbindenen Straße. Dafür spricht auch ihre Lage in einem insgesamt nicht allzu intensiv besiedelten Gebiet.

13. Ilsenburg, Kr. Wernigerode (Abb. 4)

Ilsestein

Auf schmalem Felsgrat, 140 m über dem Ilsetal, entstand Anfang des 11. Jahrhunderts die Burg Ilsestein (P. Grimm o.J.; 1963). Die Erbauer kamen von der naheliegenden Ilsenburg, einer in königlichem Bannforst im 10. Jahrhundert angelegten Reichsburg (J. Schneider 1989, 690 ff.), die 1003 in den Besitz des Bischofs Arnulf von Halberstadt gelangte und der dort ein Benediktinerkloster einrichtete. Die Stiftungsurkunde von 1018 berichtet darüber, daß die bisherigen Bewohner bei dieser Gelegenheit aus der Burg entfernt wurden.

Der Fels wurde im ursprünglichen Zustand bebaut. Eine Futtermauer mit zwei Spannbögen überfing lediglich einige Lockerstellen und erweiterte damit die Burginnenfläche auf 10×52 m. Ein Zugang war nur von Osten möglich, hier wurden Reste vermutlich eines festen Gebäudes freigelegt (Turm ?). Auf der Westseite vermittelte eventuell ein Tor den Zugang zu einer Beobachtungsstelle außerhalb des Kernwerkes. Weitere drei kleine, ebene Plateaus befanden sich südlich des Felsgrates. Sie erweiterten die Siedlungsfläche auf insgesamt 25×100 m, ergaben jedoch keine näheren Hinweise auf die ursprüngliche Bebauung. Vom mittelsten Plateau stammen vor allem Siedlungsfunde, insbesondere Keramik, die einheitlich ins 11./Anfang des 12. Jahrhunderts zu datieren ist. Die Befestigung bestand nur rund 100 Jahre. Wiederholte Übergriffe auf das Kloster führten 1105 zur Exkommunikation ihrer Insassen und zur Zerstörung der Burg.

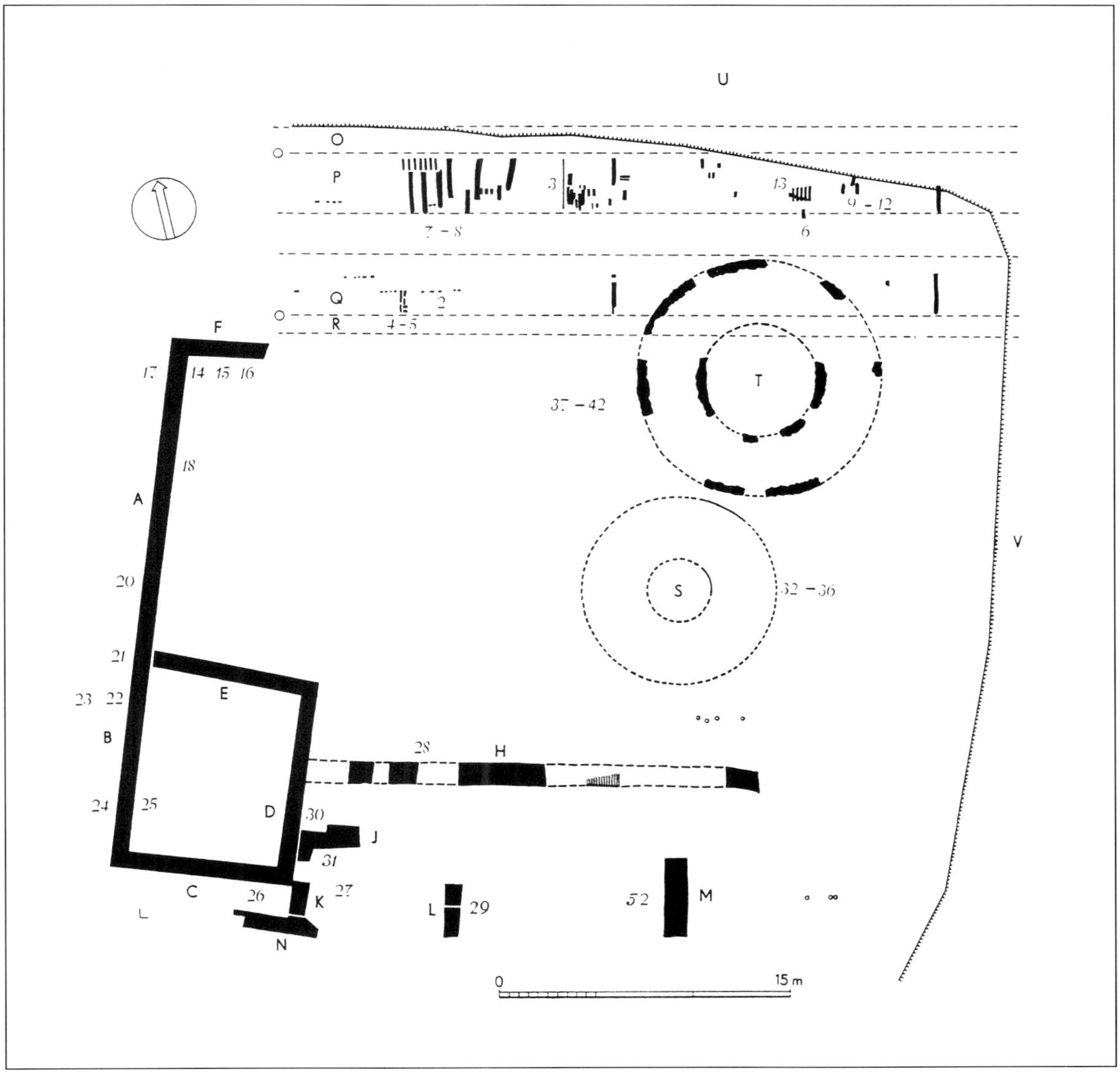

Abb. 32 Leipzig. Übersichtsplan der Burg (nach Küas): O–R Wallanlage des 10. Jahrhunderts: O = Berme entlang des Burggrabens (U). – P,Q = parallel verlegte hölzerne Unterzüge für die obere, vermutlich steinerne Palisade. – R = kleiner Gegenwall zum Abfangen des Walles am Burghofrand. – S = Grundriß des zur Burg des 10. Jahrhunderts gehörigen Bergfrieds. – T = Grundriß des neuen größeren Bergfrieds aus dem 13. Jahrhundert (erbaut 1217). – U = nördlicher Burggraben. – V = Zwischengraben. – Geränderte Linie = neuer Burggrabenhang nach Vereinigung von U und V beim Umbau der Burg 1217.

14. Leipzig, Stadtkreis (Abb. 32)

Mehrjährige systematische Ausgrabungen des Instituts für Vor- und Frühgeschichte der Karl-Marx-Universität Leipzig (H. Küas, L. Langhammer) auf dem Gelände des späteren Matthäi-Kirchhofes führten 1950/56 zur Entdeckung und teilweisen Untersuchung der 1015 als urbs und 1050 als Burgward überlieferten Leipziger Burg. Hier, auf einem Sporn über der Parthe-Aue, war über einer slawischen Ansiedlung des 7./8.–10. Jahrhunderts noch im 10. Jahrhundert eine erste, durch Holzerdewall und Graben geschützte deutsche Burg errichtet worden. Ihr folgte ein Aus- bzw. Neubau in Stein (Abb. 32). H. Küas (1973; 1976; 1976a) hat die diesbezüglichen bauarchäologischen und -historischen Beobachtungen zusammengefaßt und in einer breit angelegten Studie beschrieben. Danach umfaßte eine Mauer eine länglich-rechteckige Burgfläche, deren Fundamente in Lehm verlegt und das Aufgehende gemörtelt und verputzt waren. Beobachtet wurde sie unter den spätgotischen Klausurmauern an der S-Seite der Klosterkirche der Franziskaner. In der SW-Ecke ging sie »ohne Fuge« in das Mauerwerk eines Raumes von annähernd 10×11 m Grundfläche über, der bis in 3,2 m Tiefe unterkellert war. H. Küas (1976, 45) interpretiert den Raum als mehrgeschossige Kemenate mit Zinnen, die aufgrund ihrer Lage in der Burg zugleich die Funktion einer Eckbastion wahrnahm. Ein zweiter Wohnturm stand möglicherweise an der Südseite des Burghofes. Bei der Durchsicht der Dokumentation der letzten Grabungskampagne fielen H. Küas (ebd., 43ff.) schließlich noch Verfärbungen auf, die er als sekundär verfüllte Fundamentgruben eines runden Bergfriedes von 10 m Durchmesser und 3,3 m Mauerstärke (im Fundamentbereich) glaubt interpretieren zu können. Das völlige Fehlen von Steinen hat seine Ursache vermutlich im Bau des benachbarten und zu 1217 überlieferten zweiten Turmes.
H. Küas (1976, 340f., Taf. 9) datiert diese zweite, steinerne Burg ins 10. Jahrhundert. Er stützt sich dabei auf Keramik aus dem Fundament der oben genannten Ringmauer. Da diese Keramik nach der lokalen Gliederung von L. Langhammer (1960) den Stufen B/C angehört, wie auch H. Küas betont, läßt diese Datierung jedoch einen breiteren, das 10. und 11. Jahrhundert fassenden Spielraum offen (s. auch H.-J. Vogt 1987, 174ff.). Danach und auch im Vergleich zur Datierung der ersten Steinbauten, z. B. von der Wiprechtsburg von Groitzsch und vom Meißener Burgberg, ist eine zeitliche Fixierung der Steinsubstanz der Leipziger Burg ebenfalls kaum vor das 11. Jahrhundert, wahrscheinlich sogar nicht vor dessen zweiter Hälfte denkbar.

15. Meißen, Kr. Meißen (Abb. 25)

Burgberg

Auf dreieckigem Plateau zwischen Elbe, Meisa und Triebisch gründete Heinrich I. 929 die Burg Meißen (Thietmar, Chron. I, 16) als Zwingburg deutscher Herrschaft im neueroberten slawischen Siedlungsgebiet östlich der Saale. Grabungen des Landesmuseums für Vorgeschichte Dresden (W. Coblenz) in den Jahren 1959–1964 ergaben erste nähere Aufschlüsse über die Bebauung der Burg im 10.–12. Jahrhundert (W. Coblenz 1961; 1966). Bereits 1914 waren im Hof des Burgberges Reste eines Bohlenweges angeschnitten worden. Die neueren Grabungen führten zur Freilegung eines Teiles einer 3,2 m breiten Holzstraße (Abb. 25a, 1), deren Fahrbahn von der Mitte des 10. bis zur Mitte des 11. Jahrhunderts viermal erneuert worden war. Auch die flankierende Bebauung mit Blockhäusern erlebte drei Bauphasen, ehe das Gelände planiert, der Burghof gepflastert und am Rande des freien Platzes Steinbauten errichtet wurden. Damit war Platz geschaffen für die drei, durch Mauern voneinander getrennten Herrschaftsbereiche der Kirche (968 Bistum Meißen), des Markgrafen und des Burggrafen (H. Küas 1960; 1966; 1973).
»An der Südseite der großen Burg auf dem höchsten Punkt des ursprünglich nach Osten und Westen stark abfallenden oberen Burgbereiches« (H. Küas 1960, 97) wurde bereits 1959 das Fundament eines quadratischen Turmes von 2,5–2,9 m Mauerstärke und etwa 11–12 m Seitenlänge freigelegt, dem eine Turmhöhe von etwa 35 m entsprochen haben könnte. Dieses Fundament war 2,5–2,8 m unter der

heutigen Oberfläche bis in das Anstehende eingetieft und bestand zuunterst aus Bruchsteinen ohne Bindemittel, darüber aus in Lehm gelegten Steinen, während das Aufgehende dann gemörtelt war. Um dem Turm eine höhere Standfestigkeit zu geben, hatten die Erbauer das Fundament nach oben hin, im Bereich der lehmverlegten Steine, systematisch verbreitert. Dieser Turm dürfte im Laufe der zweiten Hälfte des 11. Jahrhunderts errichtet worden sein, in der ersten Hälfte des 13. Jahrhunderts mußte er dem neuen gotischen Dom weichen.
Als weitere zeitgleiche Bauten sind die romanische Bistumskirche, deren Grundriß 1912 ergraben wurde, und ein gerundetes Fundament anzusprechen, das H. Küas (1966, 313) mit Vorsicht als ältere Rundkapelle zu interpretieren versuchte. In welcher Weise der Gesamtkomplex befestigt war und wie die genannte Innengliederung aussah, ist bisher unbekannt. Vor allem die Spuren der ehemaligen Gesamtbefestigung liegen heute unter der umlaufenden randlichen Bebauung späterer Jahrhunderte. Hingewiesen sei nur noch auf die aus der Zeit um 1200 stammenden Fundamente eines mehrstöckigen trapezförmigen Gebäudekomplexes mit vierjochigem Kellergewölbe (Abb. 25b, 5), einer »Kemenate« aus der Regierungszeit Markgraf Dietrichs des Bedrängten (H. Küas 1973, 153 ff.).

16. Pansfelde, Kr. Hettstedt (Abb. 2)

Alter Falkenstein

Die Anfänge des Alten Falkenstein sind unklar. Vermutlich handelt es sich um eine Gründung Heinrichs IV. (P. Grimm 1958, 152 f.). In Spornlage, auf schmalem Grat über der Selke gelegen, sind heute nur noch geringe Reste der Ringmauer und von Gebäuden der ehemaligen ovalen Befestigung von rund 25×65 m Größe erhalten. Ein tiefer Abschnittsgraben, der den Burgbereich vom Hinterland trennt, mündet in einen Ringgraben ein. Diesem ist hangabwärts ein Wall vorgeblendet. Die Anlage des Grabens versteilte die Böschung zusätzlich. Etwa 90 m östlich des Abschnittgrabens wird der Grat nochmals durch einen Quergraben geschnitten. Die Befestigung wurde in der Folge der Niederlage Heinrichs V. am Welfesholz 1115 zerstört (Saxo Grammaticus, S. 751).

17. Pansfelde, Kr. Hettstedt (Abb. 8)

Neuer Falkenstein

Auch der Neue Falkenstein entstand in Spornlage über dem Selketal, jedoch ist die Anlage geräumiger (H. Wäscher 1962, 97 ff.). Ihre Gründung geht auf Burchard von Conradsburg zurück, der sich schon um 1120 de Valkenstein nannte. Der Bau war die Konsequenz der Umwandlung der Conradsburg (Neuplatendorf, Kr. Hettstedt), einer spitzovalen Befestigung von 125×200 m Größe, in ein Kloster. Vier Abschnittsgräben sicherten den Zugang von Osten, der östlichste führte als Ringgraben um die ganze, rund 300 m lange und durchschnittlich 80 m breite Burg. Zwischen die Halsgräben 2 und 3 sind zusätzlich Wall und Spitzgraben eingefügt. Die Hauptburg ist annähernd dreieckig. Sie wird durch eine 4 m breite und 17 m hohe Schildmauer gedeckt, an die unmittelbar die Ringmauer anschließt. Hinter der Schildmauer erhebt sich mit 8,5 m Durchmesser ein runder Bergfried, dessen Mauern gegen Osten spitz ausgezogen und mit der Schildmauer verbunden sind. Der Zugang zum ursprünglich annähernd 23 m hohen Turm erfolgte in 9 m Höhe. Hinter der Ringmauer standen Wohn- und Wirtschaftsbauten, über dem Tor befand sich die erste Kapelle. Der älteste Palas bildete einen zweistöckigen, unterkellerten romanischen Wohnbau. Diese erste Bauphase endete um 1180. Ende des 13./Mitte des 14. Jahrhunderts erfolgte dann der Bau der ausgedehnten Zwingeranlage mit einer erheblichen Erweiterung des Zugangsweges.

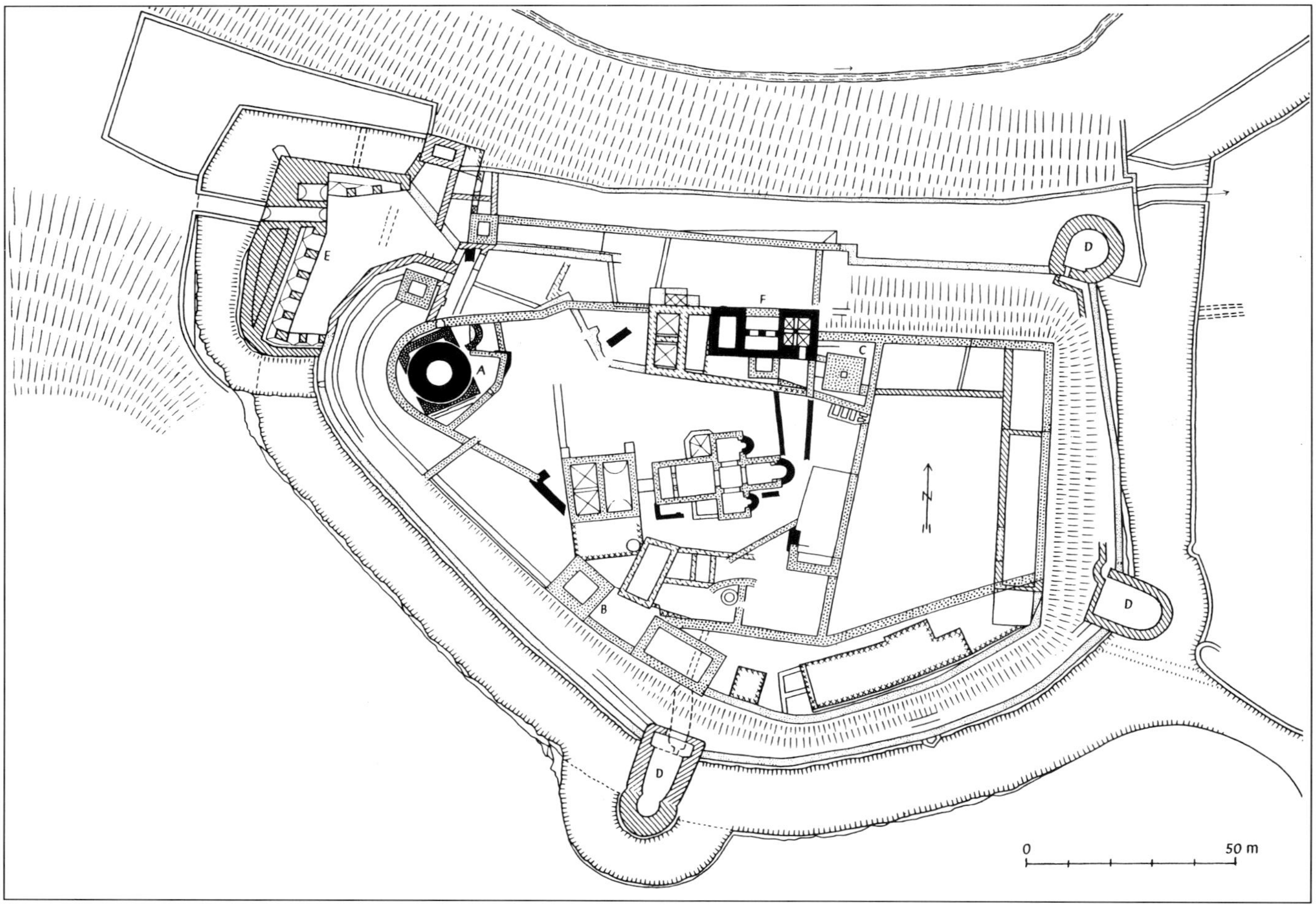

Abb. 33 Querfurt, Kr. Querfurt. Grundriß der Gesamtanlage von Burg Querfurt: A Rundturm (»Dicker Heinrich«) mit ottonischem Wohnturm (10. Jh.). – B Wohnturm (»Marterturm«). – C Bergfried (»Pariserturm«). – D Kanonenbastionen/Streichwehren. – E Westbastion. – F Romanischer Wohnbau mit Resten einer älteren Torhalle (»Kornhaus«). – (Nach Mrusek; der Plan gibt noch den älteren, inzwischen korrigierten Grundriß des romanischen Wohnbaus (F) wieder; vgl. dazu Abb. 18).

18. Querfurt, Kr. Querfurt (Abb. 17–18 u. 33)

Schloß

Schloß Querfurt gehört bis heute zu den eindrucksvollsten mittelalterlichen Festungsbauten (Abb. 33). Viele Generationen haben seit der Ersterwähnung der *urbs Curnfurdeburg* in der Karolingerzeit (UB Hersfeld I, 1, Nr. 37) Anteil an ihrem Ausbau und ihrer Ausgestaltung gehabt (H. Wäscher u. H. Giesau 1941; H. Wäscher 1962, 176 ff.). 979 erscheint Querfurt als civitas und castellum in einer Urkunde Ottos II. (DO II, 191). Seit Ende des 10. Jahrhunderts befindet sich der Platz in den Händen der Grafen von Querfurt. Heute bedarf es intensiver bauarchäologischer und -historischer Untersuchungen, um die Genese des Bauwerkes nachvollziehen zu können. Solche, durchgeführt in den Jahren 1980/86 durch das Institut für Denkmalpflege (R. Schmitt) in Verbindung mit dem Landesmuseum für Vorgeschichte in Halle und dem Kreismuseum Querfurt (B. Schmidt u. W. Nitzschke 1982, 192 ff.; R. Schmitt 1988; 1989, 141 ff. und 1989 a), im Bereich der Burgkirche und des Kornhauses, haben zu wichtigen Ergänzungen und Korrekturen des älteren Bildes geführt. In eine dicke Kulturschicht mit reichlich Keramik war unmittelbar am nördlichen Burgabhang eine Mauer eingetieft worden, Teil möglicherweise einer Ringmauer (vgl. Abb. 18). Noch im 10. Jahrhundert, zeitgleich mit dem Bau der ersten Burgkirche,

wurde sie im Zuge des Aufbaus eines noch zu größeren Teilen im Mauerwerk faßbaren zweigeschossigen rechteckigen Wohnbaus von 23×11,5 m abgetragen. Mitte des 11. Jahrhunderts setzte man östlich neben diesen Bau ein quadratisches Gebäude, wahrscheinlich ein Torhaus. Über seinen Oberbau ist nichts zu sagen, für die in ihm von H. Wäscher vermutete Kapelle gibt es keine Hinweise. Nachfolgend wurden Torhaus und Wohnbau an der Nordfront mit einer Mauer verbunden. Da Mauerstruktur und Eckverband des Wohnbaus dem 1940 unter dem »Dicker Heinrich« genannten Turm ergrabenen rechteckigen Fundament ähneln (vgl. Abb. 17), »(könnten) vorläufig zwei frühe Wohnbauten auf der Burg angenommen werden..., von denen jedoch keines aus karolingischer Zeit stammt« (R. Schmitt 1989, 28).
Dieses Gebäude war mit einer Mauerstärke von 1,8 m in den Maßen von 13,7×17,5 m errichtet worden. Es bestand aus sorgfältig behauenen Steinen mit großen Eckquadern, die in Lehm verlegt waren. Die Mauern waren noch bis zu 4 m Höhe erhalten. H. Wäscher hatte das Bauwerk als karolingerzeitlich angesprochen und vorsichtig ins 9./Anfang 10. Jahrhundert datiert, eine Zuordnung, die in der Fachliteratur wiederholt auf Skepsis gestoßen ist. – An das Rechteckgebäude war im NO ein Rundbau mit gemauerter Mittelsäule angefügt, dessen Mauerschalen gemörtelt waren.
Der jüngere Rundturm (sog. Dicker Heinrich) entstand nach H. Wäscher um 1075. Er hatte einen Durchmesser von 14,5 m bei einer Mauerstärke von 4,34 m (in 3,3 m Höhe). Sechs Mauerabsätze im Innern verringerten die Mauerstärke aufsteigend auf zwei Drittel. Seine Höhe beträgt 27,5 m, seine Fundamenttiefe erreicht 4,1 m. Die verarbeiteten Quader sind sorgfältig behauen. Die Innenfüllung besteht aus fischgrätenartig gestelltem Gußmauerwerk. Fugenritzung ist erweisbar. In Höhe der zwei Zugänge (3,3 m; 10,2 m) verweisen umlaufende Balkenlöcher auf die ursprüngliche Existenz von Wehrgängen. Außer diesen Zugängen besitzt der Turm keine Öffnungen. Aus dem Bauhorizont stammt Keramik des 11. Jahrhunderts. Ende des 12./Anfang des 13. Jahrhunderts erhielt der Turm eine Mantelmauer. Es ist die Zeit, in der auch größere Teile des ersten Wohnbaus und des Torhauses in dem neuen Palas von 27×11,5 m Größe aufgingen (vgl. Abb. 18). Die nicht in den Palas eingebundene Nordmauer des alten Baues wurde als Burgmauer bis zum »Dicken Heinrich« hin verlängert, den sie in Form einer Parabel in das Befestigungswerk einschloß. Der »Dicke Heinrich« stellt den einzigen romanischen Turm der Burg Querfurt dar. Die heute das Bild mitprägenden Türme, »Marterturm« und »Pariser Turm«, sind jünger.

19. Steingrimma, Kr. Hohenmölsen

Forschungen zu den Rundkapellen Wiprechts von Groitzsch führten auch zu bauhistorischen Untersuchungen an der romanischen Rundkirche von Steingrimma (H. Küas 1977, 108ff.). Wie an der Rundkapelle von Knautnaundorf (ebd., 39ff) war auch bei ihr »ein zylindrischer Baukörper an seiner Ostseite sekundär mit einem kleinen Kirchenchor verbunden worden« (ebd., 108f.), doch ließen die für vergleichbare Rundkirchen ungewöhnliche Mauerstärke von 1,6 m und eine Reihe weiterer fragmentarischer Baustrukturen und -formen zweifeln, ob der Kirche tatsächlich ein ursprünglich sakraler Rundbau zugrunde lag.
Grabungen durch das Institut für Denkmalpflege (H. Küas) und das Landesmuseum für Vorgeschichte in Halle (B. Schmidt, W. Nitzschke) ergaben in einem Kreuzschnitt durch Kirchhügel und Fundament der Kirche über einer slawischen Kulturschicht eine Aufschüttung in Form eines Burghügels mit umlaufendem Graben (B. Schmidt u. W. Nitzschke 1981). Diese kleine Herrenburg besaß einen äußeren Durchmesser von annähernd 20 m, sie war durch Brand im 11. oder 12. Jahrhundert zerstört worden. Holzkohle und Lehmreste lassen auf eine ursprüngliche Befestigung aus Holz und Lehm schließen. Auf diesem Zerstörungshorizont war der hier interessierende steinerne romanische Rundturm von 9,8 m Durchmesser und 2,95 m Fundamenttiefe errichtet worden. Die bauhistorischen Untersuchungen von H. Küas lassen darüber hinaus einen Kellerraum sowie ein ursprünglich östlich angefügtes rechtwinkliges Treppenhaus vermuten. Vielleicht bezieht sich auf dieses Gebäude auch ein breiterer Sohlgraben, der außerhalb des oben genannten Grabens den Hügel umgab (briefl. H. Küas 7/1980).

20. Tilleda, Kr. Sangerhausen (Abb. 6; 13 u. 16)

Pfingstberg

Die Grabungen, die vor dem 2. Weltkrieg durch das Landesmuseum für Vorgeschichte in Halle und in den Jahren 1958–1979 durch die Akademie der Wissenschaften der DDR (P. Grimm) zur vollständigen Untersuchung des Platzes führten, haben einen umfassenden Einblick in die Geschichte und Struktur einer deutschen Königspfalz des 10.–12. Jahrhunderts ermöglicht (P. Grimm 1968; 1990). Ihre Blüte erlebte die Pfalz in einer ersten Phase im 10./11. Jahrhundert, als in ihr zwischen 974 und 1042 mehrfach geurkundet wurde. Sie bestand in dieser Zeit bei einer Gesamtgröße von rund 5,7 ha aus einer kleineren, annähernd rechteckigen Haupt- und einer großen Vorburg. Beide waren dicht besiedelt. Während in der Hauptburg mit dem Palas, einer Festhalle und einer Kirche, neben einer Reihe von Wirtschaftsgebäuden, die vorwiegend repräsentativen Gebäude standen, konnten in der Vorburg 214 Häuser, diverse Gruben und freiliegende Feuerstellen unterschiedlicher Größe, Bauweise und Funktion festgestellt werden. Hier konzentrierten sich die Wohnbauten der Wachmannschaften, von Handwerkern und sonstigen Bediensteten. Auf dem etwas tiefer gelegenen Südteil der Vorburg ließen größere Pfostenbauten auf Speicher und damit einen Teil des königlichen Tafelgutes schließen.
Die Pfalz fand einen gewissen natürlichen Schutz durch ihre Spornlage. Dennoch war die Hauptburg umlaufend zusätzlich durch einen Holzerdewall (später Mauer, schließlich Palisade) und Graben befestigt. Mehrfache Umbauten des Walles, erkennbar vor allem an den wiederholt verlegten Toren, und zu vermutende Palisadenverstärkungen auf demselben kennzeichnen vor allem die Befestigung zwischen Haupt- und Vorburg. Auch die Vorburg war auf der besonders gefährdeten Westseite zunächst ebenfalls durch eine Holzerdemauer, dann jedoch, wohl noch im 10. Jahrhundert, durch eine mörtelbefestigte Steinmauer geschützt. Im NW ermöglichte ein teilweise überbautes Tor mit gemauerten Torwangen und geschottertem Fahrweg von 30 m Länge den Hauptzugang. Die östliche Torwange setzte sich nach Norden als gemauerte Vorburgbefestigung fort. Im Süden und Südosten scheinen Steilhänge ausreichenden Schutz geboten zu haben. Brandspuren und Tote im Schutt zerstörter Häuser sowie das Aussetzen der Beurkundungen nach 1042 belegen einen vorübergehenden Rückgang der Bedeutung der Pfalz. Die exakte Datierung und Bestimmung der Ursachen bereitet Schwierigkeiten, doch ist von den Funden her eine Verbindung mit den Sachsenaufständen von 1073/76 denkbar. Noch vor dieser Unterbrechung war es jedoch zu strukturellen Änderungen in der Organisation der Pfalz gekommen. Von der Vorburg war der östliche Teil durch Errichtung eines weiteren Wall-Graben-Systems abgetrennt und damit gleichsam eine zweite, kleinere Vorburg geschaffen worden. Reste eines größeren Hauses mit Fußbodenheizung und ein südwestlich anschließender Bau mit breiter Einfahrt und Steinfundament werden vom Ausgräber als Sitz des Burgverwalters und eine größere Fronscheune gedeutet.
Vermutlich bald nach der ersten Zerstörungsphase war ein Wiederaufbau eingeleitet worden. Deutlich wird er vor allem durch Baumaßnahmen in der Hauptburg. Schlechtes Mauerwerk, auch die Tatsache der Aufsiedlung des bis dahin freien Innenraumes der Hauptburg und die beginnende Anlage eines Friedhofes um die Pfalzkapelle lassen jedoch keinen Zweifel daran, daß von der ehemaligen Blüte nicht mehr viel erhalten geblieben war. Erneute Zerstörungen stehen vermutlich mit dem Aufstand von 1115/18 gegen Heinrich V. im Zusammenhang.
Eine weitgehende Neustrukturierung des Pfalzgeländes leitete schließlich die zweite kurze Blütephase in der zweiten Hälfte des 12. Jahrhunderts ein. Erneut sind Herrscheraufenthalte nachweisbar. Ein drittes Wall-Graben-System trennte nun die Haupt- von der Vorburg. Der ehemalige Hauptwall wurde weiter verstärkt, in ihn ein repräsentatives, ganz der Mauertechnik der Stauferzeit verpflichtetes Kammertor eingefügt. Gebäude der Hauptburg erhielten eine Heißluftheizung. Dennoch entsprach die Lage der Pfalz nun offensichtlich nicht mehr den neuen militärtechnischen und sozialen Ansprüchen. Nach 1194 sind Herrscheraufenthalte nicht mehr bezeugt. Reichsministeriale und schließlich Ritter der Grafen von Beichlingen übernahmen die Verwaltung.

21. Wettin, Saalkreis (Abb. 12f)

Burg, Schloß

Südöstlich der Altstadt erhebt sich auf langem schmalem Porphyrrücken in natürlicher Schutzlage über der Saale die Stammburg der gleichnamigen Grafen. Eine Ringmauer umschließt auf 500 m Länge zwei jeweils zweiteilige Burgen: im Westen, erhöht gelegen, die Oberburg, der Sitz der Burggrafen von Wettin, und, durch einen Abschnittsgraben von dieser getrennt, im Osten die Unterburg als das eigentliche Stammschloß der Wettiner (P. Grimm 1958, 293; H. Wäscher 1962, 200f.). Zur älteren Substanz der in der Neuzeit stark überbauten Hauptburg der Burggrafen, einer von Wall und Graben umgebenen Rundburg, gehört ein runder Bergfried. Fundamente eines solchen wurden 1936 auch in der Vorburg der Unterburg entdeckt. Hier stand auch die zu 1185 überlieferte Kapelle. Durch Grabungen in der Hauptburg der Unterburg wurden Reste der in Lehm gelegten Fundamente einer älteren, ins 10./11. Jahrhundert datierten Ringmauer und von Gebäuden freigelegt (P. Grimm 1938; 1958, 112). Wettin wird 961 als *civitas Vitin* erstmals überliefert. Eine slawische Befestigung könnte der deutschen Burg vorausgegangen sein.

Bei den Abbildungen 2, 4, 7, 9, 10a–b, 11, 12a–f, 13, 14, 15a–c, 17, 18, 22, 24a–b, 25a–b, 26 und 27 handelt es sich um Umzeichnungen, die Frau Renate Wieland, Berlin, hergestellt hat.

LITERATUR-VERZEICHNIS

Billig, G. 1962: Mittelalterliche Wehranlagen im alten Reichsland. In: Aus Ur- und Frühgeschichte (1962) 142–175.

1963: Mittelalterliche Wehranlagen am Elsterknie zwischen Plauen und Oelsnitz. Arbeits- u. Forschungsber. Sachsen 11/12, 1963, 173–364.

1989: Die Burgwardorganisation im obersächsisch-meißnischen Raum. Archäologisch-archivalisch vergleichende Untersuchungen (1989).

Brachmann, H. 1978: Slawische Stämme an Elbe und Saale (1978).

1983: Der mittelalterliche Befestigungsbau. Untersuchungen zur Stellung und Funktion der Wehrbauten im Geneseprozeß der mitteleuropäischen Feudalgesellschaft (ungedr. Diss. B, Berlin 1983). – (Thesen in: Ethnographisch-Archäologische Zeitschrift 26, 1985, 457–467).

1988: Zu Herkunft und Verbreitung von Trocken- und Mörtelmauerwerk im frühmittelalterlichen Befestigungsbau Mitteleuropas. In: Studia nad etnogenezą Słowian 1, 1988, 199–215.

1989: Burg und Siedlung im deutschen Feudalstaat vom 8.–13. Jh. In: Archäologie in der Deutschen Demokratischen Republik (1989) 294–311.

1989a: Eisenach (Bez. Erfurt). In: Archäologie in der Deutschen Demokratischen Republik (1989) 846–848.

1989b: Provintia Sclavorum Nizici. Bemerkungen zu Geschichte und Struktur einer slawischen Siedlungslandschaft am Übergang zur frühdeutschen Zeit. Jahresschr. mitteldt. Vorgesch. 72, 1989, 267–279.

Brachmann, H. u. Faust, E. 1973: Elbeu, Ot. von Wolmirstedt. In: J. Herrmann u. P. Donat (Hg.), Corpus archäologischer Quellen zur Frühgeschichte (1. Lieferung, 1973) 215–217.

Brachmann, H. u. Schubert, E. 1989: Quedlinburg, Bez. Halle. In: Archäologie in der Deutschen Demokratischen Republik (1989) 703–708.

Coblenz, W. 1961: Zur Frühgeschichte der Meißner Burg (1961).

1966: Zur Ur- und Frühgeschichte von Land und Burg Meißen (1966).

1970: Zum Wechsel der Befestigungsfunktion vom IX. bis zum XI. Jahrhundert im ostsaalischen Gebiet (am Beispiel des Meißner Landes). Slovenská archeológia 18, 1970, 137–152.

Dunker, H. 1953: Die Hildagsburg. Der Burgwall von Elbeu, Kr. Wolmirstedt. In: Abhandlungen und Berichte für Naturkunde und Vorgeschichte Magdeburg VIII/5 (1953) 189–233.

Eberhardt, H. 1960: Die Kyffhäuserburgen in Geschichte und Gegenwart. Blätter für deutsche Landesgeschichte 96, 1960, 66–103.

1963: Die Hainleiteburgen als historisches Problem. Alt-Thüringen 6, 1963, 523–554.

Giese, W. 1982: Zur Bautätigkeit von Bischöfen und Äbten des 10. bis 12. Jahrhunderts. Deutsches Archiv für Erforschung des Mittelalters 38, 1982, 388–438.

Gockel, M. 1984: Allstedt, Kr. Sangerhausen, Bezirk Halle. In: Die deutschen Königspfalzen 2 (1984) 1–38.

1984 a: Dornburg, Kr. Jena, Bezirk Gera. In: Die deutschen Königspfalzen 2 (1984) 83–102.

Goern, H., Wäscher, H. u. Grosse, W. 1940: Die Lauenburg im Ostharz (1940).

Grimm, P. 1938: Ausgrabungen auf der Burg Wettin. Thüringisch-sächsische Zeitschrift für Geschichte und Kunst 26, 1938, 31–45.

1958: Die vor- und frühgeschichtlichen Burgwälle der Bezirke Halle und Magdeburg (1958).

1961: Stand und Aufgaben der archäologischen Pfalzenforschung in den Bezirken Halle und Magdeburg (1961).

1963: Der Ilsestein bei Ilsenburg/Harz, eine Burg des XI. Jahrhunderts. Alt-Thüringen 6, 1963, 555–564.

(o. J.): Der Ilsestein. Eine Burg des 11. Jahrhunderts.

1965: Zu den drei Burgen bei Aschersleben. Jahresschr. mitteldt. Vorgesch. 49, 1965, 87–98.

1966: Der Beitrag der Archäologie für die Erforschung des Mittelalters. In: Probleme des frühen Mittelalters in archäologischer und historischer Sicht (1966) 39–74.

1968: Tilleda. Eine Königspfalz am Kyffhäuser. Teil 1: Die Hauptburg (1968).

1971: Drei Befestigungen der Ekkehardinger – Archäologische Beiträge zum Problem von Graf und Burg im 10. Jahrhundert. Zeitschrift für Archäologie 5, 1971, 60–80.

1974: Die ur- und frühgeschichtlichen Bodendenkmäler des Kreises Nordhausen (1974).

1990: Tilleda. Eine Königspfalz am Kyffhäuser. Teil 2: Die Vorburg und Zusammenfassung (1990).

Gringmuth-Dallmer, E. 1988: Die Wüstung Stedten bei Tilleda, Kr. Sangerhausen. Ein Beitrag zur Siedlungsgeschichte der Goldenen Aue. Jahresschr. mitteldt. Vorgesch. 71, 1988, 153–209.

Herrmann, B. u. Sprandel, R. (Hg.) 1987: Determinanten der Bevölkerungsentwicklung im Mittelalter (1987).

Herrmannn, J. u. Hoffmann, R. 1959: Neue Forschungen zum slawischen und frühdeutschen Burgwall »Räuberberg« bei Phöben, Kr. Potsdam-Land. Ausgrabungen und Funde 4, 1959, 294–306.

Hinz, H. 1981: Motte und Donjon. Zur Frühgeschichte der mittelalterlichen Adelsburg (1981).

Jordan, K. 1977: Der Harzraum in der Geschichte der deutschen Kaiserzeit. Eine Forschungsbilanz. In: Festschr. H. Beumann (1977) 163–181.

Koch, R. A., Hübner, M. u. Krauße, H. J. 1984: Die Oberburg Giebichenstein in Halle-Nord / Bedeutung, Bauwerke und Möglichkeiten ihrer denkmalpflegerischen Nachnutzung. Neue Museumskunde 27/4, 1984, 249–259.

Küas, H. 1960: Reste eines Burgturmes des 11. Jahrhunderts auf dem Burgberg in Meißen. Ausgrabungen und Funde 5, 1960, 94–98.

1966: Topographische Probleme auf dem Burgberg zu Meißen. Forschungen und Fortschritte 40, 1966, 312–315.

1973: Wehrtürme und Wohntürme auf ausgegrabenen deutschen Burgen zu Leipzig, Meißen und Groitzsch. Sächsische Heimatblätter 19/4, 1973, 145–155.

1976: Das alte Leipzig in archäologischer Sicht (1976).

1976 a: Die Leipziger Burg des 10. Jahrhunderts. Arbeits- u. Forschungsber. Sachsen 20/21, 1976, 299–332.

1977: Die Rundkapellen zu Groitzsch und Knautnaundorf und das Grabmal Wiprechts in der Pegauer Klosterkirche. In: Küas, H. u. Kobuch, M.: Rundkapellen des Wiprecht von Groitzsch (1977) 8–142.

1980: Steinbauten der Wiprechtsburg bei Groitzsch, Kr. Borna, seit dem Ende des 11. Jahrhunderts. Arbeits- u. Forschungsber. Sachsen 23, 1980, 107–146.

Lange, E. 1976: Grundlagen und Entwicklungstendenzen der frühgeschichtlichen Agrarproduktion aus botanischer Sicht. Zeitschrift für Archäologie 10, 1976, 75–120.

Langhammer, L. 1960: Die Keramik des 9.–12. Jahrhunderts im Gelände der Burg Leipzig. In: Stadtkernforschung in Leipzig (1960) 86–101.

Last, M. 1976: Burgen des 11. und frühen 12. Jahrhunderts in Niedersachsen. In: Die Burgen im deutschen Sprachraum I (1976) 383–513.

Leopold, G. 1983: Die Stiftskirche zu Quedlinburg (2. Aufl. 1983).

Ludat, H. 1971: An Elbe und Oder um das Jahr 1000 (1971).

Mrusek, H.-J. 1973: Gestalt und Entwicklung der feudalen Eigenbefestigung im Mittelalter (1973).

1989: Baugestalt und Funktion der Burg Giebichenstein in Halle (Saale). In: Beiträge zur Burgenforschung (Martin-Luther-Universität Halle-Wittenberg. Wiss. Beiträge 1989/24, H. 12, 1989) 112–123.

Müller-Mertens, E. 1975: Der Sachsenkrieg von 1073 bis 1075 und die Frage nach dem Verbleib freier Bauern in der Feudalgesellschaft. In: Die Rolle der Volksmassen in der Geschichte der vorkapitalistischen Gesellschaftsformationen (1975) 237–246.

Neumann, G. 1940: Kyffhäuserstudien. Zeitschrift des Vereins für Thüringische Geschichte und Altertumskunde NF 34, 1940, 318–371.

Nickel, E. 1954: Die Südbefestigung der Domburg Halberstadt. Jahresschr. für mitteldt. Vorgesch. 38, 1954, 244–256.

Patze, H. 1976: Rechts- und verfassungsgeschichtliche Bedeutung der Burgen in Niedersachsen. In: Die Burgen im deutschen Sprachraum I (1976) 515–564.

Schlüter, W. 1985: Vorbericht über die Ausgrabungen auf der Burg Iburg in den Jahren 1983 bis 1985. Osnabrücker Mitteilungen 90, 1985, 13–31.

Schmidt, B. 1989: Harzgerode, Kr. Quedlinburg (Bez. Halle). In: Archäologie in der Deutschen Demokratischen Republik (1989) 702 f.

Schmidt, B. u. Nitzschke, W. 1981: Untersuchungen und mittelalterliche Funde im Braunkohlengebiet des Kreises Hohenmölsen. Ausgrabungen und Funde 26, 1981, 210–214.

1982: Ausgrabungen und Untersuchungen in Grafenburgen und Klöstern des 10. bis 12. Jahrhunderts im mittleren Saalegebiet. Ausgrabungen und Funde 27, 1982, 190–196.

Schmitt, R. 1988: Archäologische und baugeschichtliche Untersuchungen in der Burgkirche zu Querfurt. Querfurter Heimatkalender 1987/88 (1988) 20–25.

1988 a: Halle – Burg Giebichenstein (Baudenkmal 67) (1988).

1989: Bauarchäologische Forschungen auf den Burgen Querfurt, Neuenburg/Freyburg und Heldrungen. In: Beiträge zur Burgenforschung (Martin-Luther-Universität Halle-Wittenberg. Wiss. Beiträge 1989/24, H. 12, 1989) 138–151.

1989 a: Das Kornhaus der Burg Querfurt. Neue Erkenntnisse zur Baugeschichte. Querfurter Heimatkalender 1989/90 (1989) 25–34.

Schneider, J. 1975: Ein Beitrag zur Entwicklung der Burg Giebichenstein bei Halle/Saale. Ethnographisch-Archäologische Zeitschrift 16, 1975, 533–570.

1989: Ilsenburg, Kr. Wernigerode (Bez. Magdeburg). In: Archäologie in der Deutschen Demokratischen Republik (1989) 690–692.

Schwineköper, B. 1975: Elbeu, Ot. v. Wolmirstedt (Kr. Wolmirstedt). In: Handbuch der historischen Stätten Deutschlands 11, Provinz Sachsen-Anhalt (1975) 109 f.

Siebrecht, A. 1989: Halberstadt (Bez. Magdeburg). a. Domburg, Siedlung. In: Archäologie in der Deutschen Demokratischen Republik (1989) 680–682.

Stein, G. 1950: Untersuchungen zum deutschen Burgenbau der romanischen Epoche (Ungedr. Phil. Diss. Berlin 1950).

1955: Zur Datierung des Bergfrieds der Burg Stolpe a. d. Oder. Jahrbuch für brandenburgische Landesgeschichte 6, 1955, 56–61.

Stolberg, F. 1968: Befestigungsanlagen im und am Harz von der Frühgeschichte bis zur Neuzeit (1968).

Streich, G. 1984: Burg und Kirche während des deutschen Mittelalters. Vorträge und Forschungen, Sonderband 29 (1984).

Timpel, W. 1975: Ergebnisse archäologischer Untersuchungen auf der Hasenburg bei Haynrode, Kr. Worbis. In: Symbolae Praehistoricae (1975) 227–245.

1976: Ziel und erste Ergebnisse der archäologischen Ausgrabungen auf der Hasenburg bei Haynrode, Kr. Worbis. In: Eichsfelder Heimathefte 16/2 (1976) 97–113.

1976 a: Gommerstedt bei Bösleben, Kr. Arnstadt. Burghügel und Siedlung des Mittelalters. Ausgrabungen und Funde 21, 1976, 142–144.

1979: Archäologische Quellen zur Funktion mittelalterlicher Befestigungsanlagen. In: Burg und Stadt in Geschichte und Gegenwart. Wiss. Zeitschrift der Friedrich-Schiller-Universität Jena 28/3, Ges.- u. Sprachwiss. Reihe (1979) 349–360.

1980: Neuere Untersuchungen zur Geschichte der Hasenburg und ihre Stellung im Reichsburgensystem um den Harz. Vortrag auf dem 1. Stadtgeschichtlichen Kolloquium (Halberstadt 1980).

1982: Gommerstedt, ein mittelalterlicher Herrensitz in Thüringen (1982).

1983: Feldforschungen auf mittelalterlichen Turmhügeln in Thüringen. In: Bodendenkmalpflege und archäologische Forschung (1983) 223–230.

1990: Die mittelalterliche Keramik der Kyffhäuserburgen. In: P. Grimm, Tilleda. Teil 2: Die Vorburg und Zusammenfassung (1990) 249–250.

Timpel, W. u. Kramer, V. 1977: Die Ausgrabungen auf der Hasenburg bei Haynrode, Kr. Worbis. In: Eichsfelder Heimathefte 17/1 (1977) 18–20.

Vogt, H. 1983: Burgenforschung in Sachsen. In: Bodendenkmalpflege und archäologische Forschung (1983) 139–153.

1987: Die Wiprechtsburg Groitzsch (1987).

Wäscher, H. 1955: Die Baugeschichte der Neuenburg bei Freyburg an der Unstrut (1955).

1955 a: Die Baugeschichte der Burg Falkenstein im Selketal (1955).

1956: Die Baugeschichte der Burgen Quedlinburg, Stecklenberg und Lauenburg (1956).

1956 a: Die Baugeschichte der Burg Querfurt (1956).

1959: Die Baugeschichte der Burg Kyffhausen (1959).

1959a: Der Burgberg Quedlinburg (1959).

1961: Hanstein, Kr. Heiligenstadt. In: O. Schlüter u. O. August, Atlas des Saale- und mittleren Elbegebietes 2 (1961) 215, Teilkarte III.

1962: Feudalburgen in den Bezirken Halle und Magdeburg (2 Bde., 1962).

Wäscher, H. u. Giesau, H. 1941: Burg Querfurt (1941).

Werner, E. 1980: Ökonomische und soziale Strukturen im 10. und 11. Jahrhundert. Zeitschrift für Geschichtswissenschaft 28, 1980, 455–468.

1983: Die Anfänge der kommunalen Bewegung und der Investiturstreit (1056 bis 1122). In: Engel, E. u. Töpfer, B. (Hg.), Deutsche Geschichte 2 (1983) 10–74.

CHRISTA MEIBORG · ULRICH REULING

DIE BURG WEISSENSTEIN BEI MARBURG-WEHRDA

A. BERICHT ÜBER DIE AUSGRABUNG 1987 UND 1988

VON CHRISTA MEIBORG

Die Burg Weißenstein[1] liegt etwa 1 km nördlich des heutigen Stadtteiles Marburg-Wehrda auf einer 260 m hohen bewaldeten Bergkuppe, die das Lahntal etwa 70 m überragt (Abb. 1). Als Teil des sogenannten Marburger Rückens wird der Weiße Stein geologisch dem mittleren Buntsandstein zugerechnet. Im Süden und Osten fällt der Berg steil ab, während der Westhang sich allmählich neigt. Der Zugang zum Plateau ist nur von Norden her möglich, da hier das Gelände sanft ansteigt. Die ovale Kuppe des Weißen Steines setzt sich im Norden noch einmal durch etwa 4 m Höhenunterschied von dem umliegenden Gelände ab.

Auf dem Bergrücken nordwestlich des Weißen Steines, knapp einen Kilometer entfernt, verlief die sogenannte Weinstraße, eine wichtige mittelalterliche Verkehrsverbindung aus dem Rhein-Main-Gebiet nach Norddeutschland[2]. Im Westen befindet sich ein Sandsteinbruch, der bis in die Neuzeit genutzt wurde. Er reicht direkt an die letzte, nur noch etwa acht Meter lang erhaltene Wallstufe heran (vgl. Beilage 2). In Sichtweite des Weißen Steines in nördlicher Richtung am gegenüberliegenden Berghang, der Rickshell, wird auch heute noch der im gesamten Gebiet anstehende Sandstein gebrochen. Auch die Burg Weißenstein wurde mit diesem Sandstein erbaut, wobei unbekannt ist, an welcher Stelle das Material abgebaut wurde. Die Ruine der Burg wurde bis in die Neuzeit als Steinbruch genutzt und war im 19. Jahrhundert oberirdisch nicht mehr zu sehen. Lediglich in der Bevölkerung hatten sich Sagen über die Burg erhalten[3].

1. Zur Forschungsgeschichte

Eine erste Untersuchung der Burganlage wurde in den Jahren 1884 und 1885 durch den Marburger Geschichtsverein unter der Leitung des Majors v. Löwenstein durchgeführt. Zu diesem Zeitpunkt galt es noch als ungeklärt, ob dort wirklich einmal eine Burg gestanden hatte[4]. Die Ergebnisse dieser ersten Grabung sind nur sehr summarisch dokumentiert worden[5], doch existiert immerhin ein recht genauer Plan der freigelegten Mauern[6].

Zu Beginn der damaligen Arbeiten war der Schuttkegel auf dem Plateau flächig abgetragen und der langrechteckige Bergfried in der Mitte freigelegt worden. Seine Mauern waren seinerzeit noch 1,9 m hoch

1 Der Name des Berges ist Weißer Stein, während in der historischen Überlieferung die Burg Weißenstein (Wißsensteyn) genannt wird; vgl. Historisches Ortslexikon Marburg. Ehem. Landkreis und kreisfreie Stadt, bearb. von U. Reuling. Historisches Ortslexikon des Landes Hessen 3 (Marburg 1979) 333. Vgl. dazu auch C. Stühler, Die Gründungsnamen der mittelalterlichen Klöster, Burgen und Städte in Hessen. Europ. Hochschulschriften R. I: Deutsche Sprache und Literatur 1057 (Frankfurt/M., Bern, New York, Paris 1988) 153. An dieser Unterscheidung wird im folgenden festgehalten.

2 O. Immel, Wehrda, Weinstrasse, Burg Weißenstein (Marburg, 2. Aufl. 1976) 59–68.

3 Ebd. 31–37.

4 Ebd. 16.

5 Ebd. 16–19.

6 Unveröffentlichter Plan, Verbleib im Landesamt für Denkmalpflege, Abt. Bodendenkmalpflege Marburg. Die Funde der Ausgrabung 1884/85 wurden als »Sammlung Weißenstein« der Altertumssammlung des Marburger Geschichtsvereins auf dem Marburger Schloß einverleibt. Diese Sammlung ist heute verschollen.

Abb. 1 Ansicht des Weißen Steins im Lahntal (von Osten).

erhalten. Ferner wurde an der westlichen Mauer des Turmes ein dreieckiger Anbau ausgegraben. Ein angesetzter Mauerrest mit abgerundeter Ecke, der an der südwestlichen[7] Mauer des dreieckigen Gebäudes zutage kam, wurde als Haupteingang in die Burg interpretiert.
Am Osthang des Plateaus stieß man im späteren Verlauf der Grabung auf ein zweiräumiges Wohngebäude, dessen Räume durch eine gemauerte Türöffnung in der Zwischenwand miteinander verbunden waren. Quer durch die östliche Außenwand verlief im Mauerwerk eine durchgehend halbrunde, nach oben offene Rinne mit einer lichten Weite von 0,35 m. Eine gleichartige Rinne befand sich direkt außerhalb der nördlichen Außenmauer des zweiräumigen Wohngebäudes quer in der Umfassungsmauer.
Die damalige Grabung endete recht unvermittelt im Mai 1885 wegen fehlender Mittel. Eine geplante Restaurierung der Burg kam aus finanziellen Gründen nicht zustande.
Diese erste Ausgrabung seitens des Marburger Geschichtsvereins hat aus heutiger archäologischer Sicht großen Schaden angerichtet, da lediglich nach Mauern gesucht und vorwiegend auch nur diese dokumentiert worden sind, während die weiteren Befunde unberücksichtigt blieben. Das gesamte Plateau ist teilweise bis auf 0,2 m über dem Felsen abgetragen worden, so daß heute eine Datierung der Gebäude durch stratigraphisch gesicherte Funde nahezu unmöglich gemacht wird. Die freigelegten Mauern verfielen im Laufe der Jahre völlig.

7 Wegen der geringfügigen Abweichung des Meßnetzes von der Nord-Süd-Achse ist die Benennung der Mauern nach Himmelsrichtungen mitunter etwas vereinfacht.

Die erste nach modernen archäologischen Methoden durchgeführte Grabung nahm 1956/1957 Dr. O. Uenze, der damalige Leiter des Staatlichen Amtes für Bodenaltertümer vor. Anlaß dazu gaben Lesefunde karolingerzeitlicher Keramik auf dem Plateau[8].

In einer ersten Kampagne gelang es Uenze, Ausschnitte einer bis dahin unbekannten steinernen Ringmauer sowie eines 2,5 m breiten Sohlgrabens direkt am Fuß des nördlichen Plateaus freizulegen. Diese neuen Befunde führten im Sommer 1957 zu einer größeren Grabung von über sechs Wochen Dauer, in deren Verlauf insgesamt acht knapp 1 m breite Suchgräben angelegt wurden.

Die erstmalige Erfassung der Ringmauer gelang an mehreren Stellen, so daß ihr Verlauf ungefähr rekonstruiert werden konnte[9]. Uenze vermutete einen polygonalen Grundriß dieser Umfassungsmauer mit einer Toranlage im Südosten, da dort die Mauer nach außen, also nach Osten vorspringt. Er konnte ferner nachweisen, daß die östliche Außenmauer des 1884/85 ergrabenen Wohngebäudes in die Ringmauer einbezogen war, also einen Teil der Ringmauer bildet.

Zu völlig neuen Schlüssen gelangte Uenze in Bezug auf den Mauerrest mit abgerundeter Ecke an der südwestlichen Turmecke. Er deutete ihn als die Südwestecke einer langrechteckigen Schutzmauer[10], die nachweislich an drei Seiten den Rechteckturm umfaßt hat. Da er außen angrenzend an die Nordostecke der Schutzmauer mit abgerundeten Ecken eine Kulturschicht mit Scherben des 10. Jahrhunderts freilegte, die auch unter diese zog, vermutete er, daß die Schutzmauer jünger sein müsse[11].

Das Dreieckgebäude war aufgrund seiner Befunde nach dem Abriß der Schutzmauer errichtet worden, da an beiden »Kontaktstellen« der Gebäude die Baugrube des Dreieckbaus die alte Oberfläche schneidet, beziehungsweise die abgebrochene Nordwestecke vom nördlichen Schenkel des dreieckigen Gebäudes unterbrochen wird.

Der bislang älteste Befund ist ein Mauerstück, welches in 2,7 m Tiefe an der nördlichen Plateaukante angetroffen wurde. Hierbei handelt es sich um eine 0,8 m breite Mauer, deren Steine mit Lehm verbunden waren. Ein in stratigraphischem Zusammenhang mit der Mauer liegender Estrich mit karolingischer Keramik ließ diese in das 8./9. Jahrhundert datieren. Auffälligerweise lag der Innenhorizont nördlich der Mauer, nahe der steil abfallenden Hangkante. Somit hätte der nördliche Teil eines zu vermutenden Gebäudes am steilen Hang gestanden. Der Estrich ist später beim Bau der Ringmauer durchschnitten worden.

Aufgrund einer dringend notwendigen Restaurierung der Mauerreste als Folge einer fortschreitenden Zerstörung der Ruine erfolgte 1985 im Auftrag der Stadt Marburg eine zweimonatige Ausgrabung unter der Leitung von Dr. A. Nestler[12].

Die schon 1884/85 ergrabenen Mauern, die inzwischen mit einem mächtigen Paket aus Humus und zahlreichen Pflanzen bedeckt waren, mußten erneut freigelegt werden. Im Laufe der Grabung wurde der Innenhorizont des dreieckigen Anbaus abgetragen und dabei eine halbrunde Steinsetzung mit einer Lehmschicht in der Südecke aufgedeckt. Ferner konnte der Verlauf der Ringmauer etwa 3,5 m nordwestlich der Dreiecksspitze geklärt werden.

Die wichtigsten Funde dieser Grabungskampagne waren die bisher einzigen geborgenen Münzen. Es handelt sich dabei um zwei Pfennige aus der königlichen Münzstätte Worms, die unter Heinrich II. (1002–1024) geprägt worden sind (Abb. 3)[13]. Sie wurden an der Verbindungsstelle des östlichen

8 Eine Publikation der Grabungsergebnisse erfolgte 1957: O. Uenze, Der Weißenstein bei Wehrda. In: Hessenland 4 (Marburg 1957) Folge 23. Ein Abdruck des Artikels von 1957 bei O. Immel (wie Anm. 2) 20–23.

9 Uenze (Anm. 8).

10 Um einer Verwechslung vorzubeugen, wird die ältere und kleinere Umfassungsmauer mit abgerundeten Ecken, die nur den rechteckigen Turm umschloß, im Text als Schutzmauer bezeichnet. Die jüngere polygonale Umfassungsmauer, die um das gesamte Plateau lief, wird im folgenden als Ringmauer oder auch Umfassungsmauer bezeichnet.

11 O. Uenze (Anm. 8) glaubte irrtümlich, diese Schicht ziehe unter die Mauer und nahm deshalb aufgrund der Keramikfunde an, daß die Mauer nach dem 10. Jahrhundert erbaut sein müsse.

12 Die Ergebnisse sind nicht publiziert.

13 Die Untersuchung der Münzen erfolgte durch Privatdozent Dr. N. Klüßendorf, Hessisches Landesamt für geschichtliche Landeskunde, Marburg. Vgl. P. Joseph, Die Münzen von Worms (Darmstadt 1906), ein Exemplar Nr. 20/21 (Silber, 0,835 g), ein Exemplar Nr. 23, Kirchentyp eher Nr. 22 (Silber, 0,81 g).

Abb. 2
Luftaufnahme des Grabungsgeländes
von Südwesten (März 1989).
Freigegeben durch das Reg. Präs. Darmstadt.

Abb. 3
Denar König Heinrichs II. (1002–1024) aus der
Münzstätte Worms. – M = 2:1.

Wohngebäudes und den Überresten der alten Schutzmauer gefunden. Eine schräggestellte Steinschicht (vgl. Beilage 1, Nordwestecke des zweiräumigen Wohngebäudes) verband die Fundamente; dazwischen lagen in einer Mauerfuge die Münzen. Sie hafteten deckungsgleich übereinander.

2. Die Ausgrabung der Jahre 1987 und 1988

Nach einjähriger Unterbrechung konnten die Grabungen auf dem Weißen Stein 1987 (knapp 5 Monate) und 1988 (6 Monate) unter Leitung der Verfasserin fortgesetzt werden (Abb. 2). Eine schon 1985 begonnene Vermessung des gesamten Plateaus (vgl. Beilage 2) und der umliegenden Wälle wurde 1988 beendet[14]. Die 1985 freigelegten Mauern sind zu Beginn der Grabungskampagnen erstmals steingerecht gezeichnet worden (Beilage 1). Da bereits 1985 Schnittnummern vergeben worden waren, wurde aus Gründen der Übersichtlichkeit die Numerierung der Schnitte von 1985 fortgesetzt (ab Schnitt 4 aufwärts fortlaufend). In den Jahren 1987/88 sind die freiliegenden Mauern der Anlage sowie zahlreiche Teilbereiche in insgesamt 25 Schnitten genauer untersucht worden.
Im folgenden sollen die Ergebnisse dieser Grabungen getrennt nach den Bauphasen (vgl. Beilage 2) und den verschiedenen Gebäuden vorgestellt und erörtert werden[15].
Eine Unterteilung in verschiedene Bauphasen der Burg nach den Ergebnissen der Grabungen von 1987/88 erfolgt hier im wesentlichen anhand der Baubefunde. Nur in Ausnahmefällen kann datierbares Fundmaterial ergänzend herangezogen werden. Diese keineswegs ideale Situation ergibt sich aus der fast totalen Zerstörung der Stratigraphie in den Gebäuden. Da der größte Teil der Keramik nur sehr bedingt zu einer feinchronologischen Datierung der Bauphasen herangezogen werden kann und die Fundmenge zu gering ist, um eine Änderung in der Zusammensetzung der verwendeten Typen festzustellen, kann nicht immer eine differenzierte Unterteilung der Bauphasen beziehungsweise eine Datierung derselben erfolgen.
Größere Mengen eisenzeitlicher Keramik von den umliegenden Wällen und von dem Bergplateau sprechen für eine vorgeschichtliche Nutzung des Weißen Steines.

a. Bauphasen

Phase I: Kleines Viereckgebäude (Beilage 1, I)

Dieses Gebäude wurde erstmals 1957 von O. Uenze auf einer Breite von 0,8 m angeschnitten[16]. 1988 konnten weitere Überreste des Gebäudes freigelegt werden. Dabei sind erstmals alle vier Seiten erfaßt worden. Es ließ sich ein annähernd quadratischer Grundriß von etwa 6 x 6 m rekonstruieren.
Das Gebäude erstreckte sich, wie schon von Uenze vermutet, am Nordhang des Plateaus. Zur Zeit der Erbauung lag die Hangkante mindestens 2,6 m weiter nördlich als heute, so daß der Bau auf ebener Erde errichtet werden konnte. Heute liegt der Bau etwa 2,4 m unter der Oberfläche. Nach der Zerstörung der Burg wurde die Hangkante durch den Schutt nach Süden verschoben. Der Eingang im Südosten wird durch einen verkohlten Schwellbalken von 0,2 m Breite und etwa 0,9 m Länge belegt, der in situ erhalten geblieben ist. Möglicherweise wurde die Länge des Balkens nicht ganz erfaßt, da der angrenzende Bereich noch nicht untersucht werden konnte. Nur im südwestlichen Gebäudebereich ist die Mauer noch fünf Steinlagen hoch erhalten geblieben. Hier hat sie eine Breite von 0,8 m. Die übrigen angeschnittenen Mauern des Hauses sind nicht mehr in voller Breite und nur noch ein bis zwei Steinlagen hoch vorhanden. Die Steine sind unregelmäßig groß und mit Lehm verbunden und auf den anstehenden Boden gesetzt worden. Direkt über diesem liegt eine stark holzkohlehaltige Schicht, auf der stellenweise

14 Die Vermessung wurde vom Marburger Stadtvermessungsamt durchgeführt.
15 Eine eingehende Besprechung der Ergebnisse bleibt einer endgültigen Publikation vorbehalten.
16 Uenze (Anm. 8) vermutete, daß die Mauer und der Lehmestrich Teil eines größeren Gebäudes waren.

eine nur fingerdicke Lehmschicht verläuft. Sie zieht von innen an die Mauer heran und ist als Überrest eines Lauf- beziehungsweise Zerstörungshorizontes anzusprechen. Einige Keramikfunde aus der Lehmschicht datieren das Gebäude in das 8./9. Jahrhundert.
Der Bau wurde im Laufe der verschiedenen Umbauphasen sowohl von der langrechteckigen Schutzmauer (Phase II b), als auch später von der polygonalen Ringmauer (Phase III b) überbaut.

Phase II a: Rechteckiger Turm (Beilage 1, II a)

Der Turm der Burg Weißenstein ist langrechteckig (Außenmaße 12 x 8,6m) und hat eine Mauerstärke von 1,8m. Die Mauern des Turmes sind ebenso wie die der weiteren noch zu besprechenden Bauten Zweischalenmauerwerk, das heißt, die Außenseiten sind aus außen glatt behauenen, ungleich großen Quadern errichtet, während der Mauerkern jeweils aus Bruchsteinen im Mörtelbett besteht.
Die Fundamente des Turmes sind auf den zu diesem Zweck plan abgearbeiteten Sandstein gesetzt worden. Da der Sandstein nicht sehr hart ist, ließ er sich mit eisernem Hauwerkzeug leicht ebnen. Von den Mauern, die 1884/85 noch 1,7m hoch erhalten waren, sind bis heute nur noch wenige Steinlagen übriggeblieben. Lediglich die West- und Ostmauer ist noch in einer Höhe von einem Meter vorhanden. Im Turminneren wurden verkohlte Balken, die teilweise noch im Verband lagen, freigelegt. Sie stammen wohl von einer Zwischendecke. Der Turm ist offensichtlich durch ein großes Feuer zerstört worden, welches auch die Innenseite der Mauer stark in Mitleidenschaft gezogen hat, da die hellen Sandsteine abgeplatzt sind und sich rot verfärbt haben.
Sämtliche äußeren Laufhorizonte um den Turm sind zerstört. Neben zahlreichen stark verbrannten Eisennägeln konnte etwas Keramik aus dem 10./11. Jahrhundert aus der Brandschicht geborgen werden.

Phase II b: Schutzmauer mit abgerundeten Ecken (Beilage 1, II b)

Die schon genannte Schutzmauer mit abgerundeten Ecken verlief an drei Seiten des Turmes, wobei von der Südseite nur 7m im südwestlichen Bereich nachgewiesen sind. Sie hatte eine langrechteckige Form (18 x 12,7m) mit einer Mauerstärke zwischen 1,2 und 1,4m. An der Südostecke des Turmes konnte sie nicht festgestellt werden.
Die nordwestliche Ecke der Mauer ist noch als Ausbruch im Profil zu erkennen. Man wird davon ausgehen können, daß die gesamte nördliche Schutzmauer beim Bau der Ringmauer abgetragen worden ist, wie schon Uenze an mehreren Stellen beobachtet hat. Untersuchungen in der Südwestecke der Mauer (dem sogenannten »runden Eck«) zeigten, daß die Stratigraphie im Inneren nur noch 0,8m vor dem anstehenden Boden ungestört geblieben war. Der sehr helle Sand mit wenig Holzkohlepartikeln enthielt nur vereinzelte Stücke eisenzeitlicher Keramik.
An die Nordwestecke zog von außen eine sehr fundreiche dunkle Kulturschicht, die neben karolingischer Keramik auch Scherben des 10./11. Jahrhunderts enthielt[17].
Neu untersucht und dokumentiert wurde die nordöstliche Anschlußstelle von Turm und Schutzmauer. Dabei zeigte es sich, daß die Mauer an den Turm angesetzt worden ist und daher erst nach diesem erbaut worden sein kann. Da die Befunde entlang der Schutzmauer mit abgerundeten Ecken stark gestört waren, konnte keine datierende Keramik der Mauer zugeordnet werden.

Phase III a: Dreieckiger Turmanbau (Beilage 1, III a)

Bei dem sogenannten Dreieckbau handelte es sich um einen nachträglichen Anbau an die westliche Querseite des rechteckigen Turmes. Er hat eine Seitenlänge von 10m mit einer Mauerstärke von 1,8m. Für das Fundament des Gebäudes wurde die schon bestehende Schutzmauer stellenweise abgerissen beziehungsweise durchstoßen. Die Mauern des Anbaues sind noch insgesamt etwa 3,3m hoch erhalten.

17 Vgl. Anm. 11.

Schon 1985 wurde die gesamte Innenfläche bis etwa 0,2–0,5 m über dem anstehenden Boden abgetragen. Hierbei wurde eine stark holzkohlehaltige Schicht freigelegt und in der Südecke eine halbrunde Steinsetzung, die im Inneren eine Lehmschicht aufwies. Die Lehmschicht enthielt neben wenig Keramik des 10./11. Jahrhunderts sehr viel Holzkohle und eine Ansammlung von Tierknochen. Möglicherweise handelt es sich hier um die Überreste einer Feuerstelle. In der Spitze des Dreieckbaues wurden die Überreste der Schutzmauer mit den abgerundeten Ecken freigelegt. Auffallend ist der Umstand, daß die Südwestecke (das sogenannte »runde Eck«) der Schutzmauer vielleicht noch nach dem Bau des Dreiecks genutzt worden ist. An der Ostwestmauer des Anbaues befindet sich eine rechteckige Aussparung im äußeren Mauerwerk, die mit dem Inneren der alten Schutzmauer einen kleinen rechteckigen Raum (2,2 x 1,7 m) bildet. Die im Gebäudeinneren gefundene Keramik stammt aus dem 10./11. Jahrhundert.

Phase III b: Polygonale Ringmauer (Beilage 1, III b)

Die steinerne Umfassungsmauer der Burg Weißenstein umschloß die gesamte Bergkuppe. Sie wurde bisher etwa zu zwei Dritteln freigelegt und hat wohl eine Gesamtlänge von ca. 90 Metern. Die Mauerstärke reicht von 1 bis 1,4 m. Wahrscheinlich hatte die Mauer sechs Ecken (den fast rechteckigen Vorsprung im Südosten nicht mitgerechnet), die meist einen Winkel von ungefähr 120 Grad bilden. Das von der Ringmauer umschlossene Areal hat eine Fläche von etwa 620 Quadratmetern.
An der östlichen Burgseite war das zweiteilige Wohngebäude direkt mit seiner Außenseite in den Mauerring einbezogen. In diesem Bereich hat die Mauer nur eine Breite von 1,0 m und unterscheidet sich auch in der Qualität des Mauerwerks[18].
Im Südosten der Burganlage befand sich ein Vorsprung der Ringmauer (3,3 x 3,3 m), der auf einer ursprünglich wohl freiliegenden Felsnase erbaut worden ist. Diese Stelle wird an zwei Seiten durch die Steilhänge im Süden und Osten begrenzt. Die Vermutung liegt nahe, daß es sich hier um den Torbau gehandelt hat. Die geschützte Lage, der felsige Untergrund sowie die auf Sicht gearbeiteten repräsentativen Eckquader (Abb. 4) sprechen für eine Torkonstruktion. Die innere Fläche des Mauervorsprunges wurde beim Bau mit einem etwa 1,4 m mächtigen Sandpaket aufgefüllt. Auf diese Weise konnte der über 3 m betragende Höhenunterschied zum Plateau ausgeglichen werden. Ob es sich aber tatsächlich um die ehemalige Toranlage handelt, wird sich erst nach der völligen Freilegung der Ringmauer endgültig klären lassen.
Durch den Bau der Ringmauer wurde das Plateau künstlich vergrößert, indem sie mit abgetreppten Fundamenten einige Meter unterhalb der ursprünglich kleineren Kuppe an den Hang gebaut wurde. An den inneren Mauerfuß wurde dann bis zu 2 m heller Sand aufgeschüttet, planiert und so eine größere Innenfläche geschaffen. Außen sind von der Anschüttung an der Mauer 0,5–1 m erhalten geblieben. In dem Sand fanden sich neben eisenzeitlicher Keramik auch Scherben des 10./11. Jahrhunderts. Am Fuße des südlichen Mauerabschnittes (Schnitt 5) konnte am äußeren Mauerfuß eine Abfallschicht mit Tierknochen, Eierschalen, Holzkohle und Keramik freigelegt werden.
Bis auf wenige Steinlagen ist die Mauer fast überall komplett abgetragen worden. Die nach innen ansteigenden, treppenartigen Mauerreste belegen einen Abriß von außen. Über den Mauerresten befand sich ein etwa zwei Meter mächtiges Paket mit stark humushaltiger Erde, die viel Steinschutt enthielt. Nur diese Verfüllschichten enthielten im unteren Bereich wenige Scherben des 13. bis 15. Jahrhunderts, wie sie an keiner anderen Stelle der Anlage gefunden worden sind. Die Auffüllung im oberen Bereich ist in ihrer Mächtigkeit wohl eine Folge der Ausgrabung 1884/85. Damals wurde der Abraum über die Hangkante geschüttet und somit ihr ursprünglicher Verlauf verflacht.
Die Ringmauer der Burg Weißenstein wurde wahrscheinlich in einem Bauvorgang mit dem zweiräumigen Wohngebäude errichtet.

18 Vgl. Phase III c.

Abb. 4
Die sorgfältig gearbeiteten Eckquader der vermuteten Toranlage von Burg Weißenstein.

Phase III c: Zweiteiliges Wohngebäude (Beilage 1, III c)

Im spitzen Winkel zur Ostmauer des Turmes liegt am Osthang der Kuppe das separate langrechteckige Wohngebäude (äußere Maße 16 x 7,8 m an der breitesten Stelle). Da das Gebäude aus Platzgründen am stark abfallenden Hang errichtet wurde, mußten die Mauerfundamente abgestuft angelegt werden. Eine relativ ebene, innere Lauffläche hat man dadurch geschaffen, daß die tieferliegende östliche Außenmauer, die gleichzeitig Ringmauer ist, ebenfalls von innen mit Sand angefüllt wurde.
Die nördliche Außenmauer verläuft nicht in einer geraden Linie, denn die Rückwand von Raum I wurde 1,2 m weiter südlich errichtet. An der Nordwestecke sind die Fundamente des Wohngebäudes gegen die Überreste der früheren Schutzmauer gesetzt. In den Mauerfugen des Wohngebäudes fanden sich, wie schon gesagt, 1985 die bisher einzigen Münzen der Burg[19] (Abb. 3).
Die Mauern der beiden Räume (Raum I: 9,2 x 4,5 m und Raum II: 4,5 x 4 m) weisen eine Breite von durchschnittlich 1 m auf; eine Ausnahme bildet die nördliche 0,8 m starke Außenmauer[20].
Eine steinerne Türschwelle von 1,2 m Breite belegt einen Durchgang von Raum I in Raum II. Nach den Erkenntnissen der Ausgrabung von 1884/85 soll sich die Tür nach Norden in Raum I geöffnet haben. In Höhe der Türschwelle konnte in Raum I ein Lehmestrich mit etwas Keramik freigelegt werden. Alle anderen Siedlungsschichten im Osttrakt sind nicht mehr erhalten. Die Trennmauer zwischen beiden Räumen hat eine Mauerstärke von 0,9 m und enthält im Kern einen Sockel aus anstehendem Sandstein. Von Raum II aus führte ein Durchgang nach außen. Dafür wurde die südliche Außenmauer an ihrer Stirnseite abgeschrägt und bildete so mit der hier schräg verlaufenden Ringmauer einen Durchlaß von etwa 1,3–1,4 m Breite im Mauerwerk. Nach dem Bericht und dem Plan von 1884/85 befand sich dort damals noch eine Treppe, die nach Westen geführt hat[21].

19 Vgl. dazu unten S. 160f.
20 Wegen des unregelmäßigen Grundrisses von Raum II sind hier die inneren Maße angegeben.
21 Nach mündlichen Berichten von älteren Marburger Bürgern soll diese Treppe noch vor vierzig Jahren vorhanden gewesen sein. 1987/88 fand sich keine Spur mehr davon.

In Raum II verläuft parallel zur nördlichen Mauer eine zweite Mauerkante in etwa 0,4 m Abstand, die leicht nach Norden abbiegt. Die Mauern sind in diesem Bereich nur noch stellenweise erhalten, daher ist der Befund nicht eindeutig. Die zweite Mauer war an der noch intakten Stelle 0,6 m breit. Eine ovale Vertiefung im Sandstein zwischen beiden Mauern (Beilage 1, P 1) stammt wohl von einem Pfostenloch. Auf dem Plan der Ausgrabung 1884/85 wurde diese Mauerkante entlang der gesamten hangwärts erbauten westlichen Rückwand vorgefunden. Möglicherweise handelte es sich hier um eine zusätzliche Stützmauer, die im Fundamentbereich errichtet wurde.
In Raum II wurden 1985 und 1988 zwei nahezu identische Architekturteile aus Sandstein mit einer Wölbung und parallel verlaufenden Rillen gefunden, die wohl von einem Fenstersturz oder einer Tür stammen. In den Jahren 1884/85 geborgener rotbemalter Wandputz spricht ebenso für eine sorgfältige Ausstattung des Wohngebäudes in den oberen Stockwerken wie das beidseitig gleichmäßig gearbeitete Mauerwerk. Alle äußeren Quader sind besonders glatt und sorgfältig behauen und bis zum Fundamentende hin sauber verfugt. Die Mauern sind bis heute sehr gut erhalten geblieben.

Pfostenlöcher: (Beilage 1, P 1–P 5)

Im Bereich des Burgplateaus wurden 1987/88 insgesamt 5 Pfostenlöcher erfaßt (Befundnummern P1–P5). Diese ließen sich nicht bestimmten Bauphasen beziehungsweise einer eisenzeitlichen Besiedlung zuordnen. Untereinander sehr ähnlich sind drei annähernd kreisrunde Pfostenlöcher, die leicht in den anstehenden Boden eingetieft waren (P 1–3). Mit Sicherheit vor der Ringmauer ist das Pfostenloch mit Steinkranz (P 5) im Norden des Plateaus entstanden. Der direkt am Fuße der Mauer verlaufende Graben reichte mit seiner Sohle über den Rand des Pfostenloches. Da dessen Verfüllung und die alte Oberfläche des Grabens aus dem gleichen homogenen Material bestanden, muß davon ausgegangen werden, daß der hölzerne Pfosten bei der Anlage des Grabens und wohl auch der Ringmauer entfernt wurde. Aus der Verfüllung des Pfostenloches stammt eine Randscherbe des 10./11. Jahrhunderts. Da der Steinkranz im Bereich der Nordostmauer des karolingischen Steingebäudes liegt, muß er also zu einem Gebäude oder einer Mauer gehört haben, die nach diesem und vor der polygonalen Ringmauer entstanden ist. Möglicherweise handelte es sich hier um den Pfosten einer anzunehmenden hölzernen Umfassungsmauer der Turmburg (Phase II). Der große Umfang des Pfostens (etwa 0,6 Durchmesser) und der massive Steinkranz sprechen für eine tragende Funktion. Ähnliche Ausmaße hat ein weiteres Pfostenloch (P 4) etwa 1 m nördlich des Nordschenkels des Dreieckbaus. Der Pfosten war an einer Seite in den nach Osten ansteigenden Sandsteinfelsen eingetieft worden, um ihm so mehr Stabilität zu verleihen.
Am steilen Osthang, der zur Lahn abfällt, liegen mehrere Mauerteile, die im Verband herabgestürzt sind. Die vier größten Stücke stammen wahrscheinlich von dem Wohngebäude, da sie mit diesem in Mauerstärke und Bearbeitungstechnik übereinstimmen.

b. Wall- und Grabensystem (Beilage 2)

Die beiden Hauptangriffsseiten der Burg Weißenstein waren durch ein sechsfaches Wallsystem mit dazwischenliegenden Gräben geschützt. Ein erster Graben verlief direkt am Fuße der nördlichen Ringmauer. Hier wurde 1956 und 1988 ein Sohlgraben von 3 m Breite angeschnitten. Da die alte Oberfläche an der Außenseite des Grabens nicht mehr erhalten ist, läßt sich heute nur noch eine Grabentiefe von etwa 1 m nachweisen. Der Graben konnte bisher auf einer Länge von 6,5 Metern nachgewiesen werden. Auf der alten Grabensohle lagen viele herabgestürzte Mauersteine. In der darunterliegenden, intakten Schicht fanden sich keinerlei datierende Funde. Die alte Nutzungsoberfläche liegt 2,4 bis 2,6 m unter der heutigen Oberfläche.
Ein zweiter Graben wurde 1956 und 1988 am nördlichen Fuß des kleinen Plateaus knapp 7 m unterhalb des ersten Grabens angeschnitten. Er hat eine Breite von 3,5 Metern und die Grabensohle liegt 1,8 m unter der heutigen Oberfläche. Er konnte bisher nur auf zwei Meter Länge nachgewiesen werden; es ist aber davon auszugehen, daß er die gesamte Nord- und Westseite des Plateaufußes umschloß, da sich hier

im Gelände ein heute als Weg genutzter Bereich von der Umgebung absetzt. Aus der Grabenverfüllung stammt eisenzeitliche Keramik und viel Holzkohle.
Wall 1 ist noch recht deutlich im Gelände zu erkennen. Sein nordöstliches Ende biegt nach innen ein und bildet einen Halbkreis. Zur Wallkrone von Wall 2 fällt das Gelände sanft ab. Diese ist noch als Erhebung im Gelände auszumachen. Wall 2 führt am weitesten von allen Wallstufen im westlichen Bereich nach Süden.
Die bisher einzige archäologische Untersuchung der Wälle erfolgte 1987 (Schnitt 12). Unterhalb von Wall 1[22] wurde im nordwestlichen Vorgelände ein 10 m langer Schnitt angelegt, der auf der Wallkrone von Wall 2 endet. Im archäologischen Befund wurden die Überreste eines 2,3 m breiten Grabens erfaßt, dessen Sohle 1,4 m unter der heutigen Oberfläche lag. Bei der Anlage desselben wurde der Aushub hangabwärts geworfen und so die Wallkrone von Wall 2 erhöht. Das gesamte Erdmaterial war stark mit eisenzeitlicher Keramik, aber mit nur wenigen mittelalterlichen Scherben durchsetzt.
Die Wälle 3–5 verlaufen in einem immer größer werdenden Halbkreis um die westliche und nördliche Hügelseite. Der Wall 3 zieht nicht so weit nach Süden, aber weiter nach Osten als der Wall 1. Der Wall 4 ist durch landwirtschaftliche Nutzung des Geländes im Nordosten stark abgeflacht. Zwischen Wall 4 und 5 ist im Nordwesten noch deutlich im Gelände ein Graben zu sehen. Der Wall 5 verläuft um den gesamten westlichen und nördlichen Hang und umschließt dabei etwa ein Drittel des gesamten Berges. Der Wall 6 ist im Westen nur noch etwa 8 m als Kante im Gelände zu erkennen.
Überreste einer steinernen Wallbefestigung beziehungsweise von Palisaden konnten in einem ersten Suchschnitt nicht festgestellt werden. Der Zugang zur Burg kann nur über die relativ flache nördliche Hügelseite erfolgt sein. Möglicherweise verlief der Weg nordöstlich entlang des zweiräumigen Wohngebäudes und von dort nach Südosten zu dem dort vermuteten Torbau. Ob der Zugang über die Wälle über eine Erdbrücke oder einen hölzernen Steg führte, kann bisher nicht festgestellt werden[23]. Möglich ist auch, daß ein Weg im Nordosten seitlich der Wälle verlief.

3. Die Funde der Grabungen von 1987 und 1988

Das keramische Fundgut der Burg Weißenstein ist relativ gering, was sich als Folge der ersten Ausgrabung 1884/85 erklären ließe. In den wenigen ungestörten Siedlungshorizonten war nämlich die Fundkonzentration erwartungsgemäß sehr hoch. Die geringe Fundmenge ist daher sicherlich kein Indiz für eine nur vorübergehende Nutzung.
Etwa ein Zehntel der Keramik besteht aus Scherben in karolingerzeitlicher Tradition, die meist aus unstratifizierbaren Fundzusammenhängen stammen. Aus der Brand- und Lehmschicht des kleinen Viereckgebäudes (Phase I) wurden 1988 ein rötlich-beiges Töpfchen mit rautenförmigen Rollstempeln geborgen sowie drei Randscherben mit umgelegten Rändern. Alle Gefäße sind Drehscheibenware. Die karolingische Keramik des Weißensteins läßt sich anhand der von R. Gensen für den Christenberg erstellten Typologie einordnen[24]. Dabei herrscht die gelbe bis rötlich-braune Drehscheibenkeramik mit stark umgelegten, krempenartigen Rändern vor, die den Typen 11–13 auf dem Christenberg entspricht[25]. Vergleichbare Stücke finden sich auch in den Höfen bei Ebsdorfergrund-Dreihausen[26] und auf dem Rickelskopf bei Weimar-Stedebach (beide Kr. Marburg-Biedenkopf)[27]. Gensen datiert diese Keramik in die zweite Hälfte des 8. bis zum Anfang des 9. Jahrhunderts[28]. Zum Typ 15–16 vom

22 Wegen eines Weges konnte der Schnitt nicht von der Wallkrone ausgehen.
23 W. Bornheim gen. Schilling, Rheinische Höhenburgen. Rheinischer Verein f. Denkmalpflege u. Heimatschutz (Neuss 1964) 189.
24 R. Gensen, Christenberg, Burgwald und Amöneburger Becken in der Merowinger- und Karolingerzeit. In: W. Schlesinger (Hrsg.), Althessen im Frankenreich. Nationes 2 (Sigmaringen 1975) 147 ff. – Die hier besprochenen Funde sind abgebildet bei C. Meiborg, Die Burg Weißenstein bei Marburg-Wehrda. Bericht über die Ausgrabung der Jahre 1987 und 1988. Hess. Jahrb. f. Landesgesch. 39, 1989, 396–398.
25 Ebd. 149.
26 Ebd. 163 Abb. 7, Typ 8–16.
27 Ebd. 169 Abb. 10, B 1–5.
28 Ebd. 152.

Christenberg gehören zwei Gefäße vom Weißenstein, die sich durch ihren langgestreckten Hals und den nur leicht umbiegenden Rand von der Gruppe 11–13 unterscheiden. Sie sind ebenfalls auf der Drehscheibe angefertigt und sehr dünnwandig. Die Typengruppe 15–16 gehört in die Endzeit der Siedlung auf dem Christenberg und wird von Gensen in das 9. Jahrhundert datiert[29].

Eine Warengruppe, die sich völlig von der oben besprochenen Keramik absetzt, sind die meist hellgelben oder hellbraunen Kugeltöpfe mit langgezogenen und abgerundeten Rändern. Sie wurden im Mündungsbereich auf der Drehscheibe nachgedreht und weisen einen unregelmäßigen Gefäßkörper mit unterschnittenen Standböden auf. Außen finden sich häufig Rußspuren, die auf ihre Nutzung als Kochgeschirr hinweisen. Auch auf der Burg bei Lahntal-Caldern, Kr. Marburg-Biedenkopf, treten ähnliche Randstücke auf, die von Gensen in das 10. Jahrhundert datiert werden[30]. Möglicherweise finden sie sich auch noch im beginnenden 11. Jahrhundert.

Hauptsächlich in das 11. Jahrhundert gehören die Kugeltöpfe mit ausbiegendem, außen gerade abgestrichenem Rand aus hellgelbem Ton, die häufig mit zwei randständigen Bandhenkeln ausgestattet sind[31]. Aus der Endphase der Burg Weißenstein stammen wohl die Kugeltöpfe mit außen abgestrichenem Dreiecksprofil, die zum Teil schon eine schwach ausgeprägte Deckelfalz zeigen[32]. Sie unterscheiden sich von den älteren Kugeltöpfen nur durch ihre Randausbildung, nicht aber durch ihre Machart, und sind zahlenmäßig relativ gering vertreten. Wegen ihrer geringen Anzahl und dem Fehlen von anderen Keramiktypen des 12. Jahrhunderts ist ihre Datierung auf dem Weißenstein für das späte 11. Jahrhundert wahrscheinlich. Die Entwicklung zum stärker profilierten Rand wird auch von U. Lobbedey auf der Burg Altenfels bei Brilon, Kr. Brilon[33] und von H. G. Stephan für die Stadt Höxter bestätigt[34].

Wenige Exemplare von einheimischer Pingsdorfartiger Ware konnten auf dem Weißenstein geborgen werden. Sie unterscheiden sich in Form und Machart nicht von der hellgelben Kugeltopfware, die die Hauptfundmasse auf der Burg bildet. Um echte importierte Pingsdorfer Ware[35] handelt es sich wahrscheinlich bei einem kleinen Gefäß und einem Fußfragment.

Bei den wenigen Bodenscherben der Burg Weißenstein handelt es sich vorwiegend um unterschnittene Standböden, die den Kugeltöpfen des 10./11. Jahrhunderts zugeordnet werden können.

Das keramische Fundgut der Grabungen 1987/88 aus der Burg Weißenstein reicht vom Ende des 8. oder Anfang des 9. Jahrhunderts bis zum Ende des 11., allenfalls noch bis zum Anfang des 12. Jahrhunderts.

Die Kleinfunde spiegeln das typische Fundspektrum einer mittelalterlichen Burg wider, wie sie zum Beispiel Lobbedey für die Burg Altenfels vorgestellt hat[36]. Sie sollen hier nur summarisch besprochen werden, da ihre chronologische Aussagekraft stark eingeschränkt ist[37].

Im Außenfundamentbereich der Schutzmauer mit abgerundeten Ecken (Phase II b) fand sich eine eiserne Zange mit abgerundeten Backen und geschlitzten Griffenden, die den heutigen Kneifzangen recht ähnlich ist. Ein vergleichbares Fundstück mit längeren, nach außen umgebogenen Griffen stammt von der Burg Lägern in der Schweiz, die in die erste Hälfte des 13. Jahrhunderts datiert wird[38].

Aus dem Außenfundamentbereich der Südecke des Wohngebäudes (Phase III c) stammt ein Spitzmeißel mit leicht überstehendem Bart, der Abnutzungsspuren aufweist. Möglicherweise wurde er für die Steinbearbeitung genutzt. Ein ähnliches Stück, allerdings mit weniger stark ausgeprägtem Kopf, wurde

29 Ebd. 152.

30 Ebd. 168 f. Abb. 10, C 10–12.

31 Ebd. Taf. 8, 1–9.

32 Ebd. 168 f.

33 U. Lobbedey, Der Altenfels bei Brilon. Rettungsgrabung an einer hochmittelalterlichen Burg. In: Beiträge zur archäologischen Burgenforschung und zur Keramik des Mittelalters in Westfalen 1. Denkmalpflege und Forschungen in Westfalen 2 (Bonn 1979) 58–59.

34 H. G. Stephan, Archäologische Beiträge zur Frühgeschichte der Stadt Höxter. Münstersche Beitr. zur Vor- und Frühgesch. 7 (Hildesheim 1973) Taf. 9.

35 W. Janssen, Die Importkeramik von Haithabu. Ausgrabungen in Haithabu 9 (Neumünster 1987) 23.

36 Lobbedey (Anm. 33) 67–71.

37 Hier nicht erwähnt sind zahlreiche Eisennägel, zwei Eisenmesser, drei eiserne Hufeisen, zwei mittelalterliche Spinnwirtel aus gebranntem Ton sowie sieben Knochenstücke mit Bearbeitungsspuren.

38 H. Schneider u. K. Heid, Das Fundmaterial aus der Burgruine Lägern. Zeitschr. f. Schweizer Arch. u. Kunstgesch. 8/1, 1946, 29–46, hier S. 34.

auf dem Runden Berg bei Urach[39] gefunden. Das Stück zählt dort zu den Schmiedewerkzeugen und wird in das 4. Jahrhundert datiert.
Ein flacher Eisenkeil, der am Fuße der südwestlichen Ringmauer in einem Nutzungshorizont gefunden wurde, findet seine Parallele auf der Burg Altenfels[40].
Die vier Hufeisen und Hufeisenfragmente gehören zu den Wellenrandhufeisen mit umgelegten Stollen, die von L. Süß[41] für das 9./10. Jahrhundert bis in das frühe 14. Jahrhundet angenommen werden. Auch in Unterregenbach, Stadt Langenburg/Kr. Schwäbisch Hall wurden mehrere Wellenrandhufeisen gefunden; das älteste Exemplar stammt aus dem 11. Jahrhundert[42]. Nach G. P. Fehring setzt eine größere Verbreitung nicht vor dem 12./13. Jahrhundert ein[43].
Die gleichmäßig zugespitzte eiserne Geschoßspitze mit offener Tülle wiegt 41 Gramm[44]. Vergleichbare Stücke stammen aus Sindelfingen/Obere Vorstadt[45] und vom Runden Berg bei Urach[46]. Eine Unterscheidungsmöglichkeit zwischen Pfeilspitzen und Armbrustbolzen wurde erstmals von R. Přihoda vorwiegend anhand des Gewichtes versucht[47]. Da sich Armbrustbolzen aus den Pfeilspitzen entwickelt haben, ist eine rein typologische Unterscheidung sehr schwierig. Auch eine neue Publikation zu diesem Problem von M. Krenn[48] bestätigt die Ergebnisse von Přihoda, und zwar insofern, als Krenn erneut auf das Gewicht als entscheidendes Kriterium hinweist. Er hält die frühen Formen des 11.–13. Jahrhunderts für nicht differenzierbar[49].
Das Knochenplättchen mit Kreispunktverzierung fand wohl Verwendung als Beschlag eines hölzernen Kästchens. Bei den Ausgrabungen in Alt-Schleswig wurden neben vergleichbaren Einzelstücken[50] auch fünf zusammengehörende Beschlagteile gefunden[51]. Die länglichen Stücke tragen ebenfalls eine Kreispunktverzierung. Zahlreiche weitere Parallelstücke zum Beispiel aus Haithabu[52], von der Weinbergburg bei Hitzacker[53], aus Unterregenbach/Stadt Langenburg, Kr. Schwäbisch Hall[54] und von der Burg bei Lahntal-Caldern/Kr. Marburg-Biedenkopf[55] belegen eine weitgestreute Verbreitung und die Beliebtheit dieses Musters im Mittelalter besonders auf Beschlägen. Ebenfalls als Beschlag fand ein Knochenplättchen mit einer unbeholfenen eingeritzten Tierdarstellung Verwendung, welches möglicherweise nicht fertiggestellt wurde.
Auffallend ist ein kleines Flötenmundstück[56] aus Knochen, das erst im Nachhinein zu einem solchen umgearbeitet wurde, da die Verzierung durch die Öffnung abgeschnitten ist. Es ist sorgfältig mit einem Zirkelritzornament sowie einem rautenförmigen Ritzmuster verziert.
Ein absolutes Datum unter den Kleinfunden liefern die beiden Münzen (Abb. 3), die 1985 geborgen wurden[57]. Sie waren nach Art eines Bauopfers im Fundament des zweiräumigen Wohngebäudes

39 R. Christlein, Kleinfunde der frühgeschichtlichen Perioden aus Plangrabungen 1967–1972. Der Runde Berg bei Urach III. Schr. d. Komm. für Alamannische Altertumskunde der Heidelberger Akad. d. Wiss. 4 (Sigmaringen, Heidelberg 1979) Taf. 10.
40 Lobbedey (Anm. 33) 68; 11.
41 L. Süß, Die frühmittelalterliche Saline von Bad Nauheim. Mat. z. Vor- u. Frühgesch. von Hessen 3 (Frankfurt 1978) 168.
42 G. P. Fehring, Unterregenbach. Kirchen-Herrensitz-Siedlungsbereiche. Forsch. u. Ber. d. Arch. d. Mittelalters in Baden-Württemberg 1 (Stuttgart 1972) 157f.
43 Ebd. 158.
44 Von der Ausgrabung 1884/85 sind zwei weitere Stücke bekannt, die inzwischen verschollen sind. 1956/57 und 1985 wurde jeweils ein Exemplar gefunden.
45 B. Scholkmann, Sindelfingen/Obere Vorstadt. Eine Siedlung des hohen und späten Mittelalters. Forsch. u. Ber. d. Arch. d. Mittelalters in Baden-Württemberg 3 (Stuttgart, 1978) 101.
46 Christlein (Anm. 39) Taf. 5.
47 R. Přihoda, Zur Typologie und Chronologie mittelalterlicher Pfeil- und Armbrustbolzeneisen. Sudeta 8, 1932, 43–67, hier S. 56.
48 M. Krenn, Mittelalterliche Armbrustbolzen. Mitt. d. Österr. Arbeitsgem. Ur- u. Frühgesch. 35, 1985, 45–56.
49 Ebd. 46.
50 I. Ulbricht, Die Verarbeitung von Knochen, Geweih und Horn im mittelalterlichen Schleswig. Ausgrabungen in Schleswig 3 (Neumünster 1984) Taf. 36, 1.2; Taf. 83, 3. 5. 7.
51 Ebd. Taf. 37.
52 I. Ulbricht, Die Geweihverarbeitung von Haithabu. Ausgrabungen in Haithabu 7 (Neumünster 1978) Taf. 34, 16.
53 B. Wachter, Mittelalterliche Knochenschnitzarbeiten von der Weinbergburg bei Hitzacker (Elbe). Zeitschr. f. Arch. d. Mittelalters 4, 1976, 123–130, hier S. 124.
54 Fehring (Anm. 42) 160. Das Vergleichsstück datiert Fehring in die erste Hälfte des 11. Jahrhunderts.
55 Gensen (Anm. 24) 169.
56 Parallelen sind Verf. in bisher nicht bekannt geworden.
57 Künftige Publikation in: Münzfundbericht des Hess. Landesamtes für geschichtliche Landeskunde, Marburg, Nr. 6 (1984–1986), in Vorbereitung.

deponiert. Ein zufälliges Zusammentreffen zweier Streufunde kann ausgeschlossen werden. Sie sind in der Zeit von 1002–1024 geprägt worden und geben einen Hinweis auf den frühest möglichen Zeitpunkt der Errichtung des Wohngebäudes[58].

4. Typologische Fragen der Burganlage Weißenstein

a. Der Bau des 8.–9. Jahrhunderts (Beilage 2)

Die älteste nachweisbare Bebauung im Mittelalter begann auf dem Weißen Stein am Ende des 8. oder während des 9. Jahrhunderts[59] mit dem Gebäude der ersten Phase. Ob dieser Bau bereits zu einer frühen Burganlage gehörte, kann nicht mit letzter Sicherheit angegeben werden, da bisher lediglich ein relativ abseits liegendes (Neben-) Gebäude freigelegt wurde, ist aber doch sehr wahrscheinlich. Es muß allerdings offenbleiben, ob wir es in dieser ersten Bauphase schon mit einer Turmburg[60] zu tun haben. Mehrere Höhenburgen der Karolingerzeit im Marburger Land sind von Gensen 1975 und 1979 vorgestellt worden[61]. Er nennt neben dem Weißenstein die Burg bei Lahntal-Caldern, den Rickelskopf bei Weimar-Stedebach und die Burg bei Lohra-Seelbach, alle im Kreis Marburg-Biedenkopf gelegen (vgl. Abb. 7)[62]. Ausgrabungen auf dem Marburger Schloß vor 1985 lassen auch hier einen Beginn der Anlage in der Karolingerzeit vermuten[63]. Gleichwohl wissen wir über das Aussehen dieser Anlagen in der Karolingerzeit kaum etwas Sicheres.

b. Die Anlage des 10./11. Jahrhunderts (Beilage 2)

In die Phase II der Burg Weißenstein gehört der zentrale langrechteckige Turm, der an drei Seiten von einer direkt vorgesetzten rechteckigen Mauer mit abgerundeten Ecken geschützt wurde. Konnten zu der ersten Besiedlungsphase der Burg noch keine weiteren Aussagen über deren Ausmaße gemacht werden, so läßt sich die Anlage in der zweiten Bauphase in die Reihe der seit dem 11. Jahrhundert verbreiteten Turmburgen auf Höhen einordnen[64]. Zu dieser Zeit bestand auch noch die nahe gelegene Turmburg bei Lahntal-Caldern/Kr. Marburg-Biedenkopf[65]. Auch vom Rickelskopf bei Stedebach/Kr. Marburg-Biedenkopf wird von Gensen anhand der archäologischen Befunde eine Nutzung der Burg bis in das 10. Jahrhundert angenommen[66]. Bei der ebenfalls in der Nähe vom Weißenstein gelegenen Burg Hollende bei Wetter-Warzenbach/Kr. Marburg-Biedenkopf, die mit Sicherheit im 11. Jahrhundert bestanden hat, konnten bisher leider nur die freiliegenden Mauerreste aufgemessen werden. Dabei wurden die Umrisse eines wohl quadratischen Turmes sowie einer umlaufenden Umfassungsmauer festgestellt. Gensen datiert den Beginn der Anlage in das 10. Jahrhundert[67].
Auch die von Verf. in seit August 1989 bis voraussichtlich August 1990 durchgeführten Untersuchungen unter dem Westflügel des Marburger Schlosses haben die Reste einer Turmburg zu Tage gebracht, die bislang ins 11./12. Jahrhundert datiert werden kann (Abb. 5)[68].

58 Die Münzen waren so miteinander niedergelegt worden, daß sie zusammenkorrodiert sind und von der Ausgräberin zunächst für ein Stück gehalten wurden.

59 Die Keramikfunde aus dem karolingerzeitlichen Gebäude lassen sich typologisch an das Fundmaterial der Spätphase des Christenbergs anlehnen: Gensen (Anm. 24) 146–151.

60 H. Hinz, Motte und Donjon. Zur Frühgeschichte der mittelalterlichen Adelsburg. Zeitschr. f. Arch. d. Mittelalters, Beiheft 1 (Köln, Bonn 1981) 72: »Turmburg, auf gewachsenem Boden errichtete Burg, deren Turm zugleich die Wohnung des Besitzers ist (Wohnturm)«.

61 Gensen (Anm. 24). – Ders., Althessens Frühzeit. Frühgeschichtliche Fundstätten und Funde in Nordhessen. Führer z. hess. Vor- und Frühgesch. 1 (Wiesbaden 1979) 58.

62 Gensen (Anm. 24) 162–171; Gensen (Anm. 61) 58.

63 G. Larrabee, Das Marburger Schloß und die Ergebnisse der Ausgrabungen bis zum Jahre 1985. Masch. vervielfältigter Bericht (Marburg 1986) 9. Die Ausgrabungen wurden während der Jahre 1977–1985 durchgeführt.

64 Hinz (Anm. 60) 88. – Bornheim (Anm. 23) 51. – A. Tuulse, Burgen des Abendlandes (Wien, München 1958) 45.

65 Gensen (Anm. 24) 166–170.

66 Ebd. 164.

67 Ebd. 171.

68 Die neuen Grabungsbefunde wurden in einen älteren publizierten Plan des Marburger Schlosses eingetragen, der folgender Arbeit entnommen wurde: F. Küch u. B. Niemeyer, Die Bau- und Kunstdenkmäler im Regierungsbezirk Kassel VIII: Kreis Marburg-Stadt. Teil I. Atlas (1934) 128.

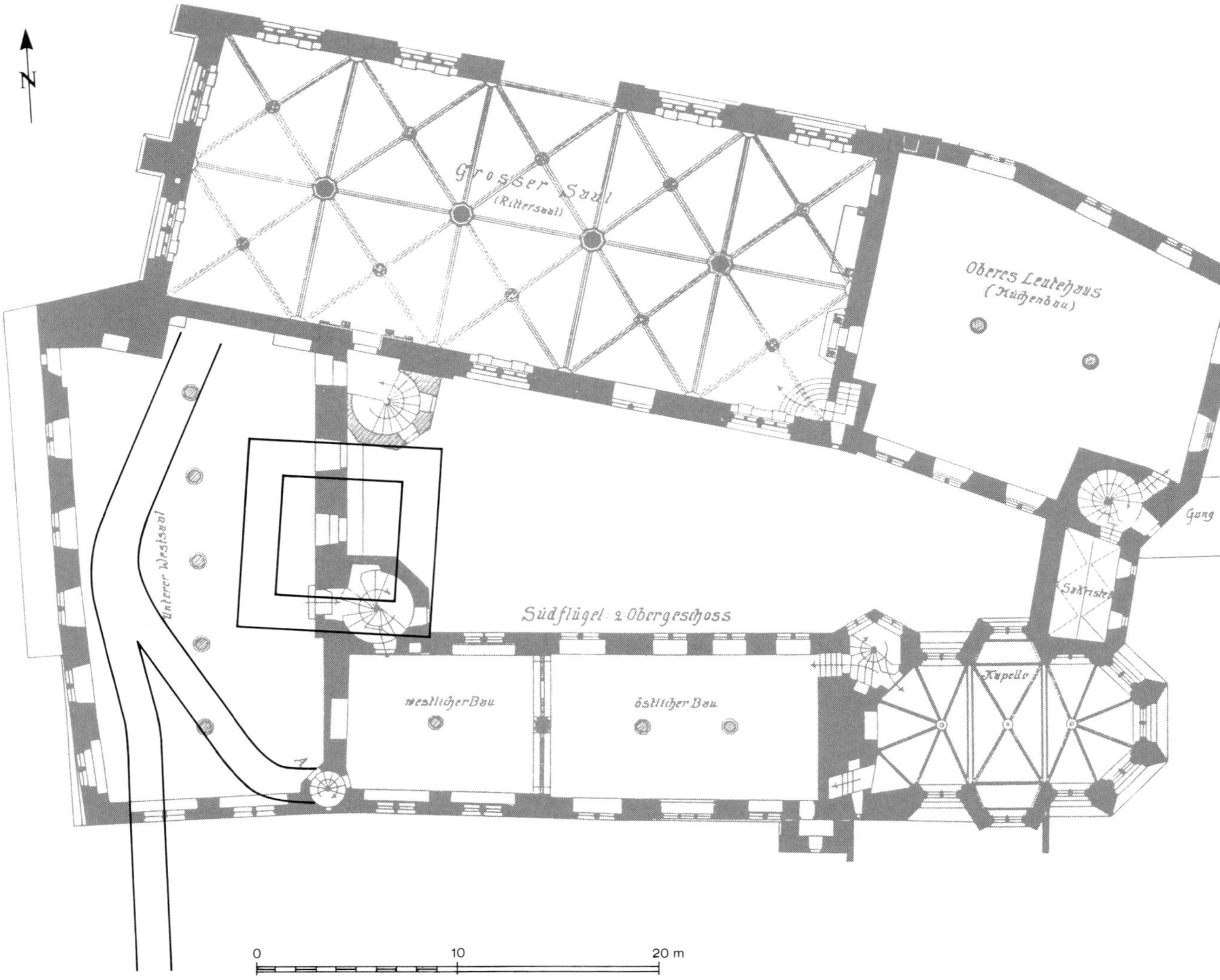

Abb. 5 Grundriß des Marburger Schlosses mit Eintragung der Turmburg und ihrer polygonalen Umfassungsmauer aus dem 11./12. Jahrhundert (Stand Mai 1990).

Im östlichen Bereich des heutigen Unteren Westsaales stand ursprünglich ein quadratischer Wohnturm (außen 9,5 x 9,5 m, innen 6 x 6 m), der auf den anstehenden Felsen gegründet wurde. Der Turm ist unter dem Fußboden des Saales noch bis auf eine Höhe von 7 m erhalten (Abb. 6,1). Durch eine begleitende Untersuchung im östlich davorliegenden heutigen Hofbereich konnten ferner die Fundamente der Nord- und Ostseite jenes Turmes knapp über dem Felsen freigelegt werden. Der Turm wurde im 15. Jahrhundert durch den Bau der heutigen östlichen Außenmauer des Westsaales halbiert; alte Innenschichten wurden hierbei zerstört.
Der genannte Wohnturm stand in einem Hof, der durch eine fast 2 m breite, polygonale Umfassungsmauer eingeschlossen wurde, die noch auf einer Länge von 29 m ergraben werden konnte (Abb. 6, 2–3). Der maximale Abstand zwischen Mauer und Turm beträgt 7 m. Das ursprüngliche Nutzungsniveau (Laufschicht) zwischen Turm und Ringmauer – der alte Burghof – lag wohl etwa 6–7 m unter dem heutigen Niveau des Unteren Westsaales.

1

2

3

Abb. 6 Ausgrabungsbefunde von der Turmburg des 11./12. Jahrhunderts im Unteren Westsaal des Marburger Schlosses: 1 Blick auf die SW-Ecke des Wohnturms. – 2 Blick auf die unteren Steinlagen der Polygonalmauer; Außenansicht im nördlichen Grabungsbereich. – 3 Blick auf die oberen Steinlagen der Polygonalmauer; Außenansicht im südwestlichen Grabungsbereich.

Als gesichert gelten können bereits jetzt Beobachtungen, die auf einen schnellen Aufschüttungsvorgang des gesamten Raumes zwischen polygonaler Ringmauer und Wohnturm mittels ca. 450 Kubikmeter annähernd fundleeren, homogenen Sandes aus dem Buntsandsteinverwitterungsbereich hinweisen. Diese Sandpakete wurden wahrscheinlich mit Kalkwasser getränkt, um der Masse eine größere Festigkeit zu geben.
Zur genaueren zeitlichen Eingrenzung dieser ältesten Bauphase unter dem Westflügel, die wahrscheinlich ins 11./12. Jahrhundert datiert, muß noch der gesamte verbliebene Bereich zwischen Wohnturm und Umfassungsmauer bis auf eine Tiefe von 8 Metern unter der Oberfläche freigelegt werden. Erst dann können möglicherweise auch hier Überreste einer sogar noch älteren Besiedlung erfaßt werden.
Somit sind allein im Marburger Raum im 10./11. Jahrhundert nach dem heutigen Forschungsstand fünf Höhenburgen nachzuweisen, von denen vier mit Sicherheit Turmburgen waren.
Vergleichbare Beispiele von Turmburgen des 10./11. Jahrhunderts hat H. Hinz[69] für den niederdeutschen Raum nachgewiesen. Auch W. Bornheim nennt zahlreiche Burganlagen im Rheinland, deren Ursprung schon im 10. Jahrhundert liegt[70]. Stärker verbreitet war dieser Burgentypus aber auch dort erst im 11. Jahrhundert[71].
Da die Turmburgen im allgemeinen zu wenig Platz und Komfort für eine dauerhafte Nutzung boten, wurden später häufig Wohnbauten hinzugefügt[72]. Diese Entwicklung läßt sich auch auf der Burg Weißenstein für die dritte Bauphase belegen. An die östliche Querseite des Turmes wurde – leicht schräg versetzt – ein Wohngebäude mit zwei Räumen angebaut, dessen östliche Längsseite einen Teil der neuen polygonalen Umfassungsmauer bildete, die nun das gesamte Burgplateau umschloß. Als Teil eines neuen Verteidigungskonzeptes wurde der langrechteckige Turm durch einen dreieckigen Anbau an die westliche Querseite, dessen Spitze zu einer der Hauptangriffsseiten zeigte, in einen fünfeckigen Turm umgewandelt.
Besondere Beachtung verdient der fünfeckige Turm, da sich zu diesem zahlreiche Parallelen in anderen Burganlagen, besonders am Mittelrhein, finden[73]. U. Liessem unterteilt diese fünfeckigen Türme in solche mit quadratischem Innenraum und vorgelegter massiver Spitze sowie Türme mit trapezförmigem inneren Grundriß[74]. Insgesamt listet er 91 fünfeckige Bergfriede auf, die sich in das oben genannte Schema einfügen lassen[75]. Auf die fünfeckigen Bergfriede als Sonderform wies schon O. Piper hin, der diese als häufig verwendete Form beschrieb[76].
Alle oben erwähnten Beispiele sind als fünfeckige Türme konzipiert und erbaut worden. Der Turm der Burg Weißenstein wurde erst nachträglich zum fünfeckigen Turm umgewandelt und besitzt deshalb im noch erhaltenen untersten Geschoß eine Trennmauer zwischen Viereck und Dreieck. Parallelen dieser Art hat Liessem nur in drei Fällen nachgewiesen[77].

69 Hinz (Anm. 60) 88: Turm von Xanten, Soest, Querfurt, Laer, Düren.
70 Bornheim (Anm. 23) 24: Luxemburg, Esch a. d. Sauer, Heringenburg im Müllerthal, Montclair bei Mettlach a. d. Saar, Homburg (Saarland), Saarburg.
71 Tuulse (Anm. 64) 45. – Bornheim (Anm. 23) 51.
72 Bornheim (Anm. 23) 51: Burg auf dem Hardenberg, Sterrenberg über Bornhofen am Rhein. – R. Schindler, Eine frühmittelalterliche Turmburg aus Düren, Kreis Saarlouis. Kölner Jahrb. f. Vor- u. Frühgesch. 9, 1967–68, 152 ff., hier 161: »Vielfach sind diese auf Bergspornen gelegenen Turmburgen im 11./12. Jahrhundert überbaut und weiterentwickelt worden.« Schindler nennt als Beispiele die Burgen von Bernkastel, Vianden, Saarbrücken und Saarburg.
73 Eine sehr gute Zusammenstellung bietet U. Liessem, Randbemerkungen zu polygonalen Bergfrieden am Mittelrhein, bei besonderer Berücksichtigung von Fünfecktürmen. Burgen und Schlösser 1984, H. 1, 53 ff. – Weitere Beispiele sind die Burgen Reichenberg im Elsaß und Osternohe im Kreis Nürnberger Land. J. Naeher, Die Burgenkunde für das südwestdeutsche Gebiet (München 1901) 141; H. Kunstmann, Mensch und Burg. Burgenkundliche Betrachtungen an ostfränkischen Wehranlagen. Veröff. der Ges. f. fränk. Geschichte, Reihe IX: Darstellungen aus der fränk. Geschichte 25 (Neustadt a. d. Aisch, 2. Aufl. 1985) 66.
74 Liessem (Anm. 73) 58.
75 Ebd. 65 Anm. 104.
76 O. Piper, Burgenkunde, Bauwesen und Geschichte der Burgen (München, 3. Aufl. 1967) 170: »So weitaus die Zahl der einfach runden oder quadratischen Türme überwiegt, so finden sich doch auch fast alle erdenklichen Abweichungen von diesen beiden, die Regel bildenden Grundrißfiguren. Von den regelmäßigen und einfachen ist nach ihnen die fünfeckige am meisten verbreitet, besonders im Westen Deutschlands, aber auch in Österreich«.
77 Liessem (Anm. 73) 60. Dabei handelt es sich um den quadratischen östlichen Turm der Burg Weitenegg (12. Jahrhundert), dem nachträglich ein dreieckiger An-

Bei dem fünfeckigen Turm des Weißenstein handelt es sich also um einen Ausnahmefall, um einen Turm, der im nachhinein umgewandelt worden ist, um einer neuen Entwicklung im Befestigungswesen Rechnung zu tragen[78]. Die Spitze des Bergfriedes wurde bei solchen Bauten der jeweiligen Hauptangriffsseite gegenübergestellt, so daß Wurfgeschosse abprallen mußten. Neben dem fortifikatorischen Nutzen ist diese Turmform wohl auch ein Ausdruck des Zeitgeschmacks, also eine Modeerscheinung gewesen[79]. Bornheim[80] und Liessem[81] jedenfalls sehen darin eine bewußt aggressive Machtdemonstration, um die bedrohliche Wirkung des Bergfriedes zu steigern.

Neben den fünfeckigen Bergfrieden, die den Mittelpunkt einer Burganlage bildeten (Hohlenfels/Taunus, Altenwied/Kr. Neuwied, Ortenberg/Elsaß)[82], wurden andere mit ihrer Spitze in die Ringmauer integriert (Boyneburg/Kr. Eschwege, Lahneck/Kr. St. Goarshausen, Winzenburg/Kr. Hildesheim)[83] oder insgesamt der Umfassungsmauer vorangestellt (Bernstein, Lützelstein, Giersberg; alle im Elsaß gelegen)[84]. Der Bergfried der Burg Weißenstein gehört zum erstgenannten Typus.

Liessem nennt zahlreiche fünfeckige Bergfriede in weiten Teilen des ehemaligen Reiches mit einer Konzentration während der Stauferzeit[85] im Elsaß und der Pfalz, in Tirol, im Trentino, in Ober- und Niederösterreich und einem Schwerpunkt im Rheinland während des hohen und späten Mittelalters[86]. Für das deutsche Gebiet nennt er als älteste Beispiele für fünfeckige Türme die Burg Ehrenbreitstein (Stadt Koblenz, zweites Drittel 12. Jahrhundert), die Burg Kirkel (Neuhäusel, Kr. Homburg, zeitgleich mit Ehrenbreitstein), die Neuerburg (Niederbreitbach, Kr. Neuwied, Ende 12. Jahrhundert) sowie die Burg Altenwied (Neustadt, Kr. Neuwied, zweite Hälfte 12. Jahrhundert)[87].

Somit sind die bisher ältesten nachgewiesenen Beispiele nicht vor die zweite Hälfte des 12. Jahrhunderts zu datieren. Eine Ausnahme bildet der fünfeckige Wohnbau der Burg Baldenstein, der möglicherweise noch aus dem 11. Jahrhundert stammt[88].

Anhand der archäologischen Funde wurde die Burg Weißenstein Ende des 11., spätestens Anfang des 12. Jahrhunderts zerstört. Damit kann der fünfeckige Bergfried der Burg als einer der ältesten bekannten fünfeckigen Türme gelten.

Durch das Hinzufügen des zweiteiligen Wohngebäudes wurde der Weißenstein von einer Turmburg[89] zu einer mehrfach gegliederten Höhenburg umgewandelt. Dabei erhielt nun der ursprüngliche

bau vorgelegt wurde. – F. Eppel, Die Wachau. Nibelungen und Strudengau. Ihre Kunstwerke, historische Lebens- und Siedlungsformen. Österreichische Kunstmonographie 2 (Salzburg 1975) 231. – Dem langrechteckigen Hauptwohnturm der Burg Baldenstein (Mitte 11. bis Mitte 12. Jahrhundert) bei Gammertingen wurde in einer zweiten Bauphase ein leicht verschobenes Dreieck an die Schmalseite angesetzt, dessen Spitze zur Hauptangriffsseite zeigte. Ein Eingang oberhalb des Erdgeschosses muß bestanden haben, da bis in 4 m Höhe kein Eingang im Mauerwerk zu finden ist. B. Scholkmann, Burg Baldenstein. Das »Alte Schloß« bei Gammertingen (Sigmaringen 1982) 29. – Auf der Burg Ehrenstein, Kr. Neuwied (14. Jahrhundert) wurde ein rechteckiges Wohngebäude nachträglich mit einem dreieckigen Anbau, dessen Spitze zur Hauptangriffsseite zeigte, versehen. Die Kunstdenkmäler des Kreises Neuwied, bearb. von H. Neu/H. Weigert. Die Kunstdenkmäler der Rheinprovinz 16, Abt. II (Düsseldorf 1940) 111.

78 Bei der Aufzählung der fünfeckigen Bergfriede nennt Liessem (Anm. 73) 58 auch den Weißenstein. Irrtümlicherweise nennt er das Jahr 1284 als Zerstörungsdatum für die Burg. Unklar bleibt, warum Liessem die Burg Weitenegg wegen des nachträglich angesetzten Dreieckes nicht zu den fünfeckigen Bergfrieden zählen möchte (S. 58), während er die übrigen drei Burgen mit derartigem Anbau dazurechnet.

79 A. v. Cohausen, Die Bergfriede besonders rheinischer Burgen. Ein Beitrag zur Kenntnis der mittelalterlichen Befestigungs- und Baukunst. Bonner Jahrb. 28, 1860, 19, hier allgemein Übereckstellung.

80 Bornheim (Anm. 23) 74.

81 Liessem (Anm. 73) 54 spricht hier allgemein von Übereckstellung von Türmen.

82 F. Schwind (Hrsg.), Geschichtlicher Atlas von Hessen, Text- und Erläuterungsband (Marburg 1984) 225 f. – U. Liessem, Baugeschichtliche Beobachtungen an einigen stauferzeitlichen Burgen in der Region Koblenz. Burgen und Schlösser 1977/I, 34. – F. Wolff, Elsässisches Burgenlexikon. Verzeichnis der Burgen und Schlösser im Elsaß. Veröff. d. kaiserl. Denkmal-Archivs zu Straßburg Bd. 9 (Frankfurt, 2. Aufl. 1979) 225–258.

83 B. Ebhardt, Der Wehrbau Europas im Mittelalter. Bd. I (Frankfurt/M., 2. Aufl. 1977) 403. – Liessem (Anm. 82) 39 f. – M. Last, Burgen des 11. und frühen 12. Jahrhunderts in Niedersachsen. In: H. Patze (Hrsg.), Die Burgen im deutschen Sprachraum I. Vortr. u. Forsch. 19 (Sigmaringen 1976).

84 Wolff (Anm. 82) 13–15; 89 f. – Ebhardt (Anm. 83) 323–325;

85 Liessem (Anm. 73) 60.

86 Ebd.

87 Ebd.

88 Scholkmann (Anm. 77) 29.

89 Hinz (Anm. 60) 72; vgl. die Definition von Turmburg bei Hinz.

Wohnturm die Funktion eines reinen Wehrturmes (Bergfried)[90]. Das Anbauen von Wohn- und Nebengebäuden an die vorhandene Ringmauer oder deren gleichzeitige Erbauung und die Einfügung der Gebäude in den Mauerkomplex, ist ein häufig geübtes Verfahren beim mittelalterlichen Burgenbau des 11.–13. Jahrhunderts[91]. An dieser Stelle soll auf den palasartigen Charakter des Wohngebäudes auf dem Weißen Stein eingegangen werden, wenngleich dieses nur noch im Kellerbereich beziehungsweise Erdgeschoß erfaßt werden konnte. Neben der schon erwähnten aufwendigen Bauweise sprechen die sorgfältig behauenen Architekturteile und die Reste von rotbemaltem Wandputz für eine repräsentative Nutzung des Gebäudes. Über den Palas in vorstaufischer Zeit ist für das überaus burgenreiche Rheinland wenig bekannt[92]. Bornheim nennt die frühesten Beispiele für das 11. Jahrhundert und vermutet, daß sie noch nicht eine so herausragende Rolle wie in der Stauferzeit gespielt haben[93]. Um die Funktion eines Palas zu erfüllen, mußte im Obergeschoß ein Saal vorhanden sein[94], während das Erdgeschoß unterteilt war[95]. Da, wie schon erläutert, auf der Burg Weißenstein nur noch die Fundamente des Wohngebäudes erhalten geblieben sind, läßt sich ein solcher Saal beziehungsweise ein großer durchgehender Raum nicht mehr nachweisen. Eine Verbindung zwischen den Stockwerken in einem Palas erfolgte meist über eine Außentreppe[96]. Diese befand sich bei der Burg Weißenstein an der südlichen Außenmauer des Wohngebäudes. Wenngleich die Ausmaße dieses Baues im Vergleich zu dem Palas der Stauferzeit bescheiden sind, so zeigt sich auch hier schon die Tendenz, Sicherheit, Komfort und Machtdemonstration miteinander zu verbinden. In diesem Sinne kann das Wohngebäude der Burg Weißenstein als Palasvorläufer gelten.

Die Umfassungsmauer der Burg Weißenstein gehört zu dem Typ der polygonalen Ringmauern, welche neben den ovalen und annähernd rechteckigen Ringmauern sehr häufig Verwendung fanden[97]. Dabei wurden die Geländegegebenheiten und Vorteile ausgenutzt[98]. So war auch auf dem Weißenstein die Form der Ringmauer durch das unregelmäßige Plateau vorgegeben.

In diesem Zusammenhang ist aber auch auf die Frage des Tores auf der Burg Weißenstein einzugehen. Der fast rechteckige Mauervorsprung an der Ringmauer im Südosten kann mit einiger Wahrscheinlichkeit als Tor interpretiert werden[99]. Diese Stelle war durch zwei Steilhänge vorzüglich geschützt und auf eine Felsnase gegründet worden. Durch den vorgesetzten Mauerabschnitt konnte die Ringmauer in Ankunftsrichtung überblickt werden[100]. Die Burg bei Lahntal-Caldern/Kr. Marburg-Biedenkopf zeigt ebenfalls einen starken Mauervorsprung mit rechtem Winkel im Nordosten der Anlage, der von Gensen als Zugang zur Burg angesprochen wird[101]. Allerdings sind beide Beispiele eher als Ausnahme zu betrachten[102].

Die seitliche versetzte Lage des Tores, geht man von einem Zugang zum Burgplateau von Norden aus, wurde bisher auch bei anderen Burgen beobachtet[103]. Dies ermöglichte den unmittelbaren seitlichen Beschuß des Gegners an dessen ungeschützter rechter Schwertseite[104]. Der Eingang muß oberhalb des Erdgeschosses angenommen werden, da das Innere etwa 1,5 m hoch mit Sand angefüllt worden war.

90 Vgl. die Definition von Bergfried bei Hinz, ebd. 72.

91 A. Antonow, Burgen des südwestdeutschen Raumes im 13. und 14. Jahrhundert unter besonderer Berücksichtigung der Schildmauer. Veröff. des Alemannischen Inst. Freiburg 40 (Bühl 1977) 41: »Wohngebäude standen baulich immer in Verbindung mit einer Ringmauer oder saßen auf dieser auf, so daß die feldseitige Gebäudeseite gespart wurde«.

92 Bornheim (Anm. 23) 118.

93 Ebd. 120.

94 Ebd. 126.

95 Ebd. 126.

96 Glossarium artis. Deutsch-französisches Wörterbuch zur Kunst 1: Burgen und feste Plätze. Der Wehrbau vor Einführung der Feuerwaffen (Tübingen, Straßburg, München, 2. Aufl. 1977) 86; 94.

97 Antonow (Anm. 91) 36 f. – G. P. Fehring, Einführung in die Archäologie des Mittelalters (Darmstadt 1987) 114.

98 Tuulse (Anm. 64) 45.

99 Auch Uenze vermutete an dieser Stelle das Tor (vgl. Anm. 8).

100 R. v. Uslar, Studien zu frühgeschichtlichen Befestigungen zwischen Nordsee und Alpen (Köln, Graz 1964) 210.

101 Gensen (Anm. 24) 168.

102 Uslar (Anm. 100) 209–211.

103 Bornheim (Anm. 23) 189 nennt als Beispiele den Hammerstein, die Altburg bei Bundenbach, den Ringskopf bei Allenbach und die Quedlinburg.

104 Ebd. 189.

Auffallend sind die sorgfältig behauenen Quader an der noch erhaltenen Ecke des Vorsprunges (Abb. 4). Sie sind mit einem Randschlag und gepicktem Spiegel versehen. G. Stein[105] bezeichnet diese Quader als spätsalisch und nennt weitere Vergleichsorte[106]. Die Turmburg Schlössel (11. Jahrhundert) weist wie die Burg Weißenstein ein Tor mit gepickten Quadern auf, die allerdings größere Ausmaße haben[107]. Am Speyerer Dom wurde diese Steinbearbeitung an Bau I und II verwendet[108]. Auch wenn die Quader in diesem Fall nur einen vagen Hinweis auf die Entstehungszeit der Toranlage liefern, so gibt dieses Merkmal doch einen Hinweis auf die repräsentative Funktion des Torbaues.

5. Zerstörung der Burg

Nach den bisherigen Ergebnissen der Ausgrabung 1987/88 bestand die Burg bei ihrer Zerstörung aus dem fünfeckigen Turm, dem zweiräumigen Wohngebäude und der polygonalen Ringmauer. Die eindeutigen Spuren eines Großbrandes wurden im rechteckigen Turm und in dem Wohngebäude nachgewiesen.
Die einzige historische Erwähnung der Burg betrifft ihre Zerstörung durch Sophie von Brabant um 1248[109]. Dieses Datum kann aber von archäologischer Seite her nicht bestätigt werden. Das keramische Fundmaterial spricht für eine Auflassung der Burg Ende des 11. Jahrhunderts, eventuell auch erst am Anfang des 12. Jahrhunderts. Die zu erwartende Keramik des 12./13. Jahrhunderts fehlt völlig. Da inzwischen schon das gesamte Plateau untersucht wurde, kann man dieses Fehlen nicht mit einer zufälligen Forschungslücke erklären, ebensowenig wie mit der Zerstörung durch die Ausgrabung 1884/85. In diesem Falle hätten sich zumindest in den ungestörten Bereichen noch Keramikfunde erhalten.

6. Zusammenfassung

Auf der Burg Weißenstein konnten nach Abschluß der bisherigen Untersuchungen insgesamt drei verschiedene Bauphasen (Beilage 2) unterschieden werden. In die Phase I (8./9. Jahrhundert) gehört ein kleines viereckiges Steingebäude, welches durch einen Brand zerstört wurde. Weitere Gebäude dieser Periode wurden nicht mehr gefunden. In Phase II (wahrscheinlich 10./11. Jahrhundert) bestand die Burg aus einem rechteckigen Wohnturm mit einer Schutzmauer. In der Phase III (11. Jahrhundert) wurde der Turm zu einem fünfeckigen Bergfried ausgebaut und die ältere Schutzmauer abgerissen. Am Osthang errichtete man ein zweiräumiges Wohngebäude und umgab die gesamte Anlage mit einer polygonalen Umfassungsmauer, deren Tor wohl im Osten lag.
Eine genauere Datierung der Gebäude aus Phase II und III anhand der Funde ist bisher nicht möglich. Die unterschiedlichen Phasen lassen sich aber anhand der Baubefunde eindeutig trennen. Die beiden Hauptangriffsseiten (Norden und Westen) wurden durch ein komplexes Wall- und Grabensystem geschützt, das bisher nur wenig untersucht wurde.
Keramikfunde der Frühlatènezeit (Übergang Hallstatt D/ Latène A) bis zur Mittellatènezeit (Latène B/ Anfang C) stammen in größerem Umfang von den Wällen, die möglicherweise zum Teil schon in der Eisenzeit entstanden sind. Eine eisenzeitliche Siedlung auf dem Burgplateau selber konnte bisher nicht nachgewiesen werden.

105 G. Stein, Burgen und Schlösser in der Pfalz (Frankfurt 1976) 20/21.
106 Ebd. 20: Speyerer Dom, das Speyerer Judenbad, die Burgkapelle der Burg Winzingen, den Turm der Ruine St. Peter u. Paul in Hirsau und die Turmburg Schlössel.
107 Ebd. 21.
108 H. E. Kubach u. W. Haas, Der Dom zu Speyer. Die Kunstdenkmäler von Rheinland-Pfalz (Darmstadt, Mainz 1972) 538f.
109 Die Chroniken des Wigand Gerstenberg von Frankenberg, bearb. von H. Diemar. VHKH 7,1 (Marburg, 2. Aufl. 1989) 214. Genaueres dazu siehe im Beitrag von U. Reuling.

Die Burg Weißenstein gehört in der zweiten Phase zu dem speziellen Typus der Turmburg, der frühestens seit dem 10./11. Jahrhundert aus dem hessischen, niederrheinischen und westdeutschen Gebiet bekannt ist[110]. Die Umwandlung der Turmburg zu einer Anlage mit separatem Wohngebäude und fünfeckigem Bergfried erfolgte im Zuge der allgemeinen Entwicklung im deutschen Burgenbau[111]. Der erst nachträglich zum fünfeckigen Bergfried umgewandelte Turm findet Parallelen hauptsächlich in stauferzeitlichen Anlagen[112]. Somit muß der Turm der dritten Phase als einer der bisher ältesten bekannten fünfeckigen Bergfriede des deutschen Raumes gelten. Die historisch überlieferte Zerstörung der Burg um 1248 durch Sophie von Brabant kann anhand des archäologischen Fundgutes nicht bestätigt werden. Die Keramik der Burg Weißenstein stammt aus der Zeit von der zweiten Hälfte des 8. Jahrhunderts bis zum Ende des 11. Jahrhunderts, allenfalls noch bis zum Anfang des 12. Jahrhunderts. Eine Zerstörung der Burg um 1100 durch einen Brand und eine fehlende Kontinuität über diesen Zeitpunkt hinaus muß angenommen werden.

110 Hinz (Anm. 60) 88. – Schindler (Anm. 72) 160.
111 Bornheim (Anm. 23) 51. – Schindler (Anm. 72) 161.
112 Liessem (Anm. 73) 60.

B. ZUR GESCHICHTE DER BURG WEISSENSTEIN

VON ULRICH REULING

Die Grabungen auf der Bergkuppe des Weißen Steins unweit Marburg haben eine Burganlage zum Vorschein gebracht, die der landes- und lokalgeschichtlichen Forschung manche Rätsel aufgibt. Zwar sind wir aufgrund der vorliegenden Grabungsergebnisse recht gut über Zeitstellung, Bauphasen und typologische Merkmale dieser Anlage informiert, gänzlich unbefriedigend ist demgegenüber aber der Stand unserer Kenntnis ihrer territorialgeschichtlichen Funktion und Bedeutung[1]. Nicht einmal die einstigen Besitzer der Burg sind uns bekannt. In den mittelalterlichen Schriftquellen erst spät und nur ein einziges Mal erwähnt, ist vom Weißenstein lediglich die Nachricht überliefert, daß er durch Herzogin Sophie von Brabant, der Tochter der hl. Elisabeth, in den Anfängen des thüringisch-hessischen Erbfolgekrieges zusammen mit anderen Burgen in diesem Raum um 1248 zerstört worden sei[2]. Aber selbst an diese vereinzelte Nachricht knüpfen sich, wie im Grabungsbericht bereits ausgeführt, erhebliche Zweifel[3].

Angesichts dieser desolaten Quellenlage sind die Möglichkeiten natürlich begrenzt, aus landesgeschichtlicher Sicht zur Erforschung der Burg beizutragen, zumal es auch für andere, vergleichbare Befestigungen in diesem Raum an aussagekräftigen Schriftzeugnissen fehlt. Will man gleichwohl versuchen, ein wenig das Dunkel zu erhellen, das über der Geschichte dieser Burganlage liegt, so wird man den Blick auf ihr historisches Umfeld zu richten haben und nach Anhaltspunkten Ausschau halten, die gewisse Rückschlüsse auf die Besitzverhältnisse und Funktionen der Anlage erlauben. Dabei erscheint es angebracht, vor allem jene Zeit der Belegung der Burg ins Auge zu fassen, die auch baugeschichtlich ausreichend dokumentiert ist, also das 10. und 11. Jahrhundert, während die ohnehin ganz ungewissen Anfänge der Anlage hier weitgehend ausgeklammert bleiben sollen[4].

Innerhalb der Kulturlandschaft des Marburger Raumes und seiner Nachbargebiete nimmt Burg Weißenstein eine auffallend exponierte Lage ein (Abb. 7). Ganz am Rande des kuppenreichen sogenannten Marburger Rückens[5] gelegen, erhebt sich der Burgberg etwa 70 m über dem markant ausgebildeten Lahnknie und der von ihm eingeschlossenen Talaue. Im Unterschied zu den anderen kleinen Höhenburgen im weiteren Umland, die durch ihre Lage unmittelbar auf mittelalterliche Siedlungen und kleine Siedlungskammern bezogen erscheinen, wie die Burgen von Lahntal-Caldern und Lohra-Seelbach oder der Rickelskopf bei Weimar-Stedebach[6], zeichnet sich der Weißenstein durch seine relative Siedlungsferne aus. Denn der ihm am nächsten liegende Ort Wehrda ist in Luftlinie immerhin 1,5 km entfernt, und da Wehrda, das noch 1400 nicht mehr als 27 Hausstätten besaß, erst 1232 in der schriftlichen Überlieferung begegnet, ist nicht einmal mit Sicherheit zu sagen, ob der Ort bei Anlage der Burg

1 Der Beitrag ist die gekürzte, nur an einigen Stellen leicht überarbeitete und ergänzte Fassung eines Aufsatzes, der unter dem Titel »Burg Weißenstein in landesgeschichtlicher Sicht« erst unlängst erschienen ist (Hess. Jahrb. f. Landesgeschichte 39, 1989, 409–422). Infolgedessen können sich im folgenden auch die Anmerkungen auf das Nötigste beschränken. Neu hinzugekommen ist für diesen Beitrag die Übersichtskarte Abb. 7, die dem Leser das Auffinden der im Text erwähnten Örtlichkeiten erleichtern soll. Eine komplette Übersicht über die früh- und hochmittelalterlichen Befestigungsanlagen innerhalb des durch den Kartenauschnitt vorgegebenen Raumes ist damit nicht bezweckt. Sie wäre auf dem Stand der Forschung noch eigens zu erarbeiten und zu begründen.

2 Siehe unten S. 174 f. mit Anm. 45.

3 Vgl. oben S. 167. Zu dieser Nachricht im einzelnen unten S. 175 f.

4 Einige Überlegungen dazu finden sich in dem oben (Anm. 1) genannten Aufsatz S. 410 ff. sowie unten S. 173 f.

5 Zur natur- und kulturräumlichen Gliederung des Marburger Raumes und seiner angrenzenden Landschaften grundlegend das Sammelwerk: Marburg und Umgebung. Ein landeskundlicher Exkursionsführer, hrsg. von W. Lauer (Marburg, 2. Aufl. 1967).

6 Vgl. dazu zuletzt R. Gensen, Althessens Frühzeit. Frühgeschichtliche Fundstätten und Funde in Nordhessen (Wiesbaden 1979) 41 ff. – Vgl. ferner die Ortsartikel Burg (Caldern), Burg (Seelbach), Rickelskopf in: Historisches Ortslexikon Marburg. Ehem. Landkreis und kreisfreie Stadt, bearb. von U. Reuling. Historisches Ortslexikon von Hessen 3 (Marburg 1979) (künftig zit.: HOL Marburg).

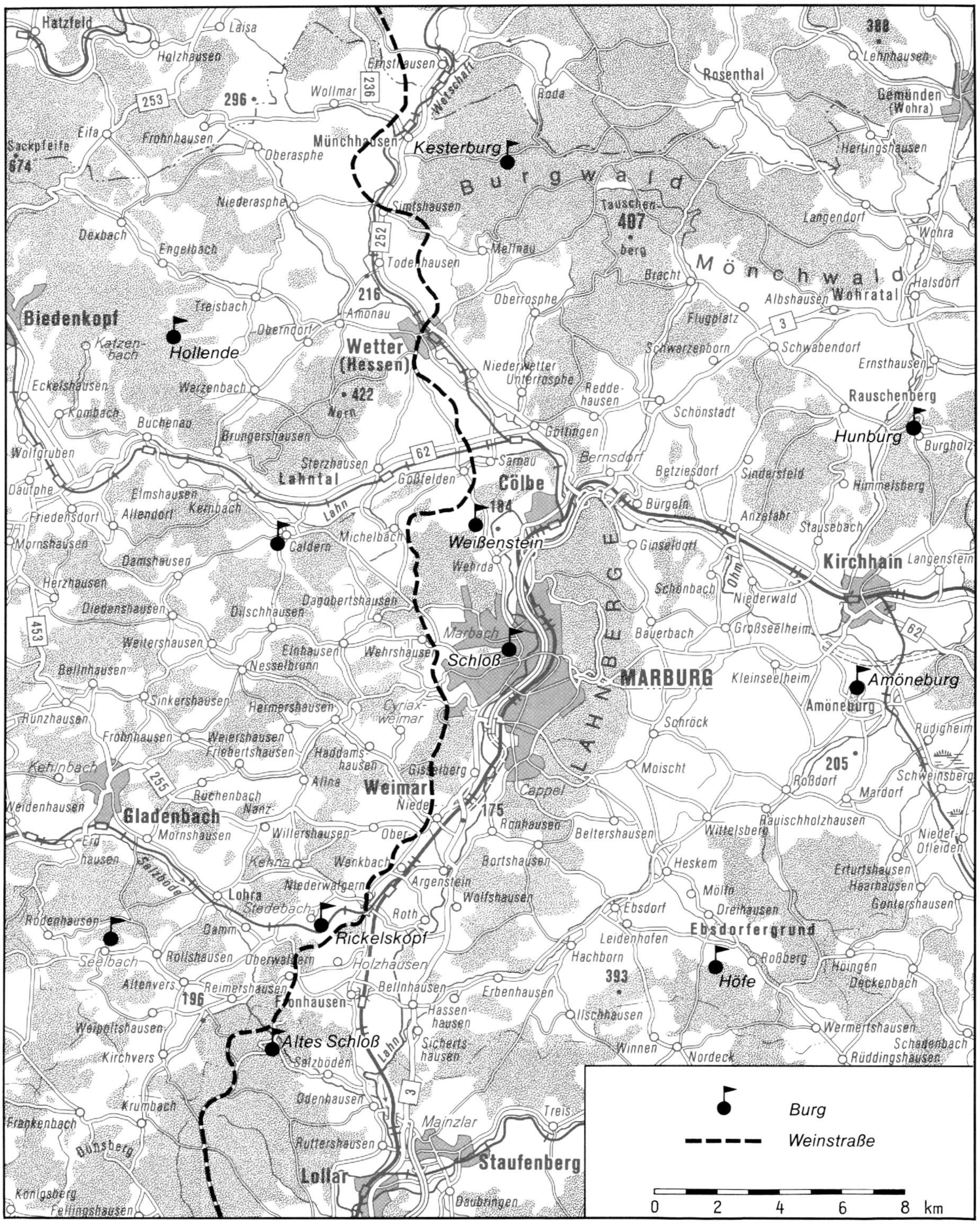

Abb. 7 Früh- und hochmittelalterliche Burgen im Raum Marburg. Kartengrundlage: Hess. Landesvermessungsamt Wiesbaden.

überhaupt schon bestanden hat[7]. Auch haben sich ausgegangene Siedlungen im näheren Umland des Weißenstein bislang nicht feststellen lassen. Zumindest mit einem nahe gelegenen Wirtschaftshof, der die Versorgung der Burgbesatzung sicherstellen konnte, wäre unbedingt zu rechnen[8]. Darüber hinaus erscheint der hoch aufragende Burgberg auch nicht auf eine kleinräumige Siedlungskammer bezogen, sondern man würde ihm eher eine übergreifende Funktion in der Landschaftsgliederung des Raumes zusprechen, und zwar einerseits zu den Siedlungsgebieten des Marburger Rückens und des Lahntals im Süden, andererseits zu der sich jenseits der Lahnfurt bei Goßfelden öffnenden Wetschaftsniederung und zum Ohmmündungsgebiet im Osten. Dabei hat es den Anschein, als habe im früheren Mittelalter das Lahntal von Goßfelden nicht nur eine naturräumliche, sondern zeitweise auch eine politische Grenzzone gebildet, insofern hier Lahngau und Hessengau aufeinandertrafen[9].

Ein besonderes Standortmerkmal des Weißenstein, das seine raumübergreifende Funktion zusätzlich unterstreicht, ergibt sich aus der verkehrsgeographischen Lage der Burg. Denn nicht weit vom Burgberg entfernt verlief auf der ihm nordwestlich vorgelagerten Hügelkette die sogenannte Weinstraße[10], eine der bedeutenden Fernverbindungen im althessischen Raum, die schon im Frühmittelalter das Rhein-Maingebiet mit Westfalen und dem norddeutschen Raum verband und noch im späteren Mittelalter als *strata regia* und *des Rychis straze*[11] galt. In ihrem Verlauf über die Höhen des Marburger Rückens führte die Wein-, das heißt die Wagenstraße nordöstlich von Michelbach in einem weiten Bogen bis etwa 800 m an den Burgberg heran, um dann auf kürzestem Weg über Goßfelden (Lahnfurt) und Wetter (Wetschaftsfurt) die Wetschaftsniederung und den Burgwald zu erreichen. Für eine wirkungsvolle Kontrolle und Sicherung der Straße unmittelbar vor ihrem Eintritt in das Lahntal bot der Standort der Burg zweifellos günstige Voraussetzungen.

Die in verschiedener Hinsicht exponierte Lage des Weißenstein innerhalb der mittelalterlichen Kulturlandschaft des Marburger Raumes spiegelt sich auch in den kleinräumigen Besitz- und Herrschaftsstrukturen des Umlandes. Legen wir dabei zunächst die relativ gut bezeugten Verhältnisse des späten 13. Jahrhunderts zugrunde, so fällt auf, daß in diesem Raum mehrere Gerichts- und Verwaltungsbezirke unterschiedlicher Herrschaftsträger zusammentrafen[12]. Nördlich des Weißenstein lag das Gebiet der Vogtei Wetter, Kondominat des Erzstifts Mainz und der Landgrafen von Hessen, in die als kleine Enklave das Deutschordens-Gericht Goßfelden eingelagert war. Östlich des Weißenstein erstreckte sich die nach ihren Hauptorten Cölbe und Bürgeln (heute OT Gmde. Cölbe) benannte Vogtei des Marienstifts Wetzlar, und westlich und südlich der Burg lagen die zum landgräflich-hessischen Amt Marburg gehörigen (Unter-)Gerichtsbezirke Caldern (mit Michelbach) und Wehrda. Dabei hat das Burggelände wohl schon im 13. Jahrhundert wie später im Gerichtsbezirk von Wehrda gelegen, innerhalb dessen der Weißenstein allerdings eine ziemliche Randlage einnahm.

Die Frage stellt sich, inwieweit diese Herrschafts- und Gebietsstrukturen des späten 13. Jahrhunderts Rückschlüsse auf die Besitzverhältnisse zur Zeit der Belegung der Burg zulassen. Zweifellos zu den

7 Vgl. HOL Marburg (Anm. 6) 321 ff.

8 Die beiden einzigen bislang nachgewiesenen Wüstungen in der heutigen Ortsgemarkung von Wehrda, Uttershausen und Breidenhausen, sind in der Lahnaue dicht bei Cölbe zu lokalisieren und kommen hier nicht weiter in Betracht. Zur Lokalisierung HOL Marburg (Anm. 6) 321 f. und O. Immel, Wehrda, Weinstraße, Burg Weißenstein (Marburg, 2. Aufl. 1976) 12 ff. Ein zur Burg gehöriger Wirtschaftshof wäre am ehesten in dem ihr nordwestlich vorgelagerten Geländesattel zu vermuten.

9 H. P. Lachmann, Untersuchungen zur Verfassungsgeschichte des Burgwaldes im Mittelalter (Marburg 1967) 40 ff. – W. Niemeyer, Der Pagus des frühen Mittelalters in Hessen (Marburg 1968) 157. – Vgl. ferner Geschichtlicher Atlas von Hessen, begr. durch E. E. Stengel, bearb. von F. Uhlhorn (Marburg 1960/79) Karte 8 a.

10 Vgl. die Übersichtskarte Abb. 7.

11 W. Görich, Frühmittelalterliche Straßen und Burgen in Oberhessen. Diss. phil. Marburg 1936/48 (Masch.). – Ders., Rastorte an alter Straße. In: Festschrift für E. E. Stengel (Marburg 1952) 473–494. – Die Straßenbelege in: E. G. Franz (Bearb.), Kloster Haina. Regesten und Urkunden (Marburg 1962/70) Bd. 1, Nr. 32 (1224); Bd. 2, Nr. 632 (1356). Für einen Streckenabschnitt nördlich Wetter ist auch der Name »Kaiserstraße« frühneuzeitlich überliefert; vgl. Görich, Frühmittelalterliche Straßen a. a. O. 19 ff.

12 Zum folgenden: H. Diefenbach, Der Kreis Marburg, seine Entwicklung aus Gerichten, Herrschaften und Ämtern bis ins 20. Jahrhundert (Marburg, 2. Aufl. 1963) mit den beigegebenen Karten, insb. Karte 5 (Grenzen und Ämter) sowie Lachmann (Anm. 9). Ferner die jeweiligen Ortsartikel im HOL Marburg (Anm. 6).

ältesten der genannten Anlieger zählten die beiden Stifte Wetter und Wetzlar, deren Güterbesitz hier bis nach Michelbach, Goßfelden, Sarnau und Cölbe reichte und damit die Burg in einem weiten Halbkreis umschloß[13]. Für den Wetterschen Stiftsbesitz, dessen älteste, wohl in die Gründungszeit zurückreichende Schicht das 1200/1220 angelegte Mannlehenverzeichnis des Stifts widerspiegeln dürfte, hat die Forschung die Herkunft zumindest großer Teile aus ehemaligem Reichsgut erschlossen[14]. Dieses Reichsgut wäre nach der wohl 1015 durch Heinrich II. oder Angehörige des liudolfingischen Königshauses erfolgten Stiftsgründung von Wetter[15] dieser als Ausstattung zugefallen. Auf ehemaliges Reichsgut beziehungsweise Besitz der Konradiner wird auch die Vogtei des wohl 914/15 gegründeten Wetzlarer Marienstifts zurückgeführt[16]. Dabei handelte es sich um eine räumlich zwar kleine, dafür aber noch im 13. Jahrhundert sehr geschlossene Grundherrschaft, die sich – gänzlich isoliert von dem übrigen Wetzlarer Stiftsbesitz im oberhessischen Raum – vom südlichen Burgwaldrand beiderseits der Ohm bis zu deren Einmündung am Lahnknie bei Cölbe erstreckte[17]. Daß beide Stifte, Wetter und Wetzlar, an einigen Orten zugleich begütert waren, ist in diesem Zusammenhang als ein zusätzliches Indiz für die gemeinsame Herkunft des Besitzes aus ehemaligem Reichsgut bewertet worden[18]. Ausdrücklich bezeugt ist Reichsgut allerdings nur außerhalb dieses engeren Gebietes in Görzhausen bei Michelbach, das 995 von Otto III. dem nachmaligen Bischof Burchard von Worms geschenkt wurde und später dem Wormser Kloster Nonnenmünster zufiel[19].

Auf eine andere besitzgeschichtliche Wurzel als der Wettersche und Wetzlarer Stiftsbesitz im Umfeld des Weißenstein führen die landgräflichen Gerichte von Caldern und Wehrda zurück. Beide Herrschaftskomplexe werden mit Marburg, Marbach, Cappel sowie (Nieder- oder Ober-)Weimar dem ältesten Besitz der Grafen und späteren Landgrafen von Thüringen im oberhessischen Raum zugerechnet, der ihnen als Teil des gisonischen Erbes 1122 zugefallen war[20].

Mit den Gisonen als Vorbesitzern der landgräflichen Rechte im Marburger Raum treffen wir auf eines der mächtigsten hessischen Grafengeschlechter des 11. und des beginnenden 12. Jahrhunderts. Wohl als erster Namensträger dieser Familie begegnet 1008 ein Graf Giso, dessen Grafschaft im Oberlahngau lag[21]. Mit ihm verwandt dürfte der gleichnamige Graf gewesen sein, der 1049 im Gefolge König Heinrichs III. bezeugt und wohl identisch mit jenem Graf Giso ist, der nach dem Bericht Lamperts von Hersfeld 1073 auf seiner Burg Hollende (Gmde. Münchhausen-Warzenbach) zusammen mit Graf Adalbert von Schauenburg und dessen vier Söhnen erschlagen wurde[22]. Als Gattin Gisos (III.) ist die 1110 auf der Hollende verstorbene Mathilde anzusehen, die im Stift Wetter ihre Grablege fand. Durch die Ehe ihres Sohnes Giso (IV.) mit Kunigunde von Bilstein wuchs die Machtstellung der Gisonen weit über Oberhessen hinaus. Denn durch zwei Erbschaften Kunigundes gelangten die Gisonen in den Besitz der einträglichen Vogteien über das Kloster Hersfeld und das Stift St. Florin in Koblenz. Ferner scheinen die Gisonen auch Lehnsträger des Reiches über weite Gebiete des Westerwaldes geworden zu sein (Herborner und Haigerer Mark, Kalenberger Zent, Herrschaft zum Westerwald u. a.), mit denen später die thüringischen Landgrafen belehnt waren[23]. 1121 schließlich traten die Gisonen, wenn auch nur für kurze Zeit, das Erbe der Grafen Werner in deren um Maden und Gudensberg konzentrierten Grafschaft Hessen an. Reichspolitisch zählten die Grafen zu den treuen Anhängern Heinrichs IV. und Heinrichs V.,

13 Vgl. dazu die Karten I und II bei Lachmann (Anm. 9).

14 W. Heß, Der Marburger Pfennig. Ein numismatischer Beitrag zur hessischen Landesgeschichte. In: Hess. Jahrb. f. Landesgeschichte 8, 1958, 86ff. – Lachmann (Anm. 9) 71ff.

15 Dazu Lachmann (Anm. 9) 60ff., 72ff.

16 I. Dietrich, Das Haus der Konradiner. Diss. phil. Marburg 1952 (Masch.) 160f. – Zur Gründung des Wetzlarer Marienstifts zuletzt der Forschungsbericht bei H. Hahn, Untersuchungen zur Geschichte der Reichsstadt Wetzlar im Mittelalter (Darmstadt, Marburg 1984) 24ff. – Der Umfang der Grundherrschaft wird erschlossen auf der Grundlage des Besitzes, der anläßlich der Verpachtung des *officium villicationis* 1273 überliefert ist: Urkundenbuch der Stadt Wetzlar im Mittelalter, bearb. von M. Sponheimer (Marburg 1943) Nr. 104.

17 Vgl. Karte I bei Lachmann (Anm. 9).

18 Ebd. 71.

19 MGH DO III 184.

20 Diefenbach (Anm. 12) 118ff. – H. Patze, Die Entstehung der Landesherrschaft in Thüringen, 1. Teil (Köln, Graz 1962) 192ff.

21 Zum folgenden Diefenbach (Anm. 12) 115ff.; Patze (Anm. 20) 195ff.; K. E. Demandt, Geschichte des Landes Hessen (Kassel, Basel, 3. Aufl. 1980) 169ff.; Einzelnachweise bei Reuling, Burg Weißenstein (Anm. 1) 416f.

22 Dazu unten S. 175.

23 Demandt (Anm. 21) 171f.

bis Giso (III.) um 1118 einen Frontwechsel vornahm und sich der kaiserfeindlichen Partei unter Führung der Erzbischöfe Adalbert von Mainz und Friedrich von Köln anschloß[24].

Aufschlußreich sind in unserem Zusammenhang besonders die engen Beziehungen der Gisonen zum Stift Wetter, wie aus der Nachricht von der Grablege der Mathilde 1110 ersichtlich ist[25]. Diese Beziehungen dürften auf der Vogtei über das Stift beruht haben. Zwar sind die Gisonen als Stiftsvögte von Wetter nicht ein einziges Mal ausdrücklich bezeugt, doch läßt die Tatsache, daß später die Landgrafen die Vogtei besaßen, diesen Rückschluß zu[26]. So zeigt die räumliche Verteilung der Besitz- und Herrschaftsrechte der Grafen Giso, daß das Umland des Weißenstein im 11. und beginnenden 12. Jahrhundert unmittelbar in deren Einflußgebiet gelegen hat, wobei der Standort der Burg dieser sogar eine Art Brückenfunktion zwischen den beiden Hauptkomplexen des gisonischen Herrschaftsbereiches in Oberhessen, im Raum um Wetter und um Marburg, zuweisen ließe. Infolgedessen liegt die Vermutung nahe, daß es die Gisonen selbst gewesen sind, die in dieser Zeit die Burg besessen haben. Diese Vermutung wirft allerdings zwei Fragen auf, denen weiter nachzugehen ist: 1. Auf welchem Wege ist das Grafengeschlecht, dessen frühester Namensträger ja erst zu Beginn des 11. Jahrhunderts erscheint, in den Besitz des Weißenstein gelangt? 2. Wie läßt sich unter Voraussetzung eines gemeinsamen Besitzes das Verhältnis des Weißenstein zur Hollende bestimmen?

Die erste Frage zielt auf das generelle Problem der Besitzabfolge der Burg, das uns in die Frühzeit der Anlage führt. Nach den bisherigen baugeschichtlichen Befunden deutet alles darauf hin, daß die Burg seit dem 9. Jahrhundert kontinuierlich belegt war. Gänzlich offen ist aber die Frage, auf wessen Initiative hin und zu welchen Zwecken die Anlage entstand. R. Gensen hat im Rahmen einer archäologischen Bestandsaufnahme der frühmittelalterlichen Burgenlandschaft des althessischen Raumes die Vermutung geäußert, daß diese frühen Höhenburgen vom Typ Weißenstein nicht der fränkischen Zentralgewalt, also dem Königtum, zuzuschreiben sind, wie etwa die um 700 entstandenen Großanlagen der Kesterburg und Amöneburg oder die etwas jüngeren mittelgroßen Anlagen, wie das Gronauer Alte Schloß (Gmde. Lollar-Salzböden) und die Höfe bei Dreihausen (Gmde. Ebsdorfergrund). Vielmehr zeigten sich in dem Auftreten der kleinen Höhenburgen bereits Auflösungstendenzen der Zentralgewalt, wobei sich der ortsansässige Adel Machtbefugnisse angeeignet habe, die gleichsam privaten Burgenbau auslösten. Denkbar erscheint es Gensen daher, daß solche Anlagen der Sicherung adliger Grundherrschaften dienten[27]. Für eine solche Vermutung könnten die bescheidenen Ausmaße dieser Anlagen ebenso sprechen wie der Umstand, daß die Burgen teilweise recht dicht beieinander liegen, was eher auf kleinräumige Sicherungs- und Schutzfunktionen schließen läßt. Im Falle der Burgen von Caldern und Seelbach sowie des Rickelskopfs, die nach dem bisherigen archäologischen Befund das 11. Jahrhundert nicht überdauert haben[28], sprächen die siedlungsmäßigen Gegebenheiten durchaus dafür, ohne daß es allerdings möglich wäre, diese Anlagen bestimmten früh- oder hochmittelalterlichen Villikationen oder ortsansässigen Herren- oder Adelsfamilien zuzuweisen[29]. Im Falle des Weißenstein deuten die bereits erörterten Standortmerkmale der Anlage jedoch eher auf höherrangige und räumlich übergreifende Herrschaftsfunktionen. Hier ist insbesondere die Lage an der Weinstraße anzuführen, welcher in der Zeit der Sachsenkriege der Karolinger, aber wohl auch noch später strategische Bedeutung zukam[30].

24 Diefenbach (Anm. 12) 121 f.

25 Annales Rodenses ad a. 1110, in: MGH SS 16, S. 696: *Adelbertus comes de Saphenberch obiit 17. Kal. Ianuarii. Mathildis vero coniunx illius obiit 2. Nonas Decembris aput Hollendin ultra Renum, ubi propria eius sedes erat ex priore videlicet marito, et sepulta est ibi iuxta aput Wettreh in monasterio sanctimonalium ...*

26 Diefenbach (Anm. 12) 120. – Lachmann (Anm. 9) 75.

27 Gensen (Anm. 6) 39 ff.

28 Ebd. 90, 98.

29 Vgl. dazu die besitzgeschichtlichen Nachrichten in den Ortsartikeln des HOL Marburg (Anm. 6). Bei dem 1250/60 genannten Isenrich von Stedebach (ebd. 297), einem Lehnsmann der Herren von Eppstein, handelt es sich vielleicht um einen Angehörigen des niederen Adels, über den sonst aber nichts bekannt ist. Zu Rückschlüssen auf eine im Früh- oder Hochmittelalter ortsansässige Adelsfamilie berechtigt dieser vereinzelte Beleg schwerlich.

30 Vgl. oben S. 171 sowie Lachmann (Anm. 9) 36 ff., der die Bedeutung dieses Verkehrsweges auch im Hinblick auf den frühmittelalterlichen Landesausbau und die Markenorganisation betont. – Vgl. auch ders., Mark, Pfarrei und Zehnt im Burgwald. In: Hess. Jahrb. f. Landesgeschichte 18, 1968, 78 ff. – Ferner F. Schwind, Die Franken in Althessen. In: W. Schlesinger (Hrsg.), Althessen im Frankenreich (Sigmaringen 1975) 238 ff.

Man wird daher nicht ausschließen wollen, daß der Weißenstein auch zur Sicherung eines wichtigen Streckenabschnitts dieses Verkehrsweges nahe der Lahnfurt bei Goßfelden angelegt worden ist. Mit einer Verfügungsgewalt des Königtums über die Burg muß demnach gerechnet werden, zumal auch Königsgut, wie schon erwähnt, im näheren und weiteren Umland der Burg punktuell nachweisbar und für größere Komplexe zu erschließen ist[31].

Sieht man einmal ab von den Konradinern, die als Vorbesitzer der Villikation Cölbe-Bürgeln des Wetzlarer Marienstifts in Frage kommen und damit vor 914/15 zu den möglichen Anliegern des Weißenstein gehören, so läßt sich für das spätere 10. und 11. Jahrhundert in diesem Raum schwerlich ein Herrschaftsträger namhaft machen, der anstelle des Reiches die Burg längerfristig besessen haben könnte. Die Annahme liegt nahe, daß die Burg schon in dieser Zeit unter dem Kommando gräflicher Amtsträger gestanden hat.

Für die Hollende, in deren Besitz die Gisonen seit 1073 nachweisbar sind[32], ist eine lehnrechtliche Verfügungsgewalt des Reiches erschlossen worden, die um 1118 – nach dem schon erwähnten politischen Frontwechsel der Gisonen und der von Erzbischof Adalbert I. von Mainz in großem Stil betriebenen Entfremdung von Reichsrechten in diesem Raum – an das Erzstift übergegangen sei[33].

Mit diesen Überlegungen zum rechtlichen Status der Hollende ist bereits die Frage nach dem Verhältnis des Weißenstein zur Hollende angesprochen, die als Stammburg oder Hauptsitz der Gisonen gilt. Wann die Familie in den Besitz der Burg gelangte, die nach Ausweis der archäologischen Befunde schon im 10. Jahrhundert bestanden hat[34], ist ebenso ungewiß wie die Frage nach der Inbesitznahme des Weißenstein. Würde man den 1008 im Oberlahngau wirkenden Giso als ersten gräflichen Amtsträger der Familie ansehen, so käme das beginnende 11. Jahrhundert als möglicher Zeitpunkt für die Inbesitznahme der Burg in Frage. Daß die Gisonen neben der – selbst zum Vogteimittelpunkt Wetter – auffallend peripher gelegenen Hollende[35], auch im Kernbereich ihrer umfangreichen Besitzkomplexe im Lahntal eine Burg besessen haben, hat die landes- und lokalgeschichtliche Forschung seit langem angenommen. Vermutet wurde eine solche gisonische Burg auf dem Marburger Schloßberg oder auf der nördlich benachbarten Bergkuppe, die den 1315 erstmals überlieferten Flurnamen Lützelburg trägt[36]. Jüngst durchgeführte Grabungen im Westflügel des Marburger Schlosses haben eine Turmburg zutage gefördert, die nach dem derzeitigen Kenntnisstand aus dem 11./12. Jahrhundert stammt[37]. Daß sie im Besitz der Gisonen war und dann als Teil ihres Erbes 1122 an das thüringische Grafen- und spätere Landgrafenhaus fiel, wäre eine naheliegende Vermutung. Sie beruht allerdings auf der stillschweigenden Voraussetzung, daß das 1138 erstmals genannte Marburg[38] bereits unter den Gisonen jene Mittelpunktsfunktion besaß, die es dann unter den ersten Landgrafen aus thüringischem Hause erlangte. Dagegen haben sich bereits H. Patze und W. Heß ausgesprochen[39]. Patze hält es sogar für möglich, daß Marburg und die weiter lahnabwärts gelegenen Orte Cappel und Oberweimar gar nicht zum gisonischen Erbe der Landgrafen gehört haben, sondern von diesen erst im Zuge einer aus dem Raum Wetter nach Süden gerichteten Expansion erreicht worden sind[40]. Hinsichtlich der Lage zu den besitzmäßig zu erschließenden Kernräumen des gisonischen Herrschaftsbereiches im Lahn- und Wetschaftstal konnte der strategisch günstig gelegene Weißenstein in jedem Fall eine wichtige Ergänzung zur Hollende darstellen, was die Existenz einer weiteren gisonischen Burg auf dem Marburger Schloßberg aber nicht ausschließt.

Es stellt sich abschließend die Frage nach dem Zeitpunkt und den Umständen der Aufgabe der Burg. Auf den Widerspruch, in dem die bei dem hessischen Chronisten Wigand Gerstenberg überlieferte Nachricht

31 Vgl. oben S. 172. Ferner Diefenbach (Anm. 12) 57f. – Für das Burgwaldgebiet besonders Lachmann (Anm. 9) 19f.

32 HOL Marburg (Anm. 6) 134 und unten Anm. 42.

33 Diefenbach (Anm. 12) 120ff.

34 Gensen (Anm. 6) 57.

35 Dazu Demandt (Anm. 21) 169, der meint, daß dieser Standort mit der (erschlossenen) Vogtei der Gisonen über die weiten Waldgebiete und Forste des Hessischen Hinterlandes zusammenhängt.

36 F. Küch (Bearb.), Quellen zur Rechtsgeschichte der Stadt Marburg 1 (Marburg 1918) 3. – K. Justi, Das Marburger Schloß (Marburg 1942) 5. – W. Görich, Betrachtungen zur »Vorzeit« der Stadt Marburg. In: Hessenland (Marburg) 22, 1972, 96–102.

37 Vgl. oben S. 161ff. Eine historische Würdigung der Befunde wird erst nach Abschluß der Grabungen möglich sein.

38 HOL Marburg (Anm. 6) 176ff.

39 Patze (Anm. 20) 199. – Heß (Anm. 14) 89.

40 Patze (Anm. 20).

von der Zerstörung des Weißenstein um 1248 zu den archäologischen Befunden steht, ist wiederholt hingewiesen worden[41]. Demnach war der Weißenstein über den Anfang des 12. Jahrhunderts hinaus nicht mehr belegt, und man wird somit auch die Erwägungen über die Umstände dieser Aufgabe auf die archäologisch gesicherte Zeitspanne vom Ende des 11. bis zum Anfang des 12. Jahrhunderts auszurichten haben. Mit Blick auf die Gisonen wäre an eine Zerstörung des Weißenstein im Zuge der für 1073 überlieferten Fehde zu denken, der Giso (II.) auf der Hollende zum Opfer gefallen ist. Doch sind wir über die Ursachen und das Ausmaß dieser Fehde gänzlich unzulänglich informiert, so daß sich diese Vermutung nicht weiter erhärten läßt[42]. Die Hollende jedenfalls ist auch nach diesem Ereignis von den Gisonen weiter genutzt worden. Ein anderes historisches Datum, das die Aufgabe der Burg erklären ließe, wäre das Ende der gisonischen Herrschaft 1122 und der damit verknüpfte Übergang eines großen Teils ihres Erbes an die thüringischen Grafen, die sich dann in Marburg festgesetzt haben. Allerdings hat sich dieser Herrschaftswechsel nach allem, was wir wissen, friedlich vollzogen[43], während die Grabungsbefunde auf die Zerstörung der Burg durch einen Großbrand deuten, der naheliegenderweise auf kriegerische Einwirkung zurückzuführen wäre. Auch dürfte eine 1122 angenommene Zerstörung der Burg, sei es nun durch kriegerische Ereignisse oder ohne solche äußeren Einwirkungen, nur schwer mit der archäologisch ermittelten Zeitstellung der Burg in Einklang zu bringen sein, die eine frühere Aufgabe des Platzes nahelegen sollte. Die Frage muß daher offenbleiben.

Rätselhaft ist auch, wieso sich in der historischen Überlieferung die Zerstörung des Weißenstein mit dem Kampf Sophies von Brabant um das thüringisch-hessische Erbe verbinden konnte. Folgt man Wigand Gerstenberg, der sich an dieser Stelle seiner um 1500 entstandenen Landeschronik auf die im 14. Jahrhundert verfaßte ältere Chronik des Johann Riedesel als Quelle beruft[44], so stand diese Zerstörung im Zusammenhang mit einem Feldzug Sophies, welcher der Bezwingung einer ganzen Reihe neu erbauter feindlicher Burgen im Hessenland galt. Ausdrücklich genannt sind neben dem Weißenstein die Hollende, Schloß Reichenbach und der Blankenstein[45]. Doch nur im Falle des Blankenstein kann es sich tatsächlich um eine damals neu erbaute Burg gehandelt haben. Unter landgräflicher Herrschaft gelangte der Blankenstein nachweislich aber erst 1261, als ihn die Herren von Rodheim, von Rodenstein und von Buseck, Angehörige einer aus dem Gießener Raum stammenden ritterbürtigen Familie, Sophie zu Lehen auftrugen[46]. Schloß Reichenbach in Niederhessen, ehemals Sitz eines Zweiges der Grafen von Ziegenhain, war seit 1225 beziehungsweise 1233 in landgräflicher Hand[47]. Aufgrund von Gerstenbergs Bericht wäre davon auszugehen, daß die Burg vor 1248 zwischenzeitlich unter fremden Einfluß geraten war und von Sophie zurückgewonnen wurde[48]. Nur bei Gerstenberg überliefert ist auch die angebliche Zerstörung der Hollende. Die Belegung dieser Burg ist ansonsten letztmalig 1170 zu erschließen[49].

41 Gensen (Anm. 6) 99 und Ch. Meiborg oben S. 167.

42 Lamperti Annales ad a. 1073 (Lamperti monachi Hersfeldensis opera, ed. O. Holder-Egger, MGH SS rer. Germ. 38, S. 172): *Giso quoque comes et Adalbertus cum quatuor filiis suis ... ab hostibus suis ob privatas inimicicias occisi sunt in castello ipsius Gisonis Hollenden* ... Zu den Vorgängen O. Holder-Egger, Jahrbücher des Deutschen Reiches unter Heinrich IV. und Heinrich V., Bd. 2 (Leipzig 1894; Neudruck 1964) 10ff.

43 Patze (Anm. 20) 196ff.

44 Zur Überlieferungsgeschichte H. Diemar (Bearb.), Die Chroniken des Wigand Gerstenberg von Frankenberg (Marburg 1909; Neudruck 1989) 214.

45 Ebd. 214f.: *Alß nu frauwe Sophia sach, das in dem lande zu Hessen etzliche nuwe slosße unde veste berge gebuwet woren, dem lande zu schaden, du czoch sie mit eyme here vor etzliche. Unde sunderlichin vor den Wißsensteyn unde Hoelynden, wilche czwey slosße sie zu grunde liß abebrechin. Das sloß Hoelynden hat gelegin czusschin Wetter unde Bydenkap uff dem hoen gewelde. Auch beczwanck sie das slos Richenbach unde bruchteß widder zu dem lande. Dartzu beczwang si die hern von Blancksteyn, unde understunt eyn nuwe sloß uff eynen bergk geyn Blancksteyn zu buwen, unde heißit nach hudebitage uff der Nuwenburg.* Gemeint ist zuletzt die Naumburg bei Gladenbach; vgl. HOL Biedenkopf. Ehem. Landkreis, bearb. von U. Reuling. Historisches Ortslexikon von Hessen 4 (Marburg 1986) 97.

46 HOL Biedenkopf (Anm. 45) 17. – O. Grotefend-F. Rosenfeld (Bearb.), Regesten der Landgrafen von Hessen, 1. Bd.: 1247–1328 (Marburg 1929) Nr. 66.

47 HOL Kreis Witzenhausen, bearb. von W. Küther. Historisches Ortslexikon von Hessen 1 (Marburg 1973) 102. – W. Krummel, Die hessischen Ämter Melsungen, Spangenberg, Lichtenau und Felsberg (Marburg 1941) 65.

48 Die Nachricht ist nur bei Gerstenberg überliefert. Krummel (Anm. 47) zieht eine zwischenzeitliche Besetzung durch das Erzstift Mainz in Erwägung.

49 MGH DF I 570 (*comes Boppo de Hollinde*). Es handelt sich dabei um Graf Poppo II. von Ziegenhain. Man vermutet, daß dieser Graf als mainzischer Lehnsträger in den Besitz der Burg gelangt ist; vgl. Diefenbach (Anm. 12) 76.

Infolgedessen hat schon die ältere Forschung Zweifel an der Glaubwürdigkeit des Berichts gehegt und ihn als legendenhafte Ausschmückung von Ereignissen bezeichnet, die sich mit dem Erbfolgekrieg in Hessen und den Auseinandersetzungen Sophies von Brabant mit den Mainzer Erzbischöfen verknüpfen[50]. Dieser Zusammenhang ließe immerhin erklären, wieso in der von Gerstenberg überlieferten Nachricht von der Zerstörung feindlicher Burgen durch Sophie die Namen des Weißenstein und der Hollende an erster Stelle auftauchen. Mit beiden Namen verband sich offenbar die Erinnerung an mainzische Burgen oder an mit mainzischen Getreuen besetzte Plätze. Im Falle der Hollende traf dies, wie schon bemerkt, zu, insofern die Gisonen die Burg wahrscheinlich um 1118 dem Erzstift zu Lehen aufgetragen hatten. Eine solche Lehnsauftragung, durch die Mainz an die Stelle des Reiches getreten ist, wäre auch im Falle des Weißenstein denkbar, sofern dieser um 1118 noch bestanden hat. So hätte sich in der angeblichen Zerstörung des Weißenstein und der Hollende nicht die Erinnerung an zwei einstmals gisonische, wohl aber mainzische Burgen erhalten. Wenn diese Erinnerung noch im 14. Jahrhundert lebendig war und mit den Ereignissen des thüringisch-hessischen Erbfolgekrieges verknüpft werden konnte, so wird man darin nicht zuletzt auch einen Reflex auf die einstige territorialpolitische Bedeutung dieser Burgen im althessischen Raum sehen können.

Beilage 1 Steingerechter Plan des Kernbereichs von Burg Weißenstein bei Marburg-Wehrda.

Beilage 2 Übersichtsplan von Burg Weißenstein bei Marburg-Wehrda.

50 Grotefend u. Rosenfeld (Anm. 46) 5. – Th. Ilgen u. R. Vogel, Kritische Bearbeitung und Darstellung der Geschichte des thüringisch-hessischen Erbfolgekrieges. Zeitschr. d. Vereins f. hess. Gesch. u. Landeskunde NF 10, 1883, 256; 342.

REINHARD FRIEDRICH

SALIERZEITLICHE BURGANLAGEN IM NÖRDLICHEN RHEINLAND

Die archäologische Erforschung mittelalterlicher Burganlagen im Rheinland nahm in den Jahren nach dem Krieg einen erheblichen Aufschwung. Eingeleitet wurden die Untersuchungen mit der Ausgrabung des Husterknupp 1949–51, worauf in den fünfziger und frühen sechziger Jahren zahlreiche Untersuchungen weiterer Anlagen folgten[1]. Diese Einzeluntersuchungen regten zu einer Vielzahl wissenschaftlicher Beiträge mit unterschiedlichen Aspekten an[2], die Grabungsergebnisse wurden in einer Ausstellung zum Burgen- und Kirchenbau im Rheinland 1962 erstmals zusammenfassend dargestellt[3].

In den siebziger Jahren ließ die Grabungstätigkeit an derartigen Burganlagen nach, eine der letzten umfangreichen Burgengrabungen fand 1981 mit der Untersuchung der Burg Berge-Altenberg statt[4]. Bei einer Darstellung der salierzeitlichen Burganlagen im Rheinland muß daher im wesentlichen auf die älteren Untersuchungen zurückgegriffen werden, die schon mehrfach zusammenfassend vorgestellt worden sind[5]. Bei der Betrachtung der Grabungsergebnisse muß bedacht werden, daß die Objektauswahl nicht systematisch vorgenommen wurde, sondern eher zufällig erfolgte und dabei insbesondere vom Gefährdungsgrad durch den Braunkohletagebau bestimmt war, so daß das sich aus den verschiedenen Einzeluntersuchungen ergebende Bild möglicherweise verzerrt sein kann. Schließlich ist auch die archäologische Datierung der Burganlagen problematisch, da sie überwiegend über die häufig das einzige Fundgut darstellende mittelalterliche Keramik erfolgen muß, deren chronologische Gliederung gerade in der Zeit des 10. bis 12. Jahrhunderts unzureichend ist[6]. Dementsprechend ist die Herausarbeitung eindeutig salierzeitlicher Anlagen oder Befunde schwierig und häufig nur eingeschränkt möglich.

1 Hoverberg, Holtrop, Burg Garsdorf, Kippekausen, Haus Meer, Lürken, Hardtburg, Burg Oedt sowie eine Reihe kleinerer Untersuchungen, u.a. Kranenburg, Obermaubach, Burg Geldern, um nur einige zu nennen.

2 Beispielsweise: W. Piepers, Einzelfragen zur Burgenforschung. Château Gaillard II. Bonner Jahrb. Beih. 27 (1967) 79ff. – Ders., Die Ausgrabungen auf der Burg Garsdorf, Kr. Bergheim. Bonner Jahrb. 162, 1962, 433. – H. Hinz, Über frühe Burgen und Siedlungen am Niederrhein. Niederrheinisches Jahrb. 4, 1959, 7ff. – Ders., Burgenlandschaft und Siedlungskunde. Château Gaillard V (1972) 65ff. – A. Herrnbrodt, Stand der frühmittelalterlichen Mottenforschung im Rheinland. Château Gaillard I (1964) 77ff. – W. Janssen, Burg und Siedlung als Problem der rheinischen Wüstungsforschung. Château Gaillard III (1969) 77. – Ders., Zur Differenzierung des früh- und hochmittelalterlichen Siedlungsbildes im Rheinland. In: Die Stadt in der europäischen Geschichte. Festschr. E. Ennen (1972) 277ff. – Ders., Sozial- und verfassungsgeschichtliche Probleme der Burgen vom Motten-Typus. Château Gaillard VI (1973) 121ff. – Wilh. Janssen, Mittelalterlicher Burgenbau am Niederrhein. Zum Verhältnis von archäologischem Befund und schriftlicher Bezeugung. Zeitschr. Arch. Mittelalter 3, 1975, 121ff.

3 Ausstellungskatalog: Kirche und Burg in der Archäologie des Rheinlandes. Kunst und Altertum am Rhein (Führer des Rheinischen Landesmuseums Bonn Nr. 8; 1962).

4 M. Untermann, Die Grabungen auf der Burg Berge (Mons) – Altenberg (Gem. Odenthal, Rheinisch-Bergischer Kreis). Beiträge zur Archäologie des Mittelalters 3. Rheinische Ausgrabungen 25 (1984) 1ff.

5 Zusammenfassungen beispielsweise: H. Hinz in: Ausstellungskatalog Kirche und Burg (Anm. 3) 131ff. – W. Janssen, Niederungsburgen im Rheinland. Vom Holzbau zur Steinburg. In: Burgen aus Holz und Stein. Burgenkundliches Kolloquium in Basel 1977. Schweizer Beitr. zur Kulturgesch. und Arch. des Mittelalters 5 (1979) 11ff.

6 Zur Keramik vgl. beispielsweise: K. Böhner, P. J. Tholen u. R. v. Uslar, Ausgrabungen in den Kirchen von Breberen und Doveren, Reg. Bez. Aachen. Bonner Jahrb. 150, 1950, 192ff. – H. Hinz, Einige niederrheinische Fundstellen mit mittelalterlicher Keramik. Bonner Jahrb. 162, 1962, 242. – Ders., Die karolingische Keramik in Mitteleuropa. In: Karl der Große 3. Karolingische Kunst (1965) 262ff. – J. Giesler, Die frühgeschichtlichen Siedlungen in Vennikel und Stratum. Die Heimat 50, 1979, 13ff. – A. u. M. Jürgens, Grabungsergebnisse der Archäologen und Bodenfunde. Brühler Keramik des Mittelalters (Katalog zur Ausstellung 1985) 10ff. Mit der chronologischen Gliederung der rheinischen Keramik dieses Zeitraumes anhand stratifizierter Funde hat sich Verf. in seiner Dissertation beschäftigt. Dazu auch: R. Friedrich, Eine chronologisch bedeutsame Bechergruppe der Pingsdorfer Ware. In: D. Gaimster, M. Redknap u. H.-H. Wegner (Hrsg.), Zur Keramik des Mittelalters und der beginnenden Neuzeit im Rheinland. Brit. Arch. Reports. International Series 440 (1988) 271ff.

Eine für die Niederungsgebiete wie eben das nördliche Rheinland im Mittelalter geradezu typische Burgenform sind die Turmhügelburgen, die in der archäologischen Fachterminologie als Motten bezeichnet werden (»Château à motte«), ein schon in historischen Quellen des 12. Jahrhunderts für derartige Anlagen gebräuchlicher, etymologisch wohl aus dem Altfranzösischen stammender Begriff[7]. Unter einer Motte wird dabei ein künstlich aufgeschütteter, meist konischer Erdkegel verstanden, auf dessen Plateau ein Wohnturm stand, wobei diese Hauptburg meist mit einem Wassergraben umgeben und durch eine Vorburg erweitert war[8]. Die im Jahre 1966 ungefähr 150 bekannten Motten am Niederrhein wurden katalogmäßig erfaßt und in verschiedene Gruppen, vornehmlich nach ihrer Höhe, unterteilt[9].

Entgegen früherer Ansichten sind derartige Motten am Niederrhein bei kritischer Betrachtung nicht vor dem Anfang des 11. Jahrhunderts nachzuweisen[10]. Während im unteren Rheinland Befestigungen in der Merowingerzeit nicht bekannt sind, treten in spätkarolingischer und ottonischer Zeit im Voreifelraum und im Bergischen Land ringwallartige Großbefestigungen auf, die möglicherweise bis ins 11. Jahrhundert bestanden[11], so z. B. die Alteburg bei Essen-Werden, die Eifgenburg bei Burscheid, die Rennenburg bei Winterscheid oder die Alte Burg bei Münstereifel[12]. Derartige Anlagen waren häufig mit Steinmauer und Kammertor befestigt, wurden aber allem Anschein nach nicht ständig genutzt. Im 10. Jahrhundert sind jedoch auch kleinere, als ständige Wohnsitze wohl adeliger Familien genutzte Befestigungen unterschiedlicher Art nachweisbar. So konnte auf dem Eltenberg nahe Kleve an der Stelle des späteren Stiftes eine aus mehreren Gebäuden bestehende pfalzartige Anlage nachgewiesen werden, und auch die im Ruhrtal gelegene Burg Broich wies eine wohl im späten 9. Jahrhundert beginnende Vorgängerbefestigung auf[13]. Des weiteren treten im fortgeschrittenen 10. Jahrhundert befestigte Hofanlagen als Flachsiedlungen in Niederungsgebieten auf, die durchaus schon als eine Art »frühe Wasserburg« zu bezeichnen sind und später häufig zu Motten umgebaut werden, wie beispielsweise die weiter unten besprochenen Anlagen Husterknupp und Lürken[14] zeigen.

Erst um 1000 oder zu Anfang des 11. Jahrhunderts können am Niederrhein die ersten Motten nachgewiesen werden. So handelt es sich bei der Periode II des Husterknupp um eine erste, noch nicht allzu hohe Mottenaufschüttung, und auch bei einer zu Anfang des 11. Jahrhunderts in den von Alpert von Metz überlieferten Auseinandersetzungen um Elten genannten Burg Uplage könnte es sich der Beschreibung nach um eine Motte handeln[15]. Spätestens ab der Mitte des 11. Jahrhunderts lassen sich die Motten in mittlerweile ausgeprägter Form häufiger nachweisen, so daß davon auszugehen ist, daß in der Salierzeit am Niederrhein der Bautyp Motte eine häufige, wenn auch nicht die einzige Form der Adelsburg darstellt.

Im folgenden sollen einige verhältnismäßig gut in die Salierzeit datierbare Burganlagen vorgestellt werden.

7 Zur Herkunft des Begriffs »Motte«: H. Hinz, Motte und Donjon. Zur Frühgeschichte der mittelalterlichen Adelsburg. Zeitschr. Arch. Mittelalter Beih. 1 (1981) 12f. – M. de Bouard, Quelques données françaises et normandes concernant le problème de l'origine des mottes. Château Gaillard II (1967) 19ff.

8 Hinz (Anm. 7) 11f., Abb. 3; 4.

9 M. Müller-Wille, Mittelalterliche Burghügel im Rheinland (1966). Inzwischen hat sich durch die intensive Erfassung der Bodendenkmäler die Anzahl der nachweisbaren Motten noch deutlich auf ca. 300 erhöht.

10 Hinz (Anm. 7) 65.; 119.

11 M. Müller-Wille, Wehranlagen im nördlichen Rheinland. Führer zu vor- und frühgeschichtlichen Denkmälern 15 (1975) 40ff. Abb. S. 55.

12 W. Janssen, Die Eifgenburg bei Burscheid, Rhein-Wupper-Kreis. In: Burgen und Schlösser H. 1 (1967) 1ff. – A. Herrnbrodt, Die Ausgrabungen des frühmittelalterlichen Ringwalles Rennenburg, Gem. Winterscheid, Siegkreis. Bonner Jahrb. 160, 1960, 362ff. – »Alte Burg im Quecken«: W. Janssen, Bad Münstereifel im Mittelalter. Führer zu vor- und frühgeschichtlichen Denkmälern 26 (1974) 184ff.

13 G. Binding, W. Janssen u. F. K. Jungklaaß, Burg und Stift Elten am Niederrhein. Archäologische Untersuchungen der Jahre 1964/65. Rheinische Ausgrabungen 8 (1970). – G. Binding, Die spätkarolingische Burg Broich in Mülheim an der Ruhr. Rheinische Ausgrabungen 4 (1968).

14 A. Herrnbrodt, Der Husterknupp. Bonner Jahrb. Beih. 6 (1958).

15 Wilh. Janssen, Mittelalterlicher Burgenbau am Niederrhein. Zum Verhältnis von archäologischem Befund und schriftlicher Bezeugung. Zeitschr. Arch. Mittelalter 3, 1975, 121ff. bes. 127. – Ders., Burg und Territorium am Niederrhein im späten Mittelalter. In: Die Burgen im deutschen Sprachraum I (Hrsg. H. Patze; 1976) 284ff. bes. 289 u. Anm. 12. – Dazu kritisch Hinz (Anm. 7) 69f.

Husterknupp, ehem. Kr. Grevenbroich

Eine überragende Rolle bei der Betrachtung mittelalterlicher Burganlagen am Niederrhein nimmt auch heute noch die Motte Husterknupp ein. Diese nordwestlich von Köln in einer Erftschleife gelegene Anlage wurde in den Jahren 1949–51 in großen Teilen ausgegraben, da sie durch den Braunkohletagebau der Grube Frimmersdorf gefährdet war, dem sie anschließend zum Opfer fiel. Die umfassenden und bis heute grundlegenden Ergebnisse dieser Grabung wurden im Jahre 1958 durch A. Herrnbrodt in einer Monographie vorgelegt[16]. Wie der im Volksmund tradierte Namensteil »Huster« vermuten ließ, handelte es sich bei der Burganlage um die Stammburg des am Niederrhein bedeutenden Adelsgeschlechtes Hochstaden. Diese Zuweisung konnte durch die Grabung bestätigt werden, da die archäologisch nachgewiesene Zerstörungsschicht des Hügels sich mit der überlieferten Zerstörung der Stammburg von Hochstaden bald nach 1192 in Einklang bringen ließ[17].

Wie durch die Grabung deutlich wurde, handelte es sich bei dem Hügel nicht um eine in einem Zug errichtete Anlage, sondern es konnte ein Aufbau in mehreren Schichten nachgewiesen werden, die die einzelnen Entwicklungsphasen von einer flach angelegten, wasserumwehrten Befestigung (»Flachsiedlung«) zur Hochmotte aufzeigten. Die Grabung gab also baugeschichtlich erstmals einen klaren Beleg dafür, daß eine Motte nicht unbedingt in einem Zug errichtet wurde, sondern auch Endprodukt einer längeren Entwicklung sein kann. Desweiteren war durch diese Schichtenabfolge die Möglichkeit gegeben, die Entwicklung der mittelalterlichen Keramik im Rheinland in einzelne, zeitlich aufeinanderfolgende Abschnitte zu untergliedern. Diese Ergebnisse sind wiederum bei der Datierung anderer Anlagen anwendbar, da Keramik aufgrund ihres zahlreichen Vorkommens ein wichtiges archäologisches Datierungsmerkmal ist.

Die baugeschichtliche Entwicklung des Husterknupp ergab demnach vier Hauptperioden, die jeweils einen längeren Zeitraum in Anspruch nahmen: Flachsiedlung (I), Kernmotte (II), Hochmotte (IIIA; B; C; D) und Suburbanum (IV) einer neuen Burganlage (2. Hälfte des 13. Jahrhunderts). Von großem Interesse ist die als einfache Wasserburg konzipierte »Flachsiedlung« (Periode I), die in ottonische Zeit zu datieren ist. Diese noch nicht erhöhte erste Anlage wurde an einem unbewohnten, direkt an der Erft gelegenen Platz gegründet und mit Palisade und Wassergraben befestigt. Bei der Wahl dieses als siedlungsfeindlich zu bezeichnenden Platzes in einer Flußniederung dürften in erster Linie fortifikatorische Gründe maßgebend gewesen sein. Im Innern der Befestigung fanden sich noch Reste von fünf Holzhäusern (Abb. 1), von denen Haus 3 am besten erhalten war. Das zweiräumige Haus mit Vorbau war in technisch hochstehender Stabbauweise mit eingepaßten Bretterwänden errichtet, eine im skandinavisch-englischen Raum und im nordwestdeutschen Küstengebiet häufige, am Niederrhein in dieser Zeit aber bisher selten belegte Bauweise. Dies mag sicher mit den grundsätzlich schlechteren Überlieferungsbedingungen für Holzbauten zusammenhängen, unterstreicht aber dennoch die gehobene soziale Stellung seiner Bauherren[18]. Eine weitere forschungsgeschichtliche Bedeutung des Hauses 3 liegt darin, daß die dendrochronologische Untersuchung seiner Bauhölzer als spätestes Fälldatum das Jahr 964 ergab, welches somit einen terminus post quem für die Errichtung dieses Hauses und ein ungefähres Datum für die Gründung der Flachsiedlung (Wasserburg) darstellt[19]. Waren für Herrnbrodt einzelne Scherben der sogenannten »Badorfer Ware« noch ein Hinweis auf eine deutlich frühere Gründung, so ist beim heutigen Forschungsstand und unter Betrachtung des gesamten Keramikmaterials diese Datierung nicht mehr haltbar, vielmehr wird die auf naturwissenschaftlichem Wege gewonnene Anfangsdatierung um die Mitte des 10. Jahrhunderts auch archäologisch untermauert[20]. Aufgrund der Keramikanalyse ist für die Dauer der Periode I die 2. Hälfte des 10. Jahrhunderts anzunehmen.

16 Herrnbrodt (Anm. 14).

17 Friedrich (Anm. 6) 280.

18 Janssen (Anm. 5) 28. Siehe auch Beitrag A. Zippelius in: Herrnbrodt (Anm. 14) 123f.

19 Hollstein, Mitteleuropäische Eichenchronologie. Trierer Grabungen und Forschungen 11 (1980) 68.

20 Herrnbrodt (Anm. 14) 111, Abb. 54. – Dazu kritisch H. Hinz, Die Ausgrabungen auf dem Kirchberg in Morken, Kreis Bergheim. Rheinische Ausgrabungen 7 (1969) 101. – Das Husterknuppmaterial ist vom Verf. im Rahmen der Dissertation überarbeitet und in seiner Gesamtaussage behandelt worden.

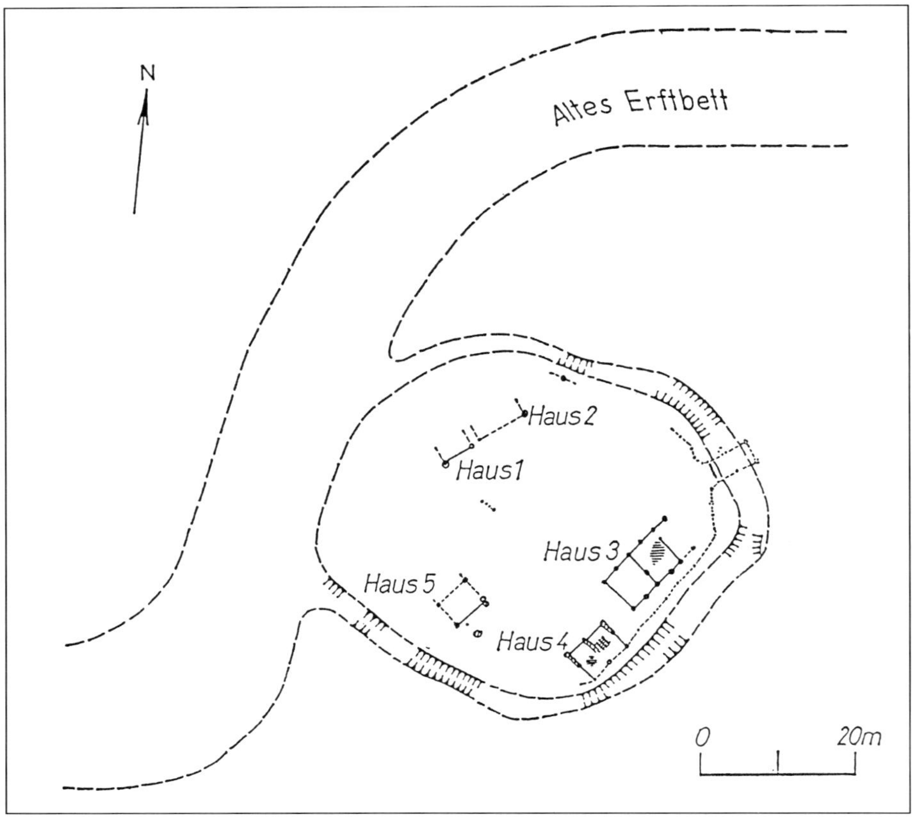

Abb. 1
Husterknupp, ehem.
Kr. Grevenbroich.
Periode I: »Flachsiedlung«
(ebenerdige Wasserburg). –
(Nach A. Herrnbrodt).

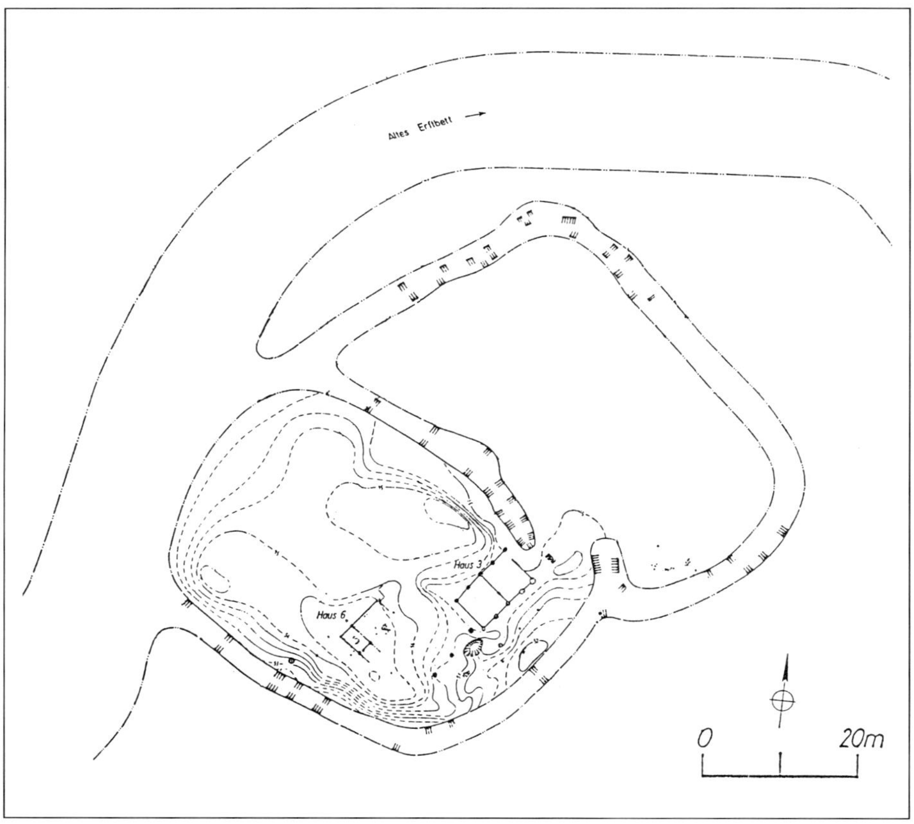

Abb. 2
Husterknupp, ehem.
Kr. Grevenbroich.
Periode II: »Kernmotte«.

Erst gegen Ende des 10. oder zu Anfang des 11. Jahrhunderts vollzieht sich dann der bauhistorisch wichtige Wandel von der einfachen, wasserburgartigen Flachsiedlung zur zunächst kleinen Motte (Periode II), die ungefähr die 1. Hälfte des 11. Jahrhunderts einnimmt, so daß ihre Spätphase deutlich in der frühen Salierzeit liegt. Charakteristisch für die Periode II ist die Zweiteilung der Anlage in eine Haupt- und eine Vorburg, beide sind mit Wassergraben und wahrscheinlich Palisade umgeben. Auf der Hauptburg ist ein kleiner, podestartiger Hügel mit großer, unregelmäßiger Oberfläche errichtet worden, der von Herrnbrodt treffend als »Kernmotte« bezeichnet wird (Abb. 2), aber keinesfalls dem klassischen Bild einer eher kegelförmigen Motte entspricht[21]. Die Bebauung ist weitgehend unklar, nur auf dem großflächigen Hügelplateau ist ein randlich gelegenes Holzhaus (Haus 6) in Stabbautechnik belegt, das nur in Teilen erhalten war. Es wies einen Lehmestrich und eine Feuerstelle auf, ein weiteres Haus wurde möglicherweise abgebaggert[22]. Trotz dieser mangelhaften Kenntnis der Bebauung auf dem Hügelpodest weisen die Randlage des Hauses 6 und eventuelle andere Gebäudereste eher auf eine aus mehreren Gebäuden bestehende Bebauung denn auf einen turmartigen Zentralbau hin, wie es dem klassischen Bild einer Motte entspräche. Auch die Vorburg wird leicht erhöht, von der anzunehmenden Bebauung wurden keine Reste gefunden.

Eingeleitet von einer kurzen Umbauphase III A wird dann um die Mitte des 11. Jahrhunderts die eigentliche Hauptmotte angeschüttet. Diese anhand der Keramik bis kurz vor die Mitte des 12. Jahrhunderts reichende Periode III B kann demnach als Beispiel einer salierzeitlichen Motte angesehen werden. Der Hügel wird deutlich erhöht, so daß er sich bei einem Basisdurchmesser von 54 m etwa 5–6 m über die ursprüngliche Oberfläche erhebt. Herrnbrodt bezeichnet diese Anlage daher als Hochmotte (Abb. 3). Auch erhält der Hauptburghügel nun die »klassische« kegelstumpfartige Form mit zentralem und nur noch kleinem Plateau. Der Hügel ist vollständig von einem kreisförmigen Wassergraben umgeben, und die Verbindung zur Vorburg stellt eine Holzbrücke her. Die Vorburg selbst ist vergrößert, leicht erhöht und legt sich hufeisenförmig um die östliche Hälfte des Haupthügels. Sie ist ebenfalls von einem Wassergraben eingeschlossen und, partiell nachgewiesen, durch eine Holzpalisade gesichert, hinter der sich ein leicht eingetiefter Wehrgang befand[23]. Die Hügelaufschüttung erfolgte in mehreren Schichtpaketen, die im unteren Bereich mittels Reisiglagen voneinander getrennt waren. Von der Bebauung auf dem Hügelplateau, dessen Wohnniveau durch eine gestampfte Lehmtenne gekennzeichnet war, haben sich leider keine Reste erhalten. Ein einzelner starker Pfosten könnte auf einen anzunehmenden hölzernen Wohnturm hinweisen, wobei das Plateau möglicherweise noch durch eine umlaufende Palisade gesichert war, wie es als Idealfall der Befund vom Hügelplateau der Motte Abinger in England und zeitgleiche Darstellungen auf dem Teppich von Bayeux zeigen[24]. Insgesamt bietet diese den überwiegenden Teil der salischen Zeit einnehmende Anlage der Periode III B nun das klassische Bild einer Motte.

Die Weiterentwicklung in nachsalischer Zeit soll nur kurz angesprochen werden. Kurz vor der Mitte des 12. Jahrhunderts wird der Hauptburghügel noch einmal leicht erhöht, wohl infolge einer Brandkatastrophe, die das Ende der Periode III B markiert. Auf der Vorburg wird die Palisade durch eine Holz-Erde-Mauer ersetzt, insgesamt ändert sich das Erscheinungsbild der Motte aber kaum. Erst in Periode III D, gegen Ende des 12. Jahrhunderts, beginnt der Steinausbau der Vorburgbefestigung, der aber nicht vollendet wird, da die gesamte Anlage in den 1192 beginnenden Kämpfen zwischen Lothar von Hochstaden und dem Kölner Erzbischof Bruno III. zerstört wird[25]. Erst 1244 ordnet der Kölner Erzbischof Konrad von Hochstaden unweit der zerstörten alten Anlage den Bau einer neuen Burg an, die in der damals einsetzenden Ziegelbauweise ausgeführt wurde und der die alte Vorburg als »suburbanum« diente.

21 Herrnbrodt (Anm. 14) 46ff. – Zum »klassischen« Bild einer Motte siehe Hinz (Anm. 7) 14f. Abb. 3; 4.
22 Herrnbrodt (Anm. 14) 47; 50f. Abb. 31.
23 Herrnbrodt (Anm. 14) 65.
24 Hinz (Anm. 7) 34 Abb. 21,3; 37 Abb. 23.
25 Herrnbrodt (Anm. 14) 110.

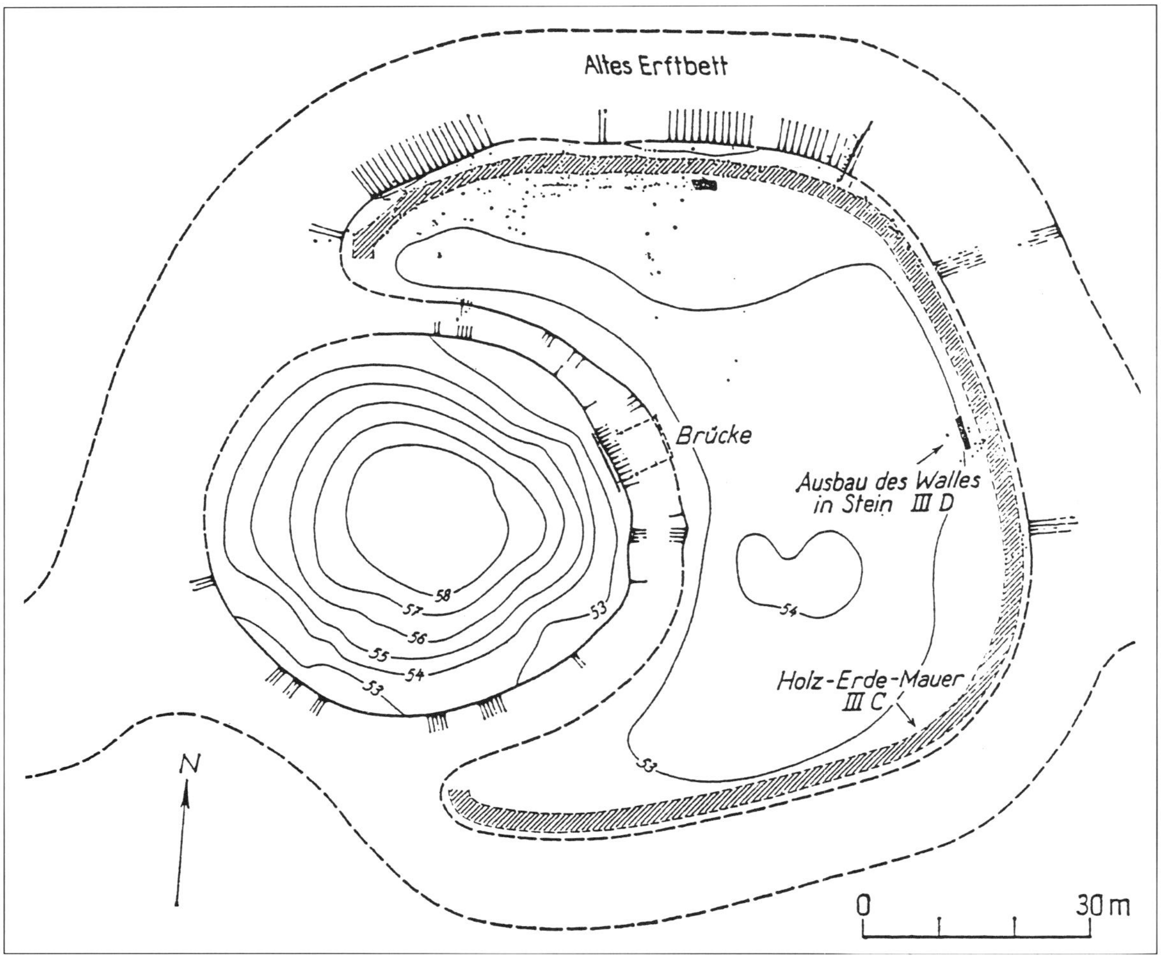

Abb. 3a Husterknupp, ehem. Kr. Grevenbroich. Periode III B/C: »Hochmotte« (salier- und stauferzeitlich).

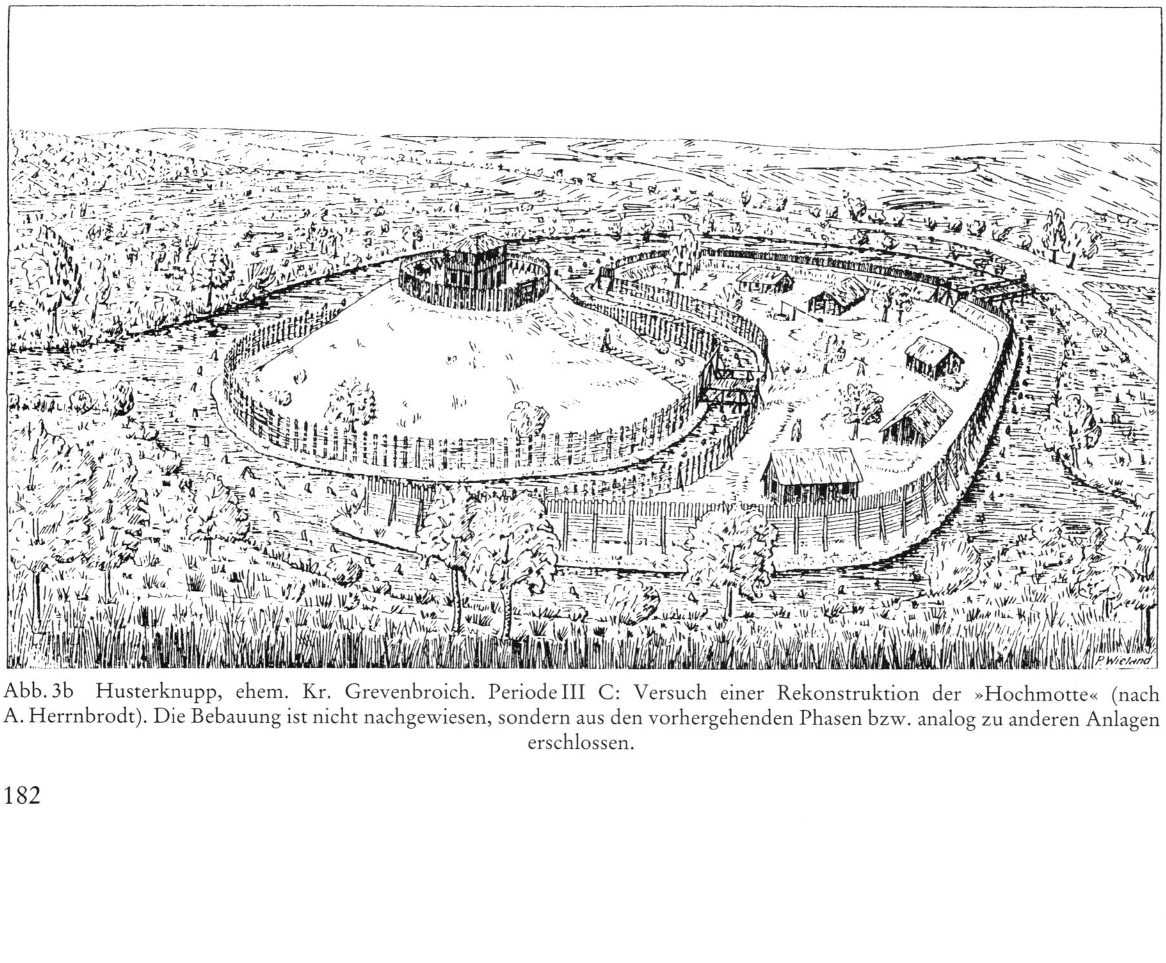

Abb. 3b Husterknupp, ehem. Kr. Grevenbroich. Periode III C: Versuch einer Rekonstruktion der »Hochmotte« (nach A. Herrnbrodt). Die Bebauung ist nicht nachgewiesen, sondern aus den vorhergehenden Phasen bzw. analog zu anderen Anlagen erschlossen.

Hoverberg, Kr. Heinsberg

Eine weitere Anlage ist die Motte Hoverberg im westlichen Rheinland, nahe der deutsch-niederländischen Grenze gelegen. Sie wurde 1953/1954 ebenfalls von A. Herrnbrodt ausgegraben[26], wobei vornehmlich das Hügelplateau untersucht, der Hügel selbst aber nicht abgetragen wurde, so daß eine mögliche Vorgängerphase nicht erfaßt werden konnte. Das geborgene, relativ einheitliche Keramikmaterial weist aber darauf hin, daß der Hügel in einem Zug errichtet wurde[27]. Insgesamt wird die Anlage anhand der Keramik in die Zeit von der Mitte des 11. Jahrhunderts bis zur Mitte des 12. Jahrhunderts datiert, fällt also genau in die Regierungszeit des salischen Kaiserhauses.
Die Motte liegt in der Niederung des Schaagbaches, von dessen Wasser der um den Hügelfuß gelegene Kreisgraben gespeist wurde. An den Hügel schließt sich ein weitläufiges System aus Wällen und Gräben an, das im Süden deutlich eine viereckige Vorburg erkennen läßt (Abb. 4)[28]. Der kegelstumpfartige Hügel selbst hat einen Basisdurchmesser von 50 m, ist steil geböscht und ca. 4,50–5,50 m hoch angeschüttet. Neben der topographischen Situation sowie Vorwerken und Wassergraben gleichen insbesondere Hügelform und -maße dieser zweiteiligen Anlage exakt der gleichzeitigen Anlage Husterknupp III B.
Im Gegensatz zum Husterknupp konnten auf dem Hügelplateau des Hoverbergs deutlich die Reste der ursprünglichen Bebauung nachgewiesen werden (Abb. 5). Ungefähr im Zentrum des Plateaus von 14 m Durchmesser befand sich ein nahezu quadratisches (5,6 m × 5,2 m) Holzgebäude mit einer Innenfläche von ca. 25 qm. Neben den vierkantigen Eckpfosten wies jede Außenwand noch jeweils drei gleichartige Zwischenpfosten auf, die durch schwellriegelartige Balken verbunden waren, in die wahrscheinlich senkrechte Bretter eingepaßt waren. Auch wenn die Pfosten nicht tief gründeten, so legen die geringen Abstände zwischen diesen doch ein mindestens zwei Stockwerke hoch aufragendes Gebäude nahe[29]. Auf dem kleinen Plateau konnten außerdem noch zwei eingetiefte rechteckige Grubenhäuser nachgewiesen werden. Sie werden als Vorratskeller oder Wirtschaftshütten gedeutet[30]. Des weiteren wurde ein aufwendig konstruierter Brunnen nachgewiesen, der nachträglich von der Oberfläche der Motte bis zum Grundwasser eingetieft war. Der im unteren Teil erhaltene Brunnenrahmen bestand aus rund angeordneten Holzstücken, den Abschluß bildete ein ausgehöhlter Eichenstamm als Wassersammler. Dendrochronologisch konnte eines dieser Holzstücke in die Jahre zwischen 1127 und 1147 datiert werden. Befestigungsreste in Form einer Palisade konnten nicht nachgewiesen werden. Die verschiedenen Gebäude waren – nach der dort jeweils gefundenen Keramik zu urteilen – wohl gleichzeitig in Nutzung.

Insgesamt bietet die Motte Hoverberg das Bild einer einfachen, nicht allzu bedeutenden Motte, die wohl um die Mitte des 11. Jahrhunderts in einem Zug errichtet und um die Mitte des 12. Jahrhunderts ohne erkennbaren Grund wieder aufgegeben wurde, lediglich im Vorburgbereich kann auch im 13. Jahrhundert noch eine Besiedlung nachgewiesen werden. Interessant ist darüber hinaus die siedlungstopographische Einbindung. Im Umkreis von nur 2 km sind drei weitere bedeutende Motten bekannt (Schloß Elsum, Burg Wassenberg, Alte Berg bei Dalheim), die – sofern sie gleichzeitig bestanden – auf den geringen Einfluß- und Machtbereich jeder der Anlagen hinweisen könnten. Ferner ist auf die gleichzeitig mit der Motte Hoverberg existierende Töpferei Wildenrath in unmittelbarer Nähe am Schaagbach hinzuweisen[31].

26 A. Herrnbrodt, Die Ausgrabungen auf der Motte »Hoverberg« bei Birgelen, Kreis Geilenkirchen-Heinsberg. Bonner Jahrb. 155/156, 1955/56, 343 ff.

27 Auch das bisher unpublizierte Material des Hoverbergs wurde vom Verf. bearbeitet.

28 Herrnbrodt (Anm. 14) 179 Anm. 75.

29 Herrnbrodt (Anm. 14) 181. – Herrnbrodt (Anm. 26) 349. – Hinz (Anm. 7) 39; 41.

30 Herrnbrodt (Anm. 26) 350. – Hinz (Anm. 3) 151. – Zur Funktion als »Feuerhaus« siehe Hinz (Anm. 7) 38.

31 Zur wirtschaftlichen Verbindung siehe: W. Piepers, Einzelfragen zur Burgenforschung. Château Gaillard II (1967) 79 ff.

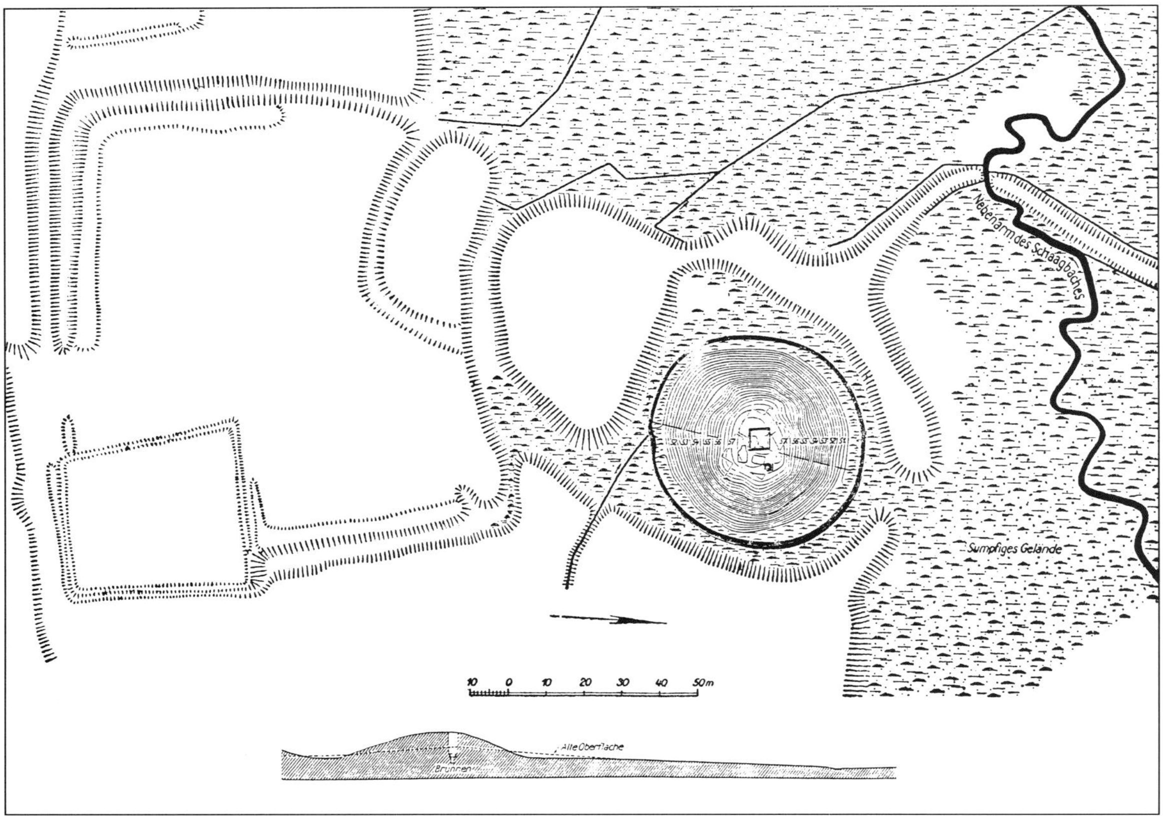

Abb. 4 Hoverberg, Kr. Heinsberg. Übersichtsplan mit Vorburganlage.

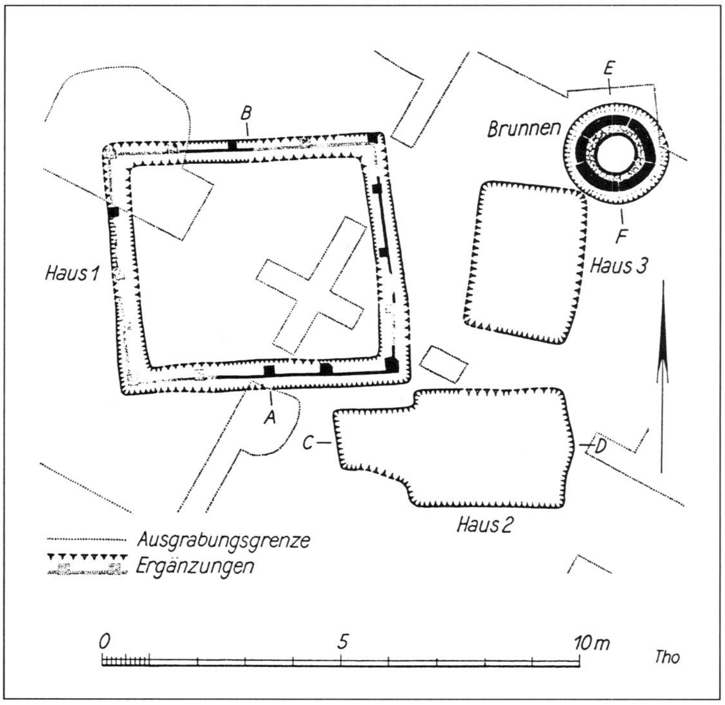

Abb. 5 Hoverberg, Kr. Heinsberg. Bebauung des Burghügels anhand der Grabungsbefunde (nach Bonner Jb. 155/156, 1955/56).

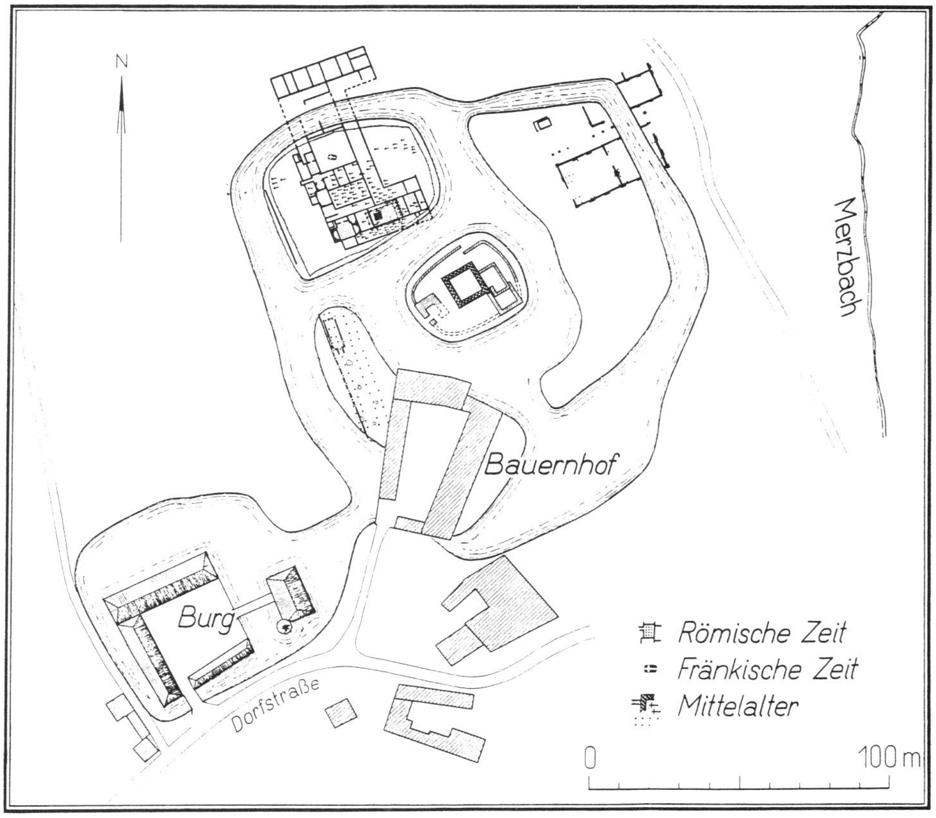

Abb. 6 Lürken, Kr. Aachen. Grabungsplan (nach W. Piepers).

Lürken, Kr. Aachen

Eine weitere Motte wurde mit der Alten Burg Lürken am Südwestrand der Aldenhovener Platte in den Jahren 1961–63 durch W. Piepers ausgegraben, bevor sie ebenfalls wie der Husterknupp dem Braunkohleabbau zum Opfer fiel[32]. Ihre zuletzt sichtbare Erscheinungsform wies auf eine größere Anlage hin, da der Burghügel von drei Vorburgen umgeben war, wobei sich auf einer noch heute ein großer Bauernhof befand, an den sich wiederum die jüngere Burg Lürken anschloß (Abb. 6). Die gesamte Anlage war von einem Wassergrabensystem umgeben.

Die Ausgrabung des alten Hauptburghügels zeigte, daß unter diesem wieder Reste einer ebenerdigen Siedlungsschicht (Lage 8) lagen. Diese »Flachsiedlung« war allerdings schlecht erhalten, es fanden sich nur Andeutungen von Pfostensetzungen, die Siedlungsschicht war möglicherweise planiert worden[33]. Die wenige geborgene Keramik läßt sich mit ihren runden Randformen sowohl ins 10. als auch ins frühe 11. Jahrhundert einordnen, so daß Piepers diese Siedlungsschicht in die Zeit um 1000 bzw. ins frühe 11. Jahrhundert datiert.

Die nachfolgende erste Mottenphase (Mottenaufschüttung Lage 5) wurde durch eine durchgehende Brandschicht 4 abgeschlossen, in der sich zwei Münzen mit der Prägezeit 1056 und 1089–1099 fanden, so daß diese abschließende Brandlage in die Zeit um 1100/Anfang des 12. Jahrhunderts zu datieren ist. Demnach setzte die erste Mottenphase in der 1. Hälfte des 11. Jahrhunderts ein und reichte bis um 1100[34]. In die ebenerdige, vielleicht planierte unterste Siedlungsschicht wurden zunächst die Fundamente des quadratischen (12,15 m × 12,0 m) Wohnturms eingetieft, den man sofort in Steinbauweise

32 W. Piepers, Ausgrabungen an der Alten Burg Lürken. Rheinische Ausgrabungen 21 (1981).

33 Piepers (Anm. 32) 87;124, Taf. 7,2.

34 Piepers (Anm. 32) 125.

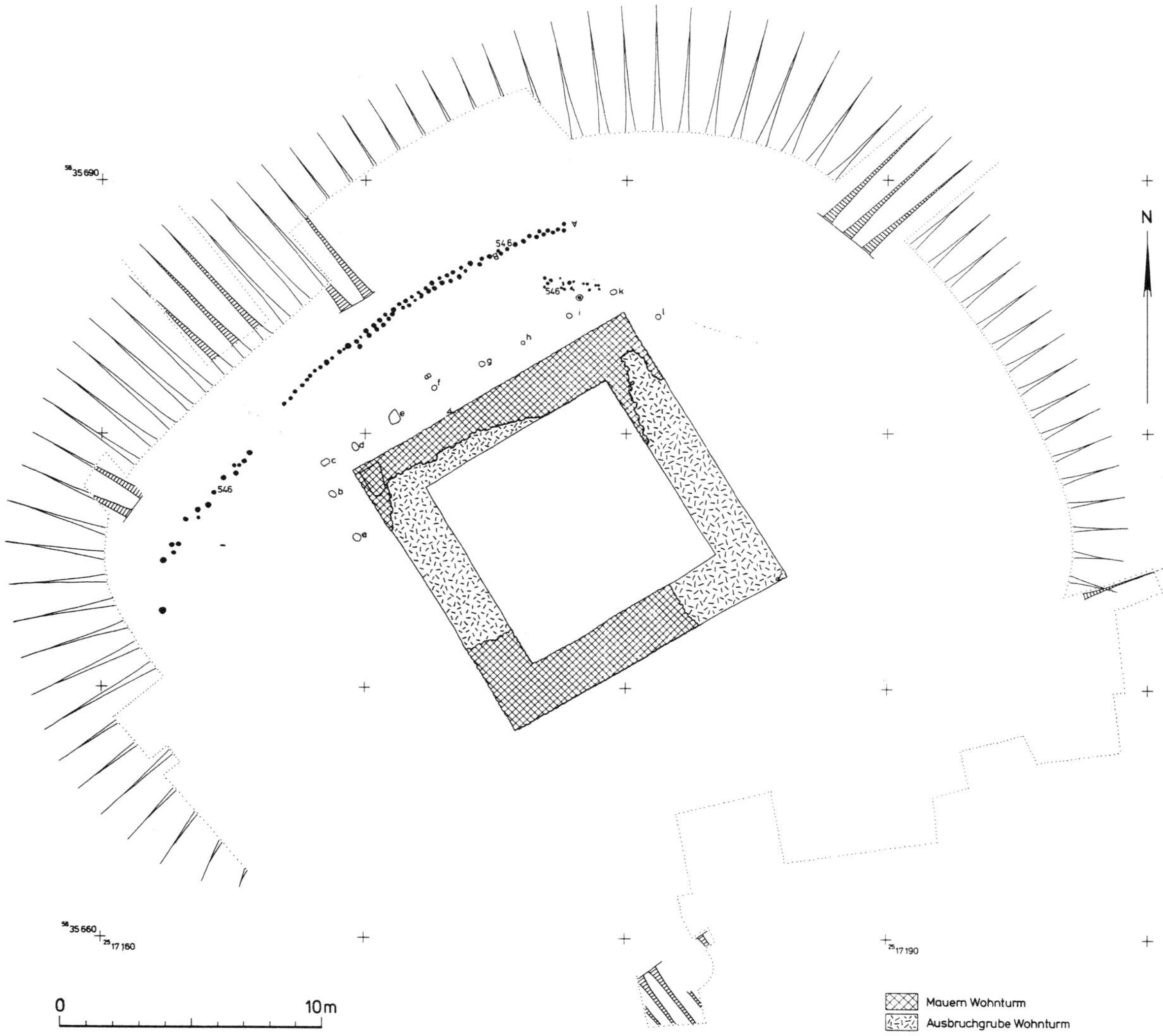

Abb. 7 Lürken, Kr. Aachen. Erste Mottenphase (salierzeitlich). Grundriß des Wohnturms, Standspuren der Gerüstpfosten a–l und der Palisade 546.

errichtete; erst anschließend wurde der Mottenhügel angeschüttet. Anders als bei den bisher behandelten Anlagen ist hier also der Hauptturm in Stein gebaut, zwecks besserer Fundamentierung auf den gewachsenen Boden gesetzt und direkt nach der Fertigstellung »eingemottet« worden[35]. Das 2 m starke Mauerwerk, das einen mehrgeschossigen Turm tragen konnte, bestand aus Bruchstein und teilweise Ziegelbruch von einem nahegelegenen römischen Gutshof, an der Nordwestseite des Turmes fanden sich Pfostenreste des Baugerüstes (Abb. 7). Der angeschüttete Hügel hatte eine Höhe von ca. 1,5 m, die Oberfläche war teilweise mit einer Geröllpflasterung versehen, einzelne Pfostenstellungen und Gruben weisen auf Bautätigkeiten hin, ohne daß diese einen Zusammenhang erkennen lassen. Am Rande des Hügelplateaus hatten sich im Nordwestbereich noch die Reste einer aus runden Pfosten bestehenden Holzpalisade erhalten, die einen schmalen Durchlaß aufwies.

Insgesamt gleicht diese Anlage mit deutlich ausgeprägtem Hügel, der seine endgültige Höhe aber noch nicht erreicht hatte, und einfacher Bebauung mit zentralem Wohnturm den bisher besprochenen

35 Piepers (Anm. 32) 91.

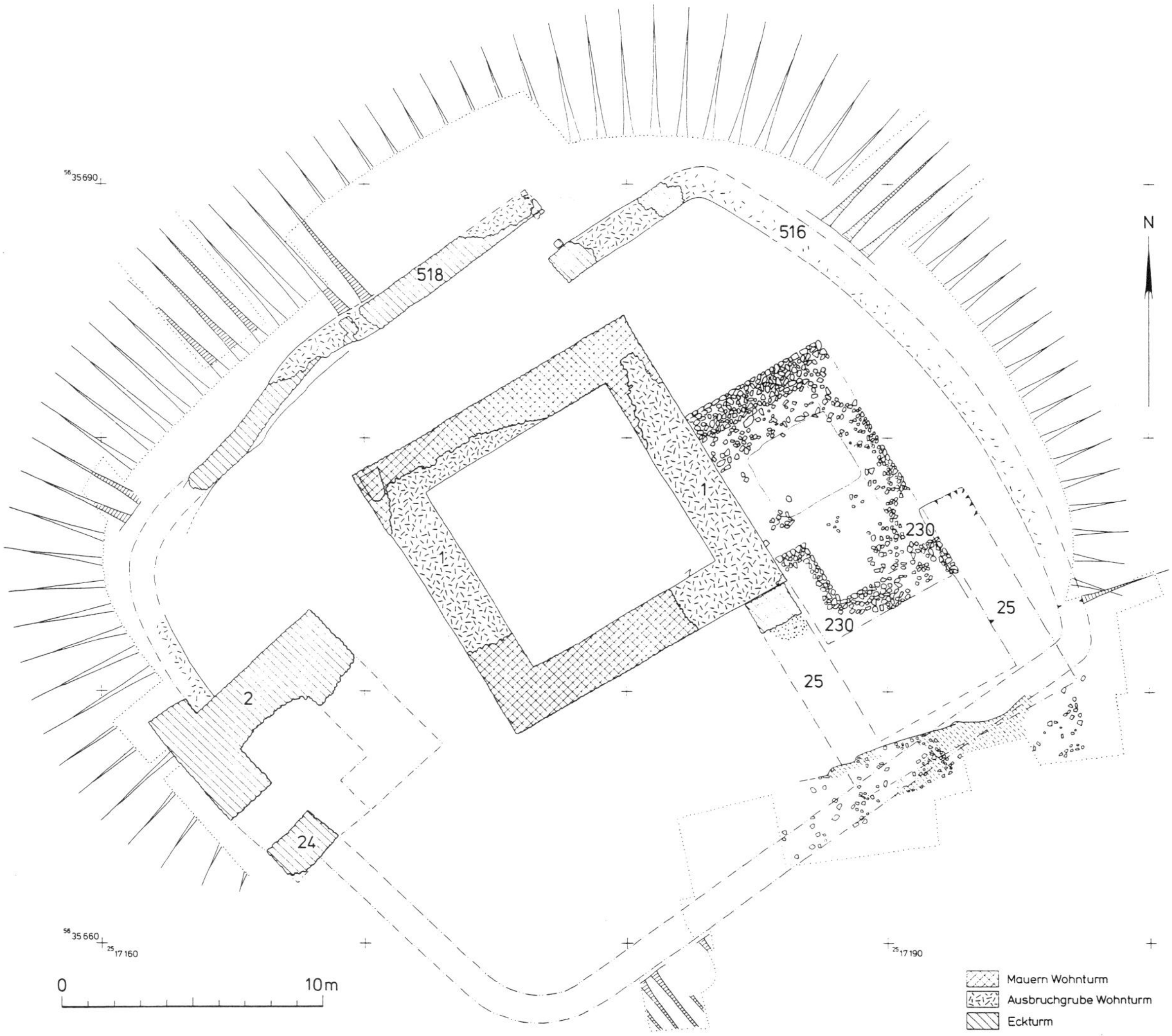

Abb. 8 Lürken, Kr. Aachen. Zweite Mottenphase. Wohnturm 1 mit den Anbauten 25 und 230, Eckturm 2/24 und Wehrmauer 516/518.

zeitgleichen Anlagen, nur daß hier der Wohnturm direkt in Stein ausgeführt wurde. Das Ende dieser ersten Mottenphase wird durch die abschließende Brandschicht 4 markiert, die in die Zeit um 1100/ Anfang des 12. Jahrhunderts datiert werden kann.

Nach dieser Brandkatastrophe wurde der Burghügel nochmals um mindestens 1 m erhöht. Der Beginn dieser zweiten Mottenphase ist nach obiger Datierung wohl noch in spätsalischer Zeit anzusetzen. Der Steinturm wird weiter benutzt, er erhält im Norden einen hölzernen Vorbau oder Treppenaufgang und an der Ostseite einen Steinanbau. Die Holzpalisade wird durch eine Steinmauer ersetzt und im Südwestbereich wird zum Flankenschutz ein weiterer kleiner Steinturm an der Wehrmauer errichtet (Abb. 8). Ob diese Anbauten direkt nach der Brandkatastrophe errichtet wurden oder von einem allmählichen Ausbau im Laufe des 12. Jahrhunderts zeugen, ist nicht zu entscheiden.

Spätere kleine Einbauten (Backöfen) stammen aus der Zeit, in der der Hauptburghügel zunehmend bedeutungslos wurde, bis Anfang des 17. Jahrhunderts die jüngere Burg Lürken errichtet wird.

Von Interesse waren auch die Ausgrabungen der Vorburgen. Auf einer im Bereich eines römischen Gutshofes gelegenen Vorburg konnte ein mittelalterliches Gräberfeld nachgewiesen werden, das ins

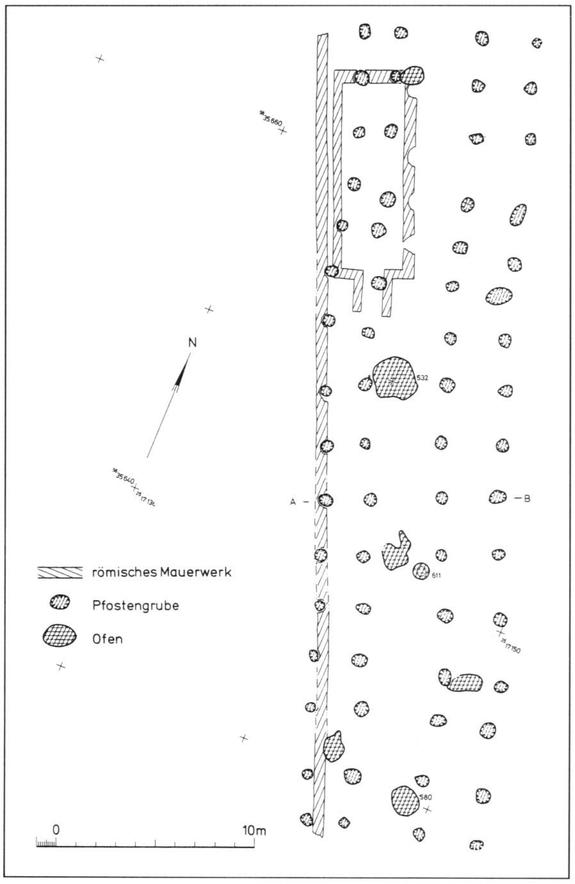

Abb. 9 Lürken, Kr. Aachen. Pfostengruben einer Halle mit Resten einer Eisenverhüttungsanlage.

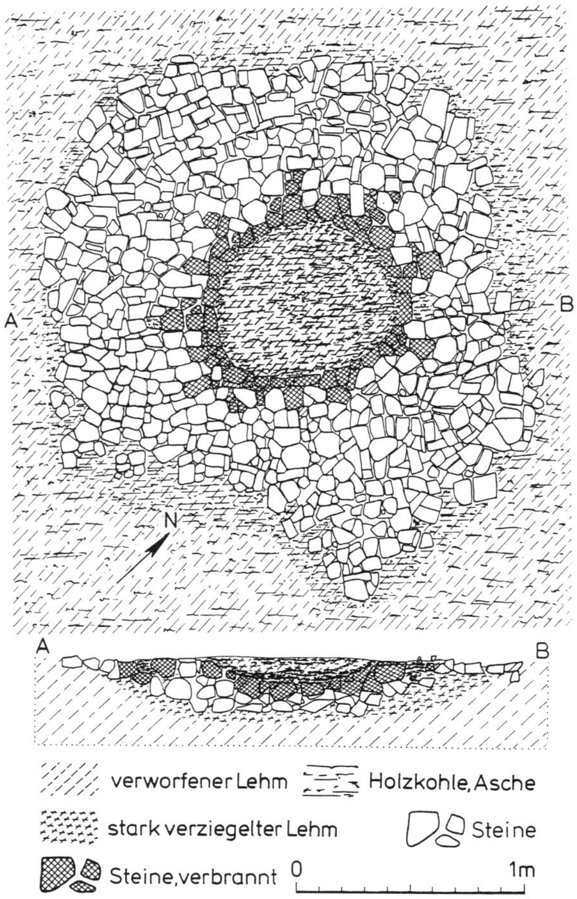

Abb. 10 Lürken, Kr. Aachen. Unterbau des Schmelzofens 532 der Eisenverhüttungsanlage.

7. Jahrhundert zurückreichte[36] und wohl bis ins 16. Jahrhundert belegt worden ist, wobei die Beigabenlosigkeit der mittelalterlichen Gräber eine Kontinuität nur wahrscheinlich macht, nicht aber zweifelsfrei bestätigen kann. Daß hier eine Zeitlang die Burgbewohner bestatteten, ist naheliegend, wobei die Errichtung eines einphasigen hölzernen Kirchenbaus mit einem zentral gelegenen Doppelgrab zwischen dem 10. und 12. Jahrhundert die Bedeutung des Friedhofes unterstreicht.

Auf der zweiten Vorburg konnten die Pfostenspuren einer dreischiffigen, 41,5 m × 8 m langen Halle nachgewiesen werden, die mindestens zwei Bauperioden aufwies (Abb. 9)[37]. Im Innern fanden sich zahlreiche Ofenreste, in deren Umfeld große Mengen von Rennfeuerschlacke gefunden wurden (Abb. 10). Demnach handelt es sich hierbei um einen groß angelegten Eisenverhüttungsplatz, der sicher nicht nur für den Hausbedarf, sondern für einen größeren regionalen Einzugsbereich als Wirtschaftsmittelpunkt produziert hat. Die Zuweisung zu einer der beiden Mottenperioden ist schwierig, die mitgefundene Keramik datiert ins gesamte 12. Jahrhundert, so daß spätestens für die zweite Mottenperiode eine Produktionszeit wahrscheinlich ist. Die Burganlage wurde über eine hölzerne Wasserleitung versorgt, für die ein dendrochronologisches Datum 1156/1159 ermittelt wurde. Grundlage der Fleischversorgung war die Haustierhaltung (Schwein 51,8 %, Schaf/Ziege 38,7 %, Rind 5,5 %), während Wild nur eine untergeordnete Bedeutung hatte.

Insbesondere in der zweiten Periode handelt es sich also um eine recht umfangreiche Burganlage, bei der die Untersuchung des Vorburgbereichs überraschende Ergebnisse zutage brachte.

36 Piepers (Anm. 32) 74 ff. Taf. 6.

37 Piepers (Anm. 32) 103 ff.

Burg Holtrop bei Bergheim, Erftkreis

Bei Burg Holtrop handelt es sich um eine zweiteilige, wasserumwehrte Burganlage mit Turmburg und Vorburg, die jedoch ebenerdig ist, so daß das charakteristische Attribut einer Motte, die Hügelaufschüttung, fehlt (Abb. 11). Diese nahe Bergheim gelegene, ebenfalls vom Braunkohletagebau bedrohte Anlage wurde im Jahre 1958 von W. Piepers ausgegraben[38]. Dabei zeigte sich, daß unter der barocken Wasserburg die verschiedenen Phasen eines Wohnturms verborgen waren, an dem sich die Entwicklung vom Holzbau zum Steinturm erkennen ließ.

Die Anfangsdatierung dieser Anlage ist umstritten. Zwar stammt aus der untersten Lage Badorfer Ware des 9. Jahrhunderts, aber auch Kugeltöpfe mit sanften Profilen des 10. und frühen 11. Jahrhunderts treten auf. Da diese Holzbauphase aber kaum unverhältnismäßig lang gedauert haben wird, ist ein Beginn im fortgeschrittenen 10. oder eher Anfang des 11. Jahrhunderts wahrscheinlicher[39].

In Periode A wird auf ebener Erde ein 10,1 m × 7,5 m großer Holzbau aus Vierkantpfosten errichtet; die Pfostentiefe war nicht groß, so daß die Rekonstruktion eines Turmes nicht zwingend, aber möglich ist. Schwellgräbchen zwischen den Pfosten und Funde von Lehmresten mit Abdrücken von Ruten zeugen von einer Fachwerkkonstruktion der Wände[40]. Die Hauptburg war mit Holzpalisade und Wassergraben umgeben, die Vorburg umschloß die Hauptburg hakenförmig an zwei Seiten.

Nach einer Zerstörung durch Brand wird die Anlage der Periode B im späten 11. Jahrhundert oder in der 1. Hälfte des 12. Jahrhunderts errichtet. Auch hierbei handelt es sich um einen nun etwas größeren Holzbau (10,5 m × 8,0 m), der auf jeder Seite aus fünf kräftigen Rundpfosten besteht. Palisade, Wassergraben und Vorburg bleiben bestehen. Wenngleich die Datierung der ersten Perioden umstritten ist, so haben doch in salischer Zeit zweifellos nur Holzbauten existiert.

Im Laufe der 2. Hälfte des 12. Jahrhunderts werden dann zunächst die Ecken des Holzturms durch Mauerwinkel aus Tuffstein ersetzt (B/C) und anschließend die Zwischenräume durch Einfügen von Mauerteilen geschlossen (Periode C), so daß im 13. Jahrhundert zumindest das Untergeschoß komplett aus Stein errichtet ist. Auch die Wehrmauer wird durch einen Steinbau ersetzt, und der Turm erhält noch einen Vorbau.

Insgesamt hat sich bei dieser ebenerdigen Anlage die Konstruktion eines hölzernen Zentralbaus, wie er auch auf einem gleichzeitigen Mottenhügel gestanden haben könnte, in deutlicher Weise erhalten, an welchem schließlich noch der Umbau zum Steinturm nachvollzogen werden konnte.

Burg Berge-Altenberg, Gem. Odenthal, Rheinisch-Bergischer Kreis

Mit der rechtsrheinisch gelegenen Stammburg der Grafen von Berg in Altenberg wurde unlängst eine der neben dem Husterknupp ältesten nachweisbaren Adelsburgen des Rheinlands untersucht[41]. Diese wohl um die Mitte des 11. Jahrhunderts errichtete Anlage wird 1133 bereits wieder planmäßig verlassen, datiert also in ihrer gesamten Existenzzeit in salische Zeit. Die über dem Dhünntal gelegene Burg wurde 1981 ausgegraben. Es handelt sich um eine Höhenburg in Spornlage, die auf einem bis dahin unbewohnten Platz errichtet wurde. Zu diesem Zweck wurde zunächst ein ausgedehntes, ca. 75 m langes Plateau in den Felsen eingetieft, das im Osten auf der hangwärts gelegenen Schmalseite durch einen Graben abgeriegelt wurde (Abb. 12). Unmittelbar hinter diesem wurde ein Erdsockel errichtet, der gleichzeitig auch zur Deckung des Plateaus diente. Auf dem Plateau selbst zeichneten sich keine Gebäude ab, lediglich auf der westlichen Felsrippe könnte wohl ein weiterer Bau gestanden haben, an einigen

38 W. Piepers, Bergheimer Beiträge zur Erforschung der mittleren Erftlandschaft 1 (1960). – Ders., Die Ausgrabungen auf Burg Holtrop bei Bergheim, Erft. Bonner Jahrb. 160, 1960, 374 ff.

39 Für eine Datierung ins späte 9. Jh. sprechen sich Piepers (Anm. 38) u. Janssen (Anm. 5) 20 aus. Hinz (Anm. 3) steht dem kritisch gegenüber. Das vorgelegte spärliche Keramikmaterial kann unterschiedlich interpretiert werden; m. E. ist Periode A später anzusetzen.

40 Hinz (Anm. 3) 146.

41 Untermann (Anm. 4) Anm. 3.

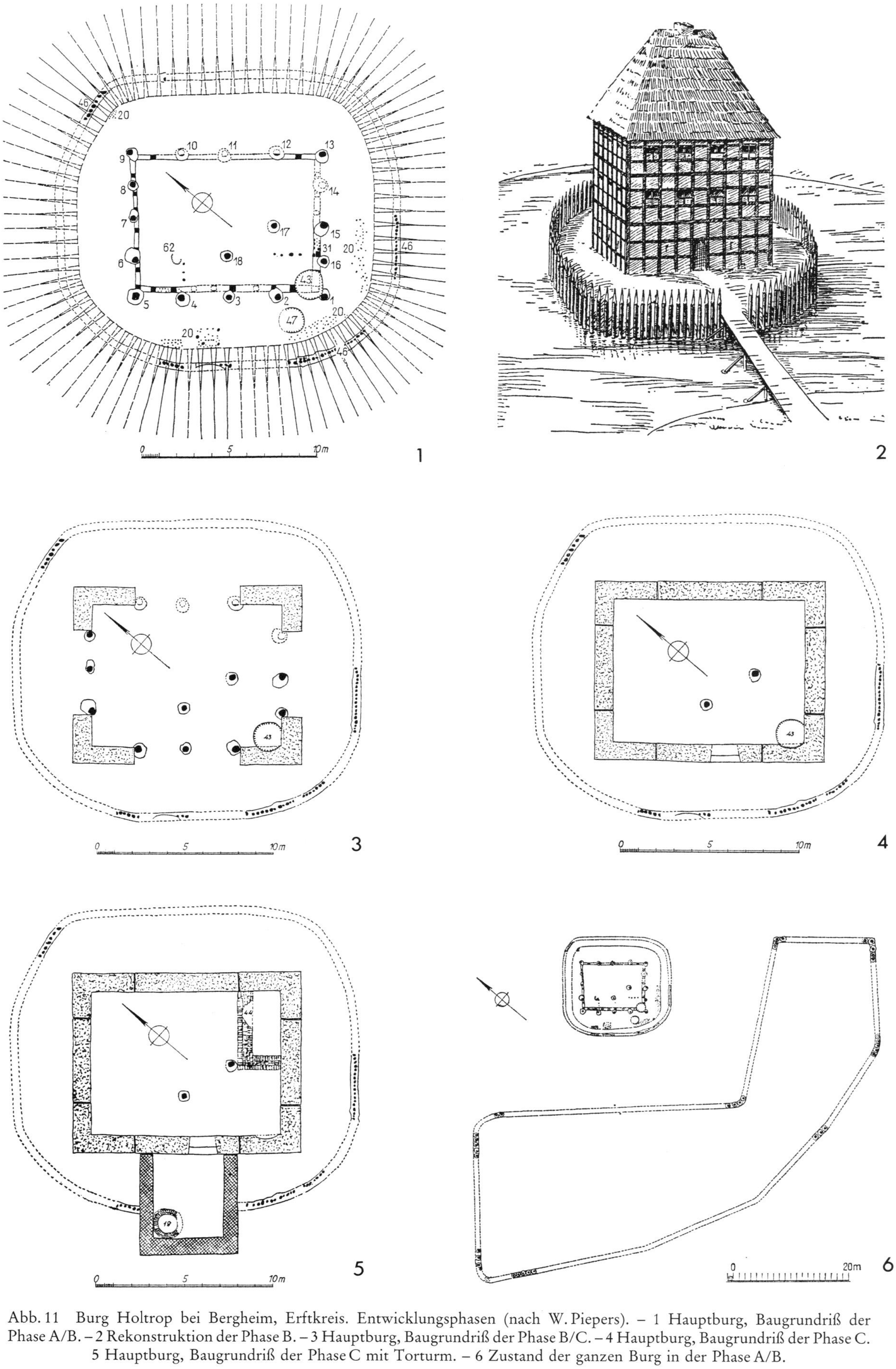

Abb. 11 Burg Holtrop bei Bergheim, Erftkreis. Entwicklungsphasen (nach W. Piepers). – 1 Hauptburg, Baugrundriß der Phase A/B. – 2 Rekonstruktion der Phase B. – 3 Hauptburg, Baugrundriß der Phase B/C. – 4 Hauptburg, Baugrundriß der Phase C. 5 Hauptburg, Baugrundriß der Phase C mit Torturm. – 6 Zustand der ganzen Burg in der Phase A/B.

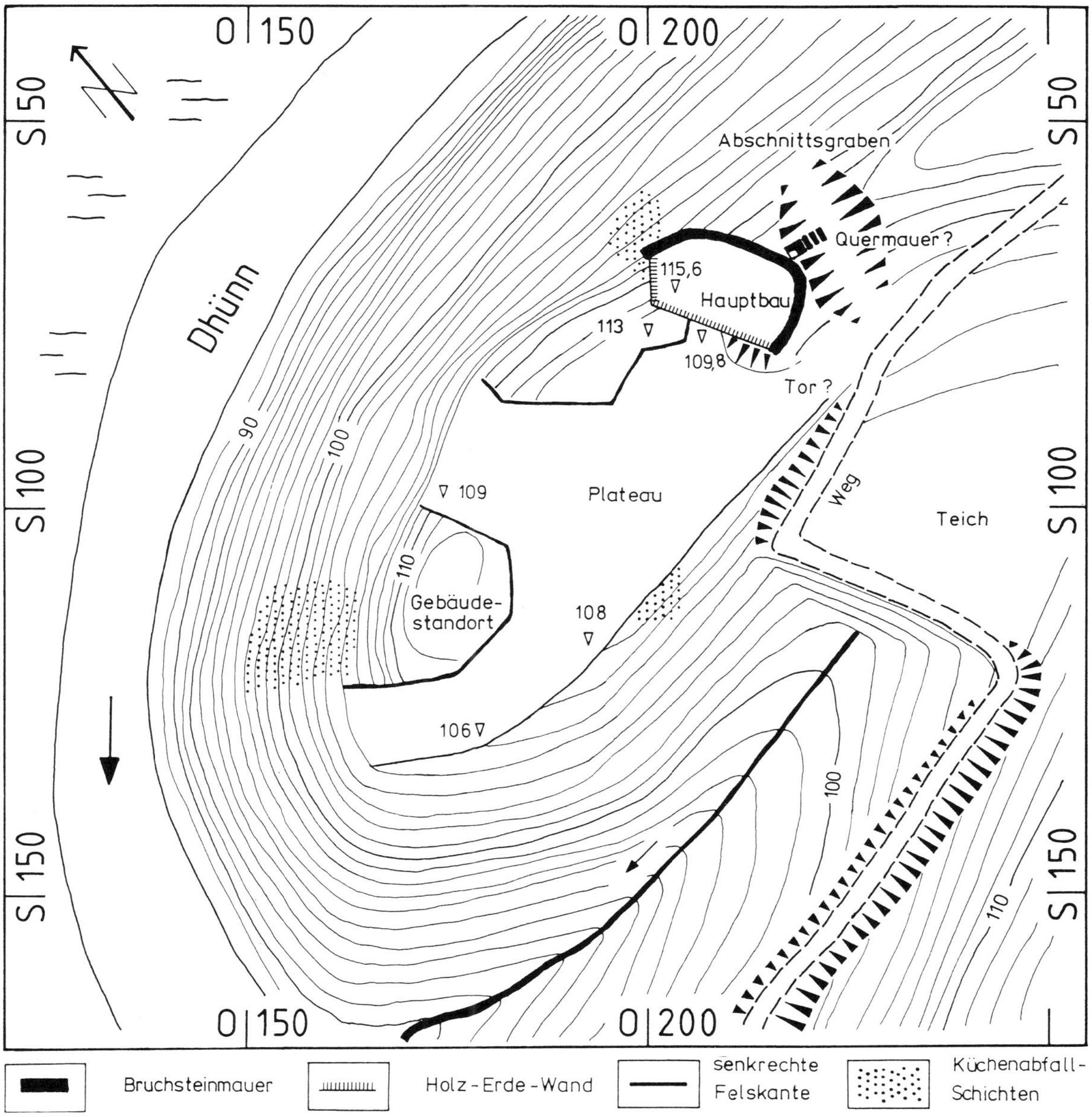

Abb. 12 Burg Berge (Mons)-Altenberg, Rheinisch-Bergischer Kreis. Rekonstruktion des Geländes zur Zeit der Burganlage (nach M. Untermann).

Stellen der burghofartigen Plateaufläche ließ sich ein Laufhorizont nachweisen. Von besonderem Interesse ist der über einer Felsrippe künstlich errichtete Erdsockel, der an der Basis 12 m × 18 m mißt, eine Höhe von 6 m und ein Oberflächenplateau von 11 m × 3,5 m aufweist (Abb. 13). Die Seiten des Sockels waren dabei durch Mauern abgestützt, und zwar auf der dem Burgplateau zugewandten Seite durch eine Holz-Erde-Mauer, auf der gefährdeteren äußeren Seite durch eine 1,40 m starke Bruchsteinmauer[42]. Die oberste Schicht des Sockels enthielt Tierknochen und Keramik, so daß sie als Nutzungshorizont anzusprechen ist. Dachschieferreste und Fußboden-Ziegelplatten belegen einen Wohnbau auf diesem Sockel, der analog zu den Mottenhügeln den Hauptwohnbau getragen haben wird. Eindeutige Gebäudespuren wurden nicht gefunden, jedoch kann ein Steinbau aufgrund fehlender Mörtelreste mit hoher Wahrscheinlichkeit ausgeschlossen werden, so daß es sich bei der Bebauung demnach um ein Holzgebäude gehandelt haben wird[43].

42 Untermann (Anm. 4) 58 u. Abb. 11; Taf. 1,2.

43 Untermann (Anm. 4) 64.

Befunde für eine Umgrenzung des Plateaus fehlen, eine Toranlage ist am östlichen Burgende zu vermuten. Von der anzunehmenden umfangreichen Bebauung haben sich nur schwache Hinweise erhalten (Pfostenspuren, Felsgrate, Abbruchschutt mit Resten von Dachschiefer, Fußboden-Ziegelplatten, gekalkter Wandverputz, Bleifassung der Fenster). Steinbauten sind nach M. Untermann zwar möglich, die Bebauung dürfte im wesentlichen aber zunächst aus Holzgebäuden bestanden haben. Zu »einem Komplex von Steinbauten, wie er für das Bild staufischer Höhenburgen kennzeichnend ist, scheint die Burg Altenberg nicht einmal zum Zeitpunkt ihrer Auflassung geworden zu sein«[44].
Insgesamt handelt es sich nach Untermann beim Stammsitz der Grafen von Berg um eine »ständig oder jedenfalls oft bewohnte, wohl nur schwach befestigte Burg«, die mit einem rund 500 m entfernten Hof in Verbindung stand.
Interessant ist bei dieser Anlage der künstlich aufgeschüttete, ummauerte Sockel, der bei derartigen Höhenburgen ungewöhnlich ist, aber deutlich an das Bauprinzip der Motten erinnert. Zwar kommen insbesondere am Eifelrand und im Bergischen Land durchaus zeitlich nicht näher bestimmbare Motten in Hang- oder Höhenlage vor[45], jedoch nicht in Verbindung mit einem Burgplateau. Möglicherweise ist hier in einem experimentartigen Einzelfall das Prinzip der Überhöhung des Repräsentationsgebäudes durch Anwendung des »Bautyps Motte« mit senkrecht abgestützten Wänden erprobt worden[46], das sich aber nicht durchgesetzt hat. Zum Zeitpunkt ihrer Auflassung entsprach die nur schwach befestigte Anlage nicht mehr dem Standard moderner Höhenburgen.

Hardtburg bei Stotzheim, Kr. Euskirchen

Als letzte Anlage soll die Hardtburg angesprochen werden, die noch am Ende der Salierzeit um 1100 oder im Laufe der 1. Hälfte des 12. Jahrhunderts, möglicherweise um 1120/1130, gegründet wurde[47]. Bei dieser auf einem Bergplateau im Voreifelraum gelegenen Höhenburg ist ebenfalls ein den Motten entlehntes Bauprinzip angewandt worden. Auf dem Plateau liegt die zweiteilige Anlage innerhalb einer Senke, Haupt- und Vorburg sind mit einem Wassergraben umgeben worden (Abb. 14). Der steinerne Wohnturm, bei dem es sich allem Anschein nach um den Gründungsbau handelt, ist ebenfalls nach seiner Errichtung mit einem künstlichen Hügel umgeben worden, so daß die Anlage von ihrer äußeren Form einer Motte mit Steinturm gleicht, wobei wie in Lürken der Steinturm »eingemottet« wurde. Der mächtige quadratische Steinturm (9,8 m × 9,8 m) selbst weist bei rund 20 m Höhe insgesamt sechs Stockwerke auf, die Mauerstärke beträgt 1,5 bis 2,5 m. Der ursprüngliche Zugang lag im ersten Obergeschoß, als Fensteröffnungen dienten hochrechteckige Mauerschlitze. Im 12. und 13. Jahrhundert wurde der Hügel teils durch Abfallagen, teils durch bewußte Anschüttungen erhöht, so daß er schließlich eine Höhe von 6 m erreichte und die beiden untersten Stockwerke einschloß. Im 13. Jahrhundert wurde der Turm mit einer steinernen Ringmauer umgeben, für die keine hölzerne Vorgängerkonstruktion nachgewiesen werden konnte. Die Keramik zeigt, daß die Hauptburg bis ins 14. Jahrhundert intensiv genutzt wurde, während die Vorburg noch jüngere Bausubstanz aufweist.

Insgesamt lassen sich bei zusammenfassender Betrachtung der behandelten Burganlagen trotz der häufig vom Zufall (Braunkohletagebau) bestimmten Auswahl der Objekte und trotz der jeweils individuellen Ausführung doch einige gemeinsame Aspekte herausarbeiten, die aber wegen der geringen Zahl der zur

44 Untermann (Anm. 4) 73; 74.
45 Untermann (Anm. 4) Anm. 333; z. B. Monterberg, Kr. Kleve; Velbert-Neviges, Kr. Mettmann; Hollerath, Lommersdorf, Kr. Euskirchen; Düren-Weyern, Kr. Düren; Gummersbach-Bredenbruch, Oberbergischer Kreis; Ittenbach, Eitorf-Forst, Eitorf-Merten, Windeck-Rosbach, -Schladern, -Schöneck, -Dattenfeld, alle Rhein-Sieg Kreis.
46 Untermann (Anm. 4) 96 f.
47 W. Janssen, Die Hardtburg. Führer zu vor- und frühgeschichtlichen Denkmälern 26 (1974) 159 ff. – A. Herrnbrodt, Die Hardtburg bei Stotzheim, Landkreis Euskirchen. Château Gaillard IV (1968) 139 ff. Auch das Keramikmaterial der Hardtburg ist vom Verf. vollständig bearbeitet worden. Es spricht für eine Anfangsdatierung in der 1. Hälfte des 12. Jhs. Zwischen 1118 und 1138 erscheint Rudolfus de Hart besonders häufig in den Schriftquellen, die Existenz der Familie ist bereits für das Jahr 1105 bezeugt.

Abb. 13 Burg Berge-Altenberg, Rheinisch-Bergischer Kreis. Sockel von Südwesten (nach Untermann).

Verfügung stehenden Anlagen nicht verbindlich sein müssen, einen Interpretationsversuch aber dennoch gestatten. Die »klassischen« Motten (Husterknupp III B, Hoverberg, Lürken) haben in salischer Zeit einen deutlich ausgeprägten, kegelstumpfartigen Burghügel, der seine endgültige Höhe aber noch nicht erreicht hatte. Die Bebauung besteht aus einem noch einfachen, meist hölzernen Wohnturm ohne Erweiterung und einer Palisade, wie sie bei der ebenerdigen Burg Holtrop in beispielhafter Weise erhalten sind. Insbesondere Burg Berge, aber auch die Hardtburg zeigen, daß das in dieser Zeit übliche Bauprinzip Motte auch bei Höhenanlagen angewandt werden konnte, nicht zuletzt auch aus repräsentativen Zwecken, wobei der Hauptburgsockel der Burg Berge als ein experimenteller Einzelfall angesehen wird. Selbst die Stammburgen der bedeutenden rheinischen Adelsgeschlechter Hochstaden und Berg sind in salischer Zeit noch Holz-Erde-Konstruktionen, ein Steinturm wie in Lürken ist als Ausnahme anzusehen. Erst im 12. Jahrhundert wird der Steinbau üblicher (Hardtburg, Tomburg, Drachenfels), teilweise werden die Holzkonstruktionen umgebaut, wie das Beispiel Holtrop zeigt, und auch beim Husterknupp wird noch versucht, die offenbar veraltete Holzkonstruktion durch einen Steinbau zu ersetzen. Im fortgeschrittenen 13. und 14. Jahrhundert wird dann im progressiven Burgenbau die Ziegelbauweise angewandt, vor allem bei jenen Anlagen, mit denen die werdenden Landesherren ihr Territorium absichern (beispielsweise Husterknupp IV, Lechenich, Burg Oedt, Geldern, Kempen)[48]. Aber selbst in dieser Zeit werden noch Motten in der mittlerweile veralteten Holz-Erde-Konstruktion errichtet, wie die Beispiele Kranenburg am Niederrhein (13. Jahrhundert) und Obermaubach-Schlagstein im Voreifelraum (14. Jahrhundert) zeigen[49]. Daß ein Bedarf nach derartigen Anlagen noch bestand, zeigt die Tatsache, daß der Burgenbau des ministerialischen Adels erst im 14. Jahrhundert seinen Höhepunkt erreicht[50].

48 Dazu auch J. Renaud, Niederländische Backsteinburgen des 13. und 14. Jahrhunderts. In: Burgen aus Holz und Stein. Burgenkundliches Kolloquium in Basel 1977 (1979) 95 ff.

49 Siehe Müller-Wille (Anm. 9) Nr. 1 Kranenburg u. Nr. 86 Obermaubach, Kr. Düren; dort weitere Literatur. Beide Anlagen wurden vom Verf. ebenfalls bearbeitet. Burg Kranenburg beginnt demnach Anf. des 13. Jhs., die Motte Obermaubach sogar erst im 14. Jh., da sich unter der Hügelaufschüttung Steinzeugscherben fanden.

50 Wilh. Janssen, Burg und Territorium (Anm. 15) 290.

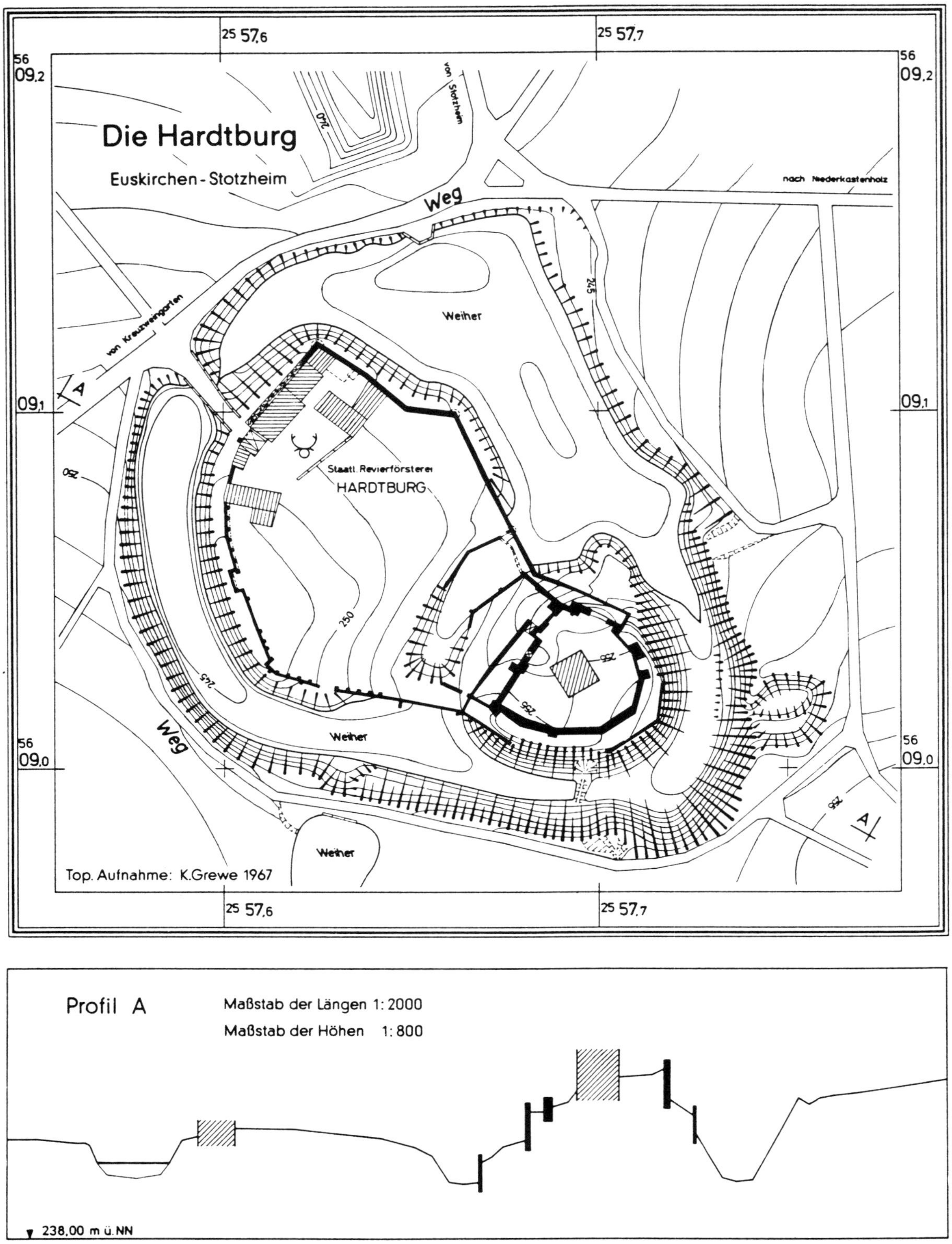

Abb. 14 Hardtburg bei Stotzheim, Kr. Euskirchen. Übersichtsplan (nach W. Janssen).

WALTER JANSSEN

DIE FRÜHMITTELALTERLICHE NIEDERUNGSBURG BEI HAUS MEER, BÜDERICH, STADT MEERBUSCH, KREIS NEUSS

I. Lage und Topographie des Fundplatzes

Die Niederungsburg bei Haus Meer liegt auf dem Grunde eines ehemaligen Rheinarmes, der unmittelbar östlich des früheren Klosters Meer vorbeiführt und der ein Teilstück der sog. Rheinschlinge von Ilverich darstellt (Abb. 1). Die Enfernung des Fundplatzes zu den benachbarten Städten Neuss im Süden und Krefeld im Norden beträgt jeweils etwa 8 km Luftlinie. Der Ausgrabungsplatz in der Niederungsburg von Haus Meer ist leicht zu erreichen: Etwa 2 km nördlich von Büderich zweigt von der heutigen Bundesstraße 222 Neuss-Krefeld ein Fahrweg nach Osten ab. Diese Stelle war seit alters durch einen Bildstock bezeichnet, berührte doch der Fahrweg die Südflanke des ehemaligen Wirtschaftshofes des Klosters Meer (Abb. 2–4)[1]. Bis zu Beginn des 20. Jahrhunderts endete dieser Fahrweg am Wirtschaftshof. Alte Karten, unter ihnen die Anfang 19. Jahrhundert aufgenommene sog. Tranchot-Karte[2], dokumentieren, daß zu jener Zeit zwischen Haus Meer und Ilverich keine Straßenverbindung bestand. Im ehemaligen Rheinarm, unmittelbar östlich des Klostergeländes, stand vielmehr Wasser, das noch bis in die zwanziger Jahre mit Hilfe von kleinen Booten überquert werden mußte. Sie beförderten unter anderem die Milchkannen des auf der Issel, also der Insel, gelegenen Isselshofes. Ein ganz besonderes Fundstück aus den Grabungen in der Niederungsburg bei Haus Meer zeigt die Fortdauer der Bootsverbindung zwischen Haus Meer und dem Isselshof bis in die zwanziger Jahre unseres Jahrhunderts an: ein eiserner Bootsanker mit sechskantig gestaltetem Schaft, der irgendwann einmal zerbrach und der mit Hilfe des Elektroschweißverfahrens repariert worden war. Diese Schweißtechnik wurde aber erst um 1920 erfunden, so daß davon auszugehen ist, in dieser Zeit habe noch ein Interesse an der Reparatur des Ankers bestanden, weil der Bootsverkehr von Haus Meer zum Isselshof noch andauerte. Erst nach dem 2. Weltkrieg trat an die Stelle der uralten Schiffahrt über den wasserführenden Altrhein eine bei Haus Meer fundamentale Änderung ein: Der Fahrweg, der ursprünglich am Wirtschaftshof des Klosters Meer endete, wurde als sog. Isseldiek nach Norden verlängert und entsprechend ausgebaut. Auf diese Weise war es möglich, den Isselshof und seine Wirtschaftsflächen innerhalb der Rheinschlinge – also auf der Issel – mit Landfahrzeugen zu erreichen (Abb. 5). Weiter nach Norden wurde der am Nordrand der Rheinschlinge gelegene Ort Ilverich an die neue Straßenverbindung angebunden.

Sowohl das Innere der alten Rheinschleife von Haus Meer bis Ilverich als auch die außerhalb derselben liegenden Areale gehörten, geologisch betrachtet, zur Niederterrasse eines Rheinlaufs aus früherer Zeit, der irgendwann als sog. Altwasser vom fließenden Rhein getrennt worden ist. Die Altrheinschlinge füllt sich auch heute noch in Regenperioden und bei Hochwasser des heutigen Rheins mit Wasser. Sie kann

1 M. Müller-Wille, Eine Niederungsburg bei Haus Meer, Gemeinde Büderich, Kreis Grevenbroich. Rheinische Ausgrabungen 1 (Köln-Graz 1968) 1–55. Darin: W. Janssen u. M. Müller-Wille, Das Fundmaterial der Grabungen 1962–1964 auf der Niederungsburg bei Haus Meer, 56–79; H. Mertens u. G. Strunck-Lichtenberg, Bodenkundlicher Beitrag zur Ausgrabung der mittelalterlichen Motte bei Haus Meer, 80–85; H. Scheller, Zeitliche Einordnung der über der Flachmotte bei Haus Meer abgesetzten Bodenschichten, 86–91; E. Hollstein, Jahrringchronologische Untersuchung von Holzproben aus der Motte bei Haus Meer, 92–96; K.-H. Knörzer, Ein Teilergebnis der Untersuchung pflanzlicher Großreste bei der Ausgrabung an der Niederungsburg bei Haus Meer, 97–100; A. T. Clason, Die Tierreste aus der Motte bei Haus Meer, 101–130.

2 Tranchot-Karte: Wald- und Siedlungskarte der Rheinprovinz 1801–1820. Neue Ausgabe im Maßstab 1:25 000. Publikationen der Gesellschaft für Rheinische Geschichtskunde 12. Hrsg. v. Landesvermessungsamt Nordrhein-Westfalen (Bonn-Bad Godesberg 1966 ff.). Zur Niederungsburg speziell: Blätter 37 Uerdingen und 44 Düsseldorf.

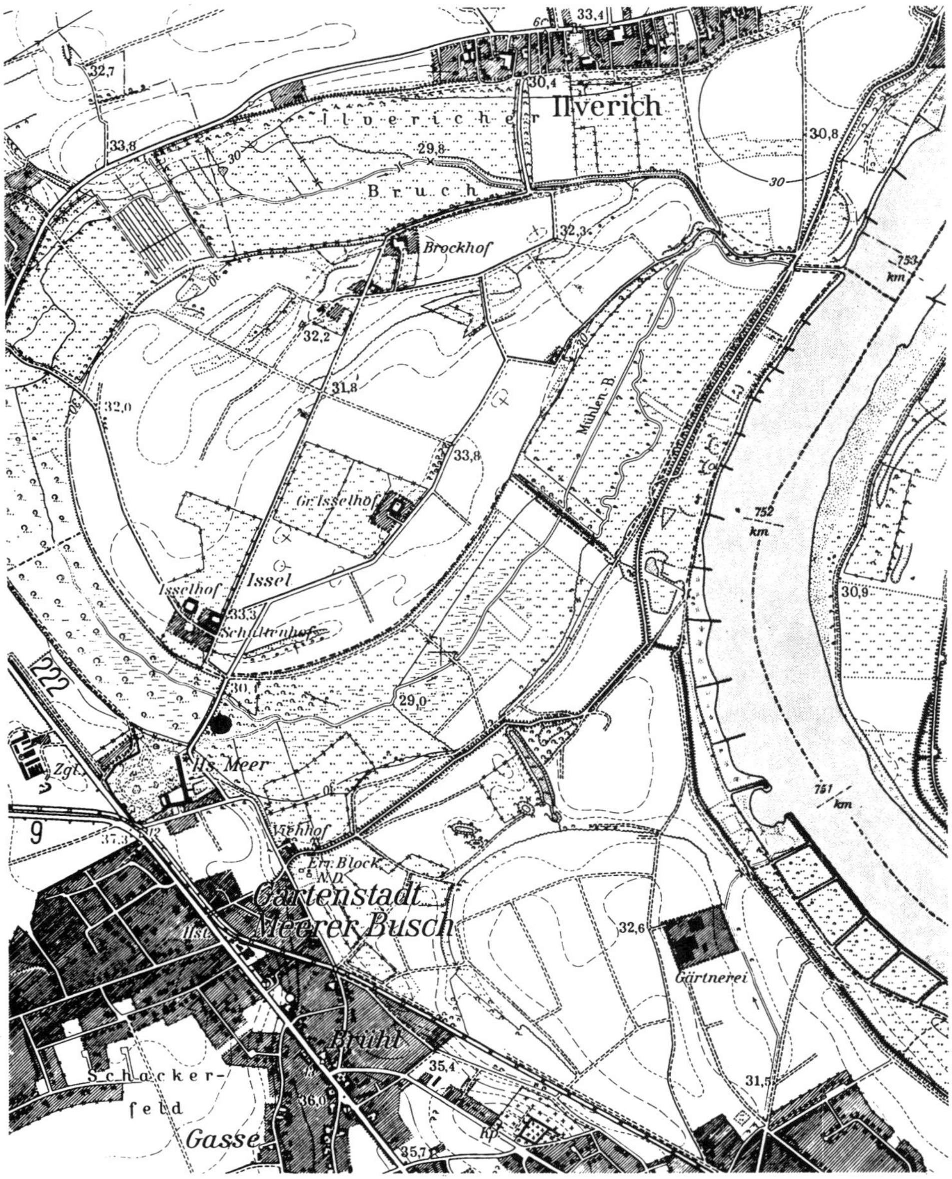

Abb. 1
Topographische Lage der Niederungsburg bei Haus Meer (nach Janssen u. Knörzer 1971). – M = 1:25 000.

daher nicht besiedelt und auch nicht landwirtschaftlich genutzt werden (Abb. 3)[3]. Während des Mittelalters hatte sich auf dem Grunde des Altrheins eine Vegetation aus Feuchtigkeit liebenden Pflanzen gebildet, die einen völlig anderen Anblick als die heute dort angepflanzten Silberpappeln bot. Das Gelände war eine Art Buschwald, in dem die Gehölze die Niederungsburg weitgehend verdeckten. Wer in einem solchermaßen gefährdeten Gelände siedeln wollte, mußte von vornherein mit erheblichem Aufwand rechnen, erforderte doch der weiche Untergrund zunächst einmal die Errichtung einer künstlichen Plattform, auf der gebaut werden konnte.
Auf der Basis des Rheinarmes fiel Ortskundigen von jeher ein flacher Erdhügel auf, dessen besondere, regelmäßige Form an eine Entstehung von Menschenhand denken ließ. Dieser Stelle haftete seit alters der

[3] G. Bauer, Landschaftsökologisches Gutachten für die Stadt Meerbusch (Köln 1973) bes. 11ff.; 30ff.

Abb. 2
Heutige Topographie und Lage der Niederungsburg (Motte) bei Haus Meer (nach Müller-Wille 1968). – M = 1:40000.

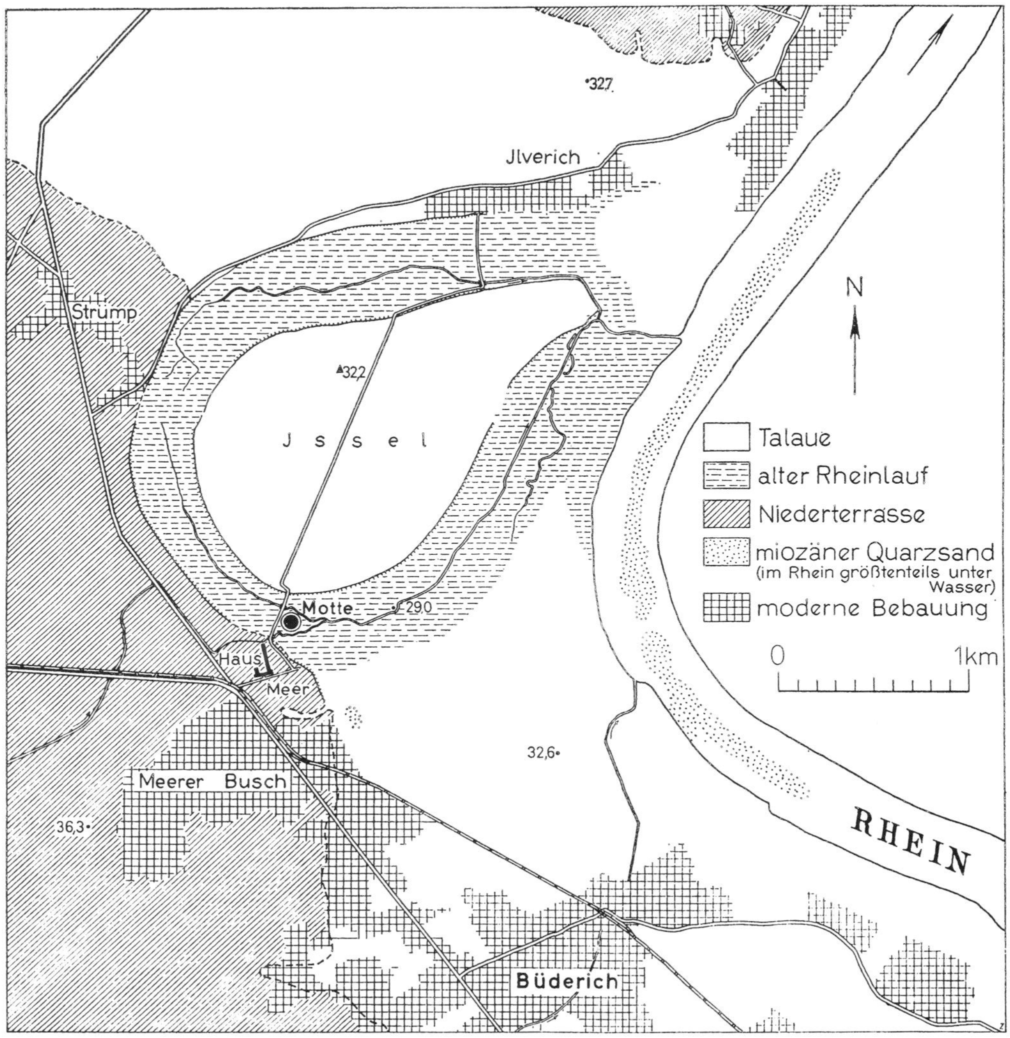

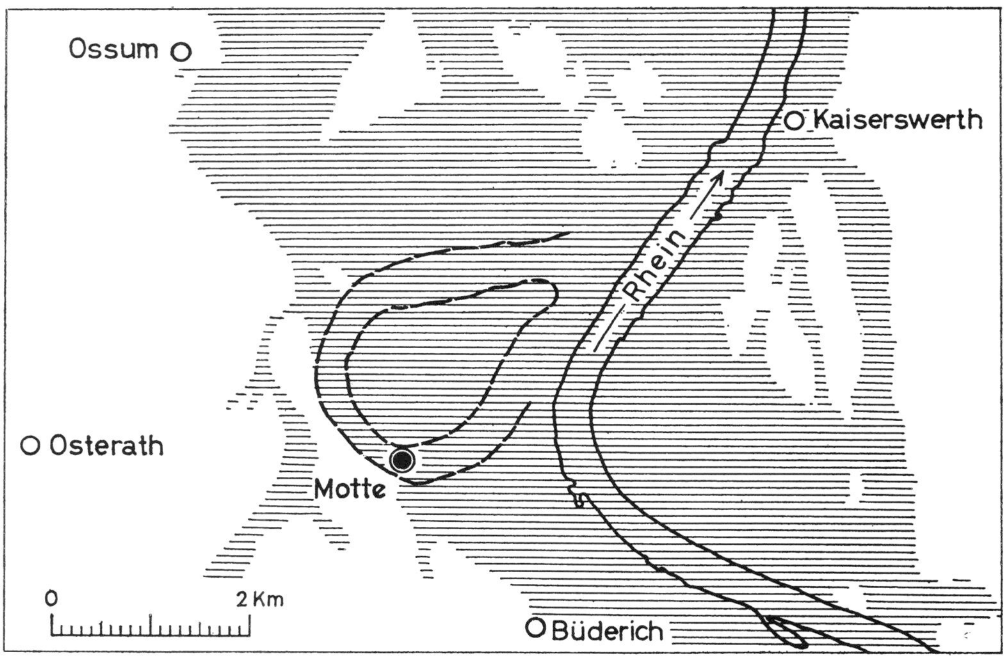

Abb. 3
Das Überflutungsgebiet des Rheins zwischen Büderich und Kaiserswerth (nach Müller-Wille 1968, nach einem Manuskript von H. Scheller). – M = 1:75000.

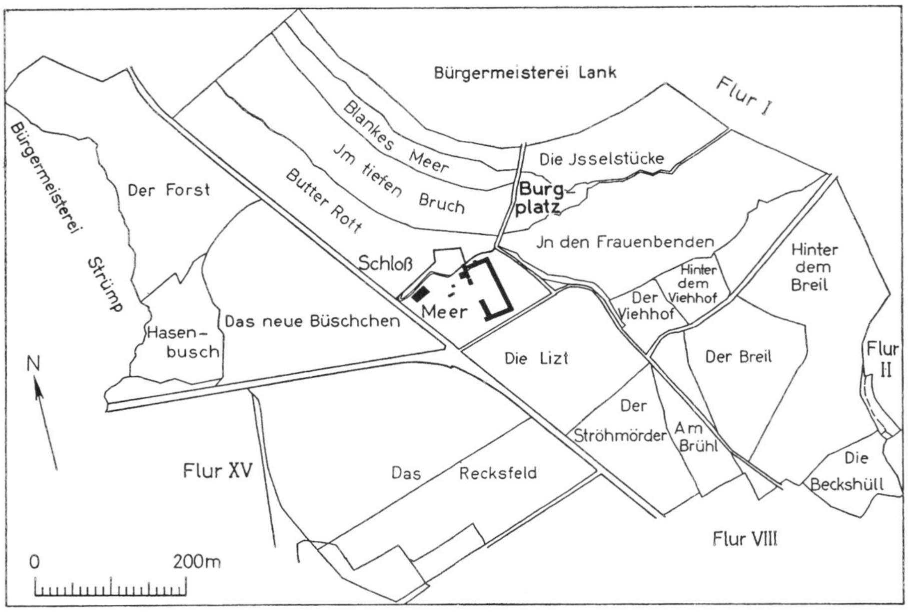

Abb. 4 Katasterplan von 1861 über die Flur XVI, Bürgermeisterei Büderich (nach Müller-Wille 1968). – M = 1:10000.

Name »Burgplatz« an (Abb. 6). Auf den ersten Blick waren im Gelände ein flacher Erdhügel von viereckiger Gestalt mit abgerundeten Ecken und eine geringfügig tiefer gelegene Ausbuchtung nach Westen zu unterscheiden. Das Hauptplateau besaß eine Größe von etwa 50 m in West-Ost-Richtung und von ungefähr 40 m in Nord-Süd-Richtung. Die Ausbuchtung nach Westen war 20 m lang und mit dem Hauptplateau fest verbunden, diesem gegenüber aber etwas niedriger gestaltet. Noch vor Beginn jeglicher Ausgrabung erinnerte der Befund an eine jener Niederungsburgen oder Motten, die im Rheinland so häufig anzutreffen sind[4]. Es handelt sich dabei um befestigte Anlagen, die aus einem künstlich aufgeschütteten Burghügel als Hauptburg und aus einer Vorburg, in welcher der Wirtschaftshof gelegen war, bestehen. In der Mitte erreicht der Haupthügel bei Haus Meer eine Höhe von 29,40 m über NN. Das Vorburgplateau im Westen war eben gestaltet und erreichte nur 28,80 m über NN. Die Hauptburg besaß gegenüber der Vorburg ein etwa 60 cm erhöhtes Baugelände. Es fiel nach Norden, Osten und Süden sanft ab, weil ein breiter Wassergraben die gesamte Hauptburg umgab. Im Westen, zwischen Vorburg und Hauptburg, war an der Oberfläche kein Graben zu erkennen. Es muß ihn aber auch auf dieser Seite gegeben haben. Schon am Oberflächenbefund ließ sich feststellen, daß er in einer späteren Entwicklungsphase der Anlage zugeschüttet worden war, um den Anschluß der Vorburg an die Hauptburg zu ermöglichen (Abb. 6).

Noch vor Beginn der Ausgrabungen fiel auf, daß die Niederungsburg nur etwa 1 m bis 1,50 m über das Niveau des Altrheinlaufes hinausragte. Deshalb war anzunehmen, daß der untere Teil der Anlage im morastigen Untergrund versunken war. Diese Vermutung sollte sich später bestätigen. Und noch eine weitere Beobachtung stellte sich vor Beginn der Ausgrabungen ein: Im Winter, wenn kaum Bewuchs vorhanden war, trat die räumliche Nähe des Burgplatzes mit der Niederungsburg zum Kloster Meer auf der Niederterrasse besonders deutlich hervor: Nur knapp 100 m trennen den Burgplatz vom heute noch bestehenden Wirtschaftshof des ehemaligen Prämonstratenserinnenklosters Meer (Abb. 4; 27).

[4] M. Müller-Wille, Mittelalterliche Burghügel (»Motten«) im nördlichen Rheinland (Köln, Graz 1966). – A. Herrnbrodt, Der Husterknupp. Eine niederrheinische Burganlage des frühen Mittelalters (Köln, Graz 1958). – W. Piepers, Burg Holtrop. Bergheimer Beiträge zur Erforschung der mittleren Erftlandschaft Heft 1 (Bergheim 1960). – W. Piepers, Ausgrabungen in der Alten Burg Lürken. Rheinische Ausgrabungen 21 (Köln, Bonn 1981).

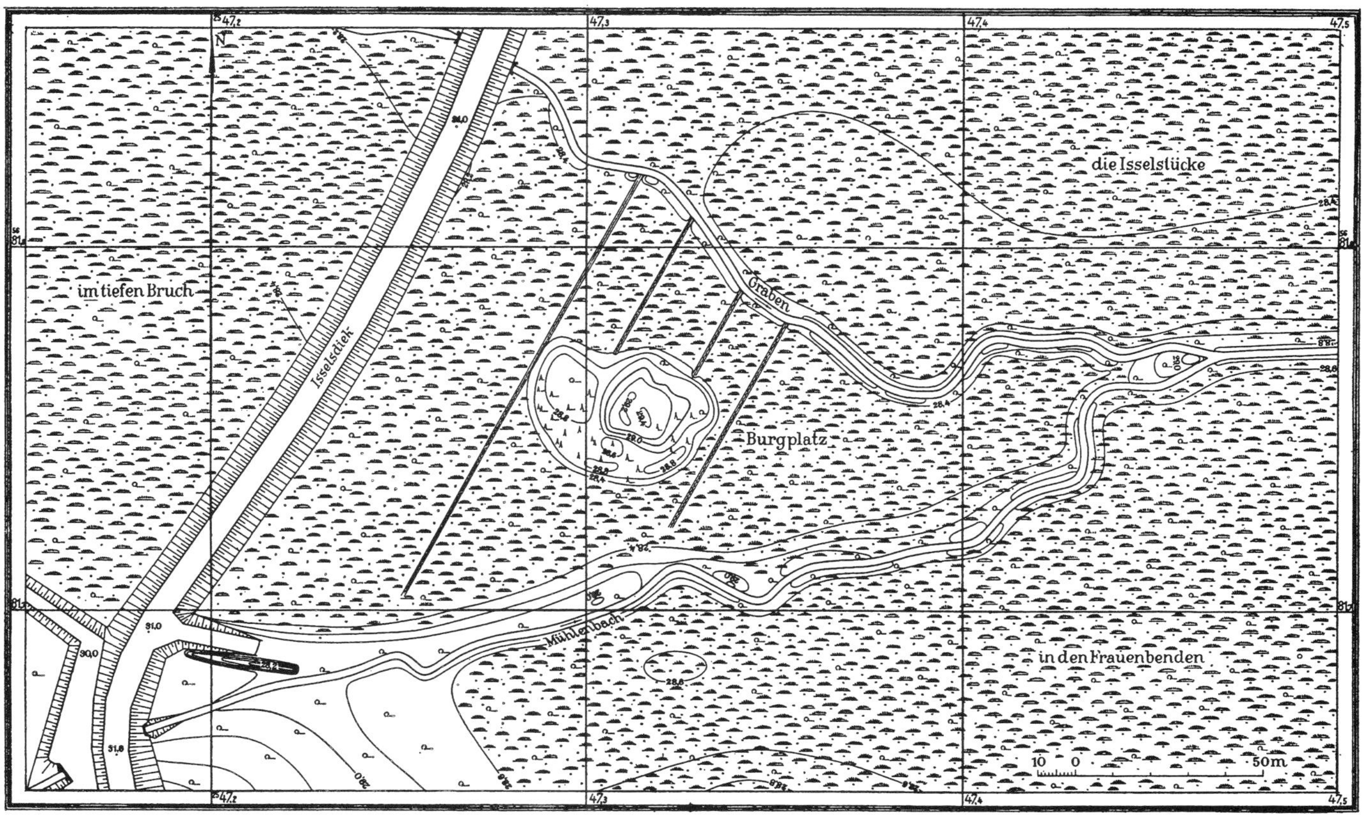

Abb. 5 Die Niederungsburg (Motte) bei Haus Meer (nach Müller-Wille 1968). – Vermessungsplan im M = 1:2000.

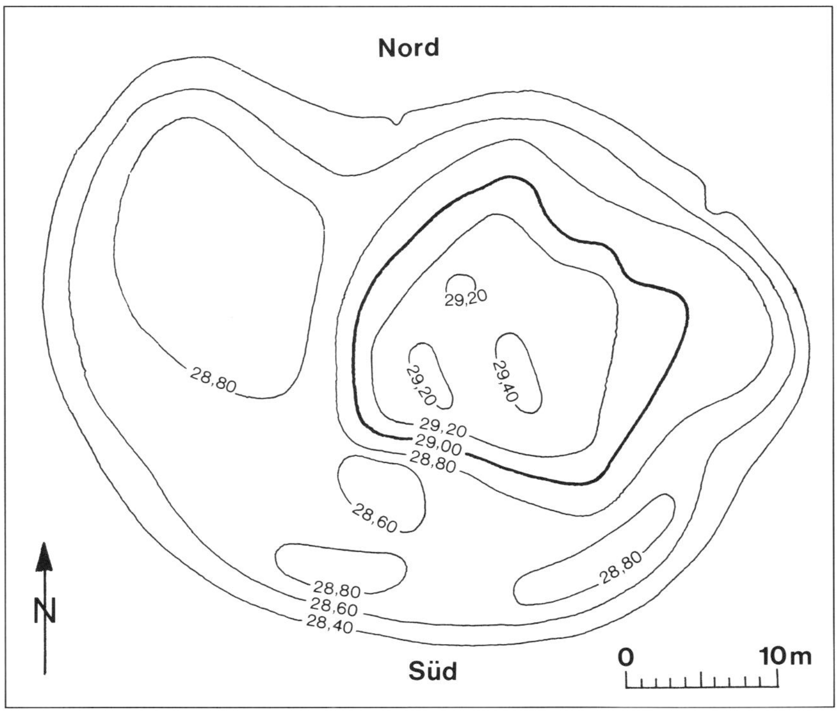

Abb. 6 Höhenschichtenplan von der Niederungsburg bei Haus Meer vor Beginn der Ausgrabungen (nach einer Vorlage von P. J. Tholen, Rheinisches Landesmuseum Bonn). – M = 1:500.

Diese topographische Nähe von Burgplatz und Resten des Klosters veranlaßte manchen Beobachter dazu, in der Niederungsburg das *castrum Mere*, den Stammsitz der Grafen von Meer, zu erblicken. Durch die vollständige Ausgrabung der Niederungsburg erhielt diese Vermutung manche überraschende Wendung.

Mehrfach wurden Ausgrabungen angeregt, um die verschiedenen Vermutungen durch archäologische Befunde zu prüfen. Grabungen wurden aber vom Rheinischen Landesmuseum in seiner Funktion als Denkmalschutzbehörde solange abgelehnt, als keine Gefährdung des Objektes gegeben war. Diese trat erst ein, als die Pläne für eine Verbindungsautobahn zwischen den Ballungszentren Krefeld-Neuss und Düsseldorf vorlagen. Es war vorgesehen, die Autobahn mit zugehöriger Brücke so über den Rhein zu führen, daß sie genau durch die Altrheinschlinge von Ilverich verlief. Damit war die Niederungsburg bei Haus Meer unmittelbar von der Zerstörung bedroht.

Die in den sechziger Jahren eingeleiteten archäologischen Untersuchungen in der Niederungsburg begannen somit zunächst als Notgrabungen. Erst später änderten sich die ursprünglichen Straßenbaupläne. Man sah davon ab, die noch einigermaßen intakte Kulturlandschaft im Raume Haus Meer–Ilverich durch Autobahnen zu zerstören. Zu diesem Zeitpunkt waren die Ausgrabungen bereits soweit fortgeschritten, daß ihr Abschluß nur noch zwei oder drei Kampagnen erfordert hätte. Die Untersuchungen wurden also bis zur vollständigen Freilegung der Niederungsburg fortgesetzt, obgleich der ursprüngliche Grund für ihre Durchführung inzwischen weggefallen war. Die ungemein bedeutsamen wissenschaftlichen Ergebnisse der Ausgrabungen beweisen aber, daß der Entschluß zur vollständigen Untersuchung der Anlage richtig war.

II. Entdeckung und Erforschung der Niederungsburg

Als frühe Burganlage wurde die Niederungsburg bei Haus Meer vom ehemaligen Leiter des Büdericher Heimatkreises, F. Hellmich (†), bereits in den fünfziger Jahren erkannt und beschrieben. Von ihm wie auch von dem Krefelder Stadtarchivar W. Föhl wurde das Rheinische Landesmuseum Bonn wiederholt auf den flachen Hügel am Burgplatz bei Haus Meer hingewiesen[5]. Erst nach Eintreten akuter Gefährdung entschloß sich das Rheinische Landesmuseum Bonn 1962 zu einer Ausgrabung am Burgplatz, die vom damaligen Leiter der Bodendenkmalpflege, Dr. A. Herrnbrodt, als Probegrabung gedacht war und vom Leiter des Zeichensaales des Rheinischen Landesmuseums Bonn, P. J. Tholen, ausgeführt wurde. Bereits diese erste Sondage ließ deutlich werden, daß im Boden Reste von hölzernen Bauten und Befestigungen erhalten waren. Nur weitere Ausgrabungen konnten Klarheit über die vorgefundenen Überreste bringen. Vor allem aber war nach der ersten Grabung von P. J. Tholen klar, daß sich im feuchten Untergrund des Altrheinarmes Siedlungsreste aus organischen Materialien erhalten hatten, mit deren Hilfe es vielleicht möglich sein würde, eine Niederungsburg und die Zeugnisse ihres Alltagslebens nahezu vollständig zu erfassen. 1963 und 1964 fanden in der Niederungsburg weitere Ausgrabungen statt, die unter der Leitung von A. Herrnbrodt standen und von M. Müller-Wille und P. J. Tholen durchgeführt wurden. Die bis dahin erreichten Ergebnisse wurden von M. Müller-Wille unter Mitwirkung weiterer Fachgelehrter veröffentlicht[6]. Von 1968 bis 1972 standen die Grabungen unter der Leitung des Verfassers dieses Beitrages. Sie wurden 1972 abgeschlossen, nachdem es gelungen war, den vollständigen Grundriß der Anlage zu gewinnen. Anschließend begann die Konservierung der Holz- und Lederfunde in den Werkstätten des Rheinischen Landesmuseums Bonn. Ein Teil der Funde wurde nach dem Alkohol-Äther-Verfahren konserviert; die großen Holzstücke wurden vorzugsweise nach dem Polyglycol-Verfahren behandelt. Die Konservierungsarbeiten waren im wesentlichen 1982

[5] W. Föhl, Büdericher Heimatbl. 1, 1959 mit Abb. auf S. 18. – Ders., Über die Baugeschichte der Klosterkirche. Büdericher Heimatbl. 5, 1963, 19ff.

[6] Müller-Wille (Anm. 1) 1f. mit Abb. 4.

abgeschlossen. Über die Ausgrabungen in der Niederungsburg bei Haus Meer liegen bisher mehrere Vorberichte vor[7]. Der Mitwirkung zahlreicher Fachleute, besonders aus den naturwissenschaftlich-technischen Disziplinen, aber auch aus Geschichtswissenschaft, Geographie und Archäologie, ist zu verdanken, daß heute ein facettenreiches und zugleich vollständiges und ganzheitliches Bild von der Entstehung und den Funktionen der Niederungsburg bei Haus Meer als einer salierzeitlichen Ministerialenburg gezeichnet werden kann. Von elementarer Bedeutung erweist sich dabei die weitgehende Übereinstimmung von schriftlichen Zeugnissen zur Niederungsburg und archäologischem Befund. Sie ermöglicht die Gesamtinterpretation der Anlage als *curtis* des 11./12. Jahrhunderts, die im Auftrag der hochadeligen Familie der Grafen von Meer erbaut und mit Ministerialen der Grafen besetzt war.
Die archäologisch-historischen Forschungen in der Niederungsburg bei Haus Meer führen in eine äußerst bedeutsame Phase der politischen, sozialen und ökonomischen Veränderungen der mittelalterlichen Gesellschaft. Es handelt sich um die Zeit, in der die Ministerialität sich anschickt, zu einer geschichtsmächtigen Kraft aufzusteigen und ihren Platz in der bisherigen sozialen Struktur zu erkämpfen. Durch die umfassenden Grabungsbefunde und durch das Fundmaterial wird die Niederungsburg bei Haus Meer in die Zeit vom 10. bis zum 12. Jahrhundert datiert. Sie bestand somit in der Zeit der Kaiser und Könige aus dem salischen Herrscherhaus, die von 1024–1125 dem Reich vorstanden. Diese Phase ist durch tiefgreifende Wandlungen der gesellschaftlichen Verhältnisse gekennzeichnet, zu denen auch der erwähnte soziale Aufstieg der Ministerialen zu rechnen ist. Damit ist der historische Rahmen umrissen, in den die Forschungen in der Niederungsburg bei Haus Meer einzuordnen sind.

III. Grabungsergebnisse

Um die Grabungsergebnisse vorzuführen, reicht der hier gegebene Rahmen nicht aus. Lediglich allgemeine Ergebnisse können an dieser Stelle vorgelegt werden. Mancher Einzelnachweis muß wegfallen und einer späteren Publikation aller erreichten Erkenntnisse vorbehalten bleiben. Zunächst erscheint eine knappe Präsentation der Entwicklungsgeschichte der Niederungsburg bei Haus Meer auf Grund der Grabungsergebnisse erforderlich.

1. Stratigraphische Abfolge

Im archäologischen Befund sind drei Hauptperioden der Entwicklungsgeschichte der Niederungsburg zu unterscheiden. Einige von ihnen sind in Phasen zu untergliedern. Es ergibt sich folgende Periodengliederung des archäologischen Befundes, der hier in der Reihenfolge seiner zeitlichen Freilegung von oben nach unten vorgestellt wird, aber nach Art der archäologischen Stratigraphie von unten nach oben zu lesen ist:

Periode B: Teilung des Siedlungsareals der Phase A in zwei gleich große langovale Teile mit eigener Palisadenumwehrung (Abb. 8). – Aufschüttung weiterer Sandmassen und erneute Bebauung der neu geschaffenen Siedlungsfläche mit Holzbauten, die als Verfärbungen nachzuweisen sind. – Stadium der Kernmotte (Abb. 9).

[7] Außer den in Anm. 1 genannten Publikationen sind zu nennen: W. Janssen, Neue Ausgrabungsergebnisse von der frühmittelalterlichen Niederungsburg bei Haus Meer, Gem. Meerbusch-Büderich, Kr. Grevenbroich. Château Gaillard V (Caen 1972) 86–92 mit 15 Abb. – Ders., Die Wüstung Turren bei Büderich, Kr. Grevenbroich. Überlegungen zum Verhältnis von Burg, Kloster und Hof am Beispiel des Klosters Meer. Rhein. Vierteljahrsbl. 34, 1970, 298–313. – W. Janssen u. K.-H. Knörzer, Die frühmittelalterliche Niederungsburg bei Haus Meer, Stadt Meerbusch, Kreis Grevenbroich. Schriftenreihe des Kreises Grevenbroich Nr. 8 (Neuss 1971).

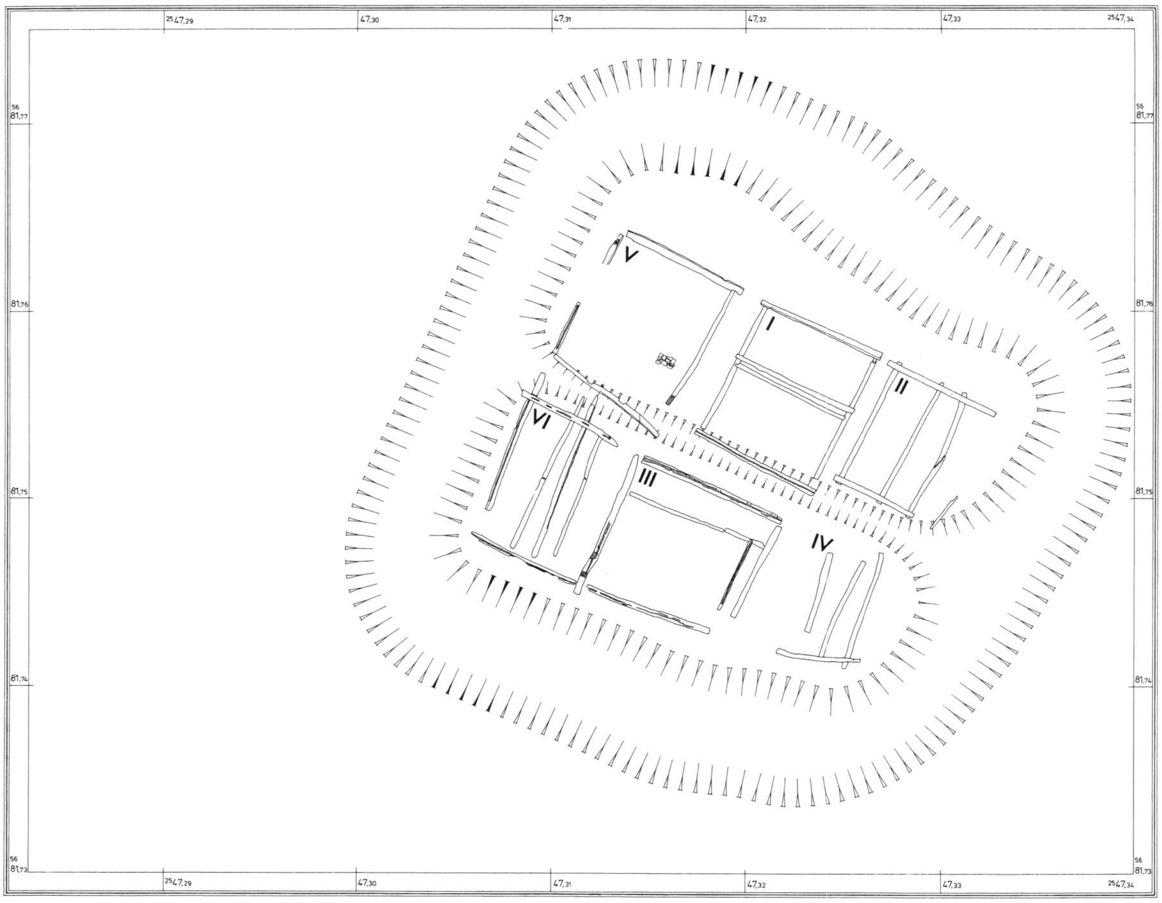

2547,29
47,30
47,31
47,32
47,33
2547,34
56 81,77
81,76
81,75
81,74
56 81,73
I
II
III
IV
V
VI

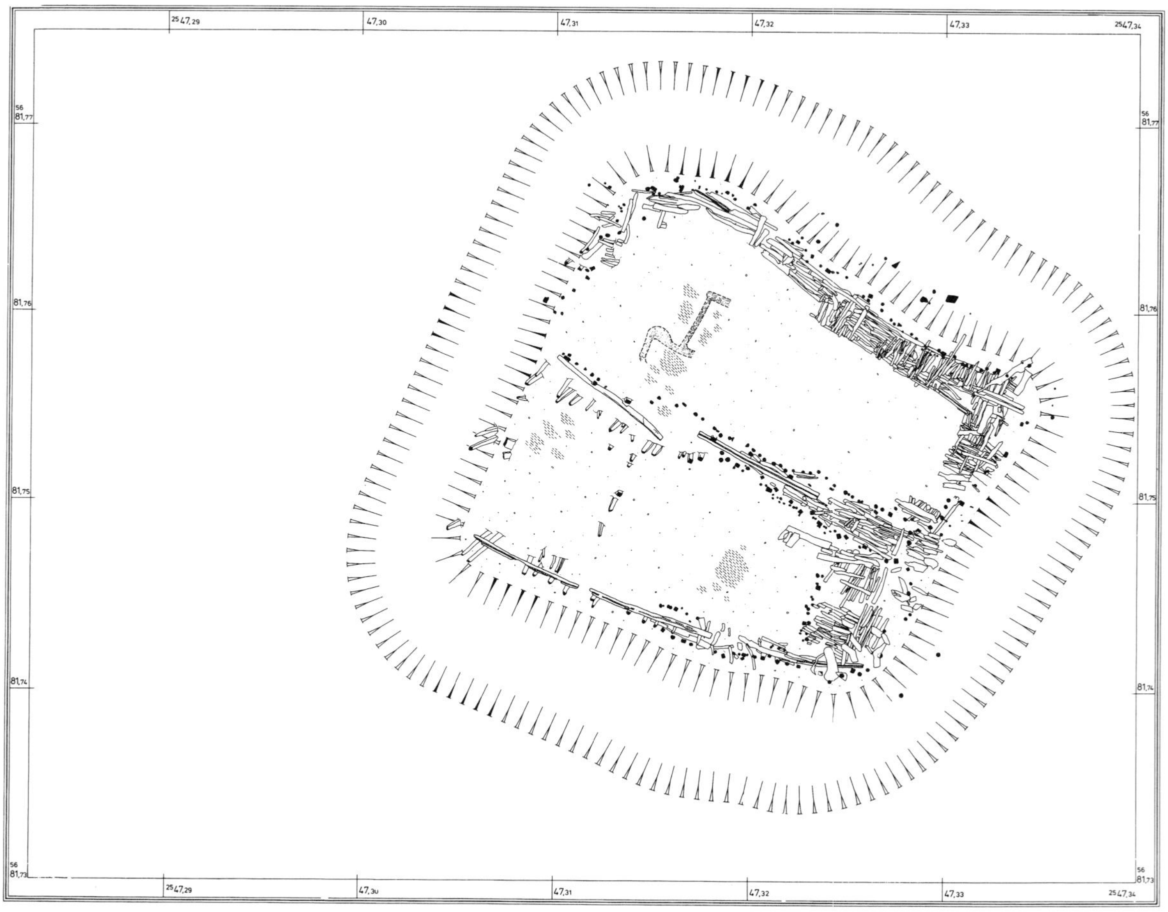

2547,29
47,30
47,31
47,32
47,33
2547,34
56 81,77
81,76
81,75
81,74
56 81,73

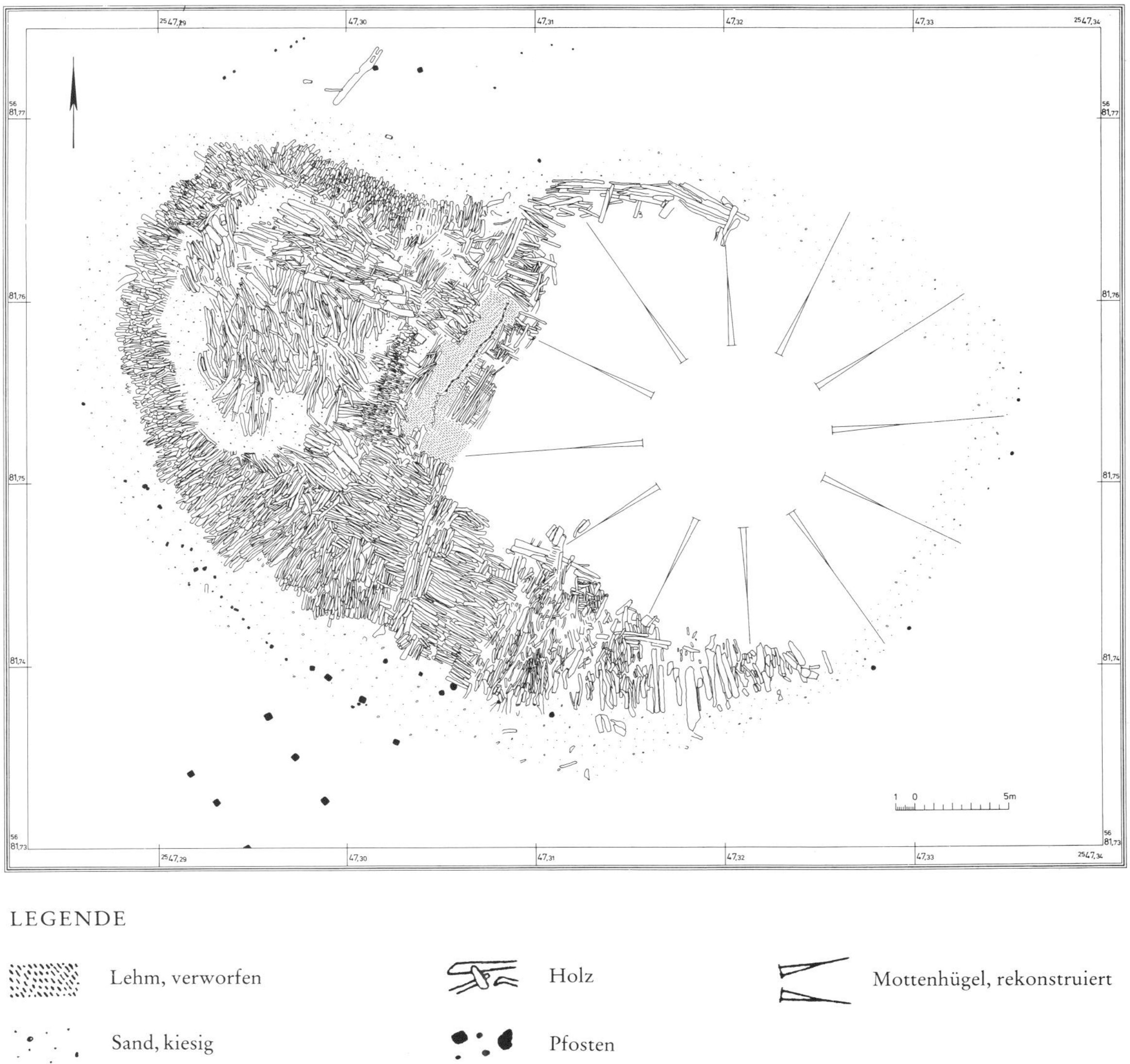

Abb. 9 Niederungsburg bei Haus Meer Periode B; Beginn der Aufschüttung eines Mottenhügels, Anlage der Vorburg nach Verfüllung des westlichen Grabenabschnitts und Errichtung der Holzbrücke (Plan des Rheinischen Landesmuseums Bonn, Dipl.-Ing. Klaus Grewe).

◁ Abb. 7 Niederungsburg bei Haus Meer. Gesamtplan der Siedlung in Periode A, Phase b, jüngere Flachsiedlung mit sechs Häusern (nach Vorlagen des Rheinischen Landesmuseums Bonn, Dipl.-Ing. Klaus Grewe).

Abb. 8 Niederungsburg bei Haus Meer. Gesamtplan der Besiedlung in Periode B, Stadium der sog. Kernmotte mit zweigeteilter Siedlung (nach Vorlagen des Rheinischen Landesmuseums Bonn, Dipl.-Ing. Klaus Grewe).

Periode A: Flachsiedlung, bestehend aus einer Plansiedlung mit regelmäßiger Anordnung von je drei Holzgebäuden in zwei Reihen. Die Holzbauten waren in Stabbautechnik errichtet und dienten überwiegend Wohnzwecken. Innerhalb der Periode A sind zwei chronologische und bauliche Phasen zu unterscheiden:
Phase b: Jüngere Siedlung mit den Gebäuden I–VI, deren Schwellbalken denjenigen der Phase a aufliegen (Abb. 7).
Phase a: Ältere Siedlung, ebenfalls aus 6 Holzhäusern I–VI bestehend. Die Schwellbalken dieser Phase liegen direkt unter denen der Phase b.

Periode X: Älteste Phase der Niederungsburg ohne Baureste, aber mit ältester rollrädchenverzierter Standbodenkeramik versehen.

Damit hat sich die bereits 1971 vorgetragene Stratigraphie der Befunde in der Niederungsburg bestätigt; allerdings hat sie sich um eine älteste Periode X nach unten erweitert. Diese enthält zwar keine Baureste, wohl aber die älteste Keramik vom Platze: schwarze gestempelte Kugeltöpfchen und rollrädchenverzierte graue Standbodenkeramik des 9./10. Jahrhunderts[8].

2. Bau- und Ausbaustufen

Dieser stratigraphischen Abfolge entsprechen die folgenden Bau- und Ausbaustufen der Niederungsburg:

Periode B: Die sog. Kernmotte, erhebt sich auf dicken Sand-Holz-Kies-Aufschüttungen, die durch nachfolgende Erosionsvorgänge teilweise wieder abgetragen wurden. Ob diese Packungen je zu einer regelrechten Hochmotte angewachsen waren, ist nicht mehr nachzuweisen, weil die höchste Kuppe der Aufschüttungen mit Sicherheit durch nachfolgende Überflutungen weggewaschen worden ist.
Zur Kernmotte gehören graue Bauspuren im aufgeschütteten Lehm-Sand-Kies-Gemisch, die sich nicht zu einem Bebauungsplan zusammenschließen ließen. Zur Kernmotte gehören ferner die vier sekundär verwendeten Boote (Einbäume), die Zuschüttung des westlichen Grabenabschnitts der Periode A und der Anbau der Vorburg nach Westen. In die Pack- und Fundamentlagen der Vorburg gerieten zahlreiche Abfallstücke und ausrangierte Gegenstände aus den älteren Abschnitten der Anlage. Vor allem stammt aus den Fundamentlagen der Vorburg das Wagenradfragment, das weggeworfen war und damit seine Benutzung in einer älteren Phase anzeigt.
Schließlich fällt in Periode B die Zweiteilung der ganzen Anlage in zwei langovale Siedlungsbereiche mit jeweils eigener Palisade. Der Nachweis des Nebeneinanders der beiden Palisadenringe war das Ergebnis außerordentlich subtiler archäologischer Untersuchungen. Trotzdem blieb die Funktion dieser auffälligen Teilung der Anlage in Periode B zunächst unverständlich. Gesichert wurde lediglich jeweils eine eigene Besiedlung innerhalb jedes Palisadenovals, und zwar in Form der oben erwähnten grauen Holzspuren in Sand und Lehm. Ein regelrechter Bebauungsplan konnte nicht gewonnen werden.
Periode A, Phase b: Sie umfaßt die jüngere Phase der Flachsiedlung mit den in zwei Reihen geordneten Häusern zu je drei gegenüberstehenden Gebäuden in Stabbauweise. Es ist die im archäologischen Befund am besten erhaltene Siedlung, die von einer gemeinsamen Palisade umgeben war (auf Abb. 7 nicht dargestellt). Sie brannte vollständig ab, und zwar zu einer Zeit, als die Siedlung etwa bis zu einer Höhe von 60–100 cm unter Wasser stand. Diesem Umstand verdanken wir die hervorragende Erhaltung aller Bauten bis zu dieser Höhe (Abb. 10–18).

8 Beispiel für ein schwarzes Kugeltöpfchen der beschriebenen Art: Janssen u. Knörzer, Niederungsburg (Anm. 7) Bild 49, Nr. 12. – Zur grauen, scheibengefertigten Standbodenkeramik mit Rollrädchenverzierung: Janssen u. Knörzer 1971 (Anm. 7) Bild 50, Nr. 13–15, 17; Bild 52, Nr. 3, 5; Bild 54, Nr. 12, 16, 17.

Abb. 10 Niederungsburg bei Haus Meer.
Gebäude V von Osten.

Abb. 11 Niederungsburg bei Haus Meer.
Gebäude V, Südostecke.

Abb. 12 Niederungsburg bei Haus Meer.
Gebäude V: Nördlicher Schwellbalken mit umgefallenen Wandbohlen in Stabbautechnik, gesehen von Nordosten.

Abb. 13 Niederungsburg bei Haus Meer.
Gebäude V mit Schwellbalken, Herd und Fundamentierung.
Fast senkrechte Aufsicht.

Abb. 14 Niederungsburg bei Haus Meer.
Gebäude V, von Süden nach Norden.

Abb. 15 Niederungsburg bei Haus Meer.
Gebäude V, Ostwand und Nordwand-Fundamentierung;
Herdstelle aus sekundär
verwendeten römischen Ziegeln.

Abb. 16 Niederungsburg bei Haus Meer.
Gebäude III, östlicher Teil, von Norden gesehen.

Abb. 17 Niederungsburg bei Haus Meer.
Gebäude III von Süden.

Größe, Ausrichtung und Funktion der einzelnen Häuser variieren in Periode A, Phase b zum Teil beträchtlich. In der nachfolgenden Tabelle sind die Innenflächen der sechs Häuser angegeben. Dabei müssen gewisse Unsicherheiten in Kauf genommen werden, wenn Schwellbalken verlagert waren. Dies war der Fall bei Haus IV, dessen Wohnfläche wegen Verlagerung von Bauteilen nicht mit letzter Sicherheit angegeben werden kann. Es ergeben sich folgende Wohnflächen für die verschiedenen Häuser:

Haus Nr.	Länge in m	Breite in m	Fläche in m^2	Teilung
I	7,00	6,00	42	in O–W-Richtung
II	6,40	4,00	25,6	in N–S-Richtung
III	7,00	7,60	53,2	keine Teilung
IV	5,60	ca. 4,00	ca. 22,4	in N–S-Richtung
V	6,80	6,40	43,5	keine Teilung
VI	7,40	4,00	29,6	in N–S-Richtung

Tabelle 1: Größen der Häuser in der Niederungsburg.

Die Zusammenstellung der Wohnflächen der einzelnen Häuser läßt Unterschiede deutlich werden. Aus der Größenklasse von 20–30 m^2 ragen die Häuser III und V sowie das besonders wichtige Haus I heraus. Nach Bauweise und Funden erweist sich Haus I als der Sitz des Anführers oder Chefs der kleinen Ansiedlung. In Haus I oder in seiner allernächsten Umgebung wurden alle wichtigen Fundobjekte gefunden: die drei geflügelten Lanzenspitzen, die Möbelteile, der Säulenschaft mit romanischem Kapitell, die Wandbohlen mit halbrunder Fensteröffnung und anderes mehr.
Aber auch in Haus III muß ein bedeutender Bewohner gelebt haben; darauf weist die besondere Größe des Gebäudes ebenso hin wie die beiden balustradenähnlichen Gänge auf der Nord- und der Ostseite des Bauwerkes. Die anderen Bauten gehörten Handwerkern: Holzwerkern, Eisenwerkern, Lederverarbeitern, Bleigießern, Schiffsbauern usw. Welche dieser handwerklichen Tätigkeiten den einzelnen Häusern zuzuordnen sind, wird sich erst aus der Endpublikation der Grabungen ergeben. Unter den Holzhandwerkern sind vor allem die mit dem Hausbau befaßten hervorzuheben. Ihrer Kunst ist die hervorragende Qualität der Häuser in Stabbauweise zu verdanken, wie sie in der Niederungsburg allenthalben zu beobachten ist. Schon länger ist bekannt, daß diese Bauweise, von der man vermutete, sie sei ursprünglich nur auf Skandinavien beschränkt gewesen, in Mitteleuropa während des Mittelalters weit verbreitet war. Belege aus südwestdeutschen Burgen und aus St. Denis stützen diese Auffassung.

3. Soziale Differenzierung

Sowohl die Baubefunde mit ihren unterschiedlichen Hausgrößen als auch die qualitativ unterschiedlichen Hausinventare spiegeln eine sozial differenzierte Bewohnerschaft am Platze wider. Neben Waffenträgern gab es Bauern und Handwerker. Darüber hinaus ermöglichen es die Grabungsbefunde, relativ genaue Kenntnisse über die Anzahl der Bewohner in der Siedlung zu gewinnen. Geht man davon aus, daß alle Häuser längere Zeit über bewohnt waren, so wird man jedem Gebäude eine Familie zuweisen dürfen. Die durchschnittliche Kopfzahl einer ländlichen Familie wird mit etwa 5 bis 8 Personen angegeben. Bei 6 Wohnbauten in der Niederungsburg bei Haus Meer ergeben sich damit ungefähr zwischen 30 und 50 Personen. Damit ist ein verhältnismäßig zuverlässiger Hinweis auf die Größe der Bewohnerschaft einer Siedlung des hier vorliegenden Typs gewonnen.
Herauszustellen ist ferner, daß die einzelnen Bauten der Siedlung der Periode A, Phase b, offensichtlich gleichzeitig und nach vorgeplantem Schema, also als Plansiedlung, aufgeführt wurden. Die Niederungsburg trägt somit nicht nur den Charakter einer stark befestigten Anlage, sie stellt vielmehr ein gutes Beispiel für planvolle Kolonisierung eines unwegsamen Naturraumes durch Menschen des 11./12. Jahrhunderts dar.

Periode A, Phase a: Es wurde schon darauf hingewiesen, daß sich in dieser Phase die Bebauung, die in der darüberliegenden Phase b deutlich faßbar wird, bereits herausgebildet hatte. Unter vielen Schwellbalken der Phase b lagen entsprechende der Phase a, von ersteren durch eine dünne Lehmschicht getrennt. Die Bauten der Phase a waren jedoch bei weitem nicht mehr so komplett erhalten wie die der jüngeren Phase b. Vielfach fehlten Schwellbalken, so daß komplette Hausgrundrisse in Phase a selten zu finden sind. Die Bebauung der Phase a kann an dieser Stelle nicht ausführlich beschrieben werden. Sie muß der Abschlußpublikation über die Niederungsburg vorbehalten bleiben.

Periode A, Phase b: Hier treten in den Hausbauten, ebenso aber auch im Fundstoff, zwei soziale Gruppierungen hervor: Die Bauern und die verschiedenen Handwerker bilden die eine, wohl einfachste Bewohnerschicht. Vielleicht durch besondere Größe der Gebäude, sicher aber durch die Waffen und Holzmöbel herausgehoben, bewohnten Waffenträger die Siedlung, deren zivilisatorisches Niveau deutlich von demjenigen der Bauern und Handwerker abgehoben war. Dieser herausgehobenen Gruppe sind nicht nur die Waffen, sondern auch die um die Herdstelle von Haus II vorgefundenen hölzernen Schachfiguren zuzuordnen. Der gleiche Zwiespalt zwischen einfachsten Ansprüchen und gehobenem Lebensniveau spricht auch aus den botanischen Funden, von denen ein Teil durch K.-H. Knörzer bereits vorgelegt wurde[9]. Einerseits läßt sich die Befriedigung einfachster Nahrungsbedürfnisse im botanischen Material erkennen, andererseits aber spiegeln Walnuß, Pfirsich, Weintraube und Kastanie besondere Ansprüche an die tägliche Nahrung wider.
An diesen Befunden wird deutlich, daß in der Siedlung der Periode A, Phase b, zur gleichen Zeit und am gleichen Ort zwei soziale Gruppen miteinander lebten und miteinander wirtschafteten:

- einerseits die einfachen Bauern und Handwerker, denen auch noch die Fischer, Bootsbauer usw. zuzuweisen sind,
- andererseits Waffenträger höheren sozialen Niveaus, denen neben besonders großen Häusern und den Waffen auch die herausgehobenen Nahrungsansprüche zuzuordnen sind.

Diese im archäologischen Befund deutlich zutage tretende Ambivalenz erschwerte bisher eine eindeutige Charakterisierung und Interpretation der Niederungsburg bei Haus Meer. Als reines Bauerndorf oder als schlichte Wüstung Turren[10] konnte der Platz nicht widerspruchsfrei gedeutet werden. Als Stammsitz der Grafen von Meer war er nach den archäologischen Befunden ebenso wenig zu interpretieren; denn das zivilisatorische Niveau der Niederungsburg lag eindeutig unter jenem, das man zur gleichen Zeit auf Burgen des Hochadels im Rhein- und Moselgebiet erwarten mußte.
Periode X: Es handelt sich um die stratigraphisch zuunterst liegende Siedlungsanlage, die den Beginn der Niederungsburg kennzeichnet. Wie bereits erwähnt, sind Baureste aus dieser Periode nicht geborgen worden. Periode X existiert allein im Spiegel der aus ihr stammenden Fundobjekte. Diese freilich sind so reich und verschiedenartig, daß an der Existenz einer ältesten Siedlungs- und Bauschicht nicht der geringste Zweifel bestehen kann. In den Packlagen, die unter Periode A, Phase a und b vorgefunden wurden, fanden sich zahlreiche weggeworfene Holzgegenstände des täglichen Lebens, ferner Leder und schließlich die bereits erwähnte schwarze stempelverzierte Kugeltopfware[11] und die graue scheibengefertigte, rollrädchenverzierte Standbodenware. Je weiter die Packlagen der Periode A nach unten verfolgt und ausgegraben wurden, um so häufiger traten diese Keramikformen in den Schichten auf. Nach oben zu wurden sie seltener und erschienen nur noch in verworfenen, gestörten Fundzusammenhängen.

9 Janssen u. Knörzer 1971 (Anm. 7) 131–186.
10 Janssen, Turren (Anm. 7).
11 Janssen u. Knörzer (Anm. 8). Der größte Teil der stempelverzierten Kugeltopfware und der rollrädchenverzierten Standbodenware aus der Niederungsburg ist noch unveröffentlicht.

4. Noch nicht abschließend periodisierte Befunde

a) Graben, Holz-Erde-Mauer und Palisaden

In allen ihren Phasen war die Kernburg, aber auch die Vorburg stark befestigt. Um die verschiedenen Befestigungen zu erstellen, scheute man erheblichen Aufwand nicht.
Die Holz-Erde-Mauer bestand aus einer äußeren Reihe starker Eichenpfähle von 30–40 cm Stärke; hinter dieser Palisadenfront war eine Kies-Lehm-Füllung angeschüttet. Längs- und quergehende Holzpackungen deckten das Bauwerk oben ab. Die Holz-Erde-Mauer war etwa 2 m breit und am besten auf der Nord- und Ostseite der Kernburg erhalten. Sie dürfte aber ursprünglich rund um die gesamte Kernanlage geführt haben. Die mächtigen Pfosten innerhalb der Holz-Erde-Mauer waren bis zu 40° aus der Senkrechten nach außen gedrückt, standen also schräg nach außen. Sie waren offensichtlich von den bereits für die Kernburg aufgeschütteten Sand- und Holzmassen nach außen gedrückt worden.
Auf der West- und der Südseite war die Holz-Erde-Mauer der Kernmotte nicht mehr erhalten. Wegen der Errichtung des Fundaments der Vorburg, die sich von Osten bis weit nach Süden und Westen erstreckte, ist die Holz-Erde-Mauer im Süden der Anlage nicht mehr klar erkennbar.
Die Kernburg erlebte in einer jüngeren Periode starke Veränderungen, die vor allem am Verlauf der Palisaden erkennbar sind. An die Stelle der ursprünglich einen, die gesamte Anlage einschließenden Palisade entstehen nunmehr zwei Befestigungsringe von annähernd langovaler bis rundlich-rechteckiger Form. Die Holz-Erde-Mauer um die Gesamtanlage, also die Außenbefestigung blieb auch in dieser Periode B der Kernanlage erhalten. Jedoch wurde die Siedlung in zwei Hälften geteilt, indem in der Mitte eine neue Holz-Erde-Mauer entstand. Sie besteht aus zwei parallelen Reihen von mächtigen vierkantigen Pfosten, die im Abstand von etwa 1 m in den Untergrund eingerammt waren. Zwischen den beiden Palisadenreihen lagen ältere Bauteile von Häusern, Holzabfälle aller Art und ein verlagerter vierkantiger Schwellbalken aus Eichenholz mit eingearbeiteter Nut. Es handelt sich um den aus seiner ursprünglichen Lage entfernten Schwellbalken der Südwand von Haus I der Periode A. Es ist demnach sicher, daß die Teilung der in Periode B noch ganzheitlichen Siedlung mit voller Absicht geschah. Es entstanden auf diese Weise zwei Siedlungsareale von annähernd gleicher Größe. Gleichzeitig mit den beiden Trennpalisaden wurden die beiden neuentstandenen Areale weiter mit Sand, Kies und organischem Material erheblich aufgeschüttet, und zwar so hoch, daß sie über den durchschnittlichen Hochwasserstand im Altrheinarm hinausragten. Baureste wurden oben auf der Aufschüttung in Form von grauen Bauspuren festgestellt. Ganze Hausgrundrisse konnten nicht mehr erkannt werden. Hochwässer hatten die höheren Teile der Aufschüttung mit den Siedlungsresten der Periode B abgetragen, so daß von dieser Periode nur noch geringe Spuren vorhanden waren. Lediglich die doppelte Trennpalisade mit ihrer Füllung war weitgehend erhalten.
Periode B der Kernburg bringt also eine klare Zweiteilung des ursprünglichen großen Areals.
Archäologische Parallelen zu einer derartigen Teilung sind bisher nicht bekannt. Eine Zweiteilung einer befestigten Siedlungsanlage hat als außerordentlich seltene Erscheinung zu gelten. Die Teilung selbst aber ist im archäologischen Befund einwandfrei gesichert. Die Gründe dafür sind aus dem archäologischen Befund nicht zu erkennen.

b) Vorburg

Nach Westen und Norden wurde der Kernanlage eine Vorburg vorgelagert, die in Ost–Westrichtung etwa 25 m lang war. Von dieser Vorburg fanden sich die bei der Ausgrabung umfangreichen Packlagen aus Hölzern, die flächig und kranzförmig angeordnet waren. Diese Packlagen waren selbst heute noch in zusammengedrücktem Zustand 2 m dick (Abb. 19 und 23). In diese Holzpackungen waren auch Abfälle aller Art eingebracht worden, z. B. ausgemusterte hölzerne Bauteile von Häusern sowie ein hölzernes Wagenrad (Abb. 22). Sein Auftreten in der Fundamentierung dokumentiert, daß zur Zeit der Errichtung des Vorburgfundaments die mit Wagen befahrbare Holzbrücke im Süden der Anlage bereits vorhanden war.

Abb. 18 Niederungsburg bei Haus Meer.
Packlage aus verbrannten Bauteilen
eines älteren Hauses in Gebäude V von Osten.

Abb. 19 Niederungsburg bei Haus Meer.
Gesamtansicht der Vorburg. Im Vordergrund: Verbrannte Balken
eines Hauses, als Füllung des westlichen
Grabenabschnitts zweitverwendet, von Osten gesehen.

Abb. 20 Niederungsburg bei Haus Meer.
Boote 1 und 2 von Osten.

Abb. 21 Niederungsburg bei Haus Meer.
Boot 1 von Süden.

Abb. 22 Niederungsburg bei Haus Meer. Radnabe, Speichen und Felgen-Bruchstücke aus Holz. Fundstelle 1706, aus den Packlagen der Vorburg.

Ein weiterer Hinweis auf die relative Chronologie der Anlage und ihrer Teile betrifft den Westabschnitt des Grabens der Kernanlage. Um die Vorburg mit der Hauptburg verbinden zu können, mußte dieser Grabenabschnitt zugeschüttet werden. Dies geschah durch Einbettung des Bootes 4, das hochkant in den Graben eingebracht worden war und das diesen westlichen Teil des Grabens fast völlig ausfüllte. Darüber hinaus füllte man den ehemaligen Graben noch mit anderen Bauresten, Brandresten usw. auf (Abb. 24). Damit war die Vorburg etwa niveaugleich mit Periode B der Hauptburg verbunden.
Auf den massiven Packanlagen der Vorburg aus Holz und großen Mengen Sand wurden bei den Ausgrabungen keine Baureste mehr vorgefunden. Die dichte Fundstreuung in diesem Bereich beweist aber klar, daß die Vorburg auch bebaut gewesen ist. Als die ganze Niederungsburg aufgegeben wurde, sind eventuelle Bauten restlos abgetragen worden. Man konnte die massiven Eichenbalken und Bohlen gewiß in der Nachbarschaft erneut verbauen.

c) Kleine Hafenanlage

Im Nordwesten der Niederungsburg zeigt die Vorburg eine kleine Einbuchtung, die, wie die Sedimente zeigen, lange Zeit offenes Wasser gewesen sein muß.
Die meisten bleiernen Netzsenker und hölzernen Netzschwimmer sowie ganz geringe Reste von Fischernetzen wurden in diesem Bereich gefunden. Einzelne aufrecht stehende Pfähle mögen zum Befestigen der Boote gedient haben. Keiner der vier in Haus Meer gefundenen Einbäume wurde indessen in gebrauchsfertigem Zustand angetroffen. Sämtliche Boote waren verbraucht, beschädigt oder sonst lädiert. Boot 4 hatte als Füllung des Grabenabschnitts zwischen Haupt- und Vorburg gedient; die Boote 1–3 waren als Überbrückung des Hauptburggrabens im Südosten der Kernburg zweitverwendet worden (Abb. 20 und 21). Die drei letztgenannten Boote waren mit Kiesmassen späterer Zeit angefüllt und bedeckt. Es ist deshalb davon auszugehen, daß sie zu der Zeit, als die Kernburg der Periode A bestand, noch nicht ausrangiert waren, sondern für die Fischerei verwendet wurden. Alle vier später anderweitig verbauten Boote gehören deshalb in die Periode A der Kernanlage.

Abb. 23 Niederungsburg bei Haus Meer.
Profil durch die Packlagen
der Vorburg, Gesamtansicht von Südwesten.

Abb. 24 Niederungsburg bei Haus Meer.
Boot 4, wiederverwendet als Füllung des östlichen Grabenabschnitts
der Flachsiedlung. Gesamtansicht von Südwesten.

Abb. 25 Niederungsburg bei Haus Meer.
Dreiergruppe von Stützpfosten der Holzbrücke.
Pfosten 2406, 2407 und 2408,
aufgenommen von Südosten.

Abb. 26 Niederungsburg bei Haus Meer.
Reste der Holzbrücke von der Niederungsburg zur Niederterrasse,
gesehen von Nordosten nach Südwesten.
In jedem Grabungsfeld stehen je drei Stützpfosten der Holzbrücke.
Es wurden insgesamt acht Dreiergruppen über
eine Gesamtentfernung von mehr als 32 m Länge gesichert.

d) Holzbrücke (Abb. 25 und 26)

Fast am Ende der langjährigen Ausgrabungen in der Niederungsburg gelang die Entdeckung einer Holzbrücke, die von der im Südwesten der Anlage ziemlich steilen Niederterrassenkante aus in die Niederungsburg führte. Daß die Holzbrücke überhaupt planmäßig gesucht und schließlich auch gefunden wurde, ergab sich erst durch die Auffindung des Wagenrades in der Fundamentierung für die Vorburg. Als das Vorburgfundament errichtet wurde, muß es die Holzbrücke schon gegeben haben, zumindest können beide einige Zeit nebeneinander bestanden haben, so daß das ausrangierte Wagenrad im Vorburgfundament und damit die Holzbrücke älter oder gleichzeitig mit der Vorburg waren.
Die Holzbrücke bestand aus Dreiergruppen von vertikalen Tragebalken, die jeweils 2,60 m voneinander entfernt in den Untergrund des Altrheinarmes eingerammt worden waren. Während der Ausgrabungen ragten sie nur noch etwa 60 cm aus dem feuchten Untergrund heraus. Auf jeder der drei Balkenreihen ruhten Tragbohlen in Längsrichtung der Brücke. Sie wiederum müssen Querbretter von etwa 2,60 m Länge getragen haben, welche die eigentliche Fahrbahn bildeten. Weder von den Längs-Unterzügen noch von den Querbrettern wurden bei den Ausgrabungen Überreste gefunden. Sie ragten offensichtlich über die durchschnittliche Hochwassergrenze im Altrheinlauf hinaus und vergingen. Insgesamt wurden acht Dreiergruppen von Brückenpfählen gesichert, die eine Entfernung von rund 35 m überbrückten. Jede Dreiergruppe war von der benachbarten ungefähr 5 m entfernt.
Ganz offensichtlich war die Holzbrücke für zwei Fahrspuren, also für Gegenverkehr von Wagen, ausgelegt. Das würde eine Spurweite der Räder von etwa 1,10 bis 1,20 m bedeuten. Eine solche Spurbreite ist für das hohe Mittelalter wiederholt archäologisch nachgewiesen worden. Eine zweispurige künstliche Holzbrücke von beträchtlicher Länge muß als Besonderheit angesehen werden. Errichtung und Unterhaltung eines derartigen Bauwerks unterstreichen den engen topographischen Bezug, der die Niederungsburg mit den auf der Niederterrasse vorhandenen Bauten verband. Verkehrsmäßig war die Niederungsburg bei Haus Meer sehr eng mit *castrum* und Kirche Meer verbunden. Die dendrochronologische Datierung der Trägerpfosten der Holzbrücke steht noch aus. Deshalb kann nur ein relativ-chronologischer Datierungsversuch vorgetragen werden. Die Trägerpfosten der Holzbrücke sind im Südwesten von den Packschichten der Vorburg überdeckt oder bei Anlage der Vorburg beseitigt worden. Die Brücke muß deshalb vor Errichtung des Vorburgfundaments entstanden sein. Letzte Sicherheit besteht freilich für diese Einordnung der Holzbrücke nicht. Zu bedenken bleibt, daß am Endpunkt dieser Brücke an der Niederungsburg eine Möglichkeit zum Wenden des Wagens und zum Ausspannen der Zugtiere, also eine Art Plateau, bestanden haben muß. Im Südteil der Kernsiedlung ist für diesen Zeitabschnitt allerdings keine derartige Einrichtung gefunden worden. Es liegt demnach näher, einen solchen Platz mit einem räumlich geeigneten Teil der Anlage zu verbinden. Dieser war gegeben durch den Südteil der Vorburg, der die Kernburg sichelförmig umrundet. Hier ist der Treffpunkt der Holzbrücke mit der Niederungsburg zu suchen. Es liegt deshalb nahe, die Holzbrücke mit der Phase der Errichtung der Vorburg, also mit Periode B der Gesamtanlage, zu verbinden. Da, wie gesagt, Dendro-Proben von der Holzbrücke noch ausstehen, ist auch eine Zugehörigkeit der Holzbrücke zur Periode A letzthin nicht auszuschließen.

IV. Kirche und Klosteranlagen

Räumlich und funktional sind Niederungsburg, Kirche und Klosterbauten in engem Zusammenhang zu sehen. Die Prämonstratenserinnen-Kirche von Meer wurde von H. Borger ausgegraben[12] (Abb. 27). Die zum Teil noch stehenden Wirtschaftsbauten des Klosters und die Stiftskirche wurden aufgemessen und baugeschichtlich untersucht. Die Kirche war ein dreischiffiger romanischer Bau mit langem, apsidial geschlossenem Chor. Im Westen flankierten zwei Türme mit quadratischem Grundriß die Westfassade.

12 H. Borger, Das Prämonstratenserinnenkloster St. Laurentius zu Meer. Büdericher Heimatbl. 5, 1963, 11–18. – Ders., Das Prämonstratenserinnenkloster St. Laurentius zu Meer. Der Niederrhein 32, H. 2, 1965, 41–46.

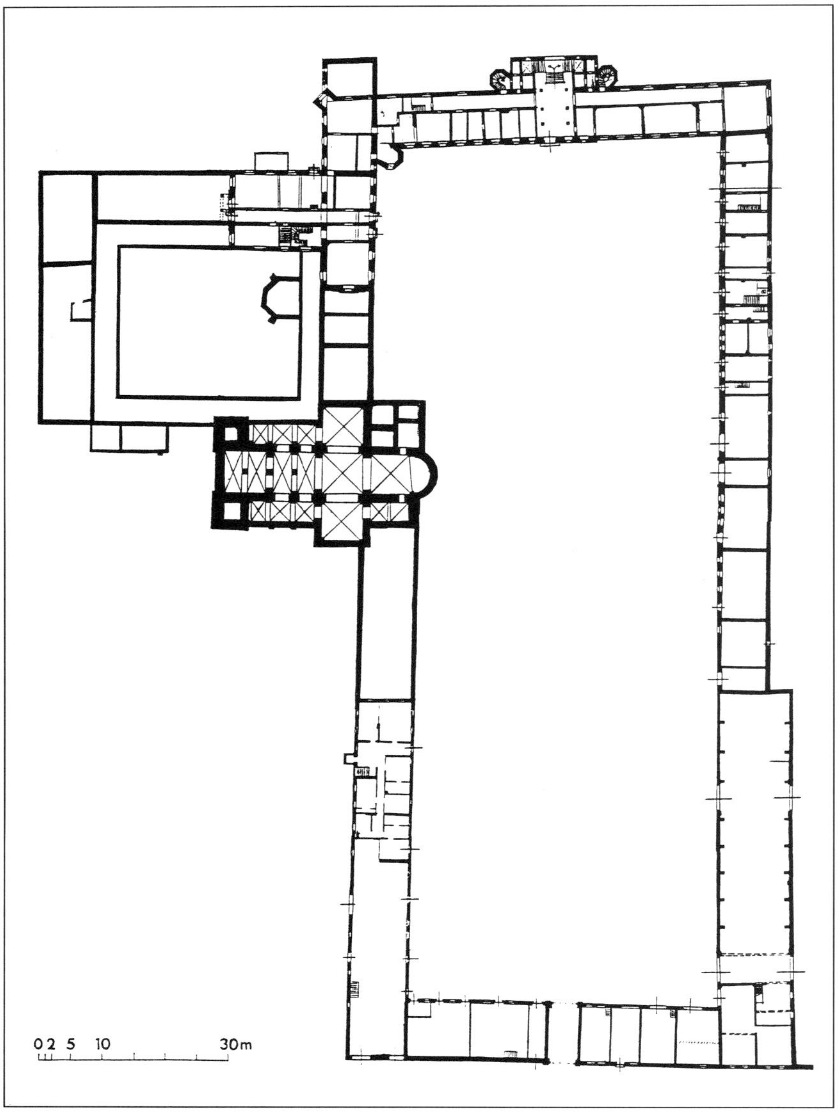

Abb. 27
Kloster Meer. Gesamtplan (nach Borger u. Schwadorf).

Das Kloster erstreckte sich nördlich und östlich der Kirche. Der östliche Trakt des Klosters schloß sich an den nördlichen Trakt des Querschiffes der Kirche an. Er behielt die Breite des Querhauses der Kirche bei und ist als direkte Verlängerung des nördlichen Querhauses anzusehen. Das Gründungsdatum der Prämonstratenserinnen-Klosterkirche von Meer liegt wenige Jahre nach dem Tod des letzten männlichen Sprosses der Grafen von Meer, also kurz nach 1166. Die Errichtung der Klosterkirche dürfte bis in die achtziger Jahre des 12. Jahrhunderts gedauert haben. Aus urkundlichen Quellen ist zu erschließen, daß die Kirche an der Stelle des *castrums* der Grafen von Meer erbaut wurde. Borgers Grabungen in der Kirche brachten aber noch keine sicheren Hinweise auf die Existenz eines gräflichen *castrums* an der Stelle der Klosterkirche. Dennoch spricht aus verschiedenen Gründen einiges dafür, daß das *castrum* der Grafen von Meer nicht in der Altrheinschlinge, in der Niederung, gelegen hat, sondern auf dem Gelände der Stiftskirche St. Laurentius oder in ihrer unmittelbaren Umgebung, vielleicht nahe dem Chor[13].

13 K. Schwadorf, Studien zu der sogenannten »Reinischen Blaugrauen Ware«. Mit einem Exkurs zur blaugrauen Keramik aus dem ehemaligen Stift Meer bei Büderich, Kreis Neuss. Ungedr. Magisterarbeit (Bonn 1987).

Endgültige Klarheit über die Lage dieser Burg können nur Ausgrabungen in dem betreffenden Gelände bringen. Aus den historischen Dokumenten, die im folgenden behandelt werden, ist mit einiger Sicherheit zu erkennen, daß das gräfliche *castrum* in der Tat im Bereich der ehemaligen Stiftskirche zu suchen ist und nicht mit der Niederungsburg identisch sein kann.

Auf zwei Beobachtungen ist in diesem Zusammenhang hinzuweisen. Die Aufschüttungsschichten der Periode B der Niederungsburg bestanden zu einem Teil aus Bodenmaterial, welches der römischen Siedlungsstelle bei der ehemaligen Burg bzw. der nachmaligen Stiftskirche entstammt. Die Aufhöhung des Siedlungsgeländes der Niederungsburg Periode B muß deshalb im östlichen Vorfeld des Chores der Prämonstratenserinnen-Kirche, also um deren Chor herum, zu erheblichen Geländeveränderungen geführt haben.

Zum anderen wurden in der Niederungsburg keine steinernen Spolien verwendet, die vom ehemaligen *castrum* der Grafen hätten stammen können. Die Anlage blieb, was sie immer gewesen war: eine in Holz errichtete befestigte Siedlung in der Niederung. Spolien des ehemaligen *castrums* der Grafen von Meer dürften aber zum Bau des Prämonstratenserinnenklosters Meer, das am Platz des *castrums* entstand, zweitverwendet worden sein.

V. Das Zeugnis der geschriebenen Quellen

Das Prämonstratenserinnenkloster Meer wurde im Jahre 1166 gegründet. Aus den nachfolgenden Jahren stammt eine verhältnismäßig reiche Überlieferung an historischen Dokumenten. Es handelt sich vor allem um Erlaubnisse und Bestätigungen der Erzbischöfe von Köln, die im Zusammenhang mit der Klostergründung durch die ohne männliche Erben der Grafschaft Meer hinterbliebene Gräfin Hildegunde von Are-Meer stehen. Die Gräfin Hildegunde erhält im Jahre 1166 vom Erzbischof Reinold von Köln die Erlaubnis, das *castrum Mere* in eine Stätte religiöser Verehrung umzuwandeln[14]:

> »*Tam honestam autem donationem honestissima, et ut speramus deo gratissima precessit conditio, ut iuxta beatum desiderium predicte matrone nostro et ecclesie coloniensis sonsensu ac patrocinio idem castrum Mere in sortem religionis cederet. et sacre castitatis habitaculum fieret. ut ubi quondam uiguit exercitium militie. nunc spiritualis milicia sub b. Augustini regula per collegium sacrarum virginum et ancillarum christi domino deseruiret...*«[15].

Die Quelle läßt keinen Zweifel daran, daß das zu errichtende neue Kloster genau an jenem Platz gelegen hat, an dem zuvor die Burg der Grafen von Meer gestanden hatte. Archäologische Hinweise auf Reste der bei Errichtung der Klosterkirche abgetragenen Burg wurden bereits erwähnt[16]. Der Wortlaut der oben zitierten Urkunde erlaubt keinen Zweifel an einer Platzkontinuität von Burg und Kloster. Überführungen von Burgen in Kloster- und Stiftsbauten gab es überall im mittelalterlichen Deutschland[17]. Die Verhältnisse von *castrum* und Klosternachfolge, wie sie in Meer abliefen, entsprechen somit allgemeiner Praxis des Mittelalters. Was anderes hätte die Gräfin Hildegunde nach dem Tod aller ihrer Verwandten mit ihren Gütern und Besitzungen, vor allem aber mit der gräflichen Burg, anfangen sollen als sie der Kirche für ein frommes Werk zu überlassen? Stellt also die Klostergründung am Platze einer früheren gräflichen Burg nichts Besonderes dar, so bieten die damit verbundenen Urkunden verläßliche Grundlagen für die Niederungsburg bei Haus Meer. Die im Zuge der Ausgrabungen erzielten Ergebnisse bieten mannigfache Hinweise auf die Entstehung, den Ausbau und den Untergang einer befestigten

14 J. Lacomblet (fortan abgekürzt LAC. UB), Urkundenbuch für die Geschichte des Niederrheins, Bl. 1. Neudruck der ersten Ausgabe 1840 (Aalen 1966) Nr. 415.

15 Heranzuziehen ist ferner: R. Knipping, Die Regesten der Erzbischöfe von Köln im Mittelalter (im folgenden abgekürzt Knipping, Regesten) II, 1100–1205 (Bonn 1901). Zur Klostergründung speziell Nr. 832.

16 Schwadorf (Anm. 13) 65–83.

17 U. Lewald, Burg, Kloster, Stift. Die Burgen des deutschen Sprachraumes, ihre rechts- und verfassungsgeschichtliche Bedeutung I. Vorträge und Forschungen XIX (Sigmaringen 1976), hrsg. v. H. Patze, S. 155–180; dort speziell zu Kloster Meer 164f.

Siedlung des frühen Mittelalters. Kulturgeschichtliche und chronologische Erkenntnisse resultierten in Fülle aus den Grabungen in der Niederungsburg. Die Kombination dieser archäologischen Fakten mit historischen Prozessen und Ereignissen wird erst dann möglich, wenn Verbindungen des archäologischen Befundes mit historischer Überlieferung gewährleistet sind. Im Fall der Niederungsburg bei Haus Meer ist dies in der Tat gegeben und zwar wie folgt:

1. Personen

In der urkundlichen Überlieferung zu Burg und Kloster Meer erscheinen zu allererst handelnde Personen oder Personengruppen;

a) Die Familie der Grafen von Meer, die mit den Grafen von Are und anderen hochadeligen Familien des Rheingebietes verwandt war[18]. Der vorzeitige Tod der männlichen Familienmitglieder veranlaßte die überlebende Mutter, die Gräfin Hildegunde von Are-Meer, die ehemalige Burg der Grafen in ein Prämonstratenserinnenkloster umzuwandeln.

b) Die Bewohner einer *curtis ecclesie s. Laurentii in Mere eidem loco contigua ex antiqua temporum successione ius tuitionis et potestatem iusticie faciende super silvam communem hominibus in villa que dicitur Turren commorantibus iuste et sine contradictione possidet...* Wir haben es der Urkunde zufolge also mit Leuten zu tun, die 1169 eine klösterliche *curtis* bewohnen und bewirtschaften[19].

c) Eine dritte Gruppe, die mit der Niederungsburg bei Haus Meer zu verbinden ist, sind die in den Urkunden überlieferten *homines in villa que dicitur Turren*[20]. Der Begriff *villa* bedeutet in jener Zeit eine Siedlung. Nach Forschungen von W. Föhl[21] handelt es sich bei Turren um eine Wüstung, die mit der Niederungsburg bei Haus Meer nichts zu tun hat. Sie lag vielmehr nordwestlich von Haus Meer zwischen Osterath und Krefeld in offenem Gelände. In dieser Siedlung gab es einen niederadeligen Burgsitz, nach dem sich die Familie Turren benannte. Mit Haus Meer hat die Namengebung der Familie von Turren nichts zu tun, wohl aber waren die von Turren *ministeriales* oder *milites* der Grafen von Meer, denen Gerichtsrechte im Wald bei Haus Meer zustanden und mehrfach bestätigt wurden[22]. Mit den klösterlichen Bewohnern der *curtis* bei Haus Meer, also der ausgegrabenen Niederungsburg, standen die *milites* von Turren offensichtlich in ständigem Streit. Er führte schließlich zur Teilung des ursprünglich gemeinschaftlichen Waldes bei Haus Meer zwischen den klösterlichen *provisores*, d. h. dem *cellerarius Godescalcus* und dem *Prior Wichmannus*, auf der einen und den *hominibus ville que Turre dicitur* auf der anderen Seite[23].

Damit sind die drei Personen einwandfrei aus der urkundlichen Überlieferung ermittelt, die das Schicksal der Niederungsburg bei Haus Meer im 12. und beginnenden 13. Jahrhundert bestimmten: die gräfliche Familie als Inhaber des castrums Mere bzw. als Klostergründer, die Ministerialen in Gestalt derer von Turren und die Bewohner der gräflichen *curtis* in nächster Nähe der Burg bzw. des Klosters, also in der Niederungsburg.

18 Zur Genealogie der Grafen von Are-Meer: U. Bader, Geschichte der Hochstadenschen Schenkung (1246). Rhein. Archiv 107, 1979, 133–141. – F. Morgner (Bearb.), Hildegunde von Ahr und Meer – Leben und Werk, hrsg. v. Geschichtsverein von Meerbusch e. V. (1986) bes. 13 ff.

19 Lac. UB (Anm. 14) IV Nr. 632 = Knipping, Regesten (Anm. 15) II Nr. 934 von 1169.

20 Sie sind ebenfalls in der Urkunde Lac UB (Anm. 14) IV Nr. 934 erwähnt.

21 W. Föhl macht sowohl in seinen Veröffentlichungen zu Haus Meer als auch in einem ausführlichen Schreiben an den Verf. deutlich, daß es sich bei der Niederungsburg nicht um die villa Turren handele, sondern um ein wüstgewordenes Dorf zwischen Osterath und Krefeld, zu dem ein Burgsitz Namens Turren gehört habe, von dem in den Meerer Urkunden als Zeuge auftretenden Ministerialen gleichen Namens stammten. Die *Villa quod dicitur Turren* ist somit in keinem Falle identisch mit der Niederungsburg. Diesen Sachverhalt konnte ich in meinem Aufsatz Rhein. Vierteljahrsbl. (Anm. 7) noch nicht überschauen. Erst der Kontakt mit W. Föhl führte zu einer klaren Trennung von Siedlung und Ministerialenfamilie Turren. Für seine Hilfe danke ich W. Föhl.

22 Die in Frage kommenden Urkunden sind zusammengestellt bei Janssen, Turren (Anm. 7) Anm. 10–18.

23 Für die Interpretation der Grabungsbefunde aus der Niederungsburg, insbesondere der Zweiteilung der Anlage, besitzt eine Urkunde des Kölner Erzbischofs Engelbert I. aus der Zeit zwischen 1218 und 1225 besondere Bedeutung: Lac UB (Anm. 14) II Nr. 129. Sie bestätigt die Teilung eines Waldes zwischen dem Kloster Meer und den Leuten von Turren, der früher beiden gemeinsam gehörte.

Abb. 28
Niederungsburg bei Haus Meer.
Drei geflügelte Lanzenspitzen. –
M = ca. 1:3.

Abb. 29
Niederungsburg bei Haus Meer.
Fragment eines Kettenhemdes. – M = 1:4.

2. Topographische Plätze

Den mit der Geschichte der Niederungsburg verbundenen Personengruppen sind die topographischen Plätze an die Seite zu stellen, die mit der Niederungsburg bei Haus Meer verbunden sind:

a) Das *castrum Mere*, also der Stammsitz der Grafen von Meer, dessen Standort wohl kaum in der Niederungsburg im Altrheinarm zu suchen ist. Auch ohne Kenntnis der Grabungsergebnisse scheidet der Altrheinlauf von Ilverich als Standort einer hochadeligen Burganlage aus. Mögen in der Niederungsburg auch zahlreiche Fundgegenstände die Anwesenheit von Waffenträgern bezeugen, so spricht doch die ebenfalls vorhandene handwerkliche Komponente in dieser Anlage gegen eine Interpretation als Stammsitz der Grafen von Meer. Vergleicht man die dortigen Verhältnisse mit den gleichzeitigen Sitzen hochadeliger Familien des Nieder- und Mittelrheingebietes, so kommt eine Anlage in reiner Holzbauweise und mit Anwesenheit von Handwerkern nicht als hochadeliger Sitz in Betracht. Für die Niederungsburg muß demnach eine andere soziale Schicht vermutet werden, die deutlich unter dem hochadeligen Milieu zu suchen ist. Es sind Ministerialen, deren archäologische Hinterlassenschaft vor allem aus Waffen besteht (Abb. 28 und 29).
b) Zum hochadeligen Lebenskreis der Grafen von Meer ist auch die 1166 vom Erzbischof von Köln genehmigte Klosteranlage zu zählen. Es war bereits die Rede davon, daß der Text der Urkunde von 1166 die Platzkonstanz von Burg und Kloster klar ausspricht. Neue Forschungen von Konstanze Schwadorf[24] liefern zusätzliche Argumente für diese Identifikation.
c) Es gab bei Haus Meer ferner eine *curtis ecclesie sancti Laurentii in Mere eodem loco contigua*...[25]. Die eindeutige Ortsangabe in der Urkunde von 1166 schließt jeden Zweifel daran aus, daß mit dieser *curtis* etwa nicht die Niederungsburg bei Haus Meer gemeint sein könnte. Es kommt für die *curtis* nach der Quellenangabe kein anderer Standort als die der Niederungsburg in Betracht.

VI. Ergebnisse

Aus der Verbindung von archäologischer Methode und historischer Überlieferung ergeben sich zwangsläufig die folgenden Zuordnungen:

a) Die hochadelige Familie der Grafen von Are-Meer gründet Burg und späteres Kloster auf der Niederterrasse oberhalb des Altrheinlaufes von Haus Meer-Ilverich;
b) Ministerialen erbauen und bewirtschaften eine dem Adelssitz sehr nahegelegene *curtis*, die archäologisch als sog. Niederungsburg (Motte) faßbar ist.
c) An der Verwaltung der Niederungsburg bei Haus Meer sind die Ministerialen von Turren beteiligt, die sich nach einem weiter entfernt gelegenen Burgsitz gleichen Namens nennen. Er ist nicht mit der Niederungsburg bei Haus Meer identisch, sondern lag im Mittelalter im Gebiet zwischen Osterath und Krefeld. Hier ist die heute nicht mehr erhaltene *turris* zu suchen, nach der sich die Ministerialenfamilie derer von Turren benannte. Es ist demnach falsch, die namengebende *turris* in der Niederungsburg bei Haus Meer zu suchen. Das deckt sich mit dem archäologischen Befund, im dem keine Baureste einer *turris* nachzuweisen sind: keines der sechs archäologisch aufgedeckten Hausfundamente kann als Fundament einer *turris* interpretiert werden.
d) Nach dem Aussterben der Grafenfamilie von Meer und der Gründung des Prämonstratenserinnenklosters Meer innerhalb der ehemaligen Grafenburg ringen zwei Interessensgruppen um den Besitz der kleinen Niederungsburg bei Haus Meer: die *provisores*, also die Verwalter des Klosters Meer, und die nach wie vor am Wald bei Haus Meer berechtigten Ministerialen, die sich von Turren nennen. Da der Streit um den Wald und die Siedlung der Niederungsburg anders nicht zu lösen ist, kommt es zur Teilung des Waldes und der Niederungsburg zwischen den beiden Parteien. Im archäologischen

24 Schwadorf (Anm. 13) 65–83.

25 Lac. UB (Anm. 14) IV, Nr. 632 von 1169.

Befund manifestiert sie sich in den beiden gesondert mit Palisaden umschlossenen, oval-rechteckigen Siedlungsbereichen der Niederungsburg, die uns durch die geschriebene Quelle von 1218/1225 überliefert ist.

e) Nach erfolgter Aufteilung von Wald und Niederungsburg bei Haus Meer verloren offensichtlich beide Konfliktparteien das Interesse an einer weiteren Unterhaltung der Anlage im alten Rheinarm. Noch während der zweiten Hälfte des 12. Jahrhunderts wurde sie allmählich verlassen. Ihr Ende begann offensichtlich schon Jahre vor der historischen Bezeugung von 1218/25. Das deckt sich mit der Siedlungskeramik aus der Niederungsburg, die das Ende des 12. Jahrhunderts nicht überschreitet.

f) Das Schicksal der Niederungsburg bei Haus Meer spiegelt sich im archäologischen und im historischen Befund mit überraschender Übereinstimmung verschiedener Quellengrundlagen. Es entsteht ein Gesamtbild von besonderer Klarheit und Widerspruchsfreiheit, das auch für andere Forschungsobjekte der Archäologie des Mittelalters zum Modell werden könnte.

Der Abschied von der *curtis*[26] scheint angesichts der in der Niederungsburg bei Haus Meer erzielten Ausgrabungsergebnisse und auch angesichts der Aussagen der historischen Überlieferung verfrüht formuliert worden zu sein. Die *curtis* lebt m. E. heute deutlicher und klarer in der wissenschaftlichen Diskussion als jemals zuvor. Diejenigen, welche die *curtis* des Mittelalters bereits totgesagt hatten, müssen sich wohl an den Gedanken gewöhnen, daß sie noch lange nicht dahingeschieden ist; im Gegenteil: Sie feiert als Problem archäologisch-historischer Kooperation eine fröhliche Wiederauferstehung.
Weiteres ist zu bedenken. Man könnte die archäologisch-historischen Forschungsergebnisse zur Niederungsburg bei Haus Meer als Einzelfall abtun, der keine allgemeinere Bedeutung zu beanspruchen hat. Seit kurzem muß dergleichen Kritik sich mit ähnlichen Forschungsergebnissen anfreunden, die bei Ausgrabungen im mittelalterlichen Königshof von Helfta bei Eisleben, Bez. Halle, erzielt wurden[27]. Dort wurde in den letzten Jahren eine umfangreiche Siedlungsanlage ausgegraben, die sich auf Grund einer Urkunde König Heinrichs II. für das Bistum Magdeburg aus dem Jahre 1002 als Königshof Helfta identifizieren ließ: *...ecclesiam quoque regii iuris cum cimiterio sitam in villa Helpidi prope curtem regalem cum suis pertinentiis*[28]. Es gelang den Archäologen, die *curtis regalis* weitgehend auszugraben. In vielen Einzelheiten unterscheidet sie sich deutlich von der *curtis* bei Haus Meer. Vor allem ist zu beachten, daß die königliche *curtis Helfta* zweier Königsbesuche teilhaftig wurde, daß sie eine Kirche besaß und daß es dort Steinbauten sowie ein an hochherrschaftlichen Bedürfnissen orientiertes, differenziertes Handwerk gab. In der Niederungsburg bei Haus Meer liegen die Bedürfnisse der gräflichen Herrschaft deutlich unter dem königlichen Niveau, das in Helfta dominierte. Typische Elemente, die wir in Helfta vorfinden, sind aber auch in der Niederungsburg vorhanden: die Eingrenzung der *curtis* durch außerordentlich starke Befestigungen, Verteilung der wirtschaftlichen Funktionen auf mehrere Gebäude, Mehrperiodigkeit der Besiedlung, Anwesenheit differenzierter handwerklicher Betriebe und Funktion der *curtis* als wirtschaftliche Basis für die Versorgung der Herrschaft mit vielfältigen Lebensnotwendigkeiten des Alltags (Abb. 30–37).
Die durch die neuere archäologisch-historische Forschung erschlossenen *curtes* von Helfta und Meer unterstreichen die Feststellung, daß die *curtes* des Hochmittelalters noch lange nicht zu einem obsoleten Thema geworden sind. Im Gegenteil: die Grabungsbefunde von Helfta und Meer spiegeln, jeder auf seine besondere Weise, die tiefen wirtschaftlichen und sozialen Umbrüche, von denen die Epoche der Kaiser und Könige aus dem salischen Hause gekennzeichnet ist, wider.

26 R. v. Uslar, Abschied von der curtis. In: K.-H. Otto u. J. Herrmann (Hrsg.), Siedlung, Burg und Stadt. Studien zu ihren Anfängen (Berlin 1969) 153–156. Daß das Thema curtis auch nach 1969 weiter im Gespräch geblieben ist, zeigt die umfangreiche Literatur, die seitdem zum Problem erschienen ist. Einen Überblick bis etwa 1984 bietet A. Gauert, Stichwort curtis in: Hoops, Reallexikon der germanischen Altertumskunde 5 (2. Aufl. 1984) 105–112.

27 P. Donat, Der Königshof Helfta I. Die frühmittelalterlichen Funde und Befunde der Ausgrabungen 1977–1981. Zeitschr. f. Arch. 23, 1988, 103–224. – Ders., Der Königshof Helfta II. Vormittelalterliche und mittelalterliche Ergebnisse der Grabungen 1977–1981. Zeitschr. f. Arch. 23, 1988, 225–259.

28 Donat, Helfta II (Anm. 27) 249 mit Anm. 5 und 6. Urkunde Heinrichs II. von 1004 für das Bistum Merseburg.

Abb. 30 Niederungsburg bei Haus Meer. Äxte zur Holzbearbeitung. – M = ca. 2:5.

Abb. 31 Niederungsburg bei Haus Meer. Fertigprodukte und Abfälle der Bleigießerei. – M = ca. 1:2.

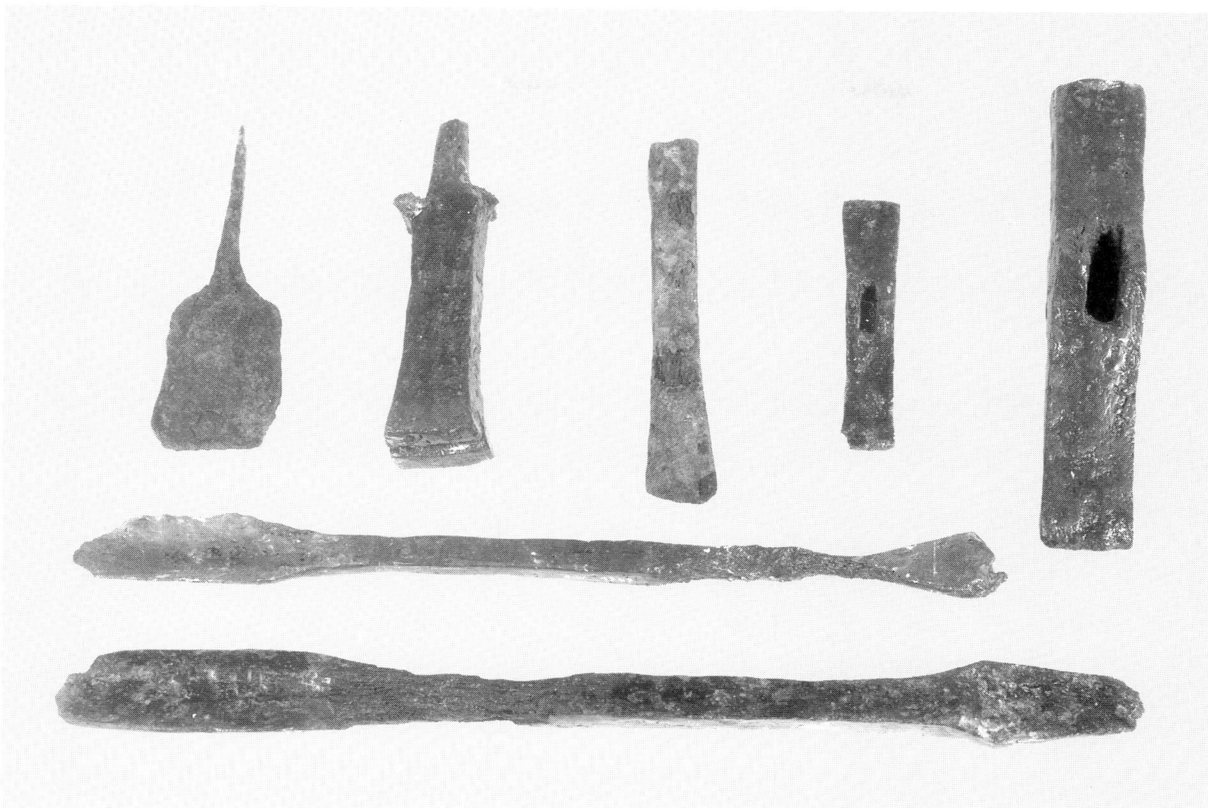

Abb. 32 Niederungsburg bei Haus Meer. Verschiedene Handwerksgeräte. – M = ca. 1:2.

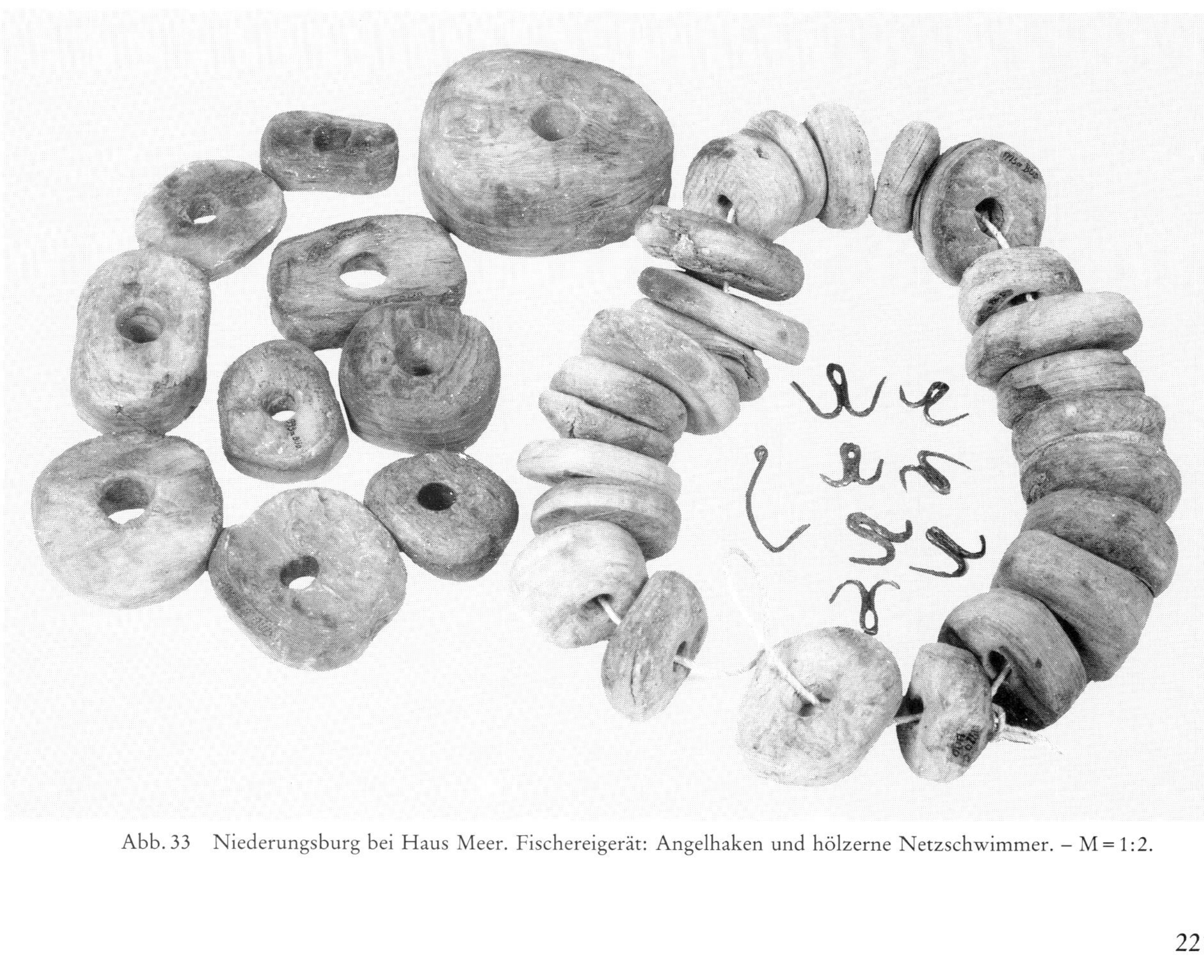

Abb. 33 Niederungsburg bei Haus Meer. Fischereigerät: Angelhaken und hölzerne Netzschwimmer. – M = 1:2.

Abb. 34 Niederungsburg bei Haus Meer. Oberleder eines Kinderschuhs. – M = ca. 4:5.

Abb. 35 Niederungsburg bei Haus Meer. Fragmente und Flicken von Schuhen. – M = ca. 1:2.

Abb. 36
Niederungsburg bei Haus Meer.
Fünfzinkiger Fischstecher aus Eisen. Tüllenschäftung.
Ein Zinken verloren. – M = 1:2.

Abb. 37
Niederungsburg bei Haus Meer.
Handmühlen aus Quarzit: zwei Mühlsteine
und eine Schleifwanne. – M = 2:7.

Die Bilanz der Forschungsergebnisse zur Niederungsburg bei Haus Meer kann nicht geschlossen werden, ohne einen Blick auf die absolute Chronologie der Anlage zu werfen. Diese speist sich aus verschiedenen methodischen Ansätzen. Drei verschiedene Methoden ergeben ein gesichertes Gerüst absoluter Daten für die Niederungsburg:

a) die archäologischen Befunde und Funde,
b) die schriftliche Überlieferung,
c) die Daten der Dendrochronologie.

Zu a) Die ältesten Siedlungsspuren müssen auf Grund der frühen stempelverzierten Kugeltopfkeramik und der rollrädchenverzierten grauen Standbodenkeramik der zweiten Hälfte des 10. Jahrhunderts zugewiesen werden. Es handelt sich um die Periode X der Niederungsburg, aus der zwar Funde, aber keine Bauten stammen. Das Ende der Niederungsburg läßt sich an den fehlenden echten Steinzeugen feststellen. Es muß in die zweite Hälfte des 12. Jahrhunderts, spätestens in die Zeit um 1200 datiert werden. Für die Periode A kommt vornehmlich das 11. Jahrhundert in Betracht. Die Periode B ist für das 12. Jahrhundert bis in dessen letztes Viertel in Anspruch zu nehmen.

Zu b) Die schriftliche Überlieferung setzt erst mit jenen Urkunden ein, die die Vorbereitung und Durchführung der Gründung des Prämonstratenserinnenklosters Meer betreffen. An der Spitze dieser schriftlichen Zeugnisse steht die Urkunde von 1166, in der die Errichtung des Klosters durch den Erzbischof von Köln sanktioniert wird. Dieser Vorgang fällt mit Sicherheit in die Periode B der Niederungsburg; denn nach 1166 bestand kaum noch besonderes Interesse an der Beibehaltung und am Ausbau der Niederungsburg. Im Gegenteil: Diese blieb zwischen den Leuten des Klosters Meer und denen von Turren umstritten, was letztlich zur Zweiteilung und dann zur Aufgabe der Niederungsburg führte. Das muß, nach der schriftlichen Überlieferung zu urteilen, in der zweiten Hälfte des 12. Jahrhunderts geschehen sein.

Vergleicht man die methodischen Möglichkeiten von Archäologie und Geschichtswissenschaft in bezug auf Beginn und Ende von Siedlungsanlagen jeglicher Art, so wird am Beispiel der Niederungsburg bei Haus Meer deutlich, daß die Archäologie bei der Bestimmung des Siedlungsbeginns gegenüber der Geschichtswissenschaft deutlich im Vorteil ist; denn der Siedlungsbeginn in der Niederungsburg ist nicht durch die relativ späten Urkunden des 12. Jahrhunderts ermittelt worden, sondern durch die ältesten Keramikfunde, die in die Jahrzehnte vor 1000 zurückgehen.

Bei der Bestimmung des Siedlungsendes befindet sich offensichtlich die Geschichtswissenschaft im Vorteil, weil sie aus den Urkunden nicht nur das Ende der Besiedlung zu bestimmen vermag, sondern auch eine handfeste Erklärung für die archäologisch gesicherte Zweiteilung der Anlage liefern kann.

Zu c) Naturwissenschaftlichen Forschungsmethoden, hier besonders der Dendrochronologie, ist vor allem die Verfeinerung der historisch und archäologisch gewonnenen Chronologie der Niederungsburg bei Haus Meer zu verdanken. Es liegen mehrere Serien von Dendro-Daten vor. Zwei von ihnen sind Herrn Dr. Hollstein vom Rheinischen Landesmuseum Trier zu verdanken. Eine weitere Serie von Dendro-Daten wurde von Madame Leboutet vom Centre de Recherches Archéologiques Médiévales in Caen erstellt. Im Überblick zeigt sich, daß nur wenige Daten in das Ende des 10. Jahrhunderts fallen. Dagegen ist die Periode A durch eine größere Anzahl von Dendro-Daten für die Zeit vom Beginn des 11. Jahrhunderts bis zur Mitte des 12. Jahrhunderts abgesichert. Aber auch für die Periode B gibt es eine ganze Reihe von Dendro-Daten, die in die Mitte und die zweite Hälfte des 12. Jahrhunderts weisen. Jahrgenaue Dendro-Daten müssen noch den einzelnen Bauteilen der Niederungsburg zugeordnet werden, bevor das vorgetragene Gesamtbild in seine Einzelheiten differenziert werden kann.

Es steht indessen fest, daß der Beginn der Niederungsburg deutlich vor der historisch bezeugten Ersterwähnung anzusetzen ist, und zwar vor allem auf Grund der archäologischen Befunde. Es kann kein Zweifel darüber bestehen, daß die Gründung der ersten Siedlung am Platz der Niederungsburg bei Haus Meer rund 200 Jahre vor ihrem Erscheinen in der schriftlichen Überlieferung mit den Methoden der Siedlungsarchäologie nachgewiesen werden konnte. So bietet denn die Erforschung dieses Platzes einen geradezu klassischen Fall für die Fortschritte und Innovationen, die interdisziplinäres Forschen hervorbringen kann.

ANDRÉ MATTHYS

LES FORTIFICATIONS DU 11e SIECLE ENTRE LESSE ET SEMOIS

Depuis 1971 et sous l'impulsion intelligente de son dernier directeur, le Dr. H. Roosens, le Service national des Fouilles a entrepris durant près de vingt ans un vaste programme d'étude des fortifications du bassin de la Semois. Cette entreprise a permis d'explorer un ensemble de près de trente sites fortifiés s'échelonnant de la préhistoire aux Temps Modernes, avec une attention toute particulière pour la période médiévale. Il s'agissait de se hisser au niveau des efforts consentis en matière de castellologie dans les pays limitrophes.

Cette recherche a débouché, depuis, sur de nombreux articles et monographies; une première synthèse a pu être consacrée à l'»Histoire et châteaux des apanages du comté de Chiny (XIIe–XIIIe s.)« [1]. La présente contribution consacrée aux fortifications entre Lesse et Semois (fig. 1), aborde essentiellement le 11e siècle salien avec quelques retours au 10e siècle finissant et, en aval, les premières années du 12e siècle. A cette époque, ces régions formaient la limite des duchés de Basse- et de Haute-Lotharingie créés vers 959; elles se trouvent aussi aux frontières occidentales de l'Empire germanique et sont comprises dans cette ligne qui de Verdun à la Frise, en passant par Dun-sur-Meuse, Mouzon, Mézières, Valenciennes, Ename, Anvers fait face avec les Ardenne-Verdun, à la France capétienne et ses »potentes«, au-delà de la Meuse, et à la Flandre, au-delà de l'Escaut.

Outre leur assise foncière dont le moindre fleuron n'est pas leur alleu de Bouillon, les Ardenne-Verdun ont aussi dans cet hinterland des centres de pouvoir localisés dans des fortifications qu'ils contrôlent soit directement, soit par le biais d'une avouerie en poussant leurs ministériaux-châtelains. On sait combien leur avouerie sur l'abbaye de Saint-Hubert ou sur les biens de l'église de Verdun ou de Mouzon ont pu leur apporter. Il en va de même pour les Chiny. Et si ces châteaux ont pu être fouillés dans les limites des frontières belges, l'étude historique a été fort bien défrichée du côté français, mais il reste encore un important travail archéologique à accomplir.

Le château, point d'appui du pouvoir banal, exerce son emprise directe sur les villes, les campagnes et le paysage médiéval en général. Il sert de pôle d'attraction au peuplement, est lié à la mise en valeur du terroir et peut influencer la topographie des agglomérations tant citadines que campagnardes. Pion essentiel dans la mainmise seigneuriale sur l'environnement, il sert de base au défrichement et colonisations nouvelles. Centre d'une avouerie, il fait même face au pouvoir écclésiastique. Point de cristallisation de l'établissement humain, il mène parfois à la modification du réseau paroissial existant. Il forme un maillon important mais encore méconnu dans les échanges entre villes et campagnes et pèse souvent sur les moyens de communication, le transport et les voies importantes.

En 1012, Henri II rétablit la fonction ducale en Basse-Lotharingie et la confie à Godefroid Ier, comte de Verdun. Marquis d'Anvers, on le retrouve en Hollande en 1012 et en Frise en 1018. A. Laret-Kayser a fort bien défini la fonction ducale: »gouverneur militaire...chargé de sauvegarder l'intégrité du territoire confié à sa garde et d'y faire régner la paix. Cet aspect primordial de la fonction ducale ne se dément jamais au cours du 11e siècle« [2]. Godefroid le Barbu reçoit la fonction ducale de Haute-Lorraine de l'empereur Henri III, de 1044 à 1046; en rébellion contre lui, il ne retrouve le titre de duc qu'en 1065 jusqu'à sa mort en 1069. Godefroid le Bossu lui succède dans ces fonctions de 1069 à 1076. Enfin,

1 A. Matthys, Histoire et châteaux des apanages du comté de Chiny (XIe–XIIIe s.). Miscellanea archaeologica in honorem H. Roosens. Arch. Belgica 255, 1983, 251–280.

2 A. Laret-Kayser, La fonction et les pouvoirs ducaux en Basse-Lotharingie au XIe siècle. La Maison d'Ardenne X^{e}–XIe siècles. Actes des Journées Lotharingiennes 24–26 oct. 1980, Publications de la sect. hist. de l'Inst. G.-D. de Luxembourg XCV (Luxembourg 1981) 137.

Godefroid de Bouillon est le dernier duc de Basse-Lotharingie de la maison des Ardenne-Verdun a assumer son titre; il part en 1096 pour la croisade. Presque strictement contemporains des empereurs saliens, les Ardenne-Verdun voient à plus d'un titre leur sort lié à cette dynastie.

I. Bouillon

A Bouillon, la Semois décrit un large méandre encaissé, autour d'une crête rocheuse étalée, vers le nord, en étages successifs (fig. 2). Cette colline allongée d'environ 1 km de longueur, surplombe le cours de la rivière de parfois plus de 50 m. Au sud, elle culmine à près de 200 m pour ensuite, après une longue descente, remonter à nouveau et former un étroit plateau aux pentes raides et s'arrêter sur un précipice. Cet endroit porte le nom de »Ramonette« autrefois »colline de Beaumont« et forme un éperon parfaitement défendable. Sa position dominante, avant même l'étranglement de la Semois, commandait et la cuvette urbaine et les vallées d'accès, au sud (fig. 2,1).
Après ce premier éperon et cette première fortification, la crête s'avance dans la boucle de la Semois; elle y descend en paliers jusqu'à former un rocher haut et étroit, long de 350 m pour une largeur régulière de 50 m. Les flancs sont escarpés et des entailles aménagées au cours des temps isolent ce plateau de la colline de Beaumont, au sud, et de la ville au nord. Ce site que dominent les collines des alentours tirait sa force de l'excellence de sa position; au contact direct de la cité, il en défendait le seul accès possible, par le sud. La rivière qui le ceinture achève d'en défendre l'approche. Cette topographie particulière permit d'établir très tôt une seconde fortification dont les bâtiments actuels sont, pour une grande part, postérieurs à la moitié du 16e siècle et ne rendent qu'imparfaitement la physionomie primitive (fig. 2,2). Si on ajoute à cela un moulin en contrebas du château et un pont permettant le passage d'une route venant de Sedan et de la France et gagnant Liège, on aura une image fidèle du Bouillon du 11e siècle (fig. 2,4–5).

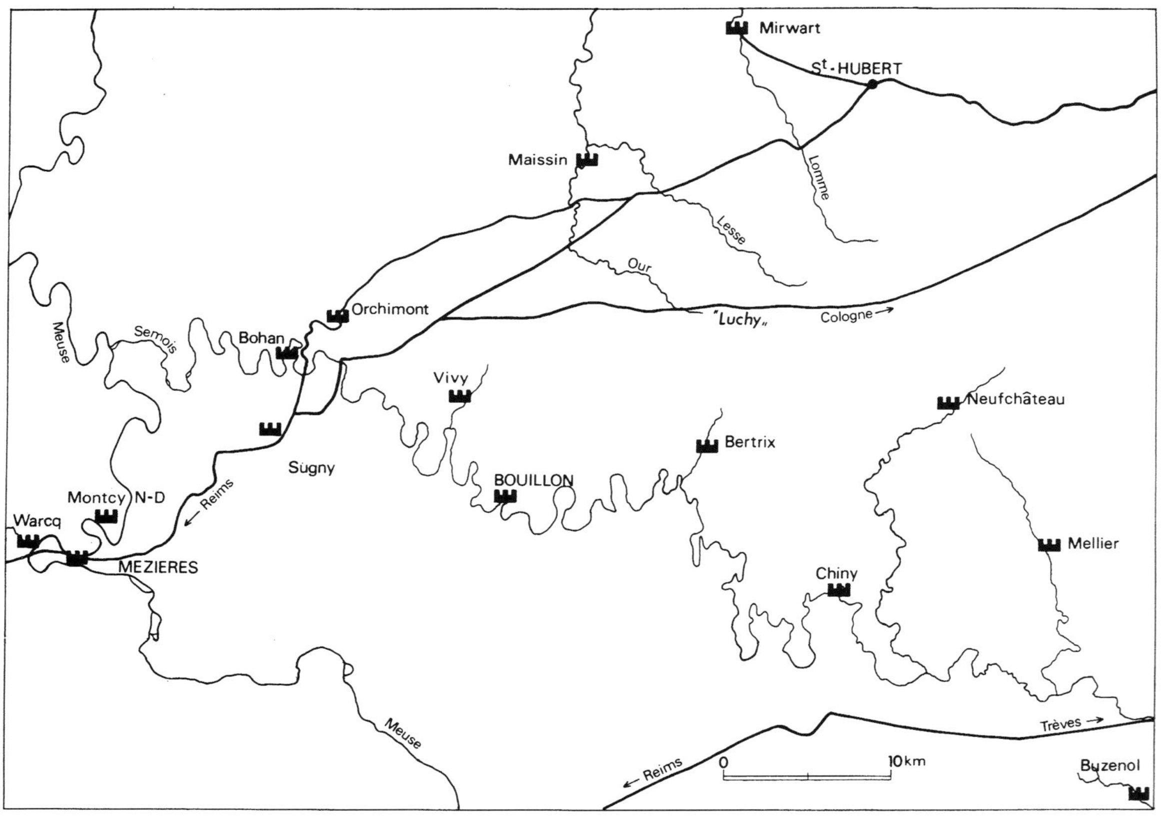

Fig. 1 Carte des villages et châteaux entre Lesse et Semois (fin 10e s. – vers 1100).

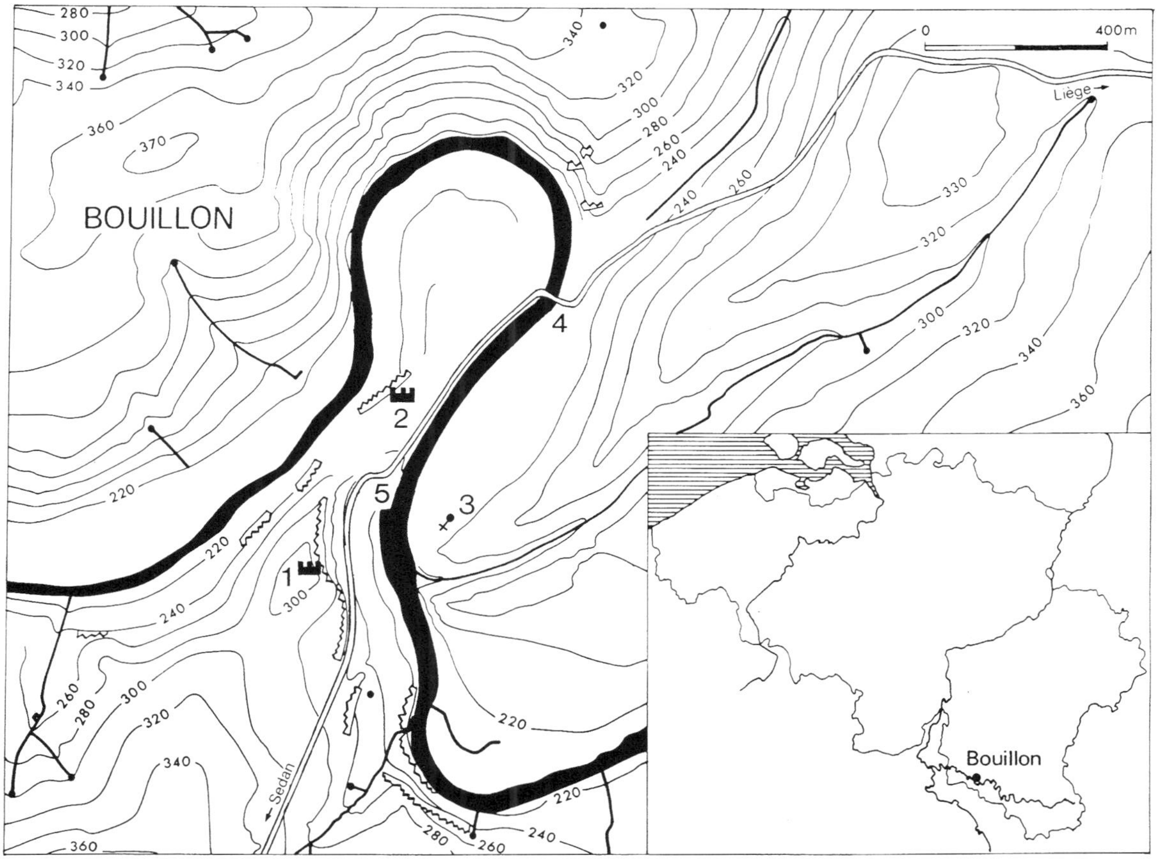

Fig. 2 Bouillon, situation topographique (11ᵉ s.): 1 Motte de »La Ramonette« ou de »Beaumont«. – 2 »Château«. – 3 Eglise paroissiale de St-Pierre. – 4 Pont. – 5 Moulin.

Le plateau de la Ramonette, l'actuel »point de vue«, forme une surface rocheuse allongée légèrement montante vers le nord, longue de quelque 90 m pour une largeur n'excédant pas 20 m[3]. Il débouche sur un à-pic dominant toute la vallée, à près de 380 m de distance du célèbre château de Bouillon (fig. 3). Déjà en 1884, A. Leroux y décrivait: »...une plate-forme ronde, entourée de deux fossés creusés dans le roc et séparés par un exhaussement...«. Cette description d'une motte médiévale en bout d'éperon correspond encore aux vestiges visibles aujourd'hui. Ce piton rocheux, d'où la vue embrasse toute la boucle de la rivière, avait déjà été occupé à l'époque de La Tène, comme en témoignent les tessons – au moins une trentaine – découverts *in situ* au contact de la roche. Ce n'est qu'au moyen âge que l'éperon fut à nouveau choisi pour y établir une fortification. C'est une motte de type classique qui y fut établie: butte à plateau circulaire n'excédant pas 9 m de diamètre, pour 3,50 m de hauteur, entourée d'un fossé à fond plat taillé dans la roche, d'une largeur de 5 à 6,50 m, protégée d'un rempart annulaire d'une quarantaine de mètres de diamètre, appuyé, au nord-est, contre un précipice. Une tour hexagonale aux angles arrondis occupait le sommet de l'ouvrage (fig. 4), une tranchée de fondation creusée dans la roche sur une largeur de 75 à 90 cm y était encore, en partie, visible. La base de cette tour devait être en pierre, comme en témoigne l'épaisse couche de démolition retrouvée au contact du sol ancien. Quant aux superstructures, elles étaient en bois comme un texte de 1141 nous le renseigne. La surface intérieure libérait un espace dont la largeur n'excédait pas 5 m. La couche d'occupation recélait une céramique locale de terre cuite rouge à noyau gris, notamment les tessons d'un pot à panse sphérique, goulot tubulaire et anse plate.

3 A. Matthys, Les fortifications de Bouillon. Conspectus MCMLXXVII. Arch. Belgica 206, 1978, 108–111.

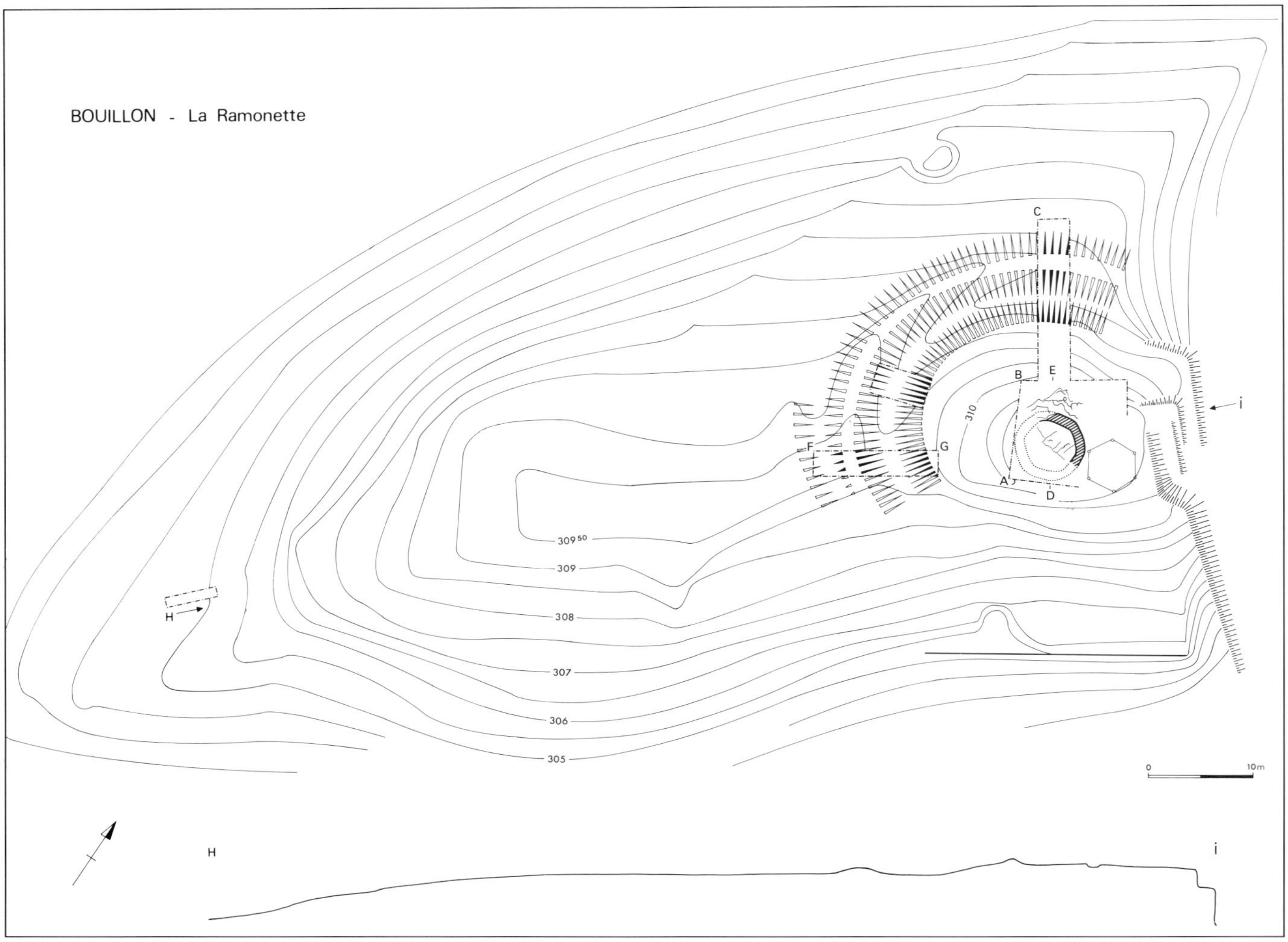

Fig. 3 Bouillon, »La Ramonette«; carte topographique et situation des vestiges.

C'est sur un de ces tessons que se trouve gravée une croix de Jérusalem, tracée à la pointe sèche. La céramique de type d'Andenne était relativement abondante. On y retrouve des tessons d'écuelle décorée à la roulette, des morceaux d'amphores ornées de bandes en relief à section triangulaire. La glaçure plombifère grossière était généralement de couleur jaune orangé à brunâtre. Tous ces tessons se placent dans la première période de production des ateliers d'Andenne, soit entre 1050 et 1175. Une couche d'incendie peu distincte des couches d'occupation recélait encore des carreaux d'arbalète et des pointes de flèche de différents types. Parmi les armes défensives, il faut citer un chausse-trappe. Une anse de seau, un fer à cheval, un burin et une pierre à aiguiser complètent le bilan assez maigre des trouvailles.

L'automne 1141 marque l'abandon de cette tour. Lors du siège du 17 septembre et de la reddition des défenseurs le 22 septembre, il semble bien que les troupes liégeoises ont incendié et détruit cette tour. Une couche d'incendie marque le dernier niveau d'occupation et témoigne de cet événement. Rien n'indique une réoccupation après 1141.

En 1315, un bouillonnais décrit ce site en ces termes: *»...item montem antiquum de Biaumont ubi quondam fuit castrum Bullonense...«* [4]. Il faudra attendre la période hollandaise pour voir resurgir l'idée

[4] E. Poncelet, Les fiefs de l'église de Liège sous Adolphe de la Marck, p. LXVI, 22: »...de même que l'antique colline de Beaumont où se trouvait autrefois le château de Bouillon...«

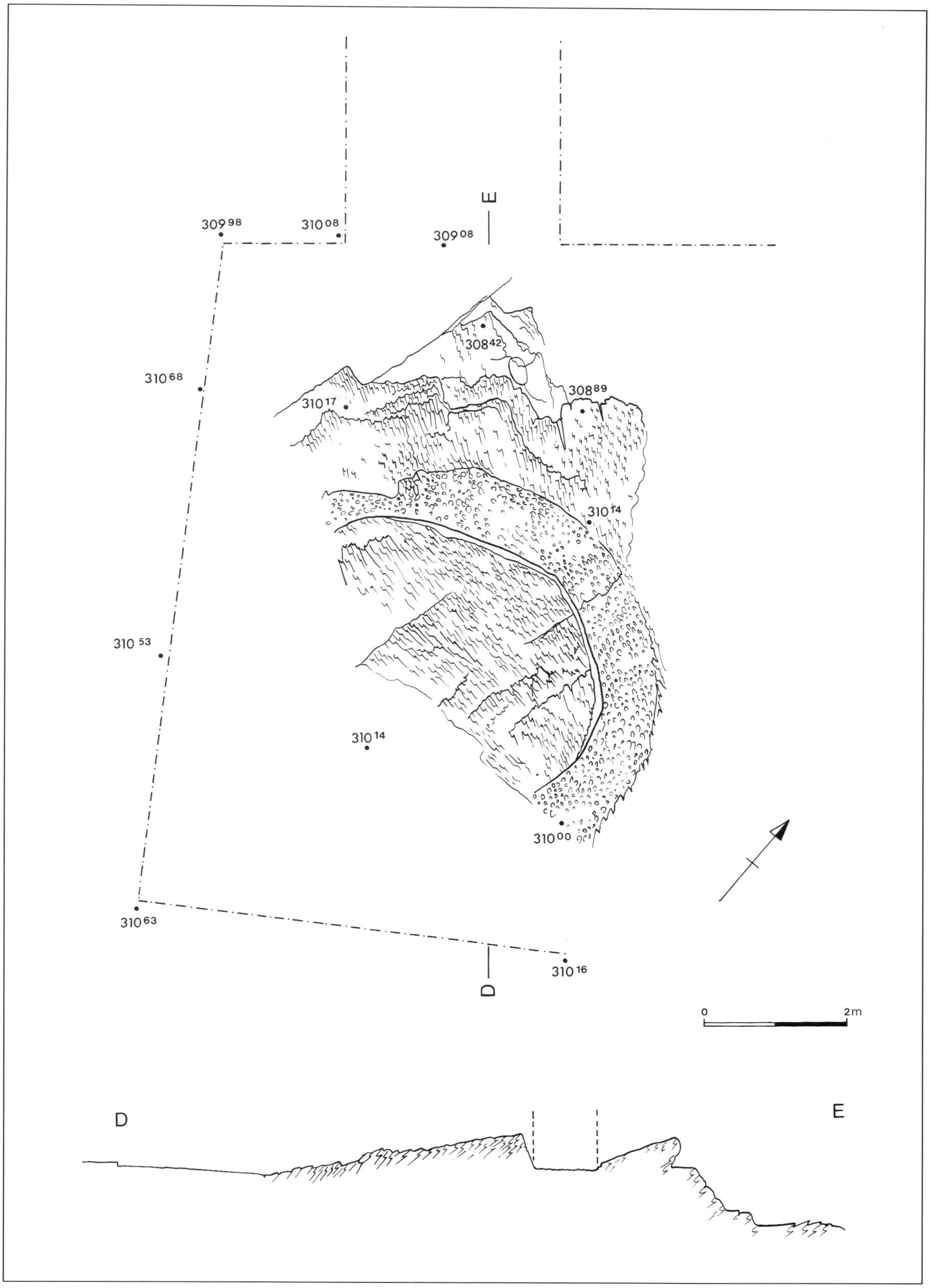

Fig. 4 Bouillon, »La Ramonette«; plan de fouilles de la tour de »Beaumont«.

de protéger la forteresse principale de Bouillon par un poste avancé. En 1827, en effet, les troupes d'occupation projettent de construire: »...un fort sur la montagne dite de la Ramonette, montagne située au midi et qui domine la place...«. La révolution belge de 1830 mettra heureusement fin au projet!
L'origine de cette motte ne peut se fixer à partir des sources archéologiques, mais plusieurs documents d'archives permettent cependant d'en jalonner l'existence.
Déjà Gozelon, duc de Lotharingie, de la maison d'Ardenne-Verdun, mort en 1044, est associé au château de Bouillon[5]. Gislebert de Mons lui attribue le titre de »duc du château de Bouillon«. Mais la source est tardive et Gislebert a pu lui donner un titre en usage à une époque légèrement postérieure à la moitié du 11e siècle.
En 1055 et peut-être déjà en 1049, le terrain se fait plus sûr. Héribrand apparaît comme châtelain de Bouillon[6]. En 1064, la levée de terre et palissade du château de Bouillon apparaissent, elles concernent sans conteste un ouvrage de terre et de bois comme celui de la Ramonette où motte et rempart annulaire sont toujours visibles aujourd'hui. Cette année là, Godefroid le Barbu se manifeste pour la première fois au titre d'avoué de Saint-Hubert; lors d'un plaid d'avouerie, il rejette les prétentions de son sous-avoué local, Thieboldus, qui voulait exiger des moines de Saint-Hubert une corvée injuste: construire ou fortifier le rempart de terre et la palissade du château de Godefroid[7].
En 1077–1078 encore, lors de la lutte qui oppose Godefroid de Bouillon au comte de Namur, un siège du château de Bouillon est encore mentionné[8]. Cette dernière source ne permet pas de distinguer la motte de Beaumont du château construit en contrebas sur l'éperon, ni d'affirmer déjà l'existence du second.
Les deux châteaux existent et sont cités ensemble dans la relation du siège de 1141 qui oppose Albéron, évêque de Liège aidé d'Henri l'Aveugle, comte de Namur, à Renaud, comte de Bar, qui occupe illégalement le complexe castral depuis 1134[9]. En effet, Bouillon était devenu, après la mort de Godefroid de Bouillon, en 1100, propriété de l'Eglise de Liège et de son évêque Otbert. Le témoin oculaire du »Triomphe de St-Lambert« nous a laissé un récit du siège où les détails utiles à l'archéologie abondent: le *»maius castrum«* ou château principal, situé à l'emplacement de la cour d'honneur du château actuel, comportait une chapelle. Le 17 septembre 1141, fête de saint Lambert, l'infanterie envahit la colline de Beaumont et essaie de se maintenir sur la crête située entre les deux fortifications: la motte et le château. L'assaut est donné: on entasse aux pieds de la tour en bois des branchages tirés des forêts voisines et les liégeois tentent d'y mettre le feu. Mais le vent se lève et flammes et fumées chassent les assaillants et ne parviennent pas à consumer la tour. Le combat dure jusqu'au soir et les assiégés se défendent avec acharnement, lançant projectiles, pierres et flèches en abondance; la retraite est ordonnée. Enfin, le 22 septembre, les liégeois ont plus de chance, la garnison épuisée se rend tout simplement.
Si ces événements semblent bien devoir marquer la fin définitive de la motte de Beaumont et de sa tour, d'autres documents permettent de remonter le temps au-delà de 1141 et d'attribuer la construction du second château de Bouillon à Godefroid de Bouillon, duc de Basse-Lotharingie dès 1082, ou à un de ces prédécesseurs directs.

5 *»In diebus illis defuncto Goscelone duce Lotharingie qui dux dicebatur Bullionis castri, quod quisdem castrum proprium erat allodium«*. Dans: L. Vanderkindere, Gislebert de Mons. Chronique, C, VI, 9.

6 F. Baix, Dictionnaire d'histoire et de géographie écclésiastique (Paris 1938) Bouillon, col. 7. – G. Kurth, Chartes de l'abbaye de Saint-Hubert en Ardenne. Publ. comm. r. hist. de Belgique 1 (Bruxelles 1903) 31, note 2. – K. Hanquet, La Chronique de Saint-Hubert dite Cantatorium (Bruxelles 1906) 38. 53. 64. 65. 105.

7 Hanquet (note 6) p. 53, 8–11: *»Unde et ad ducem Godefridum majorem se contulit, utque ad firmandum vallum castri sui Bulloniensis exigeret injustam angariam de hominibus sancti Huberti, importune suggessit«*; *vallum* doit se traduire par »rempart et palissade«.

8 cf. Mirwart.

9 Cl. Gaier, Art et organisation militaire dans la principauté de Liège et dans le comté de Looz au Moyen Age. Mém. Acad. r. de Belgique, Classe des Lettres et de Sciences morales et politiques. Mémoires LIX, fasc. 3 (Bruxelles 1968) 241–251. – M. G. H., S. S. XX, 497–511: *»...invaderet pedestris exercitus Bellummontem, militaris vero cohors intra duas muntiones consistere conaretur (...) certatim igitur quisque de silvis in congeriem ligna deferebat et igni supposito turrim ligneam Bellimontis conabatur incendere. Sed vento vehementi ex adverso veniente, fumi iniuria simulque flammarum globi plus obfuit assilientibus quam impediret obsessos...«*.

La célèbre Chronique de Saint-Hubert, le *Cantatorium*, nous donne le reflet exact d'un texte diplomatique de la première moitié de l'année 1096, actuellement disparu mais dont on retrouve les traces peu altérées dans un pseudo-original daté de 1084 et dont la confection date de peu avant 1160[10]. Il s'agit d'une disposition peu habituelle où Godefroid de Bouillon charge l'abbé de Saint-Hubert de fournir, à sa place, durant son absence en Terre Sainte, un chapelain pour la chapelle castrale de Saint-Jean située dans son donjon de Bouillon et pour l'église paroissiale de Saint-Pierre située dans le bourg. Cet acte sans doute dicté par la hâte des préparatifs et le manque de temps pour procéder lui-même à la nomination d'un desservant est trop exceptionnel que pour avoir été inventé. Le texte prouve donc bien l'existence en 1096 d'un château avec chapelle.

Le *Cantatorium* toujours nous renseigne sur la vente à réméré du château de Bouillon et de son domaine par Godefroid de Bouillon à Otbert, évêque de Liège, en 1096[11]. Godefroid en fut-il le constructeur et quand? Le siège de 1077–1078 concerne-t-il déjà ce donjon?

Des travaux de réfection exécutés dans la cour d'honneur du château de Bouillon furent l'occasion pour le Service national des Fouilles d'étudier son histoire primitive. C'est là, en effet, que s'élevait, jusqu'à la période hollandaise, un imposant donjon, centre névralgique le plus ancien de la fortification.

Définir le noyau ancien du château-fort constituait le but des travaux. Des plans réalisés, en 1764, par le Génie français gardaient encore heureusement l'image de ce noyau: vaste donjon, de 26 m sur 13 m, à trois étages comprenant cellier, salle d'armes et chapelle (fig. 5). Les documents montrent que le donjon occupait non seulement une place centrale dans le château actuel mais encore qu'il dominait toutes les autres constructions. Ce donjon fut détruit par les Hollandais après 1824, pour y construire quatre casernes datées de 1828. Ces dernières furent à leur tour rasées en 1892–93 dans un souci d'»harmoniser« les constructions du château. Toute la cour d'honneur et donc le noyau primitif se trouvaient ainsi libérés pour des recherches éventuelles. Ces fouilles, hélas, démontrèrent clairement que les Hollandais, non contents de détruire le donjon – avec l'accord, il est vrai, des autorités bouillonnaises – creusèrent et abaissèrent également le piton rocheux sur lequel il avait été assis et firent disparaître tous les niveaux du moyen âge. Il ne restait plus rien du majestueux donjon et seules quelques ouvertures creusées dans sa façade occidentale ménagée à même le roc, témoignent encore de ses dispositions anciennes. Une étude architecturale attentive permit de reconnaître la topographie ancienne du château, vaste éperon rocheux séparé de la montagne de Beaumont par au moins deux failles et un fossé creusé dans le roc au contact du donjon, son flanc sud-ouest étant ainsi suffisamment protégé. Au nord-est, vers la ville, c'était une pente douce creusée dans les flancs abrupts du piton qui permettait l'accès. Cette disposition ancienne est relativement bien conservée malgré les constructions postérieures. A l'exception d'un élément de tour médiévale encore bien conservé et enserré dans les murs de l'arsenal, les bâtiments encore visibles actuellement ne sont pas plus anciens que le 16ᵉ siècle. C'est Georges d'Autriche, prince-évêque de Liège, qui en 1551 fit construire la tour qui porte son nom au debout du château; la petite poudrière date également de cette période. Les aménagements postérieurs sont dûs à Vauban et son mémoire sur les réparations à exécuter en 1679 est très explicite à cet égard (fig. 6). Les Hollandais entreprirent également des grands travaux à partir de 1815 et toutes les superstructures: terrasses et plates-formes à canon, sauf celles de la Tour d'Autriche, sont dues à leur initiative.

L'absence totale de trouvailles, objets ou vestiges, exclut toute possibilité de datation archéologique. Quoiqu'il en soit, dans l'état actuel des recherches, ce donjon ne peut être que postérieur au prototype dont il dérive: le modèle est anglais et a été construit par Guillaume le Conquérant entre 1080–1090; c'est la tour de Londres ou White Tower. Cette construction reste cependant une innovation et ce n'est qu'à l'extrême fin du 11ᵉ et au début du 12ᵉ siècle que les donjons résidentiels se construisent tant en Angleterre que sur le continent. C'est à cette époque aussi qu'on commence à substituer la pierre au bois.

10 G. Despy, Les actes des ducs de Basse-Lotharingie du XIᵉ siècle. La Maison d'Ardenne Xᵉ–XIᵉ siècles. Actes des Journées... (Luxembourg 1981) 99–107.

11 Hanquet (note 6) 206, note 1: »...*Otbertus gloria sue studens, predictum castrum oblatum sibi concupivit, et mille quingentas argenti libras pro eo duci condixit...*«.

Fig. 5
Bouillon, »Château«; donjon et chapelle St-Jean d'après les coupes du Génie français, en 1764 (SHAT, Vincennes [Paris]).

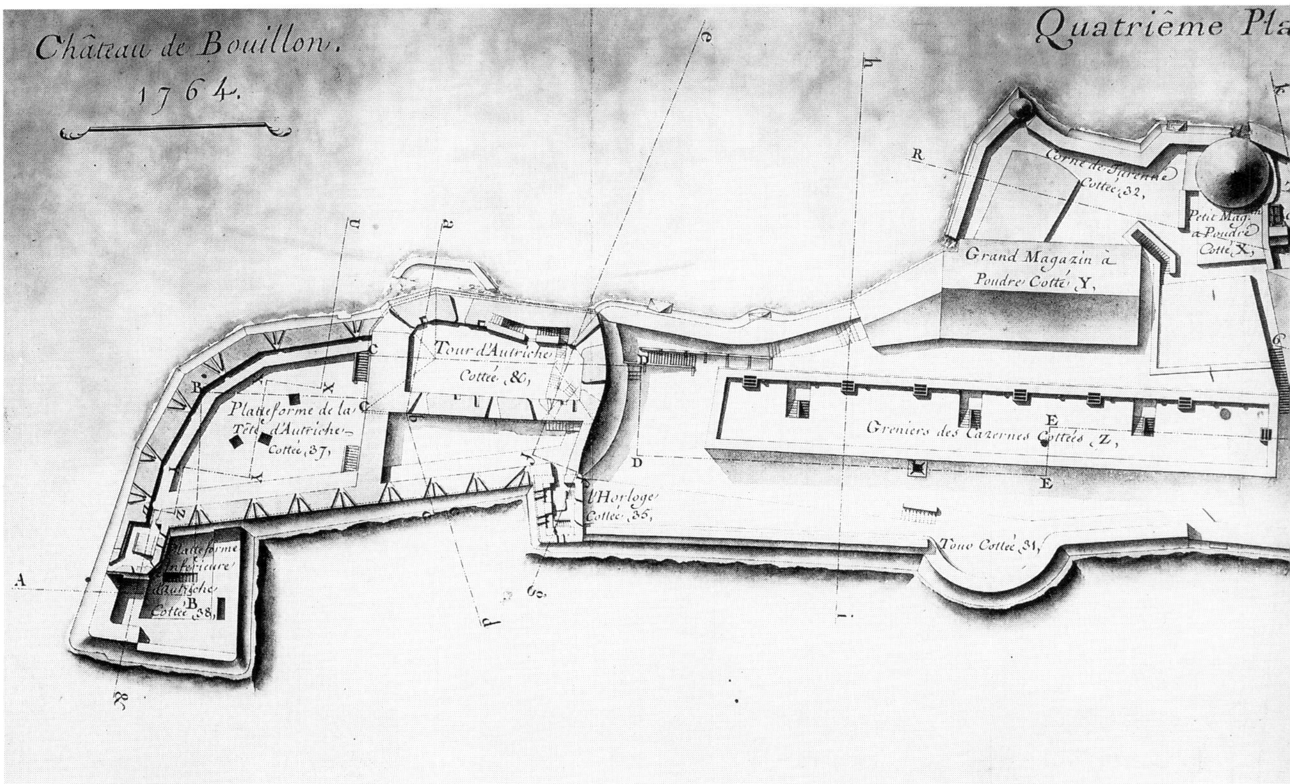

Fig. 7 Bouillon, »Château«; au centre, donjon et chapelle St-Jean d'après les plans du Génie français, en 1764 (SHAT, Vincennes [Paris]).

Fig. 6
Bouillon, »Château«; donjon (n° 5) et chapelle St-Jean (n° 6), plans en relief de 1689.

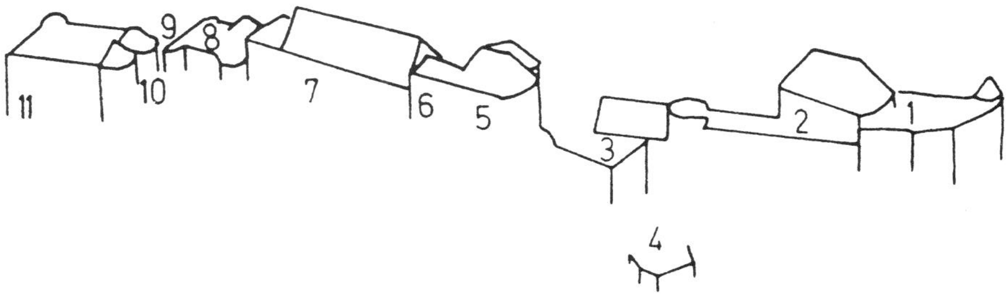

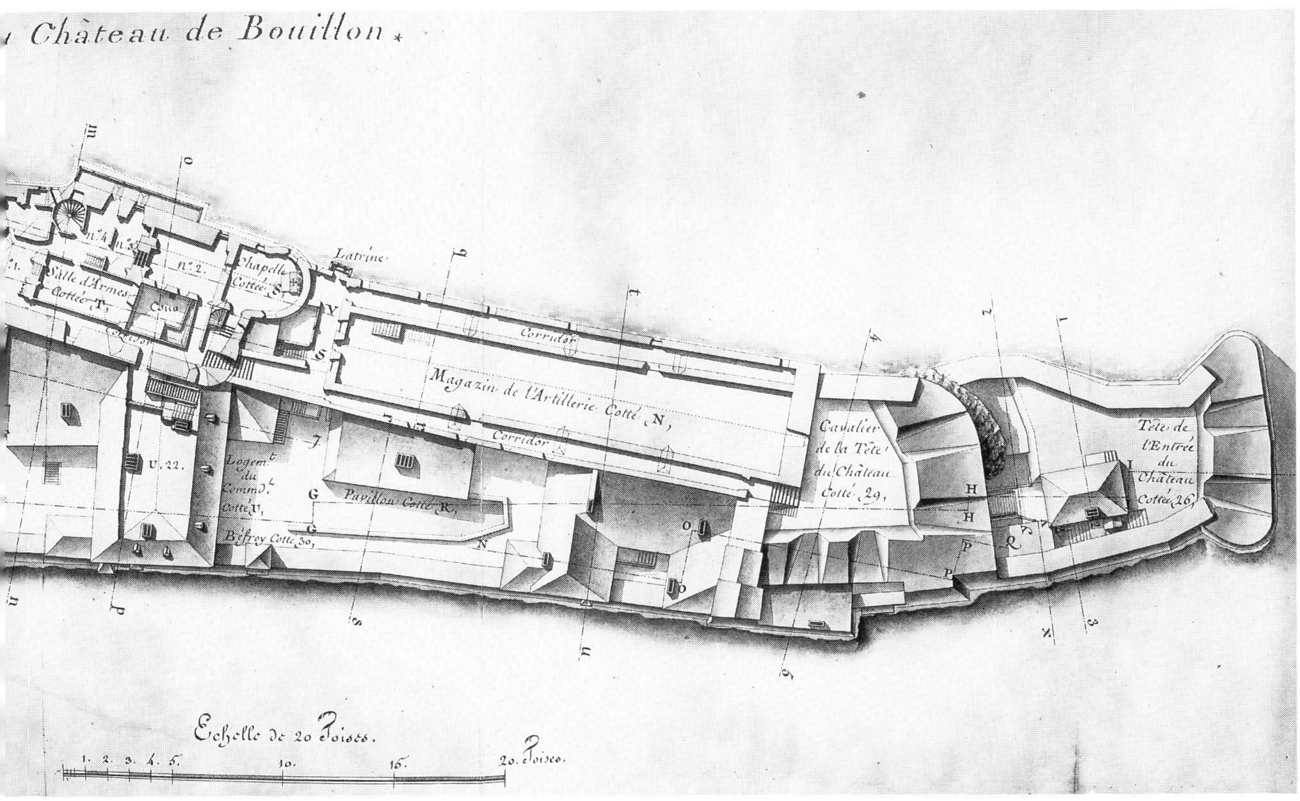

Une autre comparaison typologique s'impose. Elle est empruntée au château de Liresse à Vivy, distant d'à peine 6,9 km de Bouillon. Ce château, propriété des Ardenne-Verdun, est daté de la seconde moitié du 11e siècle [12]; il présente un donjon de plan ovalaire qui est à rapprocher du plan du donjon de Bouillon dont les angles sont arrondis (fig. 7), si on y ajoute que les dimensions des deux fortifications sont identiques, on comprendra que les similitudes sont trop exceptionnelles que pour être fortuites.
L'évolution des fortifications de Bouillon se profile donc clairement. Après une occupation préhistorique à placer sans doute durant la période de La Tène, succède, de nombreux siècles plus tard, une motte féodale typique des usages militaires du 11e siècle. C'est à elle que se rapportent les mentions de 1055, 1064, et peut-être celle de 1077–1078 transmises dans les textes. Durant la seconde moitié du 11e siècle et certainement avant 1096, la construction d'un donjon de pierre est terminée à l'endroit où s'élève encore aujourd'hui le château de Bouillon. Il n'en reste que les plans et des coupes, mais combien évocateurs.

II. Vivy

A l'endroit où le ruisseau de Mogimont se jette dans la Liresse, se dresse un éperon rocheux couronné aujourd'hui encore d'une petite chapelle dédiée à Notre-Dame. Là se trouvait autrefois une fortification révélée par les travaux du Service national des Fouilles lors des campagnes de 1980/1981 [13]. Déjà en 1963, Fr. Bourgeois avait effectué une série de sondages préparatoires sur le site. Les travaux trop limités, sur un terrain de surcroît fortement boisé, n'avaient pas permis de donner une vue correcte de l'ensemble.
La mention la plus ancienne et aussi la seule connue pour cette époque reculée date de la seconde moitié du 11e siècle. Elle apparaît dans les *Nomina Benefactorum* de l'abbaye de Saint-Hubert. On y relate le don, à l'abbaye, de l'église-mère de Paliseul et de la dixième partie de la réserve seigneuriale attachée au château de Liresse, en réparation du meurtre de Richezon [14]. Ce dernier est l'époux de Liégarde, elle-même sœur du comte de Chiny, Louis II et tante d'Arnoul II, comte de Chiny qui mourut en 1106. Le fils de Richezon, Ricuin de Sancy, mourut aussi de mort violente, avant 1070, sous les coups d'Héribrand, *castellanus* de Bouillon et ministérial des Ardenne-Verdun.
L'opposition des Ardenne-Verdun à Ricuin s'étendait peut-être aussi à son père Richezon, puisque en réparation de son meurtre, ils doivent céder une partie de leurs biens – le dixième des revenus de leur réserve dans le domaine de Liresse – à Saint-Hubert.
Qui a tué Richezon? Quand cet épisode eut-il lieu? La réponse à ces questions permettrait de mieux situer dans le temps la mention du château. Malgré une étude serrée de l'environnement historique, aucune réponse satisfaisante ne peut être donnée à ces interrogations.
Tout porte à croire que le site fut peu occupé voire rapidement abandonné; on ne trouve plus qu'une citation tardive de 1574 dans le »Livre et recueille de la duché et pays de Bouillon«: »Item sur le ban Levesque est un aultre chasteau appelé chateau Liresse auprès du ban Guillaume et Vivy présentement ruiné...«
Le promontoire est compris entre deux vallées confluentes. A l'est comme à l'ouest, les flancs abrupts protègent naturellement le site; au nord, le terrain monte avec rudesse pour se terminer sur un à-pic interdisant tout accès. Au sud, un chemin moderne en lacet découpé dans les pentes raides mène, après un dernier coude dominé par un mamelon d'entrée, à la crête fortifiée. Le point fort, au nord, est aussi le plus haut et sert d'assise à un donjon dominant les remparts ceinturant l'ensemble de l'éperon (fig. 8,1).

12 Cf. Vivy.
13 A. Matthys et G. Hossey, Le château de Liresse à Vivy. Conspectus MCMLXXXI. Arch. Belgica. 247, 1982, 109–111.
14 »*Pro Richizone interfecto tradita est nobis mater ecclesia in Palatiolo et decima de omni indominicato bono Lierizii castro subjecto...*«. Dans: Kurth (note 6) 31. – Pour les Sancy cf. A. Laret-Kayser, Les prieurés hubertins de Prix, Sancy et Cons: trois fondations d'initiative laïque. Cahiers d'hist. de Saint-Hubert d'Ardenne 2, 1978, 35 et note 47. – C. Dupont, Les domaines des ducs en Basse-Lotharingie au XIe siècle. La Maison d'Ardenne Xe–XIe siècles... (Luxembourg 1981) 220 et note 12.

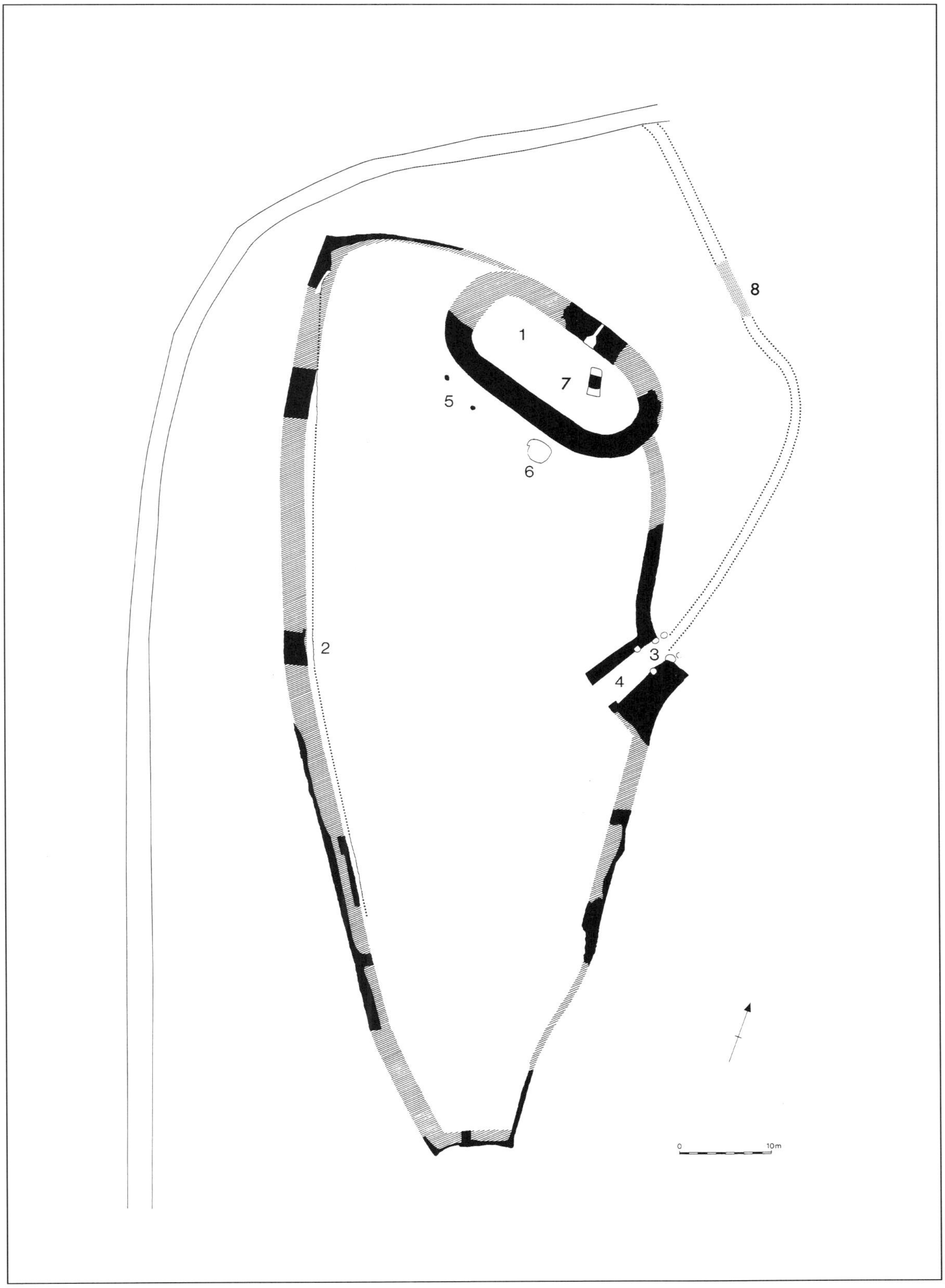

Fig. 8 Vivy, »Château Liresse«: 1 Donjon. – 2 Enceintes. – 3 Entrée en bois. – 4 Entrée en pierre. – 5 Base de la cage d'escalier. 6 Aire de mortier. – 7 Puits. – 8 Chemin d'accès.

Au nord et au nord-ouest, les murailles sont fortement endommagées voire complètement détruites jusqu'à la roche. Des tentatives d'exploitation de schiste ont, en effet, peut-être au siècle dernier, attaqué les flancs de l'éperon. Des déchets de taille et une galerie creusée en oblique dans la paroi schisteuse témoignent encore aujourd'hui de cette ancienne industrie.

Le donjon développe un ovale régulier de 26 m sur 13,50 m (fig. 9). Ses murs d'une épaisseur de 2,50 m à 3 m sont élevés en schiste relié au mortier de chaux tantôt rose tantôt jaunâtre et si les parements offrent des assises horizontales régulières, le blocage intérieur des murs est réalisé en lits de dalles disposées en arêtes de poisson alternées. Les murs atteignent encore à certains endroits une hauteur voisine de quatre mètres, à d'autres ils sont détruits jusqu'à la roche. Une meurtrière dirigée vers le nord est encore heureusement conservée; en forme d'entonnoir, sa largeur vers l'extérieur ne dépasse pas 0,30 m. Toute la construction repose sur l'éperon schisteux et le sol intérieur offre une telle dénivellation et de telles irrégularités que la présence d'un plancher s'impose, cependant aucun trace n'en subsiste. Dans ce puissant édifice s'ouvrait aussi un puits rectangulaire de 3,30 m sur 1,35 m en surface, creusé ensuite en oblique sur quelque 5,50 m, il s'enfonçait ensuite verticalement selon un plan régulier de 1,80 m sur 0,75 m pour atteindre la profondeur totale de 11,93 m (fig. 8,7). L'absence de découvertes dans le puits confirme la tradition populaire d'une première fouille effectuée au début du 19e siècle par le propriétaire du site. Les trouvailles s'étaient cependant limitées alors à quelques bois de cervidés et aux restes d'un squelette humain. Les fragments de ce qui pourrait être les débris d'une calotte crânienne humaine retrouvés dans les déblais du donjon, aux alentours du puits, appuient quelque peu cette relation.

Ce donjon de dimension exceptionnelle, offrait la particularité d'avoir des petits côtés de forme arrondie; ceci n'est pas sans rappeler la forme du donjon primitif du château de Bouillon, antérieur à 1096.

L'ensemble de l'éperon est ceinturé de remparts dessinant un ovale régulier de 98 m dans sa plus grande longueur. Les caractéristiques de construction sont ici identiques à celles relevées dans le donjon. Derrière un parement de grosses dalles régulières et horizontales, maçonnées à la chaux, on trouve un noyau fait de lits superposés de pierres posées de chant dans un bain de mortier. Les murailles ont une largeur de près de 1,80 m à l'est, pour atteindre parfois 2,50 m sur la face occidentale. Là aussi, la conservation est la plus remarquable: l'enceinte y atteint parfois encore une hauteur de 4,60 m. Sur ce dernier flanc aussi, une phase plus ancienne fut recoupée et complétée. Il s'agit d'un mur de pierres sèches, situé derrière l'enceinte maçonnée et en partie détruit par elle. De très bonne facture, ce mur est encore conservé sur pas moins de 70 m (fig. 8,2).

Le secteur de l'entrée a aussi été entièrement dégagé (fig. 10). On y distingue dans une première période d'occupation, un porche d'accès entouré de quatre pieux symétriques, encadrant un passage large de 1,50 m (fig. 8,3). Ce premier aménagement du site est peut-être à mettre en relation avec le rempart de pierres sèches conservé sur le flanc occidental. Dans une seconde phase, le retour des murs vers l'intérieur de la fortification délimite un couloir d'entrée, de plan trapézoïdal et long de 8,75 m, où l'on observe les emplacements du chambranle de la porte constitué de deux forts pieux verticaux et l'amorce d'un arc doubleau, soutien, à l'extrémité du passage, d'une voûte aujourd'hui disparue (fig. 8,4).

Un élément important pour la compréhension générale du site et de sa topographie en particulier, fut la découverte d'un tronçon de route encore bien conservé, en contrebas du donjon (fig. 8,8). Ce chemin d'accès, large de 1,10 m, était aménagé, en partie, dans la roche et parfois encore revêtu, là où l'assise était de terre, de plaquettes de schiste posées de chant et comprises dans une bordure. Il montrait que l'accès à la forteresse s'opérait à partir de la vallée pour remonter vers le nord et Vivy; tout comme aujourd'hui encore, en longeant le pied des remparts à l'ouest, pour passer sous le donjon au nord et accéder au nord-est où s'ouvrait la porte. L'accès actuel, par le sud, est donc bien moderne et est à mettre en relation avec le pèlerinage à la chapelle Notre-Dame de Liresse à l'extrême pointe méridionale du site, vers le milieu du 19e siècle.

Des recherches complémentaires effectuées au pied du donjon ont permis de découvrir la base d'un dispositif d'entrée menant à la porte autrefois située au premier étage (fig. 8,5). Dans le même secteur, les fouilles permirent de dégager l'endroit où s'effectuait le malaxage du mortier nécessaire à la construction du donjon (fig. 8,6). Quelques indications avaient fait croire à l'existence d'une poterne, au nord-est du

Fig. 9 Vivy, »Château Liresse«; le donjon, vue de l'ouest.

Fig. 10 Vivy, »Château Liresse«; l'entrée, vue du nord.

site, dans ce qui s'est avéré être le secteur de l'entrée. Les travaux ont montré qu'il s'agissait en fait d'un éboulis aménagé peut-être par les démolisseurs et récupérateurs de pierres.
La première mention connue de ce château date de la seconde moitié du 11e siècle. Le matériel, quoique peu abondant, confirme cette chronologie. Il s'agit de tessons de la première période d'Andenne (1050–1175) et de fragments de poteries peintes de la région de Schinveld-Brunssum. La céramique locale n'est pas absente et une pointe de flèche, un fragment d'épée ainsi que des forces complètent l'éventail des découvertes.

III. Sugny

Les fouilles du »Tchesté de la Rotche« à Sugny se sont poursuivies sous l'égide du Service national des Fouilles, depuis 1982 jusqu'en 1988. Dès 1989, elles furent reprises avec le Service des Fouilles de la Région Wallonne et sont toujours en cours.
Ce site exceptionnel pour la connaissance et la genèse de la castellologie médiévale, permet d'entrevoir l'évolution exemplaire d'une enceinte vers un château de pierre, en passant par un donjon en bois sur motte. D'origine carolingienne, le site est déjà occupé durant la seconde moitié du 8e et la première moitié du siècle suivant; les constructions majeures conservées datent cependant des 10e et 11e siècles, avec un prolongement possible dans le 12e. L'option de fouille totale a permis non seulement d'examiner le sommet fortifié du site mais aussi les pentes environnantes et les abords immédiats, révélant ainsi une image toute nouvelle des activités annexes d'un château et des différentes classes de ses occupants[15].
Le »Tchesté de la Rotche« s'avance en éperon vers le sud-est. Compris entre deux vallées, il se dresse au confluent de deux ruisseaux dont le principal va se jeter, au nord, dans la Semois proche, au village de Membre dont il tire son nom de »Membrette« ou encore »Ruisseau de Membre« (fig. 11 et 12).
En venant du nord et du point culminant, un plateau de crête aménagé en plate-forme, de plan trapézoïdal, forme une basse-cour aux dimensions maximales de 40 m sur 70 m.
Encadrée de fortes pentes à l'ouest comme à l'est, cette basse-cour débouche, au sud, sur une série de levées de terre entrecoupées de fossés. Ces ultimes défenses sont situées au contact direct d'une brusque saillie de la roche qui porte le château. Ce véritable nid d'aigle domine l'ensemble du site et de ses abords sur près de 13 m et permet une vue lointaine vers le nord-est et la vallée principale, en direction de la Semois.
Le site a livré en son sommet quelques objets de silex néolithiques; il s'agit d'un fragment de lame retouchée et d'un éclat de taille à plan de frappe préparé. Un fragment de plat gallo-romain en sigillée de type Dragendorff 18/31 provient aussi du remblai sommital. Ce tesson calciné dont la fabrique ne peut plus être reconnue, date des 1er ou 2e siècles de notre ère. Déjà vers 1851, des fouilles pratiquées entre le village de Membre et le lieu-dit les »Quatre Bornes« situé à moins de 1500 m du château avaient: »...amené la découverte de divers objets et de médailles romaines«[16].
La proximité de la route romaine Reims-Cologne et de ses doublets explique à suffisance la présence de ces vestiges[17]. Après avoir quitté Reims, la route traverse la Meuse entre Charleville et Mézières pour passer ensuite par Bagimont sur territoire belge, puis au lieu-dit, »Les Quatre Bornes« et prendre la direction de Laforêt pour gagner enfin Paliseul et de là Bastogne. Cette route, tracée en contrebas de la crête dominante au nord du château, semble bien avoir été interrompue pour être détournée par une

15 A. Matthys, Le »Chesté de la Rotche« à Sugny. Conspectus MCMLXXXII, Arch. Belgica 253, 1983, 87–90. – Id., Le »Chesté de la Rotche« à Sugny. Conspectus MCMLXXXIII. Arch. Belgica 258, 1984, 118–121. – Id., Le »Tchesté de la Rotche« à Sugny. Arch. Belgica I/2, 1985, 81–88. – Id., Le «Tchesté de la Rotche« à Sugny 4 (com. de Vresse s/Semois). Arch. Belgica II/1, 1986, 87–94.

16 N. Hauzeur, Antiquités gallo-germaniques, gallo-romaines et franques de la rive droite de la Meuse (Prov. de Namur). Ann. Soc. arch. de Namur 7, 1861–1862, 308. Il faut lire la montagne des Quatre Bornes au lieu de Quatre bonniers.

17 M.-H. Corbiau, La chaussée romaine Reims-Cologne entre la Meuse et Bastogne. Miscellanea Archaeologica in honorem H. Roosens. Arch. Belgica 255, 1983, 145–164.

Fig. 11
Sugny, le »Tchesté de la Rotche«; situation topographique:
1 Voie romaine Reims-Cologne. –
2 Détournement de la voie romaine. – 3 Château. –
4 Gué de Membre-sur-Semois.

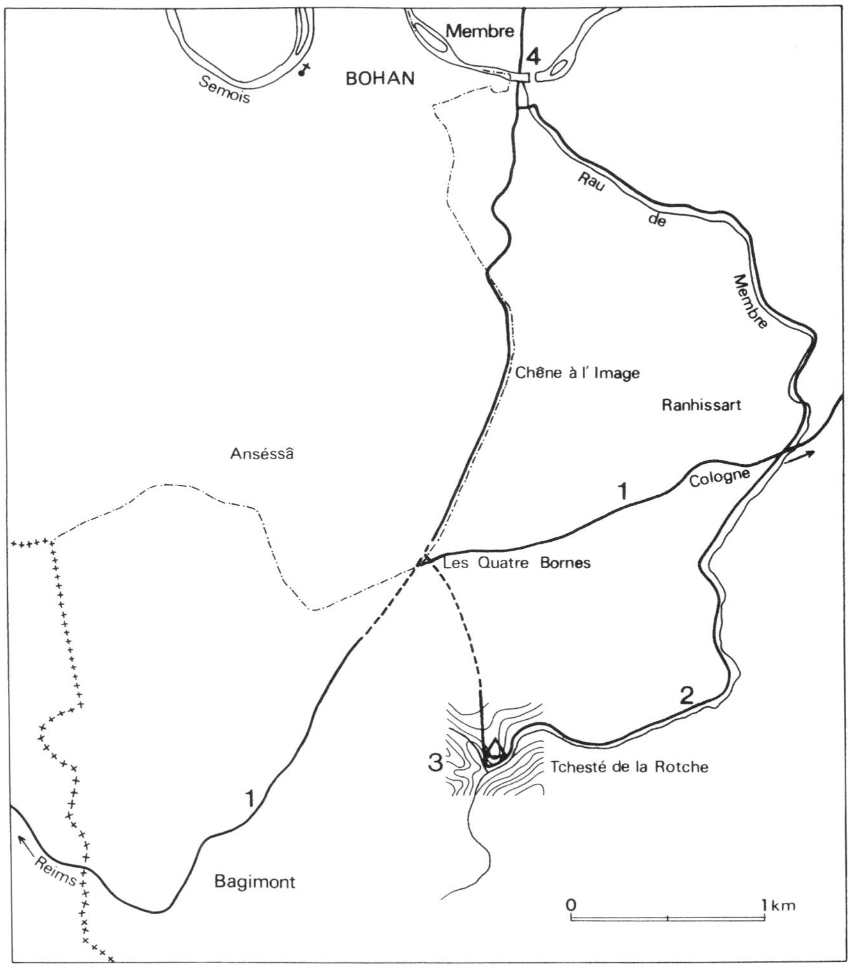

Fig. 12
Sugny, le »Tchesté de la Rotche«; photo aérienne verticale:
1 Château. –
2 Basse-cour artisanale. –
3 Basse-cour agricole. –
4 Détournement de la voie romaine. –
5 Four à chaux (?).

transversale: celle-ci passe aux pieds de la fortification du »Tchesté« pour retrouver ensuite, par la vallée du ruisseau de Membre, la route romaine un instant abandonnée. La situation topographique exceptionnelle de la »Rotche« explique assez le choix des constructeurs et a donc entraîné et justifié le court détournement de l'ancienne route romaine au profit du château médiéval (fig. 11 et 12).

1. Phase 1 (vers 750–850)

Au sommet de l'ouvrage, un alignement de trous de pieux parfois encore doublé d'une rangée de poteaux parallèles et antithétiques, d'un diamètre à peu près constant de 40/45 cm, est établi en bordure directe de l'à-pic, à l'ouest et au nord et peut-être même à l'est du plateau sommital. Cette enceinte palissadée témoigne de la plus ancienne phase de construction conservée sur le site (fig. 13,1). Un donjon de bois et une palissade de date plus récente recoupent, au moins en partie, ces trous de pieux et justifient ainsi leur chronologie relative plus ancienne. Ces poteaux déterminent ainsi le tracé d'un rempart de terre et de bois formé d'une double palissade parallèle, libérant un espace interne large, en moyenne, de 2 m. Des poutres horizontales devaient relier les pieux verticaux et les caissons ainsi obtenus étaient comblés au moyen de terre et de pierres pour former un véritable rempart. Ce type de levée est bien attesté durant le moyen âge et en particulier à l'époque carolingienne.

Ce rempart devait, à l'origine, entourer tout le plateau du sommet, mais la fragilité de la roche, la proximité immédiate du précipice et surtout les transformations successives du site ne permettent plus de reconstituer son parcours en entier. Si les quelques pieux reconnus à l'est appartiennent bien à cette palissade primitive, la surface ainsi enclose ne devait pas dépasser 6 ares.

Les travaux de taille et d'aménagement de la surface rocheuse lors des occupations postérieures ont fait disparaître aussi les traces d'habitat éventuel abrité derrière ce rempart. Quelques trous de pieux ne trouvant pas leur place dans le schéma constructif de bâtiments plus récents témoignent peut-être encore de ces premières implantations (fig. 13,2).

Au nord, aux pieds de la butte castrale, à quelque 20 m de celle-ci, une série de quatre levées de terre parallèles et autant de fossés empêchent une attaque frontale de cavalerie. Leur situation sur la dorsale du plateau d'accès et leur succession rapide montrent assez leur raison de briser l'élan de l'assaillant éventuel. L'absence de fouilles ne permet pas de lier clairement ces vestiges à la première période d'aménagement et de fortification du sommet du site, mais ils sont à situer aux débuts de l'occupation de l'ensemble, car eux aussi ont été entamés par les aménagements plus récents d'une basse-cour devant le château.

Suite aux nettoyages répétés de la surface rocheuse, le matériel archéologique de toutes les périodes a été retrouvé pêle-mêle dans un mince humus ou des remblais recouvrant immédiatement le schiste en place. L'absence de stratigraphie claire ne permet donc pas de lier les objets aux différentes phases de l'occupation. Il serait cependant logique de faire correspondre les ensembles d'objets les plus anciens à la phase première de la fortification.

Quelques fragments de tuiles de type gallo-romain – *tegulae* et *imbrices* – proviennent du sommet de l'ouvrage fortifié mais surtout des remblais des fossés situés en contrebas. Leur taille inférieure à la moyenne reconnue habituellement dans les habitats gallo-romains pourrait les faire attribuer à la période carolingienne; elles proviendraient alors de constructions établies à l'abri du rempart à caissons entourant le sommet.

La céramique carolingienne est bien représentée. Cette production, il y a peu de temps encore inconnue, vient du centre potier d'Autelbas, près d'Arlon [18] (fig. 14 et 15). L'historiographie des découvertes de ce type de céramique dans différents sites et les apports chronologiques successifs sont importants pour cerner une chronologie globale de cette production.

[18] F. Jungen, G. Fairon et G. Hossey, Un four de potier carolingien à Autelbas-Barnich. Arch. Belgica I/2, 1985, 77–80.

Fig. 13 Sugny, le »Tchesté de la Rotche«; plan d'interprétation. Phase 1, enceinte carolingienne (vers 750–850): 1 Enceinte. – 2 Traces de bâtiment (?).

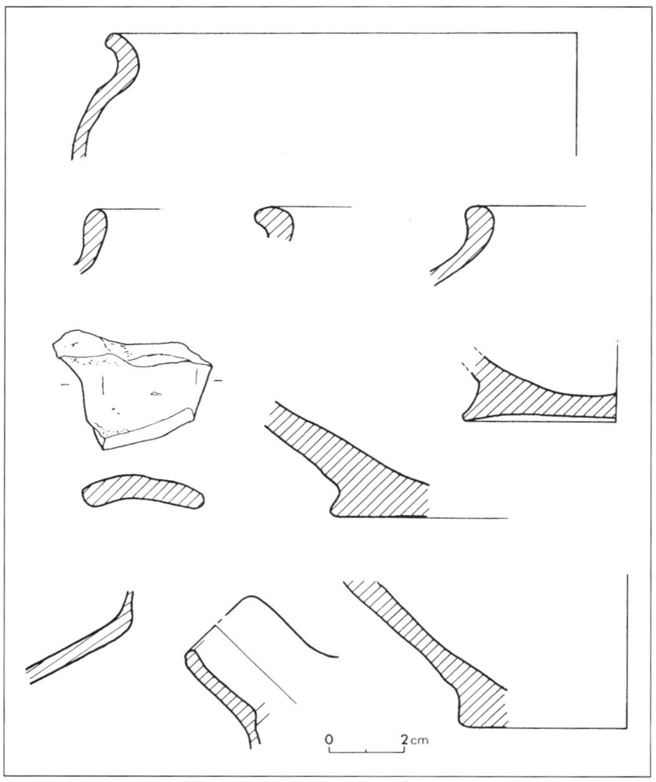

Fig. 14
Céramique carolingienne découverte à Autelbas (vers 750–850).

Fig. 15
Céramique carolingienne d'Autelbas découverte à Sugny (vers 750–850).

Déjà en 1936, L. Hussong étudiait la céramique carolingienne de Trèves et de sa région[19]. Il distinguait, parmi les trouvailles, un groupe de céramique dont une partie est identique, tant par sa typologie que par sa facture, à la poterie récemment reconnue à Autelbas qu'il dénommait »*Hospitalkeramik*«. Une découverte de ce groupe sur le site du sanctuaire gallo-romain de l'Altbachtal à Trèves, est particulièrement intéressante. Elle y était associée à un denier de Louis le Pieux dont la date se situe entre 814–840, sans autres précisions numismatiques[20].

Parmi les découvertes associées à cette poterie d'Autelbas, se trouvait aussi une cruche de type *Tating*[21]. Ces récipients apparaissent vers le milieu du 8e siècle. A Wharram Percy (GB), ils sont datés par une sceatta de Ethbert de Northumbrie (737–758)[22]. On sait depuis les fouilles de Dorestad (NL), port carolingien abandonné vers 850/875, que ces cruches sont déjà utilisées dans le troisième quart du 8e siècle[23]. A Paderborn (D) aussi, ces cruches sont présentes dans une couche de démolition antérieure à 778[24].

Des fragments de poteries du type d'Autelbas furent aussi retrouvés et datés en Wallonie. En 1977, A. Cahen-Delhaye signale la découverte d'un dépotoir carolingien sur le territoire de la commune d'Hamipré[25]. La ceramique y est située, sur base typologique, entre 750 et 950[26]. La présence de charbon de bois associé à ce matériel avait permis de donner une date non calibrée du 14C: 1350 ± 50 BP[27]. Sur base des nouvelles courbes issues des datations du 14C encore présent dans des échantillons de bois et de leur comparaison avec l'âge réel fourni par la dendrochronologie, on peut proposer les dates de 660 ± 50 AD, soit 610–710 avec une probabilité de 68 % ou 560–760, avec une probabilité de 95,4 %, pour le matériel associé au charbon de bois découvert à Hamipré[28]. Ces dates sont trop anciennes et elles ne sont pas strictement compatibles avec la date archéologique de la céramique. Faute de parallèles connus dans la poterie du 7e siècle découverte en abondance dans les nécropoles mérovingiennes de la région, c'est donc dans la dernière partie de la date – un 8e siècle avancé – qu'il faut situer, jusqu'à présent, la céramique du type d'Autelbas découverte à Hamipré. Les fouilles menées sur le site du »Haut de la Cour« à Mellier, entre 1982–1983, ont permis de retrouver de la céramique du type d'Autelbas dans les couches de démolition du *palatium* carolingien dont le nom émerge en 763 lorsque Pépin le Bref accorde l'immunité à l'abbaye de Prüm par un acte signé au *Palacio publico Maslario*[29].

D'autres découvertes devront permettre d'affiner ces datations, mais cette céramique mérite, à coup sûr, son qualificatif de carolingien.

19 L. Hussong, Frühmittelalterliche Keramik aus dem Trierer Bezirk. Trierer Zeitschr. 11, 1936, 75–89.

20 Hussong (note 19) 84 et pl. 3 fig. 2 et 4; pl. 4, fig. 1, n° 4; il s'agit d'un denier au type »Xristiana Religio« d'atelier inconnu publié récemment dans: K.-J. Gilles, Funde und Ausgrabungen 14, Kurtrierisches Jahrb. 22, 1982, 29* n° 17 (type Morrison/Grunthal 472) (communication Dr. W. Binsfeld, Rheinisches Landesmuseum Trier).

21 Hussong (note 19) pl. 3 fig. 3.

22 W. Janssen, Die Importkeramik von Haithabu. Die Ausgrabungen von Haithabu 9 (Neumünster 1987) 21–22 mentionne cette chronologie haute d'après J. G. Hurst et R. Hodges, A Tating-type ware sherd from Wharram Percy, North-Yorkshire. The Antiqu. Journal 56, 1976, 249; mais il montre aussi d'après les fouilles de Birka, que le »Tating Ware« est toujours connu dans la seconde moitié du 10e siècle.

23 W. A. van Es et W. J. H. Verwers, Excavations at Dorestad 1. The Harbour: Hoogstraat 1. Nederlandse Oudheden 9 (Amersfoort 1980) 97–99 fig. 54; 152 fig. 80 (dates: 750–800/900).

24 W. Winkelmann, Liturgisches Gefäß der Missionszeit aus Paderborn; zur Verbreitung und Deutung der Tatinger Kannen. Dans: P. W. Scheele, Paderbornensis Ecclesia. Beiträge zur Geschichte des Erzbistums Paderborn. Festschrift für Lorenz Kardinal Jaeger (München 1972) 37–46.

25 A. Cahen-Delhaye, Hamipré: vestiges de la Tène et d'époque carolingienne. Archéologie 2, 1977, 69.

26 A. Cahen-Delhaye, Quelques découvertes récentes en Ardenne, âge du Fer et époque carolingienne. Arch. Belgica 202, 1978.

27 A. Cahen-Delhaye, Dépotoir »carolingien« daté par le C 14. Archéologie 1, 1979, 22–23; datation effectuée par le Niedersächsisches Landesamt für Bodenforschung (Hannover), n° échantillon: HV 8539.

28 E. Gilot et B. Mahieu, Calibrage des dates 14 C. Helinium 27, 1987, 3–18.

29 A. Matthys et H. Gratia, La fortification du »Haut de la Cour« à Mellier. Conspectus MCMLXXXII. Arch. Belgica 253, 1982, 100–101.

Même si la preuve stratigraphique manque, le contexte emprunté à la typologie de la fortification associé à la datation de la céramique est largement carolingien et une datation de la première phase de fortification dans la seconde moitié du 8e siècle avec un prolongement dans le siècle suivant est certain.
Si aucun texte d'archives ne livre la moindre mention du château, le site et son environnement semblent bien devoir être liés aussi, du moins à l'origine, aux possessions domaniales carolingiennes de l'abbaye de Saint-Hubert.
La chronique de cette abbaye dite *Cantatorium* relate, à partir de sources diplomatiques aujourd'hui disparues, la donation de Louis le Pieux (814–840) à l'abbaye, en 817, d'une forêt qui tire son nom d'un toponyme bien précis, le *Wangigisus Mons*[30].
Comme G. Kurth, il faut sans doute opter pour une identification de la forêt du *Wangigisus Mons* avec les bois entourant le village actuel de Bagimont. Les relations de l'abbaye avec la région de Bagimont sont établies, mais leur origine n'est pas connue. Selon une source très tardive – datée de 1562 – l'abbaye y possédait, par l'entremise de son prieuré de Bouillon, les 2/5 de la grosse et menue dîme[31]. Kurth ajoutait, sans preuves toutefois, qu'elle possédait ces dîmes depuis toujours.
Le site du »Tchesté« (fig. 11) se trouve à 1875 m de l'église de Bagimont, sur le territoire de la commune de Sugny. Le château, en pleine forêt et éloigné de toute agglomération, n'en contrôle pas moins l'ancienne route romaine, un instant détournée à ses pieds. Cette voie – ou un doublet de celle-ci appelée »Voie des Pèlerins« – revêtait une importance capitale pour Saint-Hubert: elle reliait en droite ligne l'abbaye à la cité épiscopale de Reims et surtout à ses prieurés de Prix et d'Evergnicourt[32] (fig. 1).
Le château est compris dans une partie de forêt qui porte encore le toponyme de »Agimont« et qui sur la carte militaire levée en 1870, portait toujours le lieu-dit de »En Agimont« ou encore »Nagimont«. Ces dénominations sont à rapprocher du *Wangigisus Mons* des textes et la roche du château a une configuration naturelle assez exceptionnelle pour avoir été remarquée des anciens, avoir reçu une mention et avoir donné son nom à toute la forêt environnante y compris le site du village actuel de Bagimont. Plusieurs toponymes dans un rayon de moins de 5 km sont caractéristiques d'un vieux noyau forestier entamé par des cultures: »Wachausart, Waransart, Harmansart, Robessart, Rogissart, Gespunsart, Ranhissart, Ansessâ, Grossart«. La consonnance médiévale des patronymes est ici évidente.

2. Phase 2 (fin 10e s. – avant 1050)

On ne sait dans quelles circonstances ni quand, la fortification carolingienne fut abandonnée; mais, dans une seconde phase d'occupation, le sommet du site est complètement remanié pour laisser place à un donjon de bois et une annexe entourés d'une palissade. A l'est et au sud, en contrebas, les pentes sont encloses dans une autre enceinte entourant des constructions également en bois (fig. 16).
Le site se présente dès lors selon la formule classique de cour et de basse-cour et présente l'aspect d'un donjon sur motte. Rien ne permet de dater avec précision la construction de ce nouveau complexe fortifié, mais la typologie castrale traditionnelle situe ce type de fortification, au plus tôt, vers la fin du 10e siècle. Le charbon de bois recueilli dans un trou de pieu de cette époque de construction fournit les dates de 1400 $\pm$ 55 BP, ce qui après calibration donne 650 $\pm$ 55 AD. Cette chronologie est tout à fait normale, compte tenu de l'âge du bois de charpente utilisé et du cœur ancien sans doute seul conservé après la combustion. Elle est cependant de peu d'utilité et doit être considérée comme un *terminus post quem* fort éloigné de la date réelle de construction.

30 K. Hanquet, La chronique de Saint-Hubert dite Cantatorium (Bruxelles 1906) § 20–21 et 15, p. 14, 1.1–2.

31 G. Kurth, Chartes de l'abbaye de Saint-Hubert en Ardenne. Publ. comm. r. hist. de Belgique 1 (Bruxelles 1903) 7, note 1 renvoie à l'Inventaire, layette 13, p. 89.

32 J. L. Duvivier de Fortemps, Quelques chemins historiques de l'Ardenne méridionale. Parcs Nationaux 44, 1989, 21. 24–25.

a. Le donjon

Le plateau est retaillé et un bloc de roche de 9 m sur 9 m est soigneusement aplani et réservé au point le plus haut de l'éperon; il servira de base à la construction d'un donjon de bois, centre névralgique du site (fig. 16,1). En l'absence de traces de superstructures écroulées, l'aspect turriforme du bâtiment ne peut se déduire que de son plan quadrangulaire combiné à la profondeur et au diamètre imposant de ses pieux. Le poteau cornier, à l'angle sud-ouest, est un fort pieu quadrangulaire de 85 cm de côté, lui-même logé dans une fosse d'un diamètre maximal de 1,35 m, creusée de 55 cm dans la roche. Ceci permet d'étayer l'hypothèse d'une tour d'une certaine hauteur et de supposer l'existence d'un donjon à plusieurs niveaux s'étageant, selon la formule classique, en cave, rez-de-chaussée, étage noble, niveau de service ou de nuit et enfin, combles ou plate-forme de combat.
Au sud et à l'est, la roche est taillée en parois verticales sur une hauteur de 1,75 m, pour se détacher du reste du plateau et former un véritable socle carré pour le donjon. Au sud, des trous de pieux disposés à la base du socle déterminent l'emplacement de la cloison; à l'est, les superstructures de la paroi devaient, en l'absence de pieux, reposer sur une forte sablière basse, elle-même posée au contact direct de la roche. Au nord s'ouvrent les trous de pieux les plus importants et au milieu de cette cloison, on trouve même des fosses jumelées. A l'ouest, enfin, le donjon est appuyé contre une enceinte palissadée et fait corps avec elle.
L'accès au donjon se faisait à l'angle sud-est. Un bâti de sablières basses assises de peu dans la roche soutenait les limons d'un escalier extérieur, à volée droite et palier sur poteaux menant à la porte située à l'étage ou, à tout le moins, au rez-de-chaussée surélevé (fig. 16,2). L'axe de cet escalier extérieur n'est pas parallèle à la façade du donjon et correspond tout à fait à l'alignement de l'enceinte à l'est. Cet escalier débouche sur un couloir de 1,50 m de large, ménagé contre la face intérieure méridionale du donjon; après un brusque coude, il passe au-dessus de la cave d'angle, longe la paroi interne occidentale pour enfin déboucher dans la pièce du rez-de-chaussée.
Dans son angle sud-ouest, le donjon abritait une petite cave, aux parois irrégulières et en partie aménagée dans une anfractuosité naturelle de la roche (fig. 16,3). Cinq marches taillées dans le schiste la reliaient à la pièce du rez. Ce réduit n'excédait pas 4 m sur 2,50 m. Trois solives, posées d'un côté sur le rocher et reliées, de l'autre, aux pieux de la paroi occidentale du donjon, devaient supporter ce plancher et former ainsi la couverture de la cave dont la hauteur ne devait pas ainsi dépasser 1,90 m.

b. L'enceinte sommitale

A l'ouest, le donjon formait partie intégrante de la nouvelle enceinte palissadée, plus réduite que la précédente. Elle ceinture selon un tracé irrégulier toute la surface utile du plateau, en épousant, dans la mesure du possible, les limites de son contour (fig. 16,4). L'importance relative des poteaux, au nord et au sud-ouest, assis dans les déclivités de la roche, en dehors du plan horizontal du plateau, se justifie; il y a là nécessité de supporter et de contenir, au-dessus des pentes naturelles, une terrasse artificielle faite de remblais de terre ou encore d'un plancher de bois en prolongement du sommet rocheux aplani.
Les irrégularités du plan de l'enceinte, au nord, reflètent le relief tourmenté de ce secteur. Une plus grande distance entre poteaux – près de 4 m – détermine l'endroit du passage dans le prolongement de la rampe d'accès. Au nord-est, à l'angle, un décrochement prononcé de l'enceinte permet de flanquer à suffisance les fronts, au nord et à l'est, et surtout les pentes en contrebas.

c. La citerne

Au pied du donjon, à son angle nord-est, s'ouvre une citerne irrégulière de 4,50 m de profondeur, aménagée et en partie creusée dans une faille naturelle de la roche (fig. 16,5). Elle recueillait les eaux pluviales en provenance du toit.

Fig. 16 Sugny, le »Tchesté de la Rotche«; plan d'interprétation. Phase 2, donjon en bois sur motte (fin 10e s.– av. 1050): 1 Donjon. 2 Escalier. – 3 Cave. – 4 Enceinte sommitale. – 5 Citerne. – 6 Cuisine. – 7 Cuisine agrandie. – 8 Rampe d'accès. – 9 Enceinte de la basse-cour. – 10 Traces de bâtiments (?). – 11 Four à pain. – 12 Echelle et accès.

d. La cuisine

Un petit bâtiment de bois, de 6 m sur 2,90 m est réservé, en face du donjon, sur la frange orientale du plateau où il s'appuie lui aussi contre l'enceinte (fig. 16,6). De structure plus légère, il est constitué d'une double file de 4 poteaux verticaux et antithétiques. Une porte s'ouvre à l'extrémité du long côté, à l'ouest; ce que suggèrent deux petits poteaux d'égale importance libérant un passage large de 1,40 m.
Ce bâtiment servira ensuite de noyau à une construction en bois plus spacieuse de 11 m sur 3,40 m, aux longs côtés formés de 6 pieux antithétiques (fig. 16,7). La porte semble se maintenir au même endroit que précédemment: la survivance de l'axe d'entrée et de sa largeur est ici évidente. Il ne subsiste rien des cloisons intérieures éventuelles.
Le plan de ce bâtiment fut restitué en retrouvant la position originelle des franges du plateau, glissées sur elles-mêmes selon le fil de la roche et éboulées en d'énormes blocs dans le fossé situé en contrebas de l'ouvrage, au sud et au sud-est. Ces blocs portaient encore les trous de pieux situés autrefois au sommet. Le plan ainsi reconstitué évoque les maisons de plan naviforme, aux parois curvilignes reconnues ailleurs dans l'habitat contemporain.
Le rôle de ce bâtiment annexe, de 11,20 m^2 à l'origine, puis agrandi jusqu'à 29,24 m^2 peut s'interpréter. La découverte, à cet endroit précis, d'un fragment de meule en lave plaide pour une utilisation comme cuisine. L'hypothèse mérite qu'on s'y attache. Elle renforce l'idée de fonctions séparées pour les occupants du sommet et permet de limiter aussi les risques réels d'incendie.
Les poteaux verticaux forment l'armature visible de toutes ces constructions – enceinte et bâtiments – et postulent plusieurs possibilités de constructions des parois. L'absence de débris de torchis exclut des murs de clayonnage plaqués d'argile. De même le relief parfois tourmenté de la surface rocheuse entre les pieux, à l'ouest comme au nord, rend la présence de murs intercalaires de pierres sèches empilées peu vraisemblable. Reste la construction de murs palissadés de planches ou de madriers. L'absence de soutiens intercalaires et la distance à combler entre les poteaux – parfois pas moins de 4 m – peut faire supposer des murs de planches verticales ou horizontales sur sablières interrompues. Cette technique de la sablière basse, mais continue cette fois, était d'ailleurs déjà utilisée pour toute la paroi orientale du donjon. Les assemblages ne comportaient certainement pas de clous, leur absence dans le matériel archéologique l'assure.
L'ensemble de cette fortification de bois développe au sommet une aire approchée de 3 ares. Toutes les surfaces rocheuses au contact direct des éléments porteurs en bois ont subi la violence de l'incendie qui mit fin à cette construction.

e. L'entrée

La motte de schiste est taillée de toutes parts avec soin et la paroi lisse empêche toute montée. Une seule faille, au nord, livre le passage et les aménagements particuliers de cet endroit permettent d'entrevoir les moyens d'accès mis en œuvre. L'appui d'une rampe en pente douce et taillée avec soin se distingue encore dans le flanc rocheux (fig. 16,8). Elle menait du bas vers un puits carré de 1,70 m de côté, ouvert au nord et profond de 2,45 m, qui interrompait l'accès sur toute sa largeur. Une passerelle mobile ou un petit pont-levis devait autrefois l'enjamber; relevé, il devait servir de porte et venait se loger contre et dans un chambranle dont le montant vertical est toujours conservé sur toute sa hauteur.
Deux maillons d'une forte chaîne retrouvés dans le puits d'accès, témoignent du moyen d'attache de ce petit pont.

f. La basse-cour

Au sud et à l'est, les pentes de la roche furent enclos dans une enceinte palissadée dont le parcours a pu être suivi dans sa presque totalité (fig. 16,9). Ici ou là, surtout à l'endroit des constructions postérieures, les pieux ont disparu, mais leur implantation ne laisse pas de doute. L'espace ainsi délimité couvrait une surface de 12 ares dont seule la moitié orientale était susceptible de recevoir des constructions en bas de

pente; la partie touchant au sommet était par trop abrupte. Quelques trous de pieux appartenant à ces bâtiments subsistent encore malgré les profonds remaniements de la roche durant la dernière période d'occupation du site, mais leur rareté ne permet pas d'en déterminer l'organisation (fig. 16,10).
Le seul accès possible à cet enclos se trouve au nord (fig. 16,12). En venant du château ou de la basse-cour, on butte contre une paroi rocheuse verticale de 2 m de hauteur. L'entrée au travers de la palissade se faisait alors au moyen d'une échelle dont les montants verticaux ont encore laissé leurs traces dans la roche; elle menait à une double marche ménagée elle aussi dans le schiste pour déboucher ensuite de plain-pied à l'intérieur de l'enceinte. Si la distribution intérieure des bâtiments n'est pas connue, leur destination peut cependant être supputée. L'impossibilité pour des animaux de bât – a fortiori du bétail – d'atteindre cet espace permet d'exclure toute fonction d'étable ou d'écurie pour les bâtiments disparus. Le choix reste cependant vaste: remises, greniers, ateliers, habitations, etc...
La basse-cour agricole s'ouvre au nord du château et si les sondages montrent déjà là un espace enclos, l'ensemble doit encore faire l'objet de fouilles approfondies.

g. Le four

A l'ouest, hors enceinte, en contrebas du château, les travaux ont permis de dégager les restes d'une imposante aire circulaire d'argile fortement rubéfiée, d'un diamètre régulier de 2,60 m, entourée d'une fondation de pierres d'une largeur de 85 cm (fig. 16,11). Il s'agit là vraisemblablement d'une base de four, dont l'usage ne peut être déterminé avec certitude. L'hypothèse la plus vraisemblable l'identifie cependant à un four à pain de grande dimension. Ces vestiges furent ensuite recoupés par des structures plus récentes: un fossé et les pieux d'une construction en bois et ceci justifie une chronologie plus ancienne pour ce four. L'associer à la seconde phase d'occupation du site est vraisemblable mais reste cependant hypothétique.

3. Phase 3 (avant 1050–vers 1100)

Dans une troisième et dernière phase d'occupation, un fossé creusé autour du piton rocheux isole encore plus le château. Il est cette fois érigé en pierres maçonnées et prend entièrement la place des anciennes constructions en bois: tour, cuisine et palissade du sommet.
Les pentes encloses, à l'est du château, se couvrent de pas moins de cinq bâtiments en bois et à l'ouest, deux constructions également en bois se dressent à ses pieds (fig. 17 et 18).

a. Les fossés

Les fossés se développent autour du piton rocheux qui porte le château, au nord, à l'est et l'ouest. Dans ces trois secteurs ils offrent une configuration différente. Au nord, leur vidange n'est pas encore terminée mais les douves sont comprises entre la paroi soigneusement taillée de l'éperon et un rempart, en partie épargné dans le schiste et, en partie, formé de remblais artificiels (fig. 18,1). A l'est et jusqu'à la pointe méridionale du site, un fossé étagé est taillé soigneusement dans le schiste. A la pointe nord-est, il développe une largeur de 9,60 m pour une profondeur ne dépassant pas 65 cm. Bien vite les constructeurs sont revenus à de plus modestes dimensions et le fossé débute véritablement un peu plus au sud par un muret réservé dans le schiste en place; il a alors une largeur de 2,40 m pour une profondeur moyenne de 70 cm; il forme plus une fosse qu'un fossé et les déchets osseux recueillis en cet endroit, à l'aplomb même de ce que l'on peut interpréter comme la cuisine du château sommital, démontre plutôt sa fonction de fosse à détritus (fig. 18,2). Après un nouveau muret de retenue réservé dans la roche, le fossé se prolonge ensuite vers le sud pour atteindre à la pointe extrême de la fortification, une profondeur de 5,50 m pour une largeur maximale de 6,10 m (fig. 18,3). Ces douves se développent en pas moins de 4 bassins horizontaux que séparent des murets taillés avec soin dans la roche en place; ils sont destinés, selon toute apparence, à retenir à la fois l'eau dans les fossés et à épargner un creusement aussi long qu'inutile à une

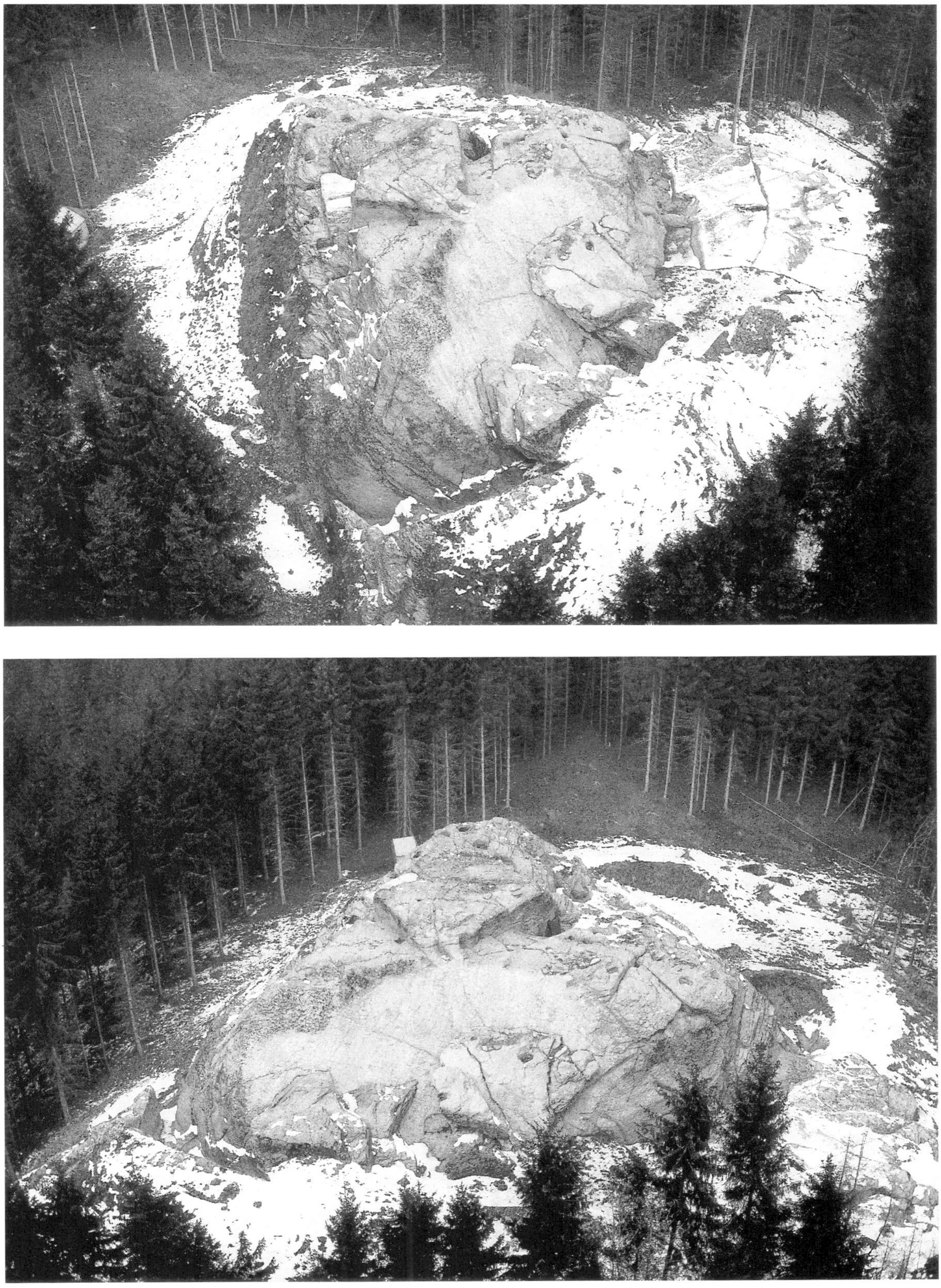

Fig. 17 Sugny, le »Tchesté de la Rotche«; photos aériennes obliques, vers le nord et le nord-est (Ministère des Travaux Publics, Service de Topographie et de Photogrammétrie, n° 170249, 170250, photo J. Debie).

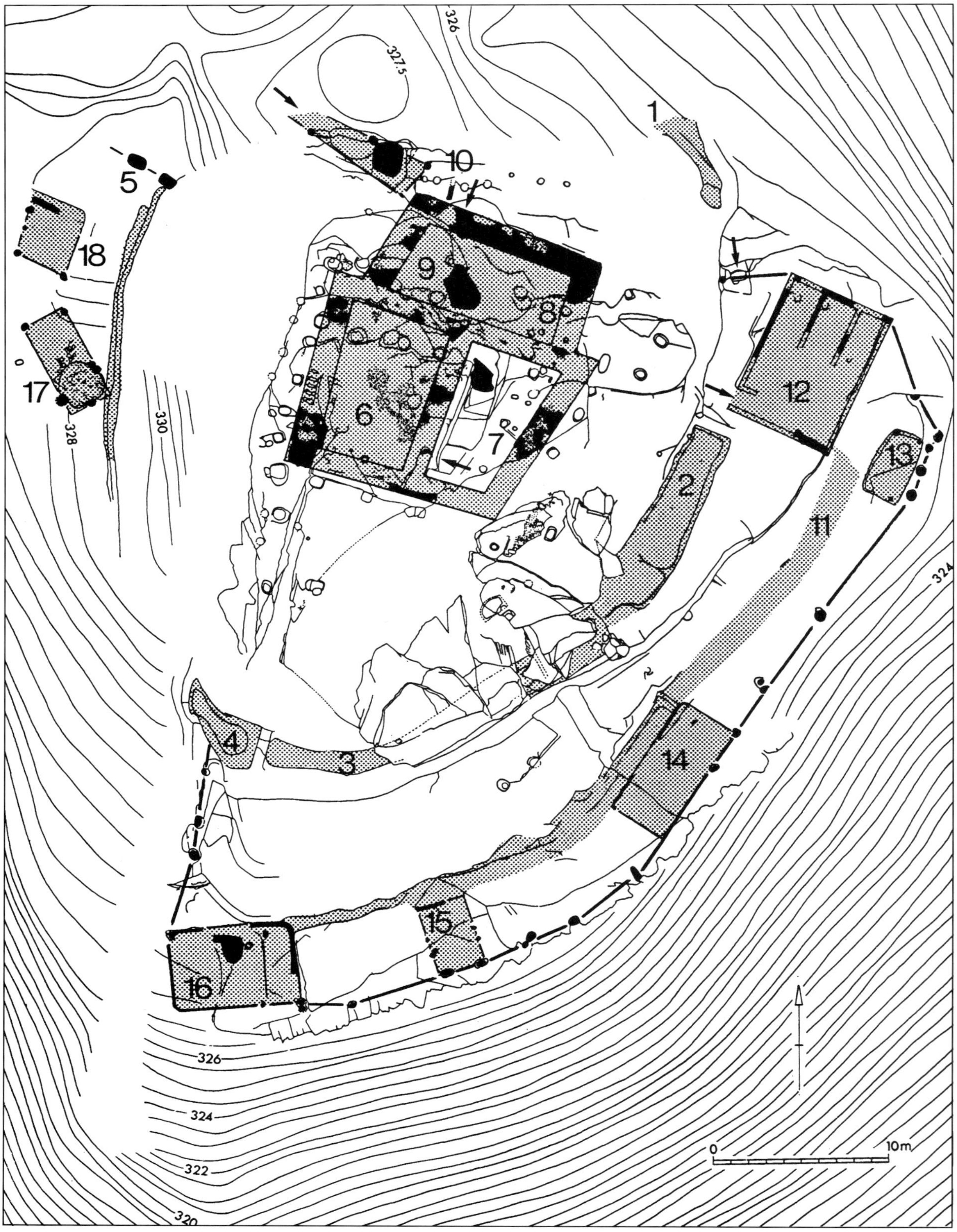

Fig. 18 Sugny, le »Tchesté de la Rotche«; plan d'interprétation. Phase 3, château de pierre (av. 1050–vers 1100): 1 Fossé nord. – 2–4 Fossé est. – 5 Fossé ouest. – 6 Aula. – 7 Cour. – 8 Donjon. – 9 Réserve. – 10 Echelle. – 11 Chemin. – 12–18 Maisons et ateliers.

profondeur constante. A la pointe sud, le trop-plein du dernier bassin se déverse dans le fossé occidental (fig. 18,4). Ce dernier commence à la pointe nord-ouest du site, là où deux pieux amorcent l'enceinte de la basse-cour agricole développée en avant du château, sur le plateau de crête au nord de celui-ci (fig. 18,5). Ce fossé est de loin le moins important; large de 1,30 m pour une profondeur constante de 1,10 m, il s'assimile plutôt à un caniveau d'évacuation des eaux usées s'écoulant du château. D'ailleurs, la présence d'un fossé de défense est tout à fait inutile de ce côté, où la paroi est encore plus lisse et plus abrupte que partout ailleurs.

b. Le château

Durant cette période, le sommet voit la disparition de toutes les structures en bois de la seconde phase d'occupation. Un fort bâtiment de pierre s'y substitue. Les vestiges en sont fort mal conservés et il ne reste souvent plus qu'une vague trace de mortier ou une faible taille dans la roche pour assurer le parcours d'un mur. Les moellons de grès irréguliers, grossièrement noyés dans un mortier de chaux de couleur jaune, parfois blanc ou encore rosâtre, s'accrochent sur une largeur constante de 1,30/1,40 m à la roche soigneusement débarassée des vestiges antérieurs. Les matériaux ne proviennent pas du sous-sol schisteux du site, mais selon toute vraisemblance du voisinage immédiat. En dehors de la basse-cour agricole, à 150 m au nord du château, le long de la route d'accès, un tas de pierres calcaires concassées et en partie brûlées, semble marquer la proximité d'un four à chaux (fig. 12,5).

D'emblée se profile la problématique de la structure tricellulaire et de l'élévation de ce nouvel ensemble fortifié. Une miniature extraite des »Albums de Croy« représente le »Chastiau Dorchimont« en 1597[33] (fig. 19). Ce document exceptionnel permet de retracer, par analogie, une image fidèle et cohérente du château de Sugny. Orchimont est situé à moins de 10 km, à vol d'oiseau, de Sugny et une route les relie toujours directement: c'est le »Chemin de Saint-Hubert à la France« (voir note 32). Il vient de Charleville-Mezières et de la Meuse, emprunte un instant la voie romaine Reims-Cologne, et se continue par le gué de Membre (fig. 11,4); là, il franchit la Semois, puis le ruisseau de Nafraiture et rencontre le château d'Orchimont, puis Bièvre et Graide, Our, Maissin et enfin Saint-Hubert (fig. 1). La proximité des deux sites n'est sans doute pas étrangère à leur unité typologique. L'absence de fouilles ne permet cependant pas de fixer dans le temps, la construction de la forteresse d'Orchimont, mais l'influence de l'une sur l'autre est ici évidente. N'était-ce la subscription de l'image, on aurait pu croire à une vue cavalière du château de Sugny établi sur sa motte de pierre aménagée.

A l'ouest, au point le plus élevé, un bâtiment rectangulaire se distingue par la régularité de son plan (fig. 18,6). Toutes ses faces sont parallèles; il est long de 11,30 m pour une largeur de 8,70 m et libère ainsi un espace intérieur de 8,70 m sur 5,40 m, soit 47 m^2. Un foyer était adossé à sa face interne orientale et démontre assez sa fonction d'habitat. Y voir, par analogie avec l'iconographie d'Orchimont, une *aula* affecté à la résidence, ne relève plus de l'hypothèse. Trois de ses côtés s'inscrivent dans les limites du donjon en bois précédent; seul le pignon, au nord, s'étend au-delà du plan primitif pour rejoindre un bâtiment allongé de forme trapézoïdale, du moins à la base (fig. 18,8). Ses murs ont une épaisseur plus grande – 1,40 m – et enserrent un espace intérieur de 9,80/8,60 m pour une largeur de 4,30 m et une surface interne de 38,50 m^2. Les fondations de cette construction s'accrochent aux pentes en contrebas du plateau sommital et de l'*aula*, sans préjuger d'une correspondance possible au niveau des étages. Son sous-sol, aux surfaces irrégulières et pentues devait être recouvert d'un plancher; il abritait une fosse creusée dans le schiste de 2,50 m sur 1,60 m pour 1,80 m de profondeur (fig. 18,9). Cette excavation devait servir de silo ou de réserve; en effet, la construction de l'angle sud-ouest de l'*aula* en pierre avait oblitéré et mis hors d'usage le cellier primitif logé dans l'angle du donjon en bois. Il fallait donc le remplacer.

Ce bâtiment remplit des fonctions bien précises. Il concentre l'accès et forme un avant-corps dont le sous-sol sert aussi de réserve. Il postule le maintien et l'utilisation de la rampe d'accès, du puits d'entrée et de la

33 F. Jacquet-Ladrier, Orchimont/Le château d'Orchimont. Dans: J. M. Duvosquel, Albums de Croy III, propriétés de Croy III (Bruxelles 1985) 272–274, pl. 105–106.

Fig. 19 Le château d'Orchimont en 1597, dans les »Albums de Croy« (Photos Crédit communal de Belgique).

passerelle de la période précédente; il reçoit contre son flanc nord, une échelle dont la base semble bien devoir être conservée sous forme d'une poutre établie sur la roche perpendiculairement à sa façade (fig. 18, 10); cette échelle mène à la porte d'entrée située à l'étage. Tous ces caractères combinés à l'image frappante d'Orchimont, permettent de voir là une tour dominante placée à angle droit avec l'*aula* qu'elle prolonge et protège tout en remplissant des fonctions d'accueil et de réserve.
A l'est, une courtine de plan irrégulier relie l'*aula* et le donjon accolés (fig. 18,7). Là encore, la figuration d'Orchimont sert de guide. Son plan s'inscrit dans les limites du tracé de l'enceinte palissadée désormais inutile mais qu'elle longe et remplace parfaitement. Le rempart enserre ainsi une cour ouverte où se trouvent la citerne et une montée de degrés menant à l'*aula*, à l'endroit précis où autrefois un escalier de bois menait à l'entrée du donjon disparu. La largeur de la courtine permet la ronde au sommet des murs; peut-être même se poursuivait-elle sur tout le pourtour polygonal de l'enceinte, en partie à l'intérieur des bâtiments ainsi circonscrits.
Ces constructions de pierre sont très proches, dans leur orientation et leur organisation spatiale, des bâtiments de bois et de l'enceinte palissadée de la période précédente. La topographie particulière du terrain est bien sûr ici contraignante, mais le plan des constructions en bois a dû, malgré l'incendie, être encore en partie visible ou présent à la mémoire des maçons; il a très certainement guidé l'implantation des murs du château suivant. Une certaine fossilisation des fonctions antérieures s'y retrouve. A la double vocation du donjon et de sa cuisine séparée, se superposent deux cellules jointives en matériaux durs affectés à la résidence, à la réserve, à la cuisine et à l'accès. L'enceinte est maintenue, mais elle se resserre et diminue d'autant l'espace sommital enclos, au profit sans doute d'une surface bâtie plus importante et d'une plus grande hauteur. L'image du château d'Orchimont pourrait refléter fidèlement ces proportions verticales avec ses trois étages au-dessus du rez-de-chaussée, sans oublier les combles et compter ainsi six niveaux avec les caves. La fonction résidentielle est ici nettement privilégiée et la surface bâtie ainsi augmentée de même que l'élévation et la multiplication des étages a dû améliorer considérablement le confort des habitants du sommet castral.
La présence dans le château, d'éléments de serrures de mobilier n'est pas étonnante dans un bâtiment voué à la résidence. Mais curieusement, les pentes proches ont aussi livré des outils destinés au tissage: ciseaux, élément de peigne à carder, broches décorées en os, poinçons (fig. 20). Ces objets viennent à coup sûr du château et ne peuvent provenir de la basse-cour artisanale située à un niveau plus bas. Force est d'admettre une activité textile à l'abri du château de pierre. Elle a dû être importante, à en juger au nombre d'outils conservés. Elle jette un jour nouveau sur les activités de la *familia* châtelaine.

c. La basse-cour artisanale

A l'est et en contrebas du château, l'enceinte palissadée déjà présente durant la deuxième phase d'occupation du site continue à être utilisée; cet espace se couvre de 5 constructions en bois, érigées contre l'enceinte.

- *Maison 12:* Au nord-est, au bout de la plate-forme schisteuse surélevée, à laquelle on accédait autrefois par une échelle (fig. 16,12), une aire fut établie, avec soin, dans ce qui semble devoir être interprété comme un embryon de fossé dont le projet initial fut ramené, en cours de creusement, à de plus modestes proportions. Dans cet espace excavé, ne dépassant pas 65 cm de profondeur, sont conservées les traces rectilignes de faibles dénivellations, aptes à recevoir les sablières basses d'une construction en bois (fig. 18,12); la sablière du pignon sud est posée sur un bout de solin de pierres sèches destinées à la caler à l'horizontale et à compenser une dénivellation du schiste. Partout ailleurs les poutres reposaient directement sur la roche. Cette maison de plan rectangulaire, orientée selon un axe nord-est/sud-ouest, mesure 8,55 m sur 6,15 m et délimite ainsi un espace intérieur estimé à 45,50 m^2. Deux traces de cloisons longitudinales et parallèles semblent devoir diviser la pièce, du moins en partie, en trois travées de largeurs presque égales. L'entrée tournée vers le château s'ouvrait à l'extrémité du long côté occidental. Le seuil extérieur de cette porte, large de 98 cm se situe à 65 cm plus bas que le sol intérieur

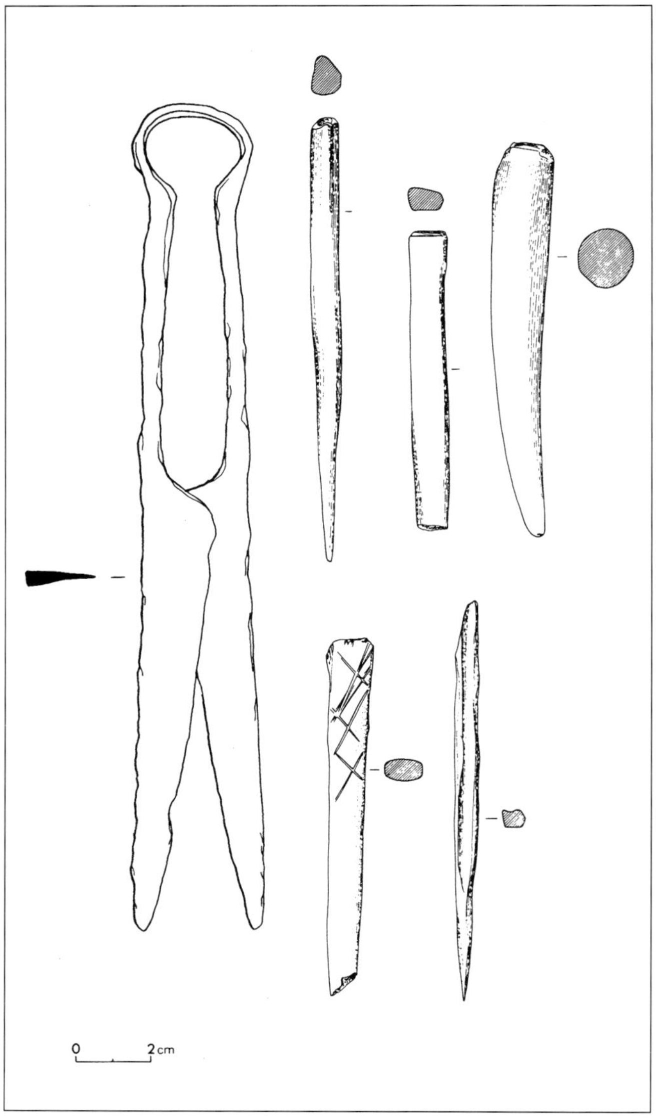

Fig. 20
Sugny, le »Tchesté de la Rotche«; instruments utilisés pour la confection de tissus.

de la pièce. La dénivellation devait être compensée par une rampe de terre, voire par quelques marches en bois; la roche ne présentant pas, à cet endroit, les traces d'usure normales pour un tel passage. Les éléments de chronologie sont à rechercher dans la structure même de cette construction et peuvent être déduits de sa situation dans l'ensemble fortifié. Cette maison de bois est à mettre en relation avec le château de pierres maçonnées et la dernière occupation du site. Les pierres utilisées pour construire le solin sous le pignon méridional sont des grès identiques à ceux utilisés dans les constructions sommitales. Curieusement aussi, la surface intérieure de l'*aula* de pierre, soit 46,66 m^2 correspond à l'aire interne – 45,50 m^2 – de cette maison de bois. Le constructeur a dû utiliser un même module pour l'ensemble. De plus, son établissement est contemporain du creusement du fossé qui l'évite soigneusement. Ici aussi l'iconographie du château d'Orchimont montre au pied du château et de sa motte, un bâtiment à pans de bois, torchis et toit de chaume (fig. 19). Il est légèrement enterré dans le sol et est établi, tout comme à Sugny, à l'angle même de l'enceinte également en bois; il contrôle une porte adossée, en partie, au rocher. L'analogie est, à nouveau, peu banale.

Le sol intérieur de cette maison recélait un dépôt de fers à chevaux usagés et brisés, un marteau de bourrelier ainsi qu'une pierre à aiguiser. A proximité immédiate, mais à l'extérieur du bâtiment, ce secteur a livré un fragment de faucille réutilisé comme couteau, des éléments de harnais et de ceinturons, un fragment de lame de couteau ainsi qu'une alène. La concentration d'outils nécessaires au travail du cuir ainsi que les accessoires de buffleterie témoignent à suffisance de l'activité, à cet endroit, d'un bourrelier (fig. 21). La présence de plusieurs clefs de coffres et d'un élément de fermeture à l'intérieur du bâtiment démontrent aussi, par la présence de mobilier, une fonction d'habitat. C'est d'ailleurs la seule maison du site – hormis le bâtiment castral du sommet – qui recélait des meubles. Les dimensions de cette maison plaident également dans le sens d'une habitation destinée, au moins à un, sinon aux autres artisans actifs aux pieds du château. Et la découverte, sur le sol d'habitat, de quelques pions de jeu grossièrement taillés dans le schiste ne contredit pas cette fonction. Tous ces objets datent de la première moitié du 11e siècle.

– *Maison 13:* A moins de 3 m à l'arrière de cette première maison, on en trouve une autre (fig. 18,13). C'est une petite plate-forme horizontale taillée dans la roche en pente qui délimite ainsi une construction rectangulaire de 4,15 m sur 2,25 m. Ce modeste bâtiment de 9,34 m^2, enterré de toutes parts, sauf à l'est, présente la forme globale d'une *Grubenhaus* ou fond de cabane. La distribution des trous de pieux à l'intérieur de la fosse est régulière; les poteaux corniers y délimitent un rectangle de 3,70 m sur 1,45 m. Le quatrième poteau devait reposer directement sur la roche, vu l'absence de trou de pieu dans l'angle sud-ouest.
  Le sol d'occupation recélait quelques tessons de céramique commune de terre cuite grise et lisse et d'autres en terre noire celluleuse aux parois irrégulières, identiques à la poterie recueillie sur l'ensemble

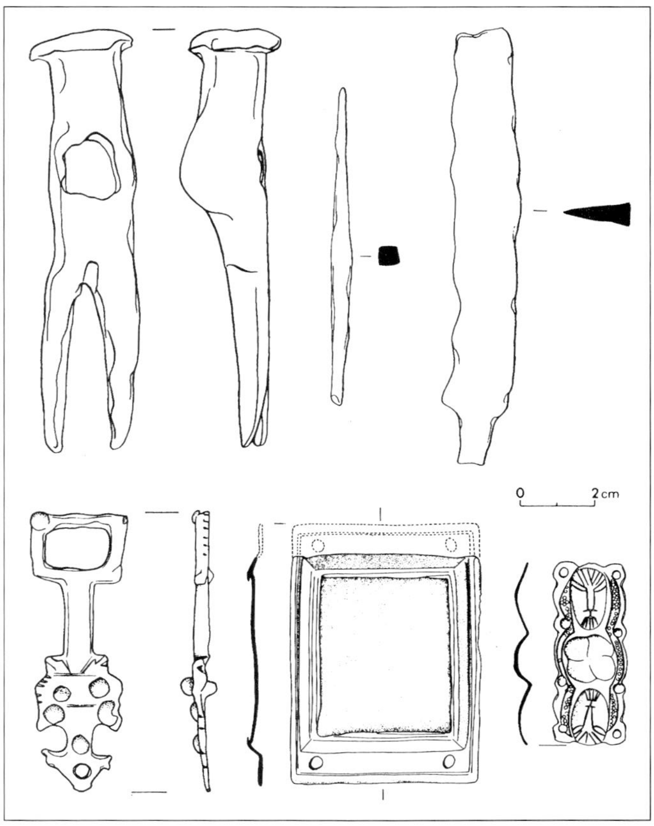

Fig. 21
Sugny, le »Tchesté de la Rotche«; outils et objets de bourrellerie (habitation 12).

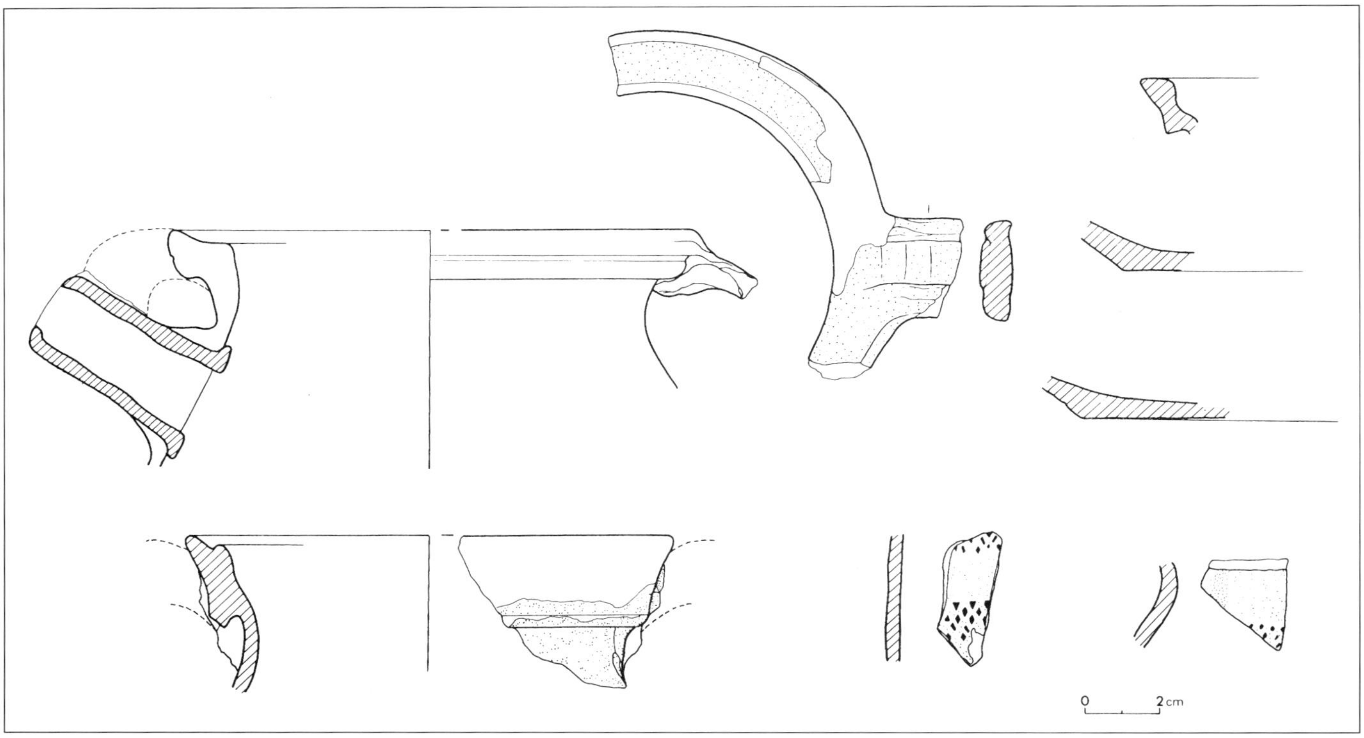

Fig. 22 Sugny, le »Tchesté de la Rotche«; céramique d'Andenne (11ᵉ s.).

du site. A l'extérieur de ce petit bâtiment, vers l'est, une couche de lessivage provenant du sol intérieur d'habitat contenait un fragment de cruche-verseuse ou amphore de type mosan, contemporain de la première période de production d'Andenne, datée traditionnellement entre 1050 et 1175 (fig. 22). Les fouilles récentes de Schleswig ont démontré le bien fondé de cette chronologie[34]. Les datations absolues, sur base de la dendrochronologie et des monnaies associées y situent l'apparition de la céramique de type Andenne avant 1100 et plus précisément encore avant 1071. Elle est présente dans des couches formées après 1035–1042, dates fournies par une monnaie fort usée attribuée soit à Hardeknud ou éventuellement à Sven Estridsson (1045–1074) qui ont un type monétaire commun. Cette céramique mosane primitive avait déjà été découverte à Sugny, au sommet du site dans une couche de formation tardive accumulée derrière un mur maçonné de l'annexe septentrionale du château de pierre. L'ensemble de ces tessons présente aussi des analogies frappantes avec le matériel découvert dans le centre potier de Schinveld III. Les cruches-verseuses à bec ponté, les profils en forme de faucille et ceux en bandeau, les décors losangés obtenus à la roulette, les bandes d'applique ondulées, la glacure plombifère jaune orangée et les pâtes blanches sont autant de caractères relevés tant à Sugny qu'à Schinveld dans la période de production A1, soit vers 1075–1100; les périodes A2 et A3 se terminant vers 1122[35].

L'orientation parfaitement identique de la maison et de la *Grubenhaus* n'est pas fortuite. Ces annexes ont dû connaître, du moins à un moment, une phase d'occupation contemporaine et les matériaux pierreux utilisés ainsi que la céramique découverte les relient à la dernière phase d'occupation du site,

34 H. Lüdtke, Die mittelalterliche Keramik von Schleswig. Ausgrabungen Schild 1971–1975. Ausgrabungen in Schleswig, Berichte und Studien 4 (Neumünster 1985) 53–65 pl. 37 tableau 44.

35 A. Bruijn, Nieuwe vondsten van middeleeuws aardewerk in Zuidlimburg. Ber. Rijksdienst Oudheidkundig Bodemonderzoek (Amersfoort) 14, 1964 fig. 8 et 11. – H. L. Janssens, Later Medieval Pottery Productions in the Netherlands. Dans: P. Davey et R. Hodges, Ceramics and Trade (Sheffield 1983) 128 fig. 9.3.

celle du château sommital en pierre. Rien ne permet cependant jusqu'à présent de dater leur époque de construction et le caractère primitif de la *Grubenhaus* ne suffit pas pour affirmer une antériorité chronologique quelconque.

Ces bâtiments et la plate-forme où ils s'évèlent ne sont accessibles que par une échelle, ce qui exclut a priori une utilisation pour le gros bétail (fig. 16, 12). L'absence de trouvailles significatives dans la *Grubenhaus* ne permet pas de lui attribuer de fonction précise. Ses petites dimensions excluent toute fonction d'habitat et on peut raisonnablement penser à un modeste atelier.

– *Maison 14:* De ces deux constructions part un sentier taillé dans la roche et établi à mi-pente, parallèlement à l'enceinte de bois (fig. 18,11). Il dessert l'arrière des trois autres bâtiments établis contre la palissade en allant vers la pointe méridionale du site.

Deux marches réservées dans la roche donnent accès au petit chemin large à cet endroit de 1,50 m qui longe la façade arrière d'un bâtiment dont l'emprise au sol formait un rectangle de 7,60 m sur 3,80 m (fig. 18,14). Seule la sablière basse qui portait le long côté occidental a laissé sa trace dans la pente

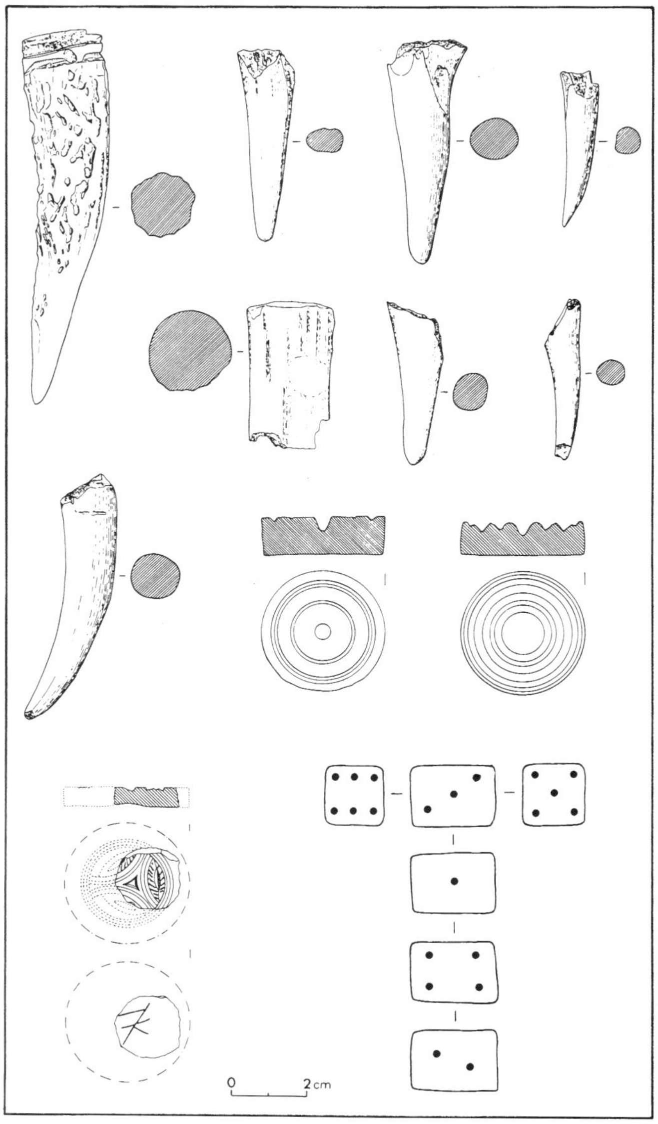

Fig. 23
Sugny, le »Tchesté de la Rotche«;
pions de jeux et rebuts d'une manufacture d'objets en bois de cervidés (maison 17).

Fig. 24 Sugny, le »Tchesté de la Rotche«; photo aérienne oblique vers le nord-ouest (Ministère des Travaux Publics, Service de Topographie et de Photogrammétrie, n° 170248, photo J. Debie).

rocheuse; le reste du plancher devait reposer sur les pieux de la palissade. Le schiste est de mauvaise qualité en cet endroit et sa surface fort altérée n'a pas conservé tous les pieux porteurs; mais il en reste suffisamment pour pouvoir reconstituer cette construction sur pente. L'absence d'objets caractéristiques dans ce secteur ne permet pas de définir sa destination.

– *Maison 15:* La poursuite du chemin mène à une petite construction établie sur la pente rocheuse perpendiculairement à la palissade sur laquelle elle s'appuie. Elle forme un rectangle de 4,25 m sur 3 m (fig. 18,15); au nord, la sablière basse a laissé sa trace dans la roche sous forme d'une rigole plane taillée dans la pente; au sud, deux forts poteaux de palissade servent de pieux corniers au pignon; enfin deux pieux rapprochés et antithétiques soutiennent les longs côtés et le plancher horizontal. Ce bâtiment avait été incendié et la surface rougie du schiste dessine encore au sol les contours exacts de cette construction dont le rôle ne peut lui non plus être défini faute d'objets caractéristiques retrouvés dans son voisinage immédiat.
Une belle fibule en étain fut découverte sur le chemin d'accès, à l'arrière de ce bâtiment (fig. 25). C'est une fibule circulaire à bord perlé, umbo et cabochon central orné d'une croix grecque curviligne. Ce bijou a la particularité de montrer, à l'avers, là où se trouve aussi l'ardillon, un décor de monnaie enserrée dans une platine. Ces fibules en étain sont inconnues dans nos régions et se retrouvent sporadiquement dans toute la Scandinavie, à Domburg, dans l' île de Walcheren, mais aussi à Haithabu et dans le monde anglo-saxon et e. a. à Londres et à Dublin. Le prototype monétaire dont s'est inspiré l'artisan stainier se retrouve tout entier dans les demi-bractéates de type cruciforme du Danemark et de la Suède, frappées à l'extrême fin du 10e siècle. Ces monnaies attribuées autrefois à l'atelier monétaire de Haithabu, sont datées maintenant par B. Malmer de vers 995.

- *Maison 16:* A la pointe extrême de la palissade, vers le sud, un bâtiment de bois forme l'angle de l'enceinte (fig. 18,16). C'était déjà le cas au nord, où là aussi l'habitat était intégré à l'enclos et y protégeait l'entrée (fig. 18,12). Le long côté a laissé la trace de sa sablière basse et il en va de même pour le mur-pignon à l'est; au sud comme à l'ouest, le schiste pourri n'a pas conservé de traces significatives mais les indices permettent une reconstitution aisée de l'ensemble qui devait former un rectangle de 7/7,50 m sur 4 m. Vers le haut de la pente, l'intérieur du bâtiment montrait encore une surface de schiste fortement rubéfiée, de forme assez irrégulière, mais qui, à l'origine, avait dû former un rectangle de 1,75 m sur 1,50 m. En outre deux poteaux intérieurs déterminaient dans cette pièce une travée ne dépassant les 2 m.
  La découverte, dans ce bâtiment et aux alentours immédiats, d'objets de rebut en fer: fers à chevaux usés ou brisés et leurs clous à tampons, coin fendu et inutilisable et surtout la présence de minerai de fer, de scories métalliques et d'un embout de tuyère de bas-fourneau, démontrent l'utilisation de cette construction comme abri couvert pour effectuer la fonte de minerai. La roche rubéfiée peut être identifiée à l'emplacement du bas-fourneau.
- *Maison 17:* Hors de toute enceinte, à l'ouest du château et à ses pieds, tout contre le fossé occidental, on trouve encore deux petites constructions en bois (fig. 24).
  La plus méridionale a repris l'emplacement du four à pain et ses pieux l'ont largement entamé. Elle dessine un rectangle de 5,75 m sur 2,75 m (fig. 18,17). La découverte sur le sol de ce bâtiment de nombreuses extrémités de bois de cervidés, ainsi que de deux pions de jeux en corne dans le fossé voisin, ne laisse planer aucun doute sur l'activité artisanale déployée (fig. 23).
- *Maison 18:* Au nord de cet atelier, à moins de 2 m de son pignon, était implanté un autre petit bâtiment (fig. 18,18); au nord comme à l'est, il était enterré dans la pente de schiste en décomposition; une sablière encore bien marquée dans le sol délimitait son pignon nord; à l'ouest comme au sud, des poteaux délimitaient son aire de 4 m sur 3,40 m. Rien ne permet de déterminer sa fonction. Son orientation est calquée sur celle du château sommital comme d'ailleurs celle des trois premiers bâtiments de l'enceinte artisanale à l'est. L'atelier de fabrication d'objets en bois de cervidés est lui plutôt orienté comme la fonderie et son petit bâtiment voisin à l'est.

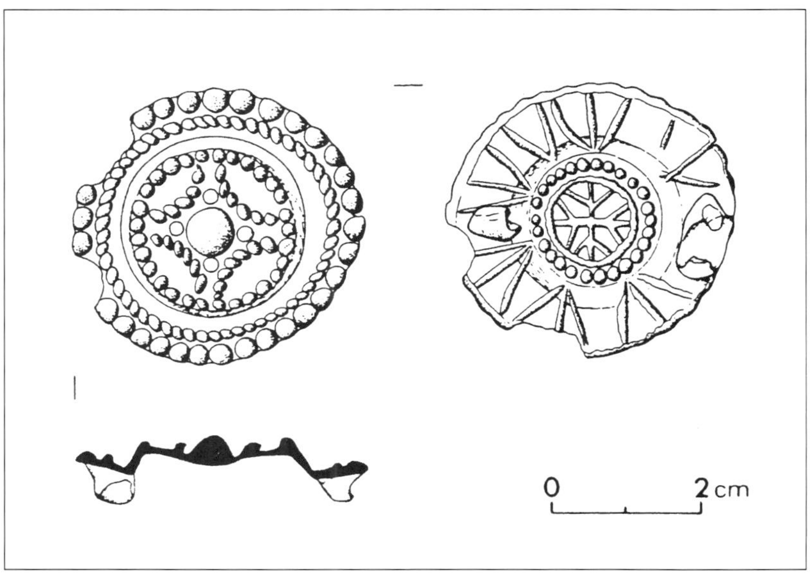

Fig. 25 Sugny, le »Tchesté de la Rotche«; fibule monétiforme en étain (vers 1000).

4. Conclusions

W. Meyer a bien défini les critères constitutifs de ces châteaux de la première génération dont l'origine, du moins entre Alpes et Rhin, remonte déjà au 10e siècle[36].

Il s'agit bien là de châteaux: résidences nobles, centres d'une exploitation agricole ou artisanale voire déjà industrielle à l'aspect fortifié affirmé; établissements pionniers en zone forestière établis à l'écart de l'habitat traditionnel, mais futurs centres de mainmise banale sur un territoire foncier.

Si dans ces constructions, le caractère noble ne peut pas toujours se déduire du plan, ni des matériaux simples utilisés, à Sugny, par contre, le premier donjon de bois reflète déjà bien le niveau social élevé des constructeurs; alors que l'annexe sommitale interprétée comme une cuisine ne se distingue pas des plans de bâtiments fermiers ou citadins contemporains. A Mirwart, le donjon en bois sur motte de terre est le fait de l'évêque de Liège lui-même; le niveau élevé du bâtisseur est ici affirmé. La qualité des détenteurs, là où les textes sont connus, n'y est jamais, durant tout le 11e siècle, prise en défaut. Les objets utilisés et l'alimentation peuvent témoigner aussi, à leur manière, d'un niveau de vie supérieur. L'utilisation d'accessoires métalliques de buffleterie dorés et émaillés, comme ceux retrouvés à Sugny, l'emploi du fer à cheval réservé avant le 12e siècle aux seuls animaux de selle seigneuriaux, les restes de cuisine où la consommation de viande bovine domine: autant de signes de classe.

La récolte patiente des os rejetés sur le site de Sugny permet déjà de distinguer des classes sociales différenciées par leur nourriture et par leur situation dans le site[37]. Près du château, le pourcentage de la consommation bovine et des produits de la chasse est plus élevé que dans le reste de la basse-cour artisanale où le porc domine nettement. Les quartiers de viande sont amenés tout découpés au château; l'absence de cornes, de têtes, de pieds, et des pièces de moindre qualité démontre peut-être un apport commercial de la campagne proche ou des agglomérations situées le long de la route. Ou peut-être l'abattage et la découpe se faisaient-il tout simplement dans la basse-cour proche dont les fouilles futures devront étayer les probables fonctions agricoles et d'élevage. Ces fouilles montreront aussi si les paysans ont des habitudes alimentaires différentes de celles des artisans et à fortiori du châtelain et de sa *familia*.

Le soin apporté à l'élaboration des organes de défense dont la taille patiente dans la roche de tous les abords et des fossés est ici sans doute l'élément le plus spectaculaire du pouvoir; l'évolution décisive à Sugny vers un monument de pierre va aussi de pair avec un souci seigneurial de paraître.

L'existence de petits ateliers: bas-fourneau pour la fonte du fer, manufacture d'objets en bois de cervidés, activités de réparation ou de confection d'un bourrelier, présence d'outils nécessaires au travail du menuisier, activités textiles, tout ceci montre le souci d'une certaine autarcie économique. Dépassait-elle les besoins immédiats des habitants du château? Il est impossible de savoir si cette production alimentait aussi les échanges commerciaux.

A Sugny, le château est distant de près de 2 km à 2,5 km des villages actuels de Bagimont et de Sugny; rien n'indique d'ailleurs qu'ils existaient à l'époque de la construction du château. Mais son implantation dans une zone à vocation forestière, à proximité d'un axe routier important et de son croisement avec l'axe naturel de la vallée, pose à nouveau le problème de la fonction de ces établissements. Ce ne sont plus là de simples refuges à vocation régionale bien à l'abri sous le couvert forestier. L'enceinte carolingienne était peut-être encore de ce type, mais les châteaux successifs semblent bien avoir été des points forts pour appuyer une colonisation corollaire au défrichement. Une légende recueillie par Tandel au siècle passé semble accréditer cette hypothèse: »...douze manants venus du village de Luchy (près de Bertrix) viennent s'établir dans la forêt, défrichèrent le sol et y fixèrent leurs demeures...«[38]. Mais quelle valeur accorder, en dehors de l'allusion symbolique aux apôtres, à cette narration?

Reste à situer la fin du château de Sugny. La vente à réméré du domaine de Bouillon et de son château, autrefois consentie par Godefroid de Bouillon à l'évêque de Liège Otbert, prend ses effets en 1100; elle

36 W. Meyer, Frühe Adelsburgen zwischen Alpen und Rhein. Nachr. Schweiz. Burgenvereins 57, 1984, 70–79.

37 Communication du Dr. A. Ervynck (Université de Gand).

38 E. Tandel, Les communes luxembourgeoises VI A (Arlon 1893) 713.

marque l'abandon du château de Sugny. Le pouvoir épiscopal concentre tous ses efforts et sa fortune restante dans la forteresse de Bouillon; les autres petites fortifications déjà obsolètes sont alors délaissées. Le château de Vivy, en territoire bouillonnais devenu épiscopal, est aussi abandonné à cette époque. Et il en va de même pour Bertrix pourtant situé dans le comté de Chiny, à la frontière du comté épiscopal de Bouillon. La date des découvertes archéologiques faites sur ces deux sites ne dépasse pas le début du 12e siècle et est identique au matériel final découvert à Sugny.

IV. Mirwart

Le *Cantatorium*, célèbre chronique de l'abbaye de Saint-Hubert, écrite vers 1100, permet de retracer l'évolution du château de Mirwart au travers du récit d'un contemporain des événements de la seconde moitié du 11e siècle. En l'absence de fouilles, les détails archéologiques relevés au fil du récit permettent d'entrevoir une image cohérente d'une fortification et de ses détenteurs durant les deux dernières décennies du siècle[39].

La »Roche de Smuid« – *rupes Sulmonensis* – et la Lomme forment la limite occidentale du domaine primitif de l'abbaye hubertine concédé à Bérégise par Pépin II et son épouse Plectrude, durant le premier quart du 8e siècle. Le site castral de Mirwart établi sur une éminence, en bordure immédiate de la rive droite de la Lomme, se trouve ainsi compris dans les limites des possessions abbatiales, à moins de 10 km de Saint-Hubert.

Vers le milieu du 10e siècle, un certain comte Etienne, selon toute vraisemblance comte en Porcien, fortifie, non sans violences et illégalement, le site de Mirwart.

Dès 1044–1045, le *castrum* de Mirwart est aux mains de la puissante famille comtale des Ardenne-Verdun et plus précisément de Godefroid le Barbu, au titre d'avoué du monastère. En 1044, à la mort de Gozelon Ier, duc de Haute- et de Basse-Lotharingie, l'empereur salien Henri III refuse la fonction ducale et le gouvernement de la Basse-Lorraine à Godefroid le Barbu, duc de Haute-Lorraine entre 1044 et 1047. La lutte est ouverte. Godefroid est contraint de défendre Mirwart contre les troupes d'Henri III rassemblées par édit impérial pour venir assiéger le château. La révolte se termine par la chute de Godefroid et la nomination à la fonction ducale de Haute-Lorraine d'Adalbert (1047–1048), bientôt suivi de Gérard Ier d'Alsace (1048–1070). La Basse-Lorraine sera aux mains de Gozelon († 1046) puis de Frédéric de Luxembourg (1046–1065). Godefroid le Barbu, assagi, ne retrouvera la fonction de duc de Basse-Lotharingie qu'en 1065. Il meurt en 1069.

Le successeur du Barbu, Godefroid le Bossu, avait désigné son neveu Godefroid de Bouillon comme héritier de ses biens. Sa veuve Mathilde de Toscane encouragée par l'évêque de Verdun et Albert III, comte de Namur, conteste cette dévolution. Peu après, en 1082, selon le *Cantatorium,* mais plus certainement en 1077–1078, Albert et l'évêque de Verdun élèvent des prétentions sur le château de Bouillon qu'ils assiègent; ils se disposent même à fortifier Mirwart. L'évêque de Liège, Henri de Verdun (1076–1081) est favorable à Godefroid de Bouillon. Il veut éviter à son évêché et à l'abbaye de Saint-Hubert les calamités d'une lutte armée et veille avant tout à se prémunir d'un trop puissant voisin. Il s'empresse donc de racheter à Richilde, comtesse de Mons, la colline de Mirwart, l'ensemble des droits comtaux, ainsi que les alleux de Bras et de Grupont, en bordure de la Lomme et des possessions abbatiales. Ces biens, Richilde les tenait, selon toute vraisemblance de sa mère Mathilde; fille d'Hermann d'Ardenne († 1029) et cousine de Godefroid le Barbu; celle-ci avait épousé Régnier V, comte de Hainaut.

39 A. Matthys, Les châteaux de Mirwart et de Sugny: centres de pouvoirs aux 10e et 11e siècles. Villes et campagnes dans l'Europe médiévale. Mélanges offerts à Georges Despy (Bruxelles 1990).

A grands frais, Henri de Verdun refortifie Mirwart. Mais la garnison préposée à la garde du château épiscopal est démunie de tout et pille la contrée sans même épargner l'abbaye. L'abbé de Saint-Hubert, Thierry I^{er}(1055–1086) tenta, dès lors, d'obtenir de l'évêque de Liège la démolition de la forteresse.
La fortification est enfin abandonnée aux mains de l'abbé. La démolition est ordonnée. Aussitôt un messager est envoyé à Lambert l'Aîné, prieur de Saint-Hubert, laissé à la garde du château. Le jeudi matin, l'ordre arrive à Mirwart. Lambert monte à cheval, parcourt les environs et force les habitants à se rassembler au plus vite autour du *castrum*, sous le fallacieux prétexte de prester une corvée en vue de le défendre et de le fortifier. Vers 15 heures, Lambert regagne Mirwart et dévoile alors ses véritables intentions; entraînés par son exemple, les hommes de l'abbaye – tant les moines que les serfs – trop contents de pouvoir se venger des exactions récentes, détruisent la fortification de fond en comble.
Le vendredi-saint, l'abbé Thierry prend congé de son évêque et, vers 12 heures, il arrive à l'endroit d'où il avait coutume de voir au loin le château de Mirwart; ne l'apercevant plus, il rend grâce au ciel et bientôt parvenu sur les lieux, il s'empresse de faire achever la démolition.
Cet épisode narratif vaut qu'on s'y attache; il revêt une importance capitale pour la connaissance de la typologie castrale du 11e siècle dans la région ardennaise. Une lecture attentive et une traduction nouvelle des éléments archéologiques permettent de cerner la consistance du *castrum* de Mirwart en 1077/1078. C'est une tour d'une certaine hauteur, construite sur un tertre artificiel, un véritable château à motte. La tour est certainement en bois, même si le texte ne le mentionne pas explicitement: au lieu d'être détruite ou incendiée, elle est démontée avec soin; à preuve, la présence de charpentiers supérieurs en nombre aux paysans rassemblés et astreints à la corvée. Le démontage de la tour, qui vient d'être construite il y a moins de sept ans, est rapide; il faudra une journée à peine, à supposer que le travail s'effectue à la lumière du jour. Il s'accompagne de la destruction du toit, de la dislocation des cloisons, et même l'enceinte munie de défenses (tours?) est renversée. La motte elle-même est rasée; le comblement des fossés avec les terres du monticule ajoute à la difficulté de reconnaître, encore aujourd'hui, le site castral ancien. De plus, la tour de Mirwart était certainement précédée d'une basse-cour où se trouvaient – même si le texte est muet là-dessus – quelques bâtiments nécessaires à la résidence du châtelain et de sa garnison.
Le *Cantatorium* attribue à Henri de Verdun la construction sur le site même de la fortification d'une église dédiée à St.-Michel ainsi que l'établissement d'une communauté de moines pour en faire un prieuré; ceci se passe après 1084.
En 1096, Otbert évêque de Liège (1091–1119) commenca la reconstruction de Mirwart. Ces travaux se situent peu après le rassemblement des premiers croisés, vers la mi-août 1096, et leur départ en Terre Sainte. Otbert est alors en possession, par le biais d'une vente à réméré, du *castrum* ou *castellum* de Bouillon et de son territoire. Malgré les dépenses énormes ainsi consenties, il réfortifie Mirwart.
Cette volonté toujours renouvelée des évêques de Liège de fortifier Mirwart durant les deux dernières décennies du 11e siècle, va à l'encontre de l'avis souvent exprimé des moines hubertins. Mirwart est un point fort dans la politique castrale des princes-évêques, au même titre que Bouillon; il est le garant de la puissance épiscopale au sein d'une abbaye supportant mal la tutelle liégeoise. Le château verrouille le »Grand Chemin«, menant de Namur, par Givet à Saint-Hubert et puis Bastogne selon un axe est-ouest; mais il est aussi compris entre une série de routes reliant le sud au nord: »l'Ancien et véritable Chemin de Bouillon à Liège« et »la Voie des Pèlerins« ou »Chemin des Canons«.
Les violences du comte Etienne, en 955, sont déjà les prémices des pillages de 1077/1078, 1096 et 1103, commis tour à tour par la garnison, des malfaiteurs et même l'avoué-châtelain, vassal de l'évêque de Liège. Le chroniqueur a, sans doute, avantage à noircir le tableau, mais il reste qu'un centre châtelain, appui d'une avouerie, parfois utile mais toujours pesante, encombre plus qu'il ne sert. Les appétits des avoués sont grands et il faut se les attacher par des concessions en bénéfices, puis des fiefs; le silence des hubertins est parfois de rigueur devant les véritables spoliations et usurpations de toutes sortes.
Le duc Godefroid en 1044–1045 et les châtelains, Pierre de Mirwart, noble lotharingien cité en 1081 et Bovon de Waha, homme libre et chevalier chasé en 1099, illustrent un demi-siècle d'évolution dans les statuts châtelains de Mirwart.

V. Chiny

1. Le comté de Chiny

Après les traités de Verdun (843), de Meersen (870) et de Ribemont (880), conséquences logiques du morcellement du pouvoir carolingien, naissent des entités territoriales peu définies: on y trouve des principautés féodales, des constellations d'alleux et de fiefs de toutes sortes, prémices de futures seigneuries. Ainsi, entre 915 et 955, apparaît dans les textes, le *pagus Evodiensis* ou *Ivotius.* L. Vanderkindere y voyait les limites du futur comté de Chiny, correspondant aux doyennés d'Ivois et de Juvigny. Cette possession de la maison d'Ardenne-Verdun avait pour centre Ivois-Carignan et, ainsi que l'a clairement démontré A. Laret-Kayser, c'est de ce domaine, qu'est issu, en partie seulement, le comté de Chiny[40].

La tradition des historiens luxembourgeois: J. Sitart (1398–1400), D. J. Bertels (1605), H. Russel (vers 1630), J. F. Pierret (1736), P. Bertholet (1742), H. Goffinet (1880) faisant de Arnoul de Granson le fondateur, en 941, du comté de Chiny s'avère fausse. Arnoul est un personnage mythique issu tout droit de l'imagination des généalogistes du 14ᵉ siècle.

Au total, trois dynasties se sont succédé à la tête du comté depuis ses origines jusqu'en 1364, année de son intégration dans le duché de Luxembourg. Faute de documents probants, les origines du comté restent obscures et ne s'appuient que sur la tradition et ses hypothèses. Que les comtes de Chiny tirent leur filiation des comtes de Warcq semble clair. En effet, Arnoul II, premier comte de Chiny à être cité dans les sources diplomatiques en 1066, porte également le titre de *»comes de Warche«.* Il semble cependant vraisemblable que ce soit Otton, comte de Warcq cité en 971, qui ait jeté les bases du futur comté de Chiny. Une confirmation des avoirs de l'abbaye de Mouzon, faite en 1023, mentionne la donation d'un manse à Orgeo, effectuée par le duc de Haute-Lotharingie, Frédéric Iᵉʳ de Bar (965–978), »pour le repos de l'âme d'Otton«. Le passage présumé de l'ancien bloc fiscal carolingien dans le patrimoine barrois du duc Frédéric Iᵉʳ, vers 960, et la tenue en fief corollaire, par Otton, d'une partie de ce territoire, centré sur Orgeo, pourrait expliquer comment ce mosan serait en possession de biens fonciers sur la Semois. L'absence de titulature ne permet pas d'identifier le personnage avec certitude, mais il ne serait pas trop téméraire d'y voir Otton de Warcq, mort, dans cette hypothèse, avant 978. Les circonstances de son éventuelle installation sur la Semois sont très conjecturales; elles pourraient s'expliquer »soit par le biais d'une union avantageuse, soit par celui d'une usurpation, édulcorée par l'assentiment – vraisemblablement monnayée par des biens de dépendance – des premiers ducs de Haute-Lotharingie de la maison de Bar«[41].

L'*Historia Mosomensis,* rédigée après 1033 et avant 1046, relate l'incendie et la destruction du château de Warcq en 971. Cette fortification situé dans les marais, au confluent de la Sormonne et de la Meuse est assiégée par les milices d'Adalbéron, archevêque de Reims, et de son frère Godefroid le Captif et la description qui en est donnée, est un exemple capital pour la castellologie de la fin du 10ᵉ siècle. Cet événement aurait-il précipité le départ d'Otton de Warcq vers la Semois? Il n'en abandonnera pas pour autant ses prétentions sur ses terres mosanes.

Le comté de Chiny serait donc une entité politique issue de l'union entre l'élément foncier et le *bannum* ou pouvoir public du comte, mais la carence des textes ne permet pas de distinguer l'époque de son érection. Dans pareille hypothèse, le comté de Chiny ne serait pas un comté *in stricto sensu*, où le comte est délégué du pouvoir central, mais plutôt un comté allodial taillé au cœur même des fiscs royaux puis impériaux d'Orgeo, Chassepierre, Jamoigne, Longlier, Mellier et Anlier. Dans la mesure où toutes les conditions de l'hypothèse seraient remplies et seulement dans ce cas précis, le comté de Chiny trouverait son origine lointaine ou immédiate avant 978.

40 A. Laret-Kayser, Entre Bar et Luxembourg: le comté de Chiny des origines à 1300. Crédit communal, coll. Histoire (Bruxelles 1986) 53. – Matthys (note 1) 251–280.

41 Laret-Kayser (note 14) 29 et note 20.

Fig. 26 Chiny, »Le Fort«; vue vers le nord.

Après Otton Ier, les sources narratives du milieu du 12e siècle citent Louis Ier sous le titre de *comes chiniacensis,* mais elles se réfèrent à un passé où le merveilleux se mêle à la réalité. Leur succède Arnoul II (?–1106). Puis vint Otton II (1106–1131) qui fixa la titulature de comte de Chiny et fut le premier à utiliser une chancellerie embryonnaire. Albert Ier (1131–1162) et Louis III (1162–1189) prirent ensuite la tête du comté. Cette première dynastie s'éteignit avec Louis IV, décédé le 11 octobre 1226 sans héritier mâle.

2. Le *castrum* de Chiny

Dans son parcours entre Moyen et Lacuisine, la Semois effectue une première incursion à travers le massif schisteux de l'Ardenne. Un seul bourg est arrosé par cette portion de rivière: Chiny (fig. 26).
La Semois y décrit un large méandre orienté vers le nord, que domine, à l'étranglement, un important massif situé à plus de 55 m au-dessus de la rivière et portant le *castrum* comtal[42].
La portion orientale de cet éperon est abrupte, surplombe la vallée et n'autorise aucune voie de

42 A. Matthys et G. Hossey, Le castrum comtal de Chiny. Arch. Belgica 211, 1979.

communication. Par contre, les trois autres flancs, aux pentes moins raides, permettent le passage. Au nord, vers le moulin banal et l'intérieur du méandre, le relief mène vers une terre d'alluvions, riche en cultures. A l'est, la route conduit vers le pont Saint-Nicolas, passage obligé en direction de l'Ardenne. Au sud enfin, l'accès naturel vers la ville s'ouvre largement sur la Gaume.

Si le témoignage des vestiges révélés dans les fouilles est capital et permet d'entrevoir l'organisation matérielle d'un *castrum* comtal important, l'étude de sa topographie ancienne, au travers des textes souvent récents et de l'iconographie elle-même moderne, ouvre également quelques horizons. Faute d'éléments archéologiques datés, la confrontation des données de l'histoire politique, institutionnelle et de la typologie générale de la fortification permet seule de dégager les lignes de force d'une chronologie.

C'est sans aucun doute dans les décennies qui ont précédé 1060 que le comte – peut-être déjà Otton Ier ou un de ses successeurs direct – a voulu affirmer son nouveau pouvoir en construisant à Chiny, le cadre matériel nécessaire à sa nouvelle politique.

L'acte de fondation du prieuré de Ste-Walburge, rédigé pendant la première moitié du 12e siècle, reflète cependant une situation réelle figée en 1097. Ce document permet de suivre, en remontant le temps, les différentes étapes de l'initiative comtale primitive. La porte du *castrum* y est citée et elle assure l'existence de remparts. Le texte place dans l'ensemble fortifié, une *aula comitis* désignant au 11e siècle, un lieu de réunion des assemblées tenues dans le centre politique et administratif que doit être un centre comtal. Le *castrum* postule également, du moins en théorie, une résidence capable d'héberger, à titre permanent ou passager, le comte et sa suite. A ce titre, Chiny devait contenir une *camera* ou logement privé et, en outre, des communs nécessaires à une communauté de fonctionnaires attachés à la personne du comte. Le texte définit cette résidence privée comme *castrum,* partie d'un ensemble fortifié plus vaste désigné sous le même vocable. Il établit aussi l'existence d'une chapelle castrale ou *capella,* située à proximité immédiate et en contrebas de la résidence fortifiée et élevée, dès 1097, au titre de prieuré placé sous la dépendance directe de la puissante abbaye de St-Arnoul de Metz. Cette dualité au sein de la fortification se retrouve déjà en 969 dans la forteresse qu'Otton tenait à Warcq. Le centre comtal doit, en effet, répondre à plusieurs nécessités s'étageant du profane au sacré. L'offre de protection militaire compense le prestige spirituel apporté par l'Eglise. Ces deux éléments s'attirent, vivent en symbiose et contribuent pour une grande part au renforcement du pouvoir seigneurial. Comment expliquer autrement l'association fréquente en Haute- et Basse-Lotharingie d'une église, voire d'un prieuré, et d'un château.

Ce document arrête ainsi les composantes d'une topographie s'articulant autour d'un siège seigneurial, d'un bâtiment écclésial et aussi d'un pont et d'un moulin. La conjonction de ces organes politiques, spirituels et économiques dans un site aux défenses naturelles d'une exceptionnelle qualité réunit les conditions de viabilité d'un établissement comtal à Chiny. Ces organes trouvent, par ailleurs, leur exact parallèle dans un autre centre de comté limitrophe. En effet, Bouillon doté également d'une protection naturelle comptait, au moins avant 1069, une église, un pont, un four banal et peut-être déjà aussi un moulin, réunis à l'ombre d'une fortification maintenant disparue, elle-même attestée avant 1044. Le parallélisme de ces éléments est troublant et leur conjonction semble bien devoir conditionner l'éclosion urbaine dans cette région.

Les sources écrites révèlent ainsi une image cohérente du Chiny de la fin du 11e siècle et il n'est sans doute pas trop téméraire d'y voir le cadre où évolue l'initiative comtale primitive.

Les restes matériels découvertes lors des travaux entrepris par le Service national des Fouilles dans le sous-sol de Chiny pendant les campagnes successives de 1967, 1968, 1976 complètent cette vue peut-être trop théorique (fig. 27).

La protection du *castrum* primitif était assurée par un fossé taillé entièrement dans le schiste, long de près de 170 m pour une largeur moyenne de 20 m et une profondeur variable de 3 m à 3,50 m. Il barre complètement l'accès par le plateau et relie d'est en ouest les flancs abrupts que ronge la Semois. Il est implanté à l'endroit même où le méandre de la rivière rétrécit, là où la longueur à creuser était minimale. A l'est, des remblais comblent partiellement son tracé et son profil anciens. A l'ouest, le fossé traverse le lieu-dit »Devant la Tour« avant de se confondre avec le déversement du ruisseau du »Vivy« dans la »Côte du Paradis« (fig. 27,1; fig. 28, 1 et 2).

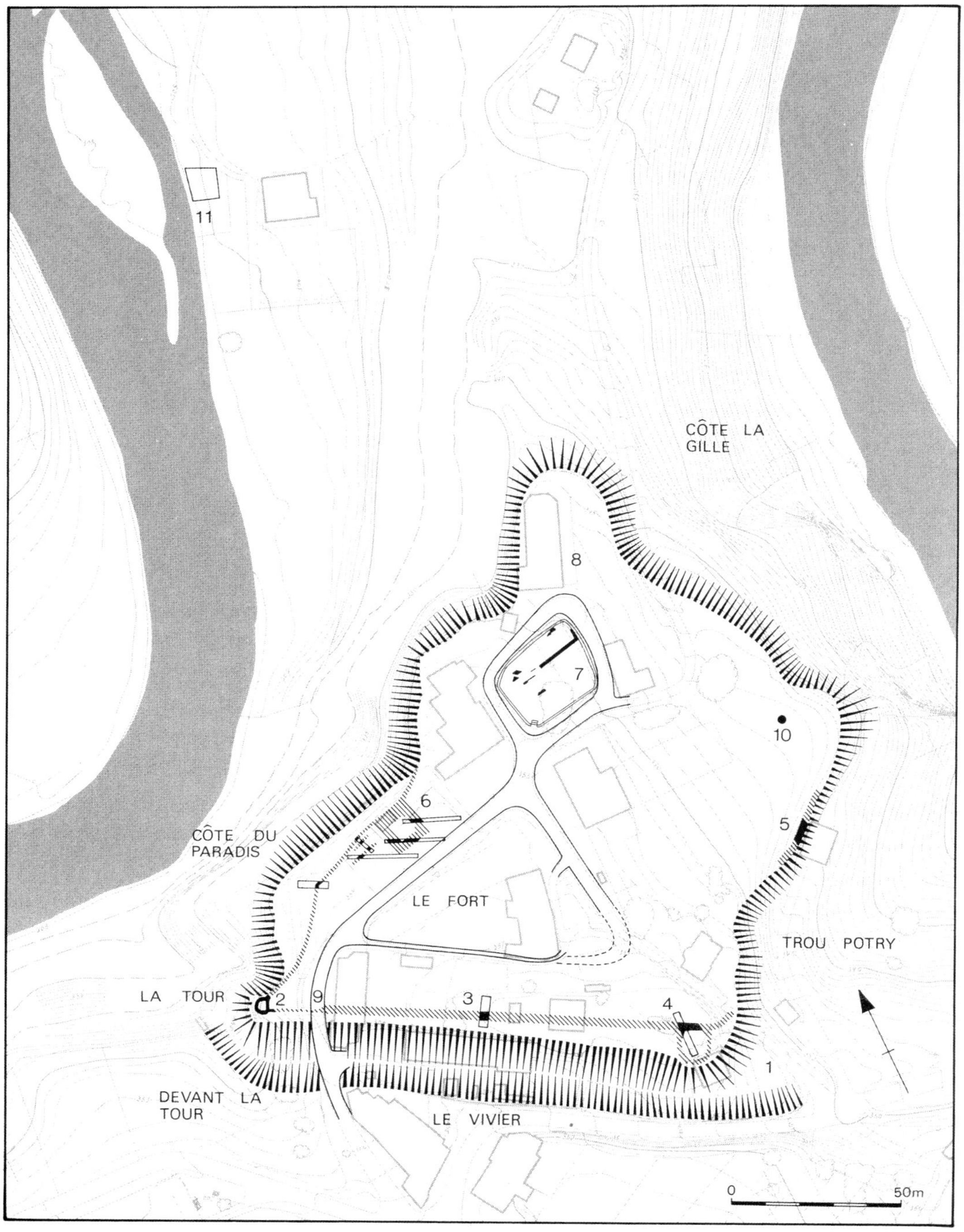

Fig. 27 Chiny, »Le Fort«; plan général des fouilles: 1 »Vivier« ou fossé. – 2 Tourelle occidentale. – 3 Rempart de barrage. – 4 Tour orientale. – 5 Enceinte castrale. – 6 Enceinte castrale et tour carrée. – 7 Chapelle castrale et »Vieux Cimetière«. – 8 Donjon. – 9 Porte. – 10 Puits. – 11 Moulin.

Fig. 28 Chiny, angle occidental du rempart de barrage: 1 Plan de fouilles. – 2 Coupe A–B. – 3 Plan d'interprétation. ▷

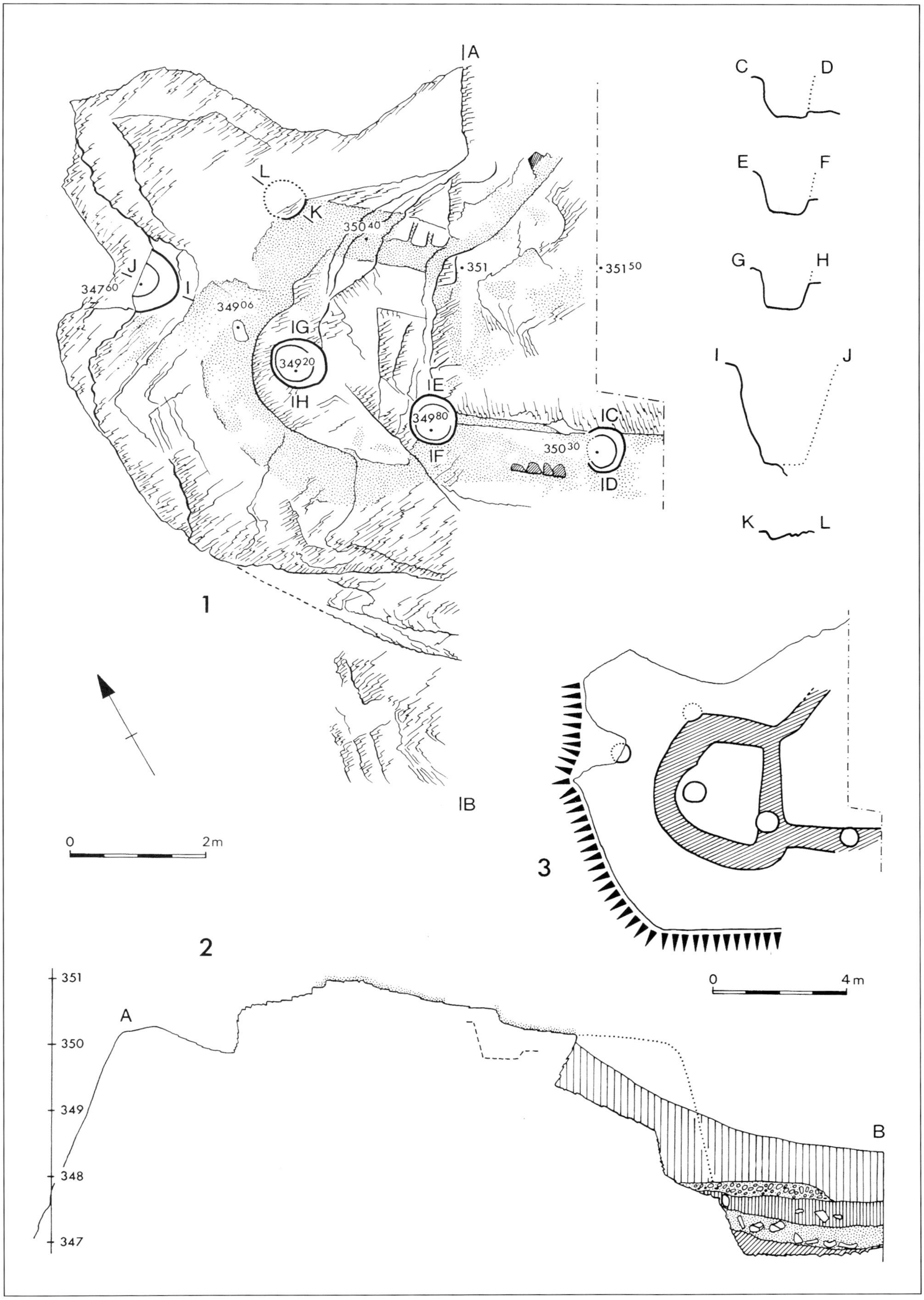
A
B
C
D
E
F
G
H
I
J
K
L
350 40
351
351 50
347 60
349 06
349 20
349 80
350 30
1
0
2m
3
2
0
4m
351
350
349
348
347

Une levée de terre assurait la défense au-delà du fossé et barrait l'éperon sur toute sa largeur. Ce rempart est constitué d'un ensemble de couches de remblais obliques appuyées contre un front palissadé, dont le parcours a pu être repéré, à l'extrémité occidentale de la levée de barrage, au lieu dit »La Tour« (fig. 28). Un alignement de quatre trous de pieux amorce le front; taillés dans la roche, leur profondeur vraie de 0,60 m à 0,65 m, pour un diamètre à la base d'environ 0,50 m. Ces gros pieux, distants de 1,35 m à 1,60 m étaient sans doute reliés entre eux par des murets ou des poutres horizontales destinées à contenir les terres du rempart.

Déjà en 1610, Bertels donnait le récit, appuyé par la tradition, d'une fortification primitive établie sur un éperon rocheux, belle occasion pour les habitants de la région de s'établir autour de ce lieu; l'afflux nécessitant même, par la suite, une protection plus élaborée faite de murailles, fossés, portes et tours. La levée de terre palissadée est le premier signe tangible d'une fortification implantée sur le sol de Chiny, mais l'absence totale de matériel stratigraphié ne permet pas de leur attribuer une chronologie absolue. La largeur du rempart atteint près de 11 m à la base et l'absence de berme entre le fossé et le front palissadé, du moins là où les fouilles assurent leur parcours, seraient des caractéristiques des 11e et 12e siècles.

Y voir une manifestation du 10e siècle finissant ressort à l'hypothèse. Dans une phase ultérieure, les fortifications de terre et de bois sont abandonnées et des constructions en matériaux durs sont mises en place. On y distingue différentes étapes. Un rempart de pierre vient remplacer le front palissadé initial; l'alignement des trous de pieux primitifs est, à cette occasion, retaillé en partie pour former une assise horizontale nécessaire pour y asseoir des fondations. Les trous de pieux avaient été, au préalable, comblés de terre et de déchets de taille noyés dans du mortier. Le nouveau rempart est large de 2 m à 2,30 m et les pierres sont posées sans mortier en arêtes de poisson. Cette muraille semble ensuite avoir reçu des organes de défense plus élaborés. A ses extrémités, on trouve une tour. A l'ouest, son souvenir est conservé dans deux lieux-dits: »Devant la Tour« et »La Tour«. Les fouilles ont permis de découvrir la taille circulaire dans le schiste et les traces de mortier de la première assise de pierres, maintenant disparue, qui assure son contour (fig. 28,3). Cette tour de forme semi-circulaire dont la plus grande largeur atteint 3 m, a des fondations larges de 0,75 m et forme la charnière entre l'enceinte castrale et le mur de barrage. A l'est, étaient conservés, l'extrémité du rempart et l'amorce d'une autre tour semi-circulaire, de plus grande dimension, telle qu'elle apparaît d'ailleurs encore sur la gravure de Deventer (vers 1565) (fig. 27,4). Ces derniers aménagements pourraient dater des années 1378–1379. Un compte de la recette de Chiny mentionne en effet d'importants travaux de maçonnerie et l'»ouvrage« de Chiny nécessite durant cet exercice quatre cents tombereaux de pierres pour ériger un mur de près de 89 m de longueur. Nul doute qu'il s'agit là d'une partie de l'enceinte.

Le »château« de Chiny, tant de fois cité et idéalisé souvent avec un romantisme outrancier, n'est autre qu'une tour ou »Wohnturm« de pierre, perchée au sommet et à l'extrémité de l'éperon (fig. 27,8; 29; 30,6).

C'est un refuge habitable remplaçant et réunissant les fonctions de l'*aula* et de la *camera* du *castrum* de l'implantation primitive. Construit en bordure immédiate de l'église priorale, il forme avec celle-ci un ensemble homogène. Fort heureusement la carte de Deventer nous le montre encore comme une habitation à vocation défensive, où les baies ne s'ouvrent qu'à une certaine hauteur. Il commande, de sa masse carrée, l'ensemble du périmètre urbain. Ce donjon comtal ne peut être daté avec précision.

Un bâtiment contemporain occupe aujourd'hui l'emplacement de ce qui fut autrefois le cœur du comté et une reconnaissance soignée du sous-sol n'a pu fournir d'éléments anciens. Du bâtiment le plus important de Chiny, il ne subsiste donc rien.

Contre l'enceinte castrale et à l'intérieur de celle-ci, un autre bâtiment carré, aux murs épais, laisse supposer une construction d'une certaine hauteur. Eloignée de la porte et de l'église, elle couvre un flanc déjà défendu à suffisance par la nature et sa fonction reste obscure (fig. 30,6).

Avant 1607, Chiny ne possédait qu'un seul édifice religieux: la chapelle castrale Ste-Walburge devenue priorale en 1097. Elle occupe le »Vieux cimetière« actuel et ses quelques restes épars, perturbés par les inhumations successives, assurent la présence d'un édifice orienté vers l'est. L'existence d'un édifice religieux unique est encore attestée vers 1565 par l'Atlas de Deventer (fig. 30,5).

Fig. 29
Chiny, »Le Fort«; plan
de J. Van Deventer (vers 1565).

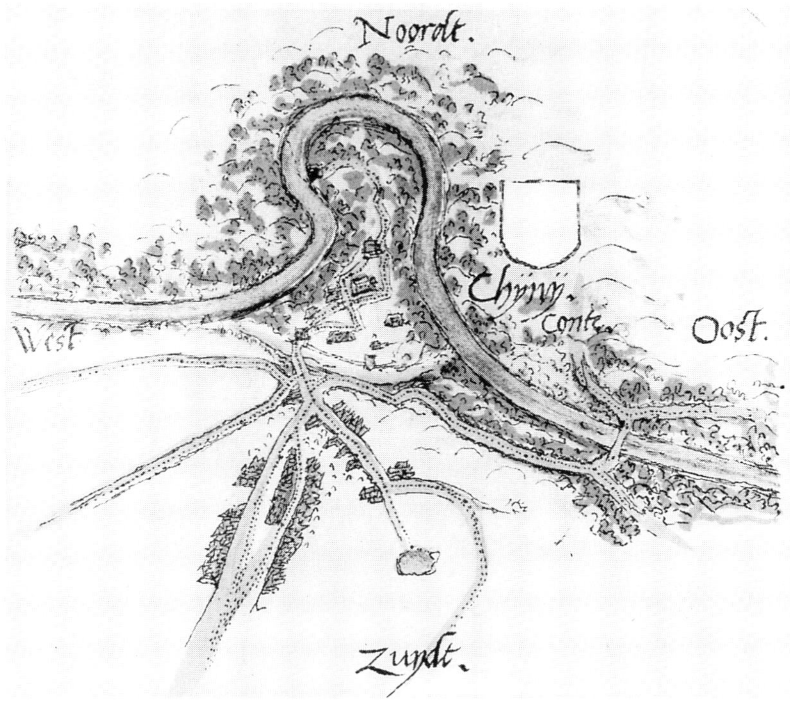

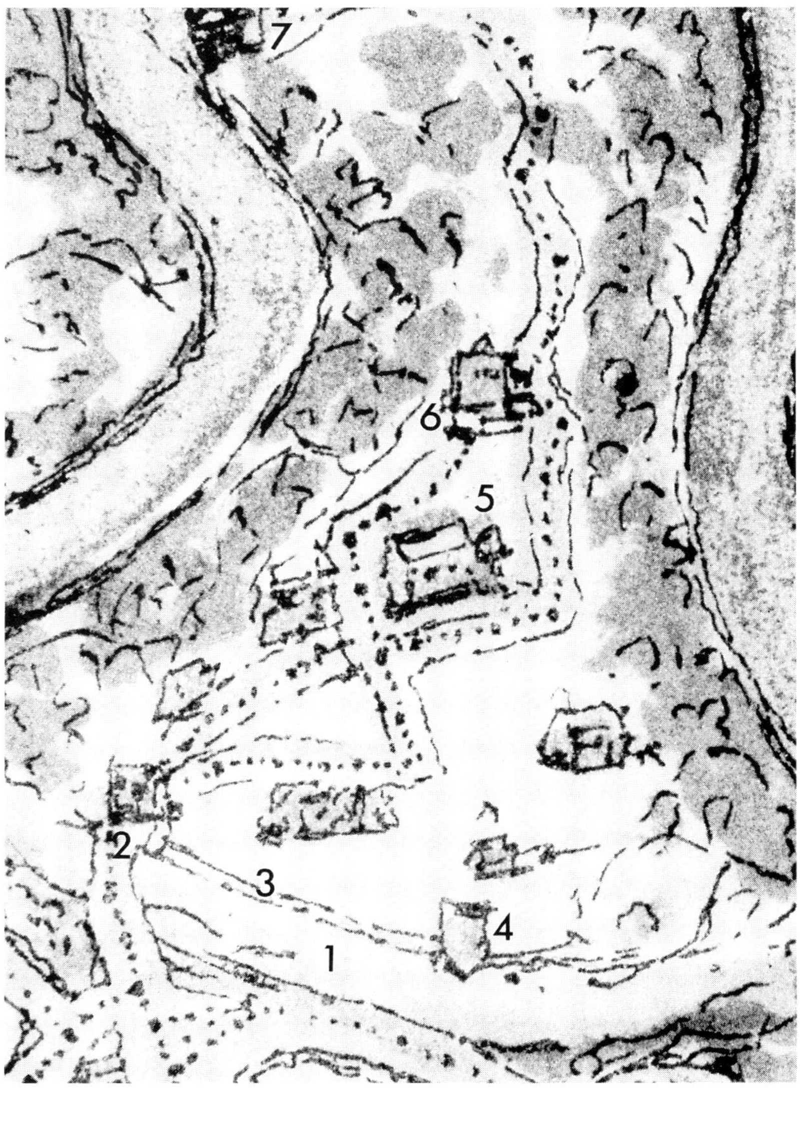

Fig. 30
Chiny, »Le Fort«;
plan de J. Van Deventer (détail):
1 Fossé. – 2 Porte. –
3 Mur de barrage. –
4 Tour orientale. –
5 Chapelle castrale. – 6 Donjon.

VI. Neufchâteau

La réunion des anciens centres domaniaux carolingiens de Mellier et de Longlier débouche sur la création de la seigneurie de Neufchâteau[43]. Les Mellier, soit Hugo, connu vers 1060, ou Thierry (1171–1207) auraient mis la main sur Longlier, par le biais d'une avouerie sur le prieuré de l'abbaye de Florennes, établi vers le mileu du 11ᵉ siècle à côté de l'église-mère de Longlier.
A. Geubel et L. Gourdet ont tenté de définir l'évolution castrale de la seigneurie. En partant de Mellier avec son donjon primitif, ils voient dans le »Vieux Château« situé entre Neufchâteau et Longlier, un chaînon intermédiaire précédant le *Novum Castellum.* Ce serait là un premier appui fortifié en Terre de Neufchâteau, soutien de leur avouerie face au prieuré de Longlier.
La fortification occupe une arête rocheuse, au lieu-dit »Aux Roches«. S'étalant du sud au nord, des flancs abrupts la protègent à l'est comme à l'ouest. Deux fossés barrent l'éperon et son accès naturel. Des restes de caves et de murs d'enceinte laissent augurer de son importance déjà oubliée en 1609. A cette date, la carte d'Arenberg renseigne un »Vieux chesteaux ruines«.
Les sondages pratiqués en 1939 faciliteront certainement les recherches futures. La forteresse de Neufchâteau existe avant 1199, à cette date Thierry de Mellier, *vir nobilis* de la maison de Chiny, propre frère du comte Louis III (1162–1189), donne à l'abbaye de Saint-Hubert une rente sur son moulin situé *ante Novum Castellum.* Son fils Hugues transmettra la seigneurie à son fils, de son vivant et dès 1224, Thibaut pourra ainsi se parer du titre de *segnor de Nofchastel.* Arnoul, Thibaut II et Jacques lui succèdent. Thibaut meurt sans héritier avant 1305, la Terre de Neufchâteau fit alors retour au domaine comtal d'Arnoul IV de Chiny et de Looz.
La nouvelle fortification occupe un promontoire élevé, aux pentes raides, enclavé dans un méandre du ruisseau de Neufchâteau. Le seul accès possible s'ouvre au nord. L'iconographie récente de la carte d'Arenberg en 1609 et du *Castrum desolationis* dû à la plume de Louis de Frahan en 1657, combinée aux découvertes anciennes et aux vestiges monumentaux encore visibles aujourd'hui ont permis à A. Geubel et L. Gourdet de reconstituer un plan sommaire de l'ensemble castral.
A la pointe du promontoire, dominant la vallée, se dresse une tour carrée. Il s'agit là vraisemblablement des restes d'une fortification à donjon et enceinte dont les murs de la basse-cour d'un château plus récent ont pu adopter le tracé (fig. 31).
Cette construction pourrait encore dater du 11ᵉ siècle, mais l'absence de fouilles ou de documents d'archives ne permettent pas de dépasser aujourd'hui le stade de l'hypothèse.

VII. Mellier

Au delà de la volonté des premiers comtes de faire évoluer, à Chiny et à Yvois, leurs ambitions naissantes, se profile dès le 11ᵉ siècle, le déclin d'un cadre territorial modelé avec patience. L'aîné pour assurer son avènement dotera souvent ses cadets de terres taillées dans le patrimoine familial. Parfois même du vivant du comte régnant, les partages successoraux feront l'objet d'accords préalables. Ces apanages vassaux, seigneuries cadettes haut-justiciaires et transmissibles, contiennent déjà tous les ferments d'une future indépendance.
Mellier constitue peut-être le premier et le plus ancien des démembrements du comté de Chiny.
Hugo de Mellier y apparaît vers 1060 comme premier seigneur connu. Fils du comte Louis Iᵉʳ ou Louis II de Chiny, il aurait reçu cette seigneurie en apanage foncier. Mort sans postérité, le domaine aurait fait retour au comté. Ceci permettrait d'expliquer l'interruption pendant plus d'un siècle dans la généalogie des seigneurs de Mellier. Suivent alors Thierry (1199–1207), frère cadet du comte Louis III et fils d'Albert

43 A. Geubel et L. Gourdet, Histoire du Pays de Neufchâteau (Gembloux 1958) 36–38. 39–40. 88–108. – Matthys (note 1) 263–264 et fig. 3, nº 2. – H. Gratia et A. Geubel, Coupe dans le fossé de la ville de Neufchâteau. Arch. Belgica I/2, 1985, 123–126.

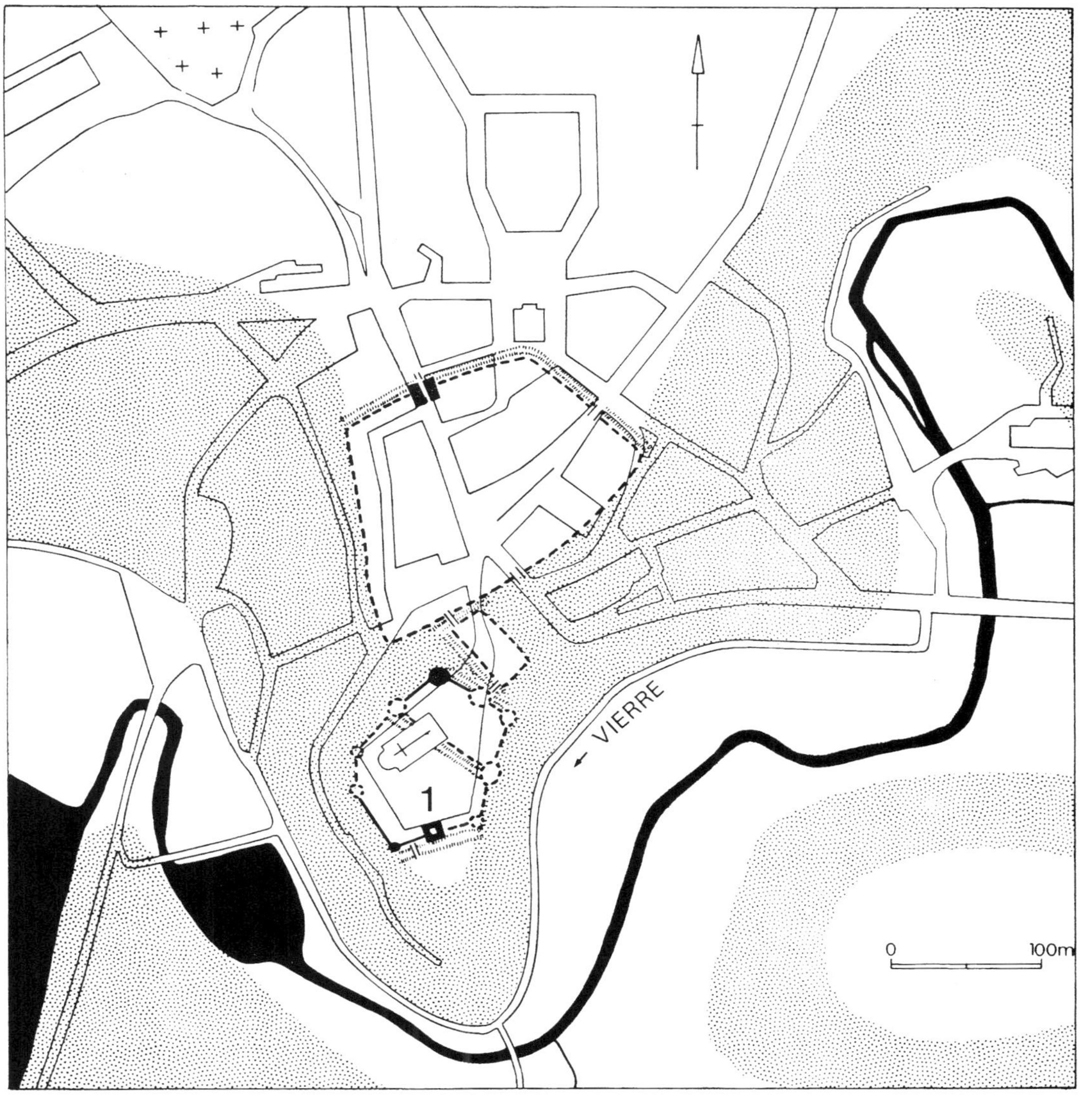

Fig. 31 Neufchâteau; donjon (n° 1). – (d'après H. Gratia et A. Geubel).

de Chiny, Hugues II (1221–1224), Thibaut (1224–1271), Arnoul (1278), Thibaut II (1300–av. 1305) et Jacques. Ce dernier clôt la liste de cette famille seigneuriale, mais les auteurs attribuent généralement à Thibaut II cité pour la dernière fois en 1271, l'abandon du château. »Brisé« en 1268 par le comte de Luxembourg, lors de la guerre de Ligny, il apparaîtra cependant encore avec un Bertrand de Mellier, cité en 1304, et ses fils »Gillet et Collin de Mailiers, frères, qui avoient une forte maison dedans le fort du chasteau de Mailier«.

Dès 1199, Thierry de Mellier est cité aussi comme seigneur de Neufchâteau. Depuis, les destinées des deux localités resteront unies et lors de l'extinction de la branche des Mellier, ce seront les comtes de Looz-Chiny puis de Looz-Agimont qui posséderont la terre.

Les travaux de 1982 ont permis au Service national des Fouilles de localiser le château seigneurial éponyme[44].

44 Matthys et Gratia (note 29) 100–101. – Matthys (note 1) 260–263. – A. Matthys et H. Gratia, »Le Haut de la Cour« à Mellier. Conspectus MCMLXXXIII. Arch. Belgica 258, 1984, 100–101.

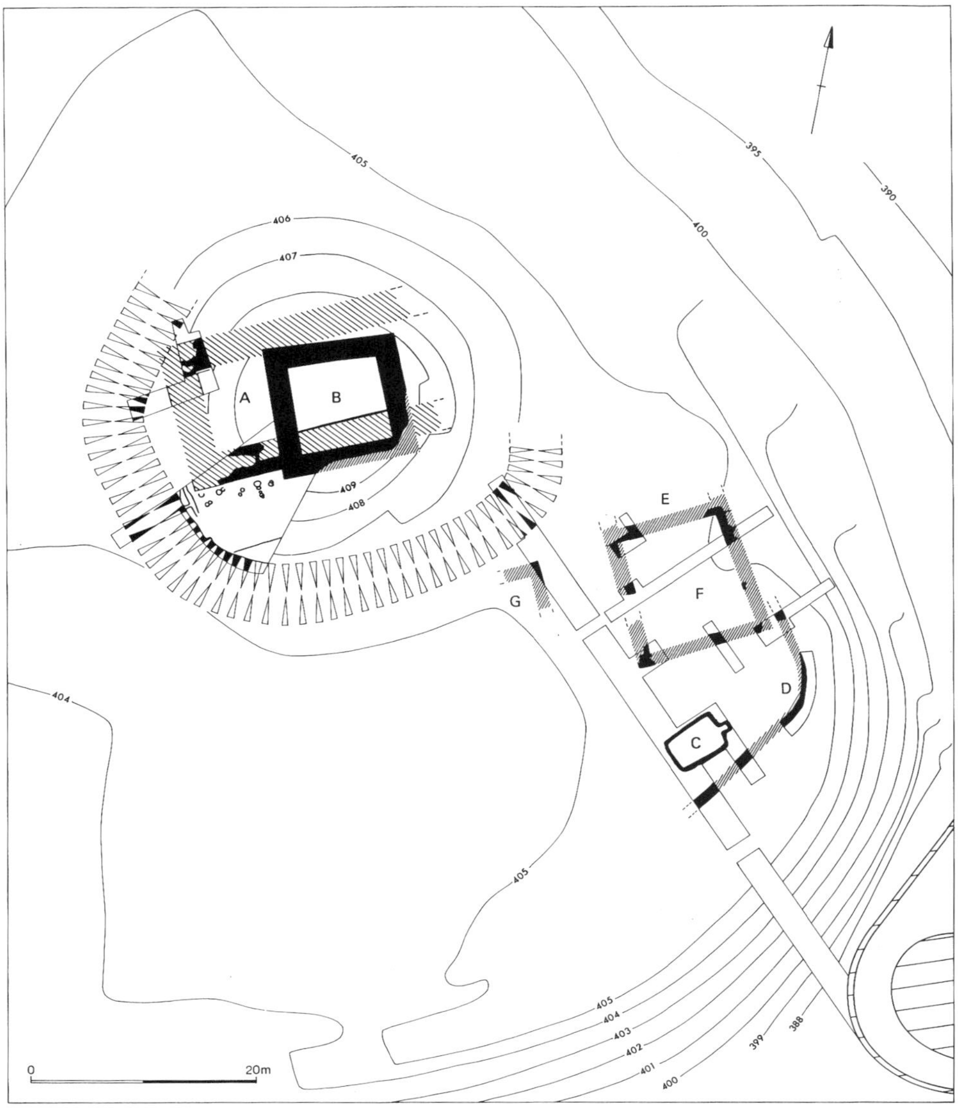

Fig. 32
Mellier, le »Haut de la Cour«:
A *Palatium* carolingien, cité en 763. –
B Donjon (avant 1060?). –
C. F. G Bâtiments agricoles. –
D Rempart.

Fig. 33
Mellier, le »Haut de la Cour«;
le donjon et l'église actuelle,
vue du nord-ouest.

Au confluent de la Mellier et du ruisseau de Botémont se dresse, au nord du village, entre l'église et la vallée principale, la colline fortifiée du »Haut de la Cour«.
Le site présente, au sommet, un plateau triangulaire, allongé vers le nord, aux dimensions maximales de 100 m sur 86 m. A peu près au milieu de l'ensemble se dresse une motte circulaire, haute encore de 3,70 m pour un diamètre à la base de 37,20 m; elle était surmontée autrefois d'une tour (fig. 32 et 33).
Le reste du plateau formait la basse-cour et au début du 14e siècle, on y décrivait encore »une forte maison dedans le fort du chasteau de Mailier, avec granges, estables et bouverie et fourny et aussi courtillages et le tout dedans le dit fort...«
En outre, à quelques mètres de la motte et en contrebas du site, s'élevait jadis une chapelle, démolie en 1842 au moment de la construction de l'église paroissiale actuelle. Cette chapelle était consacrée à saint Pierre et est déjà citée en 1304.
Un rempart encore bien visible à l'est et au sud, entourait l'ensemble du plateau. Au nord, la pointe aménagée et recoupée forme un rempart en demi-lune, doublé du Fossé Lambert.
La topographie a, ici comme ailleurs, commandé la situation de l'entrée. Seul le flanc méridional s'ouvrait sur une pente assez douce pour permettre l'accès. Cette porte semble formée par le retour du rempart vers l'intérieur de l'ouvrage. Ce dispositif définit ainsi un couloir d'entrée de type *Zangentor* dont les fouilles futures tenteront de restituer le plan et les étapes chronologiques.
L'ensemble se définit, du moins dans une de ses phases, comme une motte implantée au milieu d'une basse-cour entourée de remparts, cas relativement peu fréquent dans la typologie des fortifications.
Les travaux de 1982 visaient à étudier la motte et sa tour et, en corollaire, l'habitat antérieur engagé sous elles.
La motte et son donjon furent établis sur un habitat monumental construit sur une butte naturelle de schiste, aménagée en forme de calotte et émergeant du plateau environnant sur près de 2 m.
Les murs découverts sont larges de près de 2,73 m et ils appartiennent selon toute vraisemblance au *Maslario publico palatio* cité dans un acte de 763, lorsque Pépin le Bref accorde l'immunité à l'abbaye de Prüm. Le matériel carolingien retrouvé dans les démolitions de l'édifice, est identique aux vestiges carolingiens d'Hamipré – distant de 8,5 km à peine – et peut être daté entre 750 et 850.
Le donjon à motte de Mellier apparaît dans une description tardive. Selon un témoignage antérieur à 1737, il y avait »dans le centre le reste d'une vieille tour quarrée qui aux dires des anciens a été fort haute«. En effet, le donjon découvert affecte la forme d'un carré de 12 m de côté pour des mesures internes de 8 m sur 8 m. Les murs sont fort épais et dépassent parfois les 2 m; ils sont élevés sans mortier, en dalles de schiste (fig. 32, B et fig. 33).
Dans une phase suivante, mais immédiatement après la construction du donjon, la base de la tour est enmottée. Le déroulement des travaux est ici très clair.
Un fossé circulaire, au diamètre extérieur proche de 46 m et large de 6 m, à fond plat et peu profond, est creusé tout autour de l'habitat seigneurial. Les plaquettes de schiste provenant de la taille sont rejetées vers l'intérieur du cercle jusqu'à former une enceinte annulaire de 4 m de largeur à la base pour une hauteur de 1 m. Des charretées de déchets de taille, provenant peut-être d'une carrière proche où furent préparées les pierres du donjon, ont été jetées du haut de ce petit rempart circulaire vers les bases de la tour. Les déversements successifs produisant ainsi des couches obliques et parallèles dont la pente est opposée au pendage normal de la motte.
Dans la coupe pratiquée, cinq déversements s'étagent ainsi et entravent le glissement des remblais sur eux-mêmes et le comblement du fossé à échéance rapprochée. Le profil dégagé montre nettement une plate-forme de circulation aménagée entre le fossé et le pied de la butte.
Le matériel archéologique découvert dans le fossé appartient à la céramique de type d'Andenne et à ses imitations locales (v. 1050–1175). Il ne semble donc pas trop téméraire d'attribuer la construction du donjon à Hugo de Mellier vers 1060; il existe avec Thierry, à la fin du 12e siècle. Des fouilles complémentaires devront néanmoins étayer l'hypothèse.
Une série de coupes longitudinales et transversales effectuées en 1983, ont permis de révéler différentes structures et bâtiments et de reconstituer l'aspect primitif du site.

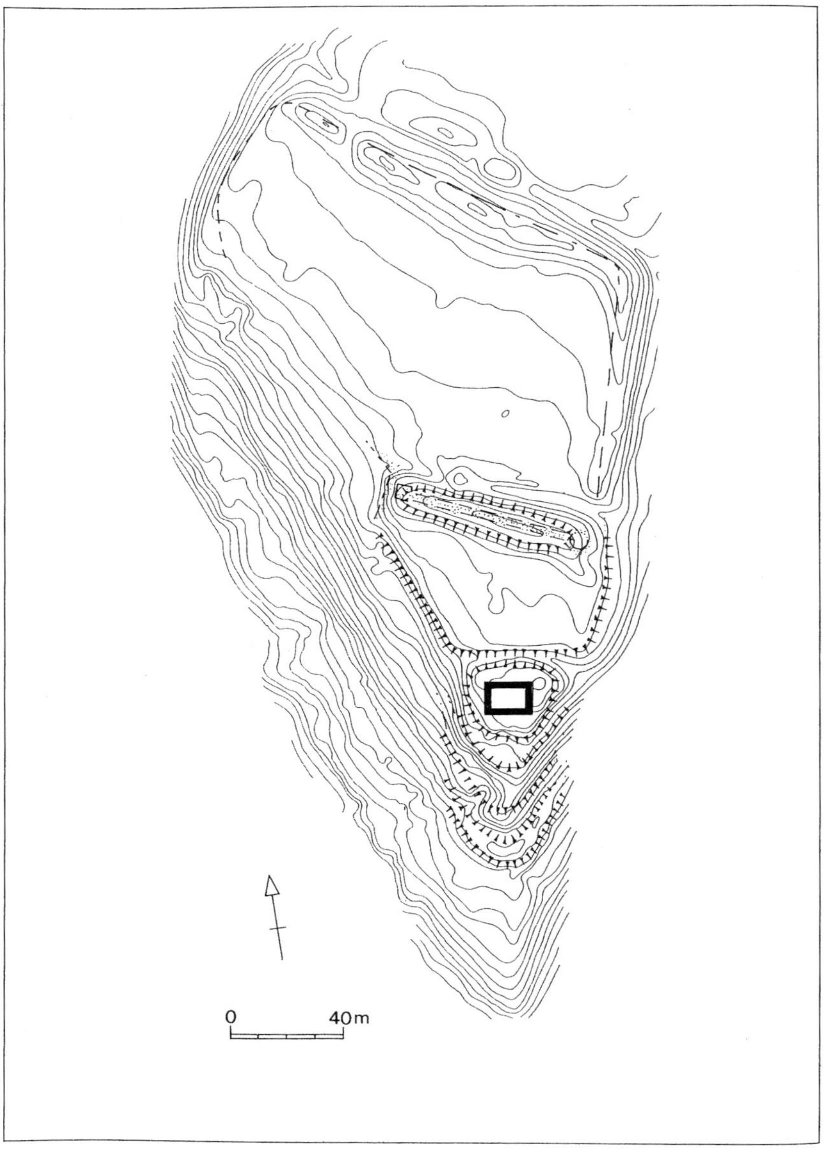

Fig. 34
Buzenol (Etalle), Montauban; plan topographique et vestiges découverts (d'après J. Mertens).

Toute la basse-cour dans ce secteur est artificielle; elle est établie sur des remblais accumulés sur la pente naturelle pour former une surface plane susceptible de porter des bâtiments (fig. 32). Dans ce remblai, fut réservée ou creusée une cave (C) appartenant à une construction dont les superstructures arasées ne permettent plus de reconstituer le plan. Ce bâtiment – selon toute vraisemblance en bois et torchis – était établi contre un mur d'enceinte (D) ceinturant le site au sud-est et retenant un rempart de terre répandue et accumulée en couches régulières et obliques derrière lui.
Une seconde construction (F) a pu être reconnue en partie, sa largeur est de 11,40 m et sa situation visible dans les dénivellations du terrain, laisse augurer un plan sensiblement carré. Contre elle, un bâtiment de même largeur la prolonge sur 12 m. Etablie contre et dans le rempart de terre primitif, elle semble avoir entraîné la destruction de celui-ci.
Dans le prolongement de ces deux bâtiments jumelés, on trouve, à l'ouest, l'angle d'une autre construction (G).

S'il est trop tôt pour pouvoir donner une évolution chronologique absolue de cet ensemble, il semble néanmoins assuré qu'il existait ou avait cessé d'exister en partie, avant le début du 14e siècle, comme en témoignent les textes.
Le remblai remplissant encore en partie l'intérieur du donjon, après la campagne de 1982, a pu être enlevé dans sa totalité (B). Ceci a permis de retrouver dans la roche, le parcours de la tranchée de fondation du *palatium* carolingien cité en 763 (A). A l'ouest, un sondage dans les pentes de la motte, a permis de situer un second angle de ce bâtiment exceptionnel, ce qui fixe sa largeur à 13,40 m pour une longueur totale encore inconnue mais dépassant d'ores et déjà les 20 m.

VIII. Buzenol (Etalle)

Dès la préhistoire, un refuge fortifié a été établi sur le plateau de Montauban à Buzenol (Etalle)[45].
Il est implanté sur un promontoire encadré, à l'est, au sud et à l'ouest par le ruisseau de la Claireau et ses vallées secondaires. Le plateau domine ainsi la vallée de près de 70 m. C'est du nord au sud que les murs de barrage se sont succédé au cours des temps, depuis le second âge du fer, en passant par le Bas-Empire romain pour aboutir à la période médiévale (fig. 34).
Au moyen âge la superficie fortifiée se calque sur celle du Bas-Empire; on y distingue une basse-cour triangulaire de 80 m sur 70 m, avec une surface approchée de 25 ares. Déjà au Bas-Empire, un fort mur de barrage la protégeait au nord, tandis que ses flancs, à l'ouest et à l'est étaient encadrés de murs en pierre sèche, larges de 2,20 m à 2,70 m. A l'époque romaine aussi, une tour devait garnir le bout de l'éperon. On ne connaît pas son plan, mais la stratigraphie atteste de son existence. Au moyen âge, dans une première phase de construction, un donjon s'élève sur les ruines de la tour romaine. Une couche de terre brûlée passe en effet sur les vestiges du Bas-Empire et passe sous la tour médiévale. Les charbons de bois récoltés en 1958 par J. Mertens, dans cette couche bien visible dans la tranchée XXIII, creusée à l'angle nord-ouest du donjon, ont pu être datés, grâce à l'analyse du 14C, de 930 ± 110 BP (Lv. 24) et 1040 ± 90 BP (Lv. 25), ce qui fournit les dates calibrées de 1000/1250 et de 890/1040. La fourchette ainsi donnée révèle une date de construction probable pendant ou après la première moitié du 11e siècle. La monnaie retrouvée dans les déblais du fossé s'ouvrant devant la façade du donjon, au nord, – une obole de l'empereur Henri Ier (919–936) – fournit un *terminus post quem* peu intéressant.
Dans un article récent, le Prof. J. Mertens donne du donjon la description suivante: »Construction légèrement trapézoïdale mesurant environ 16,50/17 m sur 12,30 m avec des murailles dont l'épaisseur varie de 1,95 m à 2,50 m; les murs sont construits en moellons non appareillés avec réutilisation, en de nombreux endroits, de blocs plus volumineux, (...). Le mortier utilisé est blanchâtre et dur, mélangé parfois à du gros gravier et de la brique concassée. Toutes les façades de cette tour sont pourvues de petites fenêtres, genre meurtrières, dont la longueur, à peine 7 à 9 cm à l'extérieur augmente vers l'intérieur pour atteindre les 105 cm (fig. 35); l'encadrement externe est formé de pierres volumineuses bien taillées et parfois sculptées. La hauteur de ces fenêtres (85/90 cm) est constante.
La couverture consiste en une juxtaposition de grosses planches dont la longueur, s'adaptant à celle des fenêtres, va de 1,30 m à 0,54 m; selon les empreintes laissées dans la maçonnerie, ces planches avaient une largeur moyenne de 22/29 cm et une épaisseur oscillant entre 14 et 19 cm. Sur ces planches s'appuie, dans le sens du mur, une longue poutre de bois, très solide (40 × 20 cm), complètement noyée dans la maçonnerie et servant probablement d'ancrage; sur elles sont posées les poutres soutenant le plancher de l'étage; ces dernières sont parfaitement équarries (42 × 25 cm) et entrent dans la muraille sur une profondeur de près de 1,65 m; la distance entre les poutres du plafond et le sol, est de 2,50 m. Les coupes effectuées tant à l'intérieur qu'à l'extérieur de cette tour démontrent que la construction n'est guère homogène mais qu'il y eut des restaurations et des superpositions suite à des incendies qui affectèrent le bâtiment«.

45 Voir l'article le plus récent avec bibliographie: J. Mertens, La fortification médiévale de Buzenol. Dans: G. Lambert, Archéologie entre Semois et Chiers. Crédit communal (Bruxelles 1987) 223–226. – Ibid. 165–176.

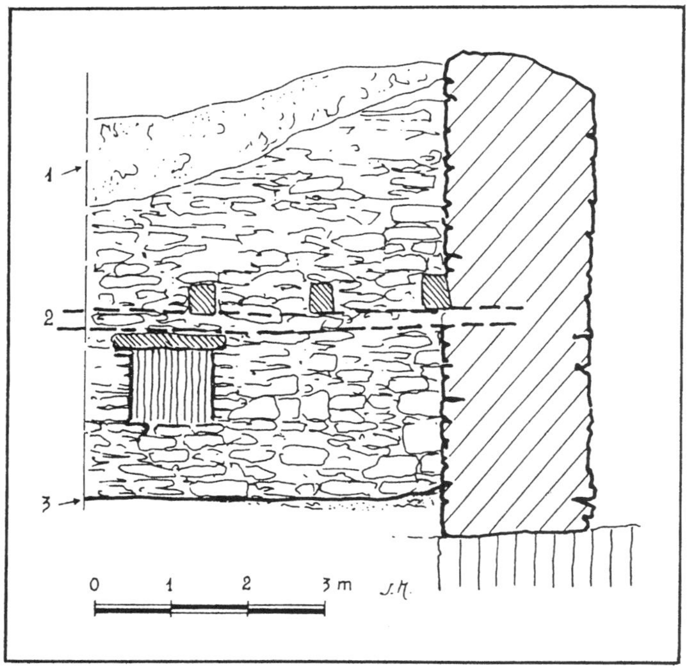

Fig. 35 Buzenol (Etalle), Montauban; élévation du mur nord du donjon (d'après J. Mertens).

Fig. 36 Buzenol (Etalle), Montauban; donjon avec fossé et motte à l'avant-plan, vue du nord.

Le fossé creusé aux pieds du donjon, au nord, l'isole de la basse-cour dont il a détruit, en partie, les murs plus anciens protégeant les flancs est et ouest; il est large d'environ 7 m pour une profondeur de 3,50 m. Les déblais du creusement ont été rejetés contre et autour du donjon et ils ont oblitéré ainsi les ouvertures du rez-de-chaussée (fig. 36). L'accès se faisait par une porte située au premier étage. Après ou suite à cette phase d'enmottement, la tour a subi une réfection voire même une nouvelle campagne d'aménagement, comme en témoigne la couche de déchets de construction révélée dans la stratigraphie et qui recouvre la surface de la motte ainsi construite. La date de ces travaux ne peut pas être déterminée pour l'instant. Au sud, une série de levées de terre et de fossés étagés et en forme de demi-lune, protègent l'ensemble. Ce dispositif semble lui aussi, toujours selon le Prof. J. Mertens, dater de la période médiévale. Des fouilles futures et rapprochées devraient pouvoir préciser toutes ces phases que les sondages effectués par J. Mertens permettent d'entrevoir sans les confirmer.

IX. Bertrix

La fortification, appelée localement »Château des Fées«, se dresse sur une petite éminence, à gauche de la route Bertrix-Mortehan et à mi-chemin entre les deux agglomérations[46]. Elle atteint une altitude maximum de 330 m et forme la pointe basse d'un promontoire dévalant depuis le »Bois de la Haie« en direction du sud-est. Cette crête est limitée à l'ouest par le cours des Munos et au sud-est par le ruisseau des Morceux (fig. 37).

Le site forme un éperon, enserré dans le confluent de deux ruisseaux; il est détaché de la crête principale par un vallon sec qui relie les deux vallées. Ce promontoire verrouille ainsi le passage de sa pointe avancée. Il contrôle l'accès naturel du plateau de Recogne à la vallée de la Semois, par la vallée des Munos. Cette situation topographique exceptionnelle explique assez le choix du site, même si les collines proches le dominent de toutes parts.

L'ouvrage, protégé par des pentes abruptes, dessine un ovale irrégulier de 59,5 × 47,5 m. L'intérieur s'étage en plusieurs terrasses et s'élève progressivement vers le nord pour atteindre une quinzaine de mètres de dénivellation, alors que le point le plus élevé culmine à quelque 27,50 m au-dessus du confluent. La partie occidentale de l'enceinte domine la rive gauche des Munos. Au nord, l'éperon est séparé de la crête principale par un versant abrupt. A l'est, les parois sont verticales, et interdisent tout accès, tandis qu'au sud et au sud-est les pentes sont moins raides.

Du sommet, la vue s'étend au loin en direction du sud. Et si les collines avoisinantes et la végétation masquent les abords immédiats, il n'en est pas de même en direction de la Semois dont la vallée se profile au loin.

Cette fortification se définit en trois phases. Dans un premier aménagement on entoure le site d'une palissade, l'accès de type *Zangentor* a été reconnu grâce à une double rangée de trous de pieux creusés dans le schiste. Faute d'objets antérieurs à l'époque romaine découverts sur le site, on situe cette première phase à cette période. Très peu de temps après, on remplace la fortification en bois par une muraille de pierre et la porte en dur est construite sur le même plan que l'accès primitif. Un foyer adossé à la muraille contenait des tessons des 3e–4e siècles et situe donc cette phase, au plus tôt, à cette période. Une tour de pierre domine le site à cette époque. Des traces d'occupation aux 6e–7e siècles – armes et perles mérovingiennes – et un denier carolingien de Charles-le-Simple (911–927) attestent d'occupations épisodiques.

La dernière phase d'aménagement du site date des 11e–12e siècles. Par analogie avec le matériel archéologique identique retrouvé e. a. à Vivy (Château Liresse) et à Sugny (»Tchesté de la Rotche«),

46 H. et S. Collin, Documents historiques. Revue hist. ardennaise 13, 1978, 271–272. – M. Bur, Vestiges d'habitat seigneurial fortifié des Ardennes et de la vallée de l'Aisne. Inventaire des sites archéologiques non monumentaux de Champagne 2 (Reims 1980) 12–13.

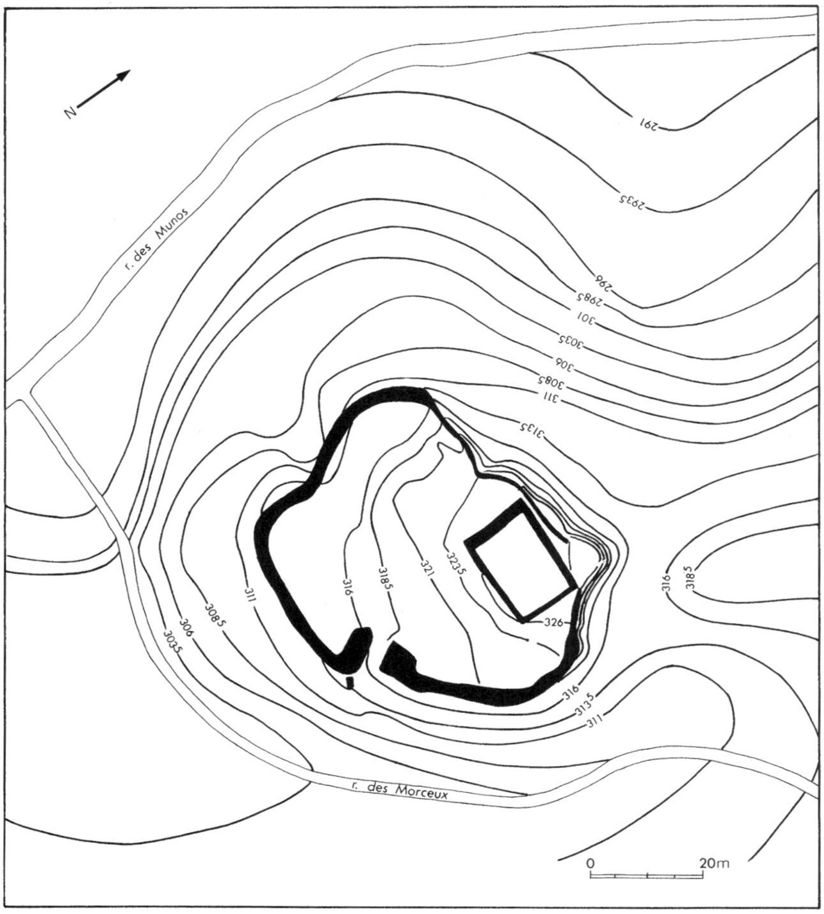

Fig. 37 Bertrix, »Château des Fées«; plan topographique et château médiéval.

l'occupation ne doit pas se prolonger loin dans le 12e siècle. La céramique de type Schinveld-Brunssum se rattache à une production qui débute vers 1050 et il en va de même pour les quelques fragments de céramique de type Andenne (fig. 38).

A cette époque, la fortification de Bertrix se présente sous la forme d'un donjon à enceinte. Le rempart en pierre d'époque romaine – long de 150 m – et la porte de type *Zangentor* sont réutilisées et remises en état. Le plateau supérieur est considérablement élargi et la tour primitive d'époque romaine sert de noyau, dans l'angle nord-ouest, à un vaste donjon rectangulaire de 13 m sur 18,50/19 m, aux murs irréguliers, épais de 2,20 m.

Au nord, un mur construit à l'extérieur et contre la tour primitive, porte la largeur de l'ensemble à 2 mètres. Le nouveau mur ainsi construit se prolonge vers l'est pour disparaître après 4,50 m; sa largeur à ce moment n'est plus que de 1,40 m.

A l'ouest, la nouvelle muraille prolonge tout le front primitif. Elle se différencie cependant très nettement de la structure du mur ancien par une couture dans la maçonnerie et par un changement notable dans la direction. La face méridionale est ancrée à l'angle occidental par un énorme bloc de schiste qui contient le remblai et maintient la muraille épaisse à cet endroit, d'à peine 0,80 m. Partout la roche sert d'assise au mur dont le parement extérieur s'aligne sur le rocher en partie taillé. C'est à la base de cette taille que furent découverts les restes d'un foyer dont les flammes avaient calciné le rocher et la base du mur. La couche de charbon de bois et les débris de roche éclatée à la chaleur contenaient encore quelques tessons;

d'autres fragments de céramique identique avaient glissé le long de la pente et furent retrouvés légèrement en contrebas (fig. 38).
A l'est, le mur est accroché à la pente. Plus élévé à l'angle, il va en s'amincissant vers le sommet où il se réduit à une seule assise pour ensuite disparaître.

X. Conclusion

A défaut d'abondantes sources d'archives, l'histoire politique de la région peut indiquer des directions à suivre dans l'étude de l'évolution des sites castraux. Dans l'orbite des dynastes féodaux de la maison de Chiny, dès la fin du 10e siècle et de la famille d'Ardenne-Verdun avant 1100 ou des princes-évêques de Liège après la mort de Godefroid de Bouillon, le territoire d'entre Lesse et Semois dépendait d'eux, aux 11e et 12e siècles. Fief et siège d'une famille noble de *milites* et établissement comtal aux soins d'un ministérial ou *castellanus*, ces châteaux ne pouvaient échapper à la tutelle de ces puissants.
A Mirwart, le donjon en bois sur motte, connu par le *Cantatorium* ou chronique de l'abbaye de Saint-Hubert, écrite vers 1100, n'apparaît qu'assez tard, en 1077/78. A Sugny, le château de pierre semble déjà construit durant la première moitié du 11e siècle et il a déjà dû remplacer un donjon en bois plus ancien. A Bouillon, la tour de Beaumont située sur la colline qui domine le château actuel, est un donjon de bois sur motte, contemporain de Godefroid le Barbu et de la moitié du 11e siècle. Il ne disparaîtra que lors du siège de Bouillon en 1141. Warcq, sur la Meuse, est tout proche et la description du siège de 971, rédigée il est vrai entre 1033 et 1046, assure déjà clairement l'existence d'un donjon, de sa chapelle et de ses bâtiments

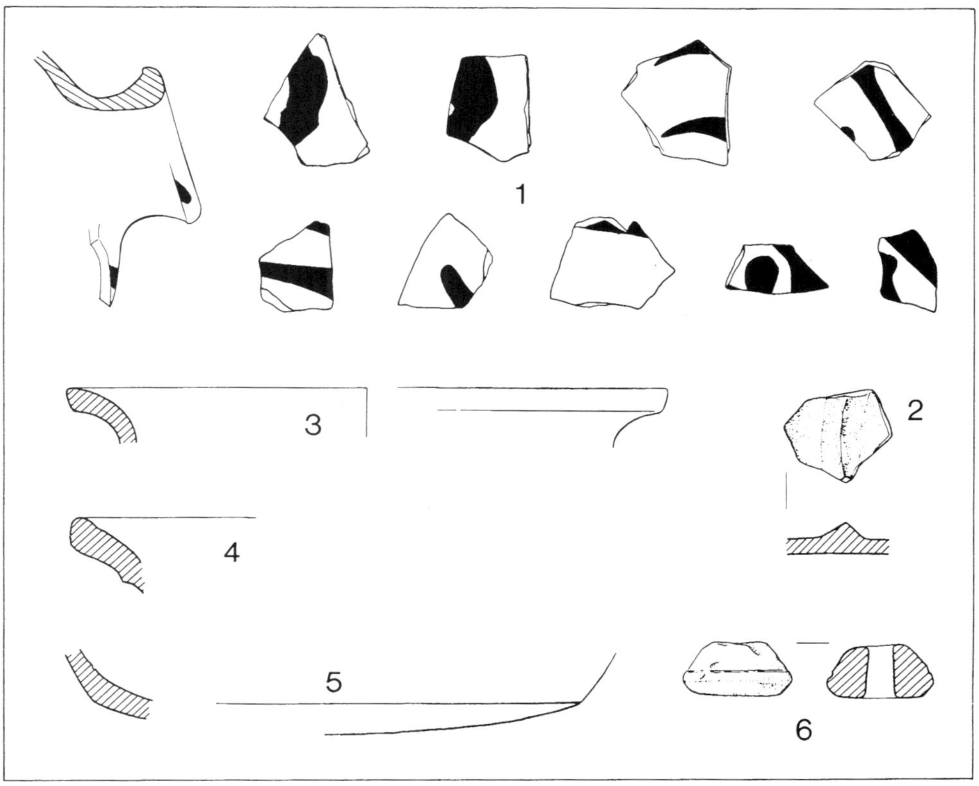

Fig. 38 Bertrix, »Château des Fées«: 1 Céramique de Schinveld-Brunssum (?). – 2–5 Céramique d'Andenne. – 6 Fusaïole (11e s.).

annexes à l'abri d'une palissade, le tout en bois[47]. Peut-être faut-il aller chercher là l'exemple précoce de ces fortifications de bois sur motte.
Du même côté de la Meuse, rive gauche, à Montcy-Notre-Dame, des fouilles toujours en cours dégagent les ruines imposantes du »Château des Fées«. Les analogies avec le château de Sugny sont évidentes et le matériel archéologique de facture identique appartient à un même horizon chronologique des 10e et 11e siècles. Là aussi des traces d'une fortification en bois sont engagées sous le château de pierre maintenant dégagé au bout d'un éperon dominant les rives du fleuve. Une motte de terre y vient, par la suite, recouvrir les bâtiments détruits[48]. La forteresse de Mézières, lovée dans la boucle de la Meuse, le long de la route romaine Reims-Cologne, existe déjà au 10e siècle, mais sa configuration ne nous est pas connue faute de fouilles. En 971, Godefroid le Captif, fils du comte Gozelon d'Ardenne et d'Uda, y fortifie le château[49].
A côté de ces donjons en bois sur motte, il y a dans la région d'entre Lesse et Semois, toujours au 11e siècle, le type du château à enceinte comprenant un donjon de pierre. Le »Château des Fées« à Bertrix, le *castrum* comtal de Chiny, les tours de Mellier et de Neufchâteau, le »Château Liresse« à Vivy, la fortification de Montauban à Buzenol (Etalle), le donjon de pierre de Sugny avec son enceinte de bois se rangent dans cette catégorie. On peut y ajouter aussi le château d'Orchimont tel qu'il apparaît figuré en 1597 dans les »Albums de Croy«. Il présente une forteresse tripartite établie sur ce qui, malgré la maladresse paysagère de l'artiste et son peu de fidélité à la topographie locale, paraît devoir être une motte naturelle aménagée; cette éminence existe d'ailleurs encore toujours aujourd'hui. L'absence de fouilles ne permet pas encore une chronologie certaine pour ce château, mais la ressemblance avec la résidence castrale maçonnée de Sugny est frappante. A Bouillon, le grand donjon de pierre qui se dressait autrefois au milieu de la cour actuelle du château, attribué à Godefroid et démoli durant la période hollandaise, était peut-être lui aussi muni d'une enceinte; et à Maissin, le château du »Ban de Feuilly« n'a pas encore été fouillé, mais l'enceinte y est encore bien visible.

47 A. Matthys et G. Hossey, Le château des Fées à Bertrix. Arch. Belgica 146, 1973.
48 Communication de J. P. Lémant (Charleville-Mézières).
49 Laret-Kayser (note 40) 45, note 47: »...Macerias castellum, quod tunc frater eius Godefridus comes constabilitat...« (Hist. mon. Mosom. 612, 1.21).

JOHNNY DE MEULEMEESTER

STRUCTURES DÉFENSIVES ET RÉSIDENCES PRINCIÈRES: LES CHÂTEAUX À MOTTE DU COMTÉ DE LOOZ AU XIE SIÈCLE

1. Quelques données historiques

L'origine du comté de Looz se situe autour de l'an 1000, au moment où les entités territoriales des comtés carolingiens d'Avernas et de Hocht en Hesbaye furent regroupées en ajoutant des territoires pris sur le comté mosan et la Taxandrie.
Aux 11e/12e siècles, la politique des comtes de Looz consistait à sauvegarder l'indépendance et à unifier leurs territoires, souvent dispersés et de les protéger contre des voisins plus ambitieux, comme les princes-évêques de Liège dans le sud, et les ducs de Brabant à l'ouest. Le comté de Looz occupait un territoire correspondant à peu près à l'actuelle province belge du Limbourg (fig. 1).
Dans la première phase défensive (11e/12e s.) se situe la chaîne des châteaux avec Brustem, Montenaken, Borgloon, la résidence primitive des comtes; après leur conquête au 12e siècle, les châteaux de Kolmont et Duras s'y ajoutent. La frontière orientale et la vallée mosane furent défendues par les fortifications de Stokkem et Maaseik. L'intérieur du comté et la vallée du Demer furent protégés par Bilzen, Hasselt, Kuringen et Herk. Le nord et le nord-ouest posèrent peu de problèmes, vu la protection naturelle, qu'offrait la Campine, peu accessible.

2. La reconnaissance archéologique

Le nombre des domaines comtaux, où existe toujours un château médiéval remontant au 11e siècle, ou au moins des traces de pareille construction, est fort limité. Seulement dans 13 des 90 communes actuelles, qui faisaient partie du domaine comtal médiéval, nous retrouvons des parties de château médiéval. A Brustem, Horpmaal, Kolmont, Millen et Bilzen, il s'agit de châteaux à motte bien conservés; à Korsworm, Montenaken, Borgloon et Gellik le château à motte est en partie conservé; à Rummen, Duras, Hasselt et Stokkem la déduction archéologique nous permet d'y situer une motte.

3. Quelques exemples

a. Le site de Hasselt (fig. 2)

Ce premier exemple démontre la possibilité hypothétique de retrouver, même en milieu urbain actuel, une motte complètement disparue.
Le centre du domaine comtal de Hasselt se situe près du Helbeek (fig. 2,1), affluent du Demer. En 1203, on y mentionne une *munitio* et il est fort probable que, déjà pendant la deuxième moitié du 12e siècle, le comte accordait la franchise urbaine à la population du noyau d'occupation primitif. La localisation de la fortification primitive n'est pas aisée. Des données artésiennes, flamandes et brabançonnes nous prouvent que dans plusieurs de nos villes médiévales le marché primitif s'appelait Marché-aux-Poissons (Vismarkt) et qu'il se situait en face de l'entrée du château où au moins aux abords même de la fortification. Il est clair qu'à Hasselt aussi la *munitio* devait se trouver à côté du Marché-aux-Poissons, actuellement nommé Zuivelmarkt. A côté du vieux Marché-aux-Poissons (fig. 2,4), autour de l'église paroissiale primitive de St. Quentin (fig. 2,3), nous pouvons délimiter un site circulaire de 150 m de

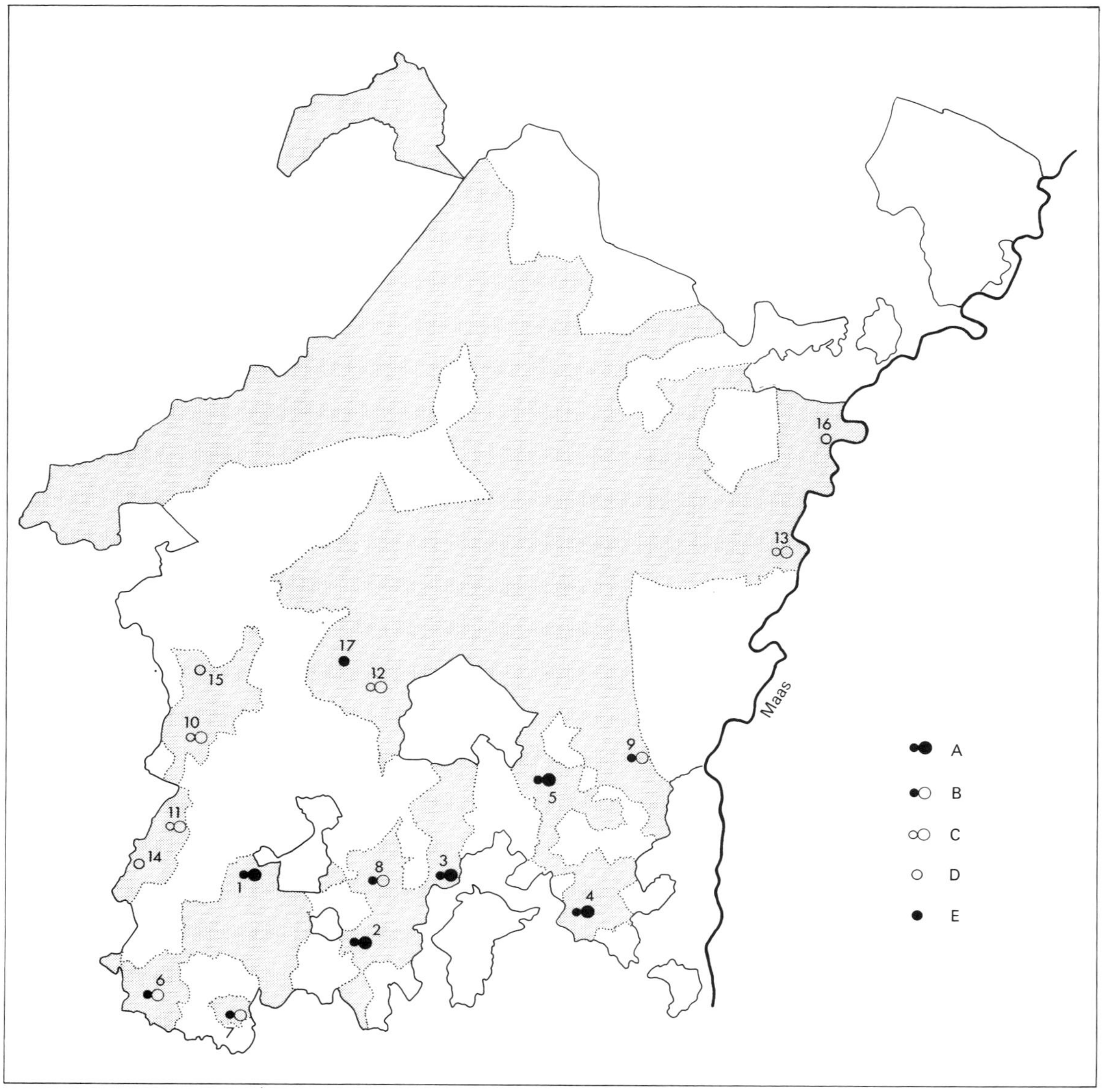

Fig. 1 Le comté de Looz et le domaine comtal (ca. 1300) (d'après J. Baerten): A Châteaux à motte conservés; B mottes ruinées; C mottes présumées; D fortifications mentionnées dans les archives; E mottes tardives. – 1 Brustem; 2 Horpmaal; 3 Kolmont; 4 Millen; 5 Bilzen; 6 Montenaken; 7 Korsworm; 8 Borgloon; 9 Gellik; 10 Rummen; 11 Duras; 12 Hasselt; 13 Stokkem; 14 Halle-Booienhove; 15 Herk-de-Stad; 16 Maaseik; 17 Kuringen.

diamètre, adossé au Helbeek; de l'autre côté du ruisseau et en face de ce site circulaire, se dessine dans le tracé des rues, un deuxième site dont le diamètre est d'environ 80 m. Cette double structure peut correspondre au site d'un château à motte, dont l'espace autour de l'église St. Quentin représente la basse-cour, et la forme circulaire de la rive droite, le site de la motte (fig. 2,2). Aussi bien du point de vue typologique, que sur le plan chronologique, cette hypothèse nous paraît plus qu'acceptable.
Le noyau primitif pré-urbain devait se trouver aux environs immédiats du Marché-aux-Poissons. C'est autour de ce noyau urbain et de la fortification que la ville médiévale de Hasselt s'est développée et surtout autour de son nouveau centre, La Grande-Place, aussi située à côté du château (fig. 2,5). Ce déplacement du centre de la ville commerçante s'explique par la nécessité de trouver un espace ouvert et

assez grand pour permettre la création d'un nouveau marché; ce phénomène fut constaté à plusieurs reprises dans d'autres villes médiévales. A Hasselt, la création du grand marché ou de la Grande-Place date du 13e siècle.

b. Le site de Kolmont (fig. 3)

Par ses caractéristiques et son état de conservation, ce site revêt une importance primordiale parmi les châteaux à motte de la Belgique septentrionale.

Jusqu' à son intégration dans le comté de Looz en 1170, ce domaine allodial appartenait au seigneur de Kolmont. Le site couronne le sommet d'une hauteur naturelle, qui domine la vallée d'une quinzaine de mètres. Cette butte naturelle d'environ 75 m sur 30 m à sa base, est entourée d'un fossé artificiel et d'un rempart de terre extérieur, haut de 3 m. Au sommet, la basse-cour protégée par un rempart, fait 40 m sur 30 m, tandis que le plateau de la motte a un diamètre de 30 m. Cette motte domine la basse-cour d'environ 5 m. Un donjon décagonal couronne le plateau sommital de la motte. Le donjon se compare facilement à celui de Brustem, daté de 1171. Il paraît probable que le donjon de Kolmont ait été érigé à la même époque, c.a.d., peu de temps après 1170 et son intégration au domaine lossain et que Gérard de Looz l'aurait fait construire.

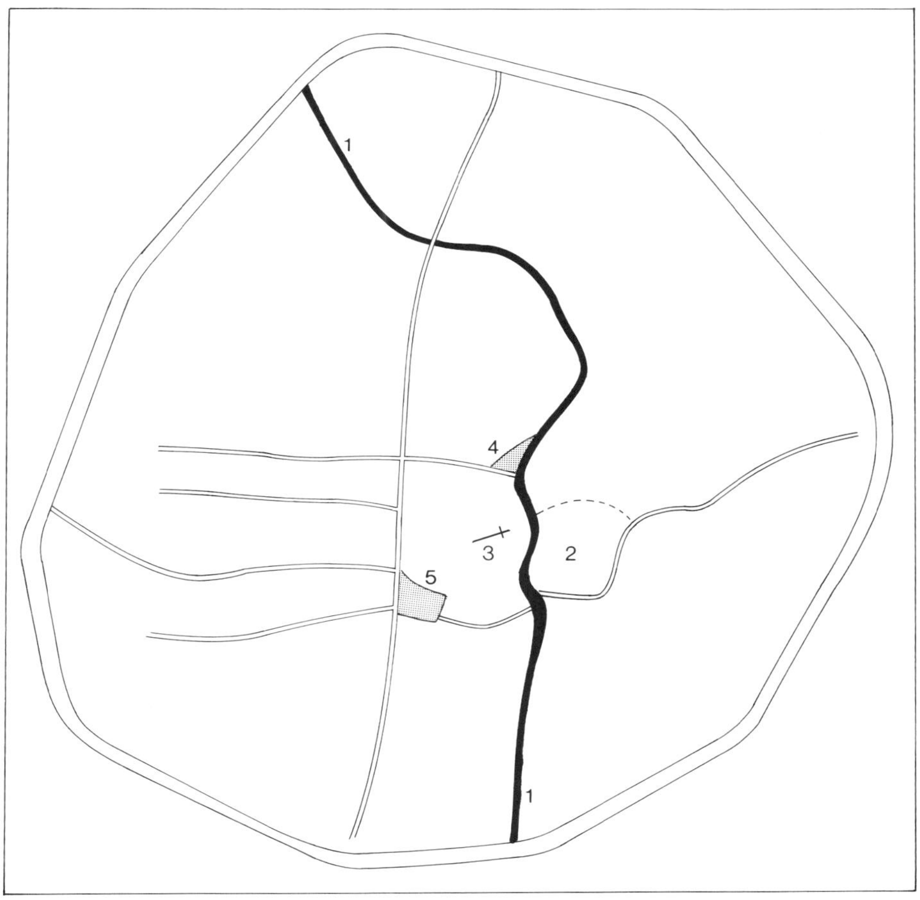

Fig. 2 Plan simplifié de la ville de Hasselt: 1 Cours du ruisseau Helbeek. – 2 Site présumé de la motte. – 3 Site présumé de la basse-cour avec l'église de St. Quentin. – 4 Vieux Marché-aux-Poissons. – 5 La Grande-Place ou marché du 13e siècle.

c. Le site de Brustem

Ce site, fouillé par le Service des Fouilles de la Communauté flamande en 1988/89, est un château à motte très bien conservé. Motte et basse-cour se dessinent dans le plan parcellaire à l'ouest du village, au bord de la vallée d'un petit ruisseau (fig. 4). Les fossés, larges de 10 m, sont conservés autour de la motte et la partie septentrionale de la basse-cour, elle-même en partie conservée sur une hauteur de 3 m; dans la basse-cour se trouve l'église St. Laurent, la chapelle castrale primitive.
La motte fait 10 m de hauteur, pour un diamètre de 50 m à la base et 20 m au sommet. Le plateau est couronné par la ruine d'un donjon octogonal de cinq étages.
En 1175 le comte de Looz accordait la franchise urbaine liégeoise aux habitants de Brustem et commençait en même temps la construction d'un rempart urbain. La même année, il installait un châtelain dans le château. Ces évènements cadraient dans la lutte du comte lossain contre le comté voisin de Duras, lutte qui finira par l'annexion de Duras par le comté de Looz en 1193. Le domaine allodial de

Fig. 3 Plan topographique du site de Kolmont (Provinciale Dienst voor het Kunstpatrimonium, Limburg).

Fig. 4 Plan cadastral de Brustem.

Brustem formait une enclave lossaine au sein du comté de Duras et menaçait la ville de St.-Trond et le domaine de Duras, le coeur même du comté.

Suite à l'intégration de Duras dans le comté de Looz, Brustem perdait son importance stratégique d'avant-corps et la fortification était vidée de sa valeur militaire. Même le bourg situé à l'est du château ne se développera plus comme centre urbain. En 1378, Brustem, comme d'ailleurs Kolmont, ne fut plus compté parmi les villes lossaines. Le développement urbain était interrompu par l'absence du facteur

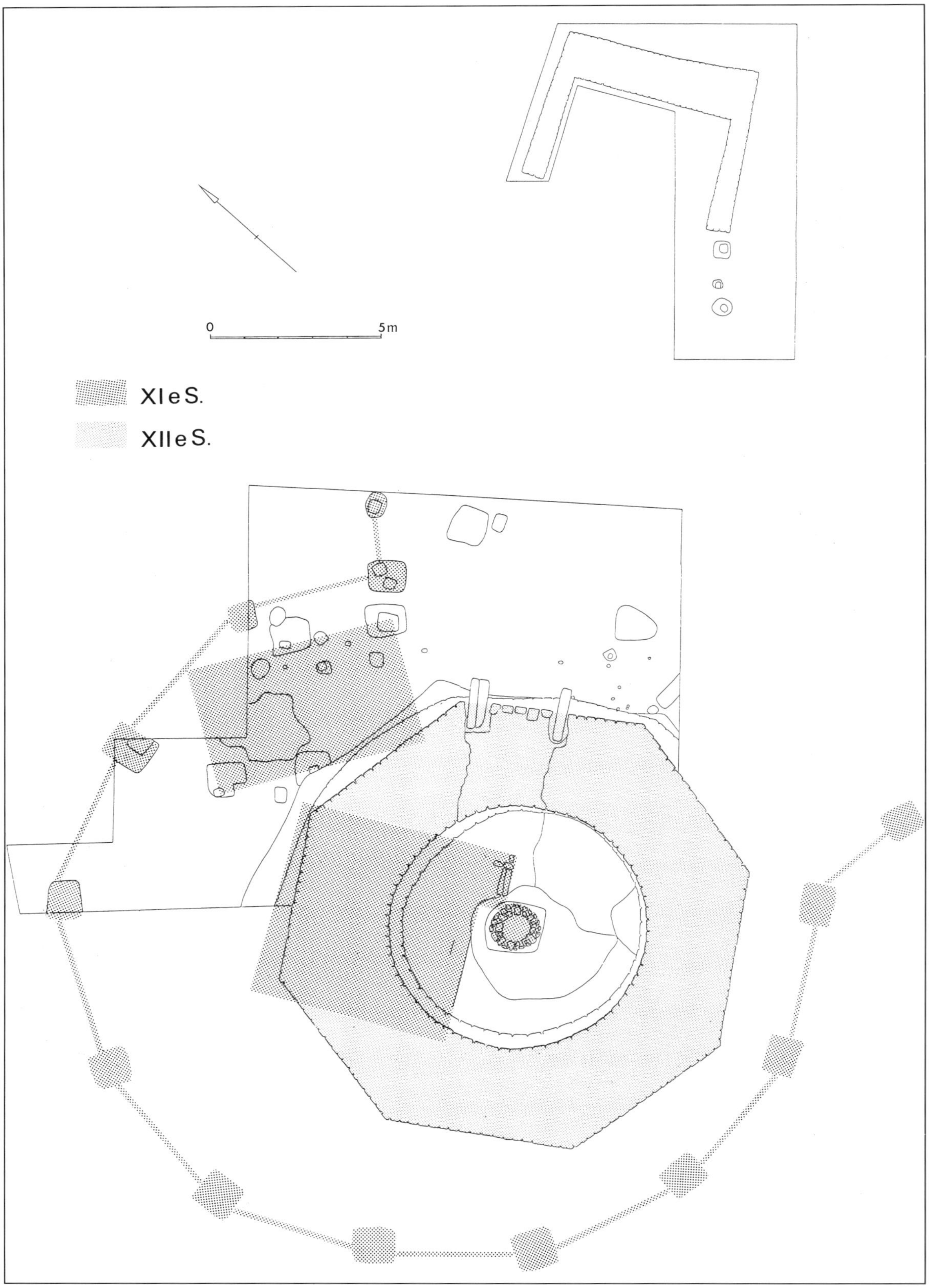

Fig. 5 Brustem. Plan général des fouilles et du donjon du 12e siècle. Reconstruction des volumes sur le plateau de la motte du 11e siècle.

militaire. Sans celui-ci les deux villes perdirent spontanément leur dynamique de croissance et ne furent plus en mesure de concurrencer les villes voisines de St.-Trond (surtout pour Brustem) et de Tongres (surtout pour Kolmont).

Les fouilles (fig. 5) démontrent que le donjon ruiné de la motte de Brustem date effectivement de la deuxième moitié du 12e siècle; et comme le suggèrent d'ailleurs les sources écrites, plus précisement de 1171. Pourtant au 11e siècle, le comte de Looz avait déjà érigé dans son domaine de Brustem, une motte, dont la butte était 4 m moins haute que l'actuelle. La construction de cette motte fut commencée par l'érection d'un rempart de terre en forme de croissant. On attendit la stabilisation des terres du croissant avant de finir le travail avec des terres, apportées jusqu'à une hauteur de 6 m. Puis on construisit une tour dans la partie septentrionale du plateau ainsi obtenu. L'étage inférieur était constitué de pierres naturelles, tandis que les étages supérieurs étaient construits en torchis et colombage. La tour probablement carrée, faisait 6 m de côté au maximum. Dans le coin sud-est, un escalier de bois, pris entre des murets de pierres, menait à une pièce à moitié enterrée. Contrairement aux nécessités militaires, l'entrée ne se trouvait donc pas à l'étage, mais au rez-de-chaussée.

A environ 50 cm de la façade méridionale de la tour, tout près de son entrée, se trouvait un puits. Il fut construit au fur et à mesure que l'on rehaussait la motte. On creusa d'abord le sol primitif sur 4 m de profondeur pour aménager un soubassement carré en bois d'environ 1 m de hauteur, avant de construire le puits rond en maçonnerie sèche. Le puits, qui a un diamètre intérieur de 80 cm, avait une profondeur totale de 10 m à partir du plateau de la motte.

Près du coin nord-est de la tour se trouvait la cuisine. Il s'agit d'un bâtiment rectangulaire de 6 m sur 4 m. Cette construction de bois présente six pieux implantés sur les façades longitudinales. La moitié septentrionale était occupée par plusieurs foyers de cuisine.

Sur le bord du plateau se dessinaient les trous de pieux d'une palissade de bois, qui bordait la motte. Les pieux étaient distants de 5 m l'un de l'autre. En face de la basse-cour, la palissade descendait sur le flanc de la motte, sans doute pour aller rejoindre la basse-cour et intégrer la défense des deux parties du site castral. En 1171, les constructions du 11e siècle firent place à une motte plus élevée et au donjon octogonal, dont les ruines subsistent encore aujourd'hui.

d. Le site de Looz (fig. 6 et 7)

Looz ou Borgloon fut la résidence comtale dès le deuxième quart du 11e siècle. Cette résidence est conservée sous l'aspect d'un château à motte. La motte même est établie à l'extrémité d'une hauteur naturelle, qui domine la plaine de 30 m (fig. 6,1). Le plateau de la motte fait 15 m de diamètre et dépasse de 4 m la basse-cour et de 15 m son fossé. La basse-cour (fig. 6,2), qui englobe en demi-lune le site de la motte, fait environ 130 m sur 100 m. Sa partie centrale ouverte, l'actuel Speel Hof est bordée au sud par l'église castrale primitive de St. Odolfe, dans laquelle le comte installa, vers 1147, un chapitre de chanoines. C'est autour de ce château que se développera à partir du 12e siècle la ville de Borgloon. Le marché prend une place traditionnelle dans la topographie urbaine (fig. 6,3), soit immédiatement au bord de la fortification, probablement en face de son entrée.

L'église et le château furent détruits en 1179, lors d'une attaque des troupes liégeoises du prince-évêque Rudolf von Zähringen. La fortification fut reconstruite et un châtelain comtal y résida à partir du premier quart du 13e siècle; les comtes préféraient leur nouvelle résidence, d'ailleurs aussi une motte, qu'ils venaient d'ériger à Kuringen près de Hasselt, devenue la nouvelle capitale du comté.

Aussi bien une description du 19e siècle, que des recherches archéologiques récentes démontrent que la motte actuelle est le restant d'une butte plus vaste (fig. 7). Celle-ci couvrait de sa forme ovale tout le terrain entre le Burggracht et la Bronstraat. En 1871 la plus grande partie fut nivelée. Les fouilles de 1979, dirigées par le Service national des Fouilles, prouvent l'existence d'un fossé large et profond entre le terrain de la motte et la Bronstraat et entre la motte et le Speel Hof, soit entre la motte et la basse-cour. D'ailleurs, avec son diamètre de 15 m pour le plateau, la motte n'offrait pas assez de place à une résidence comtale. En guise de comparaison, considérons deux fortifications comtales secondaires établies à

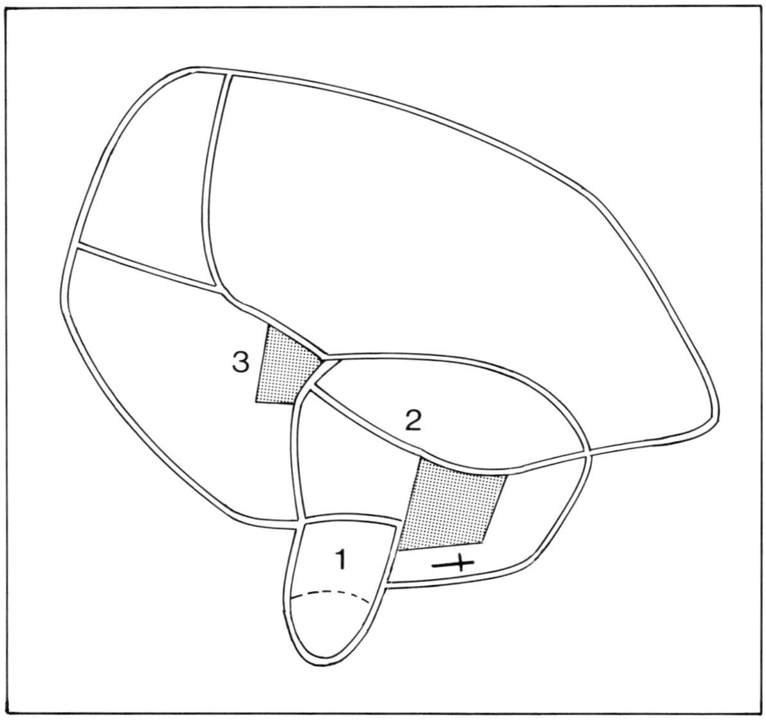

Fig. 6 Plan simplifié de la ville de Borgloon: 1 Le site de la motte ruinée. – 2 La basse-cour avec l'église St. Odolfe et le Speel Hof. – 3 La Grande-Place, le marché du bourg.

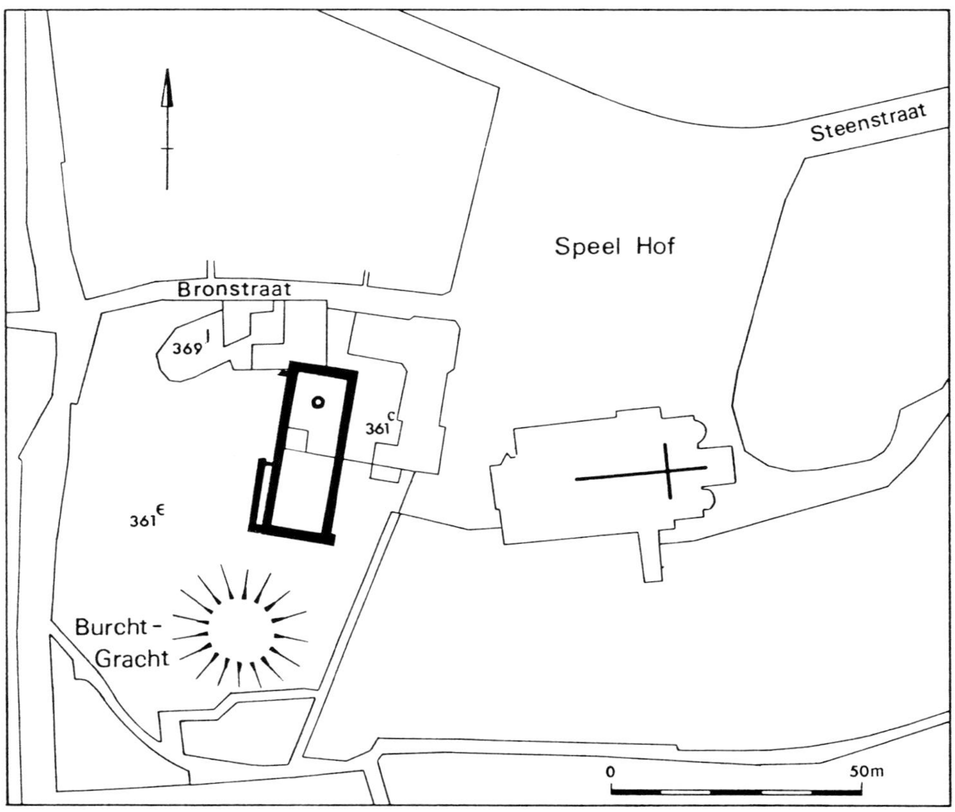

Fig. 7 Borgloon. Le site de la motte ruinée avec l'implantation de *l'aula* lossaine et la butte actuelle (d'après les fouilles 1979).

proximité: à Brustem le diamètre du plateau fait 20 m et la tour 12 m, à Kolmont les dimensions font 30 m pour le plateau et 14 m pour le donjon. Il est clair qu'à Borgloon, il manque une partie importante de la motte primitive.
Les fouilles de 1979 apportent des éléments nouveaux aux constatations faites lors du nivellement du 19e siècle. En 1871, on retrouva plusieurs fragments de murs avec e.a. deux meurtrières, et un mur, qui sous un arc, présentait une interruption sur 2,40 m. Les murs étaient construits en blocs de silex et de grès, mélangés à du matériel de réemploi de l'époque romaine. Le plan des traces négatives nous présente un bâtiment rectangulaire de 33 m sur 10 m, mesures intérieures. Les fondations avaient une épaisseur de 2 m à 2,50 m. Lors d'une reconstruction, le bâtiment fut élargi d'un mètre dans sa partie méridionale. A l'intérieur de cette salle, dans la moitié septentrionale, se situait un puits d'un diamètre intérieur de 1,40 m. Sa profondeur nous est inconnue. La céramique retrouvée dans la fouille date l'époque d'occupation du bâtiment, entre la première moitié du 11e siècle et la fin du 12e siècle, ce qui correspond parfaitement à la période d'occupation du site, que nous suggèrent les textes d'archives.
L'interprétation des données est moins simple. En l'absence d'une stratigraphie, il est difficile de déterminer exactement l'évolution du site. Déjà au 19e siècle, les chercheurs notaient que la motte représentait une phase secondaire, puisque les remblais de la motte bouchaient les meurtrières. Ceci indique clairement que, en deuxième phase, le rez-de-chaussée du bâtiment se retrouva en sous-sol. Deux possibilités s'imposent. La construction, dont les allures d'*aula* sont indéniables, fut complètement abandonnée, remplie de terres et couverte par la motte et ceci impose la restructuration de la fortification et la construction d'un ou plusieurs bâtiments sur le plateau obtenu. Ou encore, cette *aula* fut emmottée et l'étage inférieur fit fonction de cave. Une situation comparable fut retrouvée au Château des Comtes à Gand. Dans cette résidence des comtes de Flandre, une *aula* du 11e siècle (dimensions: 27,50 m sur 10 m, mesures intérieures) fut emmottée pendant la première moitié du 12e siècle et là aussi l'étage inférieur servit alors de cave. La présence de céramique de la fin du 12e siècle dans la salle lossaine nous fait plutôt opter pour la deuxième possibilité.

4. Conclusions

Quand on considère les sites fortifiés du domaine comtal lossain aux 11e/12e siècles, on constate qu'ils ont un point commun important: les fortifications se présentent sous forme de châteaux à motte. Ce n'est pas du tout étonnant, puisque le comté de Looz s'est surtout formé au 11e siècle, à une époque où l'érection d'une motte comme fortification connaissait sa plus grande expansion et se répandait à travers toute l'Europe. Les comtes de Looz, ceux de Duras et les seigneurs de Kolmont ne firent que suivre la mode du temps.

DIRK CALLEBAUT

CASTRUM, PORTUS UND ABTEI VON ENAME*

mit einem Beitrag von P. Van der Plaetsen

Seit 1982 untersuchen das Nationale Amt für Ausgrabungen (seit dem 1. August 1989: Amt für Ausgrabungen der Flämischen Gemeinschaft) und die Stadt Oudenaarde die frühmittelalterliche Festung und Handelsansiedlung von Ename[1], die nur etwa 2 km nordöstlich von Oudenaarde, Prov. Ostflandern, liegt. Der Fundplatz bietet die für Belgien außergewöhnliche und einmalige Gelegenheit, einen vor- und frühstädtischen Siedlungskomplex weitgehend zu untersuchen. Weil der archäologische Wert dieser Ausgrabungen besonders groß ist und die Fundamente gut erhalten geblieben sind, soll dieser Ort zu einem archäologischen Park mit Innen- und Außenmuseum ausgebaut werden.

1. Villa Ehinham

Am Ende des 9. Jahrhunderts wurde Ename als *Villa Ehinham* zum ersten Male urkundlich erwähnt[2]. Diese frühmittelalterliche Domäne zog sich entlang des rechten Scheldeufers und erstreckte sich über die heutigen Gemeinden Ename und Nederename (Abb. 1). Das Betriebszentrum befand sich höchstwahrscheinlich in Nederename, in der unmittelbaren Nähe der St. Vedastus-Kirche, der *mater ecclesia* jener Domäne.

Diese Gebetsstätte erhob sich auf einem Hügel am Rande des Scheldebettes[3]. In der heutigen Kirche gibt es noch Mauerteile des ursprünglichen Steinbaus, die auf die Existenz einer steinernen Saalkirche mit einem schmalen Rechteckchor im Osten hinweisen (Abb. 2). Der Chor (4,80 m × 6 m Innenmaße) wurde 1939 abgerissen und durch ein neoromanisches Bauwerk ersetzt. Das Langhaus (12,50 m × 7,50 m) blieb dagegen erhalten. Dessen Längsmauern sind mit vier rundbogigen Lichtöffnungen versehen, und in der südlichen Wand befand sich eine schmale Türöffnung. Diese alte Saalkirche reicht vermutlich bis ins 10. Jahrhundert zurück. Da in der Kirche noch keine Ausgrabungen vorgenommen wurden, läßt sich vorerst noch nicht entscheiden, ob ein Holzbau dem Steinbau vorangegangen ist.

Das zugehörige Ackerland der Niederlassung schließt sich im Nordosten an den Fundplatz an (vgl. Abb. 1). Die *curticula* (auf Niederländisch: kouter) ist ca. 30 ha groß und liegt auf einem sanft hügeligen Sandlehmrücken[4].

* Übersetzung: Christine De Vos.

1 Eine erste Untersuchung erfolgte durch A. L. J. Van de Walle, der zwischen 1941 und 1947 die Abteikirche freilegte und Suchschnitte im Burggebiet und Klostergebäude vornahm: A. L. J. Van de Walle, Historisch en archeologisch onderzoek van de portus Eename. Handelingen van de Maatschappij voor geschiedenis en oudheidkunde te Gent II (1945) 37–51; Ders., De archeologische opgravingen te Eename. Verslag van de navorsingen betreffende de St. Salvatorkerk. Cultureel Jaarboek van de Provincie Oost-Vlaanderen 1, 1947 (1948) 231–307. – Über die seit 1982 durchgeführten Grabungen wird regelmäßig berichtet in Arch. Belgica. – Siehe weiter: D. Callebaut u. L. Milis, Le castrum de Petegem et le système défensif le long de l'Escaut au Haut Moyen Age. In: Château Gaillard IX–X (1982) 71–82; D. Callebaut, L. Milis, P. Devos u. J.-P. Van der Meiren, Ename-Oudenaarde-Mullem. Archeologisch-historische route. Archaeologicum Belgii Speculum XVI (Brüssel 1988); G. Berings, Geschiedenis en archeologie: de vroeg-middeleeuwse bewoning in het Oudenaardse. Arch. Belgica N. S. 2/2, 1986, 267–278; Ders., Landschap, Geschiedenis en Archeologie in het Oudenaardse (Oudenaarde 1989); L. Milis u. D. Callebaut, Ename: burcht en »pre-stedelijke« nederzetting. In: La génèse et les premiers siècles des villes médiévales dans les Pays Bas méridionaux – Un problème archéologique et historique. Pro Civitate (Brüssel 1990).

2 M. Gysseling u. A. C. F. Koch, Diplomata Belgica ante annum millesimum centesimum scripta (s. l. 1950) Nr. 49, 138.

3 A. L. J. Van de Walle, De St.-Vedastuskerk, een Xe–eeuwse praestedelijke moederkerk. Handelingen van de geschied- en oudheidkundige Kring van Oudenaarde 10/2, 1952, 19–31. – A. Demey, Eenbeukige romaanse kerken in Oost-Vlaanderen. Bijdragen 5, 1977, 76–86.

4 G. Berings, Landschap, Geschiedenis en Archeologie in het Oudenaardse (1989 Oudenaarde) 39–42.

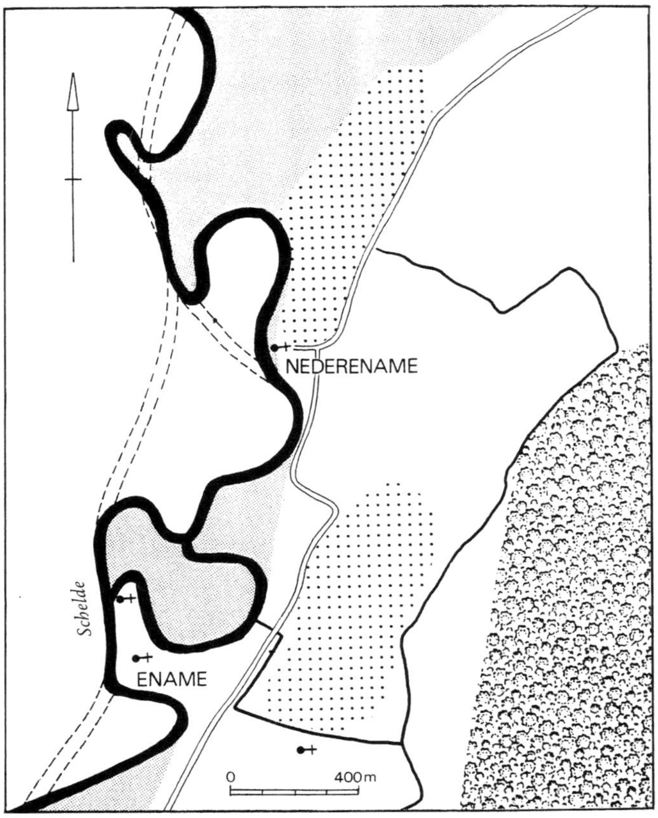

Abb. 1
Übersichtskarte der Ackerflächen (weites Punktraster) in Nederename und Ename (nach G. Berings).

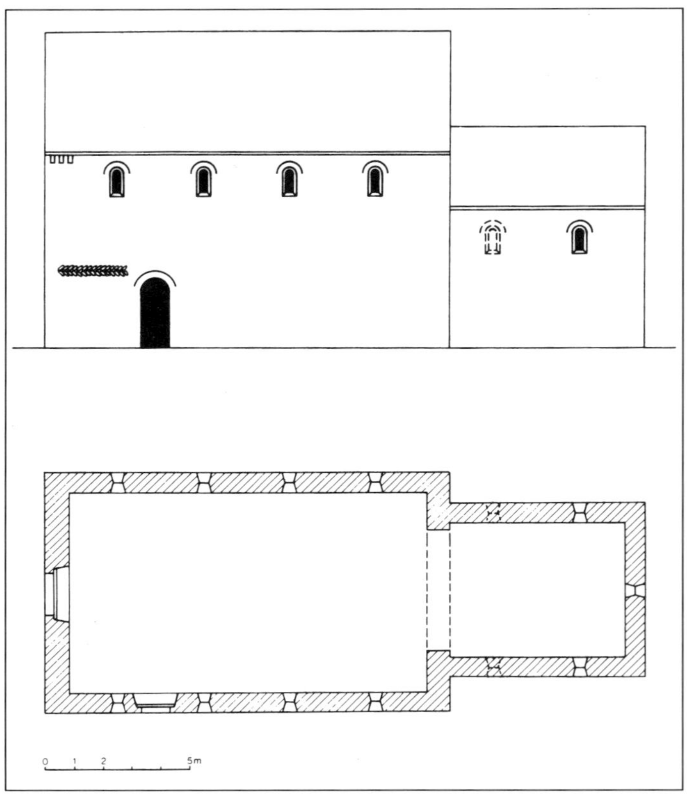

Abb. 2
Nederename. Rekonstruktionszeichnung der St. Vedastus-Kirche (nach A. Demey).

2. Castrum (974–1050)

Etwa 974 trat eine tiefgreifende Änderung in der Villa Ehinham ein, als der deutsche Kaiser Otto II. dort eine Burg errichtete. Die Befestigung war Bestandteil einer gründlich organisierten Grenzverteidigung, in der die Schelde eine zentrale Bedeutung hatte. Seit dem Vertrag von Verdun (843) trennte der Fluß *Francia occidentalia* und *Francia media* und war Anfang des 10. Jahrhunderts somit die Grenze zwischen Frankreich und Lothringen. Nachdem Lothringen dem Deutschen Reich einverleibt worden war, standen sich das französische Königreich, zu dem als Lehngut die Grafschaft Flandern gehörte, und das deutsche Kaiserreich feindlich gegenüber. Um die Westgrenze seines Reiches gegen Angriffe der flandrischen Grafen zu verteidigen, errichtete Otto II. drei Befestigungsanlagen in Antwerpen, Ename und Valenciennes, die jeweils das Zentrum einer Markgrafschaft bildeten.

a. Topographische Lage

Das *castrum* von Ename wurde etwa 974 errichtet, und zwar am äußersten Nordende eines sandiglehmigen Hügelrückens, der von der stark mäandrierenden Schelde umflossen wurde (Abb. 3, A; 4, A). Dabei fällt auf, daß die neue Befestigungsanlage nicht in der unmittelbaren Umgebung der St. Vedastus-Kirche in Nederename, sondern 900 m weiter südwestlich gebaut wurde (Abb. 1 und 5a). Eine ähnlich exzentrische Lage gegenüber der ältesten Parochialkirche hat das ottonische *castrum* von Antwerpen. Dort liegt die Burg etwa 1000 m von der St. Michaelis-Kirche entfernt, die bis 1124 Mutterkirche war (Abb. 5b). A. Verhulst hat auf die Bedeutung dieser Lage hingewiesen[5] und hält St. Michaelis, eben weil es sich um die Mutterkirche handelt, für die Nachfolgerin der im 7. Jahrhundert erbauten Kirche St. Peter und Paul. In ihrem Bereich wird man folglich die merowingische Siedlung annehmen dürfen, die 836 von den Normannen zerstört wurde. Die Burg stellte demnach ein zweites Zentrum dar, das ab dem 10. Jahrhundert die städtische Entwicklung Antwerpens weiter beeinflussen sollte. In Gent ergibt sich dasselbe Phänomen (Abb. 6): auch dort befindet sich das ins 10. Jahrhundert zu datierende *castrum* nicht in der unmittelbaren Nähe der Mutterkirche, in diesem Fall der St. Jan-Kirche, sondern ein Stück weiter davon entfernt. Um St. Jan lokalisiert A. Verhulst den karolingischen *portus*, wovon im *Martyrologium* von Usuard die Rede ist[6]. Im Straßenraster um die Kirche herum glaubte er den Verlauf einer halbkreisförmigen, auf die Schelde ausgerichteten Wallanlage entdeckt zu haben. Und tatsächlich legte das Genter Amt für Städtische Archäologie kürzlich an mehreren Stellen einen Graben frei, der mit dem von A. Verhulst beschriebenen Trassenverlauf übereinstimmte. Der 15 m breite und 3 m tiefe Graben wird in das 9. Jahrhundert datiert[7].

Etwa 400 m von der St. Jan-Kirche und dem möglichen karolingischen *portus* entfernt, errichtete der Graf von Flandern vor 937–946 am linken Leieufer ein *novum castellum,* wie die Festung in den *Miracula Bavonis* bezeichnet wurde[8]. In diesem *castellum* sollte sich der »Gravensteen«, neben der St. Veerle-Kirche gelegen, zu einem militärischen Schwerpunkt innerhalb der gräflichen Siedlung entwickeln. Im 10. Jahrhundert standen im Areal um den »Gravensteen« noch hölzerne Bauten[9]. Im 11. Jahrhundert wurde dort aber bereits ein steinerner Saalbau errichtet, der als repräsentativer Wohnsitz genutzt wurde

5 A. Verhulst, Neue Ansichten über die Entstehung der flämischen Städte am Beispiel von Gent und Antwerpen. In: W. Ehbrecht u. H. Schilling (Hrsg.), Niederlande und Nordwestdeutschland. Festschrift F. Petri (Köln–Wien 1983) 3–12.

6 A. Verhulst u. G. Declercq, Het vroeg-middeleeuwse Gent tussen de abdijen en de grafelijke versterking. In: Gent. Apologie van een rebelse stad (Antwerpen 1989) 49–52.

7 P. Raveschot, Céramique peinte du Haut Moyen Age découverte à Gand (Belgique) et présumée du Nord de la France. Travaux du Groupe de Recherches et d'Etudes sur la céramique dans le Nord-Pas-de-Calais (Lille 1989) 233–237.

8 Miracula sancti Bavonis, M. G. H., SS, XV^2, 594.

9 1980 und 1981 wurde der Gravensteen vom Nationalen Amt für Ausgrabungen und vom Amt für Denkmalschutz und Städtische Archäologie der Stadt Gent (Abteilung Städtische Archäologie) erforscht. Vgl. D. Callebaut, P. Raveschot u. R. Van de Walle, Het Gravensteen te Gent. Conspectus 1980. Arch. Belgica 238 (1981) 67–71. – Ders., Conspectus 1981. Arch. Belgica 247 (1982) 112–116. – D. Callebaut, Le château des Comtes à Gand. In: Château Gaillard XI (1983) 45–54.

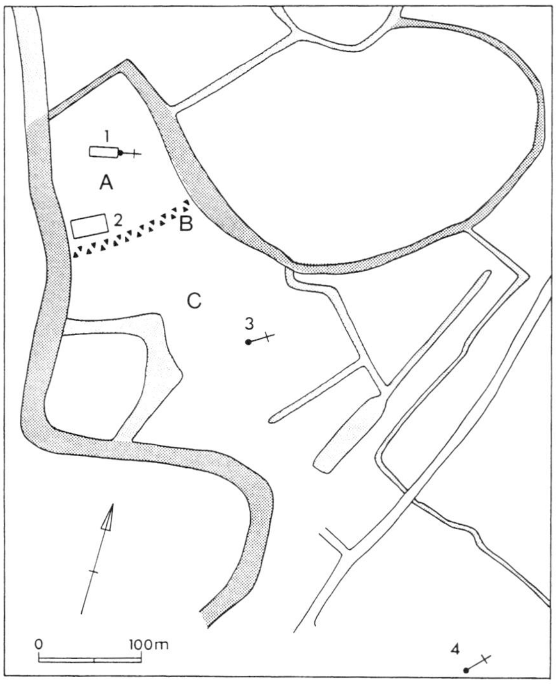

Abb. 3 Übersichtskarte von Ename. – A Burggelände *(castrum)*: 1 Aula mit Liebfrauenkapelle; 2 Donjon. - B Graben des *castrum*. – C Gelände der Hafenstadt *(portus)*: 3 St. Salvator-Kirche; 4 St. Laurentius-Kirche.

Abb. 4 Luftaufnahme der archäologischen Grabungszone in Ename aus den vierziger Jahren dieses Jahrhunderts: A Burggelände. – B Burggraben. – C Gelände der Hafenstadt und der späteren Abtei.

(vgl. Abb. 17). Er wurde im 12. Jahrhundert eingemottet und diente fortan als Unterbau eines Donjons, den man durch einen Schutzwall mit wehrhaftem Torbau absicherte.
Nicht nur im Scheldetal, sondern auch an anderen Stellen, wie z. B. im Semoistal, stellt man fest, daß in der ottonischen Zeit nicht etwa die merowingisch-karolingischen Domänenzentren, sondern die außerhalb der Domänen gelegenen Stätten befestigt wurden (diesen Hinweis verdanken wir A. Matthys).

b. Ältere Siedlungsspuren

Der Ort, den man für die Enamer Burg wählte, war schon in karolingischer Zeit bewohnt. In der »*castrum*«-Zone ließen sich auf dem anstehenden Kleiboden aufgrund des Vorkommens zahlreicher Aschenflecken, Holzkohlebrocken und verbrannter Erde vier Laufflächen nachweisen. In diesen Schichten wurden Bruchstücke rotbemalter Keramik sowie Fragmente eines Topfes aus weißgrau brennendem Ton entdeckt. Ähnliches Material konnte auch auf einigen frühmittelalterlichen Grabungsstätten in Südbelgien und im Großherzogtum Luxemburg geborgen werden. Das Produktionszentrum dieser Tonware wurde neulich in Autelbas entdeckt[10]. Sie wird vorläufig in die zweite Hälfte des 8. oder in die erste Hälfte des 9. Jahrhunderts datiert[11]. Spuren irgendwelcher Gebäude aus diesem frühmittelalterlichen Kontext von Ename wurden nicht gefunden.

10 F. Jungen, G. Fairon u. G. Hossey, Un four de potier carolingien à Autelbas-Barnich. Arch. Belgica N. S. 1/2 (1985) 77–80.

11 Wir danken A. Matthys für diese Auskunft.

c. Burganlage

Das *castrum* war an drei Flanken von der Schelde umgeben. Die offene Landseite wurde von einem 140 m langen, maximal 18 m breiten und mehr als 5,70 m tiefen Graben abgeschlossen (Abb. 4, B).
Genau wie in Ename lag die Antwerpener Burg direkt an der Schelde. Die Landseite wurde dort von einem bogenförmig auf die Schelde mündenden Erdwall und einem Graben abgesichert (Abb. 5b). Das so umschlossene Gelände war 2,8 ha groß. Das Enamer *castrum* nimmt dagegen mit 1,5 ha eine kleinere Fläche ein.
Im Südwesten der Burganlage, in der durch die Schelde und den Burggraben entstandenen Ecke, fanden sich die Fundamente eines wichtigen Steingebäudes (Abb. 3,2; 7). Es handelt sich um einen Saalbau, dessen Innenraum 27 m × 10 m mißt. Die bis zu drei Meter eingetieften Fundamente sind folgendermaßen aufgebaut: Zuunterst befindet sich ein Gerüst aus zwei quer übereinanderliegenden Baumstammreihen (Abb. 7,1; 8). Dieser liegende Rost, dessen Breite zwischen 3,40 m und 5,35 m schwankt, trägt eine etwa 1 m hohe Lage von Kalksteinen aus Doornik (Abb. 7,2).
Hierauf wurde dann die eigentliche Grundmauer errichtet (Abb. 7,3). Nur für die Nord- und Ostfront kennen wir die Fundierungsbreite von 3 bzw. 4,40 m. Die außerordentliche Dicke der Mauern beweist nicht nur, daß das Bauwerk mehr als ein Stockwerk hoch war, auch die große Wehrhaftigkeit läßt sich

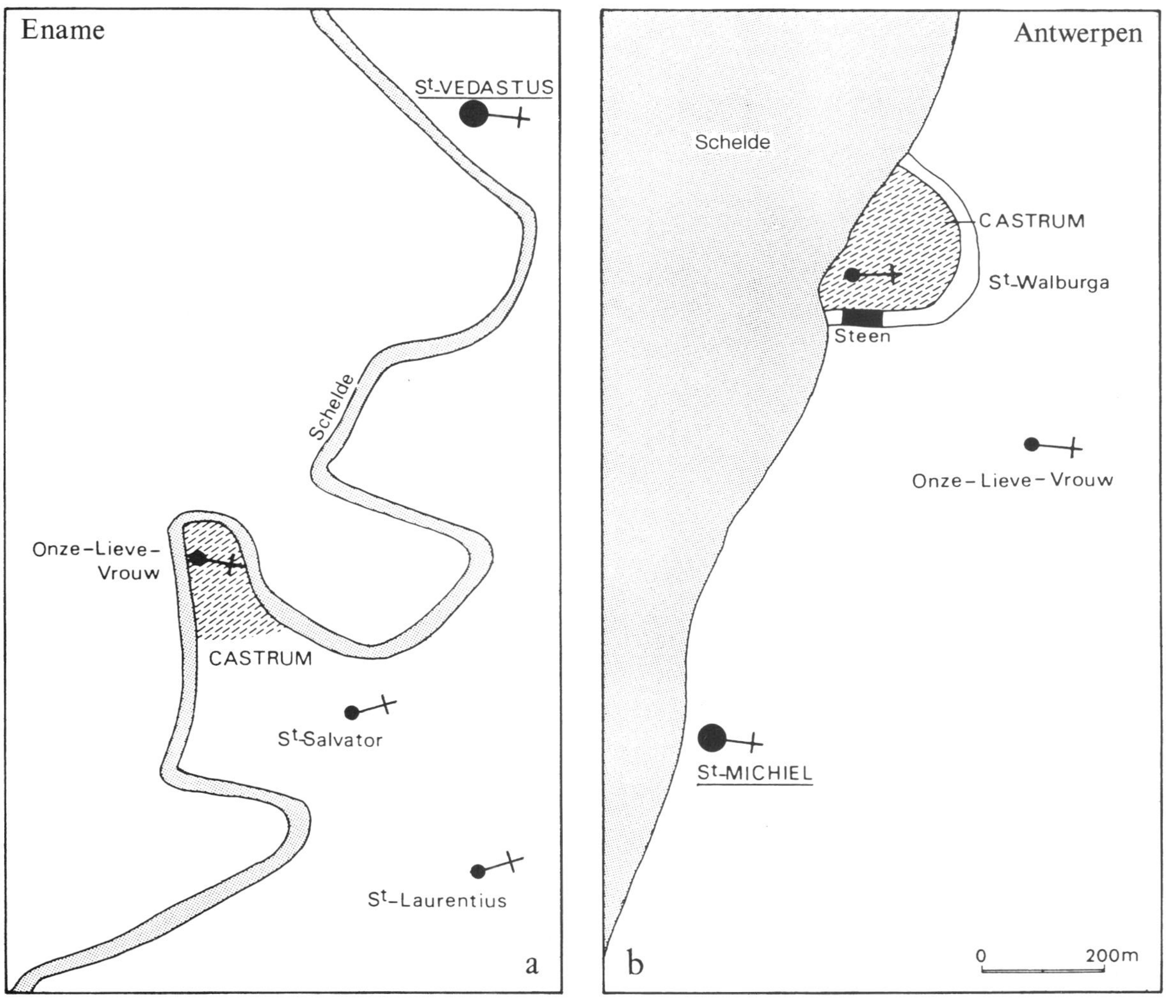

Abb. 5 Die früh- bis hochmittelalterliche Topographie von Ename (a) und Antwerpen (b).

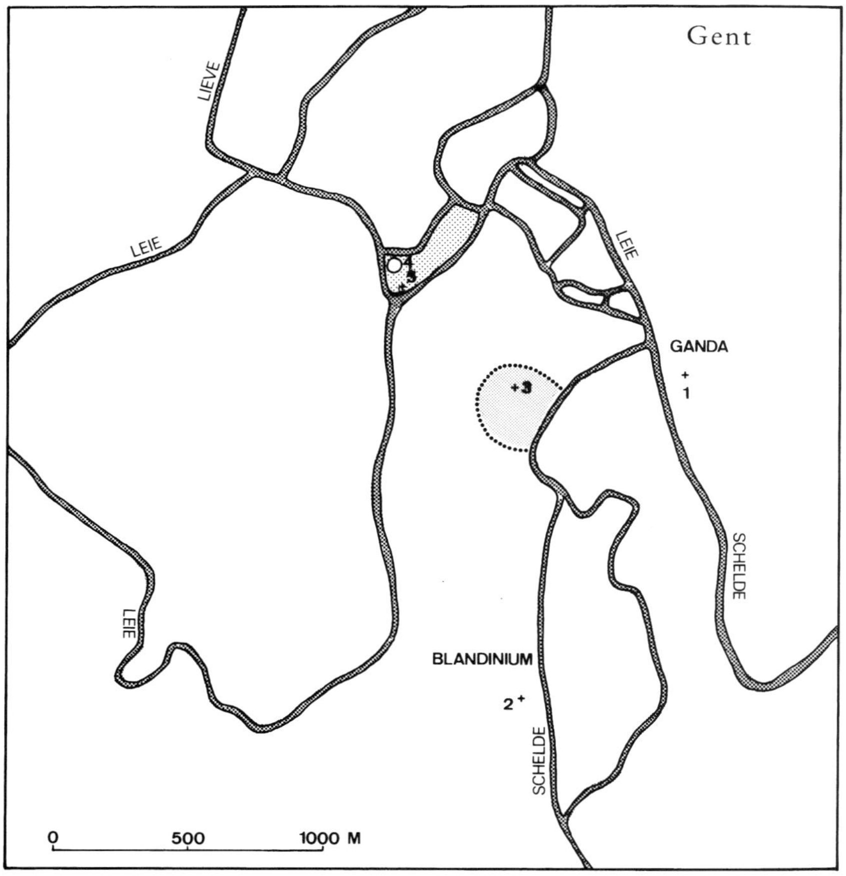

Abb. 6 Die frühmittelalterliche Topographie von Gent: 1 Abteikirche St. Baafs. – 2 Abteikirche St. Pieters. – 3 St. Jan-Kirche, von karolingischen Gräben umschlossen. – 4 Gräfliches *novum castellum*. – 5 In der Burg gelegene St. Veerle-Kirche. – (Karte von Marc Ryckaert).

aus diesem Befund ableiten. Ferner muß darauf hingewiesen werden, daß der Steinbau in der Ecke des Burggeländes errichtet wurde und daß diese wichtige strategische Lage zusätzlich die militärische Bedeutung des Gebäudes hervorhebt.

Zweifelsohne handelt es sich hier um einen Donjon. Im rechten Winkel zur Westseite des Donjons und parallel mit dem Burggraben wurde eine 1,40 m breite Mauer angeschnitten, die völlig ausgebrochen war. Wegen der Böschung der Eisenbahnlinie Brüssel–Kortrijk konnte jedoch nur ein beschränktes Areal untersucht werden. Daher ist uns der Verlauf dieser Mauer unbekannt. Aufgrund der Lage könnte man jedoch annehmen, daß es sich um das Reststück einer steinernen Ummauerung des *castrum* handelte. Die Burganlage wurde im Laufe der 40er Jahre dieses Jahrhunderts stark gestört. A. L. J. Van de Walle verfolgte die Ausschachtungsarbeiten und konnte dabei den Grundriß eines weiteren Saalbaus aufnehmen (Abb. 3,1; 9). Das Steinbauwerk hatte eine zentrale Lage innerhalb der »*castrum*«-Zone. Es war in drei ungleiche Räume aufgeteilt worden (Abb. 9): einen kleinen Raum im Westen (die »*camera*«), einen zentralen Saal (die »*aula*«) und an der Ostseite einen Raum mit Apsis (die »*capella*«). Der Kapelle, die »Unsere Liebe Frau« als Schutzheilige hatte, war ein Kapitel von Kanonikern angegliedert.

Die Untersuchung, die Van de Walle vorgenommen hat, machte deutlich, daß das Gebäude von einem viereckigen Graben umgeben war. Wir selber konnten die Aula über eine Länge von 36 m freilegen. Von Außenkante zu Außenkante gemessen ergab sich eine Breite von 11 m. Nur die Fundamentmauern waren erhalten geblieben. Sie hatten eine Breite von 1,90 m und waren mit Kalksteinen aus Doornik gebaut worden.

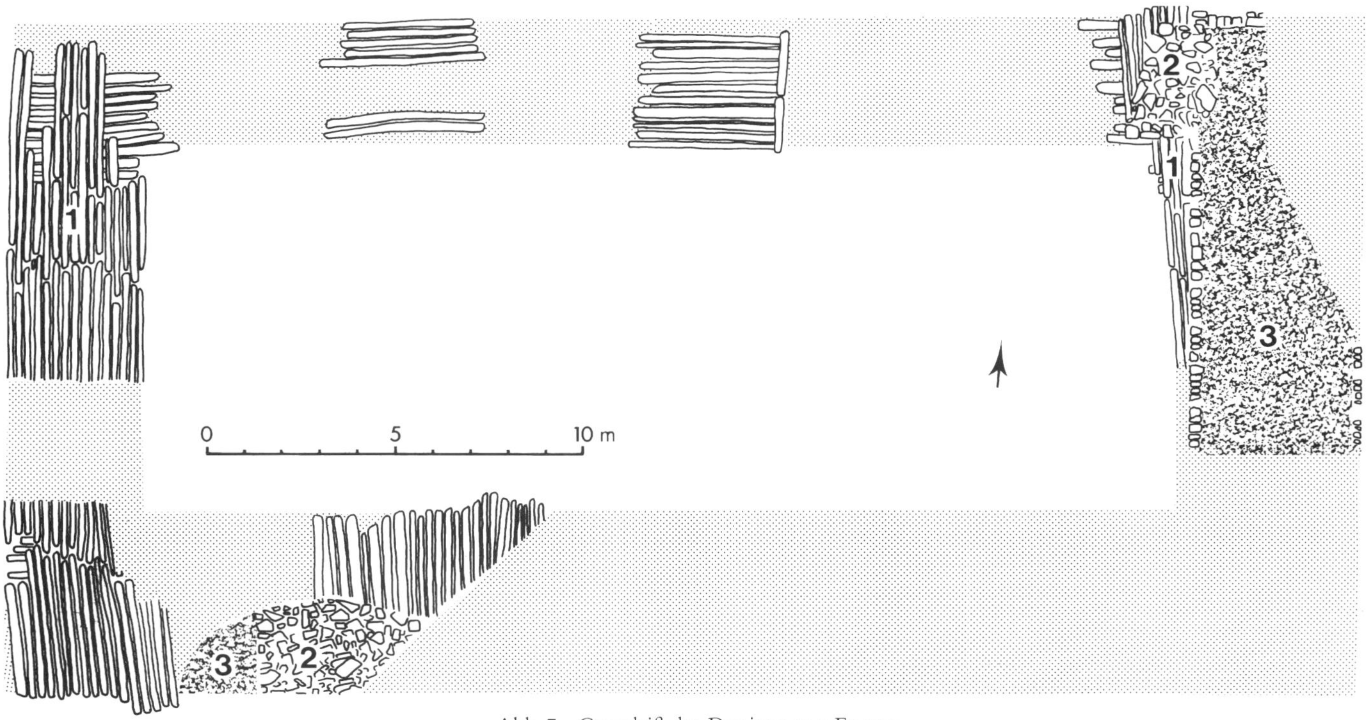

Abb. 7 Grundriß des Donjons von Ename.

Abb. 8 Die hölzerne Fundamentierung des Donjons von Ename.

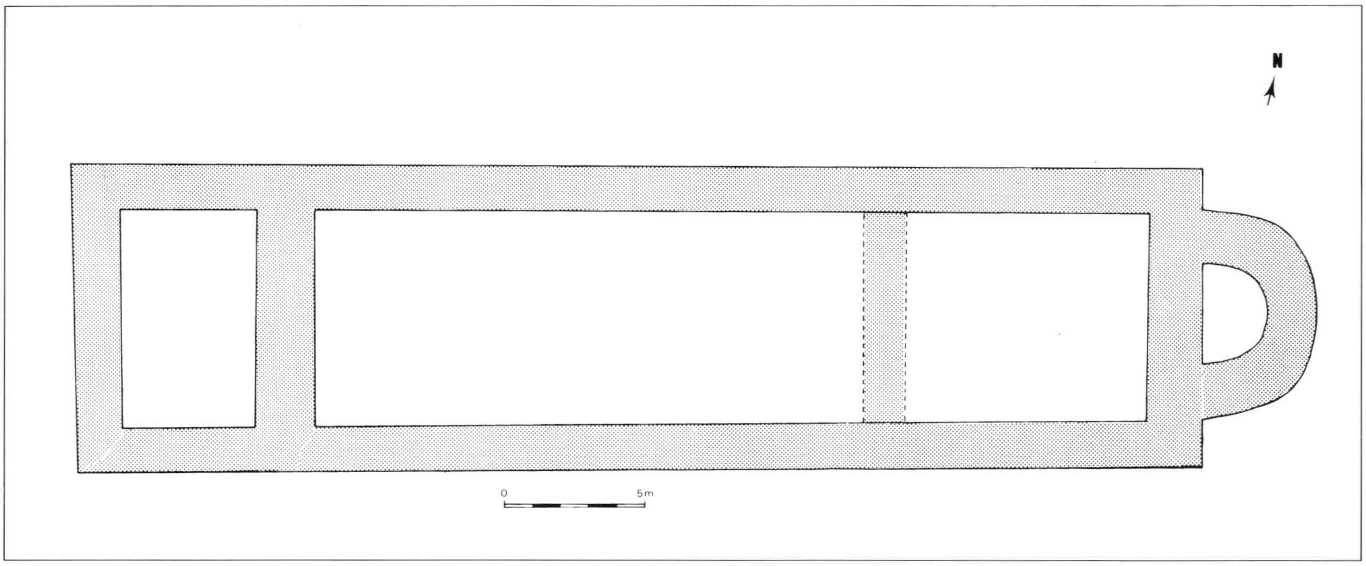

Abb. 9 Grundriß der zentral im *castrum* Ename gelegenen Residenz (Plan A. L. J. Van de Walle).

Abb. 10 Rekonstruktionszeichnung der Burg und der kleinen Hafenstadt von Ename im 11./12. Jahrhundert.

Innerhalb des *»castrum«* gab es außerdem einen Holzbau. So wurde nördlich des Donjons ein Holzbauwerk angeschnitten, dessen Pfostenabstände bis zu 60/70 cm breit waren. Wir erkannten zwei Phasen. Das Gebäude konnte nicht völlig ausgegraben werden. In der *Vita Sancti Macharii* ist von einem *Gynaeceum* die Rede[12]. Ob dieser Aufenthaltsraum für Frauen mit oben erwähntem Holzbau übereinstimmt, bleibt eine offene Frage, da wir seinen genauen Grundriß nicht kennen.
Zwischen dem Holzbau und dem Donjon befand sich ein breiter, nicht sehr tiefer Graben, der als Müllabladeplatz benutzt wurde. Die Schlacht- und Küchenabfälle wurden von Peter Van der Plaetsen untersucht (siehe Exkurs am Ende).

d. Bedeutung des *castrum*

Der Siedlungsplatz Ename wird im *»Auctarium Affligemense«* (vor 1164 datiert) als *»castrum munitissimum et sedes principalis ducatus regni Lotharici«* umschrieben.
Die militärische Bedeutung sowie die Residenz- und Verwaltungsfunktion, auf die der Text hinweist, spiegelt sich ganz deutlich in der Struktur der Burg wider (Abb. 10). Erstens fällt auf, daß der Ort zu Zwecken der Verteidigung stark ausgebaut worden ist. Die Burg war vermutlich durch eine steinerne Mauer befestigt, die von einer aus Schelde und Graben bestehenden »Wasserzone« umschlossen war. Außerdem gab es als wichtigstes Verteidigungselement den imponierenden Donjon. Die Burg darf daher mit Recht als *munitissimum* bezeichnet werden. Hinzu kommt, daß die Glanzzeit des Donjons in das 11.–12. Jahrhundert zurückgeht und die *turris* von Ename folglich zu den ältesten Befestigungstürmen Europas gehört. Es ist kaum verwunderlich, daß gerade in Ename eine so fortschrittliche militärische Architektur angewandt wurde. Schließlich handelte es sich hier um die Befestigung der Reichsgrenze. Außerdem wurde das Bauprogramm von den führenden politisch-militärischen Kräften der Ottonenzeit veranlaßt, die über sämtliche Mittel zur Förderung und Durchführung solcher baulichen Innovationen verfügten. Daß der Platz auch eine Residenz- und Verwaltungsfunktion hatte, wie aus dem Begriff *sedes principalis* hervorgeht, beweist der zentral innerhalb der Festung gelegene Saalbau. Kennzeichnend für mittelalterliche Residenzen ist ihre Aufgliederung in eine *aula* (offizieller Empfangsort), eine *camera* (der Wohnraum) und eine *capella* (die Kapelle). Diese drei Elemente finden wir im obenerwähnten Steinbau wieder. Während die *camera* vor allem das repräsentative Wohnen betont, hebt die *aula* deutlich die Verwaltungs- und Rechtsangelegenheiten hervor, die hier verhandelt werden konnten. Für die Erledigung der Verwaltungsarbeit konnte man auf die Kanoniker zurückgreifen, die mit der Liebfrauenkapelle verbunden waren. Daraus ergibt sich deutlich, daß Ename mit seinem Donjon und seinem als Residenz dienenden Hauptgebäude als wehrhafte Pfalz bezeichnet werden darf. Der Bau dieses *castrum* wurde einem Angehörigen des Ardenner Hauses anvertraut, nämlich dem Grafen Gottfried dem Gefangenen († 1005), der mit Mathilde, Witwe des flandrischen Grafen Balduin III., verheiratet war.

3. Portus (974–1050)

Gottfried und Mathilde waren aber nicht nur für die Errichtung der Burg verantwortlich. Sie machten den Platz auch als zivile Ansiedlung attraktiv, indem sie dort den Handel förderten und ausbauten, und zwar auf jenem Teil der Landzunge, der sich südöstlich vor der Befestigung erstreckte (Abb. 3, C; 4, C). Dieses Gelände war bereits früher besiedelt worden.

12 Vita sancti Macharii, M. G. H., SS., XV, 616.

a. Frühere Spuren der Besiedlung

Die ältesten Spuren gehen bis in vorgeschichtliche Zeit zurück. In einem langen Grabungsschnitt, den wir durch den Fundplatz zogen, wurde ein mooriger Graben angeschnitten. In ihm hatten sich etwa drei sandig-lehmige Schichten abgelagert, in denen Silexmaterial, Scherben und eine beinerne Hacke gefunden wurden. Die Keramik stammt aus der späten Steinzeit, der späten Bronzezeit und der Eisenzeit. Spuren irgendeiner mit diesen prähistorischen Schichten zu verbindenden Bebauung wurden nicht gefunden. Für die römische und merowingische Periode gibt es bisher eine Lücke in der Besiedlung. Aus karolingischer Zeit stammt vielleicht eine hellgraue, sandig-lehmige Schicht, in der einige Pfostenlöcher vorkommen. Das Scherbenmaterial ist jedoch zu gering, um über die exakte Datierung Aufschluß zu geben. Die Anwesenheit des Menschen auf der Landzunge in den obenerwähnten Perioden können wir demnach nur durch einige, nicht genau zu deutende Elemente vage erkennen. Das änderte sich aber mit der Errichtung der Burg, als das Gelände intensiv besiedelt wurde. Es ist offensichtlich der Förderung durch den Grafen zu verdanken, daß sich der Ort zu einer Handelsniederlassung mit vorstädtischem Charakter entwickelte.
Der *portus*, wie die kleine Hafenstadt in einer zeitgenössischen Quelle umschrieben wird[13], erlebte in der kurzen Zeit seiner Existenz eine hohe Blüte (siehe unten). Zeugnisse dafür sind die zwei Kirchen, die von Hermann, dem Sohn Gottfrieds, dort im ersten Viertel des 11. Jahrhunderts errichtet wurden. Die beiden Gotteshäuser sind St. Salvator bzw. St. Laurentius geweiht.

b. St. Salvator-Kirche

Die Gebetsstätte liegt 140 m von der Burg entfernt (Abb. 3,3). Sie wurde aus Doorniker Kalkstein errichtet und besteht aus einem Schiff (Innenmaße: 16 m × 6,8 m), an das sich östlich ein halbrunder Chor lehnt (Abb. 11,1; 12,1). Einen ähnlichen Chorabschluß besaß auch die Liebfrauenkapelle in der Burg (vgl. Abb. 9). An der Westfront der Salvatorkirche läßt sich ein quadratischer Anbau nachweisen, der innen 4 m × 4 m mißt (Abb. 11,2).
Die Bedeutung dieses Annexbaus ist ungewiß, zumal dieser Raum in einer späteren Phase nach Westen vergrößert wurde (Abb. 11,2a). Die Ecken des Saales und des westlichen Anbaus sind durch seitliche Strebepfeiler verstärkt worden. Alle Grundmauern wurden später ausgebrochen, mit Ausnahme der Nordfront, deren Basis als Fundament für die Nordmauer der romanischen Kreuzbasilika des 12. Jahrhunderts diente. Spuren eines Holzbaus als Vorläufer wurden unter der steinernen Saalkirche nicht angetroffen.

c. St. Laurentius-Kirche

Etwa 380 m südlich von St. Salvator, dort wo sich jetzt die Parochialkirche befindet, baute Graf Hermann eine zweite, dem heiligen Laurentius geweihte Gebetsstätte. Die heutige Kirche ist ein romanisches Bauwerk, das seit kurzem vom Amt für Ausgrabungen der Flämischen Gemeinschaft archäologisch und baugeschichtlich erforscht wird[14]. Sie ist nordost-südwestlich ausgerichtet, besitzt einen basilikalen Innenraum mit drei Schiffen (19,20 m × 19,20 m), einen gerade abschließenden Chor im Westen (6,70 m × 6,85 m) und einen Turm an der Ostseite (Abb. 13; 14). Dieser quadratische Turm (4,80 m × 4,80 m Innenmaße) hat einen geschlossenen Unterbau, weshalb der Kircheneingang im südlichen Seitenschiff lag. Die Außenwände der Mauern sind mit Blendbögen und Lisenen geschmückt.

13 Vita sancti Macharii, M. G. H., SS., XV, 616.

14 Von L. Devliegher wurde beim Bau der Zentralheizung eine beschränkte Ausgrabung in der Kirche vorgenommen. Vgl. L. Devliegher, Enkele nota's over de Sint-Laurentiuskerk te Ename. Bulletin van de Koninklijke Commissie voor Monumenten en Landschappen 18, 1969, 85–90.

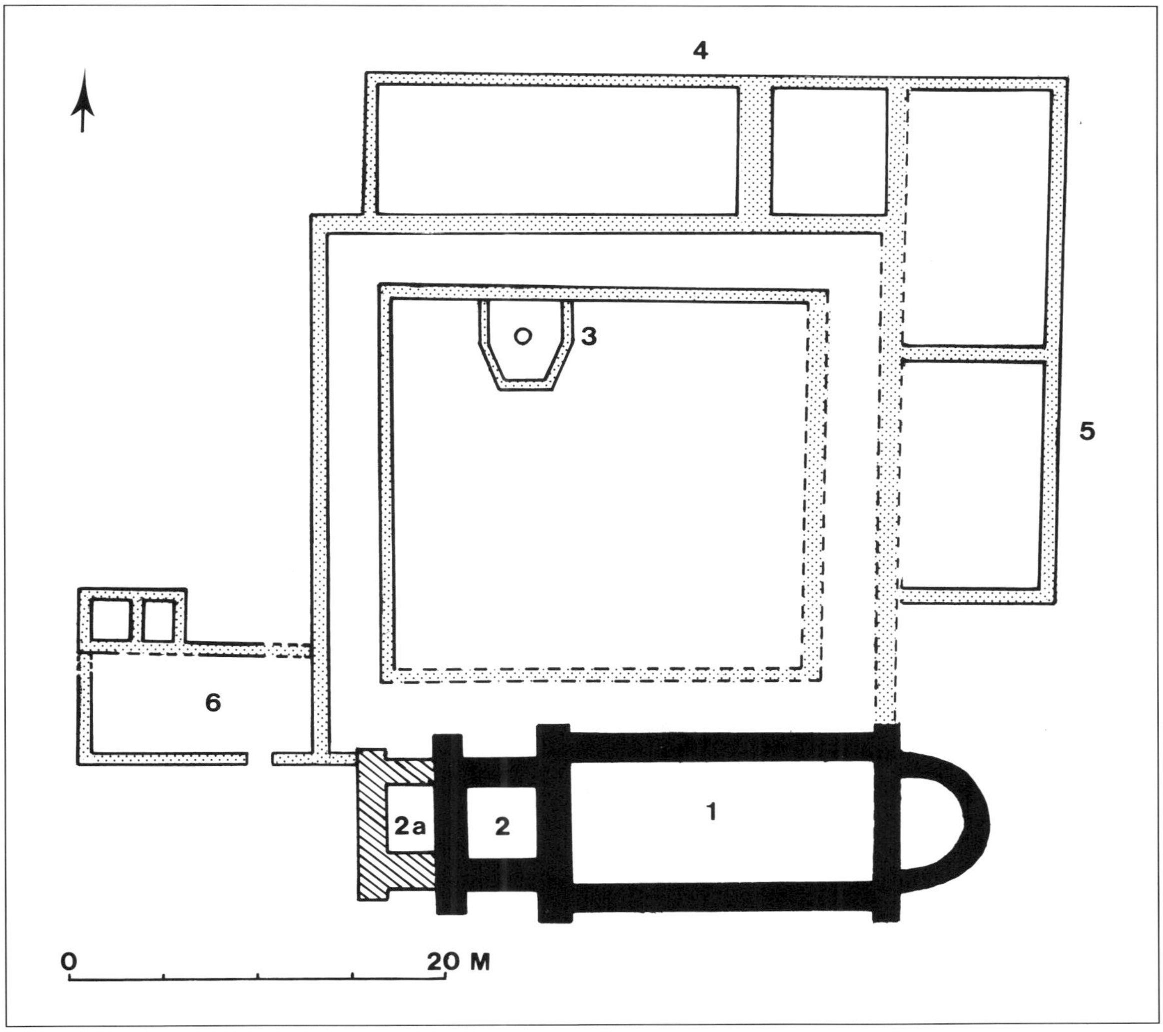

Abb. 11 Grundriß der älteren Portuskirche St. Salvator in Ename (1–2), an die später die Klostergebäude (3–6) angebaut wurden (1063–1070).

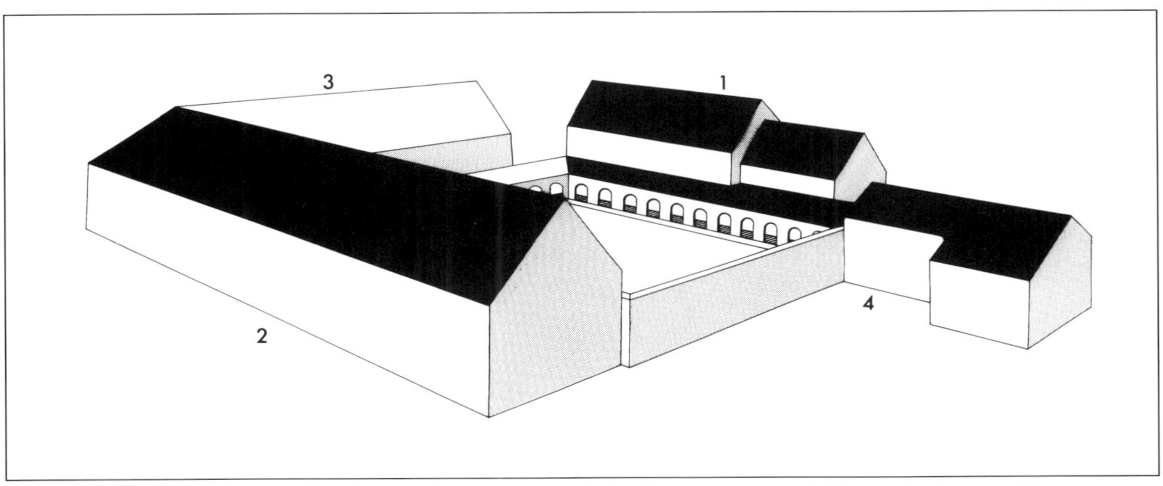

Abb. 12 Rekonstruktionszeichnung der St. Salvator-Abtei von Ename um 1070: 1 St. Salvator-Kirche. – 2 Remter. – 3 Kapitelsaal. – 4 Abtswohnung (?).

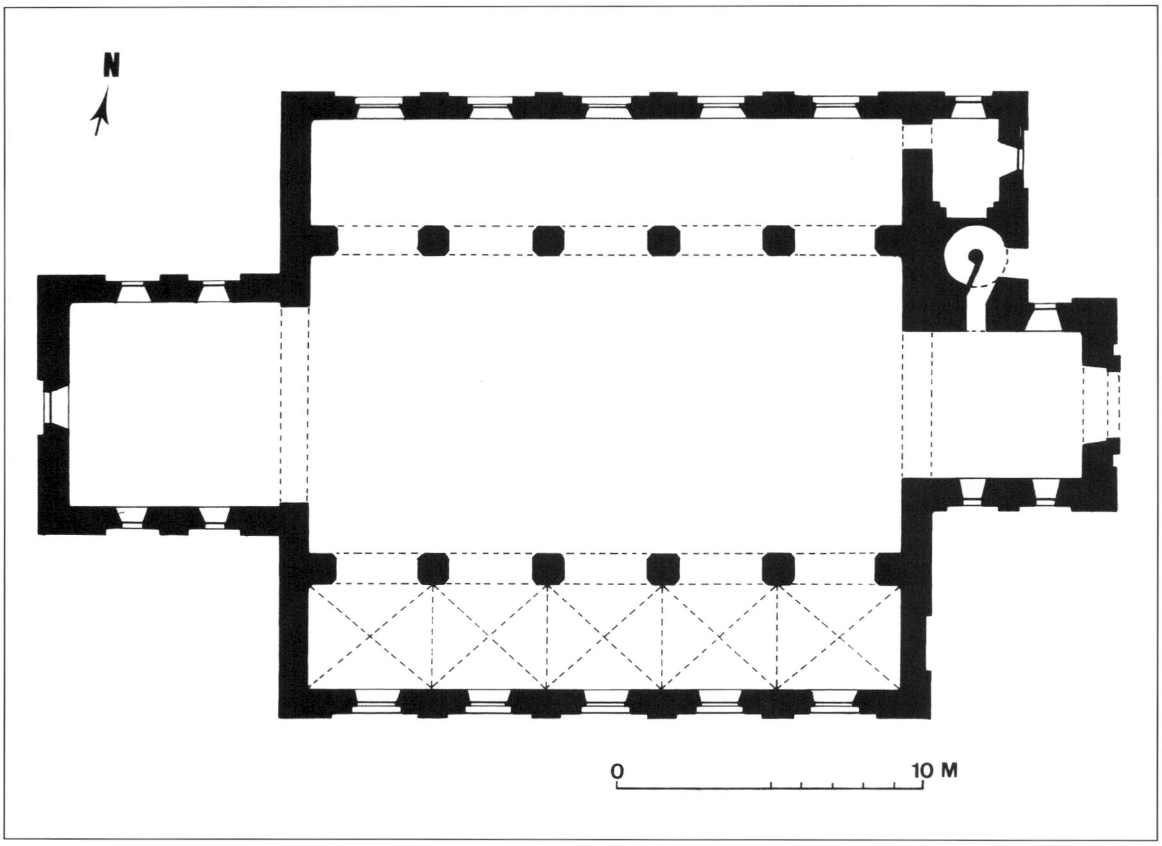

Abb. 13
Grundriß der St. Laurentius-Kirche in Ename (nach L. Devliegher).

Abb. 14
Ansicht der St. Laurentius-Kirche in Ename, einer der wichtigsten Punkte der »vorstädtischen« Ansiedlung. Sie wurde zum Zentrum des mittelalterlichen Dorfes, als die St. Salvator-Kirche zur Abteikirche wurde. Blick von Südwesten (Photo: G. Minnaert, Informationsamt der Stadt Oudenaarde).

Sowohl beim Entwurf als auch bei der Formgebung erkennen wir eine bemerkenswerte Ähnlichkeit dieses Bauwerkes mit der von L.-F. Genicot beschriebenen Kirchengruppe von Bertem-Wierde aus dem 11. Jahrhundert[15]. Der ausgesprochen maasländische Stil, der hier ausnahmsweise im Scheldebecken vorkommt, läßt daher vermuten, daß die heutige Kirche aus jener Periode stammt, als das lothringische Haus Verdun über Ename regierte. Bemerkenswert ist ferner, daß sich, wie G. Berings zeigte, nördlich der St. Laurentius-Kirche ein 30 ha großes Ackerland erstreckte[16]. Diese *curticula* läßt, in Analogie zu ähnlichen Beispielen in der Gegend (vgl. Abb. 1), sehr stark die Existenz einer merowingisch-karolingischen Siedlung an dieser Stelle vermuten. Hoffentlich werden die in der unmittelbaren Nähe der Kirche geplanten Ausgrabungen hierüber Aufschluß geben können.

d. Wohnareal des *portus*

Die archäologische Untersuchung konzentrierte sich bisher hauptsächlich auf das Areal der späteren Abtei. Obwohl die zahlreichen Klostermauern den *portus* stark gestört haben, können wir uns trotzdem die Besiedlung des Geländes um die St. Salvator geweihte »Stadtkirche« vorstellen (Abb. 10). Das Gebiet wurde in einzelne Parzellen aufgeteilt. Diese wurden durch Wassergräben abgegrenzt, die zugleich für eine gute Dränierung sorgten. Diese kleinen Areale haben eine unregelmäßige Form und sind nicht auf das Straßenraster orientiert. Innerhalb dieser »Wohninseln« kommen Holzbauten vor, die sich in Haupt- und Nebengebäude, darunter Grubenhäuser (Kellerhütten), unterscheiden lassen. Vom ersten Gebäudekomplex konnten bisher noch keine vollständigen Grundrisse freigelegt bzw. erschlossen werden. Daß sie als Wohngebäude dienten, geht aus dem Vorkommen von Herdstellen hervor. Der Grundriß der Grubenhäuser dagegen ist meistens gut erhalten geblieben. Dabei treten deutlich verschiedenartige Konstruktionen hervor. Manche hatten nämlich ein Dach, das von Pfosten in der Grube getragen wurde; bei anderen fehlten solche. Innerhalb dieser Nebengebäude konnten handwerkliche Aktivitäten nachgewiesen werden, wie z. B. die Weberei, worauf entsprechende, in einer Grube gefundene beinerne Gegenstände hindeuten.

Unter dem Chor von St. Salvator, der Pfeilerbasilika aus dem 12. Jahrhundert, fand A. L. J. Van de Walle einen Töpferofen. Dieser befand sich also in unmittelbarer Nähe der ehemaligen Hafen-Kirche. Es ist bekannt, daß mittelalterliche Töpfereien oft zu einem städtischen Kontext gehörten. Ename macht deutlich, daß auch in »vorstädtischen« Ansiedlungen mit Töpfern zu rechnen ist.

Ein Probierstein, den wir außerdem gefunden haben, beweist darüber hinaus, daß im *portus* auch ein Goldschmied tätig war. Geschmolzene Bronze und industrielle Tonwaren weisen auch auf Bronzeguß hin.

e. Ein wehrhafter *portus*?

A. L. J. Van de Walle fand im Bereich des *portus* eine Reihe gut erhaltener Holzpfosten, die möglicherweise von einer Palisade stammen. In deren unmittelbarer Umgebung zeichneten sich einige Vertiefungen ab. Sie stammten von Gräben, die auch in mehreren ikonographischen Quellen des 17. Jahrhunderts vorkommen. Der wichtigste Graben umgibt die (spätere) Abtei und mündet in die Flußschleife der Schelde bei den »tcoye weeken« (Abb. 15). Als wir 1978 Suchschnitte anlegten, haben wir diesen Graben angetroffen. Hinter ihm legten wir einige vermutlich zur »*portus*«-Phase gehörende eichene Pfähle frei. Der Suchschnitt war jedoch zu schmal, um auszumachen, ob es sich dabei um Teile eines befestigten Zaunes handelte.

Es ist bemerkenswert, daß dieser winklig verlaufende Graben, wie er auf dem Plan von Jan Bale (1661–1663) abgebildet ist, direkt auf die Mauern des Abteikrankenhauses stößt (Abb. 15, Pfeil). In

15 L.-F. Genicot, Les églises mosanes du XIe siècle (Leuven 1972) 229–233.

16 G. Berings, Landschap, Geschiedenis en Archeologie in het Oudenaardse (Oudenaarde 1989) 43–44.

dessen Verlängerung fanden wir in 68 m Abstand einen 8,50 m breiten Graben, über dem das älteste Klostergebäude (ca. 1070) errichtet worden war. Dieser ost-westliche Grabenverlauf gehört zur zweiten Siedlungsphase des *portus*. Falls beide miteinander zusammenhängen, reicht der Graben (wie er auf Bales Karte vorkommt) in die »*portus*«-Phase zurück. Wichtig ist, daß dieser Graben die offene Landseite der aus dem Scheldealluvium herausragenden sandig-lehmigen Erhebung absperrt. Dieses Bild erinnert natürlich an den Bau der Enamer Burg.
Archäologisch gesehen bleibt es vorläufig aber eine offene Frage, ob die »vorstädtische« Ansiedlung, der *portus* also, irgendeine Verteidigungsfunktion hatte. Allerdings spricht vieles dafür.

Abb. 15 Ausschnitt aus der figurativen Karte von Nederename und Ename. Blick von Nordwesten. Der dunkel eingetragene Grabenverlauf, der möglicherweise bis in die »*portus*«-Phase zurückreicht, ist durch eine gestrichelte Linie markiert. Der Pfeil bezeichnet die Stelle, an der der von Osten kommende Graben an das Kloster stößt (Zeichnung: Jan Bale, 1661–1663; Universitätsbibliothek, Reichsuniversität Gent, Handschrift 367).

f. Ende der »*castrum*«- und »*portus*«-Phase

Der Burg und Hafenstadt war nur eine kurze Blüte beschert. Im Jahre 1033 nahm der flandrische Graf Balduin IV. (988–1035) das *castrum* ein. Es kam zu einem Tauschgeschäft mit Reginar (Reinier) V., dem Grafen von Hennegau (1013–39), der mit der Tochter von Hermann verheiratet war und so in den Besitz der Markgrafschaft Ename gekommen war. Balduin IV. erwarb den Süden der Mark, während Reginar den nördlichen Teil der Markgrafschaft mit der Burg und dem *portus* erhielt.
Im Jahre 1050 gelangte man zu einer endgültigen Übereinkunft, nach der die oben erwähnten Gebietsteile umgetauscht wurden. Graf Balduin V. von Flandern (1035–67) kam nun in den Besitz der Reichsburg Ename mit dem nördlichen Teil der Mark, während der Sohn von Reginar V., Hermann (1039–51), den Süden der Markgrafschaft erwarb. Sobald Ename zum flandrischen Territorium gehörte, wurde der Ort von Balduin V. demilitarisiert, indem er dort 1063 eine Benediktinerabtei stiftete.

4. Abtei (1063–1139)[17]

In den Anfangsjahren fanden die Mönche eine Unterkunft im Burgkomplex, zu dem die Liebfrauenkapelle gehörte. Bald wurde jedoch mit dem Bau eines neuen Klostergebäudes angefangen. Schon im Jahre 1070 war die Klostergemeinschaft in die St. Salvator-Kirche umgezogen, an die das Klostergebäude angebaut worden war. Die alte Hafen-Kirche war damit zur Abteikirche geworden.
Die Zone im Umkreis der ehemaligen kleinen Stadtkirche war jedoch sehr ungünstig für einen Neubau. Da gab es nicht nur die zahlreichen störenden Holzbaureste der vorstädtischen Niederlassung, sondern auch die vielen Gräben, die das Areal durchschnitten. Bevor mit dem Bau angefangen werden konnte, mußten daher alle Gräben zugeschüttet und die Trümmer der ehemaligen Gebäude mit Erde abgedeckt werden. Es sind übrigens gerade diese Aufschüttungen, die die archäologischen Reste des *portus* vor allzu starker Zerstörung (z. B. durch den Friedhof) bewahren sollten.

a. Gebäudebestand

Die Klostergebäude wurden nördlich der St. Salvator-Kirche errichtet. Der Kreuzgang umschloß einen Innenhof von 22 m × 20 m Größe, an dessen Nordseite sich ein sechseckiges Lavatorium befand (Abb. 11,3). Innerhalb dieses Lavatoriums hatte sich das Sockelfundament des Waschbeckens erhalten. Nördlich anschließend erstreckte sich der Remterflügel (Abb. 11,4; 12,2). Der Kapitelsaal lag entlang des östlichen Kreuzgangs näher an der Kirche (Abb. 11,5; 12,3). Anhand des spärlich erhalten gebliebenen Mauerwerks läßt sich feststellen, daß die Wände dieses Saales sowie die des angrenzenden Raumes mit Blendbögen geschmückt waren.
Am Südende des westlichen Kreuzgangs fanden wir ein isoliert nach Westen vorspringendes Gebäude, das 5,50 m × 12 m groß war (Abb. 11,6; 12,4). In dessen Südfront lag ein 1,50 m breiter Eingang. Besonderes Interesse verdient der Anbau an der nordwestlichen Ecke. Es handelt sich um eine gemauerte rechtwinklige Vertiefung von 5 m × 2,20–2,40 m. In der Zwischenwand und in der westlichen Schmalseite befand sich jeweils ein Rundbogen (Abb. 16). Auf dem verhärteten Bodenniveau wurde eine Abfallschicht nachgewiesen, in der etwa siebzehn hölzerne Dachziegel lagen. Offenbar handelte es sich um eine Latrine, deren Abfall durch die rundbogige Durchbrechung der Außenwand abfließen konnte. Das Vorhandensein einer in das Haus integrierten Latrine weist zweifellos auf gehobenen Wohnkomfort hin. Es ist daher nicht unwahrscheinlich, daß wir es hier mit der Abtswohnung zu tun haben.
Obwohl die Maße dieses Gebäudes sehr viel kleiner sind, weist der repräsentative Wohnsitz des Abtes eine gewisse Ähnlichkeit mit dem ältesten Steinbau des »Gravensteen« in Gent auf (Abb. 17). Dieses

17 Für diesen Artikel besprechen wir nur die älteste Bauphase.

Abb. 16
Blick auf die Latrine der »Abtswohnung« der St. Salvator-Abtei in Ename von Westen.

Bauwerk, im Tagebuch des Galbert von Brügge als *domus lapidea* beschrieben[18], steht heutzutage noch größtenteils aufrecht. Es diente später als Unterbau des von Philipp von Elsaß im letzten Viertel des 12. Jahrhunderts errichteten Donjons. Bei dem älteren Steinbau handelte es sich um einen Saal von 32,80/30 m × 15,75/13,70 m Außenmaßen, der in Doorniker Kalkstein aufgeführt war (Abb. 17). Sein Eingang war ebenerdig. Die zwei oberen Stockwerke des Gebäudes konnten über eine in der nördlichen Mauer ausgesparte Treppe erreicht werden. Die oberste Etage wurde später beim Bau des Donjons abgerissen. Das Vorhandensein von vier Mauerkaminen und zwei Latrinen im ersten Stock hebt die Wohnfunktion der *domus* deutlich hervor. Die Latrinen befinden sich in einem Anbau an der Südwestecke. Sie verfügen über vier separate Schächte, von denen jeweils zwei von den beiden oberen Etagen benutzbar waren. Stellen wir einen Vergleich mit der Abtswohnung von Ename an, so finden wir dort gleichfalls einen wenn auch etwas kleineren Saalbau, an dessen einer Ecke, in einem separaten Bauteil, Latrinen untergebracht worden sind. Beide Bauwerke werden in das 11. Jahrhundert datiert, was die Analogie der Grundrisse von Wohnbauten eines geistlichen und eines weltlichen Herrn natürlich um so interessanter macht.

18 Galbert de Bruges, Histoire du meurtre de Charles le Bon (ed. Pirenne, Paris 1891) § 109, 156.

b. Weitere Bauentwicklung

Die erste Kirche, die noch aus der Zeit des Hafens stammte, wurde 1139 durch eine Kreuzbasilika ersetzt. Das eigentliche Klostergebäude wurde im Laufe der Zeit etwa viermal grundlegend umgebaut. Wichtige Anbauten waren u. a. ein Krankensaal, der im späten Mittelalter entstand, und eine aus dem 17. Jahrhundert stammende Prälatenunterkunft. Die Französische Revolution bedeutete das Ende des Klosters. Es wurde 1795 aufgehoben und in den folgenden Jahren abgerissen.

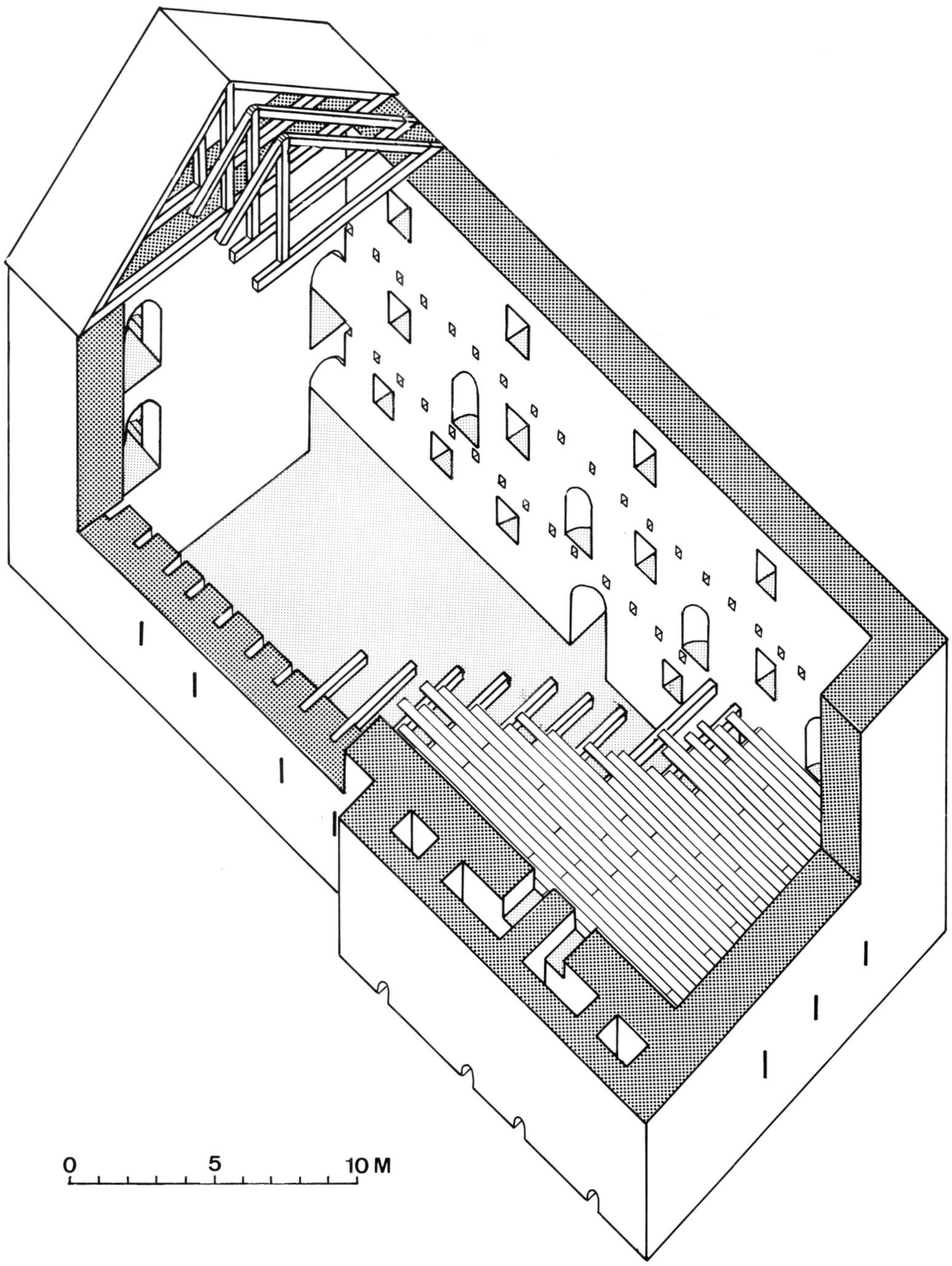

Abb. 17 Rekonstruktionszeichnung des bewohnbaren, steinernen Saalbaus aus dem 11. Jahrhundert im Genter »Gravensteen«. Blick von Südwesten (Zeichnung: Amt für Denkmalschutz und Städtische Archäologie der Stadt Gent).

Abb. 18 Blick auf die freigelegten Fundamente der Abteigebäude in Ename von Westen.

5. Ausblick: Zukunft einer vergrabenen Vergangenheit

Das Ziel der Ausgrabungen besteht u. a. darin, die *»portus«*-Anlagen und den Klosterkomplex (Abb. 18) in einen archäologischen Park mit Innen- und Außenmuseum einzugliedern. Das Außenmuseum wird den Wiederaufbau der wichtigsten Holzbauten der frühmittelalterlichen »Hafenstadt« und der St. Salvator-Kirche umfassen, ferner die Konsolidierung der Abteigrundmauern sowie die Anlage der Klostergärten. Im Innenmuseum werden die Zeugnisse der mittelalterlichen Kultur des Scheldetals zu besichtigen sein.
Belgien hat in bezug auf archäologische Freilichtmuseen bisher nur wenig zu bieten. Mit dem archäologischen Park Ename hoffen die Stadt Oudenaarde und das Amt für Ausgrabungen der Flämischen Gemeinschaft diese Lücke füllen zu können.

EXKURS

Die Tierknochen aus dem *castrum* von Ename

von P. Van der Plaetsen

Bei den seit 1983 in Ename durchgeführten Grabungskampagnen wurde in einigen Fundzusammenhängen, die zur »*castrum*«-Phase gehörten (975–1033), eine bedeutende Menge an Tierknochen (ca. 13000 Fragmente) gesammelt. Diese wurden im Labor für Paläontologie der Reichsuniversität Gent untersucht. Unter den Haussäugetieren fällt das absolute Übergewicht des Schweines auf (Abb. 19). Neben der großen Menge Schweinefleisch wurde aber gelegentlich auch eine Hammelkeule auf den Tisch gebracht. Rindfleisch dagegen war weniger beliebt. Bemerkenswert ist die Tatsache, daß die Insassen der Burg junge Tiere bevorzugten. Sie beanspruchten demnach das Beste aus dem Viehbestand für sich. Unter den Knochen fanden sich auch einige von Wildtieren, nämlich von Hirsch, Reh und Wildschwein. Die reich gedeckte Tafel in der Burg, auf der auch Fisch und Geflügel nicht fehlten, vermittelt uns also ein Bild über die Eßgewohnheiten und die sehr abwechslungsreiche Kost ihrer Bewohner. Deren Bevorzugung im Hinblick auf die Ernährung deutet auf die Sonderstellung des Burgbezirks hin, der demnach als ein »privilegiertes Konsumareal« bezeichnet werden kann. Die wichtigsten Fleischlieferanten befanden sich höchstwahrscheinlich unter den Bewohnern der *villa*.

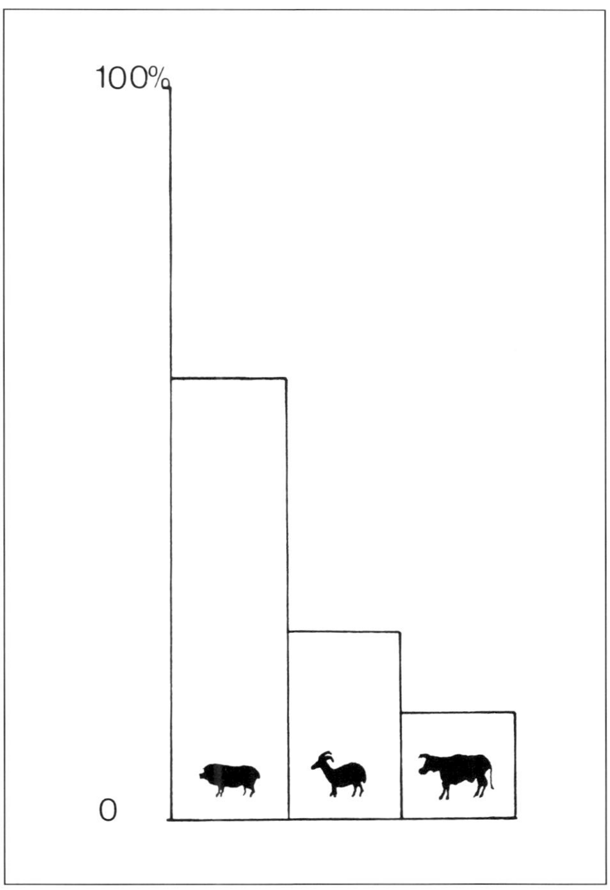

Abb. 19 Relative Verteilung des Viehbestands innerhalb des Burggeländes von Ename (974–1050).

JEANNOT METZLER · JOHNY ZIMMER

ZUM BURGENBAU IN LUXEMBURG IN VORSALISCHER UND SALISCHER ZEIT

Seit der Mitte der siebziger Jahre hat die Erforschung der mittelalterlichen Burgen im Großherzogtum Luxemburg bedeutende Fortschritte zu verzeichnen. Dies ist eine Folge der ausgedehnten Restaurierungs- und Konsolidierungsmaßnahmen, die durch die fortschreitende Zerstörung des Mauerwerks verschiedener Burgen unausweichlich waren. Im Rahmen dieser Arbeiten wurden erstmals systematische Ausgrabungen in mittelalterlichen Befestigungen durchgeführt. Die archäologischen Befunde erlauben heute nicht nur unser vorwiegend auf Urkunden gründendes Wissen zu ergänzen, sondern haben eine Reihe vollkommen unerwarteter Erkenntnisse, vor allem über die Frühgeschichte von verschiedenen Anlagen, erbracht. Allein durch die Archäologie kann eine Vorstellung über die Organisation und das Aussehen der frühesten Bauzustände von Befestigungen entworfen werden, die oberirdisch meist vollkommen durch spätere Um- und Überbauten verändert wurden.
In diesem Beitrag sollen vor allem Vianden, Bourscheid und Larochette kurz vorgestellt werden, Burgen, deren bauliche Entwicklung im Rahmen von größeren archäologischen Ausgrabungen im Laufe des letzten Jahrzehnts untersucht wurde. Keine dieser drei Burgen wurde erst in salischer Zeit erbaut, sondern der Ausbau dieser Anlagen im Laufe des 11. und am Beginn des 12. Jahrhunderts berücksichtigt schon ältere Befestigungsphasen. Demnach ist es nicht sinnvoll, an dieser Stelle die salische Periode dieser Burgen isoliert darzustellen, sondern es soll eher versucht werden, sie innerhalb der Entwicklung dieser Anlagen zu analysieren. In den meisten Fällen ist es sogar nur möglich, den Zustand eines Bauwerks in salischer Zeit indirekt durch die relative Chronologie der Ausbauphasen einer Burg zu identifizieren, da oft die zugehörige Stratigraphie im Laufe der späteren Bauentwicklung vollkommen abgetragen oder zerstört wurde und da eindeutig datierbare Architekturelemente in Burgen sehr selten sind.

Vianden liegt am Südrand der Ardennen in dem engen Nord-Süd-verlaufenden Tal der Our (vgl. Abb. 21,1). Zwei seitwärts ausgreifende Nebentäler erleichtern an dieser Stelle den Übergang über das tief eingeschnittene Flußtal. Die Befestigung liegt auf halber Höhe zwischen dem Hochplateau und dem Tal auf einem länglichen Vorsprung des devonischen Schiefersockels und beherrscht den von Natur gegebenen Flußübergang (Abb. 1; 2). Das rauhe Klima der Ardennen hatte besonders in den letzten Jahrzehnten das Mauerwerk der imposanten Burganlage stark angegriffen, so daß 1978 eine weitgehende Restaurierung des historischen Baudenkmals beschlossen wurde. Parallel zu diesen Arbeiten, die bis heute fortgesetzt werden, wurde fast das gesamte Burggelände archäologisch untersucht und eine genaue Bauanalyse des aufgehenden Mauerwerks vorgenommen. Auf diese Weise konnten die Kenntnisse der Baugeschichte dieses bedeutenden Denkmals in großem Maße ergänzt werden (Abb. 3)[1].
Der Burgberg von Vianden wurde erstmals in der Spätantike befestigt[2] (Abb. 4). Die Spitze des Felsvorsprungs wurde im Laufe des 4. Jahrhunderts durch einen 10 m breiten und 9 m tiefen Graben, der bogenförmig aus dem Schiefergestein geschlagen wurde, abgeschirmt. Die Oberfläche des verbleibenden, schmalen Felsgrates wurde etwas einnivelliert. Entlang der Abbruchkante des so vorbereiteten

1 Diese Arbeiten wurden unter Leitung der Verfasser vom Service des Sites et Monuments Nationaux und vom Musée National d'Histoire et d'Art durchgeführt. Zu den Kenntnissen über die Baugeschichte der Burg Vianden vor diesen Arbeiten: M.-E. Dunan, Les châteaux-forts du comté de Luxembourg et les progrès dans leur défense sous Jean l'Aveugle 1306–1346. Publications de la Section Historique de l'Institut G.-D. de Luxembourg 70, 1950, 7–276. – J.-P. Koltz, Nouvelle Monographie du château-palais de Vianden. Hémecht 24, 1972, 113–171.

2 Hierzu: J. Metzler u. J. Zimmer, Récentes recherches archéologiques au château de Vianden. Château Gaillard XII (1985), 115–125.

Abb. 1 Topographischer Plan von Vianden. A Burg. – B gotische Stadtmauer. – C Trinitarierkirche.

Abb. 2 Luftaufnahme der Burg Vianden von Nordosten.

Sporns errichtete man eine Wehrmauer, die an der Spitze der Felsnase in einen Turm von annähernd quadratischem Grundriß von etwa 10 m Seitenlänge einband. In Anlehnung an ähnliche Anlagen im Trierer Raum und an Hand des Funddiagramms darf man in dieser ersten Befestigung von Vianden keine Fluchtburg der ländlichen Bevölkerung, sondern ein von römischem Militär belegtes Kastell sehen, dessen Überwachungsfunktion des Flußübergangs Teil des spätantiken Verteidigungssystems des Hinterlandes von Trier war[3]. Die spätantike Befestigung von Vianden wurde gegen Ende des 4. oder am Anfang des 5. Jahrhunderts aufgelassen oder zerstört. Über die Besiedlung in merowingischer Zeit ist in diesem Raum erst sehr wenig bekannt. Die Ausgrabungen auf dem Burgberg von Vianden konnten keine Kontinuität zwischen der Spätantike und dem Mittelalter nachweisen.

Die zweite Befestigung von Vianden datiert ins späte 8. oder ins 9. Jahrhundert (Abb. 5; 6). Sie besteht vorwiegend aus einer Ringmauer von ovalem Grundriß, die etwas unterhalb der Abbruchkante des Schieferfelsens aufsitzt. Die sehr sorgfältig mit kleinen Schieferplatten vermörtelte Wehrmauer hat eine Breite von einem Meter. Der alte Graben des spätantiken Kastells blieb auch zu dieser Zeit in Funktion. Die jetzt rund 1300 m^2 große Innenfläche der Befestigung wurde einnivelliert, indem man die rund 2,50 m tiefer ansetzende Wehrmauer mit Steinen und Erde hinterfüllte. Der Tordurchlaß dieser Wehranlage von 1,40 m Breite und 2,40 m Höhe in Form eines schweren Bogens aus Blöcken aus abwechselnd gelbem Luxemburger Sandstein und rotem Buntsandstein ist vollständig erhalten (Abb. 5,B). Die Lage des Tores in der nordöstlichen Wehrmauer über dem hier fast senkrecht abfallenden Felsen belegt, daß der Zugang zu der Burg nur über eine äußere Holzkonstruktion an der Felswand möglich war.

3 Zusammenfassend zu den spätantiken Befestigungen im Trierer Raum: K.-J. Gilles, Spätrömische Höhensiedlungen in Eifel und Hunsrück. Trierer Zeitschr., Beih. 7 (1985).

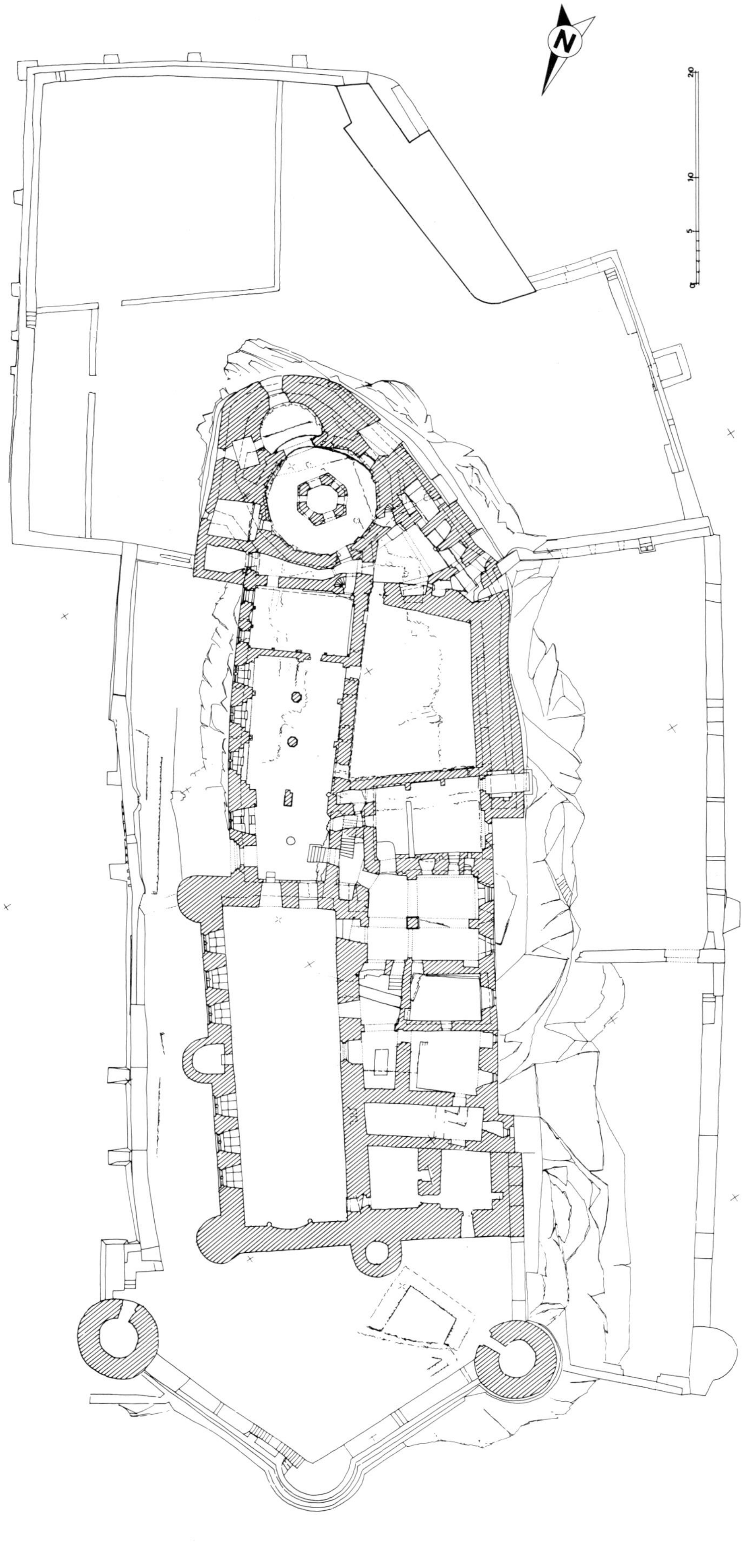

Abb. 3 Gesamtplan der Burg Vianden.

Abb. 4 Grundriß des spätantiken Kastells von Vianden.

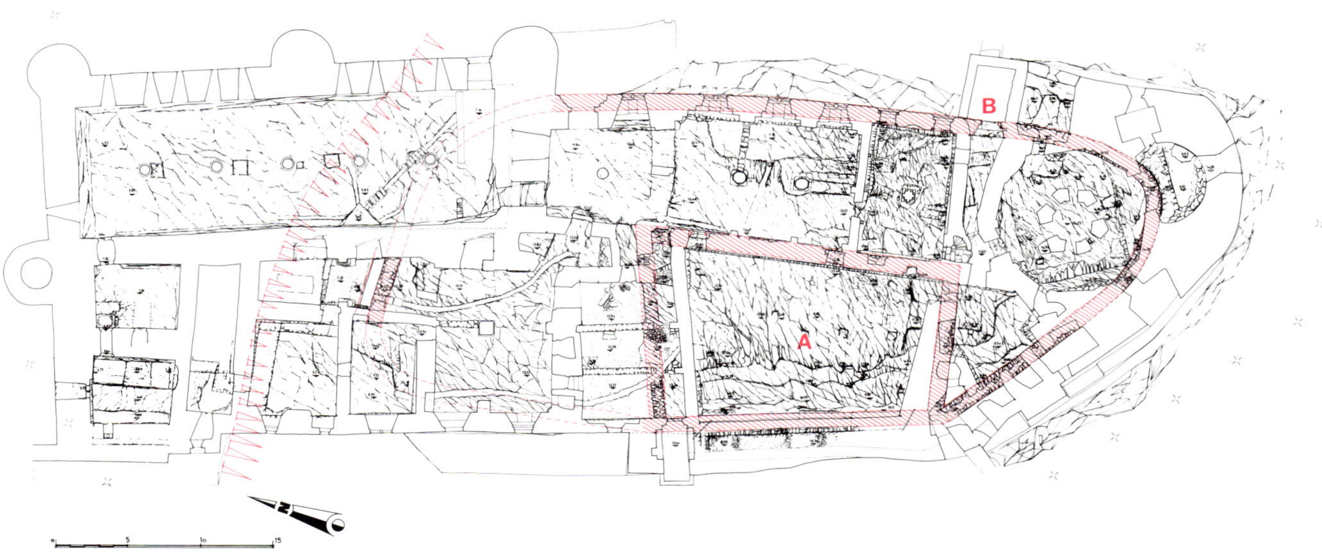

Abb. 5 Grundriß der karolingischen Befestigung von Vianden. – A Halle. – B Eingang.

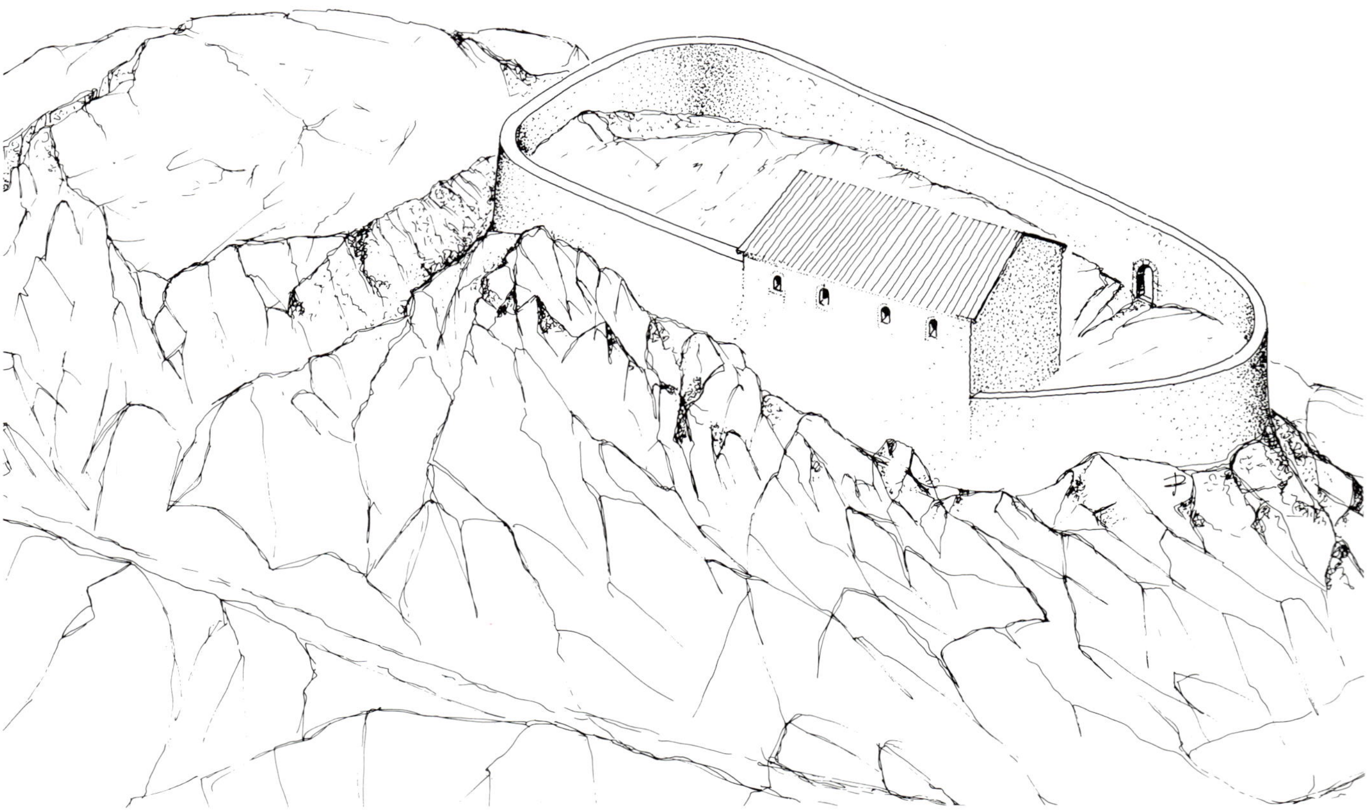

Abb. 6 Rekonstruktionsvorschlag der karolingischen Befestigung von Vianden.

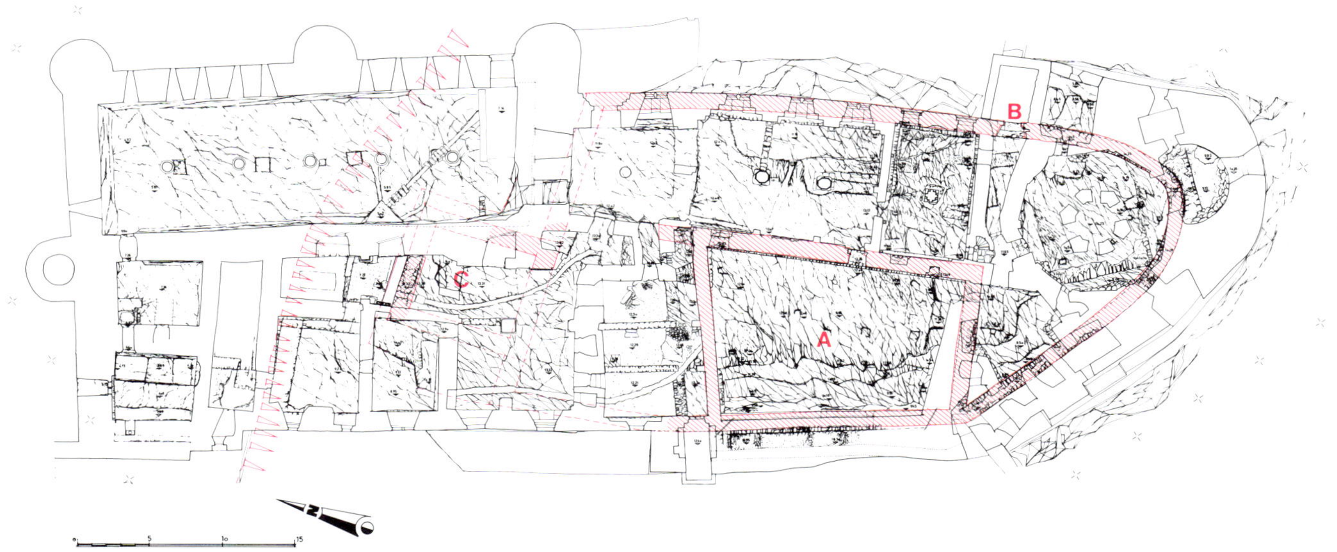

Abb. 7 Grundriß der ottonisch-frühsalischen Burg von Vianden. – A Halle. – B Eingang. – C Donjon.

Abb. 8 Rekonstruktionsvorschlag der ottonisch-frühsalischen Burg von Vianden.

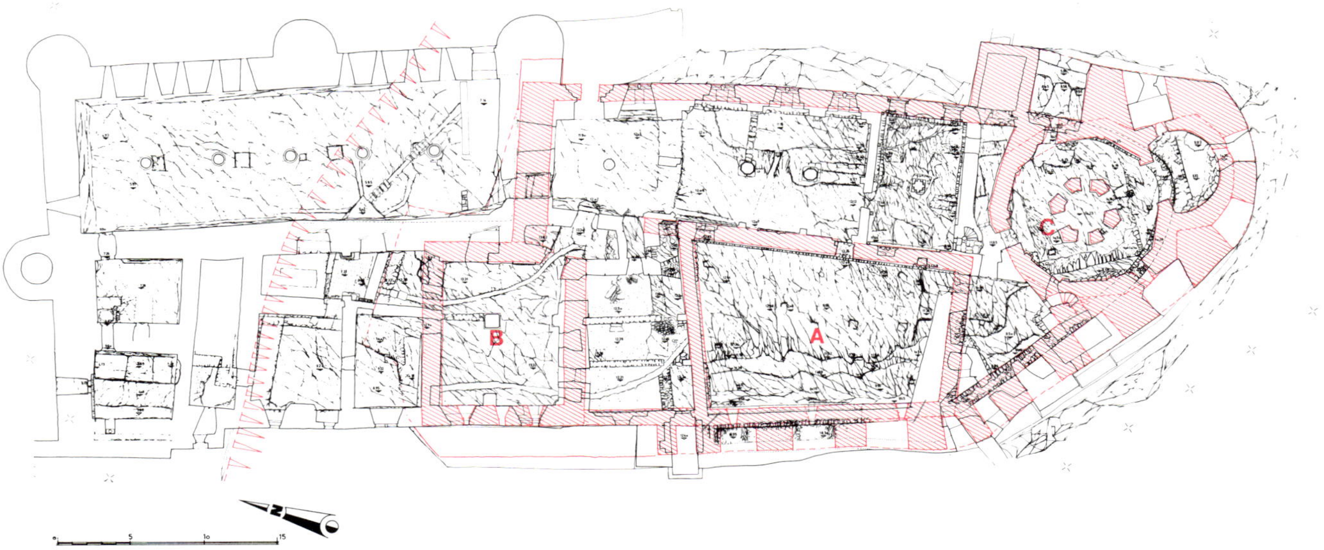

Abb. 9 Grundriß der spätsalisch-frühstaufischen Burg von Vianden. – A Halle. – B Wohnturm. – C Kapelle.

Abb. 10 Rekonstruktionsvorschlag der spätsalisch-frühstaufischen Burg von Vianden.

Wahrscheinlich bestand schon während dieser ersten mittelalterlichen Bauperiode ein größeres Innengebäude, das sich gegen die nach Südwesten gerichtete Strecke der Wehrmauer anlehnte[4] (Abb. 5,A). Über dem Schieferfelsen waren stellenweise zu diesem Gebäude gehörige Siedlungsschichten erhalten. Vor allem Keramik aus den karolingischen Töpfereien von Autelbas bei Arlon datiert diese Ausbauperiode der Burg Vianden ans Ende des 8. oder ins 9. Jahrhundert[5].

In dieser karolingischen Befestigung von Vianden könnte man, ähnlich wie dies für die Abtei Stavelot in Logne oder für die Abtei Prüm belegt ist, eine Fliehburg sehen, die im Rahmen der Normanneneinfälle von der Abtei Echternach errichtet wurde, besonders da ein »Mons Viennensis« Teil der Schenkung im Jahre 698 an den Klostergründer Willibrord war, die den Grundstock des Echternacher Grundbesitzes bildete[6]. Durch die in der letzten Zeit durch archäologische Ausgrabungen vermehrt nachgewiesenen karolingischen Bauperioden von Befestigungen in diesem Raum wird allerdings offensichtlich, daß nicht nur Klöster als Bauherrn von frühen Burgen angesehen werden können. Zu einem nicht näher bestimmbaren Zeitpunkt in nachkarolingischer Zeit wurde ein Turm von etwa 8,5 m × 10 m Seitenlänge, der den Graben sichern sollte, in die Wehrmauer eingesetzt (Abb. 7,C; 8). Von diesem Turm ist das dossierte Fundament, das bis auf die Grabensohle reichte, sowie einige Mauerabschnitte, die in spätere Konstruktionen miteinbezogen wurden, erhalten. Verschiedene Beobachtungen deuten darauf hin, daß das große Innengebäude der karolingischen Burg ebenfalls zu dieser Zeit teilweise umgebaut wurde. Die archäologischen Befunde erlauben nicht zu entscheiden, ob in diesem zweiten mittelalterlichem Zustand, der bis heute weitaus am schlechtesten bekannt ist, noch weitere Gebäude und eventuell eine Kapelle innerhalb des befestigten Areals bestanden.

Wahrscheinlich gegen Anfang des 12. Jahrhunderts wurde die Burg Vianden in großzügiger Weise umgebaut. Wenn nicht gleichzeitig, dann doch innerhalb eines verhältnismäßig kurzen Zeitabschnittes wird nun eine Kapelle und ein großer Wohnturm errichtet und die erste mittelalterliche Halle umgebaut. Das verbindende Glied dieser drei Baukörper ist ein Wehrgang, der in Bezug auf die karolingische Wehrmauer nach außen verlegt wurde und von hohen Bögen getragen wurde (Abb. 9; 10).

Das hallenartige Gebäude wurde gegen Norden etwas verkürzt und hatte nun einen trapezförmigen Grundriß von 20 m Länge und 13,5 m respektiv 10,5 m Breite (Abb. 9,A). Die nördliche Quermauer der ersten Halle wurde abgerissen und eine neue Mauer errichtet, die im rechten Winkel zur Wehrmauer verlief. Die karolingische Wehrmauer selbst wurde im Bereich des Palas bis zu einer Höhe von etwa einem Meter abgetragen und über einer heute gut sichtbaren Horizontalfuge neu hochgezogen. Mehrere schmale Fenster erlaubten durch die Arkaden des Wehrgangs eine recht spärliche Lichtzufuhr für das untere Geschoß des Palas. In die Breite dieser Außenwand wurde ebenfalls eine heute noch gut erhaltene Latrine eingelassen. Von den rund 1,40 m dicken Mauern ist vor allem die zum Burginnern gerichteten Längsfassade bis zu einer Höhe von etwa 2,50 m erhalten. Diese Fassade ist von einer, zur Breitachse etwas versetzten Türöffnung durchbrochen. Die Außenseite war hier durch vorgelagerte Blendarkaden aus Sandstein gegliedert. Drei dieser Arkaden sind trotz vieler späterer Umbauten erhalten geblieben. Das erste Stockwerk dieses Palas wurde im Rahmen dieser Bauarbeiten vollkommen neu gestaltet. Hier entstand nun eine große offene Halle. Die Architektur dieses Bauteiles war während den Restaurierungsarbeiten noch an verschiedenen Mauerteilen, die in spätere Konstruktionen miteinbezogen wurden, ablesbar. So blieb zum Beispiel beim Abriß dieses zweiten Palas in spätromanischer Zeit die nördliche Quermauer erhalten. Die großen Fensterbögen der offenen Halle des ersten Stockwerks wurden hier in spätromanischer Zeit zugemauert, da diese Mauer ab dieser Zeit zu einem Wohngebäude mit abgeänderter Fenstergliederung gehörte. Beim Zerfall dieses Bauteils zu Beginn dieses Jahrhunderts brach die Vermauerung einer dieser Öffnungen aus und die alte salische Fensterrahmung aus Doppelbögen wurde sichtbar. An einer Stelle war ein Doppelkapitell der Architekturgliederung dieser Bogenöff-

4 Die Befunde haben dazu geführt, daß hier frühere Aussagen im Zusammenhang mit der ersten Halle von Vianden korrigiert werden müssen: Metzler u. Zimmer (Anm. 2) 118 und Abb. 9.

5 Zu Autelbas s. jetzt: G. Fairon u. F. Jungen, Un second four de potier carolingien à Autelbas-Barnich. Archaeologia Belgica 4, 1988.

6 C. Wampach, Geschichte der Grundherrschaft Echternach im Frühmittelalter 1 u. 2 (1930) 17–23, Urkunden 3 u. 4.

nungen in situ erhalten (Abb. 12). Die recht einfachen Würfelkapitelle mit glatten Schildflächen hatten als einzige Zier ein umlaufendes diamantiertes Band. Gegen die zweiteilige, recht hohe Kämpferplatte waren die Kapitelle ebenfalls mit einem diamantierten Stab zwischen zwei Abtreppungen abgesetzt. Ein Teil der gegen Südwesten gerichteten Längsmauer des Palas ist ebenfalls erhalten geblieben, da diese Mauer auch nach Abriß des Gebäudes als Rückwand des gedeckten Wehrganges diente. Auch in dieser Mauer waren die unteren Laibungen von zwei großen Öffnungen des ersten Stockwerks des alten Palas erhalten. Somit darf als gesichert gelten, daß zumindest die nach außen gerichtete Längsmauer und die nördliche Quermauer große, unverschließbare Öffnungen im ersten Stockwerk dieses Palas aufwies. Daß dies ebenfalls zur hofseitig gerichteten Hauptfassade des Gebäudes der Fall war, ist sehr wahrscheinlich (Abb. 11). Somit ist für das 12. Jahrhundert in Vianden ein Palas mit einer großen, offenen Halle im ersten Stock nachweisbar. Diese Architekturkonzeption wurde am Ende des 12. Jahrhunderts nach dem Abriß dieses Gebäudes beim Bau des spätromanischen sogenannten »Kleinen Palas« beibehalten.

Das zweite Gebäude, das zu dem Bauzustand der Burg Vianden im frühen 12. Jahrhundert gerechnet werden muß, ist ein großes, turmartiges Wohngebäude mit drei Stockwerken (Abb. 9,B). Um Platz für diesen Bau zu schaffen, mußte der alte Turm, der den Halsgraben sicherte, bis auf wenige Reste abgerissen werden. Außer einigen kleineren Umbauten ist dieses Wohngebäude von etwa 13 auf 12 m Grundfläche bis zur Traufhöhe von 14 m erhalten geblieben. Die südwestliche Mauer wurde in der Linie der alten karolingischen Wehrmauer errichtet. Diese Außenmauer des neuen Wohngebäudes war auf jedem Stockwerk durch drei schmale Fensteröffnungen mit inneren Sitzbänken durchbrochen. Von den ehemals neun Fenstern sind heute noch sieben erhalten. Der nach außen vorgelagerte Wehrgang verband dieses Gebäude mit dem Palas; hier war allerdings keine Bogenkonstruktion als Aufleger des Wehrgangs notwendig, da der weniger steil abfallende Felsen eine höher ansetzende Fundierung der Außenmauer ermöglichte. Durch den Abbruch des alten Wehrturmes und den Neubau des Wohngebäudes mußte die Wehrmauer gegen den Abschnittsgraben vollkommen neu gestaltet werden. Obschon die Bauanalyse hier keine eindeutige Aussage zuläßt, spricht vieles für die Annahme, daß nun eine an der hofseitigen Ecke des neuen Wohngebäudes ansetzende Schildmauer den Innenbereich der Burg abschirmte.

Das dritte Gebäude, das im Rahmen der Neugestaltung der Burg Vianden im frühen 12. Jahrhundert errichtet wurde, ist die Kapelle (Abb. 9,C). Die Lage dieses Sakralbaues auf der Spitze des Felsvorsprungs und die Wahl eines zehneckigen Innengrundrisses mit vorspringendem, halbrunden Chor unterstreicht die monumentale Architekturauffassung der Bauherren. Für die Errichtung der Kapelle mußte die karolingische Ringmauer in diesem Bereich bis auf die Fundamente abgetragen werden. Ein Teil dieser Fundamente wurde in die sehr dicken Außenmauern der Kapelle miteinbezogen. Im unteren Bereich waren die gegen den Felsabhang gerichteten Außenmauern bis zu 5 m stark und waren von mehreren Nischen und Kammern im Rhythmus der Arkaden des Wehrganges durchbrochen. Die Lichtzufuhr erfolgte durch eine große Fensteröffnung im Chor und durch weitere Öffnungen in den seitlichen Kammern bzw. Kapellen. Das Gewölbe wurde von Pilastern in den Ecken des Schiffes getragen und ruhte in der Zentralachse auf sechs schweren Pfeilern, die durch steile Spitzbögen miteinander verbunden waren und einen verhältnismäßig engen mittleren Schacht abgrenzten. Die Laufhöhe des Wehrgangs und ein breiter Absatz über dem Felsen belegen, daß die Kapelle in ihrem ersten Bauzustand schon zweistöckig war. Im oberen Stockwerk darf man wohl keine Oberkapelle, sondern eher einen emporenartigen Umgang auf Höhe der offenen Halle des Palas vermuten. Ob eine Verbindung zwischen den oberen Stockwerken des Palas und der Kapelle bestand, muß erst durch die geplanten Restaurierungsarbeiten geprüft werden. Das Patrozinium des Antonius geht wahrscheinlich schon auf diesen ersten Bau zurück[7].

In spätsalischer oder frühstaufischer Zeit ist demgemäß in der Architekturkonzeption der Burg Vianden ein merklicher Wandel faßbar. Von nun an steht bei dieser Anlage nicht mehr der defensive Charakter im

[7] Zur Architektur der Burgkapelle im 13. Jahrhundert: U. Stevens, Burgkapellen im deutschen Sprachraum. 14. Veröffentlichung der Abteilung Architektur des Kunsthistorischen Instituts der Universität Köln (1978) 144–155. – H. E. Kubach u. A. Verbeek, Romanische Baukunst an Rhein und Maas 2 (1976) 1181–1185.

Abb. 11
Rekonstruktionsvorschlag
des spätsalisch/frühstaufischen
Palas von Vianden.

Abb. 12
Erhaltenes Doppelfenster
des spätsalisch/frühstaufischen
Palas von Vianden.

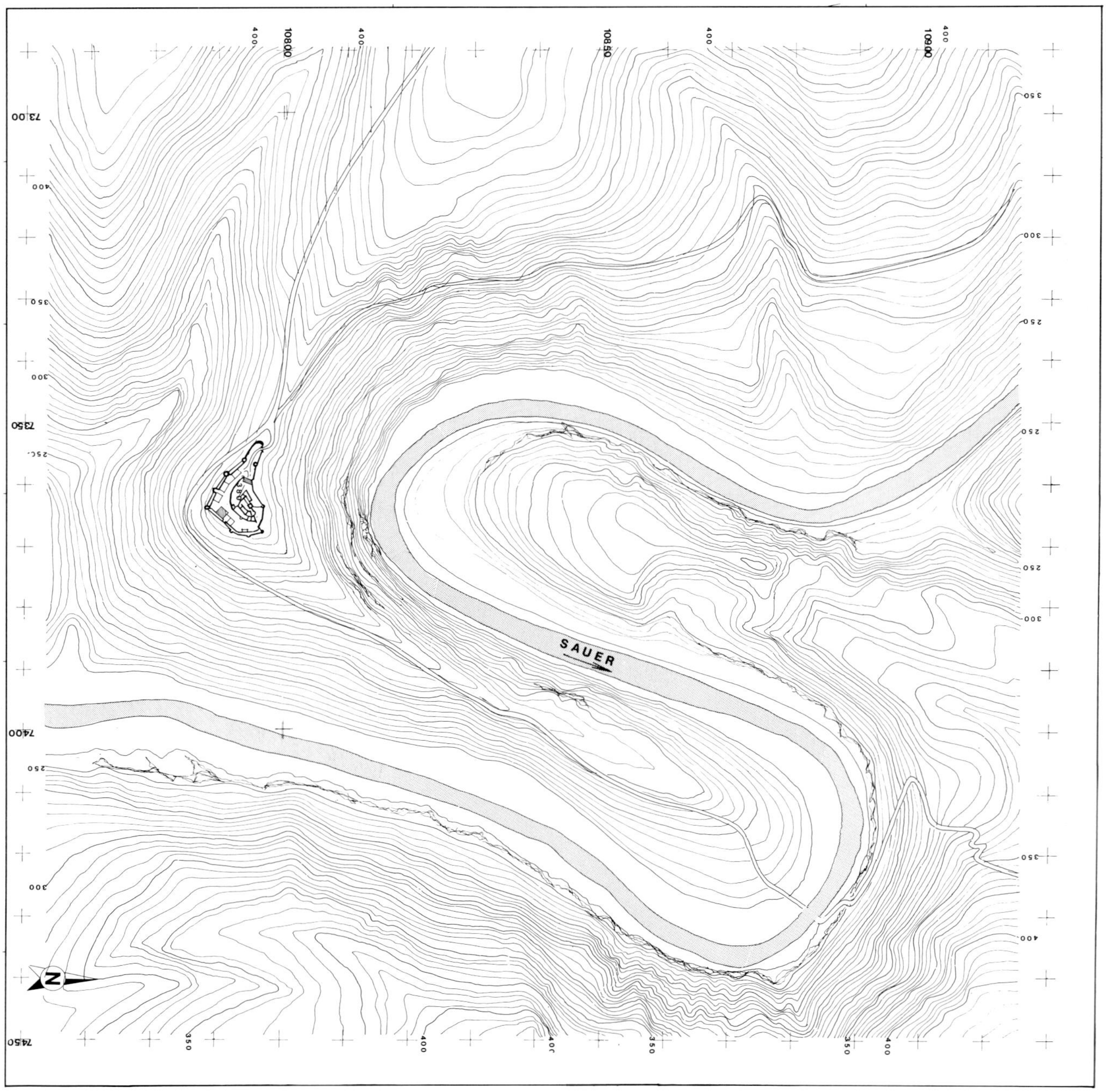

Abb. 13 Topographischer Plan von Bourscheid.

Abb. 14 Luftaufnahme der Burg Bourscheid von Westen.

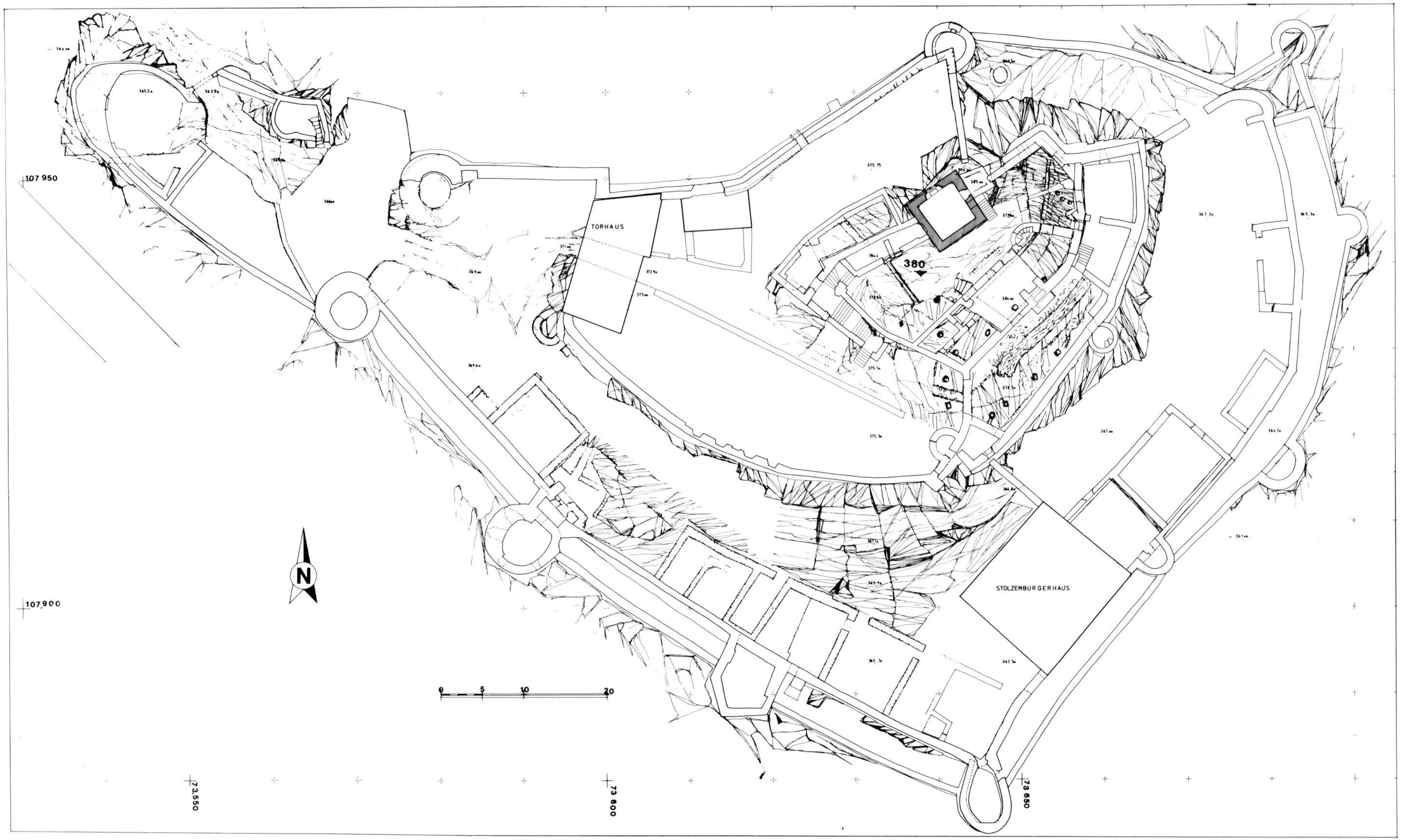

Abb. 15 Gesamtplan der Burg Bourscheid.

Vordergrund, sondern mit dem neuen prunkvollen Palas und der zehneckigen Burgkapelle belegen die Bauherrn einen ausgeprägten Sinn für Monumentalarchitektur, die die Burg Vianden, auch in den nachfolgenden spätromanischen und frühgotischen Bauperioden, gegenüber anderen Burgen des Südrandes der Ardennen auszeichnet. Der oder einer der Bauherren war sicherlich Friedrich I. von Vianden, der Vogt der Abtei Prüm war und mindestens ab 1141 die gleiche Funktion beim Trierer Dom hatte. Vermutlich schon in dieser Zeit war Vianden direktes Lehen des Kaisers[8].

Die topographische Lage der Burg *Bourscheid* ähnelt stark derjenigen von Vianden. Auch hier sichert die Befestigung einen durch zwei Seitentäler erleichterten Übergang über das enge Tal der hier von Norden nach Süden fließenden Sauer (vgl. Abb. 21,2). Wie Vianden liegt die Burg auf einem Vorsprung des devonischen Schieferfelsens, etwas über halber Höhe zwischen dem Fluß und den umgebenden Hochflächen (Abb. 13; 14; 15). Der antike Ursprung des Flußübergangs und der an ihn anschließenden Höhenstraße ist durch die Bezeichnung »Kiem«, der in dieser Gegend immer im Zusammenhang mit römischen Straßen auftritt, gesichert. Sogar im Namen der Nachbarortschaft von Bourscheid – Kehmen – ist diese alte Bezeichnung erhalten geblieben. Ob der Burgberg von Bourscheid in spätrömischer Zeit ähnlich wie Vianden eine Befestigung trug, ist nicht bewiesen. Angesichts des vollkommenen Fehlens von Befunden können allein die wenigen römischen Münzen, die im Burgareal isoliert gefunden wurden, hierzu nicht den Beweis liefern.

Die Restaurierungsarbeiten in der Burg Bourscheid, die durch den Zerfall des Schiefermauerwerks notwendig wurden, sind noch nicht abgeschlossen. Aus diesem Grunde kann heute die Baugeschichte nur kurz umrissen werden und viele Fragen müssen unbeantwortet bleiben.

Wie in Vianden geht auch in Bourscheid die erste mittelalterliche Befestigungsperiode auf karolingische Zeit zurück. Während der Ausgrabungen wurden im Hang, etwas unterhalb der Spitze des Felsvorsprungs, große Pfostengruben von 0,40 m Durchmesser gefunden, die mit großer Wahrscheinlichkeit zu einer ersten Holzumwehrung gehörten, oder die hölzerne Verankerung einer in sehr abschüssiges Gelände gebauten und heute vollkommen verschwundenen Steinmauer darstellten (Abb. 16,A). Die Datierung dieser Gruben wird durch Scherben der karolingischen Töpferwerkstätten von Autelbas belegt. Der grob rechteckige Verlauf dieser Befestigung, der auf einer Strecke von etwa 20 m bekannt ist, kann durch die vorgegebene enge Topographie der Felsspitze ergänzt werden. Somit kann eine Umwehrung von etwa 750 m^2 Innenfläche angenommen werden (Abb. 16). Gegen Südosten ist durch Pfostengruben und eine Abkantung im Felsen eine etwas vorgelagerte Befestigungslinie gesichert, die eventuell im Zusammenhang mit einem Toraufgang zu sehen ist (Abb. 16,D).

Ein Problem bildet der Bergfried, der bis heute nicht untersucht wurde (Abb. 16,C). Die Spitze des Felskegels wurde bis zu einer Höhe von etwa 3 m in das Mauerwerk dieses Bergfriedes miteinbezogen. Um dieses Gebäude herum ist der Felsen horizontal abgearbeitet und stellte mit etwa 200 m^2 die einzige ebene Innenfläche des durch die karolingische Wehrmauer abgeschirmten Areals dar. Dies müßte eigentlich bedeuten, daß schon in karolingischer Zeit ein Turm an der höchsten Stelle des Felsvorsprungs bestand. Ob dieser eventuell schon ein Relikt eines spätantiken Kastells darstellt, wird vielleicht durch die geplanten Untersuchungen an dem mittelalterlich mehrfach umgebauten Bergfried geklärt werden können. Denkbar ist freilich auch, daß dieser erste Steinturm erst zur folgenden, nachkarolingischen Bauphase gehört.

Wahrscheinlich noch in karolingischer Zeit wurde der Befestigung an der Südseite eine sehr dicke, abgeschrägte Trockenmauer vorgesetzt. Vielleicht diente sie zum Halt einer durch hinterfüllte Erde gebildeten Terrasse, die die nutzbare ebene Innenfläche der Burg vergrößern sollte oder die eventuell als Fundament eines größeren Innengebäudes zu sehen ist, das sich gegen die südöstliche Strecke der Befestigung anlehnte (Abb. 16,B). Zu diesem Gebäude gehörten wahrscheinlich Abschrotungen in der Felsoberfläche der Bergspitze, die sicher als Fundamentbettungen zu erklären sind.

8 J. Vannérus, Les comtes de Vianden. Cahiers Luxembourgeois 1, 1931, 7ff.

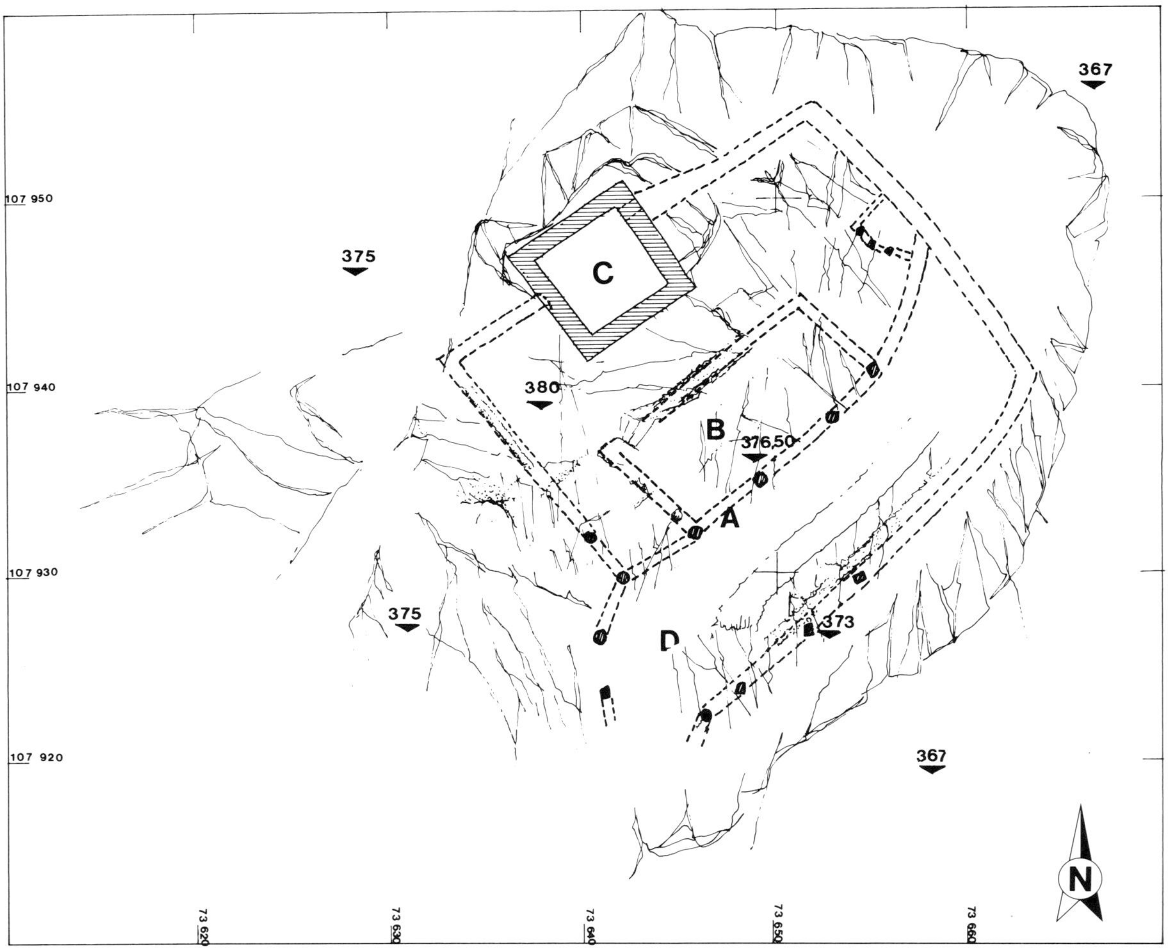

Abb. 16 Die karolingische Befestigung von Bourscheid. Nicht ganz gesichert ist die Zugehörigkeit des Steinturmes zu dieser Befestigung.

Außer einigen Pfostengruben, die nicht zur Ringmauer gehören können, wurden in dem durch spätere Bauarbeiten sehr stark gestörten Untergrund keine weiteren Befunde einer Innenbebauung der karolingischen Wehranlage festgestellt.

Die zumindest in großen Teilen aus Holz gebaute erste Befestigung von Bourscheid wurde in nachkarolingischer Zeit durch eine breite Wehrmauer aus Schieferplatten ersetzt (Abb. 17).

Der Grundriß der Befestigung wurde nur geringfügig abgeändert. Die im ersten Bauzustand schon erkannte und als Torgasse interpretierte doppelte Linie der Befestigungen gegen Südosten wurde ebenfalls beibehalten und etwas verlängert (Abb. 17,A). Das große Innengebäude der ersten Burg wurde vollkommen abgetragen und in nur wenig abgeänderter Form neu errichtet. Mehrere hofseitig gelegene Fensternischen mit Sitzbänken deuten an, daß man diesen Bau als Palas ansehen muß (Abb. 17,B).

Die Datierung dieser Umbauten der Kernburg von Bourscheid ist nicht bekannt, da die zugehörige Stratigraphie nicht erhalten war. Zwischen 1102 und 1106 ist Bourscheid in einer Vita des heiligen Willibrord von Echternach als »munitissimum castrum« charakterisiert[9]. Hiermit ist wohl kaum noch die weitgehend aus Holz gebaute karolingische Befestigung sondern eher die erste in Stein gebaute Burgphase gemeint.

9 S. hierzu: C. Wampach, Geschichte der Grundherrschaft Echternach 1,1 (1929) 258–259.

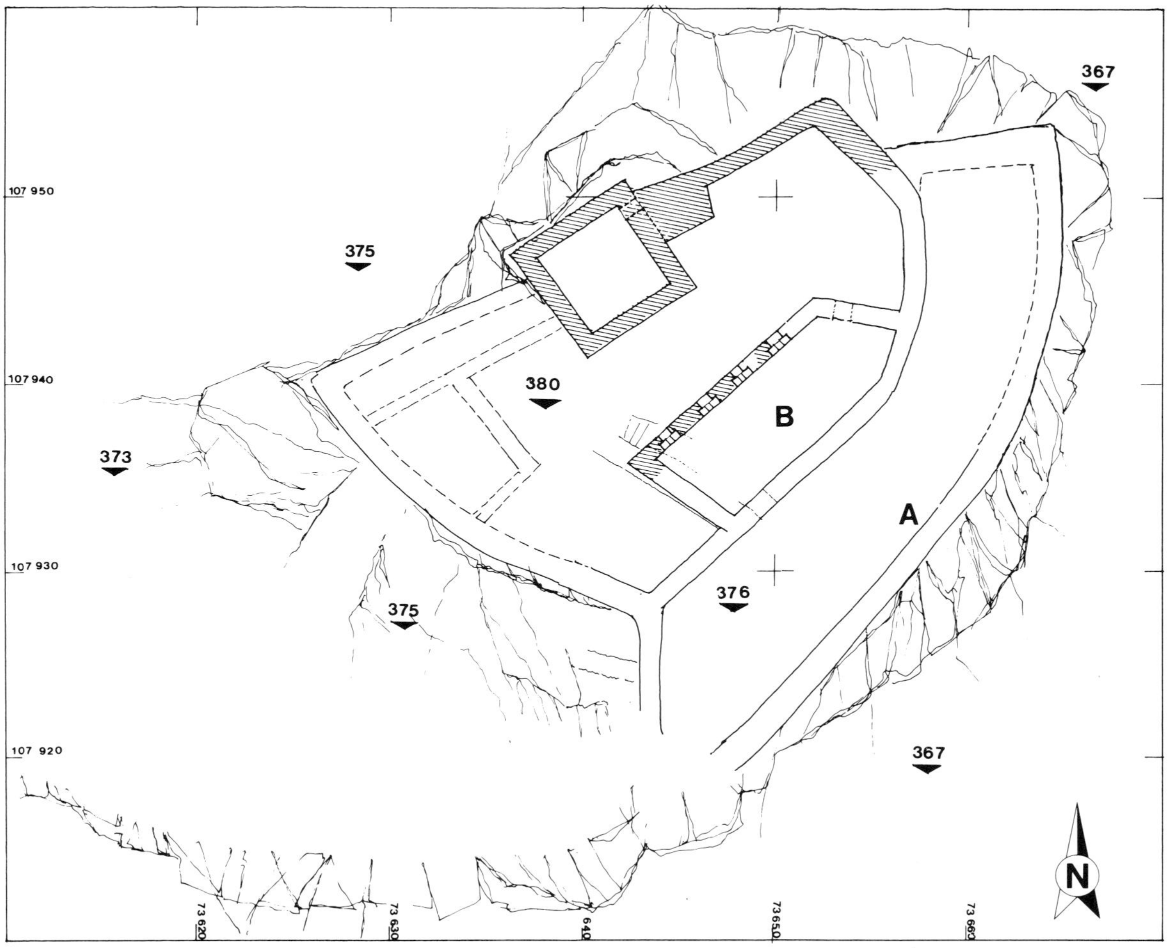

Abb. 17 Die erste in Stein ausgebaute Befestigung von Bourscheid.

Die neuesten Erkenntnisse über die ebenfalls sehr weit zurückreichende Baugeschichte der Burg *Larochette* (Fels) sind vielleicht am überraschendsten in Anbetracht der von bedeutenden Verkehrswegen eher entfernten Lage dieser Befestigung (vgl. Abb. 21,3). Die Burg liegt auf einem der vielen Felsvorsprünge, die die Erosion in die Schichten des Liassandsteins, der einen großen Teil der Südhälfte Luxemburgs bedeckt, geschnitten hat. Der langgezogene Felsrücken überlagert das Tal der Weißen Ernz, eines Zuflusses der Sauer (Abb. 18). In vorgeschichtlicher Zeit war der Felsvorsprung durch drei Wallanlagen gesichert[10]. Allein von dem letzten Wall, dessen Reste bei rezenten Ausgrabungen im Bereich des mittelalterlichen Donjons angeschnitten wurden, ist die Datierung in die Späthallstattzeit gesichert. Vielleicht gehört eine andere dieser Befestigungen in die Spätlatènezeit, wie eine außer Kontext gefundene keltische Münze anzudeuten scheint.
Die Restaurierungsarbeiten an der Burg Larochette, die zum heutigen Zeitpunkt noch nicht abgeschlossen sind, wurden notwendig, da Teile des Mauerwerks der spätmittelalterlichen Wohnbauten auf die unterhalb der Felswand gelegenen Häuser der heutigen Ortschaft zu fallen drohten. Im Zusammenhang mit diesen Arbeiten konnte bis heute ein Großteil der Kernburg archäologisch untersucht werden.

10 R. Schindler u. K.-H. Koch, Vor- und frühgeschichtliche Burgwälle des Großherzogtums Luxemburg. Trierer Grabungen und Forschungen 13,1 (1977) 47 und Plan 33.

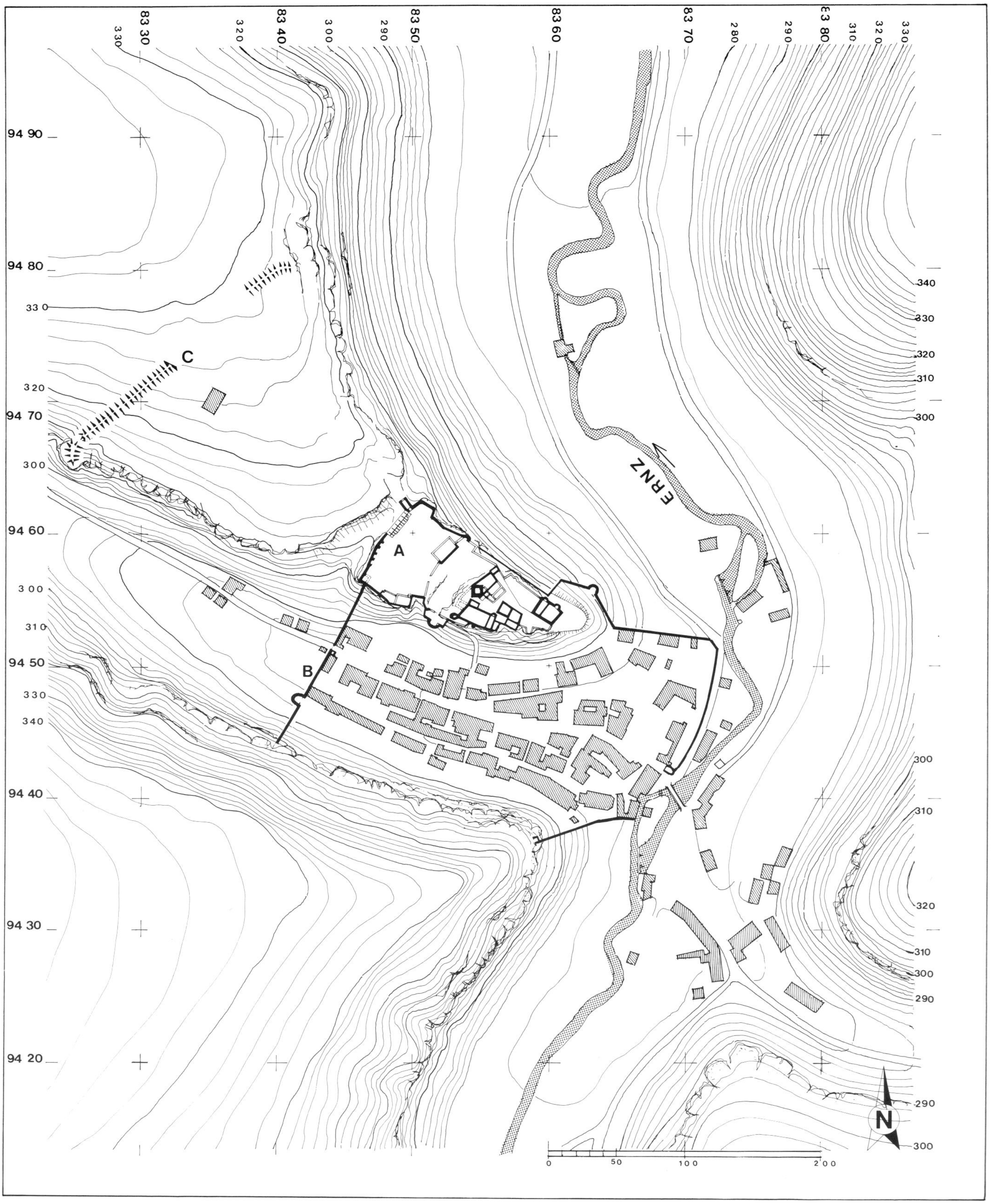

Abb. 18 Topographischer Plan von Larochette. A Burg. – B gotische Stadtmauer. – C eisenzeitlicher Wall.

Abb. 19 Gesamtplan der Kernburg von Larochette. A früheste karolingische Baustrukturen. – B zweite karolingische Schildmauer. – C vermuteter früher Palas. – D Donjon aus salischer Zeit.

Unsere Kenntnisse der frühen Bauphasen dieser Befestigungsanlage bleiben trotzdem zu diesem Zeitpunkt noch lückenhaft, da die Innenfläche der Kernburg beim spätmittelalterlichen Ausbau vollkommen umgestaltet wurde und die gut zu verarbeitende Sandsteinoberfläche für die Neubauten dieser Zeit zum Teil abgesenkt wurde. Auch ist die Datierung der großen Vorburg, die ebenfalls durch einen Graben und eine Schildmauer abgeschirmt war, heute noch vollkommen unbekannt. Aus diesem Grunde soll sich an dieser Stelle allein auf eine kurze Beschreibung der frühesten mittelalterlichen Befestigungen der Kernburg beschränkt werden.

Die Kernburg von Larochette ist von der Vorburg durch eine breite, von Natur gegebene Felsspalte getrennt, die zu verschiedenen Zeiten von Menschen zu einem Abschnittsgraben umgearbeitet wurde. Dieser natürliche Graben schirmt eine Felsplatte von etwa 2500 m^2 Fläche ab.

In sieben bis neun Meter Entfernung vom inneren Grabenansatz wurden in den neuesten Ausgrabungen die Reste von mehreren Wehrbauten entdeckt, die zum Teil recht gut erhalten sind, da ihr Mauerwerk in spätmittelalterlichen Wohnbauten weiterbenutzt wurde. Dies gilt nicht für die früheste mittelalterliche Befestigung, von der nur der Ansatz eines halbrunden Turmes in drei Fundamentlagen erhalten war (Abb. 19,A und Abb. 20, im unteren Bereich). Wie in Vianden und in Bourscheid können diese Baustrukturen durch Keramik der Werkstätten von Autelbas in karolingische Zeit datiert werden.

Ebenfalls noch in karolingische Zeit datiert eine recht monumentale Umgestaltung der Befestigungen der Burg Larochette. Die Kernburg wurde nun durch eine 1,80 m breite Schildmauer von geradem Verlauf gesichert (Abb. 19,B und Abb. 20). Diese heute noch bis zu drei Meter Höhe erhaltene Mauer ist sehr sorgfältig gebaut und hat eine zweiseitige Verblendung aus Handquadern aus Sandstein. Die Fugen sind mit einem Fugeneisen sehr sauber gestaltet. Wie die Stratigraphie des vorgelagerten Glacis belegte, hatte man darauf verzichtet, hier die 1,50 m dicken Sandschichten bis auf den Felsen abzutragen, sondern die 1,80 m breite Schildmauer wurde wie die erste karolingische Konstruktion in einen bis zum Felsen reichenden, breiten Fundamentgraben gesetzt. Eigenartig ist, daß sogar das Mauerwerk im Fundamentgraben auf Sicht gebaut und sorgfältig ausgefugt war. Am nördlichen Abschluß der Schildmauer ist auf einer kurzen Strecke eine Abwinkelung dieser Mauer ins Burginnere erhalten. Dieser Punkt ist durch einen aus der Schildmauer vorspringenden halbrunden Turm gesichert. Vielleicht befand sich an dieser Stelle, wie in den späteren Perioden, ein Burgtor. Durch die an dieser Stelle geplanten Ausgrabungen kann diese Frage sicher geklärt werden. Außer dem halbrunden Turm springt im mittleren Bereich der Schildmauer ein dreieckiger, großer Erker vor, der sicher ebenfalls eine defensive Funktion hatte. Der südliche Teil der Schildmauer ist viel schlechter erhalten und kann zum Teil nur anhand von Beobachtungen am Felsen ergänzt werden. Unsicher ist, ob hier ebenfalls ein Turm vorsprang. Ob diese zweite karolingische Befestigung von Larochette bloß als Schildmauer anzusehen ist, oder ob sie im Verbund mit einer, die ganze Felsplatte umfassenden Umwehrung steht, muß erst durch die geplanten archäologischen Untersuchungen geklärt werden.

Wie erwähnt, ist die frühe Innenbebauung der Burg Fels – Larochette – weitgehend unbekannt. Auffallend ist ein rechteckiges überhöhtes Felspodest von etwa 15 m × 15 m Grundfläche (Abb. 19,D). Den Rahmen dieser Platte bildet ein sauber in die Felsoberfläche gearbeitetes Fundamentbett, das vermutlich die Außenmauern eines größeren Gebäudes aufnahm, das sich im Innern gegen die karolingische Schildmauer lehnte. Auch wenn der Befund nicht erlaubt zu entscheiden, ob dieses Gebäude gleichzeitig mit der zweiten karolingischen Befestigung errichtet wurde, so sprechen doch eine Reihe von Beobachtungen für ein recht hohes Alter dieser Konstruktion. Vielleicht kann man in diesen Strukturen die Reste einer ersten Halle sehen.

Im 11. und sicher ebenfalls noch im 12. Jahrhundert blieb die karolingische Schildmauer in Funktion. Innerhalb dieser Zeitspanne wurde ein großer Donjon an die Außenseite dieser Mauer angebaut (Abb. 19,C). Die Mauern dieses übereck ausgerichteten Turmes von quadratischem Grundriß von 9 m Seitenlänge hatte eine Stärke von 2,5 m. Die Fundamente waren in einen Graben gegossen worden. In den unberührten Sandschichten innerhalb des Donjons wurden bei der Ausgrabung noch Strukturen der späthallstattzeitlichen Befestigung angeschnitten, die schon an anderen Stellen auf dem schmalen Glacis vor der karolingischen Mauer nachgewiesen werden konnte. Der Zugang zum Donjon und wahrschein-

Abb. 20 Die ältesten karolingischen Befestigungsmauern von Larochette während der Ausgrabung.

lich auch zum Wehrgang der Schildmauer erfolgte nun durch eine Tür und über eine enge Treppe, die in das karolingische Mauerwerk gebrochen wurden. Im Norden blieb die karolingische Mauer mindestens bis in spätsalische Zeit unverändert bestehen. Dies belegt eine Benutzungsschicht im Innern des halbrunden Turmes mit Keramik des 11. und des beginnenden 12. Jahrhunderts. Aus dieser Schicht stammt ebenfalls ein Denar des Trierer Erzbischofs Bruno von Bretten und Lauffen (1102–1124)[11]. Außer daß das wahrscheinlich schon früher errichtete Gebäude an der Rückfront der karolingischen Schildmauer weiter in Funktion war, ist die Innenbebauung der Burg Larochette in salischer Zeit vollkommen unbekannt.

Außer den Burgen von Vianden, Bourscheid und Larochette, deren Frühgeschichte durch rezente archäologische Ausgrabungen untersucht werden konnte, kann der Ursprung von einigen anderen Burgen in Luxemburg in vorsalischer oder salischer Zeit durch Einzelfunde oder schriftliche Quellen nachgewiesen werden.

- Die Burg *Clervaux* liegt in einer Schleife des gleichnamigen Flusses (Clerf) auf einer gegenüber den umgebenden Hochflächen recht tief gelegenen Felsnase des devonischen Schieferuntergrundes (Abb. 21,4). Über die Baugeschichte der Burg ist sehr wenig bekannt. Die Lage von Clervaux im Kerngebiet des alten merowingischen Königsforstes der Ardennen und wahrscheinlich inmitten von ausgedehnten Besitztümern der Abtei Stavelot-Malmedy deutet nicht auf eine allzu frühe Gründung der Burg hin. Als erster Grundherr von Clervaux ist für 1106 Gérard I. von Sponheim, der zur gleichen

11 Weiller 99, 1. Phase: R. Weiller, Die Münzen von Trier. 1. Teil. 1. Abschnitt. Beschreibung der Münzen: 6. Jahrhundert–1307. Publikationen der Gesellschaft für Rheinische Geschichtskunde 30 (1988). Herrn Weiller sei für die Bestimmung dieser Münze gedankt.

Zeit Vogt der Abtei Prüm war, urkundlich belegt[12]. Wie die Burg Clervaux am Anfang des 12. Jahrhunderts aussah, ist nur durch eine eingehende Bauanalyse zu klären.

- Die Burg von *Esch-sur-Sûre* liegt in ähnlicher Lage wie Clervaux und das Castellum Lucilinburhuc (s. unten) auf einem Felsvorsprung in einer Flußschleife (Abb. 21,5). In einem engen Bogen umfließt hier die Obersauer eine Felsnase aus härteren Schieferschichten. Die Burg von Esch ist die einzige, von der wir durch einen Kaufakt die Bauzeit genau kennen. Am 3. Juni 927 erwerben Maingaud, seine Frau Hildegard und ihr Sohn Godfried von der Abtei Stavelot den Felsvorsprung von Esch, um hier eine Burg zu bauen[13]. Obschon auch für Esch die genaue Baugeschichte noch zu erarbeiten ist, kann man doch erkennen, daß der hochmittelalterliche Teil der Anlage ähnlich aufgebaut ist wie Vianden und Larochette. Auch hier hat man den Eindruck, daß der übereck ausgerichtete Donjon an dominanter Stelle, der vor allem den Burggraben sicherte, nicht zusammen mit der Ringmauer konzipiert wurde, sondern erst später gebaut und in die Befestigung miteinbezogen wurde.
- Ähnlich wie Larochette liegt die Burg *Hollenfels* eher versteckt auf einem engen Felsvorsprung des Luxemburger Sandsteins und überlagert das enge Tal der Eisch (Abb. 21,6). Von der mittelalterlichen Bausubstanz ist allein der imposante spätgotische Wohnturm und ein Teil der Wehrmauern erhalten. Als erster Grundherr ist Eckhart im Jahre 1129 belegt[14]. Über das Aussehen der Burg in salischer Zeit ist nichts bekannt.
- Die *Luxemburg* liegt wie Clervaux und Esch-sur-Sûre auf einem Felsvorsprung inmitten einer Flußschleife (Abb. 21,7). Durch Tausch erwarb Siegfried, *»comes de nobili genere natus«* im oder um das Jahr 963 von der Abtei Sankt Maximin in Trier ein Castellum Lucilinburhuc und einige Ländereien im Tal der Alzette[15]. Es kann bis heute nicht belegt werden, ob dieses *Castellum Lucilinburhuc* eine Befestigung war, die eventuell von der Abtei Sankt Maximin auf altem Besitz als Fluchtburg im Zusammenhang mit den Normannen- oder Ungarneinfällen errichtet worden war, oder ob es sich bei diesem alten Kastell eher um eine spätantike Anlage handelte. Für Letzteres spricht die dominante Lage des Bockfelsens, der den alten Flußübergang der bedeutenden römischen Fernstraße von Reims nach Trier kontrollierte[16]. Allerdings wurden bei eher hastig durchgeführten archäologischen Untersuchungen am Anfang der sechziger Jahre weder spätantike noch karolingische Funde gemacht, was vielleicht durch die tiefgreifenden Zerstörungen im Zusammenhang mit dem neuzeitlichen Festungsbau zu erklären ist. Noch im zehnten Jahrhundert scheint die Burg und das vorgelagerte Gelände einen größeren Ausbau gekannt zu haben. Schon in den ersten Jahren nach dem Erwerb des castellum Lucilinburhuc versuchte Siegfried entweder Siedler im Vorgelände der Burg anzusiedeln oder eine schon bestehende kleine Siedlung auszubauen. Hierfür spricht vor allem die ins Jahr 987 datierende Weihung einer wahrscheinlich dreischiffigen Salvatorkirche innerhalb des zu dieser Zeit schon befestigten Vorgeländes der Burg (wahrscheinlich an der Stelle der späteren Michaelskirche)[17].

12 C. Wampach, Urkunden- und Quellenbuch zur Geschichte der altluxemburgischen Territorien bis zur burgundischen Zeit. I (1935) 485, Urkunde 334.

13 Ebd. 181–185, Urkunde 151.

14 Ebd. 540, Urkunde 376.

15 Ebd. 231–236, Urkunde 173. – Zur Diskussion über die Datierung des Tauschaktes: M. Margue u. M. Pauly, Saint-Michel et le premier siècle de la ville de Luxembourg. Hémecht 39, 1987, 5–84, bes. S. 8f.

16 Die vielen vor allem spätantiken Münzen, die in den Vorstädten im Tal der Alzette und vor allem im Bereich des alten Flußübergangs der Römerstraße im Pfaffental gefunden wurden, sind sicher nicht allein als »Opfergabe an einen Flußgott« abzutun, sondern belegen vor allem im 4. Jahrhundert eine Siedlung um eine sicher anzunehmende Brücke über die Alzette. S. die Liste der Münzfunde bei R. Weiller, Die Fundmünzen der römischen Zeit im Großherzogtum Luxemburg I (1972) 396–406; II (1972) 116–118; III (1983) 243–244. Daß römische Funde im Bereich der Oberstadt und des Bockfelsens sehr spärlich sind, ist sicher vor allem auf die tiefgreifende mittelalterliche und neuzeitliche Bautätigkeit in diesem Bereich zurückzuführen. In Anbetracht des doch recht dichten Netzes von Befestigungsanlagen im weiten Hinterland Triers im 4. und in der ersten Hälfte des 5. Jahrhunderts kann man mit verhältnismäßig großer Gewißheit davon ausgehen, daß die fortifikatorisch vorzügliche Lage des Bockfelsens mit bis über 65 m hohen, senkrechten Felswänden über dem Flußübergang der für diese Gegend lebenswichtigen Römerstraße von Reims nach Trier befestigt war.

17 Wampach (Anm. 12) 282–284, Urkunde 201. – F. Pauly, Siedlung und Pfarrorganisation im alten Erzbistum Trier. Die Landkapitel Remich und Luxemburg (1972) 188ff. – Margue u. Pauly (Anm. 15) 40ff.

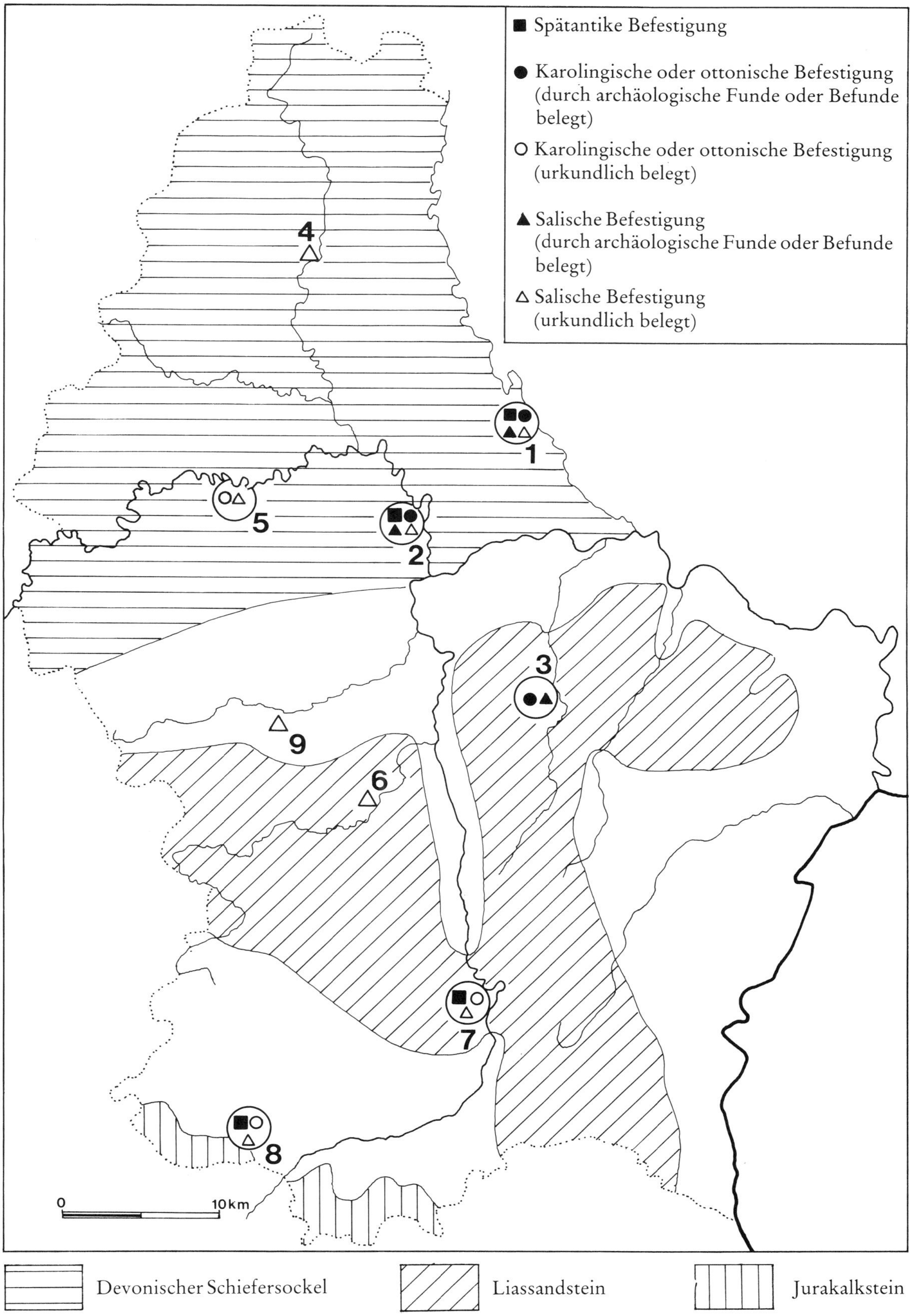

Abb. 21 Verbreitungskarte der vorsalischen und salischen Burgen in Luxemburg. – 1 Vianden. – 2 Bourscheid. – 3 Larochette. – 4 Clervaux. – 5 Esch-sur-Sûre. – 6 Hollenfels. – 7 Luxemburg. –. 8 Soleuvre. – 9 Useldange (nicht aufgeführt sind spätantike Befestigungen, die bis in nachsalische Zeit wüst blieben).

Bei der gleichen Gelegenheit wird in der eigentlichen Burg auf dem Bockfelsen eine Kapelle mit Martinspatrozinium geweiht. Bis zum zehnten Jahrhundert lagen im Bereich der heutigen Stadt Luxemburg Siedlungsschwerpunkte um die Mutterkirche von Weimerskirch und die von dieser früh abgetrennten Pfarrkirche von Hollerich[18]. Erst durch den Ausbau der Burg und eine konsequente Siedlungspolitik der ersten Grafen von Luxemburg, durch Initiativen, wie den Bau einer neuen Kirche und wahrscheinlich die Gründung eines Marktes im Vorgelände der Burg, entwickelte sich eine größere Siedlung auf dem Plateau oberhalb des Bockfelsens, die bald städtische Züge bekam[19]. Einen zusätzlichen Schritt in Richtung eines regionalen Siedlungszentrums erreichte Luxemburg durch die Gründung eines Benediktinerklosters am Fuße der Burg durch Graf Konrad im Jahre 1082[20]. Auch wenn wir heute keine präzisen Kenntnisse über die Architektur der Luxemburg in salischer Zeit besitzen, so ist doch hervorzuheben, daß dies die einzige Stelle ist, wo wir in dieser Zeit eine Kombination von Burg, stadtähnlicher Siedlung mit Markt, Kirche und Kloster vorfinden.

- Die heute vollkommen zerstörte Burg *Soleuvre* (Zolver) lag auf einem isolierten, konischem Zeugenberg der Doggercuesta im Süden Luxemburgs, der weithin sichtbar die Täler der Alzette und der Chiers überlagert (Abb. 21,8). Die frühesten Funde auf dem Bergkegel von Soleuvre stammen aus der Spätlatènezeit, was sicher durch Nachbarschaft des großen keltischen *Oppidum* auf dem Titelberg zu erklären ist. Die recht lange Liste der an der Oberfläche aufgelesenen römischen Münzen erlaubt die Vermutung, daß der »Zolverknapp«, ebenso wie dies für den in ähnlicher Lage im Süden Luxemburgs gelegenen Mont-Saint-Jean bei Dudelange nachgewiesen wurde, in spätantiker Zeit befestigt war[21]. Eine karolingische Befestigung, das *castellum Zolveren,* scheint durch eine Schenkungsurkunde eines Gehöftes an die Abtei Echternach für das Jahr 793 oder 794 belegt zu sein[22]. Die vielen Wüstungen, die in letzter Zeit im Rahmen einer systematischen archäologischen Prospektion bekannt wurden, zeigen an, daß vor allem der Südwesten von Luxemburg mit einem sehr dichten Netz von Einzelgehöften in karolingischer Zeit überzogen war[23]. Auch für Soleuvre könnten nur archäologische Ausgrabungen eindeutige Auskunft über den spätantiken und mittelalterlichen Ausbau der Befestigungen liefern.
- Für *Useldange* ist der Bau der Burg in salischer Zeit zu extrapolieren (Abb. 21,9). Die Abhängigkeit von der Grundherrschaft Esch-sur-Sûre, die gegen Ende des 10. Jahrhunderts gegründet wurde, läßt dies als wahrscheinlich gelten. Vor dem Jahr 1111 schenken Theobald und seine Gemahlin Hazeka der burgundischen Abtei Molesme die Peterskirche im befestigten Bereich der Burg[24]. Als eine Folge dieser Schenkung ist sicherlich die Gründung eines Benediktinerkonvents vor dem Jahre 1145 unterhalb der Burg zu sehen[25]. Die heute erhaltene mittelalterliche Bausubstanz der Burg Useldingen gehört zu einem späteren Ausbau.

18 Pauly (Anm. 17) 175ff. (= Weimerskirch) u. 182ff. (= Hollerich) – Margue u. Pauly (Anm. 15) 28ff.

19 Zur Möglichkeit eines älteren Entstehungsdatums eines Marktes im Vorgelände des *castellum Lucilinburhuc:* Margue u. Pauly (Anm. 15) 72ff.

20 Wampach (Anm. 12) 445–449, Urkunde 301.

21 R. Weiller, Die Fundmünzen der römischen Zeit im Großherzogtum Luxemburg I (1972) 463f.; II (1977) 177f.; III (1983) 197.

22 Wampach (Anm. 9) 173f. Urkunde 106. – Die Bezeichnung »castellum Zolveren« in dieser Urkunde ist wohl mit Recht als späterer Zusatz in dieser Urkunde angesehen worden, vor allem, da Zolver auch noch später als Celobrium in Urkunden vorkommt. Hierzu ebenfalls Dunan (Anm. 1) 20, Anm. 14.

23 Siehe: Carte archéologique du Grand-Duché de Luxembourg 25 – Bettembourg (1982); 24 – Differdange (1986).

24 Wampach (Anm. 12) 495f. Urkunde 343. S. ebenfalls F. Pauly, Siedlung und Pfarrorganisation im alten Erzbistum Trier. Das Landkapitel Mersch (1970) 140ff.

25 Wampach (Anm. 12) 601f. Urkunde 429.

Abschließend können in Anlehnung an gleichzeitige Anlagen in den Nachbarregionen die Entwicklungen der Befestigungen in Luxemburg bis in salische Zeit mit aller Vorsicht wie folgt skizziert werden:
Eine erste Phase von Befestigungen ist mit großer Wahrscheinlichkeit in Zusammenhang mit den Normanneneinfällen des 9. Jahrhunderts zu bringen. Für diese vor allem als Fluchtburgen dienenden Anlagen wurden, wo dies möglich war, die Reste von spätantiken Kastellen neu befestigt. Als Hauptinitiatoren dieses sicher schnell vorangetriebenen frühesten Burgenbaues dürfen die Klöster gelten, doch zeigen vor allem die neuesten archäologischen Untersuchungen auf, daß zu diesem Zeitpunkt auch schon von Seiten des Adels mit dem Bau von Befestigungen, die vielleicht ebenfalls noch als reine Fluchtburgen anzusehen sind, zu rechnen ist. Vielleicht ist die Zeit der Ungarneinfälle dieser ersten Phase des Burgenbaues zuzurechnen.
In der zweiten Hälfte des 10. und im 11. Jahrhundert ändert sich die Lage. Von nun an sind die Burgen erstmals exklusiv als befestigte Residenzen des Adels anzusehen. Schon in dieser Zeit ist spürbar, daß Burgen mit ausgesuchter Lage an bedeutenden Verkehrsachsen sich im Spiegel des Reichtums ihrer Besitzer schneller entwickeln. Dies geht gemeinsam mit dem von einzelnen Adeligen gezielt vorangetriebenen Ausbau von Siedlungen mit wirtschaftlicher Funktion im Umfeld ihrer Burg einher. Eine parallele Entwicklung von Burg und Zivilsiedlung ist im Arbeitsgebiet nur für Luxemburg selbst und für Vianden nachweisbar[26]. In der Burg Vianden konnte für diese Zeit als Innengebäude eine Halle und ein turmartiges Wohngebäude nachgewiesen werden. Eine Kapelle ist vielleicht ebenfalls für diese Ausbauphase zu vermuten. Eine ähnliche Organisation ist ebenfalls für die Lützelburg anzunehmen. In der Architektur dieser beiden Burgen scheint also schon in dieser zweiten Phase ablesbar, daß die Funktion der Adelsresidenz gegenüber dem rein defensiven Charakter der Burg an Bedeutung dazugewinnt. Bei anderen, weniger bedeutenden Befestigungsanlagen ist dies zu diesem Zeitpunkt nicht der Fall.
Durch die vielen Umbauperioden und die besonders reiche Architektur ist belegt, daß sich für Vianden die Entwicklung in Richtung palastartiger Grafenresidenz bis in die Mitte des 13. Jahrhunderts fortsetzt. Auch wenn die Baugeschichte der Lützelburg vollkommen unbekannt bleibt, so ist eine ähnliche Evolution allein durch die Bedeutung der Grafen und den Ausbau der Siedlung zur Stadt zu extrapolieren.
In salische Zeit sind wahrscheinlich die Neugründungen von Burgen in bis dahin weniger erschlossenen Gebieten zu datieren. Dies könnte für Clervaux und Wiltz, und vielleicht ebenfalls für Hollenfels und Useldange gelten.
Hervorzuheben ist weiter, daß von der topographischen Lage her alle Burgen bis in salische Zeit große Gemeinsamkeiten aufweisen. Wie seit der Vorgeschichte wird vor allem die Spornlage bei der Platzwahl bevorzugt. Auch wenn die Burgen nun nicht mehr als reine Abschnittsbefestigungen anzusehen sind, sondern allseitig befestigt waren, so bleiben bei diesen Burgen die Gräben doch als reine Halsgräben gestaltet. Einzige Ausnahme bildet Soleuvre auf einem isolierten Bergkegel. Soweit dies bis heute ersichtlich ist, reicht im Arbeitsgebiet keine Niederungsburg bis in diese Zeit zurück.

26 Über die frühe historische Topographie der unterhalb der Burg Vianden gelegenen Siedlung konnten in den letzten Jahren durch Ausgrabungen in der Trinitarierkirche wichtige Angaben gewonnen werden.

LUKAS CLEMENS · KARL-JOSEF GILLES

DER HARPELSTEIN BEI HORATH IM HUNSRÜCK

Rund 1,8 km westlich von Horath (Kreis Bernkastel-Wittlich) liegen knapp 200 m oberhalb des Dhrontales gegenüber der Mündung des Lichterbaches die steilen, nahezu unzugänglichen Felsen des Harpelsteins. Vor der Nordseite dieses markanten, weithin sichtbaren Quarzitrückens erstreckt sich ein kleineres Plateau, das von einem halbkreisförmigen, im Radius etwa 35 m messenden Wall umgeben ist (Abb. 1). Der in seinem Nordteil bei älteren Wegebauarbeiten teilweise zerstörte Wall erreicht meist noch eine Breite von 2–3 m und eine Höhe von 1 m. Davor liegt eine 4,50 m breite und 3 m hohe Böschung, die wiederum in einen bis zu 2 m tiefen und ebenso breiten Graben überleitet. Vor dem Graben bildet der Grabenaushub stellenweise eine weitere wallartige Erhöhung. Wall und Graben reichen im Süden bis an den Felsgrat, der zur Burgfläche eine bis zu 10 m hohe Felswand bildet und an der von der Burg abgewandten Seite nahezu senkrecht ins Dhrontal abfällt. Im Innern der Burganlage zeichnen sich zwei annähernd gleich große Terrassen ab, von denen die obere, etwa 4 m höher gelegene offenbar eine verstürzte Randmauer aufweist. Gerade im Ostteil dieser Terrasse finden sich zahlreiche Mörtelreste. Oberhalb der Terrasse sind im Fels noch mehrere kammerartige Einarbeitungen zu beobachten.

Die Datierung der Wallanlage auf dem Harpelstein war bisher wegen fehlender Funde umstritten. Aufgrund eines wenig nordöstlich gelegenen Hügelgräberfeldes schloß man selbst eine vorgeschichtliche Entstehung der Wehranlage nicht aus, wobei die Mörtelreste und vereinzelte Scherbenfunde eine Wiederbenutzung im Mittelalter wahrscheinlich machten. Neue, teils mit Hilfe von Metalldetektoren entdeckte Funde erlauben nun eine bessere zeitliche Einordnung der Befestigungsanlage. Danach scheint der Felsgrat mit den verschiedenen Kammern erstmals in der ersten Hälfte des 4. Jahrhunderts n. Chr. aufgesucht worden zu sein. Mehrere Münzen, Keramikscherben, darunter Reste von Schmelztiegeln mit verschmolzener oder verschlackter Bronze, Pfeilspitzen und das Fragment einer Bügelknopffibel lassen den Platz einer Gruppe von befestigten Höhensiedlungen zuordnen, wie sie in den letzten Jahren zahlreich in Eifel und Hunsrück nachgewiesen werden konnten.

Ein zweiter Siedlungshorizont zeichnet sich für den Harpelstein nach den vorliegenden Kleinfunden für das 11. Jahrhundert ab. Sichere Anhaltspunkte dafür bieten vor allem sieben Trierer bzw. Kölner Denare, von denen sechs (Nr. 2–7; s. Münzliste S. 338) aufgrund ihrer Fundlage zu einem Schatz oder einer Börse gehört haben könnten. Aufgrund ihres Erhaltungszustandes dürften die Münzen mit Ausnahme der Prägung auf Poppo nur wenige Jahre kursiert sein, so daß sie schon kurz nach 1080 vergraben wurden oder verlorengingen. Aus numismatischer Sicht bemerkenswert ist auch, daß zwei der sieben Münzen (Nr. 3 und 4) Hälblinge bilden, die insbesondere während des 11. Jahrhunderts auftreten und den Kleingeldbedarf – bedingt durch den Mangel an Obolen – zumindest teilweise beheben sollten. Unter den übrigen Kleinfunden verdienen sieben Emailscheibenfibeln sowie ein weiteres, lediglich fragmentarisch erhaltenes Stück besondere Aufmerksamkeit. Von dem ersten Exemplar (Abb. 2,1) mit einer runden mittleren Vertiefung und einer zweiten ringförmigen Aussparung für Grubenschmelz sind Parallelen aus Zwolle/Niederlande, Altenberg/Rheinisch-Bergischer Kreis und Trier bekannt. Dabei erlauben die Grabungsbefunde in Altenberg eine genauere zeitliche Fixierung der Burganlage in das 11. und 12. Jahrhundert, so daß dieser Fibeltyp, der bisher der karolingisch-ottonischen Zeit zugewiesen wurde, zumindest bis ins 11. Jahrhundert hinein Verwendung gefunden hat. Eine weitere Fibel (Abb. 2,2) sowie ein ähnliches Fragment, das noch Reste einer Feuervergoldung aufweist, gehören ebenfalls dem 11. Jahrhundert an.

Die weitaus am häufigsten vorkommende Gruppe der Emailscheibenfibeln, die eine Kreuzdarstellung aufweisen, ist auf dem Harpelstein mit insgesamt vier Exemplaren vertreten, wobei eine Fibel mit blauem Zellenschmelz – zwischen aufgelöteten Bronzestegen – ausgelegt ist (Abb. 2,4). Die restlichen Fund-

Münzliste

Erzbistum Trier	Poppo von Babenberg					
	1	Denar	1016–1047	Trier	Weiller 48	
	Udo von Nellenburg					
	2	Denar	1066–1078	Trier	Weiller 64, 30ff.	
	3	Denar	1066–1078	Trier	Weiller 64, 35ff.	halb.
	Egilbert von Ortenburg					
	4	Denar	1079–1101	Trier	Weiller 81	halb.
Erzbistum Köln	Anno					
	5	Denar	1056–1075	Köln	Hävernick 344	
	6	Denar	1056–1075	Köln	Hävernick 345b	
	Hildolf					
	7	Denar	1076–1079	Köln	Hävernick 360	

stücke – darunter eines mit hellgrünem Email (Abb. 2,6) – waren ursprünglich in Grubenschmelztechnik ausgeführt gewesen. Bislang wurden diese Schmuckstücke – nicht zuletzt aufgrund datierbarer Grabkomplexe – dem 9./10 Jahrhundert zugewiesen. Neuere Grabungen (Entersburg/Krs. Bernkastel-Wittlich, Diderikeshusen in Büren-Steinhausen/Krs. Paderborn und nach freundlicher Mitteilung von K. Dinklage auch Stuhlweißenburg/Ungarn) zeigen jedoch, daß dieser Fibeltyp auch in jüngeren Fundzusammenhängen vertreten ist. Von der Fibel Abb. 2,3 sind schließlich Parallelen von dem karolingerzeitlichen Fundplatz in Schouwen/Niederlande bezeugt. Doch zeigt eine Durchsicht der von dort vorgelegten Funde, daß für den Handelsplatz auch eine hoch- und sogar spätmittelalterliche Besiedlung anzunehmen ist, so daß eine exakte Datierung in vielen Fällen vorerst offenbleiben muß.
Aus den weiteren Kleinfunden, von denen hier lediglich eine Auswahl vorgelegt werden kann, sind drei bronzene, teilweise noch feuervergoldete Besatzglieder vermutlich eines Gürtels hervorzuheben, die jeweils mit zwei Nieten im Leder befestigt waren (Abb. 2,8). Die offenbar zu einer Garnitur gehörenden, getriebenen Beschläge weisen vier paarweise angeordnete stilisierte Drachenköpfe auf. Neben zwei gegossenen Bronzetierchen, die als Spielzeug gedient haben könnten, verdient darüber hinaus vor allem ein außergewöhnliches silbernes Schmuckstück Beachtung (Abb. 2,10). In Form und Verzierung ähnelt es entfernt einer mit Blechbuckeln verzierten, goldenen »Brezel«-Fibel in Gestalt einer doppelköpfigen Schlange aus dem 11. Jahrhundert, die in der Gaabenseer Bucht auf der Insel Falster gefunden worden ist. Schließlich befinden sich unter den Kleinfunden eine mit einer gravierten, achtblättrigen Rosette versehene bronzene Zierscheibe (Abb. 2,13) sowie ein bleierner Anhänger und ein aus dem gleichen Material gegossener Knopf (Abb. 2,11 und 14).
Die überaus zahlreichen Funde aus Eisen bieten einen repräsentativen Querschnitt durch das bei Burgengrabungen allgemein anzutreffende Material des 11./12. Jahrhunderts (Abb. 3). Zahlreiche Geschoßspitzen, drei teilweise fragmentarisch erhaltene Sporen sowie ein Hufeisen unterstreichen die militärische Funktion des Harpelsteins. Hinzu kommen Gürtelschnallen, Schlüssel, Eisenwerkzeuge und eine Schere. Von großer Seltenheit ist dabei der Fund eines vollständig erhaltenen eisernen Kerzenleuchters.
Vergleichsweise gering vertreten sind hingegen bislang die Keramikfunde. Vereinzelte Randscherben haben jedoch ihr jeweiliges Pendant in den hochmittelalterlichen Funden der Entersburg (Gilles 1984, Abb. 8, 1–2 und 9, 13–14).

Zusammenfassend bleibt zu sagen, daß die bislang vom Harpelstein bekannt gewordenen mittelalterlichen Kleinfunde – und darunter nicht zuletzt die sieben Denare – nach andernorts gefundenen Vergleichen überwiegend dem Hochmittelalter angehören. Lediglich fünf der Emailscheibenfibeln wurden von der Forschung bislang vornehmlich in das 9./10. Jahrhundert datiert. Vorerst bleibt es einer späteren Grabung überlassen, die exakte Besiedlungsdauer des Bergsporns festzustellen. Obwohl momentan eine Belegung der Anlage bereits während des 10. Jahrhunderts nicht auszuschließen ist, muß dennoch aufgrund des gesamten Fundmaterials und der durchaus vergleichbaren Kleinfunde aus der ergrabenen Entersburg mit einem Fortdauern der genannten Fibeltypen in das 11. Jahrhundert gerechnet werden.

Die Mehrzahl der vorliegenden Kleinfunde stammt vermutlich aus der Zerstörungsschicht der Anlage. Zumindest bei sechs Münzen ist die Zugehörigkeit zu einem Schatzfund, zu dem vielleicht auch das in unmittelbarer Nähe gefundene silberne Schmuckstück zählte, wahrscheinlich. Der Verlust der Denare könnte dann durchaus mit einer Aufgabe oder Zerstörung der Befestigung in den achtziger Jahren des 11. Jahrhunderts in Zusammenhang stehen.

Zur Befestigung und deren Besitzern gibt es keine schriftlichen Hinweise. Offenbar sollte von dem strategisch günstig gelegenen Felsgrat aus das Dhrontal beherrscht und überwacht werden. Die umliegenden Ortschaften in diesem bereits während der Merowingerzeit fundleer erscheinenden, siedlungsungünstigen Bereich des Hunsrücks tauchen erst relativ spät in der schriftlichen Überlieferung auf (Heidenburg Ende 11. Jh.; Hunolstein Ende 12. Jh.; Berglicht, Gräfendhron, Horath, Merschbach 13. Jh.). Die Vermutung liegt also nahe, daß die Burganlage auf dem Harpelstein im Zuge des hochmittelalterlichen Landesausbaus entstanden ist.

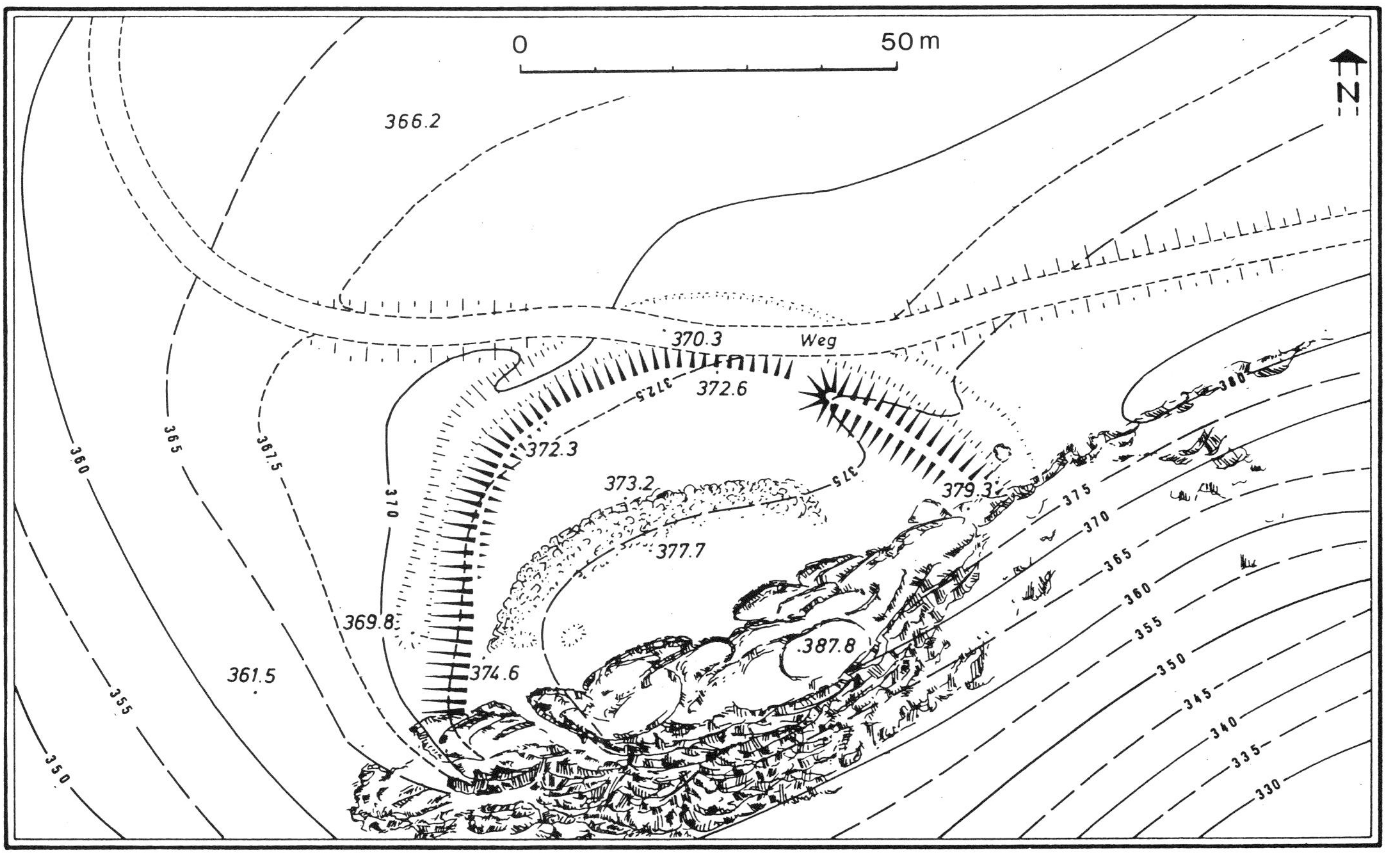

Abb. 1 Der Harpelstein bei Horath (Vermessung und Zeichnung K. H. Koch). – M = 1:1000.

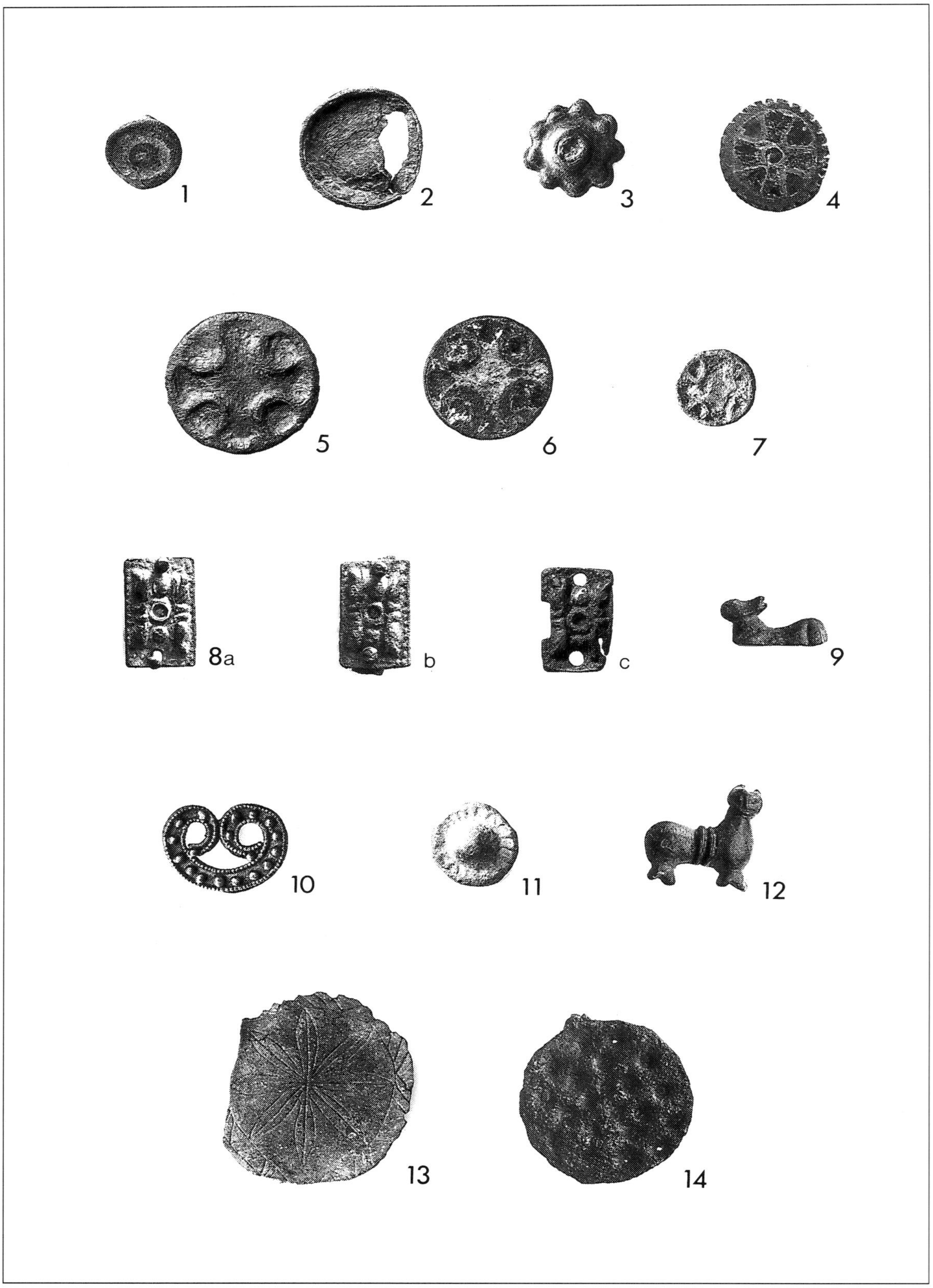

Abb. 2 Horath, Harpelstein. Kleinfunde aus Silber (10), Bronze (1–9, 12–13) und Blei (11, 14). – M = 1:1.

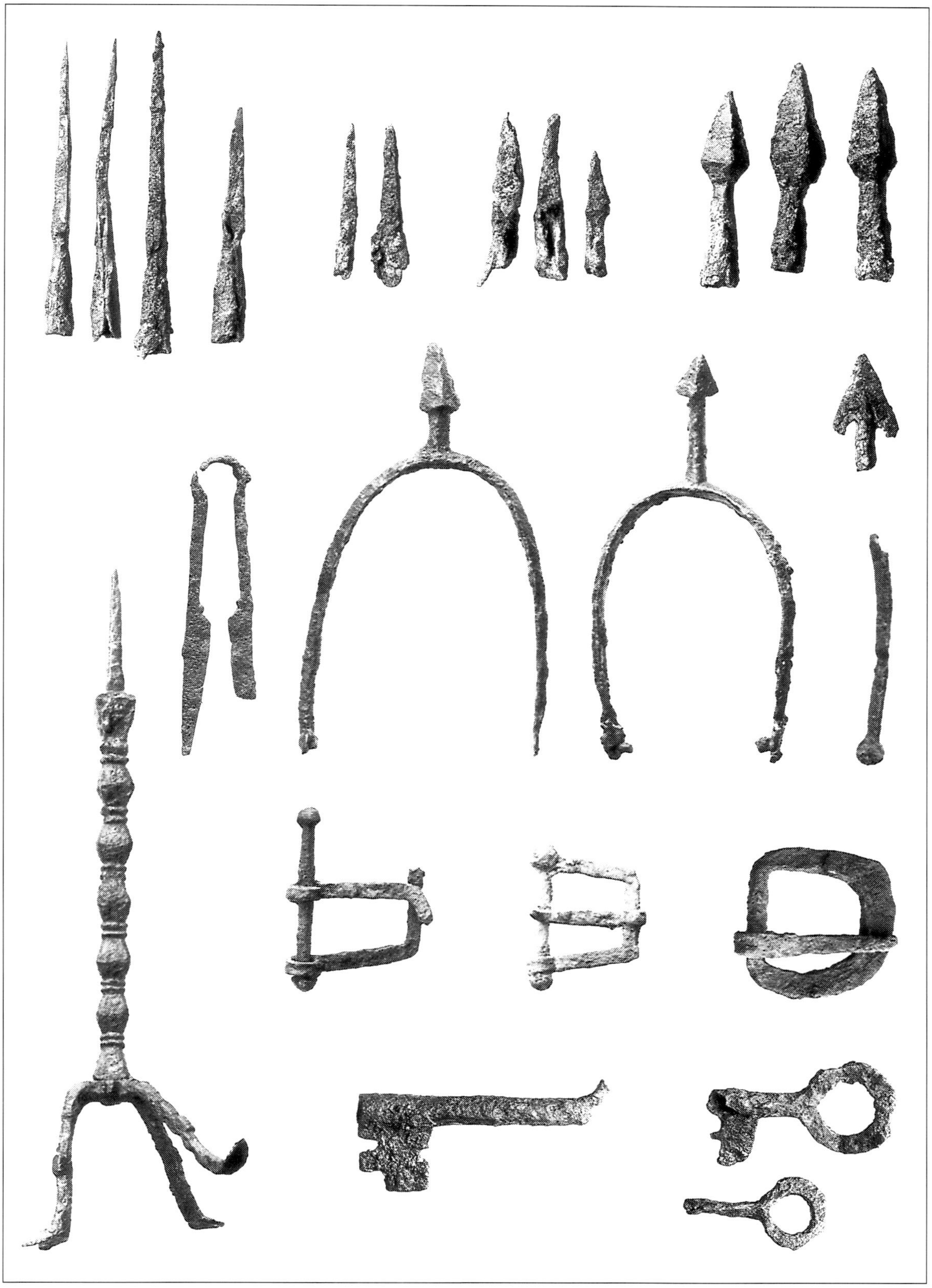

Abb. 3 Horath, Harpelstein. Kleinfunde aus Eisen. – M = 1:2.

Literatur

Harpelstein:

Trierer Zeitschr. 8, 1933, 32; 9, 1934, 148; 13, 1938, 38; 33, 1970, 281.

H. Cüppers, Archäologische Funde im Landkreis Bernkastel (1966) 96.

A. Haffner, Die Gemarkung Horath in vorgeschichtlicher und römischer Zeit. In: Führer zu vor- und frühgeschichtlichen Denkmälern 34 (1977) 208 Abb. 1, 14; 212 Nr. 14.

Münzen:

W. Hävernick, Die Münzen von Köln. Vom Beginn der Prägung bis 1304 (1935; Nachdr. 1975).

R. Weiller, Die Münzen von Trier. Erster Teil. Erster Abschnitt. Publikationen der Gesellschaft für Rheinische Geschichtskunde 30 (1988).

Fibeln und sonstiger Schmuck:

J. Brøndsted, Goldarbeiten der Wikingerzeit. Acta Arch. 5, 1934, 179ff. Abb. 42-43.

T. Capelle, Die karolingischen Funde von Schouwen 1. u. 2. Nederlandse Oudheden 7 (1978).

L. Clemens, Fibeln des frühen und hohen Mittelalters aus Trier. Trierer Zeitschr. 51, 1988, 513–540.

J. Giesler, Zu einer Gruppe mittelalterlicher Emailscheibenfibeln. Zeitschr. Arch. Mittelalter 6, 1978, 57–72.

K.-J. Gilles, Die Entersburg bei Hontheim. Kurtrierisches Jahrb. 24, 1984, 38*–55*.

Neujahrsgruß 1987. Jahresbericht für 1986. Westfälisches Museum für Archäologie, Amt für Bodendenkmalpflege Münster und Altertumskommission für Westfalen, 63.

M. Untermann, Die Grabungen auf der Burg Berge (Mons) – Altenberg (Gem. Odenthal, Rheinisch-Bergischer Kreis). Beiträge zur Archäologie des Mittelalters 3. Rheinische Ausgrabungen 25 (1984) 128f.

Eisenfunde:

Bourgogne médiévale, la Mémoire du sol. 20 ans de recherches archéologiques (1987) 175–177.

G. P. Fehring, Unterregenbach. Kirchen, Herrensitz, Siedlungsbereiche. Die Untersuchungen der Jahre 1960–1963 mit einem Vorbericht über die Grabungen der Jahre 1964–1968. Forschungen und Berichte der Archäologie des Mittelalters in Baden-Württemberg 1 (1972) Teil 1, 158, 160, 162 u. Teil 3, Beilage 42, 44-45.

London Museum. Medieval Catalogue (1954) 69, 113, 276f.

B. Scholkmann, Burg Baldenstein. Das »Alte Schloß« bei Gammertingen (1982) 58.

HORST WOLFGANG BÖHME (HG.)

BURGEN DER SALIERZEIT
TEIL 2
IN DEN SÜDLICHEN LANDSCHAFTEN DES REICHES

PUBLIKATIONEN ZUR AUSSTELLUNG
»DIE SALIER UND IHR REICH«
VERANSTALTET VOM LAND RHEINLAND-PFALZ
IN SPEYER

RÖMISCH-GERMANISCHES ZENTRALMUSEUM
FORSCHUNGSINSTITUT FÜR VOR- UND FRÜHGESCHICHTE

MONOGRAPHIEN

BAND 26

JAN THORBECKE VERLAG SIGMARINGEN
1992

RÖMISCH-GERMANISCHES ZENTRALMUSEUM
FORSCHUNGSINSTITUT FÜR VOR- UND FRÜHGESCHICHTE

HORST WOLFGANG BÖHME (HG.)

BURGEN DER SALIERZEIT

TEIL 2
IN DEN SÜDLICHEN LANDSCHAFTEN DES REICHES

JAN THORBECKE VERLAG SIGMARINGEN
1992

Publikationen zur Ausstellung
»Die Salier und ihr Reich«
veranstaltet vom Land Rheinland-Pfalz
in Speyer

gefördert durch die
KulturStiftung der Länder
aus Mitteln des
Bundesministers des Innern

Die Deutsche Bibliothek – CIP-Einheitsaufnahme

Ausstellung Das Reich der Salier 1024–1125 ⟨1992, Speyer⟩: Publikationen zur Ausstellung »Die Salier und ihr Reich« / veranst. vom Land Rheinland-Pfalz in Speyer. – Sigmaringen: Thorbecke.
NE: Rheinland-Pfalz; Die Salier und ihr Reich

Burgen der Salierzeit.
Teil 2. In den südlichen Landschaften des Reiches. – 3. Aufl. – 1992

Burgen der Salierzeit / Römisch-Germanisches Zentralmuseum, Forschungsinstitut für Vor- und Frühgeschichte. Horst Wolfgang Böhme (Hg.). – Sigmaringen: Thorbecke.
(Publikationen zur Ausstellung »Die Salier und ihr Reich«)
ISBN 3-7995-4134-9

NE: Böhme, Horst Wolfgang [Hg.]

Teil 2. In den südlichen Landschaften des Reiches. – 3. Aufl. – 1992
(Monographien / Römisch-Germanisches Zentralmuseum, Forschungsinstitut für Vor- und Frühgeschichte; Bd. 26)

NE: Römisch-Germanisches Zentralmuseum ⟨Mainz⟩: Monographien

Dritte Auflage 1992

Dieses Buch ist aus säurefreiem und alterungsbeständigem Papier hergestellt.

Gesamtherstellung: M. Liehners Hofbuchdruckerei GmbH & Co. Verlagsanstalt, Sigmaringen
Printed in Germany · ISBN 3-7995-4134-9

INHALT

INHALT TEIL 1

HORST WOLFGANG BÖHME

BURGEN DER SALIERZEIT IN HESSEN, IN RHEINLAND-PFALZ UND IM SAARLAND

Die Bundesländer Hessen, Rheinland-Pfalz und Saarland umfassen im Gebiet zwischen Ahr bzw. unterer Werra im Norden und Pfälzer Wald bzw. Odenwald im Süden eine Vielzahl unterschiedlicher Landschaften, die noch heute zu den burgenreichsten Deutschlands gehören[1]. Man müßte daher nun erwarten, daß aus diesem klassischen Burgengebiet zahlreiche Beispiele vorzulegen wären, die uns neue und entscheidende Erkenntnisse zu den Anfängen der hochmittelalterlichen Adelsburg, d. h. zur Genese der adligen Privatburg in vorstaufischer Zeit, vermitteln könnten. Bei einem ersten flüchtigen Blick auf die diesbezügliche Literatur wird man aber enttäuscht feststellen müssen, daß zusammenfassende, in die Problematik der Entstehung des Burgenbaus einführende Arbeiten fehlen[2], so daß es bisher kaum möglich war, eine genauere Vorstellung davon zu erhalten, welche Burgen in den hier behandelten Landschaften der salischen Zeit angehören und mit welchen Bauformen man überhaupt zu rechnen hat. Daß bei derartigen Untersuchungen in besonderem Maße die Ergebnisse moderner archäologischer Bodenforschung heranzuziehen sind, haben die entsprechenden Publikationen vom Niederrhein[3] und aus der Schweiz[4] hinlänglich deutlich gemacht, da dort u. a. auch der wichtige Nachweis gelang, daß so manche in Stein ausgebaute hoch- bis spätmittelalterliche Adelsburg recht einfache, häufig in Holz errichtete Vorgängerbauten aufwies und daß sich z. B. älteres Mauerwerk des 11./12. Jahrhunderts nur selten noch im Aufgehenden erhalten hatte oder doch nur nach intensiven Bauuntersuchungen erkennen ließ. Unter Berücksichtigung dieser neuen Einsichten war es folglich in hohem Maße unwahrscheinlich, daß heute noch zahlreiche stehende Burgen oder besser erhaltene Ruinen den Bauzustand aus salischer Zeit weitgehend unverändert widerspiegeln[5]. Daraus ergab sich, daß zur Beurteilung des Aussehens einer frühen Adelsburg der Salierzeit vor allem solche Anlagen heranzuziehen sind, die archäologisch und baugeschichtlich zumindest etwas näher erforscht werden konnten.

Jedesmal, wenn sich die Archäologie einem neuen Forschungsbereich zuwendet – und das Ausgraben hochmittelalterlicher Burgen gehört zweifellos dazu[6] –, sind die Unsicherheiten in der Interpretation der

1 E. Happel, Hessische Burgenkunde (1905). – C. Bronner, Odenwaldburgen (1927). – W. Hotz, Staufische Reichsburgen am Mittelrhein (1937). – W. Medding, Burgen und Schlösser in der Pfalz und an der Saar (1962). – W. Bornheim gen. Schilling, Rheinische Höhenburgen (1964). – G. Stein, Burgen und Schlösser in der Pfalz (1976; [2]1986). – W. Bornheim gen. Schilling, H. Cüppers u. W. Weber, Burgen und Schlösser. Kunst und Kultur in Rheinland-Pfalz 1 (1981). – K. Frein u. J. Meißner, Burgen am Rhein (1983). – J. Conrad u. St. Flesch, Burgen und Schlösser an der Saar (1988).

2 Für Südwestdeutschland ist dieser Versuch von historischer Seite aus unternommen worden, ohne freilich die Ergebnisse der archäologischen Burgenforschung zu berücksichtigen: H.-M. Maurer, Die Entstehung der hochmittelalterlichen Adelsburg in Südwestdeutschland. Zeitschr. f. Gesch. d. Oberrheins 117, 1969, 295–332.

3 H. Hinz, Einleitende Bemerkungen zu den Burgen. In: Kirche und Burg in der Archäologie des Rheinlandes (1962) 131–141. – A. Herrnbrodt, Stand der frühmittelalterlichen Mottenforschung im Rheinland. In: Château Gaillard 1 (1964) 77–100. – W. Janssen, Niederungsburgen im Rheinland. Vom Holzbau zur Steinburg. In: Burgen aus Holz und Stein. Schweiz. Beitr. z. Kulturgesch. u. Arch. d. Mittelalters 5 (1979) 11–41 (mit weiterführender Lit.). – Vgl. in diesem Doppelband R. Friedrich, Salierzeitliche Burganlagen im nördlichen Rheinland.

4 W. Meyer, Die Burgstelle Rickenbach. Jahrb. f. Solothurn. Gesch. 45, 1972, 316–409. – Ders., Die Holzbauten auf der Frohburg, einer hochmittelalterlichen Dynastenburg. In: Château Gaillard 8 (1977) 247–268. – W. Meyer u. E. Widmer, Das große Burgenbuch der Schweiz (1977). – J. Tauber, Die Oedenburg bei Wenslingen (Kanton Basel-Landschaft, Schweiz). In: Château Gaillard 9–10 (1982) 547–556. – W. Meyer, Frühe Adelsburgen zwischen Alpen und Rhein. In: J. Fleckenstein (Hrsg.), Das ritterliche Turnier im Mittelalter (1986) 571–587. – Ders., Die Frohburg. Schweiz. Beitr. z. Kulturgesch. u. Arch. d. Mittelalters 16 (1989).

5 Zu den seltenen Ausnahmen gehört das »Schlössel« bei Klingenmünster, auf das weiter unten im Katalog unter Nr. 12 eingegangen wird.

6 U. Lobbedey, Bemerkung zur mittelalterlichen Burgenforschung in Westfalen. In: Beiträge zur archäologischen Burgenforschung und zur Keramik des Mittelalters in Westfalen 1 (1979) 9f.

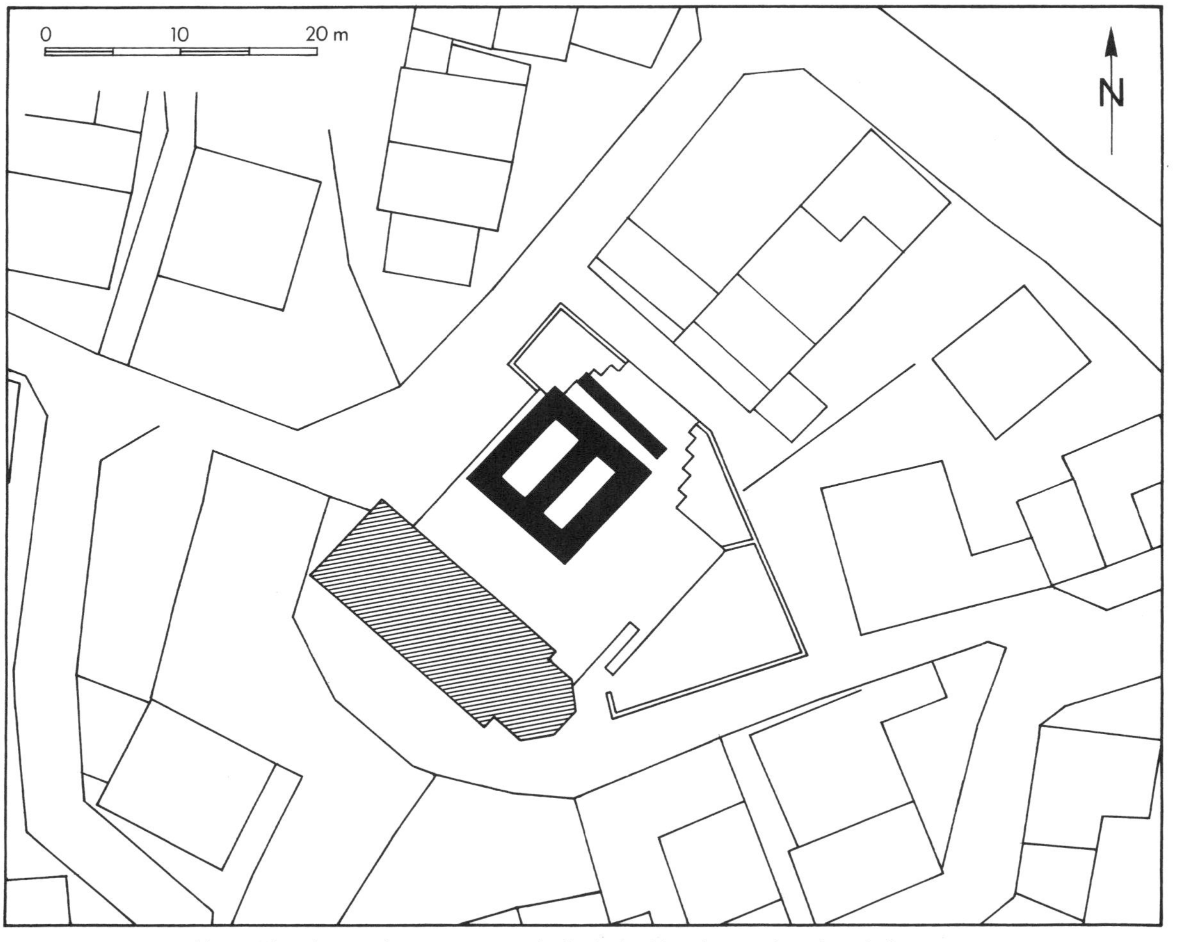

Abb. 5 Plan des Ortskerns von Dorndorf mit der Turmburg neben der Kirche (Nr. 6).

4. – Als bedeutendster Baukörper auf der Burg Nister nahe Kloster Marienstatt, Gde. Streithausen, Westerwaldkreis, die gleichfalls U. Liessem eingehend in diesem Band beschreibt[14], hat offensichtlich wiederum ein annähernd quadratischer Wohnturm gestanden. Den Kernbereich dieser Burg bildete eine natürliche, hoch aufragende Felsrippe von ca. 49 m × 15 m Ausdehnung, in die ein senkrechter, sorgfältig gearbeiteter Schacht gehauen war, der wegen seiner mächtigen Ausmaße von 9,1 m × ca. 8 m den Felsen durchtrennt hatte. Ein im unteren Bereich dreiseitig umlaufendes Felsbankett von 1,45 m Breite könnte das Fundament für einen Steinturm, dessen Mauern freilich vollständig verschwunden wären, oder aber für einen gewaltigen Holzturm abgegeben haben, der eine Grundfläche von etwa 9 m × 9 m besessen haben müßte. Die erstmals 1117 erwähnten Edelherren v. Nister gelten als Erbauer der Burg, die bereits um 1200 aufgegeben wurde[15].

5. – Im Ortsbereich von Odenhausen, Gde. Lollar, Ldkr. Gießen, unmittelbar hinter der in romanische Zeit zurückreichenden Kirche gelegen, entdeckte man 1906 die Reste eines wahrscheinlich quadratischen Wohnturms von über 9 m Seitenlänge, dessen Mauerstärke 1,5 m betrug[16]. Die möglicherweise neben einem Herrenhof angelegte Wehranlage, deren nähere Umgebung leider nicht erforscht wurde, könnte

14 Liessem, Bemerkungen (Anm. 12).

15 H. Gensicke, Landesgeschichte des Westerwaldes (1958) 197–200. – W. Bornheim gen. Schilling, Die von Nister und ihre Verwandten. Nass. Ann. 70, 1959, 181–199.

16 G. Frhr. Schenk zu Schweinsberg, Alt-Gießen. Archiv Hess. Gesch. u. Altkde. N.F. 5, 1907, 230 Anm. 33. – K. H. May, Der Burgsitz zu Odenhausen an der Lahn im 13. Jahrhundert. Nass. Ann. 82, 1971, 82 ff., bes. 103.

Abb. 6
Grundriß des Wohnturms von Dorndorf (Nr. 6).

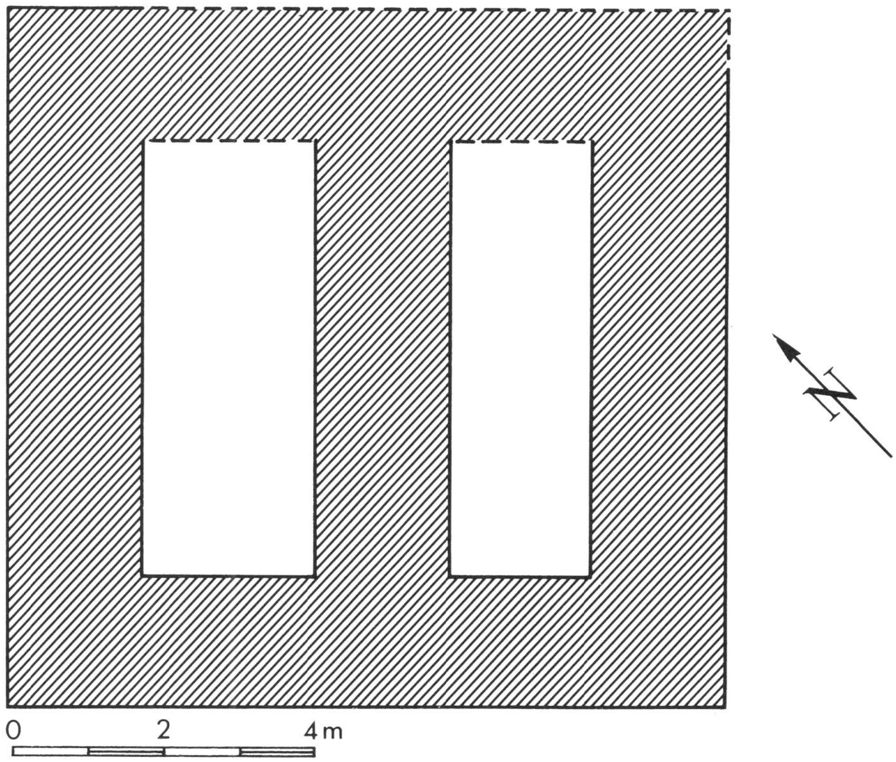

durchaus im 11./12. Jahrhundert von einem Ministerialengeschlecht errichtet worden sein, dessen Güter sich bereits im 13. Jahrhundert in der Hand der Grafen v. Solms befanden. Ob zwischen dieser hochmittelalterlichen Turmburg am Ortsrand von Odenhausen und einer vermutlich als Fluchtburg benutzten, fast 1 ha großen frühmittelalterlichen Befestigung mit gemörteltem Mauerbering auf dem Gipfel des nahegelegenen Berges Altenburg ein Zusammenhang besteht, ist zwar zu vermuten, aber nicht zu beweisen.

6. – Beim Umbau der kath. Pfarrkirche St. Johannis in Dorndorf, Ldkr. Limburg-Weilburg, stieß man 1930 auf die noch gut erhaltenen Mauerzüge eines quergeteilten, steinernen Wohnturms (Abb. 5–6) von 9,55 m × 9,55 m Außenmaßen (Innenmaße: 5,95 m × 5,95 m)[17]. Die aus kleinen, schichtgelagerten Hausteinen aufgeführten Mauern von 1,8 m Stärke weisen an den Ecken teilweise größere Quadern auf (Abb. 7). Eine den Quadratturm in nur 1,5 m Abstand umgebende Wehrmauer konnte an der Nordseite nachgewiesen werden, ein Graben wurde nicht entdeckt. Die bei der Ausgrabung gefundene Keramik, bestehend aus Kugeltöpfen und pingsdorfartiger Tonware, kann ins 11.–14. Jahrhundert datiert werden[18]. Bei der auf einem leichten Sporn inmitten des Dorfes gelegenen Turmburg des 11. Jahrhunderts könnte es sich wie in Odenhausen (Nr. 5) um eine neben dem Herrenhof errichtete repräsentative Befestigung handeln, die mit großer Wahrscheinlichkeit den 1110/1117 genannten Edelfreien v. Dorndorf als Wohnsitz diente, bevor sie – vermutlich durch Erbfolge – Ende des 12. Jahrhunderts als Eigengut der Herren v. Kempenich (aus dem Hause Wied) erscheint, die sich in der Folgezeit v. Dorndorf nennen[19].

17 Vermessungspläne und Fundnotizen der damals erfolgten Rettungsgrabung befinden sich im Museum Wiesbaden. Die Erlaubnis zur Auswertung der Planvorlagen für diese Publikation (Abb. 5–6) sowie die Bereitstellung des Photos vom Mauerwerk des Wohnturms (Abb. 7) verdanke ich Herrn B. Pinsker, Wiesbaden.

18 Die von A. Kluge-Pinsker bearbeitete Keramik wird von ihr in anderem Zusammenhang publiziert werden.

19 Gensicke (Anm. 15) 190 f.

Abb. 7 Ansicht des Wohnturms von Dorndorf während der Ausgrabung (Nr. 6).

7. – Fast 3 km nordwestlich von Wetter-Warzenbach, Ldkr. Marburg-Biedenkopf, liegen auf einem nach Nordosten vorspringenden Bergsporn der Wollenberge die unscheinbaren Überreste der Burgruine Hollende (Abb. 8)[20]. Auf dem annähernd birnenförmigen Bergplateau von knapp 40 m Länge und max. 20 m Breite, das durch einen umlaufenden breiten Wehrgraben aus dem Bergsporn herausgearbeitet worden ist, finden sich die Steinfundamente eines wohl quadratischen Wohnturms von ca. 10 m × 10 m Größe, dessen Mauerstärke 2,5 m beträgt (Innenmaße: 5 m × 5 m). Teile der das Plateau eng umschließenden, vielleicht mehrperiodigen Ringmauer von vermutlich abgerundet rechteckigem Verlauf (ca. 28 m × 22 m) konnten im Nordwesten und Südosten nachgewiesen werden, so daß die von einem Wohnturm beherrschte Burg mit etwa 0,05 ha Größe nur wenig Raum für weitere Innenbauten ließ. Die wenigen, als Lesefunde geborgenen Tongefäßscherben sind nicht sehr aussagekräftig, könnten nach R. Gensen aber wohl noch ins 10. Jahrhundert zurückreichen. Selbst wenn es auf der Hollende bereits so frühe Siedlungsspuren geben sollte, was nach den Befunden vom Weißenstein (Nr. 17) recht wahrscheinlich ist, so dürfte doch der Bau des massiven Wohnturms erst ins 11. Jahrhundert zu datieren sein. In ihm wird sich jenes Familiendrama ereignet haben, über das die schriftlichen Quellen berichten. Danach wurde 1073 Graf Giso, Angehöriger eines der einflußreichsten Adelsgeschlechter im nördlichen Hessen, zusammen mit Adelbert v. Schaumburg und dessen vier Söhnen »in castello ipsius gisonis Hollenden« erschlagen[21].

20 Gensen (Anm. 8) 171. – Herrn R. Gensen, Marburg, danke ich herzlich für die Möglichkeit, die von ihm angefertigte Geländeskizze aus dem Bestand der Marburger Ortsakten hier als Abb. 8 erstmals abbilden zu dürfen.

21 U. Reuling, Burg Weißenstein in landesgeschichtlicher Sicht. Hess. Jahrb. f. Landesgesch. 39, 1989, 416 f.

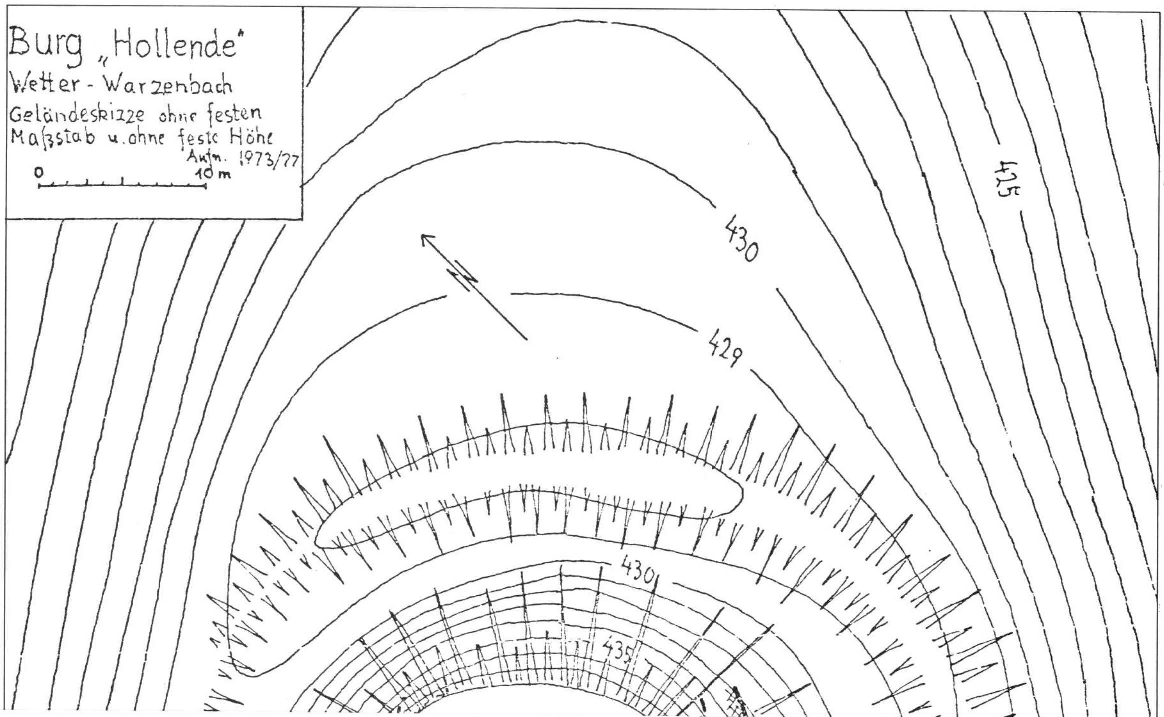

Die Freunde unserer Bücher

informieren wir gern über unsere Arbeit. Was wir im einzelnen machen, erfahren Sie aus den Verlagskatalogen und Prospekten, die wir Ihnen gern laufend senden, wenn Sie uns Ihre Adresse mitteilen. Kreuzen Sie unten bitte an, was Sie besonders interessiert. Sie erhalten alle Thorbecke-Bücher bei Ihrem Buchhändler.

JAN THORBECKE VERLAG

- ☐ Belletristik/Literaturgeschichte/Germanistik
- ☐ Bildbücher, Bildmonographien
- ☐ Bodensee-Literatur
- ☐ Faksimile-Ausgaben
- ☐ Bibliophile Ausgaben
- ☐ Numismatik
- ☐ Landeskunde/Landesgeschichte
  - ☐ Baden-Württemberg
  - ☐ Bayern
  - ☐ Hessen
  - ☐ Schlesien
  - ☐ Österreich
  - ☐ Schweiz
- ☐ Geschichte allgemein
  - ☐ Geistesgeschichte
  - ☐ Kunstgeschichte
  - ☐ Kulturgeschichte
  - ☐ Rechtsgeschichte
  - ☐ Kirchengeschichte
  - ☐ Vor- und Frühgeschichte
  - ☐ Archäologie
  - ☐ Geschichte des Mittelalters
  - ☐ Geschichte der Neuzeit
  - ☐ Zeitgeschichte

Bitte, vergessen Sie nicht Ihre Adresse auf der Rückseite!

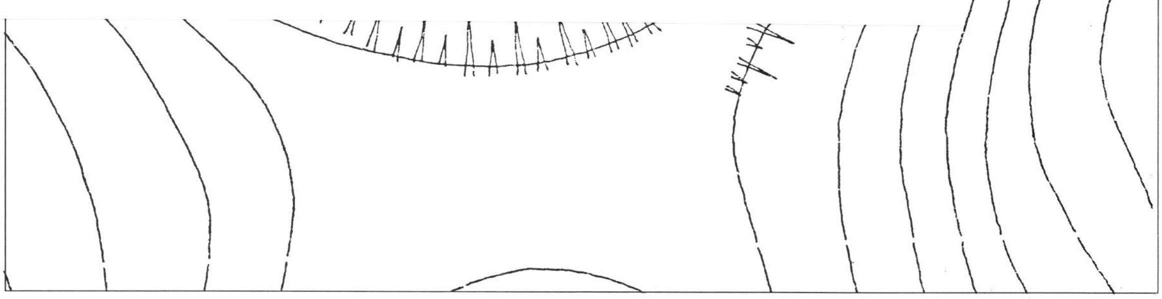

Abb. 8 Lageskizze der Burg Hollende bei Wetter-Warzenbach (Nr. 7).

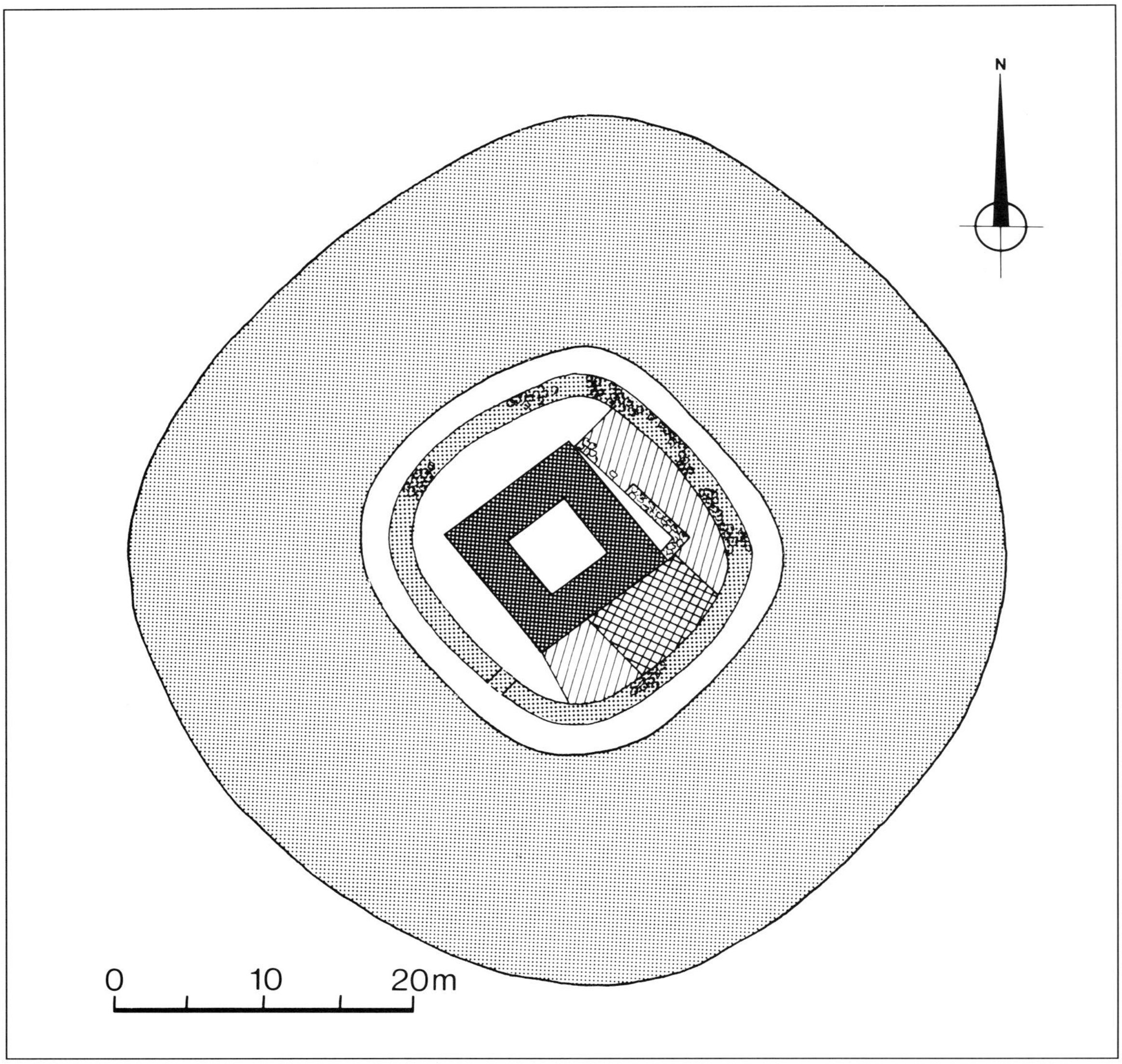

Abb. 9 Plan der Turmburg von Eschborn (Nr. 8).

8. – Am nördlichen Ortsrand von Eschborn, Main-Taunus-Kreis, wurde 1895/96 eine der ersten Turmburgen in Deutschland systematisch ausgegraben, wobei man sich freilich auf den unmittelbaren Burgbereich beschränkte und die weitere Umgebung nicht untersuchte (Abb. 9)[22]. Deshalb ließ sich nicht nachweisen, ob die Befestigung in der Nähe eines zu vermutenden Herrenhofes angelegt worden war. Gefunden wurde ein massiver, etwa 1 m in den gewachsenen Boden eingetiefter Steinturm von quadratischem Grundriß (10,4 × 10,4 m), dessen Mauerstärke 2,75 m betrug (Innenmaße: 4,9 m × 4,9 m). Sein Fuß wurde durch die Anschüttung des Aushubmaterials aus dem annähernd kreisförmigen, die Burg eng umschließenden Graben »eingemottet«. An den Rand des bereits gefestigten Erdhügels (Motte)

22 Ch. L. Thomas, Der Burggraben zu Eschborn. Archiv Hess. Gesch. u. Altkde. N. F. 2, 1899, 413–438. – Sämtliche älteren Veröffentlichungen sind wiederabgedruckt in: H. Ziegler (Hrsg.), Eschborns Burgstadl in Wort und Bild (1981). – H. Ament, Turmburg von Eschborn, Main-Taunus-Kreis. In: Führer zu arch. Denkmälern in Deutschland 19: Frankfurt am Main und Umgebung (1989) 211–213. Dieser Publikation ist der nach Thomas umgezeichnete Plan (Abb. 9) entnommen. Herrn Prof. Dr. H. Ament, Mainz, danke ich für die Überlassung der Druckvorlage.

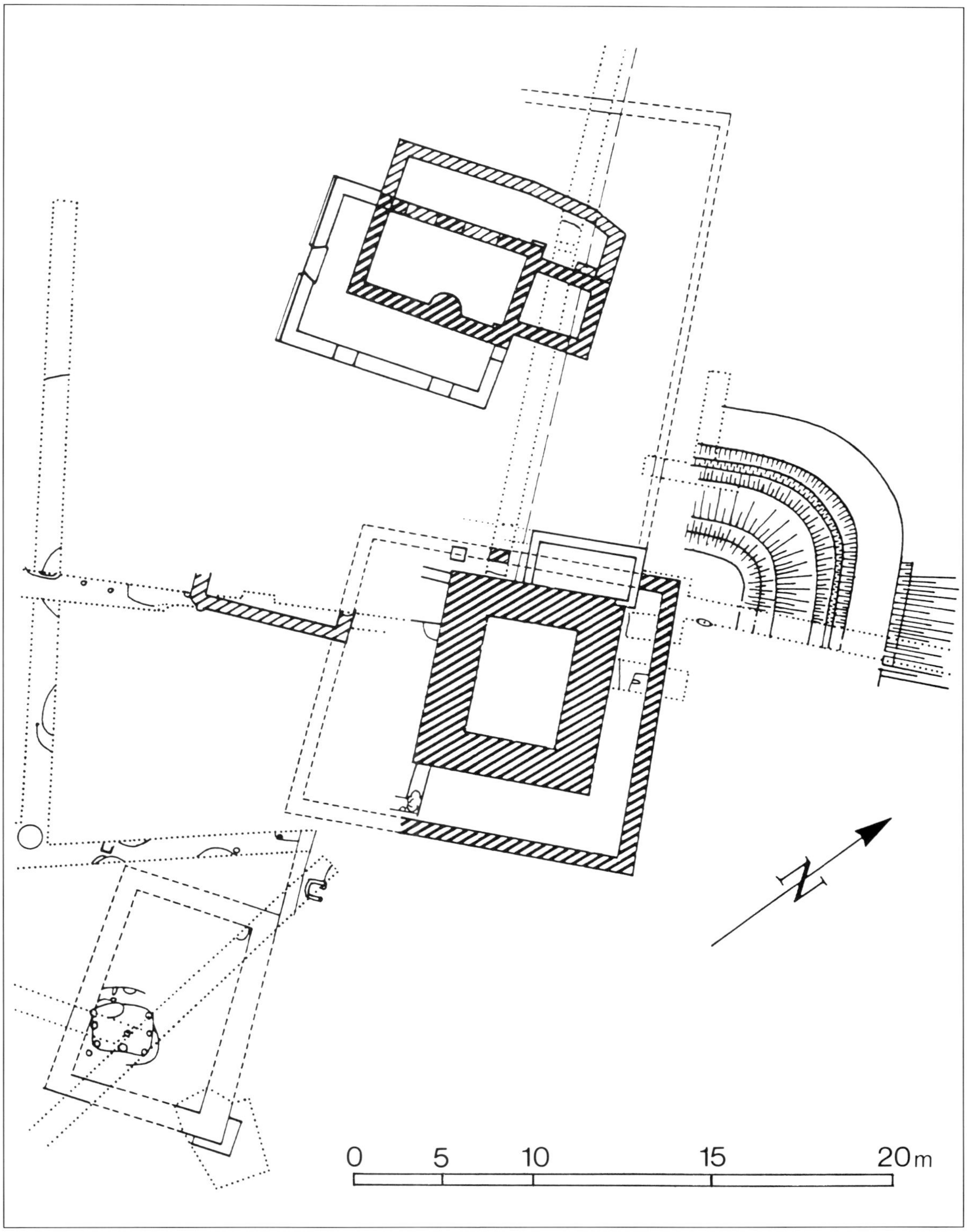

Abb. 10 Ausgrabungsplan der Turmburg neben der alten Kirche von Niederwalluf (Nr. 9).

Abb. 11 Nordseite des Wohnturms von Niederwalluf (Nr. 9).

wurde die 1,2 m breite Ringmauer gesetzt, die einen fast quadratischen Grundriß mit abgerundeten Ecken aufwies, über Außenmaße von 21,5 m × 20,5 m verfügte und somit nur einer 2 m breiten Berme Platz ließ. In dem außerordentlich engen Raum zwischen Wohnturm und Mauerbering (2,5–4,5 m) sind Spuren von jüngeren Einbauten gefunden worden. Unter dem reichhaltigen, unpublizierten Fundmaterial der bis 1622 benutzten Burg fanden sich keine Objekte, die vor das 11./12. Jahrhundert zu setzen wären. Es dürfte kaum einem Zweifel unterliegen, daß die Erbauer und Bewohner dieser Turmburg jene 1194 erstmals genannten Reichsministerialen v. Eschborn gewesen sind, die vermutlich im ersten Drittel des 13. Jahrhunderts eine neue Höhenburg im nahen Kronberg errichteten und sich fortan nach diesem modernen Wehr- und Wohnbau nannten.

9. – Etwa 500 m nordöstlich des heutigen Ortskerns von Niederwalluf, Rheingaukreis, liegen im sogenannten Johannisfeld dicht nebeneinander zwei steinerne Monumente aus Wallufs mittelalterlicher Zeit (Abb. 10): Die Ruine der Johanniskirche, bis ins 17. Jahrhundert Pfarrkirche von Niederwalluf, und der Stumpf eines mächtigen Wohnturms von annähernd quadratischem Grundriß (11,6 m × 9,6 m). Beide geben noch heute die ursprüngliche Lage des Dorfes Walluf an, das sich nach Ausweis von Grubenhäusern und sonstigen Siedlungszeugnissen bis in merowingische Zeit (6.–8. Jahrhundert) zurückverfolgen läßt und wohl spätestens im 13. Jahrhundert an das westliche Ufer des Wallufbaches verlegt wurde[23]. Die 2,3 m starken Mauern des genannten Wohnturms bestehen aus kleinen, schichtgelagerten Kalksteinquadern in Zweischalentechnik, wobei die Mörtelfugen sauberen Fugenstrich zeigten (Abb. 11). Die

23 M. Herchenröder, Der Rheingaukreis. Die Kunstdenkmäler des Landes Hessen 1 (1965) 276–283. – M. Elbel, Die frühmittelalterliche Turmburg von Niederwalluf im Rheingau. Nass. Ann. 96, 1985, 77–93. Der Ausgrabungsplan a. a. O. 79 Abb. 1 wird hier leicht verändert als Abb. 10 wiedergegeben. Die Ausgrabungsphotos (Abb. 11–12) stellte dankenswerterweise Herr B. Pinsker, Wiesbaden, zur Verfügung.

Abb. 12
Ostecke des Wohnturms von Niederwalluf (Nr. 9).

Eckverbände waren aus großen, sorgfältig behauenen Sandsteinquadern aufgeführt (Abb. 12). Um den Wohnturm (Innenmaße: 7 m × 5,3 m) zog sich in geringem Abstand (1–3 m) eine rechteckig angelegte Wehrmauer von 0,9 m Wandstärke herum, die zwar im Südwesten nicht sicher nachzuweisen war, aber etwa 17,5 m × 18–20 m Umfang gehabt haben muß. Außerdem war die Turmburg durch einen vorgelagerten Wall mit Graben geschützt. Bei den verhältnismäßig kleinflächigen Ausgrabungen 1931/33 wurde südlich des Turmes noch das Fundament eines Steinhauses von 9–10,5 m × 13,8 m Größe freigelegt. Neben Tonware des 6.–8. Jahrhunderts konnte – besonders in den zum Turm gehörenden Schichten – reichlich Keramik des 11./12. Jahrhunderts nachgewiesen werden; eindeutig ins 9.–10. Jahrhundert zu datierende Scherben waren kaum vorhanden[24]. Das Fehlen dieser zu erwartenden karolingisch-ottonischen Keramik, denn an einer Kontinuität der Siedlung von der Merowingerzeit bis ins Hochmittelalter ist eigentlich nicht zu zweifeln, mag in dem zu kleinen Grabungsausschnitt begründet sein. So wird man davon ausgehen dürfen, daß in unmittelbarer Nähe der Kirche und evtl. eines Herrenhofes im 11./12. Jahrhundert eine wehrhafte Kleinburg – bestehend aus Wohnturm, Wehrmauer

24 Freundlicher Hinweis von A. Kluge-Pinsker.

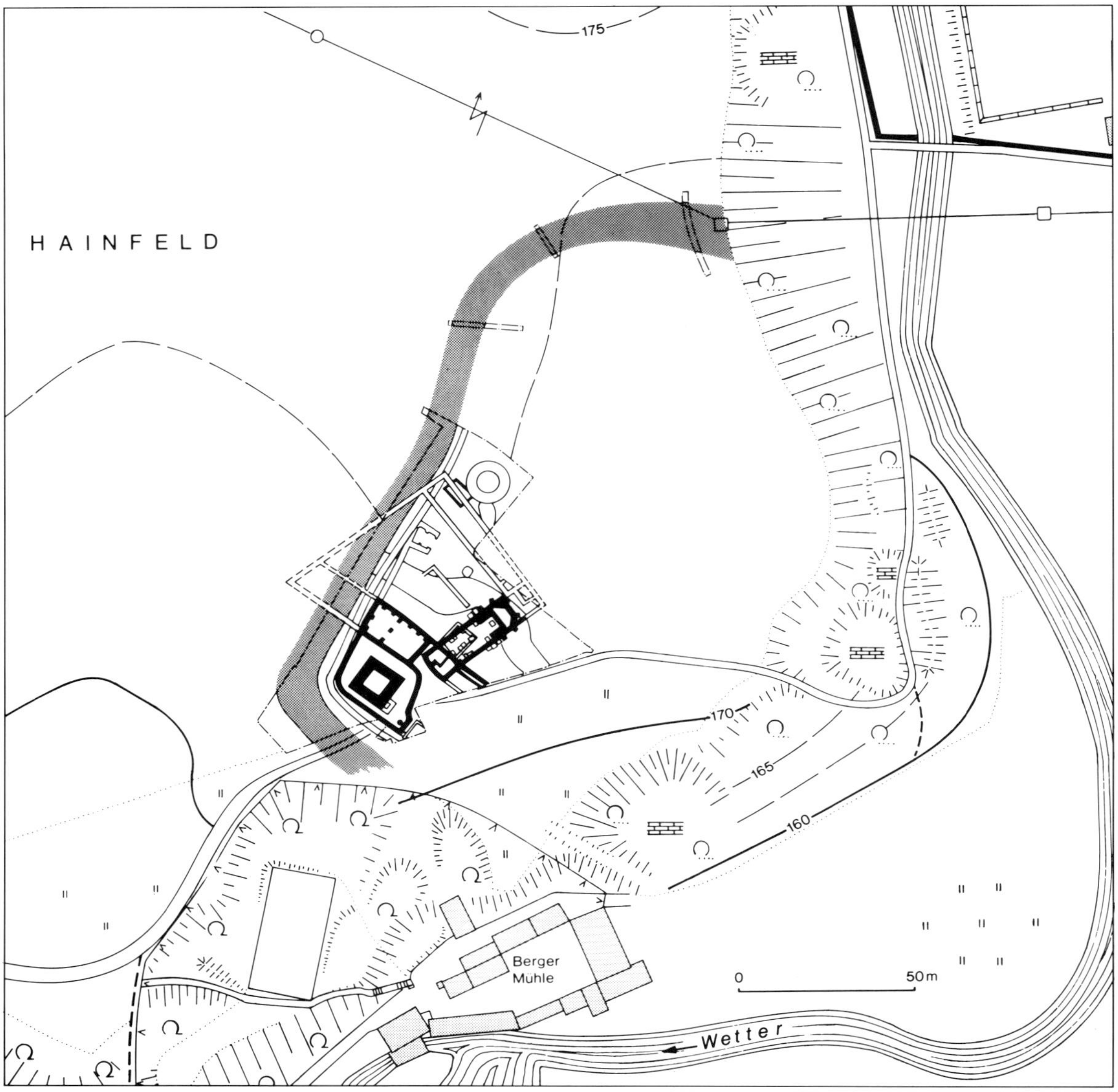

Abb. 13 Gesamtplan der Arnsburg (Nr. 10). In der Grabungsfläche sind alle wichtigen Baubefunde eingetragen. Mit Schwarz sind die in den Grundmauern wiederhergestellten Bauteile gekennzeichnet.

und Graben – angelegt wurde, so wie es schon in Odenhausen (Nr. 5) und Dorndorf (Nr. 6) zu beobachten war. Als Benutzer der Burg käme ein Reichskirchenministeriale in Betracht, der das einst zum Königshof Wiesbaden gehörende, später ans Kloster Kornelimünster verschenkte Reichsgut in Walluf zu verwalten und zu schützen hatte.

10. – In einer Biegung des Flüßchens Wetter – 500 m südwestlich des Klosters Arnsburg, Stadt Lich, Ldkr. Gießen, gelegen – schiebt sich das leicht geneigte Gelände des »Hainfeldes« spornartig nach Südosten vor (Abb. 13). Der 10–13 m hohe Steilhang zur Wetter schützt das Plateau an seiner Süd- und Ostseite auf natürliche Weise. Auf diesem flachen Sporn fanden 1984/85 Grabungen des Landesamtes für Denkmalpflege Hessen statt, die der partiellen Freilegung der kurz zuvor durch Luftbildaufnahmen entdeckten mittelalterlichen Wehranlage Arnsburg galten. Einem kurzen Vorbericht, der freilich datierende Keramik oder sonstige Kleinfunde noch nicht mitteilt, können wir folgende Angaben

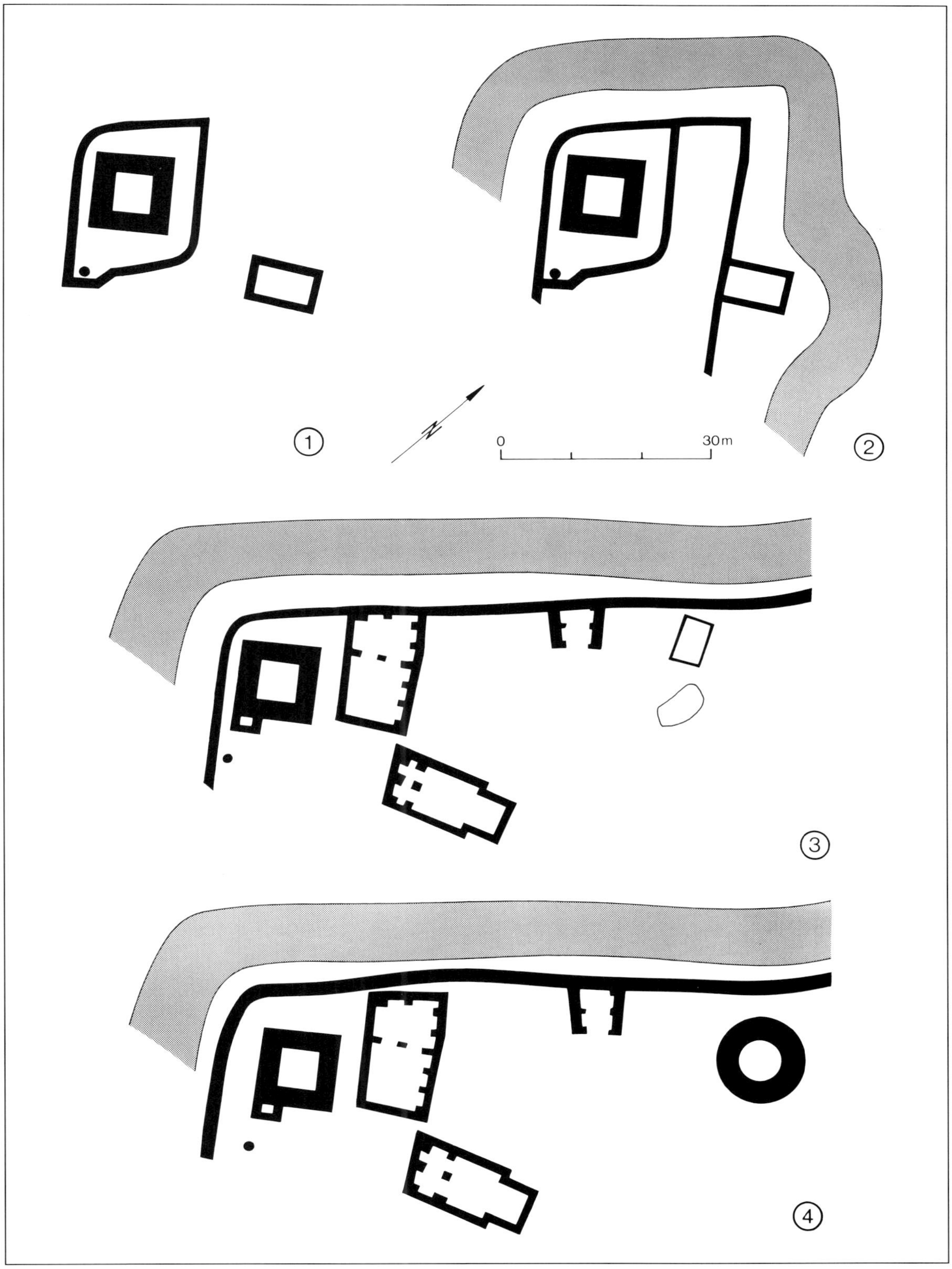

Abb. 14 Bauentwicklung der Arnsburg (Nr. 10). 1 Erste Turmburg mit Mauerbering und außerhalb liegender Kapelle(?). – 2 Erweiterte Turmburg mit vorgelagertem Graben. – 3 Erweiterte Burganlage (Wohnturm, Palas, größere Kapelle, nach Osten verlängerte Wehrmauer samt Torturm und vorgelegtem Graben). – 4 Letzte Phase der Burg mit veränderter Ringmauer und neu errichtetem Bergfried.

entnehmen[25]. Danach begann die sich in mehreren Bauabschnitten vollziehende Burgenentwicklung (Abb. 14) im äußersten Südwesten der später recht ausgedehnten Anlage oberhalb der Berger Mühle mit der Errichtung eines mächtigen quadratischen Wohnturms (11,5 m × 11,5 m), der bei fast 3 m Mauerstärke einen benutzbaren Innenraum von 5,6 m × 5,6 m aufwies. Ob der an die Südostseite des Turmes angelehnte Abortschacht (Außenmaße: 2,4 m × 4,4 m) schon zur ersten Bauphase gehörte oder einen späteren Bauzustand wiedergibt, wie der Vorbericht andeutet, läßt sich vorerst nicht entscheiden. Wie schon mehrfach bei hessischen Turmburgen zu beobachten, war auch um den Arnsburger Turm eine 1 m starke Wehrmauer in nur geringem Abstand (1,6–5 m) herumgeführt worden, so daß kein Platz für weitere Baulichkeiten blieb, mit Ausnahme eines 17 m tiefen, trockengemauerten Brunnens. Eine kleine Kapelle(?) unbekannter Form und Größe lag mehrere Meter nordöstlich vor der Burg. Diese anfangs nur aus einem Wohnturm mit eng gezogenem Mauerbering bestehende Burg erfuhr in der Folgezeit eine erhebliche Ausdehnung. Zunächst wurde die durch einen weiteren Mauerbering nur wenig vergrößerte Befestigung von einem dicht vorgelagerten, 10 m breiten und 4 m tiefen Graben halbkreisförmig eingefaßt, wobei die bereits vorhandene Kapelle (oder sollte es sich um ein Torhaus mit Kapelle handeln?) zu einem leicht ausbuchtenden Grabenverlauf zwang. Wenig später wurde dieser östliche Teil des Grabens im Bereich der »Kapelle« verfüllt, und man verlängerte den an der Nordwestseite des Turmes verlaufenden Graben in nordöstlicher Richtung bis an den Steilabhang, so daß er den gesamten, 180 m langen und ca. 120 m breiten Sporn vollständig einschloß (vgl. Abb. 13). Das auf diese Weise erweiterte, etwa 1,6 ha große Burgareal war durch eine Mauer geschützt, die an der nordwestlichen Landseite ein großes Kammertor aufwies. Aus weiterbenutzten Teilen der beiden ersten Ringmauern schuf man direkt neben dem Quadratturm einen saalartigen Wohnbau von ca. 20 m × 10 m Größe, erweiterte die ursprüngliche »Kapelle« zu einer etwas größeren Saalkirche mit Rechteckchor und errichtete nordöstlich des aufwendigen Torbaues einen gewaltigen Rundturm von 13 m Durchmesser, der etwa in der Mitte der neuen landseitigen Wehrmauer als Bergfried das zu verteidigende Gelände beherrschte. Über weitere, sicherlich vorhandene Gebäude in dem riesigen Burgareal läßt sich ohne erneute Ausgrabungen nichts sagen. Ob die Anlage der ersten, von einem eng anliegenden Mauerbering geschützten Turmburg bereits im späten 10. Jahrhundert erfolgte – so die Aussage des Vorberichtes – oder erst dem 11. Jahrhundert zuzuweisen ist, wie man aufgrund der Befunde von anderen, vergleichbaren Wehrbauten dieses Types vermuten möchte, kann ohne Kenntnis der ergrabenen Kleinfunde bzw. vor der endgültigen Publikation nicht beurteilt werden. Bewohner und wahrscheinlich auch Erbauer der mächtigen Turmburg waren die Reichsministerialen v. Arnsburg, die zu den bedeutendsten königlichen Dienstmannen der Salier gehörten und mit Kuno 1057 erstmals in den Quellen erscheinen. Als seine Erbtochter Gertrud mit Eberhard v. Hagen (= Dreieichenhain) vermählt wurde, gelangte der gesamte Arnsburger Besitz somit in die Hände einer Familie, die wie die Arnsburger zu den einflußreichsten Reichsministerialen im ganzen Rhein-Main-Gebiet zählte. Man könnte sich gut vorstellen, daß die Nachkommen aus dieser Ehe, Konrad I. v. Arnsburg-Hagen (1093–1130) und dessen Sohn Konrad II. (1129–1152), für den Ausbau der Turmburg zu einer ausgedehnten Wehranlage mit bequemeren Wohnbauten verantwortlich waren. Bereits um die Mitte des 12. Jahrhunderts wurde die Arnsburg aufgelassen, da Konrads II. Sohn Kuno (1151–1210) die von ihm vollendete neue Höhenburg auf dem nahen Münzenberg als zeitgemäße Residenz bevorzugte und sich in der Folgezeit (ab 1155) nach dieser benannte.

11. – Eine ähnliche bauliche Entwicklung könnte man sich bei jener Turmburg vorstellen, die von den eben genannten Herren v. Hagen in Dreieichenhain, Stadt Dreieich, Ldkr. Offenbach, errichtet wurde, denn die Größe der gesamten Anlage erinnert stark an jene der Arnsburg und weicht beträchtlich von allen anderen hier besprochenen Turmburgen ab (Abb. 15). Allerdings haben die zahlreichen, seit 1924 in Dreieich durchgeführten, niemals vollständig publizierten Grabungen, die zumeist auf das Anlegen recht

[25] F.-R. Herrmann, Burgwüstung Arnsburg. In: Arch. Denkmäler in Hessen 84 (1989) 12 ff. – Die Erlaubnis zum Wiederabdruck des a. a. O. veröffentlichten Planes und der Burggrundrisse sowie die freundliche Überlassung der Druckvorlagen für die Abb. 13–14 verdanke ich Herrn F.-R. Herrmann, Wiesbaden.

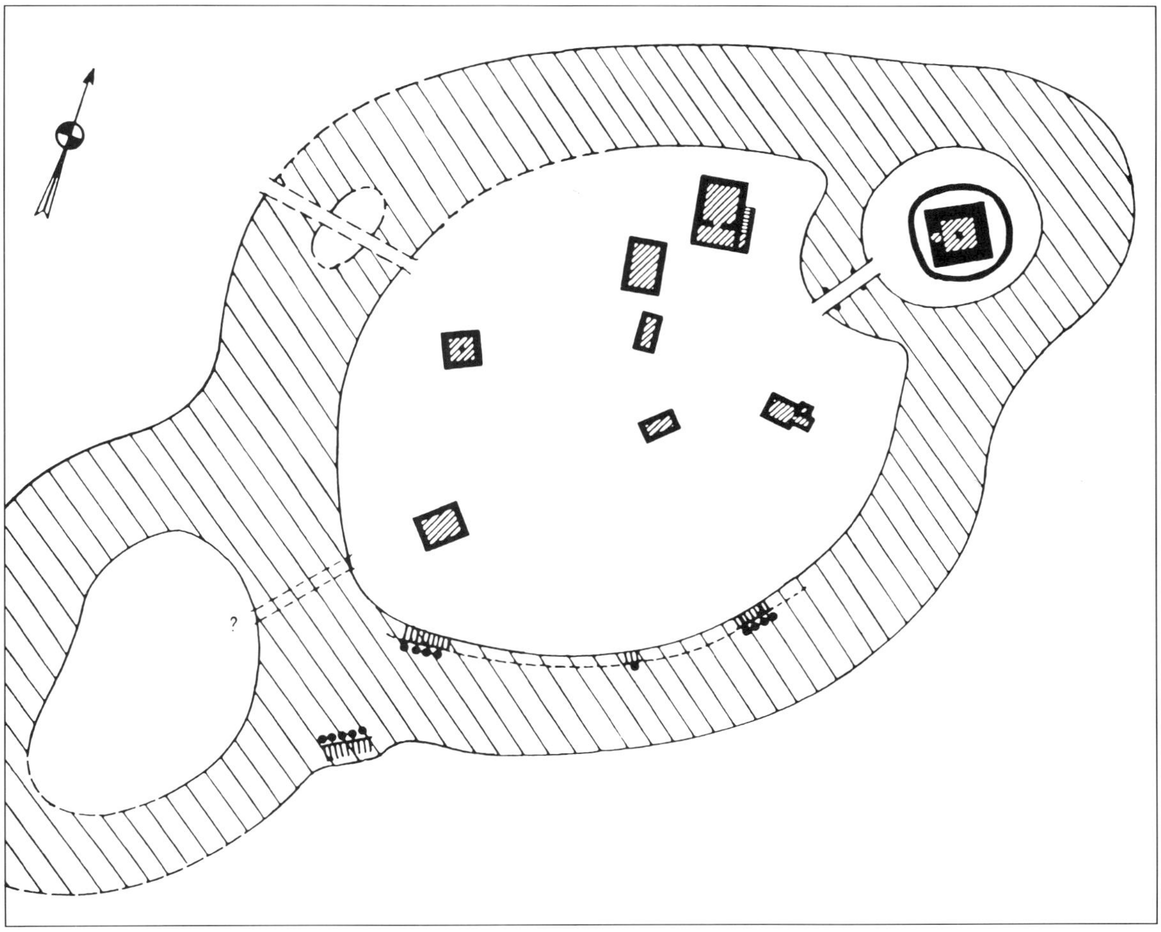

Abb. 15 Schematisierter Übersichtsplan der Turmburg von Dreieichenhain (Nr. 11). M. ca. 1:1400.

kleiner Schnitte beschränkt blieben und auf das Freilegen größerer Flächen verzichteten, zur endgültigen Klärung des frühen Siedlungsverlaufs, d.h. der zeitlichen Abfolge der einzelnen Bauten und Burgbestandteile in vorstaufischer Zeit, nicht in wünschenswerter Weise beigetragen[26]. Deshalb müssen wir uns auf die einfache Beschreibung der zutage getretenen Befunde beschränken, ohne mit einer gesicherten Chronologie der einzelnen Bauphasen aufwarten zu können. Nachgewiesen sind in der Niederung des Hengstbachtales drei von 20–30 m breiten Wassergräben umgebene Inseln, von denen die mittlere Hauptinsel von einer auffallend starken Holzbohlenwand eingefaßt war. Auf dieser ovalen Siedlungsfläche von ca. 130 m × 110 m Größe, die durch spätere Umgestaltung und Überbauung erheblich zerstört wurde, fand man wenigstens sieben steinerne Gebäude, von denen sich zwei als Kellergeschosse heutiger Häuser noch erhalten haben. Unter der jetzigen barocken Pfarrkirche (ehem. St. Pankratius) im

26 K. Nahrgang, Die Ausgrabungen in der Burg Hain in der Dreieich. Vorläufiger Bericht. Ber. d. Freiwillig-tätigen Arbeitsgemeinschaft z. Förderung d. Heimatforsch. 3, 1924, 41–47. – Ders., Die Ausgrabungen in der Burg Hain in der Dreieich. Vorläufiges Endergebnis. Ebd. 4, 1925, 71–77. – F. Behn, Der viereckige Turm der Burg Dreieichenhain. Ebd. 5, 1926, 92–98. – Ders., Die Burg von Dreieichenhain nach den Ausgrabungen von 1924 und 1925. Archiv Hess. Gesch. u. Altkde. N.F. 16, 1929/30, 276–293. – K. Nahrgang, Ein befestigter Jagdhof ottonischer Zeit. In: Stadt- und Landkreis Offenbach am Main. Studien und Forschungen. Beihefte zum Atlas f. Siedlungskde., Verkehr, Verwaltung, Wirtschaft u. Kultur (1955–1965) 243–263. – Ders., Dreieichenhain – Königshof, Burg, Stadt. Burgen u. Schlösser 11, 1970, 51–60. Aus der letzten Publikation stammt die Vorlage für Abb. 15; Abb. 16 wurde der Arbeit von K. Nahrgang, Jagdhof entnommen und umgezeichnet.

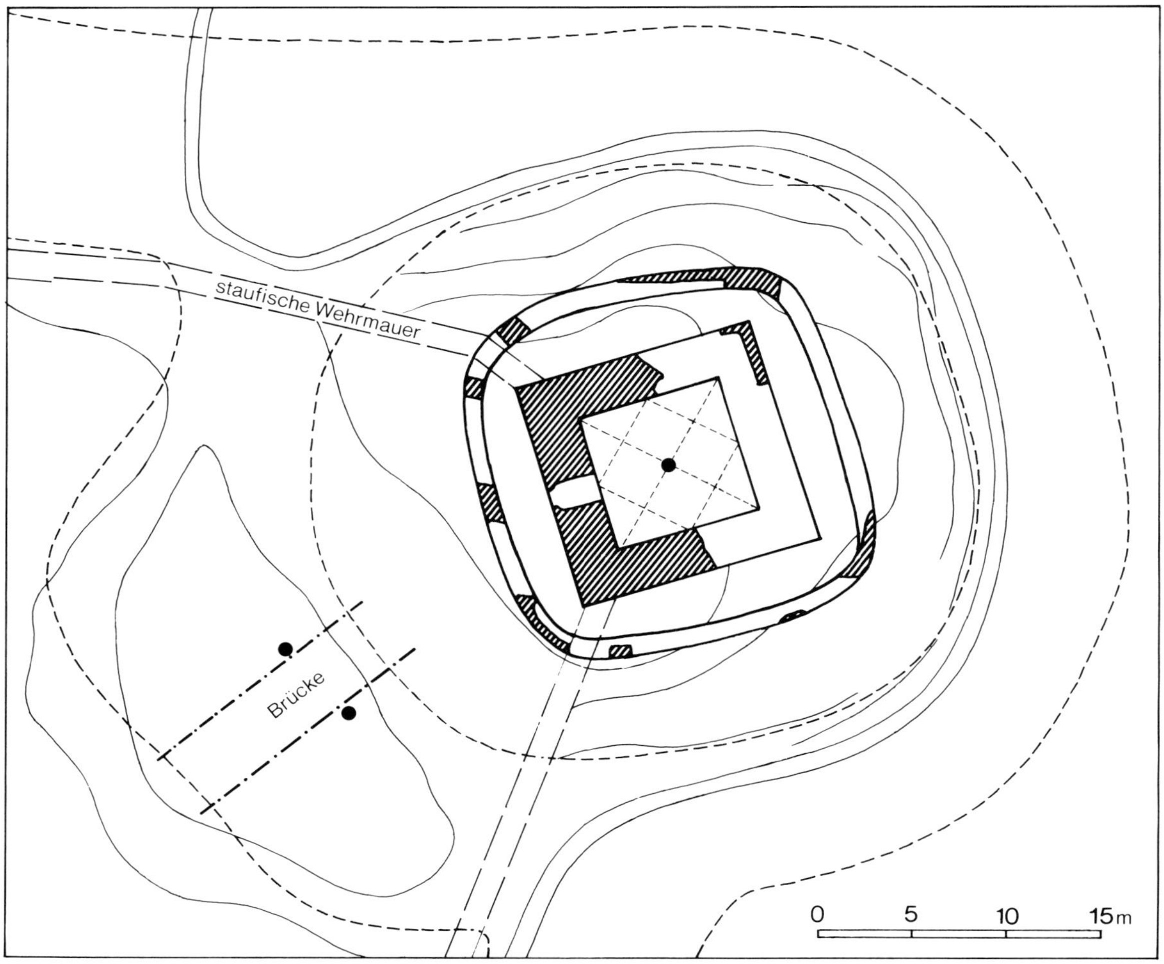

Abb. 16 Ausgrabungsbefund im Bereich des Wohnturms von Dreieichenhain (Nr. 11).

Nordosten der ehemaligen Hauptinsel konnten die Fundamente einer wohl ins 11. Jahrhundert zurückreichenden Saalkirche mit Rechteckchor (8,1 m × 14,2 m) erfaßt werden. Als größtes Gebäude erwies sich – an der Nordwestspitze der Insel gelegen – ein zweiräumiger Bau von 11,3 m × 14,9 m Größe, dem östlich eine kurze Treppe von 2 m Breite vorgelegt war. Mauerstärken von 0,6–0,85 m lassen ein zweigeschossiges Wohnhaus vermuten, das nach Größe und Raumaufteilung an vergleichbare Bauten in Düna und Unterregenbach erinnert. Nordöstlich vor der Hauptinsel und mit dieser durch eine Holzbrücke verbunden lag eine annähernd runde Insel von etwa 40 m × 30 m Ausdehnung (Abb. 16). Auf ihr erhob sich ein gewaltiger, partiell noch heute erhaltener Wohnturm von 12,5 m × 13,2 m Größe (Abb. 17)[27]. Die im Erdgeschoß 2,8 m dicken Mauern aus kleinen, schichtgelagerten Hausteinen und ohne besondere Eckquaderung umschlossen eine Innenfläche von 7,4 m × 7,8 m. Der Turm erreichte ursprünglich eine Höhe von etwa 25 m und besaß fünf Geschosse, von denen das unterste ein Tonnengewölbe – auf einer achtkantigen Mittelstütze ruhend – aufwies. Wegen der nach oben

27 C. Bronner, Wohntürme im Volksstaat Hessen, 2. Teil. Mainzer Zeitschr. 29, 1934, 14 ff. mit Abb. 3–4, die hier als Abb. 17 wieder abgedruckt werden. – Zu den oben genannten Steinhäusern von Düna und Unterregenbach: H. Klappauf, Ausgrabung des frühmittelalterlichen Herrensitzes von Düna/Osterode. In: K. Wilhelmi (Hrsg.), Ausgrabungen in Niedersachsen. Archäologische Denkmalpflege 1979–1984 (1985) 222–230, bes. 225 Abb. 4,2. – G. P. Fehring, Unterregenbach. Kirchen, Herrensitz, Siedlungsbereiche. Forsch. u. Ber. d. Archäologie d. Mittelalters in Baden-Württemberg 1 (1972) 118–128 mit Beil. 2 u. 28.

Abb. 17
Grundrisse und Schnitt des Wohnturms von Dreieichenhain (Nr. 11).

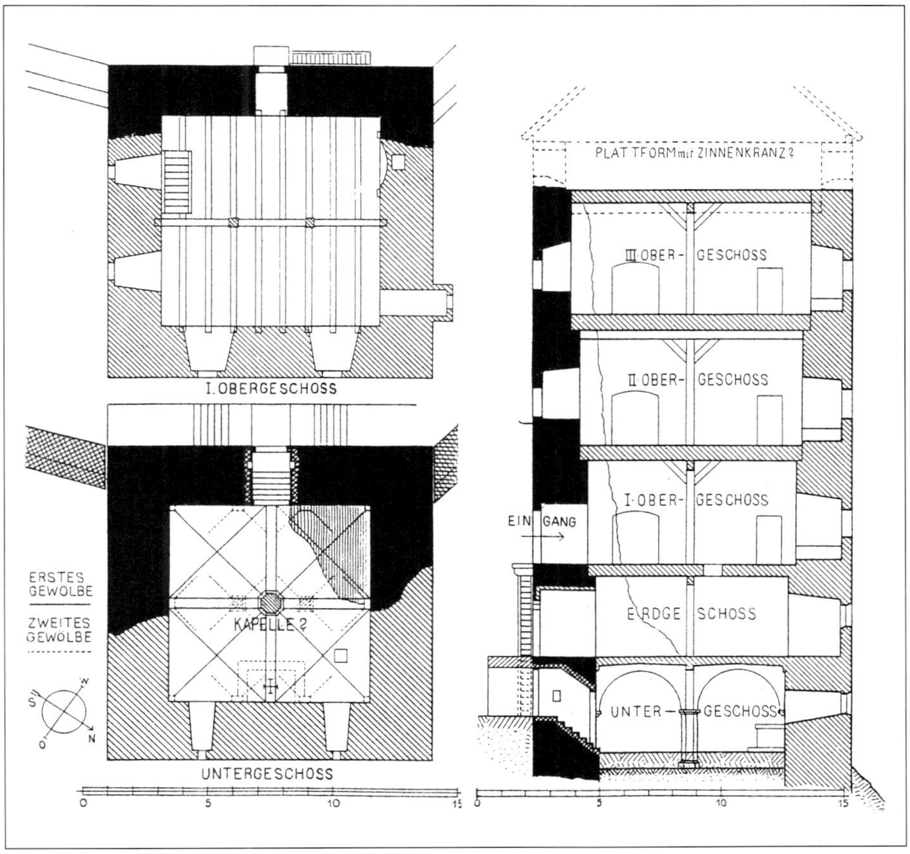

geschoßweise abnehmenden Mauerstärke erreichte das oberste Stockwerk eine nutzbare Innenfläche von 9,5 m × 9,5 m. Um den Turm war in nur 2–3 m Entfernung eine einst 7 m hohe Ringmauer herumgeführt. Unter dem keramischen Material aus den Grabungen finden sich keine Scherben, die zwingend vor das 11. Jahrhundert datiert werden müssen. Tonware ab dem 11. Jahrhundert ist hingegen in großer Zahl vorhanden[28]. Spärliche Fundamentreste unter zwei der Steingebäude auf der Hauptinsel lassen eine Mehrperiodigkeit der gesamten Anlage erahnen, doch ist ein Streit darüber müßig, ob diese Vorgängerbauten erst im 11. Jahrhundert oder schon im 10. Jahrhundert angelegt wurden. Immerhin ist mit der Möglichkeit zu rechnen, daß neben einem älteren, von Wassergräben geschützten und palisadenbewehrten Herrenhof (curtis) zu einem späteren Zeitpunkt auf einer abgetrennten Insel ein repräsentativer Wohn- und Wehrbau in Gestalt eines mächtigen Steinturmes errichtet wurde. Mit Sicherheit läßt sich nur angeben, daß diese bedeutende Turmburg spätestens im letzten Viertel des 11. Jahrhunderts bestanden hat. Denn zweifellos ist sie mit der 1075 erwähnten Burg des königlichen Ministerialen Eberhard in Verbindung zu bringen, der 1085 als Eberhard v. Hagen deutlicher ins Licht der Geschichte tritt. Er war der erste namentlich bekannte und in besonderem Vertrauensverhältnis zu Kaiser Heinrich IV. stehende Vertreter jener einflußreichen Reichsdienstmannenfamilie v. Hagen (= Hain), die kraft königlichen Auftrags mit der Verwaltung des ausgedehnten Reichsforstes Dreieich betraut war. Durch seine Heirat mit der Arnsburger Erbtochter erwarben er und seine Nachkommen die reichen Besitzungen des anderen mächtigen Reichsministerialengeschlechts im Rhein-Main-Gebiet, das wie er selbst über eine der größten bekannten Turmburgen jener Zeit verfügte.

28 Nach frdl. Mitteilung von A. Kluge-Pinsker.

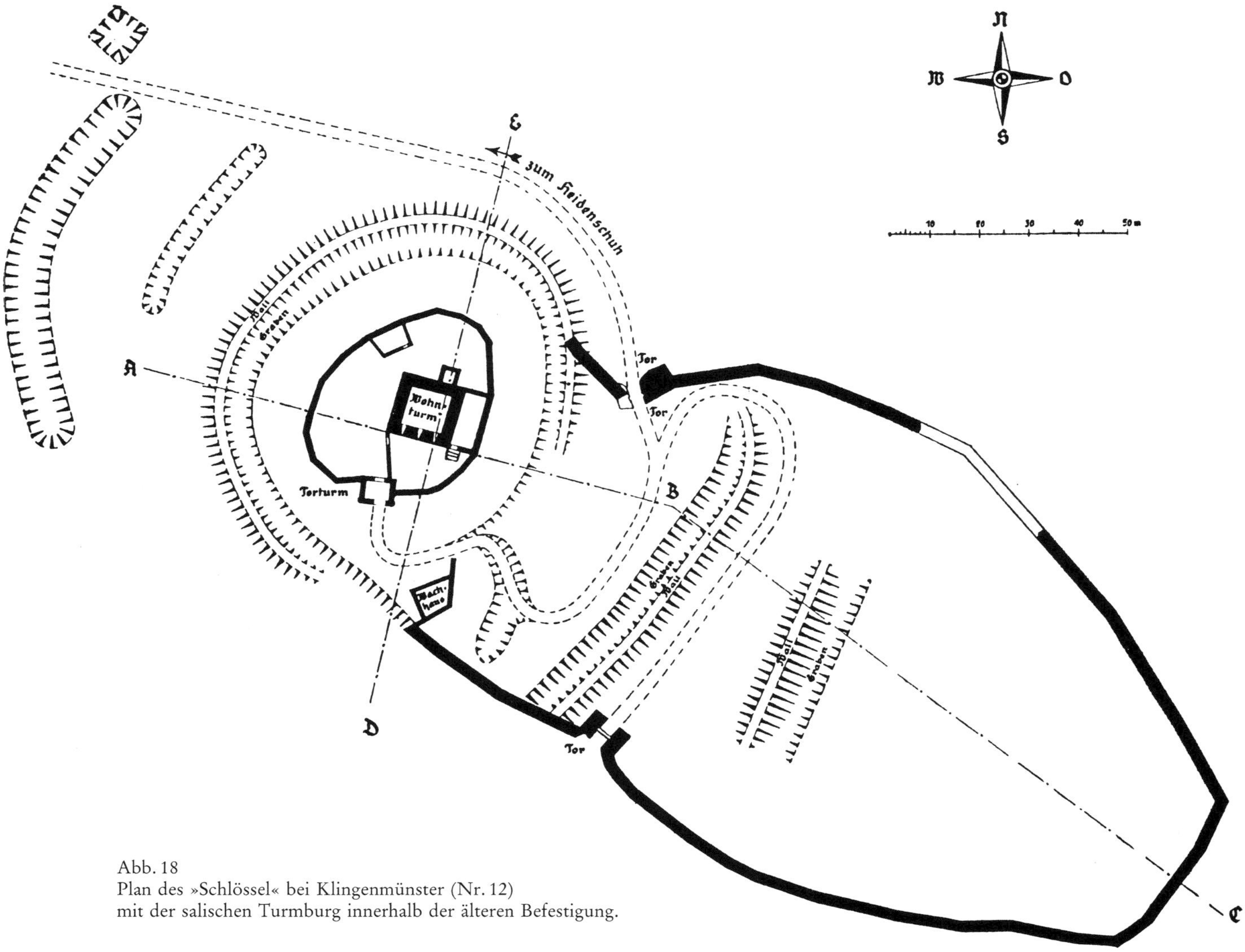

Abb. 18
Plan des »Schlössel« bei Klingenmünster (Nr. 12)
mit der salischen Turmburg innerhalb der älteren Befestigung.

12. – Abschließend sei auf die am besten, fast unverändert erhaltene salische Turmburg Deutschlands eingegangen, auf das »Schlössel« bei Klingenmünster, Ldkr. Südliche Weinstraße (Abb. 18)[29]. Oberhalb dieses Ortes liegt auf einem östlichen Ausläufer des Treitelskopfes eine langgestreckte Wehranlage von 220 m Länge und bis zu 100 m Breite, deren aus Findlingen und unbearbeiteten Bruchsteinen aufgeführte Umfassungsmauer zwei Tore aufweist, von denen jenes auf der Südseite eine Art Zangentor mit einziehenden Wallenden karolingisch-ottonischer Zeitstellung darstellt. Es handelt sich bei dieser Befestigung um eine der zumeist als Refugien genutzten ungewöhnlich großen Burgen des 9./10. Jahrhunderts, wie sie z. B. vom nahen Heidenschuh, von der Heidenburg bei Gimmeldingen, vom Hambacher Schloß und von den Heidenlöchern bei Deidesheim hinlänglich bekannt sind. In den erhöht liegenden Nordwestbereich dieser älteren Fliehburg wurde in salischer Zeit eine neuartige Turmburg

29 A. Eckardt, Die Kunstdenkmäler der Pfalz 4: Bezirksamt Bergzabern (1935) 464–468. – F. Sprater, Schlößl und Schloßeck, zwei pfälzische Burgruinen der Salier- und Hohenstaufenzeit. Der Burgwart 39, 1938, 1–8. Dieser Arbeit wurde die Vorlage für Abb. 18 entnommen. – Ders., Burgen der Salier in der Pfalz. Unsere Heimat. Bl. f. saarpfälz. Volkstum 12, 1938/39, 360–363. – G. Stein, Das »Schlössel« bei Klingenmünster. Zur Baugeschichte einer salischen Turmburg. Mainzer Zeitschr. 67/68, 1972/73, 108–117.

hineingebaut, wobei die alte Umfassungsmauer die jüngere Wehranlage weiterhin umschloß und wohl erst später von dem neuen Ringwall- und Grabensystem der Turmburg überlagert wurde. Auf der offensichtlich natürlichen, aber wohl künstlich abgesteilten Kuppe des Bergrückens steht ein bemerkenswert großer quadratischer Wohnturm von 13,3 m × 13,3 m Grundfläche, an dessen Nordseite ein Abortschacht von 4 m × 4 m Außenmaßen angefügt worden war. Das 2,55 m starke Mauerwerk besteht beidseitig aus kleinen, glatt gearbeiteten Sandsteinquadern unterschiedlicher Größe, die in Schichten verlegt und häufig mit fischgrätenartigen Zierschlägen bedeckt sind. Die nutzbare Innenfläche des Turmerdgeschosses wies Maße von 8,18 m × 8,13 m auf. Diesen Wohnturm als Zentrum der Burg umgibt in wechselndem Abstand (4–15 m) ein im Grundriß eiförmig-polygonal gebrochener Mauerbering von 1,1 m Stärke. Zwischen dem Turm und der östlichen Ringmauer ist ein kleiner rechteckiger Wohnbau von 4,4 m × 13 m Größe errichtet worden, an die nordwestliche Außenmauer ist von innen ein weiteres, kleineres Steingebäude angelehnt. Den Zugang zu der geräumigen Burg (ca. 45 m × 35 m) erlaubte ein nach Süden vorspringender Kammertorturm, dessen Außenfront mit großen, sehr sorgfältig behauenen Sandsteinquadern verkleidet ist. Im Erdgeschoß des Turmes sind kleine Schießscharten nachgewiesen, und im 1. Obergeschoß darf man einteilige Rundbogenfenster, im 2. Obergeschoß rundbogige Doppelfenster erwarten, da deren Säulen, Kapitelle und Sattelsteine gefunden worden sind. Durch Vergleiche technischer und stilistischer Merkmale datierte G. Stein die Turmburg von Klingenmünster in die Mitte des 11. Jahrhunderts, wobei die von ihm in Erwägung gezogene Mehrperiodigkeit der ganzen Anlage durch neuere Grabungen des Landesamtes für Denkmalpflege Rheinland-Pfalz in Speyer neuerdings in Frage gestellt wird[30]. Dürfte die ältere große Wehranlage des »Schlössel« im 9./10. Jahrhundert als Flieh- und Schutzburg des am Fuße des Berges gelegenen Reichsklosters Klingenmünster gedient haben, so wird man die in ihr errichtete jüngere Turmburg mit ihrem repräsentativen und aufwendig ausgestatteten Wohn- und Wehrturm nun als ständigen Sitz des adligen Klostervogtes anzusehen haben. Ob es sich bei den Inhabern dieser Klostervogtei um die Salier selbst oder die Grafen v. Saarbrücken als Vorgänger der in dieser Eigenschaft erst später bezeugten Grafen v. Leiningen gehandelt hat[31], läßt sich heute kaum noch entscheiden. Spätestens um 1200 wird die Turmburg zugunsten der näher bei Klingenmünster gelegenen Burg Landeck aufgegeben worden sein.

B. Turmburgen mit breitrechteckigem Wohnturm

13. – In der Dorfwüstung Holzheim, etwa 2,5 km südwestlich von Fritzlar, Schwalm-Eder-Kreis, am rechten Ederufer gelegen, werden seit 1980 umfangreiche Ausgrabungen durch N. Wand mit Unterstützung der Deutschen Forschungsgemeinschaft durchgeführt[32]. Obwohl bislang nur ein Bruchteil der einstigen Siedlung freigelegt worden ist, wobei man u. a. eine frühe Wehranlage entdeckte, können bereits jetzt gewisse Aussagen über die Genese des mittelalterlichen Dorfes gemacht werden. Dieses hatte sich aus einer Gruppensiedlung der späten Kaiserzeit (3. Jahrhundert) kontinuierlich an der gleichen Stelle bis in das frühe Hochmittelalter entwickelt. Wohl in der ersten Hälfte des 11. Jahrhunderts wurde im Osten der Ansiedlung eine einfache, annähernd rechteckige und NW-SO ausgerichtete

30 Aufgrund neuerer Untersuchungen konnte wahrscheinlich gemacht werden, daß der Wohnturm und die Ringmauer mit dem Kammertor zeitlich einer Bauperiode kurz vor und um die Mitte des 11. Jhs. angehören. Vgl. dazu in diesem Band H. Bernhard u. D. Barz, Frühe Burgen in der Pfalz. Ausgewählte Beispiele salischer Wehranlagen, die neue Grundrisse und Rekostruktionen bringen.

31 R. Engels, Der Landdekanat Herxheim. Palatia Sacra I,3 (1988) 121.

32 J. H. Schotten, N. Wand u. U. Weiß, Ausgrabungen in jüngerkaiserzeitlichen und früh- bis spätmittelalterlichen Siedlungsbereichen der Dorfwüstung Holzheim bei Fritzlar, Schwalm-Eder-Kreis. Fundber. Hessen 17/18, 1977/78 (1980) 213–260. – N. Wand, Ausgrabungen in einer mittelalterlichen Dorfwüstung. Holzheim bei Fritzlar, Schwalm-Eder-Kreis (1983). – Ders., Wüstung Holzheim bei Fritzlar. In: Führer zu arch. Denkmälern in Deutschland 8: Der Schwalm-Eder-Kreis (1986) 126–129. – Ders., Siedlungsarchäologische Untersuchungen im mittelalterlichen Dorf Holzheim bei Fritzlar. Geschichte, Politik u. ihre Didaktik 14, 1986, 31–51, bes. 39ff.

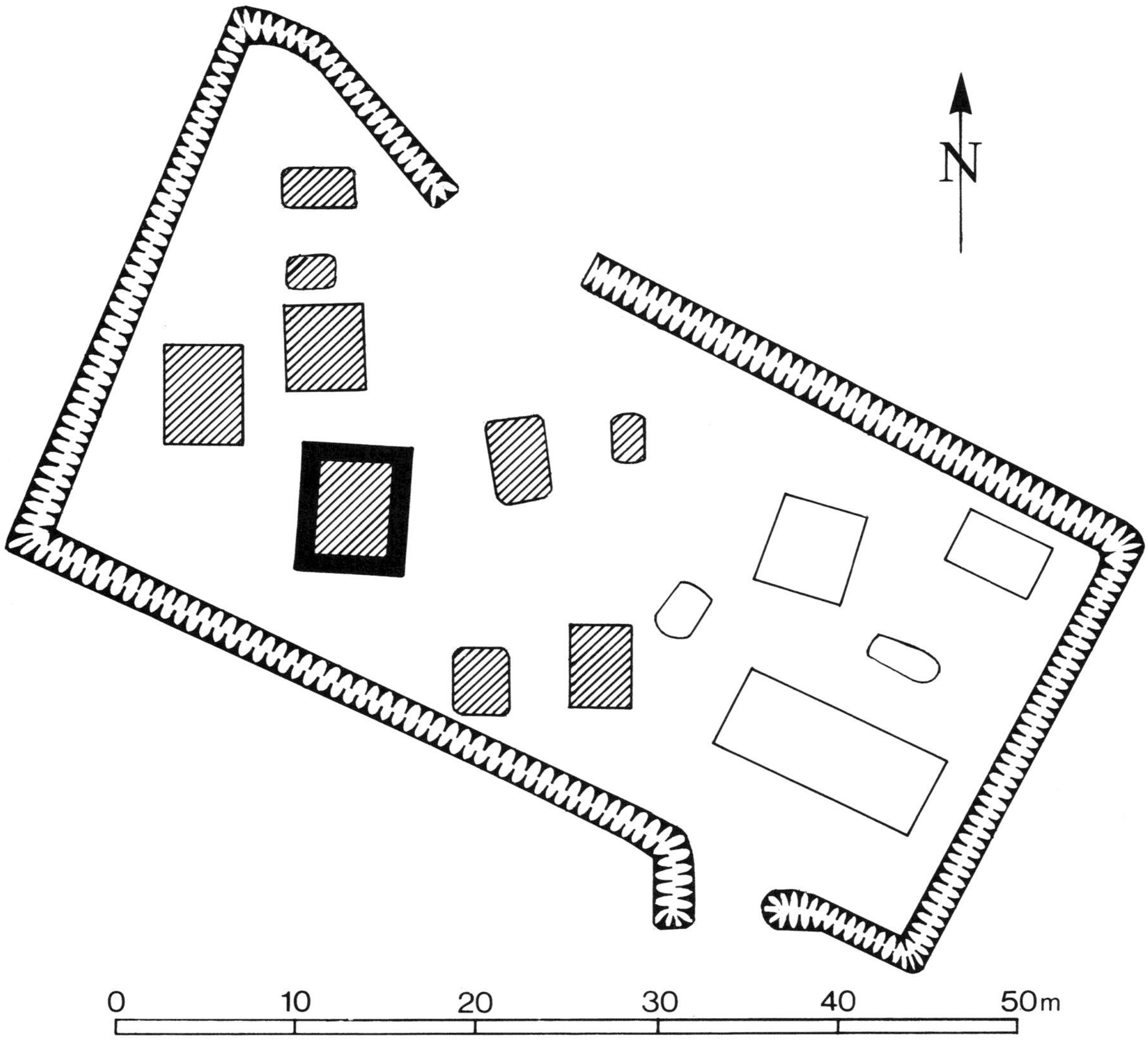

Abb. 19 Schematisierter Lageplan der ältesten Befestigungen in der Dorfwüstung Holzheim bei Fritzlar (Nr. 13). 1. Bauphase: Graben und einfach gerahmte Gebäude. – 2. Bauphase: Schraffierte Gebäude einschließlich des Wohnturms (ohne Graben).

Befestigung von 30 m × 60 m Größe angelegt (Abb. 19)[33], bestehend aus einer Holzpalisade und einem unmittelbar vorgelagerten Graben. Zwei Einlässe in Gestalt schlichter Erdbrücken existierten im Südosten und im Nordwesten. Die Innenbebauung bestand aus einem von Holzpfostenbauten geprägten, einperiodigen Gehöft, das nur den Ostteil dieses graben- und palisadengeschützten Komplexes einnahm und über ein größeres Wohngebäude, zwei Nebenbauten und zwei Grubenhäuser verfügte. Man wird nicht fehlgehen, in dieser separierten Hofgruppe den hervorgehobenen Sitz des Verwalters (villicus) der wichtigsten örtlichen Grundherrschaft, die 1040 vom Reichskloster Kaufungen an den Erzbischof von Mainz gelangte, zu erblicken. Während die Holzhäuser dieses ersten umwehrten

33 Dank des freundlichen Entgegenkommens von Herrn N. Wand, Bensheim, konnte die Vorlage für Abb. 19 nach den jüngst aktualisierten Ausgrabungsplänen gezeichnet werden. In zahlreichen, intensiven Gesprächen erläuterte Herr Wand dem Verf. aufgrund des neuesten Bearbeitungsstandes die komplizierte Siedlungsentwicklung von Holzheim, wofür ihm auch an dieser Stelle aufrichtig gedankt sei. – Vgl. dazu jetzt: N. Wand, Holzheim bei Fritzlar in salischer Zeit – ein nordhessisches Dorf mit Herrensitz, Fronhof und Eigenkirche. In: Forschungen zur Geschichte, Archäologie und Kunst der Salierzeit. Monogr. RGZM 27 (1991).

Herrenhofes (curtis) – damit einer frühen Niederungsburg gleichend – sich wie selbstverständlich nach dem Verlauf von Palisade und Graben ausrichteten, erfolgte in der zweiten Bauphase, die wegen der kurzen Lebensdauer der eindeutig einperiodigen ursprünglichen Hausbauten nur etwa 30–50 Jahre später anzusetzen ist (etwa zweite Hälfte des 11. Jahrhunderts), nicht nur eine strukturelle Veränderung des gesamten Komplexes, sondern auch eine veränderte Orientierung aller neuen Gebäude. Diese lagen im Westteil der einstigen Grabenanlage, die jetzt verfüllt worden war und auf deren einstigen Verlauf die neuen Häuser keine Rücksicht mehr zu nehmen brauchten. Unter den neun Bauten befand sich als markantestes Bauwerk ein rechteckiger steinerner Wohnturm von 7,5 m × 9 m Außenmaßen, der bei 1 m

Abb. 20 Grundriß des Wohnturms von Holzheim bei Fritzlar (Nr. 13).

starken Mauern eine nutzbare Innenfläche von 5,5 m × 7 m aufwies (Abb. 20)[34]. Ob dieser zwei- bis dreigeschossige Turm ganz aus Stein errichtet worden war oder ein hölzernes Obergeschoß besaß, läßt sich nicht mit Sicherheit angeben. Ein weiteres zugehöriges Haus mit gemörteltem Steinkeller erwies sich als größeres Vorrats- und Speichergebäude. Wohl gleichzeitig mit der jüngeren Wehranlage mitten im Ortsbereich, die wegen des auffallenden Wohn- und Wehrturms bereits als Turmburg zu bezeichnen ist, erbaute man am erhöhten Westrand der Siedlung, südlich einer bereits bestehenden hölzernen Saalkirche[35], den neuen Wirtschaftsteil des Herrenhofes, der wie die erste Curtis oder »Niederungsburg« von Graben und Palisade eingefaßt war und sich später zum eigentlichen, auch schriftlich bezeugten Fronhof der Grundherrschaft mit Zehntscheuer und sonstigen Speicherbauten ausbildete. In dem ausgedehnten Dorf blieben herrschaftlicher Ansitz mit repräsentativem Wohnturm in der Niederung und herrschaftlicher Wirtschaftshof nahe der Kirche auch in den folgenden Jahrhunderten stets getrennt. Vermutlich schon im 12. Jahrhundert erbauten nämlich die Mainzer Ministerialen v. Holzheim, die 1219 erstmals bezeugt sind, nur wenig südlich ihrer alten Turmburg eine neue steinerne Befestigung mit ovalem Mauerbering, deren Innenbebauung allerdings noch zu untersuchen ist (ein runder Bergfried ist bereits nachgewiesen). Bald nach 1420 fanden Dorf, Herrenhof und Burg durch eine Brandkatastrophe ihr Ende.

14. – Oberhalb von Lahntal-Caldern, Ldkr. Marburg-Biedenkopf, wurde auf einer felsigen Bergkuppe, die ein zum Wehrgraben erweiterter Sattel vom südlich ansteigenden Gelände trennt, durch eine Probegrabung das Fundament eines rechteckigen Wohnturms von 7 m × 9,6 m Größe nachgewiesen (Abb. 21)[36]. Dieser weist mit seiner breiten Front auf die durch den Graben geschützte Angriffsseite im Südosten. Bei einer Mauerstärke von 1,5 m ergab sich im Erdgeschoß des Turmes eine Innenfläche von 4 m × 6,6 m. Das zweischalige Mauerwerk bestand aus groben, behauenen Quadersteinen. Eng umgeben ist der Turmbau von einer oval-polygonalen, 1,1 m dicken Ringmauer, die ein Areal von ca. 28 m × 23 m einschließt. Ein deutlich ausgeprägter Winkel im nordöstlichen Mauerverlauf läßt an dieser Stelle ein Tor vermuten. Die von R. Gensen für karolingisch-ottonisch gehaltene Keramik mag auf das Vorhandensein älterer Vorgängerbauten unter der Calderner Burg hinweisen, wie sie z. B. auf dem Weißenstein (Nr. 17) zu belegen sind. Ein Ausbau zur oben beschriebenen Steinburg dürfte freilich erst im 11. Jahrhundert erfolgt sein, worauf auch die jüngere Keramik, der Spielstein aus Bein und der Nietsporn mit langem Stimulus und stark verdicktem Dornende hindeuten[37]. Über die Erbauer und Bewohner der Turmburg bei Caldern gibt es vorerst keine schriftlichen Nachrichten.

15. – Oberhalb von St. Ingbert-Rentrisch, Saar-Pfalz-Kreis, erhebt sich die über 1 km lange Bergzunge des »Großen Stiefels«, dessen schmales Plateau in vor- und frühgeschichtlicher Zeit mehrfach befestigt worden war (Abb. 22)[38]. Im frühen Mittelalter wurde der Südwestteil durch einen geradlinig verlaufenden Abschnittswall mit vorgelagertem Graben vom übrigen Bergrücken abgeriegelt. Aus dieser gut 300 m langen und fast 100 m breiten Befestigung stammt neben Keramik der merowingischen und karolingischen Zeit sowie solcher des 10.–12. Jahrhunderts auch ein Metzer Denar des späten 10. Jahrhunderts. Innerhalb dieser ausgedehnten, vermutlich nicht nur als Refugium genutzten Wallanlage wurde nahe der Südkante aus dem Erdaushub eines hufeisenförmigen Grabens eine Motte aufgeschüttet,

34 Innerhalb des steinernen Wohnturms konnten einige Pfostenlöcher nachgewiesen werden, bei denen der Ausgräber erwogen hatte, ob es sich nicht eventuell um die Spuren hölzener Tragpfosten eines älteren Holzturms handeln könnte. Zwar ist das Vorhandensein eines hölzernen, turmartigen Vorgängerbaues nicht auszuschließen, doch könnten die Holzpfostenlöcher ebenso auch von vorsalischen Gebäuden stammen oder dem Innenausbau des Steinturms zugewiesen werden. Die Abb. 20 ist der in Anm. 33 genannten Arbeit entnommen.

35 N. Wand, Archäologische Untersuchungen des Kirchhofbereiches St. Thomas in der Dorfwüstung Holzheim bei Fritzlar (Schwalm-Eder-Kreis) im Jahre 1980. In: K. Sippel (Hrsg.), Beiträge zur Archäologie mittelalterlicher Kirchen in Hessen 1 (1989) 47–70.

36 Gensen (Anm. 8) 166 ff. mit Abb. 9, die hier unverändert übernommen wurde.

37 Gensen (Anm. 8) 169 Abb. 10, C.

38 R. Seyler, Die vor- und frühgeschichtliche Höhenburg auf dem Großen Stiefel bei St. Ingbert. Ber. Staatl. Denkmalpflege im Saarland 11, 1964, 87–119. – R. Schindler, Studien zum vorgeschichtlichen Siedlungs- und Befestigungswesen des Saarlandes (1968) 14 f. mit Beilage 6, die als Vorlage für Abb. 22 diente. – Conrad u. Flesch (Anm. 1) 404 ff., bes. 411 ff.

auf der man offenbar einen Holzturm errichtete. Wohl im 11. Jahrhundert grub man die mittleren Erdmassen des Hügels bis auf den gewachsenen Fels wieder aus, erbaute einen mächtigen rechteckigen Wohnturm von 8,4 m × 11,4 m Größe und schüttete die Erde wieder an, so daß wir es hier mit einer typischen Einmottung zu tun haben. Die Innenmaße des Steinturmes betrugen bei einer Mauerstärke von 1,8 m etwa 4,8 m × 7,8 m. Das Gußmauerwerk war beidseitig mit rechteckigen, schichtgelagerten Hausteinen und verbauten Spolien verblendet. Gerade im Bereich der eingemotteten Turmburg (sog. Stiefler Schloß) fand sich vor allem die jüngere Keramik des 10.–12. Jahrhunderts. Beim »Großen Stiefel« wurde demnach wie beim »Schlössel« oberhalb Klingenmünster (Nr. 12) in eine ältere frühmittelalterliche Fliehburg während des 11. Jahrhunderts eine grabenumwehrte Turmburg hineingebaut. Mit aller gebotenen Vorsicht könnte man die frühmittelalterliche Wehranlage auf dem Großen Stiefel als eine Befestigung der Grafen im Saargau ansprechen. Ob die jüngere Turmburg von deren Rechtsnachfolgern,

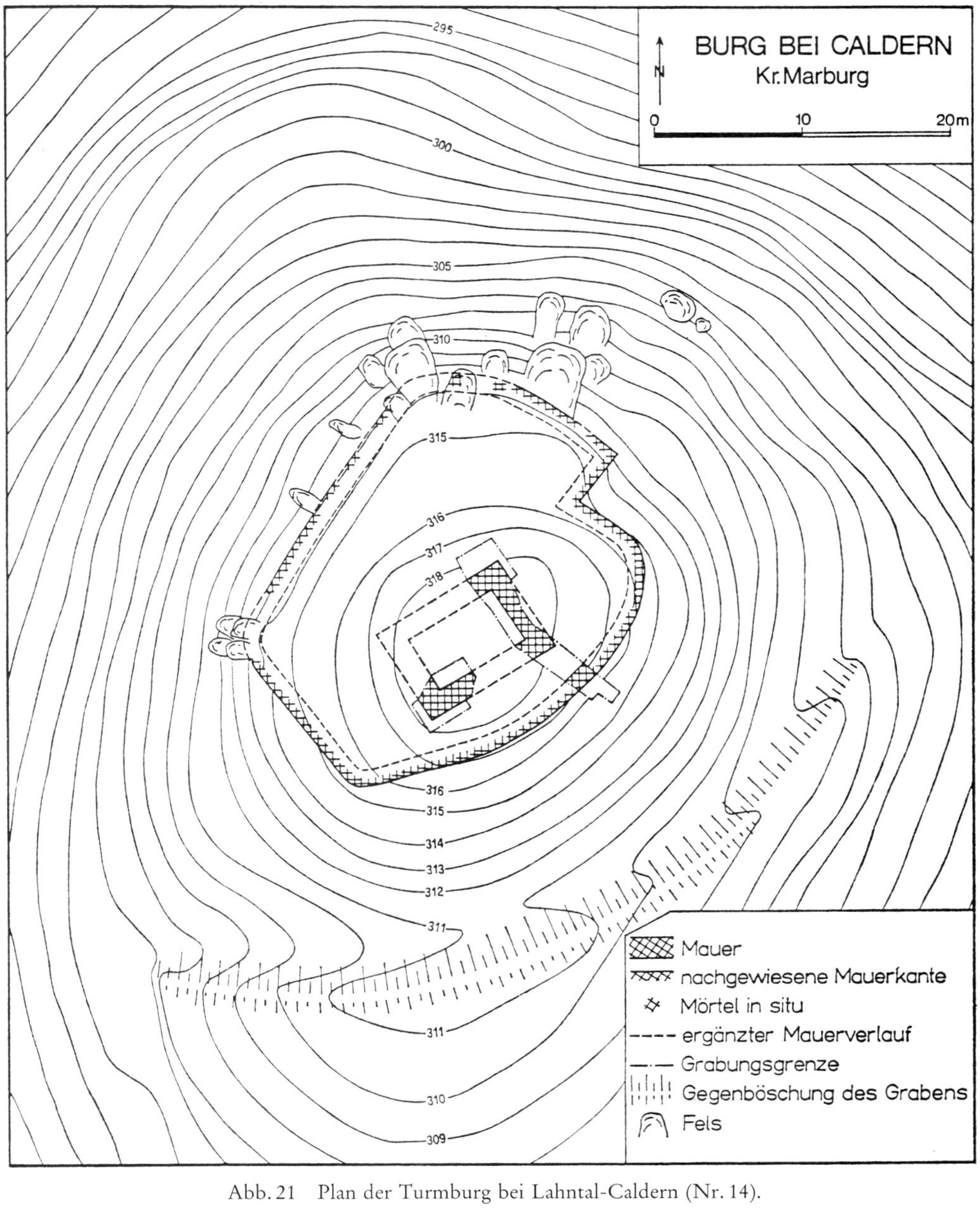

Abb. 21 Plan der Turmburg bei Lahntal-Caldern (Nr. 14).

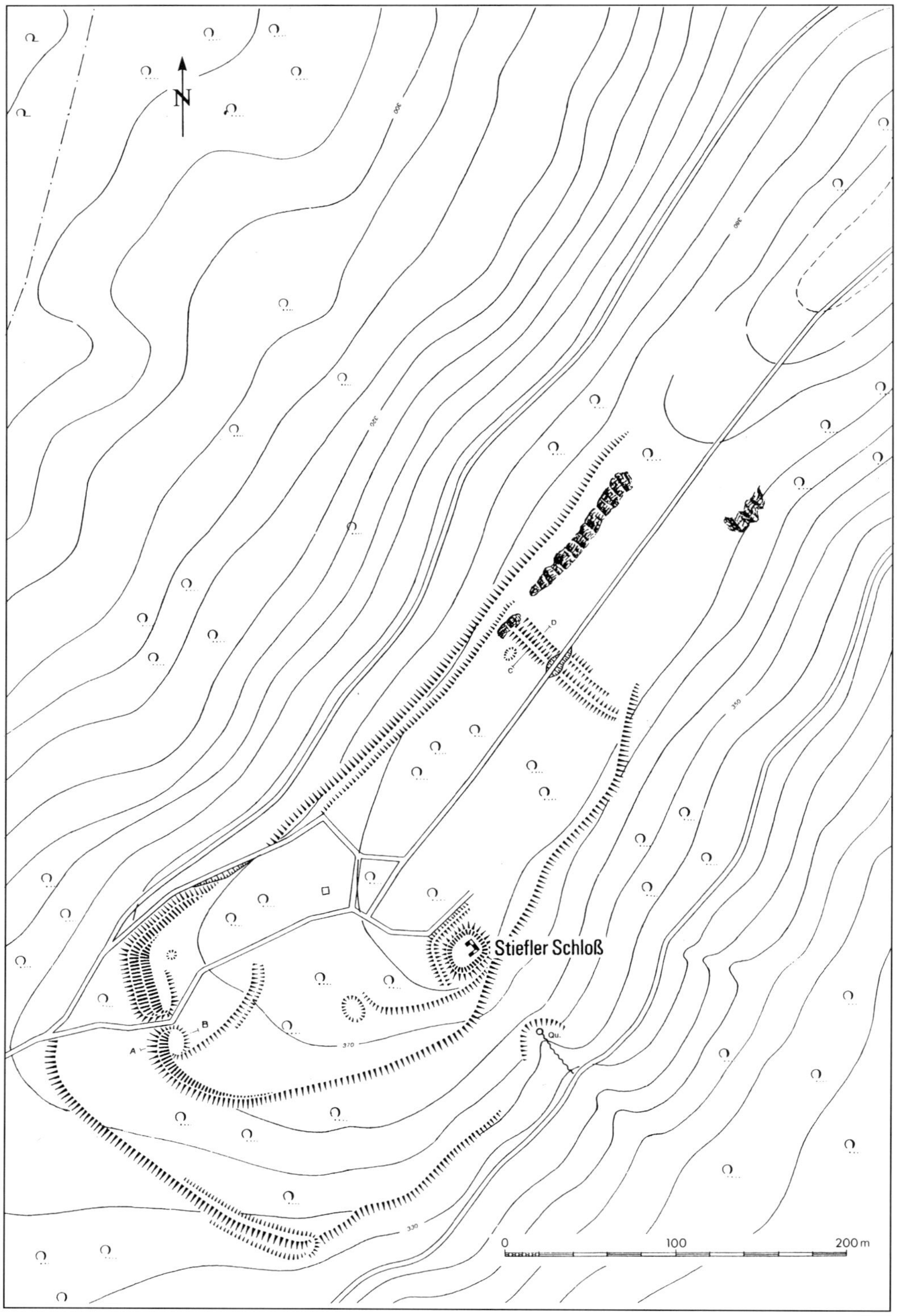

Abb. 22 Gesamtplan der Befestigungsanlagen auf dem »Großen Stiefel« bei St. Ingbert-Rentrisch mit der Turmburg »Stiefler Schloß« (Nr. 15).

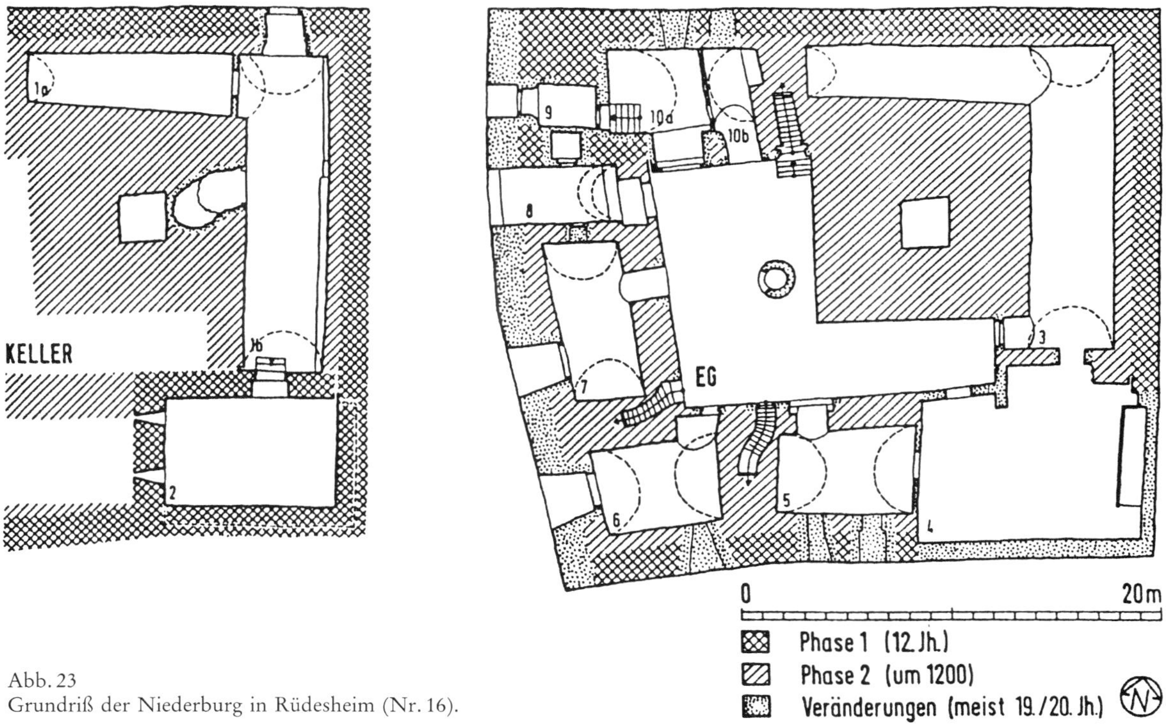

Abb. 23
Grundriß der Niederburg in Rüdesheim (Nr. 16).

u. a. den seit etwa 1080 genannten Grafen v. Saarbrücken, erbaut und benutzt wurde, muß vorerst reine Vermutung bleiben[39].

16. – Die »Niederburg« oder »Brömserburg« in Rüdesheim, Rheingaukreis, gehört unter den frühen Adelsburgen des Mittelalters aufgrund ihres urtümlichen Aussehens und ihrer unklaren Datierung (9./10.–11./12. Jahrhundert) zu den meist diskutierten und umstrittenen Anlagen am Mittelrhein[40]. Eine neue, gewissenhafte Bauaufnahme durch Th. Biller bietet heute die Möglichkeit, ein viel klareres Bild ihres ursprünglichen Aussehens zu geben (Abb. 23)[41]. Da an jener Stelle eine sehr ausführliche Behandlung der Burg mit ihren Bauphasen erfolgte, scheint in diesem Zusammenhang eine kurze Beschreibung des ältesten Zustandes ausreichend zu sein (Abb. 24). Danach besaß die »Niederburg« eine 1,6 m starke und 7–8 m hohe Ringmauer, die ein annähernd rechteckig angelegtes Areal von 32 m × 26 m Größe einschloß. Um diese Anlage war eng ein Wassergraben herumgeführt worden, der vermutlich mit dem nahe vorbeifließenden Rhein in Verbindung stand. In der Nordwestecke des Ringmauergevierts, unweit einer rundbogigen Pforte in der Nordmauer, stand ein quadratischer Wehrtum (Bergfried) von 6 m × 6 m Grundfläche und einer heutigen Höhe von 20 m. Die nutzbare Innenfläche von unter 4 m² war zum ständigen Wohnen nicht geeignet. Das herrschaftliche Hauptgebäude in Gestalt eines rechteckigen Wohnturms von einst ca. 8,5 m × 12 m Außenmaßen wies ein Untergeschoß von 5,3 m × 8,2 m Innenfläche auf und war unmittelbar in die Südostecke der Burg eingefügt worden, so daß die Süd- und Ostseite des Turmes mit der Ringmauer identisch war. Der wenigstens viergeschossige Wohnturm war einst

39 H.-W. Herrmann, Das Saarland im Frühmittelalter. In: Führer zu vor- u. frühgesch. Denkmälern 5 (1966) 93 f. – Conrad u. Flesch (Anm. 1) 412. – K. Hoppstädter u. H.-W. Herrmann (Hrsg.), Geschichtliche Landeskunde des Saarlandes 2 (1977) 76 u. 282 mit Anm. 21. Vgl. auch die diesem Werk beigegebene Karte der Besitzungen der Grafen v. Saarbrücken.

40 A. v. Cohausen, Die Burgen in Rüdesheim. Nass. Ann. 20, 1888, 11–28. – F. Luthmer, Die Bau- und Kunstdenkmäler des Rheingaues. Die Bau- und Kunstdenkmäler des Regierungsbezirks Wiesbaden 1 (1907) 24–31. – Herchenröder (Anm. 23) 313–318.

41 Th. Biller, Die Niederburg in Rüdesheim. Zisterziensischer Einfluß im Burgenbau um 1200. Architectura. Zeitschrift f. Gesch. d. Baukunst 1988, 14–48, bes. 18 ff. Dieser Arbeit sind die Vorlagen für die Abb. 23–24 entnommen.

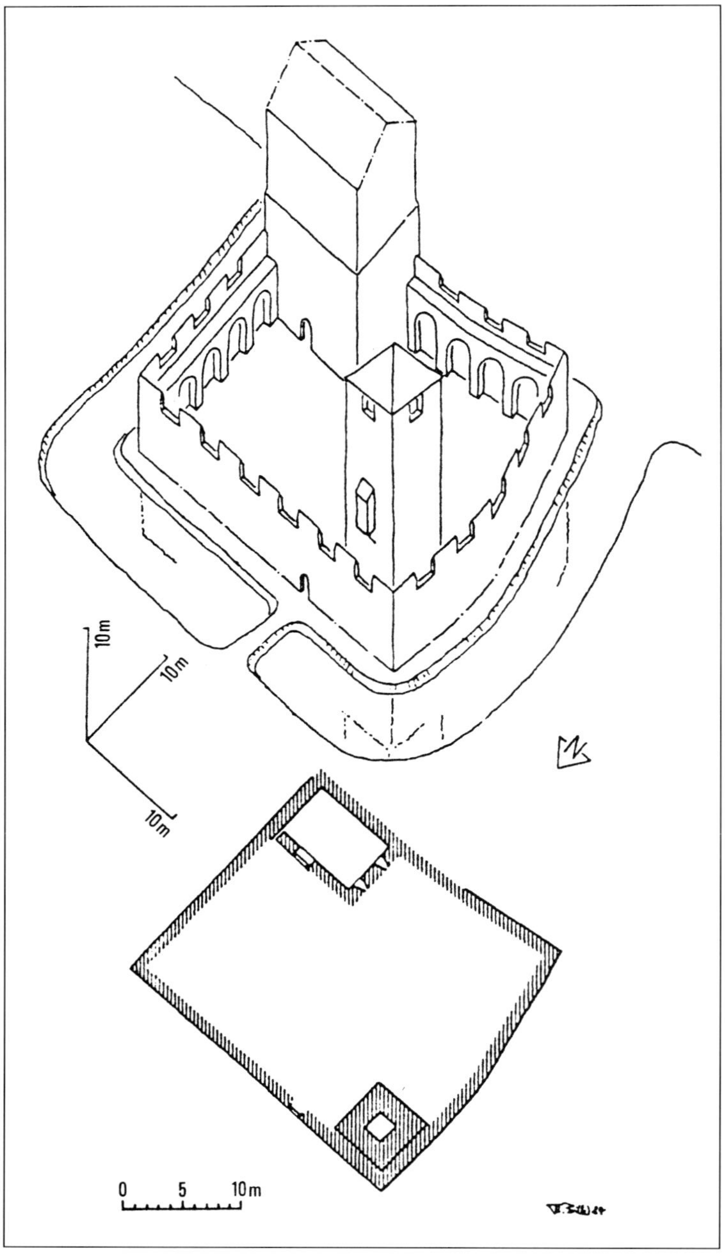

Abb. 24
Schematisierter Plan der erhaltenen ältesten Bauteile von der Niederburg in Rüdesheim (Nr. 16) und isometrische Rekonstruktion des Zustandes im 12. Jahrhundert.

mindestens 18 m hoch. Ob weitere, eventuell hölzerne Bauten innerhalb des Mauerberings aufgeführt worden waren, ist wegen der späteren Überbauung nicht mehr festzustellen. Die Datierung dieser ursprünglichen, von zwei Türmen beherrschten Burg aufgrund verschiedener Überlegungen und Parallelen allgemein ins 12. Jahrhundert schließt keinesfalls aus, daß diese älteste Rüdesheimer Burg noch in spätsalischer Zeit angelegt wurde. Dafür spricht auch, daß die weitverzweigte erzbischöflich Mainzer Ministerialenfamilie v. Rüdesheim mit Giselbert I. zwischen 1130 und 1152 erstmals in den Quellen genannt wurde[42]. Aus späteren Schriftzeugnissen muß man den Eindruck gewinnen, daß die »Niederburg« ursprünglich Allodialbesitz dieses mächtigen Dienstmannengeschlechtes gewesen ist.

[42] W. Möller, Stamm-Tafeln westdeutscher Adels-Geschlechter im Mittelalter 1 (1922) 84 ff. mit Taf. 32.

17. – Da über die Ausgrabungen auf Burg Weißenstein bei Marburg-Wehrda, Ldkr. Marburg-Biedenkopf, ein detaillierter Bericht in diesem Band erscheint, seien die aufschlußreichen Befunde an dieser Stelle nur kurz zusammengefaßt[43]. Nach einer ersten, nicht genauer zu bestimmenden Besiedlung dei kleinen Bergkuppe oberhalb der Lahn während der Karolingerzeit, in die ein rechteckiges Stein(?)gebäude von 6 m × 6 m Größe sowie einige Keramikfunde gehören, wurde auf der höchsten Stelle ein wuchtiger breitrechteckiger Wohnturm von 8,6 m × 12 m Außenmaßen (Innenfläche: 5 m × 8,4 m) errichtet (Abb. 25). Das 1,8 m starke Zweischalenmauerwerk bestand aus einem Mörtelgußkern, dessen Außenseiten mit behauenen, schichtgelagerten Sandsteinblöcken verkleidet waren. Der West- und Nordseite des Turmes war in geringem Abstand (2,5–3,5 m) eine 1,2–1,4 m starke Wehrmauer mit abgerundeten Ecken vorgelagert. In einer späteren Bauphase legte man diese Mauer nieder, und an die westliche Breitseite des Wohnturmes fügte man einen Dreieckbau von 10 m Seitenlänge an, so daß ein klotziger Fünfeckturm entstand. Dieser massig wirkende Turm erhielt anschließend eine polygonale Umfassungsmauer von 1–1,4 m Stärke, die an der Südostecke ein Tor besaß. Zwischen dem Wohnturm und der östlichen Ringmauer wurde ein langrechteckiges, zweiräumiges Wohngebäude (7,8 m × 16 m) aufgeführt, dessen östliche Längsseite einen Teil der polygonalen Umfassungsmauer bildete und aus sehr sorgfältig behauenen und sauber verfugten Sandsteinquadern bestand. Die zu der Turmburg mit ihren Ausbauphasen gehörende Tonware wird zwar nach der herkömmlichen hessischen Keramikdatierung ins 10./11. Jahrhundert gesetzt, doch sei an die eingangs gemachten kritischen Bemerkungen bezüglich deren genauer Zeitstellung erinnert, weshalb – in Analogie zu den Befunden auf den anderen hier besprochenen frühen Turmburgen – durchaus mit der Möglichkeit zu rechnen ist, daß die Errichtung des großen Rechteckwohnturms erst zu Beginn des 11. Jahrhunderts stattfand. Das archäologisch zu datierende Ende der Burg wird ebenfalls aufgrund der Keramikbestimmung in der Zeit um 1100 bzw. im frühen 12. Jahrhundert angenommen, da entwickeltere Tonware des fortgeschrittenen 12. Jahrhunderts fehlt. U. Reuling konnte mit Hilfe besitzgeschichtlicher Untersuchungen wahrscheinlich machen, daß die Burg Weißenstein vermutlich einst dem mächtigen, im mittleren Lahngebiet reich begüterten Grafengeschlecht der Gisonen gehört hat[44]. Deren Aussterben 1122 wäre das spätestmögliche Datum für die Aufgabe der Burg, sofern nicht die archäologisch nachgewiesene Zerstörung des Weißensteins durch einen Großbrand bereits ein früheres Ende nahelegt.

18. – Unmittelbar östlich des Bolanderhofes, Stadt Kirchheimbolanden, Donnersbergkreis, liegt in der feuchten Niederung des Bolandertales ein heute sehr flacher, einst von einem Wassergraben umgebener Burghügel (Motte) von etwa 40–55 m Durchmesser. Archäologische Untersuchungen des Oberbaurates Schreiber aus Kirchheimbolanden um 1908 haben weite Bereiche des Burgareals freigelegt, ohne allerdings eindeutig klären zu können, ob alle festgestellten Mauerzüge einer einzigen Bauperiode angehören und ob eventuell ältere Holzbauten vorhanden waren. Nach dem Ausgrabungsplan (Abb. 26)[45] ergibt sich folgendes Bild: Im Norden des kleinen Hügels erhob sich ein rechteckiger Wohnturm von 6,3 m × 9,0 m Größe. Die ca. 0,85–1,0 m starken Mauern umschlossen eine nutzbare Innenfläche von 4,5 m × 7,2 m. Die Südmauer des Wohnturms war eingebunden in den südlich anschließenden, fast quadratischen Mauerbering (18,5 m × 19 m), der abgerundete Ecken aufwies. Im Norden, Westen und Süden war diese Turmburg von einer polygonal gebrochenen Ringmauer umgeben, die möglicherweise einer späteren Ausbauphase zuzuweisen ist. Ein weiteres, nur teilweise erfaßtes Wohngebäude zwischen dem westlichen Innenbering und der Außenmauer könnte ebenfalls aus der

43 Chr. Meiborg u. U. Reuling, Die Burg Weißenstein bei Marburg-Wehrda. Dieser Arbeit wurde die Vorlage für Abb. 25 entnommen. – Bereits vorher erschienen folgende Publikationen: Chr. Meiborg, Die Burg Weißenstein bei Marburg-Wehrda. Bericht über die Ausgrabung 1987 und 1988. Hess. Jahrb. f. Landesgesch. 39, 1989, 381–407. – R. Gensen, Die Burg Weißenstein. In: Denkmalpflege in Hessen 1989, Heft 2, 20f. – Vgl. auch Gensen (Anm. 8) 162ff.

44 Vgl. Anm. 21 und den Beitrag von U. Reuling in diesem Band (Anm. 43).

45 Der bisher unpublizierte Grabungsplan befindet sich in den Ortsakten der Außenstelle Speyer des Landesamtes für Denkmalpflege Rheinland-Pfalz. Herrn H. Bernhard, Speyer, danke ich herzlich dafür, diese Unterlagen in diesem Zusammenhang veröffentlichen zu dürfen.

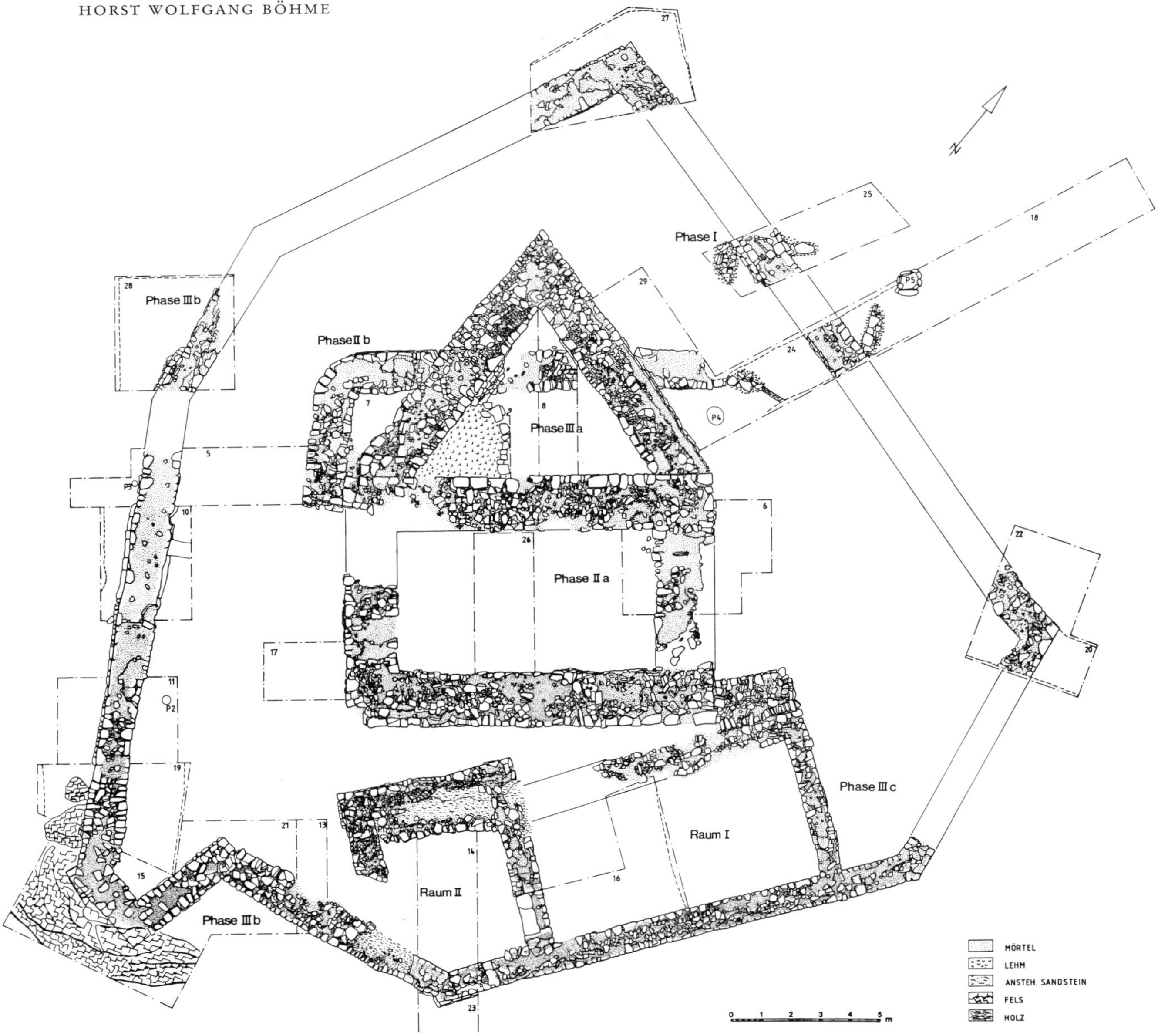

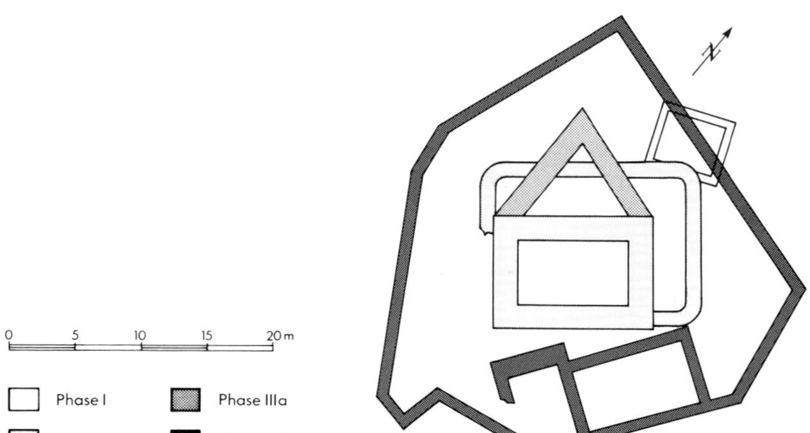

Abb. 25
Plan der Burg Weißenstein bei Marburg-Wehrda (Nr. 17).
Oben: Steingerechter Plan der Kernburg. –
Unten: Bauphasenplan.

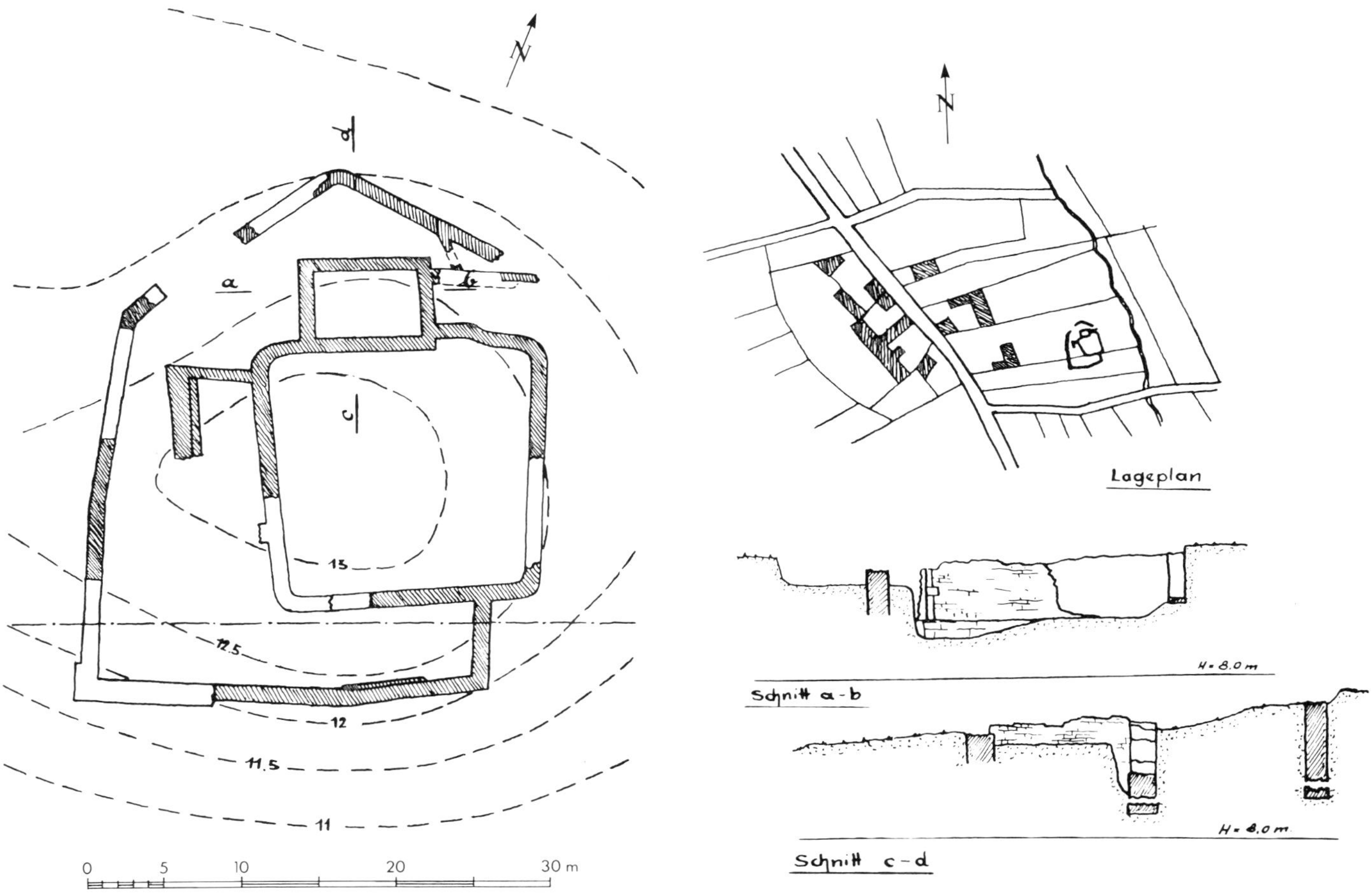

Abb. 26 Grundriß, Lageskizze und Grabungsschnitte der Burg Altbolanden beim Bolanderhof (Nr. 18).

Spätzeit der Burganlage stammen. Diese kleine Wasserburg Altbolanden, direkt neben dem ehemaligen, noch heute in veränderter Form bestehenden Herrenhof gelegen, wird als Wohn- und Stammsitz der Reichsministerialen v. Bolanden angesehen, die aber erst zu Beginn des 12. Jahrhunderts in den schriftlichen Quellen auftauchen. Da Werner I. v. Bolanden zusammen mit seiner Gemahlin, möglicherweise einer Erbtochter der Edelherren v. Hohenfels (einer Burg auf dem nahen Donnersberg)[46], bereits 1129 im nur 1 km entfernten Dorf Bolanden die Prämonstratenserabtei Hane als Hauskloster der Familie gründete, wird man annehmen dürfen, daß die Bolander schon längere Zeit auf ihrer Turmburg gesessen haben werden, von wo aus sie erfolgreich die Erschließung der erzreichen Waldgebiete des Donnersberges als königliche Dienstmannen betrieben. Bald nach 1200 wurde die ältere Turmburg beim Bolanderhof zugunsten der modernen Höhenburg Neubolanden oberhalb des Klosters Hane aufgegeben[47].

46 Diese Burg dürfte von den Edelherren v. Hohenfels im 11. Jh. erbaut worden sein und gelangte offensichtlich durch die Heirat deren Erbtochter mit Werner I. v. Bolanden schon zu Beginn des 12. Jhs. in den Besitz dieser aufstrebenden Reichsministerialenfamilie. Über das nur zu erschließende Aussehen dieser nicht unbedeutenden salischen Höhenburg vgl. Bernhard u. Barz (Anm. 30).

47 J. G. Lehmann, Urkundliche Geschichte der Burgen und Bergschlösser um den Donnersberg und im ehemaligen Nahegaue. Urkundliche Geschichte der Burgen und Bergschlösser der bayerischen Pfalz 4 (1857) 34 ff. – W. Fabricius, Die Herrschaften des unteren Nahegebiets. Erläuterungen zum geschichtlichen Atlas der Rheinprovinz 6 (1914) 402 f. – Vgl. dazu auch K. Weidemann, Ausgewählte Beispiele zur frühmittelalterlichen Topographie an Pfrimm, Eckbach und Donnersberg. In: Führer zu vor- u. frühgesch. Denkmälern 13 (1969) 77 f. – V. Rödel, Der Besitz Werners II. von Bolanden (1194/1198). In: Pfalzatlas. Textband II (Hrsg. W. Alter) 1197 ff. – Zum Bergbau vgl. Anm. 132.

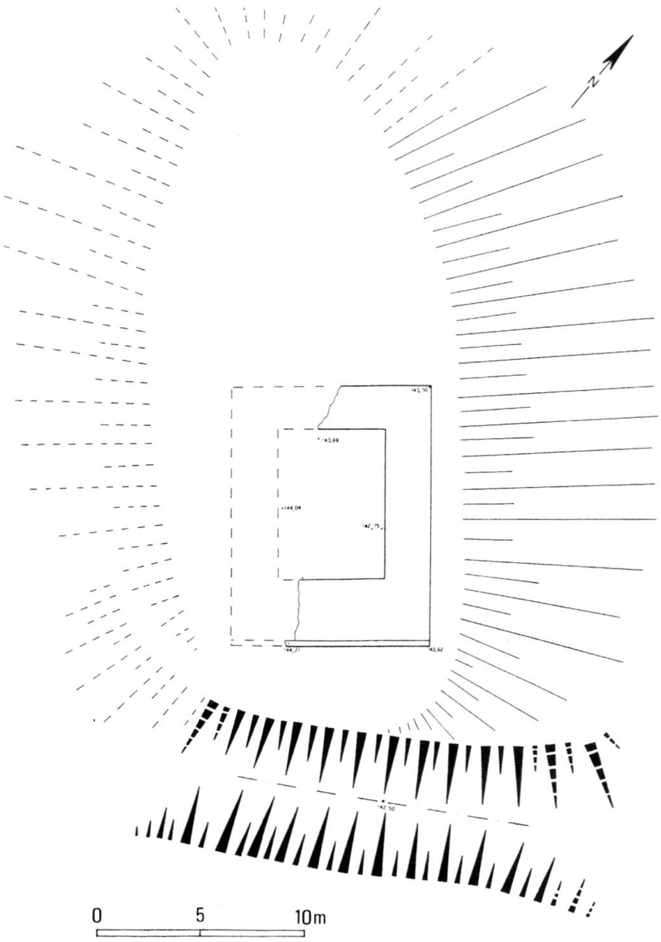

Abb. 27
Plan der Turmburg auf dem Stenderberg
bei Liebenau-Ostheim (Nr. 19).

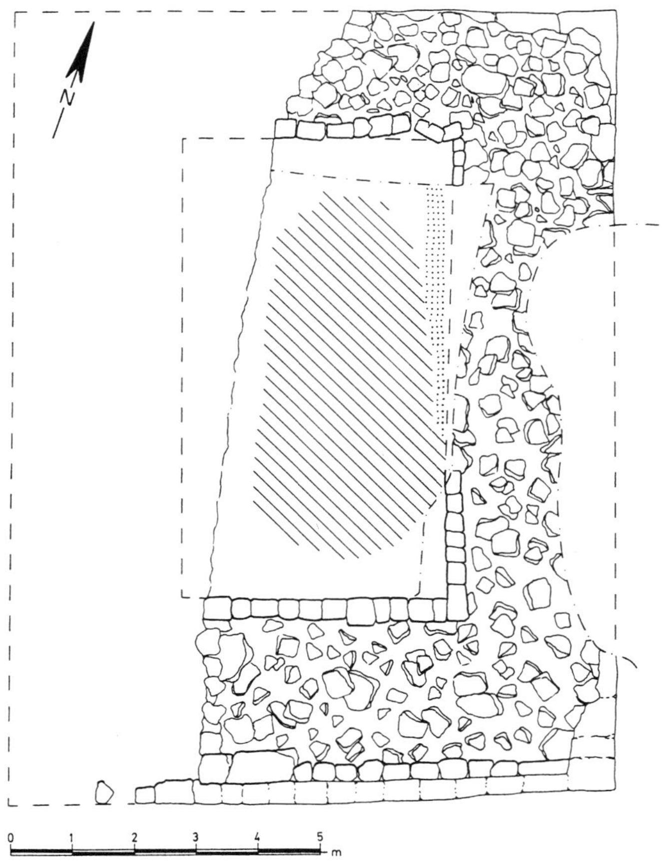

Abb. 28
Grundriß des Wohnturms auf dem Stenderberg
bei Liebenau-Ostheim (Nr. 19).

Abb. 29
Plan der Turmburg bei Zweibrücken-Niederauerbach (Nr. 20).

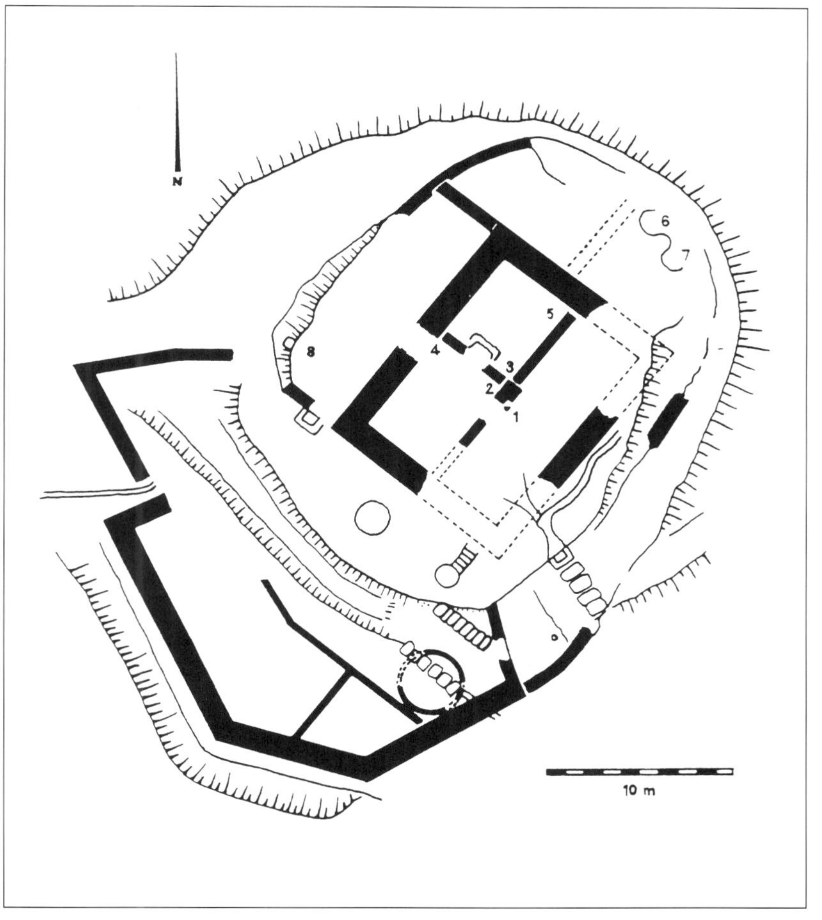

Abb. 30
Grundriß und Rekonstruktion der Turmburg bei Zweibrücken-Niederauerbach (Nr. 20).

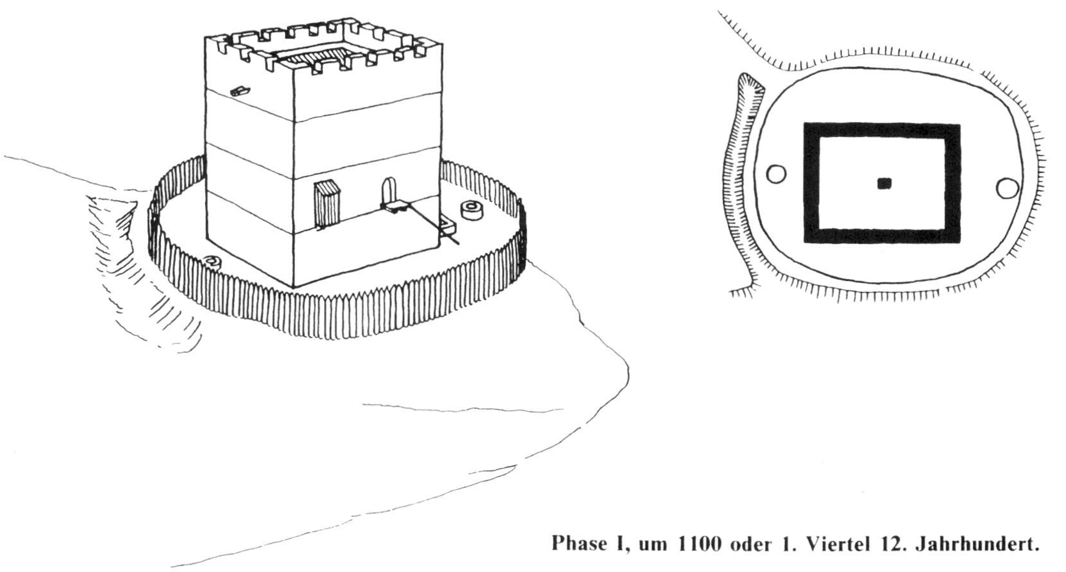

Phase I, um 1100 oder 1. Viertel 12. Jahrhundert.

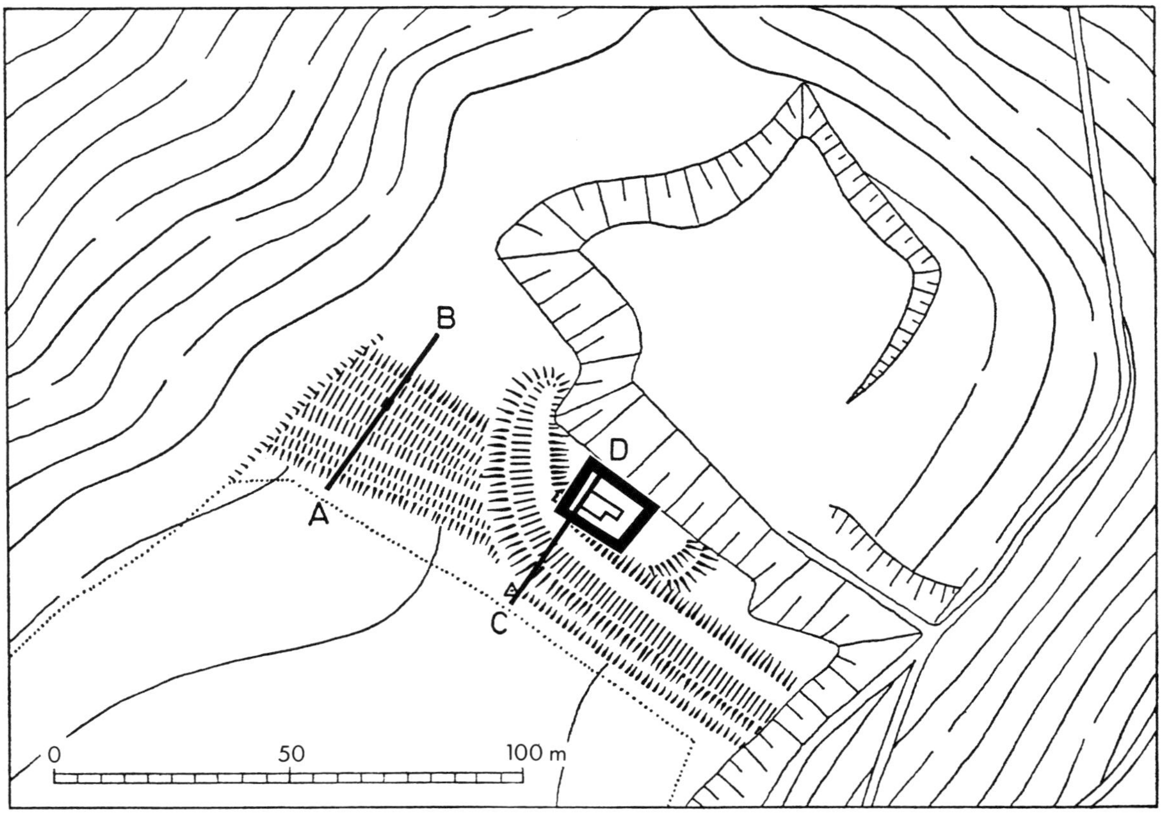

Abb. 34 Plan der Humburg bei Düren (Nr. 24).

werden, für eine zeitliche Einordnung des Turmes heranziehen. Faßt man alle diese Datierungshinweise kritisch zusammen, so bleibt als Resultat, daß die seit der Erstpublikation immer wieder für eine frühe Zeitstellung der Dürener Turmburg ins 9. oder frühe 10. Jahrhundert herangezogenen Fakten nicht überzeugend sind und einer ernsthaften Überprüfung kaum standhalten. Sollten die Dendrodaten der »Holzsäulen«, was unter den gegebenen Umständen nur wenig wahrscheinlich ist, den tatsächlichen Fällungszeiten der entsprechenden Bäume entsprechen, so ist noch lange nicht gesagt, daß die Hölzer, sofern es sich nicht um ältere, wiederverwendete Bauteile gehandelt hat, auch wirklich zu dem Steinturm gehörten. Schließlich ist auch damit zu rechnen, freilich nur unter der Annahme, die angegebenen Fällungsdaten seien akzeptabel, daß die »Holzsäulen« einem älteren Vorgängerbau zuzurechnen sind. Man gewinnt nach allem Gesagten den Eindruck, daß in einer bereits bestehenden, fast 120 m × 120 m messenden Spornbefestigung des frühen Mittelalters, die als Refugium gedient haben könnte, erst im 11. Jahrhundert ein mächtiger Wohnturm unmittelbar hinter der Wallkrone an der Angriffsseite errichtet wurde, so wie es damals an vielen Plätzen im Gebiet zwischen Saar und Werra geschah. Die »Humburg« als häufig zitierter Kronzeuge für eine Frühdatierung derartiger Turmburgen in karolingisch-ottonische Zeit wird man vorerst wohl ausscheiden müssen. Die in unmittelbarer Nähe des Kupferreviers von Wallerfangen gelegene Humburg wird von R. Schindler als Sitz der Wallerfanger Grafen in Anspruch genommen, die 962 mit Egilolf bzw. 995–1104 mit Giselbert schriftlich erwähnt werden[58]. Nach den eben gemachten Ausführungen wird man diese Vermutung sicherlich für die ältere Ringwallanlage gelten

58 U. Nonn, Die Grafschaft Wallerfangen. Jahrb. f. Westdt. Landesgesch. 8, 1982, 1–11.

lassen können. Bestenfalls den jüngeren Grafen Giselbert aus dem Luxemburger Hause, der 1004 auf dem Italienzug König Heinrichs II. in Pavia ohne Erben verstarb, könnte man mit einiger Wahrscheinlichkeit als Erbauer der Dürener Turmburg akzeptieren. Mit dem Aussterben dieser Linie und dem Verschwinden der Wallerfanger Grafschaft in den Schriftquellen ließe sich die Aufgabe der »Humburg« in Verbindung bringen. Dafür könnte das Fehlen jüngerer Funde in der Turmburg sprechen. Wir hätten es dann allerdings mit einem der ältesten Beispiele dieses Bautyps in Deutschland zu tun, wobei die möglichen Vorbilder im westlich anschließenden Belgien und Frankreich zu vermuten wären.

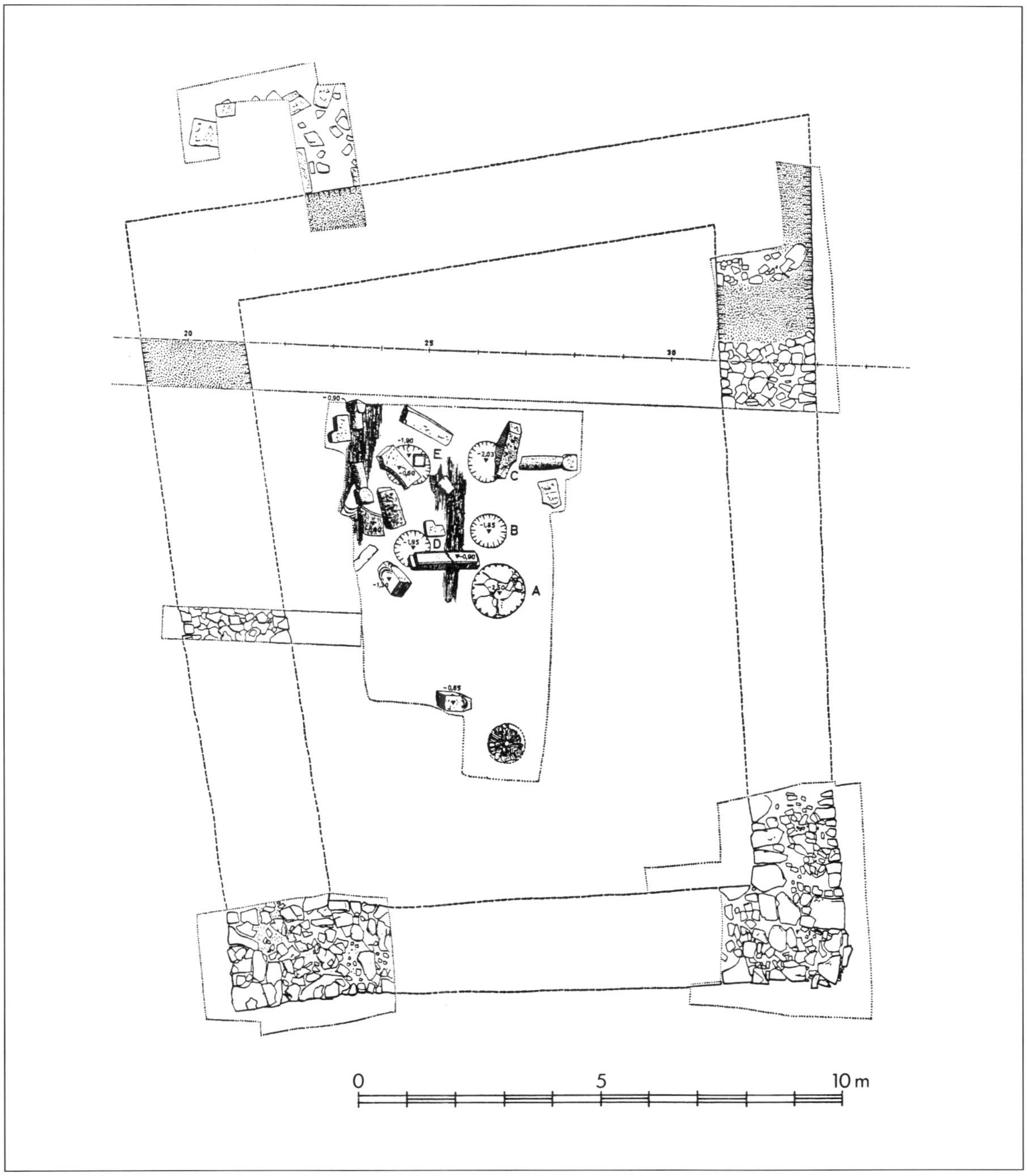

Abb. 35 Grundriß des Wohnturms auf der Humburg bei Düren (Nr. 24).

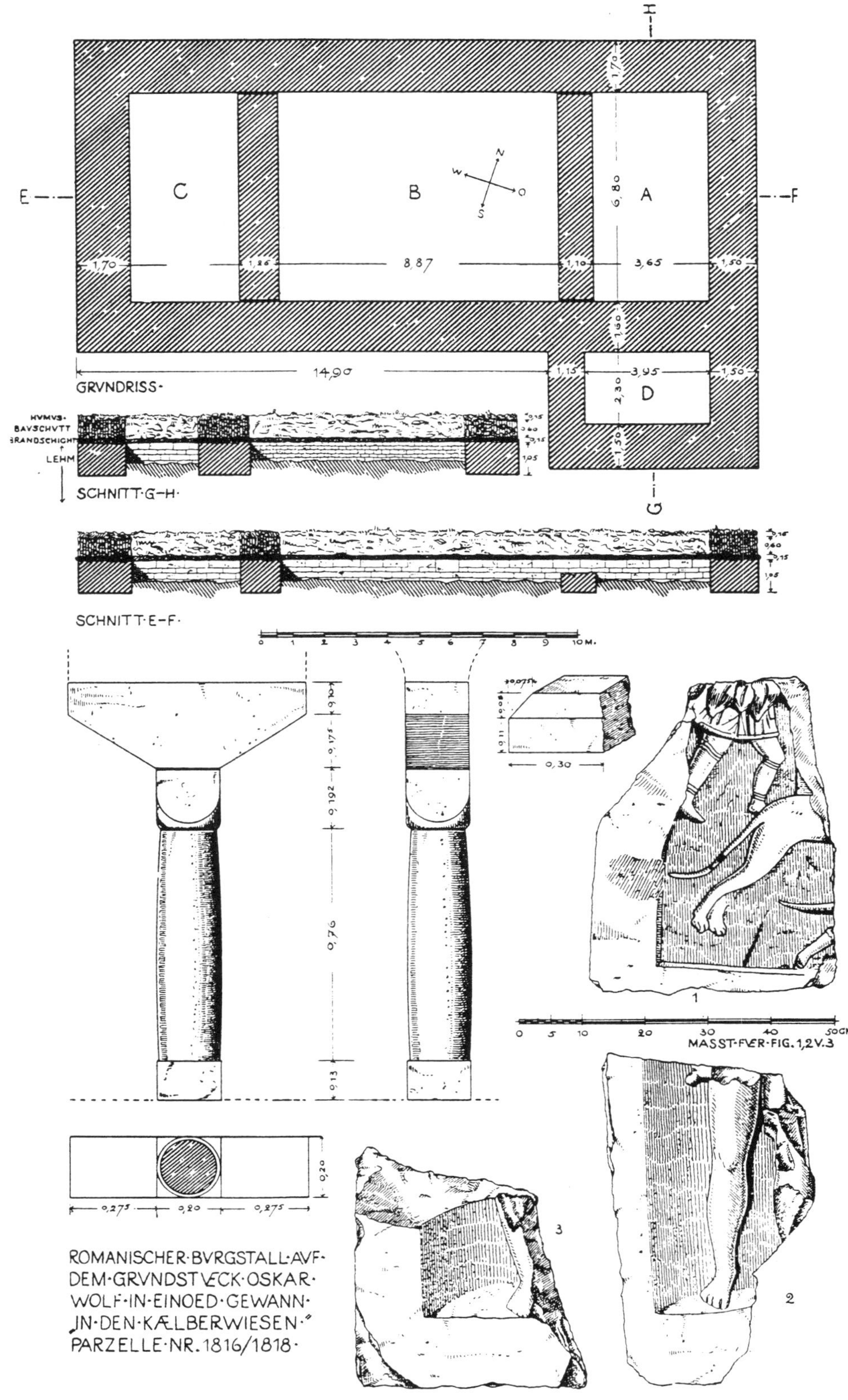

Abb. 36 Grundriß des Wohnturms bei Einöd (Nr. 25) samt den dort gefundenen Architekturteilen und Bauspolien.

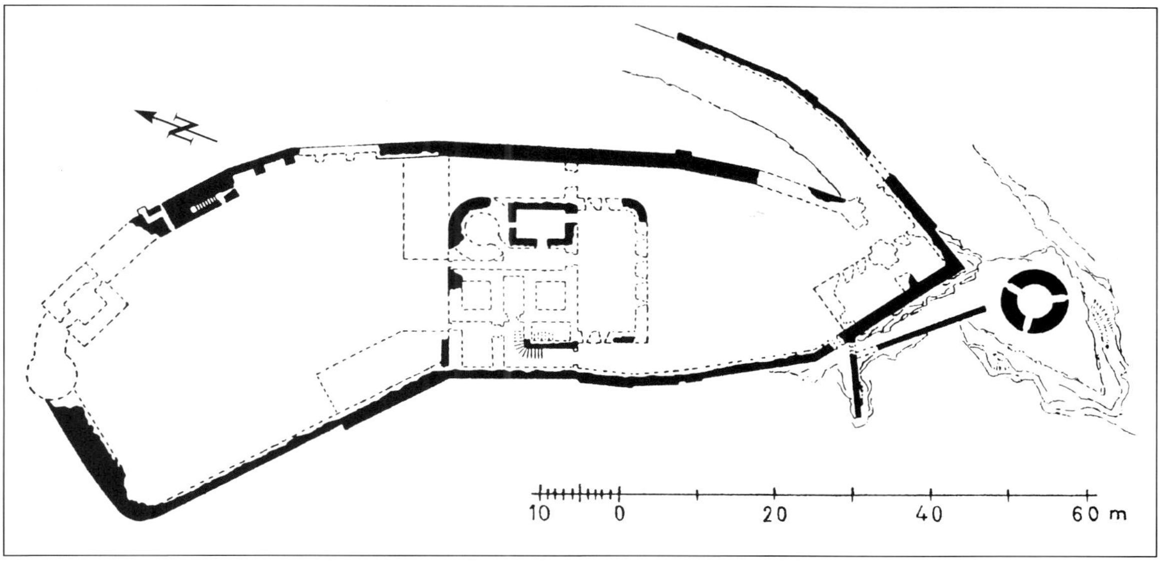

Abb. 37 Grundriß der Burg Hammerstein (Nr. 26).

C. Sonderformen der Turmburgen mit rechteckigem Wohnturm

25. – In der hochwassergefährdeten Niederung des Schwarzbaches kurz vor der Einmündung in die Blies fand man südlich Einöd, Stadt Homburg, Saar-Pfalz-Kreis, die Reste eines ungewöhnlich breit gelagerten Wohnturms von 10,1 m × 21,5 m Größe, an dessen Südostecke ein 3,8 m × 6,6 m messender Anbau, wohl ein Treppenhaus, aufgeführt worden war (Abb. 36)[59]. Das Gebäude war durch zwei Zwischenmauern in drei Räume geteilt. Die 1,5–1,7 m starken Mauern bestanden aus schichtgelagerten Quadern unterschiedlicher Größe. Neben römischen Bauspolien und Dachziegeln fanden sich je zwei Säulenschäfte mit Würfelkapitellen und Kämpfersteine, die wohl zu Doppelfenstern im Obergeschoß des aufwendig gestalteten Wohnturms gehörten. Eine Datierung des repräsentativen Gebäudes ist wegen fehlender Kleinfunde nur schwer möglich, doch scheint eine Zeitstellung ins 11. Jahrhundert aufgrund der bisher bekannten Parallelen am wahrscheinlichsten zu sein.

26. – Auf einem jäh aus dem Rheintal aufsteigenden Bergfels südlich von Hammerstein, Ldkr. Neuwied, finden sich die verfallenen, stark überwucherten Ruinen von Burg Hammerstein, die einen nord-südlich ausgerichteten, leicht sichelförmigen Grundriß aufweist (Abb. 37)[60]. Die von einer mächtigen Quadermauer des 12. Jahrhunderts eingefaßte Anlage mit einem Tor im Süden ist 120 m lang und 30–35 m breit. Als älteste, noch sichtbare Architekturteile gelten die spärlichen Reste eines großen, rechteckigen Kernbaus (20 m × 25,5 m) mit abgerundeten Ecken. Dessen Mauern bestehen aus kleinformatigen, schichtgelagerten Handquadern aus Basalt. Der nach außen wie ein mächtiger Wohnturm wirkende Bau ist durch verschiedene, zeitlich nicht zu unterscheidende Innenmauern aufgeteilt. So zeichnet sich an der Ostseite ein breitrechteckiger Raum von 6,5 m × 4,2 m Innenfläche, in der Nordostecke ein Rundturm von 8 m Durchmesser ab. Wieweit es sich dabei aber um spätere Einbauten und Veränderungen handelt, ist ohne archäologische Untersuchungen nicht zu entscheiden. Die sicher schon ins 10. Jahrhundert

59 C. Klein, Wiederauffindung eines romanischen Burgstalles auf dem Bann von Einöd, Bez. Amt Homburg. Ber. d. Konservators d. gesch. Denkmäler im Saargebiet 3, 1928, 71–73 mit Taf. 17, die hier übernommen wurde. – Zur topographischen Lage der Turmburg vgl. Ber. d. Staatl. Denkmalpflege im Saarland 11, 1964, 199. – Conrad u. Flesch (Anm. 1) 377.

60 H. Neu u. H. Weigert, Die Kunstdenkmäler des Kreises Neuwied. Die Kunstdenkmäler der Rheinprovinz 16,2 (1940) 159–164 mit Abb. 140. – D. Leistikow, Aufbewahrungsorte der Reichskleinodien in staufischer Zeit. Burgen u. Schlösser 15, 1974, 87ff., bes. 94; dieser Arbeit wurde die Vorlage für Abb. 37 entnommen. – U. Liessem, Baugeschichtliche Beobachtungen an einigen stauferzeitlichen Burgen in der Region Koblenz. Burgen u. Schlösser 18, 1977, 30f.

zurückreichende Befestigung auf dem Hammersteiner Burgfelsen, die nach Aussage der Quedlinburger Annalen mehr von Natur aus denn durch menschliche Kunst als uneinnehmbar galt, wurde erstmals 1002 genannt, als Graf Otto v. Hammerstein aus dem Geschlecht der Konradiner – bekannt durch seinen aufsehenerregenden Eheprozeß – hier wohnte. Die 1020 von Kaiser Heinrich II. belagerte Burg wurde erst durch Aushungerung bezwungen. Nach dem Tode von Ottos Sohn Udo 1034 gelangte die Burg in Reichsbesitz. 1071 ließ Kaiser Heinrich IV. die offenbar in Verfall geratene Festung wiederherstellen und übergab sie königlichen Ministerialen, den späteren Burggrafen v. Hammerstein. Die u.a. dem Schutz der Zoll- und Münzstätte Hammerstein dienende Reichsburg bot 1105 dem hierher mit den Reichsinsignien geflüchteten Heinrich IV. kurzfristig Unterkunft. Ohne Ausgrabungen ist nicht zu klären, ob der turmartige Kernbau bereits um 1000 oder erst unter Heinrich IV. errichtet wurde.

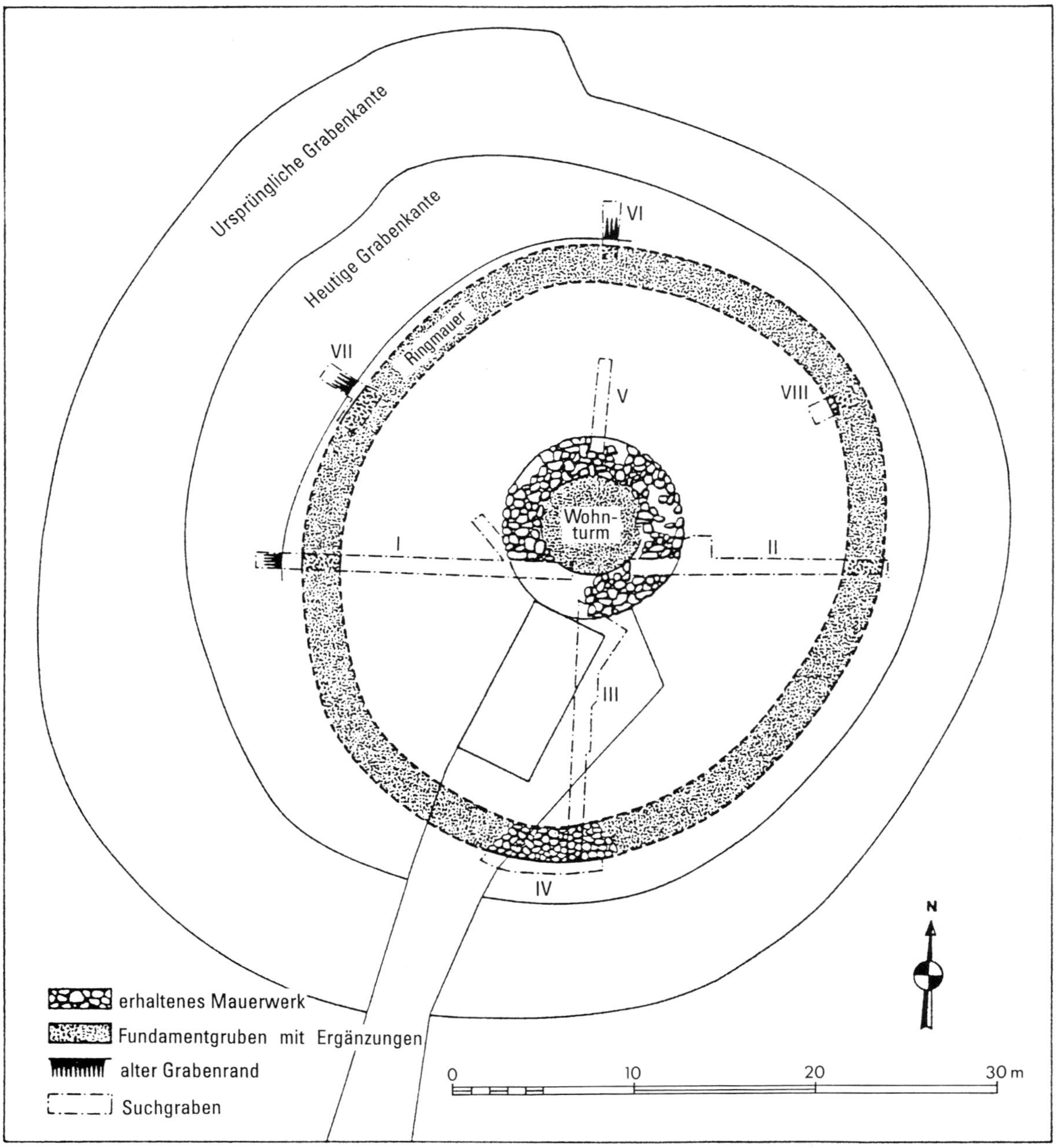

Abb. 38 Plan der Turmburg bei Obertshausen (Nr. 27).

Abb. 39
Grundriß des Wohnturms von Nieder-Ohmen (Nr. 28).

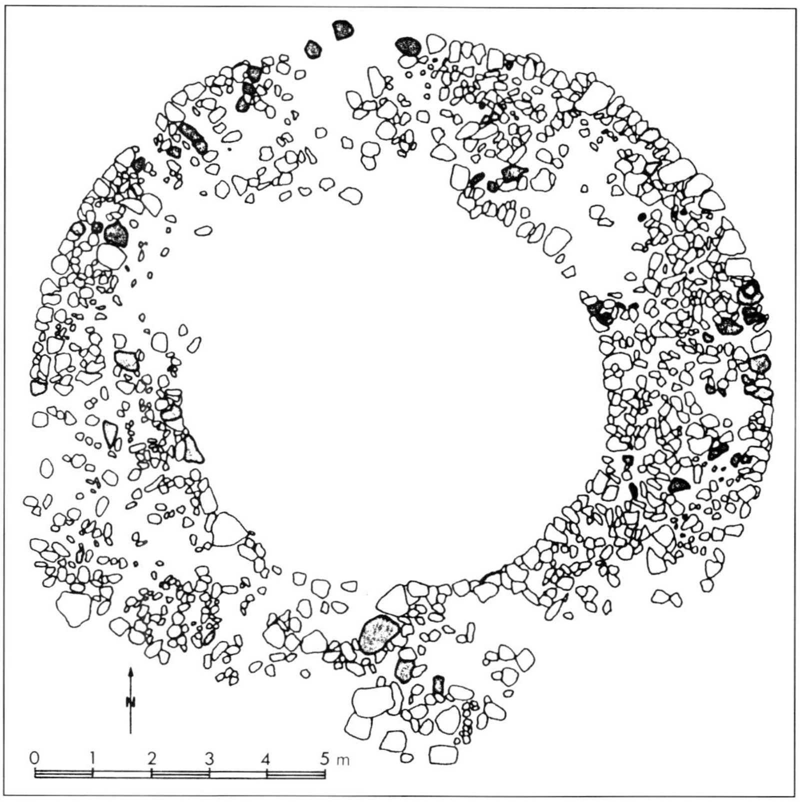

D. Turmburgen mit rundem Wohnturm

27. – 300 m südöstlich des Ortskerns von Obertshausen, Ldkr. Offenbach, liegt in der einst sumpfigen Bachniederung die von einem ehemals bis zu 14 m breiten Wassergraben umgebene Turmburg »Im Hain« (Abb. 38)[61]. Eine 2,2 m breite, gemörtelte Ringmauer umschloß das ovale, 28 m × 31 m große Burgareal, in dessen Mitte ein runder Wohnturm von 10,2 m Durchmesser und 2,4 m Mauerstärke stand. Den Grabenaushub hatte man zum Aufschütten des Burghofes verwendet, so daß der Turm (5,4 m Innendurchmesser) leicht »eingemottet« war. Eventuell vorhandene hölzerne Bauten konnten wegen der sehr kleinen Grabungsschnitte innerhalb des Mauerberings nicht nachgewiesen werden. Die recht einheitlich wirkende Keramik, mehrheitlich örtlich produzierte Ware Pingsdorfer Art, kann ins 11./12. Jahrhundert datiert werden und bezeugt eine nur kurze Benutzungszeit der Wehranlage, die mit den zwischen 1143 und 1151 genannten Herren v. Hausen, vermutlich Verwandten der Edelherren v. Hainhausen-Eppstein, in Verbindung gebracht wird.
28. – Unmittelbar am Ufer der Ohm wurde im Norden des Dorfes Nieder-Ohmen, Gde. Mücke, Vogelsbergkreis, das Fundament eines mächtigen runden Wohnturms von 13 m Durchmesser gefunden (Abb. 39)[62]. Die 3 m starken, aus unregelmäßigen Bruchsteinen in Zweischalentechnik aufgeführten

61 K. Nahrgang, Die Turmburg Obertshausen. Stadt- und Landkreis Offenbach am Main. Studien und Forschungen. Beihefte zum Atlas f. Siedlungskde., Verkehr, Verwaltung, Wirtschaft u. Kultur (1955–1965) 305–315. – H. F. Friedrich, Die Herren von Hausen hinter der Sonnen und ihre Erben. Ebd. 316–318. – H. Göldner u. K. Ulrich, Die Turmburg »Burg im Hain« bei Obertshausen. In: Führer zu arch. Denkmälern in Deutschland 19: Frankfurt am Main und Umgebung (1989) 250–254 mit Abb. 85, die hier übernommen wurde.

62 C. Theune u. U. Vogt, Die ottonische Niederungsburg in Nieder-Ohmen, Gde. Mücke, Vogelsbergkreis. Arch. Denkmäler in Hessen 73 (1988). Der Grundriß des Wohnturms wurde diesem Heft entnommen.

Mauern umschlossen einen nutzbaren Innenraum von 7 m Durchmesser. Die bei den Ausgrabungen geborgene Keramik wird ins 9./10. Jahrhundert, überwiegend aber ins 11. Jahrhundert datiert. Ob die ältere Tonware auf eine schon in karolingisch-ottonische Zeit zurückreichende Besiedlung an dieser hochwassergefährdeten Stelle hinweist, bevor dann vermutlich im 11. Jahrhundert der Wohnturm erbaut wurde, kann vorerst nicht entschieden werden. Im Jahre 1008 tauschte Kaiser Heinrich II. seinen Königshof Amena (Nieder-Ohmen) samt allen Besitzungen mit dem Mainzer Erzbischof Willigis gegen andere Güter. Die Lage dieses Hofes ist unbekannt, doch wird man ihn vielleicht am ehesten im weiter südlich, innerhalb der Ohmschleife gelegenen alten Ortskern nahe der Kirche vermuten dürfen. Es wäre daher gut vorstellbar, daß Mainzer Ministeriale, die in der Folgezeit mit der Verwaltung der großen Curtis betraut worden sein dürften, in der natürlich geschützten Ohmniederung eine mächtige Turmburg errichteten, um die erzbischöflichen Interessen wirksam vertreten zu können.

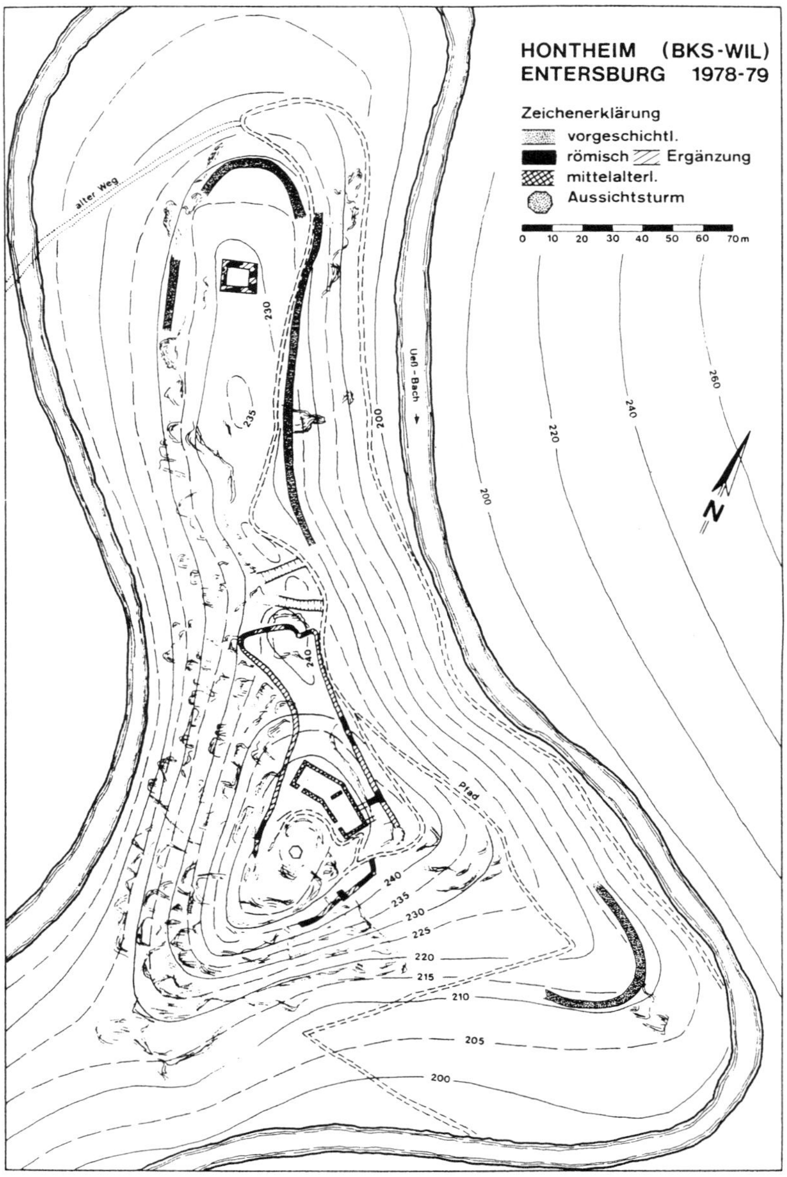

Abb. 40
Plan der Entersburg bei Hontheim (Nr. 29).

E. Burgen mit palasartigen Wohnbauten ohne erkennbare Wohntürme

29. – Ein felsiger, auf drei Seiten vom Ueßbach umflossener Bergsporn nordwestlich von Hontheim, Ldkr. Bernkastel-Wittlich, trägt die Reste der mittelalterlichen Entersburg (Nantirsburg), die an der Stelle einer keltischen Befestigung und eines spätrömischen Refugiums angelegt worden war (Abb. 40)[63]. Im Schutze der höchsten Felskuppe, mit Spuren von Pfostenlöchern unbekannter Zeitstellung, wurde auf der nördlich vorgelagerten Terrasse ein gut 30 m langes und etwa 10 m breites Wohngebäude erbaut, das einen in der Mitte leicht winkelförmig eingeknickten Grundriß aufwies (Abb. 41). Die nur 1,1–1,5 m starken Mörtelmauern bestanden aus roh behauenen Schiefersteinen und besaßen auf der Südseite zwei ebenerdige Zugänge von 1,4 bzw. 2,5 m Breite, so daß von einem Wohnturm und somit von einer Turmburg im eigentlichen Sinne nicht gesprochen werden kann. An der Nordostecke des Saalbaues waren vermutlich später in aller Eile in Lehm gesetzte Bruchsteinmauern, die eine torartige Anlage bildeten, angefügt worden. Die in großer Zahl geborgenen Keramikscherben, Pfeilspitzen, Armbrustbolzen, Zierbeschläge und Emailscheibenfibeln sind mehrheitlich ins 11./12. Jahrhundert zu datieren. Dendrochronologische Untersuchungen an sieben aus der Zerstörungsschicht der Burg stammenden Eichenhölzern weisen auf eine Fällungszeit um 1096 hin, ohne daß damit Sicherheit über das Baudatum der Burg gewonnen wäre. In der schriftlichen Überlieferung erscheint die Befestigung in den Jahren 1136–38, als sich zwei Herren v. Nantirsburg in den unberechtigten Besitz der nahe gelegenen erzbischöflichen Burg Arras setzten. Nach Rückkehr des Trierer Erzbischofs Albero von einem Italienzug wurden beide Burgen erobert und die Nantirsburg 1138 zerstört. Ein Aufbau erfolgte nicht mehr.

30. – Auf einem nach Nordosten ins Isenachtal vorspringenden Bergsporn unweit westlich von Bad Dürkheim, Ldkr. Bad Dürkheim, trifft man auf die wenig ansehnlichen Reste der ehemals bedeutenden und ausgedehnten Limburg, von der man einen weit ins Oberrheintal reichenden Ausblick hat. Auf dem langgestreckten Bergplateau, das u. a. schon einer spätrömischen Wehranlage Platz geboten haben dürfte, kann man die verstürzten Hangkantenmauern einer ca. 400 m langen und bis zu 70 m breiten frühmittelalterlichen Befestigung erkennen, die vermutlich ins 9./10. Jahrhundert zu setzen ist (Abb. 42)[64]. Die als Stammburg der Salier geltende Limburg hatte König Konrad II. (1024–1039), der hier einen Teil seiner Jugend verbracht haben soll, schon bald nach seinem Regierungsantritt aufgegeben und das Areal zum Bau einer Benediktinerabtei bestimmt. Dementsprechend sind die 1937 östlich der Klosterruine freigelegten Fundamentmauern der vermutlich unvollständig erfaßten Salierburg zweifelsfrei vor 1025 entstanden (Abb. 43)[65], da sie eindeutig von dem damals begonnenen Kirchenbau überlagert werden. Ungewiß ist aber bis heute die Ausdehnung der eigentlichen Wohn- und Nebengebäude sowie deren genaue Zeitstellung. Sie könnten wegen der überragenden Bedeutung des salischen Grafen- und Herzogsgeschlechts durchaus weit ins 10. Jahrhundert zurückreichen, freilich auch erst um oder kurz nach 1000 errichtet worden sein, als die Salier auf ihre feste Burg in Worms zugunsten des Bischofs verzichten mußten. Die leider nicht modernen Ansprüchen genügenden Ausgrabungen F. Spraters lassen die innere Struktur der salischen Limburg mit ihren sicher mehrperiodigen Bauten nicht deutlich genug hervortreten. Auf den kleinen publizierten Plänen kann man nur eine rechteckige Anlage von ca. 42 m × 50 m erkennen, die an der Südostseite einen über 44 m langen und 10 m breiten Saal (mit vorgelagertem Gang) aufweist. Auf der nordöstlichen Abschlußmauer haben einst Säulen oder Pfeiler gestanden[66]. Ein dominierender Turmbau konnte, sofern er sich nicht unter dem Rechteckchor der Klosterkirche verbirgt, bisher nicht aufgefunden werden. Über die Ergebnisse der jüngsten archäologischen Nachuntersuchungen auf der Limburg berichtet H. Bernhard in diesem Band[67].

63 K.-J. Gilles, Die Entersburg bei Hontheim. Kurtrier. Jahrb. 24, 1984, Funde u. Ausgr., 38–55. Die Vorlagen für die Abb. 40–41 stammen aus diesem Aufsatz.

64 H. Bernhard, Mitt. Hist. Ver. Pfalz 84, 1986, 83 Abb. 4, die hier mit kleiner Korrektur übernommen wurde.

65 F. Sprater, Limburg und Kriemhildenstuhl (1948) 68–70 mit Abb. 55, die hier unverändert übernommen wurde.

66 Neuere Untersuchungen auf der Limburg durch H. Bernhard, Speyer, haben in einigen Punkten die Ausgrabungsergebnisse F. Spraters bestätigen können. Aufgrund zahlreicher Detailbeobachtungen in jüngster Zeit läßt sich aber heute ein modifiziertes Bild vom Aussehen der Salierburg entwerfen. Vgl. Anm. 30.

67 Bernhard u. Barz (Anm. 30).

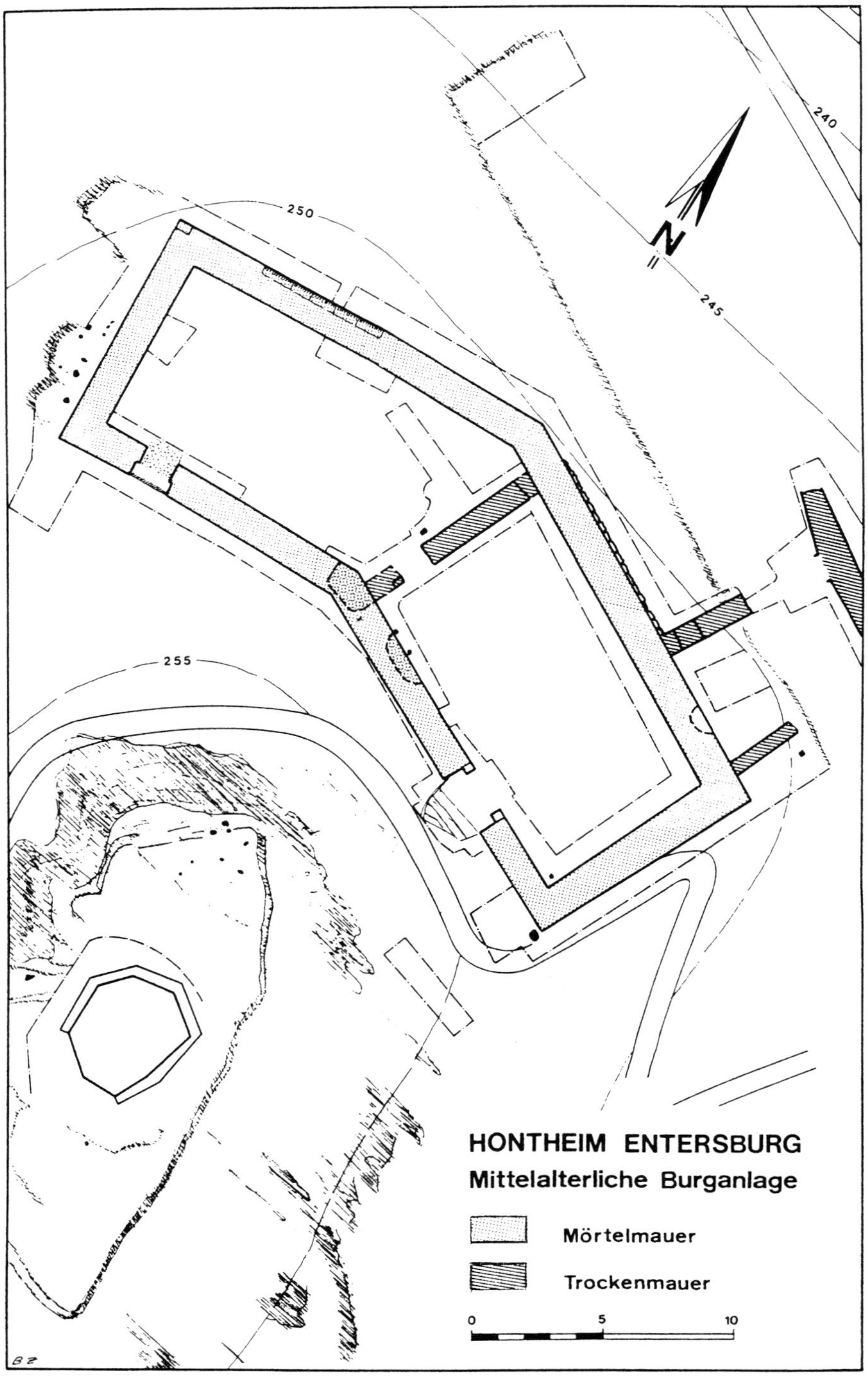

Abb. 41 Grundriß des palasartigen Wohngebäudes der Entersburg bei Hontheim (Nr. 29).

31. – Auf einem dem Haardtrand vorliegenden, nach Südosten ausgreifenden Bergsporn ragt hoch über dem Dorf Haardt, Stadt Neustadt an der Weinstraße, die Burg Winzingen auf, die ihren Namen einem heute in der Kreisstadt aufgegangenen Dorf verdankt[68]. Die älteste Wehranlage, soweit sie jetzt noch erhalten ist, besteht aus einer im Grundriß oval-polygonal gebrochenen Ringmauer von ca. 30 m × 40 m Größe (Abb. 44)[69]. In die Südostecke der Umfassungsmauer ist die als eindrucksvolle Ruine erhaltene, rechteckige und einschiffige Kapelle mit halbrunder Apsis eingefügt. An die dem hl. Nikolaus geweihte Burgkapelle schloß sich nach Westen – leicht verkantet – ein vermutlich gleichzeitiger, rechteckiger Wohnbau von etwa 12 m × 17 m an, dessen ungefähre Abmessungen neueren Untersuchungen Th. Billers verdankt werden[70]. Das zweischalige Mauerwerk besteht aus kleinen, sorgfältig in Schichten verlegten Quadersteinen. Die in Anlehnung an Bauformen des Speyrer Domes aufgeführte Kapelle läßt eine Errichtung der ersten Steinburg, die offenbar über keinen Wohn- oder Wehrturm verfügte, in der Zeit um 1100 bzw. im beginnenden 12. Jahrhundert vermuten. Noch im Verlaufe des 12. Jahrhunderts wurde die ältere Anlage nach Nordwesten um 25 m erweitert, indem man eine fast 3 m starke, ebenfalls polygonal gebrochene Schildmauer halbmondförmig der ersten Befestigung vorlegte. Burg Winzingen war ein Reichslehen im Besitz der Speyrer Bischöfe, die den Wehrbau als Afterlehen an Dienstmannen weitergaben. Mit Berthold v. Winzingen trat diese Familie erstmals 1146 auf, während die Burg selbst sogar erst 1248 erwähnt wurde.

32. – Am Zusammenfluß von Rodalbe und Schwarzbach 2 km östlich von Thaleischweiler-Fröschen, Ldkr. Pirmasens, schiebt sich eine nach drei Seiten steil abfallende Bergzunge des Schloßberges weit nach Süden in den Talgrund bei Biebermühle vor. Er trägt die markanten Überreste einer der größen und bedeutendsten Burgen der Salierzeit im Süden des Landes Rheinland-Pfalz (Abb. 45)[71]. Die neuzeitliche Bezeichnung »Steinenschloß« läßt erkennen, daß der ursprüngliche Burgname infolge fehlender Erwähnung in den schriftlichen Quellen verlorengegangen ist[72]. Allein schon dieser Umstand weist auf das hohe Alter und die frühe Aufgabe der einst mächtigen Wehranlage hin, deren fast 2 m starke Umfassungsmauern einen nord-südlich ausgerichteten langovalen Bering von fast 80 m Länge und bis zu 46 m Breite bilden, wobei die von einem Halsgraben geschützte Nordseite einen geraden, einmal abgeknickten Verlauf aufweist. Ein kammerartig ausgebildetes Tor liegt im Südwesten. Sämtliche bisher im Burgareal freigelegten Gebäude lehnen sich an den aus kleinen Quadersteinen bestehenden Mauerbering an. Das architekturgeschichtlich interessanteste Bauwerk ist ein in die Nordostecke eingefügtes palasartiges Wohngebäude (32 m × 13,5 m) mit seinen vier nebeneinanderliegenden großen Räumen und einem der Hofseite vorgelegten Gang. Zwei Abortschächte ragen nach außen über den Burgbering vor. Das Mauerwerk des vermutlich dreigeschossigen »Palas«, der über einen Kamin und mehrere Kachelöfen verfügte, besteht aus großen, sorgfältig behauenen Sandsteinquadern. Erst zu einem späteren Zeitpunkt wurde unmittelbar hinter der nördlichen Front- oder Schildmauer, die zu diesem Zwecke vermutlich niedergelegt worden war, ein gewaltiger Rundturm von 13 m Durchmesser aus großformatigen Buckelquadern errichtet[73], der die Sicht auf den repräsentativen Wohnbau teilweise verstellte. Beim erneuten Aufrichten der Nordmauer verwendete man zumindest teilweise gleichartige Buckelquader, die im übrigen Mauerbering sonst fehlen. Das durch die Ausgrabungen der letzten vier

68 A. Eckardt, Die Kunstdenkmäler der Pfalz 1: Stadt und Bezirksamt Neustadt a. H. (1926) 168–175. – Stein (Anm. 1) 27–33.

69 Th. Biller, Die Burgengruppe Windstein und der Burgenbau in den nördlichen Vogesen. Veröffentl. Abt. Architektur d. Kunsthist. Inst. d. Univ. Köln 30 (1985) 182 mit Abb. 45a, die hier übernommen wurde.

70 H. Bernhard vermutet an dieser Stelle eher einen quadratischen, turmartigen Wohnbau als einen langrechteckigen Palas. Vgl. Bernhard u. Barz (Anm. 30).

71 Die Baudenkmale in der Pfalz 4 (1894–98) 181–184. – A. Eckardt u. H. E. Kubach, Die Kunstdenkmäler der Stadt und des Landkreises Pirmasens. Die Kunstdenkmäler von Rheinland-Pfalz 2 (1957) 520–524. – Mitt. Hist. Ver. Pfalz 68, 1970, 131 Nr. 376; 84, 1986, 181 f. Nr. 303. – Eine moderne Neuvermessung der Burganlage durch H.-J. Engels und H. Walling vom Landesamt für Denkmalpflege Rheinland-Pfalz, Außenstelle Speyer, bildet die Grundlage für die hier vorgelegte vereinfachte Umzeichnung (Abb. 45). Herrn Engels sowie Frau A. Kluge-Pinsker, die diese Umzeichnung besorgte, sei an dieser Stelle herzlich gedankt.

72 Stein (Anm. 1) 23–26.

73 G. Stein, Grundrisse von Burgen und Schlössern I. In: Pfalzatlas II, Blatt 137 (1988).

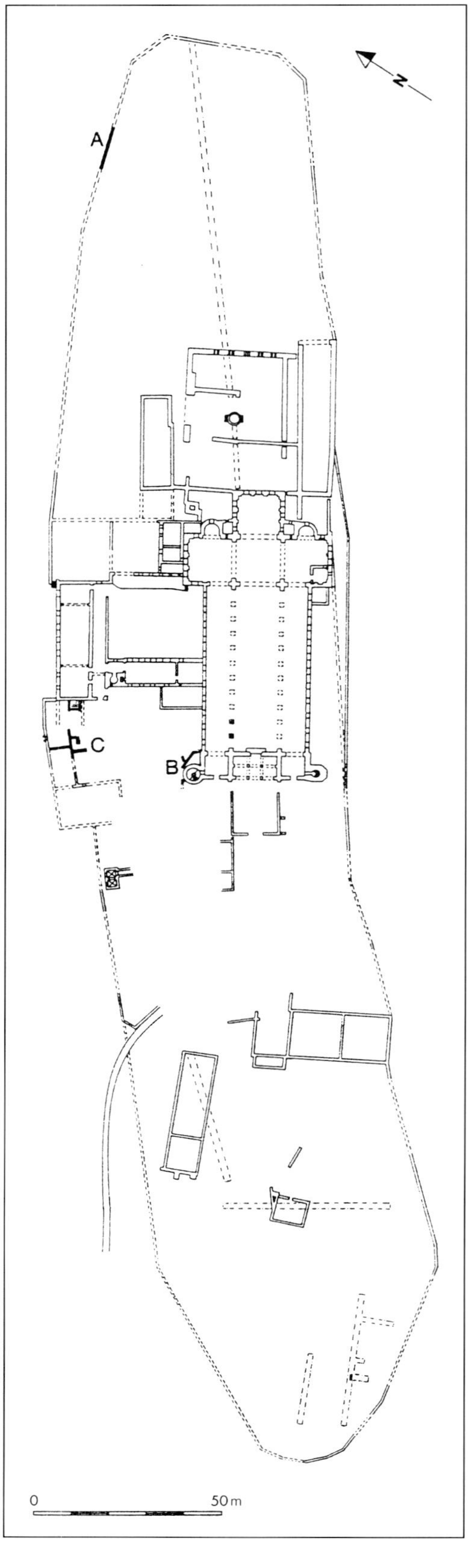

Abb. 42
Gesamtplan der Ausgrabungsbefunde in der Burg- und Klosteranlage Limburg (Nr. 30).

Abb. 43
Schematisierter Grundriß der Salierburg neben dem Kloster Limburg (Nr. 30).
M. ca. 1:700.

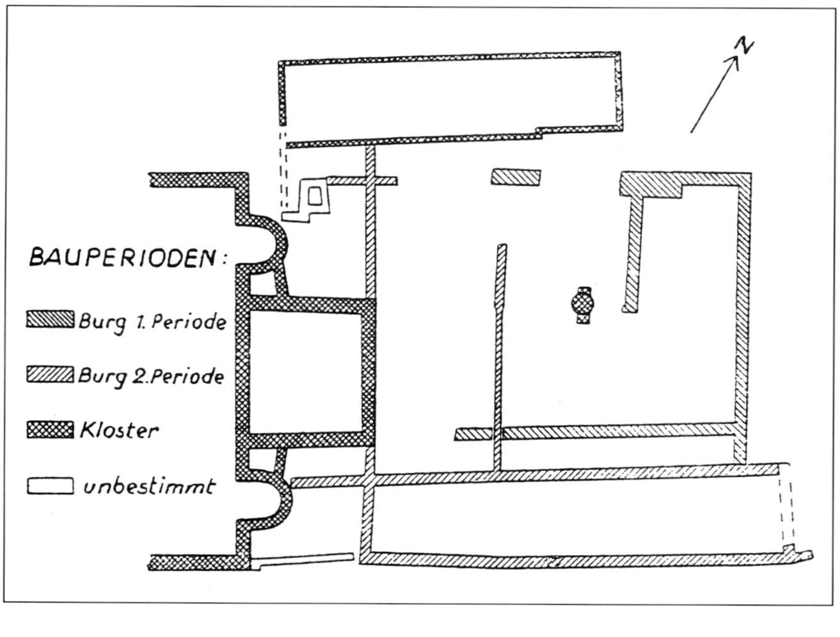

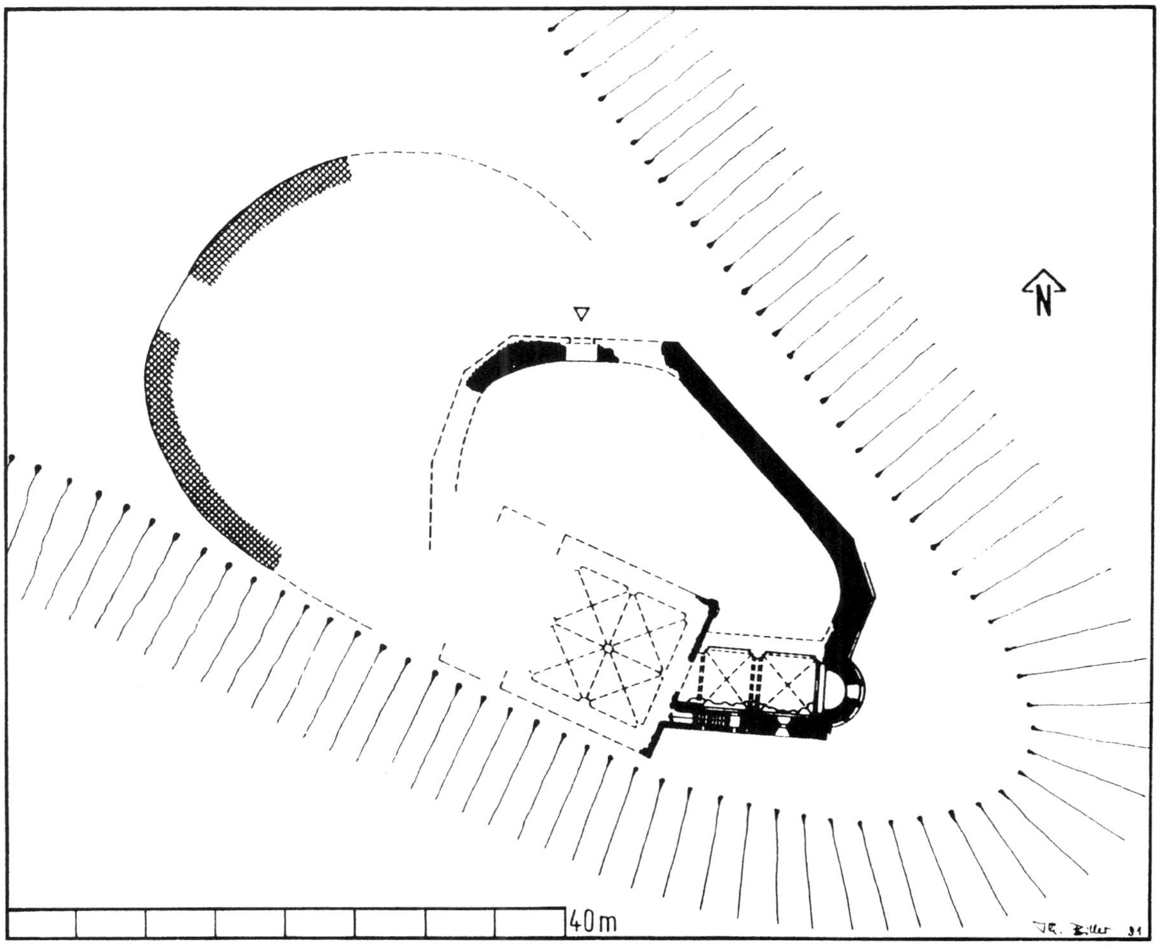

Abb. 44 Grundriß der Burg Winzingen bei Neustadt-Haardt (Nr. 31).
Schwarz: um 1100; kreuzschraffiert: erste Hälfte des 12. Jhs.

Jahrzehnte geborgene reiche Fundmaterial, vor allem die Keramik, läßt auf einen Baubeginn der Burg in spätsalischer Zeit (Ende 11. Jahrhundert/um 1100) schließen[74]. Damals wurden die Umfassungsmauern, der Palas und die anderen erkennbaren Wohn- und Nebengebäude aufgeführt. In der zweiten Hälfte des 12. Jahrhunderts muß der trotz seiner großen nutzbaren Innenfläche als Bergfried zu deutende neue Wehrturm erbaut worden sein. Von einer Turmburg kann man also in diesem Zusammenhang nicht sprechen. Spätestens in den Jahren um oder kurz nach 1200 wurde die Burg endgültig verlassen. Da schriftliche Nachrichten keinerlei Auskunft über Erbauer oder Bewohner der eindrucksvollen Burg geben, ist man nur auf Vermutungen angewiesen. Die ungewöhnlich großzügige Anlage mit ihrer in die Zukunft weisenden Wohnbauarchitektur läßt in jedem Falle an eines der ganz großen, einflußreichen Adelsgeschlechter des Pfälzer Gebietes als Bauherren denken. Aus verschiedenen Gründen hat die Forschung dabei bisher an die Grafen v. Saarbrücken gedacht, die gerade in den Jahrzehnten um 1100 einen raschen machtpolitischen Aufstieg erlebten und u. a. die Bischofsstühle von Mainz und Speyer besetzen konnten[75].

74 Die monographische Bearbeitung der zahlreichen Kleinfunde sowie der Baubefunde vom »Steinenschloß« erfolgt durch A. Kluge-Pinsker. Ihr verdanke ich die Hinweise auf Anfangs- und Enddatierung dieser bedeutenden Burganlage.

75 H. Werle, Die Machtstellung des Saarbrücker Hauses am Mittel- und Oberrhein im 12. Jahrhundert. Saarbrücker Hefte 5 (1957).

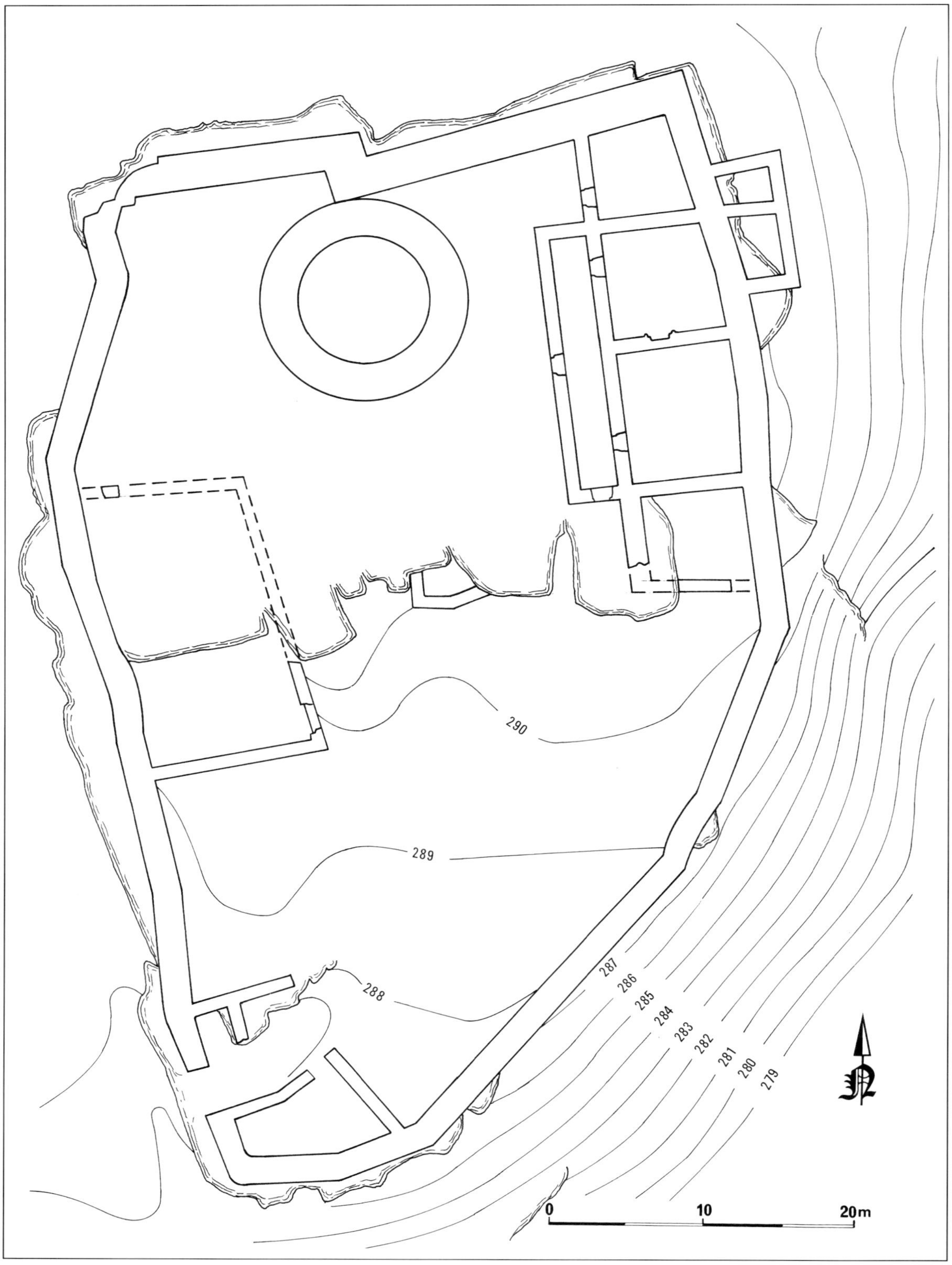

Abb. 45 Vereinfachter Plan der Burg »Steinenschloß« bei Thaleischweiler-Fröschen (Nr. 32).

Außer den vier soeben beschriebenen Burgen verfügten noch zwei weitere, bereits oben genannte Wehranlagen, über entsprechende palasartige Wohngebäude. Doch fügte man sowohl bei der Arnsburg (Nr. 10) als auch beim Weißenstein (Nr. 17), die beide ursprünglich als reine Turmburgen erbaut worden waren, erst in einer späteren Ausbauphase diese neuartigen Bauteile hinzu.

F. Burgen ohne gesicherte innere Baustruktur

Im folgenden werden noch einige Burgen summarisch aufgeführt, die mit einiger Sicherheit in salische Zeit gehören, deren ungenügende archäologische oder baugeschichtliche Erforschung aber kaum einen verläßlichen Eindruck von ihrer einstigen architektonischen Gestaltung vermittelt.

33. – Das fast kreisrunde, flache Plateau des Rickelskopfes bei Stedebach, Gde. Weimar, Ldkr. Marburg-Biedenkopf, dürfte eine ähnliche Befestigung wie die Hollende oder der Weißenstein (Nr. 7 u. 17) besessen haben[76]. Eine am äußeren Plateaurand nachgewiesene Ringmauer umschließt ein Burgareal von vermutlich 22–30 m Durchmesser. Dieses bietet gerade noch Platz für einen Wohnturm unbekannter Form, der sowohl zentral als auch randlich gestanden haben könnte, und für wenige Nebengebäude, von denen ein Grubenhaus oder Keller angeschnitten wurde (Abb. 46). Nach der aufgelesenen Keramik scheint der Besiedlungsbeginn auf der Bergkuppe in die Karolingerzeit zurückzureichen. Der Ausbau zu einer Steinburg, deren Besitzer bislang unbekannt geblieben sind, wird aber wohl erst in salischer Zeit erfolgt sein.

34. – Aus der nahezu völlig ebenen Rheinniederung bei Alsbach-Hähnlein, Ldkr. Darmstadt-Dieburg, erhebt sich, umgeben von Altläufen des Neckars, die gewaltige Hochmotte des »Weilerhügels«[77], der bei einem Basisdurchmesser von 55–60 m noch heute eine Höhe von 11 m aufweist (Abb. 47)[78]. An seiner Südwestflanke schließt sich eine leicht erhöhte, fast quadratische Vorburg von 55 m Seitenlänge an. Zwei einst wassergefüllte Gräben umgaben die eindrucksvolle Wehranlage. Die bei gelegentlichen Grabungen gefundene Keramik reicht vom 11.–15. Jahrhundert. Vermutlich erfolgte der Ausbau der Burg von einer ebenerdigen Wasserburg zur Hochmotte in mehreren Perioden, die sich sicherlich über das ganze 11. Jahrhundert erstreckten. In seinem letzten Baustadium verfügte der Hügel mit großer Wahrscheinlichkeit über einen mächtigen steinernen Wohnturm, worauf einzelne Architekturteile hinweisen. Die hochaufragende Turmburg in der Rheinebene bei Hähnlein gilt als Stammsitz der Edelherren v. Bickenbach, die 1130 zum ersten Male historisch faßbar werden, als Konrad I. v. Bickenbach in Anwesenheit zahlreicher weltlicher und geistlicher Würdenträger die Burgkapelle St. Bartholomäus weihen ließ. Vielleicht bildete dieser recht aufwendig gestaltete kirchliche Akt den Höhepunkt und Abschluß des Burgenbaues auf dem »Weilerhügel«. Schon hundert Jahre später verlegten die Herren v. Bickenbach ihre Residenz auf das sogenannte Alsbacher Schloß, eine den gestiegenen Wohnansprüchen besser genügende Höhenburg am nahen Odenwaldrand. Die unmodern gewordene Turmhügelburg diente fortan nur noch als Wirtschaftshof.

35. – Nur 1,5 km südlich von Lipporn, Rhein-Lahn-Kreis, liegt auf einem flachen Bergrücken oberhalb des Werkerbaches die sogenannte Lipporner Schanze, eine frühmittelalterliche, rechteckige Ringwallanlage mit abgerundeten Ecken von 65 m × 110 m Außenmaßen (Abb. 48)[79]. Die sehr breite Holz-Stein-Erde-Mauer, der ein Graben vorgelagert war, besaß vier Tore, darunter eines mit einbiegenden Wallenden, ein für die karolingische und ottonische Zeit mehrfach bezeugter Typ. Von der bei

76 Gensen (Anm. 8) 164 ff. mit Abb. 8, die hier übernommen wurde.

77 Böhme (Anm. 53) mit älterer Literatur. – M. Steinmetz, Frühe Niederungsburgen in Südhessen und angrenzenden Gebieten (1989) 9–12.

78 H. Göldner, Der Weilerhügel bei Alsbach-Hähnlein, Arch. Denkmäler in Hessen 81 (1989). Dieser Publikation ist die Vorlage für Abb. 47 entnommen.

79 E. Brenner, Die Lipporner Schanze. Nass. Heimatbl. 17, 1913, 33–40 mit Abb. 10, die hier übernommen wurde. – R. v. Uslar, Studien zu frühgeschichtlichen Befestigungen zwischen Nordsee und Alpen (1964) 132 f.

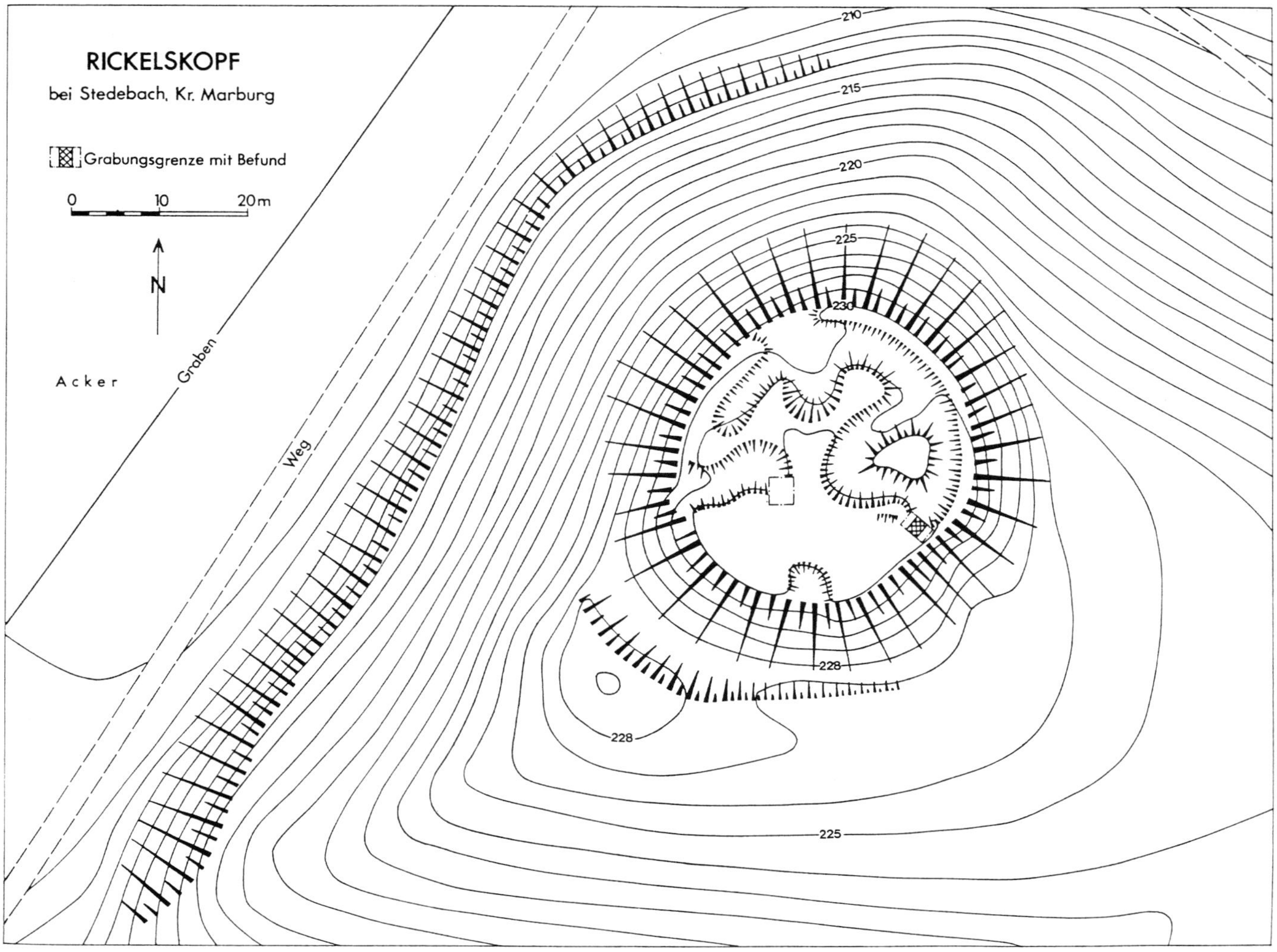

Abb. 46 Plan der Burg auf dem Rickelskopf bei Weimar-Stedebach (Nr. 33).

Grabungen gefundenen Keramik könnten zwei Scherben dem 10./11. Jahrhundert angehören, ebenso wie zwei Bruchstücke skulptierter Bauplastik[80]. Etwa 700 m weiter südlich finden sich auf einem nach drei Seiten steil abfallenden Felssporn die spärlichen Reste einer annähernd viereckigen hochmittelalterlichen Burg, deren verstürzte Umfassungsmauern einen Bering von etwa 35 m × 65 m umschließen (Abb. 49)[81]. Aus einer hochaufragenden Felsrippe innerhalb des Burgareals sind an zwei Stellen größere Partien herausgeschrotet worden, die wie bei der Burg Nister (Nr. 4) Holzeinbauten aufgenommen haben könnten. Funde sind aus dieser »Alteburg« nicht bekannt geworden. Mit der zweifellos älteren Ringwallanlage (Lipporner Schanze), deren Anfänge mit einiger Wahrscheinlichkeit ins 9./10. Jahrhundert zurückreichen werden, lassen sich vermutlich einige historische Nachrichten der Gründungssage des nahegelegenen Klosters Schönau in Verbindung bringen, wonach Herzog Hermann von Schwaben seinem Vasallen Drutwin v. Lipporn zwischen 940 und 947 Reliquien des hl. Florin für die Kapelle zu

80 Nach frdl. Auskunft von A. Kluge-Pinsker, die das gesamte Fundmaterial im Mus. Wiesbaden studierte.

81 Schapper, Bericht über die Untersuchung der alten Verschanzungen in der Nähe von Lipporn. Nass. Ann. 1, 1830, H. 2/3, 197–201 mit Taf. 6, die hier übernommen wurde.

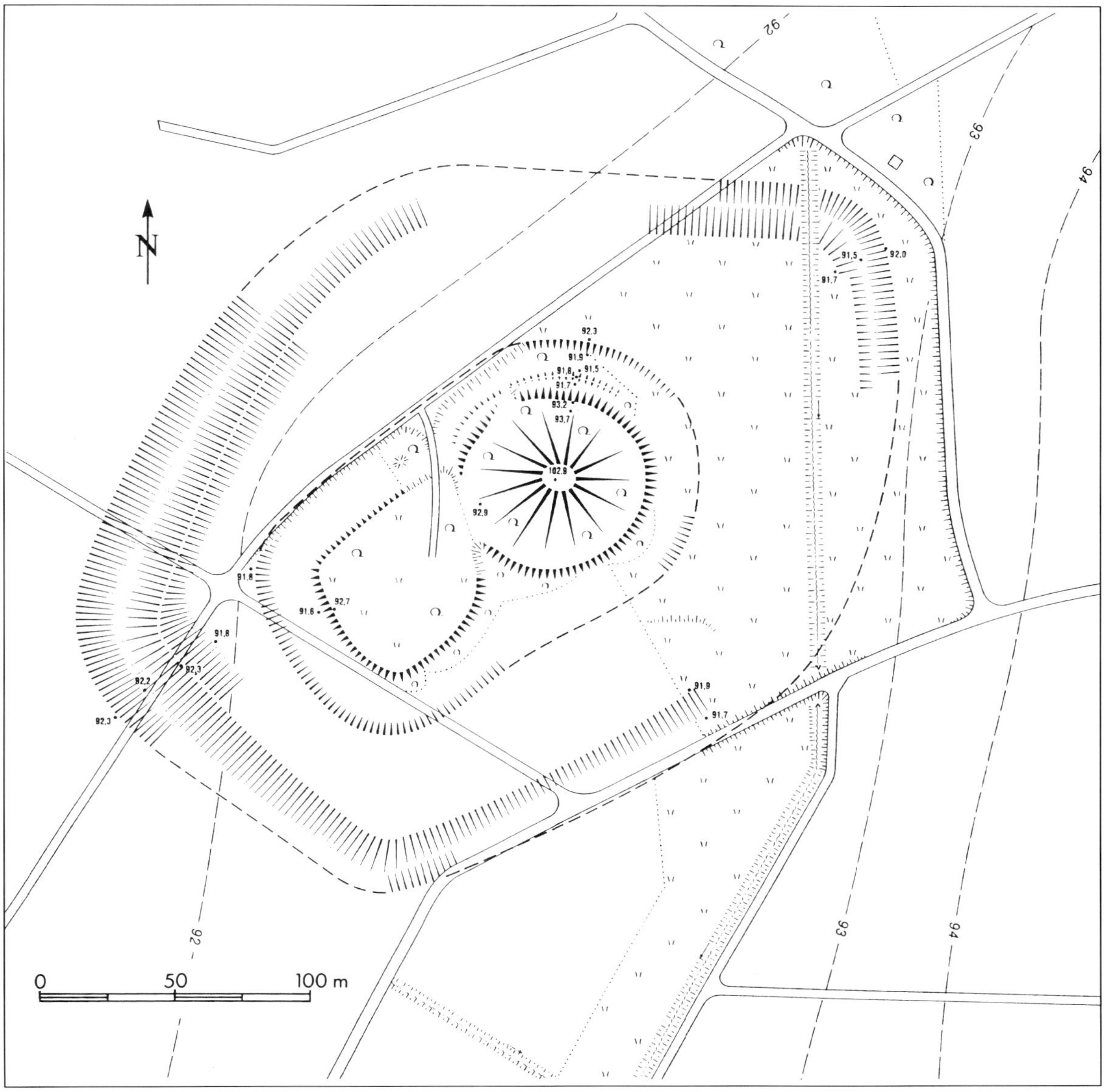

Abb. 47 Plan der Turmhügelburg »Weilerhügel« bei Alsbach-Hähnlein (Nr. 34).

Lipporn überließ[82]. Die altertümliche »Schanze« bei Lipporn blieb wohl bis an die Wende vom 10. zum 11. Jahrhundert in Benutzung. Zu dieser Zeit entsprach sie aber kaum noch den an eine zeit- und standesgemäße Adelsburg zu stellenden Ansprüchen, worauf vermutlich im 11. Jahrhundert die auf dem Felssporn gelegene »Alteburg« errichtet worden sein dürfte. Diese jüngere hochmittelalterliche Befestigung mag Anfang des 12. Jahrhunderts noch im Besitz des Grafen Tuto (Dudo) v. Laurenburg, Vogt zu Lipporn, gewesen sein, der als Nachfahre des oben genannten Drutwin bezeichnet wird. Freilich hatte er bereits um 1100 seinen Hauptwohnsitz auf die Laurenburg oberhalb der Lahn verlegt, nach der er und seine Erben sich fortan nannten. 1117 übergab Tuto seine Lipporner Güter dem Schaffhäuser

82 P. Wagner, Untersuchungen zur älteren Geschichte Nassaus und des nassauischen Grafenhauses. Nass. Ann. 46, 1920/25, 112–188, bes. 147ff. – K. H. May, Beiträge zur Geschichte der Herren zu Lipporn und Grafen von Laurenburg. Nass. Ann. 60, H. 1, 1943, 1–65, bes. 11ff. – H. Gensicke, Untersuchungen über Besitz und Rechtsstellung der Herren zu Lipporn und Grafen von Laurenburg. Nass. Ann. 65, 1954, 62–80.

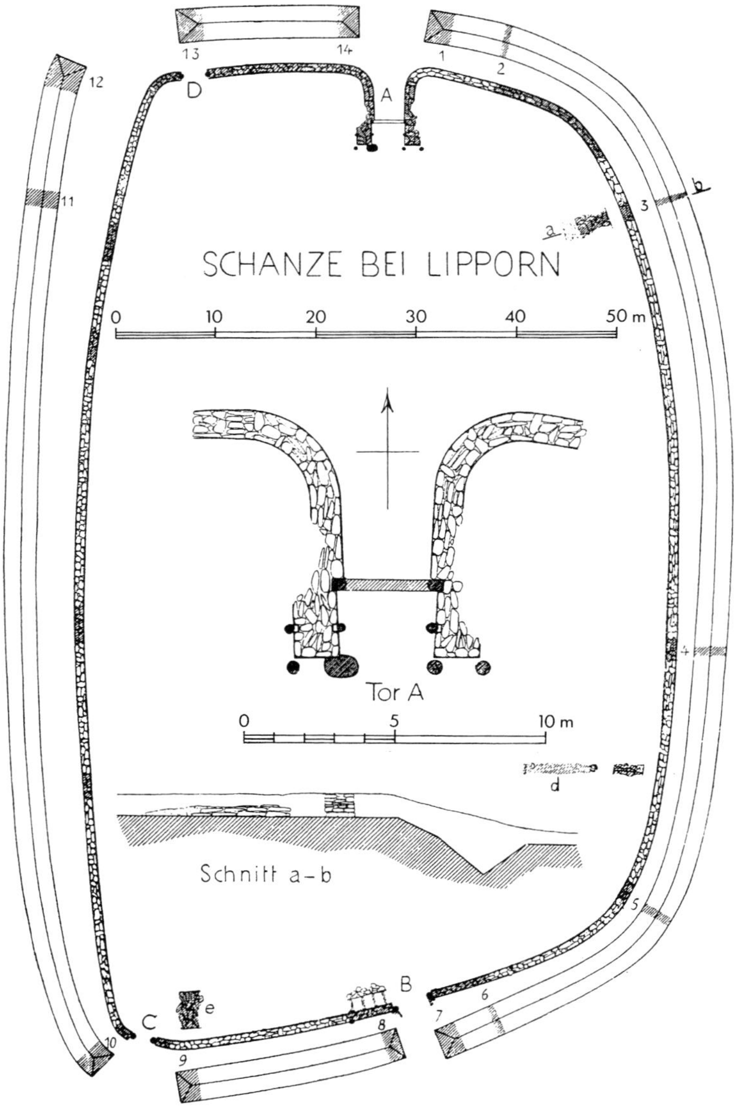

Abb. 48
Plan der frühmittelalterlichen Befestigung »Schanze« bei Lipporn (Nr. 35).

Allerheiligenkloster zur Gründung einer Propstei in Lipporn. Bereits 1126 verlegte sein Sohn, Graf Ruprecht v. Laurenburg, Vorfahre der späteren Nassauer Grafen[83], diese ältere Familienstiftung ins nur 2 km entfernte Strüth, wo er das Benediktinerkloster Schönau als Hauskloster des Geschlechts gründete.

36. – Auf dem steil nach drei Seiten abfallenden, abgeplatteten Schieferfelsen von Ravengiersburg, Rhein-Hunsrück-Kreis, der vom Simmerbach umflossen wird, dürfte um die Mitte des 10. Jahrhunderts durch Ravenger eine Burg angelegt worden sein, deren zu vermutende Größe etwa 100 m × 120 m betragen haben könnte (Abb. 50)[84]. Es ist anzunehmen, daß diese ausgedehnte Wehranlage den Grafen im Trechirgau als Refugium diente. Wie diese »Ravengeresburc« im späteren 11. Jahrhundert ausgesehen hat, als sie 1074 von dem kinderlosen Grafen Berthold und seiner Frau Hedwig dem Mainzer Erzbischof zwecks Gründung eines Chorherrenstiftes übergeben wurde, ist völlig ungeklärt. Fraglich ist auch, ob

83 Vgl. Anm. 82. – H. Gensicke, Untersuchungen über die Anfänge des Hauses Laurenburg-Nassau. Nass. Ann. 66, 1955, 1–10. – Gensicke (Anm. 15) 155 ff.

84 M. Backes, H. Caspary u. N. Müller-Dietrich, Die Kunstdenkmäler des Rhein-Hunsrück-Kreises (Teil 1: ehemaliger Kreis Simmern). Die Kunstdenkmäler von Rheinland-Pfalz 6,1 (1977) 729 ff., bes. 738 Abb. 669, die hier leicht ergänzt übernommen wurde.

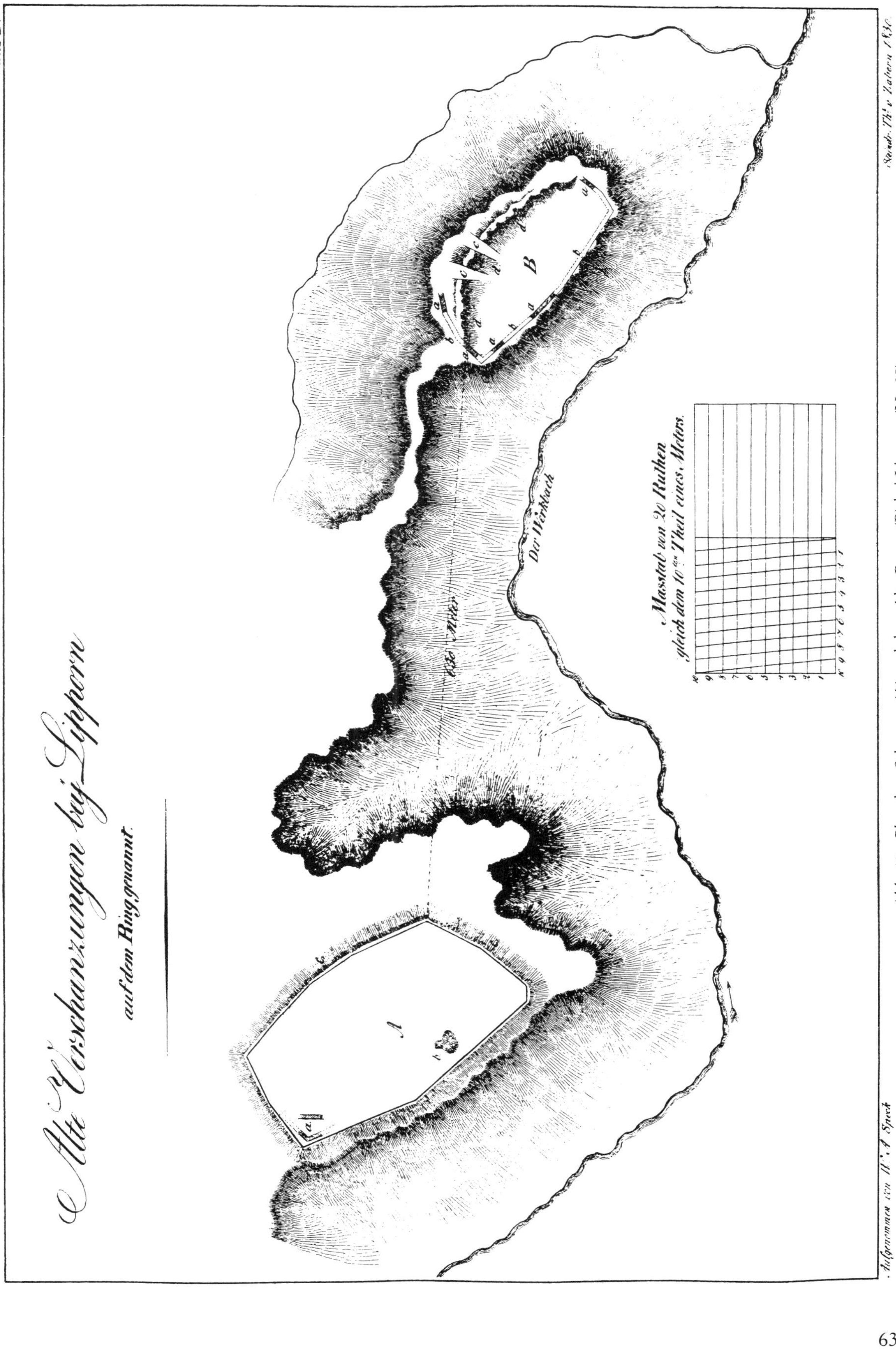

Abb. 49 Plan der »Schanze« (A) und der »Alte Burg« (B) bei Lipporn (Nr. 35).

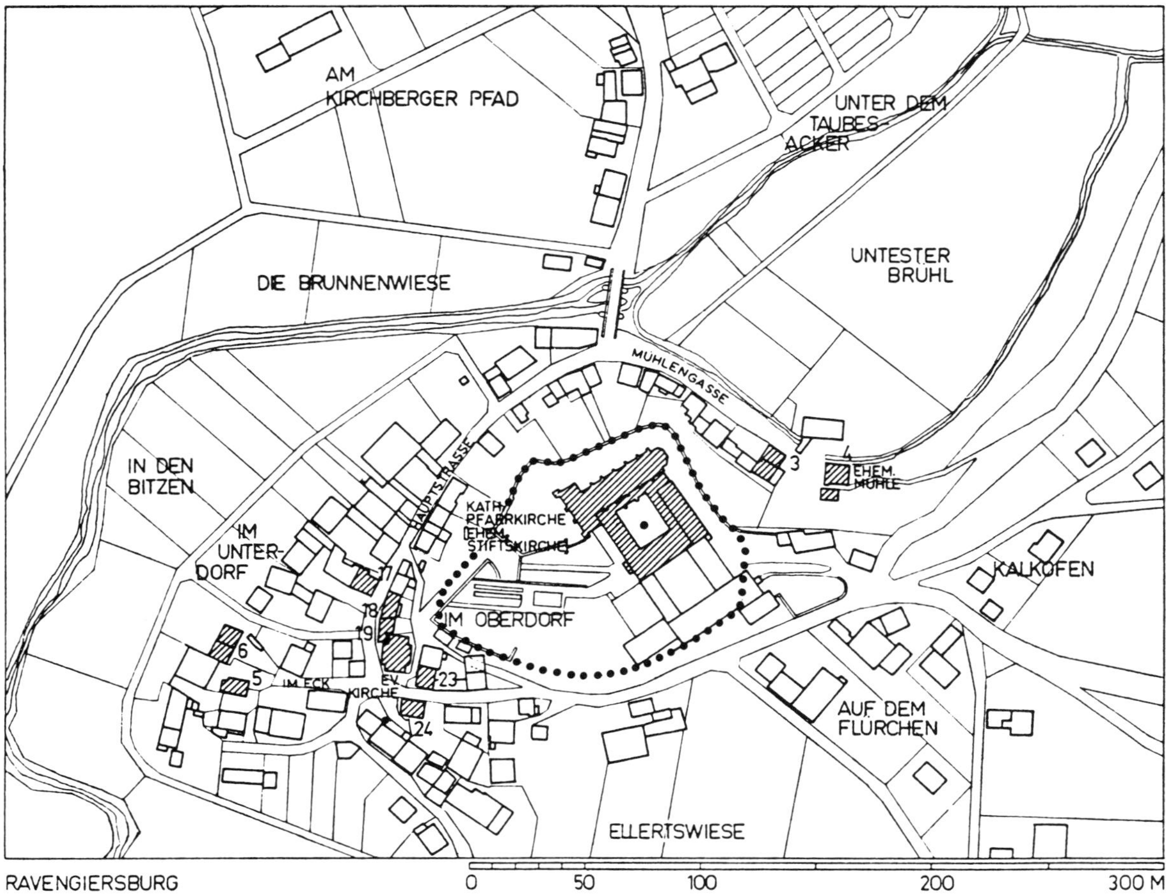

Abb. 50 Ortsplan von Ravengiersburg mit Kennzeichnung der vermuteten Burganlage (Nr. 36).

das gut erhaltene Fischgrätenmauerwerk im östlichen Kreuzgangkeller und eine in den Fels eingetiefte Wassersammelanlage als Reste der einstigen Befestigung anzusehen sind[85]. Sicher ist nur, daß die Ravengiersburg vor ihrer Umwandlung in ein Kloster über eine dem hl. Christophorus geweihte Burgkapelle verfügte.

37. – Auf einem nordsüdlich verlaufenden, nach allen Seiten steil abfallenden Bergplateau von 200 m Länge und 30–60 m Breite neben dem Dorf Schloßböckelheim, Ldkr. Bad Kreuznach, befand sich hoch über der Nahe offensichtlich eine der großen frühmittelalterlichen Bergbefestigungen des 9./10. Jahrhunderts, die kontinuierlich bis ins Hochmittelalter und darüber hinaus in Benutzung blieben. Die vollständige Zerstörung der ausgedehnten Anlage im Jahre 1688 hat dazu geführt, daß die kümmerlichen Überreste heute keine Hinweise mehr auf deren einstige Bebauung geben (Abb. 51)[86]. Ein hoher, umfangreicher Schutt- und Trümmerhaufen im Zentrum der Burg Böckelheim erhebt sich an der Stelle eines auf älteren Ansichten kenntlichen mächtigen, breiten Turmes, der ursprünglich durchaus als Wohn- und Wehrturm in salischer Zeit errichtet worden sein könnte und später als Bergfried gedient haben mag. Nach Süden schlossen sich nach Aussage älterer Bildquellen größere Wohnbauten an. Unmittelbar nördlich des verstürzten Turmes riegelte ein später verfüllter Abschnittswall den Nordteil (Vorburg?) vom offenbar dichter bebauten Südteil der Burg ab. Eine zu Böckelheim (Becchilenheim)

85 Backes, Caspary u. Müller-Dietrich (Anm. 84) 787 mit Abb. 733; 795.

86 W. Zimmermann, Die Kunstdenkmäler des Kreises Kreuznach. Die Kunstdenkmäler der Rheinprovinz 18,1 (1935) 342–344 mit Abb. 254, die hier übernommen wurde.

ausgestellte Urkundenbeglaubigung durch Graf Alberich im Jahre 824 mag sich vielleicht schon auf die Bergbefestigung beziehen lassen, wenngleich das mit letzter Sicherheit nicht zu belegen ist. Spätestens in den Jahren um 1000 hatte aber die Burg schon bestanden, als ein Herzog »Cuno von Beckelnheim« genannt wird, der möglicherweise mit Herzog Konrad von Kärnten aus dem salischen Hause identisch ist. 1044/45 wurde die Burg Böckelheim des Herzogs Gottfried d. Bärtigen von Lothringen (»Beggelinheim castellum Godefridi«) von König Heinrich III. eingenommen und zerstört. Im Jahre 1065 schenkte Heinrich IV. die königliche Burg zusammen mit dem Reichsgut zu Kreuznach dem Bischof von Speyer. Gegen Ende des Jahres 1105 ließ Heinrich V. seinen Vater, Kaiser Heinrich IV., gefangen auf Burg Böckelheim führen, wo ihn der Speyrer Bischof zu bewachen hatte. Die Burg muß nach diesen historischen Ereignissen zu urteilen zur Salierzeit bereits eine aufwendig ausgestattete, bedeutende Wehranlage gewesen sein.

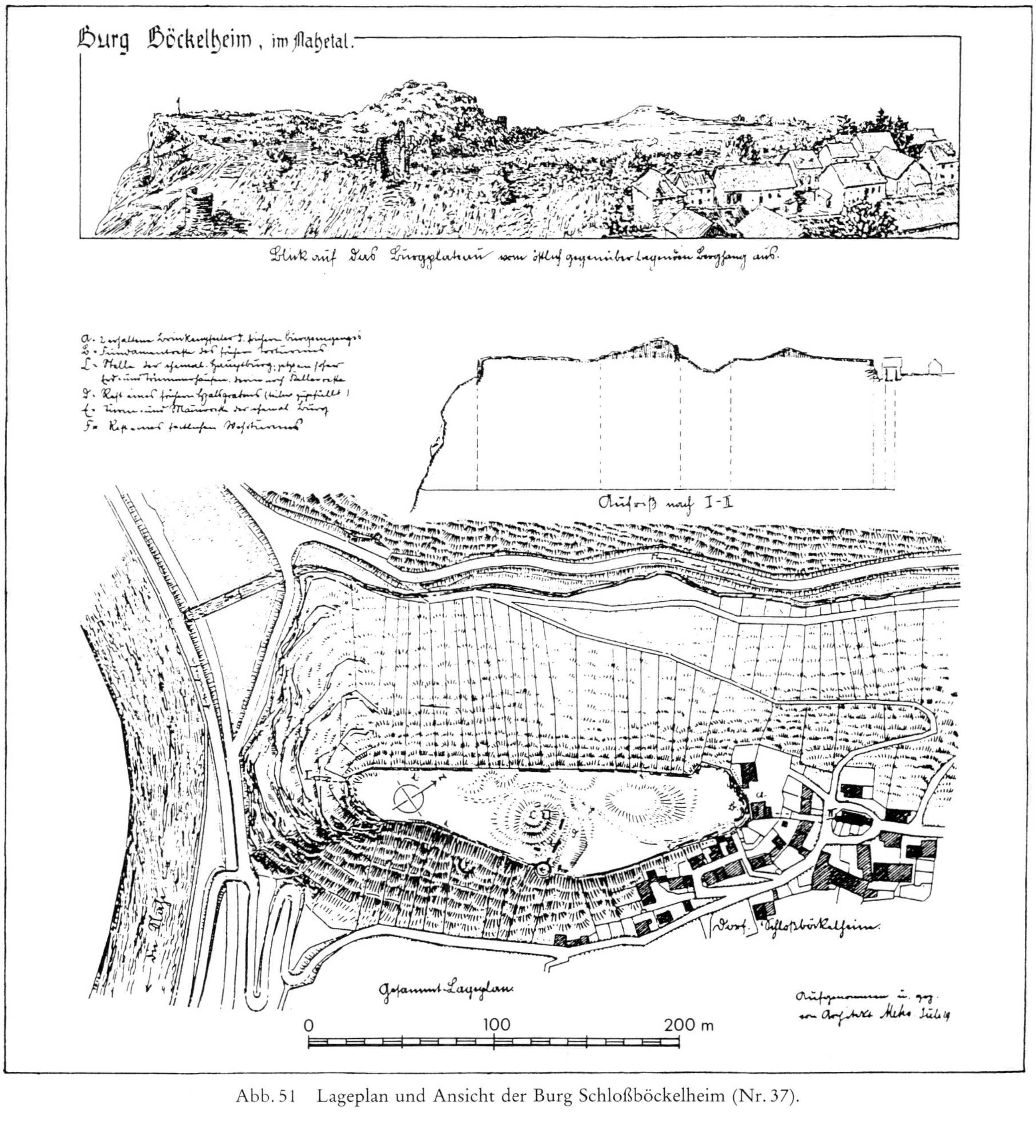

Abb. 51 Lageplan und Ansicht der Burg Schloßböckelheim (Nr. 37).

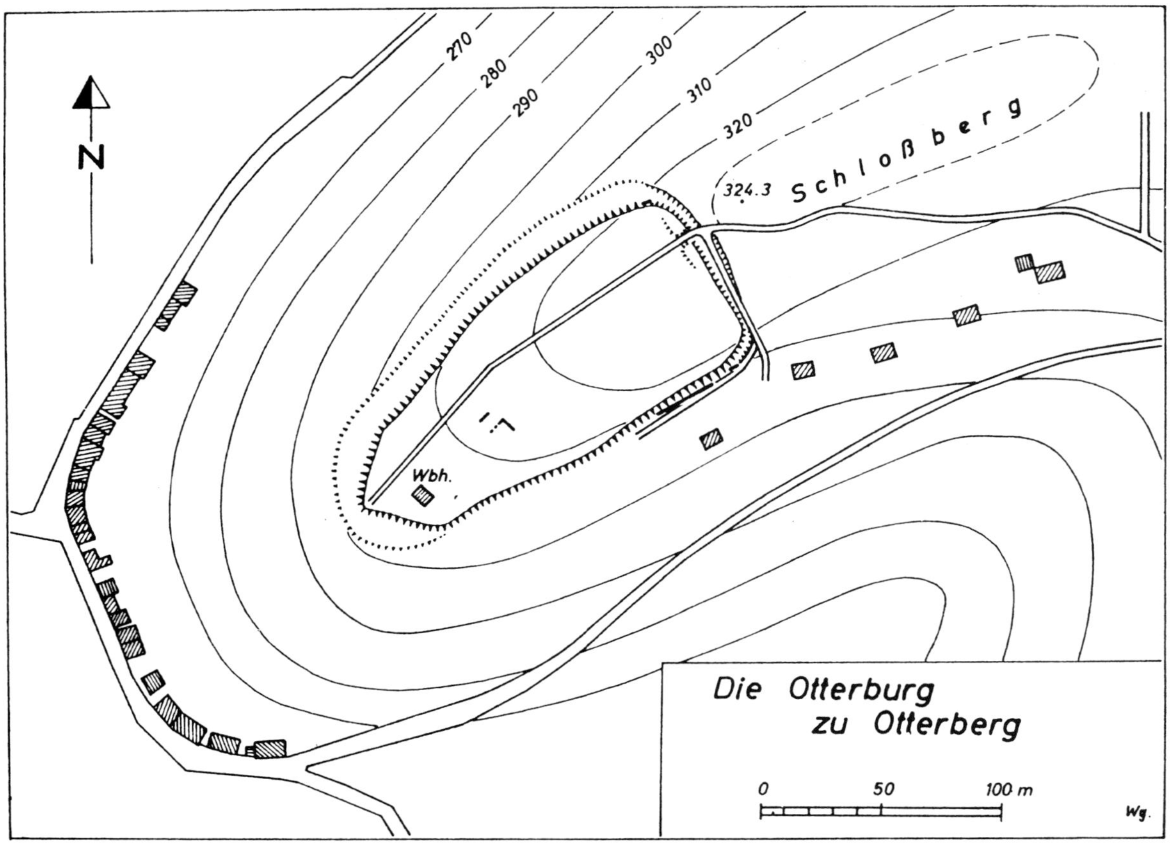

Abb. 52 Lageplan der Otterburg bei Otterberg (Nr. 38).

38. – Direkt nordöstlich der Stadt Otterberg, Ldkr. Kaiserslautern, liegen auf dem spornartig ins Otterbachtal vorspringenden Schloßberg die wenig eindrucksvollen Überreste der Otterburg (Abb. 52)[87]. Die wegen ihrer recht großen Ausdehnung (175 m × 70 m) vermutlich schon im Frühmittelalter angelegte Befestigung war im Nordosten durch einen vorgelagerten 5 m breiten Abschnittsgraben vom nur sanft ansteigenden Bergrücken abgeriegelt. Unter dem Erdwall auf der Grabeninnenböschung werden sich die Reste der östlichen Wehrmauer verbergen. Weitere Mauerzüge aus sorgfältig behauenen und in Schichten gelagerten, großformatigen und vermörtelten Sandsteinquadern kamen bei Rettungsgrabungen am Südosthang der Burg zum Vorschein und dürften als Spuren der hochmittelalterlichen Ringmauer anzusprechen sein. Als Graf Siegefried (v. Otterberg?) 1144 seine alte Otterburg mit dem zugehörigen Grundbesitz der Zisterzienserabtei Eberbach im Rheingau schenkte, um darin ein später ins Tal verlegtes Kloster errichten zu lassen, besaß die Wehranlage bereits eine Burgkapelle (ecclesiam in antiquo castro Otterburc sitam). Die Otterburg wird demnach in salischer Zeit schon über umfangreiche Baulichkeiten verfügt haben, deren Aussehen und Abmessungen allerdings erst archäologische Ausgrabungen klären können.

39. – Im Bewußtsein vieler Menschen hat sich Burg Trifels bei Annweiler, Ldkr. Südliche Bergstraße, als mittelalterliches Staatsgefängnis hochgestellter Persönlichkeiten und vor allem als zeitweiliger Aufbewahrungsort der Reichskleinodien fest eingeprägt, so daß in diesem Zusammenhang schon von der

87 A. Eckardt u. T. Gebhard, Die Kunstdenkmäler der Pfalz 9: Stadt und Landkreis Kaiserslautern. Die Kunstdenkmäler von Bayern 6,9 (1942) 352ff., bes. 412. – Kw. Kaiser, Die Otterburg bei Otterberg. Jahrb. Kaiserslautern 7, 1969, 8–14. Aus dieser Arbeit stammt die Vorlage für Abb. 52.

deutschen Gralsburg gesprochen worden ist[88]. Der spätere Ausbau der Bergfeste in staufischer Zeit und die modernen Wiederaufbauarbeiten haben aber das Bild des Trifels so nachhaltig verändert, daß sein ursprüngliches Aussehen zur Salierzeit nicht mehr zu rekonstruieren ist. Die auf einem jäh abfallenden, schmalen und dreigeteilten Felsgrat errichtete Burg, an deren Stelle mit guten Gründen eine Befestigung schon in der Spätantike vermutet wird[89], könnte bereits im 10. Jahrhundert einen weitgehend aus Holzbauten bestehenden Vorläufer besessen haben, dessen geringe Spuren östlich des staufischen Brunnenturms 1937 freigelegt wurden[90]. Dem folgenden 11. Jahrhundert werden u. a. die östlichen Hangmauern der Vorburg sowie ein heute nicht mehr sichtbares Mauerstück aus kleinformatigen, schichtgelagerten Sandsteinquadern an der Ostseite des Palas zugewiesen (Abb. 53)[91]. Man gewinnt aus diesen Beobachtungen den Eindruck, daß der Trifels bereits in salischer Zeit die gleiche Ausdehnung wie später aufgewiesen hat (ca. 130 m × 60 m). Wegen der nur geringen nutzbaren Baufläche der oberen Felsplatte werden an der Stelle, wo jetzt der hochromanische Kapellenturm und der Palas stehen, auch im 11. Jahrhundert vergleichbare turmartig wirkende Wohnbauten anzunehmen sein, ohne daß deren genaue Gestalt und Ausmaße zu bestimmen wären. Allein ein mit Kerbmustern verzierter Sattelstein des 11. bzw. frühen 12. Jahrhunderts spricht für eine reiche Fenstergliederung der oberen Wohngeschosse. Ob der Trifels, wie mehrfach geäußert, um oder bald nach 1025 als Ersatz für die aufgegebene Limburg (Nr. 30) von den Saliern in Stein ausgebaut worden ist, läßt sich nicht entscheiden. Die Bergfeste scheint jedoch im 11. Jahrhundert als Reichsburg gegolten zu haben, denn im Jahre 1081 übergab sie der offenbar kaiserfeindlich gesonnene Edelherr Diemar v. Trifels, ein Verwandter der Egisheimer Grafen, seinem König, in dem die Forschung den Gegenkönig Hermann von Salm erblickt. 1113 gelangte der Trifels aus der Hand des Mainzer Erzbischofs Adalbert an Kaiser Heinrich V. als rechtmäßigen Eigentümer zurück, der kurz vor seinem Tode 1125 den Reichsverweser Herzog Friedrich von Schwaben beauftragte, die Reichsinsignien auf der Festung zu verwahren, wo sie sich freilich in der Folgezeit nicht so lange befanden, wie allgemein angenommen wird.

In die Reihe der zuletzt vorgestellten Burgen salischer Zeitstellung hätte man noch zahlreiche weitere Anlagen aufnehmen können, die aufgrund ihrer frühen historischen Erwähnung oder wegen gelegentlich gemachter Kleinfunde bereits im 11. Jahrhundert bestanden haben müssen, wie z. B. die Altenbaumburg und der Rheingrafenstein im Ldkr. Bad Kreuznach[92], die Boyneburg (Werra-Meißner-Kreis)[93], der Gleiberg (Ldkr. Gießen)[94] oder Altbettingen (Ldkr. Bitburg-Prüm)[95] sowie die Burgen von Katzenelnbogen, Rhein-Lahn-Kreis[96], Cochem[97] und Alf, Ldkr. Cochem-Zell[98], doch wären dadurch die Erkenntnisse zum salischen Burgenbau nicht entscheidend vermehrt oder gar erweitert worden, so daß auf ihre Aufzählung verzichtet wurde[99].

88 Eckardt (Anm. 29) 423–455. – F. Sprater, Der Trifels, die deutsche Gralsburg (1945). – Vgl. auch Leistikow (Anm. 60).

89 H. Bernhard, Mitt. Hist. Ver. Pfalz 79, 1981, 47f.

90 Sprater (Anm. 88) 29f.; 46 mit Abb. – Vgl. dazu die kritischen Bemerkungen von H. Bernhard (Anm. 30).

91 F. Sprater u. G. Stein, Der Trifels. Führungshefte des Landesamtes für Denkmalpflege Rheinland-Pfalz (Verwaltung der staatl. Schlösser) 15 (1986) mit älterer Literatur. Diesem Heft entstammt die Vorlage für Abb. 53. Die Genehmigung zum Wiederabdruck wird dem Hist. Verein der Pfalz zu Speyer (Dr. O. Roller) verdankt. – Vor den Wiederaufbauarbeiten waren noch Teile dieser salischen Mauer zu erkennen, der in staufischer Zeit die Buckelquadermauer des Palas vorgeblendet worden war. A. a. O. 27 Abb. 11. – Vgl. auch Eckardt (Anm. 29) 449 Abb. 318.

92 G. Dehio, Handbuch der deutschen Kunstdenkmäler: Rheinland-Pfalz, Saarland (^{2}1984) 15f. – L. Petry (Hrsg.), Handbuch der historischen Stätten Deutschlands 5: Rheinland-Pfalz und Saarland (^{3}1988) 7f. – Staatliche Burgen und Schlösser in Rheinland-Pfalz. Führer d. Verwalt. d. Staatl. Schlösser Rheinland-Pfalz 7 (^{2}1980) 8f. – Zimmermann (Anm. 86) 111–114.

93 K. Heinemeyer, Boyneburg. In: Die deutschen Königspfalzen, Bd. 1 (Hessen) (1983) 24–44.

94 Schenk zu Schweinsberg (Anm. 16) 229ff. – G. Dehio, Handbuch der deutschen Kunstdenkmäler: Hessen (^{2}1982) 341f.

95 Trierer Zeitschr. 16/17, 1941/42, 237–240 mit Taf. 37, 2.

96 R. Kunze, Burgenpolitik und Burgbau der Grafen von Katzenelnbogen (1969) 52f.

97 W. Wackenroder, Die Kunstdenkmäler des Landkreises Cochem. Die Kunstdenkmäler von Rheinland-Pfalz 3,1 (1959) 144; 216f. – Dehio (Anm. 92) 183.

98 H. Vogts, Die Kunstdenkmäler des Kreises Zell an der Mosel. Die Kunstdenkmäler der Rheinprovinz 19, 3 (1938) 46–50.

99 Weitere, hier nicht erwähnte Burgen salischer Zeitstellung aus der Pfalz und dem Mittelrheingebiet behandeln in diesem Band Bernhard u. Barz (Anm. 30) und Liessem, Bemerkungen (Anm. 12).

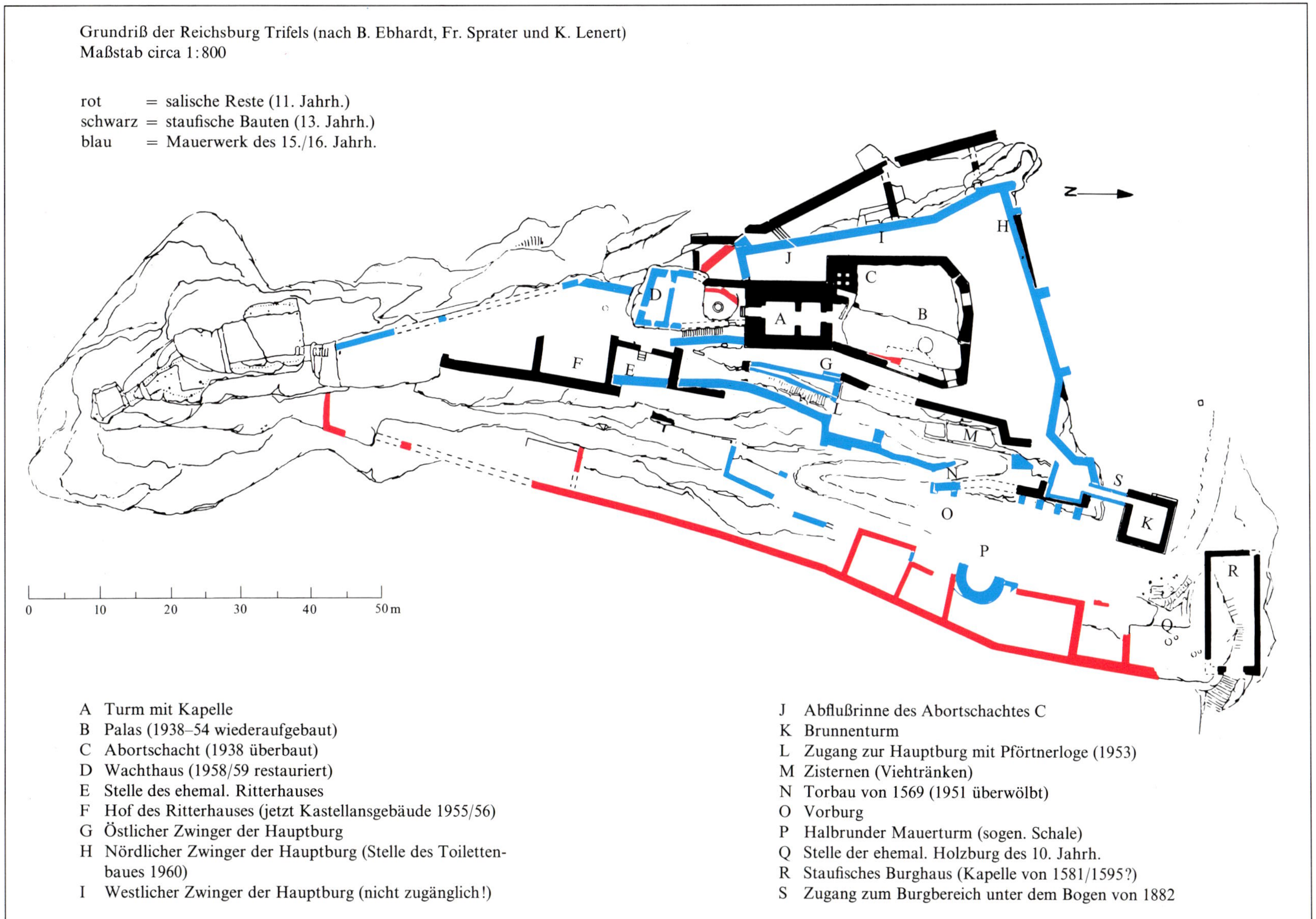

Abb. 53 Grundriß der Burg Trifels bei Annweiler (Nr. 39).

Auswertung und Ergebnisse

Die oft heute noch trutzig und überwältigend wirkende bauliche Erscheinung so mancher mittelalterlichen Burg an Rhein, Mosel und Lahn hat lange Zeit in den Hintergrund des Bewußtseins treten lassen, daß viele dieser Wehranlagen – aus ursprünglich recht bescheidenen Anfängen erwachsen – erst im Verlaufe der Jahrhunderte zu jenen eindrucksvollen Architekturzeugen des Mittelalters geworden sind, deren Gestalt sich uns heute darbietet und die unsere Vorstellungen von einer »feudalen« Adelsburg entscheidend prägen. Erst die sorgfältigen archäologischen Untersuchungen der letzten vier Jahrzehnte, vor allem am Niederrhein [100], in der Schweiz [101] und in Belgien [102], haben deutlich gezeigt, daß zahlreiche jener steinernen Ritterburgen auf einfache Holzburgen als Vorgänger zurückzuführen sind, daß manche dieser Holzburgen niemals einen repräsentativen Ausbau in Stein erlebt haben [103] und daß selbst hochmittelalterliche Befestigungen, die schon das Stadium der Steinbauphase erreicht hatten, heute nur als unbedeutende »Burgställe« oder Erdhügel in Erscheinung treten, wie z. B. Burg Altbolanden (Nr. 18).

Es leuchtet ein, daß der Nachweis einer älteren Holzbauphase, sofern es sie denn gegeben hat, nur mit Hilfe meist aufwendiger Ausgrabungen gelingen kann. Wie eingangs betont, liegen aber für die hier untersuchten Landschaften nur wenige moderne Grabungsbefunde vor, so daß in dieser Beziehung vielfach auf die Ergebnisse anderer Gebiete zurückgegriffen werden muß. Allein die jüngst abgeschlossene Erforschung des Weißensteins bei Marburg-Wehrda (Nr. 17) konnte mit wünschenswerter Sicherheit klarstellen, daß die wohl erst im Hochmittelalter errichtete Turmburg die Stelle hölzerner Vorgängerbauten des 9./10. Jahrhunderts eingenommen hatte. Mit ähnlichen Verhältnissen wird man vielleicht auch auf der Burg Nister im Westerwald, dem Großen Stiefel, der Humburg und dem Trifels (Nr. 4, 15, 24, 39) rechnen können. Trotz dieser nur geringen Ergänzung unseres Wissens um die Anfänge des hochmittelalterlichen Burgenbaus an Hand hessischer und rheinland-pfälzischer Beispiele, bestätigen diese bescheidenen Erkenntnisse dennoch in erfreulicher Weise die in der Schweiz und am Niederrhein gemachten Beobachtungen, daß eine ganze Reihe Wehranlagen des Adels wesentlich ältere Wurzeln besitzt, als allgemein angenommen wurde, und daß die früheste Nennung einer Burg in den schriftlichen Quellen – meist erst im 11.–13. Jahrhundert – über ihr tatsächliches Alter wenig aussagen muß [104].

Betrachtet man die nicht gerade kleine Zahl der 39 Burgen, die hier nur in sehr gestraffter Form vorgestellt werden konnten und die wegen der eben genannten Gründe sehr viele Fragen in bezug auf Bauzeit und Aussehen offenlassen, unter vergleichenden Gesichtspunkten und unter Berücksichtigung der Resultate in anderen Regionen des salischen Reiches nördlich der Alpen, so kann man zweifellos einige Grundzüge erkennen, die meines Erachtens für den Burgenbau des 11. und frühen 12. Jahrhunderts eine gewisse Verbindlichkeit beanspruchen dürfen.

Es hat sich nämlich erwiesen, daß mehr als zwei Drittel aller berücksichtigten Wehranlagen (Nr. 1–28) als Turmburgen im weiteren Sinne anzusprechen sind. Rechnet man diesen 28 sicheren Belegen noch jene vier Beispiele (Nr. 33–34, 37, 39) hinzu, die einst mit größter Wahrscheinlichkeit über einen Wohnturm verfügten, so haben rund 80 % aller untersuchten frühen Adelsburgen einen mehr oder weniger mächtigen Stein- oder Holzturm besessen, dessen nutzbare Innenfläche im Erdgeschoß zwischen ca. 25 m^2 und weit über 100 m^2 betragen hat. Es bedarf kaum einer Erwähnung, daß sich die Innenmaße von Geschoß zu Geschoß – und in Dreieichenhain (Nr. 11) sind deren fünf nachgewiesen – in der Regel ständig vergrößerten, so daß mancher Wohnturm insgesamt 200–300 m^2 umbauter Wohn- und

100 Vgl. Anm. 3.

101 Vgl. Anm. 4.

102 Als eines von vielen Beispielen sei genannt A. Matthys, Le »Tcheste de la Rotche« à Sugny (com. de Vresse-sur-Semois). Arch. Belgica II, 1986, 87–94. – Vgl. auch in diesem Doppelband A. Matthys, Les fortifications du 11e siècle entre Lesse et Semois.

103 Exemplarisch sei auf die Befestigung Salbüel, Kt. Luzern, verwiesen: W. Meyer, Salbüel 82. Ein provisorischer Bericht über die Ausgrabung einer Holzburg im Luzerner Hinterland. Nachr. Schweiz. Burgenver. Bd. 12, 1982, H. 5, 86–95.

104 Vgl. dazu Meyer, Frühe Adelsburgen (Anm. 4) 578 mit Anm. 39.

Nutzfläche aufwies. Die Mauerstärke vergrößerte sich, was naheliegend ist, bei zunehmenden Außenmaßen von ca. 1 m bei den kleinsten Türmen bis zu 2,5–3,0 m bei den größten Anlagen.
Da bei der Hälfte dieser Wehranlagen (Nr. 1, 5–8, 10, 12–14, 16–21, 24–25, 27–28) der mächtige, geräumige Turm das einzige nennenswerte Gebäude darstellte und man nach sonstigen angemessenen Wohnbauten vergeblich innerhalb des Burgberings sucht, wird man mit Sicherheit davon ausgehen müssen, daß diese Türme als ständige Wohnung und Residenz gedient haben. Daß sie darüber hinaus, vor allem in Hinblick auf ihre trutzige, hochaufragende Gestalt und ihre oft bemerkenswerte Mauerstärke, auch eine Wehrfunktion besessen haben, darf als selbstverständlich vorausgesetzt werden. Aber als eigentliche Bergfriede wird man sie deshalb nicht ansprechen dürfen. Solche, ausschließlich der Verteidigung und Beobachtung dienende, meist unbewohnbare Wehrbauten treten in Gestalt eines zweiten Turmes innerhalb salischer Burgen noch sehr spärlich auf (Nr. 2–4, 10, 16)[105], wobei der gewaltige Rundturm der Arnsburg (Nr. 10) bezeichnenderweise erst der letzten Ausbauphase vor ihrer Aufgabe um 1155 angehört. Vielfach erhielten jene über die Salierzeit hinaus weiterbestehenden Wehranlagen, die bis dahin nur einen Wohnturm oder Palas besaßen, erst in staufischer Zeit einen eigenen Bergfried (Nr. 11, 23, 26, 32)[106].
Man kann also davon ausgehen, daß die überwiegende Zahl der befestigten Adelssitze im 11./12. Jahrhundert als Turmburgen gelten dürfen, die von einem Wohnturm oder Festem Haus unterschiedlicher Form und Größe dominiert wurden. Dieser vereinigte die später getrennten Wohn- und Wehrfunktionen noch in einem Baukörper. Eine Palisade oder Steinmauer mit vorgelegtem Graben als äußerem Bering umgaben in wechselndem Abstand den Wohnturm sowie einige eventuell vorhandene Nebengebäude. Dabei spielte es keine Rolle, ob die Turmburg auf einem Bergsporn oder einer Geländekuppe bzw. in der Niederung zu flacher Erde oder auf einem künstlich aufgeschüttetem Hügel angelegt worden war.
Nach dem Grundriß dieser Wohntürme als architektonischem Mittelpunkt einer frühen Adelsburg lassen sich drei Varianten unterscheiden: die Quadrat-, die Rechteck- und die Rundtürme. Während letztere nicht nur im Untersuchungsgebiet außerordentlich selten sind (Nr. 27–28), ist das Zahlenverhältnis zwischen den beiden anderen Varianten (12:12) ausgeglichen. Auch in anderen Landschaften ist der Anteil von Quadrat-[107] und Rechtecktürmen[108] nahezu gleich groß. Ebenso weichen die Außen-

105 Burg Nister (Nr. 4) verfügte offenbar über einen zweiten Turm. Liessem, Bemerkungen (Anm. 12).

106 Zum staufischen Bergfried von Dreieichenhain (Nr. 11) vgl. K. Nahrgang, Neue Forschungsergebnisse aus Dreieichenhain. Landschaft Dreieich 1, 1936/38, 70 ff. – Der quadratische Bergfried von Burg Hammerstein (Nr. 26), im Verband mit der nördlichen stauferzeitlichen Schildmauer, ist deutlich auf Abb. 37 zu erkennen. – Allgemein zum Auftreten der Bergfriede vgl. Maurer (Anm. 2) 312.

107 Folgende quadratische Wohntürme seien exemplarisch genannt, ohne daß Vollständigkeit angestrebt wird:
Burg Warberg im Elm, Hünenburg bei Bad Pyrmont. H.-W. Heine, Burgen der salischen Zeit in Niedersachsen. Ein Überblick; in diesem Doppelband mit Abb. 30 und 56.
Marburg/Lahn. Meiborg u. Reuling (Anm. 43) Abb. 5.
Hoverberg, Lürken, Hardtburg. Friedrich (Anm. 3).
Vianden, Bourscheid. J. Metzler u. J. Zimmer, Zum Burgenbau in Luxemburg in vorsalischer und salischer Zeit; in diesem Doppelband.
Sugny. Vgl. Anm. 102.
Clairefontaine. J. Mertens, Le Kaarlsbierg à Clairefontaine et quelques autres fortifications anciennes du Luxembourg méridional. Arch. Belgica 49 (1960).
Langensteinbach, Kleinsteinbach, Karlsruhe-Durlach. D. Lutz, Die Turmburgen von Langensteinbach, Gem. Karlsbad, und Kleinsteinbach, Gem. Pfinztal (Krs. Karlsruhe). In: Forsch. u. Ber. d. Arch. d. Mittelalters in Baden-Württemberg 4 (1977) 151–172. – Ders., Die Untersuchungen auf dem Turmberg bei Karlsruhe-Durlach. Ebd. 173–207.
Aglasterhausen. D. Lutz, Turmburgen in Südwestdeutschland. In: La Maison Forte au Moyen Age (1986) 148 Abb. 12. – Steinmetz (Anm. 77) 22 f. mit Abb. 11.
Rickenbach. Meyer, Rickenbach (Anm. 4).
Habsburg. P. Frey, Die Habsburg im Aargau; in diesem Band.
Alt-Regensberg. H. Schneider, Die Burgruine Alt-Regensberg im Kanton Zürich. Schweiz. Beitr. z. Kulturgesch. u. Arch. d. Mittelalters 6 (1979).
Der quadratische Wohnturm (9,4 m × 9,4 m) der *Dieburg in Alsenborn*, Ldkr. Kaiserslautern, mit Buckelmauerwerk des späteren 12. Jhs. (H. Bernhard, Mitt. Hist. Ver. Pfalz 81, 1983, 174 ff. mit Abb. 8) hat mit großer Wahrscheinlichkeit einen älteren Vorgänger gehabt, der möglicherweise aus Holz bestand. Frdl. Hinweis H. Bernhard, Speyer; vgl. jetzt Bernhard u. Barz (Anm. 30).

108 Die folgende Liste der breitrechteckigen Wohntürme stellt eine nicht auf Vollständigkeit zielende Auswahl dar, zumal der Übergang zu den »Festen Häusern« und »Kemenaten« oft recht fließend ist:
Querfurt. H. Wäscher u. H. Giesau, Burg Querfurt (1941). – H. Brachmann, Zum Burgenbau salischer Zeit zwischen Harz und Elbe; in diesem Doppelband.

maße der Türme (Quadratform: 7 m × 7 m bis 13 m × 13 m; Rechteckform: 6 m × 8 m bis 14 m × 19 m) von jenen außerhalb des Arbeitsgebietes nicht nennenswert ab. Selbst der Anbau eines Abortschachtes, der in Arnsburg und Klingenmünster (Nr. 10, 12) beobachtet werden konnte, ist andernorts zu belegen[109]. Einzig die gewaltigen Wohntürme (turri) im Herrschafts- und Einflußbereich der Kölner Erzbischöfe (Siegburg, Xanten, Soest, Laer)[110], die Dimensionen von 22 m × 28 m bzw. 25 m × 25 m erreichen, sind in Hessen und Rheinland-Pfalz bisher nicht nachzuweisen, sofern man nicht das »Kernwerk« auf dem Hammerstein (Nr. 26) mit seinen äußeren Abmessungen von etwa 20 m × 25 m dieser Kategorie zuordnen möchte. Eine weitere Ausnahme von dem oben dargelegten Regelbefund macht nur noch der breitgelagerte Wohnturm von Einöd (Nr. 25)[111], der – vor allem auch in Hinblick auf ein vermutlich vorhandenes Treppenhaus – am ehesten an einige französische Donjons wie Langais, Loches, Niort oder Doué-La-Fontaine erinnert, freilich ohne deren Lisenen und Tourellen zu übernehmen[112].

Holtrup. Friedrich (Anm. 3).
Bertrix. A. Matthys u. G. Hossey, Le »Château des Fées« à Bertrix. Arch. Belgica 146 (1973).
Buzenol. J. Mertens, Le refuge antique de Montauban-sous-Buzenol. Arch. Belgica 16 (1954) 3–32. – Ders., La fortification médiévale de Buzenol. In: Archéologie entre Semois et Chiers. Kat. Virton (1987) 223–226 mit Abb. 2.
Baldenstein bei Gammertingen. B. Scholkmann, Burg Baldenstein. Das »Alte Schloß« bei Gammertingen (1982).
Aach, Tudoburg bei Eigeltingen-Honstetten. H.-W. Heine, Studien zu Wehranlagen zwischen junger Donau und westlichem Bodensee. Forsch. u. Ber. d. Arch. d. Mittelalters in Baden-Württemberg 5 (1978) 49 u. 59.
Habsburg, Lenzburg. P. Frey, Die Habsburg im Aargau; in diesem Band.
Altenberg bei Liestal. W. Meyer, Altenberg BL 1982. Vorbericht über die Sondierungen vom Frühjahr 1982. Nachr. Schweiz. Burgenver. Bd. 12, 1982, H. 6, 98–104. – Auskünfte über den jüngsten Forschungsstand zum 9 m × 15 m großen Wohnturm verdanke ich J. Tauber, Liestal; vgl. auch den Beitrag W. Meyer in diesem Band mit Abb. 6.
Küttigen-Horen. Tauber (Anm. 7) 31 Abb. 12.
Es besteht begründeter Verdacht, daß der meist als Bergfried angesprochene donjonartige Bau am östlichen Abschluß der ausgedehnten Burg *Altwied,* Ldkr. Neuwied, ursprünglich ein breitrechteckiger Wohnturm von 8 m × 15 m Größe (bei bis zu 2,2 m starken Mauern) war, der vermutlich noch in spätsalische Zeit zurückreichen dürfte. Neu u. Weigert (Anm. 60) 48–52 mit Abb. 37. – Liessem (Anm. 60) 41 f.
Dies gilt in gleicher Weise für den als Palas bezeichneten Wohnturm auf der *Wildburg bei Treis-Karden,* Ldkr. Cochem-Zell, dessen Grundriß die Ausmaße von 9,6 m × 18,5 m (bei 1,6 m Mauerstärke) aufweist. Ob dieser Bau wirklich in die Zeit vor 1121 zurückreicht, als die Burg erstmals genannt wurde, müßten archäologische und baugeschichtliche Untersuchungen erst klären. Wackenroder (Anm. 97) 742–750 mit Abb. 565.
Auch die Turmburg von *Hattenheim,* Rheingaukreis, könnte mit ihren frühen Anfängen noch in salische Zeit zurückreichen, denn bereits 1118 werden erstmals die Herren v. Hattenheim, wohl Mainzer Ministeriale, genannt. Unmittelbar nördlich der alten Pfarrkirche liegt der fast quadratische Burgbering von 21 m × 21 m Größe. In die Nordwestecke ist ein heute viergeschossiger, rechteckiger Wohnturm (Festes Haus) von 9 m × 13 m Außenmaßen eingefügt. Bei 1 m starken Mauern weist die nutzbare Innenfläche 7 m × 11 m auf. In der Südwestecke der Burg erhebt sich ein kleiner quadratischer Wehrturm von ca. 4,5 m × 4,5 m. Der rechteckige Wohnturm wird ohne nähere Begründung ins 15. Jh. datiert. Auch wenn sich seine spätmittelalterliche Zeitstellung als richtig erweisen sollte, so scheint sowohl der Wohnturm als auch die kleine Burg insgesamt auf ältere Vorläufer (aus Holz?) zurückzugehen. Luthmer (Anm. 40) 182 f. mit Abb. 172–173. – Herchenröder (Anm. 23) 189 f. mit Abb. 48–50.
Auf die Problematik der Unterscheidung von Wohntürmen und Festen Häusern (Kemenaten) sowie auf die Funktion dieser Bautypen gehen ein: H.-J. Mrusek, Gestalt und Entwicklung der feudalen Eigenbefestigung im Mittelalter (1973) und in diesem Band J. Zeune, Salierzeitliche Burgen in Bayern.

109 Rickenbach: Meyer, Rickenbach (Anm. 4) 336. – Habsburg: P. Frey, Die Habsburg im Aargau. Bericht über die Ausgrabungen von 1978–83. Argovia 98, 1986, 50. – Frey (Anm. 107).

110 H. Borger u. F. W. Oediger, Beiträge zur Frühgeschichte des Xantener Viktorstiftes. Rhein. Ausgr. 6 (1969) 167 ff. mit Falttaf. 33–34. – H. E. Kubach u. A. Verbeek, Romanische Baukunst an Rhein und Maas 2 (1976) 1020 f. mit Abb. 1822; 1272 f. mit Abb. 2237; 4 (1989) 650. – H. Hinz, Motte und Donjon. Zur Frühgeschichte der mittelalterlichen Adelsburg. Zeitschr. f. Arch. d. Mittelalters, Beiheft 1 (1981) 85 f. mit Abb. 39,2. – Soester Mauerreste. Die erzbischöfliche Pfalz des 10. Jahrhunderts (Hrsg. Ver. f. Gesch. u. Heimatpflege und Stadtarchiv Soest; 1981). – A. Stieren, Die Ausgrabungen in der Oldenburg bei Laer. Ein Vorbericht. Westfalen 40, 1962, 3–23, bes. 19 f. mit Abb. 17–18. – Ph. R. Hömberg, Oldenburg bei Laer. In: Führer zu vor- u. frühgesch. Denkmälern 46 (1981) 81–92.

111 Vergleichbar in seinen Dimensionen und seiner Massivität ist der Wohnturm von Gimmeldingen (Nr. 21), auf den in diesem Band Bernhard u. Barz (Anm. 30) ausführlicher eingehen.

112 A. Chatelain, Donjons Romans des Pays d'Ouest (1973) Taf. 9; 12. – Hinz (Anm. 110) 74–85 mit Abb. 34, 36 u. 38.

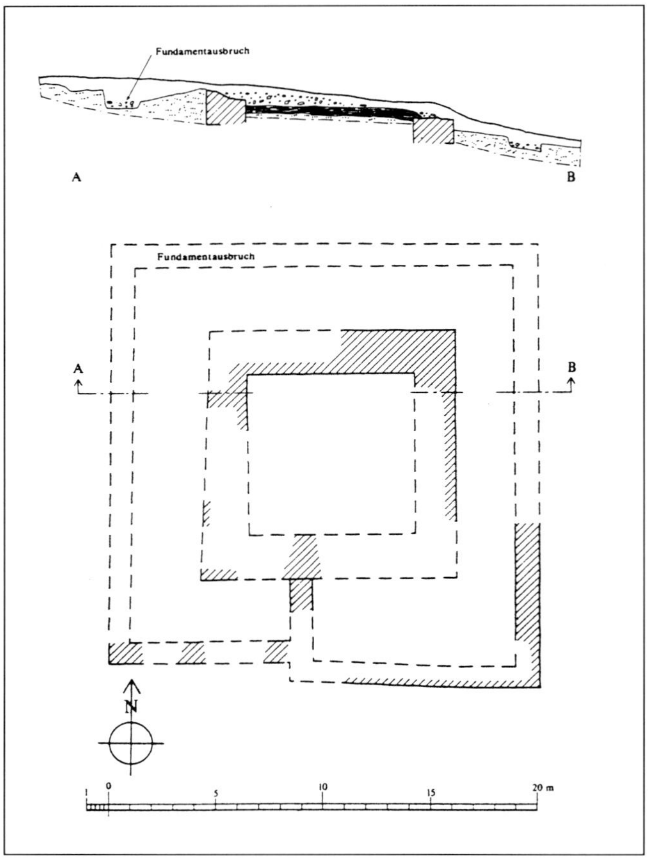

Abb. 54
Grundriß der Turmburg bei Aglasterhausen, Neckar-Odenwald-Kreis.

Eine weitere Besonderheit bei sieben Burgen zwischen Lahn und Neckar (Nr. 6, 8–11, 17 und Aglasterhausen)[113] ist der ganz eng um den Fuß des Wohnturms herumführende Verlauf des Mauerberings (vgl. Abb. 10), der für die Anlage weiterer Gebäude keinen Raum ließ. In ähnlicher Weise sind auch die oben genannten Türme von Xanten und Siegburg geschützt. Es dürfte kein Zufall sein, daß es sich dabei – mit Ausnahme des auch formal abweichenden Beispiels Weißenstein (Nr. 17) – stets um Niederungsburgen handelte, die zumeist von Ministerialen bewohnt waren. Da die meisten dieser Anlagen dem 11. Jahrhundert angehören, wird man auch die entsprechend gestaltete Turmburg von Aglasterhausen, Neckar-Odenwald-Kreis (Abb. 54) trotz fehlenden Datierungsanhalts dieser frühen Zeit zuweisen können.
Einmalig unter den 39 behandelten Burgen ist der Fünfeckturm aus der zweiten Bauphase des Weißensteins (Nr. 17), die meines Erachtens ins 11. Jahrhundert zu setzen ist. Das Vorblenden eines dreieckigen Bauteils vor die angriffsbedrohte Seite eines rechteckigen Wohn- und Wehrturms ist in salischer Zeit außerordentlich selten und bisher nur von Burg Baldenstein bei Gammertingen bekannt[114], sofern man nicht den eindrucksvollen, dreieckig-winkelförmigen Turmbau auf der Harzburg diesem Bautyp zurechnen will[115]. Eine gleichartige Wirkung in optischer und wehrtechnischer Hinsicht wurde mit Sicherheit durch die Errichtung eines übereck gestellten Quadratturmes unmittelbar vor den

113 Zu Aglasterhausen vgl. D. Lutz, Turmburgen in Südwestdeutschland. In: La Maison Forte au Moyen Age (1986) 148 Abb. 12, die hier als Vorlage für Abb. 54 entnommen wurde.
114 Scholkmann (Anm. 108) 15 Abb.; 17.
115 M. Keibel-Maier, Die Harzburg. In: Führer zu vor- u. frühgesch. Denkmälern 35 (1978) 213 Abb. 2 (zweiflügeliger Bau B). – Dies., Die Harzburg. Zur Geschichte, den Ausgrabungen und Ergebnissen. In: K. Wilhelmi (Hrsg.), Ausgrabungen in Niedersachsen. Archäologische Denkmalpflege 1979–84 (1985) 272–275 mit Abb. 2. – Vgl. Beitrag H.-W. Heine in diesem Doppelband Abb. 33–34.

mächtigen Wohnturm der älteren Habsburg (Kt. Aargau) erzielt[116]. Diese Maßnahme ist ebenso ins 11. Jahrhundert zu setzen wie der Bau eines entsprechend ausgerichteten Wehrturms vor der Schildmauer von Burg Larochette (Luxemburg)[117]. In der zweiten Hälfte des 12. und zu Beginn des 13. Jahrhunderts wurden fünfeckige Wehrtürme (Bergfriede) dann häufiger errichtet[118].

Sechs Burgen (Nr. 10, 17, 29–32) verfügten über palasartige Wohngebäude, deren Grundfläche von 8 m × 16 m bis 13 m × 34 m bzw. 10 m × 44 m reichte. Die maximal 1 m starken Mauern lassen auf zwei bis drei Geschosse schließen, die vermutlich eine aufwendigere Fenstergliederung der Schauseite aufwiesen als die meisten Wohntürme, wenn man z. B. das »Graue Haus« in Winkel als Parallele heranzieht[119]. Einen langen Saal (aula) von über 44 m Länge, wie man ihn sonst nur von königlichen und bischöflichen Pfalzen kennt[120], besaß die leider nicht genau zu beurteilende Salierburg auf der Limburg (Nr. 30), die in jeder Beziehung aus dem Rahmen des Üblichen fällt und deutlich macht, daß die führenden Familien des Hochadels (Herzöge und Grafen) zu Beginn des 11., wenn nicht gar schon im 10. Jahrhundert Architekturformen übernommen hatten, die in königliches Milieu weisen und von anderen Adelsgeschlechtern erst im Verlaufe des 12./13. Jahrhunderts aufgegriffen wurden. Dies gilt in gleicher Weise für den ungewöhnlichen Palas des »Steinenschlosses« (Nr. 32), für den es keine zeitgenössische Parallele gibt. Der dem eigentlichen, mehrräumigen Wohntrakt vorgelegte Gang diente dem Erschließen der dahinter liegenden Zimmer und verweist auf ein bauliches Konzept, das hundert Jahre später bei der landgräflichen Wartburg[121] zur vollsten Blüte gelangte. Der leicht winkelförmige Saalgeschoßbau der Entersburg (Nr. 29) ist bislang ohne Vergleichsbeispiel und dürfte seine Gestalt vornehmlich der Anpassung an den beengten, vorgegebenen Baugrund verdanken.

Wenn man von dem außergewöhnlichen, offenbar aus mehreren Baukörpern zusammengesetzten »Palast« des Saliergeschlechts auf der Limburg einmal absieht, der bereits vor 1025 errichtet wurde, so muß man feststellen, daß alle anderen palasartigen Wohngebäude erst an das Ende des 11. bzw. an den Anfang des 12. Jahrhunderts zu datieren sind (Nr. 29, 31–32). Dies betrifft auch die zwei Palasbauten der Arnsburg und des Weißensteins (Nr. 10, 17), die jeweils erst in der letzten Bauperiode den ursprünglich als Turmburgen konzipierten Wehranlagen hinzugefügt wurden. Diese Feststellungen dürften kaum auf einem Zufall beruhen. Man wird deshalb als ein Ergebnis dieser Untersuchungen festhalten können, daß mit dem häufigeren Auftauchen eines größeren, repräsentativen Wohnbaus (Palas) innerhalb einer Adelsburg erst seit spätsalischer Zeit zu rechnen ist. Erst damals setzte – wenn auch noch in bescheidenem Umfang – die Ausbildung des später klassischen Burgentyps mit funktional getrennten Einzelbauten ein[122]. Erfüllte der wuchtige Wohn- und Wehrturm innerhalb der älteren Turmburg noch beide Aufgaben der Abwehr und des herrschaftlichen Wohnens mit Hilfe einer einzigen Bauform, so löste man zunehmend seit der Zeit um 1100 die adligen Wohn- und Repräsentationsräume von dem zwar trutzigen und imposanten, aber doch auf recht unbequeme Weise zu erreichenden Turm. Mit dem Aufkommen separater, großzügigerer Wohngebäude, die den gestiegenen Lebensansprüchen der politischen Führungsschicht besser entsprachen, ging die Errichtung spezifischer Wehrtürme in Gestalt

116 Frey (Anm. 109) 93 Abb.; 101 Abb. – Vgl. auch in diesem Band den Beitrag von P. Frey über die Habsburg.

117 Metzler u. Zimmer (Anm. 107) Abb. 19.

118 U. Liessem, Randbemerkungen zu polygonalen Bergfrieden am Mittelrhein, bei besonderer Berücksichtigung von Fünfecktürmen. Burgen u. Schlösser 25, 1984, 53–65. – Genannt seien als weitere Beispiele für Fünfecktürme in Auswahl: *Boyneburg.* Heinemeyer (Anm. 93) 31 Abb. 5. – *Burg bei Stromberg.* Mainzer Zeitschr. 81, 1986, 202 Abb. – *Schloßeck.* Sprater, Schlößl und Schloßeck (Anm. 29) 3 Abb. 2. – *Hohenecken.* Eckardt u. Gebhard (Anm. 87) 234–249 mit Abb. 156.

119 W. Meyer-Barkhausen, Das »Graue Haus« zu Winkel im Rheingau. Mainzer Zeitschr. 53, 1958, 1–20. – Hollstein (Anm. 57) 176f. – A. Wiedenau, Katalog der romanischen Wohnbauten in westdeutschen Städten und Siedlungen. Das deutsche Bürgerhaus 34 (1983) 290–294.

120 *Xanten:* Borger u. Oediger (Anm. 110) 203 mit Falttaf. 30 u. 34. – Kubach u. Verbeek 1976 (Anm. 110)) 1273. *Paderborn:* W. Winkelmann, Die Königspfalz und die Bischofspfalz des 11. und 12. Jahrhunderts in Paderborn. Frühmittelalterl. Studien 4, 1970, 398–415. – M. Balzer, Die karolingische und die ottonisch-salische Königspfalz in Paderborn. Führer durch das Museum in der Kaiserpfalz (^{4}1987) mit weiterer Literatur. *Goslar:* U. Hoelscher, Die Kaiserpfalz Goslar. Die Deutschen Kaiserpfalzen 1 (1927).

121 S. Asche, Die Wartburg. Geschichte und Gestalt (1962).

122 Zu dieser baugeschichtlichen Entwicklung vgl. in diesem Band Th. Biller u. B. Metz, Anfänge der Adelsburg im Elsaß in ottonischer, salischer und frühstaufischer Zeit.

von Bergfrieden einher. Diese Entwicklung verlief – gerade bei Berücksichtigung aller regionalen Unterschiede – keineswegs geradlinig, aber die zukunftsweisende Tendenz für die Genese der hochmittelalterlichen »Privatburg« des Adels war mit dieser funktionalen Trennung vorgezeichnet. Allerdings sollte immer bedacht werden, daß selbst während des 12. und sogar des 13. Jahrhunderts immer noch Burgen errichtet wurden, deren wichtigster und dominierender Bauteil ein kombinierter Wohn- und Wehrturm bildete[123].

In neun Fällen wurde innerhalb oder dicht außerhalb des engeren Burgberings eine Kapelle nachgewiesen (Nr. 5–6, 9–11, 31, 34, 36, 38), von denen die Nikolauskapelle der Burg Winzingen (Nr. 31) als einzige ihre salischen Bauformen bis heute bewahrt hat. Ursprünglich werden aber sicher viel mehr Anlagen über eine eigene Burgkapelle verfügt haben, sei es in Form eines separaten Gebäudes, innerhalb des Wohnturms bzw. des Palas' oder in einem Torturm (wie evtl. bei den älteren Bauphasen der Arnsburg).

Ein wichtiger Aspekt bei der Betrachtung von Burgen der Salierzeit berührt die Frage nach möglichen älteren Vorgängeranlagen. Es hatte sich bei näherer Analyse der 39 vorgestellten Beispiele gezeigt, daß etwa ein Drittel aller Steinburgen des 11./12. Jahrhunderts in oder nahe bei großflächigen frühmittelalterlichen Befestigungen (Ringwällen) des 9./10. Jahrhunderts lagen (Nr. 1, 12, 15, 22?, 23–24, 26, 30, 35–39). Das »Schlössel« bei Klingenmünster (Nr. 12) gilt als eindrucksvollster und überzeugendster Beleg für die Wieder- oder, besser gesagt, Weiterverwendung eines erstaunlich ausgedehnten Refugiums älterer Bautradition in salischer Zeit, wobei die zeitliche Abfolge der zwei Wehranlagen (großer Ringwall, kleine Turmburg) archäologisch gesichert ist. Ähnliche Befunde liegen von Kerpen, Großer Stiefel, Düren und Trifels vor (Nr. 1, 15, 24, 39). In Lipporn (Nr. 35) wurde nach Aufgabe der sogenannten Schanze, die dem älteren Ringwall vom »Schlössel« nach Form und Zeitstellung durchaus entspricht, eine neue, zeitgemäße Burg in geringer Entfernung auf einem Felssporn errichtet. In den anderen Fällen geben historische Nachrichten aus dem 9. oder 10. Jahrhundert bzw. die für salische Burgen ungewöhnliche, sonst kaum belegbare Ausdehnung des Burgareals (meist 120–400 m Länge bei 30–100 m Breite)[124] einen deutlichen Hinweis auf das hohe Alter der entsprechenden Anlage. Soweit schriftliche Quellen vorliegen, handelt es sich bei diesen 13 ins 9./10. Jahrhundert zurückreichenden

123 K. Bronner, Wohntürme im Volksstaat Hessen, Teil 1: Rheinhessen. Mainzer Zeitschr. 28, 1933, 27–40. – Bronner (Anm. 27) 17–25. – Mehrere Beispiele werden aufgeführt bei Biller u. Metz (Anm. 122). – D. Lutz, Die Wasserburg Eschelbronn bei Heidelberg, ein Niederadelssitz des 13. bis 18. Jahrhunderts. In: Château Gaillard 8 (1977) 196–222. – Lutz (Anm. 113) 143 ff. – Auch der älteste Wohnbau (sog. Palas) der um 1150 gegründeten Burg Dalberg ist ein Wohnturm von ca. 12 m × 12 m Größe. Zimmermann (Anm. 86) 147–151 mit Abb. 98. – Ebenso wurde in Alsenborn (vgl. Anm. 107) ein offenbar älterer quadratischer Wohnturm (evtl. aus Holz) durch einen jüngeren ersetzt, der durch die Verwendung von Buckelquadern ins ausgehende 12. Jh. zu datieren ist. – Selbst der sog. Bergfried in der Oberburg der Altenbaumburg, Ldkr. Bad Kreuznach, dürfte als Wohnturm (11 m × 11 m) anzusprechen sein, da seine nur 1,75 m starken Mauern immerhin eine nutzbare Innenfläche von ca. 7,5 m × 7,5 m umschlossen. Auch wenn die heute noch sichtbare Buckelquadermauer eine staufische Zeitstellung des Turmes nahelegt, ist ein älterer Vorgängerturm, wie etwa in Alsenborn, nicht grundsätzlich auszuschließen. Dehio (Anm. 92) 16 Abb.

124 Außer den hier behandelten Wehranlagen sind u. a. noch folgende hochmittelalterliche Höhenburgen (11./12. Jh.) ganz offensichtlich in älteren frühmittelalterlichen Ringwällen (9./10. Jh.) errichtet worden und bezeugen deren kontinuierliche Benutzung:
Hambacher Schloß (Kästenburg). H. Bernhard, Archäologie im Neustädter Raum (1980) 38 f. – Ders., Mitt. Hist. Ver. Pfalz 84, 1986, 145–147 mit Abb. 37–38. – Dehio (Anm. 92) 343 f.
Schloßeck. Sprater, Schlößl und Schloßeck (Anm. 29) 3–7 mit Abb. 2 u. 8.
Altenbaumburg. Vgl. Anm. 92.
Kyrburg bei Kirn. Zimmermann (Anm. 86) 206–210. – Dehio (Anm. 92) 458. – Petry (Anm. 92) 171.
Bei den folgenden drei Beispielen wurde der frühmittelalterliche Ringwall zugunsten einer nahe gelegenen hochmittelalterlichen Höhenburg aufgegeben, wie im Fall von Lipporn:
Reutersley zugunsten von *Burg Rheineck*. v. Uslar (Anm. 79) 168 f. mit Abb. 73. – J. Gerhardt, H. Neu, E. Renard u. A. Verbeek, Die Kunstdenkmäler des Kreises Ahrweiler. Die Kunstdenkmäler der Rheinprovinz 17,1 (1938) 571–576. – Vgl. die entsprechenden Vermutungen in diesem Band bei U. Liessem.
Hollerburg zugunsten von *Burg Kirkel*. Conrad u. Flesch (Anm. 1) 424–429. – Petry (Anm. 92) 170 f.
Heidenburg zugunsten der *Alten Burg bei Gimmeldingen* (Nr. 21). H. Bernhard, Mitt. Hist. Ver. Pfalz 66, 1968, 93 mit Abb. 97. – Ders., Archäologie im Neustädter Raum (1980) 37 f. mit Abb. 30–31.

Bergbefestigungen, die als ältere Herrschaftsmittelpunkte, aber vielfach auch als Fluchtburgen gedient haben werden, um Wehranlagen, die fast ausschließlich in der Hand hochadliger, meist gräflicher Familien waren. Bei den zwei kleinsten Ringwällen (Nr. 1, 22) werden edelfreie Herren als Besitzer angenommen. Diese auch in anderen Landschaften festzustellende[125], freilich nicht immer erkannte Weiterbenutzung frühmittelalterlicher Ringwallanlagen durch den späteren Einbau einer Turmburg – gelegentlich seit dem ausgehenden 10., meist jedoch erst im 11./12. Jahrhundert – hat in der Frühzeit der Burgenforschung vielfach für Mißverständnisse gesorgt und zu Fehldatierungen geführt. So diente häufig die ältere Keramik der vorangehenden Fliehburg zur Zeitbestimmung der später errichteten steinernen Einbauten, wobei die chronologische Abfolge beider Bauphasen nicht immer wahrgenommen wurde.

Neben diesen 13 Beispielen für eine offensichtlich kontinuierliche Weiterverwendung großer, bedeutender Ringwallanlagen älterer Bautradition in salischer Zeit ist inzwischen mit dem Weißenstein (Nr. 17) eine sehr kleinflächige Höhenburg zu nennen, bei der ebenfalls eine Vorbesiedlung mit Stein- und Holzbauten ins 9. Jahrhundert zurückreicht. Zukünftige Untersuchungen auf anderen Kleinburgen, z.B. in der Hollende, bei Caldern und bei Stedebach (Nr. 7, 14, 33), werden vermutlich nachweisen können, daß die Entwicklung dort ähnlich verlief wie beim Weißenstein und daß man wohl auch bei ihnen mit Vorgängerbefestigungen rechnen muß.

Über die Hälfte der hier untersuchten 39 Burgen scheint aber nach den heute verfügbaren Erkenntnissen erst in salischer Zeit angelegt worden zu sein. Dies gilt auch für das recht ausgedehnte »Steinenschloß« (Nr. 32), das man wegen seiner großen Abmessungen beinahe schon der Gruppe der frühmittelalterlichen Ringwälle hätte zurechnen können. Die massenhaft geborgene Keramik setzt aber zweifelsfrei erst frühestens gegen Ende des 11. Jahrhunderts ein. Unter den Neugründungen des 11./12. Jahrhunderts befinden sich auch sämtliche 12 Niederungsburgen (Nr. 5–6, 8–9, 11, 13, 16, 18, 25, 27–28, 34)[126], von der bescheidenen »Motte« bis zum aufwendig gestalteten ebenerdigen Wohnturm.

Eine recht einfache Erklärung für dieses Phänomen läßt sich vielleicht finden, wenn man die soziale und rechtliche Stellung der Burgenbesitzer näher betrachtet. Obwohl bei acht Anlagen (Nr. 5, 14–15, 19–21, 25, 33) bisher keine überzeugende Verbindung zwischen der Befestigung und einem bekannten Adelsgeschlecht hergestellt werden konnte, gelang eine solche Verknüpfung bei den restlichen 31 Burgen doch mit einem hohen Grad an Wahrscheinlichkeit: 16 Wehranlagen scheinen demnach in der Hand des Hochadels (Herzöge und Grafen), des Reiches oder der Reichskirche gewesen zu sein (Nr. 2–3, 7, 12, 17, 23–24, 26, 30–32, 35–39), sieben Befestigungen dürften von Edelherren erbaut worden sein (Nr. 1, 4, 6, 22, 27, 29, 34), und bei acht Burgen sind Reichs- bzw. Reichskirchenministeriale als Besitzer nachgewiesen oder wenigstens zu vermuten (Nr. 8–11, 13, 16, 18, 28). Mindestens die Hälfte aller Burgen diente folglich den führenden Familien des Hochadels als Wohn- und Verwaltungssitz; jeweils ein Viertel entfiel auf die Gruppen der einfachen Nobiles (Edelfreie) und der damals im Reichsdienst aufsteigenden Dienstmannen. Bezeichnenderweise befinden sich unter letzteren einige Familien mit so klangvollen Namen wie v. Arnsburg, v. Hagen (später v. Münzenberg), v. Eschborn (später v. Kronberg), v. Rüdesheim und v. Bolanden. Sie gehörten vielfach schon in salischer Zeit zu den einflußreichsten und bedeutendsten Reichsministerialengeschlechtern[127], deren rascher sozialer Aufstieg aus der einstigen Unfreiheit spätestens im 12. Jahrhundert zum Konnubium mit alten, ehrwürdigen Grafenfamilien führte, ohne daß den Nachkommen aus diesen ehelichen Verbindungen rechtliche und soziale Nachteile erwuchsen. Zumindest die Spitzengruppe der königlichen und bischöflichen Dienstmannen verfügte also im 11. und frühen 12. Jahrhundert bereits über befestigte, wehrhafte Wohnsitze, deren

125 Die Umwandlung temporär benutzter Wehranlagen des 9./10. Jhs. in dauernd bewohnte Adelsburgen erwähnten bereits Meyer, Frühe Adelsburgen (Anm. 4) 575 f. und in diesem Doppelband H. Brachmann, Zum Burgenbau salischer Zeit zwischen Harz und Elbe.

126 Evtl. ist zu dieser Gruppe im weiteren Sinne auch die Arnsburg (Nr. 10) zu rechnen, obwohl sie auf einem flachen Geländesporn über der Wetter liegt. Eine typische Höhenburg ist sie jedenfalls nicht.

127 K. Bosl, Die Reichsministerialität der Salier und Staufer (1950/51).

unterschiedliche architektonische Ausgestaltung offenbar den sozialen Rang und die wirtschaftliche Stellung der betreffenden Familie widerzuspiegeln scheint. Während in Holzheim, beim Bolanderhof und in Nieder-Ohmen (Nr. 13, 18, 28) in salischer Zeit noch verhältnismäßig bescheidene Turmburgen von ihren Besitzern erbaut wurden, konnten sich die Herren v. Hagen und v. Arnsburg, die in engem persönlichen Kontakt zum König standen, bereits gewaltige, steinerne Wohntürme leisten, die einen Vergleich mit entsprechenden Wehrbauten der Dynasten nicht zu scheuen brauchten. Besonders eindrucksvoll kann man das Aufsteigen der Reichsministerialenfamilie v. Arnsburg (und ihrer Nachfolger) an der Entwicklung ihrer Burg ablesen (Abb. 14). Diese wurde an der Wende vom 10. zum 11. Jahrhundert bzw. zu Beginn des 11. Jahrhunderts als einfache Turmburg errichtet, bestehend aus Wohnturm mit sehr dicht herumgeführtem Mauerbering samt Kapelle (?), und erfuhr im Laufe der nächsten hundert Jahre eine ständige Erweiterung des Burgareals (bis zu 180 m Länge) und eine Vermehrung der Einzelbauten (u.a. palasartiger Wohnbau, Kirchenerweiterung, Kammertorturm, Bergfried), bis die eigentlich noch als Niederungsburg anzusprechende Anlage zugunsten der prächtigen, seit 1155 erbauten Höhenburg auf dem nahen Münzenberg mit ihren repräsentativen Gebäuden aufgegeben wurde. Die hier geschilderte Abfolge von der schlichten Turmburg zur aufwendigen Höhenburg mit Palas kann exemplarisch für die gesamte Burgenentwicklung in Mitteleuropa stehen, deren Anfänge ganz sicher schon in salischer Zeit gelegt wurden.

Es dürfte nun ganz bezeichnend sein, daß sämtliche, erst im 11./12. Jahrhundert angelegten Niederungsburgen des Untersuchungsgebietes den oben genannten mächtigen Ministerialen bzw. in drei Fällen edelfreien Familien (Nr. 6, 27, 34) zugewiesen werden können. Gräfliche Geschlechter hingegen befanden sich offenbar in salischer Zeit nicht unter den Besitzern dieser meist recht kleinen Turmburgen in der Ebene. In allen Fällen lagen die Niederungsburgen innerhalb oder am Rande von Dörfern bzw. neben den Herrenhöfen im Altsiedelland[128]. Durch ihre topographische Lage hoben sie sich noch keineswegs deutlich aus ihrer landwirtschaftlich genutzten Umgebung heraus. Als einfache, wenn auch wehrhafte Wohnsitze einer ursprünglich unfreien, sich erst im 11. Jahrhundert langsam emanzipierenden Bevölkerungsschicht hatten die Turmburgen der Ministerialität (ebenso wie die einzelner Edelherren) ihren standesmäßig vorgegebenen Platz offensichtlich noch in unmittelbarer Nähe der abhängigen bäuerlichen Bevölkerung. Anders verhält es sich dagegen mit den Burgen des Hochadels und der meisten Edelfreien im 11. Jahrhundert. Unter ihnen befanden sich nicht nur, wie oben bereits angedeutet, alle jene Wehranlagen, die in älteren Burgen des 9./10. Jahrhunderts errichtet wurden und damit eine weiter zurückreichende Tradition herrschaftlicher Rechte andeuten, sondern auch sämtliche neu angelegten Höhenburgen dieser Zeit, wie z. B. Burg Sayn (Nr. 2), die Entersburg (Nr. 29), Burg Winzingen (Nr. 31) oder das »Steinenschloß« (Nr. 32). Die oft, im wahrsten Sinne des Wortes landschaftsbeherrschende, symbolträchtige Lage vieler Höhenburgen dürfte, so will es scheinen, zumindest noch in salischer Zeit ein Vorrecht der Dynasten gewesen sein. Deutlich abgehoben von der dörflichen Umwelt reckten sich deren Adelssitze kühn auf exponierten Bergeshöhen oder Felsgraten[129]. Die hochaufstrebende Architektur der Türme und Palasbauten, die weithin sichtbar sein sollten, unterstrichen diese beabsichtigte Tendenz in hervorragender Weise. Die bewußt ausgewählte Höhenlage adliger Wohnsitze war in den Mittelgebirgszonen meist ohne Schwierigkeiten zu erreichen. Probleme boten da nur die weiten Ebenen des Flachlandes und die breiten Auen der großen Flüsse, wie etwa der Oberrheingraben. Wenn also kein geeigneter Berg oder Hügel als Bauplatz zur Verfügung stand, mußte für die Burg eines Dynasten oder

128 Die gleiche topographische Lage weist die offensichtlich schon in spätsalische Zeit zurückreichende Turmburg in Hattenheim (Anm. 108) auf. – Dies gilt auch für die Turmhügelburg (Motte) von Uetgenbach, Ldkr. Neuwied, die unmittelbar neben einer Florinskapelle mitten im Wald liegt. Burghügel und Kapelle bilden heute die letzten Überreste einer wüst gewordenen Hofsiedlung. Ob die Niederungsburg der Edelherren v. Uetgenbach bereits im 11. oder erst im 12. Jh. errichtet wurde, kann nur durch Ausgrabungen geklärt werden. Neu u. Weigert (Anm. 60) 394–397 mit Abb. 367. – Gensicke (Anm. 15) 202f.

129 W. Meyer, Die Burg als repräsentatives Statussymbol. Zeitschr. Schweiz. Arch. u. Kunstgesch. 33, 1976, 173–181, bes. 178f. – H.-W. Maurer, Burgen. In: Die Zeit der Staufer 3. Ausst.-Kat. Stuttgart (1977) 119ff. – Biller (Anm. 69) 239f.

Edelherren – zumindest nach den Idealvorstellungen des Adels im 11./12. Jahrhundert – ein möglichst auffallender künstlicher Hügel geschaffen werden, der sich – wie z. B. die Hochmotte des »Weilerhügels« (Nr. 34) – deutlich aus dem flachen Umland hervorhob und auf diese Weise die Landschaft dominierte. So kann es kaum verwundern, daß mehrere zu größerer Macht und gestiegenem Ansehen gelangte Reichsministeriale sowie einige der kleinen Edelfreien im 12., manchmal auch erst im 13. Jahrhundert versuchten, diesem Ideal nachzueifern und ihre »standesmindernde« Niederungsburg mit einer imponierenden Höhenburg – gleichsam als sichtbares Zeichen ihrer Herrschaft – zu vertauschen. Diesen Sprung auf die Höhe vollzogen die Arnsburger bereits um 1155 (zum Münzenberg), die Bickenbacher (zum Alsbacher Schloß), die Bolander (nach Neubolanden) und die Eschborner (nach Burg Kronberg) erst in der Zeit um oder kurz nach 1200. Die soziale Mobilität, der ständige gesellschaftliche und wirtschaftliche Aufstieg einst mindermächtiger Familien innerhalb der Führungsschicht, hat somit auch die Dynamik im Burgenbau maßgeblich beeinflußt.

Dieser Gesichtspunkt führt uns abschließend zu einem interessanten Phänomen. Es ist nämlich festzustellen, daß allein 29 der 39 bearbeiteten salischen Burgen in Hessen, Rheinland-Pfalz und dem Saarland spätestens in der mittleren Stauferzeit, also ausgerechnet während der Hochblüte des mittelalterlichen Burgenbaus, aufgegeben worden sind, wobei die Gründe für das Verlassen der wehrhaften Adelssitze nur in acht Fällen nicht geklärt werden konnten (Nr. 14–15, 19, 21?, 25, 28, 32–33).

Nur einmal führte eine kriegerische Zerstörung zur endgültigen Aufgabe einer Befestigung (Nr. 29), dreimal war eine Klostergründung innerhalb oder nahe bei der Burg dafür verantwortlich (Nr. 3–4, 30) und in sechs Fällen bedingte vermutlich das Aussterben eines Adelsgeschlechtes das Verlassen des einstigen Stammsitzes (Nr. 7, 17, 24, 27, 36, 38).

Fast die Hälfte aller Burgen, die während der Salierzeit errichtet wurden oder noch in Benutzung waren, wurden aber offensichtlich frühzeitig wieder aufgegeben (Nr. 1–2, 8, 10, 12–13, 18, 22, 34–35)[130], weil ihre wenig zukunftsträchtige topographische Lage – sei sie einst selbst gewählt oder durch ältere Befestigungen vorgegeben – sich als ungeeignet für den Ausbau einer zeit- und standesgemäßen Wehranlage erwiesen hatte. Die Gründe im einzelnen mögen mannigfaltig gewesen sein, und vielfach werden auch mehrere Gesichtspunkte eine Rolle gespielt haben. Neben einem zu kleinflächigen Burgareal, das eine erwünschte, ja erforderliche bauliche Vergrößerung verhinderte (Nr. 1–2, 13, 18), konnten ebenso eine abseitige, versteckte Lage (Nr. 2, 12, 22, 35), eine geographische Veränderung oder Verschiebung der Macht- und Territorialinteressen (Nr. 18, 35) oder aber das oben geschilderte Bemühen besonders der aufstrebenden Ministerialität, eine ihren gesteigerten Ansprüchen gemäße Höhenburg zu besitzen (Nr. 8, 10, 18, 22, 34), als Ursachen für die Aufgabe des einstigen Wohnsitzes in Betracht kommen.

Allein neun der 13 salierzeitlichen Burgen, die in oder bei älteren Ringwällen des 9./10. Jahrhunderts errichtet wurden, fanden aus den genannten Gründen ein frühzeitiges Ende[131], spätestens in der Zeit um 1200. Die häufig unter völlig anderen Voraussetzungen gewählte Lage dieser alten frühmittelalterlichen Herrschaftszentren und Refugien erwies sich offensichtlich in den meisten Fällen als unpassend und wenig geeignet für den in die Zukunft gerichteten Bau einer standesgemäßen hochmittelalterlichen Adelsburg, die als repräsentativer, wehrhafter Wohnsitz, Zentrum eines Herrschaftskomplexes und Mittelpunkt eines Wirtschaftsbetriebes fürderhin dienen sollte[132]. Bei den vier anderen großen Anlagen

130 Die Turmburg von Niederwalluf (Nr. 9) scheint infolge der Ortsverlegung auf die westliche Seite des Wallufbaches ihre Funktion eingebüßt zu haben. – Die Burg von Eschborn (Nr. 8) und der »Weilerhügel« (Nr. 34) sind zwar nachweislich bis ins 17. bzw. 15. Jahrhundert in Benutzung gewesen, als Herrschaftssitze haben sie aber offensichtlich nicht mehr gedient. Dies könnte auch für die Turmburg bei Gimmeldingen (Nr. 21) zutreffen.

131 Diese Beobachtung machte bereits W. Janssen, Studien zu Wüstungsfragen im fränkischen Altsiedelland zwischen Rhein, Mosel und Eifelnordrand 1 (1975) 210.

132 Zur Bedeutung der Burgen als Wirtschaftsbetriebe vgl. W. Meyer, Landwirtschaftsbetriebe auf mittelalterlichen Burgen. In: Adlige Sachkultur des Spätmittelalters. Veröffentl. d. Inst. f. mittelalterl. Realienkunde Österreichs 5 (1982) 377–386. – W. Janssen, Die Bedeutung der

dagegen, deren Wurzeln in die Frühzeit des Burgenbaus zurückreichen, handelte es sich bezeichnenderweise um bedeutende Bergfesten, die sich in der Hand des Reiches (Nr. 26, 39) oder in bischöflichem Besitz befanden (Nr. 23, 37) und dank günstiger topographischer Lage bis in die Neuzeit fortbestanden.

Zusammenfassung

Überblickt man die hier ausführlicher behandelten 39 Burgen der Salierzeit im Arbeitsgebiet, so muß man feststellen, daß die überwiegende Mehrzahl der Anlagen außerordentlich kleinräumig war und nur über Flächen von 0,04–0,3 ha innerhalb des Burgberings verfügte[133]. Sie unterscheiden sich damit eindrucksvoll von den meisten der älteren Befestigungen (»Ringwällen«) des 9./10. Jahrhunderts, die häufig ein Areal von 1 ha und mehr besaßen. Im Gegensatz zu diesen frühmittelalterlichen Wehranlagen, die vielfach nur als zeitweilig aufgesuchte Refugien genutzt worden sein dürften, können die hochmittelalterlichen Kleinburgen des 11. und frühen 12. Jahrhunderts eindeutig als private Adelsburgen angesprochen werden, die vornehmen, sozial herausragenden Familien als ständige und repräsentative Wohnsitze gedient haben. Das markanteste, manchmal sogar das einzige nennenswerte Gebäude innerhalb der steinernen Ringmauer oder der Holzpalisade war ein mächtiger Wohnturm unterschiedlicher Form und Größe, der uns erlaubt, derartige Befestigungen auf Bergeshöhen und in Talniederungen – immerhin rund 80 % aller genannten Beispiele – als Turmburgen zu bezeichnen[134]. Wenn auch dieser weitverbreitete Typ der kleinen Turmburg eindeutig das Bild der Burgenlandschaft zur Salierzeit beherrschte, so sollte doch nicht vergessen werden, daß es daneben durchaus schon einige geräumigere Höhenburgen im 11./12. Jahrhundert gab, deren Wohnräume nicht in einem wehrhaft wirkenden Turm, sondern in einem breiter gelagerten, palasartigen Wohnhaus untergebracht waren. Freilich dürfte es auf keinem Zufall

mittelalterlichen Burg für die Wirtschafts- und Sozialgeschichte. In: H. Jankuhn, W. Janssen, R. Schmidt-Wiegand u. H. Tiefenbach (Hrsg.), Das Handwerk in vor- und frühgeschichtlicher Zeit, Teil 2. Bericht über die Kolloquien der Kommission für die Altertumskunde Mittel- und Nordeuropas in den Jahren 1977 bis 1980 (1983) 261–316.
Die Rolle der Burgen im Zusammenhang mit Rodung und Landesausbau behandelt eingehend W. Meyer, Rodung, Burg und Herrschaft. In: Burgen aus Holz und Stein. Schweiz. Beitr. z. Kulturgesch. u. Arch. d. Mittelalters 5 (1979) 43–80.
Die nicht zu unterschätzende Bedeutung der Burgen für die bergbauliche Erschließung der Mittelgebirge und die Sicherung der Montan- und Hüttengebiete betont D. Baatz, Die Turmburg Drusenküppel bei Oberhain. In: Führer zu vor- und frühgesch. Denkmälern 21 (1972) 133–136. – W. Janssen, Führer zu vor- und frühgesch. Denkmälern 26 (1974) 102 f.; 106 f. – Ders. (Anm. 131) Bd. 2, 84. – Ders., Dorf und Dorfformen des 7. bis 12. Jahrhunderts im Lichte neuer Ausgrabungen in Mittel- und Nordeuropa. In: H. Jankuhn, R. Schützeichel u. F. Schwind (Hrsg.), Das Dorf der Eisenzeit und des frühen Mittelalters. Abhandl. d. Akad. d. Wiss. in Göttingen. Phil.-hist. Kl., 3. Folge Nr. 101 (1977) 332. – H. W. Böhme, Der Erzbergbau im Westharz und die Besiedlung des Oberharzes seit dem frühen Mittelalter. In: Führer zu vor- und frühgesch. Denkmälern 36 (1978) 59–126, bes. 88 ff. – Meyer, Frohburg (Anm. 4) 110. – Zuletzt dazu: D. Lutz, Archäologische Beiträge zur Besiedlung des nördlichen Schwarzwaldes im Früh- und Hochmittelalter. In: Forschungen zur Geschichte, Archäologie und Kunst der Salierzeit. Monogr. RGZM 28 (1991) – Vgl. auch den Beitrag von L. Klappauf, Die Bedeutung des Harzes und seiner Rohstoffe in der Reichsgeschichte. In: Forschungen zur Geschichte, Archäologie und Kunst der Salierzeit. Monogr. RGZM 27 (1991).
Für die Burgen bei Sayn (Nr. 2), beim Bolanderhof (Nr. 18) bzw. auf dem nahen Hohenfels (vgl. Anm. 46) sowie für die Humburg bei Düren (Nr. 24) wurde schon früher ein Zusammenhang mit Bergbau- und Verhüttungsaktivitäten angenommen. Liessem, Bemerkungen (Anm. 12). – H. Walling, Der Eisenerzbergbau am Donnersberg bei Imsbach seit römischer Zeit. Mitt. d. Pollichia, III. Reihe, Bd. 21 (1974) 19–83. – Ders., Der frühe Bergbau in der Pfalz. Mitt. Hist. Ver. Pfalz 75, 1977, 15–46. – Schindler, Studien (Anm. 38) 163 f.

133 Die meisten dieser Wehranlagen besaßen sogar Burgareale von unter 0,1 ha Fläche. Berücksichtigt man ferner die nur kurz erwähnten Burgen von Aglasterhausen (Anm. 107), Dieburg bei Alsenborn (Anm. 107), Altwied (Anm. 108), Wildburg bei Treis-Karden (Anm. 108), Hattenheim (Anm. 108) und Uetgenbach (Anm. 128) bei dieser Berechnung, so gehörten etwa 75 % aller genannten Befestigungen in diese Gruppe der Kleinburgen.

134 Dies betonte bereits nachdrücklich Maurer (Anm. 2) 312 u. 321.

135 In diesem Zusammenhang sei daran erinnert, daß die Familie der Salier bereits eine aufwendige Steinburg in der Stadt Worms besaß, die 1002 niedergerissen wurde. Vgl. dazu in diesem Band M. Grünewald, Die Salier und ihre Burg zu Worms.

beruhen, daß solche »Palasbauten« während der Salierzeit noch in der Minderzahl waren und meistens auch recht spät innerhalb dieser Zeitepoche auftraten. Dies gilt in gleicher Weise für den Bautyp des Bergfrieds, der wie der Palas seine Blütezeit erst unter den Staufern erlebte. Erst damals setzte sich die richtungsweisende funktionale Trennung in reine Wohn- und Wehrbauten endgültig durch.

Etwa ein Drittel aller salierzeitlichen Burgen des Untersuchungsgebietes war in oder bei älteren Befestigungen des 9./10. Jahrhunderts errichtet worden, wobei es sich in fast allen Fällen um Anlagen des Reiches und des Hochadels gehandelt hat. Dies zeigt eindrücklich, daß viele hochmittelalterliche Adelsburgen auf ältere Traditionen zurückgreifen konnten, die nicht zuletzt frühere Herrschafts- und Besitzstrukturen widerspiegeln. Gleichzeitig sollte uns diese Beobachtung vor der Fehleinschätzung bewahren, den Baubeginn privater Adelsburgen ausschließlich für eine Erscheinung des 11. Jahrhunderts zu halten. Zumindest die Magnaten der Ottonenzeit, also die ganz großen und mächtigen Familien, wie etwa die Konradiner und Salier in unserem Bereich, haben zweifellos schon im 10. Jahrhundert über Wohnburgen verfügt, deren bauliche und künstlerische Ausgestaltung sicher weit höher einzuschätzen ist als die Ausgrabungen auf der Limburg ohnehin schon erahnen lassen[135]. Auch weniger bedeutende Adelsgeschlechter haben bereits im 10., ja teilweise schon im 9. Jahrhundert damit begonnen, befestigte Wohnsitze anzulegen, die jedoch überwiegend noch aus Holzbauten bestanden. Es kann also nicht bezweifelt werden, daß bereits in vor- und frühsalischer Zeit zahlreiche Burgen bestanden haben, die adligen Familien als dauernde Behausungen dienten. Allerdings drückte sich in den meist recht schlichten Pfostenbauten dieser Anlagen noch kein ausgeprägtes Repräsentationsbedürfnis ihrer Bauherren aus[136]. Erst im Laufe des 11. und frühen 12. Jahrhunderts gingen die Dynasten und mit ihnen die bedeutenderen Reichsministerialen in größerem Umfang dazu über, repräsentative Steinburgen als ständige Residenzen zu errichten oder ihre bislang sehr einfachen Ansitze standesgemäß auszubauen.

Während die Magnaten und einflußreichen Dynasten der Salierzeit ihre herrschaftlichen Adelssitze ausschließlich als weit das Umland dominierende Höhenburgen aufführten, erbauten die Angehörigen der sich damals erst entwickelnden und aufstrebenden Reichsministerialität und einige kleinere Edelherren ihre wehrhaften Kleinburgen ausnahmslos in der Ebene nahe den Höfen und Dörfern der bäuerlichen Landbevölkerung im Altsiedelland[137]. Kam allein schon in dieser unterschiedlichen Platzwahl für den Bau einer Burg der soziale Abstand und die räumliche Trennung zwischen den verschiedenen Gruppen der Auftraggeber deutlich genug zum Ausdruck, so unterstrich die im Vergleich zu den Dienstmannensitzen häufig aufwendigere und großzügigere Architektur der Grafenburgen, wie sie z. B. in dem bislang einmaligen Palas des »Steinenschlosses« zum Ausdruck kommt, noch weiter die vorhandenen wirtschaftlichen und gesellschaftlichen Unterschiede zwischen Hochadel und Ministerialität. Die Anlage landschaftsbeherrschender Höhenburgen als Attribut adliger Lebensführung scheint demnach in salischer Zeit noch ein Vorrecht der Nobiles und der gräflichen Familien gewesen zu sein. Infolge des ständigen sozialen Aufstiegs der ursprünglich unfreien Dienstmannen des Reiches und der Reichskirche während der späten Salierzeit und besonders unter den Staufern strebten aber mehrere der erfolgreichsten Ministerialenfamilien seit dem mittleren 12. Jahrhundert danach, ihre Macht demonstrierenden wehrhaften Wohnsitze aus der Ebene auf die Bergeshöhen zu verlegen, was vielfach zur Aufgabe ihrer älteren kleinen Niederungsburgen führte[138].

Doch nicht nur so manche Ministerialenburg salischer Zeitstellung fand aus diesem Grunde ein frühzeitiges Ende, sondern auch eine Reihe gräflicher Höhenburgen des 11. Jahrhunderts wurde schon verhältnismäßig bald wieder verlassen, da deren ungünstige topographische Lage oder räumliche Enge

136 Meyer, Frühe Adelsburgen (Anm. 4) 580f.

137 Zu den weiter oben genannten 12–13 Beispielen (im laufenden Text bei Anm. 126) kann man auch die Niederungsburgen von Aglasterhausen (Anm. 107), Alsenborn (Anm. 107), Hattenheim (Anm. 108) und Uetgenbach (Anm. 128) hinzuzählen. – Vgl. auch Janssen, Dorf und Dorfformen (Anm. 132) 332.

138 Freilich sollte nicht vergessen werden, daß dieser »Sprung auf die Höhe« nicht allen Dienstmannen und kleinen Edelherren gelang, so daß zahlreiche Kleinburgen und Wasserschlösser, die vielfach ihre Wurzeln im 11./12. Jh. haben, noch heute innerhalb oder am Rande der Dörfer und Siedlungen liegen.

ihre adligen Besitzer dazu zwang, nach geeigneteren Standorten für einen standesgemäßen Wohnsitz zu suchen, der ihrem Ansehen und ihren gestiegenen Lebens- und Repräsentationsbedürfnissen mehr entsprach.

Es ist also nicht zu verkennen, daß der dynastische Adel und die Spitzengruppe der Ministerialität sich seit dem 11. Jahrhundert ebenso eifrig wie erfolgreich der Steinarchitektur als eines wirkungsvollen Mittels zur Darstellung der eigenen Macht und Bedeutung bediente. Die steinernen Burgen als weithin sichtbare Zeichen gehobener adliger Lebensführung werden daher nicht zu Unrecht als repräsentative Statussymbole dieser Gesellschaftsschicht angesprochen[139]. Mit dem Bau der zahlreichen, meist noch recht kleinen Steinburgen des selbstbewußter und mächtiger werdenden Adels begann während der Salierzeit eine Entwicklung, die sich in den folgenden zwei Jahrhunderten in ungeahnter Weise beschleunigen und entfalten sollte, um schließlich weite Gebiete Mitteleuropas in wahre Burgenlandschaften zu verwandeln[140].

139 Meyer (Anm. 129).

140 H.-M. Maurer, Burgen zwischen Alb und unterem Neckar. Hist. Atlas von Baden-Württemberg, Erläuterungen: Beiwort zu Karte V,6 (1979) 1–15, bes. 10.

UDO LIESSEM

BEMERKUNGEN ZU EINIGEN BURGEN DER SALIERZEIT IM MITTELRHEINGEBIET

Im nördlichen Rheinland-Pfalz hat es nach dem letzten Kriege keine gezielten Grabungen gegeben, die planvoller Erforschung hochmittelalterlicher Architektur gegolten hätten. Erst in den letzten Jahren hat sich das unter H.-H. Wegner geändert, der im Rahmen von Stadtkerngrabungen wichtige Ergebnisse vorlegen konnte, vornehmlich für Koblenz[1]. Hinzu kommen zwei partielle Burggrabungen, die anläßlich von Bauarbeiten auf Burg Sayn[2] in Bendorf, Ortsteil Sayn, und auf der Oberburg[3] in Kobern-Gondorf, Ortsteil Kobern, beide im Kreis Mayen-Koblenz gelegen, 1983/84 bzw. 1988 vom Landesamt für Denkmalpflege in Rheinland-Pfalz durchgeführt worden sind.

Folgend werden kurz fünf Anlagen vorgestellt, die Aussagen zu frühen Burgen im Mittelrheingebiet ermöglichen, obwohl dort noch keine archäologischen Untersuchungen stattgefunden haben. Darüber hinaus soll gezeigt werden, daß man bei erneuter Interpretation der gedruckten Quellen, sorgfältiger Geländebegehung und der Auswertung zufällig gefundener Artefakte zu Ergebnissen gelangen kann, die wissenschaftliche Erkenntnisse bringen, auch wenn sie in manchen Details hypothetisch sein werden. Das gilt besonders, wenn diese Anlagen erstmals vermessen worden sind, wenn auch nur mit einfachsten Mitteln.

Von einer der wichtigsten Burgen aus salischer Zeit, dem *Ehrenbreitstein*[4], der nach einem 1019 erstmals erwähnten Erembert benannt worden sein wird – er stammte aus dem konradinisch-salischen Hause –, ist kaum etwas bekannt. Die wahrscheinlich um 1000 errichtete Anlage kam bald nach 1018 im Zusammenhang mit der Schenkung des Königshofes Koblenz an das Erzstift Trier, wo sie bis zum Ende des Kurstaates verblieb. Erstmals taucht die Burg 1139 in einer Originalurkunde auf[5].

Sie lag 118 m über NN auf der diluvialen Hauptterrasse des Rheines, die zum Fluß hin 57 m steil abfällt (Abb. 1). Durch die Ausräumung, die der Mühlenbach bzw. dessen diluvialer Vorgänger vorgenommen haben, waren auch die Süd- und die Ostseite des Ehrenbreitsteins uneinnehmbar, da das Gelände hier sehr steil abfällt. Lediglich von Norden war der Burg beizukommen, so daß diese Seite durch einen quer laufenden Graben gesichert werden mußte. Das relativ ebene Burggelände weist eine sich dem Trapez nähernde Form auf, wobei die Langseiten zum Rhein und zu dem Tal weisen, durch das der genannte Mühlenbach fließt und heute die Bundesstraße B 49 verläuft.

Lediglich eine Quelle gibt einen bescheidenen Anhalt für eine grobe Rekonstruktion der Burg in salischer Zeit: Die Gesta Treverorum berichten, daß unter dem Trierer Erzbischof Hillin von Falmagne (1152–1169) große Baumaßnahmen auf dem Ehrenbreitstein stattgefunden hätten. Der Erzbischof habe

1 H.-H. Wegner, Stadtkernarchäologie in Koblenz. In: Archäologische Informationen 7, 1984, H. 2, 104–114.

2 A. v. Berg u. H.-H. Wegner, Archäologische Forschungen im Zusammenhang mit der Sanierung der Burg Sayn zu Bendorf. Denkmalpfl. Rheinland-Pfalz 39, 1984 (1986) 305–307.

3 St. Köhl, Die Oberburg über Kobern-Gondorf. Bericht über die Ausgrabung 1988 (Maschinenmanuskript im Staatshochbauamt Koblenz).

4 U. Liessem, Bemerkungen zur Burg Ehrenbreitstein im Mittelalter bei besonderer Berücksichtigung der Baugeschichte. Beiträge zur Rheinkunde. Mitteilungen des Vereins Rhein-Museum e.V. zu Koblenz 39 (1987) 68–83 (hieraus alle Daten).

5 F. Michel, Der Ehrenbreitstein. Koblenz o.J. (1933) 8. – Zum Umkreis der Erbauerfamilie: W. Bornheim gen. Schilling, Zur Familie des Erzbischofs Heriberts von Köln. Jahrb. Gesch. Stadt u. Ldkr. Kaiserslautern 12/13, 1974/75 (Festschrift für L. Wagner zum 65. Geburtstag, Teil I) 41–55. Wenig ergiebig, nicht nur was den Ehrenbreitstein betrifft, ist die Arbeit von I. Bodsch, Burg und Herrschaft. Zur Territorial- und Burgenpolitik der Erzbischöfe von Trier im Hochmittelalter bis zum Tode Dieters von Nassau († 1307). Veröff. Landeskundl. Arbeitsgem. Koblenz 13 (1989) passim.

Abb. 1 Ehrenbreitstein bei Koblenz. Luftbildausschnitt, genordet. (Freigegeben durch das Landesvermessungsamt Rheinland-Pfalz unter Nr. 20/89; vervielfältigt mit Genehmigung des Landesvermessungsamtes Rheinland-Pfalz vom 1. März 1990 – Az.: 23465/90).

den Turm (= Bergfried) vollenden und eine große Zisterne in den Felsen schlagen lassen. Daneben seien die verfallenen bischöflichen Wohnräume wiederhergestellt worden, und ein tiefer Graben, der später nach Hillin so benannte Hellengraben, sei aus dem Felsen geschrotet worden[6]. Da aus späteren Abbildungen und Plänen eindeutig belegbar ist, daß der genannte Turm direkt hinter dem Graben gestanden hat, darf geschlossen werden, daß die Burg Ehrenbreitstein bereits vor 1150 die Ausdehnung aufzuweisen hatte, die sie auch in staufischer Zeit kennzeichnete, nämlich 150×50 m (Abb. 2).
Der Turm, den der Erzbischof zwar nicht gründen, wohl aber vollenden ließ, sollte als spätsalisch einzustufen sein. Er war fünfeckig, wobei dem eigentlichen Turmschaft feindwärts eine Spitze vorgelagert war. Dieser durch Hillin vollendete Fünfeckbergfried des Ehrenbreitsteins steht anregend

6 E. Zenz (Hrsg.), Die Taten der Trierer. Gesta Treverorum, Bd. II: von Erzbischof Hillin (1152) bis zum Tode Arnolds II. (1259) (1959) 12.

Abb. 2
Schematische Lageskizze der salischen Burg auf dem Ehrenbreitstein, ohne Maßstab. Süden ist oben (Skizze auf der Grundlage der Angaben von Basserode 1718).

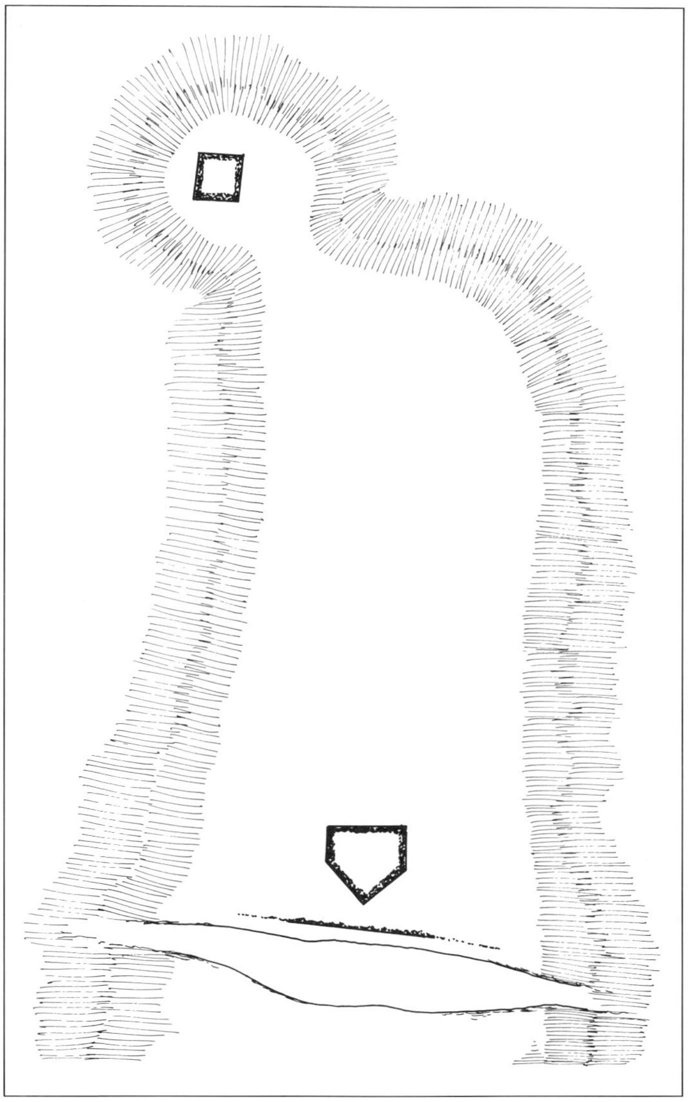

am Anfang der im Mittelrheingebiet recht zahlreichen pentagonalen Bergfriede, die jedoch alle später anzusetzen sind.

Außer dem Bergfried unmittelbar hinter dem Halsgraben wies der Ehrenbreitstein einen zweiten Turm auf: An der Südspitze der ausgedehnten Burganlage erhob sich ein mächtiger, nahezu quadratischer Turm, nach seiner späteren Funktion »Gießhaus« genannt. Eine zeitliche Einordnung ist völlig ungewiß, zumal es weder gute Abbildungen von ihm noch frühe urkundliche Hinweise gibt. Michel möchte den Turm von Hillin erbaut wissen. »Für diese Annahme spricht der Umstand, daß dieser Erzbischof auf einer dem Ehrenbreitstein südwärts vorgelagerten, etwa 40 m tiefer gelegenen und von ihm durch eine tiefe Schlucht getrennten steilen Felskuppe eine besondere Burg erbaut hat, mit der er die angesehenste Dienstadelsfamilie seines Erzstiftes belehnte …«[7]. Sonderlich schlüssig erscheint diese Vermutung nicht, genauso könnte der Turm – wie wahrscheinlich auch der Bergfried – spätsalisch sein. Im Hinblick auf die noch zu behandelnde Pfalzgrafenburg ist die Stellung der beiden Türme besonders zu beachten.

[7] Michel (Anm. 5) 9.

Auch der das Burgareal schützende und quer zur Hauptrichtung laufende Abschnitts- und Halsgraben war nicht von Hillin angelegt worden. Vielmehr wird der Erzbischof einen bereits vorhandenen Graben, der demnach vor 1150 datieren muß, verbreitert und/oder vertieft haben. Da aber keine zwei mittelalterlichen Gräben bekannt sind oder kartenmäßig nachgewiesen werden können[8], muß der Hellengraben an der Stelle des älteren Grabens gelegen haben. Als ein zusätzlicher Schutz darf hinter dem Graben eine Mauer vermutet werden.

Der Zugang zur Burg erfolgte über das Plateau im Norden. Der große Turm wird den Eingang gedeckt haben. Die spätere Burgwegtrasse, die an der Westflanke des Burgberges hochgeführt worden ist, eine technische Meisterleistung, wurde erst unter Erzbischof Hillin angelegt.

Wie die um die Mitte des 12. Jahrhunderts angeblich verfallenen Wohnbauten ausgesehen haben und wo sie plaziert gewesen sind, kann nicht angegeben werden. Eine Randbebauung ist jedoch wahrscheinlich. Noch auf allen späteren Ansichten zeigt die Kernburg einen großen, bebauungsfreien Hof. – Ob die Burg Ehrenbreitstein eine durchgehende Ringmauer gehabt hat, bleibt für die frühe Zeit fraglich, denn bei den sturmfreien Steilabfällen wären Palisaden ausreichend gewesen. Die Kombination von Abschnittsgraben und -mauer sowie dem direkt dahinter stehenden Turm reichte als Verteidigung völlig aus.

Von der Lage, der im Verhältnis zur Länge recht geringen Breite, der Stellung des Hauptturmes und dem aus dem Felsen geschroteten Halsgraben her zeigt die Burg Ehrenbreitstein zu den unten abgehandelten Burgen am Laacher See, in Sayn und an der Nister eine enge Parallele.

Ein Problem stellte eine genügende Wasserversorgung dar. Das Plateau des Ehrenbreitsteins liegt 57 m über dem Rhein und führt keine Quelle im Bereich der Burg, so daß man auf das Auffangen von Oberflächenwasser angewiesen war, sollte nicht ein Wassertransport von weither die benötigte Wassermenge beschaffen. Selbstverständlich dürfte man auch in der salischen Anlage der Burg vor Hillin bereits über eine Zisterne verfügt haben, die aber nur ungenügend den Wasserbedarf gedeckt haben wird. Besonders schwierig wäre die Versorgungslage während einer längeren Belagerung geworden, zu der es jedoch im hohen Mittelalter nicht gekommen ist. Erst 1481–1483 wurde ein Brunnen gebaut, der bei 56,42 m Tiefe auf Wasser stieß[9]. – Das Wasserproblem galt auch für die vier anderen Burgen, die ebenfalls über keinen Brunnen verfügt haben dürften. Allenfalls waren auch hier Zisternen aus dem Felsen geschlagen.

Die dürftigen Angaben zur Burg Ehrenbreitstein, die eine auch nur annähernde Rekonstruktion nicht zulassen, dürfen nicht darüber hinwegtäuschen, daß diese Burg eine der bedeutendsten trierischen Anlagen gewesen ist und zu den wichtigsten Burgen überhaupt am Rhein zählte[10].

Anlagen in der näheren und weiteren Umgebung, mit der der Ehrenbreitstein verglichen werden könnte, existieren nicht: Es ist aber zu vermuten, daß die Reichsburg Hammerstein (Kr. Neuwied), auch sie eine Gründung aus konradinischem Hause, Ähnlichkeiten gezeigt hat, doch ist über das Äußere dieser Burg in salischer Zeit noch weniger bekannt[11]. Allerdings läßt es die Situation zu, daß dort – im Gegensatz zum Ehrenbreitstein, der ab 1815, nach Beseitigung aller älteren Reste, zur preußischen Festung ausgebaut wurde – eine Grabung durchgeführt wird, von der entscheidende Erkenntnisse zur Burgengeschichte der Rheinlande erwartet werden dürfen. Die von Werner Meyer formulierte Aussage: »um die Mitte des 12. Jahrhunderts kam im Burgenbau der Monumentalstil auf, der das Aussehen der Burg

8 Alle diesbezüglichen Abbildungen bei Michel (Anm. 5).

9 Liessem (Anm. 4) 81. Möglicherweise geschah der Wassertransport mit Eseln. Um 1200 war von der lediglich 9 Mann zählenden Friedensbesatzung einer ein Eseltreiber; demnach haben Esel auf der Burg gelebt; Liessem (Anm. 4) 74. – Die noch heute im Südteil der Festung existierende Zisterne ist zwar, was die Bausubstanz betrifft, preußisch, doch ist es durchaus möglich, wenn nicht sogar wahrscheinlich, daß die mittelalterliche Zisterne lediglich erweitert worden ist. – Überhaupt findet sich im Bereich der Festung keinerlei mittelalterliche Bausubstanz mehr. Verfasser ist Herrn Dr. Ulrich Löber für ein klärendes Gespräch zu Dank verpflichtet.

10 D. Kerber, Ansätze zu einer Residenz der Trierer Erzbischöfe in Koblenz (Examensarbeit im Fachbereich III [Geschichte] der Universität Trier, Maschinenmanuskript, Koblenz 1988) 215–216.

11 Zur Baugestalt H. Neu u. a., Die Kunstdenkmäler des Kreises Neuwied. Kunstdenkmäler der Rheinprovinz 16/II (1940) 156–165. – M. Simmert, Die Reichsburg Hammerstein. Ausgewählte Fakten und Daten zu ihrer Geschichte (1020–1374) (1984).

grundsätzlich veränderte und den Begriff des ›castrums‹ an bisher unbekannte architektonische Voraussetzungen knüpfte«[12], trifft für die beiden Burgen Ehrenbreitstein und Hammerstein vollinhaltlich zu. Die von ihm als »Monumentalstil« bezeichnete Ausprägung der Burg dürfte für die beiden mittelrheinischen Anlagen sicher schon für die erste Hälfte des 12. Jahrhunderts angenommen werden. Die einzige Burg, bei der wenigstens ein Bauteil einen Vergleich mit dem Ehrenbreitstein gestattet, ist die im Hessischen liegende kleine Burg Weißenstein bei Marburg a.d. Lahn. Die Anlage besteht im wesentlichen aus einem pentagonalen Turm im Zentrum; der Turm ist zweiphasig. Einem älteren Querrechteck von rund 12×8,50 m wurde an der westlichen Breitseite in einem zweiten Bauabschnitt eine langausgezogene, nicht massive Spitze vorgelegt, die die Form eines gleichschenkeligen Dreiecks hat. Die Schenkel messen rund 10 m. Die Erweiterung des wohnturmartigen Baues zu einem Fünfeck ist in salischer Zeit geschehen[13]. – Im Gegensatz zu dem Bauwerk auf dem Weißenstein kann die genaue Gestalt des fünfeckigen Ehrenbreitsteiner Turmes nicht zufriedenstellend geklärt werden. Wenn man jedoch dem Grundriß des kurtrierischen Festungsingenieurs Basserode aus dem Jahre 1718 vertrauen darf, dann war der Ehrenbreitsteiner Turm querrechteckig; die vorgelagerte Spitze, die einen Winkel von etwas mehr als 45 Grad bildete, war nicht massiv. Es bleibt jedoch nicht ausgeschlossen, daß Basserode den Turm erst relativ weit oben geschnitten hat, worauf auch die ziemlich dünnen Mauern hinweisen, so daß dennoch, was bei den frühen Fünfecktürmen recht häufig vorkommt, die unteren Geschosse mit einer massiven Spitze ausgestattet gewesen sein könnten[14]. In diesem Punkt darf Burg Weißenstein, die ja zweiphasig ist, nicht als Vergleich herhalten.
Weiter entfernt, aber durchaus als Parallele anzuführen, befindet sich bei Gammertingen in Baden-Württemberg Burg Baldenstein. Ihren Kern bildet ein querrechteckiger Wohnbau, dem in einer zweiten Bauphase, und damit dem Weißenstein ähnlich, an einer Schmalseite eine Spitze vorgesetzt wurde. Die Bearbeiterin datiert den Kernbau um die Mitte des 11. Jahrhunderts, gibt aber für die Ausbauphase keinen Zeitpunkt an. Diese dürfte jedoch nicht allzu lange danach anzusetzen sein, denn spätestens um die Mitte des 12. Jahrhunderts wurde Baldenstein zerstört[15].

1093 stiftete Pfalzgraf Heinrich aus dem Hause Luxemburg-Gleiberg († 1095) mit Zustimmung seiner Frau Adelheid von Meißen-Orlamünde ein Hauskloster, die später Maria Laach genannte Benediktinerabtei, nahe seiner Burg am See (Abb. 3)[16]. Sein Stief- und Adoptivsohn Siegfried von Ballenstedt ließ etwa 20 Jahre später die Burg (castellum), »besorgt um die Ruhe der Brüder«, abbrechen[17]. Da die Entfernung vom Kloster zur Burg jedoch 2000 m in der Luftlinie beträgt, kann man diesen Satz nur als einen zeitüblichen Topos bezeichnen. In Wirklichkeit ging es dem Kloster darum, absolut vor Eingriffen seitens des nahen Burgherren, des Pfalzgrafen, sicher zu sein. Dieser hat wohl dem Abbruch der Burg ohne Zögern zustimmen können, da er nicht weit entfernt am Ende des Vinxtbaches auf einem gut zu verteidigenden Sporn in unmittelbarer Nähe des Rheines eine Burg besaß: Burg Rheineck. Diese Burg ist

12 W. Meyer, Frühe Adelsburgen zwischen Alpen und Rhein. Nachr. Schweiz. Burgenver. 57, 3/1984, 70–79, bes. 77.

13 Vgl. den Aufsatz von C. Meiborg in diesem Doppelband. – R. Gensen, Marburg-Wehrda (Kreis Marburg-Biedenkopf). Die Burg Weißenstein. In: Denkmalpflege in Hessen 2, 1989, 20–21. – Die Rekonstruktion des frühen Ehrenbreitsteins, so wie sie Michel 1933 vorgelegt hat, eine kleine, sich der Rundform nähernde Anlage, kann mittlerweile als überholt angesehen werden; Liessem (Anm. 4) 71.

14 U. Liessem, Randbemerkungen zu polygonalen Bergfrieden am Mittelrhein bei besonderer Berücksichtigung von Fünfecktürmen. Burgen u. Schlösser 25, I/1984, 53–65. – Der Plan von Basserode ist abgebildet bei Michel (Anm. 5) Abb. 24.

15 B. Scholkmann, Burg Baldenstein. Das ›Alte Schloß‹ bei Gammertingen (1982).

16 J. Busley u. H. Neu, Die Kunstdenkmäler des Kreises Mayen 1. Kunstdenkmäler der Rheinprovinz 17/II (1941) 282–315. Zur Burg vgl. B. Resmini, Anfänge und Frühgeschichte des Klosters Laach in den älteren Urkunden. Jahrb. f. westdt. Landesgesch. 11, 1985, 1–54, bes. 25–26.

17 Zuletzt hierzu U. Lewald, Burg, Kloster, Stift. In: Die Burgen im deutschen Sprachraum. Ihre rechts- und verfassungsgeschichtliche Bedeutung. Vorträge u. Forschungen 19 (Hrsg. H. Patze; 1976) 155–180, bes. 161. – Vgl. auch G. Streich, Burg und Kirche während des deutschen Mittelalters. Untersuchungen zur Sakraltopographie von Pfalzen, Burgen und Herrensitzen, 2. Bde. Vorträge u. Forschungen, Sonderband 29 (Hrsg. H. Patze; 1984) passim.

Abb. 3 Laacher See mit Lage der »Alte Burg« (Pfeil weist auf den Westteil) und des Klosters Maria Laach (links unten). Luftbildausschnitt, genordet. (Freigegeben durch das Landesvermessungsamt Rheinland-Pfalz unter Nr. 31/88; vervielfältigt mit Genehmigung des Landesvermessungsamtes Rheinland-Pfalz vom 1. März 1990 – Az.: 23465/90).

um 1115 durch Gertrud von Northeim, Witwe des erwähnten Pfalzgrafen Siegfried, an ihren zweiten Gemahl, Graf Otto von Salm, gelangt, der seit 1129 als Graf von Rheineck geführt wird. König Konrad III. eroberte 1151 diese Burg und ließ sie anschließend niederbrennen. Die Anlage wurde erst 1164 wiederaufgebaut, und zwar durch den Kölner Erzbischof Rainald von Dassel bzw. dessen Domdekan Philipp von Heinsberg. Der Wiederaufbau erfolgte in großer Hast, weil der Erzbischof dem Pfalzgrafen Konrad von Staufen zuvorkommen wollte[18].

In unmittelbarer Nähe zur Burg Rheineck, nur um wenige hundert Meter nach Süden verlegt, liegt die Reutersley, »eine Bergzunge mit steilen Flanken zum Rhein- und Vinxtbach, ... durch zwei Abschnittswälle mit (zugehörigen) Gräben, die mit etwa 50 m Abstand hintereinander liegen, gequert. Sie riegeln ein ziemlich ebenes, etwa 100×200 m großes Plateau ab, das hinten durch einen schwächeren Abschnittswall geschützt zu einem Sattel abfällt. Eine Ausgrabung müßte erweisen, ob auch die Längsseiten etwa mit einer Palisadenwand oder dergl. umwehrt waren ...«[19]. Eine zeitliche Einordnung dieser namenlosen Anlage ist bis jetzt nicht erfolgt; man könnte in ihr jedoch die Vorgängeranlage von Burg Rheineck vermuten. Eine Entstehung in salischer Zeit wäre nicht ausgeschlossen.

[18] J. Gerhardt u. a., Die Kunstdenkmäler des Kreises Ahrweiler. Kunstdenkmäler der Rheinprovinz 17/I (1938) 517 ff. – B. Brinken, Die Politik Konrads von Staufen in der Tradition der Rheinischen Pfalzgrafen. Rhein. Archiv 92, 1972, bes. 167 ff. – U. Liessem, Baugeschichtliche Beobachtungen an einigen stauferzeitlichen Burgen in der Region Koblenz. Burgen u. Schlösser 18, I/1977, 29–47, bes. 31–34.

[19] R. v. Uslar, Studien zu frühgeschichtlichen Befestigungen zwischen Nordsee und Alpen. Bonner Jahrb. Beiheft 11 (1964) 168–169 u. Abb. 73. – Es wäre zu überlegen, ob nicht überhaupt die sehr große namenlose Burg auf der Reutersley die 1151 zerstörte pfalzgräfliche Burg gewesen sein könnte, die dann nicht mehr aufgebaut worden ist, sondern durch den Neubau der (jetzigen) Burg Rheineck ersetzt wurde.

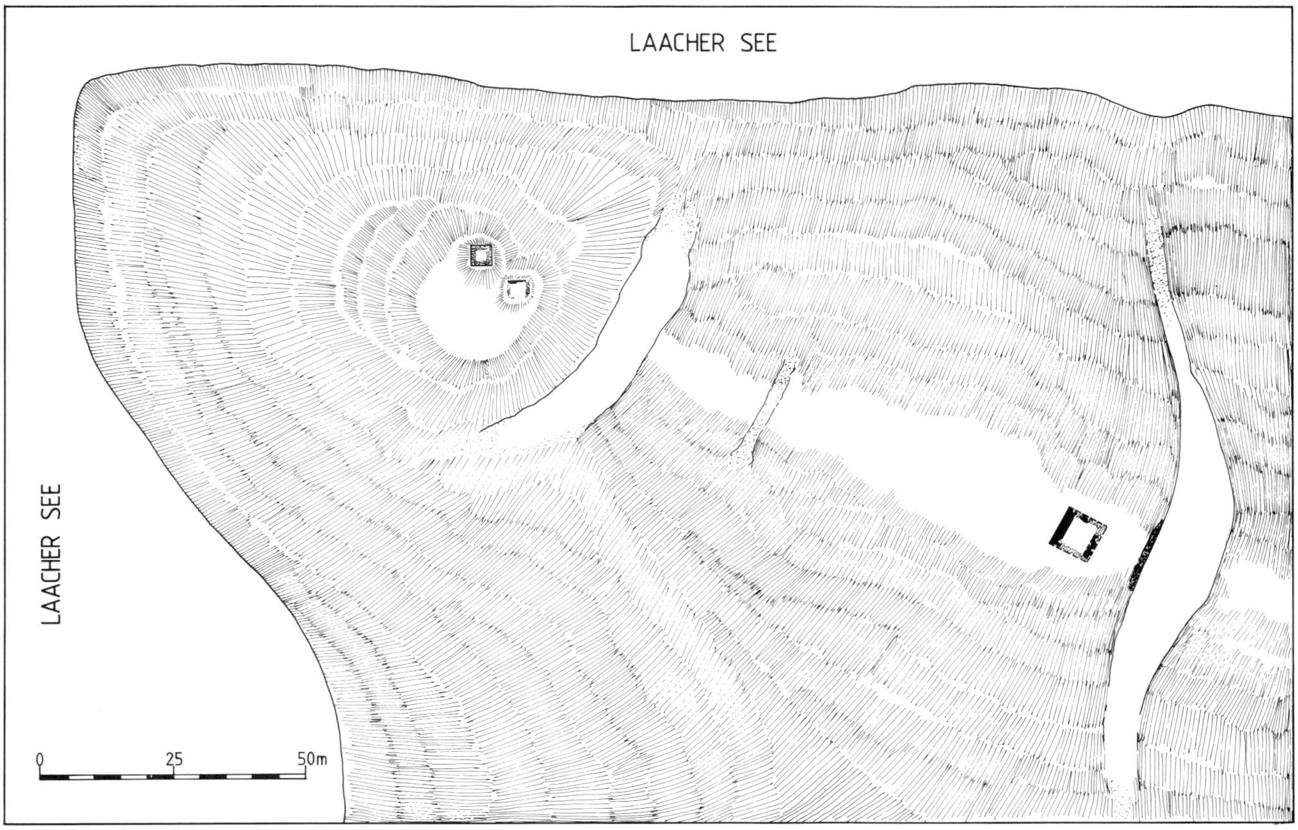

Abb. 4 Lageskizze der Pfalzgrafenburg (»Alte Burg«) am Laacher See, genordet; (angegeben ist die ursprüngliche Uferlinie bei 290 m über NN des Sees vor dessen Absenkung im 12. Jahrhundert).

Die *Pfalzgrafenburg* am Laacher See, eine große Befestigung (s. u.), hat aus drei Abschnitten bestanden, wobei die eigentliche Burg eine zweiteilige Anlage gewesen ist (Abb. 4). Der besterhaltene, westliche Bereich erhob sich auf einem Felssporn, einer Schichtvulkanruine an der Südostseite des Laacher Sees. Der weit ins Wasser ragende Sporn weist die Form eines gleichschenkligen Dreiecks auf, das an der Basis mit dem leicht ansteigenden Berggelände verbunden ist. Die historische Topographie wurde dadurch stark verändert, daß der See zweimal abgesenkt worden ist, erstmals unter Abt Fulbert (1152–1177), dann 1844 durch den damaligen Besitzer des Klosters und seiner Ländereien, den Trierer Regierungspräsidenten Delius[20]. Während ursprünglich, wie Klaus Greve nachgewiesen hat, der Seespiegel bei hohem Wasser auf 290 m über NN und mehr anstieg[21], erreichte die Burg mit ihrem höchsten Punkt, der mit der Spornspitze im See zusammenfällt, 323,7 m, so daß die Anlage mindestens 33 m über dem Wasser lag. Heute befindet sich die Uferlinie bei ca. 275 m über NN. Der um den Fuß des Sporns geführte breite und befahrbare Weg kannte keinen mittelalterlichen Vorgänger. Die früh abgebrochene pfalzgräfliche Burg lebte zwar in Sagen bis tief ins 19. Jahrhundert fort, ist aber im Bestand so dezimiert worden und durch Bewuchs so verunklart, daß der neueste Wanderführer (1988) vermelden konnte: »Irgendwelche Reste der Burg sind nicht mehr nachzuweisen«[22].

20 Mit beiden Anlagen beschäftigt sich K. Grewe, Der Fulbert-Stollen am Laacher See. Eine Ingenieurleistung des hohen Mittelalters. Zeitschr. f. Arch. d. Mittelalters 7, 1979, 107–142.

21 Grewe (Anm. 20) 130.

22 Die Sagen werden mitgeteilt von Ph. Wirtgen, Neuwied und seine Umgebung (2. Aufl. 1902) 367–369. – H. Müller, Die Wüstungen des Kreises Mayen. Volkskundliche Beiträge zur Wüstenforschung (Ungedr. Diss. Bonn, 1952) 99–102. – J. Steinbach, Führer zum Laacher See (Neuwied/Leipzig o. J.; um 1890) 47–57. – Das Zitat in S. Bartosch u. a., Laacherseehaus-Wanderführer für die Laacher Vulkaneifel und ihre Umgebung (2. Aufl. 1988) 17.

Zu Beginn des 16. Jahrhunderts dagegen müssen noch deutliche Hinweise auf die Burg vorhanden gewesen sein, denn Trithemius (1462–1516) berichtete von »fragmenta murorum nonnulla«, und auf der »Karte der Herrschaft des Klosters Laach« (um 1700) wird die Stelle der im Wald gelegenen Burg zwar angegeben, von ihr selbst ist aber nichts zu erkennen. Dagegen wird auf einer anderen Karte, »Plan der Abtei Laach« (1790), der Burgplatz mit einem »E« bezeichnet, in der Legende mit »Alte Burg« aufgelöst. In späteren kartographischen Darstellungen, etwa bei Tranchot (1809), fehlt jeglicher Hinweis auf die Burg[23], obwohl der Laacher Abt Clemens Aach erst 1722 unter Verwendung von Abbruchmaterial der Feste einen Bau hatte errichten lassen. Bei ihm hat es sich wahrscheinlich um den abteilichen Hof gehandelt, der vor der ehemaligen Burg gelegen war (bzw. in deren vorderem Gelände). Der Abteihof ist letztlich aus dem Wirtschaftshof der Pfalzgrafenburg erwachsen (s. u.).

Schon in der vor 1770 niedergeschriebenen ›Disquisitio de binis fundatoribus monasterii Lacensis etc.‹ heißt es: »Castelli locus nunc nemus est vernucale nuncupatum: die alte Burg.« Dazu notierte Richter (1898): »Heute ist auch der Name dem Volksbewußtsein entschwunden«[24].

Die pfalzgräfliche Burg am Laacher See wurde so gründlich abgeräumt, daß Adalbert Schippers, der immerhin dort eine Grabung durchgeführt hat, auf die noch zurückzukommen ist, schrieb (1967): »Die bescheidene Burg diente dem Stifter von Laach wohl nur als gelegentliche Wohnstätte«[25]. Allerdings war die Burg – entgegen der Meinung Schippers – alles andere als bescheiden.

Das in den Laacher See vorspringende Areal der Burg mißt nur etwa 20 m in der Ost-West gerichteten Hauptachse und ungefähr 23 m in der Breite. Die Flanken fallen mäßig stark zum See hin ab. Von West nach Ost steigt das Gelände zum Wasser hin an und gipfelt in einem kleinen Plateau, das sich zwei Meter über das allgemeine Niveau erhebt. Darauf sind die Reste eines Turmes auszumachen, der zu einem Quadrat von 4,50 m äußerer Seitenlänge zu ergänzen ist, bei einer Mauerstärke von knapp 1 m. Der Turm war in Schalenmauerwerk errichtet worden, wobei die innere Schale heute nicht mehr anzutreffen ist. Der Kern besteht aus Bruchsteinen, die in einer starken Mörtelbettung ruhen. Noch 1974 war die Außenschale in zwei Lagen erhalten, die aus kleinen, handrechten Tuffquadern, sauber verarbeitet, bestanden[26]. Heute ist der Turmstumpf derart zerstört, daß nur noch eine Grabung Klärung verschaffen könnte.

Auf einem etwas tiefer liegendem Podest nahe der Nordflanke war vor eineinhalb Jahrzehnten noch verstürztes Mauerwerk zu erkennen. Ob dieses zu einem Gebäude oder zu einer Ringmauer gehört hat, kann ebenfalls ohne Grabung nicht entschieden werden. Beide Podeste, das des Turmes und das des Gebäudes (?) sind künstlich angelegt worden.

Am Fuße der Plattform, die den Turm trug, der auf der höchsten Stelle des engeren Burgareals stand und von dem aus man den ganzen See überblicken konnte, lag zum Wasser hin eine kleine ebene Fläche, die wohl als Berme interpretiert werden darf und die man sich zum See hin als durch Mauer oder Palisade gesichert vorzustellen hat. Einzelheiten zur Ausstattung der pfalzgräflichen Burg können nur durch archäologische Untersuchungen ermittelt werden, die hier sehr vielversprechend wären, da das Gelände, sieht man von einer Jagdhütte des 19. Jahrhunderts ab[27], nie wieder bebaut wurde. Besagte Hütte scheint im Bereich des genannten Turmes gestanden zu haben, da sich dort neuzeitlicher Kulturschutt findet. Nach Südosten fällt der Sporn zum anschließenden Berg hin ab und endet an einem breiten Wirtschaftsweg, der wahrscheinlich die Stelle eines ehemaligen Grabens einnimmt.

23 P. Richter, Die Schriftsteller der Benediktinerabtei Maria-Laach. Westdt. Zeitschr. Gesch. u. Kunst 17, 1898, 41–112, hier Anm. 250. – Die Karte um 1700 liegt im Landeshauptarchiv Koblenz, Best. 56, Nr. 108, III, abgebildet bei Grewe (Anm. 20) Abb. 8. – Karte aus 1790 im Archiv der Abtei, Sign. IV A 2, abgebildet bei Grewe (Anm. 20) Abb. 9. – Tranchot-Karte wie vor, Abb. 10.

24 Richter (Anm. 23) 91 ff. u. Anm. 250.

25 A. Schippers, Das Laacher Münster (1967) 11.

26 U. Liessem, Die ›Alteburg‹ im Brexbachtal – eine Ergänzung. In: Jahrbuch der Stadt Bendorf (1975) 45–53, bes. 52.

27 Nach P. Richter, Die alte Pfalz am Laacher See. Korrbl. Westd. Zeitschr. f. Gesch. u. Kunst 13, 1894, Sp. 167–171, hat die Jagdhütte auf den Fundamenten des Bergfriedes gestanden; ebenda, Sp. 170. Zum Bergfried s. u.

Nach den Untersuchungen von Paul Richter (1894) war der dreieckige Sporn an den Flanken von Mauern umgeben[28]. Eine Nachgrabung von Adalbert Schippers, die leider unveröffentlicht blieb, bestätigte das[29]. Heute ist von den Mauern nichts mehr zu erkennen.

Parallel zur westlichen Flanke des Sporns, das Gelände ist hier weniger steil als auf der gegenüberliegenden Seite, kann eine lange und schmale, seichte Senke ausgemacht werden, die etwa auf der Höhe des ehemaligen Seeufers endet. Es mag sich hier um einen natürlichen, seewärts gerichteten Wasserablauf handeln, aber auch um einen Graben, der zum Verteidigungssystem der Burg gehörte. Für letztgenannte Möglichkeit spricht die im Hinblick auf eine Verteidigung der Flanke so auffallende sinnvolle Lage dieser Rinne und deren abruptes Abbrechen.

Stark befremdend wirkt der kleine Turm von nur 4,50×4,50 m Grundfläche. Vergleichbare Türme sind relativ selten. Am Mittelrhein bietet sich nur die Niederburg in Rüdesheim an, von Thomas Biller jüngst untersucht, die in ihrer ältesten Phase einen kleinen Bergfried von etwa 6×6 m aufwies, bei einer heutigen Höhe von noch 20 m[30]. Eine weitere Rüdesheimer Anlage, eine namenlose Burg, die in der Flur »Auf der Lach« ergraben werden konnte, verfügte ebenfalls über einen solch kleinen Turm[31]. Beide Anlagen datieren wohl ins 12. Jahrhundert, keinesfalls aber vor 1100[32]. Ein dritter Turm, auch er 6×6 m messend, findet sich in der Vorderburg in Eberbach am Neckar (12. Jh.)[33].

Derartig kleine und dabei frühe Türme kommen auch in anderen Landschaften vor. So mißt ein Donjon des 12. Jahrhunderts in Nemours[34] (Dép. Seine-et-Marne) bei ebenfalls 6×6 m Grundfläche 35 m in der Höhe; ähnlich der Turm in Lachaise[35] (Dép. Charente), der 5,70×5,70 m aufweist, und schließlich zeigt der Donjon von La Vermondie[36] (Dép. Dordogne) ein Grundrißmaß von 5,50×5,25 m (12. Jh.).

Wenn auch alle aufgeführten Türme etwas größer sind als der der Pfalzgrafenburg, darf nicht vergessen werden, daß sie eine Höhe bis zu 35 m aufweisen, während der Turm der Burg am Laacher See auf Grund seiner exponierten Lage beträchtlich niedriger gewesen sein dürfte.

Das weiter östlich des Sporns sich erstreckende und leicht ansteigende Gelände entzieht sich zur Zeit einer genaueren Beobachtung, da es von Wald mit starkem Unterholz, teilweise mit Brombeergestrüpp durchzogen, eingenommen wird. Erschwerend und verunklärend kommt hinzu, daß das Gelände immer wieder durch kleine Gruben, wohl zur Entnahme von vulkanischem Auswurfmaterial, gestört wird. Das gilt auch für den bereits oben geschilderten Bereich und besonders für den extrem breiten Graben, durch den heute der Wirtschaftsweg führt. Einschließlich der Böschung mißt dieser Abschnittsgraben rund 24 m bei einer Tiefe von nur etwa drei Metern.

Das Burggelände verbreitert sich allmählich keilförmig. Nach 25 m wird ein sehr flacher Abschnittsgraben faßbar. Derartige Gräben, allerdings im Vorgelände, gibt es auch bei den Anlagen Sayn und Nister (s. u.). Weiter nach Osten gehend finden sich nach 60 m Mauerreste von 1,5 m Stärke, die zu einem bereits von Richter mit »Bergfried«[37] bezeichnetem Turmfundament von 8×8 m ergänzt werden können. Die Bearbeiter des Denkmälerinventarbandes scheinen 1941 diesen Turm noch gut erkannt zu haben[38]. Im übrigen sind die Ausführungen zur Burg dort sehr verwirrend, was später zum völligen Verkennen und Vergessen dieser Anlage geführt hat. – Weiteres Versturzmaterial wird zu einer querlaufenden Mauer gehört haben. Sie erhob sich unmittelbar vor einem gewaltigen Halsgraben. Zwischen Turm und Grabenrand liegt ein Zwischenraum von 12 m. Der stark zugeschwemmte, aber immer noch imposante

28 Richter (Anm. 27) Sp. 169.

29 Busley u. Neu (Anm. 16) 336. Nach diesen Ausgrabungen verlief eine Mauer quer zum (ersten) Halsgraben.

30 Th. Biller, Die Niederburg in Rüdesheim. Zisterziensischer Einfluß im Burgenbau um 1200. In: architectura 1988, 14–48, bes. 18–22 u. Abb. 7.

31 Biller (Anm. 30) 23–24 u. Abb. 8.

32 Biller (Anm. 30) 24.

33 Biller (Anm. 30) 24 u. Abb. 9.

34 A. Chatelain, Donjons Romans des Pays d'Ouest. Etude comparative sur les donjons romans quadrangulaires de la France de l'Ouest (1973) 110.

35 Chatelain (Anm. 34) 188–189.

36 Chatelain (Anm. 34) 217.

37 Richter (Anm. 27) Sp. 169.

38 Busley u. Neu (Anm. 16) 336. – Mit seinen Maßen von 8×8 m gehört der Laacher Bergfried in eine Gruppe von mittelgroßen Türmen, die W. Bornheim gen. Schilling, Rheinische Höhenburgen. Rhein. Verein f. Denkmalpfl. u. Heimatschutz 1961–63, 3 Bde. (1964), hier Bd. 3 (= Textbd.) 77, aufzählt. Auf das frühe Beispiel in Kerpen, Kr. Daun, wird weiter unten eingegangen.

Graben war etwa 14 m breit und 6 m tief. Während das Gelände auf der dem See abgewandten Seite abrupt abfällt, ist die dem Wasser zugewandte Flanke weniger steil, so daß hier der sich leicht verjüngende Graben sichelförmig den Hang hinab bis zur ehemaligen Wasserlinie verläuft.
Ohne Ausgrabungen können leider keine weiteren und keine genauen Angaben zu dieser wichtigen salischen Burg gemacht werden. Schon Richter schrieb 1894: »Während am See der Eckturm vorsprang, Wasser und Mauer schützte, wehrte landwärts der viereckige Hauptturm hinter Mauer und Graben und weiter die drohende Wildnis des Waldgebirges ... Mehr ist mit Bestimmtheit nicht zu sagen«[39].
Die Laacher Pfalzgrafenburg ist eine gewaltige Anlage von etwa 170 m Länge. Mit der Disposition der beiden Türme – jeweils am Ende der Anlage, davon einer in Halsgrabennähe – erinnert die Laacher Burg an den Ehrenbreitstein. Diese Art der langgestreckten und relativ schmalen Burg, durch Abschnittsgräben gesichert, hinter denen sich der Hauptturm erhebt, bildet den Anfang einer Entwicklung: Eine sehr enge Parallele, die zeitlich unmittelbar anzuschließen ist, bietet z. B. die Burg Daubenschlagfelsen bei Saverne im Elsaß[40]. Diese zum Teil aus dem Felsen geschlagene Anlage von rund 200 m Länge ist ebenfalls zweigeteilt und weist eine ähnliche Stellung des Bergfriedes auf. Die 1158 erstmals erwähnte Burg wird gegen 1150 errichtet worden sein.
Im Anschluß an das Gelände der Pfalzgrafenburg, deren Flurbezeichnung 1820 »auf der alten Burg« lautete, und sich auf diese bezog, liegen einige Flurstücke mit aufschlußreichen Namen: »oben dem Burgpfad«, »zwischen dem grossen und kleinen Rossthal«, «gegen den Bornthal und Königsstuhl«, »die Spitze zwischen dem Born und Rossthal« und »der I. und II. Grund bis an das Bornthal«[41]. In der Gemarkungskarte von Glees aus dem Jahre 1831 findet sich westlich der Flur »an der alten Burg« der Anschlußdistrikt »im grossen Rossthal«[42]. Die angeführten Flurbezeichnungen deuten nicht nur auf die wüst gewordene Burg hin, deren Existenz 1820 und 1831 durchaus noch im Bewußtsein der Bevölkerung und der Geometer gewesen sein muß, sondern auch auf eine westlich der eigentlichen Burg liegende und ihr zugehörige Wirtschaftseinheit. Bereits Richter, die Flurnamen deutend, hat das so interpretiert. Aus dem burgzugehörigen Wirtschaftsbetrieb wurde, wie bereits oben angeführt, später ein abteilicher Hof, der aber auch schon längst untergegangen ist. Ein altes Wegesystem war auf diesen Burg-/Abteihof ausgerichtet.

Burg Nister liegt auf einem devonischen Felssporn, der von der namengebenden (Großen) Nister in einem stattlichen Bogen umflossen wird (Abb. 5). Während die unmittelbar dem Fluß benachbarte Südflanke des Sporns jäh abfällt, ist die gegenüberliegende weniger steil, jedoch genügend abweisend, um einem Angriff vorzubeugen. Auch die schmale Westseite, hier geht der Sporn in ansteigendes Berggelände über, von dem es aber durch einen Sattel getrennt wird, erscheint stark ansteigend, was durch eine Bearbeitung der Felsen noch verstärkt worden ist. Lediglich die sanft zum Fluß hin abfallende Ostseite war ernsthaft gefährdet, weshalb hier auch das Verteidigungssystem am stärksten ausgeprägt war und weit ins Vorfeld der Burg reichte. Dieser benachbart liegt südlich auf dem anderen Flußufer Kloster Marienstatt[43]. Während die Burg jedoch hoch auf dem Felsen stand, liegt die Zisterzienserabtei wesentlich tiefer in der Talaue.

39 Richter (Anm. 27) Sp. 169.

40 B. Haegel, u. R. Kill, Château Fort du Daubenschlagfelsen (1987). – Dies., Daubenschlagfelsen. Campagnes de Fouilles 1986–1987. In: Pays d'Alsace. Etudes Médiévales. Archéologie et Histoire IV, 1988, 183–184.
Eine Burg, die als Vergleich zur Laacher Pfalzgrafenburg herangezogen werden kann, ist der Alte Falkenstein im Harz (DDR). Die 200 m lange Anlage ist zum Teil aus dem Felsen geschrotet worden. Das einzige Mal wird sie bei ihrer Zerstörung 1115 erwähnt. Die keilförmige Burg ist ähnlich aufgeteilt wie die Pfalzgrafenburg. Auch sie verfügte über zwei Türme, die weit auseinanderstanden. Bei den Türmen handelt es sich jedoch um Rundtürme. Neben Stein- werden hier auch starke Holzbauten angenommen; I. u. W. Korf, Burg Falkenstein. Geschichte, Baugeschichte, Museum (1985) 31–32 u. Abb. 73–77.

41 Müller (Anm. 22) 98. Müller erklärt Rossthal = Ross-stall. Bornthal wurde von dem Katastergeometer nicht mehr als Borstall = Burgstall erkannt; ebenda.

42 Vgl. Anm. 41.

43 Hier interessiert nicht die Kunst- und Baugeschichte des Klosters, sondern nur die urkundliche Überlieferung: W. H. Struck, Das Cisterzienserkloster Marienstatt im Mittelalter, Urkundenregister, Güterverzeichnisse und Nekrolog. Veröffentl. d. Histor. Komm. f. Nassau 18 (1965). Darin auch Überblick über die Geschichte des Klosters S. XVIII–LIII.

Abb. 5 Burg Nister (Pfeil) nördlich des Klosters Marienstatt. Luftbildausschnitt; genordet. (Freigegeben durch das Landesvermessungsamt Rheinland-Pfalz unter Nr. 30/84; vervielfältigt mit Genehmigung des Landesvermessungsamtes Rheinland-Pfalz vom 1. März 1990 – Az.: 23465/90).

Wie viele frühe Befestigungen des Mittelrheingebietes wurde auch Burg Nister für die Wissenschaft durch August von Cohausen entdeckt und beschrieben, um dann nie wieder eingehend gewürdigt zu werden[44].

Die Burg liegt unfern von Hachenburg nahe der sehr alten Köln-Leipziger Straße, »die sich immer mehr an diese Stadt (= Hachenburg, d. V.) anlehnte« und die mit einem Nebenast »bei Burg Nister-Froneck im Raume des Klosters Marienstatt die Nister überschritt«[45]. Die Burg lag stets im Spannungsfeld von Köln

44 Zu Cohausen zuletzt: U. Liessem, August von Cohausen (1812–1894), Vortrag anläßlich des 20. Burgenseminars auf der Marksburg/Braubach am 28. 3. 1989 (Maschinenmanuskript im Archiv der Deutschen Burgenvereinigung).
Zu Burg Nister: A. v. Cohausen, Marienstatt. Nass. Annalen 19, 1885/86, 186. – E. Heyn, Der Westerwald (1893) 178–179. – F. Luthmer, Bau- u. Kunstdenkmäler des Reg. Bez. Wiesbaden 4. Die Kreise Biedenkopf, Dill, Oberwesterwald und Westerburg (1910) 134. – H. Gensicke, Landesgeschichte des Westerwaldes. Veröffent. d. Histor. Komm. f. Nassau 13 (1958). – W. Bornheim gen. Schilling, Die von Nister und ihre Verwandten. Nass. Ann. 70, 1959, 181–199. – Ders. (Anm. 38) passim. – H. J. Roth, Der Westerwald. Vom Siebengebirge zum Hessischen Hinterland. Kultur und Landschaft zwischen Rhein, Lahn und Sieg (1981) 98. – H. Gensicke, Froneck. In: Handbuch d. Historischen Stätten Deutschlands 5. Rheinland-Pfalz u. Saarland (3. Aufl. 1988) 107–108.

45 Gensicke, Westerwald (Anm. 44) 18.

und Trier. Bei der Gründung der Benediktinerabtei Siegburg um 1065 durch den Kölner Erzbischof Anno hatte die Abtei die Grundherrschaft Nister erhalten. Deren edelfreie Vögte, die mit den Grafen von Isenburg und Sayn verwandt waren, wie Bornheim wahrscheinlich gemacht hat[46], erbauten wohl Burg Nister, nach der sie sich seit 1117 nannten. Mit aller Vorsicht sollte man demnach die Errichtung der Burg spätestens um 1115 postulieren dürfen. – Später gelangten dann Burg und Herrschaft Nister mit dem thüringischen Erbe der Mechthild von Landsberg-Meißen (um 1205) an ihren Mann, Heinrich III. Graf von Sayn[47].

Die Sayner Grafen hatten am Ende des 12. Jahrhunderts Burg und Stadt Hachenburg gegründet, die beide eine rasche Entwicklung erfuhren[48], so daß Heinrich III. die gerade erheiratete Burg Nister ruhig aufgeben (bzw. abbrechen) lassen konnte, was 1206 geschah[49], nach anderer Lesart erst 1211[50]. Möglicherweise hatte die Zerstörung aber schon unmittelbar vor der Wende vom 12. zum 13. Jahrhundert stattgefunden, und zwar im Verlauf der Streitigkeiten zwischen den Welfen und den Staufern[51].

An der Stelle der abgebrochenen Burg Nister (Nistra) ließ Johann Graf zu Sayn später erneut eine Burg aufschlagen, die er Froneck nannte und die sein Bruder Robin 1340 dem Erzbischof von Trier zu Lehen auftragen wollte. Unterdessen war die 1212 (oder 1215) gegründete Abtei Marienstatt von ihrem ursprünglichen Platz an der Stelle des heutigen Altenklosterhofs in die Talaue der Nister verlegt worden (1227)[52]. Das Kloster protestierte mit Erfolg gegen den neuerlichen Bau einer Burg, die sofort wieder abgebrochen werden mußte. In einer Urkunde des Kölner Erzbischofs Walram (1344, Juli 3) heißt es als Begründung: »Schließlich hat aber Graf Johann von Sayn auf dem vorgenannten Felsen (= Burgfelsen Nister) bei dem Kloster eine Burg, genannt Vronecke, gebaut. Da jedoch dadurch wegen der allzugroßen Nähe der Gottesdienst gestört wurde und das Kloster verschiedene Beschwerden vorbrachte, hat der Graf, der nicht dem Teufel eine Gelegenheit geben wollte, die Burg abgetragen und dem Kloster den Besitz jenes Berges oder Felsens frei überlassen (und) ... dem Kloster durch Urkunde (1343, Dezember 6) versprochen, daß weder er noch seine Erben dort eine Burg erbauen und nach Kräften andere an solchem Vorhaben hindern würden. Der Aussteller (= Erzbischof Walram) verpflichtete sich ... ebenfalls dazu, dort weder eine Burg zu errichten noch deren Erbauung zu gestatten«[53].

Ähnlich wie im Falle der Pfalzgrafenburg am Laacher See hatte sich auch hier das Kloster durchsetzen können und auch hier wurde die Formel von der Nähe und der gestörten Ruhe des Klosters bzw. des dort abgehaltenen Gottesdienstes als Grund zum Abbruch vorgeschoben.

Die immerhin bereits um 1115 entstandene Burg Nister wird erst sehr spät genannt, und zwar in einer Urkunde von 1300, September 29. Darin ist die Rede von dem beim Kloster Marienstatt gelegenen Berg, auf welchem früher Burg Nister (castrum Nystria) gestanden habe[54]. Das Datum des oben geschilderten ersten Abbruches (1206 oder 1211) kann sogar erst einer Urkunde von 1324, Dezember 27 entnommen werden, ist aber nicht anzuzweifeln[55].

Der historische Ablauf ist mit dem Befund auf dem Burgberg in einen sinnvollen Zusammenhang zu bringen: Die dortige Anlage gibt ein sehr einheitliches Bild ab; die kurze Episode der um 1340 erneut aufgeschlagenen Burg, die spätestens vor Dezember 1343 wieder niedergelegt (deposuit)[56] werden mußte, scheint keinen gravierenden Einschnitt in die Grundstruktur der alten Anlage dargestellt zu haben, was jedoch endgültig nur durch eine Grabung geklärt werden kann. Die wenigen Scherben, nur

46 Bornheim (Anm. 44) 184.
47 Zur Geschichte der Burg vgl. die unter Anm. 44 angegebene Literatur. Am prägnantesten Gensicke, Froneck (Anm. 44) 107–108.
48 Zuletzt zu Hachenburg H. Gensicke, Hachenburg. In: Handbuch d. Historischen Stätten Deutschlands 5. Rheinland-Pfalz u. Saarland (3. Aufl. 1988) 124.
49 Struck (Anm. 43) Nr. 327 u. Einleitung S. XX.
50 Gensicke, Westerwald (Anm. 44) 197 Anm. 18. – Ders., Froneck (Anm. 44) 107–108.
51 Gensicke, Westerwald (Anm. 44) 197.
52 Struck (Anm. 43) XVIII–XX. – H. Gensicke, Marienstatt. In: Handbuch d. Historischen Stätten Deutschlands 5. Rheinland-Pfalz u. Saarland (3. Aufl. 1988) 226–227.
53 Struck (Anm. 43) Nr. 415.
54 Struck (Anm. 43) Nr. 195.
55 Struck (Anm. 43) Nr. 327.
56 Struck (Anm. 43) Nr. 415.

als Lesefunde geborgen, sind häufig kantenabgerollt. Außerdem fehlen fast vollständig charakteristische Randstücke oder andere, zur genaueren Bestimmung geeignete Exemplare. Sieht man von nicht näher bestimmbaren vorgeschichtlichen Scherben ab, verteilt sich das Fundgut vom 11. Jahrhundert bis ins hohe Mittelalter, was die Aussage gestattet, daß der Platz der Burg – auch nach deren definitiver Zerstörung – immer wieder aufgesucht worden ist. Darüber hinaus ist das Fundmaterial »bei den vorliegenden Fundumständen und Erhaltung wohl wenig aussagekräftig für eine genauere Einordnung« der Burg[57].

Bei der Begehung der immerhin knapp 200 m langen Burganlage (Abb. 6) fällt auf, daß kein einziger Mauerzug festgestellt werden kann, auch verstürzte Mauern sind nicht auszumachen. Mehrfaches und äußerst intensives Absuchen des gesamten Areals und der anschließenden Abhänge hat nur minimale Mörtelreste ergeben. Vor allem der engere Kernbereich der Burg, das Zentrum unmittelbar hinter dem Halsgraben (s. u.), hat absolut nicht die geringste Spur von Mörtelanwendung erkennen lassen. Es ist deshalb nicht unwahrscheinlich, daß Burg Nister in weiten Bereichen fast ausschließlich unter Verwendung von Holz errichtet worden ist. Des weiteren fällt auf, daß ungewöhnliche Anstrengungen unternommen wurden, dem Felsen durch die Anlage von Gräben, Kammern und Plattformen die gewünschte Gestalt zu geben.

Der engere Kernbereich der Burg besteht aus einem bearbeiteten Felsgrat von etwa 49×15 m Ausdehnung, dem ostwärts ein 4,10 m breiter Halsgraben vorgelegt ist (vgl. Abb. 6). Diesem Zentrum wurden auf den beiden Schmalseiten je ein weiterer Bereich vorgeschaltet, wobei der westliche durch eine sehr aufwendige Bearbeitung des Felsens für Verteidigungszwecke genutzt wurde, und zwar unter Verwendung natürlicher Klüfte. Das von Westen nach Osten ansteigende Burggelände erreicht unmittelbar vor dem Halsgraben seinen höchsten Punkt, um dann nach Osten sanft abzufallen.

Der die Burg tragende Sporn wird im Westen durch einen Sattel vom stark ansteigenden Gelände getrennt, so daß eine nahezu paßartige Situation entstanden ist. Mehrere Wege (und Altstraßen) treffen sich hier und sind auf die Nisterbrücke hin orientiert. Dort oder nicht weit davon entfernt muß im hohen Mittelalter der Übergang der Köln-Leipziger Straße über den Fluß gelegen haben (s. o.). Die 1823 gefertigte Gemarkungskarte von Müschenbach gibt die Situation gut wieder[58]. Die dort gezeigten Wege dürften noch weitgehend der mittelalterlichen Führung entsprechen.

Wie oben dargelegt ist Burg Nister in drei Abschnitte zu gliedern. Dem mittleren Teil, der Kernburg, ist ein westlicher Bereich von rund 40 m Länge vorgelagert. Er beginnt mit einem auffallenden, nach Süden

57 Die Bestimmung der Keramik von Burg Nister erfolgte durch Frau Dr. A. Kluge-Pinsker, Römisch-Germanisches Zentralmuseum in Mainz, die sofort und unbürokratisch hierzu bereit gewesen ist, wofür ihr Dank gebührt. Ferner hat sie die beiden Scherben der Pfalzgrafenburg bestimmt (s. u.). Vgl. Schreiben vom 31. 1. 1990. Im Landschaftsmuseum Westerwald, Hachenburg, befinden sich weitere Scherben von Burg Nister, die dem Verfasser 1988 zugänglich gemacht worden sind; dabei befinden sich etliche größere Stücke, die der Pingsdorfer Keramik bzw. der in dieser Art verfertigten Ware zugerechnet werden müssen.
Von der Pfalzgrafenburg am Laacher See sind dem Verfasser nur zwei Scherben bekannt. Bei der einen handelt es sich um eine nicht näher einzuordnende vorgeschichtliche Art, während die andere, eine Wandscherbe, sich ebenfalls einer genaueren Bestimmung entzieht, jedoch in der Tradition der mittelalterlichen Mayener Ware zu sehen ist. Mayen liegt in unmittelbarer Nähe zu dieser Burg: M. Redknap, Medieval pottery production at Mayen: recent advances, current problems. In: Zur Keramik des Mittelalters u. der beginnenden Neuzeit im Rheinland. Medieval and later pottery from the Rhineland and its markets. BAR International Series 440 (Hrsg. D. Gaimster, M. Redknap u. H. H. Wegner; 1988) 3–37. – Das Vorkommen vorgeschichtlicher Scherben auf mittelalterlichen Burgplätzen des Mittelrheingebietes kann relativ häufig beobachtet werden; so kann z. B. auf deutliche Spuren einer eisenzeitlichen Siedlung auf der Oberburg in Kobern (-Gondorf) verwiesen werden: Köhl (Anm. 3) 7–8. – Auch auf der Alteburg in Sayn konnte vorgeschichtliche Keramik geborgen werden (s. u.), und auf Burg Sayn in (Bendorf-)Sayn sind eisenzeitliche Funde des 5. Jhs. v. Chr. gemacht worden: A. v. Berg u. H. H. Wegner, Die archäologischen Untersuchungen auf der Burg Sayn bei Bendorf, Kr. Mayen-Koblenz. Ber. z. Archäologie am Mittelrhein u. Mosel 2 (1990). – Verfasser ist Herrn Dr. H. H. Wegner zu Dank verpflichtet, daß er ihm Einsicht in die Korrekturfahnen gewährt hat.

58 Die Gemarkungskarten wurden 1823 von dem Geometer Künkter aufgenommen. Das Blatt mit dem Burggelände trägt die Bezeichnung ›Blatt 25‹, und das Areal, auf dem die Befestigung stand, heißt ›Burgberg‹. Verfasser ist dem Leiter des Katasteramtes Westerburg, Herrn Dipl.-Ing. B. Hausmann, zu Dank verpflichtet, da er ihm die entsprechenden Blätter zugänglich gemacht hat.

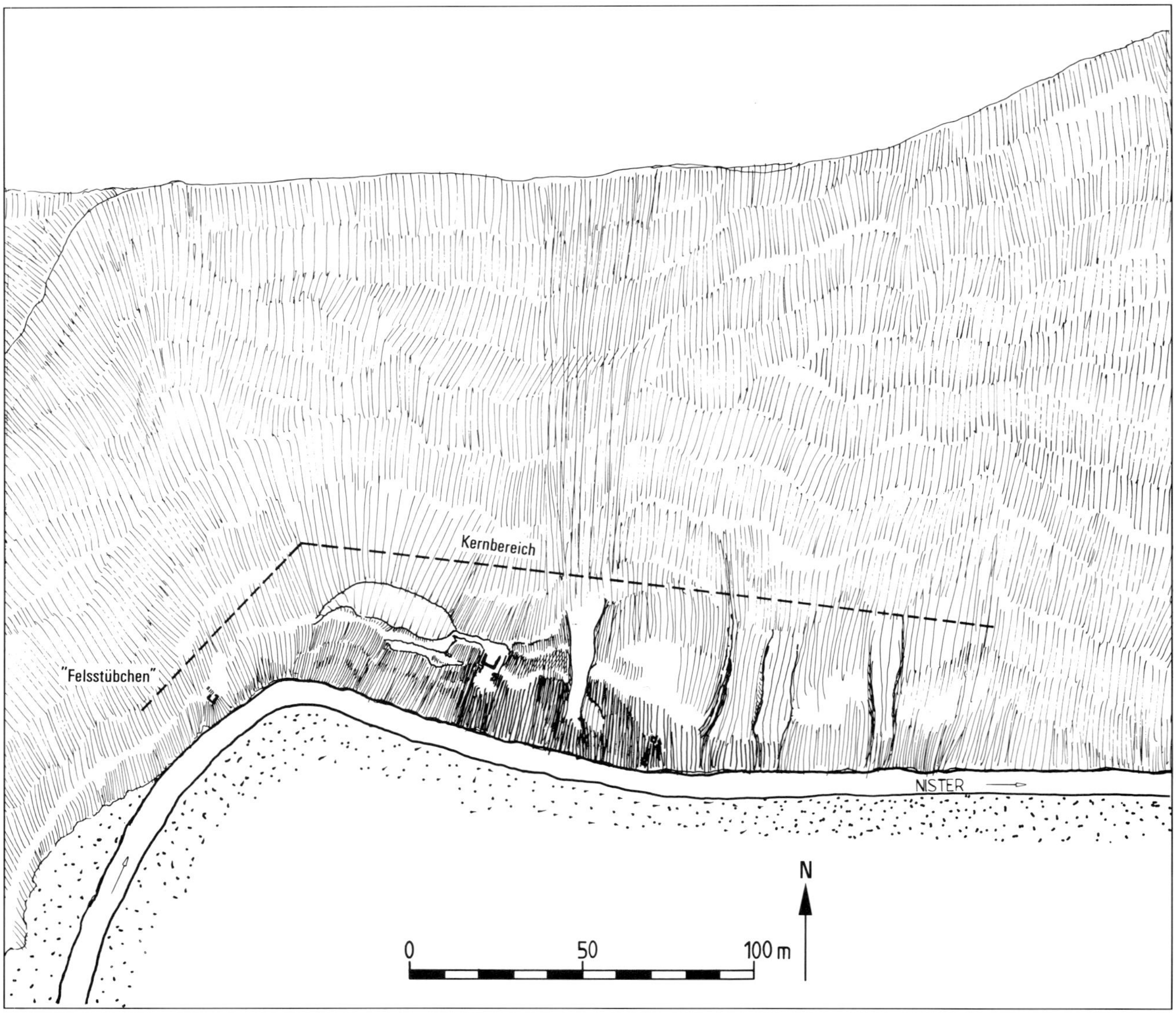

Abb. 6 Lageskizze der Burg Nister.

zur Nister hin vorgeschobenen, turmartigen Felsen. Dieser im Volksmund »Felsstübchen«[59] genannte Bereich sperrte den hier ziemlich steilen Aufstieg zur Burg und gestattete gleichzeitig eine ausgezeichnete Beobachtung von Fluß und Furt, die (wohl) noch in Schußentfernung lag. Der merkwürdige Felsen weist einen Innenraum von rund 3,70×4,00 m auf, der zwar auf natürliche Art entstanden ist, dann aber durch zusätzliches Abspalten von Felsplatten, wobei man der vorgegebenen Schichtung nachging, vergrößert worden sein dürfte. Daß der Raum, der, der Schichtung folgend, extreme Schrägwände aufweist, tatsächlich genutzt worden ist, beweisen zahlreiche aus dem Felsen geschlagene Stufen, die auf die Sohle dieses eigenartigen Gebildes führen. Wenn, was anzunehmen ist, an dem Felsturm Baumaßnahmen durchgeführt worden sind, dann nicht im Inneren, vielmehr wird man oben auf den Felsklotz eine hölzerne Konstruktion (›Wehrplattform‹) gesetzt haben.

59 G. Heinrichs, Vom Leben im Hachenburger Land. Der Hintergrund zum Heute (1976) 28; dort befindet sich auch eine etwas hilflose Skizze von Burg Nister. Text u. Skizze waren bereits in G. Heinrichs, Altstadt – eine Pfarrei in tausendjähriger Geschichte (1973) 17, veröffentlicht worden.

Nach dem Passieren des Felsenturmes erreicht man die eigentliche Burg, indem man eine gratartige Steigung überwindet, und parallel dem Steilabfall zur Nister weitergehend, betritt man das Burgzentrum durch eine schmale, pfortenartige, zum Teil aus dem Felsen gehauene Erweiterung am Westende des mittleren Abschnittes. Die Situation ist leider sehr stark verunklart, nicht zuletzt durch das Aufstellen einer Ruhebank und der damit verbundenen Arbeit. Der gerade beschriebene Weg vom »Felsstübchen« ins Burginnere war aber keinesfalls der eigentliche Zugang, sondern es handelte sich dabei um eine schnelle, zudem nur zu Fuß passierbare Verbindung innerhalb des Verteidigungssystems. Der mittelalterliche Burgweg dürfte mehr nordwärts verlaufen sein, parallel zu der hier nicht sonderlich steil abfallenden Hangflanke, um schließlich im Bereich der Kernburg, und zwar auf einer der seitlichen, künstlichen Plattformen, das Burgareal zu erreichen. Eine solche Trasse wäre nicht nur mit Pferden zu bewältigen gewesen, sondern hätte so geführt werden können, daß die ungedeckte Schwerthand dem Verteidiger, der zudem erhöht stand, stets zugewandt gewesen wäre. Eine vergleichbare Führung des Burgweges findet sich bei der Alteburg in Sayn (s. u.).

Wenn man das Kernareal der Burg zunächst überspringt, gelangt man zu dem östlichen Vorgelände, das, wie mehrfach angeführt, langsam abflacht. Jedoch sind die ersten 38 m, die auf den Halsgraben folgen, noch relativ steil abfallend und wären in einem Sturm nur sehr mühselig zu überwinden gewesen. Die nächsten 9 m etwa sind dagegen fast eben; sie leiten über zu einem flachen Sohlgraben von 7 m Breite. Das nun folgende Gelände von 24 m Länge ist wiederum nur sehr flach geneigt und endet vor einem zweiten, seichten Quergraben von diesmal lediglich 6 m Breite. Selbst wenn diese Gräben heute weitgehend zugeschwemmt sind, ist davon auszugehen, daß sie auch ursprünglich sehr flach gewesen waren. Ebenfalls zwei flache Abschnittsgräben der vorbeschriebenen Art finden sich im Vorgelände der Sayner Alteburg und einer quert, wie dargestellt, das Gelände der Laacher Pfalzgrafenburg. Diese Gräben sind typisch für die Frühzeit rheinischer Burgen, wie bereits Bornheim ausführt: »Die älteren Gräben hebt man in der Regel weder tief noch breit aus«[60]. In Bornheims Liste von Vergleichsobjekten kommen auch Burg Nister und die Alteburg vor.

Das gerade beschriebene Vorgelände von Burg Nister ist derart beschaffen, daß es nicht zur Aufnahme von (festen) Gebäuden gedient haben kann, es stellte lediglich ein weitgestaffeltes Verteidigungssystem dar. Mit archäologischen Mitteln wäre zu überprüfen, ob die zur Burg gehörende Wirtschaftseinheit im Bereich des späteren Klosters Marienstatt gelegen hat. Auch in Sayn konnte man das dortige ähnlich ausgestattete Vorgelände der Burg nur fortifikatorisch nutzen.

Die Kernanlage von Burg Nister besteht aus einer Felsrippe (Abb. 7), die nördlich von seitlichen, künstlich angelegten Plattformen in zwei Ebenen begleitet wird, wobei die untere 4 m tiefer liegt. Die Podeste, die keinerlei Spuren von Gebäuden oder sonstiger baulicher Tätigkeit erkennen lassen und die eine sehr unregelmäßige Gestalt aufweisen, sollte man sich unbedingt als teilweise bebaut vorstellen, wobei die Bauten weithin unter Verwendung von Holz errichtet worden sein dürften. Andererseits werden diese Flächen auch als Hofraum gedient haben; letztgenannte Funktion wäre am ehesten für die obere Ebene denkbar.

Zentrum der ganzen Burganlage bildet ein quer zur Hauptrichtung aus dem Felsen gehauener, senkrechter Schacht (Abb. 8). Er ist so groß, daß er die Felsrippe durchtrennt: 9,10 m in Ost-Westrichtung, maximal 8 m von Nord nach Süd. Die Ausdehnung kann hier nicht genau angegeben werden, da sich das aus dem Fels herausgehauene Raumgebilde nach Norden und Süden ins Freie öffnet. Ansätze einer südlichen Felswand sind stehengeblieben. Im Innern der Felsausarbeitung findet sich ein dreiseitig umlaufendes Felsbankett von maximal 1,45 m Breite. Es umgibt einen eingetieften Innenbereich, der heute 1,00 m tief ist, dessen wirkliche Tiefe aber nur durch Ausräumen des im Laufe der Jahrhunderte angefallenen Erdreichs und des modernen Kulturschutts festzustellen ist. Auf der Ostseite des Bankettes führt eine 0,55 m schmale Rampe schräg nach unten in den Innenraum. Die Wände des Felsschachtes steigen senkrecht auf: im Osten 2,90 m, im Westen 2,50 m.

60 Bornheim (Anm. 38) 186.

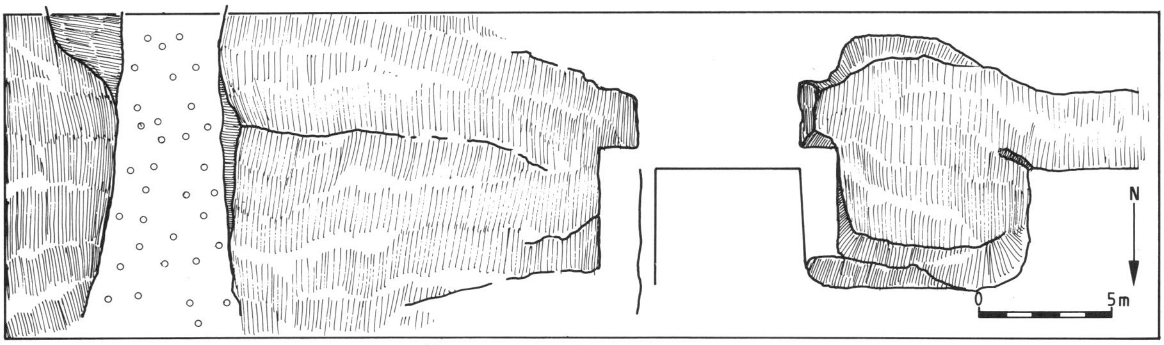

Abb. 7 Kernbereich der Burg Nister.

Die geschilderte, ungemein aufwendige und sehr akkurate Felsbearbeitung, die einen hohen zeitlichen Aufwand erfordert hatte, kann man sich als einen Bereich vorstellen, der eine hölzerne Konstruktion aufgenommen hat von etwa 9,10×8–9 m, wobei seitlich im Osten und Westen durch Erdschüttungen und/oder Verkeilung eine sehr hohe Standfestigkeit erreicht worden ist. Diese Holzkonstruktion wird auf dem umlaufenden Bankett gestanden haben. Der hölzerne Bau ist als Wohnturm zu interpretieren und dürfte beträchtlich über die Subkonstruktion (= Felssockel) herausgeragt haben. Er stellte den wesentlichsten Bestandteil der Burg dar und erhob sich im wahrsten Sinne an herausragender Stelle. Man muß dem Turm neben einem besonderen Verteidigungswert unbedingt eine hohe Repräsentationsfunktion zubilligen. Da Sporn und Felsrippe im Mittelalter nicht bewaldet gewesen waren, konnte der große Holzbau, der sicherlich eine farbliche Außenfassung trug und der sich an exponierter Stelle erhob, von weit her gesehen werden und symbolisierte Macht und Bedeutung der edelfreien Herren von Nister.

Westlich des Turmes besteht die Felsrippe, die sich hier über das allgemeine Niveau etwa 2,50 bis 3,00 m erhebt, aus einem quadratischen Sockel (7×7 m), der in einen schmalen Streifen übergeht. Dieser Bereich weist im Norden eine natürliche Felsbrüstung auf, deren Gestalt durch menschliches Eingreifen in die gewünschte Form gebracht worden ist. Mit dieser brüstungsbewehrten, langgestreckten Felspartie (ca. 15 m) konnte sehr gut die Nordflanke der Burg, bekanntlich nicht so steil wie die im Süden, verteidigt werden, was auch für die hier stehenden Bauten (s. o.) gilt.

Geht man vom zentralen Wohnturm 14 m in östlicher Richtung, steht man vor einem imponierenden Halsgraben mit sehr steilen abgeschroteten Wänden. Der Graben durchschneidet den Felsen in 30 m Länge, ist 4,10 m breit und heute noch 6 m tief.

Die drei Bereiche – Halsgraben, Wohnturm und brüstungsbewehrtes, erhöhtes Felsplateau – haben eine starke, fortifikatorische Einheit gebildet und machten gleichzeitig das tatsächliche und das ideelle Zentrum der Burg Nister aus.

Burg Nister ist eindeutig eine Felsenburg. Definiert man diesen Burgtyp als eine Anlage, die unter weitgehender Ausnutzung des anstehenden Felsmaterials und bei Angleichung der Baugestalt an die topographischen Gegebenheiten errichtet worden ist, dann gilt das natürlich nicht nur für Burg Nister, sondern für eine hohe Zahl von rheinischen Burgen. Die rheinischen Felsenburgen, die aus dem nur äußerst schwer in klare Formen zu bringenden devonischen Bruchsteinmaterial herausgehauen wurden, sind unbedingt von den Pfälzer Anlagen und denen des Wasgaues (Elsaß) zu trennen[61]. Der dort

61 Zu den Pfälzer Burgen gibt G. Stein, Burgen u. Schlösser in der Pfalz. Ein Handbuch (2. Aufl. 1986) den besten Überblick. – Eine wichtige Karte mit den pfälzischen und wasgauischen Felsanlagen in: P. Pohlit, Ruine Meistersel, eine charakteristische Felsenburg. Ein Beitrag zum Verständnis des Burgenbaus im südpfälzischen u. nordelsässischen Raum. Heimatjahrb. d. Kr. Südl. Weinstr. 1984, 113–118, Karte auf S. 118. – Zu den Felsenburgen des Wasgaues vgl. Th. Biller, Die Entwicklung der hochmittelalterlichen Adelsburg im Elsaß. Zielsetzung und Methode der Erforschung mittelalterlicher Wehrarchitektur unter Berücksichtigung heutiger Nutzungsmöglichkeiten (Diplomarbeit an der TU Berlin 1977) bes. 38. – Ders., Die Burgengruppe Windstein und der Burgenbau in den nördlichen Vogesen.

Abb. 8 Isometrische Ansicht des Kernbereichs der Burg Nister; Blick von Norden (vgl. Abb. 7).

anstehende Buntsandstein ist wesentlich einfacher zu bearbeiten und gestattet ein großzügigeres Vorgehen mit wohnlichen, im Felsen liegenden Räumen. Um so höher sind die Arbeiten bei Burg Nister zu bewerten, wo dem spröden Material doch (nahezu) senkrechte und exakt im rechten Winkel stehende Wände und Ausarbeitungen abgerungen wurden. Künstlich geglättete Felswände waren im 11. und 12. Jahrhundert besonders beliebt im Rheinland, wie Bornheim mit zahlreichen Beispielen zu beweisen versucht[62].

Einen vorzüglichen Überblick über die Felsenburgen einer ganzen Region, der eine erstaunliche Vielzahl derartiger Befestigungen erkennen läßt, hat unlängst Werner Meyer mit seinem Basler Burgenlexikon geboten[63].

Für die rheinischen Beispiele, teilweise von Bornheim behandelt[64], die aber – bei intensiver Feldforschung – beträchtlich vermehrt werden könnten, muß unbedingt noch die im Ahrtal liegende *Saffenburg*[65], eine wesentliche und gewaltige Anlage, angeführt werden. Sie erhöht nicht nur die Anzahl der mittelrheinischen Felsenburgen um eine weitere Nennung, sondern dient als unverzichtbares Vergleichsobjekt für die im vorliegenden Aufsatz behandelten Burgen. Die Saffenburg liegt auf einem von der Ahr umflossenen Felssporn und stellt sich als eine dreiteilige Anlage von 260×80 m dar. Die nord-süd orientierte Burg liegt so exponiert, daß ein Angriff nur von der südlichen Schmalseite aus hätte erfolgen können. Der Ehrenbreitstein kann hier als Parallele besonders hervorgehoben werden. Drei enorme Abschnittsgräben durchtrennen den Felskamm, auf dem die Burg steht. Der letzte Bereich, die

Untersuchungen zur hochmittelalterlichen Herrschaftsbildung und zur Typenentwicklung der Adelsburg im 12. und 13. Jahrhundert. 30. Veröffentl. d. Abt. Architektur d. Kunsthist. Instit. d. Univ. Köln (1985). – Zuletzt F. M. H. Wenz, Der Drachenfels und die Felsenburgen der Nordvogesen (Ungedr. Diss. Heidelberg 1989) 2 Bde. Die dort gegebene Definition einer Felsenburg der Nordvogesen ist aber auch für andere Fälle, so etwa für Burg Nister anwendbar: »Der eigentliche Kern der Burg bildet ein hochaufragendes Felsmassiv, welches beim Burgenbau weitgehend sein natürliches Aussehen behielt. Der Felsklotz ist in vielen Fällen durch künstliche Kammern ausgehöhlt und trug die obere Burgzone. Am Fuß des die Anbauten weit überragenden Felsens befand sich zumeist auf einer Seite eine Unterburg. Die Felsenburgen zeichnen sich durch großen Platzmangel aus« (Textbd. S. II).

62 Bornheim (Anm. 38) 219.

63 W. Meyer, Burgen von A bis Z. Burgenlexikon der Regio (1981).

64 Bornheim (Anm. 38) 24–25; 219.

65 Gerhardt u. a. (Anm. 18) 413–419, Lageplan Abb. 371. – Zuletzt G. F. Böhn, Die Herrschaft Saffenburg. In: Die Arenberger. Geschichte einer europäischen Dynastie 1. Die Arenberger i. d. Eifel (Hrsg. F.-J. Heyen, 1987) 121–130; hier sehr gute Farbphotos vom jetzigen Zustand der Ruine. – W. Janssen, Studien zu Wüstungsfragen im fränkischen Altsiedelland zwischen Rhein, Mosel und Eifelnordrand 2 (1975) 279 f.

Hochburg, ist mit ca. 35×35 m Ausdehnung relativ klein und gleicht mit seiner Disposition, aber auch mit der Größe der Laacher Pfalzgrafenburg. Durch den ersten, unmittelbar vor der Burg liegenden Abschnittsgraben verlaufen zwei wichtige Wege, eine Situation, die ähnlich auch auf Burg Nister zutrifft.
Die Entstehung der gewaltigen Saffenburg, nach der sich ein nicht unbedeutendes Grafengeschlecht benannte, das vor allem im Umkreis der Kölner Erzbischöfe zu finden war, wird jüngst ins dritte Viertel des 11. Jahrhunderts gesetzt[66]. Leider lassen sich über die so ungemein wichtige Burg momentan keine genauen Angaben machen, da sie lange Bestand hatte, stets umgebaut und verändert wurde und 1704 durch Artilleristen gründlichst geschleift worden ist, wobei alles brauchbare Material herausgebrochen wurde und man dann die Mauern unterminierte, um sie durch Abbrennen von Holzwerk zum Einsturz zu bringen. Anschließend diente die Saffenburg als bequemer Steinbruch. Nur sehr groß angelegte Grabungen wären in der Lage, die gewünschte Klarheit zu schaffen. Da die Grafen von Saffenburg 1174 ausgestorben waren, »verlor die gerade im Entstehen begriffene Herrschaft Saffenburg ihre dynastische Eigenständigkeit. Fortan war sie nur noch ein Zubehör fremder Territorialgebilde, denen sie allein durch Erbschaft verbunden war«[67], u. a. gehörten die Grafen Sayn hierzu. Man darf annehmen, daß für die Saffenburg die große Zeit nur ein Jahrhundert gedauert hat, daß aber damals die entscheidende Baugestalt ausgeformt worden ist, die bis ins 18. Jahrhundert Gültigkeit besessen hat. Die Saffenburg ist vielleicht d i e salische Burganlage im engeren Mittelrheingebiet.

Eine weitere, unbedingt zu zitierende Anlage ist *Burg Berge* (Altenberg) im Bergischen Land, nach der sich die Grafen von Berge nannten. Die Burg wurde um die Mitte des 11. Jahrhunderts errichtet und schon 1133 aufgegeben[68]. »Die Burg Altenberg war eine Höhenburg in Spornlage, befestigt durch einen Abschnittsgraben und durch steile, oft felsige, natürliche Abhänge. Sie bestand aus einem rund 75 m langen, unregelmäßig geformten, 10–30 m breiten Plateau, das in den Felsen eingetieft war und von 4–6 m hohen Felsrippen zum Dhünntal hin begrenzt wurde; Plateau und Felsrippe trugen Gebäude, deren Gestalt und Lage ebenso wie die genauen Umrisse des Geländes nicht mehr faßbar sind. Unmittelbar am Abschnittsgraben erhob sich fast 6 m über das Plateau ein künstlich angehöhter ›Sockel‹ mit senkrechten Wänden, der auf seiner bis zu 12×18 m großen, polygonalen Oberfläche wohl den (hölzernen) Hauptwohnbau der Burg getragen hat. Die Gebäude waren zunächst überwiegend aus Holz errichtet ...«[69]. Etwa 500 m entfernt lag der zugehörige Wirtschaftshof[70].
Im Vergleich mit den hier behandelten Burgen erscheint bemerkenswert, daß bei Burg Berge unmittelbar hinter dem Halsgraben, und zwar auf einer künstlich erhöhten Plattform, der hölzerne Hauptbau der Burg stand. Eine direkte Parallele zu Burg Nister wird faßbar: auch bei der Pfalzgrafenburg erhob sich der steinerne Bergfried fast direkt hinter dem Halsgraben, was ja auch für den Ehrenbreitstein galt. Auch in Sayn ist, wie noch zu berichten ist, der Hauptbau sofort hinter den gewaltigen Abschnittsgraben, der hier die Funktion eines Halsgrabens übernimmt, plaziert, zudem noch auf einem teilweise künstlich aufgeschütteten Hügel. Wenn der Ausgräber von Burg Berge schreibt, »auch Mörtelspuren auf dem Felsen werden durch den Waldboden vollständig zersetzt worden sein«[71], ist das unerheblich, denn »Mörtelmauerung wurde in der frühen Zeit nur für die Stützmauer des Sockels verwendet«[72]; ähnlich ist die Befundlage auch auf Burg Nister.
An dieser Stelle sollte auf den großen hölzernen Wohnturm des Alten Falkensteins im Harz verwiesen werden[73]. Wie ein solcher Turm – auch der von Nister – ausgesehen haben mag, verdeutlicht die Rekonstruktion einer hölzernen, teilweise in den Boden eingetieften Kemenate aus dem Lübecker

66 Böhn (Anm. 65) 122–123.
67 Böhn (Anm. 65) 124.
68 M. Untermann, Die Grabungen auf der Burg Berge (Mons) – Altenberg (Gem. Odenthal, Rheinisch-Bergischer Kreis) mit Beiträgen von H. Becker u. a. In: Beiträge zur Archäologie des Mittelalters III. Rhein. Ausgrabungen 25 (1984) 1–170, bes. 82–92.
69 Untermann (Anm. 68) 89.
70 Untermann (Anm. 68) 94.
71 Untermann (Anm. 68) 72.
72 Untermann (Anm. 68) 74.
73 Vgl. Anm. 40.

Kaufleuteviertel (1175–1200)[74]. Ein weiterer Vergleichsbau, allerdings handelt es sich hierbei um einen sehr schlanken Turm (4,60×4,60 m), der ein vorkragendes Wohngeschoß hatte, konnte im Schweizer Nidau (Kanton Bern) ergraben und rekonstruiert werden (um 1180)[75]. Einen hölzernen Aufbau, der vermutlich auf einem steinernen Sockel lastete, zeigte die nicht genau zu datierende, doch sehr frühe Burg im Weinberg zu Kerpen (Kr. Daun) mit einem (Wohn-)Turm von 8×8 m[76]. Weitere Burganlagen, die im wesentlichen aus Holz errichtet waren, listet Bornheim auf[77].
Wie alt die häufig zitierten Fachwerktürme der beiden Rheinhöhenburgen Liebenstein und Nollig sind, die sich als Negativformen in der späteren steinernen Ummantelung erhalten haben, ist unbekannt; auf Nollig hatten die Balken immerhin eine Stärke von 30 cm[78].
Ein wichtiges Kapitel des täglichen Lebens auf den Burgen stellte die Wasserversorgung dar (s. o.). Diesbezüglich fällt auf, daß auf der gut gegrabenen Grafenburg Berge kein Brunnen und keine Zisterne gefunden werden konnte. Das Wasserproblem wurde wahrscheinlich über einen außerhalb gelegenen Weiher gelöst[79]. Wie dieses Problem auf den untersuchten mittelrheinischen Burgen bewältigt wurde, ist bisher unbekannt, sieht man vom Ehrenbreitstein ab, der bekanntlich über eine aus dem Felsen gebrochene Zisterne verfügte. Bei Burg Nister könnte man, zieht man die Geländesituation und die Lage der Burg in unmittelbarer Nähe des kleinen Flusses in Betracht, eine ähnliche Lösung wie bei Burg Berge vermuten.
Es fällt auf, daß Burg Nister – ähnlich Burg Berge – keinerlei Bergfried besaß, sondern lediglich einen Wohnturm. Die Bedeutung des Wohnturmes für die Entwicklung der europäischen Burg hat Hermann Hinz in einer großen Studie vorgelegt (1981)[80], was Biller für das Oberrheingebiet nochmals vertiefte (1985)[81]. Zusammenfassend spricht er von der »›Turmburg‹ als Frühform der hochmittelalterlichen Adelsburg im 11./12. Jahrhundert«[82]. Auch für das Mittelrheingebiet scheint das zu gelten; nicht nur Nister war so geplant, sondern auch Burg Sayn. Weiter unten wird noch einmal eingehender auf dieses Problem zurückgekommen.
Im Zusammenhang mit Burg Nister ist eine andere, kleine Wehranlage zu sehen: In Streithausen, einem Dorf, in dessen Gemarkung die Abtei Marienstatt liegt, findet sich unmittelbar am linken Ufer der Kleinen Nister eine gut erhaltene Motte (»Hofküppel«), in der 1905 eine Grabung stattgefunden hat[83]. Nach den Keramikfunden »dürften die Anfänge der Motte Hofküppel in das 11., vielleicht schon in das 10. Jahrhundert zurückgehen«[84]. Diese Datierung ist, solange keine erneute Bearbeitung der Keramik vorliegt, als sehr fraglich anzusehen. Hellmuth Gensicke, bester Kenner der Geschichte des Westerwaldes, vertritt die Meinung, daß die edelfreien Herren von Nister ursprünglich auf dieser Motte

74 G. P. Fehring, ›Domus lignea cum caminata‹ – Hölzerne, turmartige Kemenaten des späten 12. Jhs. in Lübeck und ihre Stellung in der Architekturgeschichte. Hammaburg NF 9, 1989 (Festschrift f. W. Hübener) 271–283. – Die größte der Lübecker Kemenaten mißt 8,10×7,30 m (Alfstr. 9), mit 3,00×3,10 m ist die Kemenate Alfstr. 11 am meisten eingetieft worden. Eine Rekonstruktion sieht über dem eingetieften Keller zwei Geschosse vor, die Gesamthöhe (ohne Dach) wird mit knapp unter 8,50 m angenommen; ebenda Abb. 9. – Auch wenn bei den Kemenaten eine andere funktionale und rechtliche Qualität vorliegt, kann man die Lübecker Beispiele durchaus als Vergleichsmodelle heranziehen. Vgl. auch G. P. Fehring, Hansestadt Lübeck. Archäologie in Deutschland 1989, H. 3, 48. Verfasser dankt Herrn Prof. Dr. G. P. Fehring, der ihn auf den Aufsatz in der Hübener-Festschrift aufmerksam gemacht hat.

75 D. Gutscher, Die Anfänge von Nidau BE. Vorbericht über die archäologischen Untersuchungen im Schloß. Nachr. Schweiz. Burgenver. 62, 1/1989, 1–6, bes. 3–4 u. Abb. auf S. 5. – Im Gegensatz zu den Lübecker Kemenaten ist der Turm aus Nidau nicht eingetieft gewesen. Er dient weniger als konkretes Vergleichsbeispiel, als vielmehr um zu zeigen, daß der Typ des hölzernen (Haupt-)Burgturmes noch im 12. Jh. sehr verbreitet gewesen ist und zu den normalen Fällen auf Burgen zu zählen ist.

76 Bornheim (Anm. 38) 98; 217. Auch die Nantersburg über der Mosel (vor 1136) hatte über einem Steinsockel wohl hölzerne Aufbauten; ebenda S. 218.

77 Bornheim (Anm. 38) 217.

78 Bornheim (Anm. 38) 218.

79 Untermann (Anm. 68) 76 u. Anm. 256.

80 H. Hinz, Motte und Donjon. Zur Frühgeschichte der mittelalterlichen Adelsburg. Zeitschr. f. Archäologie d. Mittelalters, Beih. 1 (1981).

81 Biller, Burgengruppe Windstein (Anm. 61).

82 Biller, Burgengruppe Windstein (Anm. 61) 251–272 u. Anm. 300 u. 320.

83 K. Kessler, Die Motte ›Hofküppel‹. In: 700 Jahre Streithausen 1279–1979 (1979) 24–28.

84 Kessler (Anm. 83) 27. Die dem Aufsatz beigegebene Tafel mit Stücken der Burgkeramik läßt erneut Zweifel an der Frühdatierung aufkommen.

gesessen hätten und von dort auf Burg Nister gezogen wären[85]. Wenn diese These, die unbedingt überprüft werden muß, stimmen würde, läge hier ein klassisches Beispiel vor für eine »Vertikalverschiebung ... im hochmittelalterlichen Burgenbau«[86].

Von den in der vorliegenden Arbeit ausführlicher behandelten Burgen ist die *Alteburg* in (Bendorf-)Sayn (Kr. Mayen-Koblenz) noch am gründlichsten bearbeitet und publiziert worden (Abb. 9). Die Veröffentlichungen erschienen jedoch an sehr versteckter Stelle[87]. Auch bei dieser Burg muß darauf verwiesen werden, daß hier keinerlei Grabung stattgefunden hat. Die relativ zahlreich gefundene Keramik stammt aus Eingriffen in den Boden, die aus Neugier oder durch Raubgrabungen entstanden sind. Da die erwarteten Funde ausblieben, erlahmte jedesmal sehr schnell das Interesse, die ausgehobenen Löcher blieben offen und die gefundene Keramik wurde achtlos beiseite geworfen.
Die Burg war im Besitz der Grafen von Sayn, die erstmals 1139 in Urkunden des Kölner Erzbischofs Arnold für die Benediktinerabtei Siegburg erscheinen[88]. Sie besaßen damals bereits eine kleine Grundherrschaft an Brexbach und Sayn mit der gleichnamigen Burg als Mittelpunkt[89]. Den Grafentitel führten sie als Untergrafen des Pfalzgrafen im rechtsrheinischen Auelgau[90]; möglicherweise waren sie auch schon in ihrer Frühzeit von den Pfalzgrafen mit der Wahrnehmung des gleichen Amtes in der linksrheinischen ›Pellenz‹ beauftragt worden[91].
Die Grafen von Sayn erscheinen zuerst mit den Brüdern Heinrich I. (1139–1169) und Eberhard I. (1139–1176), der mit hoher Wahrscheinlichkeit eine Isenburger Gräfin geheiratet hat. Dadurch gelang es ihm (und seinem Bruder) in dem beschriebenen Gebiet Fuß zu fassen[92].
Bei der Alteburg beginnt die Keramikreihe, sieht man von unbestimmbarer vorgeschichtlicher Ware ab, eindeutig mit dem 11. Jahrhundert (vgl. Abb. 12 u. 13)[93]. Es ist deshalb richtig anzunehmen, daß die Burg älter sein muß als die Ersterwähnung der Grafen (1139). Da jene aber erst unmittelbar vorher durch die besagte Heirat in dieser Landschaft seßhaft geworden sind, darf man schließen, daß die Alteburg erst durch den Rechtsakt der Heirat an die Sayner gefallen ist, ursprünglich demnach eine Isenburger Burg gewesen war. Sie wurde dann die Stammburg der Grafen Sayn.
Die Alteburg findet man im unteren Brexbachtal, etwa 1500 m Luftlinie von der Mündung des Baches in die Sayn entfernt (Abb. 10). Dort, wo die von Bendorf kommende Bundesbahn den Brexbach erstmals überquert, um anschließend in einem Tunnel zu verschwinden, umfließt der Bach einen langgestreckten Bergsporn, der von Nordwest nach Südost verläuft und von der Burganlage eingenommen wird. – Die Alteburg ist nicht auf den amtlichen Karten eingetragen, doch wird eine Kuppe nordwestlich von ihr mit ›Burgberg‹ bezeichnet. Die Burg liegt im Mittel 140 m über NN, wogegen das Bachtal nur eine Höhenlage von 87 m aufweist[94], so daß ein beträchtlicher Höhenunterschied auf kürzeste Distanz

85 H. Gensicke, Die Herren von Nister. In: 700 Jahre Streithausen 1279–1979 (1979) 31–32, bes. 31. Noch ein zweites Mal spricht sich Gensicke für die oben mitgeteilte These aus: »Die im Jahre 1222 der Abtei Marienstatt mit jenem Burgfelsen, mit Ländereien, Wäldern, Äckern, Wiesen, Weiden, Fischweihern übergebene Besitzung hieß Nister, ebenso wie der Bach. Den gleichen Namen trugen ursprünglich sicher auch die Turmburg (= Motte, d. V.), die Vorläuferin der Burg auf dem Felsen, der Hof und die kleine bäuerliche Ansiedlung neben der Turmburg«. – H. Gensicke, Zur älteren Geschichte des Ortes. In: 700 Jahre Streithausen 1279–1979 (1979) 33–35, bes. 33.

86 M. Bitschnau, Burg und Adel in Tirol zwischen 1050 und 1300. Grundlagen zu ihrer Erforschung. Österr. Akademie d. Wissenschaften, Phil.-hist. Kl., Sitzungsber. 403. Mitteil. d. Komm. f. Burgenforschung u. Mittelalter-Archäologie, Sonderbd. 1 (1983). In überzeugender Weise legt Bitschnau die Vertikalverschiebung der Burgen dar, allerdings für den Raum Tirol.

87 U. Liessem, Die ›Alteburg‹ im Brexbachtal – Stammburg der Grafen von Sayn. In: Jahrb. der Stadt Bendorf (1974) 32–40. – Ders. (Anm. 26). – Ders., Die ›Alteburg‹ im Brexbachtal – Stammburg der Sayner Grafen. In: Sayn, Ort und Fürstentum (Hrsg. A. Fürst zu Sayn-Wittgenstein-Sayn; 1979) 17–20. – Ders., Die Alteburg im Brexbachtal. In: F. H. Kemp und U. Liessem, Bendorf-Sayn. Rhein. Kunststätten 294 (1984; 2. Aufl. 1989) 4–6. Im erstgenannten Aufsatz ist die gesamte ältere Literatur erfaßt.

88 Gensicke, Westerwald (Anm. 44) 149.

89 Vgl. Gensicke, Westerwald (Anm. 44) 149.

90 Gensicke, Westerwald (Anm. 44) 152.

91 Gensicke, Westerwald (Anm. 44) 152–153.

92 Gensicke, Westerwald (Anm. 44) 150.

93 Die Keramik wurde wiederum liebenswürdigerweise von Frau Dr. A. Kluge-Pinsker bestimmt.

94 Die Daten zur Höhenlage und die Entfernungsangaben wurden der TK 1:25 000, Blatt 5511 (Bendorf) entnommen (Hrsg. Landesvermessungsamt Rheinland-Pfalz).

Abb. 9 Die Alteburg im Brexbachtal (Pfeil rechts) und Burg Sayn in Bendorf-Sayn (Pfeil links). Luftbildausschnitt, genordet. (Freigegeben durch das Landesvermessungsamt Rheinland-Pfalz unter Nr. 31/88; vervielfältigt mit Genehmigung des Landesvermessungsamtes Rheinland-Pfalz vom 1. März 1990 – Az.: 23465/90).

besteht, was die Burg, wie bereits gesagt, auf drei Seiten weitgehend sturmfrei macht. Nur die Nordwestseite bedurfte besonderer fortifikatorischer Maßnahmen. Heute ist der Burgberg, ähnlich allen anderen vorgestellten Beispielen, von lichtem Wald bestanden.

Die in Vergessenheit geratene Burg tauchte 1859 unter dem Namen ›Riesenkammer‹ auf[95], doch wird bereits 1853 von v. Stramberg die noch heute gebräuchliche Bezeichnung ›Alteburg‹ genannt[96], die auch von Cohausen überliefert (1884)[97]; Bornheim schließlich führt den Namen ›Eselsburg‹ in die Fachliteratur ein. Unter diesem Namen ist die Burg bei Einheimischen noch heute bekannt. Er deutet den Namen dahingehend, daß Esel als Packtiere beim Bau und später bei der Versorgung benutzt worden seien und führt als Bekräftigung seiner These den Fund verschiedener Hufeisen in der Bergumgebung an[98].

95 F. W. Schmidt, Lokaluntersuchungen über den Pfahlgraben oder Limes transrhenanus vom Rhein, unterhalb Neuwied, bis Oehringen sowie über die alten Befestigungen zwischen Lahn und Sieg. Ann. d. Ver. f. Nass. Alterthumskde. u. Geschichtsforsch. 6, H. 1, 1859, 169.

96 Chr. v. Stramberg, Denkwürdiger und nützlicher Antiquarius III–1 (1853) 404.

97 A. v. Cohausen, Der römische Grenzwall in Deutschland. Militärische und technische Beschreibung desselben (1884) 239.

98 Bornheim (Anm. 38) 25; 219 u. Anm. 1614.

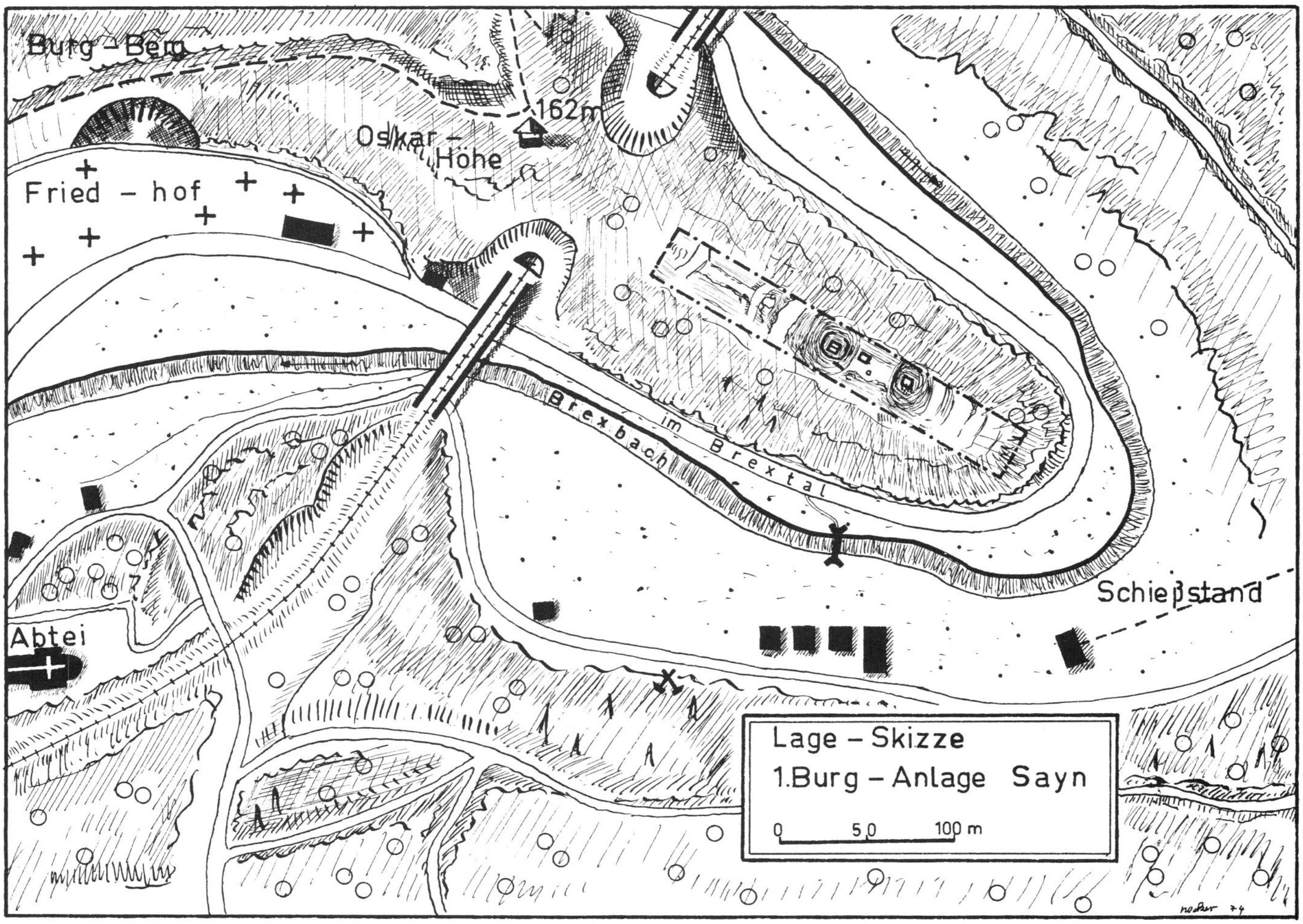

Abb. 10 Lageskizze der Alteburg im Brexbachtal östlich von Bendorf-Sayn; genordet.

Jedoch bereits 1859 heißt der ganze Berg ›Eselsberg‹[99], und von Cohausen kennzeichnet noch präziser die Flur nordwestlich der Burg als ›Eselsberg‹[100]. Durch dieses Gebiet nahm eine frühe, den Westerwald querende West-Ostverbindung ihren Verlauf. Es ist dies die Straße, die aus Richtung (Neuwied-)Engers kommend nördlich von Sayn den Aufstieg ins Gebirge nahm, um weiter über (Bendorf-)Stromberg und Nauort zu verlaufen[101]. Dieser Weg ist wahrscheinlich prähistorischen Ursprungs[102]. Nach Dittmaiers überzeugender Darlegung wurden Fluren, in der ein Weg eine Landwehr oder eine andere Sperre durchläuft, häufig mit dem Begriff ›Esel‹ bezeichnet[103]. Vielleicht kann man im vorliegenden Falle im Vorgelände der Burg eine Straßensperre oder dergl. annehmen (vgl. ›Eselsberg‹), die dann durch die rückwärtig liegende Burg kontrolliert worden wäre.

Eine mögliche Straßenüberwachung sollte jedoch nicht als Hauptgrund zur Anlage der Alteburg angesehen werden. Vielmehr scheint sie zur Kontrolle eines frühen Bergbaugebietes errichtet worden zu

99 Schmidt (Anm. 95) 168.

100 Cohausen (Anm. 97) 239.

101 Gensicke, Westerwald (Anm. 44) 19.

102 J. Hagen, Die Römerstraßen der Rheinprovinz (2. Aufl. 1931) 492–493.

103 H. Dittmaier, Rheinische Flurnamen (1963) 65. Eine ähnliche Situation gibt es im nahen Bad Ems: A. Bach, Die alten Namen der Gemarkungen von Bad Ems und Kemmenau (1925) 37 (1570 ›am Esel‹, 1632 ›aufm Esel‹, 1715 ›bey der Esels Rest‹). – Eine Skizze, die diese Situation verdeutlicht, zuletzt bei G. Bach, Kleine Chronik von Bad Ems (2. Aufl. 1968) 11.

sein. Im unteren Brexbachtal sind diesbezügliche Aktivitäten seit der Spät-La-Tènezeit nachzuweisen[104]. Diese These wird durch Funde von Rennofenschlacken südwestlich unterhalb der Burg stark gestützt. Eine vergleichbare Burganlage, die zur Überwachung mittelalterlicher Verhüttungsbetriebe errichtet wurde, ist eine Motte bei Orenhofen (Kr. Trier-Saarburg)[105]. Eine Burg mit ähnlicher Aufgabe war auch die Motte ›Drusenküppel‹ bei Obernhain im Taunus nahe der Saalburg. Während die erstgenannte Burg aufgrund von Keramikfunden dem 11./12. Jahrhundert zugeschrieben werden kann[106], ist die Datierung des Drusenküppels nicht so eindeutig. Der Zusammenhang mit der benachbarten Wüstung Stahlnhain, hier konnten eindeutig Eisenverhüttungsnachweise ergraben werden, legt jedoch eine Entstehung in demselben Zeitraum nahe[107].

Burg Sayn wird erstmals im Zusammenhang mit den Auseinandersetzungen der Grafen von Sayn mit dem Kölner Erzbischof Arnold von Wied zu Anfang des Jahres 1152 erwähnt[108]. Wenige Wochen darauf wird die Burg genommen und angeblich total zerstört[109]. Bei dieser Zerstörung, die im Befund nicht zu erkennen ist, wobei allerdings wiederholt werden muß, daß auf der Burg noch keine Grabung stattgefunden hat, scheint es sich nur um eine symbolische gehandelt zu haben. Auch die Keramikreihe läßt keine Zäsur erkennen. Die Burg ist wohl kontinuierlich in Benutzung gewesen, wenn auch die Grafen nach Bau der heute als Burg Sayn bezeichneten Anlage auf dem Kehrberg oberhalb des gleichnamigen Ortsteiles von Bendorf im späten 12. Jahrhundert nicht mehr auf der Alteburg gewohnt haben. Die Burg wurde einfach aufgegeben, um dann als willkommener Steinbruch zu dienen. Aber selbst 1845 ragten die Mauern noch bis sechs Fuß aus dem Boden heraus[110]!

Die eben genannte Burg Sayn auf dem Kehrberg hatte Vorläuferanlagen gehabt. In einer leider nur sehr begrenzten Grabung konnte 1983/84 hinter der spätstaufischen Burgkapelle ein Siedlungshorizont des 8./9. Jahrhunderts erfaßt werden, worauf nach einer Unterbrechung von einigen Jahrhunderten eine Siedlungsperiode folgte, die mit dem 11. Jahrhundert begann und im 13. Jahrhundert endete[111]. Nähere Angaben über die Bedeutung der Burg können bis jetzt nicht gemacht werden.

Die Alteburg ist eine bedeutende Anlage mit einer Ausdehnung von 220 m (Abb. 11). Ein Halsgraben teilt sie in zwei Abschnitte: die eigentliche Kernburg und das ihr vorgelagerte Gelände, das aber nicht Vorburgcharakter in dem Sinne hatte, daß hier Wirtschaftsgebäude oder dergleichen untergebracht worden wären. Der ebenfalls 1152 genannte Wirtschaftshof ›Seyna‹[112] dürfte in der Ortslage des heutigen Sayn zu lokalisieren sein.

Das Gelände der vorgeschalteten Einheit umfaßt einen nur wenige Meter breiten Felsgrat, dessen schon steile Flanken bereichsweise zusätzlich noch versteilt worden sind. Jeglicher Platz für ein Gebäude fehlt. Das Vorgelände, es liegt an der einzigen, nicht sturmfreien Seite (Nordwesten), war ein rein fortifikatorisch genutztes Gelände. Nach Westen wird das Gebiet durch einen aus dem Felsen gehauenen, zwei Meter tiefen Abschnittsgraben vom ansteigenden Terrain abgetrennt. Zwischen diesem ersten Graben und dem Halsgraben liegt ein weiterer Abschnittsgraben, der mehr muldenartigen Charakter aufweist und bis zu 10 m breit ist. Die Situation ist außerordentlich eng verwandt mit der der Pfalzgrafenburg.

104 Liessem (Anm. 26) 33. – Der Steinbrücker Hammer im Brexbachtal wird relativ früh genannt: 1629. – P. P. Ohlig, Heimat in vergangenen Tagen (1951) 53. – Genau der Alteburg gegenüber weist die TK bei der Hartmannsmühle noch heute ein (stillgelegtes) Bergwerk auf.

105 W. Dehn, Die Wallanlagen an der unteren Kyll. Rhein. Vorzeit in Wort u. Bild 4, H. 1–3, 1941, 22.

106 Hinz (Anm. 80) 161.

107 D. Baatz, Die Turmburg Drusenküppel bei Obernhain. Führer zu vor- u. frühgeschichtlichen Denkmälern 21 (1972) 133–136.

108 Gensicke, Westerwald (Anm. 44) 262.

109 A. Goerz, Mittelrheinische Regesten, T. II (1879) Nr. 17.

110 Schmidt (Anm. 95) 168. – 1684 hatte Reiffenberg noch deutlich erkennbare Trümmer von Türmen gesehen; zitiert nach v. Stramberg (Anm. 96) 404. Eine der Alteburg in Sayn vergleichbare Situation bietet die ›Alte Burg‹ auf dem Hardenberg bei Velbert. Diese frühe Anlage, die Herren von Hardenberg werden erstmals 1145 erwähnt, soll angeblich im 13. Jh. aufgegeben worden sein, als die Besitzer in die neue Wasserburg bei Neviges gezogen wären. Allein schon eine Begehung hat soviel an späterer Keramik erbracht, daß anzunehmen ist, daß die Burg auch im 14. und 15. Jh. benutzt worden ist. – V. Zedelius, Funde von der ›Alte Burg‹ auf dem Hardenberg bei Velbert-Neviges, Kr. Mettmann. Ausgrabungen im Rheinland 1979. Das Rheinische Landesmuseum Bonn, Sonderheft (1980) 245–246.

111 Berg u. Wegner (Anm. 2).

112 Goerz (Anm. 109) Nr. 20. – Gensicke, Westerwald (Anm. 44) 263.

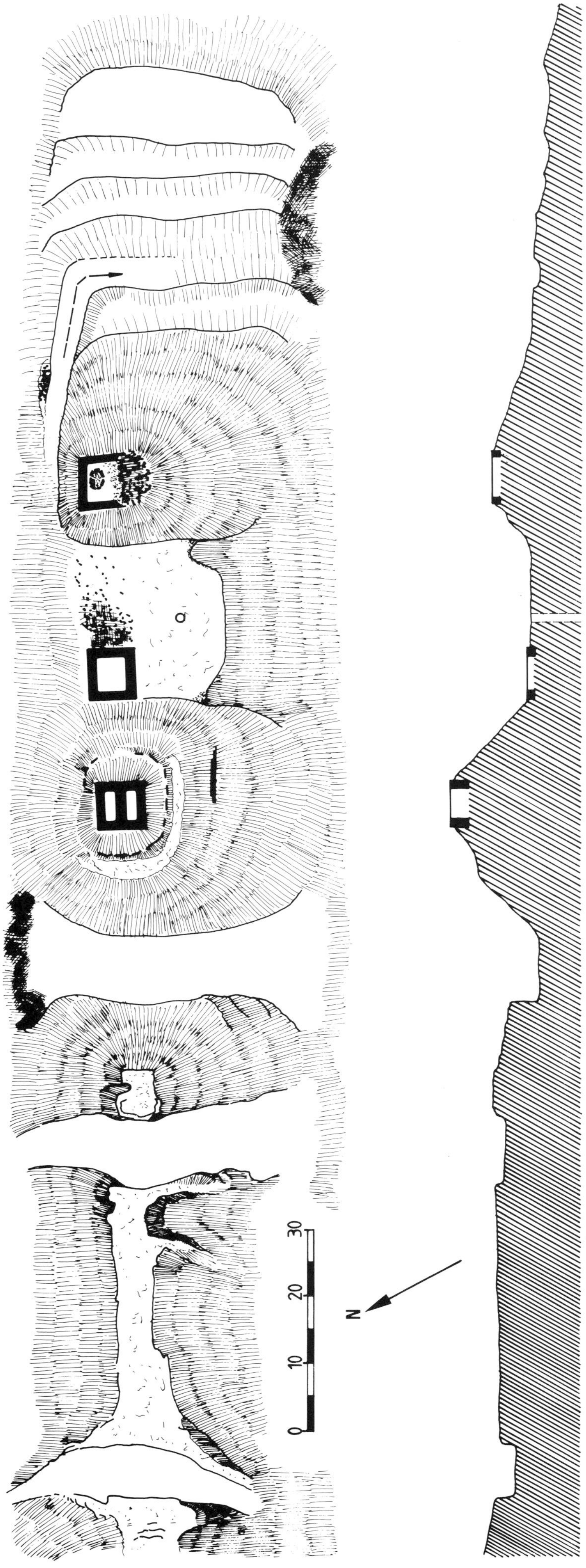

Abb. 11 Grundriß und Schnitt der Alteburg im Brexbachtal.

Nach dem flachen und breiten Graben folgt unmittelbar anschließend in Richtung Halsgraben ein kleines 5×7 m messendes Plateau, künstlich geschaffen, die einzige Möglichkeit, im Bereich des Vorgeländes einen (hölzernen) Turm oder eine ähnliche Verteidigungseinrichtung aufzurichten.
Der Halsgraben, der hoch mit Geröll und Schutt zugeschüttet ist, steigt aber immer noch bis 4 m senkrecht an. Deutlich können Bearbeitungsspuren an den Felswänden ausgemacht werden. An seiner heutigen Sohle ist der Graben 10 m breit, doch muß er früher breiter gewesen sein, denn von der Ostseite sind im Laufe der Zeit mehrere Kubikmeter Schutt nachgesackt, wodurch Breite und ehemalige Tiefe nicht ermittelt werden können. Verstürzte Mauerreste und an der gleichen Stelle konzentriert auftretende Mörtelbrocken deuten an, daß die Ostwand des Grabens möglicherweise eine gemörtelte Futtermauer gehabt hatte. Eine geschätzte Breite des Halsgrabens von 12 m und eine Tiefe von etwa 6 m dürften realistisch sein.
Die Kernburg setzt sich aus mehreren Bereichen zusammen: zwei mit Gebäuden besetzte Hügel rahmen ein Plateau. Im Osten vorgeschaltet schließt sich ein Grabensystem an; hier war ursprünglich auch der Zugang. Parallelen zur Burg Nister werden deutlich.
Der erste, unmittelbar nach dem Halsgraben aufsteigende Hügel ist an allen Seiten künstlich abgearbeitet. Auf ihm stand ein Wohnturm mit einem Grundriß von 6,80×7,00 m, der durch eine von Ost nach West verlaufende Mauer in zwei gleiche Längshälften geteilt wurde. Die Mauerstärke beträgt 1,10 m. Der Turm ist aber nicht einfach auf den Hügel gesetzt, sondern dieser wurde künstlich erhöht, indem man Erdmassen gegen den Turmschaft häufte, den Turm also eingemottet hat. Auf halber Höhe des Hügels fällt ein kleiner, künstlicher Absatz auf, zum Halsgraben hin besonders ausgeprägt. Es liegt nahe, hier eine den Turm in geringem Abstand umziehende Palisade (oder Mauer?) anzunehmen. Vergleichbar ist die Situation beim Steiner Häuschen in (Bonn-)Oberkassel, der nördlichsten Höhenburg am Rhein (12. Jh.)[113].
In der Nordwestecke des sich an diesen Hügel nach Osten anschließenden Plateaus von nur 23 m Länge befinden sich niedrige Mauerzüge, die sich zu einem parallel zum Steilabfall stehenden längsrechteckigen Gebäude (7,80×6,20 m) ergänzen lassen. Die Mauerstärke betrug ca. 90 cm. Dieser Unterbau ist stark genug, um einen massiven Aufbau zu tragen. Daraufhin deutet auch der sich anschließende mächtige Steinhaufen aus verstürztem Bruchsteinmaterial.
Der diesem Gebäude gegenüberliegende Südrand des Plateaus ist stark gestört durch neuzeitliche Eingriffe. Auffallend wenig Steinmaterial, dagegen aber viele verziegelte Lehmbrocken lassen hier Bauten in Lehmfachwerk, vielleicht über Steinfundamenten, vermuten. Hier lag auch der überwiegende Teil des Fundmaterials.
Eine runde Vertiefung auf diesem Plateau, mit Steinen und Unrat verfüllt, in deren Umkreis auffallend viel Bruchsteinmaterial vorkommt, wird die von Cohausen noch gesehene Brunnen- oder Zisternenanlage gewesen sein[114]. Ebenso auffällig sind hier vorkommende Dachschieferstücke, die an ein überdachtes Brunnenhaus denken lassen. Weit eher als ein Brunnen dürfte es jedoch eine Zisterne gewesen sein; vgl. u. a. Burg Ehrenbreitstein.
Der zweite, flachere östliche Hügel trug ebenfalls ein Gebäude, von etwa 8,00–8,00/8,50 m Größe, dessen wiederum ca. 90 cm starke Mauern nur teilweise erschlossen werden konnten. Die gesamte Südseite bleibt unklar, da an dieser Stelle die Situation durch einen gestaltlosen Steinhaufen verunklart ist. Wahrscheinlich reichte das Gebäude bis an die Hügelkante; vielleicht ist in ihm die ›Riesenkammer‹ (Schmidt) zu sehen, die sechs Quadratruten maß[115].

113 M. Groß u. a., Eine frühmittelalterliche Burganlage bei Bonn-Oberkassel. Ausgrabungen im Rheinland 1977. Das Rheinische Landesmuseum Bonn, Sonderheft (1978) 249–253. – M. Rech u. M. Groß, Ergänzendes zur Burganlage Steiner Häuschen bei Bonn-Oberkassel. Ausgrabungen im Rheinland 1979/80 (Kunst und Altertum am Rhein 104) 203–206. – M. Groß u. M. Rech, Bonn (Ortsteil Oberkassel, kurzer Vorbericht). Bonner Jahrb. 182, 1982, 514–517. Hier wird auch das Scherbenmaterial abgebildet.
114 Cohausen (Anm. 97) 240.
115 Schmidt (Anm. 95) 165.

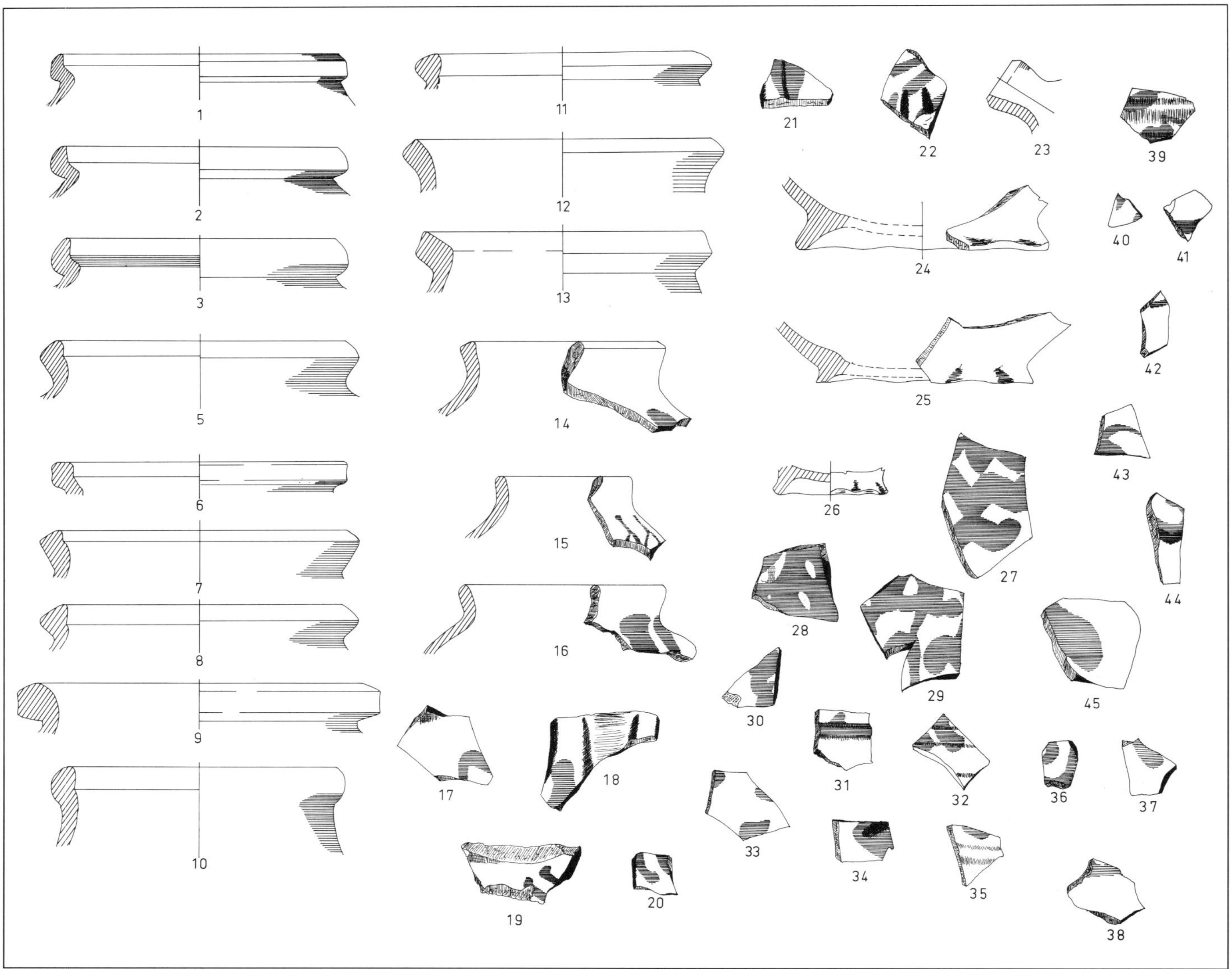

Abb. 12 Hellgrundige Keramik (Pingsdorfer und pingsdorfähnliche Ware) von der Alteburg im Brexbachtal. – M = 1:3.

Möglicherweise umzog die Kernanlage eine Ringmauer. Jedenfalls kann an der südlichen Langseite, und zwar unterhalb des Haupthügels, ein etwa fünf Meter langes Stück beobachtet werden. Der Kern des Schalenmauerwerkes zeigt opus spicatum in reicher Mörtelbettung.
Als Baumaterial für die drei Bauten und die Ringmauer ist anstehende Grauwacke benutzt worden, nur einige Sandsteinstücke ließen sich finden. Ob eine Tuffkonsole, innerhalb des Gebäudes am Plateaurand geborgen, auf dessen Zweistöckigkeit schließen läßt, oder ob das Stück nur nach dort verschleppt worden ist, kann nicht entschieden werden.
Da sich das Keramikmaterial (Abb. 12 u. 13), aber auch Knochen auf der Südseite des kleinen Plateaus konzentrieren, ist vorsichtig zu formulieren, daß der interne Versorgungsbereich der Burg hier gelegen hat (?). Die Bruchstücke einer Trogmühle aus Basaltlava und eines großen Mühlsteines aus demselben Material lassen sich eindeutig dem Wirtschaftsbereich zuordnen. Während die Trogmühle per Hand betrieben wurde, konnte der große Mühlstein nur durch Pferd oder Esel bewegt werden, setzt also ein eigenes Gebäude voraus.

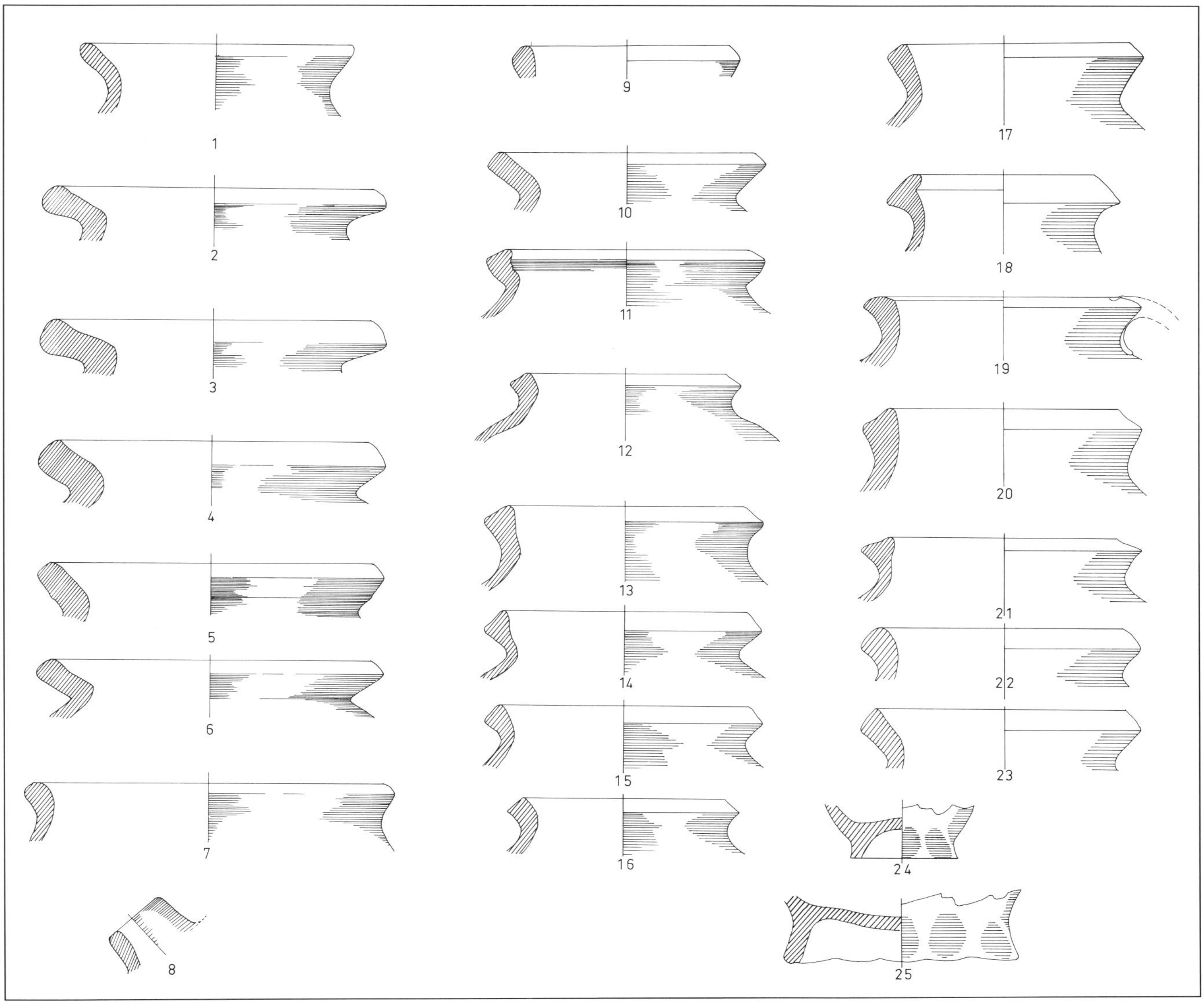

Abb. 13 Blaugraue Irdenware von der Alteburg im Brexbachtal. – M = 1:3.

Auf den östlichen Hügel folgend schließt sich ein Vorgelände an, das aus einem fast ebenen, etwa 18 m langen Teilstück besteht, dem zwei sehr flache, sichelförmige Gräben mit dazwischenliegendem ebenfalls sehr flachen Erdwall vorgeschaltet sind. Auf den ebenen Teil führt der von Norden kommende Burgweg (?). Er verläuft parallel zum Nordabhang, um dann nach Erreichen der Burganlage nach Süden abzuknicken. Er war so geführt, daß der Angreifer seine ungeschützte rechte Seite dem sich in erhöhter, günstiger Position befindenden Verteidiger zuwenden mußte. Möglicherweise hat am Beginn der Torgasse ein Turm gestanden, denn eine Fülle kleiner, handrechter Bruchsteine deutet auf eine verstürzte Mauer (oder Turm) hin. – Die Trasse des Weges ist weiter unten wegen mehrerer kleiner Steinbrüche, Hangrutschen und Wegebauten nicht mehr auszumachen.
Die Alteburg, eine dreiteilige Anlage, wurde durch drei mächtige Steinbauten beherrscht, von denen die beiden auf den Hügeln Wohnturmcharakter aufwiesen. Während die beiden östlichen Bauten keine erkennbaren Besonderheiten zeigen, fällt der westliche, eingemottete Turm durch seine in Längsrichtung verlaufende innere Zweiteilung auf. Diese Bauweise ist nicht häufig, findet sich nur vereinzelt im

Rheinland. Älter als der Turm der Alteburg ist der riesige Wohnturm des Kölner Erzbischofs in dessen Xantener Pfalz[116], etwa gleichzeitig der des Stenshofes in Essen[117], jünger der der Jülicher Burg in Nideggen bei Düren[118]. Wiederum sehr früh und älter als die Alteburg ist der gewaltige Wohntum in Soest[119]. Die Form dieser Türme weist nach Westen.

Eine im Zusammenhang mit der Alteburg wichtige Anlage ist die Entersburg bei Hontheim (Kr. Bernkastel-Wittlich)[120]. Sie liegt auf einem vom Ueßbach umflossenen Sporn, der nur von Süden aus genommen werden konnte. Die Burg ist in ältere, vorgeschichtliche und römische Festungssysteme hineingesetzt, die sie teilweise wiederbenutzt hat. Kern der mittelalterlichen Entersburg bildet ein turmartiger Felsen mit einem kleinen Gipfelplateau. Hier gefundene Pfostenlöcher deuten auf einen Holzbau, wohl Turm. Im Schutz dieses kleinen Felsmassivs, das sich an der gefährdeten Südseite erhebt, steht ein großer Steinbau, der einzige der gesamten Burganlage. Er mißt 30×10 m und weist eine Mauerstärke von 1,10 bis 1,48 m auf. Dieser Bau knickt dem Gelände folgend etwa in der Mitte um ca. 30 Grad nach Westen ab. Eine innere Trockenmauer teilt ihn in ungefähr zwei gleichgroße Räume. Die Entersburg wurde um 1096[121] errichtet (dendrochronologisch datiert) und 1138 zerstört.

Weitere Vergleichsbauten für die Alteburg und ihre Turmbauten aufzulisten, würde nicht weiter führen, da immer wieder die schon häufig aufgeführten Beispiele zitiert werden müßten. Zudem ist diese Arbeit bereits mehrfach geleistet worden (Liessem 1974, 1979, 1984)[122], und wiederum kann auch auf Hermann Hinz verwiesen werden[123].

Ein anderes Problem interessiert jedoch: Der Hauptturm der Sayner Burg wurde bekanntlich eingemottet, ohne daß man deswegen unbedingt von einer Motte sprechen müßte. Dennoch ist eine Bemerkung von Matthias Untermann im Zusammenhang mit Burg Berge, bei der, wie oben beschrieben, der Sockel für den hölzernen Hauptbau aufgeschüttet gewesen war, bemerkenswert: »In echter Höhenlage sind Motten selten nachgewiesen worden, im Bergland scheinen sie oft zu Bergbaufeldern zu gehören ...«[124]. Die Alteburg könnte man als eine Turmburg mit eingemottetem Hauptturm (›Donjon‹) bezeichnen. Vergleichbare Anlagen sind nicht selten, wie H. Hinz mit zahlreichen Beispielen nachweist. Fortifikatorische Gründe waren für die Technik des Einmottens verantwortlich. Gerade am Beispiel der Alteburg ist das eindrucksvoll zu demonstrieren, steht doch der Turm unmittelbar hinter dem Halsgraben an der gefährdetsten Stelle der gesamten Burganlage. Darüber hinaus verlieh der turmgekrönte Hügel dem dahinterliegenden Terrain höchstmöglichen Schutz. – Der zweite, weniger bedeutende Turmhügel erhebt sich am gegenüberliegenden Ende der Kernburg. Er sicherte den oben beschriebenen, östlich gelegenen Eingangsbereich. Das darauf stehende Gebäude war jedoch – im Gegensatz zum Haupthügel – nicht eingemottet. Zurück zum Hauptturm, dessen Grundrißmaß (6,80×7,00 m) recht bescheiden aussieht. Wenn man aber beispielsweise die von André Chatelain untersuchten 111 westfranzösischen Donjons berücksichtigt und dabei feststellt, daß 25 Nennungen, das sind immerhin mehr als 22%, Maße unter 9×9 m aufweisen[125], wird man die Größe des Sayner Turmes als durchaus gängig bezeichnen dürfen. – Auch die im norddeutschen Raum sehr zahlreichen steinernen Kemenaten und städtische Wohnhäuser können auf ihre Größe hin untersucht werden, wobei einschränkend zu bemerken ist, daß diese Bauten andere Funktionen zu erfüllen hatten und zumeist jünger sind als die Anlage in Sayn. Dennoch geben sie Beispiele ab, an Hand derer man den Turm der Alteburg bezüglich seiner Grundrißgröße besser einordnen kann: Es ist erstaunlich, wieviele Vergleichsbeispiele im Katalog von

116 Hinz (Anm. 80) 84–86.

117 L. Schaefer, Der Stenshof in Essen. II: Bauuntersuchung und Rekonstruktion. Jahrbuch d. Rhein. Denkmalpfl. 26, 1966, 85–107.

118 Als Zusammenfassung ausreichend: A. Henze u. a., Nordrhein-Westfalen. Kunstdenkmäler und Museen. Reclams Kunstführer, Deutschland III (6. Aufl. 1982) 571–572.

119 Hinz (Anm. 80) 85–87.

120 K.-J. Gilles, Die Entersburg bei Hontheim. Kurtrier. Jahrbuch 24, 1984, 38–55. – Ders., Die Entersburg bei Bad Bertrich. In: Bad Bertrich. Die schöne Eifel (1988) 70–77.

121 E. Hollstein, Dendrochronologische Untersuchungen an Holzfunden aus der Entersburg bei Hontheim, Kr. Bernkastel-Wittlich. Kurtrier. Jahrbuch 24, 1984, 56–60.

122 Vgl. Anm. 87.

123 Hinz (Anm. 80).

124 Untermann (Anm. 68) 94 u. Anm. 333–334.

125 Chatelain (Anm. 34).

Anita Wiedenau zu finden sind [126]. Auf die Steinwerke oder Kemenaten – speziell die Lübecker Beispiele – haben gerade erst M. Gläser [127] und G. P. Fehring [128] verwiesen.

Zu den untergegangenen Felsenburgen zählt auch die *»Alte Burg«* unterhalb der hoch über dem Rhein auf dem Gipfel des Burgberges gelegenen Marksburg bei Braubach (Rhein-Lahn-Kreis). Das Zentrum der eigentlichen Burgstelle befindet sich etwa 270 m südsüdöstlich der jüngeren Höhenburg und ca. 230 m nordnordwestlich der Martinskirche (Abb. 14). Die heute noch »An der alten Burg« benannte Weinbergsflur hieß 1818 »auf der Altenburg« und 1787 »die alte Burg« [129]. Noch Hellmuth Gensicke vermutete, daß sich die in einem Bergsattel gelegene Martinskirche innerhalb des Berings der »Alte Burg« befand. Diese sei möglicherweise als befestigter fränkischer Königshof zum Schutz von Höhenwegen, von denen »der eine über den Pankert und Hilberstiel nach Marienfels und der andere über den Neuweg, Falkenborn, Bogel zum Wispertal« führte, und zur Sicherung des Abstieges zur Fähre am Rhein angelegt worden [130]. Tatsächlich liegt die eigentliche Burg aber im anschließenden, nach Nordwesten stark ansteigenden Gelände.

Die Burg dürfte nach Gensicke wahrscheinlich der Sitz der Edelfreien von Braubach gewesen sein, die zwischen 1117 und 1171 genannt werden und die wohl stammverwandt mit den Konradinern waren [131]. Der Kommandant der Marksburg, Hill, konnte noch 1787 die Fundamente eines quadratischen Bauwerkes von 12×12 m erkennen, vielleicht ein wohnturmartiges Gebäude, das an der oben genannten Burgstelle lag, die damals die Bezeichnung »Die alte Burg« trug [132]. Von hier aus dürfte auch die jüngere Marksburg angelegt worden sein [133].

Eine Begehung des Geländes läßt erkennen, daß der Kernbereich der »Alte Burg« nordwestlich oberhalb der heutigen Flur »An der alten Burg« liegt. Zentrum der abgegangenen Anlage ist eine relativ ebene Fläche von ca. 40–45 m Länge und 20–25 m Breite. Hier könnten auch die vom Kommandanten Hill beobachteten Fundamente des großen Gebäudes gestanden haben. Nach Norden, das ist die gefährdete Seite der Burg, folgt ein mächtiger, in den Fels geschroteter Abschnittsgraben von rund 10 m Breite, dem wie bei der »Alteburg« Sayn im Brexbachtal ein ungefähr 10×10 m großer Felsklotz vorgelagert ist, dessen kleines Plateau lediglich für Verteidigungsbauten genutzt werden konnte. Ein weiterer, nur etwa 5 m breiter Graben trennt diesen aufragenden Felsklotz von einer sich nach Norden hinziehenden schmalen Felsrippe, die nach etwa 20 m von einem dritten, 10 m breiten und nicht besonders tiefen Graben vom ansteigenden, felsigen Gelände abgeriegelt ist. Dieser seichtere Graben läßt sich am Ostabhang noch als sichelförmige Vertiefung erkennen. Damit gleicht diese topographische Situation jener bei der Pfalzgrafenburg am Laacher See. Geringe Mauerreste im Bereich der Anlage können nicht mit Sicherheit der »Alte Burg« zugewiesen werden. Etwa 150 m weiter nach Norden wird der Felsen nochmals durch einen allerdings sehr kleinen Abschnittsgraben durchtrennt. Ob dieser noch zur »Alte Burg« oder bereits zur 100 m entfernten Marksburg gehörte, ist vorerst nicht zu entscheiden.

126 A. Wiedenau, Katalog der romanischen Wohnbauten in westdeutschen Städten und Siedlungen (ohne Goslar und Regensburg). Das deutsche Bürgerhaus 34 (1983).

127 M. Gläser, Archäologische und baugeschichtliche Untersuchungen im St. Johanniskloster zu Lübeck. Auswertung der Befunde und Funde. Lübecker Schr. z. Arch. u. Kulturgesch. 16 (1989) 9–120, bes. 15–16.

128 Vgl. Anm. 74.

129 H. Gensicke, Geschichte der Stadt Braubach (1976) 186.

130 Gensicke (Anm. 129) 138 u. 4–5.

131 Gensicke (Anm. 129) 11.

132 Gensicke (Anm. 129) 11.

133 Ob die Edelherren von Braubach bereits zu Beginn des 12. Jhs., und zwar vor ihrer ersten Erwähnung 1117, die Marksburg in Gipfellage erbaut haben, wie jüngst wieder behauptet wurde, ist nicht zu beweisen. Wahrscheinlich werden sie zu der Zeit noch, wie dargelegt, in der »Alte Burg« gesessen haben, wenn auch eine spätere »Höhenwanderung« nicht ganz auszuschließen ist. Vgl. M. Backes, Die Marksburg. Bau- und Kunstgeschichte einer rheinischen Burganlage (1983) 2 (erw. Neuauflage im Druck). – Der Behauptung im Dehio, daß die Edelherren von Braubach wohl erste Befestigungsanlagen im Bereich der späteren Marksburg errichtet hätten, ist dagegen nicht zu widersprechen, da diese bekanntlich bis 1171 genannt werden (G. Dehio, Handbuch der Deutschen Kunstdenkmäler, Rheinland-Pfalz/Saarland. Bearb. H. Caspary u. a. [2. Aufl. 1984] 151–152). – Bornheim sieht in der ›Alte Burg‹ »vielleicht das Überbleibsel einer uralten Straßenfeste«. Außerdem deutet er einen Zusammenhang mit frühem Bergbau auf Silber an. Den Kern der heutigen Marksburg setzt er erst in die erste Hälfte des 13. Jhs. (Bornheim [Anm. 38] 288 u. 38–39).

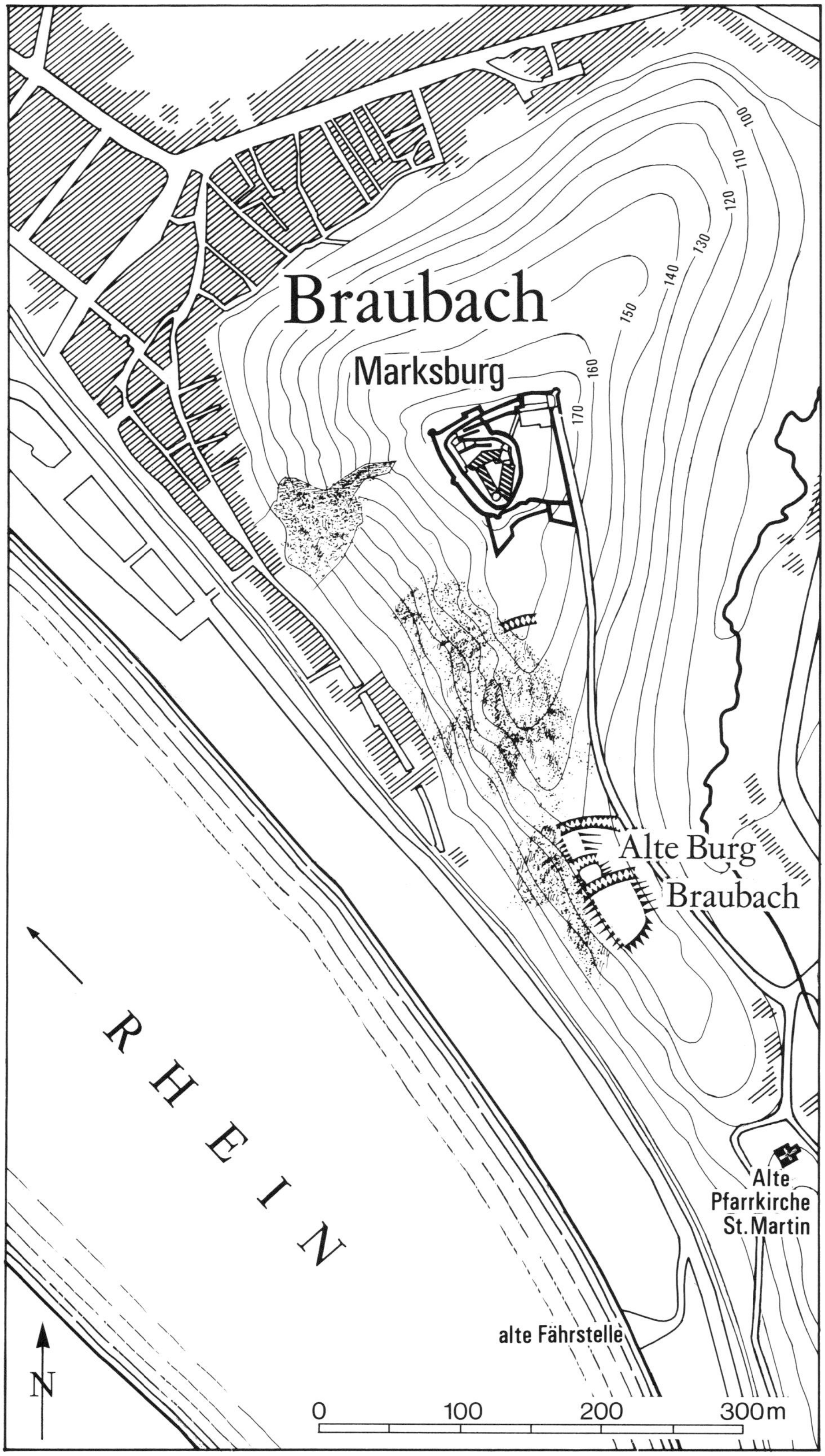

Abb. 14
Topographische Lage der »Alte Burg« unterhalb der Marksburg bei

Das Zentrum der »Alte Burg« ist im Südosten durch eine schroffe, offenbar künstlich abgesteilte Felskante vom tiefer gelegenen, flach auslaufenden Bergsporn abgesetzt (Vorburg ?), der bis zu jenem Hohlweg reicht, der das Burggelände vom Kirchhof mit der Martinskirche trennt. Die Kapelle, die demnach nicht im engeren Bering der Burg gelegen hatte, ist im Kern ein salischer Bau, könnte aber durchaus noch ältere Vorgänger besessen haben. »Von einer romanischen Kapelle, etwa des 11. Jahrhunderts sind West-, Nord- und Ostwand mit gliederlosem rundem Triumphbogen erhalten«[134]. Eine Gleichzeitigkeit von Kapelle und »Alte Burg« sollte angenommen werden.
Das Areal der Burg ist durch eine intensive und sehr lange Benutzung als Weinbergsgelände zerstört worden. Steinbrucharbeiten und natürliche Verwitterung haben der Anlage weiteren Schaden zugefügt. Außerdem ist zu berücksichtigen, daß die »Alte Burg« nach Errichtung der Marksburg abgebrochen worden sein dürfte, um einem möglichen Gegner keine Gelegenheit zur Verschanzung oder Deckung zu gestatten. Um nähere Aussagen über diese heute fast verschwundene Wehranlage geben zu können, müßte erst eine genaue Vermessung durchgeführt werden.

Überschaut man die behandelten Burgen im Überblick, so läßt sich sagen, daß bei allen Unterschieden im einzelnen dennoch eine Reihe von Gemeinsamkeiten aufgezeigt werden kann: Sämtliche Anlagen weisen eine eindeutige und ausgeprägte Längenausdehnung auf, die Breite ist im Verhältnis dazu relativ bescheiden. Alle fünf Burgen (Ehrenbreitstein, Pfalzgrafenburg, Nister, Alteburg in Sayn, Alte Burg in Braubach) liegen auf einem Felssporn oder -grat, der von einem Bach umflossen wird bzw. durch steil abfallende Abhänge gesichert ist[135]. Die beiden Längsseiten sind jeweils sturmfrei, ebenso eine der Schmalseiten. Die vierte, die Angriffsseite, wird durch einen quer durch den Felsen geschlagenen großen Abschnittsgraben (Halsgraben) geschützt. Zusätzliche, jedoch flache und wenig breite Gräben sind charakteristisch. Direkt hinter dem Hauptgraben erhebt sich bei allen Burgen ein machtvoller (Wohn-) Turm, fortifikatorisch wie ideeller, aber auch repräsentativer Mittelpunkt der jeweiligen Gesamtanlage. Bei drei der fünf Burgen (Ehrenbreitstein, Pfalzgrafenburg, Alteburg in Sayn) hat ein zweiter Turm am entgegengesetzten Ende der Kernburg gestanden. Randliche Mauern können nachgewiesen werden, oder sind als wahrscheinlich zu vermuten. Bei dieser Gesamtbeurteilung müssen für den Ehrenbreitstein Fragen offen bleiben, da diese Anlage nur durch schriftliche Quellen und nachmittelalterliche, frühneuzeitliche Darstellungen überliefert ist. Auch die bis heute kaum untersuchte Saffenburg und die schon sehr früh untergegangene Alte Burg in Braubach, auch sie bis jetzt unerforscht, ordnen sich diesem allgemeinen Schema der frühen hochmittelalterlicher Burgen am Mittelrhein unter.
Unbedingt zu fordernde Ausgrabungen, wobei nicht an Notgrabungen gedacht ist, dürften sehr großen Wissenszuwachs erbringen, da Pfalzgrafenburg, Burg Nister, Alteburg in Sayn und Alte Burg in Braubach früh aufgegeben wurden, um nie mehr überbaut zu werden.

134 H. E. Kubach u. A. Verbeek, Romanische Baukunst an Rhein und Maas. Katalog der vorromanischen und romanischen Denkmäler Bde. 1–4 (1976 u. 1989), hier Bd. 1, 140. – Bornheim sieht die Kapelle als dem 12. Jh. zugehörig an: W. Bornheim gen. Schilling, Braubach, Kreis St. Goarshausen. Martinskirche. In: Denkmalpflege in Rheinland-Pfalz 10/11 (1955/56). Beigegeben dem Jahrb. f. Geschichte u. Kunst d. Mittelrheins u. seiner Nachbargebiete 8/9, 1956/57, 264–267, bes. 265. – Dehio (Anm. 133) 151 gibt nur »romanisch« als Entstehungszeitraum an. Der Zeitansatz von Kubach u. Verbeek (diese Anm. oben) dürfte wohl der richtige sein.

135 Eine vergleichbare topographische Lage weist die Doppelburganlage Sterrenberg/Liebenstein (Rhein-Lahn-Kreis) auf, ursprünglich wohl die einzige, langgestreckte Felsburg von 300 m Länge und 25–50 m Breite, die bereits vor 1110 als Reichsburg bestand: F. Luthmer, Die Bau- und Kunstdenkmäler der Kreise Unter-Westerwald, St. Goarshausen, Untertaunus und Wiesbaden Stadt und Land. Die Bau- und Kunstdenkmäler des Regierungsbezirks Wiesbaden 5 (1914) 136–142. – Handbuch der historischen Stätten Deutschlands 5. Rheinland-Pfalz und Saarland (Hrsg. L. Petry; 3. Aufl. 1988) 160.

Verfasser dankt besonders Herrn Dr. Horst Wolfgang Böhme, Römisch-Germanisches Zentralmuseum Mainz, für anregende Gespräche und Besichtigungen vor Ort, sowie Herrn Dipl.-Ing. Lothar Hünerfeld, Landesvermessungsamt Rheinland-Pfalz zu Koblenz. Ein herzlicher Dank gilt Herrn Albert Necker, Bendorf, der bis auf den Lageplan der »Alte Burg« in Braubach sämtliche Skizzen und Pläne angefertigt, mit dem Verfasser die Burgstellen vermessen und technische und andere Probleme diskutiert hat.

MATHILDE GRÜNEWALD

DIE SALIER UND IHRE BURG ZU WORMS

Aus den sogenannten »dunklen Jahrhunderten« des Frühmittelalters am Rhein berichten mehr die Archäologen über Siedlungen und Lebensweise der Menschen als die Historiker, die sich auf Inschriften, Urkunden oder schriftliche Berichte stützen müssen.

Auch aus der Wormser Innenstadt (Abb. 1) gibt es für diese Epoche nur wenige Belege aus Siedlungen, fast alle Funde stammen aus Gräbern. Christliche Gräber bzw. Grabsteine des 5. bis 7. Jahrhunderts sind fast ausschließlich in dem Gebiet nördlich der römischen und mittelalterlichen Stadt, südwestlich der Liebfrauenkirche, gefunden worden[1]. Das hat seinen Grund in der ununterbrochenen Bebauung des Stadtareales, in dem z. B. manche barocken Keller weit unter das antike Niveau eingetieft sind, besonders in den Aufbauphasen nach den Stadtzerstörungen 1689 und 1945, wobei die Gelegenheit zu radikalen Stadtbildveränderungen ergriffen wurde, und anderem mehr. Selbst die Kirchen blieben von diesen einschneidenden Ereignissen nicht verschont.

Der Wormser Bischofssitz in der vormaligen civitas Vangionum scheint seit spätestens 614 kontinuierlich besetzt gewesen zu sein[2]. Schenkungen an die Kirche setzten – mit echten Urkunden – jedoch erst im späten 9. Jahrhundert in größerem Ausmaß ein[3].

Der Dom St. Peter (und Paul) ist sicherlich der älteste erhaltene Wormser Sakralbau. Er geht zurück bis in die Zeit der ostfränkischen Königin Brunichildis um 600 und wurde auf dem Platz des oder eines vormaligen römischen Forums errichtet[4]. Man könnte jetzt Mutmaßungen darüber anstellen, warum der Dom an dieser Stelle erbaut wurde. Vielleicht war hier die größte öffentliche Fläche freigeblieben, vielleicht aber wollte man bewußt Dom und Bischofspfalz entgegengesetzt dem Sitz der weltlichen Gewalt, nämlich der Grafenburg, ansiedeln[5].

Viele Fragen der Wormser Stadttopographie sind offen bis heute. So ist, anders als vielfach angenommen und behauptet, bis heute kein Meter einer kaiserzeitlich römischen Stadtmauer je gesehen worden; auch das Stück Römermauer hinter dem Dom dürfte ursprünglich nicht zur Stadtumwehrung gehört haben[6]. Weder Bischofs- noch Königs- und Kaiserpfalz wurden durch Grabungen in Lage und Größe festgelegt, obwohl oder weil niemand ihre Lage »am Dom« bezweifelte[7]. Von der Grafenburg erfahren wir zuerst im Jahre 1002 in einer Tausch- bzw. Schenkungsurkunde König Heinrichs II., der alles, was sein Vetter Herzog Otto in Worms besessen und dem König übertragen hatte, der Wormser Kirche schenkte[8]; dann in der Biographie des Wormser Bischofs Burchard, wo sie als »munitio turribus et variis aedificiis firmissima« bezeichnet wird, »feste Anlage mit Türmen und verschiedenen Gebäuden«[9]. In der Gründungsurkunde der St. Pauluskirche von 1016 durch Bischof Burchard, wo die inzwischen abgebrochene Burg »domus Ottonis ducis«, Haus des Herzogs Otto, genannt wird[10], ist auch die Lage

1 W. Boppert, Die frühchristlichen Inschriften des Mittelrheingebietes (1971) 155ff. – M. Grünewald, Die Römer in Worms (1986) 90ff.

2 Mit 614 setzt jedenfalls die Bischofsliste ein: C. Brühl, Studien zu den Bischofslisten der rheinischen Bistümer; nachgedruckt in C. Brühl, Aus Mittelalter und Diplomatik (1989) 177ff. – Vgl. aber zuletzt W. Boppert, Die Anfänge des Christentums. In: Die Römer in Rheinland-Pfalz (Hrsg. H. Cüppers; 1990) 244.

3 H. Boos, Geschichte der Rheinischen Städtekultur von den Anfängen bis zur Gegenwart mit besonderer Berücksichtigung der Stadt Worms I (2. Aufl.; 1897) 198ff. – H. Boos, Urkundenbuch der Stadt Worms, 627–1300 (1886) Nr. 16ff.

4 W. Hotz, Der Dom zu Worms (1981). – Grünewald (Anm. 1) 30 Abb. 18.

5 Wie in vielen gallischen Städten, vgl. C. Brühl, Palatium und Civitas I: Gallien (1975) 249.

6 Grünewald (Anm. 1) 70ff.

7 Vgl. aber P. Classen, Bemerkungen zur Pfalzenforschung am Mittelrhein. In: Deutsche Königspfalzen I (1963). Veröff. d. Max-Planck-Instituts für Geschichte 11/1, 87ff.

8 Boos, Urkundenbuch... (Anm. 3) Nr. 39 vom 3. Oktober 1002.

9 Vita Burchardi 7, nach H. Boos, Urkundenbuch II.

10 Boos, Urkundenbuch... (Anm. 3) I Nr. 43, 29. Juni 1016.

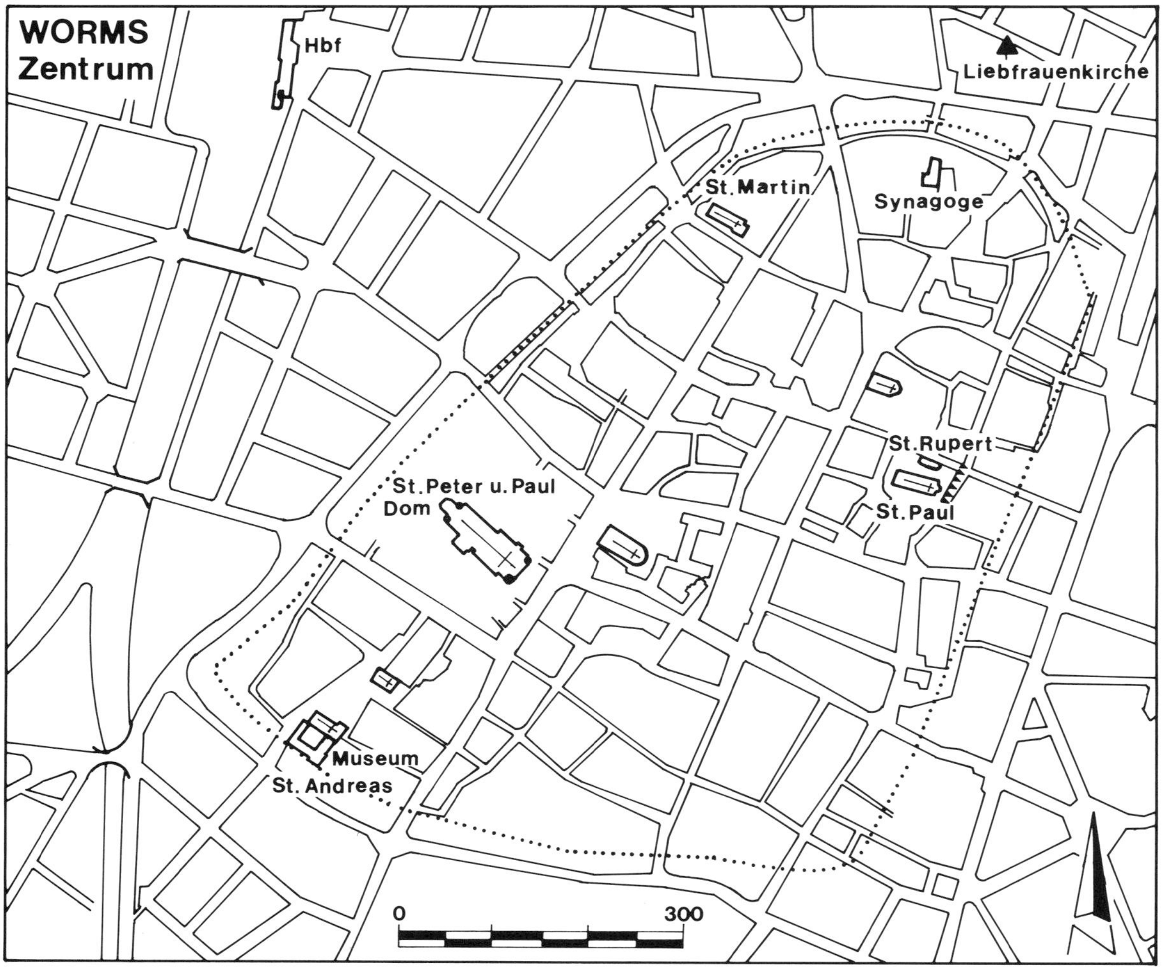

...... Stadtmauer von 1196 ▲▲▲▲▲ spätrömische Kastellmauer

Abb. 1 Stadtplan von Worms.

der Burg angegeben, denn Burchard wandelte sie in das Stift St. Paul um. Vom Paulusstift existieren noch Kirche, Kreuzgang und die diesem auf- bzw. angesetzten Gebäude (Abb. 2; 7 u. 8). Auf Burchard selbst sollen nur mehr die beiden Rundtürme des ursprünglichen Westwerkes zurückgehen; die Kirche wurde 1689 und 1945 schwer zerstört und beide Male wieder errichtet[11]. Die Lage von St. Paul und der vorangegangenen Grafenburg ist an der Rheinseite der alten Stadt, d.h. an der Ostkante der ersten hochwasserfreien Terrasse, genau entgegengesetzt dem an der Westseite liegenden Dom (Abb. 1). 1987 bis 1989 führte das Museum der Stadt Worms auf dem ehemaligen Stiftsgelände von St. Paul Ausgrabungen durch[12]. Der hier gegebene Plan stellt Teilergebnisse der Grabung vor.

11 W. Hotz, Die Wormser Bauschule 1000–1250 (1985) passim. Die nach den jüngsten Grabungen neuen Feststellungen zur Baugeschichte von St. Paul werden andernorts vorgestellt werden.

12 Straßenbauarbeiten in der Paulusstraße hatten Reste der Rupertikirche und Römisches angeschnitten. Die seit vielen Jahren unansehnliche »Stadtwüste« um St. Paul, des historischen Ortes unwürdig, soll in den nächsten Jahren neu gestaltet werden. Die Kenntnis der historischen Entwicklung des Gebietes ist dazu Vorbedingung. – Der Pfarrgemeinde St. Martin als Eigentümerin gebührt Dank für die Grabungserlaubnis. Die Arbeiten wurden als Arbeitsbeschaffungsmaßnahme für 13 Langzeitarbeitslose ausgeführt. Die örtliche Aufsicht hatten J. Schütz und K. Vogt, Museum Worms. – M. Grünewald, Die Ausgrabungen an der Stiftskirche St. Paul in Worms, 1987–1989. Ein vorläufiger Bericht I. Wormser Monatsspiegel Mai 1989, 8–11; II, Wormser Monatsspiegel Juni 1989, 8–9; III, Wormser Monatsspiegel Juli 1989, 4–5.

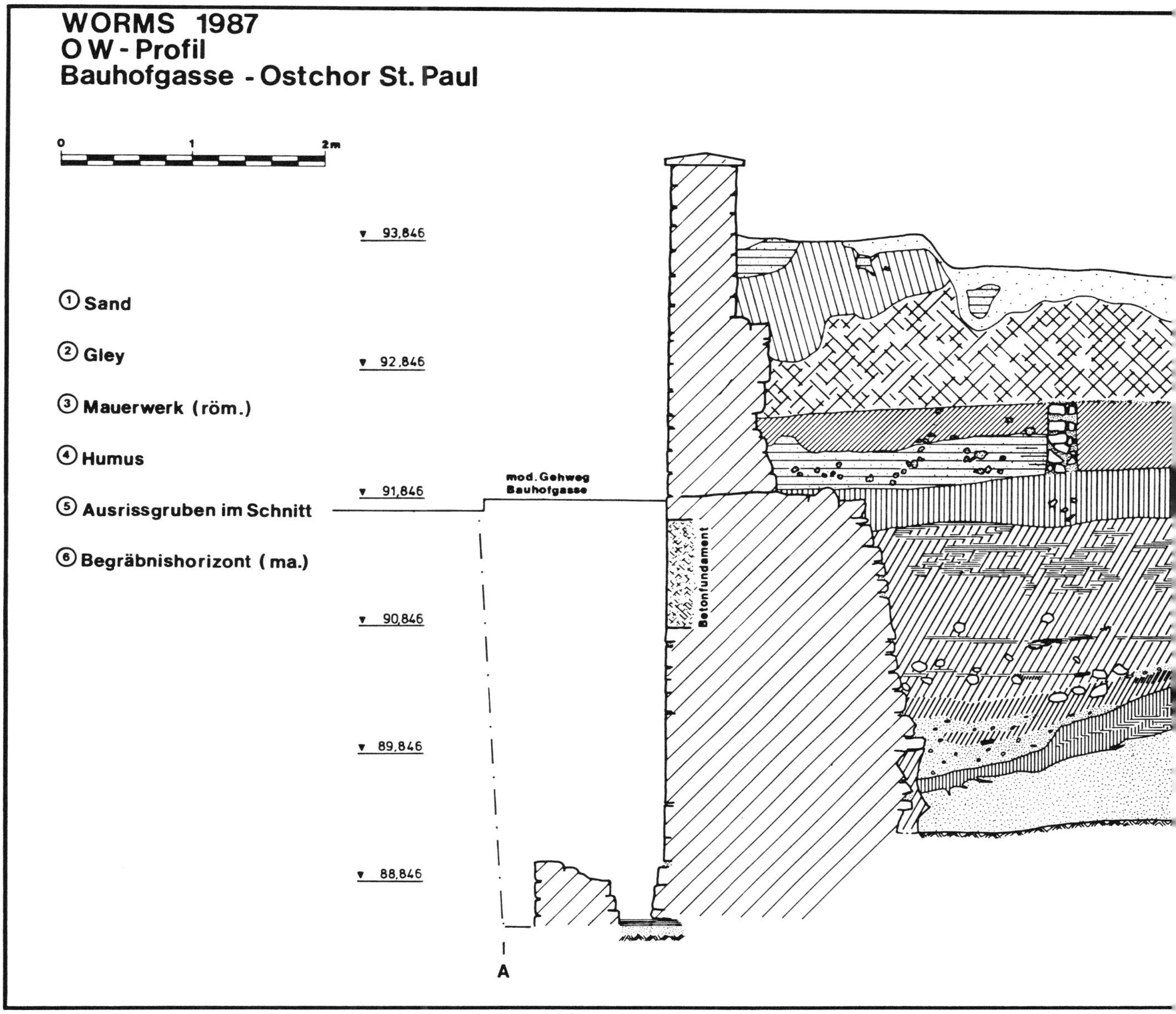

WORMS 1987
O W - Profil
Bauhofgasse - Ostchor St. Paul
0
1
2m
93,846
92,846
91,846
90,846
89,846
88,846
① Sand
② Gley
③ Mauerwerk (röm.)
④ Humus
⑤ Ausrissgruben im Schnitt
⑥ Begräbnishorizont (ma.)
mod. Gehweg
Bauhofgasse
Betonfundament
A

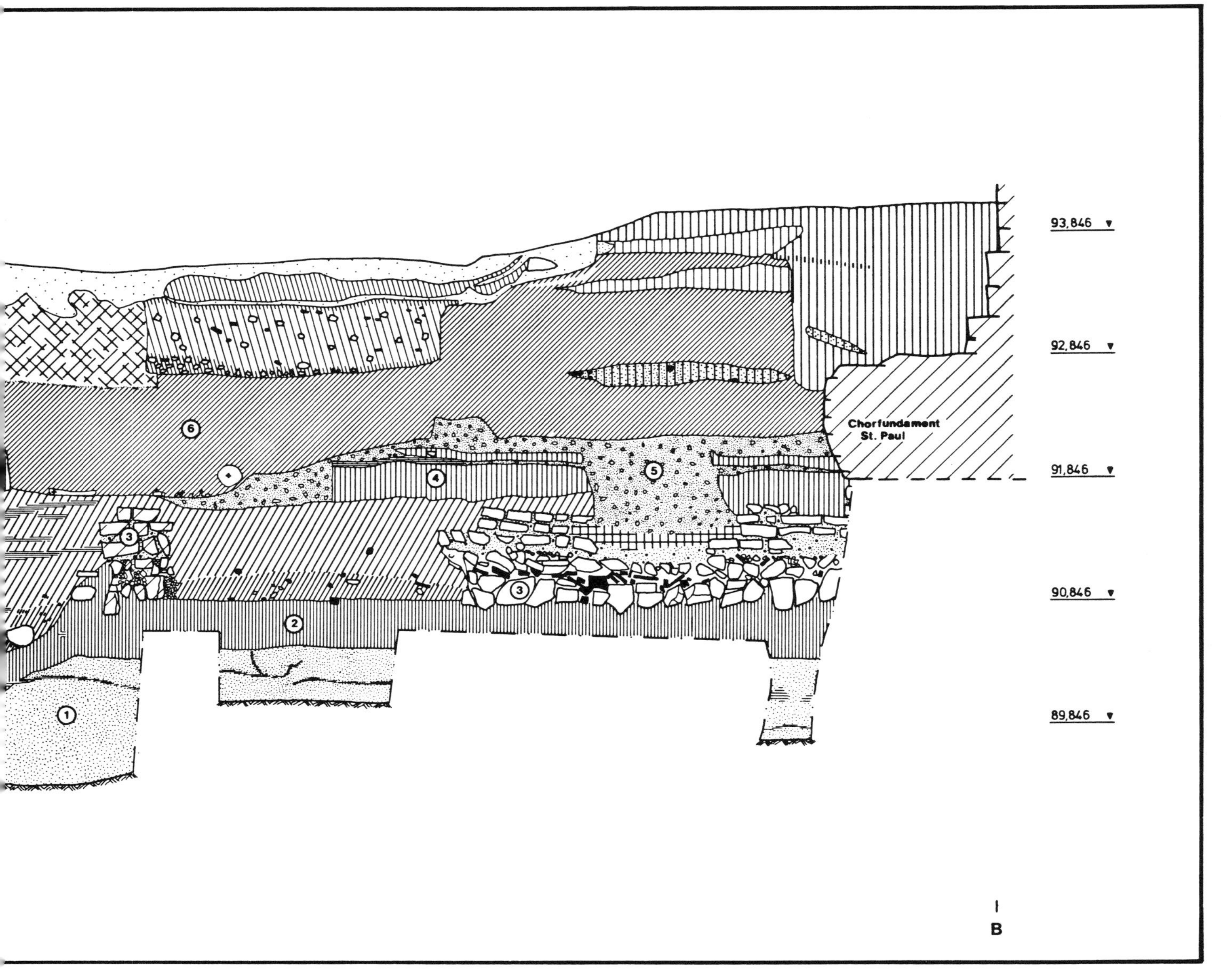

Abb. 3 Worms, Profil A–B östlich St. Paul.

Auf einer – zu einem derzeit noch nicht eindeutig fixierten Zeitpunkt – planmäßig niedergelegten römerzeitlichen Siedlung mit Hauskellern wurden Planierungsschichten aufgebracht und das spätrömische Kastell errichtet. Das Kastell erhielt gleichzeitig mit der Demolierung der zivilen Bauten eine Umwehrung, von der im Osten (Rheinseite) ein ca. 40 m langes Mauerstück festgestellt werden konnte (Abb. 2; 5 u. 6). Die Mauer, im Fundament 1,90 m breit, besteht an der Außenseite aus unterschiedlich großen, z. T. gewaltigen Sandsteinquadern, die einem vermutlichen Gußmauerwerk nicht gerade hoher Qualität vorgeblendet sein dürften [13]. (Die Mauer zeigt auf der Innenseite zahllose Ausflickungen; der heute entlang der Bauhofgasse sichtbare Teil ist nachmittelalterlich). Das Profil (Abb. 3) zeigt die Entwicklung deutlich: Eine römische Ostwestmauer (3) wurde zerstört, der Bereich bis zur Kastellmauer im Osten abgegraben, wobei nur deren unterste Lagen in eine Baugrube gesetzt wurden. Die geböschte Wehrmauer muß bis knapp unter die Höhe des heutigen Gehweges Bauhofgasse antik wieder angeschüttet worden sein. Auf dieser Schicht bildete sich im Laufe der Zeit ein ca. 30 cm starkes Humuspaket (4), das von den Mauerzügen (5) durchschnitten wurde (vgl. Lage des Schnittes AB auf Plan Abb. 2). Das Bauniveau der 1–1,20 m breiten Mauern (5) ist gut zu erkennen. Das Gebäude hat mehrere Jahre existiert; über dem Bauniveau wuchsen 8–10 cm Humus. Dieses Gebäude, in dem wir die Burg Ottos erkennen, der Herzog von Kärnten und Graf im Wormsgau war, wurde planmäßig zerstört und abgerissen. Selbst vom Fundament blieben nur die Ausrißgruben, verfüllt im Osten mit hellgelbem Kalkmörtelschutt und Splittern von mehr Kalkstein als Sandstein (Abb. 4). Kein Stein ist hier erhalten geblieben. Die Mauer vor dem Westwerk der Pauluskirche (0,70–0,80 bzw. 1,20 m breit) muß hingegen trocken gemauert gewesen sein, die Ausrißgrube war mit Erdmaterial verfüllt, in der Ecke saßen unten noch einige Kalksteine. Schicht 6 (Profil Abb. 3) ist mehrfach völlig umgelagert durch die Bestattungen des nachmaligen Pfarrkirchhofes St. Rupert (s. u.).

Der geschilderte Befund entspricht der Darstellung, wie sie der Biograph Burchards gab ... »usque ad fundamentum ... omnino destruxit«, Burchard riß die Anlage Herzog Ottos bis in die Fundamente hinein ab, »deinde quoque cum eadem materia eisdem lapidibus monasterium et claustrum in honorem sancti Pauli construxit ...«, darauf ließ er aus demselben Baumaterial St. Paul erbauen [14].

Die spätantike Mauer hat (jedoch nicht allseitig?) auch als erste mittelalterliche Stadtmauer gedient. Sie dürfte zumindest abschnittsweise bis zum Bau der noch heute teilweise erhaltenen Stadtmauer von 1196/7 gestanden haben (Abb. 1) [15]. Jedenfalls wird 1080 den Herren von St. Paul erlaubt, zwei Türen zu ihrem Gebrauch »per murum civitatis«, durch die Stadtmauer, zu brechen [16].

Der Bauherr der Burg könnte Ottos Vater, Konrad der Rote mit dem Beinamen »von Worms«, gewesen sein, der 955 in der Schlacht auf dem Lechfeld fiel und im Wormser Dom bestattet wurde. Er war mit Liutgard, Tochter König Ottos I., seit 947 verheiratet. Es kommt jedoch auch einer seiner Vorgänger in Betracht. Einzelne Bauphasen können bei der geringen Erhaltung ja nicht mehr festgestellt werden. Grafen von Worms sind seit 756 bezeugt, seit der Zeit um 900 sind die Vorfahren der Salier (Widonen) als Grafen im Worms- und Speyergau belegt [17]. Die Anlage der Grafen- oder Salierburg dürfte sich über die gesamte schwache Anhöhe erstreckt haben, die vom stiftlichen Hauptgebäude eingenommen wurde. Bei einer Ostwestausdehnung von ca. 60 m bildeten wohl im Norden die Rupertikirche, im Süden der vom Eisbach abgeleitete Stadtbach die ungefähren Grenzen des Areales.

13 Eine ganz ähnliche Mauer steht in Speyer: U. Grünwald, Archäologie im Schatten des Domes Speyer. Vierteljahresheft des Verkehrsvereins in Zusammenarbeit mit der Stadtverwaltung, Sommer 1988, 13. – Vgl. jetzt. Die Römer in Rheinland-Pfalz (Hrsg. H. Cüppers; 1990) s. unter Speyer, Abb. 499. – Eine ähnlich breite (oder schmale) spätrömische Kastellmauer an der Rheinseite hat Stein a. Rh.: W. Drack u. R. Fellmann, Die Römer in der Schweiz (1988) 515 f. Die anderen Mauern des Kastells sind breiter.

14 Vita Burchardi 9 (vgl. Anm. 9).

15 Leider steht der Kastellumfang noch nicht fest. – Vgl. M. Grünewald u. M. Neyses, Die neuen Daten der Wormser Stadtmauer und der östlichen Stadterweiterung. Festschrift Fritz Reuter. Wormsgau Beiheft 32 (1990; im Druck).

16 Boos, Urkundenbuch... (Anm. 3) Nr. 57. Zwei Türen haben wir, wieder zugesetzt, in der Mauer an der Bauhofgasse gefunden.

17 Boos, Geschichte... (Anm. 3) 227. – H. Schreibmüller, Die Ahnen Kaiser Konrads II. und Bischof Brunos von Würzburg. Würzburger Diözesangeschichtsbl. 14/15, 1952/53, 173 ff., bes. 199. – F. Staab, Speyer im Frankenreich (um 500–918). In: Geschichte der Stadt Speyer 1 (1982) 163 ff., bes. 201.

Abb. 4 Worms, Planum östlich von St. Paul: Aufsicht auf die hell verfüllten Ausrißgruben.

Abb. 5 Worms, spätrömische Kastellmauer, Ansicht von der Bauhofgasse (Rheinseite).

Durch die Grabungen dürfte an der Ostseite direkt an der spätrömischen Mauer das Hauptgebäude angeschnitten worden sein. Analog zur Limburg bei Bad Dürkheim, die gleichzeitig entstanden sein kann, wird man im Osten einen breiteren neben einem schmäleren Raum (Gang, Korridor) erkennen, an welchen sich nach Westen hin größere Räume anschließen[18]. Die kleinteiligen Mauerrechtecke in Worms können noch nicht erklärt werden. Die Trockenmauer vor dem Westwerk der Pauluskirche kann ebenfalls nicht definiert werden. Völlig rätselhaft sind uns die Bemerkungen von W. Bauer[19] über die »Tiefgrabung im Sommer 1930« geblieben: »... im südlichen Kreuzgang und in der Ecke zwischen Ost- und Südflügel konnte lediglich ein Teil des Wassergrabens gefunden und danach rekonstruiert werden. Der Graben, der nur in seinem äußersten Rande wahrnehmbar war, lief in 3 m bis 3,20 m Tiefe in einer Kurve von Süden nach Westen. Das Profil des Grabens läßt erkennen, wie das Fundament des Ostflügels auf dem aufgefüllten Graben aufsitzt.«

Es bleibt, die Stellung der Rupertikirche zu untersuchen. Rupert (Hrodbert) war einige Jahre vor 696 Bischof in Worms. Man vermutet, daß er mit dem fränkischen Königshaus der Merowinger verwandt war und daß möglicherweise politische Konflikte ihn dazu zwangen, Worms zu verlassen. Er ging auf Missionsreise nach Bayern; schließlich erhielt er Iuvavum (Salzburg) zum Geschenk, dessen mittelalterlicher Neugründer er wurde und wo er 712/15 die Abtei Nonnenberg errichtete. Er dürfte nach Worms zurückgekehrt sein, starb am 27. März eines Jahres nach 715/16 und wurde 774 nach Salzburg überführt, wo er im Dom begraben liegt[20].

18 F. Sprater, Limburg und Kriemhildenstuhl (1948) 68ff. – Mitt. Hist. Ver. Pfalz 84, 1986, 83, Abb. 4.

19 W. Bauer, Baugeschichte der Pauluskirche und Magnuskirche zu Worms. Wormsgau Beiheft 3 (1936) 5.

20 H. Dopsch u. H. Wolfram, Neubeginn oder Kontinuität? Probleme um die Anfänge von St. Peter (Katalog). Das älteste Kloster im deutschen Sprachraum St. Peter in Salzburg. Landesausstellung Salzburg (1982) 20ff., bes. 22.

Abb. 6 Worms, spätrömische Kastellmauer, Ansicht der Innenseite (Westseite der Mauer).

Abb. 7 Worms, St. Paul, Ansicht von Nordwesten (1989).

Abb. 8 Worms, St. Paul, Ansicht von Südosten, Bauhofgasse (1989).

Die bis zur Zerstörung von 1689 bestehende Pfarrkirche St. Rupert war ursprünglich ein 6,90 m breiter (lichte Weite) und im Hauptschiff (ohne Chor) 7,80 m langer Kalksteinbau mit einem Narthex von 3,50 m Tiefe. Der spätere gotische, sehr viel tiefer und massiver fundamentierte Chor (9,80 m lichte Länge) dürfte einen ursprünglichen kleinen apsidialen Abschluß ähnlich wie bei St. Magnus[21] in Worms ersetzt haben. Davon ist keine Spur geblieben; nicht nur der Chorumbau, auch die Zerstörung von 1689 mit einer tiefgreifenden Sprengung der Südseite (samt Turm unbekannter Zeitstellung) haben hier alle Reste beseitigt[22].

In den Urkunden bzw. der Vita des Bischofs Burchard wird die Rupertikirche nicht genannt. 1140 jedoch erwähnt Bischof Buggo, daß schon Burchard die Rupertikirche an den Kustos von St. Paul verliehen habe[23]. Daraus kann man zwar keine Reihenfolge der Erbauung beider Kirchen ableiten. Betrachtet man jedoch die Lage der Rupertikirche, so fällt auf, daß sie anders orientiert ist als St. Paul, jedoch von der Achse der Grafenburg nicht oder kaum abweicht. Ich schlage vor, die Kirche St. Rupert als gleichzeitig mit der Burg anzusetzen. Der Name dieses Kirchenpatrons für die Kirche weitab vom Dom und bei der Burg mag womöglich Ausdruck der »Spannungen« gewesen sein, die Rupert zum Auszug von Worms

21 Bauer (Anm. 19) Abb. 11.

22 So gewaltig groß wie auf der neu entdeckten Hammanschen Zeichnung von 1692 war das Kirchlein also nicht, vgl. F. Reuter, P. u. J. F. Hamman, Handzeichnungen von Worms aus der Zeit vor und nach der Stadtzerstörung 1689 im »Pfälzischen Erbfolgekrieg« (1989) 98f.

Abb. 9
Worms, Schachfigur. – M.= 1:1.

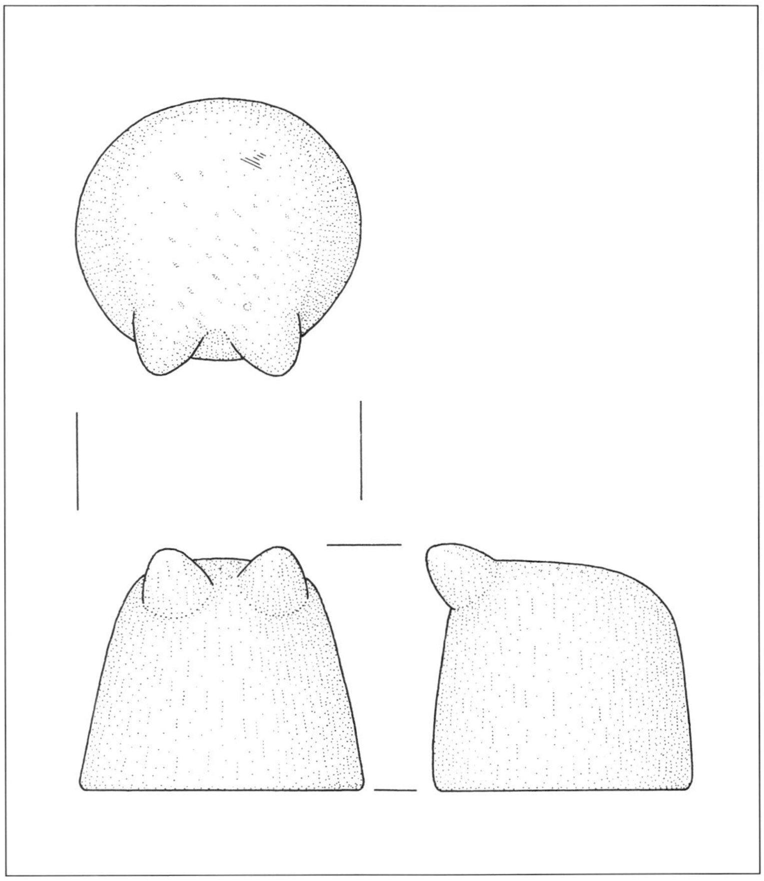

veranlaßten. Es ist immerhin auffällig, daß die Kirche als einzige in Worms sicher nach einem Bischof benannt ist.

Die Kirche der Grafenburg wäre dann unter Bischof Burchard nach der Gründung und Weihe von St. Paul 1016 und vor seinem Tod 1025 Pfarrkirche geworden. Als solche diente sie, wie erwähnt, bis 1689; der zugehörige Friedhof wurde sogar bis 1803 belegt, selbst innerhalb der restlichen Kirchenmauern wurde nach 1689 bestattet. Drangvolle Enge herrschte in der Erde, man benutzte jede Gelegenheit, die immer wieder auftretenden Gebeine irgendwie unterzubringen. Knochenplanierungen wurden auch zwischen die Fundamente des kleinen Gebäudes[24] nördlich von St. Paul eingebracht, das dem gotischen Chor von St. Rupert weichen mußte. Hier fand sich in der Auffüllung die Schachfigur eines Läufers aus Hirschhorn (Abb. 9), deren Form einer Datierung ins 10./11. Jahrhundert nicht widerspricht. Man darf vermuten, daß die Herzöge Otto und Konrad sie aufs Brett gesetzt haben[25].

Durch die Entdeckung des spätrömischen Kastells in Worms können wir nun vermuten, daß Grafen als erste Stadtherren sich, was die Besitzverhältnisse betrifft, in der Nachfolge der römischen Militärverwaltung befanden. Leider hat die intensive Nutzung des Geländes als Friedhof schon kaum vom Kastell etwas ungestört gelassen. Die Chancen, in der Zukunft noch mehr über die Salier und ihre Burg in Worms zu erfahren, sind gering. Dennoch wird man auf diesen geschichtsträchtigen Ort im Wormser Stadtkern besonders achten müssen.

23 Boos, Urkundenbuch... (Anm. 3) Nr. 67 vom 3. April 1140.

24 Das Gebäude dürfte zum Stift St. Paul gehört haben, es ist gleich orientiert.

25 A. Kluge-Pinsker, Schachspiel und Trictrac. Zeugnisse mittelalterlicher Spielfreude in salischer Zeit (1991).

HELMUT BERNHARD · DIETER BARZ

FRÜHE BURGEN IN DER PFALZ

AUSGEWÄHLTE BEISPIELE SALISCHER WEHRANLAGEN

Die Pfalz zählt zu den burgenreichsten Landschaften Deutschlands. Durch die wechselvolle Geschichte des Grenz- und Durchgangslandes sind nahezu alle Anlagen in ruinösem Zustand und somit entweder der Forschung entzogen oder nur durch intensive Grabungen oder Bauforschungen rekonstruierbar. Untersuchungen dieser Art sind weitgehend unterblieben und wegen unsachgemäßer »Restaurierungen« privater und auch staatlicher Stellen an vielen Stellen nicht mehr möglich. Von kaum einer Anlage existiert eine heutigen Ansprüchen genügende Bauaufnahme von Grundriß und aufgehenden Teilen [1]. Die intensive Bautätigkeit seit der staufischen Periode hat zudem viele ältere Burganlagen überformt, wenn nicht sogar beseitigt.

Systematische Grabungen an Burganlagen blieben die Ausnahme, sind ungenügend oder zusammenfassend überhaupt nicht publiziert [2]. So fallen Untersuchungen von Günter Stein über das salische Schlössel bei Klingenmünster [3] als Ausnahme der mißlichen Regel angenehm auf. Aus gleicher Feder stammt auch die verdienstvolle Zusammenstellung pfälzischer Burgen und deren zeitliche Gliederung im Pfalzatlas [4]. G. Stein konnte nahezu 50 Anlagen des 9.–11. Jahrhunderts nachweisen, von denen nur ein Bruchteil aus den genannten Gründen der Forschung noch zugänglich ist.

Von einigen Beispielen sollen die folgenden Zeilen berichten (Abb. 1).

I. Anlage von Refugien und Burgenbau bis zum 11. Jahrhundert

Im pfälzischen Bereich lassen sich sehr eindrucksvoll die Anfänge des mittelalterlichen Befestigungswesens aufzeigen. Der Vernachlässigung römischer Anlagen wie Altrip [5] oder Speyer [6] im frühen Mittelalter zeigt einerseits das Unvermögen, Mauersubstanz zu erhalten, und andererseits keine Notwendigkeit von Verteidigungsbereitschaft. Erst die Fernwirkungen der verheerenden Normanneneinfälle des 9. Jahrhunderts, die allerdings schließlich das Oberrheingebiet doch nicht erreichten [7], und die Ungarneinfälle

1 So beruht unsere Kenntnis vielfach nur auf den Darstellungen der »Baudenkmale in der Pfalz« seit 1889, den »Kunstdenkmälern von Bayern, Pfalz« 1926ff. oder den »Kunstdenkmälern von Rheinland-Pfalz« 1957ff., im folgenden KDM.

2 Besonders schmerzlich ist die mangelhafte Dokumentation bei der frühsalischen »Limburg«, dem »Trifels« oder der »Hohenfels« am Donnersberg. Nachkriegsuntersuchungen ließen sich meist nur als Rettungsgrabungen konzipieren, so bei »Burg und Kaiserpfalz« Kaiserslautern oder der Burg »Alsenborn«, oder wurden von Heimatforschern in bester Absicht, aber mit ungenügender Sachkenntnis wie bei Burg »Beilstein« durchgeführt. Hinzu kommt der Ausbau mancher Burg, besonders kraß bei »Altleinigen«, ohne daß archäologische und bauhistorische Untersuchungen möglich waren. Überhaupt scheint Burgenforschung bis dato ein Tummelfeld interessierter Laien zu sein.

3 G. Stein, Das »Schlössel« bei Klingenmünster. Zur Baugeschichte einer salischen Turmburg. Mainzer Zeitschr. 67–68, 1972–73, 109ff.

4 G. Stein, Befestigungen des Mittelalters. Pfalzatlas Karte 48 und Textband 313ff.

5 Grabungen des Landesamtes für Denkmalpflege (im folgenden LfD) 1961 und 1981 ergaben, daß die Festung in karolingischer Zeit schon teilweise abgetragen war. Die mittelalterlichen Grabungsbefunde sind noch weitgehend unpubliziert.

6 Die spätantike Festung ist erst seit 1967 archäologisch nachgewiesen. Untersuchungen seit 1982 haben die wahrscheinliche Ausdehnung ermittelt. Auch hier scheint zumindest im Norden die Festungsmauer schon im 7. Jahrhundert demoliert worden zu sein. Zur spätantiken Situation H. Bernhard in: Stadt Speyer u. LfD, Speyer (Hrsg.), Unter dem Pflaster von Speyer. Archäologische Grabungen von 1987–1989 (1989) 15ff.; 67ff.

7 Zusammenfassend K. U. Jäschke, Burgenbau und Landesverteidigung um 900. Vorträge und Forschungen 16 (1975).

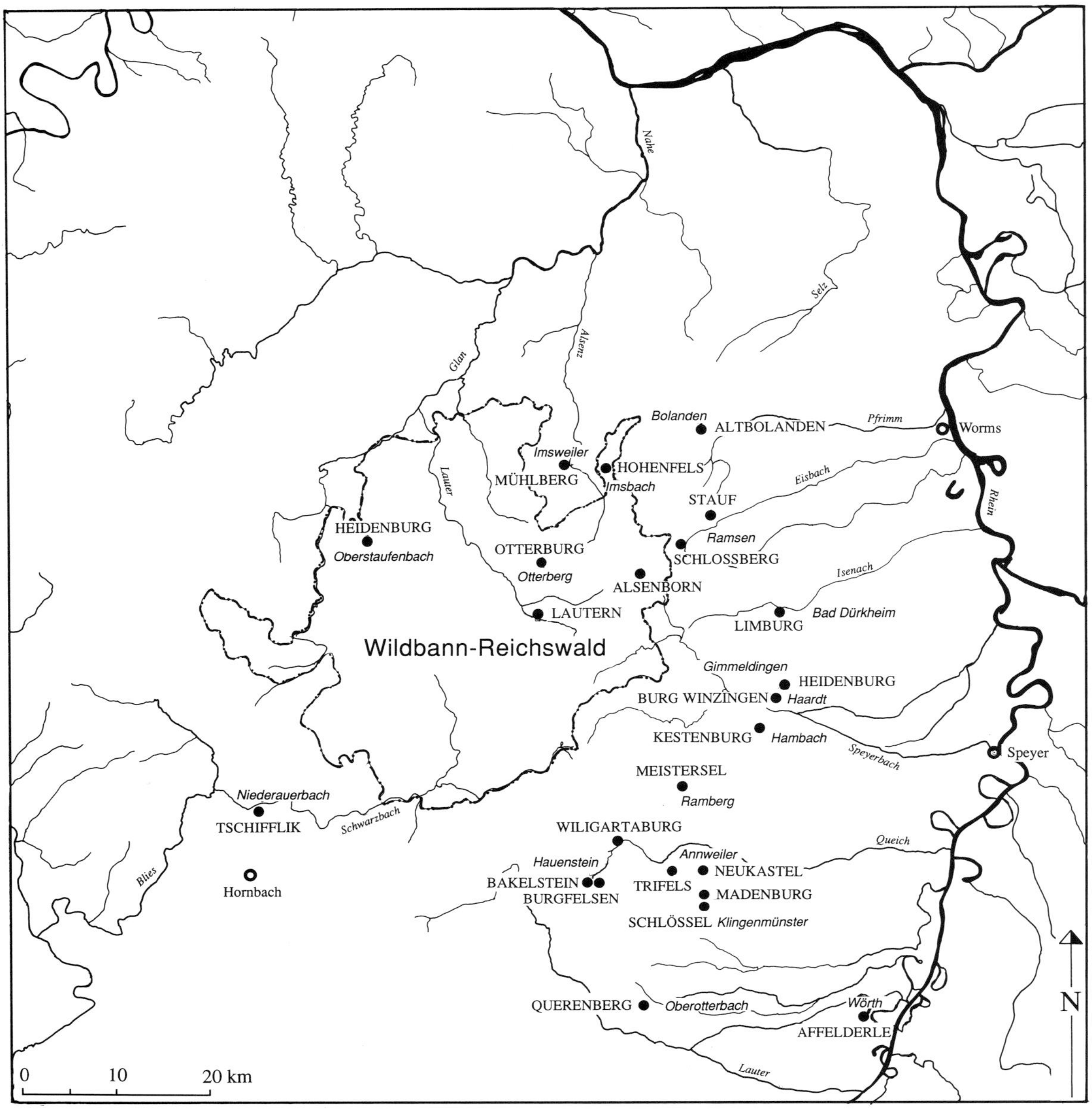

Abb. 1 Übersichtskarte der behandelten Burgen in der Pfalz.

des 10. Jahrhunderts, die auch hier zu Zerstörungen führten[8], brachten eine umfassende Bautätigkeit, deren Ausmaß erst noch einer Untersuchung bedarf. Lediglich für die »Heidenlöcher« bei Deidesheim läßt sich ein direkter Bezug zu einer königlichen Initiative im 9. Jahrhundert nachweisen[9]. Neuanlagen des 10. Jahrhunderts sind augenblicklich kaum von solchen des 9. Jahrhunderts zu trennen. Alle

8 Den aktuellen Überblick gibt jetzt M. Schulze, Jahrb. RGZM 31, 1984, 473 ff. Durch direkte Einwirkungen der Einfälle sind offenbar die Klöster Münsterdreisen und Zell in Mitleidenschaft gezogen worden. – Vgl. R. Engels, Der Donnersberg. Ausgrabungen, Forschungen, Geschichte 3. Besitzverhältnisse, Besiedlung und Nutzung im 17.–19. Jahrhundert (1981) 11 mit weiterer Literatur.

9 A. Schäfer, Mauerbaupflicht fränkischer Königsleute zu Ladenburg und an der karolingischen Ringwallanlage »Heidenlöcher« bei Deidesheim. Zeitschr. Gesch. Oberrhein (im folgenden ZGO) 113, 1965, 429 ff.

Ringwallanlagen sind aus zyklopischen Steinblöcken errichtet[10]. Die sparsame Verwendung von Mörtel am Ringwall des Schlössel und vereinzelte Steinzurichtung, etwa am »Heidenschuh« bei Klingenmünster, mögen als Kennzeichen einer jüngeren Befestigungsphase gelten. Die Anlage von mehrfach vorgelagerten Wällen wie am »Entenstein« bei Rodalben ist sichtlich eine Konsequenz aus den bitteren Erfahrungen mit den ungarischen Reiterverbänden und gibt somit für diese Befestigung einen Datierungshinweis[11]. Beachtlich ist die durchweg große Ausdehnung solcher Anlagen, die zur temporären Aufnahme umfangreicher Bevölkerung dienen sollte.

Schwieriger gestaltet sich die Datierung und Funktionsbestimmung einer Vielzahl kleiner Erdwerke. Aus der großen Zahl solcher Befestigungen in der Pfalz wurden nur solche Beispiele ausgewählt, die weder urkundliche Erwähnung fanden, noch Hinweise auf Steinbauten lieferten. Burganlagen wie etwa die »Kübelburg« bei Kübelberg, Kr. Kusel, oder Burg »Wartenberg« bei Wartenberg, Donnersbergkreis, oder die »Spiegelburg« bei Hördt, Kr. Germersheim, sind in ihrer heutigen Erscheinungsform durchaus »altertümlich«, haben aber nach historischer wie archäologischer Überlieferung ihre Blütezeit vielfach erst in nachstaufischer Zeit[12]. Diese drei Beispiele warnen vor einem möglichst frühen Zeitansatz namenloser Befestigungen.

1. Burgstelle »Affelderle« bei Wörth, Kr. Germersheim (Abb. 2,A)

An der Einmündung des Heilbaches mit seiner breiten Erosionsrinne in die Rheinaue wurde aus der 10–12 m hohen Terrassenspitze eine ca. 20 x 25 m große Fläche herausgearbeitet und im Norden und Westen durch einen Graben von der Plateaufläche abgetrennt. Auf dem Burgplateau bezeichnen im Nordwesten und im Südosten zwei Aufhügelungen Standflächen möglicher Bauten, die wohl völlig aus Holz errichtet waren, da weder Mauerreste noch Bauschutt auf Steinbauten hinweisen[13]. Die Anlage gleicht einer kleinen Turmhügelburg, die durch die Aufschüttungen bedingt wohl zur Gruppe der »Motte« im weiteren Sinn gezählt werden kann. Die Anlage ist wahrscheinlich erst im 12. Jahrhundert entstanden und hat nur kurze Zeit existiert.

2. Burgstelle auf dem »Querenberg« südlich der Burg »Guttenberg«, Oberotterbach, Kr. Südliche Weinstraße (Abb. 2,B)

Unterhalb der staufischen Reichsburg Guttenberg[14] auf dem südlich gelegenen Querenberg riegelt ein Abschnittswall ein kleines Felsriff ab, das, an den Kanten leicht abgesteilt, ein Plateau von ca. 30 m Länge und 6 m Breite bildet. Südlich vorgelagert findet sich ein weiteres Plateau mit den Standspuren eines quadratischen Steinturmes von ca. 3 x 3 m Größe. Die kleine Burgstelle hat nur geringen fortifikatorischen Wert und steht sichtlich im Zusammenhang mit einer Wegeverbindung vom Rheintal in Richtung Weißenburg. Grabungen fanden 1899 durch Chr. Mehlis statt, die außer einer Skizze keine Befunde oder

10 »Schloßeck« bei Bad Dürkheim, »Heidenlöcher« bei Deidesheim, »Heidenschlößchen« bei Neustadt-Gimmeldingen, Vorwerk auf dem »Königsberg« bei Neustadt, »Hambacher Schloß« bei Neustadt-Hambach, »Schlössel« und »Heidenschuh« bei Klingenmünster, »Orensfels« bei Leinsweiler.

11 Eine topografische Aufnahme dieser Anlage wird noch 1990 erfolgen. Wichtig für eine Datierung in das 10. Jahrhundert ist die Verwendung zugerichteter Steinblöcke für die Toranlage. – Vgl. einstweilen: Fundberichte aus der Pfalz 1966–1970. Mitt. Hist. Ver. Pfalz 84, 1986, 155 Nr. 235. – Die geringe Entfernung des »Entensteins« zum spätsalischen »Steinenschloß« läßt Fragen nach evtl. Funktionsverlagerungen innerhalb eines Kleinraumes aufkommen.

12 Kübelburg: S. Bauer in: 1050 Jahre Kübelberg, 937–1987 (1987) 15 ff. – Wartenberg: Fundberichte aus der Pfalz 1966–1979. Mitt. Hist. Ver. Pfalz 84, 1986, 184 Nr. 312 mit Abb. 58. – Spiegelburg: Unpubliziert. Topografische Aufnahme in Vorbereitung. Immerhin erscheint 1103 ein Heinrich v. Spiegelburg, der Stifter des Klosters Hördt: F. X. Remling, Urkundenbuch zur Geschichte der Bischöfe zu Speyer I (1852) Nr. 76.

13 W. Bader in: Wörth am Rhein-Ortschronik I (1983) 133 mit Forschungsgeschichte und weiterer Literatur.

14 J. G. Lehmann, Urkundliche Geschichte der Burgen und Bergschlösser in den ehemaligen Gauen, Grafschaften und Herrschaften der bayerischen Pfalz (1857) 216 ff. – KDM (Anm. 1) Bergzabern 225 ff.

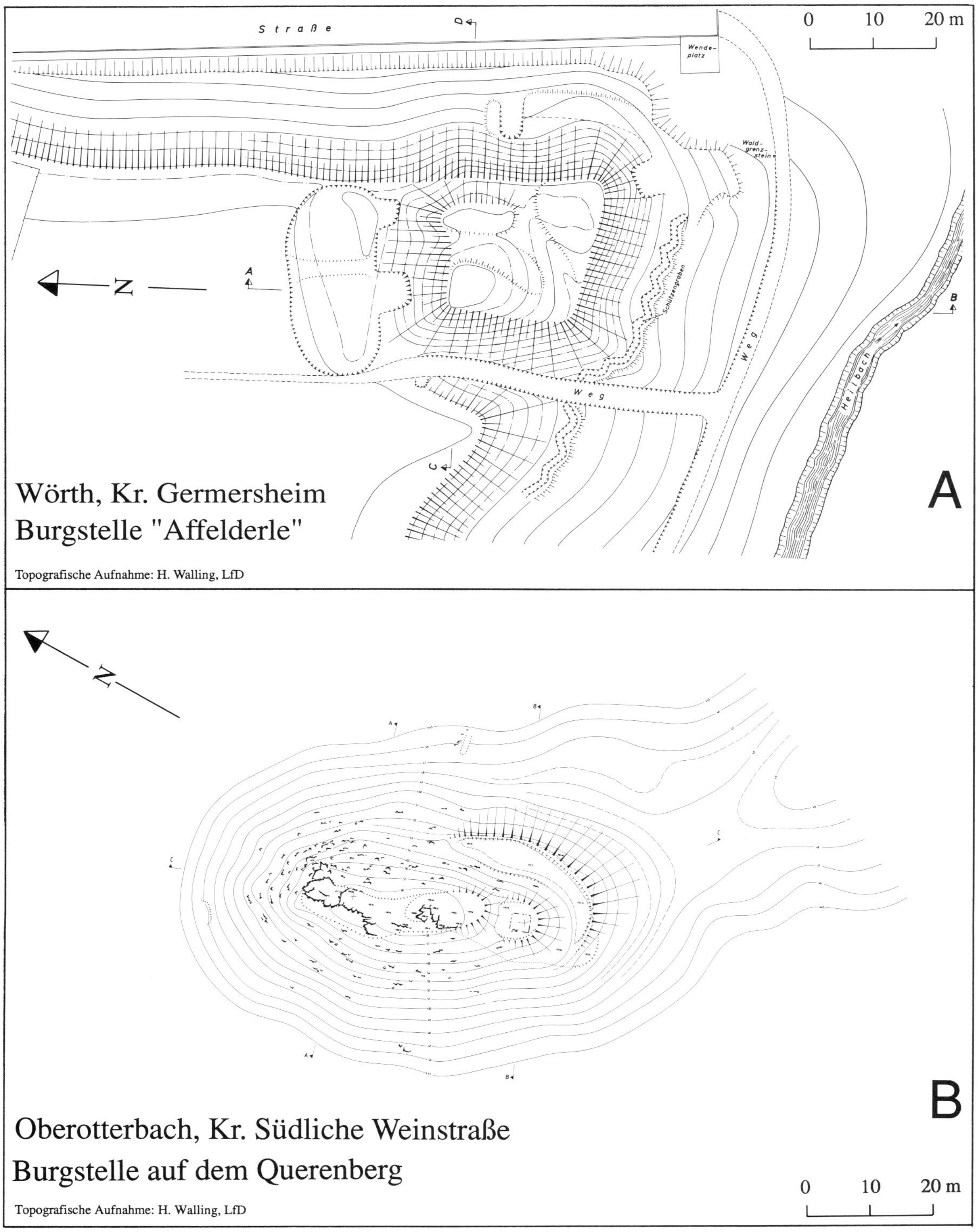

Abb. 2 A Burgstelle Wörth, Kr. Germersheim, »Affelderle«. – B Burgstelle Oberotterbach, Kr. Südliche Weinstraße, »Querenberg«.

gar Funde überlieferten[15]. Die kleine Burgstelle könnte durchaus als Vorläufer oder kurzzeitig als Vorwerk der spätsalisch/frühstaufischen Burg Guttenberg gedient haben. Eine erneute spätmittelalterliche Nutzung scheint nicht ausgeschlossen. Schon 1150 erscheint der Burgmann *Landolf von Gudenburc* als Stifter für das Kloster Eußerthal[16], ein Zeichen, daß die Burg Guttenberg, die auf eine spätrömische Höhensiedlung zurückgeht[17], sicher schon zu Beginn des 12. Jahrhunderts bestanden hat[18].

3. Burgstelle auf dem Mühlberg bei Imsweiler, Donnersbergkreis (Abb. 3,A)

Oberhalb des Alsenztales liegt eine Abschnittsbefestigung, die im Westen durch einen breiten Graben abgeriegelt ist. Auf der Süd- und Ostseite laufen weitere Gräben um die 30 x 12 m große Plateaufläche herum. Es lassen sich keinerlei Mauerspuren feststellen, so daß die Anlage als reines Erdwerk zu gelten hat, das schwerlich mit einem Burgsitz der Herren von Imsweiler des 12. bis 14. Jahrhunderts gleichzusetzen ist. H. Werle betont die Zugehörigkeit Imsweilers zum »Reichslehen Alzey«, das erst 1107 in salische Verfügung gelangte, zuvor aber – vielleicht schon seit dem 9. Jahrhundert – in Händen der Familie der Ezzonen war[19].

4. Der Schloßberg bei Ramsen, Donnersbergkreis (Abb. 3,B)

Oberhalb des Kleehofes, am Eintritt einer Straßenverbindung von Worms über Eisenberg-Stauf nach Kaiserslautern in das geschlossene Waldgebiet, liegt auf dem Schloßberg in Spornlage ein Erdwerk, das durch einen mächtigen Graben und einen stark überhöhten Wall vom rückwärtigen Gelände abgeriegelt ist. Die 50 x 20 m große Innenfläche zeigt an der Ostspitze eine weitere Wallüberhöhung. Ein Zugang deutet sich schwach an der Nordflanke an. Die Wehranlage diente sicherlich dem Schutz der Eisbachtalstraße und könnte durchaus wegen des stark ausgeprägten Wall/Grabensystems zur Ungarnabwehr im 10. Jahrhundert errichtet worden sein. Das völlige Fehlen von weiteren Baubefunden und Funden deutet daraufhin, daß die Anlage allenfalls zeitweise besetzt war[20].

5. Der Burgfelsen bei Hauenstein, Kr. Pirmasens (Abb. 4)

Freilegungen durch eine Arbeitsgruppe führten 1972 zur Entdeckung einer bislang unbekannten Burganlage auf einem Felsriff südlich von Hauenstein. Ein in den Felsen eingeschroteter Graben von 7 m Breite riegelt eine Plateaufläche von 95 m Länge und durchschnittlich 20 m Breite ab. Außer einer ca. 1,40 m breiten Abschnittsmauer unmittelbar hinter dem Graben waren keine Randbefestigungen notwendig, da der Felsen steil abfällt. Ein Zugang erfolgte von der Südseite aus. Der Zuweg ist deutlich ausgeprägt und offensichtlich durch eine Toranlage zusätzlich gesichert. Die gemörtelte Mauer besteht aus grob zugerichteten größeren Quadern. Einige Keramikscherben gelber Drehscheibenware aus dem Halsgraben lassen eine Datierung bis zum 12. Jahrhundert möglich erscheinen[21]. Mauertechnik und Form der Befestigung deuten eher auf das 10.–11. Jahrhundert im Zusammenhang mit der Sicherung der wichtigen Fernstraße vom Rhein nach Lothringen und den seit spätfränkisch/karolingischer Zeit

15 Chr. Mehlis, Pfälz. Kurier vom 17. Juni 1899 und Präsidial-Akt: Geschichte und Monumente vom 17. Juni 1899 mit Plan.

16 Remling (Anm. 12) Nr. 101.

17 Fundmünzen der römischen Zeit in Deutschland IV, 2, 2014 und H. Vogelgesang, Heimat um die Guttenburg 1, Heft 2 (1951) 1 ff.

18 Für eine Gründung unter Friedrich II. von Schwaben tritt K. Bosl, Die Reichsministerialität der Salier und Staufer. Ein Beitrag zur Geschichte des hochmittelalterlichen deutschen Volkes, Staates und Reiches. Schriften d. Monumenta Germaniae Historica (MGH) 10 (1950) 100 ein.

19 Belege bei E. Christmann, Die Siedlungsnamen der Pfalz 1/2 (1953) 288 – H. Werle, Das Saliergut an Mittel- und Oberrhein (944–1125). In: Pfalzatlas, Textband, 108.

20 Mitt. Hist. Ver. Pfalz 6, 1877, 29; 11, 1883, 23 f.; 12, 1884, 38. – D. Häberle, Pfälz. Mus. 47, 1930, 214.

21 Die Grabung von 1972 ist derzeit noch unpubliziert. – Zur Keramik: A. Rohner u. W. Ehescheid, Die Entwicklung der mittelalterlichen Geschirr-Keramik vom 8.–14. Jh. im Bereich des oberen Queichtales. Pfälz. Heimatbuch 1 (1988) 307.

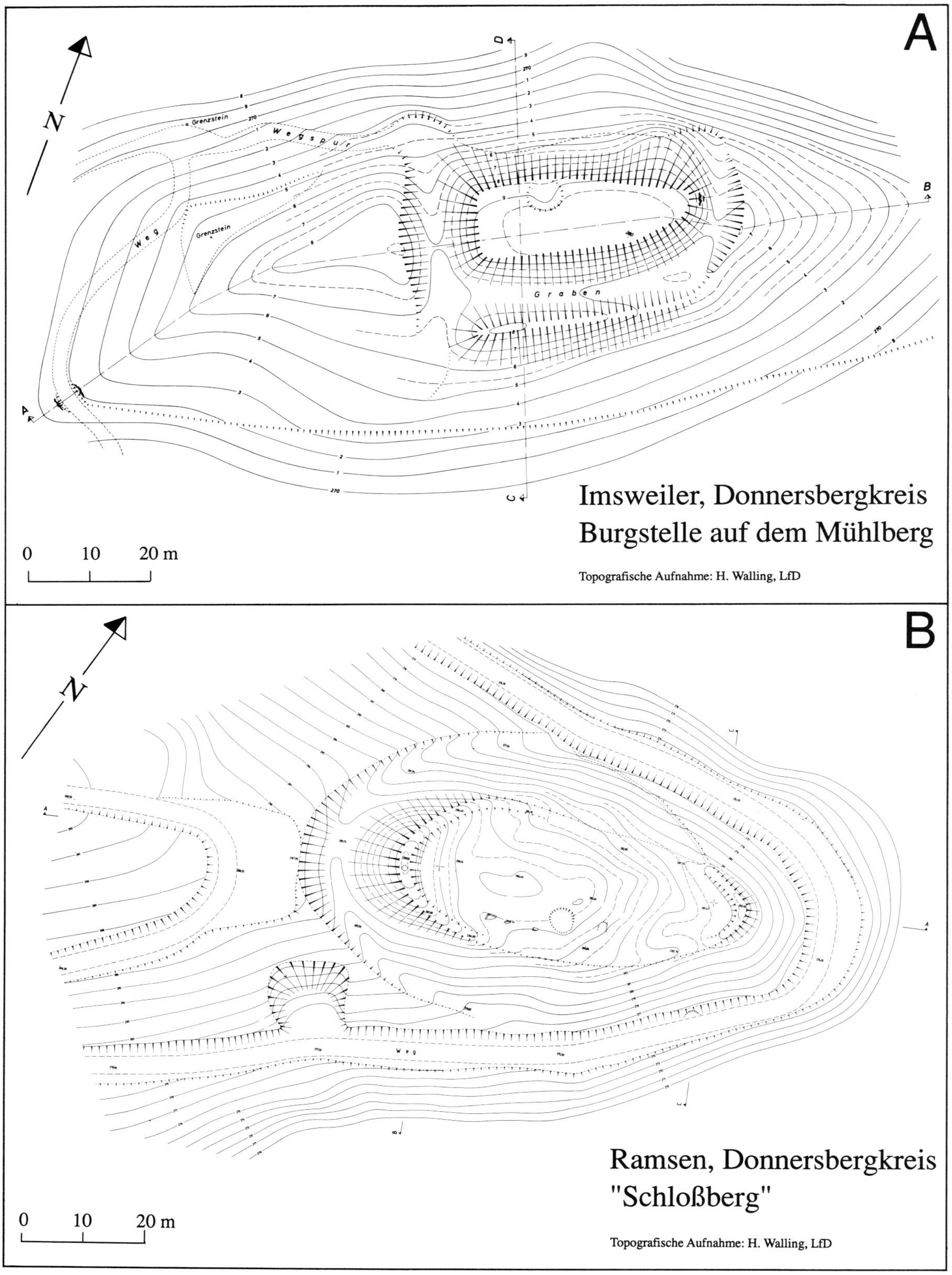

Abb. 3 A Burgstelle Imsweiler, Donnersbergkreis, »Mühlberg«. – B Burgstelle Ramsen, Donnersbergkreis, »Schloßberg«.

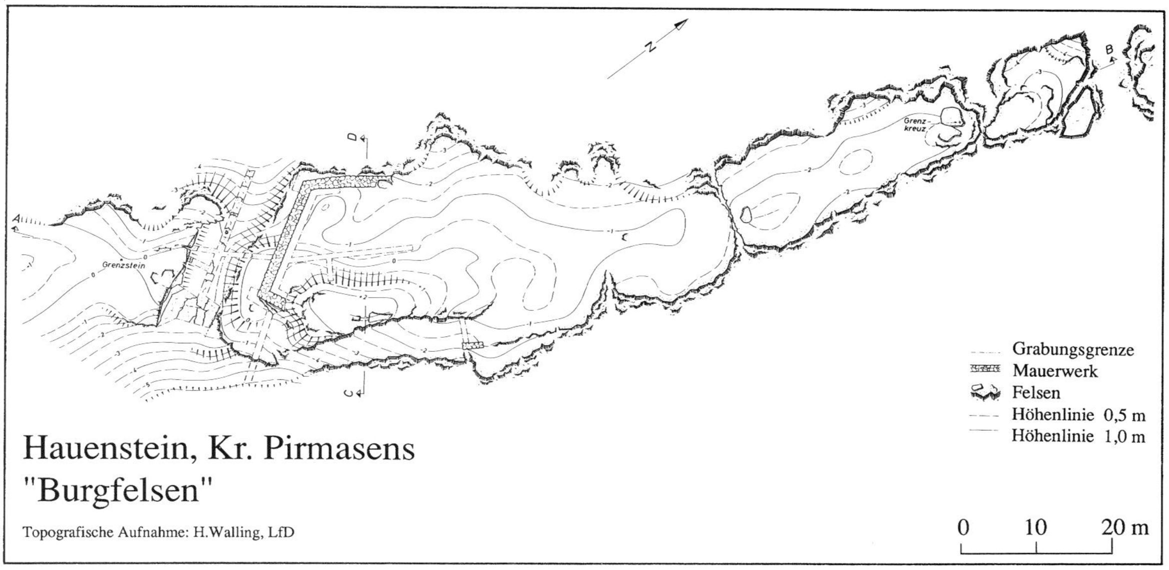

Abb. 4 Burgstelle Hauenstein, Kr. Pirmasens, »Burgfelsen«.

bestehenden Höfen, die wohl schon früh zum Besitz der Widonen an der Randzone des Speyergaues gehörten. Unmittelbar südwestlich des Burgfelsens konnte 1973 eine karolingische Hofstelle »Am Neuwoog« nachgewiesen werden, deren Bestand bis ins 10.–11. Jahrhundert bisher nicht sicher erwiesen ist[22].
Die wenigen Beispiele kleinerer Wehranlagen zeigen die Schwierigkeiten zeitlicher und funktionaler Bestimmung. Während die Anlagen von Oberotterbach und Wörth zum Altsiedelland des Oberrheingebietes gehören, liegen die restlichen Beispiele im Ausbauraum des Berglandes.

II. Zum salischen Burgenbau in der Pfalz

Eine zusammenfassende Darstellung, welche auch die arg zerstreute Literatur umfaßt, fehlt bis heute. Außer den genannten Arbeiten von G. Stein[23] sind in der älteren Literatur Arbeiten von D. Häberle[24] und Fr. Sprater[25] zu einzelnen Anlagen zu nennen. Letzterem verdanken wir einige grundlegende Gedanken zu den Burgen Schlössel und Trifels. Im Rahmen dieser Arbeiten stellte Sprater den damaligen Kenntnisstand durchaus detailreich zusammen. In den 50er und 60er Jahren beschäftigten sich H. Graf[26] und L. Eckrich[27] mit zahlreichen Einzelproblemen und auch mit regionalen Übersichten.

22 Zum historischen Umfeld und den Siedlungsstellen s. u. bei der Behandlung von Wiligartaburg und Bakelstein.

23 Vgl. Anm. 3 und 4. Hinzu kommt seine profunde Darstellung mit umfangreicher Literatur: G. Stein, Burgen und Schlösser in der Pfalz (1976).

24 D. Häberle, Burgen und Schlösser und Klöster in der Pfalz. Pfälz. Heimatkde. 3, 1907, 69 ff.

25 Fr. Sprater, Schlößl und Schloßeck, zwei pfälzische Burgruinen der Salier- und Hohenstaufenzeit. Der Burgwart 39, 1938, 1 ff. – Ders., Burgen der Salier in der Pfalz. Unsere Heimat, Heft 12, 1939, 360 ff. – Ders., Der Trifels. Die deutsche Gralsburg (1.–4. Aufl. 1945–1953).

26 H. Graf, Wie wenig wissen wir von den frühmittelalterlichen Burgen der Pfalz. Nordpfälz. Geschichtsver. 40, 1960, 473 ff. mit z. T. überholten Datierungsansätzen.

27 L. Eckrich, Die Erbauungszeit der Burg Beilstein. Pfälz. Heimat 9, 1958, 136 ff. – Ders., Beobachtungen an den ältesten Mauerresten von Burg und Pfalzkapelle in Kaiserslautern. Erster Grabungsbericht. Nordpfälz. Geschichtsver. 40, 1960, 453 ff. – Ders., Zwei romanische Steinbearbeitungsformen an den Resten der Kaiserburg Kaiserslautern. Nordpfälz. Geschichtsver. 45, 1965, 12 ff.

Im Rahmen überregionaler Arbeiten von H. M. Maurer[28] wurden auch frühe pfälzische Burgen mit einbezogen. K. Bosl untersuchte in seiner großen Arbeit über die Reichsministerialen pfälzische Beispiele und gab zahlreiche Hinweise auf die Entstehung von Burgsitzen[29].

1. »Castellum Lintburg« – Limburg bei Bad Dürkheim (Abb. 5–7)

Neben den aufgeführten Wallanlagen karolingisch/ottonischer Zeit gehört das Castellum Lintburg zu den ältesten »Burganlagen« der Pfalz (Abb. 5). Nach Ekkehard von Aura hatte hier Konrad II. in der Burg seiner Ahnen einen Teil seiner Jugend verbracht[30]. Bei seiner Königswahl 1024 stiftete er den Platz für ein Benediktinerkloster, mit dessen Bau bereits 1025 begonnen wurde.
Bis zu den Freilegungen Fr. Spraters 1937 waren Baulichkeiten der Burg völlig unbekannt. Die Untersuchungen begannen 1935 im Westen der Klosteranlage und deckten drei Gebäudetrakte auf, die Sprater zunächst als die Bauten der frühsalischen Burg ansprach, da die freigelegten Fundamentzüge sämtlich im Lehmverband gesetzt waren. Tatsächlich handelt es sich hierbei aber um Wirtschaftsbauten, die erst in nachstaufischer Zeit entstanden.
Die Entdeckung des Grabes der Königin Gunhild im Innern der Klosterkirche vor der Vierung im gleichen Jahr führten auf der Nordseite des Grabes zur Freilegung eines Mauerstückes, das schräg zur Längsachse der Kirche ausgerichtet ist und damit in keinem baulichen Zusammenhang mit dem Kloster stehen kann[31]. Erst die Grabungen des Jahres 1937 im Osten des Klosters mit der Anlage eines langen Suchschnittes vom Nordosteck des Chores zum Klosterbrunnen bis zur Ostkante der Umwehrung ließen ausgedehnte massive Mauerzüge im Mörteltechnik zutage treten[32]. Da die Mauerzüge von der Klosterkirche abgeschnitten wurden, also älter als diese waren, mußten sie zur frühsalischen Burg Konrads II. vor 1025 gehören. Ein Grundriß der 1937 freigelegten Mauern veröffentlichte Sprater erst 1948 und stellte die Befunde in den historischen Zusammenhang. Danach komme als Gründer nur der Gaugraf Werner (um 900) in Frage, der als erster Salier die Herrschaft über Worms- und Speyergau innegehabt hat. Die Lage der Limburg direkt an der Grenze zum Wormsgau und ein hohes Alter der Burg, belegt durch zwei Bauperioden, ließen diesen Schluß begründet erscheinen[33]. Spraters Ausführungen fanden kaum Resonanz in der Fachwelt. Lediglich Fritz Wellmann widmete in seiner Dissertation über das Kloster Limburg der Burg einige Seiten mit dem Schluß, daß der ergrabene Grundriß weniger einer Burg als einer Hofanlage ähnele[34]. Franz Klimm setzte die Gründung der Limburg bereits in die Normannen- und Ungarnzeit des 9. und frühen 10. Jahrhunderts[35].
Bei der Untersuchung entsprechender königlicher, gräflicher oder bischöflicher Architektur des 10./11. Jahrhunderts spielte die Limburg bis dato keinerlei Rolle, obwohl schon die 1948 publizierten Ausführungen mit Plan dies ohne weiteres zugelassen hätten[36]. Eine Kabelverlegung 1988 gab die Möglichkeit, Spraters Angaben zu kontrollieren und mit einigen weiteren gezielten Schnitten zu

28 H. M. Maurer, Bauformen der hochmittelalterlichen Adelsburg in Südwestdeutschland. ZGO (Anm. 9) 115, 1967, 61 ff. – Ders., Die Entstehung der hochmittelalterlichen Adelsburg in Südwestdeutschland. Oberrheinische Studien 1 (1970) 295 ff.

29 Vgl. Anm. 18.

30 MGH SS VI 195, 9: *»Chuonradus rex in proprio castello Lintburg dicto, ad alios usus quondam sibi grato, monasterium construxit prediorumque copia illud ditans, monachorum congregationem sub abbatis provisione illud introduxit«.* – Außerdem Vita Popponis cap. 19: *»Lintburch in Vasago, quod hereditaria sorte sibi iam olim in manus venerat«* und MGH SS XIII, 71: *»Chonradus ex castro suo Limpurgo inter Nemetes et Vangiones sito monasterium fecit ...«.*

31 Sprater (Anm. 25) 361 und Ortsakten LfD Speyer.

32 Ein Gesamtplan aller Freilegungen wurde erstmalig in den Fundberichten aus der Pfalz 1966–1970. Mitt. Hist. Ver. Pfalz 84, 1986, 83 Abb. 4 publiziert.

33 Fr. Sprater, Limburg und Kriemhildenstuhl (1948) 68 ff. mit Abb. 55. Ein nahezu gleichlautender Text war bereits am 21./22. 2. 1943 in der Zeitung NSZ-Westmark erschienen.

34 Fr. Wellmann, Kloster Limburg an der Haardt (Ungedr. Diss. Karlsruhe 1953) 12 ff.

35 Fr. Klimm, Limburg. Kloster Seebach und Hardenburg (1973) 4 f.

36 Man denke etwa an Stift Elten (G. Binding u. a., Burg und Stift Elten am Niederrhein. Rheinische Ausgrabungen 8 [1970]) oder an das Xantener Viktorstift (H. Borger und F. W. Oedinger, Beiträge zur Frühgeschichte des Xantener Viktorstiftes. Rheinische Ausgrabungen 6 [1969]).

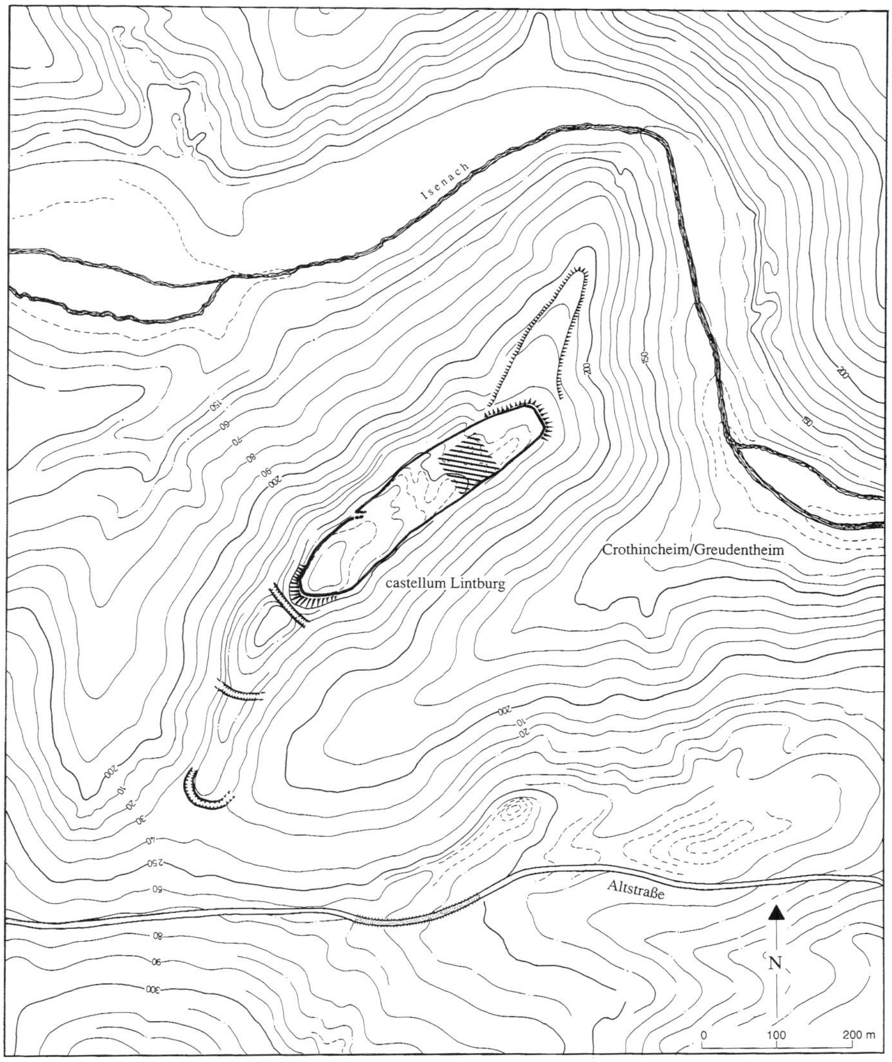

Abb. 5 Bad Dürkheim. Topografie des »Castellum Lintburg« mit Umwehrung, frühsalischem »Palatium« (gerastert) und drei Verteidigungsgräben. Unten »Römerstraße«.

ergänzen[37]. Das Ergebnis bestätigt Spraters Beobachtungen in wesentlichen Punkten. Da weitere Bauteile unerforscht unter der Kirche und nördlich des sogenannten Abtshauses liegen, bleiben Grundriß und alle daraus gezogenen Folgerungen fragmentarisch beziehungsweise zum Teil hypothetisch[38].

In seiner Funktion gesichert ist der langschmale Bau von 44,50 x 10 m Größe, der als Palas anzusprechen ist (Abb. 6). Der Bau sitzt unmittelbar an der Felskante. Die rund 1,20 m starken Mauern (M 1–4) erlaubten eine mehrgeschossige Ausführung. Unmittelbar nördlich schließt ein ca. 3 m breiter und 36 m langer Korridor an (M 13, M 15), der entweder als vorgelagerte, zum Innenhof offene Portikus, oder als Treppenaufgang zum Palas zu deuten ist. Bei einem in den Palas integrierten Treppenaufgang würde der mit 7,50 m lichter Weite ohnehin schmale Bau in seiner Nutzung eingeschränkt.

37 Für vielfältige Hilfe sei an dieser Stelle der Stadt Bad Dürkheim gedankt.

38 Eine eingehende Darstellung ist an anderer Stelle vorgesehen.

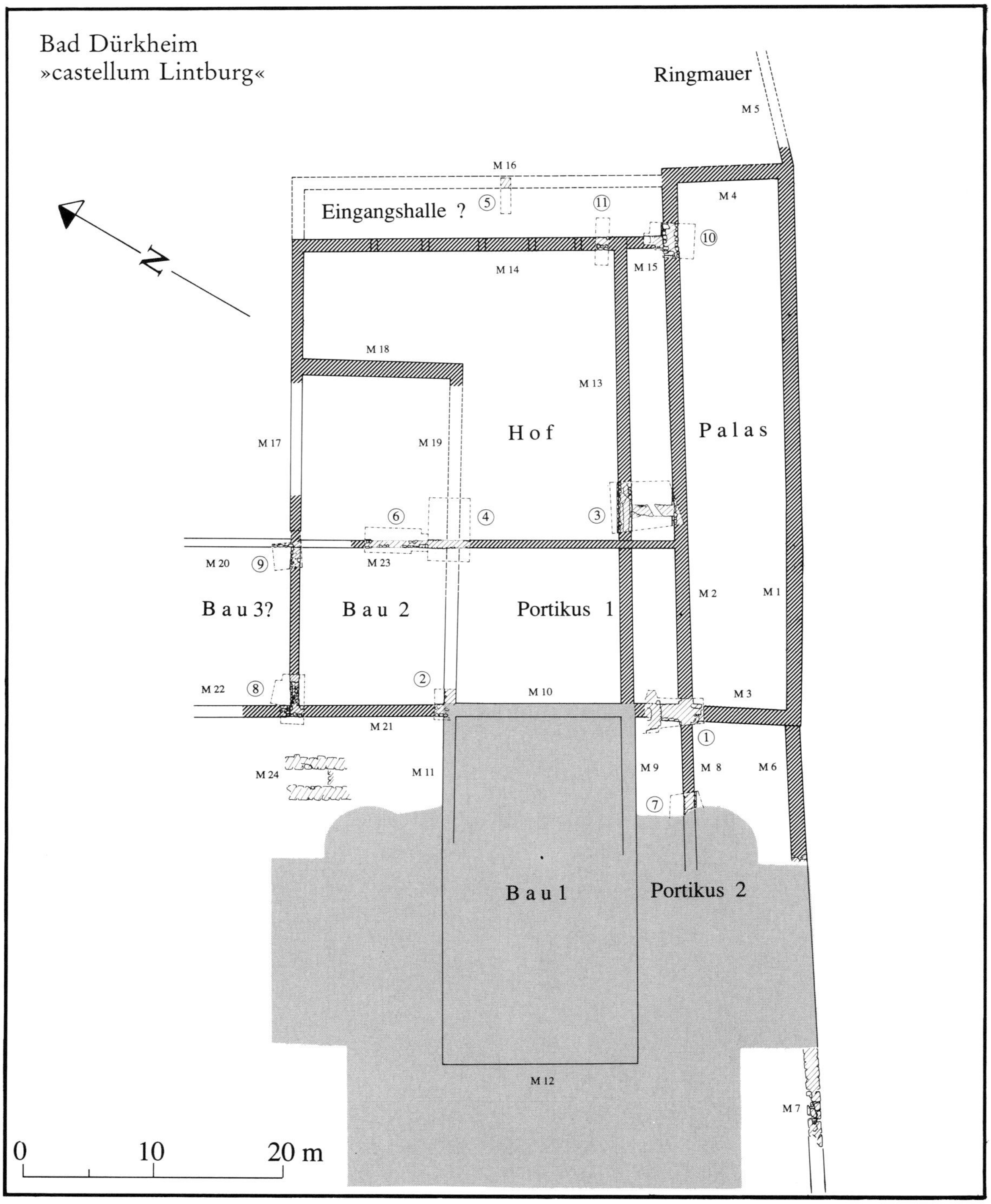

Abb. 6 Bad Dürkheim, »Castellum Lintburg«. – Schrägraster: Grabung Sprater 1937, ergrabene Mauerzüge. – Offen: neu erkannte Mauern mit Grabungsschnitten. – Feinraster: Klosterkirche.

Ein weiterer, ca. 15 m breiter Bau liegt direkt unter dem Rechteckchor der Klosterkirche (Bau 1). Offenbar wurde bei dessen Errichtung vorhandene Mauersubstanz (M 9–11) miteinbezogen[39]. Die Westausdehnung ist nicht erforscht, kann aber maximal bis zur Höhe des Gunhildgrabes gereicht haben, da dort ein Ost-West verlaufender Mauerzug angetroffen wurde. Möglicherweise verbirgt sich der Westabschluß (M 12) unter den noch ungeklärten mehreren (?) Bauphasen der sogenannten Lettnermauer. In diesem Fall hätten wir bei Bau 1 eine Längenausdehnung von rund 29 m[40]. Mit Mauer M 9 schließt auf der Südseite wieder ein ca. 3 m breiter Korridor an, der ebenfalls als Portikus anzusprechen ist.

Bau 2 wird durch die beiden Mauern M 18 und M 21 und die schmalere Nordmauer M 17 gebildet. Die Südfront ist zwar durch entsprechende Mauerwinkel gesichert, aber nicht im gesamten Verlauf zu erkennen, wie Schnitt 4 andeutet, in dem keinerlei Fundamentierung angetroffen wurde. Vielleicht war das Gebäude zur Hofseite hin offen gestaltet. Bau 2 weist somit eine Fläche von 13 x 28 m Länge auf. Ein offensichtlich dritter Bau schließt rechtwinklig an und wird durch das sogenannte Abtshaus überlagert[41], so daß seine Nordausdehnung vorerst nicht festzustellen ist.

Die von Sprater als Beweis für eine zweiperiodige Anlage gewertete Nord-Südmauer M 23 konnte an ihrer Einbindung in die Ost-Westmauer M 2 leider nicht untersucht werden. Da sie aber im Gegensatz zu allen anderen Mauerzügen nicht direkt auf dem Felsen aufsitzt und Kulturschutt überlagert, gehört sie sicherlich in die Klosterzeit und muß daher als Beweis für eine Mehrperiodigkeit der Burganlage entfallen.

Der Ostabschluß des Baubereiches wird durch die Mauer M 14 gebildet, auf der direkt über Fundamenthöhe fünf Sockelfundamente aufsitzen[42]. Die Spannweite von 3,50 m und die direkt über dem Laufniveau beginnenden Sockel lassen nur den Schluß auf eine Toranlage mit vier Durchgängen zu. Mit Schnitt 5 konnte die bislang unbekannte Mauer M 16 noch als Ausbruchgrube erfaßt werden, so daß durch diese noch vorgelagerte Eingangsfront sich hier möglicherweise eine Eingangshalle von 6 m Breite andeutet.

Die Ideenskizze (Abb. 7) soll die gesicherten oder mit Wahrscheinlichkeit zu erschließenden Baubefunde darstellen. Die außer dem Palas angetroffenen Bauten machen in ihrer Lage einen recht unorganischen Eindruck. Es muß daher zur Abrundung des Baubereiches noch weitere Gebäude oder zumindest Einfriedungen gegeben haben, die derzeit archäologisch nicht zu fassen sind. Schließlich dürfte an noch unbekannter Stelle eine Kapelle gelegen haben. Der mindestens 60 x 60 m große Baubestand lag innerhalb der mit 400 x 70 m beachtlich großen, ummauerten Plateaufläche, genau an der Stelle, von der aus der beste Blick in das Rheintal und gleichzeitig von der Ebene aus die beste Fernwirkung gewährleistet war. Die drei im Südwesten vorgelagerten Schrotgräben gehören sicherlich in die Burgzeit (vgl. Abb. 5). Die heute noch sichtbare Torsituation an der Nordflanke deutet den alten Zugang mit einem Zangentor an. Die Umwehrung des Klosterareals zeigt drei, wenn nicht sogar vier Phasen, von der die älteste sicher in die Burgzeit gehört[43]. Mauer M 6 setzt offenbar fugenlos an die Südostecke des Palas an; an die Südwestecke stößt die Ringmauer hingegen mit einer Baufuge an (M 6) und bildet die Fundamentierung der Südwand des Querhauses[44].

Die Burg Konrads II. entspricht eher einer Pfalz oder einem großen Wirtschaftshof mit repräsentativem Saalbau. Im Vergleich mit königlichen Palatien, wie etwa dem Bau Heinrichs III. in Goslar (44 x 16 m)[45],

39 Zumindest das Südosteck des Chors sitzt auf der Mauer (M 10) der salischen Burg auf. Nach frdl. Auskunft von H. Dellwing, LfD, Mainz zeigt die Kryptamauer in Süden und Osten eine Zweiteiligkeit, die nur auf ältere Mauersubstanz zurückzuführen ist.

40 Möglicherweise handelt es sich bei diesem Gebäude bei evtl. kürzerer Westausdehnung um einen Wohnturm mit allerdings äußerst geringer Mauerstärke.

41 Auch an weiteren Stellen wurde überlagerndes klosterzeitliches Mauerwerk angetroffen.

42 Leider konnten trotz wiederholter Nachsuche die ehemals im Historischen Museum Speyer vorhandene fotografische Aufnahme des Befundes nicht aufgefunden werden.

43 Fundberichte aus der Pfalz 1966–1970. Mitt. Hist. Ver. Pfalz 84, 1986, 82 Nr. 23 mit Abb. 4 Punkt A.

44 Damit wird auch der schräge Fundamentsockel der Südmauer des Querhauses an der Klosterkirche erklärbar. Die Fortsetzung der Ringmauer nach Westen wird durch M 7 kenntlich.

45 U. Hoelscher, Die Kaiserpfalz Goslar. Die Deutschen Kaiserpfalzen 1 (1927).

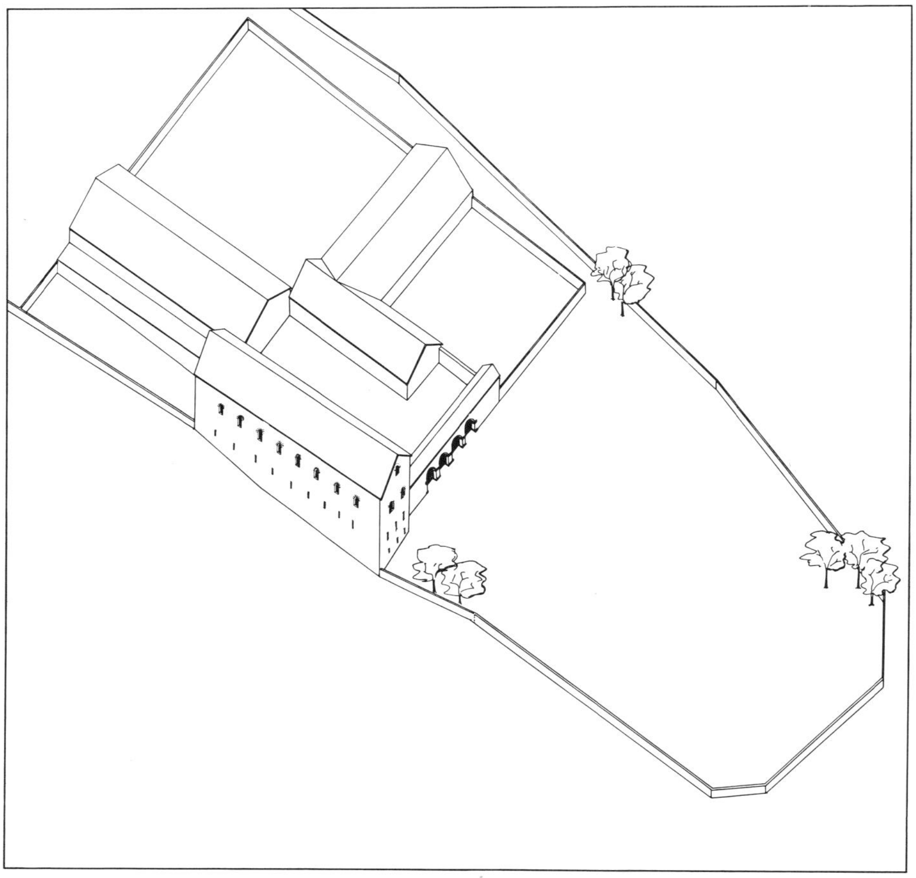

Abb. 7 Bad Dürkheim, »Castellum Lintburg«. Ideenskizze zum »Palatium« Konrads II.

dem ottonischen Palas auf dem Lindenhof in Zürich mit mindestens 49 x 13 m Größe[46] oder dem ottonischen Saalbau der Pfalz Paderborn mit 44,50 x 16 m Größe[47], ist der Limburg-Palas zwar in der Länge mit 44,50 m, jedoch nicht in der Breite mit 10 m (licht 7,50 m) ebenbürtig[48]. Die Aula des Kölner Erzbischofs in Xanten erreicht 41 x 12 m Größe[49]; der hölzerne Palas III der gräflichen Burg Elten – vor 967 – hingegen nur 26 x 10 m Größe[50]. Der Baubestand der Limburg kann sich daher gut an königlichen oder erzbischöflichen Repräsentivbauten der Jahrtausendwende messen und zeigt allein an diesem Beispiel die Bedeutung der Salier im Worms- und Speyergau.

Die Datierung der Limburg bereitet vorerst Schwierigkeiten. Nimmt man die Bemerkung in der Vita Popponis cap. 19: *»ferarum iam tunc cubile«* wörtlich, wäre die Burg zur Zeit der Klosterstiftung bereits nicht mehr in Nutzung gewesen. Wenn Konrad die Limburg als *»locus hereditarius«* anspricht[51], kommen als Gründer alle seine Vorfahren bis zum Grafen Werner infrage; dieser ist 891 als Gaugraf im Worms- und 906 auch im Speyergau bezeugt. Gleichfalls wäre auch an seinen Urgroßvater Konrad d. Roten zu denken, der nach 946 wegen seines Verzichtes auf Speyerer Rechte unter anderem mit Gütern in Bad Dürkheim abgefunden wurde[52]. Aber auch die Resignation Ottos von Kärnten in Worms 1002

46 E. Vogt, Der Lindenhof in Zürich (1948) 79ff.

47 W. Winkelmann in: Führer z. vor- u. frühgesch. Denkmälern 20 (1971) 99ff.

48 Nimmt man hingegen die »Portikus« als Treppenhaus hinzu, erhält der Limburg-Palas eine Breite von 14 m. Maßgebend bleibt jedoch die zur Verfügung stehende Saalfläche von 42 x 7,50 m.

49 Borger (Anm. 36) 186ff.

50 Binding (Anm. 36) 52ff.

51 Vgl. Anm. 30.

52 Bauten, die einer salischen Gaugrafenburg in Speyer zugewiesen werden könnten, fehlen bislang. Jedenfalls beginnt die Entwicklung zu einer geschlossenen ottonischen Stadt nicht erst nach 946 mit der Anlage einer

mit Aufgabe der Burg[53] wären Gründe für einen Ersatzbedarf auf der Limburg gewesen. Nun geben erst jüngst wieder aufgetauchte Funde der Grabungen von 1935–1937 Hinweise auf eine Nutzung der Limburg bereits seit dem 7. Jahrhundert[54], so daß H. Werles Bemerkungen über die Besitztümer des Adalhard – eines möglichen Verwandten des karolingischen und ottonischen Hauses um die Mitte des 9. Jahrhunderts – plötzlich Gewicht erhalten[55]. Von keiner der spätkarolingisch/ottonischen Höhensiedlungen der Pfalz stammen bislang entsprechende Bodenfunde. Wir müssen daher auf der Limburg mit mehreren, wohl hölzernen Vorgängerperioden rechnen. Der steinerne Ausbau im 10. Jahrhundert war nur der glänzende Abschluß eines bedeutsamen »Residenzplatzes«.

2. Die »Otterburg« bei Otterberg, Kr. Kaiserslautern (Abb. 8)

Nach der Größe und Befestigungsart ähnelt die Otterburg eher einer karolingisch/ottonischen Wallanlage; deshalb sei sie hier direkt nach der Limburg besprochen. Die Burganlage auf dem Schloßberg erscheint in der Literatur als salische Burganlage[56]. In Spornlage zeigt sich heute eine 170 m lange und maximal 80 m breite Plateaufläche, die durch einen Graben vom rückwärtigen Gelände abgeriegelt ist. Der heutige und wohl auch alte Zuweg führt offenbar durch eine besonders aufgeschüttete Torgasse. Eine Randbefestigung ist nicht zu erkennen, wohl aber eine bis zu 4 m tiefe Böschungskante, die sichtlich in neuerer Zeit entstanden sein dürfte, wie der gesamte Schloßberg Acker- und Gartenterrassen zeigt, die von neuzeitlicher landwirtschaftlicher Nutzung herrühren[57].
Bauarbeiten führten 1963/64 am südöstlichen Hangbereich unterhalb der Böschungskante zur Freilegung von zwei Mauerzügen, die auf 2 m beziehungsweise 27 m Länge verfolgt werden konnten. Nach den Beobachtungen sollen die beiden Mauerzüge nicht zu einer Mauerflucht gehören, sondern sind um 1 m versetzt. Da allerdings ein zweiter Mauerverlauf auch bei weiteren Freilegungen 1979[58] nicht mehr beobachtet werden konnte, ist ein einheitlicher, jedoch nicht geradliniger Mauerverlauf eher wahrscheinlich. Die Mauer zeigte lediglich eine Frontschale aus großen Quadern von bis zu 95 x 65 cm Größe, die in Lehm/Kalkmörtel versetzt sind. Die Quader haben vielfach schwalbenschwanzförmige Verzahnungen und erweisen sich damit als zweitverwendete, möglicherweise römische Spolien. Scherben aus dem Hangschutt, darunter Ware Pingsdorfer Art, deuten auf hochmittelalterliche Zeitstellung[59]. Die Mauer war im Aufgehenden gegen den Hang gestuft über einem Fundamentsockel mit zwei Quaderlagen bis zu 1,25 m Höhe erhalten. Es ist derzeit nicht zu klären, ob es sich bei dem Mauerzug um die umlaufende Wehrmauer der Otterburg handelt. Im Hangbereich bis zur Plateaukante wurden mindestens drei beigabenlose Bestattungen angetroffen, die jünger als die Mauer sein müssen[60]. Freilegungen auf der Plateaufläche 1938 führten zur Aufdeckung von Mauerzügen, die jedoch nicht weiter zu deuten sind, vielleicht aber zu der urkundlich belegten Kapelle gehören.

Gesamtbefestigung der »bischöflichen Stadt«, wie noch A. Doll, Mitt. Hist. Ver. Pfalz 52, 1954, 133 ff. angenommen hatte, denn die Ausdehnung der ottonischen Stadt wird weitgehend durch die Gestalt der spätantiken Stadt mit vorgelagertem Grabensystem bestimmt. Dazu erstmalig H. Bernhard: 234. und 260. Protokoll über die Arbeitssitzungen vom 9. 12. 1983 und 30. 5. 1986 der Arbeitsgemeinschaft f. gesch. Landeskunde am Oberrhein (Karlsruhe). Freilich wird 969 erstmalig eine Ummauerung erwähnt.

53 Zum archäologischen Nachweis jetzt: M. Grünewald, Wormser Monatsspiegel Mai 1989, 8 ff. – Dies., ebd. Juni 1989, 8 ff. – Vgl. auch Beitrag Grünewald in diesem Band.

54 Eine Vorlage erfolgt in anderem Zusammenhang. Es handelt sich um Keramik des 7. und 8. Jahrhunderts sowie um ein spätfränkisches, mit Silber tauschiertes Spathafragment.

55 H. Werle, Dürkheim unter den frühen Saliern. In: W. Dautermann u. a., Bad Dürkheim. Chronik einer Salierstadt (1978) 643 ff.

56 H. Werle, Das Saliergut an Mittel- und Oberrhein (944–1125). Pfalzatlas 105 ff. und Karte 51.

57 Kw. Kaiser, Die Otterburg bei Otterberg. Jahrb. z. Gesch. Stadt- u. Landkr. Kaiserslautern 7, 1969, 8 ff.

58 Unpubliziert, Ortsakten LfD Speyer.

59 Fundberichte aus der Pfalz 1961–1965; 1978. Mitt. Hist. Ver. Pfalz 81, 1983, 207. – Mittelalterlicher Steinversatz mit Schwalbenschwanz-Verband findet sich bei Burg Schöneck, Dambach im Elsaß sogar noch an Buckelquadern, so daß eine mittelalterliche Zeitstellung der Steine von der Otterburg nicht gänzlich ausgeschlossen erscheint.

60 Anders Kaiser (Anm. 57) 12.

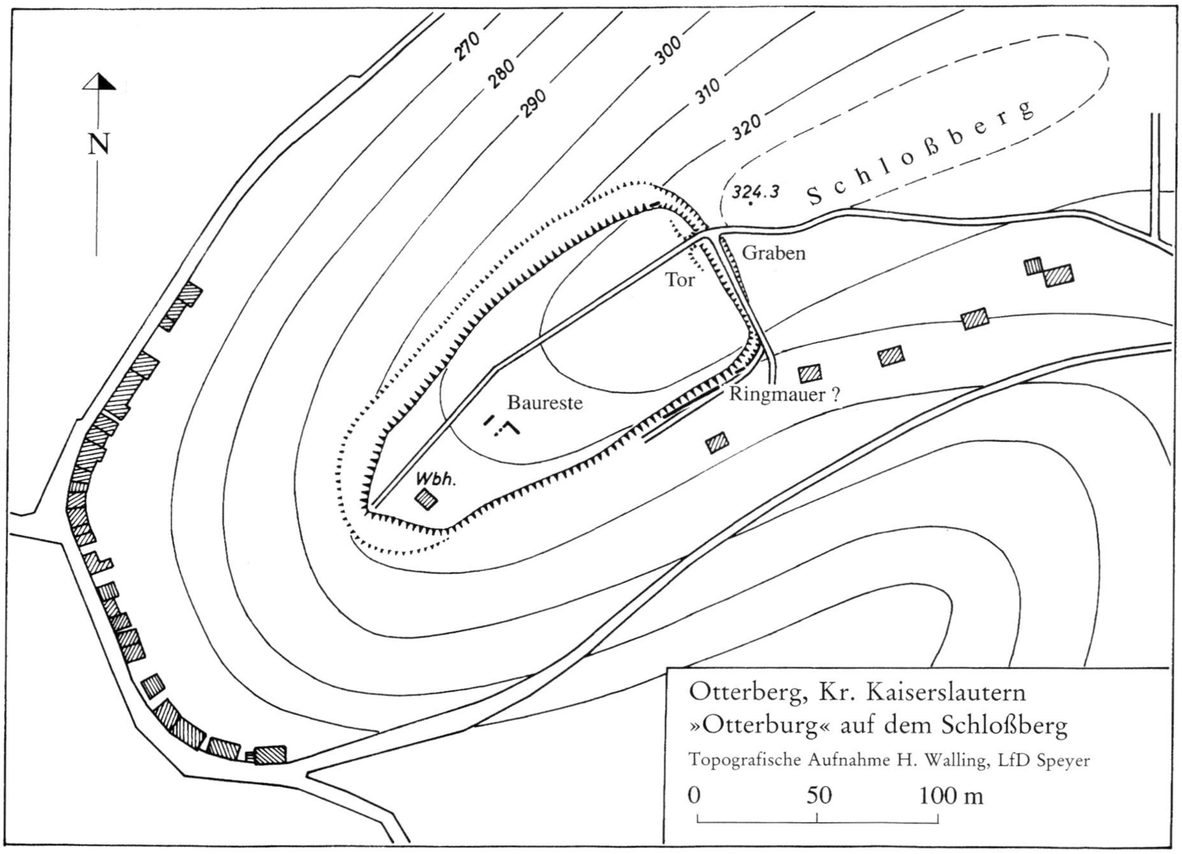

Abb. 8 Otterburg, Kr. Kaiserslautern. Topografische Aufnahme der Anlage auf dem Schloßberg.

Aus der Stiftungsurkunde von 1143 wird die Erstgründung des Zisterzienserklosters auf der Otterburg erschlossen, obwohl nur die dort gelegene (Pfarr-)Kirche (!) samt ihren Einkünften genannt ist[61]. Die Berglage ist für den Orden keinesfalls typisch, aber für Gründungsklöster mehrfach bezeugt[62]. Wichtig ist in unserem Zusammenhang nur die Nennung *»... in antiquo Castro Otterburc ...«* als wohl aufgelassene Burganlage. Über die Gründung sowie die Umstände ihrer Auflassung gibt es keine Nachrichten[63]. Stand das Gebiet um die Burg wie die nahegelegenen Orte Sambach und Otterbach in salischer Verfügung[64], die mit der Übertragung der Rechte am Wasgauforst an Otto von Kärnten im Jahr 985 zusammenhängt, so ist die Errichtung der Otterburg vielleicht schon gegen Ende des 10. Jahrhunderts allein salischer Initiative zuzuschreiben und diente dem Schutz einer wichtigen Straßenverbindung und des zentralen Lauterer Hofes.

61 S. A. Würdtwein, Monasticon Palatinum 1 (1793) 212f. – G. Kaller, Die Gründung des Zisterzienserklosters Otterberg. Oberrheinischen Studien 1, 1970, 275ff. – Der historische Forschungsstand ist jetzt bequem zusammengestellt: M. Werling, Die Baugeschichte der ehemaligen Abteikirche Otterberg unter besonderer Berücksichtigung ihrer Steinmetzzeichen. Beitr. z. pfälz. Volkskde. 3 (1986).

62 Etwa Arnsburg in der Wetterau. Weitere Belege bei Werling (Anm. 61) 10 mit Anm. 74.

63 H. Graf, Hatte Herzog Friedrich II. von Hohenstaufen, der Vater Barbarossas, wirklich keine Beziehungen zu Lautern? Jahrb. z. Gesch. Stadt u. Landkr. Kaiserslautern 3, 1965, 36ff. sieht in der Otterburg einen Schutz für den Königshof Lautern. Eine Zerstörung der Burg leitet er aus den Kämpfen Herzog Friedrichs II. mit Erzbischof Adalbert I. von Mainz (1116–1118) ab. Diese sind allerdings für das »Reichsland« um Kaiserslautern nicht bezeugt.

64 Otterberg/Otterburg wird erstmals 1143 genannt. Zu den salischen Besitzungen vgl. Werle (Anm. 19). – Ders., Das Erbe des salischen Hauses. Untersuchungen zur staufischen Hausmachtpolitik im 12. Jahrhundert vornehmlich am Mittelrhein (Masch. Diss. Mainz 1952) 234f.; 239f. – Zum Reichsland um Kaiserslautern als königlicher Wildbann: A. Doll, Jahrb. z. Gesch. Stadt u. Landkr. Kaiserslautern 3, 1965, 20ff.

3. Die »Heidenburg« bei Oberstaufenbach, Kr. Kusel (Abb. 9)

Selten ist eine pfälzische Burganlage von der regionalen wie überregionalen Forschung so übergangen worden wie die Heidenburg. Auf einer beherrschenden Kuppe westlich des Reichenbachtales gelegen, fiel die Burganlage schon im 19. Jahrhundert einem Melaphyr-Steinbruch zum Opfer. Ein Aufmaß der letzten erhaltenen Reste konnte noch 1885 durch den Historischen Verein der Pfalz erfolgen[65]. Die in Zweitverwendung verbauten römischen Denkmäler ließen die Anlage als spätrömische Höhensiedlung erscheinen[66], obwohl schon in der Erstpublikation der mittelalterliche Charakter richtig erkannt worden war[67]. Eine urkundliche Erwähnung der recht beachtlichen Anlage findet sich nicht. Entgegen allen Berichten ist der gesamte Mauerverlauf im Süden erhalten geblieben. Die 1,50 m bis 1,80 m starke umlaufende Wehrmauer hat die Gestalt eines abgerundeten Dreiecks von 98 m Länge und 68 m Breite. Ein umlaufender Graben konnte zumindest an der noch erhalten gebliebenen Südseite nicht festgestellt werden. Eine Toranlage ließ sich nicht mehr ermitteln, dürfte aber an der Südwestecke gelegen haben. Ein noch erhaltener Hohlweg stößt hingegen an die Südseite; vielleicht deutet sich dort ein älterer Zugang an. Über eine mögliche Innenbebauung im gesamten Nordbereich ist nichts überliefert. 1885 konnte an der Ostseite die Mauerwange eines Gebäudes festgestellt werden. Unzweifelhaft eine Kapelle stellt ein anschließender Bau mit abgesetztem quadratischem Chor dar. Daneben steht an zentraler Stelle ein zweikammeriger 14 x 17 m großer Bau, dessen bis zu 2 m starke Mauern auf ein massives turmartiges Gebäude schließen lassen. Zweifellos haben wir es hier mit einem Wohnturm zu tun, der an beherrschender Stelle innerhalb der Anlage stand. Vergleichbare Wohntürme finden sich etwa in Belgien bei Sugny[68], in England (Norfolk) mit Castle Acre Castle[69], im turris des Kölner Erzbischofs in Xanten[70] und schließlich in der Pfalz bei Neustadt-Gimmeldingen[71]. Die Gesamtanlage erinnert an das mit ca. 70 m Länge etwas kleinere »Steinenschloß« bei Thaleischweiler. An der Südwestseite wurde ein runder, bis auf 60 m Tiefe nachweisbarer Brunnen festgestellt. Fundmaterial ist nur in geringen Mengen überliefert, so daß eine Datierung nur allgemein in das 11. und 12. Jahrhundert möglich ist. Jedoch könnte der Hinweis auf fischgrätartig verzierte Quader einen Fingerzeig auf eine Errichtung wesentlicher Bauteile vor 1030 geben[72]. Oberstaufenbach liegt im Nordwestrand des »Reichslandes«, das seit 985 unter salischer Hoheit stand. Die Entwicklung dieses Ausbauraumes läßt sich recht gut an zwei Urkunden ottonischer Zeit ablesen. 945 schenkte Otto I. einem Franco sechs Königshufen mit Hintersassen zwischen Reichenbach und Bosenbach, also in dem Gemarkungsbereich des um diese Zeit erst gegründeten Nieder- und Oberstaufenbach[73]. 976 werden an gleicher Stelle weitere Güter durch Otto II. veräußert[74]. Der doch beträchtlichen Burganlage kamen im Reichenbachtal und im Nordwestteil des Wasgauforstes wesentliche Aufgaben der Verkehrs- und Herrschaftssicherung zu.

65 W. Harster, Die Ausgrabungen des Historischen Vereines der Pfalz während der Vereinsjahre 1884/85 und 1885/86. Festgabe zur V. Säcularfeier der Universität Heidelberg (1886) 28ff.

66 Fr. Sprater, Die Pfalz unter den Römern 1 (1929) 70ff. – Ders., Die Pfalz in der Vor- und Frühzeit (1948) 61 nunmehr mit deutlichem Hinweis auf mittelalterliche Zeitstellung. – Stein (Anm. 4) führt die Heidenburg unter dem Namen »Herrnburg« als Anlage des 11./12. Jahrhunderts.

67 Harster (Anm. 65) 31 »Die Grundform der ganzen Anlage, die durch die Ringmauer in unregelmäßiger Form ausgenützte Höhenplatte, sowie die Beschaffenheit des Mauerwerks scheinen ... darauf hinzudeuten, daß wir es hier wahrscheinlich mit einer frühmittelalterlichen Dynastenburg zu thun haben, die von einem Gaugrafen als Refugium auf der die Umgegend durch Aussicht beherrschenden Bergkuppe erbaut wurde«.

68 A. Matthys, Arch. Belgica 1, 1985, 2, 81ff. – Ders., ebd. 2, 1986, 2, 87ff.

69 J. G. Goad u. A. D. F. Streeten, Arch. Journal 139, 1982, 138ff.

70 Vgl. Anm. 36.

71 Siehe unten.

72 Harster (Anm. 65) 31. – Zur Datierung dieser Bearbeitungstechnik s. u. Schlössel bei Klingenmünster. Allerdings wäre das Vorkommen dieser Technik im westpfälzischen Raum recht singulär. Bautätigkeit in der zweiten Hälfte des 12. Jahrhunderts belegt möglicherweise eine qualitätvolle, mit Ranken und männlicher Figur verzierte Fensterlaibung; frdl. Hinweis D. v. Winterfeld, Mainz.

73 Mittelrheinische Regesten I, 921.

74 MGH DD II, 127.

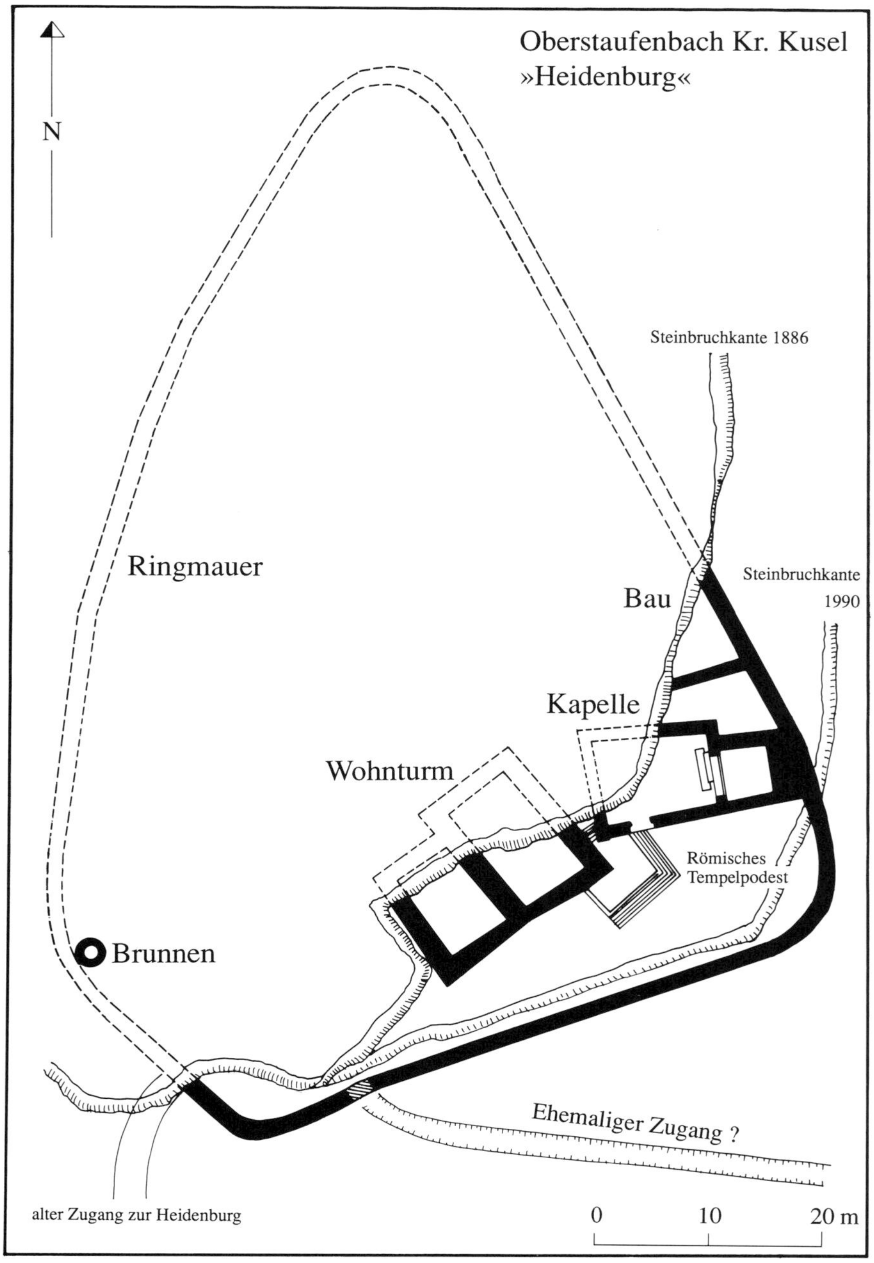

Abb. 9
Oberstaufenbach, Kr. Kusel, »Heidenburg«.

4. »Villa Lutra« und die erste Befestigung des nachmaligen Pfalzgeländes in Kaiserslautern (Abb. 10)

Die Burganlagen »Otterburg« und vielleicht auch »Herrnburg/Heidenburg« hatten wohl im Nordbereich des Lutra-Forstes während des 11. Jahrhunderts besondere Schutzaufgaben für den zentralen Hof an der Lauter. Hinzu kommen wohl noch weitere Anlagen, deren Gründungszeit wir derzeit noch nicht abschätzen können. Wohl hatten solche Burgen sicher noch nicht die Aufgaben des frühstaufischen »Burgengürtels« um die Kaiserpfalz Lautern.
Um den Forschungsstand des »Kaiserpfalzareals« ist es nicht sonderlich gut bestellt. Erst jetzt, fast 50 Jahre nach Beginn und ein Vierteljahrhundert nach Abschluß der Grabungen und Baumaßnahmen ist es

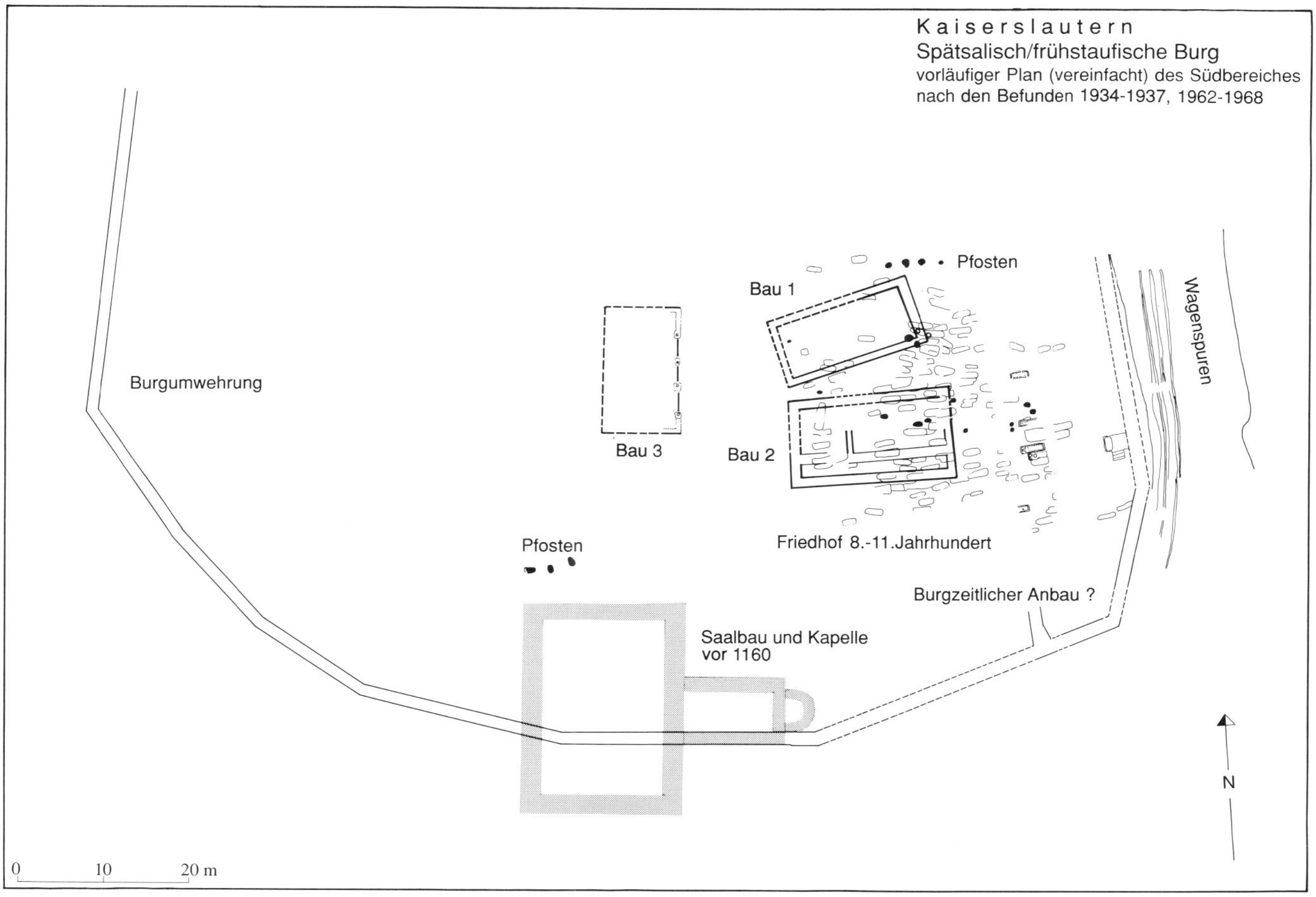

Abb. 10 Kaiserslautern. Spätsalische Burg mit älterem Gräberfeld.

möglich, einen Gesamtplan der Befunde zu erstellen (Abb. 10)[75]. Zuletzt hat Fr. Arens – allerdings ohne genauere Kenntnis der Grabungsergebnisse – ein Resümee gegeben und die Kaiserpfalz unter bau- und kunsthistorischen Aspekten beleuchtet[76].

K. Böhner konnte 1987 die Anfänge Kaiserslautern aus mehreren Siedlungskernen belegen[77] und den bis dahin erreichten Stand der Kartierung im Bereich der Pfalz zusammen mit der Lage des Gräberfeldes publizieren.

Ungelöst ist weiterhin die in unserem Zusammenhang wichtige Frage nach dem Zeitpunkt, zu dem das Gräberfeld auf der Ostseite des Felsplateaus aufgegeben, überbaut und das Gesamtareal von einer massiven Mauer umgeben worden ist.

Die Ausgrabung von rund 188 noch erhaltenen Gräbern durch Roth-Lutra ergab eine teilweise starke Überschneidung einzelner Bestattungen, was auf größere zeitliche Erstreckung hinweist[78]. Die Nekro-

75 Die Befundkartierung ist vor allem für den Nordbereich des Pfalzgeländes noch nicht abgeschlossen. Erst danach kann eine zeitliche Schichtung der umfangreichen Bauspuren erfolgen.

76 Fr. Arens, Die Bauten der Pfalz zu Kaiserslautern. Jahrb. z. Gesch. Stadt u. Landkr. Kaiserslautern 20–21, 1982–83, 55 ff. mit ausführlicher Literatur.

77 K. Böhner, Villa Lutra. Zu den Anfängen Kaiserslauterns. In: Festschrift M. Graßnick (1987) 21 ff.

78 K. H. Roth-Lutra, Das Gräberfeld im Bereich der Barbarossaburg zu Kaiserslautern. Jahrb. z. Gesch. Stadt u. Landkr. Kaiserslautern 7, 1969, 1 ff. mit weiterer Literatur.

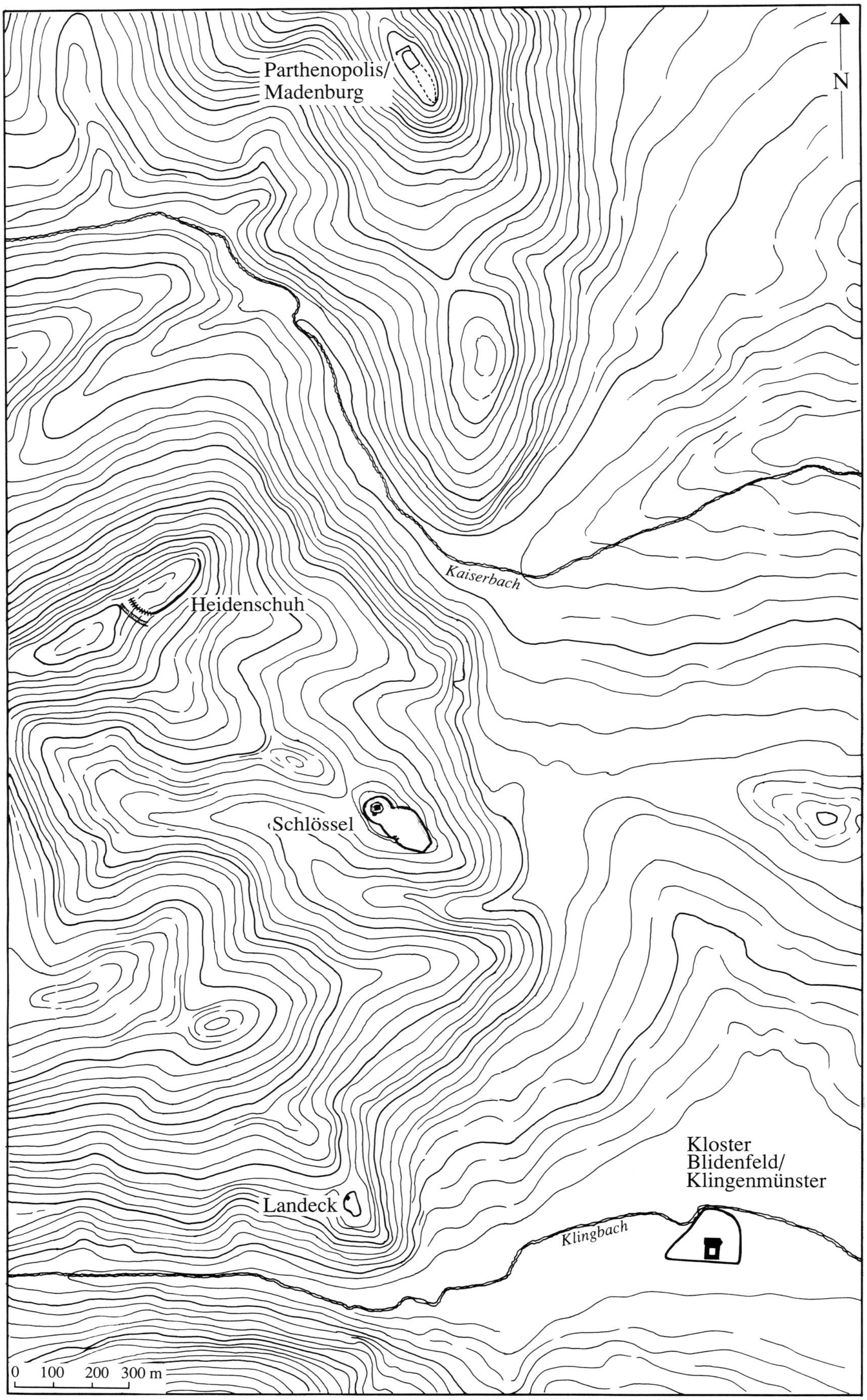

Abb. 11 Klingenmünster, Kr. Südliche Weinstraße. Topografie mit Kloster Blidenfeld, ottonischem Ringwall »Heidenschuh«, salischer Turmburg »Schlössel«, salischer Madenburg/Parthenopolis und staufischer Burg Landeck.

pole wurde frühestens gegen Ende des 7. Jahrhunderts angelegt und wohl erst mit der Umfriedung des Felsplateaus durch die 1,40 m starke Burgmauer aufgelassen. Pfostenlöcher im Fels, welche durch die Grabschächte überdeckt werden, deuten eine ältere Bebauung im Bereich der Nekropole an. Die zugehörige Hofstelle vermutet Böhner auf dem östlich anschließenden »Rittersberg«. Jedoch ist eine Lage der zeitgleichen Siedlung westlich und nördlich des Gräberfeldes nicht auszuschließen.
Aus historischen Gründen wird die Umwehrung des Burgfelsens mit den Aktivitäten Herzog Friedrichs II. von Schwaben nach 1116 in Verbindung gebracht[79]. Die Verwendung von grob zugerichteten Quadern von 23–26 cm Schichthöhe paßt durchaus zur Mauertechnik der spätsalischen Zeit, ist aber auch für die frühstaufische Zeit nicht auszuschließen[80]. Jedenfalls überlagert der schon 1160 bezeugte Palas Kaiser Friedrichs I. die Wehrmauer, so daß der Bau der Umwehrung einer älteren Bauphase angehören muß.
Wohl schon in die Zeit der Umwehrung gehört die Anlage von Innenbauten, die entgegen Arens durchaus nachweisbar sind[81]. Das Gräberfeld wird von zwei 7 m beziehungsweise 11 m breiten und mindestens 15 m beziehungsweise 20 m langen Stein-Sockel (?) - Bauten überlagert. Auch nördlich des staufischen Palas läßt sich ein 15 m langer oder breiter (?) Bau in gemischter Holz-Steinbauweise erkennen. Jedenfalls kann man nach 1100, um diese salomonische einstweilige Datierung zu gebrauchen, eine intensive Bebauung fassen, die mit der Errichtung des Palas in staufischer Zeit ihren vorläufigen Abschluß fand.

5. Die Turmburg »Schlössel« bei Klingenmünster, Kr. Südliche Weinstraße (Abb. 11–17)

Auf einem Ausläufer des »Treitelskopfes« liegt oberhalb der Pfalzklinik Landeck die einzige in rein salischer Gestalt erhaltene Burgruine der Pfalz[82]. Die namentlich und urkundlich nicht benannte Burg wurde 1899–1903 durch Chr. Mehlis[83] und 1935 durch Fr. Sprater[84] untersucht. Ursprünglich war vom Mauerbestand der Burg einschließlich des Wohnturmes kaum etwas zu erkennen, wie Zustandsfotos während der Grabungen belegen. Der heutige Bestand der Turmburg ist weitgehend durch Restaurierung überformt, folgt aber weitgehend dem angetroffenen Befund, der in fast 6 m Höhe aufragte.
Ging Fr. Sprater noch von einer einheitlichen Datierung von Ringwallanlage (Vorburg) und salischer Turmburg im 11. Jahrhundert aus[85], so konnte G. Stein 1973 zu einer differenzierten Datierung mit drei Bauphasen gelangen[86].

Schlössel 1 Karolingisch/ottonische Ringwallanlage von rund 210 m Länge und 100 m größter Breite, errichtet zwischen 880 und 920.
Schlössel 2 Aufschüttung eines Burghügels, Erbauung des Wohnturmes mit Abortschacht, zwischen 1040 und 1060.
Schlössel 3 Zwischen 1080 und 1120 Aufstockung des Turmes und Anlage von Ringmauer mit Torturm, Anbau, Hofmauer und Wirtschaftsbau. Die Ringwallanlage hatte nur noch die Funktion einer Vorburg. Eine Zerstörung erfolgte wohl im 12. Jahrhundert, vielleicht durch Brand infolge der Ereignisse von 1168.

79 Graf (Anm. 63) 36 ff., die detaillierten historisch/militärischen Folgerungen sind allerdings hypothetisch. – Gegen eine Rolle Friedrichs II. im Reichsland: J. Hess-Gotthold, Hausmacht und Politik Friedrich Barbarossas im Raum des heutigen Pfälzer Waldes. Schr. z. Gesch. Stadt u. Landkr. Kaiserslautern 7 (1962) 13.
80 Siehe unten Trifels und Hohenfels.
81 Arens (Anm. 76) 72. Der vorkragende Teil des staufischen Palas sitzt auf Fels, so daß Arens' Vermutung von einem Pfahlrost – vor allem mit Anm. 8 – hinfällig ist.
82 Stein (Anm. 3) hat die Bedeutung deutlich herausgehoben.
83 Chr. Mehlis, Eine rheinische Burganlage der Merowingerzeit (1901). – Ders., Pfälz. Mus. 18, 1901, 4. – Ebd. 19, 1902, 22 ff. – Ebd. 20, 1903, 87 ff.; 155 f. – Ders., Mitt. Pollichia 61, 1904, 11 ff.
84 Sprater, Schlößl u. Schloßeck (Anm. 25) 1 ff. – Ders., Pfälz. Heimat 2, 1951, 16 f.
85 Sprater, Schlößl u. Schloßeck (Anm. 25) 5 erörtert wegen der unterschiedlichen Mauertechnik durchaus eine verschiedene Zeitstellung von Turmburg und Ringwall, schließt aber letztlich doch auf Gleichzeitigkeit.
86 Stein (Anm. 3) 109 ff.

Diesen grundsätzlich richtigen Beobachtungen lassen sich einige neue Aspekte hinzufügen. Wesentlicher Punkt ist die Feststellung, daß der Burghügel natürlichen Ursprungs ist und aus Felsen besteht, also nicht aufgeschüttet sein kann[87]. Damit ergeben sich Konsequenzen für die Gestalt und den Westabschluß der Ringwallanlage, die um den Hügel herumgezogen sein muß. Weiterhin lassen sich zur Datierung der ersten Turmburgphase wie zur Schlösselphase 3 durchaus Modifizierungen anbringen.

a. Schlössel 1: die ottonische Ringwallanlage

Maßgebend für eine Datierung in salische Zeit war für Sprater wohl auch, daß mit dem nur 500 m westlich gelegenen »Heidenschuh« eine karolingisch/ottonische Ringwallanlage besteht und zwei zeitgleiche Anlagen in unmittelbarer Nachbarschaft kaum sinnvoll wären (Abb. 11). An der Gleichzeitigkeit beider Anlagen kann nunmehr kaum ein Zweifel sein. Die Verwendung von Mörtel und zugerichteten Steinen am Schlössel-Ringwall sowie die Form des zurückgezogenen Tores machen gegenüber der gesichert karolingischen Anlage »Heidenlöcher« bei Deidesheim einen fortschrittlicheren Eindruck, so daß eine Datierung in das 10. Jahrhundert mehr Wahrscheinlichkeit birgt. Aber auch beim »Heidenschuh« sind bearbeitete Steine zu erkennen und die gleiche Form des Toreinbaues wie am Schlössel, so daß auch hier eher eine Datierung in das 10. Jahrhundert naheliegt. Wie bei allen anderen Anlagen am Haardtrand, waren diese Befestigungen Refugien für die Siedlungen des Altsiedellandes. Beim Schlössel, wie beim »Heidenschuh« wird auch ein Bezug zum benachbarten Kloster Blidenfeld/Klingenmünster herzustellen sein.

Bei der Frage nach dem Westabschluß der Ringwallanlage am Schlössel zeigt sich, daß Sprater auch dieses Problem erkannt, aber an keiner Stelle publiziert hatte (Abb. 12)[88]. Im oberen Drittel des Hanges sind auf ca. 15 m und etwas weiter nördlich auf 2 m Länge die obersten Schichten der zyklopischen Mauer freigelegt worden (Nr. 1 und 2). Auch im Südwestbereich ist ein kurzes Stück dieser Mauer kenntlich (Nr. 3). Unweit vom Tor 1 ist ferner deutlich zu erkennen, daß die Ringmauer durch den umlaufenden Halsgraben abgeschnitten ist (Nr. 4), wohl aber ursprünglich hangaufwärts zog. Daraus läßt sich folgern, daß die Befestigung des 10. Jahrhunderts um den bestehenden Hügel herumgeführt wurde. Daß auf der markanten Erhebung eine zusätzliche Sicherung bestanden hat, ist nur zu vermuten.

b. Schlössel 2: die Turmburg

Die Datierung des Wohnturmes in die Zeit Konrads II., wie Sprater vermutete, kann durchaus beibehalten werden[89]. Wenn er die Steinbearbeitung mit Zierschlägen an den Eckbindern von Wohn- und Aborttürm mit der gleichen Technik an der Klosteranlage Limburg vergleicht, hatte er das wesentliche Moment einer Frühdatierung erfaßt. Der Klosterbau wurde 1024/1025 begonnen und war bereits 1039 soweit fortgeschritten, daß der Sarg der Gunhild vor der Vierung beigesetzt werden konnte. 1039 wurde auch der Andreasaltar geweiht, 1042 schließlich die gesamte Kirche. Funde von Gerüsthölzern im nördlichen Querschiff bestätigen den raschen Baufortschritt[90]. 1031 hatte man 6,50 m Höhe, 1035 schon 12 m beziehungsweise 16,8 m Höhe erreicht. Während die Eckquaderung an der Südostecke des Chores und an den Ecken des südlichen Querhauses ausschließlich Zierschläge in Fischgrätmusterung aufweist, finden sich solche an den Vierungspfeilern nur bis etwa in Mannshöhe. Danach setzen Quader mit Randschlag und gepicktem Spiegel ein. An einigen Stellen läßt sich sogar eine deutliche

[87] Stein (Anm. 3) 110 »wohl künstlich«. – Ders. (Anm. 4) »auf künstlich aufgeschüttetem Hügel«. – Ders. (Anm. 23) 18. – Schon Mehlis, Pfälz. Mus. 19, 1902, 23 verwies auf den Felsuntergrund. Dies geht auch sehr schön aus einer unpublizierten Zeichnung von Mehlis' Hand hervor, die unter Kt 3355 in der Pfälzischen Landesbibliothek Speyer verwahrt wird.

[88] Die beiden Mauerteile zeigen deutliche Freilegungsspuren, die nur von der Grabung 1935 herrühren können.

[89] Fr. Sprater, Pfälz. Heimat 2, 1951, 16.

[90] E. Hollstein, Mitteleuropäische Eichenchronologie. Trierer Grabungen u. Forsch. 11 (1980) 84.

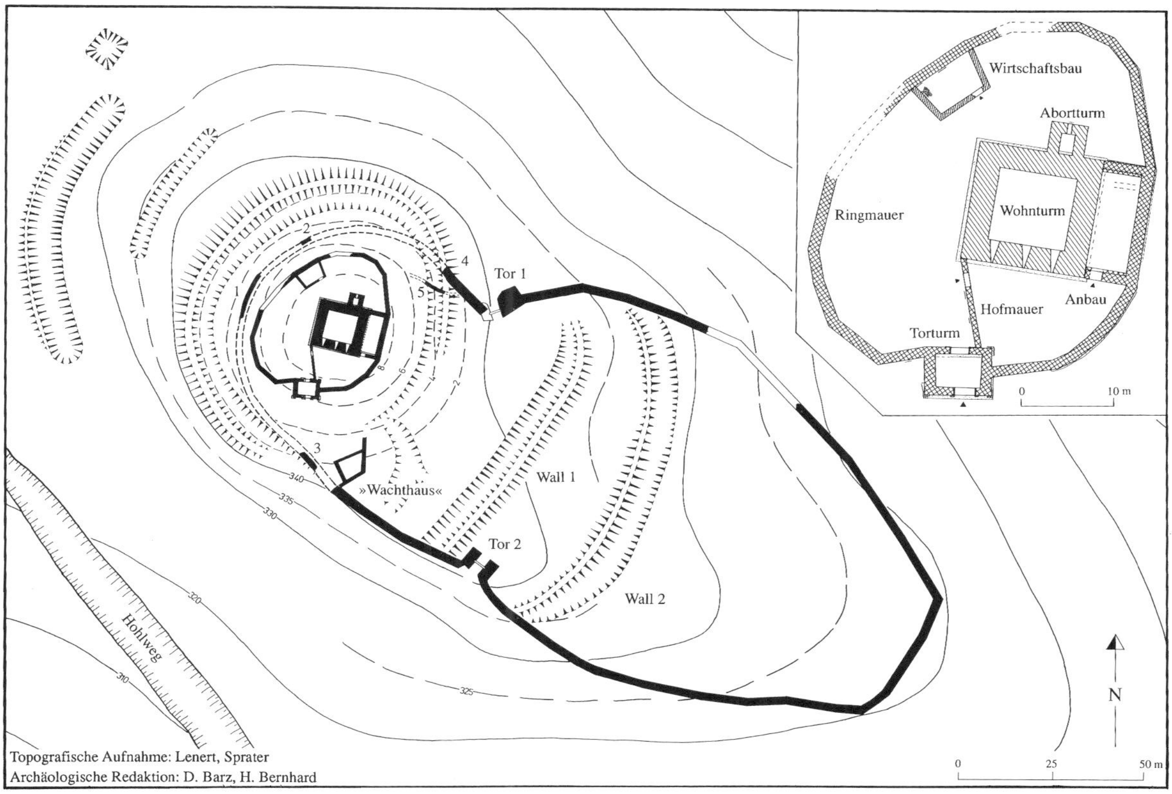

Abb. 12 Klingenmünster, »Schlössel«. Ottonischer Ringwall mit salischer Turmburg.

Mischung beider Steinbearbeitungsformen erkennen. Werten wir den Übergang von Grätung zur Pickung als chronologisches Indiz, dann läßt sich feststellen, daß schon vor 1030 ein Wechsel in der Steinbearbeitungsweise erfolgt sein muß. Der um 1030 begonnene Speyerer Dom zeigt nur an den ältesten Bauteilen in der Vorkrypta fischgrätgemusterte Bearbeitungsformen, während an den sonstigen Quadern von Bau I nur gepickte oder geflächte Quaderspiegel auftreten[91]. Die 1040 geweihte, nur unweit des Schlössel gelegene Kirche von Landau-Wollmesheim zeigt am älteren Langhaus ausschließlich gemusterte Abspitzung, während der 1095 bis 1106 nach Dendrodaten im Bau befindliche Turm nur Quader mit gepickter Fläche und Randschlag aufweist[92]. Die wenigen Beispiele belegen, daß der Wechsel in der Steinbearbeitung schon um 1030 vonstatten gegangen sein muß. Nun zeigt die Nordwestecke des Schlössel-Wohnturmes ab der sechsten Eckquaderlage ebenfalls schon gepickte Quader, so daß die Erbauung von Wohnturm und Abortschacht im wesentlichen mit der Limburg gleichzeitig sein dürfte. Damit wurde die Burg schon zur Zeit Konrads II. errichtet und gehört somit zu den ältesten Burganlagen im deutschen Südwesten[93].

91 H. E. Kubach u. W. Haas, Der Dom zu Speyer. Die Kunstdenkmäler von Rheinland-Pfalz 5 (1972) 546 ff.

92 Welcher Zeitabstand zwischen Fertigstellung von Langhaus und Weihe liegen kann, bleibt unbekannt. Für vielfache Hinweise danken wir der Bauabteilung der ev. Landeskirche Speyer und Herrn Dr. Finke, LfD Mainz, der sich im Rahmen seiner noch ungedruckten Dissertation über romanische Kirchtürme in der Pfalz ebenfalls mit der Steinbearbeitung des 11. Jahrhunderts beschäftigt hat. Zur Frühdatierung lassen sich weitere Beispiele hinzufügen, deren Erörterung an dieser Stelle zu weit führen würde.

93 Maurer, Entstehung (Anm. 28) 301 ff. mit Hinweis auf die wenigen Burgen vor 1050.

c. Schlössel 3

Nun ist es durchaus möglich, daß der Wohnturm innerhalb der noch verwendbaren ottonischen Umwehrung bestanden hat. Eine Palisade im Bereich der Ringmauer ist nicht nachgewiesen und wohl auch kaum bei der Qualität des Wohnturmes anzunehmen. Zu diesem Zeitpunkt kann dann aber der große Wehrgraben mit Wall am Westfuß des Burghügels nicht bestanden haben, da er zumindest im Norden (Nr. 4) die Wehrmauer abschneidet. Spätestens nach Errichtung der Ringmauer und Auflassung der alten zyklopischen Umwehrung wurde an dieser Stelle die Mauer vom Graben abgeschnitten. Der nun offene Bereich zwischen Burghügel und Vorburg wurde durch eine schmale gemörtelte Mauer im Graben (Nr. 5) abgeriegelt. Dieser Mauerzug blieb bis dato unentdeckt, obwohl er sicher ebenfalls 1935 freigelegt worden war. Eine ähnlich offene Situation zeigt sich auf der Südseite. Dort läuft der Graben zwar an der zyklopischen Mauer aus (Nr. 3), aber dennoch ergibt sich hier eine wohl nicht erwünschte Zugangsmöglichkeit zur Vorburg. Das als Wachthaus bezeichnete schiefwinklige Gebäude könnte durchaus eine Abriegelung bewirken, würde aber das Torhaus der Turmburg ausschließen. In diesem Bereich ist also vorerst ohne zusätzliche Grabung keine Lösung zu finden.

Wenn nun schon gepickte Quader um 1030 auftreten, stellt sich die Frage nach einer möglichen Gleichzeitigkeit von Turmburg und Umwehrung. Die massiven, qualitätvollen Quader des Torhauses gehören nach gängiger chronologischer Sicht in die Zeit um 1100. Allerdings zeigt schon die Südwand der Kirche von Wollmesheim beachtliche Quader, die jedoch noch gemustert abgespitzt sind, so daß die zur spätsalischen Zeit zunehmende Größe von Quadern kein Datierungsindiz sein muß. Dem Schlössel-Torturm kam sicherlich eine besondere, repräsentative Aufgabe zu. Baufugen haben kaum zeitliche Bedeutung, da ein Verbund nur die Verteidigungsfähigkeit des Wohnturmes einschränken würde. Nun gibt es eine Vielzahl von Bauplastik, die auch von G. Stein zur Zeitbestimmung herangezogen wurde. Die drei Säulen mit Würfelbasen und -kapitellen gehören mit Sicherheit in die Bauzeit des Wohnturmes, zumal der eine erhaltene Kämpferstein gemusterte Abspitzung zeigt (siehe unten). Zwei Basen mit Eckzehen gehören stilistisch in das ausgehende 11.–12. Jahrhundert, wurden aber von Stein – obwohl sie doch gut gepaßt hätten – nicht in seine Argumentation miteinbezogen. Außer den attischen Basen mit Eckzehen aus St. Michael in Hildesheim (1007–1033)[94] gibt es keine datierten Stücke dieser Art im 11. Jahrhundert. Wir wissen aber nicht, ob diese Basen zu Fenstern im Wohnturm oder an eine andere Stelle gehören, da die Fundlage und weitere passende Säulenteile nicht bezeugt sind. Der 158 cm breite Türsturz mit schöner Kerbschnittornamentik (Abb. 13) stammt vom Durchgang an der Hofmauer, die gleichzeitig mit der Umwehrung errichtet sein muß, da sie in den Torturm einfugt. Gemeinhin wird diese Ornamentik ebenfalls um 1100 datiert[95]. Einen wirklich verläßlichen Hinweis gibt bislang nur die dendrochronologisch um 1075–1078 datierte Bauplastik vom Grauen Haus in Winkel[96]. Dort ist entsprechende Kerbschnittornamentik vertreten[97].

Es ist also nicht völlig auszuschließen, aber letztlich auch nicht zu beweisen, daß die Errichtung der Ringmauer samt Torturm unmittelbar in die Zeit nach Fertigstellung des Wohnturmes, also noch vor die Mitte des 11. Jahrhunderts fällt. Der Gedanke, daß eine einfache Palisade oder gar die renovierte ottonische Ringmauer den Wohnturm gesichert haben sollen, bereitet indes Mißbehagen.

Das Schlössel endete durch einen Brand. Sichtbare Zeugen sind die intensiven Feuerspuren am Wohnturm und im Innern der Toranlage. Dort ist der Sandstein durch Hitzeeinwirkung an der Oberfläche abgeplatzt. Sprater erwähnt bei der Grabung 1935 verkohlte Balken[98]. Da unter der geringen Fundmenge Keramik des beginnenden 13. Jahrhunderts fehlt und nur solche des 11./12. Jahrhunderts

[94] W. Braunfels, Die Kunst im Heiligen Römischen Reich Deutscher Nation 6 (1989) 119 Abb. 88.

[95] Stein (Anm. 3) verweist bei der Suche nach Mustervergleichen auf den Sattelstein vom Trifels, den er aber unterschiedlich datiert: »1040–1060« a. a. O. und in: Fr. Sprater u. G. Stein, Der Trifels (1986) 29 Abb. 12 »um 1100«.

[96] Hollstein (Anm. 90) 176 f.

[97] Fr. Arens, Mainzer Zeitschr. 75, 1980, 72.

[98] Sprater, Schlößl u. Schloßeck (Anm. 3) 4. – Ders. (Anm. 84) 17.

Abb. 13 Klingenmünster, »Schlössel«. Türsturz am Durchgang zum östlichen Hof (Foto Historisches Museum Speyer).

auftritt, ist an eine Zerstörung durch Friedrich I. in seiner Fehde mit dem Haus Saarbrücken 1168 durchaus zu denken, zumal die historische Situation eine Schutzvogtei der Saarbrücker Grafen über das Kloster Blidenfeld wahrscheinlich macht[99].

d. Bemerkungen zur Baugestalt der Turmburg

Eine Raubgrabung innerhalb des Wirtschaftsbaues gab 1988 Anlaß, dort eine klärende Sondage durchzuführen, die zu weiteren Schnitten im Bereich des Wohnturmes und des Torturmes führte. Die Restaurierungen der letzten Jahre haben verschiedentlich in die archäologische Substanz eingegriffen, aber nicht zu einer entsprechenden Dokumentation der freiliegenden Profile geführt. Eine dringend notwendige, für 1991 vorgesehene, abschließende Konservierung droht weitere Substanz undokumentiert zu zerstören, deren Ausmaß durch die Sondagen ermittelt werden sollte. In allen Schnitten konnte festgestellt werden, daß die Fundamentierung bis auf den genannten Wirtschaftsbau direkt auf dem Felsen gründet. Während die Toranlage unmittelbar auf dem Felsen aufsitzt, wurde der gewachsene Boden an der Nordostecke des Wohnturmes erst bei 2,20 m Tiefe unter Terrain angetroffen.

– *Der Wohnturm:* Der 13,33 x 13,33 m große Wohnturm ist bei einer Mauerstärke von 2,55–2,60 m im Untergeschoß rund 4,90 m über Sockelkante an der Außenseite erhalten. Das Mauerwerk des ersten Obergeschosses springt auf der Innenseite 16 cm zurück und ergibt so eine Mauerbreite von 2,39–2,44 m, bei einer erhaltenen Höhe von ca. 1 m. Ergibt sich für das Untergeschoß eine lichte Weite von 8,18 x 8,13 m, so hat das erste Obergeschoß eine Weite von 8,50 x 8,45 m. Auch für die weiteren Geschosse wurden die Mauerstärke entsprechend verjüngt. Stein rechnet vor allem aus statischen Gründen nur mit zwei Obergeschossen mit anschließender Plattform und Zinnenkranz[100]. Bei der Frage nach der ehemaligen Höhe drängt sich der etwas jüngere, aber mit 12,50 x 13,20 m Grundfläche nahezu identische Wohnturm von Dreieichenhain, Kr. Offenbach, geradezu auf[101]. Dieser Turm hat bei einer Mauerstärke von 2,55 m eine erheblich problematischere Gründung als der Schlösselturm und ist mit fünf Geschossen noch 22 m hoch erhalten. An diesem Beispiel wollen wir den Schlösselturm messen. Das Untergeschoß zeigt nur an der Südseite drei schmale Lichtschlitze

99 Zuletzt R. Engels, Palatia Sacra 3, 1988, 121. Es ist allerdings nicht auszuschließen, daß auch andere Ereignisse wie etwa der Rheinfeldzug Herzog Friedrichs II. von Schwaben 1116–1118 zu einer Zerstörung der Burg geführt haben könnten.

100 Stein (Anm. 3) 111. Wenn er allerdings von vier Geschossen spricht, die bei Wohntürmen die Regel seien, so ist seine Angabe mißverständlich.

101 C. Bronner, Wohntürme im Volksstaat Hessen. 2. Teil. Mainzer Zeitschr. 29, 1934, 14ff. – K. Nahrgang, Ein befestigter Jagdhof ottonischer Zeit. Studien u. Forsch. 9, 1963, 243ff.

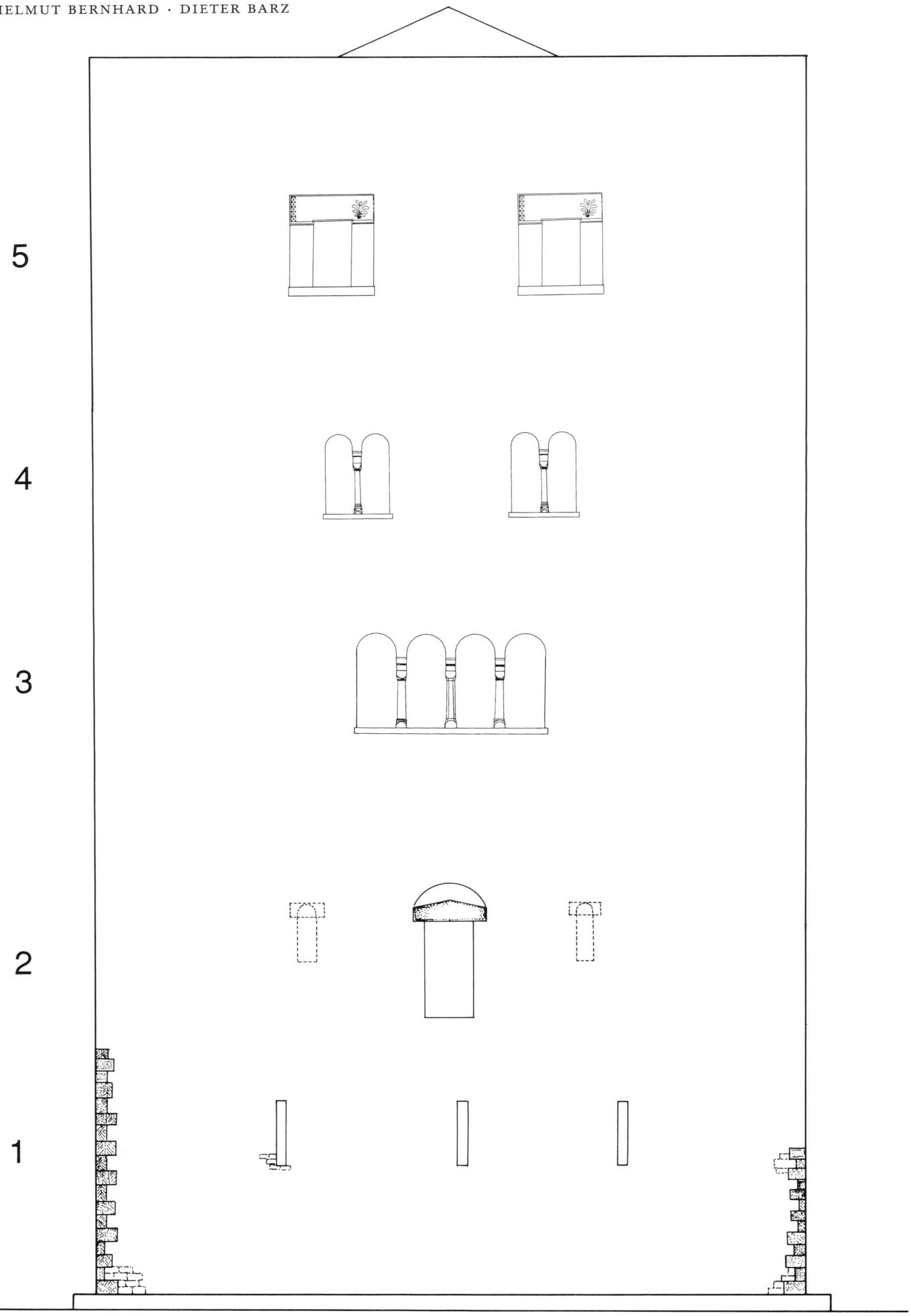

Abb. 14 Klingenmünster, »Schlössel«. Salische Turmburg. Rekonstruktionsbild des Wohnturmes: 1 Untergeschoß, Südseite. – 2 Erstes Obergeschoß, West- oder Ostseite. – 3 Zweites Obergeschoß, Ostseite und alle Seiten(?). – 4 Drittes Obergeschoß, alle Seiten (?). – 5 Viertes Obergeschoß, alle Seiten (?).

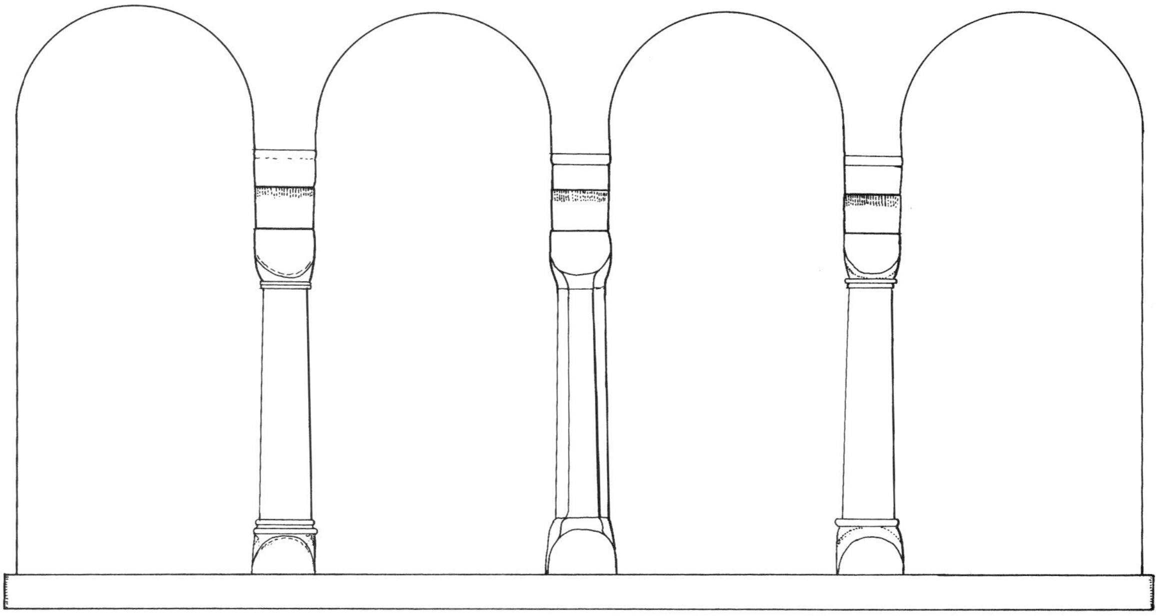

Abb. 15 Klingenmünster, »Schlössel«. Rekonstruktionsversuch des »Saalfensters« an der Ostseite des Wohnturmes unter Verwendung der gefundenen Bauteile.

(Abb. 14). Der erhöhte Zugang kann nur an der West- oder Ostseite gelegen haben, wahrscheinlicher im Osten integriert mit dem Vorbau. Als Türsturz dürfte einer der beiden erhaltenen trapezoiden Monolithe gedient haben [102]. Anzunehmen sind ferner kleine Fenster, deren Gewände nicht erhalten geblieben sind. Im zweiten Obergeschoß dürfte der repräsentative Saal gelegen haben. An der Ostseite fand Mehlis einen Kämpferstein sowie drei Säulen mit Würfelkapitellen und -basen. Das Fragment einer Fensterbank mit Mühlespiel aus der Grabung Sprater stammt offensichtlich von der gleichen Stelle. Die drei Säulen haben gleiche Länge und gehören offenbar zu einer vierteiligen Fensterkonstruktion (Abb. 15). Die Schallfenster der Kirche von Kippenheim/Baden zeigen die Möglichkeit einer entsprechenden Säulenkombination [103]. Die quadratische Aussparung an der Fensterbank kann lediglich eine Basis der beiden Rundsäulen, aber nicht die achtkantige Mittelsäule aufnehmen, so daß die mindestens 75 cm lange fragmentierte Bank nur an der Gewändeseite des Vierfachfensters gesessen haben kann. Da nur an der Ostseite entsprechende Architekturteile gefunden wurden, ist unklar, ob diese Fensterlösung an allen vier Seiten bestanden hat. Im dritten und vierten Obergeschoß mögen kleinere Fenster gesessen haben. Dort können auch die kleinen Basen mit Eckzehen Verwendung gefunden haben. Die chronologischen Probleme dieser allgemein jüngeren Basenform wurden schon erörtert. Der rechteckige Türsturz mit Kerbschnittverzierung (Abb. 16) läßt nur eine 70 cm breite Öffnung zu, so daß er eher als Abdeckung eines Fensters im Obergeschoß gedient hat, wenn er überhaupt vom Wohnturm stammt, was nicht zu belegen ist. Darüber folgt die Brüstung mit oder ohne Zinnen und wohl ein aufgesetztes Pyramidendach. Bei einer somit rekonstruierten Höhe von 24 m läßt sich ohne weiteres das 1,5 km südöstlich gelegene Kloster erkennen [104].

102 Arens (Anm. 97) 80 mit Anm. 61 erwähnt zwei unverzierte Stürze mit 140 cm Länge, 40 bzw. 55 cm Höhe und 45 bzw. 25 cm hoher Seitenkante. Erhalten ist inzwischen nur noch ein Stück im südöstlichen Burghof.

103 K. List, Nachrichtenbl. Denkmalpflege in Baden-Württemberg 5, 1962, 51 ff.

104 Anders A. Decker, Die Benediktinerabtei Klingenmünster von der Merowinger- bis zur Stauferzeit. Archiv f. Mittelrhein. Kirchengeschichte (im folgenden AmrhKG) 2, 1950, 52.

Abb. 16 Klingenmünster, »Schlössel«. Sturz über einem Fenster?

– *Der Anbau:* An der Ostseite des Turms ist in die Ringmauer ein Anbau integriert, der bei 13 m Länge eine lichte Breite von 4,40 m aufweist. Gegen den Wohnturm ist keinerlei Verzahnung festzustellen, wohl aber eine Verbindung zur Ringmauer, die an dieser Stelle von 1,10 m um 0,25 m verstärkt ist. Der Zugang lag im Süden und ist über das Innenhofniveau um gut 1,20 m erhöht. Der Anbau ist sicherlich dem Wohnturm zugeordnet und kann als »Vorbau« (forebuilding) entsprechend normannischen Wohntürmen in Frankreich und England bezeichnet werden[105]. Als außergewöhnlich kann dieser Vorbau angesehen werden, da ein solcher u. W. bisher im deutschen Sprachraum nicht festgestellt wurde[106]. Die Hauptaufgabe lag wohl im Schutz des erhöht liegenden Wohnturmeinganges. Die von Sprater festgestellte Herdstelle[107] und eine Vorrichtung im Nordteil, deren genauer Zweck ohne Grabung nicht zu klären ist, aber wohl als Abflußrinne für Wasser angesehen werden darf, könnte vielleicht auf eine Nutzung des Untergeschosses als Küche hinweisen.

– *Der Torturm:* Dem Torturm, der ebenfalls mit der Ringmauer verzahnt ist, wurde offenbar eine große Bedeutung beigemessen (Abb. 17). Darauf weist sein aufwendiger Bauschmuck hin. Neben kleinen Schrägsockeln an seinen drei Ecken (an die vierte schließt direkt die Ringmauer an) und in den beiden Tordurchgängen besitzt er an der äußeren Ansichtseite eine sorgfältig bearbeitete Verkleidung aus großen Quadern mit Randschlag und gepicktem Spiegel. Derartige Quader finden sich auch an der

105 Stein (Anm. 3) 113 sieht darin ein Burghaus, das eine fortifikatorische Schwächung des Wohnturmes bedeutet, die durch die dort fehlende Verzahnung wieder ausgeglichen wurde.

106 Englische Beispiele: Rochester, Castle Rising, Scarborough, Heddigham und Newcastle upon Tyne.

107 Sprater, Schlößl u. Schloßeck (Anm. 25) 2.

Abb. 17
Klingenmünster, »Schlössel«.
Rekonstruktionsversuch des Torturmes.

Nordostecke des Turmes zum Innenhof hin. Von den Torbögen haben sich nur noch die stark beschädigten Torwangen und ein gerade noch erkennbarer Kämpfer am inneren Tor (Breite 2,06 m) erhalten. Unglücklicherweise wurden bei den Restaurierungen 1935 am äußeren Tor (Breite 2,26 m) zwei Türgewände eingebaut, die einen falschen Eindruck erwecken. Eine Aussage über die Höhe des Torturmes ist nicht ohne weiteres möglich. Zwar legt die Mauerstärke von 1,00 bis 1,15 m auf den ersten Blick eine geringe Höhe nahe, aber ein Vergleich mit dem im Untergeschoß gleichartigen Doppelportalturm von Landau-Wollmesheim zeigt, daß hier bei einer Mauerstärke von 0,85 m und einer Höhe von 16 m ein Verhältnis von 1 : 19 erreicht wurde[108]. In Anlehnung an den Turm der Burg Rougemont in Exeter/Devon[109] kann durchaus von einem zwei bis dreigeschossigen Torturm mit einer Höhe von ungefähr 8 bis 12 m ausgegangen werden. Der Kirchturm von Wollmesheim zeigt die besten Parallelen zu den Torturmresten des Schlössel auf. Sein Untergeschoß hat zwei 2,38 m beziehungsweise 2,20 m breite Rundbogenportale. Die Gewände zwischen Sockel und Kämpfer bestehen meist, wie beim Schlössel, aus einer Platte mit sauberem Randschlag. Außen ist die Westseite mit »Blend-«Quadern mit Schichthöhen bis zu 65 cm Höhe verkleidet, die alle in »spätsalischer« Manier gepickte Flächen mit Randschlag aufweisen. Im Obergeschoß wechselt das Mauerwerk in Eckquader und weniger sorgfältig bearbeitete Kleinquader.

108 KDM (Anm. 1) Landau 347ff. und freundl. Mitt. Dr. Finke, LfD Mainz.

109 Der Torturm wird um 1070 datiert (Youngs, Clark, Barry, Medieval Britain and Ireland in 1985). Medieval Archaeology 30, 1986, 129; 131. Über weniger aussagekräftige Bausubstanz verfügen die etwa zeitgleichen Tortürme von Baldenstein, Kr. Sigmaringen; Lützelburg/Zorn, Dép. Moselle; Caen, Dép. Calvados; Castle Acre, Norfolk, und Plessis Grimoult, Dép. Calvados.

– *Wirtschaftsbau:* Es ist deutlich zu erkennen, daß das leicht trapezoide Gebäude von 7 x 5 m Größe an die Ringmauer angebaut ist. Die Steinformate entsprechen völlig denen der Ringmauer. Bei den bisherigen Grabungen wurden alle Schichten, die mit der Nutzung des Gebäudes in Zusammenhang standen, abgetragen. Aufgrund der tieferliegenden, noch erhaltenen Schichtabfolge bestand zunächst eine Feuerstelle und eine durchlaufende Kulturschicht (Laufschicht), möglicherweise unter einem Schuppen; dann wurden zu einem späteren Zeitpunkt der Steinbau errichtet und später, nachdem durch mangelnde Fundamentierung Bauschäden eintraten, zumindest am Eingang Reparaturarbeiten durchgeführt. Außerhalb des Baues waren unter einem Aushubhügel zwei Laufhorizonte des Hofes erhalten geblieben. Der obere bildet eine 2–4 cm dicke Kulturschicht, die an den Bau anstößt, die untere, die aus zwei zusammen 10–24 cm dicken Bändern besteht, läuft unter der Ostwand des Baues durch, ist also älter. In den unteren Kulturschichten waren Schlackenreste eingelagert, die wohl von einer Schmiede stammen.

e. Zu den Wällen in der Vorburg (vgl. Abb. 12)

Wall 1 war schon immer in seinem gesamten Verlauf von Tor 2 nach Norden gesichert. Wall 2 hingegen ist gemäß der Aufmessung von Lehnert/Sprater merkwürdig abgeschnitten. Ohne einer geplanten Höhenschichtmessung vorzugreifen, läßt sich der Verlauf – wenn auch schwach – über die gesamte Vorburgbreite verfolgen. Damit bilden die beiden Wälle eine Art Torgasse. Allerdings befinden sich die Gräben jeweils auf der Außenseite des an sich zu schützenden Torgassenbereiches, so daß hier in der Deutung sicher noch nicht das letzte Wort gesprochen ist.

f. Zum Fundmaterial

Der Fundbestand ist minimal[110]. Während von den Mehlis-Grabungen außer den Bauspolien derzeit keine Funde greifbar sind, stammen von den Sprater-Grabungen einige Scherbenfunde, darunter ein bemalter Kugeltopf Pingsdorfer Art, zwei eiserne Schlüssel, ein vergoldetes Beschlagblech, eine Knochenflöte, drei qualitätvolle Knochenschnitzereien wohl in Gerätefunktion, und als Rohmaterial ein Stück von einer Geweihstange. Sprater erwähnt ferner einen Mühlstein aus dem Wirtschaftsbau. Die Funde stammen ausnahmslos aus der Verfüllung des Wohnturmes und gehören wohl in die letzte Benutzungsphase[111].

6. Die »Madenburg« bei Leinsweiler, Kr. Südliche Weinstraße

Unweit des Schlössel liegt jenseits des Kaiserbachtales auf beherrschender Höhe die langgestreckte Burganlage, deren Bestand neben der staufischen Kernburg weitgehend durch Renaissancebauten bestimmt wird[112]. Bauspuren salischer Zeit lassen sich nicht erkennen. 1076 wird eine *Parthenopolis* als Versammlungsort der Fürstenopposition gegen Heinrich IV. genannt. 1112/1113 erscheint ein *castrum beate Marie* in einem Manifest Heinrichs V. gegen Erzbischof Adalbert von Mainz. Man erkennt mit guten Gründen in beiden Nennungen die Madenburg. Offenbar war die schon 1076 bestehende Anlage im Investiturstreit unter Umgehung des königlichen Besitzanteiles allein in bischöfliches beziehungsweise dynastisches Eigentum übergegangen. A. Doll ist dafür eingetreten, daß auch die Madenburg ebenso wie der Trifels in Händen des Diemar gewesen sei, der als Neffe des Bischofs Johann von Speyer

110 Sprater, Schlößl u. Schloßeck (Anm. 25) bemerkt die Fundarmut, die auch durch die neuen Sondagen bestätigt wird. Vielleicht war die Burg immer nur mit einer geringen Mannschaft besetzt, oder hatte eine gute Abfallentsorgung.

111 Keramikfunde sowie »bearbeitete Knochen« aus der Grabung Mehlis sind im Hist. Mus. Speyer unter Inv. S. M. 46 (1933) inventarisiert, aber derzeit nicht greifbar. Die Restfunde tragen die Inv. Nr. 1926/43 und 4 (1939). Eine Vorlage erfolgt an anderer Stelle.

112 KDM (Anm. 1) Landau 238 ff.

anzusehen sei und somit zur Familie der Zeizolf-Wolfram gehöre, die als Grafen am Oberrhein den Saliern an sich allzeit gute Dienste geleistet hatten[113].
Damit wird für das letzte Drittel des 11. Jahrhunderts wie beim Trifels eine Burganlage in extremer Lage bezeugt.

7. Der »Trifels« bei Annweiler, Kr. Südliche Weinstraße (Abb. 18–19)

Diese Burg spielt im pfälzischen Bewußtsein eine ganz besondere Rolle. Die Bezeichnung als »Gralsburg« im Untertitel der ersten Führungshefte[114] drückt diesen Zeitgeist deutlich aus. Die zeitweise Aufbewahrung der Reichskleinodien sowie die Bedeutung für die staufische Reichsgeschichte machten die Stätte in den 30er Jahren geradezu zu einem idealen deutschnationalen Sinnbild. Aus dieser Stimmung heraus muß auch der weitgehend freie Wiederaufbau der Burg verstanden werden. Die Neubaumaßnahmen haben den vorstaufischen Bestand weitgehend überformt. Erhalten ist auf der Ostseite auf 135 m Länge die Einfriedung der spätsalischen Unterburg mit zahlreichen Anbauten[115]. Von der Oberburg sind nur wenige salische Mauerzüge bekannt geworden, so daß ein Aussehen der Burg etwa um 1100 nicht zu rekonstruieren ist. Wir meinen allerdings, daß die salische Mauer hinter der staufischen Verblendung[116] kaum zum Palas, sondern oder doch eher zur Abstützung des überhängenden Felsens gedient hat. Daß auf dem Felsen ein salischer Wohnbau-Palas gestanden hat, soll nicht bestritten werden. Vielleicht gibt der merkwürdig zweigeteilte Fels mit einem oberen und unterem Plateau einen Hinweis auf einen Standort des »Palas« im Westen auf der oberen Fläche[117]. Die Frage nach der Gründung der Burg ist kontrovers. Sprater ging noch von einem direkten Ersatz für die aufgegebene Limburg aus, kam also auf einen Zeitansatz nach 1025 für den ersten Ausbau in Stein, der eine Holzburg des 10. Jahrhunderts ablöst[118]. Nun sind die Belege für diese Holzburg mehr als mager und bedürften über die wenigen Pfostenlöcher in der Unterburg hinaus eines archäologischen Beleges vor allem in der Oberburg. G. Stein hat zuletzt die Anfänge der Burg zwischen 1040 und 1060 datiert[119] und den einzigen Beleg für salische Bauplastik, den schon erwähnten Sattelstein, in eine Umbauphase um 1100 gesetzt[120]. Nun liegen keinerlei weitere datierenden Belege vor, außer der historischen Überlieferung, daß ein *Diemarus de Triveils* die Burg 1081 vor seinem Eintritt in das Kloster Hirsau dem Gegenkönig Heinrichs IV., wohl Heinrich von Salm, übergeben hat[121]. Die Burg war also vor diesem Zeitpunkt in der Hand eines Gregorianers und salischem Zugriff entzogen. Für eine Frühdatierung um 1040 gibt es derzeit keine Belege, da das grobquadrige Mauerwerk an Unterburg und Oberburg in dieser Form sogar noch in staufischer Zeit als Fundamentunterbau der Nordmauer vor dem Palas anzutreffen ist[122]. Solange keine zeittypische Eckquaderung entweder mit Zierschlägen für die Zeit vor 1030 oder mit Randschlag und abgearbeitetem Spiegel für die spätere Zeit nachweisbar ist, bleibt eine Feindatierung problematisch. Sollte sich die salische Kerbschnitt-Verzierungsweise an Bauplastik wie gewohnt von dem Horizont »um 1100« nicht schon etwa nach 1060 oder früher datieren lassen, gäbe es von dieser Seite einen Zeitansatz, der nicht mit ständigen Neubauten operieren müßte[123].

113 Zuletzt A. Doll, Vögte und Vogtei im Hochstift Speyer im Hochmittelalter. Oberrheinische Studien 1, 1970, 262 mit weiterer Literatur.
114 Vgl. Anm. 25.
115 Eine Maueransicht gibt B. Ebhardt, Burg Trifels. Untersuchungen zur Baugeschichte (1938) 41 Abb. 31.
116 Vgl. zuletzt Sprater u. Stein (Anm. 95) 27 Abb. 11, oder G. Stein, Der Trifels – um 1193 bis 1195 eine »große Baustelle«? Mitt. Hist. Ver. Pfalz 83, 1985, 153 ff. mit Abb. 4 und 12.
117 In diesem Sinn auch B. Meyer, Zur Baugeschichte der Burg Trifels (Ungedr. Magisterarbeit Köln 1989). In der noch in Arbeit befindlichen Dissertation werden alle Details ausführlich erörtert. Freundl. Hinweis des Verf.
118 Sprater (Anm. 33) 69.
119 G. Stein, Pfälz. Heimat 22, 1971, 146 mit Druckfehler »1140–1160« statt »1040–1060«. – Ders. (Anm. 95) 48.
120 Stein (Anm. 116) 157 mit Abb. 5.
121 Fr. Sprater, Der Trifels die deutsche Gralsburg (1950) 14. – H. Werle, Der Trifels als Dynastenburg. Mitt. Hist. Ver. Pfalz 52, 1954, 111 ff. – Zur verwandtschaftlichen Beziehung dieses Diemar: Doll (Anm. 113) 263 mit Anm. 127.
122 Noch unpublizierte Grabung LfD, Speyer 1972. Eine salische Gründung der Untermauer wollen wir jedoch nicht völlig ausschließen.
123 Hier hilft natürlich kein kunsthistorisches Stilgefühl, sondern allein etwa durch Dendrodaten belegbare Fakten.

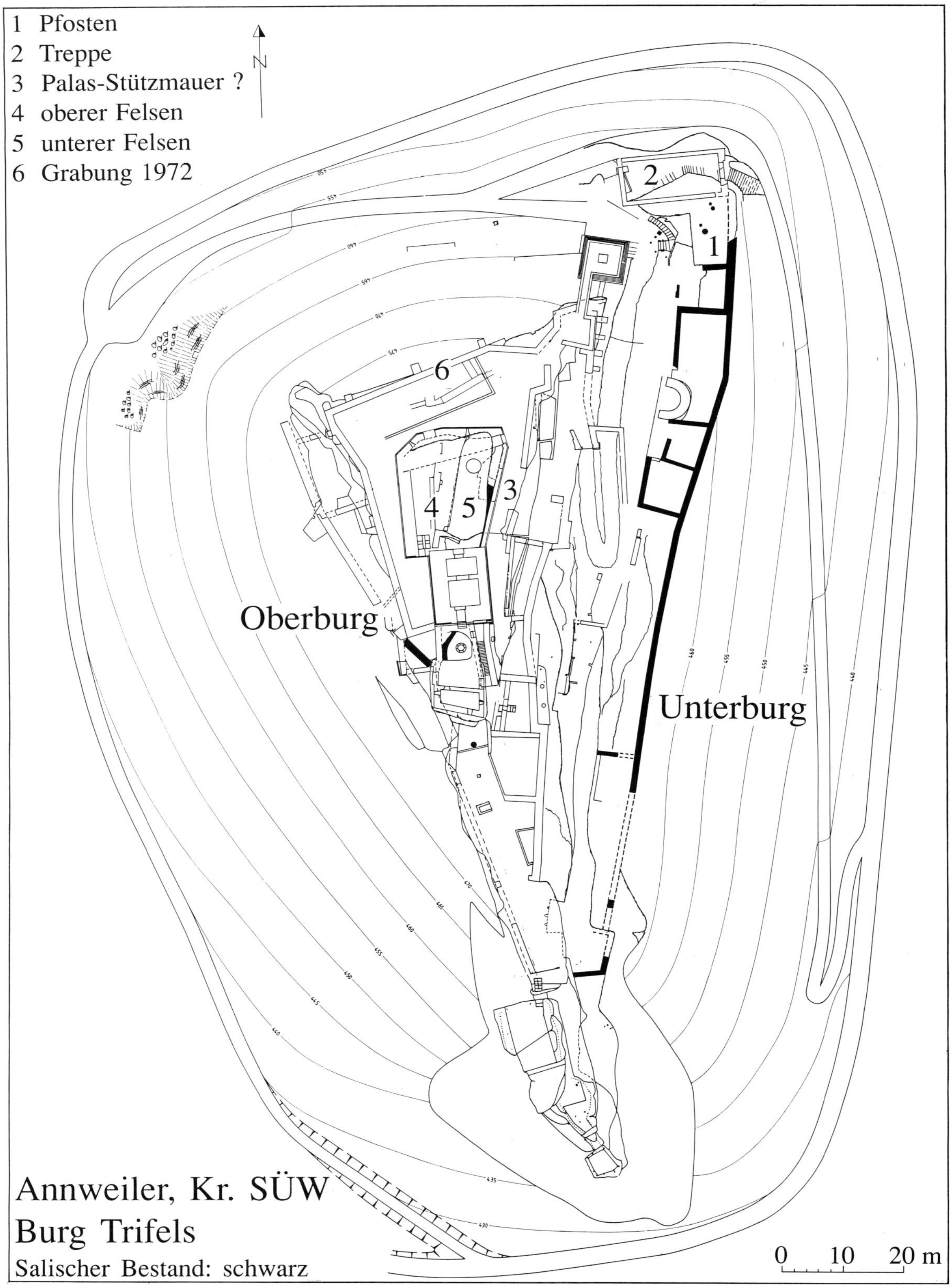

Abb. 18 Annweiler, Kr. Südliche Weinstraße, Burg »Trifels«. Baubestand. Salischer Bestand: schwarz.

Die verwegene Lage der Burg auf einem Felsriff zeigt einerseits den Beginn der Felsenburgen im Wasgau im 11. Jahrhundert, und andererseits über die beachtliche Ausdehnung der Unterburg erschließbar die Bedeutung dieser Anlage schon in salischer Zeit.

8. Burg »Neukastel« bei Leinsweiler, Kr. Südliche Weinstraße (Abb. 19–20)

An beherrschender Stelle oberhalb Leinsweiler liegt auf einem steil abfallenden Bergkegel der Burgfelsen. Da kaum noch Mauerreste erhalten sind, käme niemand auf den Gedanken, hier eine salische Gründung anzunehmen, erschiene nicht unter den Zeugen einer Speyerer Beurkundung Heinrichs V. 1123 ein *Heinrich von Nichastel*[124]. Zumindest seit spätsalischer Zeit ist daher eine Burg anzunehmen, die eine wichtige Straßenverbindung, die schon in römischer Zeit bestand, in Richtung Trifels sicherte. In staufischer Zeit stand auf dem Felsplateau ein ca. 20 x 6 m großer wohl palasartiger Bau, der vielleicht in die salische Periode zurückreicht, oder durch einen Neubau ersetzt wurde. Die ringförmig um den Felsen ziehende Unterburg wurde wohl erst seit staufischer Zeit ausgebaut. In die Frühzeit der Burg gehört ein breiter Halsgraben mit vorgelagertem Wall, der den Burgkegel vom Hinterland abriegelte.

9. Die »Wiligartaburg« bei Wilgartswiesen, Kr. Pirmasens (Abb. 21–22)

Im oberen Queichtal an der wichtigen Salzstraße vom Oberrhein nach Lothringen[125] liegt 2 km nordöstlich des Ortes am Fuß eines kleinen Seitentälchens ein rund 25 m hochaufragendes Felsriff, auf dem sich eine früh abgegangene Burg befindet (Abb. 21). Die Benennung »Wiligartaburg« geht auf das 19. Jahrhundert zurück, zuvor findet sich nur die Bezeichnung »Altes Schloß«. Zwischen 1971 und 1974 nahm sich die Arbeitsgruppe Ehescheid/Rohner der Burganlage an und untersuchte mit gutem Erfolg das Plateau nach Bebauungsresten. Im Bereich der steinernen Gebäude wurden lediglich einige Schnitte angelegt, so daß die dort angetroffenen Befunde nur stark ergänzt zu interpretieren sind[126].

Das 95 m lange und bis zu 15 m breite Riff ist in mehrere Plateaustufen gegliedert, die zwischen 4, 6 und 9 m Höhendifferenz aufweisen. Nach den Untersuchungen der Ausgräber ließen sich folgende Bauperioden feststellen[127]:

1. Holzburg (10./frühes 11. Jahrhundert)
2. Erster Ausbau in salischer Zeit (11. Jahrhundert)
3. Zweiter Ausbau in staufischer Zeit (Mitte 12. Jahrhundert)
4. Dritter Ausbau in nachstaufischer Zeit (2. Hälfte 13. Jahrhundert) mit Auflassung der Burg im ausgehenden 13. Jahrhundert

Vor allem die 1. Periode verdient besonderes Interesse. Wie schon beim Trifels angedeutet, sind frühe Holzburgen in der Pfalz ein beliebter »Topos«. Nur konnte bisher an keiner Stelle ein überzeugender Beleg dafür vorgebracht werden, was bei der desolaten Forschungssituation allerdings nicht verwunderlich ist.

Auf dem nahezu 45 m langen, mehrfach gestuften Südplateau lassen sich Pfosteneinhauungen und Riegelgräbchen von Bohlen, die zwischen die Pfosten eingestellt waren, nur an den Plateaukanten nachweisen (Abb. 22). Mehrfach zeigten sich unterschiedlich alte Einhauungen, die auf Reparaturen oder Umgestaltungen hindeuten. Um hier eine Bebauung rekonstruieren zu können, müßten auch auf den

124 Lehmann (Anm. 14) 160.

125 Fr. Sprater, Die Salzstraße. In: Rings um den Horeb. Heimatbeilage der Pirmasenser Zeitung 1, 1951, 9.

126 W. Ehescheid, Die Wiligartaburg bei Wilgartswiesen. Hrsg. Pfälzerwaldverein, Ortsgruppe Wilgartswiesen (1984) mit Forschungsgeschichte und Literatur.

127 Die noch 1974 postulierte karolingische Gründung beruhte auf einer Kombination historischer Überlieferung mit der Analyse der Keramikfunde, zu der eine Vielzahl renommierter Keramikforscher ihre Expertisen gegeben hatten: W. Ehescheid, Die »Wiligartaburg« – ein karolingischer Herrensitz. Pfälz. Heimat 25, 1974, 121 f. – Berichtigte Chronologie: W. Ehescheid u. A. Rohner, Heimatkalender für das Pirmasenser und Zweibrücker Land 1983, 170 ff. – Dies., Pfälzer Heimatbuch 1 (1988) 299 ff.

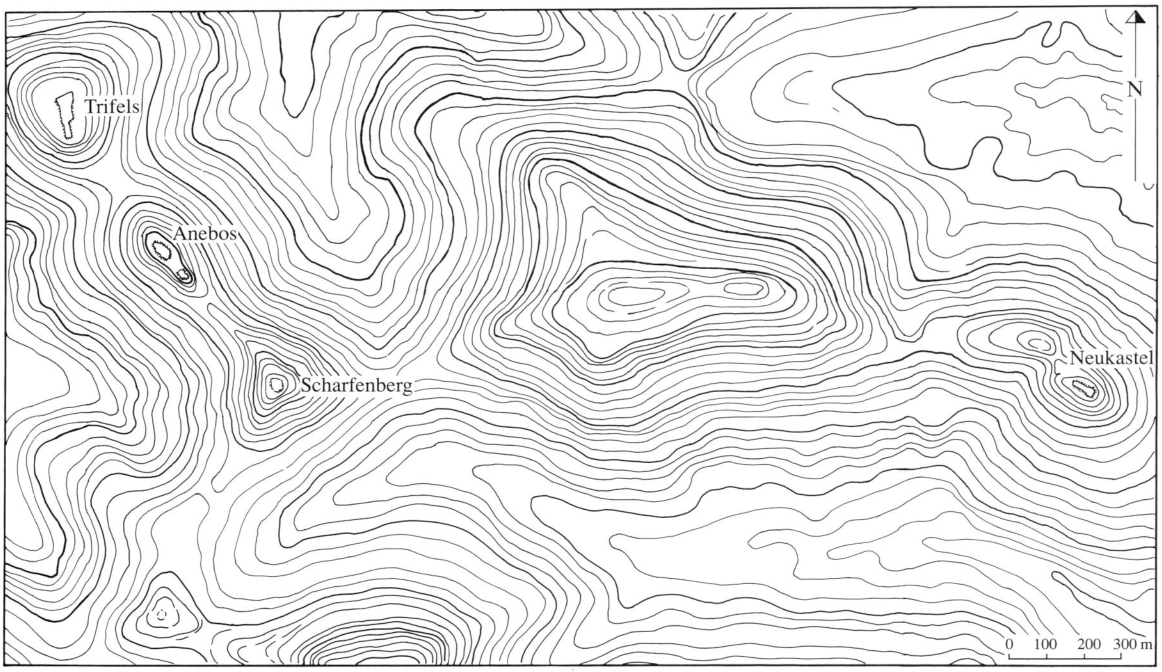

Abb. 19 Topografie des Burgenumfeldes »Trifels-Neukastel«.

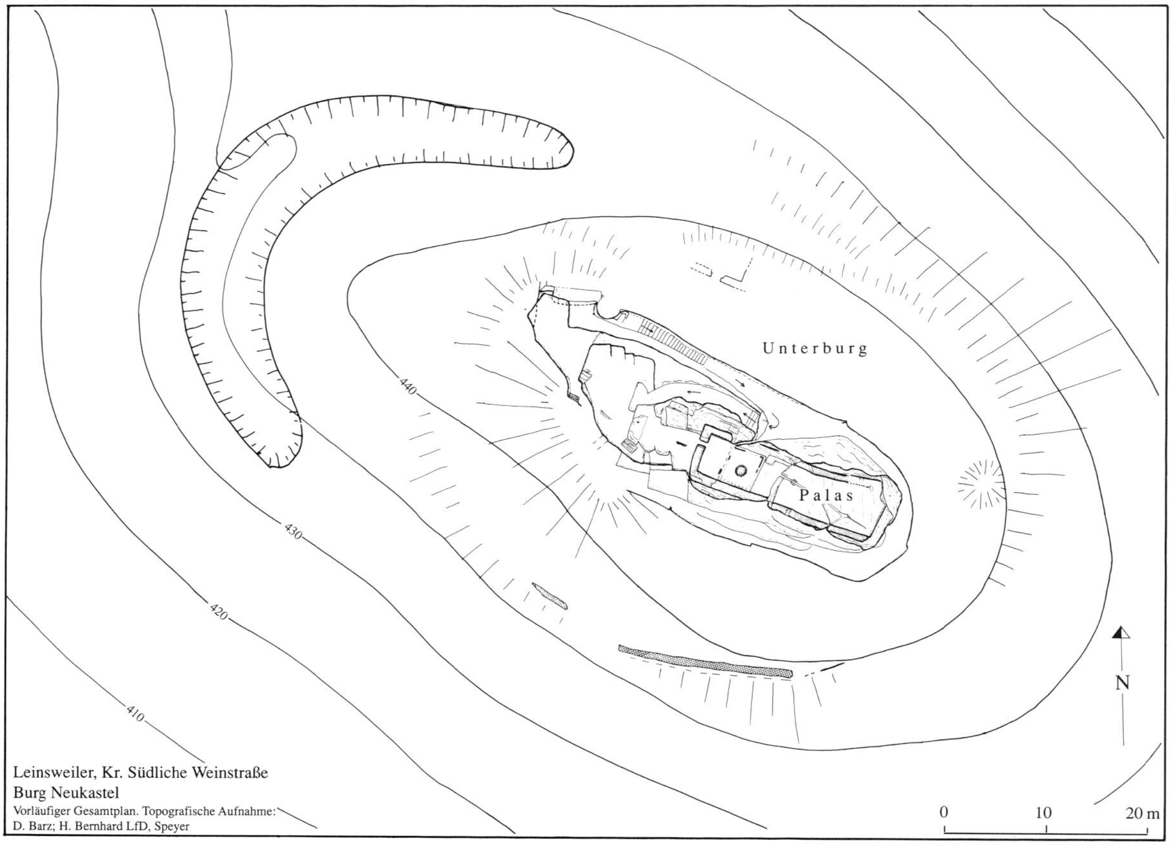

Abb. 20 Leinsweiler, Kr. Südliche Weinstraße, Burg »Neukastel«.
Vorläufiger Bestandsplan der seit salischer Zeit bestehenden Burg.

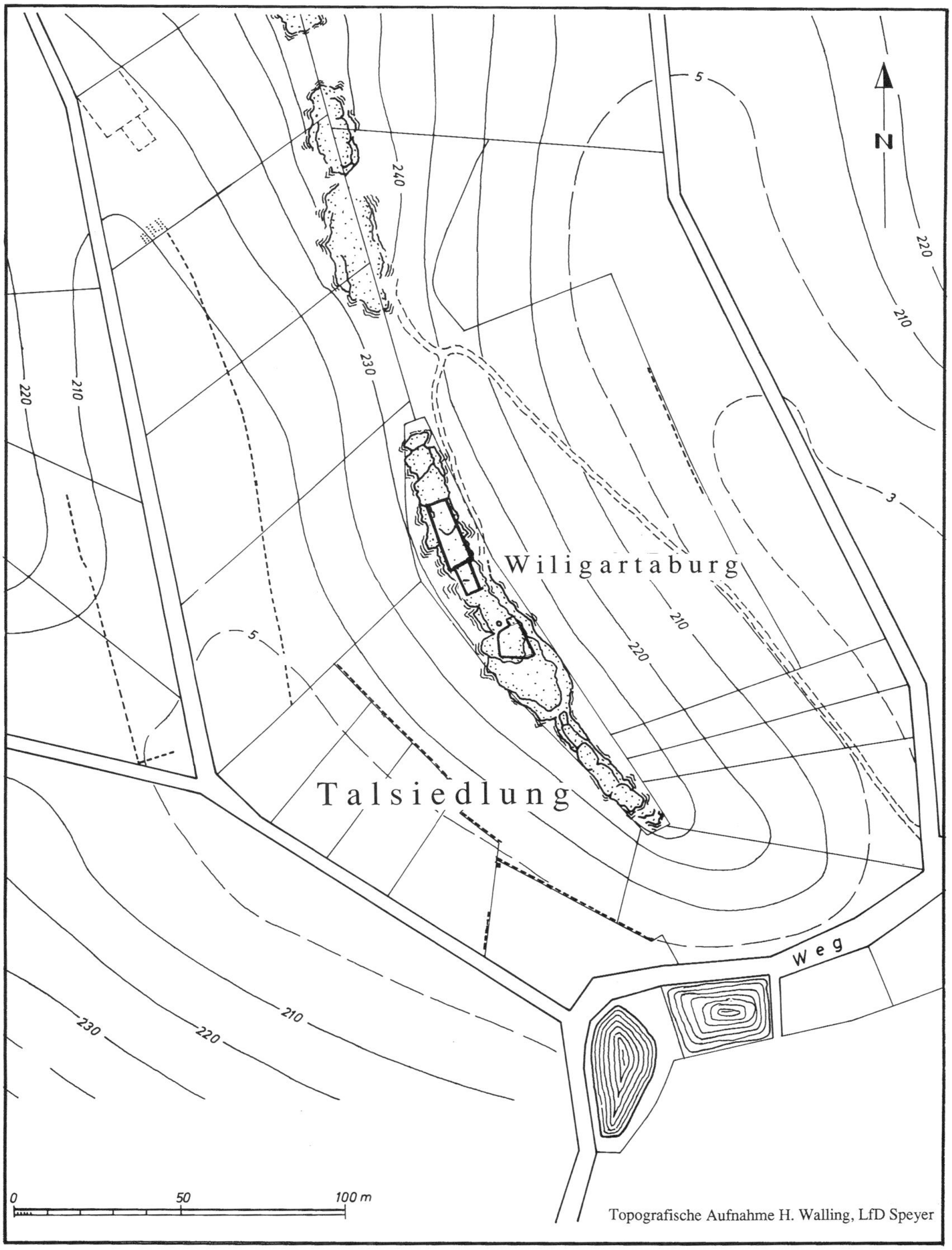

Abb. 21 Wilgartswiesen, Kr. Pirmasens, »Wiligartaburg« mit Talsiedlung.

Innenflächen entsprechende Befunde nachzuweisen sein; dies ist jedoch auszuschließen. Nahezu alle Einhauungen deuten hingegen auf hölzerne Balustraden hin, die durchaus auch Wehrcharakter haben konnten, aber in erster Linie der Sicherheit der Bewohner dienten. Auf dem oberen Plateau südlich der Zisterne wird die Balustrade von einem späteren Steinbau ersetzt. Die Gleichzeitigkeit der Balustrade mit der Steinbauphase wird durch einen Befund auf dem oberen Plateau gesichert. Dort stoßen die Einhauungen an die Südwest- und die Südostecke des Wohnbaues an. Sollte jedoch eine hölzerne Vorgängerphase unter den Steinbauten auszuschließen sein – dort konnte nicht flächig gegraben werden –, so ist die frühe Holzburg eine Fiktion.

Die Datierung der drei nachweisbaren Steinbauten bereitet Schwierigkeiten. Beginnen wir mit dem 20 m langen und bis 9 m breiten »Palas-«Bau auf dem rund 4–6 m tieferliegenden Nordplateau. Die Mauerstärke von rund 1,75 m erlaubte eine mehrgeschossige Anlage von beträchtlicher Dimension. Aufgrund von Mauerstärke und Lage steht offenbar sein Wehrcharakter im Vordergrund. So ist nicht auszuschließen, daß es sich hierbei um einen »wehrhaften Wohn- und Saalbau« handeln könnte, einen Bautypus, der bisher nur wenig herausgearbeitet worden ist und neben dem Typ »Wohnturm« sicherlich eine wichtige Rolle spielte, wobei die Grenzen zwischen beiden Bautypen fließend sind[128]. Die Mauern bestehen aus dem typischen Kleinquadermauerwerk, das durchaus mit dem des salischen Trifels vergleichbar ist. Nun datieren die Ausgräber das Mauerwerk und damit den Palas wegen eines »wiederverwendeten Eckquaders« salischer Zeit sogar in nachstaufische Periode. Dies ist nicht zwingend. Vielleicht bestand an dieser Stelle ein Ausgang zur anschließenden Plateaufläche, so daß hier ein größerer Quader durchaus seine Berechtigung hatte. Wir halten den Befund für salisch oder allenfalls frühstaufisch. Daß seit Mitte des 12. Jahrhunderts Umbaumaßnahmen durchgeführt wurden, beweist ein Buckelquader am Übergangsbereich von Palas zu Wohnbau. Dieser Bau hatte eine Wandstärke von 1,30 m und überbaute eine Fläche von ca. 11 x 5 m. Das zeitliche Verhältnis beider Bauten ist nach der Befundlage nicht zu klären; eine Gleichzeitigkeit ist wahrscheinlich. Ein Bergfried scheidet aus, da sonst ein Zugang zum Palas nicht, oder nur mit Schwierigkeiten möglich gewesen wäre. Vielleicht war dort der Aufgang zum Palas integriert. Der dritte Bau südlich der Zisterne mit ca. 50 cm breiten Mauern trug vielleicht nur einen Fachwerkaufbau. Jedenfalls steht die Zisterne, die unmittelbar an die Nordwand des Gebäudes anschließt, mit diesem Bau in einem funktionalen Zusammenhang. Wahrscheinlich gehören Zisterne und Bau in die jüngste Bauperiode des 12.–13. Jahrhunderts. Zwischen Treppe 3 und 4 deuten Abarbeitungen im Felsen ein weiteres Gebäude an.

Der ursprüngliche Zugang erfolgte von der Westflanke zur Südspitze und von da über Treppen auf das untere Plateau. Der jüngere Zugang machte erhebliche Abarbeitungen im Felsen notwendig und gehört vielleicht erst in das fortgeschrittene 12. Jahrhundert. Da eine Holzburg nach der Befundlage auszuschließen ist, dürfte der mächtige Palas und der schmalere Wohn- und Treppen(?)-Bau doch der spätsalisch/frühstaufischen Gründungsphase angehören. Die Konsequenzen für die Keramikdatierungen werden noch zu erörtern sein.

Unterhalb der Burg im westlich anschließenden Seitentälchen lag ein Wirtschaftshof, von dem mehrere zyklopische Trockenmauern stammen dürften. Keramikfunde belegen eine intensive Besiedlung.

Der Burgbereich gehört wie der gesamte Raum zwischen Rinnthal und Hinterweidenthal zur 828 dem Kloster Hornbach übereigneten Stiftung der Wiligarta[129]. Die uneingeschränkten Nutzungsrechte bis zur Einrichtung der Herrschaft Falkenburg im 13. Jahrhundert werden beim Kloster gelegen haben. Der in einer Zeugenliste des Klosters 1163 genannte Ministeriale *Sewrid von Willegartewisen* könnte durchaus mit unserer Burg in Verbindung stehen[130].

128 Beispiele: Chepstow, Baldenstein, Langeais und Habsburg. Zum Typus »wehrhaft-repräsentative Saalgeschoßhäuser« vgl.: P. Frey, Die Habsburg im Aargau. Bericht über die Ausgrabungen von 1978–83. Argovia 98, 1986, 23 ff., wobei hier leicht der falsche Eindruck entsteht, es könnte sich um ein reines Saalgebäude – Palas, Aula – ohne Wohnfunktion handeln.

129 A. Neubauer, Regesten des ehemaligen Benediktiner-Klosters Hornbach. Mitt. Hist. Ver. Pfalz 27, 1904, 5 f. Nr. 14. – Zur räumlichen Abgrenzung der Stiftung: E. Christmann, St. Pirminius und Pirminiuslande im Licht der Namensforschung. AmrhKG (Anm. 104) 5, 1953, 77 ff.

130 Neubauer (Anm. 129) 16 Nr. 41. – In diesem Sinn auch Rohner u. Ehescheid (Anm. 21) 300.

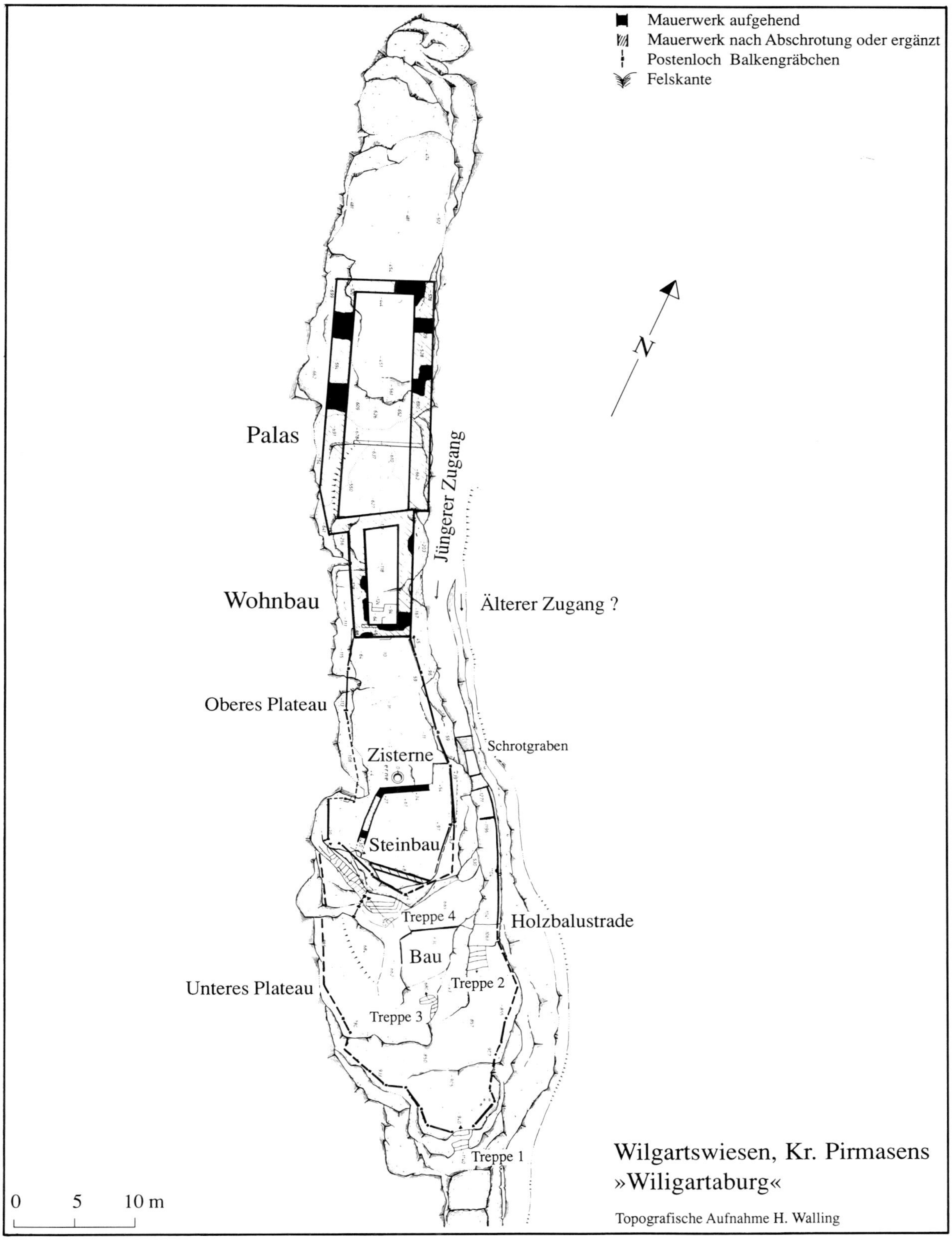

Abb. 22 Wilgartswiesen, Kr. Pirmasens, »Wiligartaburg«.

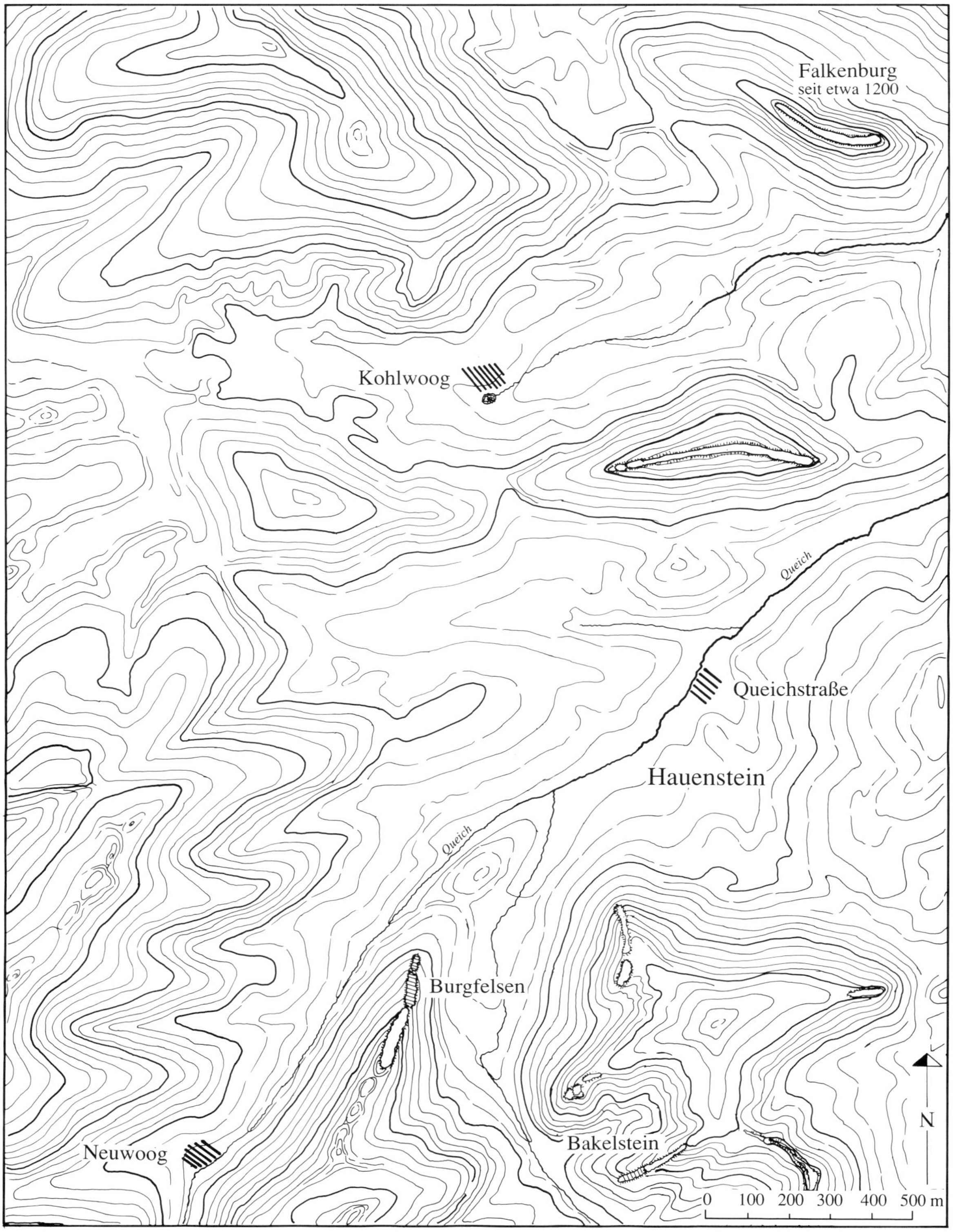

Abb. 23 Siedlungskammer Wilgartswiesen/Hauenstein mit Siedlungen »Neuwoog«, »Kohlwoog«, »Queichstraße« und den Burgen »Burgfelsen«, »Bakelstein« und »Falkenburg«.

10. Die Siedlungskammer Wilgartswiesen/Hauenstein – Der »Bakelstein« bei Hauenstein, Kr. Pirmasens (Abb. 23)

Bei der Frage nach der Existenz von »Holzburgen« bleiben wir im gleichen Betrachtungsraum. Unweit südlich von Hauenstein, nur ca. 700 m südöstlich des oben schon besprochenen »Burgfelsens«, befindet sich auf der gegenüberliegenden Talseite ein langgezogenes Felsriff von ca. 35 m Höhe. Ein Plateau von etwa 30 m Länge bietet sich als Siedlungsfläche an. Einzelne Pfosteneinhauungen, die unter der dünnen Humusdecke sichtbar sind, bezeugen eine Holzbebauung unbekannter Art. Steine, Mörtel oder gar Spuren von Abschrotungen, die auf ehemals vorhandene Steinbauten hindeuten, fehlen. Von der Nordseite aus besteht über einen ausgeschrotenen Aufgang eine Zugangsmöglichkeit. Dort befindet sich auch eine erweiterte Felsenkammer, die an der Vorderseite durch eine Pfosten-Bohlenwand geschützt war[131]. Einige Scherben gelber Drehscheibenware deuten auf eine Benutzung vor dem 13. Jahrhundert[132]. In der Volkssage gilt der Bakelstein als Jagdschloß Barbarossas. Wenngleich beim derzeitigen Forschungsstand eine Gründung in salischer Zeit nicht erwiesen werden kann, scheint dieser Punkt im Augenblick zweifelsfrei die einzige Holzburg in dieser Region zu sein[133].

Der enge räumliche Bezug zur Abschnittsbefestigung auf dem »Burgfelsen« läßt an eine unterschiedliche Zeitstellung denken.

Die nur 600 m südwestlich davon gelegene karolingische Hofsiedlung am Neuwoog läßt die Vermutung aufkommen, daß die Befestigung auf dem Burgfelsen auch in diese Zeit gehören könnte. Allerdings kann die Siedlung, wie zu erwarten, über das 8./9. Jahrhundert hinaus bestanden haben[134], so daß der oben gegebene Zeitansatz im 10. Jahrhundert doch wahrscheinlicher ist. Zwei weitere karolingische Höfe liegen südlich und nördlich der Queich in der »Queichstraße« in Hauenstein und »Am Kohlwoog« bei Wilgartswiesen. Auch bei diesen Stellen reichen die Funde derzeit nicht aus, um einen Bestand im 10. und 11. Jahrhundert zu belegen. Weitere unentdeckte Siedlungen sind durchaus zu vermuten. So ist die *curtis Willigartawisa ... cum ecclesia* der Wiligartastiftung von 828 noch nicht lokalisiert. Jedenfalls zeigen die archäologisch gesicherten Belege zusammen mit der Wiligartastiftung eine erschlossene Siedlungslandschaft seit dem 8. Jahrhundert an der Grenze vom Speyer- zum Bliesgau.

Exkurs zur Keramik des 10. bis 12. Jahrhunderts in der Südpfalz (Abb. 24)

Durch die intensive Tätigkeit der Arbeitsgruppe Rohner/Ehescheid ist aus dem Bereich des oberen Queichtales eine beachtliche Menge hochmittelalterlicher Keramik zutage getreten, welche die Verfasser in verschiedenen Aufsätzen vorgelegt und auch chronologisch gegliedert haben[135].

Hier interessiert die als »Wiligartaburg-Keramik« bezeichnete Ware.

Nach dem Auslaufen der karolingischen gelben Drehscheibenware um 900 spaltet sich die Keramikentwicklung in der Pfalz in viele kleinräumige Gruppen auf. Bislang ist es noch nicht gelungen, Formenschatz, Verbreitungsraum und Chronologie dieser Gruppen auch nur hinreichend zu klären. Der südpfälzische Raum südlich der Queich hält noch bis gegen 1200 an der karolingischen Technik der gelben Drehscheibenware fest, während nördlich davon, wohl bis nach Rheinhessen, unmittelbar die ältere grautonige Drehscheibenware einsetzt. Im Bergland scheinen noch einmal andere Entwicklungen stattzufinden. Vor allem zieht von der Nahe- und Glangegend ein weiter Verbreitungsgürtel mit echten Kugeltöpfen über Nordpfalz und Saarland bis nach Lothringen. Im Raum um den Donnersberg finden wir um die Jahrtausendwende bis in das 11./12. Jahrhundert dunkelgraue Linsenbodenware mit recht

131 Eine Aufmessung des Burgbereiches ist vorgesehen.

132 Rohner u. Ehescheid (Anm. 21) 307.

133 Eine ähnlich bizarre Burglage zeigt der Altschloßfelsen bei Eppenbrunn, Kr. Pirmasens, der offenbar erst um 1200 mit Stein-Buckelquadern ausgebaut wurde. Die Befunde sind unpubliziert.

134 A. Rohner u. W. Ehescheid mit einem Vorwort von Kw. Kaiser, Karolingische Siedlungsfunde bei Hauenstein/Pfalz. Mitt. Hist. Ver. Pfalz 72, 1974, 63 ff. – Zu einer wohl jüngeren Gruppe gehört offensichtlich die Scherbe bei Rohner u. Ehescheid (Anm. 21) 311, 5. Scherbe von oben.

135 Vgl. Anm. 21 und 134.

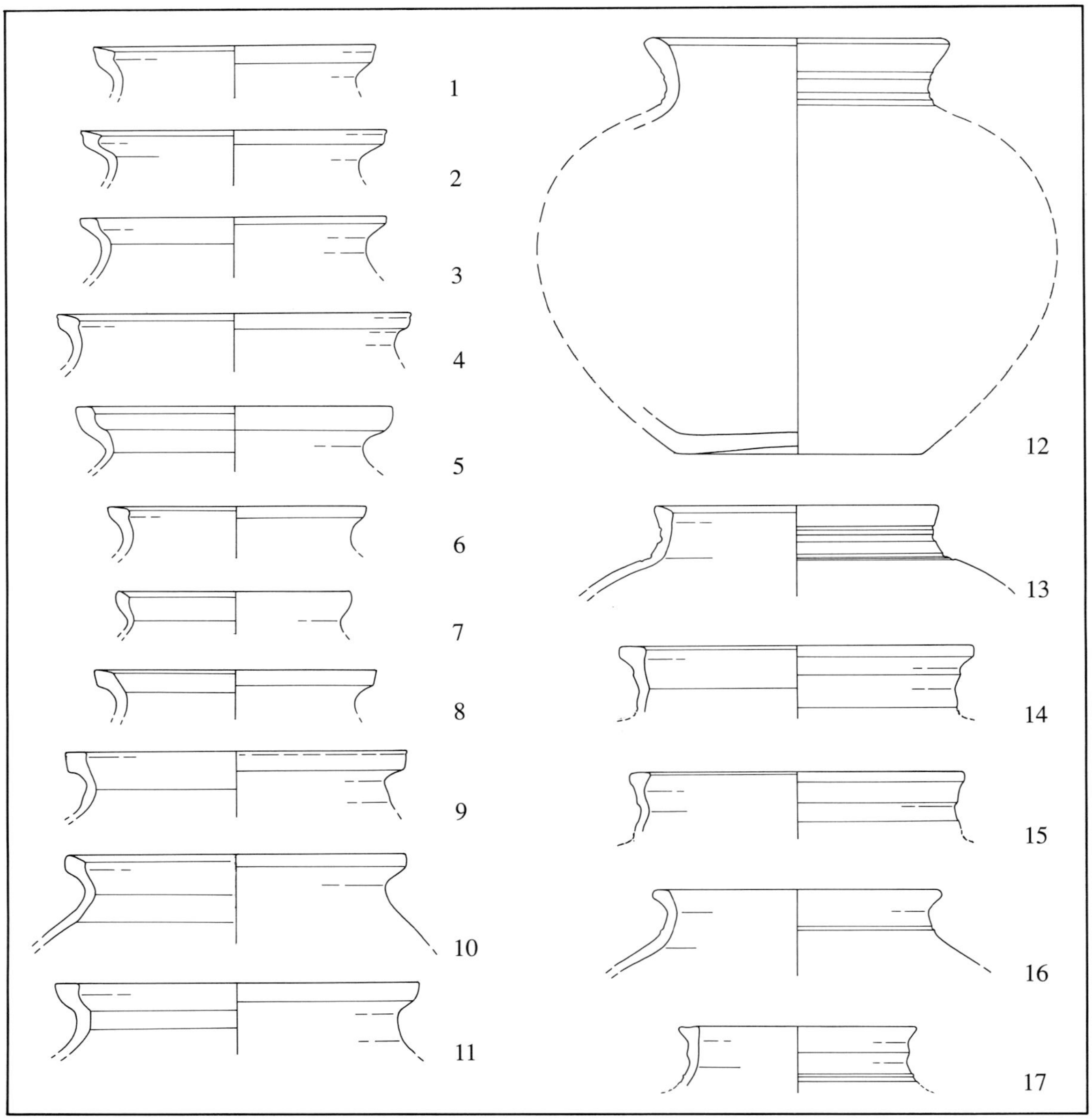

Abb. 24 Keramiktypen: 1–11 »Wiligartaburg-Keramik« (n. Ehescheid/Rohner). – 12–17 »Schlössel-Keramik«. – M = 1 : 3.

kugeligen Profilen, aber unprofilierter Hals- und Randzone, die eine weitere, eigenständige Gruppe darstellen[136].

Das obere Queichtal wird auch wegen seiner weitgehenden Zugehörigkeit zum Speyergau in seiner Keramikbelieferung von der Oberrheinebene aus bestimmt worden sein. Wie weit dies zutrifft, wird die folgende Betrachtung zeigen. Schon die Keramik aus dem Raum um Rodalben/Steinenschloß scheint einer eigenständigen Bliesgaugruppe anzugehören[137].

136 Erste Ergebnisse zur pfälzischen Keramikchronologie und -verbreitung wurden durch H. Bernhard schon 1983 in einem Vortrag im Rahmen der Tagung des Süd- und Westdeutschen Verbandes für Altertumsforschung in Tübingen vorgetragen. Eine Ausarbeitung soll an anderer Stelle erfolgen. Wurde die Keramik aus der mittelalterlichen Nutzung der keltischen Viereckschanze auf dem Donnersberg durch den Ausgräber zunächst in das 9. Jahrhundert gesetzt (H. J. Engels, Der Donnersberg I. Die Viereckschanze. Grabung 1974/75 [1976] 23 ff.), so datierte er sie kürzlich – allerdings ohne Begründung – in das 10./11. Jahrhundert: H. J. Engels, Mitt. Hist. Ver. Pfalz 83, 1985, 26.

137 Frdl. Mitt. der Bearbeiterin A. Kluge-Pinsker, Mainz.

Die Aufarbeitung von Funden aus dem frühsalischen - frühstaufischen »Schlössel« ließ nun erwarten, daß auch dort die typische »Wiligartaburg-Keramik« auftreten würde. Dies ist nicht der Fall. Hier kommt ausschließlich in allen Komplexen nur ältere gelbtonige Drehscheibenware vor, die wir nun als »Schlössel-Keramik« bezeichnen wollen. Diese Keramik hat meist einen gekantet abgestrichenen Rand und eine typische Halsriefung und fast ausschließlich Standböden. Diese Ware erscheint in ganz Südwestdeutschland und ist als Typ »Stetten« in die Literatur eingeführt[138]. Diese Form ist nach bisherigen Zeitvorstellungen im ausgehenden 11. Jahrhundert entstanden und für das 12. Jahrhundert typisch. Im 13. Jahrhundert wird sie von der grautonigen Ware mit Band- und Leistenrändern abgelöst. Auch im pfälzischen Bereich ist die Form an anderen Fundstellen als oxidierend gelb-hellgraue Ware wie als reduzierend graue Ware nachweisbar[139]. Im südpfälzischen Raum macht die Form gegen 1200 den Wechsel in der Brenntechnik zur grauen Ware mit, wie ein Vergleich von Töpfereifunden aus Billigheim-Ingenheim mit solchen aus Rheinzabern deutlich zeigt[140].
Ehescheid und Rohner datieren ihre »Wiligartaburg-Keramik« vor allem unter dem Eindruck von vorsalischen Holzburgen auf dem Trifels oder der Wiligartaburg in das 10.–11. Jahrhundert. Nun läßt diese Ware mit ihren meist innen gekehlten und dreieckig ausgezogenen Rändern, aber stets unprofilierter Halszone, durchaus eine typologische Fortführung karolingischer Randformen erkennen. Es gibt aber ebenso Ränder, die mit stark abgekanteten Profilen die Formentwicklung des beginnenden 13. Jahrhundert spüren lassen und dies ist fast die Masse der Formen. Dennoch ist die Trennung der Formen zwischen »Wiligartaburg« und »Schlössel« auffällig, da in den Burgen »Trifels« und »Anebos«, um nur einige zu nennen, Keramik beider Formengruppen auftritt[141]. Dort ist die »Schlössel-Keramik« sogar schon in grauer Ausführung der Zeit um oder nach 1200 vorhanden. Zumindest im pfälzischen Bereich dürfte die »Schlössel-Keramik« schon vor 1000 auftreten, wie eine Aufarbeitung hochmittelalterlicher Keramik aus Speyer jüngst ergeben hat[142]. Zur Lösung der verzwickten chronologischen Probleme hilft nur die Auswertung geschlossener Fundkomplexe, die derzeit nicht vorliegen.
Es scheint allerdings so, daß die »Wiligartaburg-Keramik« von den vorliegenden Fundplätzen her kaum vor das 11. Jahrhundert datiert werden kann, aber durchaus ein weites Zeitspektrum umfassen muß – etwa von ausgezogenen bis zu kräftig gekanteten Rändern, da die innen gekehlten und gekanteten Ränder in gleicher Art bei Becherkacheln des 12.–13. Jahrhunderts auftreten. Warum diese Ware dann aber nicht auf dem Schlössel erscheint, das nach unseren Vorstellungen rund 130 Jahre (um 1030–1168?) bestanden hat, ist eigentlich nur mit speziellen Keramiklieferungen bestimmter Töpfereien zu erklären, die eben nur diese Ware gefertigt und zielgerichtet geliefert haben, selbst wenn man etwa die »Schlössel-Keramik« auf die letzte Nutzungsphase der Turmburg im ausgehenden 12. Jahrhundert beschränken wollte. Eine Lösung des Problems deutet sich dann an, wenn man im Queichtal eine eigene Keramikproduktion mit der »Wiligartaburg-Ware« annimmt, die schon nicht mehr in die Rheinebene verhandelt worden ist und aus diesen Gründen bereits auf dem Schlössel fehlt, denn in der Tat ist die »Wiligartaburg-Keramik« in der Rheinebene nicht oder nur ganz schwach vertreten[143]. Andererseits

138 Zuletzt U. Gross, Bemerkungen zur mittelalterlichen Keramikentwicklung im Raum zwischen Schwäbischer Alb und Neckarmündung (Ungedr. Diss. Heidelberg 1984) 114ff.

139 Etwa Landau-Queichheim: Fundberichte aus der Pfalz 1976–1977. Mitt. Hist. Ver. Pfalz 78, 1980, 104 Taf. 72, 5. 6. – Speyer, Stiftungskrankenhaus: H. Bernhard, Arch. Korrbl. 9, 1979, 101ff. Abb. 8, 15–23, dort noch in das 12. Jahrhundert datiert, wohl aber doch 11. Jahrhundert; vgl. dazu auch die Bemerkungen von U. Gross (Anm. 138) 116 oder H. Schenk, Die Keramik der Siedlung Speyer – »Im Vogelgesang« (Ungedr. Diss. Marburg 1988) 171. – Speyer-Vogelgesang: H. Schenk a. a. O. mit zahlreichen Beispielen – Speyer: R. Koch, Zeitschr. Arch. Mittelalter Beih. 4 (1986) 159ff. Abb. 4, 1. 2. – Obrigheim-Colgenstein: Fundberichte aus der Pfalz 1966–1970. Mitt. Hist. Ver. Pfalz 84, 1986, 148f. Abb. 40, 1. 2.

140 Fundberichte aus der Pfalz 1961–1965, 1978. Mitt. Hist. Ver. Pfalz 81, 1983, 166f. Abb. 6, 3–7. 10. – Rheinzabern: Publikation in Vorbereitung.

141 Trifels: Rohner u. Ehescheid (Anm. 21) 313 = »Wiligartaburg-Keramik«, »Schlössel-Keramik« unpubliziert; Anebos unpubliziert.

142 Schenk (Anm. 139).

143 In Speyer-Vogelgesang ist kaum etwas entsprechendes bekannt. Aus der Wüstung Landau-Queichheim stammen gerade zwei Profile: Fundberichte aus der Pfalz 1976–1977. Mitt. Hist. Ver. Pfalz 78, 1980, Taf. 72, 4. 9.

fehlt die »Schlössel-Keramik« im oberen Queichtal völlig. Auch unter den Funden der noch unpublizierten befestigten Siedlung »Klosterbrunnen« bei Lemberg, Kr. Pirmasens (Grabung Ehescheid 1976/77) sind keine Stücke vertreten.

11. Die Burgen Meistersel bei Ramberg, Kr. Südliche Weinstraße, und Kestenburg bei Neustadt-Hambach

Die beiden Burgen waren im 11. Jahrhundert im Besitz der mächtigen Familie der Zeizolf-Wolfram, die als Grafen im Speyergau salische Interessen vertraten. Über den letzten Vertreter der Familie, den schon genannten Bischof Johann von Speyer gelangten beide Burgen an das Hochstift Speyer[144]. Die Burg Meistersel, oberhalb des Modenbachtales gelegen, sicherte eine wichtige Wegeverbindung in das Annweiler Tal. In dem Baubestand läßt sich im Augenblick kein salischer Vorgängerbau erkennen[145]. Die Kestenburg bei Neustadt-Hambach liegt auf einem kegelförmigen Berg, vergleichbar mit Neukastel oder Stauf, und gewährleistet einen beachtlichen Fernblick in die Rheinebene. Kein Wunder, daß schon in karolingisch/ottonischer Zeit die Bergkuppe mit einem zyklopischen Ringwall umzogen wurde, der an Nord- und Westseite parallel zur Umwehrung der späteren Unterburg festgestellt werden konnte. In diese Zeit gehört wohl auch der Abschnittsgraben mit vorgelagertem Wall[146]. In diesem Ringwall wurde im 11. Jahrhundert die salische Burg errichtet, von der keinerlei Spuren mehr erhalten sind. Der gewaltige staufische Neubau hat die älteren Reste beseitigt[147].

12. Burg Winzingen bei Neustadt-Haardt (Abb. 25–26)

Die heute als Ruine teilweise erhaltene Burg in einem historisierenden Bau- und Gartenumfeld wird erstmalig 1248 genannt. Ein für 1146 bezeugter Berthold von Winzingen wird mit guten Gründen auf die schon bestehende Burg bezogen[148]. Der erhaltene Baubestand ist aber älter. Von der Gründungsanlage (?) ist vor allem die beachtliche Burgkapelle im Osten mit Apsis und Südwand in nahezu voller Höhe erhalten (Abb. 25). Der immer wieder abgebildete Grundrißplan der gesamten Burganlage enthält allerdings einige Meßfehler, die eine Interpretation der Burganlage erschweren[149]. Ein kürzlich von Th. Biller vorgelegter und nach eigenem Aufmaß gefertigter Plan trifft weitgehend das Richtige[150]. Danach stößt die Kapelle auf die Mittelachse des anschließenden Palas, dessen Breite bislang immer zu schmal angegeben wurde. Der Verlauf der bogenförmigen Wehrmauer setzt direkt an der Nordseite der Kapelle an und umschließt einen 33 m langen Innenhof. Durch die zwiebelschalenartige staufische Erweiterung mit einer Vergrößerung des Palas nach Westen wird der salische Befund an der Südwestseite gestört.

a. Ein salischer Wohnturm?

Anders als bei Biller zeigt der 12,80 m breite Wohnbau nur noch im Unterteil der Südostecke original salisches Mauerwerk. Die Nordostecke hingegen besteht schon aus staufischen Buckelquadern. Auch ist der salische Bering nur noch auf ein kurzes Stück original; der folgende Verlauf zeigt Mischmauerwerk mit spätsalischen Bindern in zweiter Verwendung. Dennoch dürfte der Verlauf der Mauer dem salischen Grundriß entsprechen. Ein Torzugang ist an der Nordseite wahrscheinlich. Unter der Voraussetzung,

144 Werle (Anm. 121) 124. – Remling (Anm. 12) I Nr. 70.
145 KDM (Anm. 1) Bergzabern 320ff.
146 Fundberichte aus der Pfalz 1966–1970. Mitt. Hist. Ver. Pfalz 84, 1986, 145ff.
147 J. Straub, Neuere Untersuchungen zur Baugeschichte des Hambacher Schloßes. In: Hambacher Schloß. Ein Denkmal der Deutschen Demokratie (1969) 43ff. mit überholten Datierungen. – Stein (Anm. 23) 264ff.
148 KDM (Anm. 1) Neustadt 168ff.
149 So auch jetzt G. Stein, Pfalzatlas Karte 137.
150 Th. Biller, Die Burgengruppe Windstein und der Burgenbau in den nördlichen Vogesen (1985) 182f. Der tatsächlich salische Bestand ist allerdings geringer, wie eigene Untersuchungen belegen. Bei Biller sind z. B. die Buckelquader an der Nordostecke des Palas deutlich eingetragen, sind aber nach der Legende salisch.

Abb. 25
Neustadt-Haardt, Burg »Winzingen«.
Salischer Bauzustand:
Schwarz: erhalten. –
Offen: ergänzt.

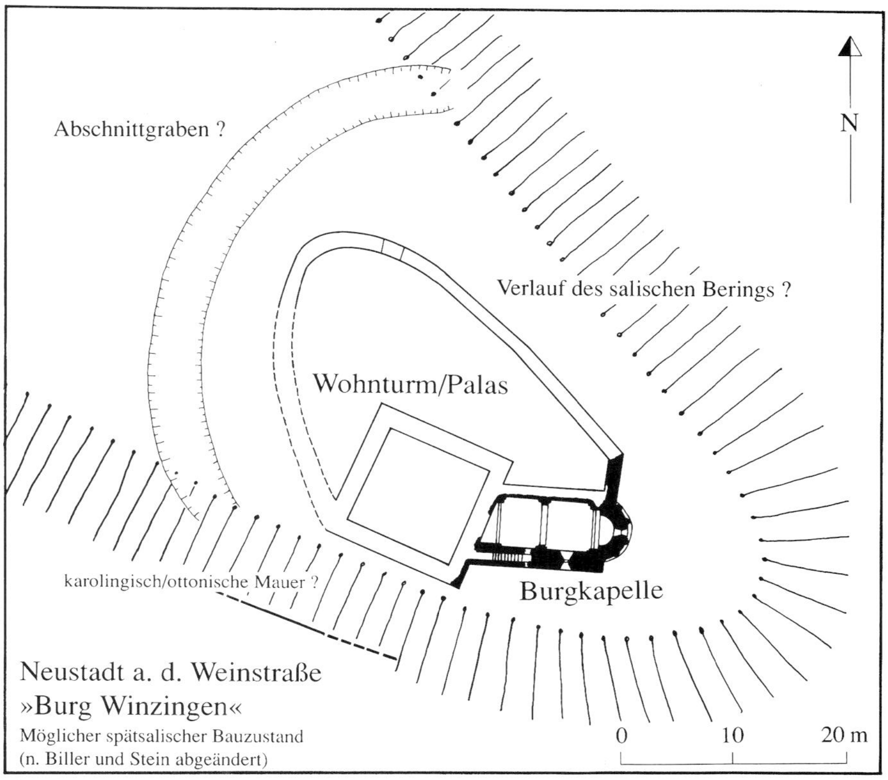

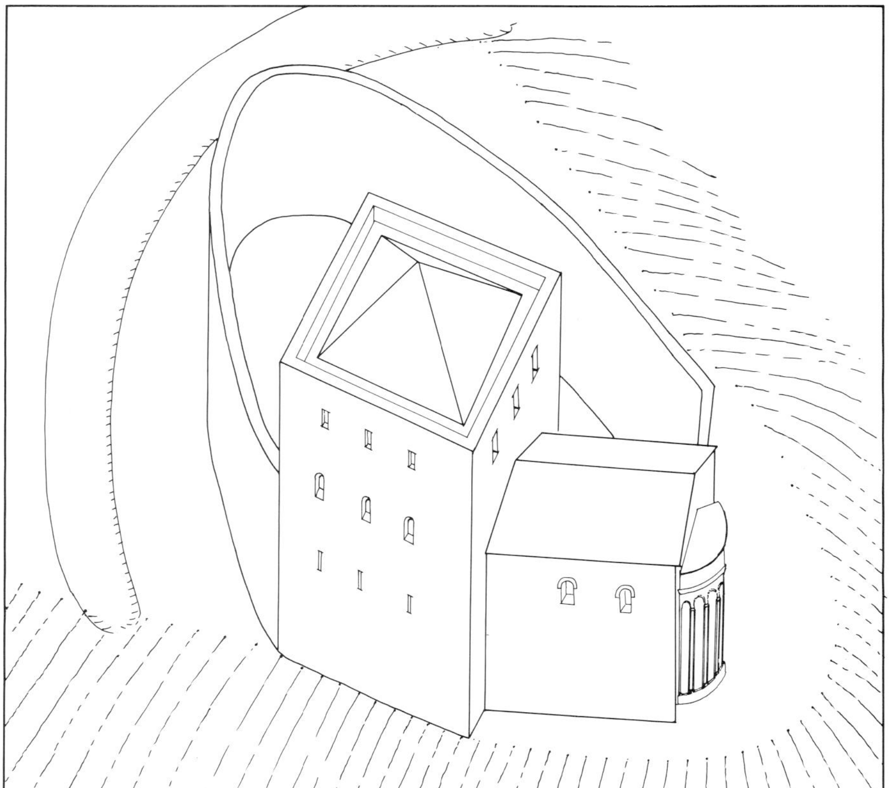

Abb. 26
Neustadt-Haardt, Burg »Winzingen«.
Ideenskizze zum salischen Bauzustand.

daß wie in staufischer Zeit die Kapelle ebenso auf die Mittelachse des salischen Palas bezogen war, ergibt sich für diesen Bau eine identische Breite von 12,80 m[151]. Die Länge des Baues wird vom möglichen Verlauf der Ringmauer bestimmt. Ein idealer Verlauf ohne Abwinklung der Wehrmauer läßt nur noch Platz für einen quadratischen Wohnturm, allenfalls für einen nur wenige Meter breiteren Palas, wie schon Biller richtig angedeutet hat. Der Bau muß eine erhebliche Höhe besessen haben, da die Kapellenwand schon gut 9 m Höhe erreicht. Selbst bei einem sehr flachen Dach müßte der Wohnturm mindestens noch mit einem Geschoß die Kapelle überragen, so daß für den Wohnturm eine Höhe von mindestens 18–20 m anzunehmen wäre (Abb. 26). Vom Innern der Kapelle führt in der Südwand eine Treppe zu einer Empore und vielleicht auch in den Wohnturm.

b. Die Burgkapelle

Mit 14 x 7 m Größe nimmt die Burgkapelle in Relation zur Gesamtburg eine beachtliche Größe ein. Durch die notwendige Ostausrichtung gegen den Wohnturm hin erhielt das dritte Joch nur eine Zwickelgestalt. Das westliche Joch trug ursprünglich eine Empore, deren Fußbodenniveau 4 m über dem Kapellenboden lag. Von der Empore gelangte man vielleicht nochmals über Stufen in das erste Obergeschoß des Wohnturmes, falls dieser nicht grundsätzlich nur von der Außenseite zugänglich war. Die Qualität der Kapellenarchitektur läßt Rückschlüsse auf die Gestalt der gesamten Burg zu. Das Vorbild des Speyerer Domes ist deutlich zu erkennen[152].

Die Burg wurde wohl nach Westen durch einen Halsgraben abgeriegelt. Jenseits des Grabens wird noch eine Vorburg gelegen haben, da das Platzangebot für Wirtschaftsbauten innerhalb der Umwehrung äußerst gering ist.

Von Wichtigkeit ist die bislang unbekannte Beobachtung von zyklopischen »keltischem« Mauerwerk, das um 1906 hinter einer Weinbergmauer am Südhang zutage trat und möglicherweise auf eine karolingisch/ottonische Befestigung hindeutet[153].

13. Die »Heidenburg« oder »Alte Burg« bei Neustadt-Gimmeldingen (Abb. 27)

Nicht zu verwechseln mit dem karolingisch/ottonischen »Heidenschlößchen« westlich des Ortes[154], liegt die salische Turmburg östlich auf dem Kieselberg, einem recht flachen Höhenzug, der lediglich nach Süden und Westen stark abfällt. Die Burg ist urkundlich nicht belegt und dürfte bereits im 14. Jahrhundert aufgelassen worden sein. Seit den Forschungen von Chr. Mehlis galt die Anlage als römischer Wachtturm. Erst Untersuchungen seit 1962 ergaben eindeutig eine mittelalterliche Burganlage, von der nur mehr der doppelkammerige Wohnturm bekannt wurde[155]. Von der vorauszusetzenden Umwehrung und weiteren Bauanlagen fehlen bislang alle Nachweise. Das Gelände wurde im 19. Jahrhundert durch Weinbergterrassierungen stark überformt, so daß die alte Geländegestalt nicht zweifelsfrei zu erkennen ist. Eine Einsenkung rund 40 m östlich des Turmes könnte dort einen Halsgraben andeuten, der dann eine ausgedehnte Plateaufläche für Wirtschaftsbauten und so weiter umschließen würde. Ausgegraben und leider sehr dilettantisch wieder aufgebaut ist ein 14,30 m langer und 11,80 m breiter Wohnturmteil mit 3,30 m breiten Mauern. Nach Westen laufen die Mauern in gleicher Breite weiter, so daß eine weitere, gleich große Kammer anzuschließen ist, zumal auf der Südseite noch in 5 m Abstand zur Westkante der Mittelmauer das Fundament der Südmauer nachweisbar ist.

151 Selbst der staufische Palas ist durch den Einbau eines wohl renaissancezeitlichen Gewölbekellers umgestaltet worden. Bislang wurde der Keller in das 12. Jahrhundert datiert; vgl. KDM (Anm. 1) Neustadt 170 f. – und auch Stein, Pfalzatlas Karte 137 – dagegen erstmalig Biller (Anm. 150) 182 mit Anm. 207.

152 KDM (Anm. 1) Neustadt 174. – Stein (Anm. 23) 31.

153 Frdl. Mitt. des Eigentümers, Honorarkonsul H. Sobirey, Neustadt. Man bedenke, daß in dieser Zeit die »Heidenlöcher« bei Deidesheim als keltische Siedlung fungierten und ähnliches zyklopisches Mauerwerk entsprechend datiert wurde; vgl. F. J. Hildenbrand u. Fr. Sprater, Pfälz. Mus. 25, 1908, 49 ff.

154 Fundberichte aus der Pfalz 1956–1960. Mitt. Hist. Ver. Pfalz 66, 1968, 93 mit Abb. 97.

155 Fundberichte aus der Pfalz 1966–1970. Mitt. Hist. Ver. Pfalz 84, 1986, 141 ff.

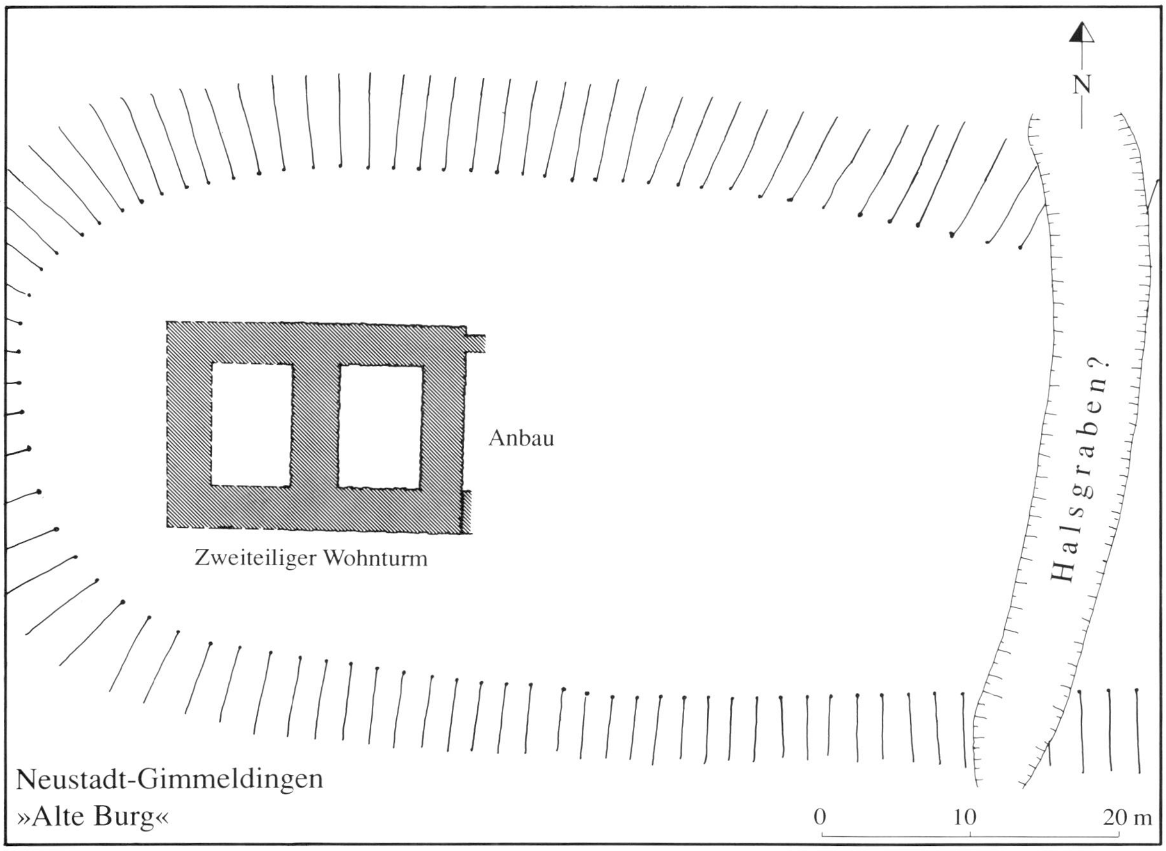

Abb. 27 Neustadt-Gimmeldingen, »Alte Burg/Heidenburg«. Salischer Wohnturm.

Danach stand auf der Spitze der Geländezunge ein Doppelkammerturm von 20 m Länge und 14,30 m Breite, an den im Osten ein weiterer Trakt mit 13,80 m Breite angebaut war. Die Frontschale des Turmes war weitgehend ausgebrochen, so daß nur an wenigen Stellen die Quaderung zu erkennen war. Die Lagen bestanden aus ca. 25 cm hohen und bis zu 50 cm langen Quadern mit grobem Randschlag und grob abgespitztem Spiegel. Der Wohnturm dürfte in spätsalischer Zeit errichtet worden sein und hatte, nach seiner Wandstärke zu urteilen, sicherlich eine beachtliche Dimension[156].

14. Burg Stauf, Donnersbergkreis (Abb. 28)

In beherrschender Lage thront zwischen Eisenberg und Ramsen auf einem Bergkegel die schon früh bezeugte Burg Stauf. Der 50 x 28 m große, auf drei Seiten steil abfallende Kegel ist im Norden durch einen breiten Halsgraben abgetrennt. Auf dem Burgkegel lag der älteste Teil der schon 1010 bezeugten Burg. Bauspuren des 11. Jahrhunderts sind nicht sichtbar[157]. Durch die Umgestaltung zu einem »Thingplatz« in den 30er Jahren wurde das Plateau zudem verändert. An der Südfront hat zumindest seit staufischer Zeit ein Palas gestanden und im Norden, wohl auf aufgeschüttetem Bereich, ein staufischer (?) Bergfried[158]. So wenig der gering erhaltene Baubestand wenigstens eine Abschätzung der salischen Burg zuläßt, so wichtig ist die historische Bedeutung. In einer Schilderung der Wunder, die sich zwischen 970

156 Zu doppelkammerigen Wohntürmen s. o. Oberstaufenbach.

157 KDM (Anm. 1) Kirchheimbolanden 303 ff.

158 Unpublizierte Beobachtungen Kw. Kaiser, Ortsakten LfD Speyer.

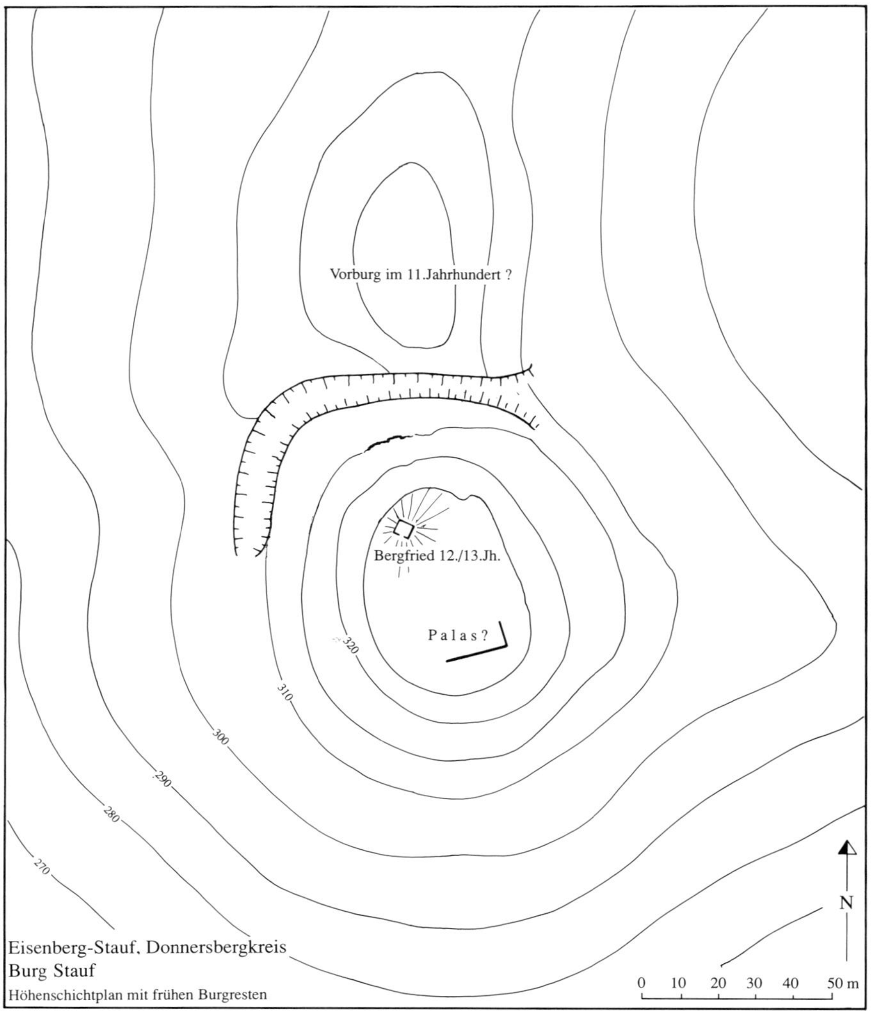

Abb. 28
Eisenberg-Stauf, Donnersbergkreis, Burg »Stauf«. Topografischer Plan.

und 1012 im widonisch/salischen Kloster Hornbach zugetragen haben, wird von dem überraschenden Tod des Sohnes von Herzog Konrad (I.) auf der Burg *Stoufenburc* berichtet[159]. Offenbar befand sich die Burg zu diesem Zeitpunkt schon im Besitz oder im Lehen der salischen Wormser Linie[160]. Damit wäre Burg Stauf neben der zeitgleichen Limburg und der möglicherweise im salischen Eigen befindlichen Otterburg die dritte nachweisbare Burganlage dieser Frühzeit.

15. Die Niederungsburg »Altbolanden«, Donnersbergkreis (Abb. 29–30)

Der Stammsitz des hochbedeutenden Ministerialengeschlechtes *von Bolanden* ist heute ein unscheinbarer Hügel von rund 55 m Durchmesser oberhalb des Goldbaches am Bolanderhof. Er ist neben der Burg Alsenborn die einzige erhaltene Niederungsburg in der Pfalz, die als »Motte« bezeichnet werden kann[161]. 1907/1908 fanden durch den Verschönerungsverein Kirchheimbolanden unter Leitung von Oberbaurat Schreiber Grabungen statt, deren Ergebnis unpubliziert geblieben ist. Erst in den 50er Jahren tauchten aus dem Bestand des Grundstückbesitzers Plankopien auf, die bislang ebenfalls nicht

159 H. Schreibmüller, Burg und Herrschaft Stauf in der Pfalz. 1. Teil: bis 1263. Wiss. Beil. z. Jahresber. kgl. hum. Gymnasiums Kaiserslautern für das Schuljahr 1912/13 (1913) 9ff.

160 Werle (Anm. 64) 240.

161 Zur noch zeitlich und funktional ungesicherten »Turmhügelburg« innerhalb des »Hüttengrabens« bei Ludwigshafen-Oggersheim: Fundberichte aus der Pfalz 1966–1970. Mitt. Hist. Ver. Pfalz 84, 1986, 124. Die Baugeschichte der vorderpfälzischen Niederadelsburgen – meist Wasserburgen – ist noch nicht erforscht.

Abb. 29
Bolanden, Donnersbergkreis,
Burg »Altbolanden«.
Grundriß nach den Grabungen
1907/1908:
Schraffiert: aufgehendes Mauerwerk. –
Offen: Fundamente. –
Unterbrochen: ergänzt.

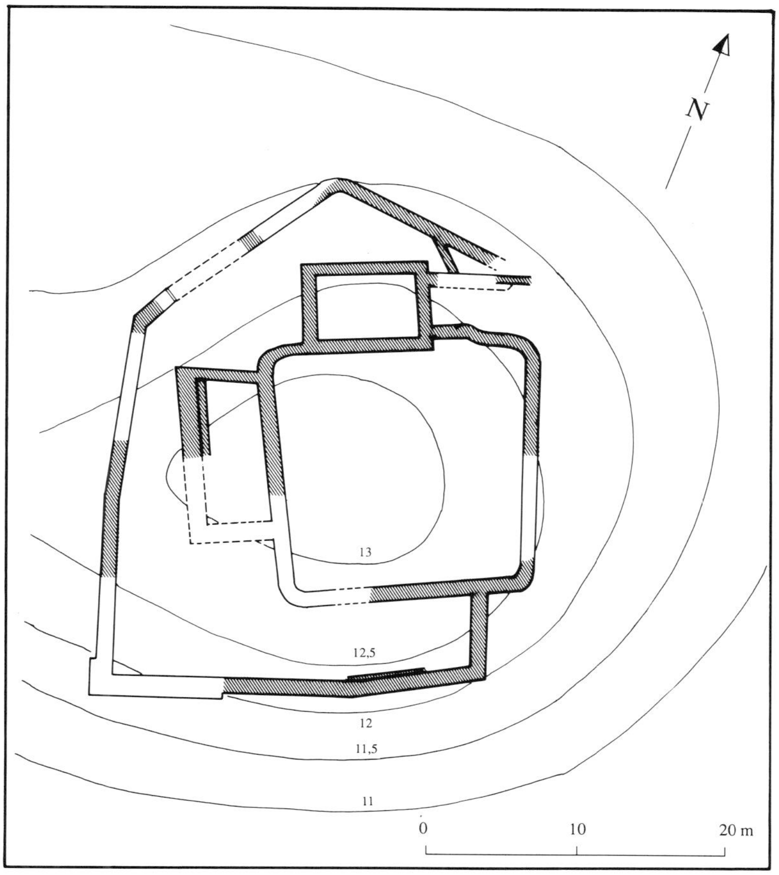

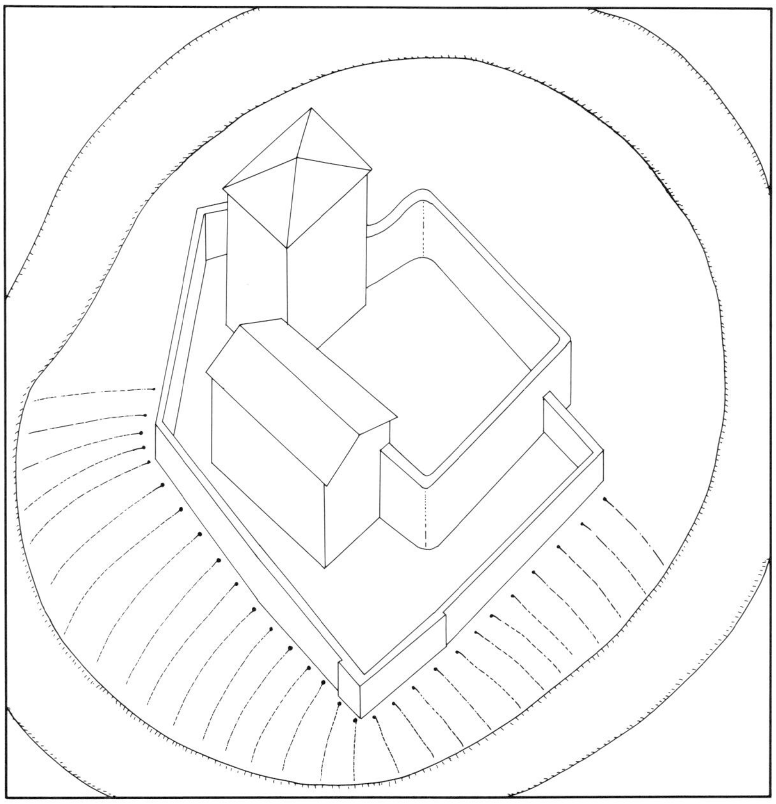

Abb. 30
Bolanden, Donnersbergkreis,
Burg »Altbolanden«.
Aufbauskizze mit zentralem Hof,
Wohnturm und palasartigem Bau.

publiziert worden sind[162]. Nach den Grabungen wurde offenbar der gesamte Baubestand der Steinbauphase weitgehend aufgedeckt, so daß man sich ohne weiteres ein recht gutes Bild der Burganlage machen kann (Abb. 29). Nach ebenfalls erhaltenen, hier aber nicht abgebildeten Schnitten wurde auf dem Plan zwischen aufgehendem Mauerwerk, Fundamenten und Ergänzungen unterschieden. Leider gibt es zu den Plänen keine Beschreibungen, so daß Anbauten nicht kenntlich sind. Der gesamte Baubestand bedeckt eine Fläche von 31 x 36 m und ist erstaunlich gegliedert. An zentraler Stelle liegt eine quadratische Umwehrung mit abgerundeten Ecken, die einen 18 x 18 m großen Hof umgibt. Im Norden, sichtlich in die Umwehrung integriert, schließt ein rechteckiger Bau von ca. 9 x 6,5 m Größe an, der trotz der Mauerstärke von 0,85–1,00 m als Wohnturm anzusprechen ist. Auf der Westseite schließt ein weiterer rechteckiger Bau von 5,5 x 12,30 m Größe an, der trotz ausgebrochener Südwestecke gut zu erkennen ist. Auch wenn man diesen Bau nicht gerade als Palas ansprechen will, handelt es sich um ein durchaus respektables Gebäude. Der gesamte Zentralbereich wird auf drei Seiten von einer weiteren Umwehrung umgeben, die im Südosten in die Mauer des zentralen Hofes einbindet. Die Mauerführung im Nordostbereich ist unklar. An keiner Stelle sind Eingänge bezeugt, so daß man nur Vermutungen hegen kann. Der kleinere Rechteckbau im Norden könnte als Torturm gedient haben: dann wäre der größere Rechteckbau der Wohnturm gewesen. Die Umfassungsmauer könnte einer späteren Bauphase angehören. Die Fundamente reichen mit 4,50 m erstaunlich tief bis auf die 8,50 m-Linie hinab, so daß man den Eindruck erhält, der Burghügel sei erst später aufgemottet worden. Der umgebende Graben war noch um die Jahrhundertwende offenes Gewässer und wurde erst später zur landwirtschaftlichen Nutzung verfüllt. Wenn auch der Grundriß recht ungewöhnlich erscheint und die Bauabfolge mit eventuellen Vorgängerbauten in Holz nicht geklärt werden kann, so gibt diese Anlage ein schönes Bild eines Ministerialensitzes (Abb. 30), der ebenso wie die Burg Alsenborn zum Schutz der wichtigen Fernverbindung von Mainz über Lautern nach Lothringen angelegt worden ist. Wenn auch nicht zu belegen ist, daß Altbolanden eine Gründung des vor 1135 verstorbenen Werners I. von Bolanden war, so zeigt sich hier ein spätsalischer Bautyp, der »adligen« Burganlagen auf Höhen in nichts nachsteht. Trifft unsere Interpretation von Wohnturm und »palasartigem« Bau das Richtige, sind in dieser Anlage alle Elemente einer frühen Burg zu erkennen. Immerhin war die Familie schon 1129 wirtschaftlich in der Lage, unweit der Burg das Kloster Hane zu stiften. Um 1200 verließ die Familie die Niederungsburg und bezog nunmehr standesgemäß mit Neubolanden eine Höhenburg[163].

16. Burg »Hohenfels« bei Imsbach, Donnersbergkreis (Abb. 31–35)

Da diese Höhenburg ebenfalls eng mit den Bolandern verbunden ist, sei sie hier direkt angefügt (Abb. 31). Die Burg liegt an versteckter Stelle nordöstlich oberhalb des Langentales bei Imsbach. Dort ist seit römischer Zeit intensive Eisengewinnung und -verarbeitung nachzuweisen, die auch im hohen Mittelalter fortgeführt wurde[164]. Die Burg liegt soweit abseits landwirtschaftlich nutzbarer Flächen, daß sie kaum als Herrschaftssitz einer Rodungssiedlung gedient haben mag; vielmehr ist ein Bezug zu der gewinnbringenden Eisenindustrie im Langental wahrscheinlich zu machen (Abb. 32). Auch diese Burg gibt in ihrer Forschungsgeschichte ein negatives Beispiel. 1932/33 wurde die an der Oberfläche kaum noch sichtbare Anlage im Rahmen von Notstandsarbeiten soweit freigelegt, daß zumindest der Grundriß ermittelt werden konnte. Eine Grabung, die heutigen Ansprüchen Genüge tut, war dies keineswegs, zumal die Grabungsergebnisse bis auf zwei Zeitungsartikel unpubliziert blieben[165]. Die Burg wurde

162 Ortsakten LfD Speyer.

163 Zu den Bolanden zusammenfassend mit weiterer Literatur: V. Rödel, Pfalzatlas Textband 1197ff. Die Grabungen 1977–1982 im Kloster Hane sind noch unpubliziert; vgl. einstweilen: 1129–1979. 850 Jahre Reformbasilika Hane Bolanden (1979). Bei dem eindrucksvollen Kirchenbau handelt es sich um eine dreischiffige Basilika von etwa 45 m Länge mit gestaffelten Apsiden unter deutlichem Einfluß der Hirsauer Bauschule.

164 H. Walling, Der Eisenerzbergbau am Donnersberg bei Imsbach seit römischer Zeit. Mitt. Pollichia 21, 1974, 19ff.

165 Fr. Sprater, Burg Hohenfels am Donnersberg. Zeitbilder- Illustrierte Heimatbeil. d. Pfälz. Presse, Kaiserslautern Jg. 38, 15. 4. 1934. – Ders., NSZ-Westmark (Anm. 33) Nr. 244 vom 17. und 18. 10. 1942. – Ein Beitrag von K. Deutschle, Nordpfälz. GeschBl. 49, 1969, 73ff. resümiert die Ergebnisse und bildet einen brauchbaren Plan aus den Ortsakten des Hist. Mus. Speyer ab.

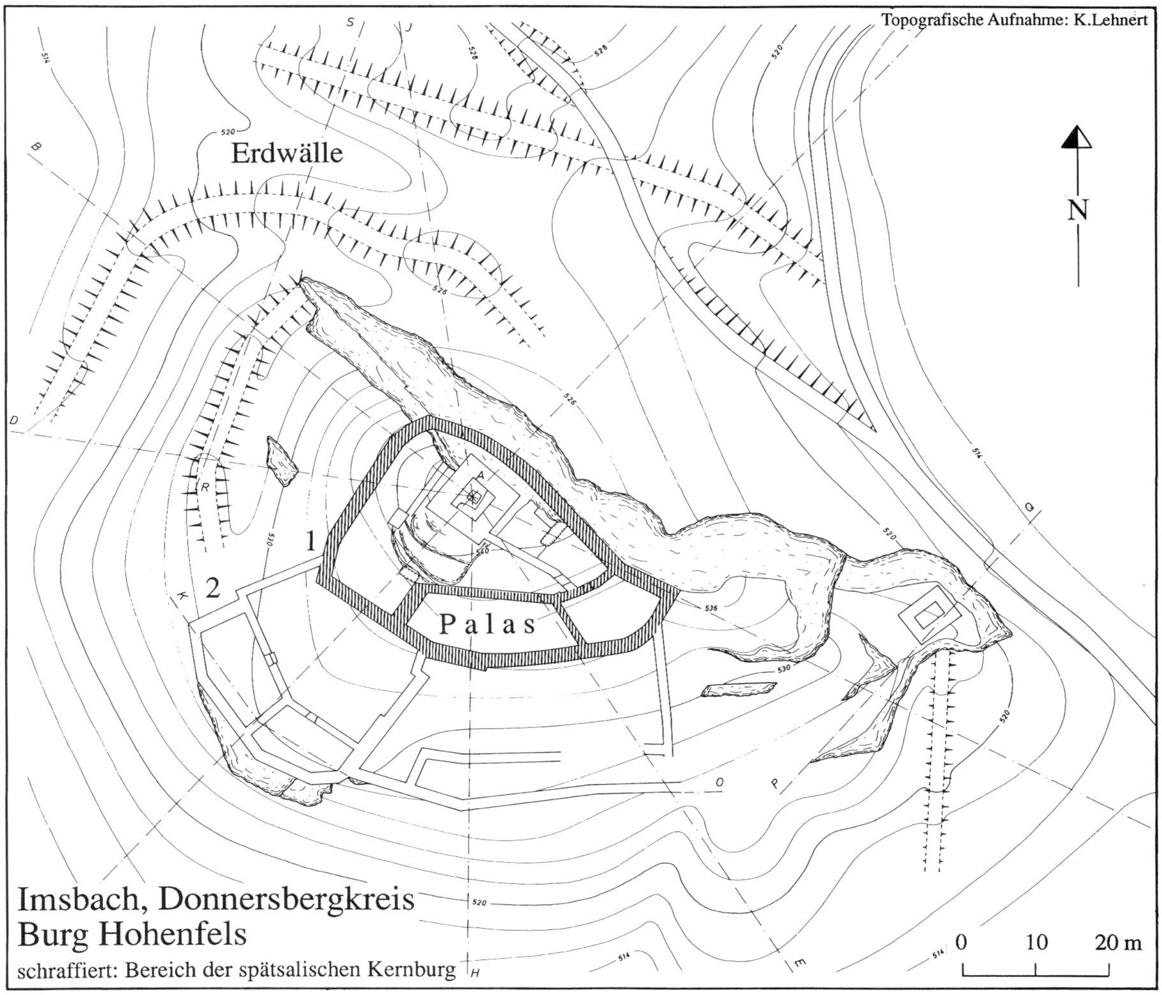

Abb. 31 Imsbach, Donnersbergkreis, Burg »Hohenfels«. Grundriß nach den Grabungen 1932/33.

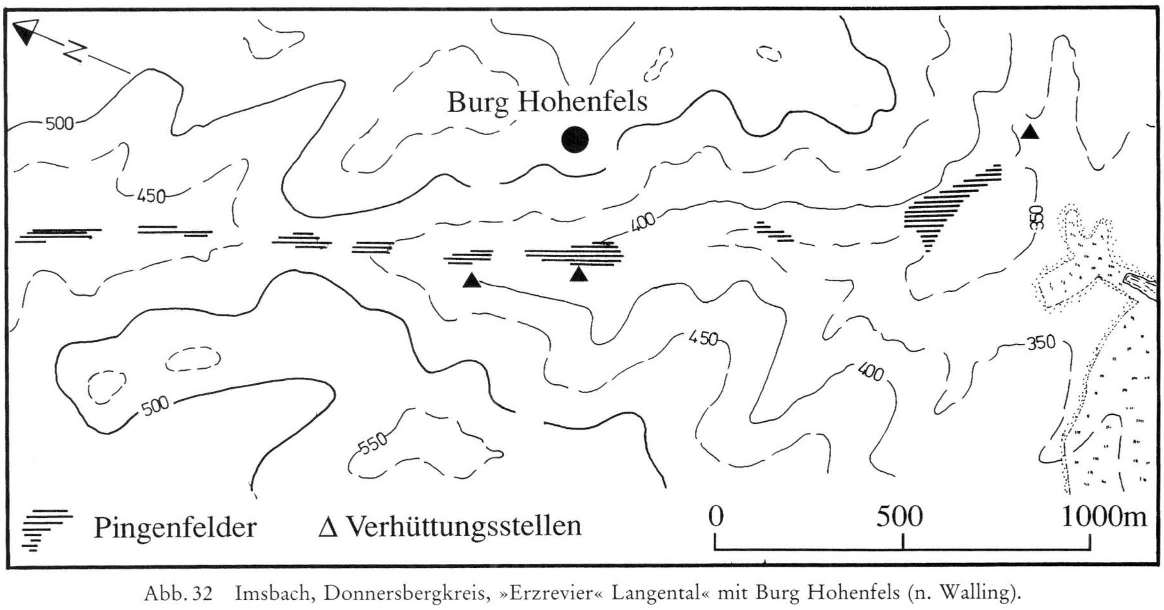

Abb. 32 Imsbach, Donnersbergkreis, »Erzrevier« Langental« mit Burg Hohenfels (n. Walling).

1354 in einer Fehde der Hohenfelser unter anderem mit den Städten Speyer und Worms belagert, beschossen und geschleift[166].

Die Interpretation des Grundrisses bereitet Schwierigkeiten (vgl. Abb. 31). Das verwendete Steinmaterial ist sehr sorgfältig zugerichtet und entspricht spätsalischem/frühstaufischem Quadermauerwerk. Buckelquader finden sich nur an einem Bergfried auf dem Felsplateau der Oberburg. Die 70 x 55 m große Burganlage schmiegt sich südlich an ein Felsriff an. Im Norden und im Osten riegeln Erdwälle das Vorgelände zusätzlich ab. Die Vermutung Fr. Spraters, daß ein Wall ursprünglich die Kernburg (schraffiert) im Süden abgeriegelt hätte, ist durchaus einleuchtend. Der Wall wäre dann durch die jüngere Unterburg (bei Nr. 2) beseitigt worden. In Oberburg und Unterburg sind durchaus zwei eigenständige Anlagen zu sehen, die möglicherweise auf das gemeinsame Lehen der Söhne Werners I., Werner II. und Philipp, zurückgehen[167]. Ob sich daraus allerdings auf eine Umbaumaßnahme im 12. Jahrhundert schließen läßt, muß offen bleiben. Sprater war der Meinung, die Burg sei über die Mitgift seiner Gemahlin Guda, einer geborenen Hohenfels, eingebracht worden. Außer dem Umstand, daß dann Burg Hohenfels schon kurz nach der Mitte des 11. Jahrhunderts bestanden hätte, sind die historischen Ableitungen nicht stimmig. Die Gemahlin Werners I. ist unbekannt, ebenso ihre Herkunft, so daß die Gründung der Burg schon aus Zeitgründen auf den ersten Bolander zurückgehen muß[168]. Die Gemarkung Imsbach mit der Burg war als ehemaliger Besitz des Königshofes von Albisheim an das Kloster Prüm in der Eifel gegangen und von dort als Lehen an die Bolander[169].

Qualitätvolle Architekturteile, wie ein kerbschnittverzierter Sattelstein (Abb. 33), ein Gesimsstück mit Flechtband, Palmetten und Würfelmuster (Abb. 34) sowie ein Kapitell (Abb. 35) verweisen auf einen Baubestand in spätsalischer Zeit. Dazu paßt auch die Art der Steinbearbeitung. Zwei Eckquader (?) zeigen weiterhin Randschlag und abgespitzte Spiegel. In der Mauer des vermuteten Anbaues (bei Nr. 2) sind in der untersten Lage vier romanische Sattelsteine vermauert, die wohl im Gewändebereich eines Palas verbaut waren. Da aber die Fortführung dieser Mauer bei Nr. 1 in den vermuteten älteren Burgteil einbindet, kann dieser schwerlich die spätsalische Kernburg darstellen. Dies schließt nicht aus, daß der Grundriß der Oberburg auf den Gründungsbau zurückgeht. Wohl noch im 12. Jahrhundert wurde die Burg unter Verwendung älteren Baumaterials gründlich umgebaut.

17. Burg Alsenborn bei Enkenbach-Alsenborn, Kr. Kaiserslautern (Abb. 36)

Direkt an der Alsenzquelle liegt eine weitere Niederungsburg, die ähnlich Altbolanden Schutzfunktionen an der Straßenverbindung von Mainz/Worms nach Lautern zu erfüllen hatte. Die 1148 im Zusammenhang mit der Gründung des benachbarten Klosters Enkenbach genannten Ministerialen Heinrich und Hunfried von Alsenzeburne lassen sich wohl mit dieser Burg in Verbindung bringen. Die Rettungsgrabungen 1965/66 ergaben eine kleine aufgemottete Burg mit zentralem 9,50 x 9,50 m großen Buckelquader-Turm und einer abgerundet polygonalen Umwehrung von ca. 30 m Durchmesser, an die im Westen weitere Räume angebaut waren. Diese ohne Zweifel staufische Steinbauphase gründet jedoch auf eine Holzbauphase. Die Ringmauer sitzt in einem älteren Erdwall, welcher der Aufhügelung der Motte vorausgegangen ist. Auch der Steinturm dürfte einen wohl hölzernen Vorgänger besessen haben.

166 Lehmann 4 (Anm. 14) 161 ff.

167 Sprater, Zeitbilder (Anm. 165).

168 Dies würde bedeuten, daß um 1100 ein Ministerialer eine Höhenburg beachtlicher Qualität einrichten konnte! So ist es keineswegs auszuschließen, daß die Burg zunächst in edelfreiem Besitz war, und Sprater bis auf die Namensableitung doch nicht so unrecht hätte. Zur Genealogie: W. Möller, Stamm-Tafeln westdeutscher Adels-Geschlechter im Mittelalter (1922) 33 f. – Das bei Sprater mit 1060 angegebene Geburtsjahr Werners I. geht wohl auf A. Köllner, Geschichte der Herrschaft Kirchheim-Boland und Stauf (1854) 12 zurück und ist nicht belegt. Aus der nicht namentlichen Nennung seiner beiden Söhne in einer Urkunde von 1135 (Mainzer Urkundenbuch Nr. 602) könnte man schließen, daß die Kinder noch unmündig waren, und Werner I., der bei einem Geburtsdatum von 1060 erst spät zur Blüte gelangt wäre, doch eher vor 1135 in jungen Jahren verstorben ist. In diesem Sinn auch Rödel (Anm. 163) 1198.

169 Zusammenfassend: Engels (Anm. 8) 12 f.

Abb. 33 Imsbach, Donnersbergkreis. Verzierter Sattelstein der salischen Burg »Hohenfels« (Foto Historisches Museum Speyer).

Abb. 34 Imsbach, Donnersbergkreis. Verziertes Gesimsstück von der salischen Burg »Hohenfels« (Foto Historisches Museum Speyer).

Abb. 35 Imsbach, Donnersbergkreis, Burg »Hohenfels«. Kapitell mit Säulenschaft (Foto Historisches Museum Speyer).

Der Typus der kleinen »Ringwallburg« ist in der Pfalz bisher nicht belegt, findet aber Parallelen im Elsaß und in Belgien [170]. Neben dem umwehrten Bereich bestand eine ausgedehnte Vorburg. Wahrscheinlich ist die frühe Niederungsburg zu Beginn des 12. Jahrhunderts entstanden [171].

170 Butenheim: Etudes Médiévales 4, 1986–1987, 180f., oder Fournes/Veurne: Arch. Belgica 238, 1981, 72ff. und Landen: Arch. Belgica 239, 1981, 5ff.

171 Kw. Kaiser, Burg Alsenborn, Nordpfälz. Geschichtsver. 46, 1966, 43ff. – F. W. Weber, ebd. 67ff. – Fundberichte aus der Pfalz 1961–1965, 1978. Mitt. Hist. Ver. Pfalz 81, 1983, 174ff. Eine eingehende Veröffentlichung erfolgt in anderem Zusammenhang.

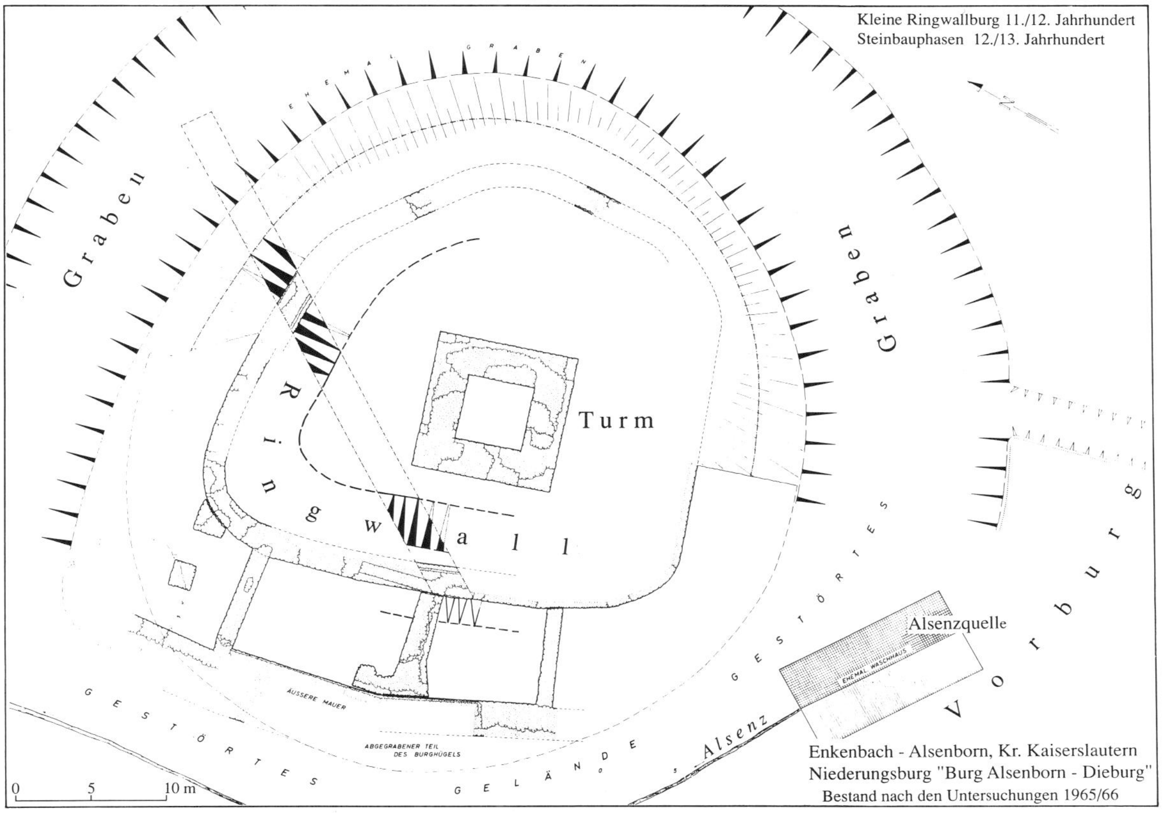

Abb. 36 Enkenbach-Alsenborn, Kr. Kaiserslautern. Burg »Alsenborn« nach den Grabungen 1965/66: salische kleine Ringwallanlage, staufische Steinbauphase.

18. Burg »Tschifflik« bei Zweibrücken-Niederauerbach

Ausgrabungen des Landesamtes für Denkmalpflege mit Unterstützung der Stadt Zweibrücken führten 1975–1977 zur Freilegung einer kleinen, bislang unbekannten Burganlage auf einem Felsvorsprung am Nordrand des Fasaneriegeländes[172]. Die Burg ist inzwischen in die Literatur eingegangen, ohne daß hierzu die detaillierten Ausgrabungsergebnisse verwendet worden wären. Alle Angaben beruhen auf einem schematischen Plan des Stadtbauamtes Zweibrücken und Autopsie[173]. W. Hermann hat 1981 eine differenzierte Bauabfolge vorgelegt, die im wesentlichen richtig ist. Kern der Anlage bildet ein vermutlich rechteckiger Wohnturm von 14,20 x 11,35 m Größe mit Mittelsäule und einer Mauerstärke von 1,40 m[174]. Die von Hermann postulierte Palisadenumwehrung hat nicht bestanden, vielleicht aber die schon seiner zweiten Bauphase zugeordnete Ringmauer. Die von Stein gegebene Datierung anhand der Steinbearbeitung auf etwa 1100–1130 ist wohl richtig, obwohl klassisch spätsalische Bearbeitung wie Eckbinder und so weiter nicht zu erkennen sind. Für die Anfangsdatierung ist natürlich auch das unedierte Fundmaterial zu befragen.

172 LfD Speyer unpubliziert. Bearbeitung in Vorbereitung.

173 G. Stein, Zu einer neuentdeckten mittelalterlichen Ruine bei Zweibrücken. Pfälz. Heimat 29, 1978, 121ff. – W. Hermann, Kloster oder Turmburg? – Die mittelalterliche Ruine bei Zweibrücken-Niederauerbach. Pfälz. Heimat 32, 1981, 100ff.

174 Durch Felsabbrüche ist vor allem der südöstliche Mauerverlauf unsicher. Dort befinden sich auch im Bereich der Ecke Befunde, die unter den Mauerverlauf ziehen, also älter sein müßten.

JOACHIM ZEUNE

SALIERZEITLICHE BURGEN IN BAYERN

INHALTSVERZEICHNIS

I. BURGENFORSCHUNG IN BAYERN

Gemessen an den Umständen, daß Bayern das größte Bundesland ist und zudem eine beachtliche Burgendichte aufweist, verwundert es um so mehr, daß hier allenfalls nur ansatzweise so etwas wie systematische Burgenforschung betrieben wurde [1] – ganz im Gegensatz zu unseren westlichen Nachbarn in Baden-Württemberg oder der Schweiz, wo sich die Castellogie innerhalb der letzten beiden Jahrzehnte zu einer sehr seriösen und anspruchsvollen Forschungsdisziplin entwickelte. Selbst wenn D. Lutz 1988 bei einem Abriß baden-württembergischer Burgenforschung »den mangelnden Verbund der Anstrengungen«, d. h. die fehlende interdisziplinäre Zusammenarbeit dort beklagt [2], so ist dies doch ein Indiz für rege Forschungstätigkeit auf diesem Gebiet. Hinlänglich bekannt ist die hervorragende Arbeit des Schweizerischen Burgenvereins. Seit dem Erscheinen ihrer Publikationsreihe »Schweizer Beiträge zur Kulturgeschichte und Archäologie des Mittelalters« und ihrer Nachrichtenblätter, spätestens aber mit der Fertigstellung ihrer vierteiligen Burgenkarte konnten die Schweizer eine führende Position in der europäischen Burgenforschung einnehmen.
Während andere Bundesländer immerhin noch wichtige Einzelbeiträge zur deutschen Burgenforschung liefern konnten, gelang Bayern nicht einmal dies. Die Ursache liegt sicherich darin, daß die mittelalterliche Archäologie hier nicht annähernd so starke Vorkriegstradition besitzt wie etwa in der Schweiz oder in Baden-Württemberg. Kaum eine Handvoll Burgen wurde in Bayern vor dem 2. Weltkrieg untersucht – ein Rückstand, der nach R. Koch heute noch »spürbar nachwirkt« [3]. Diese Situation wird erschwert

1 K. Schwarz, ehemaliger Landeskonservator, ergrub zwischen 1963 und 1976 mehrere frühe »Mittelpunktsburgen« karolingisch-ottonischer Zeitstellung, wie auf dem Bamberger Domberg, in Roßthal, Ammerthal, Hilgartsberg, doch wurden diese von ihm nur als Vorberichte mit Rekonstruktionen publiziert (siehe z. B. K. Schwarz, Der frühmittelalterliche Landesausbau in Nordost-Bayern archäologisch gesehen. In: Ausgrabungen in Deutschland 2 [1975] 358–409). Zweifel an manchen seiner Befundinterpretationen erwiesen sich inzwischen als berechtigt (siehe Bamberg, Domberg). Schwarz unterhielt damals sogar ein Referat für Burgenforschung, das aber offensichtlich nur formalen Zwecken diente, denn es gab weder ein solches Forschungsprogramm noch projektgebundene Mitarbeiter.

2 D. Lutz, Mittelalterliche Burgen. In: D. Planck, Archäologie in Württemberg (1988) 375.

3 R. Koch, Die Burgen des Mittelalters in Bayern als Aufgabe der archäologischen Denkmalpflege. Denkmalpflege Informationen D, Nr. 4 (1987) 12–21.

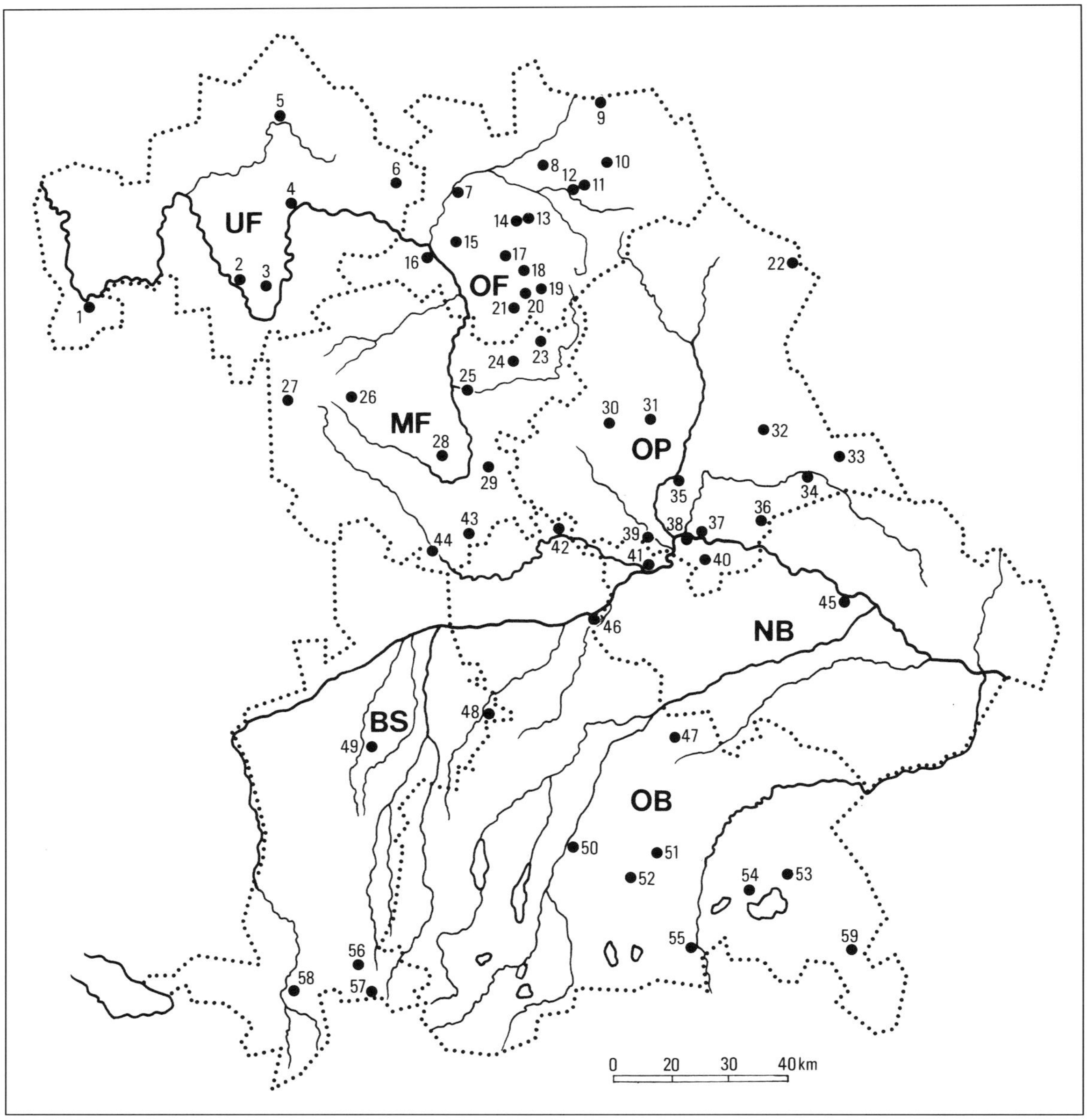

Abb. 1 Übersichtskarte der im Text behandelten salierzeitlichen Burgen in Bayern: 1 Miltenberg, Altstadtkastell (»Walehusen«). – 2 Würzburg. – 3 Biebelried. – 4 Schweinfurt, Peterstirn. – 5 Veitsberg. – 6 Lichtenstein, Höllenfels. – 7 Schönbrunn. – 8 Schwand. – 9 Rudolphstein. – 10 Waldstein. – 11 Stein bei Berneck. – 12 Alt-Berneck (»Waldeslust«). – 13 Kasendorf, Turmberg. – 14 Seubersdorf. – 15 Giech. – 16 Bamberg, Domberg. – 17 (Unter-)Aufseß. – 18 Waischenfeld. – 19 Pottenstein. – 20 Gößweinstein. – 21 Egloffstein. – 22 Flossenbürg. – 23 Hohenstein. – 24 Schnaittach, Reißberg (»Alter Rothenberg«). – 25 Nürnberg, Kaiserburg. – 26 Gräfenbuch. – 27 Rothenburg o. d. T. – 28 Abenberg. – 29 Hilpoltstein. – 30 Kastl. – 31 Ebermannsdorf. – 32 Schwarzenburg. – 33 Hoher Bogen. – 34 Cham, Galgenberg. – 35 Burglengenfeld. – 36 Falkenstein bei Regensburg. – 37 Donaustauf. – 38 Regensburg. – 39 Durchelenburg. – 40 Langenerling. – 41 Kelheim. – 42 Hirschberg. – 43 Nennslingen. – 44 Treuchtlingen. – 45 Wischlburg. – 46 Vohburg. – 47 Wartenberg. – 48 (Ober-)Wittelsbach. – 49 Zusameck. – 50 Grünwald, »Römerschanze«. – 51 Ebersberg. – 52 Valley. – 53 Stein a. d. Traun. – 54 Hartmannsberg. – 55 (Alt-)Falkenstein bei Miesbach. – 56 Seeg. – 57 Falkenstein bei Pfronten. – 58 Rettenberg. – 59 Karlstein.

durch das bislang noch immer ungenügende Zusammenwirken von Bau- und Bodendenkmalpflege, das sich allerdings in den letzten Jahren etwas verbesserte[4]. Daß die Archäologie im Verbund mit der Bauforschung wesentliche Hilfestellungen bei Bestimmungs-, Datierungs- und Chronologiefragen zu leisten vermag, bewiesen nicht nur H. Dannheimer, R. Koch und G. P. Fehring durch die sorgfältige Auswertung stratifizierter (= schichtenmäßig abgesicherter) Kleinfund-Materialkomplexe[5], sondern auch das Beispiel Burg Hilpoltstein (MF), wo Bauforschung, Bausanierung und archäologische Sondagen in sinnvoller Abstimmung aufeinander erfolgen[6].

Zweifelsohne erhält die Burgenforschung dort den ihr zugehörigen Stellenwert, wo Mittelalterarchäologie intensiv betrieben wird. Hierin liegt unser Manko, denn die bayerische Denkmalpflege verlor 1981 ihren einzigen Mittelalterarchäologen, als Prof. Dr. W. Sage den Lehrstuhl für Archäologie des Mittelalters und der Neuzeit an der Universität Bamberg übernahm. Mit dem Bestehen dieses Lehrstuhls steigt sicherlich die Qualität landeseigener Mittelaltergrabungen, keinesfalls aber die Anzahl der untersuchten Objekte, und vor allem nicht die der Planstellen für Mittelalterarchäologen.

Wie niedrig der Stellenwert der Burgenforschung noch heute hier von höchster Stelle angesetzt wird, bewies unlängst der Fall Hirschberg (OB). Ein für Bayern einmaliger und dementsprechend wichtiger Befund – ein mächtiger Rundturm, durch Baubefunde und stratifizierte Keramik eindeutig der Salierzeit zuweisbar – sollte ohne detaillierte Dokumentation und erforderliche Sicherungsmaßnahmen zur Überbauung freigegeben werden. Glücklicherweise konnte man dieses Unterfangen in letzter Minute verhindern.

Die Erforschung mittelalterlicher Burgen in Bayern beschränkt sich immer noch auf kleinere Notgrabungen an bedrohten Objekten. Außerdem wirkt sich auch der »Restaurierungsboom« der Burg- oder Heimatvereine zumeist negativ aus[7]: Die zur sachgerechten Wiederherstellung erforderlichen kostspieligen Bau- und Bodenuntersuchungen unterbleiben oft, detaillose flachbetonierte Bungalowburgen wie Wolfsberg und Hollenberg (beide OF) oder willkürlich aufgemauerte Kulissenruinen wie Treuchtlingen (MF) oder Laubenberg-Stein (BS) bilden das traurige Resultat. Durch diese Mehrbelastung restlos überfordert, sind wir in Bayern von einer systematisch-methodischen Forschung weiter denn eh und je entfernt.

Daher verwundert es nicht, daß zum mittelalterlichen Burgenbau Bayerns kein einziges kompetentes, d. h. seriös-wissenschaftliches Gesamtwerk existiert, nicht einmal zu einzelnen Stilepochen. In weiten Bereichen des Landes mangelt es noch immer an sachkundiger Basisforschung im bauhistorischen, aber auch archivalischen Bereich. Einzig die Ende des 19. Jahrhunderts mit der Inventarisation Oberbayerns einsetzenden Kunstdenkmälerbände vermitteln einen brauchbaren Einblick in den Denkmälerbestand bestimmter Landesteile. Sie leiden jedoch neben ihrer geographischen Lückenhaftigkeit vor allem unter der Inkompetenz mancher Gebietsreferenten. Als burgenkundlich unergiebig erweisen sich die sog. Kurzinventare bayerischer Kunstdenkmäler, die sich allenfalls oberflächlichst mit Wehrbauten auseinandersetzen. Zusätzlich bemühte sich W. Meyer (München) in den 60er Jahren im Rahmen seiner Mitarbeit an verschiedenen Kunstdenkmälerbänden um eine Inventarisation bayerischer Burgen; seine engagiert begonnenen Feldtätigkeiten scheiterten bald an der immensen Menge von Objekten[8].

Was an Burgen erforscht wurde, findet sich zumeist in schwer zugänglicher lokaler Literatur publiziert, so daß man sich das Material für einen aktuellen Forschungsüberblick mühsam zusammensuchen muß (Abb. 1). Natürlich trifft dies ebenso auf salierzeitliche Burgen zu wie auf stauferzeitliche oder spätmittelalterliche. Doch während man die gröberen Datierungskriterien der staufer- und spätmittelal-

4 W. Sage, Ausgrabungen an mittelalterlichen Burgen Südbayerns. Archäologisches Korrespondenzblatt 11, 1981, 255–269.

5 Siehe Anm. 54, Anm. 60 und Anm. 138.

6 Die Burg Hilpoltstein wird seit 1988 durch Th. Platz, Student am Lehrstuhl für Archäologie des Mittelalters und der Neuzeit, Universität Bamberg, im Zuge von Sanierungsarbeiten ergraben und als Magisterarbeit ausgewertet. Ein photogrammetrisches Aufmaß nahm B. Müller vom Lehrstuhl für Bauforschung, Universität Bamberg, im Auftrag des Landratsamtes Roth vor. Die konservatorischen Maßnahmen berücksichtigen sämtliche Forschungsresultate in beispielhafter Weise.

7 Siehe hierzu auch Lutz (Anm. 2) 371 ff.

8 W. Meyer, Inventarisation als Voraussetzung der Burgenforschung. Burgen und Schlösser I, 1961, 19–23.

terlichen Burgen aufgrund typologischer und stilistischer Studien zumindestens einigermaßen kennt, wissen wir fast nichts über die frühen bayerischen Burgen des Hochmittelalters. Und das, obwohl sich gerade in dieser Zeitspanne Neuerungen vollzogen, die schließlich zu jenen hochmittelalterlichen Burganlagen hinführten, die wir heute als »klassisch« betrachten.
Daher beschäftigen sich die nachfolgenden Ausführungen weit weniger mit den geschichtlichen Hintergründen, die zum Bau solch früher Burgen führten, als vielmehr mit architekturbezogenen Fragestellungen. Deren Klärung und Beantwortung mögen dem Historiker wiederum helfen, salierzeitliche Befestigungen künftig sicherer zu identifizieren.

II. BESTIMMUNGS- UND DATIERUNGSKRITERIEN

1. Der historische Hinweis

Einen konkreten Hinweis auf die Existenz salierzeitliche Burgen liefern Direkterwähnungen, wobei die beiden Termini »castrum« und »castellum« am häufigsten erscheinen. Daß diese zumindestens im 10. und 11. Jahrhundert zusammen mit »civitas«, »munitiones« und »urbs« durchaus sinngleich benutzt wurden, verdeutlichen einige unterschiedlich bezeichnete Plätze: Die fränkischen Landesburgen ottonischer Zeit wie Ammerthal, Bamberg, Banz, Burgbernheim, Burgebrach, Burgkunstadt, Cham, Creußen, Kronach, Nabburg, Roßthal, Salz, Schweinfurt und Theres nannte man im 10. und 11. Jahrhundert abwechselnd »castrum«, »castellum«, »civitas« und »urbs«[9]. Auch die »sex castella«, die das Hochstift Bamberg 1122 erhielt, umschreibt eine andere zeitgenössische Quelle als »munitiones«, die Burg Albewinstein (OF) zusätzlich auch als »oppidum«[10]. Im Jahr 1077 erfahren wir von einem »castellum firmissimum et munitissimum« – vermutlich die Burg Hopfen (BS) –, auf das sich Bischof Wigold von Augsburg zurückzog[11].
»Urbs« und »oppidum« zeigten im frühen Mittelalter großflächige Burganlagen oder befestigte Siedlungen an und wurden einer Quelle des 8. Jahrhunderts zufolge sogar absolut synonym verwendet[12]. Sie kennzeichnen noch im frühen Hochmittelalter ausgedehnte Wehranlagen wie Waischenfeld, Albewinstein (beide OF) oder Parkstein (OP).
»Castrum« verdrängt schließlich im Laufe des 12. Jahrhunderts alle anderen Termini, wenngleich diese später vereinzelt immer wieder auftauchen[13]. Bei besonders festen, mehrteiligen oder verfallenden Anlagen präzisiert man den Terminus »castrum« – wie oben bei Hopfen angeführt – gerne durch dementsprechende Attribute: 1129/30 erscheint Falkenstein (OP) als »castrum fortissimum«, Trimberg (UF) 1226 als »castrum... superius et inferius« und 1234 als »locum castri antiqui...«[14]. Daß die Umschreibung als »starke« oder »feste« Burg sich mitunter nur auf einen besonders geschützten Lageplatz beziehen kann, verdeutlicht das Beispiel Falkenstein (OP; s.u.).
»Castrum« beschreibt in Ausnahmefällen allerdings auch unbefestigte Adelssitze. Streich führt hierfür Sindelfingen an, wo das Mitte des 11. Jahrhunderts bezeugte »castrum« in Wirklichkeit aus einem Herrenhof bestand[15].

9 KDM OF II, 147. – H. Kunstmann, Mensch und Burg (1967) 2; 4. – R. Endres, Zur Burgenverfassung in Franken. In: Die Burgen im deutschen Sprachraum 2 (Hrsg. H. Patze; 1976) 303.

10 Kunstmann (Anm. 9) 5. – Ders., Die Burgen der westlichen und nördlichen Fränkischen Schweiz 1. Der Südwesten, Unteres Wiesenttal und Trubachtal (1971) 16. – E. Freiherr von Guttenberg, Die Territorienbildung am Obermain. Ber. d. Hist. Vereins Bamberg 79, 1925–1926, 157.

11 A. Miller, Die Sammlung malerischer Burgen der bayerischen Vorzeit von Domenico Quaglio und Karl-August Lebschee (1987) 59.

12 Endres (Anm. 9) 297: »oppida sive urbes«.

13 Kunstmann (Anm. 9) 4ff. – Endres (Anm. 9) 304.

14 KDM OP I, 32. – KDM UF XIV, 131.

15 G. Streich, Burg und Kirche während des deutschen Mittelalters II. Vorträge und Forschungen des Konstanzer Arbeitskreises für mittelalterliche Geschichte, Sonderbd. 29 (1984) 470.

Außer den oben aufgeführten Beispielen von »munitiones« trifft man im 11. und 12. Jahrhundert gelegentlich noch auf »urbs«, wie 1052 bei Parkstein (OP) und 1122 bei Waischenfeld (OF), seltener auf »arx«, wie 1101 bei Peiting (OB)[16].

Weiterhin wies H. Kunstmann für den oberfränkischen Raum des 12. Jahrhunderts mehrere Beurkundungen einer »domus lapidea« nach[17]. Während sich »domus lapidea« zweifelsfrei auf ein Festes Haus bezieht, können den anderen Termini – wie die zuvor aufgeführten Nennungen belegen – keine speziellen Baulichkeiten zugewiesen werden. Dementsprechend selten stoßen wir auf urkundliche Benennungen einzelner Burggebäude: 1007 erfahren wir von einer »caminata« – einem heizbaren Gebäude, einer Kemenate – »in castello... dicitur Novum Burgum« (Alte Burg, Lkr. Neuburg-Schrobenhausen OB)[18]. Daß sich hinter dem Terminus Kemenate auch ein kleiner Wohnturm verbergen kann, beweist ein archäologischer Befund aus dem Johanniterkastell Biebelried (UF), wo ein salierzeitlicher Gründungsbau mit einer 1244 beurkundeten »caminatam« zu identifizieren ist[19].

Häufiger belegt, zumeist in Zusammenhang mit Altarweihen, sind Burgkapellen, so 1145 eine »capella in castro halla« (Hallburg OB)[20]. 1124 weihte Bischof Otto der Heilige ein »oratorium super Altenburg« (Altenburg OF)[21]. Eine guterhaltene frühe Burgkapelle erhielt sich noch auf der Burg Donaustauf (OP). Natürlich dürfen Direkterwähnungen von Burgen nur als Datierungshilfen für Baubestände oder archäologische Befunde herangezogen werden. Erst aus dem Verbund unterschiedlichster Datierungsmittel ergibt sich so etwas wie eine stabile Datierung der Gebäude.

Daher sollte mit dem indirekten historischen Quellenmaterial noch sorgsamer umgegangen werden. Als indirekten Hinweis auf das Vorhandensein von Burgen betrachtet man oft das Aufkommen der sog. Herkunftsnamen, denn vereinzelt schon im 10. Jahrhundert, vor allem dann im späten 11. und frühen 12. Jahrhundert führt der Adel nun seinen Herkunftsort als Namenszusatz[22].

Bei den kleineren, oft mittlerweile untergegangenen Burgen hängt die Erwähnung eines örtlich ansässigen Adels zumeist mit dem sozialen Aufstieg der Ministerialen zusammen, die im Zuge der salischen Feudalpolitik von unfreien Dienstmannen zu königlichen Administratoren niedrigen Adels befördert wurden. Auf ihnen ruhte ab dem frühen 12. Jahrhundert zunehmend die Macht der Wittelsbacher, während die edelfreien Geschlechter gleichermaßen an Bedeutung verloren: »Burgen und Dienstmannen – das war die neue Form der Herrschaft, die sich über die alten Grafschaften schob«[23]. In Bayern tritt dieser Ortsadel ab den 70er Jahren des 11. Jahrhunderts vermehrt auf und manifestiert sich in der Errichtung schlichter Burganlagen wie Turmhügel, Fester Häuser und Wohntürme[24].

Während sich in vielen Fällen Burgenbau und erstes Aufkommen eines lokalen Adels unmittelbar zu bedingen scheinen, wie z. B. bei Seubersdorf, Schönbrunn, Berneck, Ansberg, Klausstein, Rudolfstein, Wichsenstein (alle OF), Endsee, Treuchtlingen (beide MF), Kucha (MF), Biebelried (UF), Ebermannsdorf (OP), Hammelburg, Seeg (beide BS), Surberg (OB) – um nur einige zu nennen –, so verdeutlichen doch einige andere Beispiele, wie behutsam man trotzdem mit dieser Datierungsmöglichkeit umgehen muß. Christlein wies für Poikam (NB) archäologisch nach, daß der dort Mitte des 12. Jahrhunderts auftauchende Ortsadel noch bis zur Errichtung eines Festen Hauses gegen 1250 auf einem unbefestigten Hof saß[25]. Bei der Burg Obermurach (OP) wird die Problematik der Baudatierung anhand archivalischer

16 KDM OP IX, 100. – Kunstmann (Anm. 9) 3. – W. Meyer, Burgen in Oberbayern (1986) 267. – Handbuch der historischen Stätten Deutschlands VII, Bayern (Hrsg. K. Bosl; 1974) 577.

17 Kunstmann (Anm. 9) 5. – Guttenberg (Anm. 10) 398; 447.

18 Meyer (Anm. 16) 188ff. – Handbuch... (Anm. 16) 498.

19 Zum Grabungsbefund siehe unten. – KDM UF II, 69.

20 A. Sieghardt, Südostbayerische Burgen und Schlösser und die Salzburger Schlösser und Edelsitze (1952) 59ff.

21 T. Breuer, Die Altenburg bei Bamberg. Große Kunstdenkmäler H. 193 (1965) 2.

22 Streich (Anm. 15) 463ff. – Siehe hierzu auch P. Fried, Burgenpolitik im hoch- und spätmittelalterlichen Bayern. In: Die Burgen im deutschen Sprachraum 2 (Anm. 9) 335.

23 Zitat aus: G. Flohrschütz, Machtgrundlage und Herrschaftspolitik der ersten Pfalzgrafen aus dem Haus Wittelsbach. In: Wittelsbach und Bayern I/1: Die Zeit der frühen Herzöge (1980) 49. – E. Boshof, Die Salier (1987) 308ff. – Grundlegend hierzu auch: K. Bosl, Die Reichsministerialität der Salier und Staufer, 2 Bde. Schriften der Monumenta Germaniae Historica 10 (1950/1951).

24 Streich (Anm. 15) 463.

25 R. Christlein, Die Burg von Poikam im Landkreis Kelheim – ein Denkmal mittelalterlicher Sozialgeschichte und seine Erforschung. Baubericht 1974 der Rhein-Main-Donau AG (April 1975) 9ff.

Belege offenkundig. Obwohl hier schon 1110 ein »Gerunch de Mourach« Erwähnung findet, entstammen die heute sichtbaren Burgreste erst der Frühgotik[26]. Ähnlich verhält es sich mit der Burg Wolfstein (OP), deren älteste Bauteile keinesfalls in die Zeit des 1120 beurkundeten Ulrich von Wolfstein zurückreichen[27]. Obwohl jünger, erweist sich auch das Beispiel Effeltrich (OF) als sehr lehrreich. Hier unternahm die Lokalforschung den unsinnigen Versuch, die heutige Kirchenburg des späten 15. Jahrhunderts auf eine Burganlage der im 13. Jahrhundert hier bezeugten Ortsherren zurückzuführen[28].
Die Erstnennung eines Ortsadels bedingt also keinesfalls die Existenz einer Burg oder die bald nachfolgende Erbauung einer solchen; vielmehr mag mitunter ein lediglich vornehmeres Gehöft als Sitz genügt haben.

Bisweilen läßt sich allerdings aus dem Ortsnamen selbst eine frühe Burgengründung ableiten. Exemplarisch für die beliebte Namenszusammensetzung »Erbauer« plus »Stein« soll hier Pottenstein (OF) stehen, das Pfalzgraf Botho von Kärnten um 1060/70 gründete[29]. Weitere frühe Beispiele dieses Schemas bilden Egloffstein, Albewinstein, Gößweinstein, Leupoldstein, Rudolfstein, Wichsenstein (alle OF) oder Hilpoltstein und Wielandstein (beide MF)[30]. Hingegen läßt sich das Mauerwerk der Burg Karlstein (OB) keinesfalls auf Karl den Großen als Erbauer zurückführen. Daß allein schon der topographische Terminus »Stein« einen frühen Wehrbau indiziert, verdeutlicht die Burg Stein (OF), die zuerst 1028 als »Steni« erscheint und 1100 von einem »Poppo albus de Steine« gehalten wird; auch hier mögen die Grundmauern des Festen Hauses durchaus auf das 11. oder 12. Jahrhundert zurückgehen[31]. Gemeinsam ist all diesen Beispielen aus der Fränkischen Schweiz die mit »Stein« umschriebene Lage auf sturmfreien, steilen Dolomitfelsen.

Nicht den Erbauer, sondern den Lageplatz bezeichnen jünger einzustufende Burgnamen wie Hohenstein (MF), eine auf einem hohen Stein gelegene Burg[32].

Daß Burgen in bestimmten Regionen territorialpolitische Machtaspekte dokumentieren, sich der Ausbau des Feudalwesens auf systematisch betriebene Burgenpolitik stützt, wurde schon anhand des Aufstiegs der Grafen von Scheyern und dann der Wittelsbacher ausgiebig diskutiert; hierzu zählen auch die sog. Rodungsburgen, also jene Burgen, die als Zentren vorgeschobener Rodungsgebiete oder Rodungsinseln innerhalb dicht bewaldeter Gebiete wie z. B. dem Fichtelgebirge oder Frankenwald erbaut wurden[33]. Gut erforscht und daher anschaulich nachvollziehbar liegt die von dem Bamberger Bischof Otto dem Heiligen im frühen 12. Jahrhundert geschickt und konsequent betriebene Burgenpolitik vor (siehe Albewinstein, Niesten, Pottenstein, Gößweinstein, Kronach, Ebersberg, alle [OF]; Hohenstein [MF]); sie verhalf dem Hochstift nicht nur zur kontinuierlichen Ausdehnung des Herrschaftsbereiches, sondern auch zu innerpolitischer Stabilität[34].

Nur aus der Verknüpfung des historischen und architektonischen Quellenmaterials läßt sich eine relativ stabile Datierung bestimmter Bauphasen ermitteln. Es gilt daher, zu den oben aufgeführten historischen Datierungsansätzen bauliche Datierungskriterien früher Burgen zu erarbeiten.

26 KDM OP VII, 31–40.
27 KDM OP XVII, 293–298.
28 J. Zeune, Chronologisch-typologische Überlegungen zu den Fränkischen Kirchenburgen von Effeltrich, Hetzles, Hannberg und Kraftshof. Jahrbuch Ver. f. Christliche Kunst XV, 1985, 23. – Ders., St. Georg in Effeltrich (Schnell u. Steiner Kunstführer 1018 [1986]).
29 H. Kunstmann, Die Burgen der östlichen Fränkischen Schweiz. Veröffentlichungen der Gesellschaft für Fränkische Geschichte, Reihe IX. Darstellungen aus der Fränkischen Geschichte, Bd. 20 (1965) 324 ff.
30 Endres (Anm. 9) 304. – Kunstmann (Anm. 9) 19.
31 H. Kunstmann, Burgen in Oberfranken, T. II. Die Burgen der edelfreien Geschlechter im Obermaingebiet. Die Plassenburg, Bd. 10 (1955) 102 ff.
32 Kunstmann (Anm. 30).
33 Endres (Anm. 9) 303 ff. – Flohrschütz (Anm. 23). – Fried (Anm. 22) 334 ff. – Kunstmann (Anm. 9) 20. – Siehe hierzu auch O. Meyer, E. Roth u. K. Guth, Oberfranken im Hochmittelalter (1987) 107. Solche Rodungsburgen waren Nordeck, Nordhalben und – wie der Name sagt – Rodeck (alle OF).
34 Endres (Anm. 9) 304 ff. – Grundlegend hierzu: Guttenberg (Anm. 10) 157 ff.

2. Der architektonische Nachweis

Setzt man sich kritisch mit der einzigen uns für Bayern vorliegenden Basisliteratur, den Kunstdenkmälerinventaren, auseinander, so stolpert man rasch über die uneinheitlichen, ja sogar widersprüchlichen Datierungsansätze der einzelnen Gebietsreferenten. In dieser Diskrepanz spiegelt sich die Unsicherheit im Umgang mit einer bis dato eigentlich unerforschten Bauepoche bzw. deren architektonischen Hinterlassenschaften. Diese Forschungslücke klafft selbst nach fünfzig bis achtzig Jahren in beinah unverminderter Breite.

Durch eigene aktuelle archäologische Untersuchungen und Analogiebeispiele aus anderen Bundesländern wissen wir mittlerweile zwar einiges mehr z. B. über Aufkommen, Aussehen und Datierung der sog. Turmhügel, doch kennen wir immer noch nicht die spezifischen Merkmale steinerner salierzeitlicher Profanbauten.

Daß man schon im ausgehenden Frühmittelalter an bedeutenden Plätzen mit gemörtelten Massivbefestigungen rechnen muß, bewiesen archäologische Untersuchungen der Burgställe Ebersberg und Valley (OB)[35]. Diese reihen sich somit übergangslos ein in die Mörtelmauerbefestigungen großflächiger karolingisch-ottonischer Mittelpunktsburgen oder Landesburgen wie Bamberg, Kasendorf, Burgkunstadt (alle OF), Roßthal, Ammerthal (beide OP), Karlburg und Schweinfurt (beide UF).

Leider verbleiben von derart frühen Mörtelmauern meist nur Ausbruchgruben oder Fundamentspuren, so daß wir über ihr Aussehen nur wenig wissen. Die wohl um 930 zu datierende ungarnzeitliche erste Steinmauer der Burg Ebersberg (OB) scheint durchgehend aus Rollsteinen geschichtet, während die ihr kurz darauf vorgeblendete zweite Mauer zweischalig ausfiel; auch das Fundament der 1,6 m starken Burgmauer von Valley bestand aus »regelmäßig gesetzten Lagen von Rollsteinen, die in grobem, weißgrauem Mörtel saßen«[36]. Ausgrabungen an der 1003 geschleiften Burg Schweinfurt, Stammsitz des mächtigen Grafengeschlechts gleichen Namens, erbrachten ein Gebäudeeck aus 1,8 m dicken Bruchsteinmauern, die »an der Schauseite mit hochkant gestellten Quadern eher plattenartigen Formats verblendet waren«. Diese Kalksteinplatten wiesen eine Höhe von 60–70 cm, eine Länge bis zu 100 cm und eine Dicke von 40–60 cm auf; die Innenschale bestand aus quaderhaften kleinen Kalksteinen[37]. Zweischaliges Bruchsteinmauerwerk mit Mörtelfüllung besaßen auch die von K. Schwarz ergrabenen, oben genannten frühen Mittelpunktsburgen[38].

Während zweischaliges Mauerwerk in den nachfolgenden Jahrhunderten als Standardtyp beibehalten wird, gilt der Mauerverband aus schön geglätteten, auf den Ansichtsflächen mit Fischgräten- oder Ährenform verzierten kleinformatigen Quadern in ungleich hohen Schichten als typisch für das 11. Jahrhundert; sie werden in spätsalischer Zeit von »glatt beschlagenen und mit schmalem Saumschlag versehenen« Quadern abgelöst[39].

Eine wesentliche Datierungshilfe steuert die Beobachtung bei, daß dem aktuellen Forschungsstand zufolge Quader mit buckligen Oberflächen (sog. Buckelquader) und Randschlag nicht vor ca. 1150, auf der Sichtseite angebrachte Zangenlöcher nicht vor 1170/80 auftauchen[40]. Das Aufkommen der

35 Stellvertretend für eine ganze Reihe von Aufsätzen über Ebersberg: Sage (Anm. 4). – Zu Valley: E. Keller, Valley in spätrömischer Zeit. Führer zu vor- und frühgeschichtlichen Denkmälern 18. Miesbach – Tegernsee – Bad Tölz – Wolfratshausen – Aibling (1975) 174 ff. – H. P. Uenze u. J. Katzmeyer, Vor- und Frühgeschichte in den Landkreisen Bad Tölz und Miesbach. Kat. Prähistorischen Staatssammlung 9 (1972) 144–148.

36 Freundliche Auskunft Jochen Habersroh, Bamberg, der die Ebersberger Burg als Magisterhausarbeit bearbeitet. – Keller (Anm. 35) 176.

37 W. Sage, Testgrabung auf der Peterstirn zu Schweinfurt. Das archäologische Jahr in Bayern (1988) 143. – Ders., Die Peterstirn bei Schweinfurt zum Beginn eines Ausgrabungsvorhabens der Universität Bamberg. In: Artikulation der Wirklichkeit. Festschrift S. Oppolzer (Hrsg. H. Hierdeis u. H. S. Rosenbusch; 1989) 250–268. – Für Zusatzinformationen danke ich Herrn Prof. Sage und Herrn Werner Feil, Grabungstechniker am Lehrstuhl.

38 Schwarz (Anm. 1). – Zu Kasendorf: B.-U. Abels, Archäologischer Führer Oberfranken. Führer zu archäologischen Denkmälern in Bayern. Franken, Bd. 2 (1986) 146 ff.

39 G. Stein, Burgen und Schlösser in der Pfalz (1976) 16.

40 Buckelquader und Hebewerkzeuge diskutieren ausführlich: C. Meckseper, Über die Verbreitung und Zeitstellung des Buckelquaders in Frankreich. Burgen u. Schlösser I, 1982, 7–16; D. Barz, Hebewerkzeugspuren an Burgen mit Buckelquadermauerwerk im Elsaß und in der Pfalz. Études Médiévales IV, 1986/87, 127–157.

Abb. 2 Burglengenfeld, Oberpfalz. Sog. »Hoher Runder Turm«, Westseite mit originalem Hocheingang. (Photo Th. Platz 1990).

Steinzange als Hebewerkzeug hängt dabei sicher mit dem stetig wachsenden Quaderformat zusammen, das die Anwendung von Baukränen schließlich unumgänglich machte.

Während Mauerwerk mit Zangenlöchern und randbeschlagenen Buckelquadern für die Salierzeit also zweifelsohne ausscheidet, bedingt das Fehlen von Zangenlöchern nicht zwangsläufig frühes Gemäuer: Zangenlöcher finden sich mitunter auch in den nicht sichtbaren Lager- oder Stoßfugen. Weiterhin versetzte man gerne die Fundamentsteine ohne Hebewerkzeuge. Der vorgeschobene, wohl im frühen 13. Jahrhundert errichtete Turm von Flossenbürg (OP) weist im unteren Bereich große glatte Quader (H. 60–75 cm; L. 55–120 cm) auf, die ab der sechsten Steinlage dann allmählich in Buckelquader mit Zangenlöchern übergehen. Hätte sich hier nur der Fundamentbereich erhalten, so spräche allein das Quaderformat für eine staufische Zeitstellung. Daß untere Gebäudeteile ohne Zangenlöcher und höhere Gebäudeabschnitte mit Zangenlöchern baulich zusammengehören können, beweisen die durchgängig einheitlichen Steinmetzzeichen an den Bergfrieden von Freudenberg (Nordbaden) und Saaleck (UF).

Wo keine Zangenlöcher zu erkennen sind, kann freilich auch der »Wolf« – ein anderes Hebewerkzeug – Anwendung gefunden haben; Quader mit Wolfs- oder insbesondere Spreizlöchern mögen durchaus noch in die Salierzeit datieren[41].

Auf die weitere Entwicklung des Mauerwerks in der Stauferzeit soll hier nicht näher eingegangen werden, obwohl sich gerade daran aufzeigen ließe, an welch widersprüchlichen Datierungskriterien sich die Gebietsreferenten der Bayerischen Kunstdenkmälerinventare orientierten. So setzten z. B. G. Hager und F. Mader alle Bauten mit Zangenlöchern nicht vor 1250 an, A. Feulner dagegen immerhin schon um 1150[42].

41 Barz (Anm. 40).

42 Zu Obermurach: KDM OP VII, 40. – Zu Thannstein: KDM OP II, 78. – Zu Flossenbürg: KDM OP IX, 48. – Zu Rieneck: KDM UF XX, 118, 123. – Zu Saaleck: KDM UF XIV, 106.

Ähnlich verhält es sich mit der Mauertechnik, obwohl man sich zumindestens hinsichtlich der Kleinquader bzw. Handquader auf die salische Zeit einigte. G. Hager weist dementsprechend wesentliche Bestandteile der Burg Lengenfeld (OP) wegen der sauber geschichteten Handquader zutreffenderweise der Zeit um 1100 zu. Er bemerkt dabei sogar, daß die Kleinquader beider Türme außen etwas größer (H. 15–30 cm; L. 20–30 cm) ausfallen als innen (H. 10–20 cm; L. 10–30 cm) und höhere Schichtungen aus quadratischen oder hochkant stehenden Steinen einstreuen[43] (Abb. 2).
Auch F. Mader liegt richtig, wenn er ähnliches Mauerwerk aus »quaderartig zugerichteten kleinen Granitsteinen« (außen H. 10–40 cm, innen H. 10–15 cm) am Wohnturm von Flossenbürg (OP) dem frühen 12. Jahrhundert zuordnet. Den Wohnturm von Ebermannsdorf (OP) datiert er jedoch trotz der sorgsam gereihten Kleinquader (Schichtungen abwechselnd aus länglichen und quadratischen Quadern) übervorsichtig – vielleicht irritiert von der achteckigen Grundgestalt – ins »12. Jahrhundert«[44] (Abb. 3).
F. H. Hofmann seinerseits setzt »regellos« wechselnde »höhere und niedrigere Schichten« von quaderartigen Bruchsteinen einmal in das frühe, dann wieder in das späte 12. Jahrhundert[45].
Weiß man nicht wohin mit dem Mauerwerk, so bedient man sich solcher undifferenzierter Stilbegriffe wie »romanisch« – so z. B. bei den »Kolossalquadern« am Bering von Laudenbach (UF) oder den länglichen Blendquadern am Bergfried der Karlburg (UF). Dabei wird gerade von denselben Autoren die übermäßige Länge der Quader, sobald sie die Metermarke erreicht oder überschreitet, gerne als Datierungsmerkmal des späten 12. oder frühen 13. Jahrhunderts herangezogen[46].
»Primitive Mauertechnik«, d. h. nur grob gereihtes Bruchsteinmauerwerk, genügt G. Hager bei Falkenstein (OP), um dort die Kernburg nicht nur als 1129/30 beurkundetes »castrum fortissimum« zu identifizieren, sondern sogar der »frühromanischen Periode« bzw. der Mitte des 11. Jahrhunderts zuzuweisen. Und dies, obwohl er sogar auf die ausgeprägten Eckquaderungen und vereinzelt auftretenden Buckelquader hinweist, die eine solche Datierung ja negieren[47].
Treffelstein (OP) besteht nach R. Hoffmann und G. Hager aus einem schlichten Rundturm, dessen »Mauertechnik aus lagerhaft geschichteten Gneisstücken die Möglichkeit zuläßt, daß der Turm noch aus dem 11. Jahrhundert stammt«. Zugleich räumen die Autoren jedoch ein, »daß der Gneis dieser Gegend nur in Platten bricht und zu Quadern kaum verarbeitet werden kann«[48]. Alles an Treffelstein, einschließlich der Archivalienlage (Ersterwähnung im Jahr 1331), trägt tatsächlich spätmittelalterlich-archaische Charakterzüge.
»Primitive Mauertechnik« scheint in Wirklichkeit eher ein Kennzeichen jüngerer Burgen darzustellen, denn an allen bislang in Bayern bekannt gewordenen salierzeitlichen Gebäuden sakraler oder profaner Zweckbestimmung zeichnet sich auch bei widerspenstigem Gestein das Bemühen um quaderhaftes Mauerwerk ab. Augenfällige Beispiele hierfür bilden die Burgen Rettenberg (BS) und Karlstein (OB), deren Mauern aus Nagelfluhsteinen bzw. Kalksteinen unter Mitverwendung von Rollsteinen erstellt wurden. Natürlich müssen wir auch mit Ausnahmebeispielen, d. h. Wehranlagen mit schlampig und fast trocken versetztem Mauerwerk rechnen –, wie sie uns aus anderen Bundesländern schon bekannt sind[49].
Ohne entsprechend detaillierte Forschungen bleibt der Umgang mit Mauerwerk kompliziert, und viele Laienforscher verfallen nach wie vor dem Trugschluß, grob geschichtetes Mauerwerk mit großen Bruchsteinen datierungsmäßig früh anzusetzen[50].

43 KDM OP V, 23–42.
44 KDM OP IX, 35–50, insb. 48. – KDM OP XV, 30. Feulner bezeichnet das Turmhaus fälschlicherweise als Bergfried.
45 Hohenfels: KDM OP IV, 134. – Velburg: KDM OP IV, 238.
46 KDM UF VI, 129; 134.
47 KDM OP I, 41.
48 KDM OP III, 57.
49 Siehe u. a. H.-W. Heine, Bericht über die Ausgrabungen auf der Graf-Gerlachsburg bei Netphen-Solbach, Krs. Siegen, 1974. Beiträge zur archäologischen Burgenforschung und zur Keramik des Mittelalters in Westfalen, T. I. Denkmalpflege und Forschung in Westfalen, Bd. 2 (1979) 79–89.
50 Stellvertretend hierfür sei Toni Nessler (Burgen im Allgäu. 2 Bde. [1985]) genannt, demzufolge der Großteil aller allgäuischen Burgen um 1100 errichtet worden wäre.

Abb. 3 Ebermannsdorf, Oberpfalz. Mauerdetail der Ostseite, mit Ausbruch der Außenschale (Zollstock = 100 cm). (Photo J. Zeune 1990).

Abb. 4 Flossenbürg, Oberpfalz. Festes Haus. Blick auf das Südeck, mit abgebrochenem Kamin im Erdgeschoß und jüngerem Kamin im Obergeschoß (links). (Photo J. Zeune 1990).

Hinsichtlich des Mauerwerks salierzeitlicher Steinburgen kann als sicheres Datierungskriterium neben dem Streben nach sauber gearbeiteten und sorgsam aneinandergesetzten Quadern deren handliches Kleinformat akzeptiert werden; dabei erreichen die Quader der Außenschale bisweilen eine Höhe von 30–40 cm und eine Länge von 50–60 cm, scheinen sich aber vorwiegend in Schichthöhen von 20–30 cm mit Steinlängen von 30–40 cm zu befinden. Durchschüsse bzw. Zwischenschichtungen aus quadratischen oder hochkant stehenden Steinen sind nicht selten eingeschoben. Das Quaderformat der Innenschale fällt mit 10–20 cm kleiner und häufig quadratisch aus; ähnliches läßt sich noch an hochstaufischem Mauerwerk beobachten. Ab Mitte des 12. Jahrhunderts wächst das Format der Quader, die Eckquaderung wird kräftiger ausgebildet, die ersten stark gebuckelten Quader mit sauberem Randschlag oder von einer feinen Eckquaderung eingefaßte, nur grob gereihte Bruchsteine erscheinen. Während die sorgfältige Glättung der Sichtflächen aufwendige Steinbearbeitung anzeigt, konnten ährenförmige Verzierungsmuster wie beim Schlössel (Pfalz) bislang nicht konstatiert werden.
Fischgrätiger Steinverband, sog. »opus spicatum«, taucht in spätsalischer Zeit nicht nur an den Mauerschalen (Nennslingen MF), sondern auch im Füllwerk (Ebermannsdorf OP) auf (Abb. 3) – eine Eigenheit, die einige staufische Burgen beibehalten (Karlsburg und Bodenlauben, beide UF; Rosenburg OP). Fischgrätiges bzw. ährenförmiges Mauerwerk darf demzufolge keinesfalls als eindeutiges Merkmal salierzeitlicher Bauten angesehen werden.
Über die Gewändeformen salischer Profanbauten läßt sich kaum etwa aussagen, da nur wenige Gebäude über die Fundamentlagen hinaus aufragen. Folglich bleibt nicht auszuschließen, daß der erhaltene Denkmälerbestand ein inkomplettes oder verzerrtes Bild wiedergibt. Dies scheint der Vergleich mit gleichzeitigen Sakralbauten zu bekräftigen, wenngleich sich deren Formenreichtum nicht uneingeschränkt auf Profanbauten übertragen lassen wird. Bei Burglengenfeld und Ebermannsdorf (beide OP)

sind die Hocheingänge der Türme von rundbogiger Form, die Türgewände mit kantigen Ecken, die Schlitzfenster einfachst ohne Abfasung gearbeitet.
Gemauerte Kamine können noch in den Untergeschossen von Flossenbürg und Ebermannsdorf (beide OP) nachgewiesen werden, wo in einem Eck über schwach hervortretenden Seitenpfosten kurze eckige Hauben auskragten; Rauchabzüge sind nicht erkennbar. Nicht zum Originalbestand gehört der rundnischige Kamin im Obergeschoß von Flossenbürg (OP) (Abb. 4). Daß zentral im Raum gelegene Herdstellen damals noch üblich gewesen sein müssen, veranschaulichen die beiden fast vollständig erhaltenen Türme von Burglengenfeld (OP), die keinerlei Spur von Beheizung erkennen lassen.
Auf kunstgeschichtlich gut zu datierende Baudetails wie Kapitelle stoßen wir nur in den Burgkapellen von Donaustauf und Schwarzenburg (beide OP)[51].
Allerdings haben alle bisher in Bayern bekannten salischen Burgbauten zwei Architekturmerkmale gemeinsam: Ihnen fehlen Gewölbe und steinerne Treppen. Ungewölbt erhoben sich die beiden Türme von Burglengenfeld, Ebermannsdorf (beide OP), Hirschberg (OB) und Biebelried (UF). Bei Burglengenfeld und Ebermannsdorf führten lediglich kurze tonnengewölbte Passagen von den Eingängen ins Turminnere. Sollten die aus dem Fels geschlagenen Keller von Pottenstein (OF) tatsächlich um 1070 angelegt worden sein, so repräsentieren sie die ältesten Gewölbe einer salischen Burg. Um 1140/50 erscheinen dann kleine Feste Häuser wie Aufseß (OF) oder Hohenstein (MF) mit tonnengewölbten Räumen[52].
Steinerne Innentreppen kommen dem momentanen Forschungsstand gemäß erst nach 1150 in Gebrauch, da kein einziger hier behandelter salierzeitlicher Profanbau Spuren einer Treppe oder eines Treppenhauses erkennen läßt.
Gewölbe und Treppe schließen sich jedoch nicht gegenseitig aus. So weist der Rundturm von Kasendorf (OF) zwar ein originales Kuppelgewölbe, aber noch keine Steintreppe auf – was für eine Erbauung kurz nach 1150 spricht[53].
Ein weiteres typologisches Datierungsmittel salischer Wohntürme scheinen jene großflächigen Abtrittanbauten darzustellen, die wir vom Schlössel, der Arnsburg, Habsburg (Ostturm), von Rickenbach und der Burg Pfraumberg in Böhmen kennen. Derartige Bauten lassen sich bis jetzt nicht in Bayern nachweisen, den Turm von Ebermannsdorf (OP) mit seinem kleinen Abtrittanbau von 1,0 m Breite und 1,0 m Tiefe ausgenommen.
Hiermit erschöpfen sich die architektonischen Datierungsmittel. Einzig die Mittelalterarchäologie vermag unsere historischen und architektonischen Datierungskriterien fest abzusichern und unsere Kenntnisse von salierzeitlichen Wehranlagen voranzutreiben.

3. Der archäologische Nachweis

Neben der Dokumentation von Siedlungszeugnissen und deren stratigraphischen Zusammenhängen kommt vor allem der materiellen Hinterlassenschaft der Burgbewohner gesteigerte Bedeutung zu, eignet sich diese doch besonders für Datierungszwecke. Da archäologische Untersuchungen bei der Unmenge mittelalterlicher Boden- und Baudenkmäler die Ausnahme bleiben müssen, wird oft am Burgplatz aufgelesene Keramik als Datierungshilfe herangezogen. Natürlich repräsentiert solche oberflächlich sichtbare Keramik nur einen zufälligen Ausschnitt aus dem insgesamt vorhandenen Fundgut und mag daher zu Fehlinterpretationen verleiten[54]. Der behutsame Umgang mit Lesefunden ermöglicht zwar keine Rückschlüsse auf bestimmte Bautätigkeiten, gewährt jedoch Einblick in Besiedlungsphasen.

51 KDM OP XX, 46–48. – KDM OP III, 42–52.
52 Siehe hierzu S. 208 ff.
53 Wie Anm. 133.
54 Dies gilt für einige von H. Kunstmann untersuchten Burgen der Fränkischen Schweiz. Zum sorgsameren Umgang mit Lesefund-Datierungen siehe H. Dannheimer u. F.-R. Herrmann, Rothenburg o. T. Kataloge der Prähistorischen Staatssammlung 11 (1968).

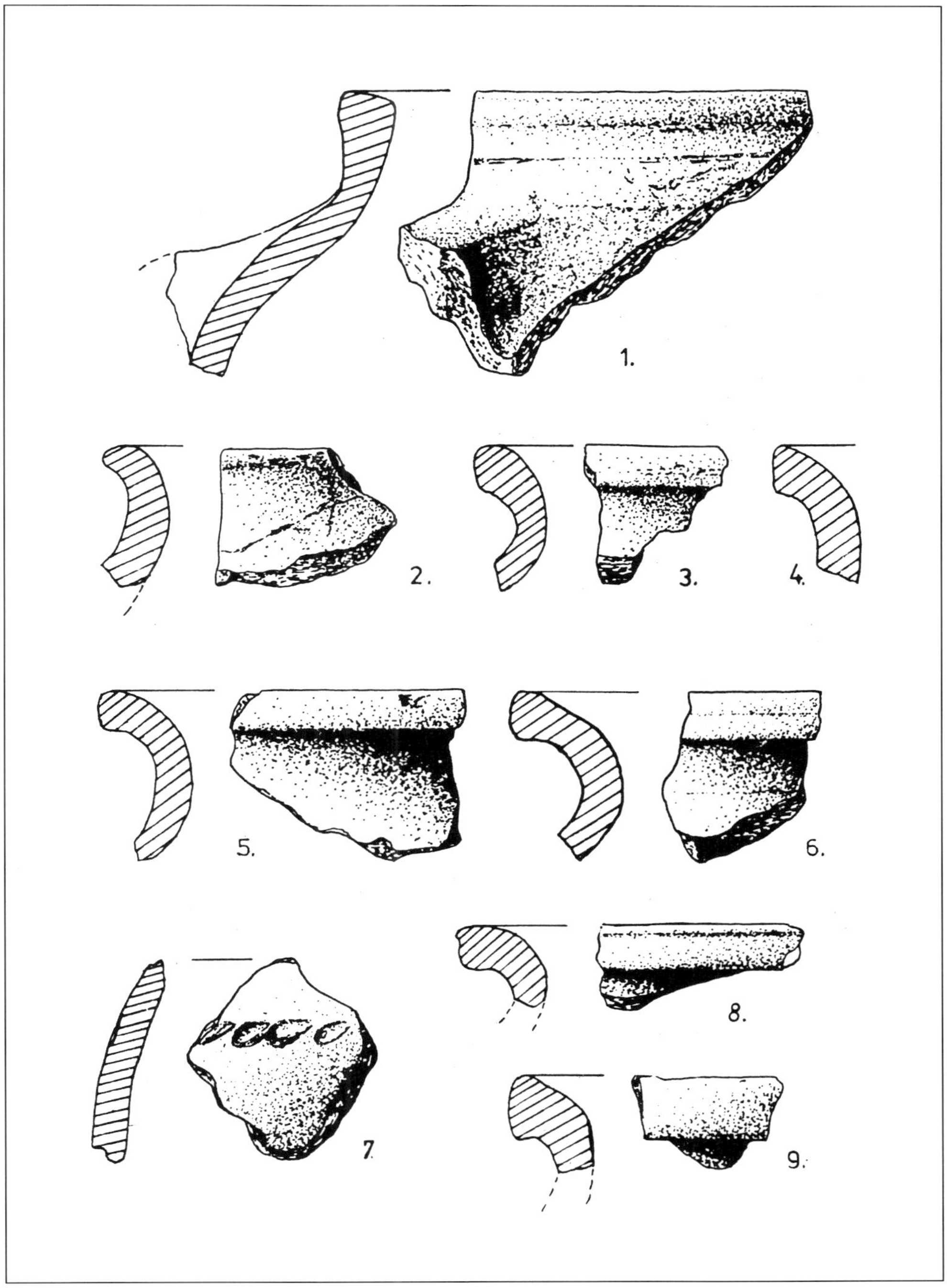

Abb. 5 Rothenburg, »Alte Burg«, Mittelfranken. Keramische Lesefunde des 11./12. Jahrhunderts (nach Brehm [Anm. 56] Abb. 2). – M = 1:1.

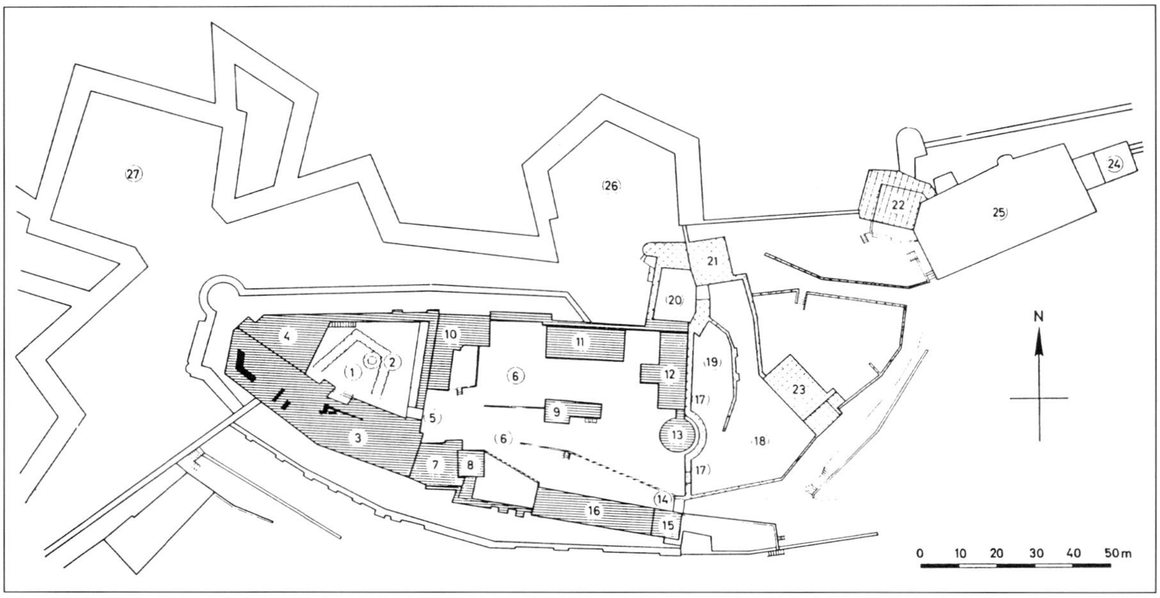

Abb. 6 Nürnberg, Kaiserburg, Mittelfranken. Gesamtplan der Burg mit den ergrabenen Fundamentzügen im Bereich des Hofes (1) und Gebäudes (3); (nach Fehring [Anm. 60] Abb. 2).

Nur selten erreichen Lesefunde eine solche Aussagekraft wie bei Schönbrunn (OF), wo in der Niederung des Schönbrunnbaches der Rest eines kleinen kreisrunden Turmhügels sitzt. Der Nachweis eines gleichnamigen Ministerialengeschlechtes ab 1129 deckt sich zeitlich mit der ältesten aufgelesenen Keramik, die mit Sicherheit in das 11. Jahrhundert zurückreicht[55]. Den verfügbaren Datierungsmitteln zufolge scheint damals die Turmhügelburg als Ansitz des örtlichen Adels erstellt worden zu sein.

Ähnlich verhält es sich mit der vom Nordwesthang der »Alten Burg« in Rothenburg (MF) aufgelesenen Keramik (Abb. 5), die bestätigt, daß sich hier tatsächlich die Burg der Grafen von Rothenburg aus dem späteren 11. Jahrhundert befand[56].

Ebenso legt die im Bereich der östlichen Burganlage auf dem Waldstein (OF) geborgene Keramik des 11./12. Jahrhunderts den Schluß nahe, daß dort eine erste Burgengründung erfolgte. Hier verhinderte die nachfolgende Überbauung des schmalen Granitfelsenriffes jeglichen strukturellen oder grabungstechnischen Nachweis einer salierzeitlichen Befestigung[57].

Leider nur Ausnahmen stellen jene Glücksfälle dar, bei denen aus dem Mauerwerk von Wehrbauten – meist aus dem Füllwerk – Keramik geborgen werden kann. Wenngleich auch hier Zufälligkeiten nicht auszuschließen sind, so ergeben sich doch mitunter nützliche Datierungsanhalte. Eine wellenverzierte Scherbe aus dem Mauerwerk des Rundturmes auf dem Veitsberg (UF) korreliert mit Siedlungsspuren des

55 Kunstmann (Anm. 31) 15ff. – H. Jakob u. H. Losert, Die Niederungsburg der Edelfreien von Schönbrunn. 123. Bericht des Historischen Vereins Bamberg 1987, 171–178. – H. Losert, Die Keramikfunde von der Niederungsburg Schönbrunn. 123. Bericht des Historischen Vereins Bamberg 1987, 179–193.

56 H. Brehm, Vorgeschichtliche und mittelalterliche Funde vom Nordwesthang der »Alten Burg«. Die Linde 60, Nr. 7, 1978, 34–36. – Dannheimer (Anm. 54) 175ff. – A. Sieghardt, Die ehemalige Burg zu Rothenburg o. T. Der Burgwart 28, Nr. 3/4, 1927, 63–66. – W. Meyer, Die Deutsche Burg (1963) 68ff.

57 Freundliche Mitteilung von Herrn Karl Dietel, Münchberg, der momentan die Publikation seiner Grabungen vorbereitet. Siehe auch K. Dietel, Der Waldstein im Spiegel seiner Geschichte und im Lichte neuer Ausgrabungen. Heimatbeilage zum Amtlichen Schulanzeiger des Regierungsbezirkes Oberfranken (Oktober 1966) Nr. 25. – H. Losert, Die früh- bis hochmittelalterliche Keramik in Oberfranken (Diss. Univ. Bamberg 1989) T. 3, 121–125. – K. Schwarz, Die vor- und frühgeschichtlichen Geländedenkmäler Oberfrankens. Materialhefte zur Bayerischen Vorgeschichte 5 (1955) 128. – H. Vollet u. K. Heckel, Die Ruinenzeichnungen des Plassenburg-Kartographen Johann Christoph Stierlein. Ausstellungskat. Kulmbach (1987) 36ff. – H. Hofmann-Arzberg, Bayrische Ostmarkburgen. Der Burgwart 39, 1935, 20ff.

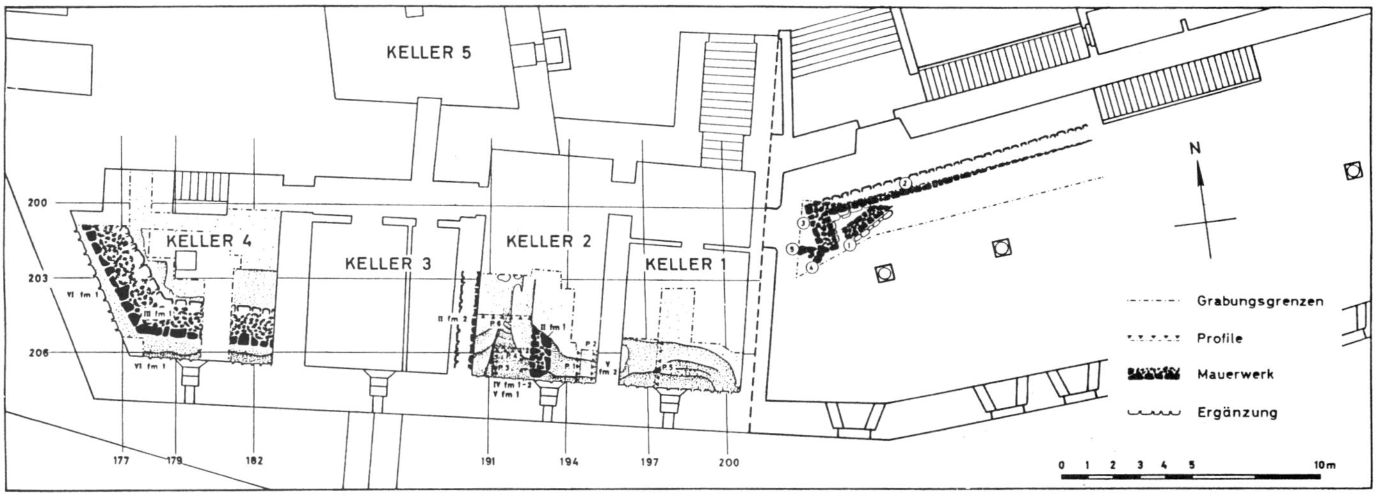

Abb. 7 Nürnberg, Kaiserburg, Mittelfranken. Grabungsplan mit älteren Baubefunden (nach Fehring u. Stachel [Anm. 60] Beil. 1).

11./12. Jahrhunderts[58]. Keramik unter dem Boden des Rundturmes von Hirschberg (OB) datiert sicherlich zumindest ins 11. Jahrhundert[59].
Erst bei den Objektbeschreibungen soll auf jene Ausgrabungen ausführlicher eingegangen werden, die über eindeutig stratifiziertes Fundmaterial den Nachweis salierzeitlicher Bautätigkeiten erbrachten, wie auf Oberwittelsbach und Zusameck (beide BS), in Wartenberg und Valley (beide OB), in Kelheim (NB), bei den beiden Burgen von Treuchtlingen, auf Abenberg und in der Alten Rothenberg (alle MF), in Biebelried, im Altstadtkastell von Miltenberg, an der Stadtmauer von Würzburg und auf dem Veitsberg (alle UF), auf der Giechburg und in Alt-Berneck (beide OF), an den Turmhügeln von Gräfenbuch (MF) und Seubersdorf (OF), in der Reichsburg Cham, am Hohen Bogen (beide OP) und auf Hirschberg (OB).
Eingehender behandeln möchte ich allerdings die Kaiserburg Nürnberg (MF), der jahrhundertelang als Pfalz und Burg der deutschen Könige und Kaiser sowohl in historischer als auch architektonischer Hinsicht eine überragende Bedeutung zukam. Seit 1942 führte man im Zusammenhang mit Baumaßnahmen immer wieder archäologische Notuntersuchungen innerhalb des Burgareales durch, die einige wesentliche neue Erkenntnisse brachten[60].
Während frühere Sondagen ältere Bausubstanz ohne präzise Lokalisierung vermerkten, gelang G. P. Fehring und G. Stachel 1963/64 der Nachweis einer vermutlich im 2. Drittel des 11. Jahrhunderts unter Kaiser Heinrich III. errichteten Massivbefestigung: Schnitte im westlichen Palastbau (Abb. 6, Nr. 3) ergaben neben einer Kulturschicht einen West-Ost-ausgerichteten Mauerzug, von dem zwei geringfügig jüngere Mauern mit Innen- und Außenschalen aus hammergerecht gearbeiteten Hausteinen rechtwinklig nach Norden abzweigten (Abb. 7, »Keller 2«). Ihr Abstand voneinander betrug nur 2,0 m, ihre Mauerstärke lediglich 0,8 m, so daß es sich, wenn überhaupt, um einen schwächlichen mauerbündigen Turm gehandelt haben muß. Jeglicher Datierung entzog sich das massive stumpfwinklige Mauereck in Keller 4 (Abb. 7).
Dennoch bewiesen die Grabungsbefunde, daß sich die salische Königsburg nicht allein auf das östliche Areal zwischen Fünfeckturm (Abb. 6, Nr. 22), Burgamtmannswohnung (Abb. 6, Nr. 21) und Walburgiskapelle (Abb. 6, Nr. 23) beschränkte, sondern schon damals die westliche Burghälfte miteinschloß.

58 Mündliche Mitteilung Dr. Ludwig Wamser, Würzburg.
59 Mündliche Mitteilung Dr. Andreas Tillmann sowie eigene Begutachtung. – Siehe auch A. Tillmann, Ausgrabungen auf Schloß Hirschberg. Das archäologische Jahr in Bayern (1988) 140ff.
60 G. P. Fehring, Zur älteren Geschichte von Burg und Pfalz zu Nürnberg. Burgen u. Schlösser I, 1972, 10–17. – G. P. Fehring u. G. Stachel, Grabungsbefunde des hohen und späten Mittelalters auf der Burg zu Nürnberg. Jahrb. f. Fränkische Landesforschung 28, 1968, 53–85.

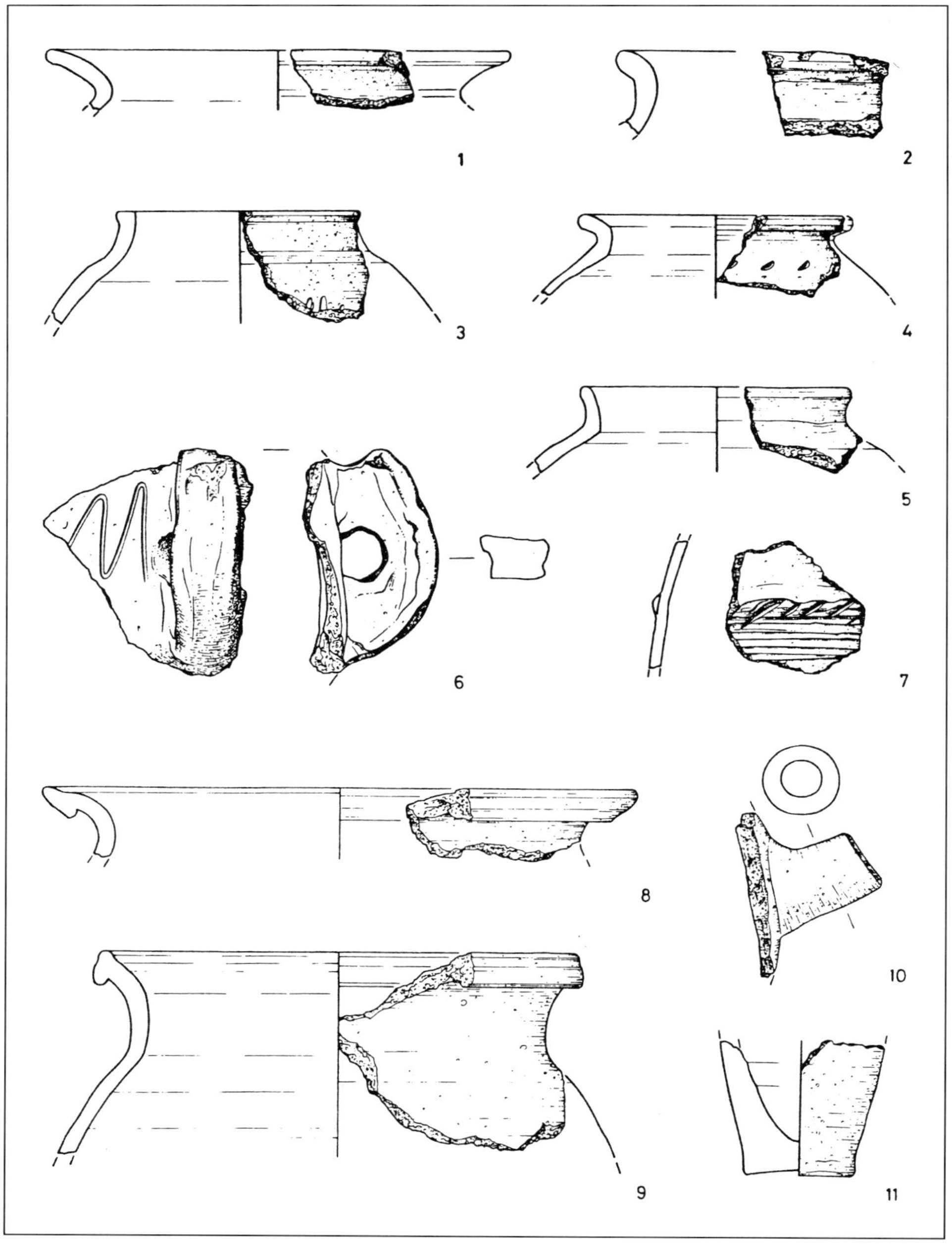

Abb. 8 Nürnberg, Kaiserburg, Mittelfranken. Keramikfunde des 11./12. Jahrhunderts aus dem Burgamtmannsgebäude. – M = 1:3 (nach Nadler [Anm. 61] Abb. 5).

Inwieweit noch aufgehendes frühsalisches Mauerwerk in heute stehenden Baulichkeiten enthalten ist, muß aufgrund kontinuierlicher Umbauten dahingestellt bleiben. Grabungen 1986 im Burgamtmannsgebäude lieferten keinen konkreten Hinweis auf eine dementsprechend frühe Gründung dieses Gebäudes, wenngleich die ältesten Keramikfunde denen von 1963/64 gleichen (Abb. 8)[61]. Auf die Zweiteilung der Burg mit der Reichsburg (Kaiserburg) im Westen und der Burggrafenburg im Osten unter Konrad III.,

61 M. Nadler, Die Ausgrabungen 1986 im Burgamtmannsgebäude der Nürnberger Burg. Mitteilungen des Vereins für Geschichte der Stadt Nürnberg 75,1988, 227–240.

wenn nicht sogar auf den Erstbau Heinrichs III. soll der sog. Fünfeckturm zurückgehen[62]. Doch widersprechen nicht nur typologische Gründe (massive zugespitzte Verstärkung der Feindseite) solch einer frühen Datierung, sondern auch die Mauertechnik: Das Mauerwerk zeigt bucklige Quader unterschiedlichster Größe, die mitunter eine Länge von fast einem Meter und Höhen von 50–60 cm erreichen; manche der oberen Quader scheinen Zangenlöcher aufzuweisen. Daher sollte man einer derartigen Frühdatierung skeptisch gegenüberstehen. Weiterführende Informationen zur salischen Burganlage darf man von einer 1990 im Rittersaal stattfindenden Grabung erwarten.

Eine andere frühe Königspfalz errichtete König Heinrich II. kurz vor der Bistumsgründung im Jahr 1007 am Bamberger Domberg. Sie blieb bis zum fatalen Dombrand von 1185 in wohl unveränderter Form bestehen; die vielerorts reproduzierten historischen Ansichten aus dem letzten Drittel des 15. Jahrhunderts geben daher lediglich den Neubau des späten 12. Jahrhunderts wieder[63].

Seit 1986 führt der Lehrstuhl für Archäologie des Mittelalters und der Neuzeit an der Universität Bamberg unter großzügiger Förderung der Deutschen Forschungsgemeinschaft Grabungen im Bereich der ehemaligen Burg bzw. des Domes durch[64]. Während wesentliche Neuerkenntnisse zur frühen und späten Besiedlungsgeschichte des Domberges gewonnen werden konnten, bestätigten sich die Beobachtungen H. Mayers zu den ottonisch-salischen Bauten[65]: Das Querhaus des ersten Domes setzte sich nördlich mit dem Palatium mauerbündig fort. Direkt östlich vorgelagert erhob sich die achteckige Andreaskapelle mit ihrer Rundapsis. Ob der Palasbau tatsächlich nach Norden mit der bischöflichen Thomaskapelle abschloß, bleibt nach der Freilegung einer frühen Mörtelmauer fraglich.

Während die Repräsentativgebäude von Anfang an die Ostseite der Anlage bildeten, ziehen die zugehörigen hölzernen Wirtschaftgebäude westwärts unter der im späten 15. Jahrhundert errichteten Alten Hofhaltung hindurch und verweisen somit auf ein ursprünglich großflächigeres Burgareal. In das 12. Jahrhundert datiert ein kleines, im Nordteil des Innenhofes ergrabenes Grubenhaus, das aufgrund des Fehlens gewerblicher Funde wohl Lagerzwecken diente.

Weitere ottonisch-salische Siedlungsfunde sind im Laufe der diesjährigen Grabungskampagne zu erwarten.

Hinsichtlich der Befestigung des Domberges verdichtet sich nach mehreren großen Hangschnitten zunehmend der Verdacht, daß K. Schwarz 1973 die Befunde seines kleinen Grabungsareals überinterpretierte, indem er eine ottonische Zwingeranlage mit flankierenden Bastionen rekonstruierte[66]. Während von einer derart aufwendigen Massivumwehrung bisher jede Spur fehlt, konnte der Schwarz'sche Graben angeschnitten und zumindest umdatiert werden: Sein Verfüllungszeitpunkt liegt keinesfalls im 10. Jahrhundert, sondern steht in direktem Zusammenhang mit dem Bau des heutigen Domes im frühen 13. Jahrhundert.

Die momentan höchst problematische Frage nach tatsächlichem Aussehen und Alter der Umwehrung des Domberges bleibt 1990 endgültig abzuklären. Es ist aber anzunehmen, daß die frühmittelalterliche Babenburg seit Gründung der Königspfalz mehrfach verstärkt wurde – wenngleich die Südfront durch den Bau des großen Domes erheblich an Wehrhaftigkeit eingebüßt haben muß. Hier scheinen die vorgelagerten Stadtbezirke zusätzliche Wehrfunktionen übernommen zu haben[67].

62 Zur Baugeschichte: E. Bachmann, Kaiserburg Nürnberg. Amtlicher Führer (1980). – Wilhelm Schwemmer, Die Burg zu Nürnberg. Große Baudenkmäler 30 (1953).

63 H. Mayer, Bamberger Residenzen (1951) 11–21.

64 Die Projektleitung liegt bei Herrn Prof. Dr. Walter Sage, die wissenschaftliche Grabungsleitung seit 1987 bei mir selbst.

65 Siehe hierzu vor allem den Publikationsblock in: Forschungsforum. Berichte aus der Otto-Friedrich-Universität Bamberg, H. 1, 1989, 15–35, mit: W. Sage, Der Bamberger Domberg, zentrales Objekt der achäologischen Siedlungsforschung am Obermain; H. Losert, Die Keramikfunde der Grabungen von 1969 bis 1972 im Bamberger Dom. Ein Vorbericht; J. Zeune, Zur frühen Umwehrung des Bamberger Domberges. – Weiterhin: J. Zeune u. W. Sage, Neue Grabungen am Bamberger Domberg. Das archäologische Jahr in Bayern (1988) 138 ff.

66 K. Schwarz, Castrum Babenberh – Babenburg. Karolingische Burg – ottonische Pfalz. Gewinne und Verluste. Ausgrabungsnotizen aus Bayern 2 (1974).

67 Zeune (Anm. 65).

III. DIE BESTANDSAUFNAHME

Sämtliche der Salierzeit zugeschriebenen Wehrbauten zu erfassen, persönlich zu besichtigen und anschließend hier vorzustellen, scheiterte daran, daß der Objektkatalog schon nach der ersten Literatursichtung mehr als 250 Bau- und Bodendenkmäler in Bayern umfaßte. Daher möchte ich mich auf eine repräsentative Auswahl wichtiger Objekte beschränken (vgl. Abb. 1) – ohne jedoch auszuschließen, daß intensivere Feldtätigkeit zu weiteren Erkenntnissen führen kann.

1. Kurze Retrospektive: Die Burgen des 10. Jahrhunderts

Aus der 1. Hälfte des 10. Jahrhunderts kennen wir vor allem jene Befestigungen, die als Folge der Ungarneinfälle im Zusammenhang mit dem Burgengesetz König Heinrichs I. um 930 errichtet wurden[68]. Bei diesen sog. »Ungarn-Refugien« handelte es sich zumeist, wie die erhaltenen Beispiele vom Kallmünzer Schloß (OP), Veitsberg und Schwanberg (UF) oder der Birg von Hohenschäftlarn und Kleinhöhenkirchen (beide OB) veranschaulichen, um bis zu 10 m hohe, wuchtige, grabenbewehrte Abschnittswälle, die offensichtlich Palisaden trugen. Wir kennen allerdings auch ungarnzeitliche Befestigungen mit steinernen gemörtelten Umwehrungen, wie den Michelsberg bei Kipfenberg (MF), die Burg von Ebersberg (OB) oder die Karlsburg (UF).
Ob zu den frühen Massivbefestigungen der Burgen von Bamberg, Roßthal und Karlsburg tatsächlich schon Bastionen gehörten, bleibt nach den jüngsten Grabungsbefunden des Bamberger Domberges fraglich.
Diesen bedeutenden Massivbefestigungen steht die Reichsburg von Cham (OP) mit ihrem grabenbewehrten schlichten Ringwall entgegen[69].
Mit verschiedenen Mischkonstruktionen aus Holz/Erde/Stein ist vor allem im slawisch beeinflußten Nordostbayern zu rechnen, wie die dritte Bauphase der Burg Laineck (OF) beweist[70].

2. Holz/Erdbefestigungen

Es begegnet uns also in direkt vorsalischer Zeit eine Vielfalt unterschiedlichster Wehrbauten. Da sich der Übergang zu spezifisch-neuen Burgtypen nur allmählich vollzieht, verwundert es nicht, daß wir noch im 11. und 12. Jahrhundert auf karolingisch-ottonische Befestigungsweisen stoßen.

a. Die Wallburgen

Eine solche Wehranlage archaischen Typs wurde 1936 auf dem Reißberg bei Schnaittach (MF) archäologisch nachgewiesen. Dessen Gipfelfläche durchschneidet ein tiefer Graben in zwei etwa gleich große Hälften, die ein grabenbewehrter Ringwall umläuft. Da die Umwehrung der Osthälfte viel kräftiger ausfällt, nutzte man den Westteil sicherlich als Vorburg (Abb. 9). Die Wallschnitte erbrachten keinerlei Hinweise auf steinerne oder hölzerne Auf- oder Einbauten; lediglich eine zweistufige Erdbrustwehr ließ sich an der Wallinnenseite feststellen. Zahlreiche Scherben stratifizierter Keramik datieren die – auch »Alter Rothenberg« genannte – Wallburg eindeutig ins 11. Jahrhundert und belegen somit den Erstsitz der Ministerialen von Rothenburg[71].

68 K.-U. Jäschke, Burgenbau und Landesverteidigung um 900 (1975) 18ff.

69 A. Stroh, Die vor- und frühgeschichtlichen Geländedenkmäler der Oberpfalz. Materialhefte zur Bayerischen Vorgeschichte B, 3 (1975) 56ff.; 146.

70 B.-U. Abels u. H. Losert, Eine frühmittelalterliche Befestigungsanlage in Laineck, Stadt Bayreuth. Archiv für Geschichte von Oberfranken. 68, 1988, 13–40. – Dies., Mittelalterliche Wehranlage in Bayreuth-Laineck. Das archäologische Jahr in Bayern (1981) 180ff.

71 Ortsakten LfD Nürnberg: Grabungsberichte H. W. Ehrngruber vom Juli 1936. Mit freundlicher Genehmigung Dr. Robert Koch.

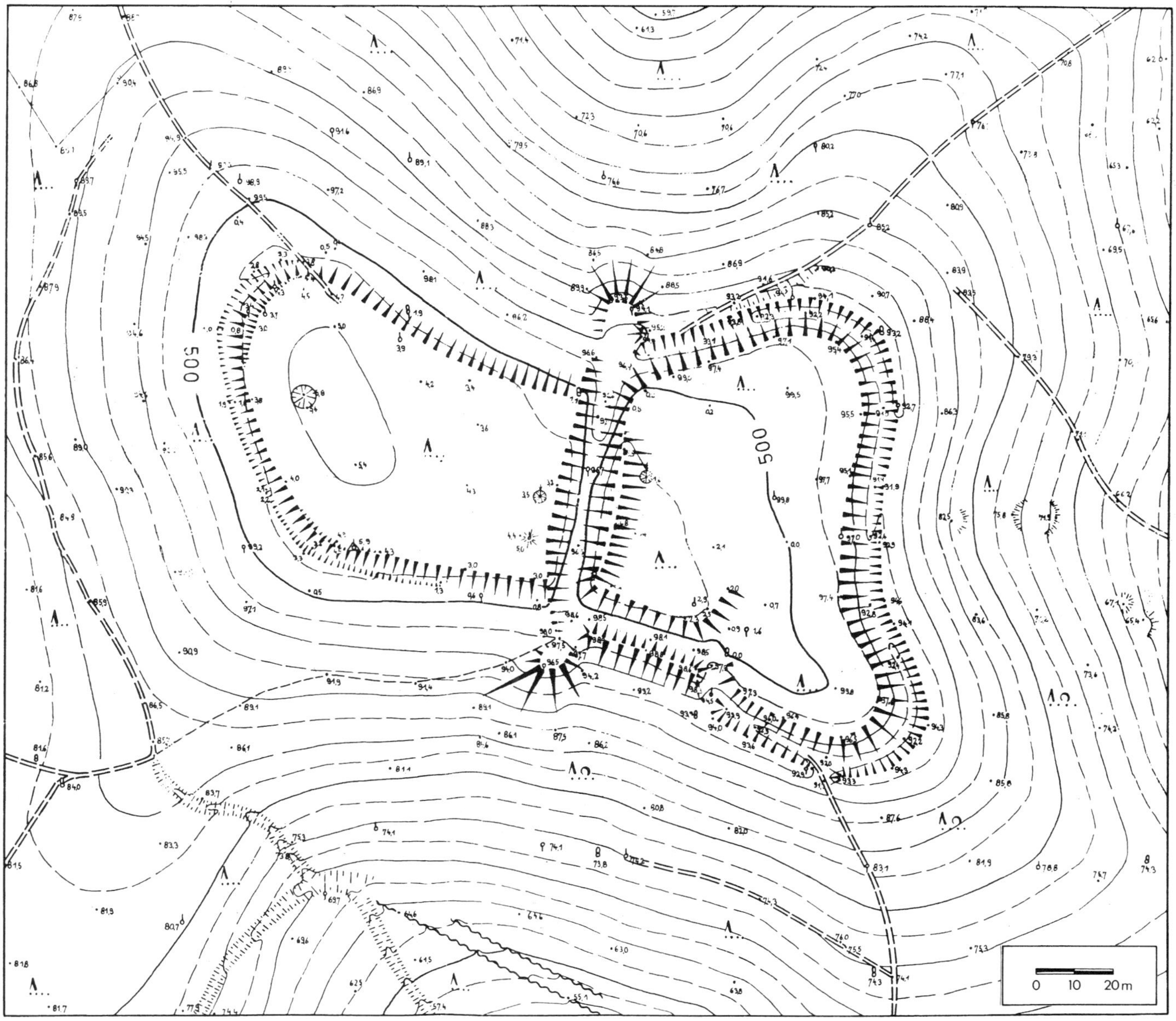

Abb. 9 Reißberg bei Schnaittach, »Alter Rothenberg«, Mittelfranken (Aufmaß M. Kirmaier 1971; genehmigt vom Bayerischen Landesamt für Denkmalpflege Nürnberg).

Eine ähnlich einfache Wallburg mag im 11. Jahrhundert auf dem Hohen Bogen (OP) gestanden haben, da mit dem Steinausbau Ende des 12. Jahrhunderts nur die jüngere Keramik korreliert[72].
Burgen auf Hangausläufern versah man noch im 11. Jahrhundert gerne mit mehreren halbkreisförmigen Abschnittsgräben und -wällen, um schließlich im innersten Burgareal die hölzernen oder steinernen Hauptgebäude unterzubringen. Anschauliche Beispiele hierfür bilden die sog. »Römerschanze« bei Grünwald im Isartal (OB), wo eine kleine Erdburg die Erhebung des bischöflichen Brückenzolls

72 H. Dannheimer, Keramik des Mittelalters aus Bayern. Kataloge der Prähistorischen Staatssammlung 15 (1973) 19 ff.; 51 ff. – Stroh (Anm. 69) 64 ff.; 147.

sicherte, und die nachträglichen Einbauten ins Nordeck der Wischlburg (NB), die in Zusammenhang mit der Errichtung eines Festen Hauses stehen dürften[73]. Eine Ausnahme bildet der Befund aus dem Altstadtkastell Miltenberg (UF), wo das mittelalterliche Turmhaus eine merowingerzeitliche Massivbefestigung im Osteck des römischen Kastells wiederbenutzte (siehe S. 210 u. 215).
Bei den seit Ende des 11. Jahrhunderts immer häufiger auftretenden Spornburgen wird man das aus den Halsgräben gewonnene Steinmaterial für eine Massivbefestigung zumindest der Kernanlage wiederverwendet haben. Dies legt eine Beschreibung der Durchelenburg (OP) nahe, wonach die kleine Hauptburg durch eine Mörtelmauer, die große Vorburg dagegen durch einen Randwall bewehrt war. Ein »Sigehart de Durchelenburch« taucht um 1100 urkundlich erstmals auf[74].
Da auch der Burgberg von Treuchtlingen (MF) schon in der 1. Hälfte des 12. Jahrhunderts eine gemörtelte Wehranlage trug, dürfen wir für diese Zeit den Massivbau bei Höhenburgen wohl als geläufig und durchaus gängig voraussetzen (siehe hierzu S. 205).
Hölzerne Palisaden von Vorgängerbefestigungen lassen sich bei später massiv ausgebauten Burgen nur selten nachweisen, da die Ringmauer in der Regel einen ähnlichen Verlauf nimmt und somit sämtliche Spuren überlagert oder beseitigt. Immerhin fand man Spuren von Palisadenumwehrungen noch auf der Burg Zusameck (BS) und an der Salzburg (UF)[75].
Zu kombinierten Umwehrungen aus Holz und Stein siehe S. 226.

b. Die Turmhügelburgen

Alternativ zu den Wallburgen verbreitet sich vor allem in den Niederungen ein neuer Burgtyp, der aktuellen Forschungen zufolge über das Rheinland in der 2. Hälfte des 11. Jahrhunderts nach Süddeutschland gelangt: die sog. Turmhügelburg oder Motte[76]. Dabei wird innerhalb eines ringförmigen Grabens mit dessen Aushub ein konischer oder kegelförmiger Hügel aufgeworfen, dessen abgeflachte Gipfelfläche hölzerne oder steinerne Aufbauten – ein palisadenbewehrter Turmbau oder ein Haus – krönten. Die Vorburg erstreckte sich jenseits des Ringgrabens, durch einen eigenen Graben gesichert. Zur Bewässerung der Gräben suchte man oft die Nähe von Flüssen oder Seen. Ein sehr anschauliches Beispiel einer derartigen Anlage erhebt sich noch heute in Seeg, Ortsteil Burk, bei Füssen im Allgäu (BS) (Abb. 10).
Bei den Aufbauten auf den Motten bleibt zu berücksichtigen, daß größere Steinbauten auf dem nicht sehr soliden Untergrund wegen ihrer Masse statische Probleme mit sich brachten. Dies begünstigte nicht nur die Errichtung von Fachwerk- oder Blockbauten über Steinsockeln, sondern führte bisweilen dazu, daß man entweder den Steinbau zuerst errichtete und dann gegen dessen Gebäudefuß den Hügel anschüttete – ein mit »Einmotten« bezeichneter Vorgang – oder einen Vorgängerbau kappte und im Kern des Turmhügels zur Stabilisierung stehenließ.
Diese Ausführungen verdeutlichen, daß allein die Archäologie Aufschlüsse über Konstruktion, Alter und Originalgestalt eines Turmhügels erbringen kann.

73 P. Reinecke, Die Römerschanze bei Grünwald. Führer zu vor- und frühgeschichtlichen Denkmälern 18. Miesbach – Tegernsee – Bad Tölz – Wolfratshausen – Bad Aibling (1971) 239–247. – O. Braasch, Neues von der Wischlburg. Luftbilder belegen im Inneren eine untergegangene Befestigung. Das archäologische Jahr in Bayern (1984) 151 ff.

74 Stroh (Anm. 69) 254. – KDM OP IV, 65 ff.

75 L. Wamser, Neue Befunde zur mittelalterlichen Topographie des fiscus Salz im alten Markungsgebiet von Bad Neustadt a. d. Saale. Das archäologische Jahr in Bayern (1984) 149–151 Abb. 100, 2.

76 Zur Mottenforschung siehe vor allem: H. Hinz, Motte und Donjon (1981). – W. Janssen, Niederungsburgen im Rheinland – Vom Holzbau zur Steinburg. In: Burgen aus Holz und Stein. Schweizer Beiträge zur Kulturgeschichte und Archäologie des Mittelalters 5 (1979) 11–41. – G. P. Fehring, Frühmittelalterliche Wehrbauten in Südwestdeutschland. Château Gaillard V (1972) 37–54. – M. Müller-Wille, Mittelalterliche Burghügel (»Motten«) im nördlichen Rheinland. Beih. Bonner Jahrb. 16 (1966). Sie widerlegen A. Strohs (Stroh [Anm. 69] 63) Bestrebungen, das Auftauchen der Turmhügel mit dem Ende der Reihengräber in Bezug zu bringen und demgemäß ins 10. Jh. zu setzen. Ähnlich früh datiert sie auch R. Endres (Anm. 9) 299.

Abb. 10 Seeg, Allgäu, Bayerisch-Schwaben. Turmhügel von Süden. Der ehemalige Ringgraben ist am helleren Bewuchs deutlich erkennbar. Im Vordergrund sichtbar ein jüngerer Bachlauf (Photo J. Zeune 1989).

In Bayern wurde in den letzten 50–60 Jahren nur eine Handvoll Turmhügel archäologisch erforscht. Ab und zu erfahren wir zwar von älteren Sondagen, finden diese allerdings in der Regel unzulänglich publiziert. Exemplarisch hierfür steht der oben erwähnte, 1901 untersuchte Turmhügel von Seeg, den man aufgrund des Fundmaterials (»Messergriff, Brakteat«) »mittelalterlich« datierte. Dahingestellt bleibt freilich, ob diese Turmhügelburg erst mit der Erwähnung eines »Gerbold von Secke« bzw. »Seeggi« 1175/88 errichtet oder schon zuvor einem gleichnamigen Ministerialengeschlecht als Sitz gedient hatte. Ihr Ausbau in Stein kann jedenfalls erst in nachsalischer Zeit erfolgt sein[77].
Um 1925 herum ergrub Karl Gumpert den Turmhügel von Gräfenbuch (MF), den er 1950 dann recht ausführlich in seinem Standardwerk »Frühmittelalterliche Turmhügel in Franken« veröffentlichte[78]. Der Gräfenbucher Turmhügel erhebt sich etwa 30 m über dem Tal auf dem Gipfel einer steil abfallenden Bergnase und weist eine kreisrunde Grundgestalt von etwa 17 m Basisdurchmesser auf. Ringgraben und Hügel wurden kreuzförmig geschnitten. Dabei stieß man im Inneren des Turmhügels auf zwei Steinkistengräber und eine Steinpackung, die einen vorgeschichtlichen Grabhügel als Kernbau entlarvten. In Höhe der schon in den anstehenden Boden eingetieften Steinkisten legte man später die

77 Deutsche Gaue XII, H. 229/230, 1911, 13. – O. Merkt, Burgen, Schanzen und Galgen im Allgäu. Allgäuer Heimatführer 85 (1951; Neudr. 1985) 86 ff.; 137 (Nr. 537) mit Foto von 1941. Merkt erwähnt »gesägte« Tuffsteine mit Zangenlöchern, was natürlich gegen eine Erbauung vor 1180 spricht.

78 K. Gumpert, Frühmittelalterliche Turmhügel in Franken. Jahresber. Hist. Ver. f. Mittelfranken 70, 1950 1–138.

Abb. 11 Gräfenbuch, Mittelfranken. Rekonstruktion des Turmhügels durch K. Gumpert (nach Gumpert [Anm. 78] Abb. 5).

Trockenfundamente eines rundlichen Turmes an, den Gumpert als D-förmigen Holzturm mit weit auskragenden Fachwerkgeschossen rekonstruierte (Abb. 11).

Ganz offensichtlich entgingen Gumpert wichtige stratigraphische Zusammenhänge, denn er datiert sowohl Turmfundamente als auch Steinkistengräber ins Frühmittelalter, obwohl er gleichzeitig von einem älteren Grabhügel spricht. Die von ihm zur Datierung herangezogenen Keramikfunde des 10./11. Jahrhunderts stammen in Wirklichkeit aus einem stratigraphisch nicht anzubindenden, nahegelegenen Hüttenplatz – einer sog. »Mardelle« – sowie aus der Grabenverfüllung. Auch wird man – abgesehen von konstruktiven Problemstellungen – einen D-förmigen Steinturm mit Fachwerkaufbau im 10. oder 11. Jahrhundert aus typologischen Gründen stark anzweifeln müssen. So bleibt Gumperts Turmhügelgrabung mit etlichen Unklarheiten und Fragezeichen behaftet. Immerhin verweist die topographische Situation auf eine Interpretation als Warte. Solche sind schon 1140 mit der »Wellenwarte« und 1156 mit der »Rulandeswarte« bezeugt (beide UF)[79].

79 Gumpert (Anm. 78) 10. – Hinz (Anm. 76) 50ff. – Dannheimer (Anm. 54) 81.

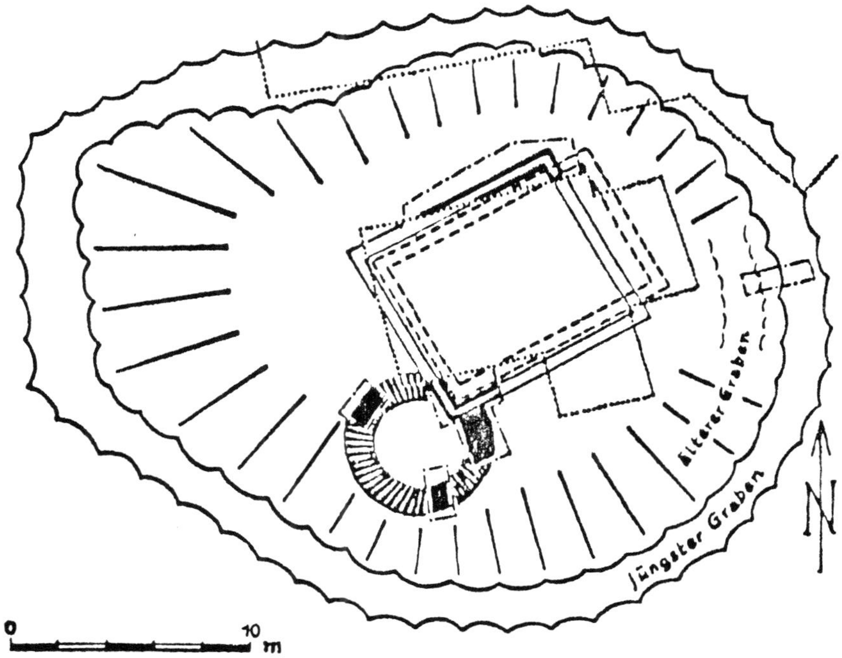

Abb. 12 Seubersdorf, Oberfranken. Plan des Turmhügels mit Grabungsbefunden. Unten das runde Turmhaus des 11./12. Jahrhunderts(?), überlagert von jüngeren Bauten (nach Pescheck [Anm. 80] Abb. 1).

Wesentlich besser ergrub Chr. Pescheck 1959–61 die beiden Turmhügel in Seubersdorf und Schwand (beide OF), wenngleich die Qualität der Publikation auch hier keineswegs zufriedenstellt. Die Gipfelfläche des Kapellenhügels von Seubersdorf trug noch Spuren mehrfacher Bebauung, wobei zur ältesten Bauphase ein Rundturm von nur 3 m lichter Weite mit 1,5 m starken Fundamenten und Fachwerkaufbau gehörte (Abb. 12). Die stratifizierte Keramik spricht für eine Errichtung des kleinen Wohnturmes im 11. oder 12. Jahrhundert. Eine die frühen Befunde überziehende Brandschicht steht in Einklang mit einer historischen Nachricht aus dem Jahr 1412, wonach der Platz damals »gänzlich gewüst, verbrennt und etweilang ungebaut und unbezimmert« lag[80].
Über den Turmhügel von Schwand sagt Peschecks Notgrabungsbericht wenig aus. Hier entstand aus dem kiesigen Aushubmaterial des Grabens ein mäßig hoher Turmhügel, wobei man dem einzigen publizierten Profil zufolge einen Rundturm von 6 m lichter Weite einmottete. Obwohl das abgebildete Fundmaterial erst mit dem 13. Jahrhundert einsetzt, datiert Pescheck den Turmhügel ins 11. oder 12. Jahrhundert. Zur zeitlichen Beziehung Turmhügel-Rundturm erfahren wir nichts[81].
Beide Turmhügel mit ihren Rundtürmen bildeten nach Pescheck Wehr- und Speicheranlagen zu Wirtschaftshöfen eines ortsansässigen Kleinadels. Diese Interpretation erfordert allerdings nicht nur die großflächige archäologische Erforschung des Turmhügels, sondern auch der zugehörigen Wirtschaftseinheit und Vorburg. Derart kleinflächige Untersuchungen wie in Seubersdorf, Schwand und Gräfenbuch müssen mit ihren ausschnitthaften Befunden zwangsweise zu irrelevanten und unergiebigen Forschungsergebnissen führen. Dies verdeutlichen auch die Grabungsresultate von Sulzfeld (UF), die sämtliche Fragen nach Gründung des Turmhügels und Datierung der frühesten Steinphasen unbeantwortet lassen[82].

80 Chr. Pescheck u. W. Emmerich, Seubersdorf und Schwand, zwei Turmhügelburgen im östlichen Oberfranken. Archiv für Geschichte von Oberfranken 43, 1963, 3–32. – Bayer. Vorgeschichtsbl. 27, 1962, 269. – Schwarz (Anm. 57) 124. – Losert (Anm. 57) 112 ff.

81 Pescheck (Anm. 80) 6 ff.; 31 ff.

82 S. Gerlach, Die kleinen Befestigungsanlagen des Mittelalters in Unterfranken. Château Gaillard XII (1985) 143–149, insb. 145 ff.

So steht eine ordentliche Turmhügelgrabung weiterhin ganz oben auf der Wunschliste der bayrischen Burgenforschung und Mittelalterarchäologie.
In einigen Regionen Bayerns konnten dank der Feldtätigkeit engagierter Lokalforscher zahlreiche unbekannte Turmhügelburgen entdeckt werden. Zu nennen sind hier vor allem die Arbeiten von K. Gumpert über Mittelfranken, von K. Dietel über die Münchberger Senke, von H. Kunstmann über die Fränkische Schweiz, von H. Dannheimer und F.-R. Herrmann über die Rothenburger Gegend[83]. Auch die Luftbildarchäologie steuerte einige neue Objekte bei[84].
Die für nicht ergrabene Motten erstellten Datierungen beruhen ausschließlich auf typologischen und historischen Überlegungen sowie der Auswertung aufgelesenen Fundmaterials. Da diese Datierungsmethoden mit erheblichen Risikofaktoren behaftet sind (siehe S. 188), kann kein Turmhügel einem Entstehungszeitpunkt im 10. Jahrhundert definitiv zugewiesen werden. Vielmehr zeichnet sich trotz aller Vorbehalte ein Aufkommen der Turmhügelburgen erst im 11. Jahrhundert ab, als sich offensichtlich etliche Ministerialenfamilien in Talniederungen derartige Anlagen als Sitze errichteten. Orientieren wir uns an besser erforschten Burgenlandschaften wie dem Rheinland, so geschah dies wohl vorwiegend in der 2. Hälfte des 11. Jahrhunderts.
Zu den Baulichkeiten auf frühen Motten vermögen wir nur wenig auszusagen. Den Befunden von Seubersdorf und Schwand zufolge sind Häuser und Türme aus Fachwerk bzw. Holz über steinernen Fundamentsockeln durchaus denkbar – immerhin beweist der Baubefund von Seedorf (Kanton Uri, Schweiz), daß selbst massivste Steinfundamente als mehrgeschossiges Holzhaus auf lediglich erhöhtem Steinstockel rekonstruiert werden können, die Dicke der Fundamente also keineswegs hohe Steinbauten bedingt[85].
Von den für frühe Motten so charakteristischen Holzbauten auf den Gipfelflächen ließen sich weder in Gräfenbuch, Seubersdorf oder Schwand irgendwelche Spuren erkennen. Doch mag dies in erster Linie auf die Position und Schmalheit der Grabungsschnitte zurückgeführt werden, denn randnahe Pfostensetzungen vermutlich einer Palisade fanden sich auf den Turmhügeln von Sulzfeld und Zusameck[86]. Bei Zusameck konnte man weiterhin vor dem Palisadenring zwei Sohlgräben und im Burginneren drei Grubenhäuser nachweisen, obwohl gerade hier intensive nachfolgende Überbauung zu erheblicher Substanzbeeinträchtigung führte.

3. Der Burgenbau in Stein

Wie schon zuvor mehrfach gezeigt, setzt in der Salierzeit der Massivbau in voller Breite ein. Neben zahlreichen Klostergründungen und Kirchenbauten entstehen u.a. um 1000 herum die Würzburger Stadtbefestigung sowie die Brücken von Regensburg und Hammelburg zwischen 1121 und 1147.
Bei den Wehrbauten lassen sich – analog zu solchen in anderen Bundesländern – drei Standardtypen von Kernbauten beobachten: die Hausburg, die Turmburg und die Ringmauerburg.

83 K. Dietel, Turmhügel im Herzen der Münchberger Senke. Archiv für Geschichte von Oberfranken 41, 1961, 207–270. – Gumpert (Anm. 78). – Kunstmann (Anm. 9, Anm. 10, Anm. 29 u. Anm. 31). – Dannheimer u. Herrmann (Anm. 54). – Siehe auch: B.-U. Abels, Die Turmhügel und Burgställe zwischen Spessart und Steigerwald. Führer zu vor- und frühgeschichtlichen Denkmälern 27. Würzburg – Karlstadt – Iphofen – Schweinfurt (1975) 166–195. – Ders., Die Turmhügel und Burgställe zwischen Rhön und Haßbergen. Führer zu vor- und frühgeschichtlichen Denkmälern 28. Bad Kissingen – Fränkische Saale – Grabfeld – Südliche Rhön (1975) 94–111. – Schwarz (Anm. 57). – Stroh (Anm. 69).

84 Das archäologische Jahr in Bayern (1981) 182ff.; (1982) 140–142; (1987) 164–168.

85 W. Meyer, Sondierungen und Bauuntersuchungen in der Burgruine Seedorf. In: W. Meyer, J. Obrecht u. H. Schneider, Die bösen Türnli. Schweizer Beiträge zur Kulturgeschichte und Archäologie des Mittelalters 11 (1984) 37–61. Hier sei auch auf die Untersuchungen des Instituts für Tragkonstruktionen, Forschungsgruppe Mauerwerk, Universität Karlsruhe-West, hingewiesen, das sich laut freundlicher Auskunft von Herrn Dipl.-Ing. Ralph Egermann mit den statischen Problemen mittelalterlicher Mauern beschäftigt.

86 O. Schneider, Ausgrabungen auf dem Kernwerk der Burg Zusameck bei Dinkelscherben. Das archäologische Jahr in Bayern (1985) 137ff.

a. Die Hausburgen

Hierunter sind Burgen gemeint, deren Kernbau aus einem wehrhaften hausartigen Gebäude – einem Festen Haus – besteht.
Was die Herkunft Fester Häuser betrifft, so sei hier lediglich auf die grundlegenden Ausführungen von H. Hinz und D. Lutz verwiesen [87].
Mit dem Begriff »Festes Haus« verknüpfen sich unweigerlich terminologische Schwierigkeiten, denn es gibt sinnverwandte Begriffe wie »Turmburg«, »Wohnturm« oder »Turmhaus«. All diese Termini umschreiben einen turmähnlichen Wohnbau, der sowohl repräsentativen als auch wohnlichen und fortifikatorischen Ansprüchen genügt. Sicherlich scheidet die Höhenausdehnung den Wohnturm vom Festen Haus, das nur zwei bis drei Geschosse hoch aufragte. Die gut erhaltenen Wohntürme aus dem Spätmittelalter stellen uns daher vor keine terminologischen Pobleme, im Gegensatz zu frühen hochmittelalterlichen Bauten, von denen meist kaum mehr als die untersten Fundamentlagen zeugen. Darauf, daß deren Massivität keineswegs Rückschlüsse auf die ursprüngliche Höhe zuläßt, wurde schon zuvor am Beispiel Seedorf (Schweiz) hingewiesen (s. o.). Daher blieb als einziges typologisches Kriterium die Grundform. Als Feste Häuser bezeichne ich alle Kernbauten von deutlich länglich-rechteckiger Grundgestalt, also hausähnlichem Grundriß. Ihre Position innerhalb der Burg als zentrale freistehende Bauten markiert den wesentlichen Unterschied zu den ähnlich dimensionierten Palasgebäuden, die meistens in der Nähe der Ringmauer aufragen.
Während man in anderen Bundesländern salierzeitliche Feste Häuser längst archäologisch nachgewiesen hatte, gelang dies in Bayern erst in den 80er Jahren. R. Christlein war zwar schon 1973 in der Donauniederung bei Poikam (NB) auf ein Festes Haus – von ihm trotz der Grundmaße von 16,9 × 10,5 m aufgrund einer statischen Hochrechnung als Wohnturm deklariert – gestoßen, doch stammte dieses erst aus den Jahren um 1250 [88].
Die Existenz Fester Häuser in der Salierzeit belegten bis dahin lediglich einige historische Quellen (s. u.) und nicht unumstritten früh datierte Baudenkmäler wie der Falkenstein bei Pfronten (BS), die Flossenbürg (OP) oder die Palasse der Burgen Hohenstein (MF) und Pottenstein (OF).
Von den steinernen Häusern, die Bischof Otto I. im frühen 12. Jahrhundert nachweislich in Kronach und Zeil errichten ließ, oder die um 1140 in den Burgen Memmelsdorf, Giech und Waldenstadt (alle OF) standen, haben sich keinerlei Spuren erhalten [89]. Versuche, die frühe Burg von Kronach archäologisch innerhalb der Veste Rothenberg zu lokalisieren, fielen erwartungsgemäß negativ aus [90].
Erst den Grabungen 1979–81 auf Zusameck (BS) und 1984 in Treuchtlingen (MF) erbrachten den definitiven Nachweis derart früher Steinhäuser.
Die in Spornlage von einer Hochfläche nahe Dinkelscherben aufragende Burg Zusameck besteht aus einer der Zugangsseite vorgelagerten grabenbewehrten Vorburg und einer kleinen Hauptburg mit zentralem Turmhügel. Ein 1979 im Zuge der Außensanierung der Burgkapelle durchgeführter Testschnitt legte derart komplexe Befunde frei, daß man sich zur großflächigen Untersuchung der Kernburg in mehreren Grabungskampagnen entschloß. Die bisherigen Ergebnisse legte der Ausgräber O. Schneider in einigen kurzen Aufsätzen vor [91].

87 Hinz (Anm. 76) 70 ff. – D. Lutz, Turmburgen in Südwestdeutschland. In: La Maison Forte au Moyen Âge (Hrsg. M. Bur; 1986) 137–152.
88 Christlein (Anm. 25).
89 Kunstmann (Anm. 9) 5.
90 Archäologische Untersuchungen durch den Lehrstuhl für Archäologie des Mittelalters und der Neuzeit, unter der örtlichen Leitung von Herrn Werner Feil, Grabungstechniker. Herrn Prof. Dr. Walter Sage und Herrn Feil danke ich für etliche Detailinformationen.
91 Zur Burg siehe: KDM, Kurzinventar XXX, 90 ff. – Zu den Grabungen: O. Schneider, Ausgrabungen in der ehemaligen Burg Zusameck bei Dinkelscherben, Landkreis Augsburg, Schwaben. Das archäologische Jahr in Bayern (1981) 184 ff. – Ders. (Anm. 86). – Ders., Dinkelscherben, kurzer Vorbericht über die Ausgrabung auf dem Burgstall »Zusameck« 1979–81. Jahresber. d. Heimatver. f. d. Landkreis Augsburg (Arbeitskreis für Vor- und Frühgeschichte), 1980/81, 20–25. – Ders., Untersuchungen auf dem Hauptburghügel der Burgruine »Zusameck« in Dinkelscherben. 4. Kampagne 1982. Jahresber. d. Heimatver. f. d. Landkreis Augsburg (Arbeiskreis für Vor- und Frühgeschichte) 1982, 3–10.

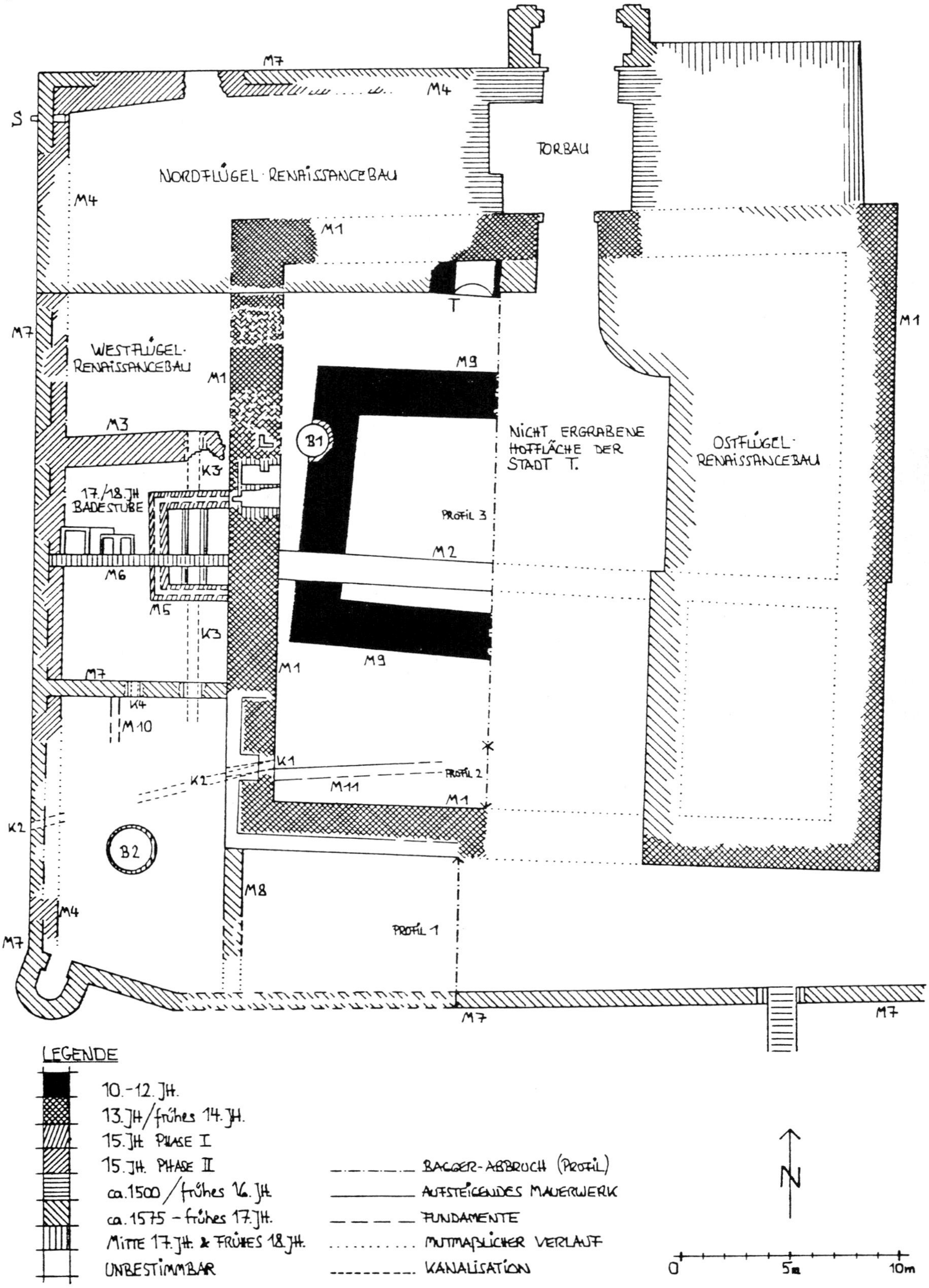

Abb. 13 Treuchtlingen, Stadtschloß, Mittelfranken. Grundriß nach Grabungsbefunden, mit Festem Haus (schwarz) als Kernbau (nach Zeune [Anm. 93, Das archäologische Jahr in Bayern 1984] Abb. 114).

Abb. 14 Treuchtlingen, Stadtschloß, Mittelfranken. Blick von Osten auf die Grabungsfläche, mit den hellen Fundamentspuren des Festen Hauses im Vordergrund (Photo J. Zeune 1984).

Demnach ersetzte im späten 11. oder frühen 12. Jahrhundert eine Massivbefestigung aus Nagelfluh den hölzernen Wehrbau des Turmhügels. Innerhalb eines streckenweise einschalig und vermörtelten, dann wieder trocken zweischalig aufgeführten Berings entstand ein Gebäude von 13,5 × 8,0 m Größe, das Schneider vorsichtig als »Burghaus (Palas?)« anspricht. Zugleich erwähnt Schneider aber auch noch ein 4,5 m tief fundiertes Turmhaus. Obgleich Turmhaus und Burghaus durchaus miteinander errichtet worden sein mögen, spricht die enorme Fundamenttiefe eher für einen eingemotteten und damit der Turmhügelphase zugehörigen Bau. Ob das »Burghaus« tatsächlich ein frühes Festes Haus darstellt, muß angesichts der typologischen Unstimmigkeiten solange dahingestellt bleiben, bis detaillierteres Dokumentationsmaterial vorliegt.

1984 baggerte man die westliche Hofhälfte des Treuchtlinger Wasserschlosses (MF) zur Errichtung eines Kurmittelhauses fast 5 m tief ab. Bis zu diesem Moment hatte man das inmitten des Ortes gelegene Wasserschloß dem Wiederaufbau von 1575 zugeordnet und dementsprechend die über dem Ort auf einem Bergausläufer stehende Ruine der Oberen Burg als älter deklariert[92]. Schon beim ersten Abbaggern stieß man auf so zahlreiche Mauern und Böden, daß das Landesamt für Denkmalpflege, Außenstelle Nürnberg, eine Sicherungsgrabung beschloß, deren Leitung Herrn H. Koch, Erlangen, und mir obfiel. Trotz der widrigen Grabungsumstände gelang es, für das Treuchtlinger Stadtschloß eine unerwartet komplexe Baugeschichte nachzuweisen (Abb. 13).

92 KDM MF V, 468 ff.

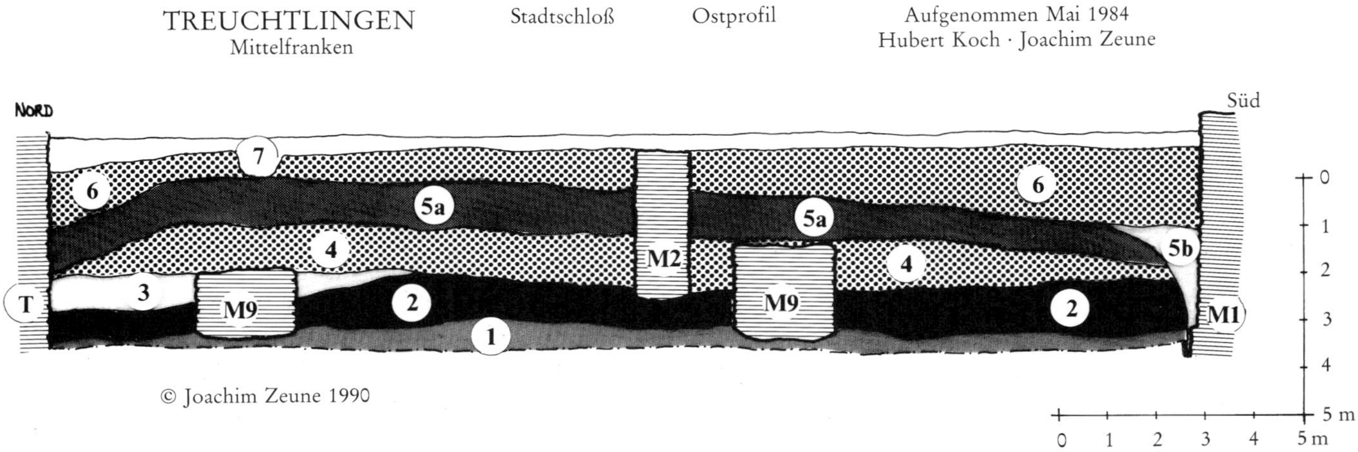

Abb. 15 Treuchtlingen, Stadtschloß, Mittelfranken. Großes Ostprofil P3 mit Grabungsbefunden (nach J. Zeune 1990): 1 Anstehender Boden. – 2 Humos-lehmig, sehr dunkel, sehr fett = Kulturschicht Gebäude M9; 10/11. Jahrhundert. – 3 Lehmig, braun = erste Planierung; 12./13. Jahrhundert? – 4 Steinpaket aus großen und kleinen Bruchsteinen mit Kies = Rollierung Hofniveau II; 12./13. Jahrhundert? – 5a Humos-lehmig, jedoch nicht so dunkel und fett wie Nr. 2 = Anschüttung Hofniveau Kastellburg; 13./14. Jahrhundert. – 5b Lehmig-kiesig, etwas humos, hellgrau-braun = Baugrube M 1. Ringmauer der Kastellburg; 13./14. Jahrhundert. – 6 Lehmig-steinig, mit viel Bauschutt = Anschüttung Hofniveau III; 16. Jahrhundert. – 7 Modern. – M 1 Zweischalenmauer aus gut gereihten länglichen, grob quaderhaft behauenen Kalksteinen und Füllwerk aus Mörtelguß. – M 2 Mauer aus grob gereihten, grob behauenen Kalksteinen, Schichtungen ca. 20 cm hoch, Lehmmörtel. Kern solide aus großen Bruchsteinen. – M 9 Zweischalenmauer, kleine quaderhafte Kalksteine; vom Bagger vor der Dokumentation zerstört. – T Torpassage, zu Gebäude M 9 gehörend.

Demzufolge steht die Burg auf einem ursprünglich in einer Altmühlschleife gelegenen Altsiedelplatz, dessen Anfänge in die Urnenfelderzeit zurückreichen. Im reichhaltigen Fundmaterial erschien auch spätmerowingisch-karolingische Keramik der sog. »Burgheimer Ware«, allerdings ohne zuweisbare Siedlungsspuren. Die früheste Steinbauphase griff minimal in den anstehenden Boden ein und bestand aus einem Gebäude von 13 m Länge und mindestens 9 m Breite, dessen Ostabschluß in der nicht ergrabenen städtischen Hofhälfte steckt. Da der Bagger die Fundamente vor der sachgerechten Dokumentation herausgerissen hatte, kann über die Mauertechnik nur ausgesagt werden, daß es sich um zweischalige, gemörtelte, 2,0 m dicke Mauern aus Kalksteinquadern mit Füllwerk handelte (Abb. 14).

Das Gebäude (Abb. 15, M9) steckte ohne Baugrube eingebunden in eine dunkle, sehr fette, humoslehmige Schicht, die aufgrund der in ihr enthaltenen Keramik als zugehörige Kulturschicht des 10.–12. Jahrhunderts zu interpretieren ist (Abb. 15, Nr. 2). Die Gebäudemauern werden von der massiven Rollierung eines jüngeren Hofniveaus überstrichen (Abb. 15, Nr. 3 und 4); dabei entschloß man sich offensichtlich erst nach dem Abbruch der Nordwand des Steinhauses (Abb. 15, Nr. 3) zu einer Höherlegung des Hofniveaus (Abb. 15, Nr. 4). Nicht lange danach kam es zu einer erneuten Anhebung des Hofniveaus (Abb. 15, Nr. 5) und zur Aufmauerung einer Ringmauer, wodurch eine kleine kastellartige Burganlage entstand (Abb. 15, M1; vgl. Abb. 13, M1). Die Datierung dieser dicht aufeinanderfolgenden Bauphasen ins 13./14. Jahrhundert erschließt sich aus typologischen Kriterien, aufgelesener Keramik, einigen stratifizierten Scherben und dem Umstand, daß man noch im 15. Jahrhundert die gesamte Anlage zwingerartig nach zwei Seiten um 6–7 m erweiterte (vgl. Abb. 13). Vermutlich damals tiefte man auch einen Brunnenschacht ab, der ausgerechnet auf die Westwand des frühen Gebäudes traf (vgl. Abb. 13, B1). Beträchtliche Um- und Ausbauten erfolgten im 16. und 17. Jahrhundert[93].

93 J. Zeune, Sondagen im ehemaligen Wasserschloß von Treuchtlingen. Das archäologische Jahr in Bayern (1984) 156–159. – Ders., Neue Erkenntnisse zur Baugeschichte des Treuchtlinger Schlosses – ein Vorbericht zur Notgrabung im Mai 1984. In: Heimatbuch Treuchtlingen (1984) 31–319.

Es liegt auf der Hand, den frühen Baubefund als massives Haus zu deuten, das im 10./11. Jahrhundert errichtet und im 13. oder 14. Jahrhundert beim Bau der Kastellburg einplaniert wurde, vermutlich nach einer Zeit der Wüstlegung. Interessanterweise korrelieren diese Daten mit den frühesten Erwähnungen eines Ortsadels, der mit einer »Gerhil de Truthilingun« 1095 gesichert erfaßt werden kann. Da schon im Jahr 899 ein »dominus Ederammus« in »Drutelingam« saß, haben die Planierungstätigkeiten zur Erbauung des Steinhauses wohl alle Spuren eines älteren Herrenhofes restlos beseitigt. Im frühen 13. Jahrhundert litt Treuchtlingen unter den Auseinandersetzungen zwischen den Pappenheimern auf staufischer Seite und den bayerischen Herzögen, was die Wüstwerdung des Steinhauses erklären würde. Erst 1346 findet sich mit der »nidern vest ze Truhtelingen« das Stadtschloß ausdrücklich beurkundet[94]. Treuchtlingen besitzt Grabungsbefunden von 1989 zufolge in der Oberen Burg sogar eine zweite salierzeitliche Burg: Testschnitte im Randbereich der höhergelegenen westlichen Vorburg tangierten Reste einer unterschiedlich orientierten Massivbefestigung aus dem 12. Jahrhundert[95].

Diese Entdeckung ändert zwar nichts daran, daß die offensichtlich aus einem Herrenhof hervorgegangene Stadtburg dem örtlichen Adel als Erstsitz diente, wirft aber plötzlich eine Reihe von Fragen auf: Wo residierte der 1229 erwähnte Ortsherr Ulricus de Truchtelingen tatsächlich: oben oder unten? Warum entstand damals eine zweite Burganlage über dem Ort bzw. welche Funktion hatte sie? Setzte der Umzug des Adels auf die Höhen analog zu Treuchtlingen generell schon im frühen 12. Jahrhundert ein?

Eine mögliche Erklärung liefern uns vielleicht zwei Brandschichten, die von Beschädigungen der Oberen Burg noch im 12. Jahrhundert Zeugnis ablegen. Hierzu paßt, daß auch das frühe Steinhaus der Unteren Burg gewaltsam untergegangen zu sein scheint. Vielleicht errichtete sich der Treuchtlinger Adel zu Beginn des 12. Jahrhunderts angesichts absehbarer kriegerischer Auseinandersetzungen eine weitere Burganlage als Refugium auf dem Berg, die dann in der 1. Hälfte des 13. Jahrhunderts eine Umgestaltung zur heutigen Burganlage erfuhr. Spätestens ab diesem Zeitpunkt hielt ein Zweig des Ortsadels die Obere Burg[96].

Treuchtlingen und Zusameck repräsentieren ausnahmsweise derart aussagekräftige Befunde, daß eine Interpretation als Feste Häuser naheliegt. Manche Burgengrabungen stießen jedoch nur auf das Mauereck oder kurze Teilstücke eines älteren Baubefundes, ohne diesen exakt datieren oder bestimmen zu können. In vielen Fällen signalisieren die Archivalien salierzeitliche Vorgängerbauten.

Bei Grabungen 1981 im Bereich der Kirche St. Peter auf dem Burgberg von Vohburg (OB) traten ältere Fundamentzüge eines Profanbaues mit fischgrätartigem Bruchsteinmauerwerk zutage, der relativchronologisch vorsichtig ins 12. Jahrhundert datiert wurde. Von der schon in der 2. Hälfte des 10. Jahrhunderts mit einem »comes de Vogaburg« beurkundeten Burg wissen wir, daß ihr vor allem in der 1. Hälfte des 12. Jahrhunderts große Bedeutung zukam. So mag der Profanbau durchaus mit damals erfolgten Ausbaumaßnahmen zusammenhängen. Analog zu den historischen Fakten setzt das keramische Fundmaterial mit dem 10./11. Jahrhundert ein[97].

Ein in vieler Hinsicht ähnlicher Befund stellte sich 1988 bei der Pfarrkirche zu Nennslingen (MF) ein. Hier ergrub B. Friedel im Westteil der Kirche einen massiven Bau von mindestens 12,5 × 10,0 m mit fischgrätigem Mauerwerk, dessen Südhälfte man kellerartig in den Boden eingetieft hatte. Stilistische Überlegungen sprechen zusammen mit unstratifizierten Keramikfunden für eine Errichtung im 12. Jahrhundert, wohl als Sitz eines ortseigenen Adels[98].

94 F. Eigler, Treuchtlingens Entwicklung seit der Römerzeit. In: Heimatbuch Treuchtlingen (1984) insb. 34 ff.; 38–44.

95 Ortsakten LfD Nürnberg: W. Steeger, Vorbericht zur archäologischen Grabung in der Oberen Burg Treuchtlingen September 1989. Freundliche Mitteilung Dr. Robert Koch und Wolfgang Steeger M. A. (örtlicher Grabungsleiter).

96 Eigler (Anm. 94) 40.

97 B. Friedel, Die Ausgrabungen in der Pfarrkirche St. Peter zu Vohburg a. d. Donau (Magisterhausarbeit Univ. Bamberg 1989); mündliche Zusatzinformationen. – Hierzu auch: W. Sage, Ausgrabungen in der Stadtpfarrkirche St. Peter zu Vohburg a. d. Donau, Landkreis Pfaffenhofen/Ilm, Oberbayern. Das archäologische Jahr in Bayern (1981) 178 ff.

98 B. Friedel, Ausgrabungen in der Pfarrkirche zu Nenslingen. Das archäologische Jahr in Bayern (1988) 147 ff.; mündliche Zusatzinformationen.

Die direkte Nachbarschaft von Festem Haus und Kirche verwundert zwar wegen fortifikatorischer Gesichtspunkte, läßt sich aber vor allem bei begrenzten Burgarealen gelegentlich beobachten[99].
1988 stieß man bei Grabungen im Innenhof der Burg Abenberg (MF) auf ein Gebäudeeck mit stratigrafisch zugehöriger Keramik des 11./12. Jahrhunderts. Ab 1070, und besonders unter Konrad (1106 zum Erzbischof von Salzburg ernannt) und Rapoto (1122–72), erlangten die Abenberger großen Einfluß als Rangaugrafen und Hochstiftsvögte von Bamberg[100]. Dies dürfte sich im Ausbau ihrer Stammburg dokumentieren.
Durch den archäologischen Nachweis der Existenz Fester Häuser zur Salierzeit erhalten einige frühere Baudatierungen neues Gewicht. F. Mader wies 1907 den trapezoiden »turmartigen Wohnbau« auf dem höchsten Punkt des Granitkammes von Flossenbürg (OP) aufgrund der Mauertechnik – außen wechselnde Schichten von quaderartigen Granitsteinen von 10–40 cm Höhe, innen Mauerverkleidung mit 10–15 cm hohen, quaderartig zugerichteten kleinen Granitsteinen in Mörtelbettung – dem frühen 12. Jahrhundert zu[101]. Dieser Datierung widerspricht nichts.
Flossenbürg repräsentiert eine mehrteilige, vom Gipfel eines auffälligen Bergrückens hoch aufragende Burganlage, bestehend aus einer jüngeren zweiteiligen Vorburg mit vorgelagertem Wehrturm und der älteren Kernburg auf steilem Felsriff. Letztere zählt aufgrund ihres Lageplatzes sicherlich zu den spektakulärsten Burgen Deutschlands, kauert sie doch auf einer rundum fast senkrecht abfallenden, 20 m hohen Granitklippe, die kaum Platz läßt für mehr als ein Haus und den engen Vorbau (Abb. 16). Weit reicht von hier der Blick über das Umland und die Tschechei.
Das feste Haus zeigt bei Traufseiten von 10,8 m Länge und Giebelseiten von 7,8 m bzw. 6,0 m eine leicht trapezoide Grundgestalt; die Mauerstärke beträgt durchwegs 1,2 m (Abb. 17). Die beiden erhaltenen Geschosse erheben sich ungewölbt, erfuhren allerdings – ebenso wie die Mauerkrone – vermeidbare Beeinträchtigungen durch den Einbau einer modernen Aussichtsplattform. Das Mauerwerk aus kleinen Handquadern trägt deutliche Spuren spätmittelalterlicher und neuzeitlicher Ausbesserungen; nicht original sind sicher der heutige Zugang, einige der Fensteröffnungen sowie der halbrunde Kamin im 1. Stock der südöstlichen Traufseite, der im Zentrum einer größeren Störung sitzt. Diese Störung endet außen in einer kurzen vertikalen Fuge, die u. U. die Position des ursprünglichen Zuganges markiert. Von Mader unbemerkt, stecken im Südeck des Erdgeschosses noch die Pfosten eines später abgebrochenen Haubenkamins. Über die Art der Haube kann wenig ausgesagt werden, zumal ein jüngeres Schlitzfenster den westlichen Kaminpfosten durchdringt. Eine Rauchabzugsöffnung fehlt. Die Geschoßbalken ruhten in traufseitigen Balkenlöchern.
Ob auch der 1. Stock ursprünglich beheizbar war, kann aufgrund der breiten Ausbesserung der Südostmauer ebenso wenig beantwortet werden wie die Frage nach der Position des ersten Einganges.
In 3–4 m Abstand umzieht eine hohe Mantelmauer das Feste Haus an den der Vorburg zugewandten Seiten. Ihre Details (Fensternischen mit Steinbänken) sprechen für einen etwas späteren Entstehungszeitpunkt. Den Aufstieg zur Kernburg sicherten mehrere hölzerne Zwischentore sowie der Hohe Mantel selbst.
Die historischen Nachrichten gehen konform mit einer Frühdatierung des Festen Hauses: Das Schenkungsbuch der Chorherrenpropstei Berchtesgaden berichtet, daß Graf Berengar I. zwei Höfe nahe seiner »Flozzen« genannten Burg – »iuxta castrum suum, quod appellatur Flozzen« – dem Kloster geschenkt habe[102]. Demzufolge trug das Granitriff von Flossenbürg schon im frühen 12. Jahrhundert eine Burg der Grafen von Sulzbach. Der Nachweis der zugehörigen, sicherlich im Bereich der heutigen zu suchenden Vorburg gelang bislang nicht einmal mit archäologischen Mitteln[103].

99 Siehe hierzu: Streich (Anm. 15) 518; 525; 577.
100 Ortsakten LfD. Nürnberg; freundliche Information Dr. Robert Koch; siehe auch Bosl (Anm. 16) 1.
101 KDM OP IX, 32–51.
102 KDM OP IX, 2.
103 Freundliche Auskunft Frau Dr. Silvia Codreanu-Windauer.

Abb. 16 Flossenbürg, Oberpfalz. Blick vom südlichen Vorhof auf das Feste Haus des frühen 12. Jahrhunderts. Rechts daneben auf der Felsklippe der etwas jüngere Mantelbau. Am rechten Bildrand die artilleriezeitliche Vorburgbefestigung (Photo J. Zeune 1990).

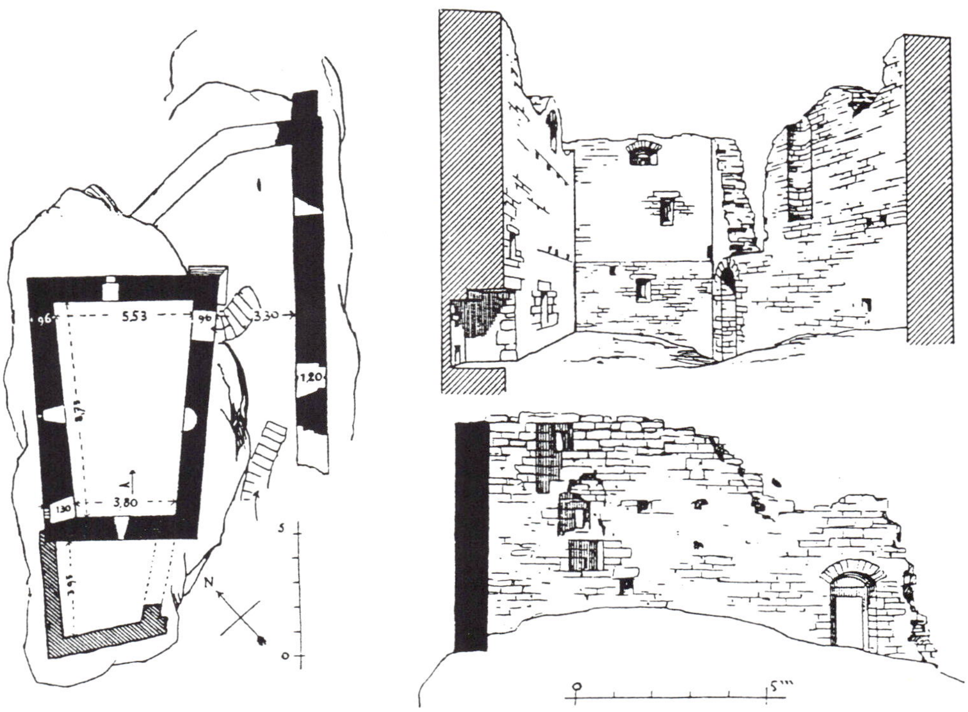

Abb. 17 Flossenbürg, Oberpfalz. Erdgeschoß-Grundriß des Festen Hauses, mit Schnitten. Es fehlt der abgebrochene Kamin im Südeck, dafür erscheint in der Südostseite der jüngere Nischenkamin des 1. Stocks (nach KDM [Anm. 101] Fig. 31).

Abb. 18 Waischenfeld, Oberfranken. Bleistiftzeichnung Domenico Quaglio aus den 1830er Jahren. Links über dem Städtchen das »Alte Haus« noch mehrgeschossig aufragend, rechts daneben über der Burgkirche der noch erhaltene schlanke Turm des »Steinernen Beutels« (nach Miller [Anm. 11] Taf. XXXVIIIa).

Eine ganze Reihe spätmittelalterlich ausgebauter Burgen in der Fränkischen Schweiz scheint sich aus kleinen Festen Häusern entwickelt zu haben: Pottenstein, Egloffstein, Gößweinstein, Hohenstein, Waischenfeld und (Unter-)Aufseß[104].

Leider läßt der heutige Restaurierungs- bzw. Sanierungszustand einiger dieser Bauten keinerlei konkrete Aussagen über ihr Alter mehr zu (Gößweinstein, Egloffstein, Pottenstein; alle OF). Von Pottenstein liegt allerdings eine neue Bauaufnahme des Palas vor, die zumindest erahnen läßt, daß dessen aus dem Dolomitfels gehauene Gewölbekeller auf den überlieferten Bauherrn Pfalzgraf Botho von Kärnten zurückgehen[105].

Die Burg (Unter-)Aufseß (OF) wird heute derart von ihrem schlanken Bergfried dominiert, daß man das nördlich angebaute kleine sog. »Meingoz-Steinhaus« kaum wahrnimmt. Beide Bauten erheben sich von einem schmalen halsgrabenbewehrten Felssporn zur Feindseite, mit der ausgedehnten Hauptburg dahinter. Der Baubefund weist das niedrige Steinhaus klar als älteren, später um den Bergfried erweiterten Bau aus. Ob es zu Recht den Namen des zwischen 1136 und 1163 mehrfach erwähnten

104 Siehe hierzu: J. Zeune, Der Burgenbau. Führer zu vor- und frühgeschichtlichen Denkmälern 20. Fränkische Schweiz (1990) 115ff.

105 M. u. T. von Wintzingerode, Die Burg Pottenstein. Baugeschichtlicher Entwurf mit besonderer Berücksichtigung des Palas. Burgen u. Schlösser I, 1986, 29–36. Pfalzgraf Botho taucht 1070 als »comes de Potensteine« auf, was die Existenz einer Burg voraussetzt (Kunstmann [Anm. 29] 324).

Abb. 19 Stein, Oberfranken. Blick von Nordwesten auf die Kemenate bzw. das Feste Haus. Links unterhalb des vermauerten Hocheinganges ist der Sturz einer noch älteren Rundbogentür zu erkennen; die oberen Fenster wurden nachträglich überhöht (Photo M. Daper 1989).

Meingoz von Aufseß trägt, kann heute wegen des dicken Außen- und Innenverputzes nicht mehr geklärt werden. Zum Haus gehört ein winziger tonnengewölbter Keller[106].

Die Burg Hohenstein (MF) rückt 1163 mit »Sicolinus de Hohenstein« erstmals ins Licht der Geschichte. Teile des tonnengewölbten Palas-Erdgeschosses (13,0 × 6,0 m, Mauerdicke 1,2 m) mögen noch in die Zeit der Ersterwähnung zurückreichen[107].

Waischenfeld (OF) sitzt nicht wie die anderen Burgen auf einem steilen Dolomitkegel, sondern auf einer langgezogenen Dolomitkuppe am Talrand. Dies begünstigte die Entstehung einer ausgedehnten, mehrteiligen Burganlage, die dementsprechend 1122 als »urbs« urkundlich auftaucht. Ihr Kernbau bestand alten Ansichten zufolge aus dem 1810 noch mehrgeschossig über das Tal aufragenden »Alten Haus«, das sich auf einem kleinen dreieckigen Felsplateau innerhalb der Vorburg erhob (Abb. 18). Intensive Abbruchtätigkeiten 1875/76 hinterließen von diesem einst so imposanten Bau kärgliche Futtermauerfundamente[108].

Die frühen Steinhäuser der Fränkischen Schweiz stellen demnach kleine, schmale Bauten dar, deren Grundgestalt oft von der Enge des Lageplatzes diktiert wird. Die in den anstehenden Fels gehauenen Keller von Pottenstein können dabei als Vorbild für winzige Gewölbekeller gedient haben, die in den Dekaden um 1150 nun Eingang in die Profanarchitektur finden (Aufseß, Hohenstein). Diese Vermutung

106 H. Kunstmann, Die Burgen der westlichen und nördlichen Fränkischen Schweiz 2. Der Nordwesten und Norden, Leinleitertal, Aufseßtal und Oberes Wiesenttal und Randgebiete. Veröffentlichungen der Gesellschaft für Fränkische Geschichte IX. Darstellungen aus der fränkischen Geschichte 28 (1972) 85–107. – A. Lutz (Burg Aufseß – ein Führer durch Burg und Geschichte eines fränkischen Adelsgeschlechtes [1988]) verdreht allerdings die Chronologie Bergfried/Festes Haus.

107 H. Kunstmann, Burg Hohenstein. Altnürnberger Landschaft 5 (August 1956) Sonderh. 11. – KDM MF X, 184–190, insb. 189 ff.

108 Kunstmann (Anm. 29) 90–131. – Miller (Anm. 11) 174 ff.

erhärtet sich am Beispiel der Burg Stein (OF), deren Existenz im Jahr 1100 die Erwähnung eines »Poppo albus de Steine« voraussetzt[109]. Im Südosteck des oberen Burghofes steht mauerbündig mit der trutzigen Umwehrung der bewohnbare Hauptbau – die Kemenate, wie diese Gebäude in der Fränkischen Schweiz schon im Spätmittelalter genannt wurden –, der mit seinen 17,5 × 10,5 m stattliche Maße erreicht. Im wesentlichen stammt dieser dreigeschossige Bau mit Halbwalmdach aus der Zeit seines Wiederaufbaues von 1342, wie das grob gereihte Bruchsteinmauerwerk beweist. Doch verraten ein 2–3 m hoch gelegenes zugesetztes Rundbogenportal in der südlichen Traufseite und Backsteinausflickungen in sämtlichen Durchgängen und Gewölben des Erdgeschosses die gründliche Modifizierung eines älteren Gebäudesockels (Abb. 19). Ob dessen Grundmauern tatsächlich, wie Kunstmann mutmaßt, bis in die Zeit vor 1100 zurückdatieren, kann nur eine eingehende Bauanalyse klären. Zweifelsfrei erhob sich der Kernbau jedoch ursprünglich ungewölbt, was einer vermeintlich frühen Zeitstellung entsprechen würde[110].

Beliebt schien auch der Einbau Fester Häuser in Ecken älterer Wallburgen oder Kastelle. Zwei Beispiele hierfür lieferte uns die Luftbildarchäologie bei der Wischlburg (NB) und bei Langenerling (OP)[111]. Hinreichend bekannt ist das römische Limeskastell Miltenberg-Altstadt (UF), das im Mittelalter das pfälzische »oppidum Walehusen« aufnahm[112]. Neue Grabungen ermittelten 1989 in einem Eck des Kastells einen zuvor nicht erfaßten kleinen Ministerialensitz, zu dem vielleicht auch ein Festes Haus oder ein Turmhaus gehörte[113].

Während einerseits die Liste salierzeitlicher Fester Häuser beständig wächst, vermindert sich andererseits der Katalog um manche fehldatierte Objekte. Ein solches stellt leider die Ruine Falkenstein bei Pfronten im Allgäu (BS) dar, deren Bekanntheitsgrad zum einen darauf gründet, daß sie mit ihren 1277 m ü. NN Deutschlands höchstgelegene Burg ist, zum anderen, daß König Ludwig II. plante, hier das fantastischste seiner Schlösser zu errichten.

Völlig exponiert auf dem Gipfel eines steilen Bergkegels thronend, mit gewaltigem Ausblick, präsentiert sich die Burg als ein langgezogenes Gebäude von 18,5 × 8,7 m, dreigeschossig und ungewölbt, mit 1,0 m dicken Mauern. Das Gemäuer trägt deutliche Spuren zahlreicher Erneuerungen (Ziegelausflickungen) und moderner Beton-Sanierung; kaum eine Öffnung behielt ihre Originalgestalt. Das originale Mauerwerk zeigt grob gereihten Bruchstein. Da wir auch im Allgäu selbst bei widerspenstigstem Steinmaterial das Bemühen um handliches Quadermauerwerk als Datierungskriterium salierzeitlicher Burgen voraussetzen können (siehe Rettenberg), gehört das Feste Haus von Falkenstein allenfalls dem 13. Jahrhundert an. Dies korreliert mit der ersten gesicherten Erwähnung im Jahr 1290.

Keinesfalls war der Falkenstein jenes »castellum firmissimum et munitissimum«, auf das der Augsburger Bischof Wigolt 1077 geflüchtet sein soll, und das Bischof Heinrich II. bereits um 1059 erbaute. Diese überaus wehrhafte Burg stand wohl in Hopfen[114]. Die Betrachtung salierzeitlicher Fester Häuser beschließen zwei dem zwischen 1163 und 1170 entstandenen »Codex Falkensteinensis« entnommene Burgendarstellungen. Diese Testamentsschrift des Grafen Siboto IV. von Neuburg-Falkenstein listet nicht nur die Inventare der in Familienbesitz befindlichen Burgen auf, sondern illustriert diese zusätzlich durch Federzeichnungen[115]. Die Burgenzeichnungen vermitteln uns einen guten Eindruck davon, wie ein Festes Haus damals ausgesehen haben mag – vorausgesetzt, wir berücksichtigen den Umstand, daß es

109 Kunstmann (Anm. 31) 98–116, insb. 103.

110 T. Breuer (KDM, Kurzinventar XIII, 45 ff.) datiert den Bau geschlossen ins Spätmittelalter. – Vollet (Anm. 57) 60 ff.

111 W. Torbrügge, Ein vergessenes karolingisches Kastell bei Langenerling südlich von Regensburg, Gemeinde Hagelstadt, Landkreis Regensburg, Oberpfalz. Das archäologische Jahr in Bayern (1982) 140–142. – Braasch (Anm. 73).

112 B. Beckmann, Walehusen-Wallhausen, eine mittelalterliche Stadt auf römischen Ruinen. In: Festschrift 750 Jahre Stadt Miltenberg (1987) 75–100.

113 Freundliche Mitteilung Dr. Ludwig Wamser, Würzburg.

114 Miller (Anm. 11) 59 ff. – KDM Kurzinventar VIII, 103 ff. Völlig unreflektiert bei: Nessler (Anm. 50) Teil II, 243–251. – A. K. Rückert, Chronik alter Burgen in Oberbayern (1925) 100 ff. – Merkt (Anm. 77) 107 (Nr. 157), Tafeln 178–180.

115 E. Noichl, »Codex Falkensteinensis« – Die Rechtsaufzeichnungen der Grafen von Falkenstein. Quellen und Erörterungen zur bayerischen Geschichte NF 29 (1978). – E. Noichl-Müller, Codex Falkensteinensis – Rechtsaufzeichnungen der gräflichen Familie Neuburg-Falkenstein. In: Wittelsbach und Bayern I/2 (1980) 48–53 (Nr. 56).

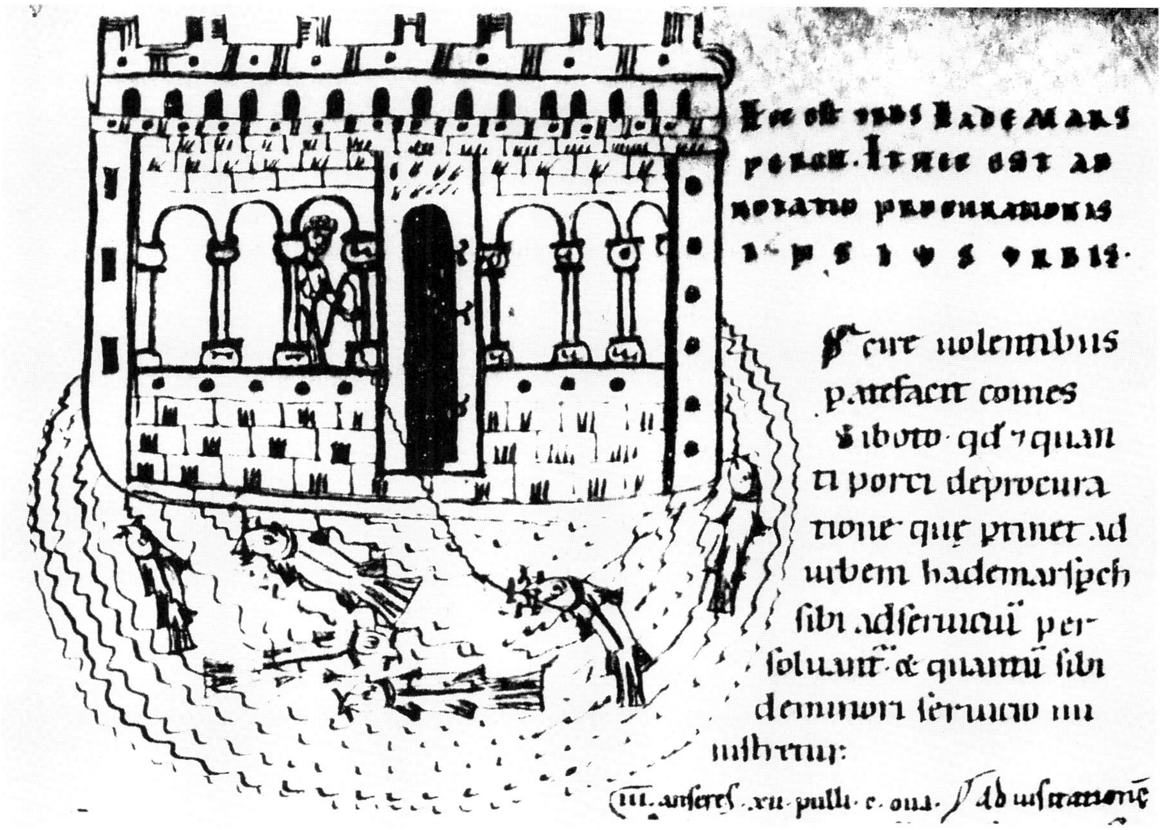

a

b

Abb. 20 Codex Falkensteinensis. – a Burg Hartmannsberg, Oberbayern, um 1164/70. – b Burg Hernstein, Niederösterreich, um 1164/70 (nach Noichl [Anm. 115] Taf. VIII und XI).

sich nicht um realistische, sondern symbolbehaftete Darstellungsweisen handelt: Was als wesentlich für die jeweilige Burg erachtet wurde, prägt deren Wiedergabe.
Oben dargestellt ist die Burg Hartmannsberg (Ldkr. Rosenheim, OB) auf ihrer kleinen Insel im Langenbürgener See (Abb. 20a). Dem beengten Baugrund gemäß bestand sie nur aus einem palasähnlichen Haus, mit einem Sockelgeschoß aus sorgsam gearbeitetem Quaderwerk und einem etwas erhöhten Tor. Im Obergeschoß erstrecken sich rundbogige Fensterarkaden – ein klarer Hinweis auf den Saal oder Repräsentativraum. Darüber zieht sich eine Reihe kleiner Fenster hin, vermutlich die Schlafunterkünfte im 2. Stock. Ein umlaufender Zinnenkranz krönt das Gebäude, dessen Dach die Darstellung vernachlässigt. Eine aus den Fenstern angelnde Person, im See herumschwimmende Fische und Wellen unterstreichen die besondere Lage der Burg inmitten von Wasser. Die heute noch sichtbaren schwachen Fundamentspuren gestatten keine Überprüfung der Zeichnung[116].
Die untere Abbildung zeigt die Burg Hernstein (Niederösterreich), die einen ähnlichen Burgentyp verkörpert (Abb. 20b): Sie steht am Hang eines Weinberges. Zwei Weinbauern, die mit Hacke und Messer Weinstöcke bearbeiten, sollen dies verdeutlichen. Auch Hernstein weist nur einen wohnturmähnlichen Bau auf, dessen Fensterreihe im obersten Geschoß allerdings darauf schließen läßt, daß es sich um einen größeren Bau und damit um ein Festes Haus handelt. Keinesfalls der Realität entspricht die unsinnige Architektur aus Fachwerksockel und Quaderaufbau. Rechts sehen wir die geöffnete, eisenbeschlagene Holztür des erhöhten Eingangs, der aus fortifikatorischen Gründen zum Hangabfall blickt. Erneut endet das Gebäude ohne Dach mit einem geschlossenen Zinnenkranz.
Wir können diesen Abbildungen entnehmen, daß Feste Häuser jener Zeit 1. fein bearbeitetes und sorgsam gereihtes Quadermauerwerk, 2. Zinnen und 3. Hocheingänge besaßen sowie 4. mehrgeschossige Bauten mit schmucklosen trutzigem Erdgeschoß, Halle oder Saal im 1. Stock und Wohn- und Schlafräumen im Obergeschoß waren.
Mit einer anderen Darstellung aus dem »Codex Falkensteinensis« gelangen wir zum nächsten Burgtyp, der Turmburg.

b. Die Turmburgen

Unter einer Turmburg versteht man eine Burg, deren Kernbau aus einem Turm als Mehrzweckbau besteht – einem Turmhaus. Dieses kennzeichnet im Gegensatz zum Festen Haus eine turmartige Grundgestalt. Architektonisch stehen sich aber Turmhaus und Festes Haus mitunter derart nahe, daß eine typologische Unterscheidung schwerfällt und eigentlich besser vermieden werden sollte. Die Höhenausdehnung als maßgebliches Definitionskriterium kann aufgrund des zumeist dürftigen Erhaltungszustandes nicht herangezogen werden. Selbst bei meterhoch aufragenden Mauern bleibt das bauliche Verhältnis von Steinsockel zu dem restlos abgegangenen Holz- bzw. Fachwerkaufbau völlig ungeklärt (s. u.).
Hier werden als Turmhäuser solche Steinbauten besprochen, die eine turmartige Grundgestalt von annähernd quadratischer Form zeigen. Diese spricht zwar für eine beachtliche Höhenausdehnung, doch lassen sich bestimmt auch Gegenbeispiele anführen. Erst in der staufischen Burgenepoche, vor allem ab dem 13. Jahrhundert, geraten wir wieder auf stabilen typologischen Untergrund, denn die bauliche Trennung bzw. Nebeneinanderstellung von Palas und Bergfried kreiert den imposanten Wohnturm als repräsentativen Alternativtyp. So finden wir das Spätmittelalter bestückt mit hochaufragenden Wohntürmen aller Größenkategorien.
Aus anderen Bundesländern und dem angrenzenden Ausland kennen wir inzwischen genügend frühe quadratische Turmhäuser, um diesen Burgentyp als für die Salierzeit charakteristisch definieren zu können: Langensteinbach, Kleinsteinbach und den Durlacher Turmberg (Baden-Württemberg); Eschborn, Dreieichenhain und Arnsburg (Hessen); Nordenau (Nordrhein-Westfalen); das Schlössel bei Klingenmünster (Rheinland-Pfalz); Meißen (DDR); den Ostturm der Habsburg und Nivagel (Schweiz);

116 Zu Hartmannsberg: Meyer (Anm. 16) 217ff.

Abb. 21 Codex Falkensteinensis. Burg Alt-Falkenstein, Oberbayern, um 1164/70 (nach Noichl [Anm. 115] Taf. V).

Kessel (Niederlande), um nur einige zu nennen. Manche dieser Turmhäuser weisen einen rechteckigen Anbau auf, dessen Interpretation als Abtritt sich aufdrängt (Schlössel, Arnsburg, Habsburg, Rickenbach).

Die Grundfläche dieser quadratischen Turmbauten variiert beträchtlich, gemäß der sozialen Stellung des Erbauers und der topographischen Gegebenheiten. Der Großteil der Türme erreicht zwar Seitenlängen über 10 m, doch reduziert die enorme Mauerstärke die lichte Grundfläche auf 60–75 qm. Die lichte Weite kleiner Türme mit weniger massiven Mauern wie bei Kleinsteinbach oder der Ödenburg bei Oberstellen fällt bei 7,6 m Seitenlänge daher nur etwas geringer aus als bei wesentlich größeren Türmen wie Eschborn oder Nordenau (25 qm bzw. 22 qm).

Die immer wieder diskutierte Frage, ob man denn Türme mit derart winzigen Innenflächen überhaupt als Wohntürme klassifizieren darf oder ob sie nicht tatsächlich Bergfriede darstellen, beantworten vielleicht die beiden Türme von Nordernau und Seedorf. Den nur 22,1 qm großen Innenraum von Nordernau beheizte ein Nischenkamin; bei Seedorf diente der nur 7,3 qm große Innenraum des massiven Steinturmes lediglich als Zugang zu einem darüber weit auskragenden Holzaufbau[117]. Seedorf könnte man ebenso als turmartiges Holzhaus mit Steinsockel definieren – eine Rekonstruktionsvariante, die wir bei unseren Beispielen mit in Betracht ziehen sollten.

Zweifelsohne handelt es sich dort um Wohntürme, wo 1. die Größe des Turmes 10 m übersteigt, 2. das beengte Burgareal keine Hallenbauten zuläßt und 3. Kamine in den Türmen nachgewiesen werden können.

Der »Codex Falkensteinensis« vermittelt uns einen Eindruck davon, wie wir uns ein frühes Turmhaus in Bayern vorzustellen haben (Abb. 21). Dargestellt ist die Burg Altfalkenstein (OB) bei Brannenburg am Inn, die einst oberhalb der heutigen jüngeren Burg auf der Rachelwand stand und 1296 zerstört wurde.

117 Zu Seedorf: Meyer (Anm. 85). – Zu Nordenau: U. Lobbedey, Burg Norderna – Baugeschichtliche Beobachtungen an der Burgruine zu Nordenau (Sauerlandkreis). Beiträge zur archäologischen Burgenforschung und zur Keramik des Mittelalters in Westfalen. Denkmalpflege und Forschung in Westfalen 2 (1979) 99–114.

a

b

Abb. 22 Biebelried, Johanniterkastell, Unterfranken. – a Blick von Norden auf die Fundamente des Bergfriedes und des darin steckenden älteren Turmhauses. Etwa in Bildmitte sichtbar der ebenerdige, durch die nachträgliche Ummantelung blockierte Originalzugang. – b Blick auf die östliche Innenwand des frühen Turmhauses mit originalem Lichtschlitz. – (Genehmigt vom bayerischen Landesamt für Denkmalpflege Würzburg 1978).

Auf der durch Schollensignatur gekennzeichneten Felswand erhebt sich rechts ein schlanker Turmbau mit hohem Quadersockel, einem gekuppelten Fenster im (Fachwerk?)-Obergeschoß und einer stattlichen Turmkrone mit Zinnen; in der rechten Turmwand liegt erhöht der Eingang mit geöffneter Tür. Der kleine Giebelbau links bezeichnet die Burgkapelle. Der Falke zwischen beiden Gebäuden steht symbolisch sowohl für das Geschlecht als auch die Höhenlage[118].

Bislang sind in Bayern nur zwei quadratische salierzeitliche Turmhäuser bekannt geworden – doch mag sich hierin lediglich ein Forschungsdefizit spiegeln. Immerhin beweisen die Beispiele von Biebelried (UF) und Burglengenfeld (OP), daß solche Bauten auch hier existierten.

Biebelried (UF) erscheint in der Burgenliteratur als 1275 erbautes Johanniterkastell, das einen 1244 erwähnten Vorgängerbau mit »caminatam, structuras et edificia...« ersetzte[119]. Dieser Vorgänger konnte 1978 archäologisch nachgewiesen werden[120]. Zum 892 belegten Siedlungsplatz des »Dietmar in Bibilrith« gehörte vermutlich ein Spitzgraben, der später von einem Wall-Graben-System mit massiv gemauertem Eingangsbereich ersetzt wurde. Letzteres nahm wohl Bezug auf ein zentrales Turmhaus von nur etwa 6,5 m Seitenlänge, das nachträglich zu einem wuchtigen Bergfried von 11,4 m Seitenlänge und 3,4 m Mauerdicke ummantelt wurde (Abb. 22a). In den noch 2,4 m hoch erhaltenen, lediglich 0,7 m starken Mauern des ungewölbten Erdgeschosses öffneten sich noch der ebenerdige Originaleingang und einige Lichtschlitze (Abb. 22a, b) – alle blockiert durch die Bergfriedwände. Wohl im frühen 12. Jahrhundert erbaute einer der damals hier erwähnten Ministerialen der Grafen von Castell diese Turmburg. Eine Ummantelung älterer Turmbauten erfolgte übrigens auch in Kleinsteinbach (Baden-Württemberg) und in Bayern bei der Burg Nassenfels (MF)[121].

Die Frage, ob der merowingerzeitliche (?) Einbau ins Osteck des Altstadtkastells Miltenberg während seiner mittelalterlichen Nutzung tatsächlich ein quadratisches Turmhaus (max. Seitenlänge: 9 m; Mauerdicke 2,3 m) enthielt, und ob dieses eher staufisch als salisch zu datieren ist, muß solange unbeantwortet bleiben, bis eindeutige Grabungsresultate vorliegen[122].

Bayern kann zwar nur wenige quadratische Turmhäuser vorzeigen, dürfte dafür aber Deutschlands besterhaltenes Exemplar besitzen: den sog. »Sinzenhofer Turm« in der Burg Lengenfeld (OP), der bis in 16 m Höhe spätsalisches Mauerwerk aufweist (siehe S. 222 u. 227ff.). Das Mauerwerk trägt deutliche Spuren intensiver Ausbesserungsphasen, zumeist ablesbar an Ziegelausflickungen; zu den sekundären Veränderungen zählen die Erneuerung der höhergelegenen Eckquaderung sowie der moderne Zinnenabschluß über dem vierten Geschoß (Abb. 23a).

Die Seitenlänge des Turmhauses beträgt analog zu Dreieichenhain (Hessen) 12,6 m, die lichte Weite bei einer Mauerdicke von 3,2 m allerdings nur 6,2 m. Der Bau erhebt sich völlig ungewölbt mit unverminderter Mauerdicke; die Geschoßbalken ruhten in Aussparungen. Sowohl von einer Treppe als auch von Heizvorrichtungen fehlt jede Spur. Der ursprüngliche rundbogige Eingang öffnete sich etwa 6 m über dem Boden im 2. Hauptgeschoß zur Hofseite hin und war durch einen Riegelbalkenverschluß gesichert. Nur wenige Fensteröffnungen, meist schlitzförmig mit starker Innenausschrägung, durchdringen die massiven Mauern (Abb. 23b).

G. Hager datiert diesen Turm nicht nur früher als den in der gleichen Burg stehenden Rundturm (siehe S. 222), sondern bezeichnet ihn zudem als Bergfried[123]. Beides trifft nicht zu. Das Mauerwerk beider Türme ähnelt sich zwar, ist jedoch am Rundturm sogar etwas sorgfältiger ausgeführt. Den Ausschlag für eine geringfügig spätere Erbauung des quadratischen Turmes dürfte sein Standplatz geben: Er erhebt sich ganz im Osten der weiträumigen Burganlage, nur wenige Meter innerhalb der Ringmauer, um ein danebenliegendes Tor zu decken. Der Rundturm nimmt dagegen eine absolut dominante Position exakt

118 Meyer (Anm. 16) 219ff. – KDM OBB V, 1588.

119 A. Antonow, Die Johanniterburg Biebelried bei Würzburg. Burgen u. Schlösser I, 1976, 10–20. – KDM UF II, 68ff.

120 L. Wamser, Ausgrabungen im Johanniterkastell Biebelried. Jahrb. d. Landkreises Kitzingen (1979) 107ff.; freundliche Mitteilung Dr. Ludwig Wamser.

121 D. Lutz, Die Turmburgen von Langensteinbach, Gem. Karlsbad und Kleinsteinbach, Gem. Pfinztal (Kr. Karlsruhe). Forsch. u. Ber. d. Archäologie des Mittelalters in Baden-Württemberg 4, 1977, 151–172, insb. 155ff. – Zu Nassenfels: KDM MF II, 235–242, insb. 239.

122 Zu Walehusen siehe Anm. 112 und 113.

123 KDM OP V, 23–42, insb. 38.

Abb. 23
Burglengenfeld, Oberpfalz. Sinzenhofer Turm.

a Turm von Süden, mit Hocheingang
(Photo J. Zeune 1990).

b Turm von Westen
(Photo Th. Platz 1990).

im Zentrum des riesigen Burghofes ein. Ganz offensichtlich errichtete man den Viereckturm erst nachträglich zur Sicherung des Tores; dies erklärt auch, wieso er leicht übereck zur vorbeilaufenden Kurtine steht (vgl. Abb. 31a, Nr. 5).
Haltbar dürfte Hagers Datierung »knapp in die Zeit um 1100« sein – mit klarer Tendenz zum frühen 12. Jahrhundert. Im Zusammenhang mit dieser Datierung kommt dem Datum 1119/20, als mit dem Tod des Grafen Friedrich III. von Lengenfeld die Burg an die Wittelsbacher gelangte, möglicherweise große Bedeutung zu. Denn man darf annehmen, daß diese die Burg umgehend ausbauten bzw. verstärkten. Ein Baudatum um 1120/30 stünde dem Sinzenhofer Turm jedenfalls recht gut.
Wenngleich der Innenhof der Burg Lengenfeld hinreichend Platz bot für Hallenbauten, so müssen wir den Viereckturm aufgrund seiner Größe doch als Turmhaus oder Wohnturm klassifizieren: Bergfriede erreichen in der Regel nur Seitenlängen von 8–9 m. Vermutlich war der Turm zumindest zeitweilig durch zentrale Herdstellen beheizbar und bewohnbar. Bei solch großen Türmen spricht das Fehlen von Kaminen keinesfalls für Unbewohnbarkeit. Zugegebenermaßen fehlt uns für solche Beispiele wie den Sinzenhofer Turm, der offensichtlich typologisch zwischen Wohnturm und Bergfried liegt, ein adäquater terminologischer Begriff. Und sicherlich leiten solche Türme eine Entwicklung ein, an deren Ende dann im späten 12. Jahrhundert der unbewohnbare oder nur notdürftig bewohnbare Bergfried als voll entwickelter staufischer Standardbau steht.
Als besonders aufschlußreich erweist sich der Befund von Kelheim (NB), wo angeblich noch in der 2. Hälfte des 12. Jahrhunderts ein mächtiger »Bergfried von 12 × 12 m Grundfläche« errichtet wurde. Die zugehörige Ringmauer ummantelte ihn jedoch derart knapp, daß wir ihn zweifelsohne als Turmhaus interpretieren müssen[124].
Neben quadratischen treffen wir in der Salierzeit auch auf runde Turmhäuser. Bekannte Beispiele sind die Hammaburg (Bischofsturm) in Hamburg, Arnsburg und Mücke-Niederohmen in Hessen, die Harzburg, der Sachsenstein und Burg Anhalt im Harz, Altenfels in Nordrhein-Westfalen, die Wiprechtsburg, Falkenburg und Lohra in der DDR. Daß sich runde Turmhäuser einer gewissen Beliebtheit erfreuten, beweisen die zahlreichen bayerischen Beispiele.
Die Größe der oben erwähnten Rundtürme nimmt sich beachtlich aus: Ihr Außendurchmesser liegt selten unter 12 m, erreicht bisweilen sogar Weiten über 16 m (Anhalt, Hammaburg, Todenmann).
Für Bayern konnte eine Handvoll früher Rundtürme archäologisch erschlossen werden. Ihr Durchmesser beträgt im Durchschnitt 12–13 m, abgesehen von dem ohnehin dubiosen Befund in Seubersdorf (OF; siehe S. 199). Der typologischen Beobachtung, daß sich der Durchmesser der Rundtürme im 13./14. Jahrhundert – verbunden mit der neuen Funktion als Bergfried – auf weniger als 10 m reduziert, stehen immer wieder Einzelbeispiele entgegen (Abbach NB, Donaustauf OP, Saaleck UF, Coburg OF).
Der erste archäologische Nachweis eines salierzeitlichen Rundturmes gelang dem engagierten Schulrektor Otto Schoerrig 1937–39 in seinem Heimatort Berneck (OF). Dort stehen mit der Unteren Burg, genannt »Altes Schloß«, und der Burg Hohenberneck bzw. Neuwallenrode zwar schon zwei Burgruinen, doch stieß Schoerrig beim Archivalienstudium auf einen Flurnamen »Alte Berneck« knapp 2 km nordöstlich der Stadtkirche. Dort fanden sich im Tal der Ölschnitz auf einer nach drei Seiten von Wasserläufen geschützten Bergnase tatsächlich Spuren von Gräben und Wällen einer Befestigung. Bei Grabungen kamen in deren Zentrum die Fundamente eines Rundturmes mit 11 m Außendurchmesser und 2 m dicken Mauern zutage. Die geborgene Keramik scheint ausschließlich in das 11. oder frühe

124 KDM NB VII, 200–205. – R. Christlein, Die Anfänge der Kelheimer Burg. In: Beilage zum Amtlichen Schulanzeiger für den Regierungsbezirk Niederbayern (1975) Nr. 6, 57 ff. – Ders., Funde aus dem »Binnenkastell« der Burg Kelheim. In: Wittelsbach und Bayern I/2 (1980) 101–104 (Nr. 123–132). – Ders., Ausgrabungen und Funde in Niederbayern. Verhandlg. d. Hist. Ver. f. Niederbayern 100, 1974, 53–106, insb. 101 ff. – K. Schwarz in: Jahresber. d. Bayer. Bodendenkmalpflege 15/16, 1974/75, 251 Abb. 65. Unrichtig ist sicher Christleins Datierung des Turms »um 1150«, denn die Steinbearbeitung spricht klar für eine Erbauung um 1200 oder sogar erst im frühen 13. Jahrhundert.

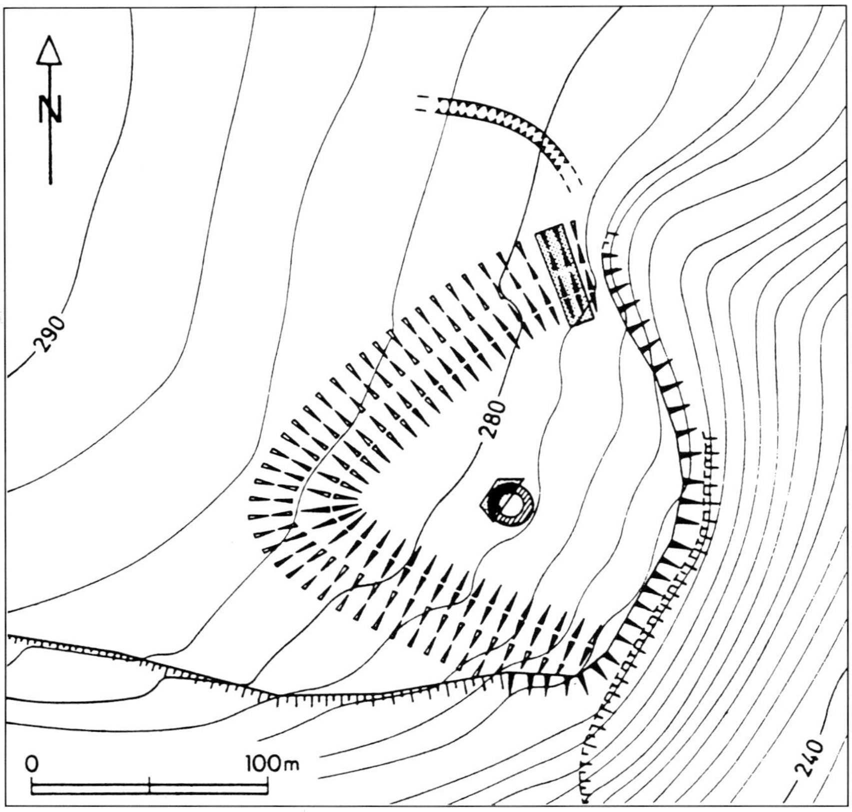

Abb. 24 Bad Neustadt a. d. Saale, Veitsberg, Unterfranken. Plan der weitgehend verebneten Befestigung, rekonstruiert nach den bisherigen archäologischen Untersuchungen und dem Luftbildbefund (nach Wamser [Anm. 75] Abb. 108).

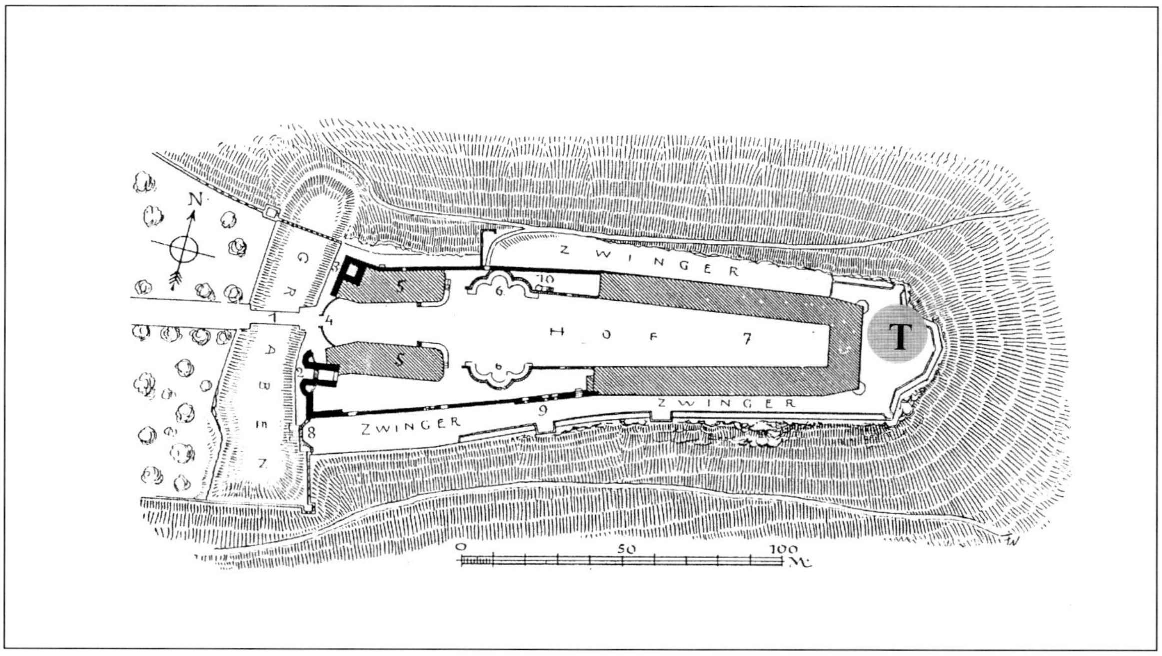

Abb. 25 Hirschberg, Oberbayern. Gesamtplan mit ungefährem, nicht maßstäblich eingetragenem Standort des salischen Rundturmes am äußersten Ostende (nach KDM [Anm. 127] Fig. 72).

12. Jahrhundert zu datieren. Daher muß man hier eine Vorgängerburg des edelfreien Geschlechts der Walpoten vermuten, die Uodalrich von Walpoto um 1168 durch die fortifikatorisch und strategisch besser gelegene Burg (Hohen-)Berneck ersetzte[125].

Ein mit 13 m Außendurchmesser und 2,3 m Mauerdicke ähnlich dimensionierter Rundturm wurde 1983 auf einer stumpfen, in die Flußniederung der Saale vorgeschobenen Bergnase des Veitsberges (UF) freigelegt (Abb. 24). Sollte ein Salzsiedeofen der gleichen Besiedlungsphase angehören, so ließe sich hier erstmals handwerkliche Tätigkeit in einer salierzeitlichen Befestigung feststellen. Allerdings baute man auch hier das Turmhaus in eine ältere ungarnzeitliche Wehranlage hinein, die ihrerseits eine massivbefestigte Siedlung des 8./9. Jahrhunderts überlagert. Eine in die Turmmauer eingebettete wellenverzierte Scherbe deutet auf ein Erbauungsdatum um 1100. Als Bauherr käme ein Familienmitglied der Ministerialen von Salz in Frage[126].

Bayerns stattlichsten salierzeitlichen Rundturm errichteten sich dem momentanen Forschungsstand zufolge die Grafen von Grögling-Dollnstein auf Burg Hirschberg im Altmühltal (OB). Die Sanierung der langgestreckten Burgschloßanlage sah auch den Einbau einer Cafeteria in den äußersten rückwärtigen, d. h. östlichen Randbereich der steilen Bergzunge vor (Abb. 25). Da sich hier eine Barockterrasse erstreckt, rechnete man trotz metertiefer Ausschachtungsarbeiten nicht mit wesentlichen Befunden. Um so größer war die Überraschung, als über dem anstehenden Fels die massiven Fundamente eines 13,2 m dicken Rundturms erschienen. Die 2,7 m starken Mauern zeigten eine Außen- und Innenschale aus sorgfältig behauenen, schön geschichteten Kalksteinquadern mit Füllwerk im Kern und erhoben sich ungewölbt drei bis vier Meter hoch ohne jegliche Öffnung (Abb. 26a).

Stratifizierte Scherben weisen auf eine Erbauung noch im 11. Jahrhundert hin. Einen sicheren »terminus ante quem« liefert der stauferzeitliche Ausbau der Burg um 1200 durch die Grafen von Dollnstein-Grögling zu ihrer neuen Stammburg. Dabei entstand nicht nur die spektakuläre Torfront mit fächerförmigem Torbau und bergfriedartigem Eckturm, sondern auch die jetzige Umwehrung des Bergsporns. Diese wiederum läuft mauerbündig mit der Nord- und Südfront des Schlosses bis zum östlichen Spornende durch und überschneidet dabei mit ihrem Nordosteck den Rundturm (Abb. 26b). Die salierzeitliche Burg beschränkte sich offensichtlich auf das östliche Ende der Bergzunge und wuchs erst in der Stauferzeit zu heutiger Größe und Konzeption[127].

1959–61 ergrub Chr. Pescheck die beiden Turmhügel Seubersdorf und Schwand (beide OF). Beide trugen einst kleine Rundtürme von 6 m bzw. 8 m Außendurchmesser, die aufgrund des Fundmaterials durchaus aus dem 11./12. Jahrhundert stammen könnten (vgl. Abb. 12). Leider verzichtet der Kurzbericht auf die zur Überprüfung der Interpretation nötigen Dokumentationsdetails[128]. Ähnlich bescheiden dimensionierte Rundtürme auf den Burgen Hohenfels und Treffelstein (beide OP) sowie auf dem Karlstein (OB) sollen der gleichen Zeitstellung angehören[129]. Treffelstein zumindest repräsentiert tatsächlich einen spätmittelalterlichen Bau. Auch Hohenfels und Karlstein erfordern in Ermangelung brauchbarer Baubeschreibungen eingehende Besichtigungen.

Solange keine einzige gesicherte Frühdatierung für derart kleine Rundtürme vorliegt, bleibt Skepsis gegenüber salierzeitlichen Datierungsansätzen angebracht.

Bedenkenlos akzeptieren kann man dagegen, daß sich Bayerns besterhaltener salischer Rundturm in Burglengenfeld (OP) befindet.

125 O. Schoerrig, Berneck – seine Entwicklung bis zur Stadterhebung 1357. Geschichte der Stadt Berneck i. F. (1957) 30 ff. – Ders., Bad Berneck und seine Umgebung (1955) 13; 30 ff., insb. 41 ff. – Ders., Berneck in alter Zeit. Der Siebenstern 18, 1949, Nr. 3 35–37. – Kunstmann (Anm. 31) 49–79, insb. 52 ff.; 63 ff.. – Ders., Der Raum von Berneck, ein Brennpunkt der Auseinandersetzung mittelalterlicher Mächte. Heimatbeilage des Amtlichen Schulanzeigers des Regierungsbezirkes Oberfranken (1961) Nr. 3, o. S.

126 Wamser (Anm. 75). Freundliche Mitteilung Dr. Ludwig Wamser.

127 Tillmann (Anm. 59). – KDM OP XII/I, 69–93. – A. Bauch, Schloß Hirschberg. (Schnell u. Steiner Kunstführer 639) (1956). – Meyer (Anm. 16) 75 ff.

128 Pescheck (Anm. 80).

129 Hohenfels: KDM OP IV, 132–135. – Treffelstein: KDM OP III, 57–61. – Karlstein: KDM OBB IX, 2990–2994.

Abb. 26
Hirschberg, Oberbayern. Steingerechte Befundpläne. –
a Grundriß des salischen Rundturmes,
mit Schnitt (unten). Die Türöffnungen wurden
sekundär durchgebrochen. –
b Grundriß des salischen Rundturmes und der ihn
überschneidenden staufischen Ringmauer
(genehmigt von A. Tillmann, damals Bayer. Landesamt
für Denkmalpflege, Ingolstadt).

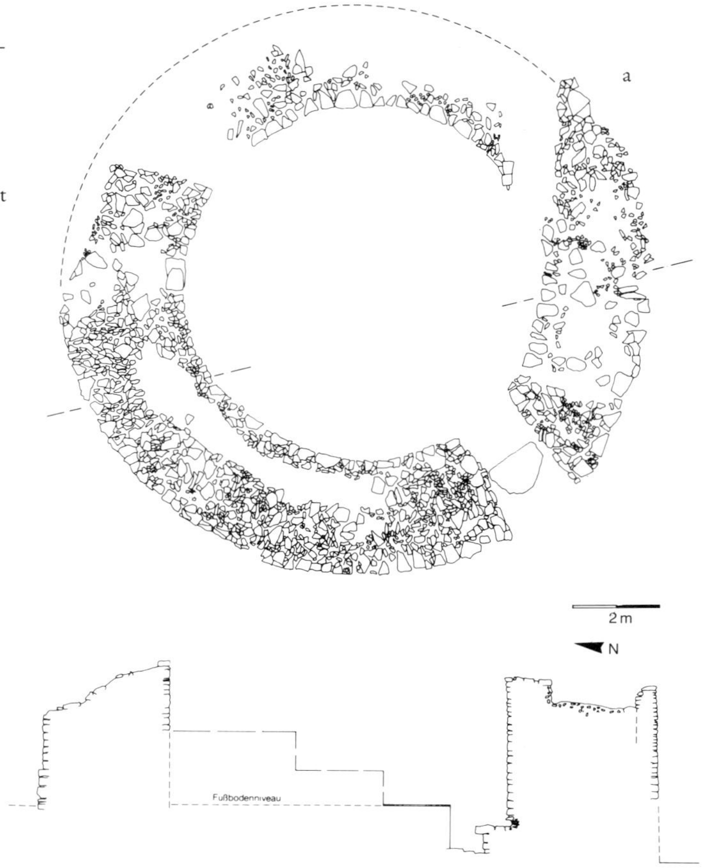

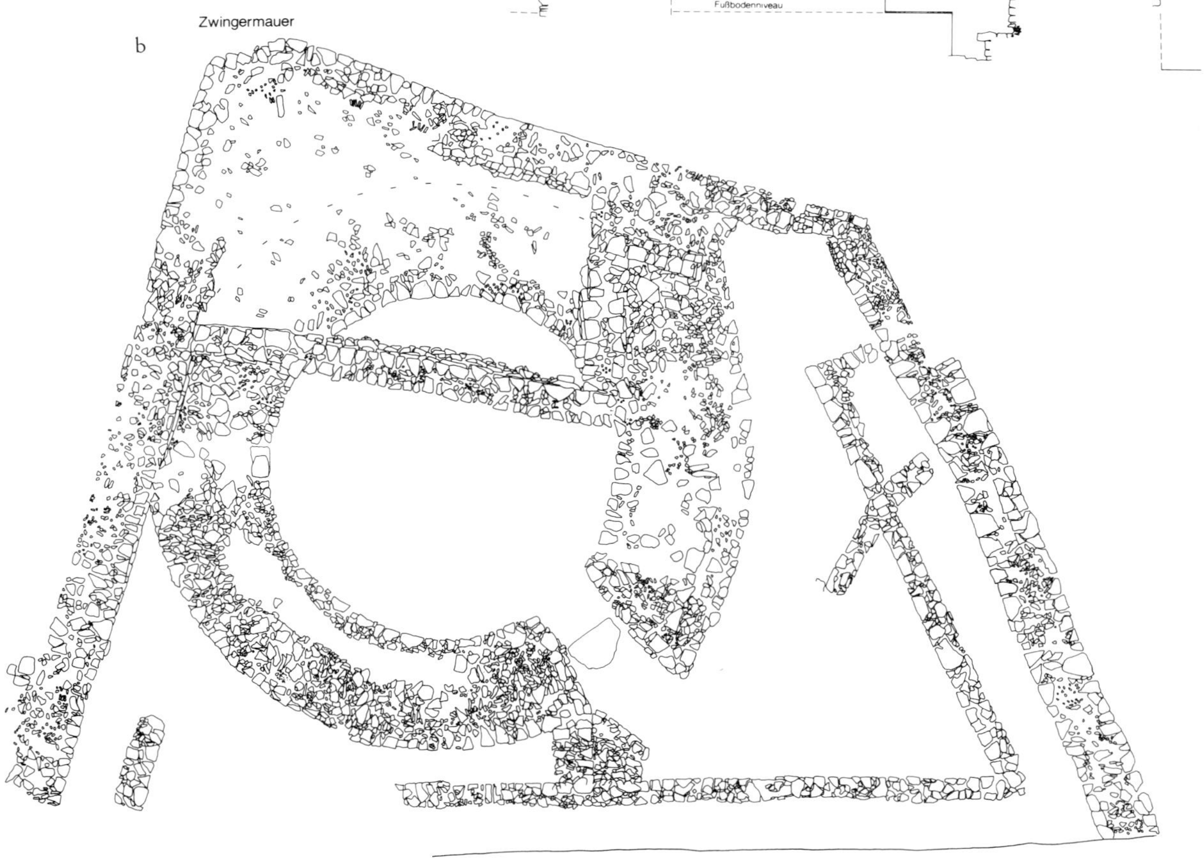

a b

Abb. 27 Burglengenfeld, Oberpfalz. Sog. »Hoher, runder Turm«. – a Ansicht von Westen, mit jüngerer Verblendung, originalem Hocheingang und moderner Turmkrone (Photo J. Zeune 1990). – b Ansicht von Süden, mit Steinsockel (Photo Th. Platz 1990).

Seine Position genau im Zentrum der ausgedehnten salischen Burganlage weist ihn als Gründerbau aus, um den sich später (?) eine kleine innere Kernburg bildete (vgl. Abb. 31a). Der Turm erhebt sich über einem runden Steinsockel, der auf einer niedrigen Felsscholle sitzt, und schließt in 28 m Höhe mit einem modernen Zinnenkranz ab (Abb. 27b; vgl. auch 31b). Abgesehen von einer sekundären Verstärkung der Westseite und der Erneuerung der Turmkrone weist der Bau durchgehend sorgsamst behauene und gereihte schmale Kleinstquader mit eingestreuten Schichten aus quadratischen Steinen auf, die innen noch kleinformatiger ausfallen (Abb. 27a und b). Sein äußerer Durchmesser beträgt bei 3 m dicken Mauern etwa 11 m. Bemerkenswerterweise wechselt die Grundgestalt des Turminneren in Höhe des Originaleingangs von einer quadratischen in eine runde Form.

Neben dem 10 m hoch gelegenen rundbogigen Originalzugang durchdringen nur wenige Schlitzfenster das kahle Mauerwerk (vgl. Abb. 2; 27a); einige von ihnen bewahren noch ihre alten Holzstürze. Ansonsten fällt das Turminnere recht detaillos aus: Analog zum Sinzenhofer Turm ruhten die Geschoßbalken in Löchern und es fehlen Gewölbe, Treppen und Kamine. Erst nachträglich eingezogen wurde das Backsteingewölbe der Aussichtsplattform.

Wie auch der Sinzenhofer Turm (vgl. Abb. 23) dürfte der Rundturm von Burglengenfeld aufgrund seiner Größe als zumindest zeitweilig bewohnbares Turmhaus gedient haben.

Hager datiert den Rundturm in die 1. Hälfte des 12. Jahrhunderts, wobei er den Sinzenhofer Turm älter einschätzt[130]. Diese Chronologie kann zwar anhand der Mauertechnik und Position der Türme widerlegt werden, doch bleibt immer noch die Frage nach dem Erbauungszeitpunkt offen. Hier helfen uns die historischen Frühdaten weiter.

Die um 1155 verfaßten Pegauer Annalen berichten in der »vita Wiperti«, daß Sigena, die Witwe des Mitte des 11. Jahrhunderts verstorbenen Wipert von Groitzsch, in zweiter Ehe den Grafen Friedrich I. von Lengenfeld heiratete. Besagter Wipert von Groitzsch hatte einen Sohn: den bekannten Lausitzer Markgrafen Wipert (oder Wiprecht) II. von Groitzsch[131]. Wiprecht II. baute um 1080 den Familienstammsitz, die sog. Wiprechtsburg bei Groitzsch, Kreis Borna (DDR), aus. Diese wurde von 1959 bis 1967 ergraben. Dabei stieß man direkt neben einer der für Wiprecht II. so charakteristischen Rundkapellen auf die 2 m starken Fundamente eines zeitgleichen massiven Rundturmes von 13,4 m Außendurchmesser[132].

Dessen zweischaliges Mauerwerk aus kleinen Quadern von 20–45 cm Länge und 10–20 cm Höhe mit durchlaufenden Lagerfugen gleicht zwar dem des Burglengenfelder Rundturmes, doch unterscheiden ihn von letzterem sein fast um 3 m größerer Durchmesser, ein runder Innengrundriß und die beiden Reihen schmaler runder Rüstlöcher im Turminneren.

Die überaus engen verwandtschaftlichen Beziehungen zwischen den Familien von Groitzsch und Burglengenfeld stellen außer Zweifel, daß man auch über die Architektur der Familienhauptsitze Bescheid wußte. Das geringfügig größere Quaderformat am Burglengenfelder Rundturm und dessen typologisch fortschrittlichere Konzeption mit quadratischem Innenraum sprechen dafür, daß eher der Groitzscher Rundturm den Archetypus zu Burglengenfeld darstellt als umgekehrt. Jedoch kann nicht ausgeschlossen werden, daß beide Bauten mehr oder weniger gleichzeitig mit entfernungsmäßig bedingten Unstimmigkeiten entstanden. Unter Berücksichtigung aller Aspekte scheint eine Datierung um 1100 angemessen.

Aus der Liste salischer Rundtürme muß der bisweilen dem 11. Jahrhundert zugewiesene Magnusturm auf dem Kasendorfer Turmberg (OF) gestrichen werden, obwohl seine Dimensionen völlig identisch mit denen des Burglengenfelder Rundturms ausfallen[133]. Die bei verschiedenen Grabungskampagnen geborgene mittelalterliche Keramik reicht zwar dementsprechend weit zurück, doch sprechen das Vorhandensein eines Gewölbes in Eingangshöhe – mit leichtem äußeren Mauerrücksprung – und die bis zu 60 cm langen und 45 cm hohen Quader bei gleichzeitigem Fehlen einer Innentreppe für eine Erbauung kurz nach 1150[134].

Neben den quadratischen und runden Turmhäusern treffen wir vereinzelt auf Turmhäuser polygonaler Grundgestalt. So wurde das Haupttor der Burg Sachsenstein im Harz 1073 von zwei Sechsecktürmen bewehrt. Einer der drei Turmhügel der Burg Elmendorf (Oldenburg) trug in der 1. Hälfte des 12. Jahrhunderts ein zwölfeckiges hölzernes Turmhaus[135].

Bayern weist dem momentanen Forschungsstand zufolge nur ein einziges polygonales Turmhaus auf, das man – allerdings unter Vorbehalt – in salische Zeit datieren könnte. Von einem kleinen Hangausläufer oberhalb des Dorfes Ebermannsdorf (OP) ragt inmitten eines Waldes die leider rasch verfallende Ruine der gleichnamigen Burg auf. Im wesentlichen besteht sie aus einer (hals-)grabenbewehrten kleinen Kernburg mit Ummauerung, Nebengebäude und zentralem achteckigem Turmhaus

130 KDM OP V, 38, 42.
131 Vgl. Anm. 130, 24.
132 H.-J. Vogt, Die Wiprechtsburg Groitzsch (1987) 62ff.; 87; 151ff. – H. Küas u. M. Kobuch, Rundkapellen des Wiprecht von Groitzsch (1977) 11ff.; 22; 148ff.
133 Schwarz (Anm. 57) 111–115. – Ders. in: Jahresbericht der Bayer. Bodendenkmalpflege 15/16, 1974/75, 255ff. – Abels (Anm. 38). – A. Gelbhaar, Die vor- und frühgeschichtlichen Befestigungsanlagen auf dem Turmberg zu Kasendorf/Ldkr. Kulmbach, Oberfranken (Magisterhausarbeit Freie Universität Berlin, 1987). – Losert (Anm. 57) 80–86.
134 Der Magnusturm findet eine enge Analogie im nahegelegenen, um 1150 datierten Bergfried von Zwernitz (OF).
135 Zu Elmendorf siehe Aufsatz H.-W. Heine, Burgen der salischen Zeit in Niedersachsen. In: Burgen der Salierzeit 1 (Hrsg. H. W. Böhme; 1991).

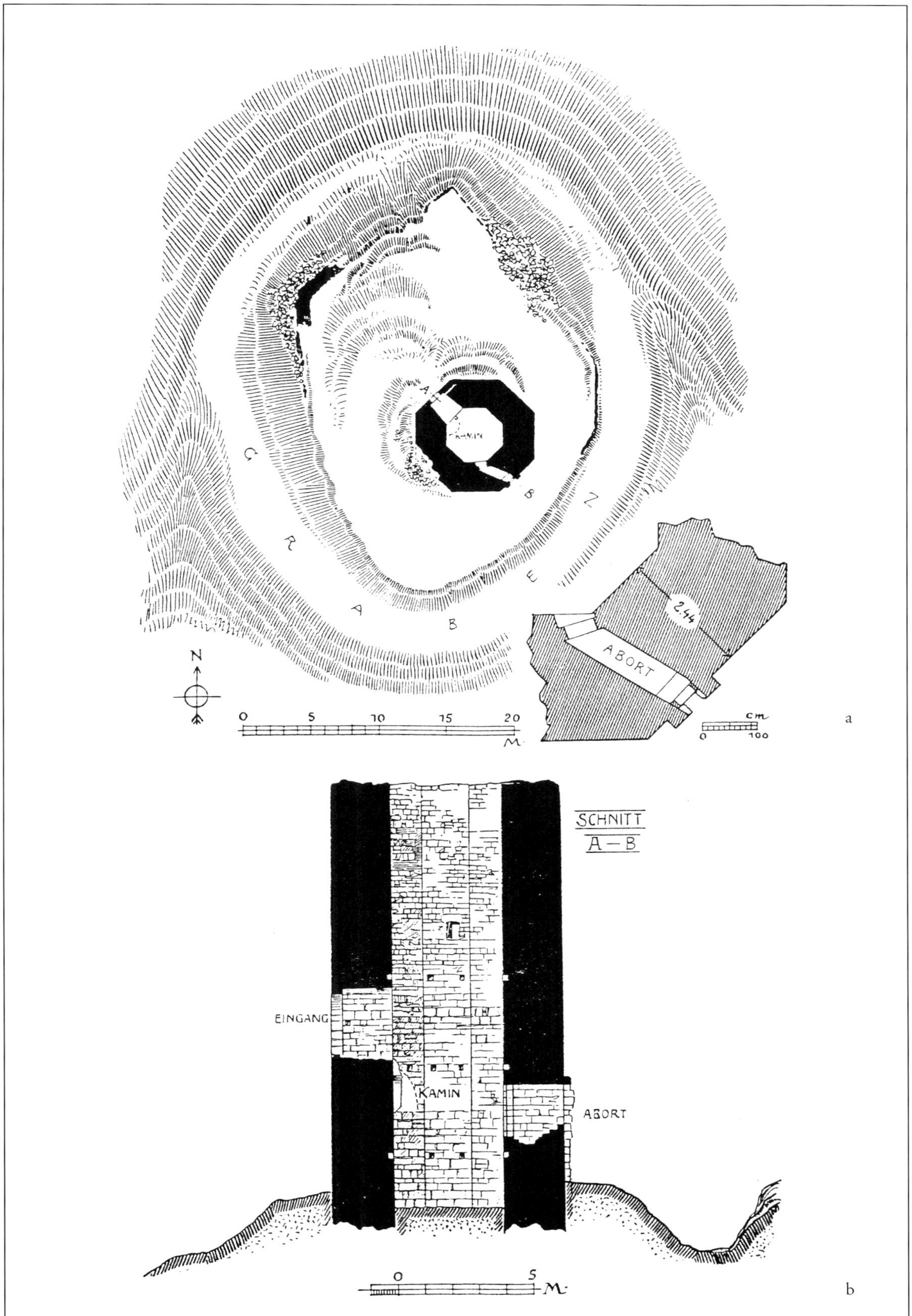

Abb. 28 Ebermannsdorf, Oberpfalz. – a Grundriß des Turmhauses mit Kernburg und Graben. Dargestellt ist der 1. Stock des Turmes mit Passage zum Abtrittanbau (rechts im Detail) und Kamin; der Eingang gehört eigentlich zum darüberliegenden Geschoß. – b Schnitt durch das Turmhaus (nach KDM [Anm. 44] Fig. 23 und 24).

(Abb. 28a)[136]. Dessen 2,5 m dicke Mauern steigen unvermindert viergeschossig noch etwa 14 m hoch auf. Dabei ergibt sich bei einem äußeren Durchmesser von ungefähr 9 m eine lichte Weite von knapp über 4 m. Erneut fehlen Gewölbe und Treppe. Dafür erfuhr der 1. Stock hier durch einen Eckkamin und gegenüberliegenden Abtritt wohnliche Ausgestaltung (Abb. 28b). Von dem Kamin mit ausgekragter Haube verbleiben nur Abbruchspuren, vom Abtritt die gewinkelte plattengedeckte Passage. Der Abtritt selber bestand aus einem ca. 1 × 1 m großen ebenerdigen Anbau und bediente nur den 1. Stock. Ungewöhnlich am Innenarrangement scheint der Umstand, daß der Wohnraum das Geschoß unterhalb des Originalzuganges einnimmt. Dieser öffnet sich zur sicheren hangabgewandten Nordwestseite in etwa 4 m Höhe und zeigt einen Rundbogen aus mehreren Keilsteinen, kantige Gewändeecken, einen Riegelbalkenverschluß und eine gerade tonnengewölbte Durchgangspassage. Außen sind noch die Balkenlöcher des hölzernen Zugangspodestes sichtbar. Das einzige Innendetail des Zugangsgeschosses bildet ein kleiner Wandbehälter. Während die oberen Geschosse zumindest Schlitzfenster besaßen, stellte das heute halb verschüttete Erdgeschoß einen dunklen unbelüfteten (Lager?)-Raum dar.
Zu erwähnen wäre noch eine nur außen erkennbare vermauerte Rundbogentür im 2. Stock direkt über dem Originaleingang; die durchlaufenden Quader der Innenschale sprechen für eine Konzeptionsänderung während des Baues, als man wohl aus Bequemlichkeitsgründen den Zugang vom 2. Stock in den 1. Stock hinab verlegte.
Das zweischalige Mauerwerk zeigt wechselnde Schichten aus länglichen (20 × 60 cm) oder quadratischen (20 × 20 cm) sorgsam bearbeiteten Kleinquadern, mit einem fischgrätigen Steinverband im Füllwerk (vgl. Abb. 3; 29). Zangenlöcher sind weder an den Spiegeln (Sichtseiten) noch an den Stoß- oder Lagerfugen zu konstatieren.
Das Ebermannsdorfer Turmhaus trägt zwar einerseits alle Merkmale eines spätsalischen Baues (Handquader; Fehlen von Gewölben, Treppe und Zangenlöchern), doch verweisen einige bis zu 80 cm lange Eckquader auf eine frühstaufische Zeitstellung. Für eine Frühdatierung plädieren wiederum der Abtrittanbau und das tiefgelegene Wohngeschoß. Akzeptieren wir als weitere Richtdatierung die Erbauung des siebeneckigen Wohnturmes von Rieneck (UF) um 1170/80, so ergibt sich für Ebermannsdorf ein Baudatum wohl zwischen 1150 und 1180. Das Auftauchen eines edelfreien Ortsadels mit einem »Meriboto« in den Jahren 1111 und 1112 bekräftigt eine solche Frühdatierung[137].

c. Ringmauerburgen

Neben den Haus-und Turmburgen trifft man noch auf eine Vielzahl von Burgen, deren Hauptelement aus einer Massivumwehrung – einer Ringmauer – besteht. Diese Burganlagen liegen oft auf der Höhe, teils in Spornlage oder auf flachen Berggipfeln. Der Topographie des Geländes folgend, nimmt die Umwehrung stets einen polygonalen bzw. unregelmäßigen Verlauf (Burglengenfeld, Schwarzenburg, Donaustauf (alle OP), Zusameck, (Ober-)Wittelsbach (beide BS), Wartenberg, Karlstein (beide OB), Hilpoltstein (MF), Waischenfeld (OF). Zu den Bestandteilen dieser Burgen gehören neben Turmhäusern und Festen Häusern auch hallenartige Palasbauten. Die einzigen beiden nachweisbaren frühen Palasse von Wittelsbach und Donaustauf nehmen Positionen an der Ringmauer ein, wobei sie aufgrund ihres unbefestigten Charakters die weniger gefährdeten Burgseiten bevorzugen. Aus logischen Gründen erwartet man befestigte Wohngebäude eher in den ebenerdigen, von Natur aus weniger gut geschützten Burganlagen.
Burglengenfeld und vielleicht auch Zusameck beweisen jedoch, daß innerhalb einer Höhenburg durchaus Halle/Palas und Turmhaus nebeneinander existieren, sich funktional ergänzen konnten – falls das Burgareal beiden hinreichend Platz bot.

136 KDM OP XV, 28–32. Erneut wird hier der irreführende Begriff »Bergfried« verwendet.

137 Vgl. Anm. 136. – Guttenberg (Anm. 10) 269. – Zu Rieneck: KDM UF XX, 106–124.

Abb. 29 Ebermannsdorf, Oberpfalz. Blick auf das Turmhaus von Westen, mit Hocheingang links und Mauerausbruch. Im Füllwerk sichtbar fischgrätiger Steinverband (Photo J. Zeune 1990).

Trotzdem benötigten frühe Höhenburgen keinesfalls unbedingt ein Turmhaus oder einen turmartigen Bau, da der uns von stauferzeitlichen Burgen so bekannte Bergfried seine Ausprägung zum Standessymbol und Repräsentativbau erst wesentlich später erfuhr. Dies veranschaulichen die Burgen Donaustauf und (Ober-)Wittelsbach.

Wir dürfen also keinesfalls Bergfriede bei frühen Höhenburgen voraussetzen, während Turmhäuser nicht gänzlich auszuschließen sind.

Zu den bei Ringmauerburgen zu erwartenden Baulichkeiten mehr im nächsten Kapitel.

4. Umwehrung, Torbauten, Halle, Kapelle und Nebengebäude

Die Burgen Zusameck, Biebelried, Nürnberg, Treuchtlingen (Oberes Schloß) und Ebermannsdorf belegen die Existenz gemörtelter Steinumwehrungen bei salischen Burgen. Dies verwundert keinesfalls, kennen wir doch zahlreiche analoge Baubefunde schon aus karolingisch-ottonischen Burgen.
Massivumwehrungen konnten ferner archäologisch bei den salischen Burganlagen von Kelheim (NB), Wartenberg (OB) und (Ober-)Wittelsbach (BS) nachgewiesen werden [138]. Dabei handelt es sich stets um massive zweischalige Mauern, die, den topographischen Gegebenheiten des Geländes folgend, ein unregelmäßig ausgeformtes Innenareal von polygonaler oder halbovaler Form umfrieden bzw. festlegen.
Man wird davon ausgehen können, daß ab Mitte des 12. Jahrhunderts fast alle auf felsigem Untergrund errichteten Burgen Massivumwehrungen besaßen. So konnten vom stauferzeitlichen Mauerwerk der 1154 als »castellum« erwähnten und wohl kurz zuvor erbauten Burg Hilpoltstein (MF) an den Nord- und Südseiten relativ kleinformatige Quader ausgeschieden werden, die zweifelsohne eine erste Bauphase um 1140/50 repräsentieren [139].
Gemäß den Grabungsbefunden von Biebelried und dem Stadtschloß in Treuchtlingen muß man aber auch mit der Möglichkeit rechnen, daß nur der Torbereich massiv aufgeführt wurde. In Treuchtlingen erschien drei Meter nördlich des Steinhauses ein parallel dazu laufendes kurzes Mauerstück mit einer gewölbten Torpassage, die vom Ausbau zur Kastellburg des 13./14. Jahrhunderts blockiert wurde (vgl. Abb. 13) (siehe S. 203 ff.).
Torbauten in Form kleiner quadratischer Türme von 6–7 m Seitenlänge sicherten die Zugänge von Burglengenfeld und Donaustauf (OP).
Weder für flankierende, noch für mauerbündige Türme finden sich bislang Belege – abgesehen vom Burglengenfelder Torturm.
Im Burginneren standen bei weiträumigen Anlagen hölzerne und steinerne Gebäude, die sicherlich eine Halle und die für jeden größeren Burghaushalt erforderlichen Wirtschaftsgebäude (Stallungen, Speicher, Gesindehaus, Küche) umfaßten – wenn diese nicht in einer Vorburg untergebracht waren. So enthielt die 1,2 ha große Burg von Kelheim im frühen 11. Jahrhundert mehrere Steingebäude, darunter vermutlich eine Art Hallenbau [140].
Im Gegensatz zum frei im Burginneren stehenden Festen Haus lehnt sich der Palas oder der palasartige Hallenbau gerne an die Ringmauer an. Dabei bevorzugt der Palas als gänzlich unbefestigtes Gebäude eher den Typ der Höhenburg, wo er die sturmfreie bzw. am wenigsten gefährdete Seite sucht.
Der mit etwa 22 × 11 m Größe sehr stattliche Palas der Kernburg von Donaustauf bildete deren Südwestecke und blickte zum Tal hin. Seine Erbauung soll in die Jahre um 1060/70 fallen (s. u.). Eine Position an der Ringmauer nimmt auch der Palas der 1978–80 relativ großflächig ergrabenen Burg (Ober-)Wittelsbach bei Aichach (BS) ein. Er gehört zur wittelsbacherzeitlichen Ausbauphase des frühen 12. Jahrhunderts und erhob sich als dreigeteilter großer Steinbau von mindestens 18 × 8 m, der neben der

138 Kelheim: siehe Anm. 124. – Wartenberg: W. Sage, Die wittelsbachische Burg Wartenberg im Ldkr. Erding. Das archäologische Jahr in Bayern (1980) 178 ff. – Ders. (Anm. 4) 260–264. – Ders., Zur archäologischen Erforschung mittelalterlicher Burgen in Südbayern. In: Wittelsbach und Bayern I/1 (1980) 126–132, insb. 127 ff. – Meyer (Anm. 16) 111 ff. – (Ober-)Wittelsbach: R. Koch, Die Ausgrabungen in der Burg Wittelsbach bei Aichach, Ldkr. Aichach-Friedberg, Schwaben. Das archäologische Jahr in Bayern (1980) 176 ff. – Ders, Ausgrabungen in der Burg Wittelsbach bei Aichach – ein Vorbericht über die Ergebnisse bis Mai 1980 (1980). – Ders., Die Ausgrabungen in Oberwittelsbach. Altbayern und Schwaben 1979/80, 99–119. – Ders., Die Ausgrabungen in der Burg Wittelsbach bei Aichach 1978–1979. Die Wittelsbacher im Aichacher Land (1980) 371–379. – Ders., Die Burg Wittelsbach bei Aichach. Vorbericht über die Grabungen 1978/79. In: Wittelsbach und Bayern I/1 (1980) 133–138. – Ders., Funde aus Oberwittelsbach. In: Wittelsbach und Bayern I/2 (1980) 24 ff. (Nr. 24–29). – E. J. Greipl, Die Burg Wittelsbach. In: Wittelsbach und Bayern I/2 (1980) 23. – K.-E. Lupprian, Erste Nennung der Burg Wittelsbach. In: Wittelsbach und Bayern I/2 (1980) 23 (Nr. 24). – Meyer (Anm. 16) 198 ff.

139 KDM MF III, 176–182. – T. Platz, Die Burg Hilpoltstein – ein erster Überblick über die Ausgrabungen. Heimatkundliche Streifzüge. Schriftenreihe des Landkreises Roth 8 (1989) 60–80. – Siehe auch Anm. 6.

Küche einen hallenartigen Raum aufwies. Weiterhin konnten ein kleines hölzernes Grubenhaus von 3×4 m und die Zisterne aus unvermörtelt versetzten Backsteinen lokalisiert werden[141]. Grubenhäuser auf Burgen bedeuten keine Seltenheit, repräsentieren sie doch einen traditionellen Haustyp[142].
Bei den kleineren Ministerialenburgen nehmen sich die Nebenbauten wesentlich bescheidener aus. Eine genaue Kenntnis davon, welche Bauten wir hier in Kernburg und Vorburg erwarten dürfen, besitzen wir allerdings nicht, denn bislang wurde noch keine solche Anlage komplett oder großflächig untersucht. Hier klafft eine weitere Lücke in der bayerischen Burgenforschung.
Natürlich gehört auch die Kapelle zu den obligatorischen Baulichkeiten einer salischen Dynastenburg. Während die historischen Quellen demgemäß immer wieder von Kapellenweihen berichten, fällt der bauliche Nachweis von Burgkapellen sehr schwer[143]. Eine rechteckige Kapelle im Zentrum der Schwarzenburg (OP) mit Vollrundsäulen, Würfelkapitellen, Eckknollenbasen und Kreuzgratgewölbe wird von R. Hoffmann und G. Hager in die 1. Hälfte des 12. Jahrhunderts bzw. »nach 1100« gesetzt, zumal die Schwarzenburger schon ab 1050/60 die Vogtei von St. Emmeram (Regensburg) innehielten[144]. Diese einflußreiche Stellung erklärt nicht nur die große Ausdehnung der Burg, sondern auch die anspruchsvolle Architektur der Burgkapelle.
Erst in die 2. Hälfte des 12. Jahrhunderts gehören den Kunstdenkmälerinventaren zufolge die Burgkapellen von Breitenstein, Hof am Regen (beide OP) und Karlstein (OB), wobei zumindest Teile der Burg Karlstein noch in salische Zeit zurückreichen können; ob dies auch für die Burgkapelle mit ihrem eingezogenen Rechteckchor gilt, muß vorläufig dahingestellt bleiben[145].
Bayerns besterhaltene salierzeitliche Burgkapelle befindet sich im Mittelgeschoß des innersten Torturmes der Burgruine Donaustauf (OP). Diese schon 1133 als bischöfliche Burg – »castrum episcopi Tounustouphen« – erwähnte Burg erfuhr im Spätmittelalter einen fortifikatorisch so geschickten Ausbau, daß dem salierzeitlichen Torturm fünf andere Torbauten vorgeschaltet waren. Die salische Burg okkupierte den höchsten Punkt ganz im Süden und umfaßte damals Torbau mit Kapelle, Palas (Hallenbau) und Ringmauer.
Die Innenwände des quadratischen Kapellenraumes nahmen jeweils drei Halbrundnischen auf, denen Wandsäulen mit Gurtbögen vorgestellt waren. Dadurch ergab sich eine Decke aus insgesamt neun quadratischen Kreuzgewölbefeldern, unterfangen von vier Mittelstützen (Abb. 30). Die Wandsäulen besaßen attische Basen, dünne Schäfte und Würfelkapitelle mit Schaftring und Halbkreisschilden. Konzeption und Details verweisen auf die Wolfgangskrypta und Magdalenakapelle in St. Emmeram (Regensburg), wodurch sich eine Datierung um 1060 einstellt. Bald darauf stattete man die Nischen mit Wandmalereien aus und versah sie später mit Fenstern[146].
Die Donaustaufer Burgkapelle steht ohne Parallele im salischen Burgenbau Bayerns als steinerne Manifestation der Macht und Finanzkraft der Regensburger Bischöfe.
Von gewerblichen bzw. handwerklichen Tätigkeiten auf größeren Burgen fanden sich leider – nicht zuletzt bedingt durch die Ausschnitthaftigkeit der archäologischen Befunde – kaum Spuren, abgesehen von dem vielleicht salierzeitlichen Salzsiedeofen auf dem Veitsberg (UF)[147].
Unsere Betrachtung der salischen Burgbestandteile beschließt selbstredend Bayerns besterhaltene Burganlage: Burglengenfeld. Die weithin sichtbare Burg liegt auf einem plateauartigen Bergrücken hoch über der Naab und dem gleichnamigen Städtchen, mit deren Stadtmauer sie eine wehrtechnische Einheit bildete. Ihre Feind- bzw. Zugangsseite nach Osten sicherte ursprünglich wohl ein breiter Halsgraben, der sich als Ringgraben um die gesamte Anlage fortsetzte und an dessen Innenseite bzw. Eskarpe eine noch fast durchgehend geschlossene 1,2 m starke Ringmauer entlanglief. Sie umfriedet ein 1,8 ha großes

140 Vgl. Anm. 124.
141 Zu (Ober-)Wittelsbach siehe Anm. 138.
142 Die Burg Ebersberg (OB) besaß schon im 9./10. Jahrhundert eine Grubenhalle (Sage [Anm. 4] 263ff. – Haberstroh [Anm. 36]).
143 Zu den historischen Nachrichten über Burgkapellen siehe S. 181.
144 KDM OP III, 42–52.
145 Zu Breitenstein: KDM OP XIX, 17–22. – Zu Hof am Regen: KDM OP I, 54–60. – Zu Karlstein: KDM OBB IX, 2990–2993.
146 KDM OP XX, 46–68, insb. 62ff. – Siehe auch: Streich (Anm. 15) 459.
147 Wamser (Anm. 75).

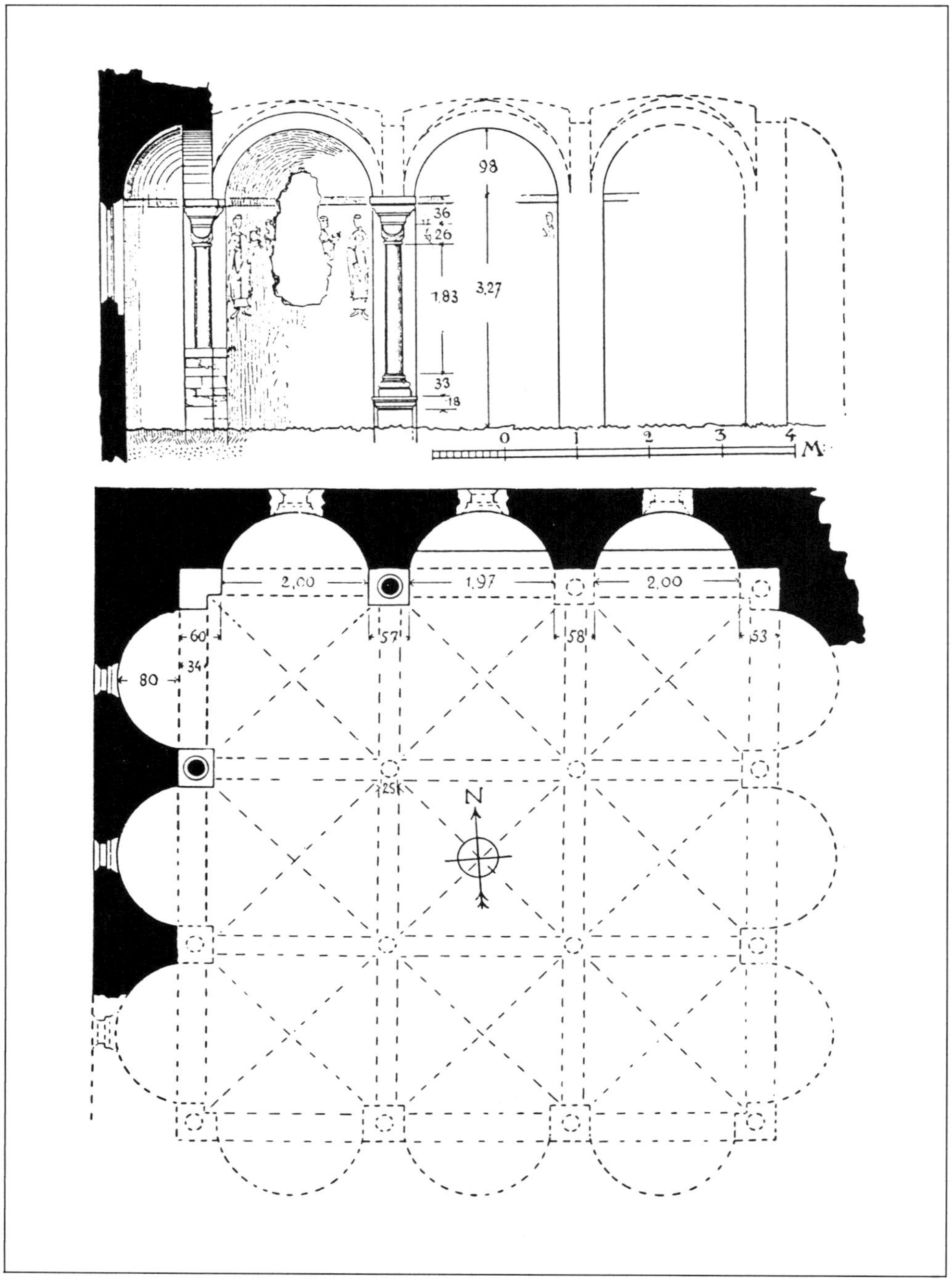

Abb. 30 Donaustauf, Oberpfalz. Grundriß der Burgkapelle, mit Schnitt (nach KDM [Anm. 146] Fig. 33).

Abb. 31 Burglengenfeld, Oberpfalz. – a Grundriß der Burganlage, mit rundem Turmhaus (Nr. 14), viereckigem Turmhaus (sog. »Sinzenhofer Turm«, Nr. 5), Torbau (Nr. 4) und Ringmauer aus salischer Zeit (nach KDM [Anm. 147] Fig. 11). – b Luftaufnahme der Burganlage von Süden, nach der Sanierung. Im Zentrum der Hohe Runde Turm (Nr. 14), rechts der Sinzenhofer Turm (Nr. 5) und am rechten Bildrand der Torbau (Nr. 4). Nicht salisch, sondern staufisch ist der übereck stehende Turm im Vordergrund (Pulverturm, Nr. 7). – (Mago Luftbild; freigegeb. Reg. Präs. Münster 2610/85). ▷

a

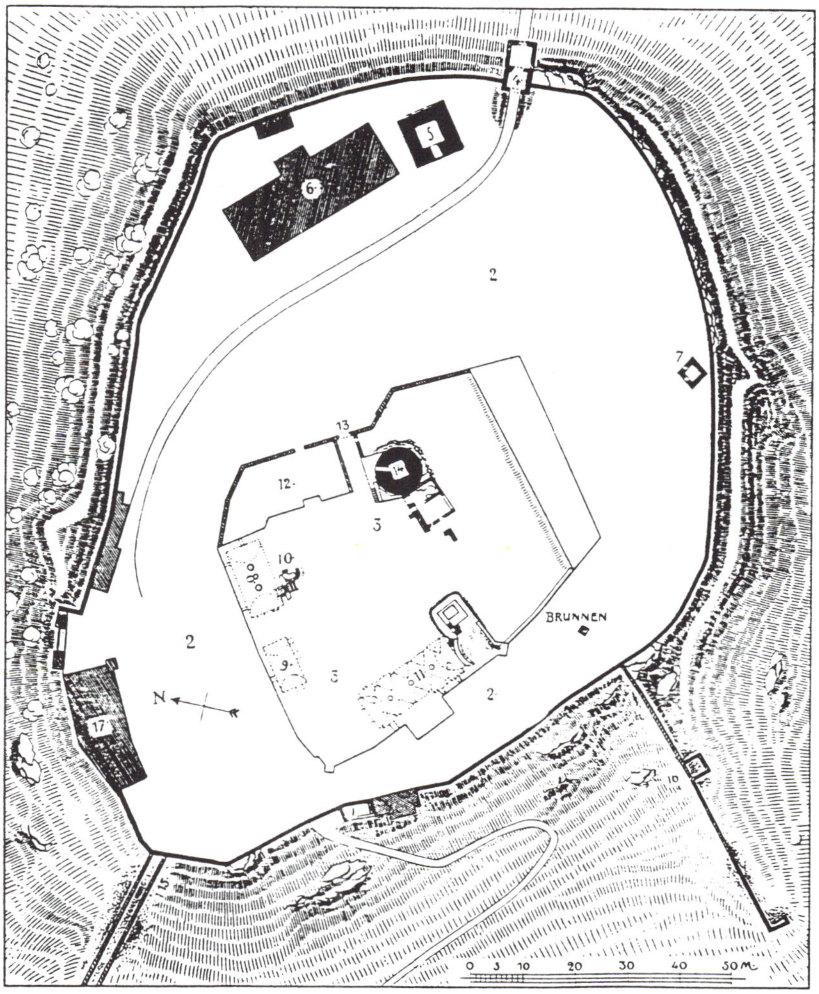

b

Abb. 32 Burglengenfeld, Oberpfalz. Außenansicht der Ringmauer im westlichen Burgbereich. Gut sichtbar in der linken Bildmitte das spätsalische Mauerwerk, mit spätmittelalterlichen bzw. frühneuzeitlichen Ausbesserungen und Aufstockungen (Photo J. Zeune 1990).

Areal (Abb. 31a). Diese außergewöhnliche Ausdehnung läßt eine ältere Wallanlage als Vorgängerbefestigung vermuten. Innerhalb der Umwehrung erheben sich zwei Haupttürme: im Osten – direkt neben dem Torbau – der Sinzenhofer Turm, und zentral in der Hofmitte der schlanke hohe Rundturm. Im Spätmittelalter und in der frühen Neuzeit erstellte man im Burghof eine Reihe Gebäude, von denen heute noch Keller oder Fundamente verbleiben. 1967, nach etlichen substanzbeeinträchtigenden Fremdnutzungen, ersteigerte der Gelsenkirchener Kaufmann E. Heuser die heruntergekommene Burg und baute sie zu einem heilpädagogischen Jugendheim aus (Abb. 31b). Wenngleich es dabei nicht immer zu Ideallösungen kam, so bemühte man sich doch redlich um die Erhaltung des originalen Baubestandes.
Burglengenfeld repräsentiert aus mehreren Gründen eine höchst bemerkenswerte Burganlage. So zeigt die Ringmauer in ihrem unteren Bereich jene wechselnden Schichthöhen aus kleinformatigen Handquadern, die auch die beiden Haupttürme aufweisen (Abb. 32). Demzufolge definiert die Ringmauer tatsächlich das salierzeitliche Burgareal.
Der gleichen Bauphase entstammt ebenfalls das Unterteil des kleinen quadratischen Torturmes, der leicht flankierend von der Ostseite vorspringt. Die ihn hier verstärkende Barbakane gehört in die Zeit um 1500.
Auf die beiden Haupttürme wurde schon ausführlich eingegangen. Sie dienten wohl als zeitweilig bewohnbare Turmhäuser und leiten somit schon die Entwicklung hin zum »klassischen« Bergfried ein – schließlich muß die Ausprägung dieses um 1200 voll entwickelten Architekturtyps schon während der Salierzeit ihre Anfänge genommen haben.

Innerhalb des großflächigen Burgareals, vermutlich im Bereich der etwas erhöhten Kernburg, standen sicherlich einst Wirtschafts- und Nebengebäude sowie repräsentative Bauten wie Halle oder Palas. Die Wasserversorgung erfolgte durch einen 230 Schuh tiefen Brunnen und mehrere Zisternen[148].
Die Burganlage erhielt zwischen 1080/90 und 1130/40 ihre salische Gestalt, wobei der Rundturm wahrscheinlich den Gründerbau darstellt. Eine ihn anfangs wohl umgebende hölzerne Palisade dürfte Stück für Stück durch die steinerne Ringmauer ersetzt worden sein. Erst kurz nach Fertigstellung des Torturmes erbaute man zum zusätzlichen Schutz des Tores den großen Viereckturm.

5. Wehrhafte Klöster

In die Salierzeit fallen zahlreiche Auflassungen von Burgen zugunsten von Klostergründungen. Hierbei sind die unterschiedlichsten Beweggründe ausschlaggebend: Mitunter kommen Stiftungen von erlöschenden Dynastien vor, mitunter spielen machtstrategische Motive eine erhebliche Rolle[149]. Die meisten Burgen wie Ebersberg, Weyarn, Scheyern, Andechs (alle OB), Banz (OF), Aura und Theres (beide UF) verloren zusammen mit ihrem Funktionsverlust ihren wehrhaften Charakter gänzlich. Allein Kastl (OP), wo Graf Berengar I. von Sulzbach einer päpstlichen Bestätigung von 1102 zufolge »aput Castellum« ein Kloster zu Ehren des hl. Petrus errichtet hatte, besitzt noch Teilstücke der originalen Ringmauer[150].

6. Ungewöhnliche Burganlagen

Abschließend sollen noch diejenigen Burgen kurz vorgestellt werden, die aufgrund ihrer ungewöhnlichen Architektur oder Konzeption keinem Standardtyp zugewiesen werden können.
Hierzu zählt die heute abgegangene Burg Rudolphstein (OF). Sie nutzte mehrere sich von einer flachen Bergkuppe auftürmende Granitblöcke zu einem durch Mauerzüge und Turmbauten geschlossenen Gesamtbering. Die Felstürme trugen Gebäude oder Türme. Inwieweit der Ausbau in Stein auf die Zeit um 1100 zurückgeht, als hier die Ministerialen von Hirschberg seßhaft wurden, könnte nur noch archäologisch geklärt werden. Lesekeramik belegt eine Besiedlung zumindest im 12. Jahrhundert[151].
Ähnlich konzipierte, jedoch ebenso schlecht erhaltene Anlagen kennen wir im nordostbayerischen Raum noch von Rotenhan und dem Höllenfels bei Lichtenstein (beide UF). Während die Burg Rotenhan erst in der 2. Hälfte des 12. Jahrhunderts gegründet und in hochgotischer Zeit umgebaut wurde, gehört die Burg auf dem Höllenfels bei Lichtenstein Keramikfunden zufolge ins 12. Jahrhundert[152].
Der Höllenfels liegt etwa 1 km südlich der interessanten dreiteiligen Burg Lichtenstein, die in ihren ältesten sichtbaren Resten der Stauferzeit angehört. Allerdings erfahren wir schon 1086 von einem Lichtensteiner Adelsgeschlecht. Besagter Höllenstein besteht in Wirklichkeit aus drei mächtigen Sandsteinfelsen, die nebeneinander vom steilen Hang oberhalb der Straße nach Dürrnhof aufragen. Sie tragen deutliche Spuren künstlicher Bearbeitung in Form abgeschroteter Wände, ausgehauener Mauer- und Balkenauflager, Mauerverankerungen und Treppenstufen. Am Hauptfelsen erkennt man noch die

148 KDM OP V, 22–42. Die dort vorgegebenen Datierungen – Viereckturm um 1100, Rundturm um 1150 – begegnen in der gesamten Burgenliteratur (W. Hotz, Pfalzen und Burgen der Stauferzeit [1981] 220. – H. Kreisel, Burgen und Schlösser in Altbayern [1957] 62. – W. Meyer, Burgen in der Oberpfalz. Der Zwiebeltreter 4, Sept. 1949, H. 9, 208. – U. Pfistermeister, Burgen der Oberpfalz [1974] 84. – Museum der Stadt Regensburg. Burgen in Ostbayern [1989] 56).

149 Siehe hierzu auch: Streich (Anm. 15) 466ff.

150 KDM OP XVII, 136–204, insb. 183. – E. Müller-Luchner, Ludwig der Bayer und das Benediktinerkloster Kastl in der Oberpfalz. In: Wittelsbach und Bayern I/2 (1980) 255ff.

151 KDM OP I, 248–251. – Schwarz (Anm. 57) 165. – Losert (Anm. 57) 101. – Guttenberg (Anm. 10) 105. – Vollet (Anm. 57) 48ff.

152 Zu Rotenhan: KDM UF XV, 197–201. – Zum Teufels- oder Höllenfels: F. Mahnke, Schlösser und Burgen im Umkreis der Fränkischen Krone 2 (1978) 23. – Besichtigung Frühjahr 1987. – Der Höllenfels fehlt im KDM UF XV.

Teufelsfratze und das eingemeißelte Zwickmühlenbrett, die dem Fels über die Teufelssage seinen Namen verschafften. Vieles spricht hier – wie bei Rotenhan – für einen Mischbau aus Holz und Stein, doch erfordert das Verständnis derartiger Burgkonstruktionen neben archäologischen Sondagen vor allem ein exaktes Bauaufmaß mit begleitender Bauforschung. Die planmäßige Erforschung einer dieser Burgen zählt zu den wichtigen Desideraten der bayerischen Burgenforschung und Mittelalterarchäologie.
Mit der Frage, wer auf dem Höllenstein saß, verbindet sich unweigerlich die Frage nach Alter und Funktion dieser Wehranlage. Denn die Nähe der hochmittelalterlichen Burg Lichtenstein verkompliziert sowohl die Datierung als auch die Interpretation. Berücksichtigt man die Topographie der Burg Lichtenstein, so belegt der Höllenstein eine strategisch günstige Position als südlich vorgeschobene Warte. Dies wiederum schließt aber eine Interpretation als Vorgängeranlage aus.
Eine artverwandte Wehranlage bildet die Burg Stein an der Traun, Ldkr. Traunstein (OB), die zu den wenigen echten bayerischen Höhlenburgen gehört. Charakteristisch für diesen Burgentyp ist die massive Mauer, die eine künstlich erweiterte Höhle in einer senkrechten Nagelfluh-Felswand verschließt. In ihr öffnet sich der Hocheingang, von dem aus eine Wendeltreppe in die hochgelegenen Wohnräume aufsteigt. Von diesen wiederum führt ein mannshoher grob durch den Fels getriebener Gang zum sog. Hochschloß hinauf, das sich von der Kuppe des Felsens erhebt[153].
Von der erhaltenen Bausubstanz reicht nichts in die vermeintliche Erbauungszeit »um 1100« zurück; alles – inklusive der Vorburg – deutet auf eine Neuerrichtung im 15./16. Jahrhundert. Allenfalls die Grundkonzeption sowie manche der roh aus dem Fels gehauenen Baulichkeiten könnten salischen Ursprunges sein.

IV. ZUSAMMENFASSUNG

Bayern besitzt mit Burglengenfeld eine spätsalische Burganlage, die ihresgleichen sucht. Abgesehen von Halle/Palas und Nebengebäuden hat sie ihr imposantes Aussehen der Zeit von 1080 bis 1140 bewahren können: eine ausgedehnte Burg mit Massivumwehrung und Torbau sowie zwei großen Turmhäusern quadratischer und runder Gestalt.
Bedeutende Bausubstanz zeichnen auch Donaustauf und Flossenbürg aus. Die Donaustaufer Kernburg mit ihrer großartigen Burgkapelle stellt mit einem Erbauungsdatum um 1060 eine der frühesten salischen Steinburgen dar. Flossenbürgs Festes Haus aus dem frühen 12. Jahrhundert repräsentiert das besterhaltene Exemplar dieses salierzeitlichen Standardtyps.
Solche frühen Festen Häuser konnten archäologisch einwandfrei in Treuchtlingen und Zusameck nachgewiesen werden; gleiches gilt für das quadratische Turmhaus von Biebelried und die runden Turmhäuser von Hirschberg, Veitsberg und Berneck.
In die Ringmauer eingebundene Hallenbauten bzw. Palasse kennen die Burgen (Ober-)Wittelsbach und Donaustauf.
Als einzige größerflächig ergrabene salische Steinburg Bayerns gewährt lediglich (Ober-)Wittelsbach einen knappen Einblick in die zu einer solchen Anlage gehörenden Baulichkeiten. Da es sich um die Burg eines mächtigen Geschlechts handelte, lassen sich diese Befunde allerdings nur schwer auf die Sitze der kleineren Dynasten bzw. von Ministerialen übertragen.
Noch geringer fällt unsere Kenntnis von salierzeitlichen Turmhügelburgen aus. Dies liegt daran, daß die ohnehin wenigen Turmhügelgrabungen entweder unsachlich durchgeführt oder nicht ausführlich genug publiziert wurden.
Desiderate über Desiderate kennzeichnen nicht nur die bayerische Burgenforschung, sondern in ganz besonderem Maße die Mittelalterarchäologie schlechthin. Dabei böte Bayerns Burgenbestand sämtliche Möglichkeiten, endlich aus dem Schatten anderer Bundesländer herauszutreten und sich mehr an eigenen Forschungsresultaten zu orientieren.

153 KDM OBB VI, 1854–1857. – Meyer (Anm. 16) 253 ff. – A. Sieghardt, Die Höhlenburg Stein a. T. Der Burgwart 28, 1927, Nr. 3/4, 46 ff. – O. Piper, Burgenkunde (1967) 556 ff. – Miller (Anm. 11) 102 ff.

DANKSAGUNG

Dieser Aufsatz hätte in dieser Form nicht zustanden kommen können ohne die tatkräftige Unterstützung einiger Personen, denen ich hier nochmals für all ihr Engagement danken möchte.
Vorbildlich nahm sich die Betreuung durch die jeweils zuständigen Außenstellenleiter des Landesamtes für Denkmalpflege, Abteilung Bodendenkmalpflege, aus: Dr. Robert Koch (Nürnberg), Dr. Ludwig Wamser (Würzburg), Dr. Björn-Uwe Abels (Seehof); ferner Dr. Silvia Codreanu-Windauer (Regensburg), Dr. Andreas Tillmann (damals Ingolstadt) und Martin Nadler M. A. (Seehof).
Ganz besonders danke ich Prof. Dr. Walter Sage von der Universität Bamberg für stete Förderung und hilfreiche Gespräche sowie meinem Kollegen Prof. Dr. Manfred Schuller vom Lehrstuhl für Bauforschung für nützliche Hinweise.
Vom eigenen Lehrstuhl für Archäologie des Mittelalters und der Neuzeit verdanke ich Dr. Hans Losert insbesondere zur Keramik vieler Fundstellen und Herrn Werner Feil, Grabungstechniker, zu den Grabungen Schweinfurt-Peterstirn und Kronach-Rosenberg wertvolle Zusatzinformationen.
Von unseren Studenten versorgten mich Birgit Friedel M. A. (Vohburg, Nennslingen), Thomas Platz (Hilpoltstein), Wolfgang Steeger M. A. (Treuchtlingen, Oberes Schloß), Jochen Haberstroh (Ebersberg), Christian Behrer (Rettenberg) und Bernhard Ernst (diverse) mit detaillierten Fakten der von ihnen untersuchten Plätze, während Michael Dapper und Hartmut Endres Literatur- und Fotoarbeiten in gewohnt zuverlässiger Manier erledigten.
Betty Müller, Lehrstuhl für Bauforschung, Universität Bamberg, nahm sich die Zeit, mir ihr photogrammetrisches Aufmaß der Burg Hilpoltstein detailliert zu erläutern.
Herr Karl Dietel, Münchberg, war so nett, mir die relevanten Fakten seiner Grabungen auf dem Waldstein vorab mitzuteilen.
Dr. Werner Taegert und der Belegschaft der Staatsbibliothek Bamberg möchte ich meinen Dank dafür aussprechen, daß meine nicht immer einfachen Wünsche mit viel Verständnis und Entgegenkommen erfüllt wurden. Gleiches gilt für die nicht weniger freundliche »Besatzung« der Deutschen Burgenvereinigung e. V., Marksburg am Rhein.
Bei Dieter Barz, Alzey, möchte ich mich herzlich dafür bedanken, daß er mich stets mit aktuellen Forschungsergebnissen aus den angrenzenden Bundesländern versorgte.
Meiner Zwillingsschwester Brigitta ein dickes Dankeschön für etliche Stunden Korrekturlesen und unermüdliches Hinterfragen.
Dr. Horst W. Böhme danke ich schließlich für die angenehm intensive redaktionelle Betreuung, die anregende und interessante Diskussionen erbrachte.

Bamberg, im März 1990.

LITERATURABKÜRZUNGEN

Im Text finden sich hinter den Objektnamen die zugehörigen Bezirke mit zwei Großbuchstaben abgekürzt: BS = Bayerisch-Schwaben; MF = Mittelfranken; NB = Niederbayern; OB = Oberbayern; OF = Oberfranken; OP = Oberpfalz; UF = Unterfranken.
Diese Abkürzungen fanden auch in den Kunstdenkmälerinventaren Verwendung, mit Ausnahme von Oberbayern, das in den zuständigen Inventaren mit »OBB« gekennzeichnet wurde. Die Kunstdenkmälerinventare ihrerseits sind mit »KDM« abgekürzt;

KDM – Die Kunstdenkmäler Bayerns (1895 ff.)

Oberbayern:
OBB V – Bezirksämter Ebersberg, Miesbach, Rosenheim
OBB VI – Bezirksämter Traunstein, Wasserburg
OBB IX – Bezirksämter Laufen, Berchtesgaden

Oberpfalz und Regensburg:
OP I – Roding (1905)
OP II – Neunburg v. W. (1906)
OP III – Waldmünchen (1906)
OP IV – Parsberg (1906)
OP V – Burglengenfeld (1906)
OP VII – Oberviechtach (1906)
OP IX – Neustadt a. W. (1907)
OP XII,1 – AG Beilngries (1908)
OP XV – BA Amberg (1908)
OP XVII – Neumarkt (1909)
OP IXX – Sulzbach (1910)
OP XX – Stadtamhof (1914)

Unterfranken und Aschaffenburg:
UF II – Kitzingen (1911)
UF VI – Karlstadt (1912)
UF X – Kissingen (1914)
UF XIV – Hammelburg (1915)
UF XV – Ebern (1916)

Niederbayern:
NB VII – Kelheim (1922)

Mittelfranken:
MF II – BA Eichstätt (1928)
MF III – BA Hilpoltstein (1929)
MF V – Weißenburg (1932)
MF X – Hersbruck (1959)

Oberfranken:
OF I – Wunsiedel und Stadt Marktredwitz (1954)

Bayerische Kunstdenkmale, Kurzinventar:
VIII – Stadt und Landkreis Füssen (1960)
XIII – Landkreis Münchberg (1961)
XXX – Landkreis Augsburg (1970)

LUDWIG WAMSER

BEFESTIGTE ANLAGEN DES FRÜHEN BIS SPÄTEN MITTELALTERS IN DEN RUINEN DES RÖMERKASTELLS MILTENBERG - ALTSTADT

Zu den zahlreichen archäologischen Geländedenkmälern der anmutigen, maindurchflossenen Mittelgebirgslandschaft um das malerische Fachwerkstädtchen Miltenberg gehört das 2,7ha große römische »Altstadtkastell« der *Cohors I Sequanorum et Rauracorum equitata*[1]. Seinen Namen trägt das am Übergang vom Main zum vorderen Limes gelegene Steinkastell nach der Flurbezeichnung »In der Altstadt«, die von den Überresten des mittelalterlichen – am Platz des früheren Militärlagers errichteten, im 13. Jahrhundert abgegangenen – pfalzgräflich-wittelsbachischen *oppidum Walehusen* (Wallhausen) herrührt.

Archäologische Ausgrabungen im Bereich der erstmals 1837 von Ph. J. Madler mit Bestimmtheit als römisches Kastell bezeichneten Anlage erfolgten 1875 durch M. Scherer, danach bis 1910 durch W. Conrady beziehungsweise die Reichslimeskommission sowie von 1970–1976 durch B. Beckmann[2]. Im Frühjahr 1988 machte eine Wohnhauserweiterung im Bereich der östlichen Kastellecke eine begrenzte Sicherungsgrabung durch die Außenstelle Würzburg des Bayerischen Landesamtes für Denkmalpflege notwendig[3]. Ihre Fortsetzung erbrachte 1989 – neben einigen ergänzenden Baubefunden zum Aussehen des römischen Steinkastells – nicht nur den eindeutigen Nachweis einer älteren Kastellumwehrung und wichtige Details ihrer Konstruktion, sondern auch überraschende Ergebnisse zur nachrömischen Geschichte des Kastellareals. Zusammen mit den bisherigen Erkenntnissen der archäologisch-historischen Forschung ermöglichen die neuen Befunde damit für diesen Hauptort historischen Geschehens am südwestlichen Mainviereck erstmals eine präzisere Darstellung der Grundzüge seiner Entwicklung und der sie tragenden Kräfte von seinen römischen Anfängen bis ins späte Mittelalter im größeren Rahmen der Landesgeschichte.

Die aus den Grabungsbefunden resultierenden neuen Aspekte für die Erforschung der historischen Vorgänge bei der Vorverlegung des Limes lassen eine Besetzung des Miltenberger Raumes durch das römische Militär schon um die Mitte der ersten Hälfte des 2. Jahrhunderts n. Chr. denkbar erscheinen[4]. Vereinzelte spätrömische Streufunde aus dem Kastellareal (Münzen und Argonnensigillata) zeigen an, daß nach dem Rückzug des Militärs auf die Rheinlinie auch in Miltenberg Spuren menschlicher Siedlungstätigkeit zumindest sporadisch vorhanden sind. Zusammen mit den übrigen Siedlungs- und Grabfunden des Untermaingebiets bekunden sie zudem die fortbestehende wirtschaftlich-kulturelle – nach römischer Auffassung auch politische – Anbindung dieses Raumes mit seinen archäologisch immer deutlicher hervortretenden germanischen Bevölkerungsteilen an das reichsrömische Gebiet weiter

1 E. Fabricius, F. Hettner u. O. v. Sarwey, Der obergermanisch-raetische Limes des Römerreiches (im folgenden ORL), Abt. B, Bd. III, Nr. 38, 1ff. (F. Leonhard); D. Baatz u. F.-R. Herrmann (Hrsg.), Die Römer in Hessen (1982) 437ff. (B. Beckmann). – Zu einer Kurzfassung des nachfolgenden Beitrags vgl. auch L. Wamser, In den Ruinen des Römerkastells Miltenberg-Altstadt: Merowingischer Stützpunkt, staufische Turmburg, pfalzgräflich-wittelsbachisches Oppidum, spätmittelalterlicher Herrensitz. Das archäologische Jahr in Bayern (im folgenden Arch. JB) 1989 (1990) 160ff.

2 B. Beckmann, Neuere Ausgrabungen im römischen Limeskastell Miltenberg-Altstadt und im mittelalterlichen Walehusen. Ein Vorbericht. Jahresbericht der Bayerischen Bodendenkmalpflege 17–18, 1976–77 (1978) 62ff. – Ders., Die Römer in Miltenberg. In: 750 Jahre Stadt Miltenberg: 1237–1987 (1987) 35ff.

3 Die sechsmonatigen, mit längeren Unterbrechungen durchgeführten Grabungen erfolgten in der Zeit vom 2. 5. 1988 bis zum 6. 3. 1990 unter der örtlichen Leitung von Ausgrabungstechniker H. Stegerwald, dem an dieser Stelle für seinen engagierten Einsatz herzlich gedankt sei.

4 B. Beckmann, Zum ältesten römischen Limeskastell in Miltenberg-Altstadt, Stadt und Landkreis Miltenberg. Arch. JB 1989 (1990) im Druck.

westlich[5]. Auch nach den zahlreichen Turbulenzen der Völkerwanderungszeit, die vor allem ostgermanisch-donauländische, nach Westen ziehende Völkerschaften im Untermaingebiet verursacht haben, blieb diese Abhängigkeit vom Westen bis zum Zusammenbruch der Römerherrschaft bestehen, so daß die um 500 vollzogene Eingliederung dieses Raumes in das fränkische Reich fast wie eine Konsequenz längst bestehender Zustände erscheint.

Ein neuer Abschnitt in der Geschichte des befestigten Platzes am Miltenberger Maindurchbruch begann mit der Ausweitung der fränkischen Macht und der damit verbundenen Neustrukturierung der Siedlungslandschaft im Zusammenhang mit der verstärkt nach Osten ausgreifenden fränkischen Verwaltung in merowingischer Zeit[6]. So haben die Grabungen in Miltenberg-Altstadt unsere Kenntnis der merowingerzeitlichen »Infrastruktur« Ostfrankens[7] insofern erweitert, als dort erstmals der Nachweis einer befestigten, offenbar militärisch gesicherten »Etappenstation« gelang. Dieser recht isoliert in der Landschaft – offenbar planmäßig auf altem Königsgut – errichtete Stützpunkt lag an der kürzesten Verkehrsverbindung zwischen den Siedlungskammern des Rhein-Main- und Main-Tauber-Gebietes genau am engpaßartigen Tor in die Waldgebirge von Spessart und Odenwald, die verkehrsmäßig überwunden werden mußten, wollte man in eines jener Altsiedelgebiete gelangen.

Obgleich durch einen Wohnhausneubau der 60er Jahre fast der gesamte Innenbereich der frühmittelalterlichen Anlage unbeobachtet zerstört worden war, lassen die neuen Befunde klar erkennen, daß dieser Stützpunkt nach Ausweis der zahlreichen Siedlungsreste, die rund zwei Drittel des gesamten nachrömischen Fundmaterials ausmachen, möglicherweise schon im 6., spätestens jedoch im 7. Jahrhundert unter geschickter Einbeziehung der damals noch aufgehend erhaltenen Teile der römischen Umfassungsmauer sekundär in die Ostecke des Steinkastells eingebaut worden war (Abb. 1). Eine besondere Überraschung bot hier vor allem der Befund einer zugehörig erscheinenden Umwehrung, deren bebaute, knapp 0,06 ha große Innenfläche etwa derjenigen römischer Kleinkastelle entspricht. Sie bestand in ihren nachrömischen Teilen aus einer 1,40–1,50 m starken, winkelförmig verlaufenden Außenmauer mit gerundeter Ecke und ca. 25 m langen Seiten, die augenscheinlich an die Innenseite der älteren Kastellmauer angesetzt waren. Im Unterschied zu den mörtellos verlegten Fundamentlagen waren die aufgehenden Schichten dieser zweischaligen Befestigungsmauer in Mörtelbauweise errichtet. Eine rechteckige, in der Mitte der Nordwestseite angesetzte Bastion von 6,30 x 4,10 m Größe, deren Innenraum eine durchgehende Steinstickung als Bodenbelag aufwies, diente ganz offensichtlich der Absicherung eines unmittelbar nordöstlich davon nachgewiesenen Tores, dessen nordöstliche Wange jedoch infolge einer tiefreichenden spätmittelalterlichen Störung nicht mehr ermittelt werden konnte. Als einziger Überrest der einstigen Innenbebauung hatte sich nahe der westlichen Mauerbiegung lediglich ein annähernd quadratisches, einlagiges Trockenmauerfundament von ca. 1 m Seitenlänge erhalten, das möglicherweise als Pfeilerbasis eines unmittelbar an die Außenmauer angelehnten – 3 m breiten – Wehrgangs oder Gebäudes anzusprechen ist. Obgleich zunächst der Gedanke naheliegend erscheint, daß die Wehrmauer jener Anlage aufgrund ihrer Größe, Grundrißform und vermeintlichen Bezogenheit auf ein Turmhaus

5 Beckmann 1978 (Anm. 2) 98 ff. mit Abb. 30, 2. – R. Christlein u. L. Wamser, Ein Grabfund des 5. Jahrhunderts von Kleinwallstadt, Landkreis Miltenberg, Unterfranken. Arch. JB 1980 (1981) 152 f. – L. Wamser, Eine völkerwanderungszeitliche Befestigung im Freien Germanien: Die Mainschleife bei Urphar, Markt Kreuzwertheim, Landkreis Main-Spessart, Unterfranken. Arch. JB. 1981 (1982) 156 ff. – D. Rosenstock, Zwei völkerwanderungszeitliche Körpergräber aus Dettingen, Gemeinde Karlstein am Main, Landkreis Aschaffenburg, Unterfranken. Bayer. Vorgeschbl. 52, 1987, 105 ff. – F. Teichner, Siedlung und Gräberfeld der Völkerwanderungszeit bei Kahl am Main. Arch. JB 1988 (1989) 128 ff.

6 K. Weidemann, Archäologische Zeugnisse zur Eingliederung Hessens und Mainfrankens in das Frankenreich vom 7. bis zum 9. Jahrhundert. In: Althessen im Frankenreich. Nationes 2 (1975) 119. – W. Schlesinger, Zur politischen Geschichte der fränkischen Ostbewegung vor Karl dem Großen. In: Althessen im Frankenreich. Nationes 2 (1975) 9 ff.

7 Vgl. etwa Wamser (Anm. 1) Abb. 1. – Ders., Merowingerzeitliche Bergstationen in Mainfranken – Stützpunkte der Machtausübung gentiler Gruppen. Arch. JB 1984 (1985) 136 ff. – Ders., Zur Bedeutung des Schwanbergs im frühen und hohen Mittelalter. In: Aus Frankens Frühzeit (Festgabe f. P. Endrich). Mainfränkische Studien 37, 1986, 164 ff. – Ders., Castellum quod nominatur Wirciburc. In: Kilian, Mönch aus Irland – aller Franken Patron. Veröffentlichungen zur Bayerischen Geschichte und Kultur 19/89 (1989) 173 ff.

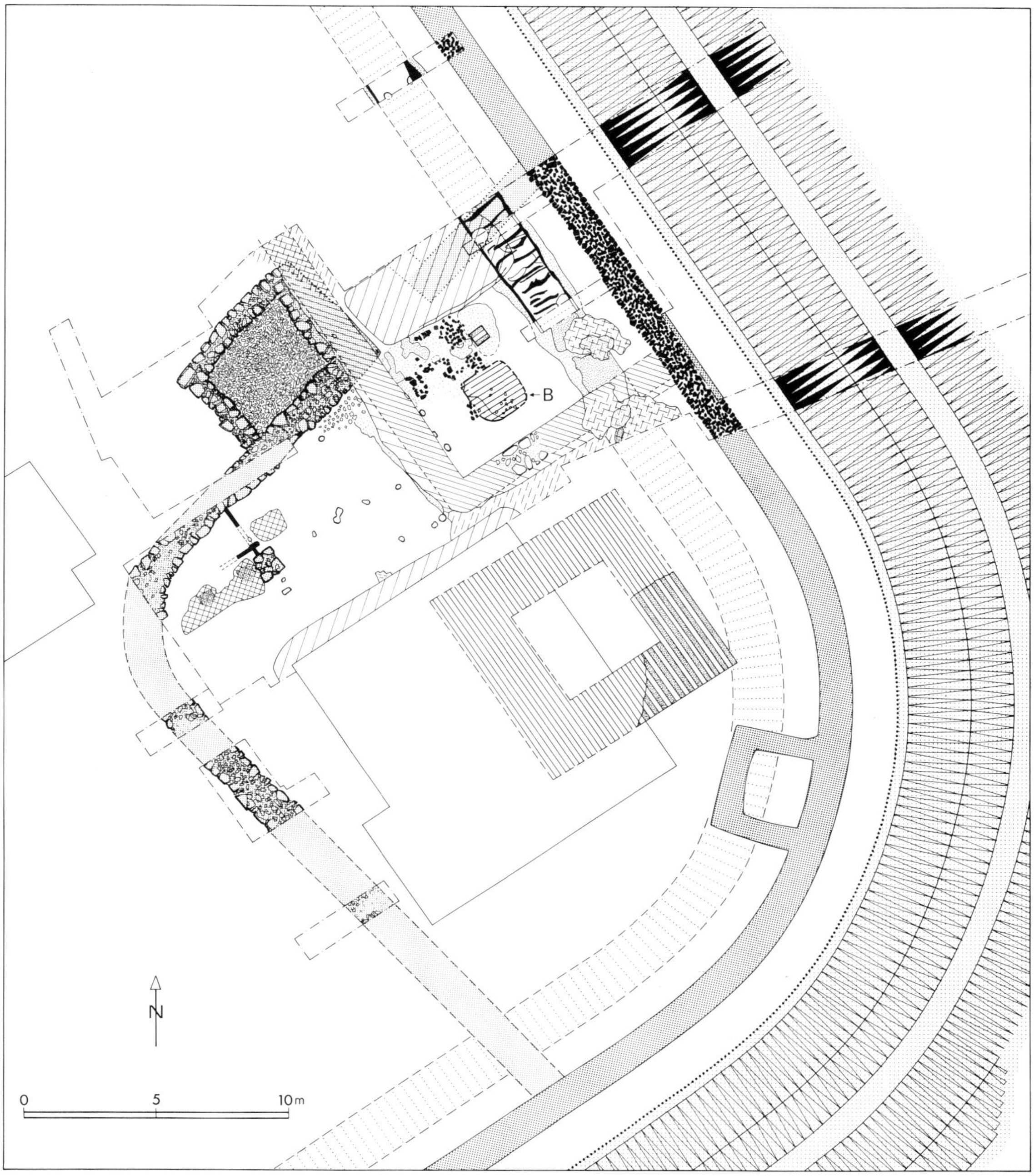

Abb. 1 Miltenberg, Altstadt-Kastell. Befundplan der Grabungsfläche in der Ostecke des Kohortenkastells auf der Grundlage der 1875–1910 und 1988/89 durchgeführten Ausgrabungen.

des 11.(?)/12. Jahrhunderts (siehe unten) in den größeren Rahmen vergleichbarer Umwehrungen hochmittelalterlicher Kleinburgen einzuordnen ist, lassen der Gesamtbefund, die Resultate mehrerer Sondierschnitte im unmittelbar westlich und nördlich anschließenden Vorgelände des winkelförmigen Einbaus und die Vergleichbarkeit der ermittelten bautechnischen Merkmale mit Entsprechungen aus frühmittelalterlichen Wehranlagen Hessens dessen Entstehung in spätmerowingisch-fränkischer Zeit durchaus denkbar erscheinen[8].

Unter der merowingerzeitlichen, durchweg auf der Drehscheibe hergestellten Keramik dominieren hartgebrannte, rauhwandige Wölbwandtöpfe mit konischer Unterwand und zum Teil außerordentlich massiven Böden in vielfältigsten Ausprägungen des Brandes, der Magerung und der Form (Abb. 2, 21–22. 25–28). In ansehnlicher Menge vertreten sind sodann Formen der charakteristischen »Reduzierend gebrannten, geglätteten Ware« – Knickwandgefäße, Röhrenausgußkannen und Schüsseln mit horizontalen Rillen- und Wellenlinienbändern oder Rollrädchendekor –, die das keramische Fundmaterial der fränkischen Reihengräberfelder beherrschen (Abb. 2, 1–15. 24). So liegen allein unter den Stücken der vorgenannten Fundgattung Reste von mindestens sechs verschiedenartigen Gefäßen vor, deren gleichartig wiederkehrende Kombination alternierender Rollrädchen-Zierzonen aus eingestempelten Rechteck- und einfachen Zickzackmustern nach entsprechenden Parallelen aus Gräberfeldern des Raumes zwischen Mittelrhein und Maas[9] zugleich einen Hinweis auf die linksrheinische Herkunft der Miltenberger Exemplare gibt (Auswahl Abb. 2, 11–14). Zur frühmittelalterlichen Siedlungskeramik gehört ferner eine größere Anzahl uneinheitlich grautoniger Standbodengefäße der rauhwandigen älteren Drehscheibenware mit sichelförmigen, zum Teil sehr scharfkantig ausgeprägten Rändern der Formen Abb. 2, 18–20. 23. 29, wie sie im Elsaß aufgrund gesicherter Fundzusammenhänge beziehungsweise geschlossener Grubenkomplexe neuerdings in die Zeit zwischen 650 und 730 datiert werden[10]. Die einzige nichtkeramische Hinterlassenschaft der dort weilenden oder verkehrenden Personengruppe stellt das Fragment eines eisernen Steigbügels »awarischer« Form dar, wie er in überdurchschnittlich reich ausgestatteten Reitergräbern des späten 7. Jahrhunderts als signifikantes Attribut sozial höhergestellter Schichten hinreichend bezeugt ist[11]. Denkbar, jedoch nicht erweisbar, ist ferner ein Zusammenhang zwischen dem kastellartigen Einbau und zwei frühmittelalterlichen, um 1929 am Ostrand des ehemaligen Vicusbereichs – nahe der Einmündung der Mud – ausgebaggerten Eisenlanzenspitzen[12].

Die verkehrsgeographisch zentrale Lage des an einem alten Flußübergang und Schnittpunkt wichtiger Land- und Wasserwege gelegenen Stützpunkts, dessen Versorgung mit dem Lebensnotwendigen sicherlich nicht allein auf dem Fernhandelswege, sondern weitgehend über einen nahegelegenen Wirtschafts- beziehungsweise Königshof erfolgte, läßt wohl darauf schließen, daß bei seiner Einrichtung nicht so sehr wirtschaftliche, sondern in erster Linie strategische Erwägungen und die Erfordernisse einer straffen Landesorganisation im Vordergrund standen. Neben ihren Straßenfunktionen zur Kontrolle oder zum Geleit des Reise- beziehungsweise Durchgangsverkehrs, zu dem gewiß auch Truppenbewegungen gehörten, oblag dieser wichtigen Station möglicherweise auch die Aufsicht über

8 Zu ähnlichen – ebenfalls in Mörtelmauertechnik errichteten und als Flankierungsschutz frühmittelalterlicher Tore dienenden – Turmbastionen vgl. v. a. N. Wand, Die Büraburg und das Fritzlar-Waberner Becken in der merowingisch-karolingischen Zeit. In: Althessen im Frankenreich. Nationes 2 (1975) 190 mit Abb. 1 und Beilage 2. – Auch sei in diesem Zusammenhang darauf aufmerksam gemacht, daß in Miltenberg-Altstadt die gesichert hoch- bis spätmittelalterlichen Mauerzüge anders als die neuergrabene, winkelförmig verlaufende Außenmauer bis zur untersten Fundamentlage stets in Mörtelbauweise errichtet waren. Nicht minder auffallend ist das bisherige Fehlen merowingisch-fränkischer Keramikfunde im unmittelbar westlich und nördlich anschließenden Vorgelände des winkelförmigen Einbaus wie auch in den Grabungsschnitten B. Beckmanns.

9 Vgl. v. a. G. Behrens, Merowingerzeit (Original-Altertümer des Zentralmuseums in Mainz). Römisch-Germanisches Zentralmuseum zu Mainz, Katalog 13 (1947) 67 mit Abb. 135 (Inv. Nr. O.15008). – R. Joffroy, Le cimetière de Lavoye, Dép. Meuse (1974) 84, lfdnr. 71 (beste Parallele).

10 J. Schweitzer, L'habitat rural en Alsace au Moyen Âge (Riedisheim 1982) Abb. 79, 1; 77, 8 (Horizonte 5 und 6); ab Horizont 7 (ca. 730–800/820) flauere Profile: Abb. 84, 3 u. 6.

11 Wamser (Anm. 1) Abb. 4.

12 R. Koch, Bodenfunde der Völkerwanderungszeit aus dem Main-Tauber-Gebiet. Germanische Denkmäler der Völkerwanderungszeit, Serie A 8 (1967) 141.

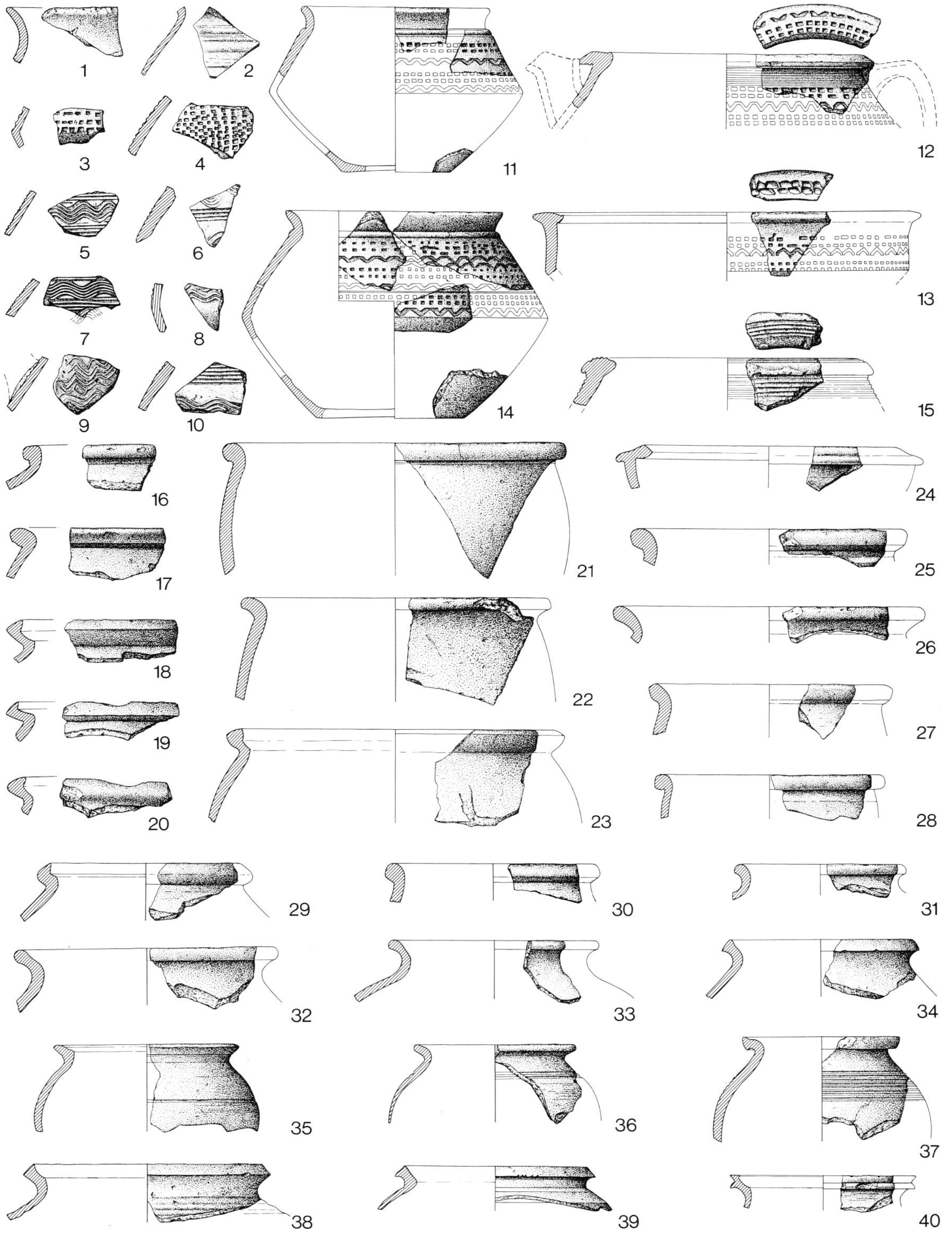

Abb. 2 Miltenberg, Altstadt-Kastell. Auswahl früh- bis spätmittelalterlicher Keramikfunde aus dem Bereich der Ostecke des Römerkastells. – M= 1:4.

Teilbereiche der unmittelbar angrenzenden Königsforste Spessart und Odenwald. Ebenso dürfte die Anlage maßgeblich zur Sicherung der rückwärtigen Verbindungen des mainfränkischen Herzogshauses (der Hedene) sowohl zum fränkischen Kernreich als auch zum Gebiet des im Aschaffenburger Raum inschriftlich bezeugten *dux Theotbald* beigetragen haben[13].

Obgleich ein 1971 im Bereich der *principia* aufgefundener, zwischen 887 und 936 in Mainz geprägter Denar[14] und einige wenige, in ihrem Datierungsspielraum nicht enger eingrenzbare Streuscherben der vorjährigen Grabung – von denen zumindest einige, zum Teil glimmerhaltige Stücke aus Produktionsstätten des Vorspessartraumes (Abb. 2, 31–33) indes eher hochmittelalterlich sein dürften – eine derzeit nicht näher beurteilbare Besiedlung oder Nutzung der östlichen Kastellecke in spätkarolingisch-ottonischer Zeit andeuten könnten, spiegelt sich in der Zusammensetzung des 1988/89 geborgenen Keramikbestands zweifelsohne ein deutlicher Bedeutungsrückgang – wenn nicht gar völliges Auflassen – der kleinen, offenbar kastellartigen Anlage in frühkarolingischer Zeit. So enthält der recht umfangreiche frühmittelalterliche Fundbestand jenes Bereichs bezeichnenderweise keine einzige Scherbe der in karolingisch-ottonischen Fundkomplexen Mainfrankens in beträchtlicher Anzahl vorkommenden Keramikgruppen der »älteren, gelbtonigen Drehscheibenware« und der »nachgedrehten Ware«. Somit erscheint es nicht ausgeschlossen, daß dieser befestigte, in der einstigen Großgemarkung Heubach gelegene Platz damals seine Bedeutung an einen von W. Störmer im benachbarten Groß- beziehungsweise Kleinheubach vermuteten karolingischen Königshof *Heidebach* verlor, der womöglich an der Stelle des oben postulierten merowingischen Wirtschafts- beziehungsweise Königshofes lag und mit hoher Wahrscheinlichkeit mit dem gleichnamigen Ausstellungsort einer Urkunde Ludwigs III. von 878 gleichzusetzen ist[15]. Vermutlich hängt die Bedeutungseinbuße besagter Straßenstation damit zusammen, daß im Zuge der Neustrukturierung des Landes in karolingischer Zeit der bisherige, vom Rhein-Main-Mündungsgebiet über Miltenberg-Altstadt nach Würzburg führende Fernweg durch eine erheblich schnellere Verbindung durch den Hochspessart, die später (i. J. 839) als *via publica* bezeugte *Heristraza*, abgekürzt und damit erheblich entlastet wurde[16].

Wiederum im Bereich der östlichen Kastellecke traten außerdem Reste eines mehrteiligen Siedlungskomplexes zutage, der wohl frühestens im 10./11., spätestens jedoch im 12. Jahrhundert entstand. So kamen in der relativ kleinen, von moderner Überbauung verschont gebliebenen Restfläche der fränkischen Straßenstation neben den schon erwähnten Streuscherben (Abb. 2, 31–33) auch ein annähernd quadratischer, offenbar den Umriß eines holzverschalten Brunnens anzeigender Schacht (Abb. 1, B) zum Vorschein, dessen unterer Bereich während einer technisch bedingten Grabungsunterbrechung leider aus Unachtsamkeit zerstört wurde, in dessen obere Füllschichten jedoch neben anderem das Bruchstück eines bräunlichgrauen, hartgebrannten Drehscheibengefäßes mit profilierter Randinnenseite (Abb. 2, 35) eingelagert war, das nach heutigem Stand des Wissens am ehesten in das 11./12. Jahrhundert zu datieren ist[17]. Wohl erst im fortgeschrittenen 12. Jahrhundert wurde sodann – möglicherweise an der Stelle eines

13 Vita S. Bonifatii auctore Willibaldo. Mon. Germ. Hist. SS. rer. Germ. c. 9, 32 mit Anm. 4.

14 Beckmann 1978 (Anm. 2) 128f. mit Abb. 50, 4.

15 W. Störmer, Miltenberg. Die Ämter Amorbach und Miltenberg des Mainzer Oberstifts als Modelle geistlicher Territorialität und Herrschaftsintensivierung. Historischer Atlas von Bayern. Teil Franken, Reihe I, Heft 25 (1979) 33f.

16 Zu möglichen archäologischen Hinweisen (Nachweis einer frühmittelalterlichen Vorgängeranlage wohl des frühen 8. Jahrhunderts am Platz der hochmittelalterlichen – an einem wichtigen Mainübergang der von Frankfurt a. M. durch das Mittelgebirgsland des Spessarts nach Würzburg führenden »Heristraza« gelegenen – Neuenburg 750 m nordwestlich des Schlosses Triefenstein) vgl. ergänzend L. Wamser, Die Neuenburg bei Trennfeld – ein archäologisches Denkmal fränkischer Landesgeschichte. In: Trennfeld am Main. Ein fränkisches Dorf im Wandel der Zeiten. Beiträge zur Geschichte des Marktes Triefenstein 4 (1990) 22ff.

17 Gewisse, wenn auch nur sehr vage Vergleichsmöglichkeiten bieten ferner einige ähnlich profilierte Gefäßränder, wie sie v. a. im Mittelmaingebiet – dort jedoch unter den Formen der herstellungstechnisch andersartigen »Nachgedrehten Ware« – vorkommen; vgl. P. Vychitil, Keramik des achten bis dreizehnten Jahrhunderts aus Siedlungen am Maindreieck. (Ungedruckte Dissertation Würzburg 1988) Abb. 34, 239; 39, 68, 72. – Zu mutmaßlichen Vorläufern der Drehscheibenware wie Abb. 2,35 vgl. etwa W. Janssen, Ausschnitte aus einer fränkischen Siedlung in Köln-Porz. Bonner Jahrb. 178, 1978, 457 Abb. 20,2–3.

Abb. 3 Giebelförmiger Türsturz aus der im ehemals römischen Bad erbauten Kirche der hochmittelalterlichen Außensiedlung von Walehusen. Als Reliefdekor das Golgathakreuz zwischen Bogenverzierungen.

unbeobachtet zerstörten Vorgängers aus salischer oder frühstaufischer Zeit[18] – inmitten der mutmaßlich älteren, als Bering beibehaltenen Umfassungsmauer ein wohl quadratisches Turmhaus mit 2,30 m dicken Mauern von maximal 10 m Seitenlänge errichtet (Abb. 1). Einen Hinweis auf die Bauzeit dieses »festen Steinhauses«, von dem W. Conrady seinerzeit nur noch den Bereich des östlichen Eckfundaments sowie unverzierte Tonfliesen eines Bodenbelags, Teile der Schieferdeckung des Daches und (heute verschollene) »nachrömische« Scherben nachweisen konnte[19], dürfte vor allem ein 65 x 56 x 20 cm großer Buckelquader der charakteristischen »staufischen« Form und Machart aus Buntsandstein geben, der sich 1988 nur wenige Meter nordwestlich des Turmes alt verlagert in der Grabungsfläche fand.
Eine 1970 im östlichen Vorgelände dieser Turmburg angeschnittene Kloake, in deren Ablagerungen sich nach B. Beckmann unter anderem »frühe Keramik in Pingsdorfer Art« fand[20], wird man als ersten Beleg einer dazugehörigen, außerhalb der Kastellmauern gelegenen Ansiedlung werten dürfen. Wohl als Eigenkirche ortsansässiger edelfreier Herren beziehungsweise staufischer Ministerialen, die sich nach diesem Ort *de Walehusen* benannten und seit dem fortgeschrittenen 12. Jahrhundert im Miltenberger Raum – als Besitznachfolger der Henneberger? – urkundlich faßbar sind[21], diente offenbar ein 90 m südlich jenes Sitzes – im antiken Baukomplex des römischen Badegebäudes – neuerrichteter Sakralraum, dessen giebelförmiger, mit christlichen Symbolen reich reliefierter Türsturz (Abb. 3) frühestens in das 11., nach F. Arens am ehesten in das 12. Jahrhundert zu datieren ist[22]. Ein als »Deckel einer Kellernische« wiederverwendeter römischer Altarstein aus der Außensiedlung der nachmaligen Stadt Wallhausen (Abb. 4), dessen umgearbeitete Rückseite zwei romanische Säulenreliefs mit schlichten Würfelkapitellen beiderseits einer Blendnische aufweist, stammt womöglich vom Altar dieser Kirche.

18 Ein solcher Vergleichsbefund – ein festes, mit Quadermauerwerk sekundär ummanteltes Steinhaus – konnte z. B. im Kernburgbereich der hochmittelalterlichen Vorgängeranlagen des staufischen Johanniterkastells Biebelried archäologisch nachgewiesen werden; L. Wamser, Ausgrabungen und Funde in Unterfranken 1978. Frankenland, Zeitschrift für Fränkische Landeskunde und Kulturpflege NF. 30, 1978, 358f.

19 ORL 38 (Anm. 1) 11 mit Taf. II, C.

20 B. Beckmann, Walehusen-Wallhausen, eine mittelalterliche Stadt auf römischen Ruinen. In: 750 Jahre Stadt Miltenberg: 1237–1987 (1987) 75ff., bes. 85.

21 Personen »de Walehusen« (freundliche Hinweise G. Enders, Eichenbühl): 1192: Conrad und Albert »de Walhusen« (Mon. Germ. Hist., Constitutiones 352); um 1200 (?): Raboto (Rabbodo) »de Walehusen« (Stadt- und Stiftsarchiv Aschaffenburg U 1536; Th. Ruf, Die Grafen von Rieneck. Mainfränk. Studien 32/I, 1984, 40f.); 1206: Gotebold, Eberhard und Weiprecht »de Walhusin« (Staatsarchiv Wertheim, Bronnbacher Copialbuch A, Nr. 436, fol. 13); 1208: Albert »de Walhusen« (zugehörig ?; Würzburger Regesten. Mainfränk. Hefte IX, 1958); 1243: Berthold »de Walhusen« (Württembg. Urkundenbuch IV, 50, Nr. 999); 1246: Berthold »de Walhusen« und sein Bruder Friedrich (Staatsarchiv Wertheim, Bestand Bronnbach); 1251: Berthold »de Walhusen« (Fürstl.-Leiningensches Archiv Amorbach, verschollen); 1267: Godebold »de Walhusen« (V. F. v. Gudenus, Codex diplomaticus ... II, [1743] 168); 1282: Siboto von Wallhausen (Monumenta Boica 37, S. 543, 546, 457/8; Hauptstaatsarchiv München, Würzburger Urkunden 6352); 1289: Siboto von Wallhausen (Gudenus III, 727); 1298: Siboto »de Walhusen« und sein Bruder Lupold (Gudenus III, 727, 466 und 730, 468). – Vgl. auch A. F. Wolfert, Wappengruppen des Adels im Odenwald-Spessart-Raum. In: Beiträge zur Erforschung des Odenwaldes und seiner Randlandschaften 2 (1977) 365. – Für weitere sachdienliche Informationen danke ich ferner G. Berninger (Klingenberg), W. Hartmann (Mömlingen) und F. Oswald (Amorbach).

22 F. Arens, Romanische Türstürze am Mittel- und Oberrhein sowie in Franken. Mainzer Zeitschrift 75, 1980, 62ff.

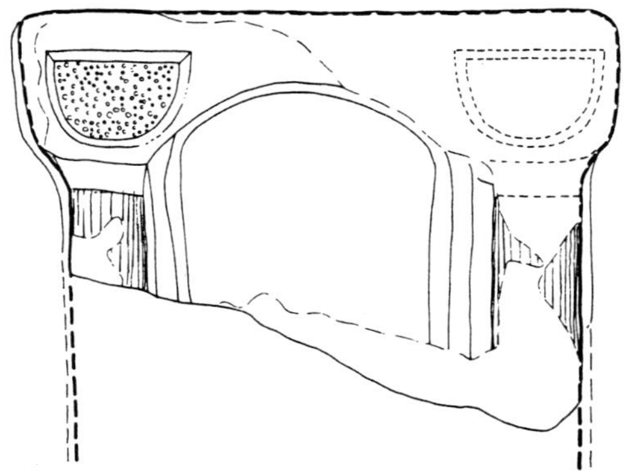

Abb. 4 Rückseite eines umgearbeiteten römischen Altars aus dem Keller eines Hauses der Außensiedlung Walehusens. Zwei reliefierte romanische Säulen mit Würfelkapitellen beiderseits einer Blendnische. – M = 1:7,5.

1206 sind Angehörige jener edelfreien Familie – Gotebold, Eberhard und Weiprecht von Wallhausen – im Gefolge der rheinisch-staufischen Pfalzgrafen genannt, die von 1156 bis 1214 das wichtige Pfalzgrafenamt, ein hohes Reichsamt, innehatten[23]. Noch vor 1229/31 muß an der Stelle der zuvor abgebrochenen römischen Ummauerung mit dem – auch archäologisch belegten – Bau einer befestigten städtischen oder stadtähnlichen Siedlung aus neu behauenem Steinmaterial begonnen worden sein, denn 1229 wird Wallhausen als *civitas,* 1231 als *oppidum,* das heißt als bereits bestehende Stadt, bezeichnet[24]. Sie läßt sich aufgrund des archäologischen Gesamtbefunds[25] bereits recht konkret als differenzierter, herrschaftlich strukturierter Siedlungsorganismus charakterisieren, bestehend aus einer ausgedehnten, in der Zone südlich und südöstlich der Stadtmauer sich erstreckenden Außensiedlung und der eigentlichen umwehrten Stadt mit umlaufendem, nur schwach ausgeprägtem Sohlgraben[26], mit zum Teil an die Innenseite der Stadtmauer angelehnten Häusern, Wirtschaftsgebäuden (unter anderem einem Warenlager Handel treibender Kaufleute), Öfen von Handwerkern, Brunnen, einer 26,10m langen, mit Knospenkapitellen ausgestatteten Kirche im Zentrum nebst zugehörigem Friedhof sowie einem größeren Baukomplex an der Stadtmauer dicht westlich der ehemaligen *via principalis dextra:* einem 10,75 x 8,50m großen freistehenden, durch stärkere Fundamentierung und reichere spätromanisch-frühgotische Fassadenarchitektur herausragenden »festen Haus« und darum gruppierten Wirtschaftsgebäuden, das heißt einem Komplex, der wohl als neuer, erweiterter Wohnsitz des Repräsentanten der weltlichen Macht und seines Anhangs angesprochen werden darf.

Eine seltsame Fügung des Schicksals hat es gewollt, daß der Niedergang dieses geschichtsträchtigen, seit Anfang des vorigen Jahrhunderts auf dem Gebiet des heutigen Freistaates Bayern liegenden Ortes für immer mit dem Namen Wittelsbach verbunden bleibt. Schon vor 1229 hatte Agnes Welf, eine Enkelin des Sachsen- und Bayernherzogs Heinrich des Löwen und des Barbarossa-Halbbruders Konrad von Staufen, der von 1156–1195 Pfalzgraf und vermutlich Vorbesitzer Wallhausens war, diese bedeutende – auch archivalisch als wichtige Zollstation erschließbare – Schlüsselstellung am Miltenberger Maindurchbruch als Eigengut in die Ehe mit dem Junior-Pfalzgrafen Otto (»der Erlauchte«), einem Sohn des Pfalzgrafen und Bayernherzogs Ludwig (»der Kelheimer«), eingebracht[27]. Dieser für die Reichsland-

23 »testes et salmanni« für den Konsens des Pfalzgrafen Heinrich zu allen Schenkungen seiner Lehensleute an das Kloster Bronnbach: »Godeboldus de Walhusin et fratres eius Eberhardus et Wipertus« (vgl. auch Anm. 21).

24 Dazu zuletzt W. Störmer, Die Anfänge der Stadt Miltenberg. Politisches Ringen um Stützpunkte und Landesherrschaft am südlichen Mainviereck. In: 750 Jahre Stadt Miltenberg: 1237–1987 (1987) 105ff. mit Anm. 31.

25 Vgl. Beckmann 1978 und 1987 (Anm. 2). – Wamser (Anm. 1).

26 1989 archäologisch nachgewiesen.

27 G. Berninger, Das verpfändete und geschundene Wallhausen gehörte einer Frau. Spessart 8, 1988, 10. – Dies., Vachhusen-Wallhausen-Kleinheubach: Auf der Suche nach der Wahrheit über die frühen Siedlungen im Miltenberger Raum. Bote vom Untermain 1989, Nr. 194 (25. 8. 89, Sonderbeilage).

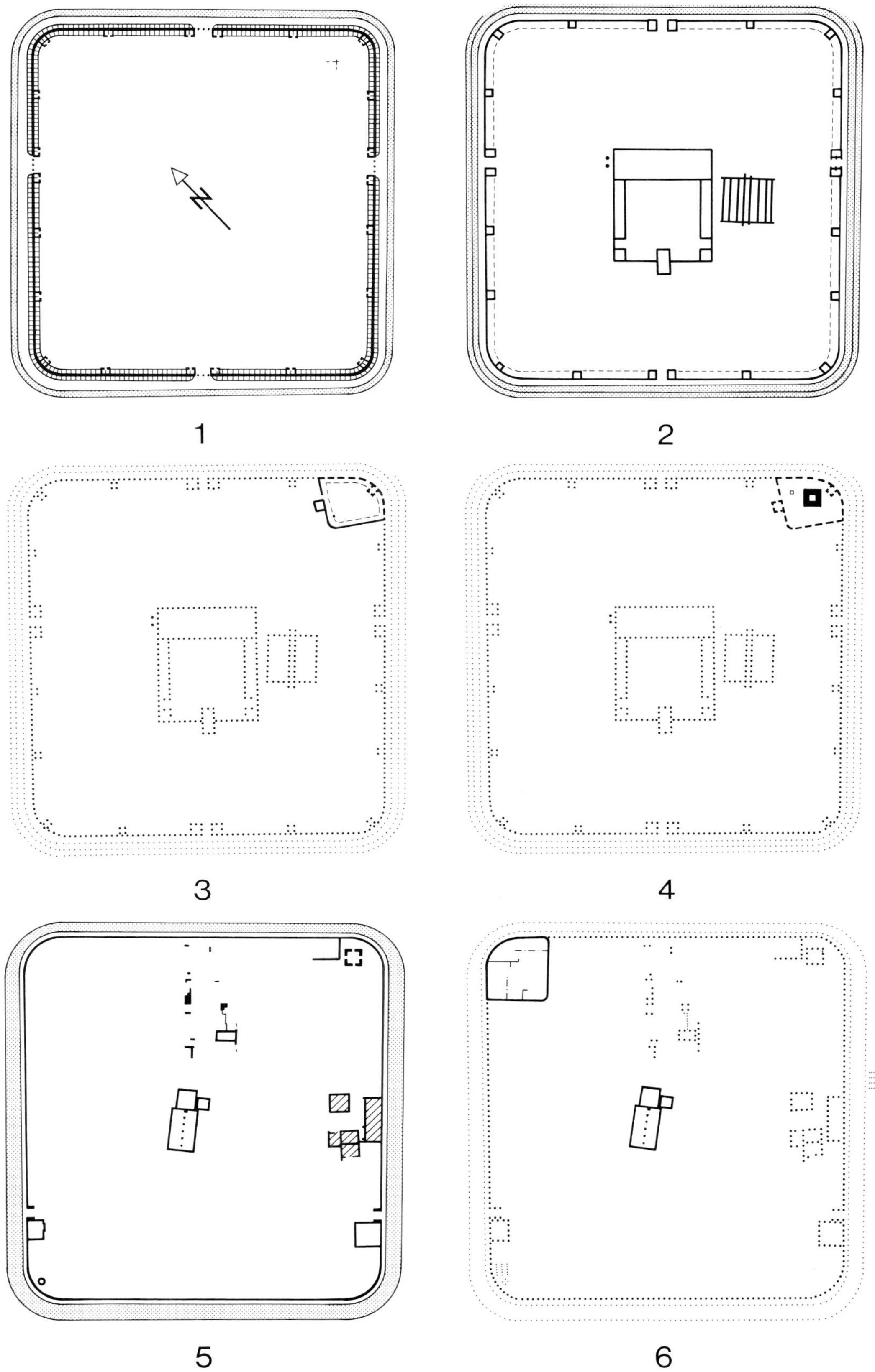

Abb. 5 Miltenberg, Altstadt-Kastell. Mögliche Abfolge der verschiedenen Wehranlagen am Platz des römischen Kohortenkastells nach dem derzeitigen Forschungsstand (schematisiert): 1 Römisches Holz-Erde-Kastell. – 2 Römisches Steinkastell. – 3 Merowingisch-fränkisches »Kleinkastell« (?). – 4 Salisch-staufische Turmburg. – 5 Pfalzgräflich-wittelsbachisches Oppidum (Baukomplex »festes Haus« schräg schraffiert). – 6 Spätmittelalterlicher Herrensitz. – Kräftig gestrichelte Linien geben weiterbestehende Baustrukturen der vorhergehenden Periode an.

und Reichsstraßenpolitik so bedeutende pfalzgräflich-wittelsbachische Stützpunkt geriet jedoch bereits im frühen 13. Jahrhundert in den Brennpunkt der mit aller Vehemenz geführten territorialen Auseinandersetzungen zwischen den Wittelsbachern und den Mainzer Erzbischöfen. Letzteren gelang es in langjährigen Kämpfen, sich die volle Herrschaft über Wallhausen, das 1237 weitgehend zerstört wurde und in der Folgezeit verfiel, zu sichern und damit als Konkurrent zur nur 2 km entfernten Mainzer Position Miltenberg, der damals zur Stadt erhobenen Siegerin jener Auseinandersetzungen, durch »Austrocknung« der Funktion Wallhausens und wenigstens teilweiser Transferierung seiner Bewohner auszuschalten[28].

Trotz des gescheiterten Versuchs der wittelsbachischen Pfalzgrafen, Wallhausen fest in ihre Herrschaft einzugliedern, scheinen sie nach einem Vertrag von 1264 ihren Besitz noch eine Zeitlang beibehalten zu haben[29]. Vielleicht vergaben sie diesen Ort an die mit ihnen eng versippten Grafen von Rieneck als Lehen, die in diesem Raum nachweislich schon früh Besitz hatten und Teile ihrer Güter nicht selten an Dritte, zum Beispiel an die Ritterfamilie der Rüdt, weiter verliehen[30]. Für die grundsätzliche Richtigkeit solcher Erwägungen dürfte – neben dem bis in die frühe Neuzeit nachweisbaren »Wallhäuser Zehnten« – nicht zuletzt der Befund eines zweiten kastellartigen Einbaus von 0,084 ha Größe in der nördlichen Stadtmauerecke sprechen[31]. Mit ihren 30 beziehungsweise 28 m langen Seiten, ihrer 1,25 m dicken Umfassungsmauer und ihrer – leider nur punktuell nachgewiesenen – Innenbebauung kommt diese umwehrte Anlage durchaus als Sitz eines edelfreien – archivalisch nicht näher überlieferten – Herrn beziehungsweise Besitznachfolgers der Pfalzgrafen in Frage (Abb. 5,6). Im Limeswerk wird diese Anlage noch als der älteste Teil des mittelalterlichen Altstadtberings bezeichnet, von B. Beckmann jedoch mit triftigen, auf kritischer Befundanalyse basierenden Argumenten als jüngstes nachgewiesenes Glied in der Reihe der Belegungen dieses Platzes, das heißt als »die eigentliche Nachfolgesiedlung des oppidum Walehusen«, angesprochen[32] – freilich mit dem gebotenen Vorbehalt der Notwendigkeit weiterer moderner Untersuchungen zur definitiven Klärung ihrer näheren Datierung und Funktion. Wenn auch die oberirdisch noch lange Zeit sichtbaren Überreste dieses landesgeschichtlich so bedeutsamen Ortes nahezu verschwunden sind, so behält doch immerhin ein bemerkenswertes – zudem gewichtiges – repräsentatives Zeichen staufischer beziehungsweise pfalzgräflich-wittelsbachischer Geschichte weiterhin seine Geltung und kündet noch heute auch von jener bewegten Epoche einstiger herrschaftlicher Territorienbildung am südwestlichen Mainviereck: der von den Wittelsbachern übernommene staufische Herzogslöwe als Wappentier der staufischen Pfalzgrafschaft, das heute als bayerischer Löwe sogar Symbol des Freistaates Bayern ist.

28 Störmer (Anm. 24) 121.
29 Wie Anm. 28.
30 Vgl. etwa Wolfert (Anm. 21) 365.
31 ORL 38 (Anm. 1) 17 ff. mit Taf. II–III.
32 Beckmann 1987 (Anm. 2) 77 ff. mit Abb. 2 und 4.

THOMAS BILLER · BERNHARD METZ

ANFÄNGE DER ADELSBURG IM ELSASS IN OTTONISCHER, SALISCHER UND FRÜHSTAUFISCHER ZEIT

Einleitung [1]

Die Burgenforschung ist heute mehr denn je ein Gebiet, dessen Forschungsstand durch einige Unübersichtlichkeit gekennzeichnet ist. Die großen Überblicke des späten 19. und früheren 20. Jhs. weit hinter sich lassend, die sich mehr oder minder ahistorisch auf die Beschreibung des Baulichen beschränkten, wurden in den vergangenen Jahrzehnten neue Untersuchungsmethoden aus verschiedenen Fächern angewendet, über deren zahllose Einzelergebnisse augenblicklich nur mit Mühe ein Überblick zu gewinnen ist.

Eine der wichtigsten Fragen, die von der älteren »Burgenkunde« aus methodischen Gründen fast völlig ausgeklammert wurde, betrifft die Anfänge der hochmittelalterlichen Adelsburg. Denn das, was an mehr oder weniger vollständigem Baubestand bis heute erhalten blieb, wird von der neueren architektur- und kunstgeschichtlichen Forschung durchweg in eine klassische Phase der Adelsburg datiert, die das spätere 12. Jh. und das 13. Jh. umfaßte, bzw. in eine langgezogene, bis ins 16. Jh. reichende Spätphase, die die Formen und Anordnungen der klassischen Zeit nur langsam fortentwickelte. Von der früher weit verbreiteten Pauschalvorstellung, die meisten der uns vor Augen stehenden Burgen seien im 12. Jh. entstanden, ist man dagegen völlig abgekommen; an dieser Stelle klafft heute eher eine große Forschungslücke, die sich nur langsam mit abgesicherten Untersuchungsergebnissen zu füllen beginnt.

Wenn wir heute über die noch früher liegenden Anfänge der mittelalterlichen Adelsburg wesentlich Konkreteres wissen, so ist dies in erster Linie archäologischen Untersuchungen zu verdanken, die sich freilich auf bestimmte Regionen konzentriert haben, während andere davon noch weitgehend unberührt sind – wie etwa das Elsaß. Der elsässische Burgenbau aus der klassischen Phase des 12./13. Jhs. ist aus gutem Grund berühmt – von seinen regionalen Wurzeln aber wissen wir bis heute wenig, weil die elsässische Mittelalterarchäologie sich dieser Frage eben erst zuzuwenden beginnt.

1 Diese Arbeit entstand in lang bewährter Weise: der Mediävist und Landeshistoriker Bernhard Metz trug das Quellenmaterial bei, der Bau- und Kunsthistoriker Thomas Biller die Baubeobachtungen, die Interpretation ist, aus der Sicht der jeweiligen Fächer, gemeinsam erarbeitet. Wichtige Vorarbeiten waren die Notizen von B. Metz für den »Atlas de l'An Mil« (in Vorbereitung), wie auch das fortgeschrittene gemeinsame Buchprojekt »Die Burgen im Elsaß – Architektur und Geschichte«.

Was hier zusammenfassend vorgelegt werden kann, sind also nur wenige Grabungsergebnisse. Wohl aber soll Einiges an historischer Vorarbeit und an Ergebnissen architekturgeschichtlicher Forschung angesprochen werden, das im besten Falle einer systematischen archäologischen Überprüfung den Weg weisen könnte. In diesem Sinne wird auch nochmals der Blick auf einige Bauten der Mitte und 2. Hälfte des 12. Jhs. gerichtet, in denen gerade der Architekturhistoriker manche Spur älterer Formen und Entwicklungen aufspüren kann.

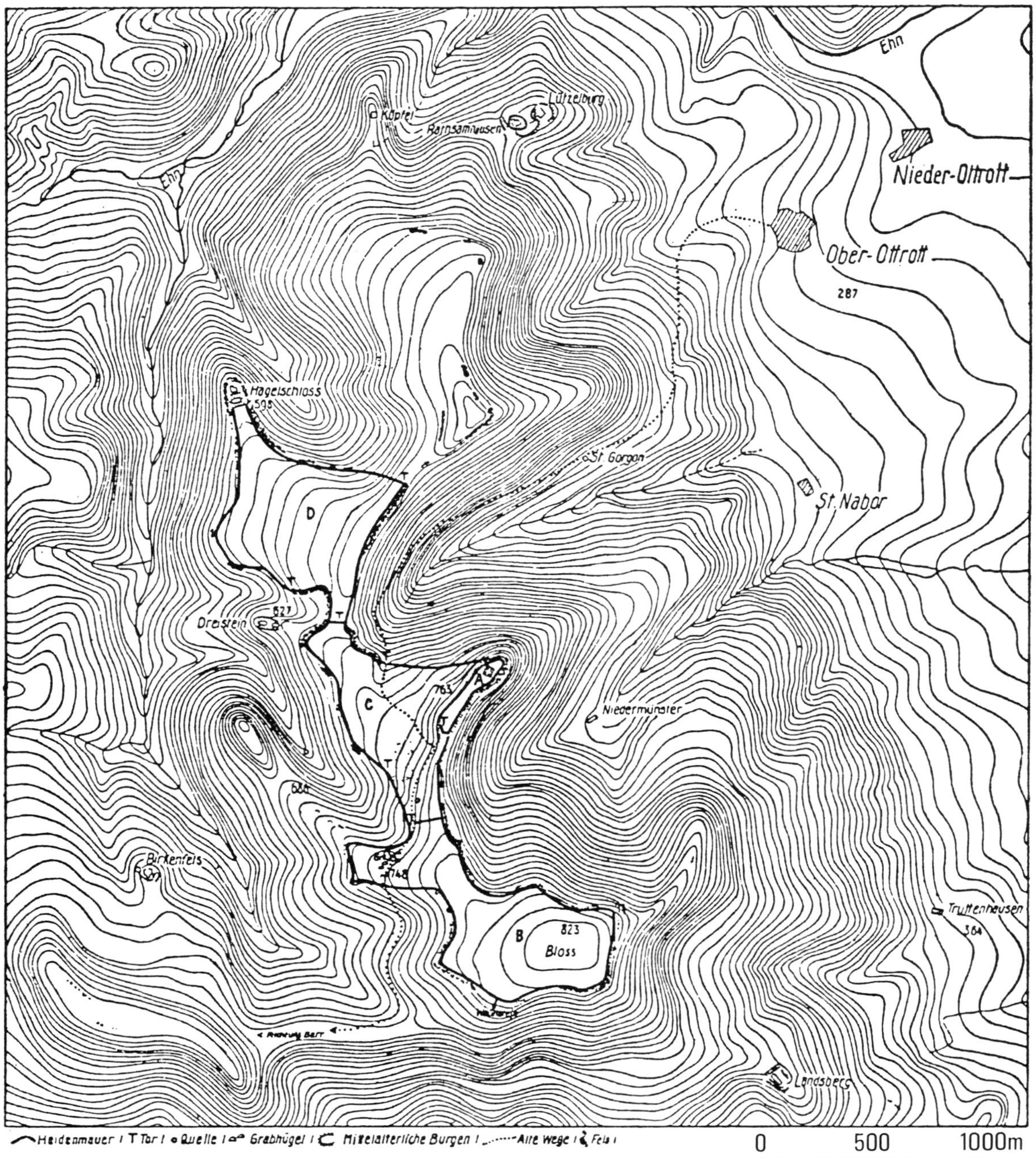

Abb. 1 Odilienberg. Lageplan der »Heidenmauer« (A. Rieth, in: Germania 36, 1958).

1. Hohenburg (Odilienberg) und die antike Tradition

Im späten 7. Jh. gründete der elsässische Herzog Eticho in der Hohenburg ein Frauenkloster, das später nach seiner ersten, heiligen Äbtissin, der Tochter des Herzogs, den Namen Odilienberg annahm – jedenfalls nach der Klosterlegende, die keine endgültige Sicherheit gewährleisten kann[2]. Für die 1. Hälfte des 10. Jhs. (913–33) belegt eine wenig jüngere Quelle, daß der Graf Hugo mindestens zeitweise auf der Hohenburg gewohnt hat: *... de Hugone comite Hohenburc regnante*[3].

Es kann kaum ein Zweifel bestehen, daß die Hohenburg des 7.–10. Jhs. in etwa identisch war mit dem inneren Abschnitt der bis heute teilweise gut erhaltenen »Heidenmauer« des Odilienbergs (Abb. 1), die H. Zumstein nach jüngeren Grabungen als keltisch oder vorkeltisch einstuft, mit einer ersten Restaurierungsphase in spätrömischer Zeit (4. Jh.). Der innerste Befestigungsabschnitt nutzte einen die Rheinebene beherrschenden felsigen Vorsprung. Er war rund 450 m lang und bis zu 60 m breit; das Kloster nimmt noch heute knapp sein nordöstliches Drittel ein (Abb. 2). An der südwestlichen schmalen Angriffsseite sind Reste eines Felsentores erhalten, das nicht archäologisch datiert ist. Jedoch zeigte 1971 eine Grabung an der Westseite, daß die großquadrige »Heidenmauer« hier im 9./10. Jh. auf die äußerste Felskante vorverlegt worden ist; die datierende Keramik war spätkarolingisch und ottonisch[4]. Die nochmalige Vergrößerung der ohnehin schon ausgedehnten Ringmauer legt die Vermutung nahe, daß sie auch im Frühmittelalter noch als Fliehburg diente. Auch das »Regieren« des Herzogs auf der Burg mag einem zeitweisen Rückzug in die Sicherheit entsprochen haben – es ist die Zeit der Ungarngefahr –, nicht unbedingt einer ständig bewohnten Adelsburg. Ohnehin würden uns, selbst wenn man eine solche hier vermuten wollte, außer der reinen Ausdehnung alle weiteren Angaben zu ihrer Gestalt fehlen.

In gewissem Maße als Vergleichsfall erscheint die *Frankenburg* bei Schlettstadt, die 1143 als Sitz eines Grafengeschlechtes, der späteren Landgrafen des Unterelsaß, zuerst erwähnt wird[5]. Die ältesten Teile der erhaltenen Ruine, nämlich die Buckelquaderringmauer mit Spuren eines Wohnbaues, sind auf dem Wege des Stilvergleichs erst in die Zeit um 1160–80 zu datieren[6]. Es ist daher zu vermuten, daß die ältere Grafenburg mit Teilen jener Trockenmauern zu identifizieren ist, die auch hier als »Heidenmauer« bezeichnet werden (Abb. 2). Ihr äußerer Ring, der eine tiefer am Hang liegende Quelle (?) einbezieht[7], zeigt gleiche technische Merkmale wie die sehr viel ausgedehntere Mauer des Odilienbergs[8]. Der obere Ring, knapp doppelt so groß wie die hochmittelalterliche Burg, entbehrt demgegenüber der typischen »Schwalbenschwänze« –, Hinweis auf erst frühmittelalterliche Entstehung? Auch im Bereich der Frankenburg ist bisher nicht gegraben worden.

In *Horburg* östlich Colmar wird 1162 die Burg der gleichnamigen Herren zerstört[9], die ihrerseits schon vor 1103 nachweisbar sind[10]. Sie mag an Reste des spätrömischen Kastells Argentovaria angeknüpft haben, aber die Annahme, sie habe an der Stelle des 1543 errichteten Schlosses gelegen, ist in Wahrheit durch nichts gesichert, zumal in Horburg 1472 eine verlassene Motte nachweisbar ist[11].

Auch für die *Isenburg* über Rufach ist behauptet worden, sie sei über römischen Bauten entstanden; belegt ist jedoch nur die Turmburg wohl des 11. Jhs. (vgl. unten Abschnitt 7). Noch unsicherer sind

2 M. Barth, Die Hl. Odilia, ihr Kult in Volk und Kirche, 2 Bde., Straßburg 1938 (Bd. 1.1); vgl. Reg A 29 Nr. 71 (7./8. Jh.).

3 Vgl. Anhang: Nr. 1.

4 Ein Grabungsbericht scheint für diesen Bereich nicht erschienen zu sein. Vgl. aber »Dernières Nouvelles d'Alsace« (Zeitung) v. 25. 11. 1971, und F. Mantz, Le Mur Païen du Mont Sainte-Odile, 1986, S. 47; Mantz zitiert mit der älteren Lit. auch die zahlreichen Grabungsberichte von Zumstein. Neuerdings: F. Petry/R. Will, Le Mont-Sainte-Odile, Paris 1988 (Guides archéol. de la France, 16.).

5 Vgl. Anhang: Nr. 18.

6 Diese Erkenntnis beruht auf der stilvergleichenden Einordnung der (heute verschwundenen) Halbsäulen der Wohnbaufenster; sie ist noch unveröffentlicht und widerspricht auch der von Th. Biller früher vertretenen Meinung, die Ringmauer könne schon vor 1143 erbaut sein.

7 Nur die heute trockene Fassung ist im NW erhalten, die Deutung also nicht völlig sicher.

8 Genaueste Darstellung von B. Metz, Frankenbourg, in: EA 5, S. 3172–5, m. Lit.

9 Vgl. Anhang: Nr. 22, sowie R. Forrer, in: CAHA 9, 1918, S. 892–6.

10 BUB I 10, Nr. 14.

11 B. Metz, Les mottes castrales en Alsace – quelques compléments, in: Revue d'Alsace, 113, 1987, S. 57–78, S. 69, m. Qu.

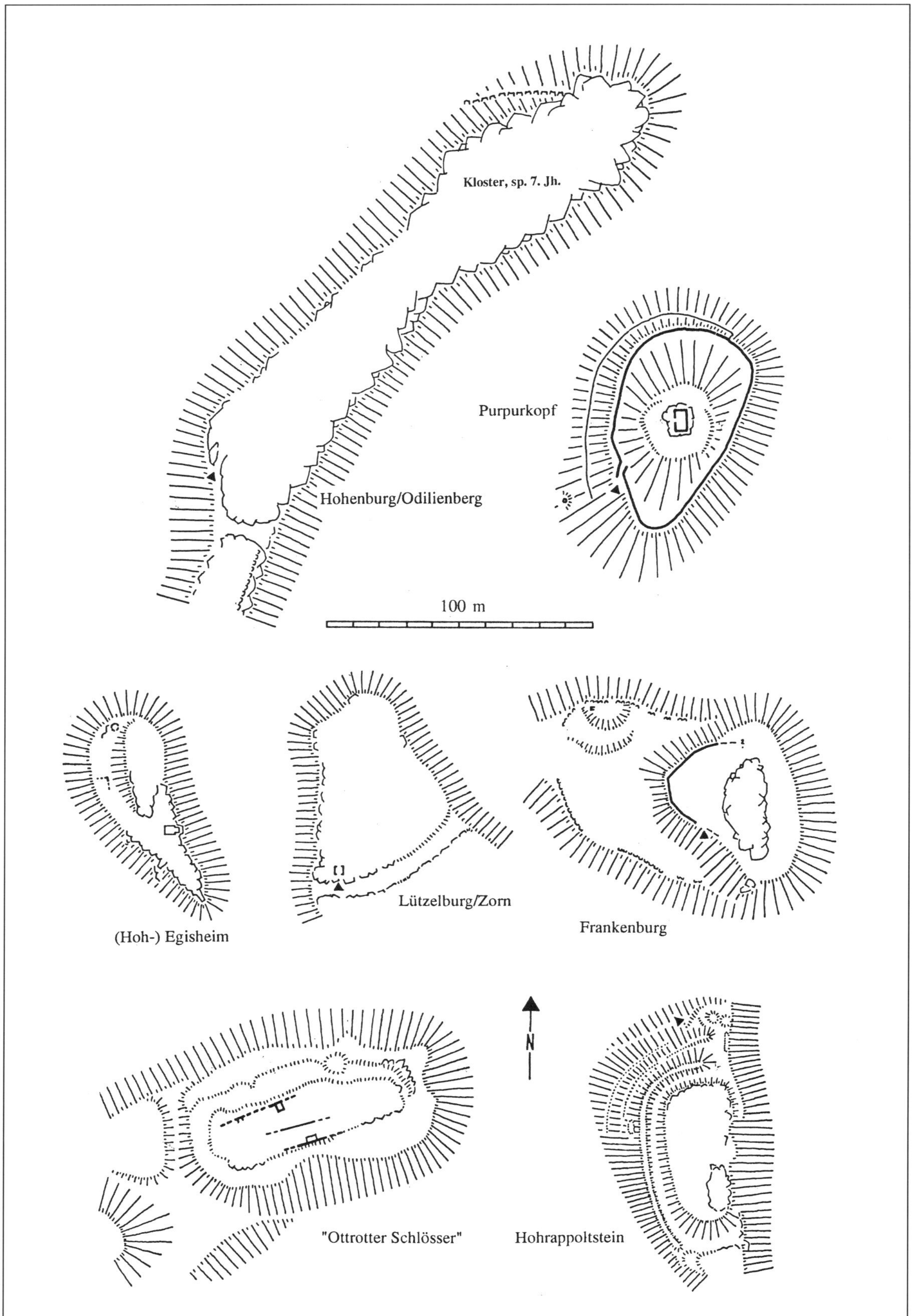

Abb. 2 Gräfliche und andere große Burgen des 10.–12. Jhs. Die Abbildung dient vor allem der Darstellung der Gesamtanlagen und dem Größenvergleich. Alle Anlagen mit Ausnahme des Purpurkopfes sind später neu gestaltet worden; diese jüngeren Bauten, Gräben usw. hier weggelassen (Th. Biller).

»Brandenbruch«/»Brandenburg« und *Erdburg* bei Hilsenheim, die nach der Ebersheimer Chronik von Cäsar errichtet worden seien; während von der Erdburg nur die Lage bekannt ist, wird die unlokalisierte Brandenburg im 11./12. Jh. immerhin noch einmal als Sitz einer Edelfreien genannt[12].
In der Mehrzahl der Fälle, wo römische Befestigungen bis ins Mittelalter nutzbar blieben, wurden sie mittelfristig allerdings nicht zum Anknüpfungspunkt einer Adelsburg, sondern einer Stadt, wobei neben der Ausdehnung des Mauerringes vor allem die Lage an Handelswegen entscheidend gewesen sein dürfte. Dies gilt insbesondere für Straßburg, das sich wohl bis in die 2. Hälfte des 10. Jhs. ausschließlich hinter seinen römischen Mauern sicherte[13], für das 923 als *castrum* bezeichnete Zabern/Saverne[14] und wohl für das ähnlich gelagerte Selz[15]. Derartige Entwicklungen – einschließlich der Frage der »Bischofsburg« in Straßburg – werden hier schon aus Platzgründen nicht weiterverfolgt.

2. Grafenburgen

2.1 *Burcberck* – Purpurkopf

Für 974 wird in einer gefälschten Bulle des Papstes Leo IX. der *Burcberck* erwähnt, »auf dessen Gipfel die Burg (des Grafen Hugo) stand«[16], und zwar anläßlich einer Schenkung: das vom Grafen gegründete Kloster Altdorf erhält den Zehnten des Gebietes um die Burg. Die Lage der gräflichen Burg ist ungefähr bestimmbar, nämlich im weiteren Umkreis der Burg Girbaden, die 1137 im Besitz der Nachfahren des Grafen und in Verbindung mit der Vogtei von Altdorf erscheint[17], und auch nahe den Dörfern Grendelbruch und Barembach, deren Zehnt wohl zur Schenkung von 974 gehörte. Daß Girbaden selbst – heute eine bedeutende Ruine überwiegend des frühen 13. Jhs. – die Burg des 10. Jhs. sei, ist deswegen unwahrscheinlich, weil es ungefähr zur Zeit der Fälschung in den Quellen erscheint, aber eben mit seinem bis heute unveränderten Namen, während der Fälscher den Namen der Burg von 974 schon nicht mehr kennt (*Burcberck* = Berg, auf dem eine Burg steht)[18].
Vieles weist darauf hin, daß die Burg des 10. Jhs. gegenüber von Girbaden auf dem »Purpurkopf« stand, dessen Namen man von »Burgbergkopf« ableiten darf[19]. Denn dieser Gipfel trägt die Reste einer Befestigung, die man auch ohne den historischen Hintergrund am ehesten für frühmittelalterlich halten würde[20] (Abb. 2 und 3). Eine eiförmige Trockenmauer, ursprünglich etwa 2 m dick und außen rund 3 m hoch, mit Achsen von 155 m und 90 m, umzieht die Kuppe, mit einem »übergreifenden« Tor im Südwesten. Die weniger steile Westhälfte war wohl durch eine schwächere Vormauer gesichert, die an ein Felsenchaos gegen den südlichen Sattel anschließt. Im Inneren der Anlage, auf der höchsten Stelle, sind die Grundmauern eines Gebäudes erhalten, das im Lichten 14 m auf 6,70 m maß, bei etwa 2,20 m dicken, mörtellosen Mauern. Die Schuttmengen lassen trotz der Mauerdicke kaum ein gemauertes Obergeschoß zu; ein erdgeschossiger Eingang mag im Westen gelegen haben[21].

12 Vgl. Anhang: Nr. 23.

13 Eine bisher unveröffentlichte Grabung im Westgraben der spätrömischen Befestigung erbrachte die dendrochronologische Datierung von Pfählen, mit denen der Graben in der 2. Hälfte d. 10. Jhs. nochmals eingefaßt wurde (Vortrag des Ausgräbers H. Zumstein, Okt. 1987 in Freiburg, und von F. Petry, Okt. 1989, in Basel).

14 MGH SS III 379–80: *quoddam castrum in pagum Elisatium nomine Zabrena.*

15 Selz: J. J. Hatt, in: RA 93, 1954, 105–111, und ders., in: Etudes hagenauiennes N.S. 1, 1955, 9–26 (nur an einer Stelle ist durch Grabung gesichert, daß die mittelalterliche Mauer den gleichen Verlauf hatte wie die römische Kastellmauer). *Saloissa castrum* 609/10: RegA 7 Nr. 23; *castrum (castellum) quod dicitur Sels* 768: MGH SS I 146–7, 220, 335; RegA 125 Nr. 206. Auch Breisach, das von der Römerzeit bis ins 17. Jh. befestigt war, wird im Mittelalter wenigstens einmal dem Elsaß zugerechnet (Liutprand, Antapodosis, in MGH SS rer. germ. 16, 122). Daß die Befestigung von Lauterburg römische Ursprünge habe, ist bisher nicht hinreichend belegt (vgl. künftig B. Metz, in: L'Outre-Forêt 70, 1990/2). *Ratburg*, wohin 913 der Bischof von Straßburg flieht (RBS I 118), ist bisher nicht einmal lokalisiert.

16 Vgl. Anhang: Nr. 2.

17 NSD VII 97, Nr. 37; RBS I 462.

18 Dies wurde zuerst von C. Wilsdorf (Le château de Haut-Eguisheim, in: CAF 136, 1978 [ersch. 1982], S. 154–175, hier: S. 156) bemerkt.

19 J. Wimmer, Histoire de Grendelbruch..., 2. Aufl. Obernai 1975, S. 19–20.

20 Neueste Darstellung, mit Plan und Zitat der älteren Lit.: A. Kieffer, Note sur le Purpurkopf, in: CAAAH 20, 1977, S. 35–8.

21 Kieffer (Anm. 20) vermutet außerdem eine Quermauer.

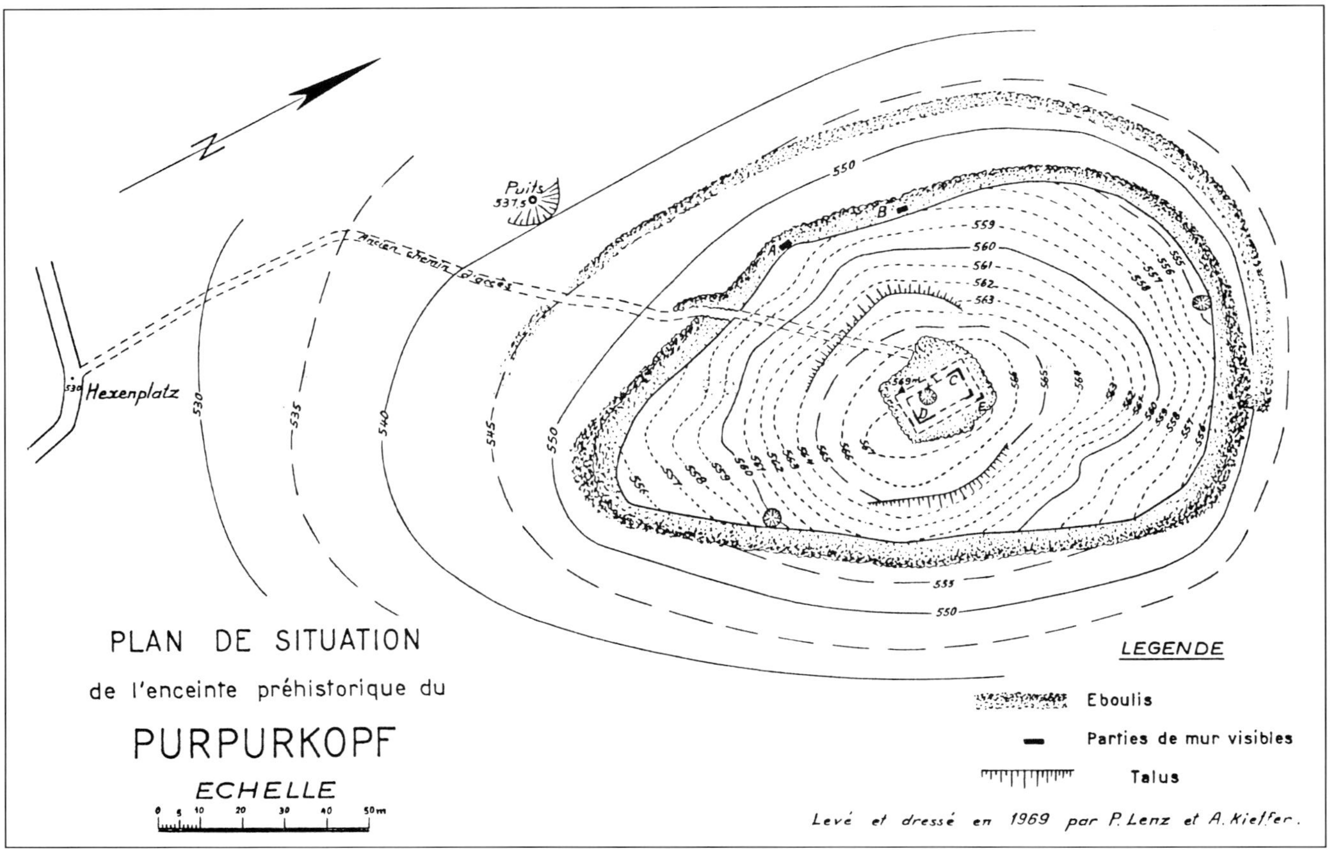

Abb. 3 Purpurkopf. Grundriß (Aufmaß Lenz/Kieffer 1969, in: CAAAH 1977).

Bezieht man die Gesamtform dieser Anlage einmal arbeitshypothetisch auf die spätere Entwicklung, so wird ihr besonderes Interesse sofort deutlich. Einerseits weist die weite Ausdehnung der Ringmauer in die Vergangenheit zurück: soviel Platz scheint nur als Fliehburg (oder befestigte Höhensiedlung)[22] sinnvoll nutzbar zu sein. Andererseits erinnert die Zentrierung auf das Haus an höchster Stelle schon deutlich an jene Turmburgen mit vergleichsweise eng umgebender Ringmauer, die wir heute für das 11./12. Jh. verschiedentlich nachweisen können (vgl. unten Abschnitte 6. und 7.), vielleicht auch schon etwas früher[23]. Daß aus dem steinernen Haus des Burgherren leicht sein Turm werden kann, dafür ist ja seit einigen Jahren der Grabungsbefund von Doué-la-Fontaine ein eindrucksvolles Beispiel – aber nicht das einzige[24]. Aus solchen Überlegungen ebenso wie aus der Quellenlage heraus wäre der Purpurkopf im Elsaß das wohl wichtigste Objekt für eine gezielte Grabung.

22 Vgl. etwa die »Heidenlöcher« bei Deidesheim (Pfalz), die in Form, Dimension und Bauart verblüffend ähnlich sind, aber ohne das mittlere Gebäude (R. v. Uslar, Studien zu frühgeschichtlichen Befestigungen zwischen Nordsee und Alpen, Köln u. Graz 1964 [Beihefte der Bonner Jahrbücher, Bd. 11], S. 141 f, m. Lit.).

23 Die namenlose Burg bei Caldern/Hessen (R. Gensen, Frühmittelalterliche Burgen und Siedlungen in Nordhessen, in: Ausgrabungen in Deutschland, gefördert von der Deutschen Forschungsgemeinschaft 1950–75, Bd. 1–4, Mainz 1975 [Römisch-Germanisches Zentralmuseum, Monographien, Bd. 1,1–4], Band 2, S. 313–337, hier: S. 331, Abb. 13) wurde vom Ausgräber aufgrund der Keramik als karolingisch eingeordnet; daran wird inzwischen erheblich gezweifelt, d. h. man hält derartige Keramik auch noch im 10./11. Jh. für möglich (frdl. Hinweis H. W. Böhme).

24 M. de Boüard, in: AM 3–4, 1973–74, S. 5 ff. (ein Abschlußbericht fehlt bisher). Auch einer der im Mauerwerk gut erhaltenen Türme von Hohenrätien/Hochrialt GR entstand durch Aufstockung eines Hauses mit Obergeschoß und Satteldach, das W. Meyer ins 11. Jh. setzt (O. P. Clavadetscher/W. Meyer, Das Burgenbuch von Graubünden, Zürich u. Schwäb. Hall 1984, S. 142–6).

2.2. (Hoh-)Egisheim

Die zeitgenössische Vita Leos IX., des Grafensohnes Bruno von Egisheim (geb. 1002, Papst 1048–54), erwähnt für die Zeit um 1015–17 eine Erkrankung des noch jugendlichen Bruno in der Burg: *apud nobile castrum Eginisheim nuncupatum*[25]. Wahrscheinlich war die Burg von seinen Eltern um 1000 erbaut bzw. zu ihrem namengebenden Stammsitz gewählt worden; denn dieselbe Vita erwähnt – ohne Datum (1006?) – die Errichtung des Hausklosters Woffenheim (Heilig Kreuz/Sainte-Croix-en-Plaine) bei der schon bestehenden Burg[26]. Auch nach der sicheren Ersterwähnung 1015/17 ist Egisheim die älteste eindeutige Adelsburg im südwestdeutschen bzw. alemannischen Raum – nämlich in dem Sinne, daß sie definitiv von der Besitzerfamilie bewohnt wurde[27]. Daß mit dem *castrum Eginisheim* aller Quellen bis ins mittlere 13. Jh. tatsächlich Hoh-Egisheim gemeint ist – nicht etwa die Burg im Ort Egisheim –, belegen Baubefund, Archäologie und die Nachrichten über die Pankratiuskapelle[28].

Der Burgberg von Hoh-Egisheim, eine der vordersten Vogesenhöhen, steht im Westen durch einen Sattel mit dem Hauptmassiv in Verbindung (Abb. 2 und 4). Sein Plateau, 140 m lang und bis zu 50 m breit, läuft südöstlich in eine Felsspitze aus. Grabungen, die seit 1910, vor allem 1964–68, durchgeführt wurden, haben Funde aus allen Epochen vom Neolithikum bis zur Hallstattzeit erbracht, ebenso Römisches[29]. Die Chance, eine so bedeutende Anlage systematisch zu erforschen, ist bei den Freilegungen und Restaurierungen 1964–68 aber leider verpaßt worden; die Grabungen blieben auf Teilbereiche beschränkt.

Ein ovaler Mauerrest in sauberem Kleinquaderwerk, 1964 unter der Nordwestecke der heutigen Nordburg ergraben, galt bisher als römisch[30]; jedoch könnte er auch dem 10. bis frühen 12. Jh. angehören. Wahrscheinlich handelte es sich um eine (innen verputzte) Zisterne, die nach dem Neubau der Ringmauer im 12. Jh. weiterbenutzt wurde. Eine weitere Mauerecke unter der Südwestecke der Nordburg dürfte gleichaltrig sein[31]. Beide Reste belegen, daß die Gesamtanlage vor den eingreifenden Umgestaltungen des mittleren 12. Jhs. mindestens im Norden und Nordwesten größer war als die dann entstehenden drei Burgen zusammen.

Nach dem Chronisten Wimpheling (1505)[32] hat Leo IX. auch die Pankratiuskapelle der Burg geweiht, was die Forschung akzeptiert hat, weil Leo mehrfach Kirchen weihte, die seiner Familie nahestanden, und weil das Patrozinium gerade durch die Reformen des 11. Jhs. verbreitet wurde; allerdings ist die Kapelle sonst erst 1461 erwähnt[33]. 1674 liegt sie *uff dem mittleren schloß*[34] und wird entsprechend mit einem Raum an der Südostecke der Mittelburg identifiziert, von dem nur restaurierte Mauerreste erhalten sind[35]. 1966 wurden hier ockerfarbener Putz (und Apsisreste?) gefunden, wie auch (noch unpublizierte) Spolien des mittleren 12. Jhs.; diese belegen einen Neubau der Kapelle als Gewölbebau.

25 Vgl. Anhang: Nr. 4. Grundlegend C. Wilsdorf, Le château de Haut-Eguisheim jusqu'en 1251 (Régestes), in: RA 106, 1980, S. 21–36, und seine in Anm. 18 genannte Arbeit.

26 Wilsdorf, Régestes (Anm. 25), Nr. 3; zum Zusammenhang der Errichtung einer namengebenden Adelsburg und eines Stammklosters vgl. K. Schmid, Zur Problematik von Familie, Sippe und Geschlecht, Haus und Dynastie beim mittelalterlichen Adel, in: ZGO 105, 1957, S. 1–62, und H.-M. Maurer, Die Entstehung der hochmittelalterlichen Adelsburg in Südwestdeutschland, in: ZGO 117 (N.F. 78), 1969, S. 297–332.

27 Jedenfalls sind alle Beispiele bei Maurer, Entstehung (Anm. 26), jünger.

28 So auch Wilsdorf, Haut-Eguisheim (Anm. 18).

29 Zusammenfassend H. Zumstein, Les hauts d'Eguisheim durant la préhistoire, in: Bulletin de l'Association pour la restauration et la conservation des châteaux du Canton de Wintzenheim, Nr. 6, 1968 (für die Beschaffung dieser schwer erreichbaren Publikation danke ich C. Wilsdorf).

30 Zumstein, Hauts (Anm. 29) und J. M. Gall, Résultat des fouilles archéologiques effectuées aux trois châteaux d'Eguisheim (1964–65), in: AC 17, 1967, S. 12–15.

31 H. Zumstein, Rapport sur les fouilles exécutées à Haut-Eguisheim en Juillet 1965, in: O.T. 20, 1966, S. 15–20; Ch.-L. Salch, Haut-Eguisheim – Fouille de l'angle sud-ouest du Dagsbourg (Château-Nord), in: dorts., S. 21–24.

32 J. Wimpheling, Epithoma Germanorum, Straßburg 1505, Bl. 13b; gleichlautend ders., Epitome rerum germanicarum, Neudruck Straßburg 1562, Kap. 126 (richtig: 26), Bl. 22b; zit. in AI II 72 und Wilsdorf, Régestes (Anm. 25), Nr. 9.

33 1461: A. Scherlen, Die Herren von Hattstatt und ihre Besitzungen, Colmar 1908, S. 164 m. Qu.; danach Wilsdorf, Régestes (Anm. 25), Nr. 9. Vgl. C. H. Brakel, Die vom Reformpapsttum geförderten Heiligenkulte, in: Studi Gregoriani 9, 1972, hier: S. 264.

34 Wilsdorf, Haut-Eguisheim (Anm. 18), S. 168 f.

35 Zuerst im Bulletin de l'Association ... (Anm. 29), Nr. 4, 1967, S. 22.

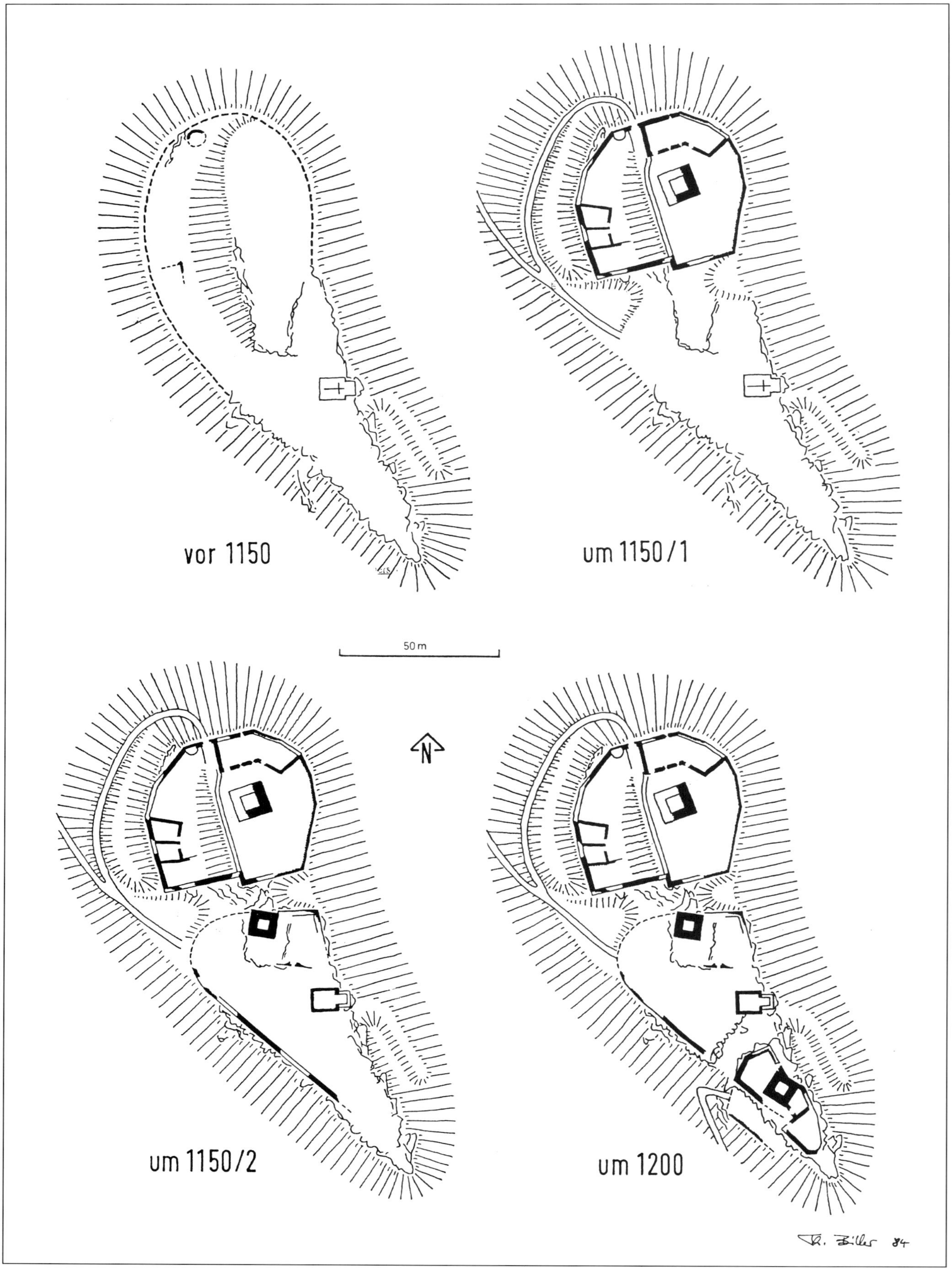

Abb. 4 Hoh-Egisheim. Entwicklungsphasen bis um 1200 (Th. Biller).

Im mittleren und späten 12. Jh. findet ohnehin die einschneidende Umgestaltung der Burg statt, die ihre heutige Gestalt schuf: drei in sich abgeschlossene, durch ihre Bergfriede monumental markierte Burgen (Abb. 4 und 16). Nach den Baubefunden entstand zunächst die Nordburg, deren Ringmauer in hammerrechtem Kleinquaderwerk direkt auf die erwähnten älteren Baureste aufsetzt. Eine erhaltene Buckelquaderringmauer im Westen, die sich auf den Bereich der Mittel- und Südburg beschränkt, definiert eine zweite, südliche Anlage, die im weiteren Verlauf ihrerseits zweigeteilt wird. Der Turm der Nordburg, auf deren Bauform und Datierung zurückzukommen ist, konnte dendrochronologisch auf »1147 ± 10« datiert werden, womit die übrigen Bauformen gut übereinstimmen (vgl. unten Abschnitt 6.). Historisch drängt sich daher der Bezug zu dem zwischen 1143 und 1187 eingetretenen Erbfall des Grafen Ulrich von Vaudémont-Egisheim auf. Bei diesem blieb der Nordteil der Gesamtburg im Besitz der Dagsburger, die hier dann offenbar die heutige Nordburg errichteten[36]. Der Bergfried der heutigen Mittelburg und die zugehörige Buckelquaderringmauer im Westen sind als die Reaktion der anderen Erben der Grafen von Pfirt auf diesen isolationistischen Akt zu verstehen.

Die Grafen von Pfirt dürften schon im Jahre 1100 über eine Burg auch in Pfirt selbst verfügt haben: in diesem Jahr wird eine (verlorene) Urkunde[37] *in strata publica circa castrum Ferretis* gegeben. Ob damit eine nachweisbare Motte im Dorf Alt-Pfirt[38] gemeint war, oder schon eine Anlage anstelle der günstig liegenden Felsenburg Hohenpfirt, bleibt offen. Hohenpfirt ist vor allem im 15./16. Jh. weitestgehend neugestaltet worden; größere archäologische Untersuchungen fehlen bisher[39].

2.3. Butenheim

Die Burgstelle Butenheim, die 20 km nördlich von Basel im Aubereich des Rheins liegt, wird seit 1982 von J. Burnouf im Rahmen eines französischen Forschungsprogrammes für Erdbefestigungen ergraben. Dabei sind die Erkenntnisse über die hoch- und spätmittelalterlichen Ausbauphasen der Burg bisher wesentlich detaillierter als der Wissensstand über ihre Anfänge, deren Spuren unter hohen Aufschüttungen liegen[40].

In einer ersten Phase sicherte man eine Kiesbank zwischen Nebenläufen des Rheins durch einen etwa 4 m tiefen Spitzgraben und eine Umwallung; der anfänglich recht unbedeutende Wall wurde zweiphasig erhöht und verbreitert. Innerhalb dieser Umwallung entstand später eine Steinburg, von der die polygonale Ringmauer und ein frei darin stehender, im Grundriß unregelmäßiger Turm teilweise festgestellt sind. Das Auftreten einzelner Buckelquader im Bruchsteinwerk dieser Teile erlaubt keine Datierung, die vor das mittlere 12. Jh. zurückgeht. Der noch gut erkennbare Außenwall entstand wohl erst mit dieser Anlage (?). Westlich der Kernburg, durch einen schmalen Wasserlauf getrennt, lag ein noch nicht näher erforschter Vorhof, dreimal so groß wie die Kernburg mit ihren Gräben.

Erst im Spätmittelalter folgte auf die Zerstörung dieser ersten Steinburg eine »Einmottung«, d. h. eine hohe Auffüllung innerhalb neuer Stützmauern zum Graben hin. Auf der so geschaffenen Plattform entstand dann ein völliger Neubau, und schließlich, schon im 16. Jh., ein mehrflügeliger Neubau um einen gepflasterten Innenhof.

36 Wilsdorf, Régestes (Anm. 25), S. 34–36. Bei der ersten Erwähnung der Dreiteilung von Hoh-Egisheim (1251) gehört die Nordburg dem Bischof von Straßburg, der sie 1226 aus der Erbmasse der Grafen von Dagsburg erhalten hat. Die beiden anderen Burgen gehören gemeinsam dem Grafen von Pfirt, der diesen Südteil der Gesamtanlage vor 1187 von den Vaudémont-Egisheim geerbt hatte. Dies alles geht letztlich auf eine Erbteilung nach dem Tode des 1049 erwähnten Grafen Heinrich zurück und kann hier seiner Kompliziertheit halber nicht im einzelnen abgeleitet werden.

37 Vgl. Anhang: Nr. 8.

38 Vgl. Metz, Mottes (Anm. 11), S. 71.

39 Der Bergfried im unteren Burgteil, der auch als solcher zu den ältesten Teilen der Anlage gehören dürfte, ummantelt offenbar einen älteren, dünnwandigen Bau, der aber nicht datierbar ist (vgl. etwa Lützelburg/Zorn).

40 Butenheim, une motte castrale en Alsace – bilan de quatre campagnes de fouilles archéologiques, hg. v. J. Burnouf, 1986 (Annuaire de la Soc. d'Hist. sundgauvienne, No. spécial), mit Beiträgen von B. Metz, J. J. Schwien, J. Burnouf u. a. Für die Grabungen 1986 vgl. Notiz »Butenheim« in EM 4, 1986/87, S. 180–182.

Das besondere historische Interesse von Butenheim liegt darin, daß hier schon 1111 nachweislich ein Wohnsitz der Grafen von Habsburg lag: in diesem Jahr wurde der Graf Otto *in domo sua Butenheim* ermordet[41]. B. Metz hat die Bedeutung des Wortes *domus* in dieser Frühzeit reflektiert und kommt zu dem Ergebnis, daß damals auch eine Burg so genannt worden sein mag, wenn sie in der Ebene lag, weil der Begriff *castrum* wahrscheinlich an den sehr viel statusträchtigeren Höhenburgen hing. Mit der frühen Gestalt von Butenheim, mit Graben und schwachem Wall, ist diese Bezeichnung also durchaus vereinbar – wenn man auch auf Grund der Grabung gerade die frühen Phasen bisher nicht datieren konnte. Die historischen Fakten lassen es jedenfalls zu, im Butenheim des 11. Jhs. und frühen 12. Jhs. einen Sitz der Habsburger zu sehen, ob nun burgartig oder unbefestigt. Damals gab es zwei Linien der Dynastie, die auch zwei »Hausklöster« bei jeder der Burgen gegründet hatten (Muri, Ottmarsheim). Daß es die Habsburg war, nach der das Geschlecht sich nannte, mag von ihrer statusträchtigeren Höhenlage kommen, und auch davon, daß Ottmarsheim nur ein Frauenkloster war; zudem starb die »Butenheimer Linie« früh aus.

2.4. Lützelburg/Zorn, Hüneburg, Dagsburg

Peter, ein Sohn des Grafen Friedrich von Mömpelgard, Markgrafen von Susa (Piemont), kommt nach dem Tode seines Vaters 1092 ins Elsaß zurück. 1133 ist er, nach einer Gründungsbestätigung für das Kloster St. Walburg, bereits verstorben[42]. Eine Aufzeichnung des Klosters Maursmünster, die um 1143/45 geschrieben wurde, erwähnt den Grafen Peter mit dem Zusatz: »der auf unserem Gebiet auf der Burg namens Lützelburg saß« *(qui infra terminum nostrum in castro cui nomen Lucelenburc ... consederat)*[43].
Die *Lützelburg* (Abb. 2) liegt auf einem Felssporn von beachtlichen Ausmaßen (120 m × 90 m)[44]; umfangreiche Ruinen des Hoch- und Spätmittelalters werden heute von zwei Bergfrieden der 2. Hälfte des 12. Jhs. dominiert, ein dritter an der Angriffsseite ist nur in Erdgeschoßhöhe erhalten. Dieser dritte Turm ist baugeschichtlich von besonderer Bedeutung, denn er entstand durch Ummantelung eines älteren Torturmes. Die Oberflächenbearbeitung seiner Quader – gepickte und fischgrätenartige Musterung – erinnert an das wohlbekannte »salische« Mauerwerk bestimmter pfälzischer Burgen, insbesondere von »Schlössel« bei Klingenmünster[45]. Aus diesem Vergleich heraus kann der Torturm durchaus noch vor das mittlere 11. Jh. datiert werden, auch wenn man hier eine gewisse Spannweite der Datierung gelten lassen sollte. Durch die Lage des Turmes am Halsgraben, nahe am Felsabsturz, ist belegt, daß die Burg des 11. Jhs. schon die Dimensionen der später mehrfach unterteilten Gesamtanlage hatte. Über ihre weitere frühe Bebauung aber wissen wir auch hier nichts[46].
Die *Hüneburg* ist in zeitgenössischer Quelle zuerst 1125 belegt[47], jedoch nennt ein Hirsauer Schenkungsverzeichnis schon zu 1109 *Volmarus comes de Humburg* oder *Huniburg*, wobei die Identifikation von Hüneburg und *Huniburg* zweifelhaft bleibt[48]. Auch der Bauplatz der Hüneburg, eine Sandsteinplattform mit allseitigen Überhängen, fällt durch beachtliche Größe auf. Nachdem dort in den dreißiger Jahren unseres Jahrhunderts eine umfangreiche Neubebauung in »mittelalterlichen« Formen entstanden ist, kann selbst der Zustand des 12./13. Jhs. nur noch aufgrund (unveröffentlichter) Aufzeichnungen aus der Zeit des Neubaues erschlossen werden; die hochmittelalterliche Burg beschränkte sich

41 Acta Murensia, hg. v. M. Kiem (Quellen zur Schweizer Geschichte III/3, 1883, 40); dazu B. Metz, Les origines de Butenheim et les Habsburg: hypothèses et certitudes, in: Butenheim (Anm. 40).

42 NSD VII 75 Nr. 28; RBS I 451.

43 Vgl. Anhang: Nr. 11; vgl. auch A. Hanaver, Les constitutions des campagnes de l'Alsace au moyen âge, recueil de documents inédits. Paris 1864, S. 57.

44 H. Zumstein, Remarques archéologiques sur le château de Lützelbourg, in: PA 1973, 82/83, S. 25–28; ders., Die Lützelburg bei Pfalzburg in romanischer Zeit, in: Les Vosges, 1969/1, S. 9–12.

45 G. Stein, Das »Schlössel« bei Klingenmünster, zur Baugeschichte einer salischen Turmburg, in: Mainzer Zeitschrift 67/68, 1972/73, S. 108–17.

46 Erwähnt sei, daß die Grafen von Lützelburg spätestens 1141 (MGH DD IX 100) über eine weitere Burg verfügen, nämlich den Falkenstein; diese typische Felsenburg ist noch nicht näher untersucht, zeigt aber wohl keine Bauteile dieser Zeit mehr.

47 Vgl. Anhang: Nr. 10.

48 WUB I 338 Nr. 267. K. Stenzel, Hirsau und Alspach, in: ZGO 78, 1926, S. 30, Anm. 9, verändert die übliche Lesung *Humburg* in *Huniburg*, ohne Gründe anzugeben.

offenbar im wesentlichen auf einen kleinen Teil der Plattform. Stärker noch als bei den anderen bisher behandelten Grafenburgen muß man im Falle der Hüneburg an die Entwicklung aus einer frühen Fliehburg denken, denn die Lage im Herzen eines geschlossenen Waldgebietes, fern jeder Besiedlung und ohne Sichtkontakt zur Rheinebene, scheint für eine solche ganz besonders geeignet.

Schließlich gehörte auch die *Dagsburg*, zuerst 1091 erwähnt[49], zu den frühen gräflichen Burgen. Von ihr kennen wir, über zwei Ansichten des 17. Jhs.[50], lediglich jene Gestalt, die sie wahrscheinlich in der 2. Hälfte des 12. Jhs. erhalten hat: eine turmlose Ringmaueranlage, die sich auf die kaum angreifbare Felsenlage stützt. Erinnert dies durchaus an Burgen wie Hüneburg oder auch Hohenburg/Odilienberg, so entsprechen die geringe Größe, die landschaftlich beherrschende Lage und der Bezug zu einer Straße hier schon ganz den Charakteristika einer Hochadelsburg in staufischer Zeit[51].

3. Andere frühe Burgen

3.1. Die ottonische Pfalz Erstein

Neben den Burgen in gräflichem Besitz, die die bei weitem geschlossenste Gruppe im historisch definierten Material sind, werden bis zum frühen 12. Jh. noch einige weitere Anlagen greifbar, die ihrer Lage und Bauform nach zu den Vorgängern der späteren Adelsburgen gehören könnten, deren Erbauer aber anderen Adelsschichten angehörten oder völlig unbekannt sind.

In erster Linie ist hier die Kaiserpfalz in Erstein zu nennen, die zuerst 953 erwähnt ist: *in Herenstein palatio*[52]. 999 gibt die Kaiserin Adelheid drei Urkunden *infra castrum qui dicitur Arstena* bzw. *Asterna*[53]. Daß die Pfalzen im 10. Jh. befestigte und ständig bewohnte Anlagen waren, ist auch durch jüngere Grabungen im nord- und mitteldeutschen Raum belegt (Werla, Tilleda). Im Falle von Erstein ist die genaue Lage der Pfalz innerhalb der heutigen Stadt bisher unbekannt; bei der topographischen Situation wird das Wasser der Ill die wichtigste Rolle in der Verteidigung gespielt haben. Die Identifikation mit einer angeblichen Landgrafenburg des 14. Jhs.[54], und erst recht mit dem Renaissanceschloß der Zorn von Bulach[55], ist zwar unbelegt, mag aber bezüglich der ungefähren Lage südöstlich der späteren Stadt, im Bereich des nach 1400 befestigten Dorfes, etwas für sich haben, denn die ähnlich nahe an der Ill liegende spätere Stadt knüpfte unverkennbar an das 849 gegründete Damenstift an. Archäologische Befunde zur Frage der Pfalz fehlen bisher.

3.2. Die »Ottrotter Schlösser«

Neuere Grabungsbefunde liegen von den »Ottrotter Schlössern« auf einem nördlichen, die Rheinebene beherrschenden Ausläufer des Odilienbergmassivs vor; sie sind erst teilweise veröffentlicht[56]. Die beiden Burgruinen des 12./13. Jhs. sind eines der besonders monumentalen Ensembles im elsässischen Burgenbau[57]; zusammen mit ihren Gräben und dem freien Gelände zwischen diesen nehmen sie insgesamt eine Fläche von rund 150 m Länge und bis zu 50 m Breite ein.

49 Vgl. Anhang: Nr. 7.

50 M. Zeiller/M. Merian, Topographia Alsatiae, Frankfurt 1644 (2. Aufl. 1663), nach S. 12 (der erste der drei Stiche zeigt irrtümlich Vianden/Luxemburg).

51 Die Burg Thannweiler wäre nach einer Nachricht von erst 1326 (Chronik des Dominikaners Jean de Bayon, auszugsweise in H. Belhomme, Historia Mediani monasterii, 1724, S. 254–5, auch in A. Calmet, Histoire ... de Lorraine, 1. Aufl. 1728, II, preuves, Sp. 77) im Jahre 1089 von den Grafen des Nordgaues erbaut worden. Weitere Nachrichten, die auf so frühe Existenz weisen, fehlen allerdings; Thannweiler ist ein gut erhaltenes Renaissanceschloß ohne erkennbare ältere Substanz.

52 MGH DD I 244 Nr. 162.

53 Vgl. Anhang: Nr. 3.

54 Die Vermutung einer Burg in Erstein (R. Friedel, Geschichte des Fleckens Erstein, 1924, passim) knüpft allein an den Namen eines Stadttores an, nämlich an das »Kirschburgtor«; der Namensbestandteil »-burg« meinte hier aber, wie in vielen vergleichbaren Fällen, die Stadt.

55 So zuletzt Himly, Atlas.

56 D. Fèvre, Ottrott, château de bois, château de pierre – XIe et XIIe siècles, Strasbourg 1988 (Selbstverlag des »Centre d'Archéologie Médiévale«) (Chantiers d'études médiévales, No. 15), m. unvollst. Lit.

57 Th. Biller, Die »Ottrotter Schlösser«, in: BuS 1973/II und 1975/II, m. d. älteren Lit.

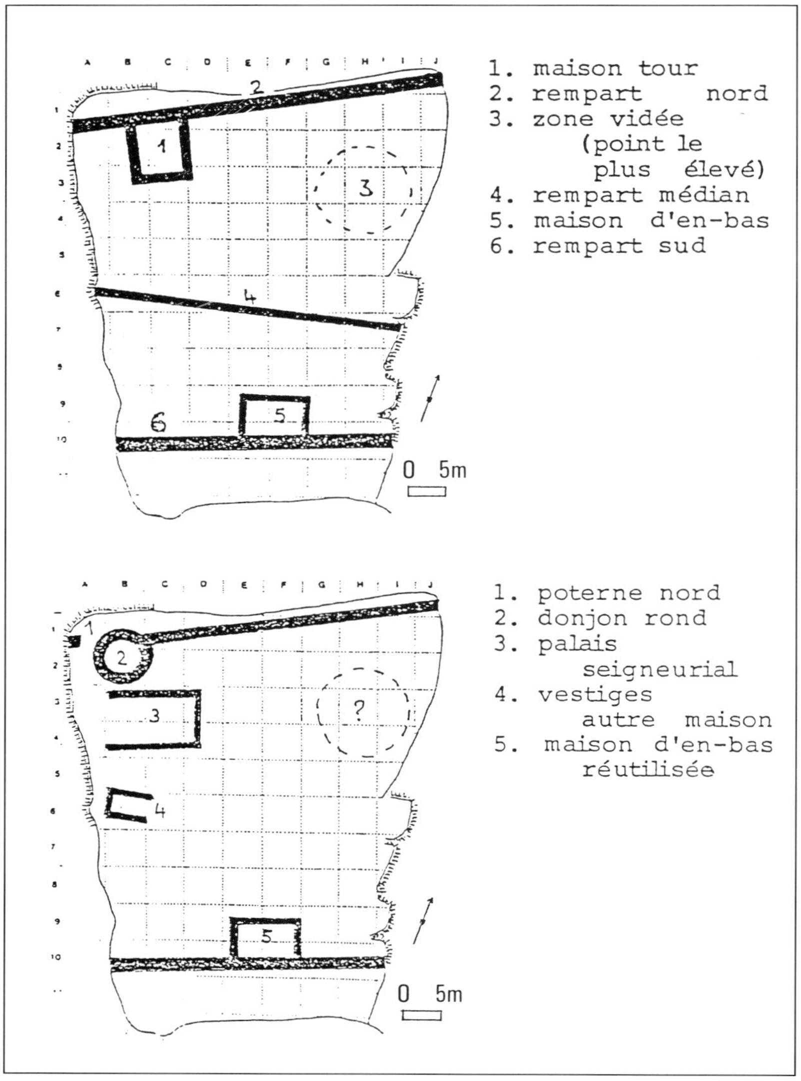

Abb. 5
»Ottrotter Schlösser«. Grabungsergebnisse auf dem Gelände zwischen den Burgruinen Rathsamhausen und Lützelburg. Oben Bestand im frühen 12. Jh., unten Bestand im mittleren 12. Jh. (Fèvre, Ottrott [Anm. 56]).

Grabungen auf eben diesem Gelände zwischen den Burgen brachten 1985/87 eindeutige Hinweise auf eine frühe Gesamtanlage, die offenbar den gesamten Sporn einnahm[58] (Abb. 2 und 5). Die älteste Ringmauer aus dem 11. Jh. – dem letzten Drittel?[59] – war eine 2 m dicke Trockenmauer aus Bruchstein in teils sehr großen Stücken. Sie schützte hölzerne Bauten, deren Dimension in keinem Falle mehr erkennbar war; Getreidereste lassen Speicher erahnen[60].

Auf einen vernichtenden Brand folgte im 1. Viertel des 12. Jhs. eine Erneuerung mit gemörtelten Ringmauern, an die sich zwei ebenfalls gemauerte Gebäude anlehnten; der Mauerverband ist noch immer höchst unregelmäßig. Die Ringmauer folgt nördlich und südlich der felsigen Hangkante; sie ist später durch die beiden Gräben der hochmittelalterlichen Burgen unterbrochen worden. Ein Anfang der 70er Jahre ergrabenes Mauerstück unter der Burg Rathsamhausen[61] belegt spätestens für diese Phase die bauliche Einheitlichkeit der Gesamtanlage, in der es allerdings Unterteilungen unbekannter Funktion

58 Fèvre (Anm. 56).

59 Die Datierung ins 3. Drittel des 11. Jhs. findet sich in der Zusammenfassung von Fèvre (Anm. 56), S. 88, während zuvor stets nur vom 11. Jh. die Rede ist.

60 An Funden nennt Fèvre (Anm. 56) zwei Hufeisen und zahlreiche Scherben, die aber erst sehr unvollständig veröffentlicht sind.

61 D. Fèvre/J. Burnouf, Traces d'occupation des XIe et XIIe siècles au château de Rathsamhausen-Ottrott, in: ADBO 8, 1974, 97–104.

gab, wie die Reste einer gemörtelten Stützmauer belegen[62]. Im nördlichen, höhergelegenen Teil lehnte sich ein Bau von etwa 6 m × 7 m an die im gleichen Zuge errichtete Ringmauer, mit über 1 m dicken Wänden und einem Lehmboden; er dürfte mindestens ein Obergeschoß gehabt haben[63]. Ein zweites, sekundär an die südliche Ringmauer gelehntes Gebäude – 7,80 m × 4,80 m mit bis zu 80 cm dicken Wänden – war sicherlich nur erdgeschossig und von untergeordneter Funktion.
In der dritten Phase entstanden anstelle des nördlichen Hauses, auf bzw. neben der weiterbenutzten Ringmauer, ein runder Bergfried und ein großer Wohnbau. Der Bergfried von 8 m Durchmesser mit 2 m dicken Mauern besaß Quaderschalen. Von der äußeren waren noch fünf etwa quadratische Buckelquader mit schmalem Randschlag und breiten Mörtelfugen erhalten, von der inneren einige Buckel- und Glattquader; das Verlies war gepflastert (!). Neben dem Turm entstand eine Poterne in der älteren Ringmauer. Von dem gleichzeitigen Bau neben dem Turm, der mindestens 8 m breit und 12 m lang war, blieben nur Reste zweier Wände, die Schalen aus relativ sauber versetzten, aber kaum bearbeiteten, plattenartigen Steinen besitzen. Besonders wichtig ist hier der Fund eines Würfelkapitells, monolithisch mit dem Schaft, der Größe nach zu einem Fenster gehörig; seine Formen seien mit dem Kreuzgang von Eschau (um 1130) oder mit Epfig (um 1150) vergleichbar[64]. Auch die Keramik weist nach Fèvre auf eine Datierung der dritten Phase ins mittlere 12. Jh. hin. Der Bergfried – dessen Technik durchaus ins mittlere 12. Jh. paßt – ist damit der einzige runde Bergfried des Elsaß, der belegbar vor 1200 entstanden ist[65], und auch der Bau daneben ist von besonderem Interesse: nach Mauerdicke, Ausmaßen und Ausstattungsresten muß es sich um einen erdgeschossigen, repräsentativen Hallenbau gehandelt haben, für den es im Elsaß bisher keinen Vergleich gibt – wohl aber auf der Frohburg (Schweiz, Kt. Solothurn), wo eine derartige Halle ins mittlere 11. Jh. gehört[66].
Der Graben, der heute als Halsgraben der östlichen Ruine Lützelburg erscheint, und eine Mauer auf seiner Westkante sind nach Einschätzung der Ausgräber schon im frühen 13. Jh. entstanden, d. h. wohl einige Jahrzehnte vor der Entstehung der Lützelburg selbst, die aus stilgeschichtlichen Gründen eher in die Mitte bis 2. Hälfte des 13. Jhs. gehört; freilich sind in ihr Fundamente eines runden Buckelquaderbergfrieds[67] sichtbar, der älter als diese Anlage sein muß. Bedenkt man, daß im späten 12. Jh. im Westteil der alten Gesamtanlage jene kleine Wohnturmburg entsteht, die der Kern der heutigen Ruine Rathsamhausen ist[68], so wird hier knapp vor bzw. um 1200 der Aufteilungsprozeß der großen Anlage greifbar, der unmittelbar an Hoh-Egisheim erinnert. Offenbar entstanden zunächst an den beiden Enden der weitgedehnten Ringmauer neue, kleinere Burgen, so daß der Mittelteil quasi übrigblieb und sich beidseitig durch neue Mauern sichern mußte; denn auch an der Westseite wurde ein schwer einzuordnender Rest einer Nord-Süd-Mauer freigelegt.
Leider fehlen uns für diesen archäologisch und baulich faßbaren Vorgang alle Schriftquellen, die den historischen Hintergrund beleuchten könnten. Mag man mindestens eine der erhaltenen Burgen der klassischen Zeit den 1196 auftretenden Herren von Lützelburg zuweisen, so bleibt doch völlig offen, wer Bauherr der ins 11. Jh. zurückgehenden Gesamtanlage gewesen ist. Aufgrund von Alter und Dimension möchte man auch hier wieder an eine gräfliche (Flieh-)Burg denken, die später vom lokalen Adel in Besitz genommen und aufgeteilt wurde – aber das wird vermutlich immer These bleiben.

62 Fèvre (Anm. 56), S. 69, hält diese Mauer für verteidigungsfähig und weist sie einer Art »Kernburg« im Norden zu; beides scheint nicht hinreichend gesichert.

63 Der Vergleich mit den romanischen Häusern in Rosheim liegt aufgrund der Dimension nahe; jedoch waren diese freistehende Bauten im Siedlungszusammenhang, die nicht vor der Mitte des 12. Jhs. in bester Quadertechnik errichtet wurden.

64 Keine Abbildung des Kapitells bei Fèvre (Anm. 56), so daß dazu keine eigene Einschätzung gegeben werden kann.

65 Der Bergfried der Frankenburg ist gelegentlich vor 1200 datiert worden, jedoch ohne Beweisführung; seine Buckelquadertechnik zeigt jedenfalls, daß er – wie sein enger Verwandter auf Rathsamhausen – eine sekundäre Zufügung zu einer bestehenden Burg ist. Beide Türme wird man in die 1. Hälfte des 13. Jhs. datieren müssen.

66 Vgl. bisher W. Meyer, Die Holzbauten auf der Frohburg, einer hochmittelalterlichen Dynastenburg, in: CG 8, 1977, S. 247–68.

67 Mit den beiden erhaltenen Bergfrieden von Rathsamhausen und Lützelburg sind auf diesem Bergsporn demnach nicht weniger als vier runde Bergfriede nachgewiesen, deren Entstehungszeit vom mittleren 12. Jh. bis mindestens zum mittleren 13. Jh. reicht – ein wohl einzigartiger Fall. Von meiner früheren Annahme, das Fundament in der Lützelburg sei erst ein Produkt des 19./20. Jhs., distanziere ich mich (Biller, Ottrotter Schlösser, Teil 1 [Anm. 57]).

68 Vgl. Biller, Ottrotter Schlösser, Teil 2 (Anm. 57).

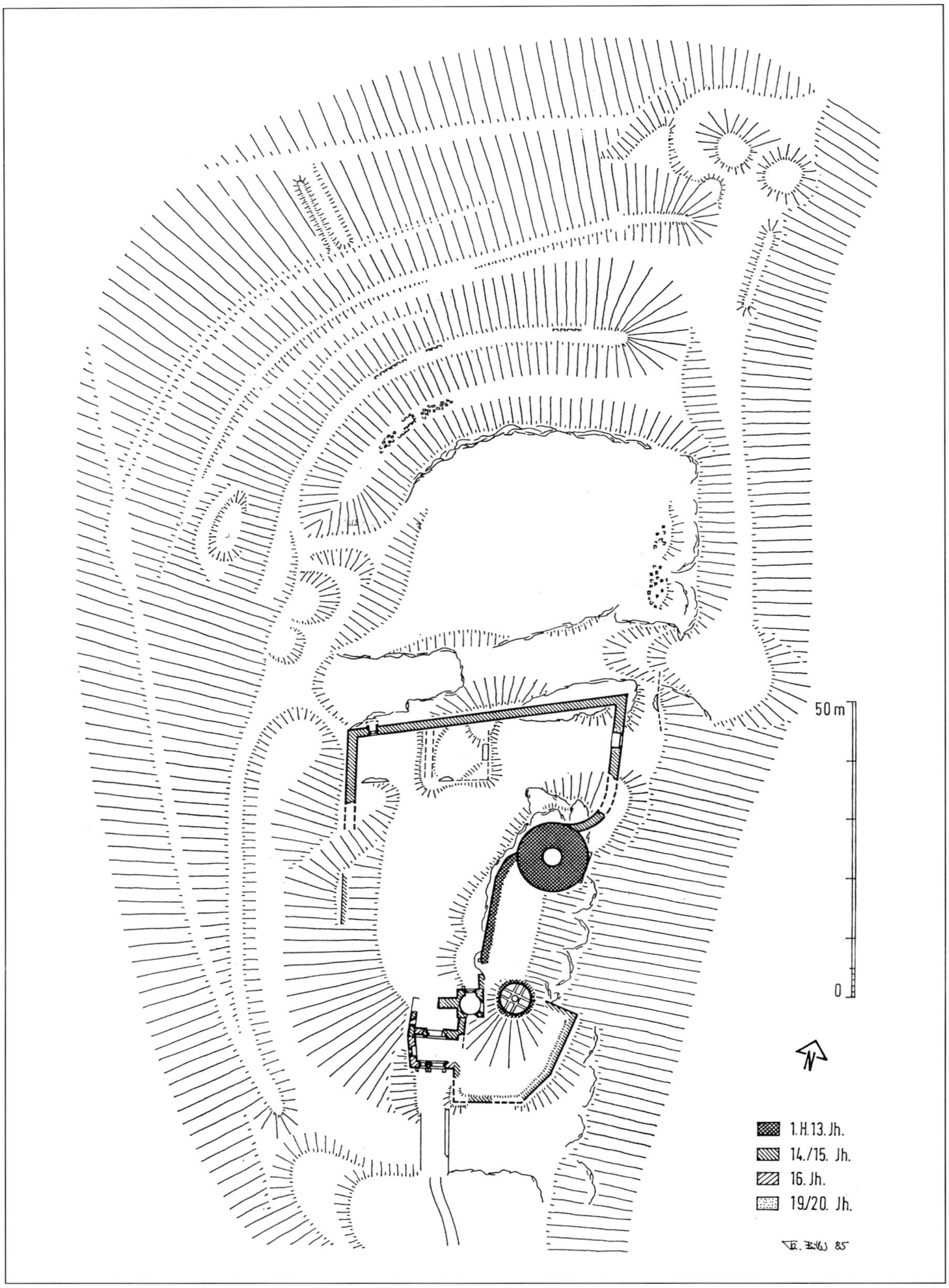

Abb. 6 Hohrappoltstein. Baualterplan (Th. Biller unter Verwendung des Grundrisses von B. Ebhardt; Wälle und Gräben unmaßstäblich).

3.3. *Reginbaldi petra* – Rappoltstein

1038 wurde der Graf Gerhard von Egisheim im Kampfe getötet; sein Gegner war »Reginbald von der Burg, die Reginbalds Stein genannt wird« (*Reginbaldum de castello quod ... Reginbaldi petra dicitur*)[69]. 1084 wird *castellum Rapoldestein* von Kaiser Heinrich IV. dem Bischof von Basel übergeben, 1114 wird es von Heinrich V. wieder eingezogen, 1162 von Barbarossa zurückgegeben[70]. Da die heute als bedeutendste der drei Rappoltsteiner Ruinen erhaltene Burg St. Ulrich seit dem 14. Jh. als Basler Lehen erscheint[71], ist sie ganz gewiß die 1084 nachweisbare Burg. St. Ulrich, auf einer Felsgruppe am Berghang liegend, enthält auch die ältesten Baureste aller Rappoltsteiner Burgen, die jedoch über das 12. Jh. nicht zurückgehen (vgl. Abschnitt 7.).

Ein irritierender Faktor ist jedoch die auf dem Berggipfel liegende Burg Hohrappoltstein, und zwar nicht nur aufgrund des Namens und der beherrschenden Lage, sondern auch deswegen, weil sie von älteren Wall- und Grabenanlagen umgeben ist (Abb. 2 und 6). Hohrappoltstein, das zudem im Mittelalter »Altenkastel« (= alte Burg) genannt wurde, wird jedoch erst 1254 genannt, was mit seinen frühesten Bauteilen aus der 1. Hälfte des 13. Jhs. gut übereinstimmt[72]. Wohl seit 1291, dann aber eindeutig seit dem 14. Jh. nachweisbar ist die Burg bambergisches Lehen[73] – was in so enormer Entfernung von Bamberg im Grunde nur erklärlich ist, wenn die Burg schon zu den Schenkungen Heinrichs II. bei der Gründung des Bistums Bamberg (1007) gehört hat.

Weitgehend hypothetisch kommt man daraus zu folgender Entwicklungsvorstellung. Um 1000 liegt auf dem Berggipfel eine in allem etwa 150 m × 80 m große Befestigung, die nach Lesefunden bis in die Eisenzeit zurückreichen mag[74]. Von ihr können wir nach Einbau der hochmittelalterlichen Burg nur noch die nördliche Hälfte im Gelände beurteilen, wobei im einzelnen schwer zu sagen ist, welche Teile der Trockenmauerreste, Wälle und Gräben so alt oder älter sind, welche erst mit der Burg der 1. Hälfte des 13. Jhs. entstanden. Besonders interessant scheinen jedenfalls Reste eines Zangentores am Ostende des mittleren Walles. Diese Anlage war wohl im Reichsbesitz und wird vermutlich 1007 dem Bistum Bamberg geschenkt, ohne daß wir wüßten, welche Funktion sie damals hatte und ob sie überhaupt noch in Gebrauch war.

Knapp 30 Jahre danach erfahren wir von einer anderen Burg in geringer Entfernung, die einem Edelfreien gehört; er ist der früheste bekannte Vertreter der später einflußreichen Familie der Herren von Rappoltstein. Sollte die Neugründung, soll die vermutliche Vasallenfamilie der Rappoltsteiner den salischen Kaisern die nicht an Bamberg geschenkten Reichsgüter sichern? Man mag es vermuten, aber die Beweise fehlen.

Auf der Felsgruppe, die die jüngere Burg trägt, entsteht jedenfalls um die Mitte des 12. Jhs. ein steinerner Wohnbau, der heute zu den wichtigsten Hinterlassenschaften dieser Zeit im Elsaß zählt[75]. Später entsteht aus dieser noch sehr begrenzten Steinburg die ausgedehnte Burg St. Ulrich, eine der bedeutendsten Burgen des Elsasses (vgl. unten Abschnitt 7.). Zudem gründen die Rappoltsteiner bis ins mittlere 13. Jh. zwei weitere Burgen in unmittelbarer Nähe, eine davon in der alten, nun baulich wertlosen Befestigung auf dem Berggipfel.

69 Vgl. Anhang: Nr. 5.

70 RUB I 5 Nr. 7 (1084), 7 Nr. 8 [= MGH DD VI/2 470 Nr. 356] (1114), 35–36 Nr. 24 [= MGH DD X/2 233 Nr. 371] (1162).

71 Zuerst 1371: RUB II 66 Nr. 89.

72 RUB I 87 Nr. 87 *Bertholdus miles de Altenkastele*. 1371 wird die Identität von »Altenkastel« und Hohrappoltstein bestätigt (RUB II 66 Nr. 89).

73 RUB I 143 Nr. 191 (1291, ohne ausdrückl. Nennung der Burg), RUB I 372–5 Nr. 498 (1338).

74 Zu den römischen Münzen, die alle außerhalb der Befestigungen gefunden wurden: M. Stöhr, Die römischen Münzen von Hohrappoltstein, in: CAHA 18, 1927, S. 62–64, und ders., Les monnaies romaines trouvées au Ribeaupierre, Rappoltsweiler 1929. Nach mündl. Mitt. D. Wenger (an B. Metz) wurden auf der Grabenaußenböschung Scherben gefunden, die Ch.-L. Salch als eisenzeitlich ansprach. Vgl. ferner G. Meyer, Les trois châteaux de Ribeauvillé, in: CAF 136, 1978 (Haute-Alsace), ersch. Paris 1982, S. 91–103 (hier: 92); ders. in Recht, Dictionnaire, S. 166–7.

75 Grundlegend H. Zumstein, Châteaux-forts du XIIe siècle en Alsace, in: CAAAH 11, 1967, S. 375–384.

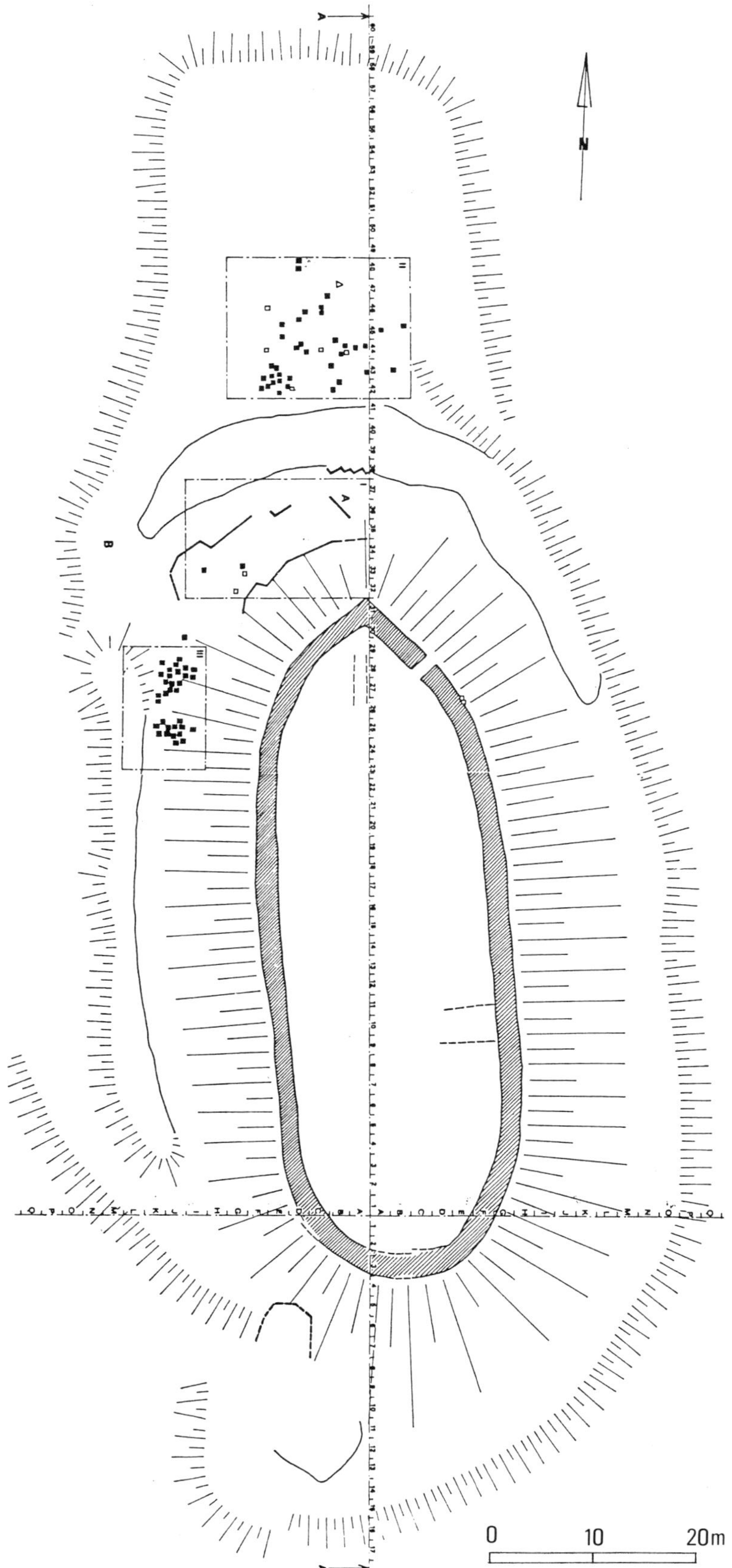

Abb. 7 Klein-Ringelsberg. Grundriß (B. Haegel 1978, in: Etudes Médiévales 3, 1985).

3.4. Ringelsberg und Ringelstein

In einer Urkunde, die wohl kurz nach 1141 ausgefertigt wurde, wird für 1137 ein *Anselmus de Ringelstein* genannt, der mindestens bis 1162 gelebt hat[76]. Denn frühestens in diesem Jahr wurde die erste Vita des heiligen Florentius geschrieben, die Interessantes auch vom Leben eben jenes Anselm berichtet. Nachdem seine Ministerialen den Bewohnern von Haslach übel mitgespielt haben, heilt ihn der heilige Florentius von schwerer Krankheit, nicht ohne ihn zu verpflichten, dem Kloster und seinen Bauern nie wieder Übles zu tun. Anselm verläßt daraufhin seine Burg, seine Familie verschwindet spurlos aus der Geschichte. Der historische Zusammenhang läßt vermuten, daß Anselm als Vasall des Bischofs von Straßburg Vogt von Haslach gewesen war und daß er nach den Ereignissen Amt und Position einbüßte.
Ringelstein ist nun heute eine bedeutende Ruine bei Oberhaslach, die dem sehr einheitlichen Baubefund nach sicherlich in die 2. Hälfte des 12. Jhs. gehört[77]. Daß diese Anlage dem Bischof gehörte, ist 1228 zum erstenmal sicher belegt. War nun die Burg des Anselm ihr Vorgänger? Man könnte auch anders interpretieren, denn auf dem nur 1300 m entfernten anderen Gipfel des Ringelsberges, dem kleinen Ringelsberg, findet man Reste einer wahrscheinlich älteren, kleineren Anlage, die durchaus als die Burg eines nicht besonders begüterten Edelfreien in der 1. Hälfte des 12. Jhs. gelten könnte[78] (Abb. 7): eine Trockenmauer im zugespitzten Oval mit Achsen von 61 und 21 m, 1,80 m–2,00 m dick und etwa 1 m hoch, gegen den nördlichen Grat und an der flacheren Westseite durch einen nur etwa 3 m tiefen Graben geschützt. Ein Durchlaß im Nordosten dürfte wohl das ehemalige Tor darstellen; von einer Innenbebauung fehlt jede Spur, nimmt man ein 3,50 m breites Podest an der Ostmauer aus. Funktion und Alter der Befestigung müssen offen bleiben, bis zuverlässige Datierungen vorliegen; für den Kleinen Ringelsberg ist eine Grabung mindestens in Aussicht genommen[79].

3.5. »Köpfel«

Die Befestigungsanlage auf einem »Köpfel« genannten Bergvorsprung 600 m westlich der »Ottrotter Schlösser« (vgl. oben Abschnitt 3.2.) gehört zu den besonders problematischen Fällen im Zusammenhang unserer Fragestellung, denn in Abwesenheit jeder Schriftüberlieferung sind es reine Baumerkmale, die eine Datierung ins Frühmittelalter andeuten[80]. Die Anlage sei hier nicht nur wegen ihrer interessanten Form aufgenommen, sondern zugleich als exemplarischer Vertreter einer beachtlichen Zahl von historisch nicht greifbaren Befestigungsanlagen in den Vogesen, bei denen ausschließlich Grabungen zu einer zeitlichen und funktionalen Einordnung führen könnten[81].
Auf dem Bergsporn des »Köpfel« liegt eine grob rechteckige, dreiseitige Trockenmauer von rund 47 m × 25 m; an der Ostseite fehlte die Mauer offenbar, über mäßig hohem Felsen (Abb. 8). Interessanterweise liegt die Befestigung nicht auf der Spornspitze, sondern läßt diese außerhalb, so daß zwei Angriffsseiten entstehen; vor beiden lagen (verflachte) Quergräben. Die Trockenmauer aus großen, quaderartigen Stücken war südlich rund 3,20 m dick, nördlich 2,80–2,95 m und über dem Westhang 2,20 m; sie ist heute noch 1–2 m hoch. Die Nordseite war mittig durch einen inneren Vorsprung verstärkt, der grundrißlich etwa 5,70 m × 8–9 m maß; nach Größe und Lage erinnert er unweigerlich an einen Bergfried in der Mitte einer Schildmauer, jedoch läßt der geringe Mauerversturz keine großen Mauerhöhen rekonstruieren.

76 Vgl. Anhang: Nr. 16. Vgl. B. Metz, Le château de Ringelstein, étude historique, in: EM 3, 1985, S. 41–66.

77 Eine Baumonographie fehlt bisher.

78 B. Haegel, L'enceinte et la carrière de pierres médiévale du Petit-Ringelsberg, in: EM 3, S. 67–93; der Aufsatz behandelt in erster Linie die Benutzung des Grabens als Steinbruch im (frühen) 13. Jh., gibt jedoch auch Pläne und Kurzbeschreibung der Befestigung selbst.

79 Durch B. Haegel/R. Kill (frdl. Mitt. B. Haegel).

80 Th. Biller, Die Befestigung auf dem »Köpfel« am Odilienberg, in: Archäologisches Korrespondenzblatt, 3, 1973, S. 459–461, Taf. 96–97.

81 Als großen Überblick wird man noch immer E. Hering, Die alten Ringwälle in den Vogesen, in: Barrer Kantonsblatt (Zeitung!), 1880–81, heranziehen; ein Gesamtüberblick über neuere Grabungsergebnisse ist mir nicht bekannt.

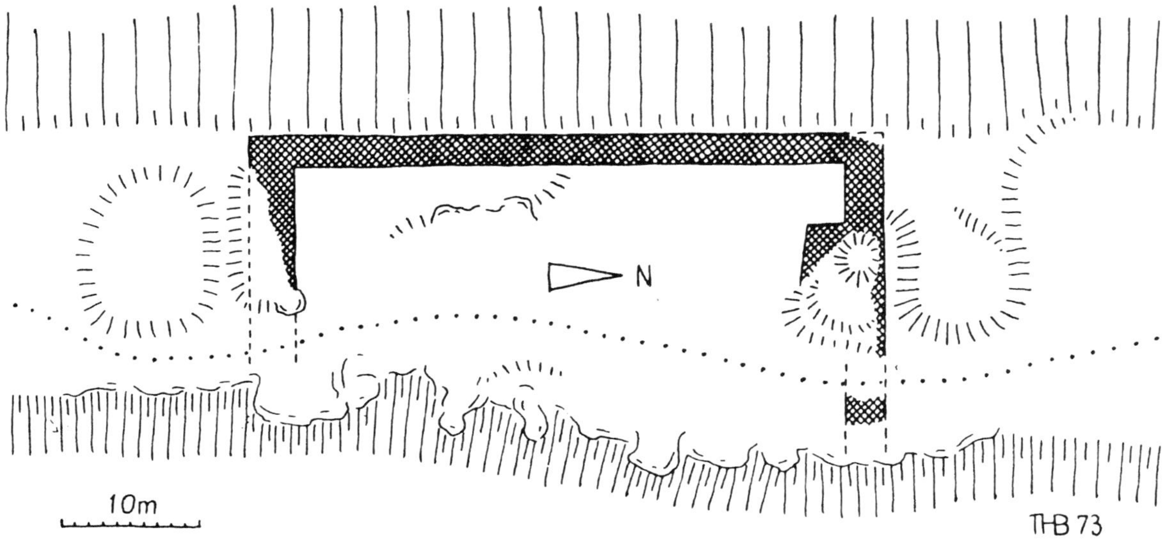

Abb. 8 Köpfel. Grundriß (Th. Biller, in: Archäol. Korrespondenzbl. 4, 1973).

Innenbebauungsspuren fehlen beim »Köpfel« genauso wie Lesefunde. Als auffälligste Merkmale bleiben daher die aufwendige Mauertechnik und – was die Assoziation der frühen Adelsburg sicher am stärksten stützt – die offenbar absichtlich geringe Dimension der Befestigung festzuhalten.

4. Feldzug und Befestigungen Herzog Friedrichs (um 1114–18)

Der oberrheinische Feldzug des staufischen Herzogs Friedrich, der in den Jahren zwischen 1114 und 1118 stattgefunden haben muß, ist ein geradezu klassisches Beispiel für ein viel reflektiertes historisches Ereignis, über das bei wissenschaftlich kritischer Betrachtung fast nichts Konkretes bekannt ist. Otto von Freising[82], die einzige Quelle, spricht von einem Feldzug auf der linken Rheinseite zwischen Basel und Mainz, nennt aber weder die Gegner noch die genaue Region des Geschehens. Besonderes Interesse hat verständlicherweise die Aussage gefunden, der Herzog habe »immer eine Burg am Schwanz seines Pferdes hinter sich her gezogen«, bzw. er habe in gewissen Abständen Befestigungen gegründet und bemannt, um die eroberten Gebiete dauerhaft zu sichern. Dieses Vorgehen ist als solches natürlich von Interesse, zumal ähnliche Formen des Vorgehens in dieser quellenarmen Zeit kaum belegt sind. Immerhin könnte man sich an die vier Jahrzehnte älteren Burgbauten Kaiser Heinrichs IV. im Harzgebiet erinnert fühlen, wo gleichfalls ein feindlich gesinntes Gebiet durch relativ systematisch und schnell errichtete Burgen gesichert wurde[83]; auch Friedrich war Herzog aufgrund unmittelbarer Ernennung durch Kaiser Heinrich V.

Derartige Analogien ändern aber nichts an der Tatsache, daß wir keine einzige der von Friedrich errichteten Anlagen benennen können, weil die Quelle keine Namen erwähnt. Alle Versuche in dieser Richtung können nur einen einzigen methodischen Weg beschreiten: nämlich jene Burgen in Betracht

82 Ottonis episcopi Frisingensis et Rahewini, Gesta Friderici, hg. v. F. J. Schmale, 1965 (Ausgew. Quellen z. dt. Gesch. d. Mittelalters, 17), hier: S. 152.

83 Wobei sich die uns noch genauer greifbaren Burgen des Harzgebietes allerdings durch eine monumentale Architektur auszeichneten, auf die im Elsaß nichts hindeutet (Harzburg, Sachsenstein). Vgl. zuletzt M. Last, Burgen in Niedersachsen, in: Die Burgen im deutschen Sprachraum – ihre rechts- und verfassungsgeschichtliche Bedeutung, hg. v. H. Patze, 2 Bde., Sigmaringen 1976 (Vortr. u. Forsch., hg. v. Konstanzer Arbeitskr. f. mittelalterliche Geschichte, Bd. 19), I, S. 383–513, hier: 425 ff.

ziehen, die in den Jahrzehnten nach dem Feldzug ins Licht der Quellen treten[84]. Alle derartigen Überlegungen bleiben aber notwendigerweise Hypothesen, denn in jedem Falle sind auch andere Burggründer in Betracht zu ziehen. Hinzu kommt die unbeantwortbare Frage, ob die *castra* des Herzogs überhaupt den Charakter von Adelsburgen gehabt und ob sie notwendigerweise längere Zeit bestanden haben müssen. Gerade die Umstände eines Feldzuges lassen ja an schnell zu errichtende Stützpunkte denken. Neben den Felstürmen der Sandsteinregionen muß man bei dieser Beschreibung auch den Typus der Motte in Betracht ziehen, der im Elsaß erst jüngst ins Blickfeld gerückt ist, wobei die Erbauer zumeist unbekannt bleiben (vgl. unten Abschnitt 5.). In beiden Fällen kann schnell ein schwer einnehmbares Holzbauwerk errichtet werden; dabei besitzt die Motte noch den Vorzug, die besiedelten Regionen direkter zu beherrschen und unmittelbar an den Hauptverkehrswegen der Ebene zu liegen. In beiden Fällen aber ist es denkbar, daß die Anlagen wieder im Dunkel der Geschichte verschwunden sind, ohne in spätere Quellen Eingang zu finden.

5. Zum Stand der Mottenforschung

Bis vor wenigen Jahren war es herrschende Meinung, daß es im Elsaß keine Motten gegeben habe. Freilich steckte hinter dieser Annahme keineswegs ein entwickelter Forschungsstand, sondern – wie nicht selten in der Burgenforschung – wohl vor allem der starke Eindruck, den die klassischen Höhenburgen der Vogesen hinterlassen hatten, ergänzt durch das Fehlen einer sorgfältigen Enquête in der Ebene. Das Vorurteil ausgeräumt zu haben ist das Verdienst von J. Burnouf, die in ihrer 1976 vorgelegten Dissertation eine Fülle von Motten im Elsaß nachweisen oder als Verdachtsfälle kennzeichnen konnte[85]. Ihre Arbeit ging – da sie aus dem Bereich der Mittelalterarchäologie stammt – von den Geländedenkmälern aus, zog aber ergänzende Hinweise aus den Schriftquellen und der Flurnamenforschung heran. Wichtige Ergebnisse aus anderem methodischem Ansatz trug jüngst B. Metz bei, indem er primär aus den Schriftquellen viele Konkretisierungen und auch etliche weitere Beispiele namhaft machte[86]. Gegenwärtig sind, auf beiden Forschungen aufbauend, über 70 sichere Motten im Elsaß bekannt sowie eine ebenfalls erhebliche Zahl von Verdachtsfällen[87], bei denen nur archäologische Untersuchungen zu endgültigen Aussagen führen könnten. Dieser Weg ist bisher nur im Falle Butenheim (vgl. oben Abschnitt 2.3.) beschritten worden, wo sich aber – Ironie der Forschung – herausgestellt hat, daß das mottenähnliche Erscheinungsbild erst im Spätmittelalter erreicht wurde, während vorher von einer Ringwallanlage bzw. einer Turmburg gesprochen werden muß.

Offen sind bei diesem Stand der Dinge auch weitere wichtige Fragen, insbesondere jene nach der Datierung der Motten und jene nach den Erbauern. Metz hat aus gutem Grund unterstrichen, daß die Konzentration von Ersterwähnungen zwischen 1300 und 1400 nicht mit der Entstehungszeit der meisten Motten verwechselt werden darf; vielmehr dürfte dafür die stark zunehmende Dichte der Schriftüberlieferung verantwortlich sein. Es ist nämlich auffällig, daß die Schriftquellen in einer großen Zahl von Fällen Motten betreffen, die bereits aufgelassen sind – fast immer dann nämlich, wenn ein *Bühl* (= Hügel) als ehemalige Motte identifizierbar ist. Motten waren folglich im 14. Jh. ein Burgentypus, der schon weitgehend überholt war – womit sich das Elsaß unproblematisch in das gesamteuropäische Bild einfügt, nach dem Motten eine Burgform vor allem des 11./12. Jhs. gewesen sind.

84 Vgl. vor allem F. Kiener, Le problème historique des châteaux-forts en Alsace, in: RA 88, 1948, S. 5–23, und Rapp, Château-fort, S. 48 ff.

85 J. Burnouf, La motte castrale, structure particulière de l'habitat seigneurial dans le paysage rural alsacien du moyen âge. Thèse de doctorat de 3e cycle, Univ. de Strasbourg, Inst. d'Hist. médiévale, 1976 (masch.-schr.). Zusammenfassung unter dem Titel »Les mottes castrales en Alsace«, in: RA, 111 u. 112, 1986/87.

86 Metz, Mottes (Anm. 11).

87 Metz, Mottes (Anm. 11), S. 73–74 m. Anm. 171. Von den 130 Fällen der Liste bei Burnouf, Motte (Anm. 85), sind demzufolge etwa 60 als mindestens hypothetisch zu kennzeichnen, wobei aber Metz selbst 37 neue Objekte nennt, die teils eindeutig, teils hypothetisch sind. Insgesamt kann man im Moment sagen, daß rund 70–90 halbwegs sichere Motten im Elsaß bekannt sind, wobei die Zahl langsam, aber stetig größer wird.

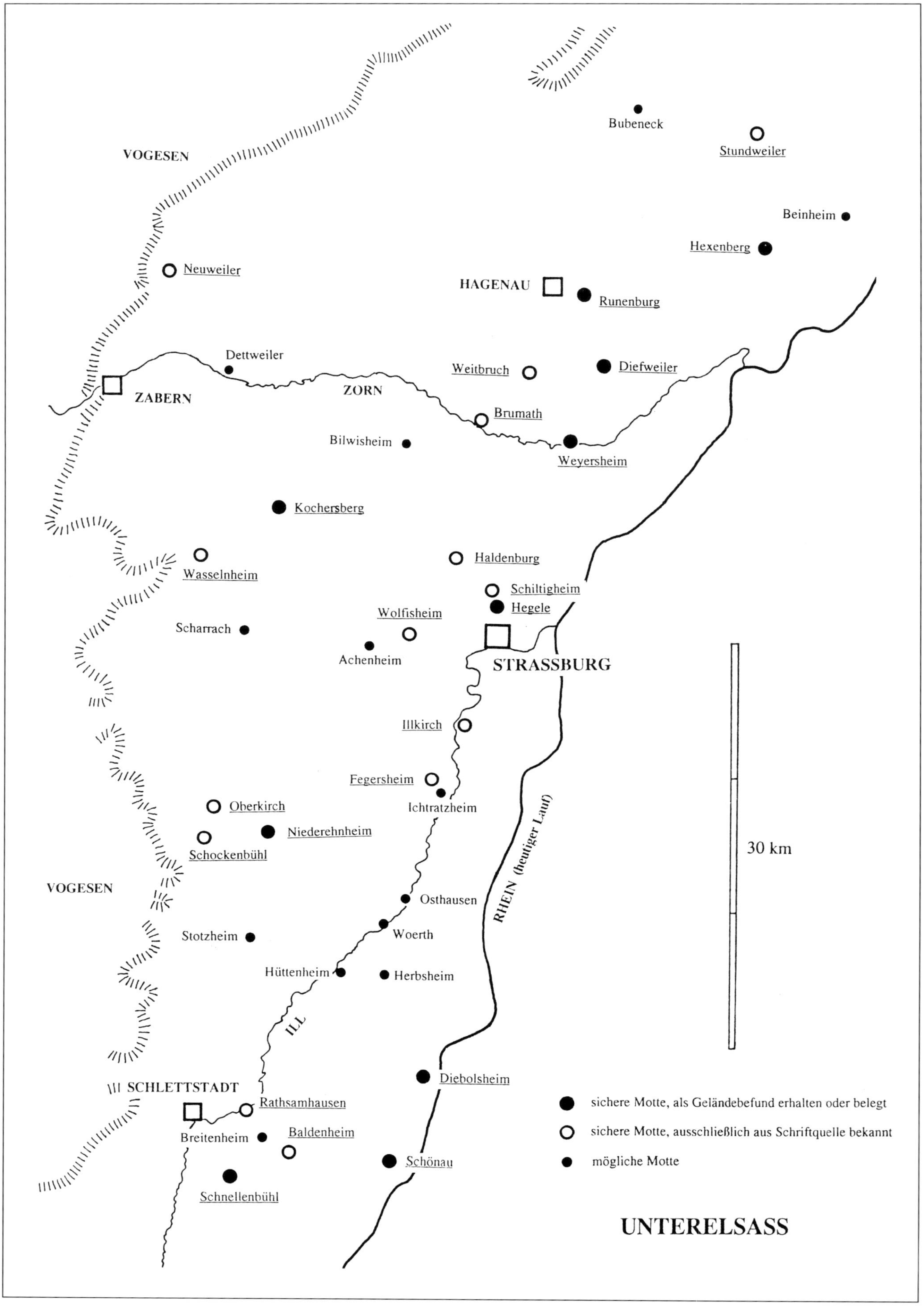
VOGESEN
Bubeneck
Stundweiler
Beinheim
Hexenberg
Neuweiler
HAGENAU
Runenburg
Dettweiler
Weitbruch
Diefweiler
ZABERN
ZORN
Brumath
Bilwisheim
Weyersheim
Kochersberg
Wasselnheim
Haldenburg
Schiltigheim
Hegele
Wolfisheim
Scharrach
Achenheim
STRASSBURG
Illkirch
Fegersheim
Ichtratzheim
Oberkirch
Niederehnheim
Schockenbühl
30 km
RHEIN (heutiger Lauf)
VOGESEN
Osthausen
Woerth
Stotzheim
Hüttenheim
Herbsheim
ILL
Diebolsheim
SCHLETTSTADT
Rathsamhausen
Breitenheim
Baldenheim
Schönau
Schnellenbühl
sichere Motte, als Geländebefund erhalten oder belegt
sichere Motte, ausschließlich aus Schriftquelle bekannt
mögliche Motte
UNTERELSASS

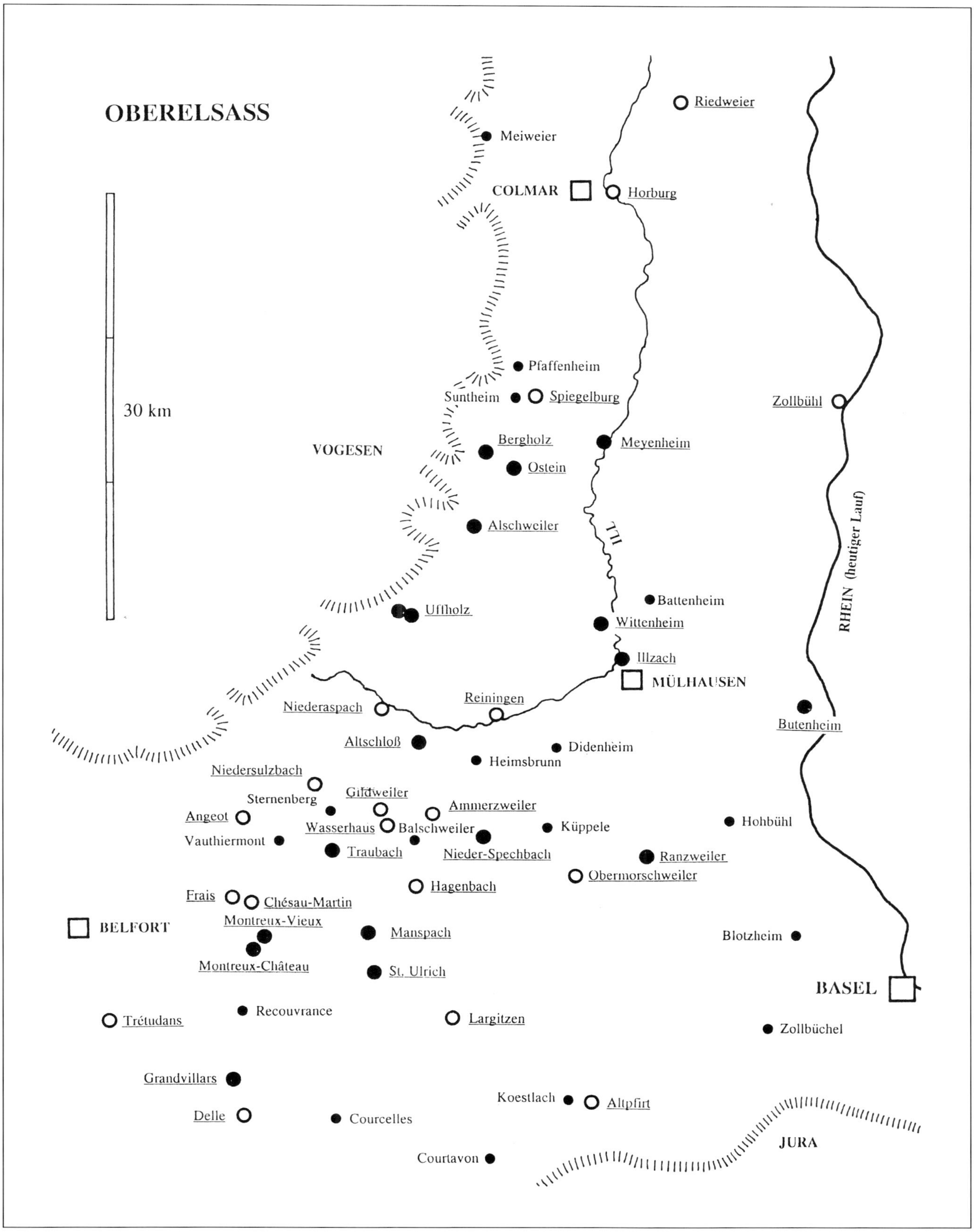

Abb. 9 Motten im Elsaß. Forschungsstand 1990 (B. Metz). – Alle sicheren Motten sind unterstrichen.

Freilich wissen wir nicht, wer bzw. welche gesellschaftliche Schicht als Erbauer anzusprechen ist, denn die im besten Falle bekannten Besitzer des 14./15. Jhs. können nicht einfach drei bis vier Jahrhunderte »zurückgeschrieben« werden – dafür waren die Wandlungen auch des Adels im Hochmittelalter zu bedeutend. Wir wissen also bisher nicht, ob die Erbauer der Ministerialität (bzw. dem »Niederadel«) angehört haben, oder einem bis heute nicht ganz verbindlich definierten »Ortsadel«, oder ob sie tatsächlich im direkten Auftrag des Hochadels entstanden sind – der letztere Fall wäre z. B. besonders interessant für den Feldzug Herzog Friedrichs im frühen 12. Jh. Hier klafft eine Lücke, die trotz ihres hohen Interesses wohl kaum geschlossen werden wird, weil auch die Archäologie kaum verbindliche Aussagen zum Status eines Burgbewohners und zu seinen Abhängigkeiten machen kann.
Auf eine Behandlung einzelner Beispiele wird vor dem Hintergrund dieses Forschungsstandes verzichtet: es könnte sich nur um das mehr oder minder willkürliche Herausgreifen solcher Motten handeln, die formal besonders eindrucksvoll oder zufällig historisch besser dokumentiert sind, ohne daß ihre tatsächliche Relevanz bekannt wäre. Die beigegebene Karte (Abb. 9), die den aktuellen Forschungsstand zum erstenmal zusammenfaßt, wurde von B. Metz neu erarbeitet und trägt natürlich vorläufigen Charakter. Unterschieden wurde bei relativ gesicherten Fällen zwischen solchen, die im Gelände erkennbar, und solchen, die aus anderen Quellen relativ sicher erschließbar sind; bei den unsicheren Fällen wurde auf derartige Unterscheidungen verzichtet.

6. Turm, Turmburg und Dorf in der 2. Hälfte des 12. Jhs.

Bis ins 1. Drittel des 12. Jhs. ist die Zahl jener elsässischen Burgen sehr begrenzt, die aus Schriftquellen belegbar sind, die also als *castrum, castellum* oder *-burg* bezeichnet werden. Vor 1000 waren es drei gewesen, bis 1100 neun, bis 1140 elf. Ab dieser Zeit aber überschlagen sich die Quellen: 1150 sind es schon zwanzig Burgen, die wir kennen, 1170 mindestens fünfundzwanzig, und bis 1200 erhöht sich die Zahl auf fünfundvierzig[88]. Streng historisch betrachtet setzt der Boom des Burgenbaues also schon vor der Mitte des 12. Jhs. ein. Von da an markiert der steile Anstieg der Kurve jenen Höhepunkt des Burgenbaues, der auch dem Architekturhistoriker anschaulich vor Augen steht. Die Entwicklung während dieser Klassik der Adelsburg ist nicht mehr Teil des Themas[89]. Jedoch gibt es im Burgenbau der 2. Hälfte des 12. Jhs. eine Reihe von formalen bzw. typologischen[90] Phänomenen, die augenscheinlich auf regionalen Traditionen beruhen und die insoweit als Hinweise auf frühere Bauformen gelten dürfen. Bei unseren dünnen Kenntnissen über die Frühphase des 10.–12. Jhs. sind solche Beobachtungen so wichtig, daß sie abschließend wenigstens an einigen Beispielen behandelt werden sollen.
Ende des 13. Jhs. entstand in Colmar eine Beschreibung des Elsaß, wie es zu Anfang des Jahrhunderts gewesen war[91] – ein detailreiches Zeugnis dafür, daß einem zeitgenössischen Betrachter die rasche und vielfältige Entwicklung dieser Epoche durchaus zu Bewußtsein kam. Über die Wohnsitze des Adels um 1200 vermerkt diese Aufzeichnung: »Die *nobiles* bewohnten kleine Türme in den Dörfern, die sie selbst kaum gegeneinander verteidigen konnten.« Und weiter über die elsässischen Burgen um 1200: »*castra* und *castella* gab es nur wenige, aus denen sich später manche in *munitiones* oder in kleine Städte verwandelten.«

88 Vgl. den Anhang: Ersterwähnungen ... von B. Metz.

89 Für die Zeit bis 1250 vgl. Zumstein, Époque romane tardive (s. Anm. 102), und Th. Biller, Architektur der Defensive – Die Entwicklung der Adelsburg im Elsaß 1150–1250, in: Bauwerk und Bildwerk im Hochmittelalter, Gießen 1981, S. 55–86; für die 2. Hälfte des 13. Jhs. Th. Biller, Architektur und Bedeutung der klassischen Adelsburg des 12./13. Jhs. – Der frühe gotische Burgenbau im Elsaß (phil. Diss. FU Berlin, Abschluß 1990). Gedankenreich, aber im Detail weitgehend überholt ist J. Wirth, L'évolution architecturale des châteaux forts alsaciens, in: Châteaux et guerriers de l'Alsace médiévale, Strasbourg 1975.

90 Untaugliche Versuche einer Burgentypologie hat es so viele gegeben, daß man nur äußerst grundsätzliche formale Phänomene mit dem Begriff des Typus belegen und sie nicht im Sinne eindeutiger historischer Fixierung verwenden kann; hier meint der Begriff – wie in etlichen neueren Arbeiten – Typen von Einzelbauten, die Bestandteile von Burgen waren, also Dinge wie Bergfried, Wohnbau, Wohnturm usw.

91 MGH SS XVII, S. 232–7: *De rebus Alsaticis ineuntis saeculi XIII.*

Die hier als weit verbreitetes, normales Phänomen behandelten adeligen »Dorftürme«[92] der Zeit um 1200 sind uns bis heute kaum greifbar. Zwar kann Metz rund fünfzig Türme meist in spätmittelalterlichen Quellen nachweisen[93], also in ähnlicher Weise wie viele Motten, aber baulich sind sie schwer zu fassen. Man wird an den (romanischen?) Turm der »Rosenburg« in *Westhofen* denken[94], oder auch an jene »Steinhäuser«, von denen in den letzten Jahren vor allem in *Rosheim* eine beachtliche Zahl nachgewiesen werden konnte[95]: zweistöckige Bauten über quadratischem Grundriß, die Geschosse separat von außen erschlossen, wobei Erdgeschoß und Dach zu Lagerzwecken, allein das Obergeschoß dem Wohnen diente. Die technische und ornamentale Gestaltung ist – soweit die Reste das erkennen lassen[96] – von beachtlichem Anspruch gewesen (Abb. 10): hammerrechtes Schichtenmauerwerk mit Eckbuckelquadern, sorgfältig gestaltete Fenster und Türen. Hinweise auf ernsthafte Befestigung, wie etwa Zinnen oder Ringmauern, fehlen hier – es handelte sich um repräsentative, turmähnliche Häuser im Zusammenhang der Siedlung bzw. auf normalen Parzellen, deren sonstige Bebauung in jener Zeit bisher unbekannt ist[97]. Die zweite Hälfte des 12. Jhs. wird für die Mehrzahl dieser Bauten die richtige Datierung sein. Freilich darf nicht übersehen werden, wie beschränkt mangels Quellen unsere Kenntnis ihrer historischen Bedeutung ist: die repräsentative Durchgestaltung läßt Adelssitze als eine der besten Interpretationen erscheinen, aber es sind durchaus auch andere Erbauer bzw. Nutzer vorstellbar[98].

H. Hinz hat 1981 zum erstenmal auf breiter Materialgrundlage und mit angemessener Deutlichkeit herausgearbeitet[99], daß es nicht nur im französisch-britischen Raum mit seinen »Donjons« bzw. »keeps«, sondern auch in Deutschland einen frühen Typus der Adelsburg gegeben hat, der um einen (Wohn-)Turm zentriert war. Hinz sieht in der so definierten »Turmburg« das unmittelbare funktionale Pendant der Motten, nämlich eine frühe Adelsburg, die von der Motte durch den fehlenden Hügel, aber wohl auch durch die verbindliche Ausführung als Steinbau unterschieden war. Auch ein derartiger Bau – und ebenso eine Motte – mag, wenn er am Dorfrand lag, dem zeitgenössischen Betrachter als Turm eines Adeligen »im Dorf« erschienen sein; einige wenige Beispiele seien benannt.

Am Rande des Dorfes *Orschweier* wurden 1971–73 unter der Burg des 13. Jhs. die Reste eines Baues freigelegt, die zu einem Wohnturm von 1,70 m Mauerdicke und mehr als 10,50 m Seitenlänge ergänzt werden dürfen[100] (Abb. 11). Sorgfältiges glattes Quaderwerk mit Buckelquadereckverbänden weist auf Entstehung nicht vor Mitte des 12. Jhs.[101]; datierende Funde fehlen. Die festgestellte Schichtenfolge in

92 Mit Dorftürmen, mit deren Plazierung in der Siedlung selbst und ihrer »Wanderung« auf nahe Anhöhen hat sich vor allem die ältere Burgenforschung im Alpenraum befaßt, vor allem E. Poeschel (Das Burgenbuch von Graubünden, Zürich u. Leipzig 1930) und J. Weingartner (Tiroler Burgenkunde, Innsbruck u. Wien 1950). Ihre Erklärungsansätze – dorfsässige Adelige streben schrittweise auf die statusträchtigere Höhe – scheinen mir bis heute durchaus anregend (vgl. etwa M. Bitschnau, Burg und Adel in Tirol zwischen 1050 und 1300, Grundlagen zu ihrer Erforschung, Wien 1983 [Österr. Akad. d. Wiss., Phil.-hist. Kl., Sitzungsber., Bd. 403 = Mitt. d. Komm. für Burgenforschung und Mittelalter-Archäologie, Sonderband 1] mit dem in Österreich entwickelten Begriff der »Vertikalverschiebung«), und zwar auch für Regionen außerhalb der Alpen, denn in den wirtschaftlich eingeschränkten Gebirgsregionen haben sich vielfach Phänomene anschaulich erhalten, die anderswo durch spätere Entwicklungen verdrängt sind.

93 Bisher unveröffentlicht.

94 H. Zumstein, Die Mittelalterbefestigungen von Westhoffen, in PA 1972, S. 43–46; Zumstein datiert sehr vorsichtig vor 1150, was in der Tat nicht zwingend scheint.

95 Zuletzt G. Poinsot, Maisons médiévales en pierre (XIIe–XVe siècles) à Rosheim: nouvelles données, in: CAAAH 31, 1988, S. 113–138, m. d. älteren Lit.

96 Den besten Gesamteindruck gibt immer noch das (restaurierte) »Heidenhaus« (E. Polaczek, Das romanische Haus in Rosheim, in: Revue alsacienne illustrée 7, 1905), jedoch sind inzwischen zahlreiche weitere Einzelformen, insbesondere Fenster, bekannt (Poinsot, Anm. 95).

97 In den Quellen ist gelegentlich die Rede von einem »Hof mit Turm« oder »Turmhof«.

98 Insbesondere ist daran zu denken, daß in dem Weinbauort mehrere Höfe großer Klöster lagen; die Steinhäuser können deren Meiern gedient haben (vgl. als wohlerhaltenes Beispiel eines »Wohnturms« dieser Funktion etwa das Cluniazenserpriorat in Anzy-le-Duc, Saône-et-Loire). Steinhäuser *(domus lapidea)* dieser Funktion sind im Elsaß quellenmäßig belegbar, etwa für Wettolsheim und Kestenholz. Poinsot (Anm. 95) diskutiert für Rosheim gleichfalls beide Gruppen möglicher Erbauer.

99 H. Hinz, Motte und Donjon, Zur Frühgeschichte der mittelalterlichen Adelsburg, Köln 1981.

100 M. Grodwohl, Le château d'Orschwihr: bilan d'une recherche archéologique, in: ATG, 1973/74, S. 147–157.

101 Zur Datierung mag ferner eine Spolie herangezogen werden, die im Keller des gotischen Wohnbaues verwendet ist, und deren Kerbschnittverzierung im Vergleich mit den Sakralbauten der Umgebung in die 1. Hälfte bis Mitte des 12. Jhs. gesetzt werden kann. Ein Rundbaufundament im Turminneren ist nach der Grabung jünger bzw. folgte auf einen den Turm zerstörenden Brand (Grodwohl, Anm. 100).

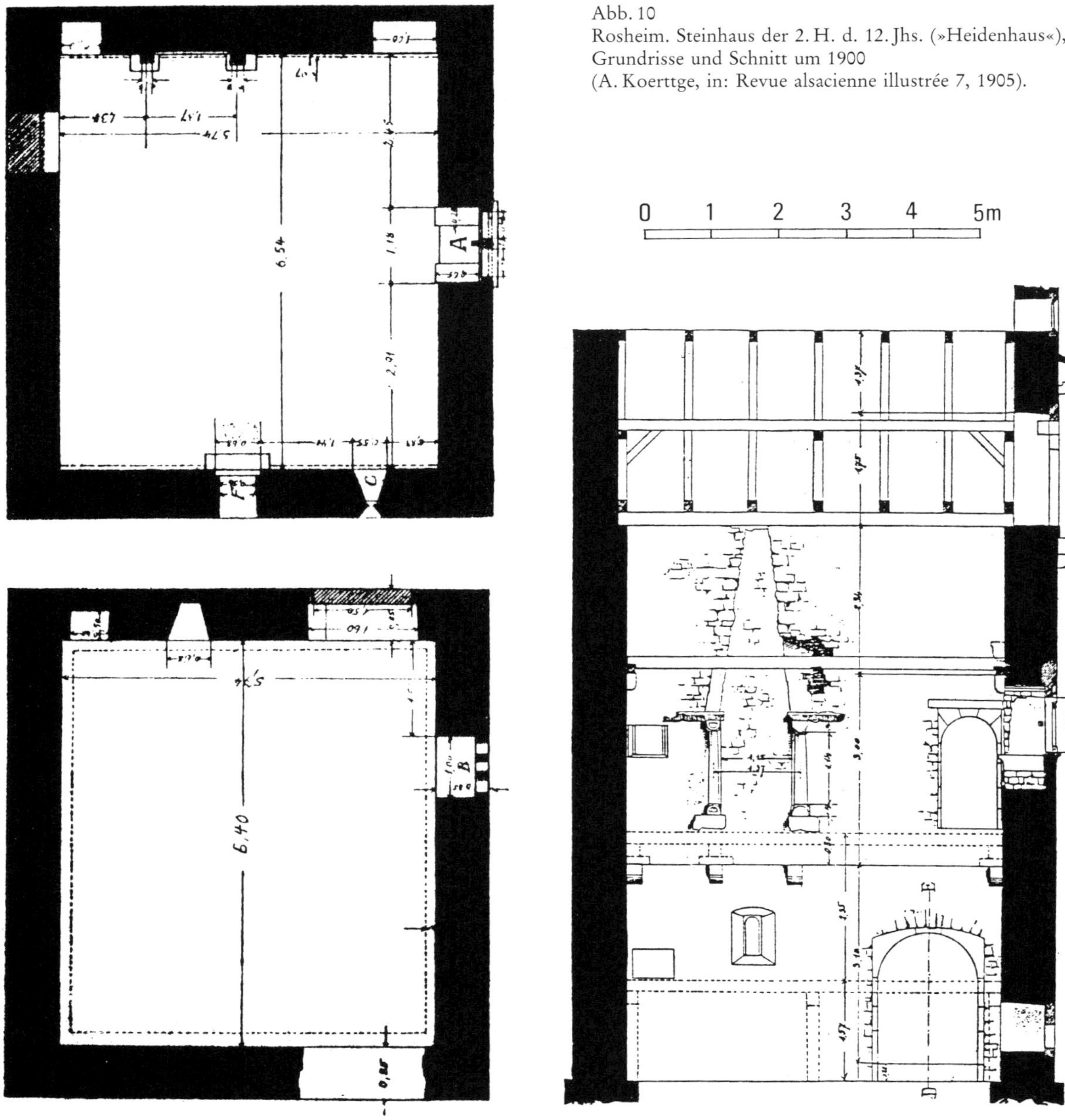

Abb. 10
Rosheim. Steinhaus der 2. H. d. 12. Jhs. (»Heidenhaus«), Grundrisse und Schnitt um 1900 (A. Koerttge, in: Revue alsacienne illustrée 7, 1905).

und um den Bau läßt erkennen, daß das Gelände nach Fertigstellung der Fundamente um 1,50 m aufgehöht wurde; ob es sich um eine Einmottung im strengen Sinne handelte, muß offenbleiben. Auch der weitere bauliche Zusammenhang des Turmes (Ringmauer, Nebengebäude?) bleibt unbekannt.
Am Dorfrand, am Bach, liegt auch die Turmburg von *Ottrott*[102] (Abb. 12): ein rechteckiger Wohnturm (16,5 m × 13 m), unmittelbar von einem Graben umgeben, ist von einem Vorhof ergänzt, dessen Wälle freilich undatierbar sind. Das allein erhaltene Erdgeschoß des Wohnturms zeigt sorgfältiges hammerrechtes Schichtenmauerwerk mit Eckbuckelquadern, eine Rundbogenpforte gegen Norden und mehrere

102 Die einzige knappe, aber neuere Darstellung bei H. Zumstein, Châteaux-forts de l'époque romane tardive en Alsace, in: CAAAH 15, 1971, S. 85–100, hier: S. 92 m. Plan Abb. 4.

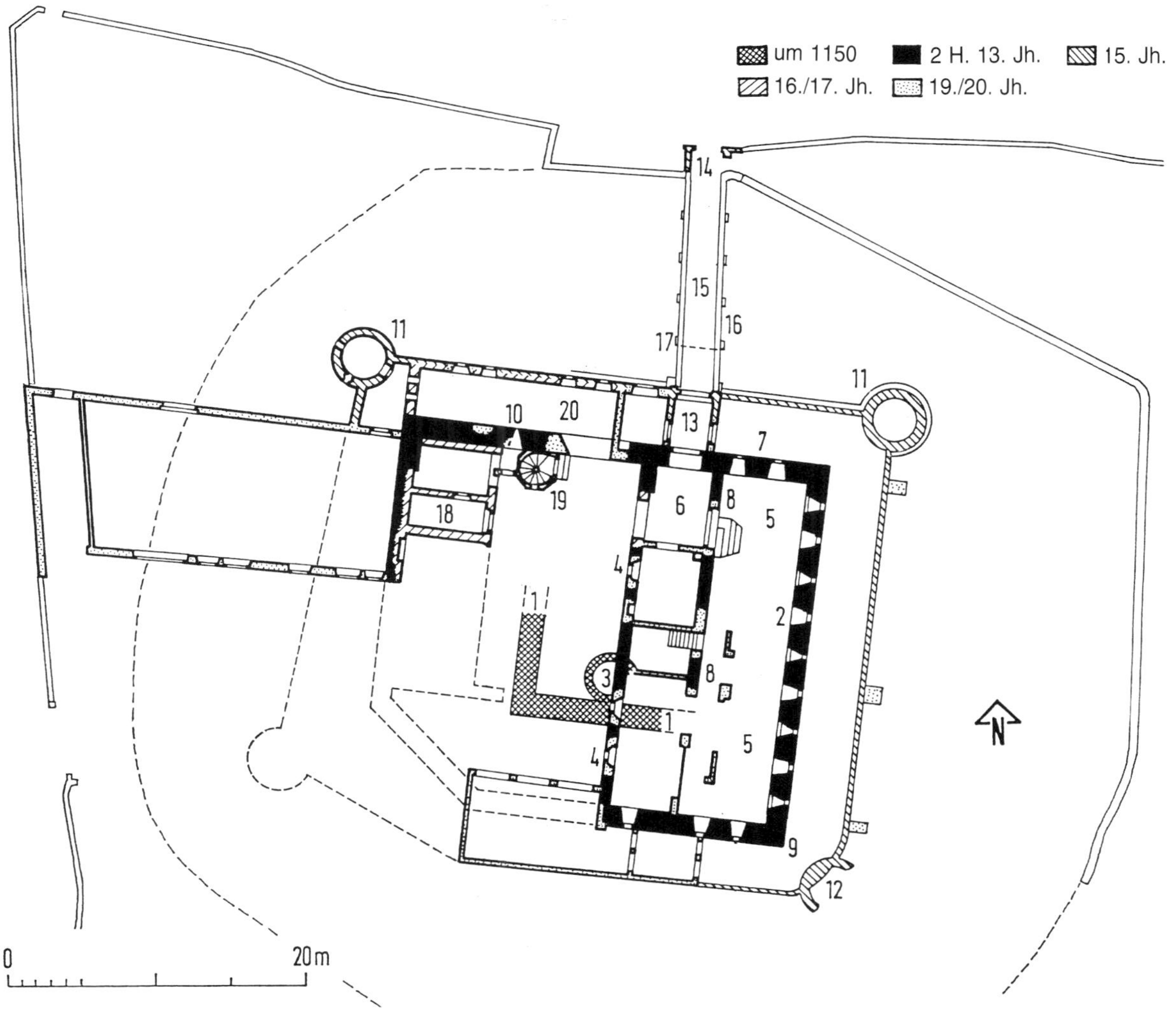

Abb. 11 Orschweier. Baualterplan mit Grabungsbefunden (Th. Biller, auf Grundlage des Grundrisses im Inventaire..., ct. Guebwiller).

Lichtschlitze[103]. Besonders interessant ist an diesem Bau, daß er nach allen Merkmalen – Grundriß, Maße, Mauertechnik, Öffnungen – von denselben Bauleuten errichtet ist, die nur 2 km entfernt die Wohnturmburg erbauten, die den ältesten Kern der Ruine Rathsamhausen bildet (vgl. unten).
Ähnlich wird man sich die älteste Form der Burg im nur 6 km entfernten *Niederehnheim* vorzustellen haben[104]. Hier blieb das Erdgeschoß eines rechteckigen Wohnturmes (Abb. 13) in einer jüngeren Anschüttung erhalten, die mit ihrer turmbewehrten Futtermauer ins 15. Jh. gehören mag – ein Parallelfall zu Butenheim, der bei der Datierung von »Motten« zur Vorsicht mahnt. Auffällig ist hier die offenbar sehr geringe Mauerdicke (wohl nur knapp 0,70 m?), die fast eher an ein Haus mit nur einem Obergeschoß denken läßt (innen 7,35 m × 5,35 m). Der auch in Niederehnheim vermutbare Vorhof ist vielleicht noch in der Führung der jüngeren Stadtmauer bzw. der Lage des Barockschlosses zu erahnen.
Aus historischer Sicht ist es interessant, daß keine einzige dieser kleinen, siedlungsnahen Turmburgen in der Erstnennungsliste vor 1200 in Erscheinung tritt, obwohl ihre Bausubstanz belegt, daß sie so alt sind – eine weitere Bestätigung, daß in der Frühzeit ganze Bautypen unter der »Sichtlinie« der Quellen bleiben konnten.

103 Etliche Spolien von der Burg Girbaden und der Klosterruine Niedermünster wurden erst nach 1835 eingebaut und verfälschen das Bild.

104 Bisher keine Einzelveröffentlichung; die Angaben beruhen auf dem unveröffentlichten Aufmaß der Verfasser; Notiz bei Metz, Mottes (Anm. 11), S. 69.

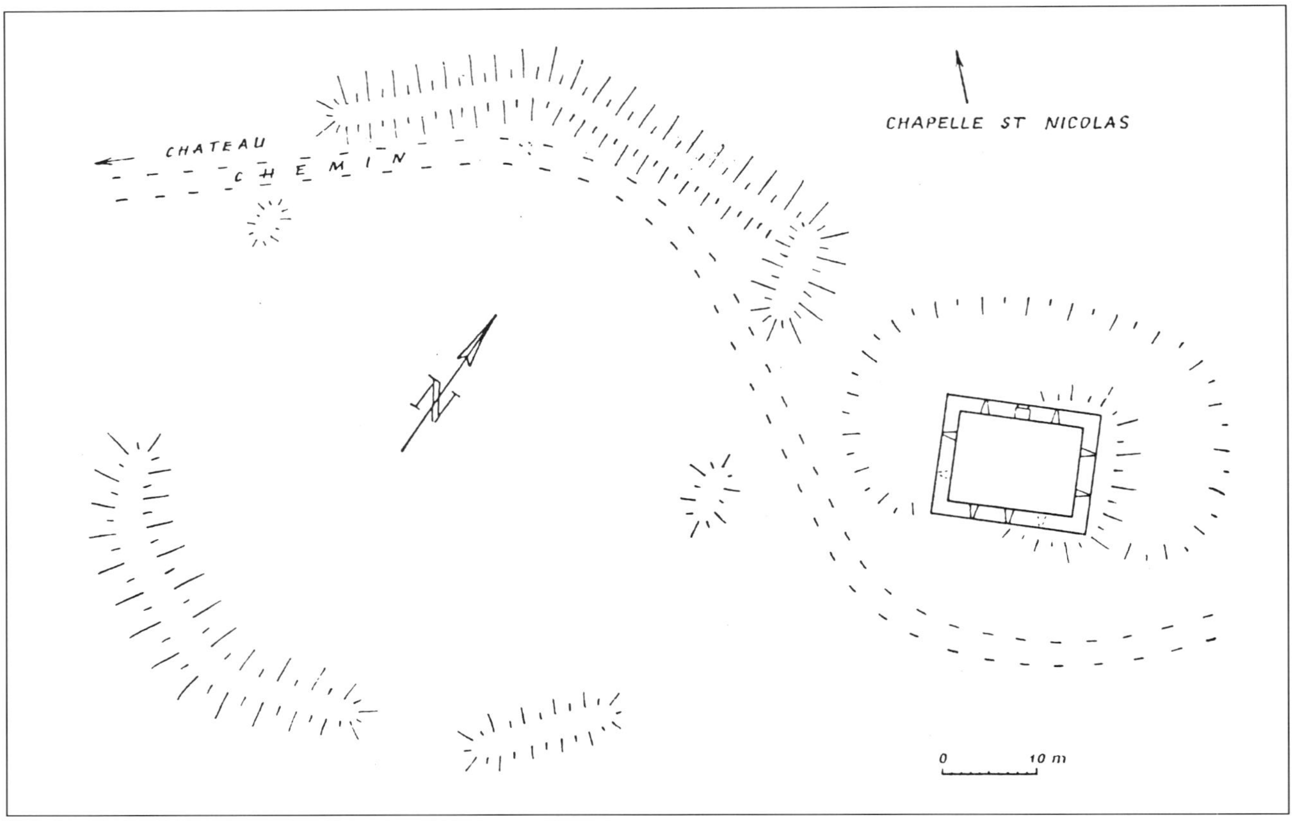

Abb. 12 Ottrott. Grundriß (H. Zumstein, in: CAAAH 15, 1971).

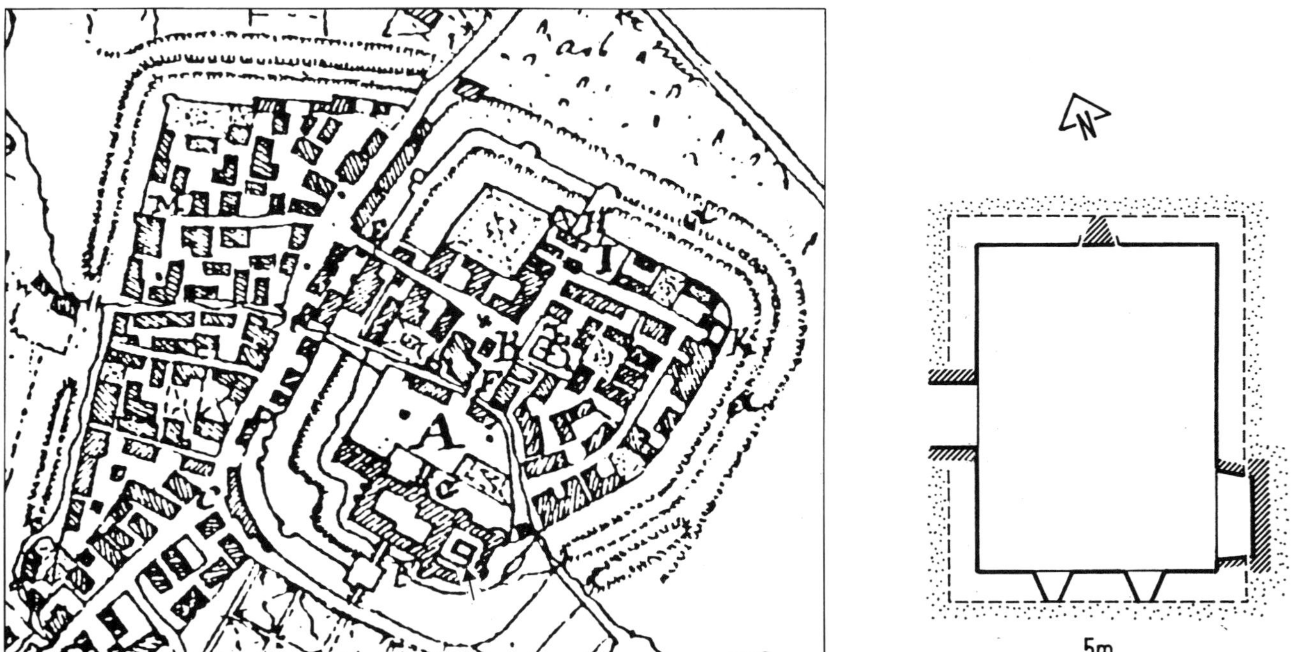

Abb. 13 Niederehnheim. Stadt und Burg 1787 und Grundriß des eingemotteten Turmes (Arch. Mus. Sélestat, Sel EE 1/1/17, Ausschnitt, und Aufnahme Th. Biller).

7. Wohnturm und Höhenburg in der 2. Hälfte des 12. Jhs.

Turmburgen waren jedoch nicht nur an die Ebene gebunden, wo die Verwandtschaft mit der Motte am deutlichsten wird. Vielmehr finden sich Vertreter des Turmburgtypus auch in Höhenlage, und zwar sowohl dorfnah als auch auf jenen siedlungsfernen Bergspornen und Gipfeln, die man mit dem Begriff der »Höhenburg« weitaus stärker verbindet.

Th. Biller hat an anderer Stelle [105] bereits darzustellen versucht, daß die zweite Hälfte des 12. Jhs., soweit sie sich im Baubestand elsässischer Burgen zweifelsfrei fassen läßt, eine Zeit formal vielfältigen Experimentierens gewesen ist. Verschiedene Grundformen, teils von langer Tradition, teils durchaus neu geschaffen, werden abgewandelt und kombiniert, woraus schließlich bis um 1200 der klassische Burgentypus mit funktional differenzierten Einzelbauten hervorgeht. Neben den großen Ringmaueranlagen älterer Entstehung – die nun oft unterteilt oder mindestens mit mehreren Türmen ausgestattet werden (Hohkönigsburg, Lützelburg/Zorn, Lützelburg/Ottrott, Hoh-Egisheim, Hagenau) [106] – ist auch eine Art kleiner Ringmaueranlagen nachzuweisen, die man leicht als Abwandlung desselben Typus für die Bedürfnisse einer begrenzten Adelsfamilie verstehen kann (Frankenburg, Girbaden/Oberburg, Dagsburg) [107], wie vielleicht schon die noch älteren Anlagen von Klein-Ringelsberg oder »Köpfel« (vgl. oben Abschnitte 3.4. und 5.).

Daß die Turmburg demgegenüber als die wichtigere Wurzel der klassischen Burg mit Bergfried und Wohnbau/Palas zu betrachten ist, darf man ohne weiteres mit dem landschaftsbeherrschenden, statussymbolischen Charakter des Turmes erklären. Gerade Anlagen der höchsten Adelsschichten, wie Hagenau und Hohkönigsburg [108], beide im Besitz der Staufer, oder die Grafenburgen Hoh-Egisheim und Lützelburg/Zorn werden in der Mitte und 2. Hälfte des 12. Jhs. mit jeweils mehreren Türmen ausgebaut, wobei wir leider meist nicht wissen, ob es sich um bewohnbare Türme oder Bergfriede handelte [109].

Derart aufwendige Anlagen der höchsten Adelsschichten konnten aber für den Großteil des bauwilligen Adels nicht als unmittelbares Vorbild in Frage kommen. Für sie waren die relativ kleinen Turmburgen mit ihrer Einzeldominante ein weitaus besseres Konzept, wenn es um die Anlage einer eigenen Burg ging. Entsprechend findet man derartige Burgen auch in Höhenlage und als Sitze durchaus bedeutender Geschlechter.

In den Weinbergen dicht über der Siedlung lagen die Isenburg bei Rufach und Wineck bei Katzenthal. Im Falle der *Isenburg*, immerhin Herrschaftszentrum des Bischofs von Straßburg in seinen oberelsässischen Besitzungen, ist der Charakter der Turmburg nur aus Darstellungen und Plänen des 16.–18. Jhs. erkennbar [110] (Abb. 14). Demnach stand auf der Spitze des sacht abfallenden Bergspornes ein rechtecki-

105 Biller, Architektur (Anm. 89).

106 Zu Hagenau nach wie vor grundlegend R. Will, Le château, dit »Burg« de Haguenau, in: Etudes haguenauiennes, N.S. 1, 1950/55, S. 41–125 und Will, Notes complémentaires sur le château impérial disparu de Haguenau, in: dorts., 5, 1965–70, S. 79–99; vgl. auch die zusammenfassenden Darstellungen R. Will, Le Palais de Haguenau et l'art de la cour de Barberousse, in: Archeologia, 75, 1974, S. 10–18, und ders., Die Stauferpfalz zu Hagenau: Ergebnisse einer baugeschichtlichen Untersuchung, in: Pfälzer Heimat, 1984, 2, S. 61–65. Die im Grundriß bergfriedartigen drei Türme, die hinter der Ringmauer standen, sind nur aus älterem Planmaterial zu belegen. Zur Ersterwähnung vgl. Anhang: Nr. 19.

107 Zur ursprünglichen Form von Frankenburg und Girbaden vgl. Biller, Architektur (Anm. 89), S. 60; zur Datierung der betr. Teile der Frankenburg liegen neue, stilgeschichtliche Anhaltspunkte vor, nach denen eine Datierung um 1160–80 anzunehmen ist. Die Dagsburg ist praktisch nur durch die Merianstiche bekannt. Außerhalb des Elsasses dürfte die Grafenburg Württemberg ein entsprechender Fall gewesen sein, auch sie nur durch alte Abbildungen bekannt.

108 Zur Hohkönigsburg vgl. H. Zumstein, Die Hohkönigsburg im Lichte neuerer archäologischer Betrachtung, in: BuS 1974/2, S. 115–122; Th. Biller, Bemerkungen zu Bestand und Entwicklung der Hohkönigsburg im 12. und 13. Jh., in: BuS 1979/1, S. 2–20; die Erkenntnis, daß die Hohkönigsburg schon 1147 besitzmäßig geteilt war und zwei Türme besaß, beruht auf einer Schriftquelle, während die Identifikation dieser Bauteile nach den Umbauten des späten 12. und späten 15. Jhs. schwierig bleibt. Zur Ersterwähnung vgl. Anhang: Nr. 20.

109 Im Falle der Lützelburg/Zorn sind zwei Bergfriede eindeutig erkennbar, der dritte Turm ist nur als Stumpf erhalten; z. Lit. vgl. Anm. 44.

110 Eine Auswahl bei Notice historique sur le château d'Isenbourg (ohne Verf.; Ostermeyer-Châtelain), Colmar 1894; eine neuere Arbeit über die Isenburg fehlt.

Abb. 14 Isenburg über Rufach. Darstellung auf einem Plan (Darstellung des Stadtwaldes) von 1599 (Stadtarchiv Rufach).

ger Wohnturm, der eng von einer polygonalen Ringmauer umgeben war – ein Parallelfall zu außerelsässischen, oberrheinischen Burgen wie etwa »Schlössel«[111] (Abb. 16), Dreieichenhain oder Eschborn. Wann aber diese Anlage entstanden ist, bleibt vorläufig offen; ihre Ersterwähnung geschieht in einer Fälschung des späten 11. Jhs./frühen 12. Jhs., die eine gewisse Zeit des Bestehens voraussetzt[112]. Behandelt man die Vermutungen über römische Vorläufer der Isenburg als legendär, so mag dies als Hinweis auf die Entstehung im früheren 11. Jh. gelten.

Wineck ist dagegen ein ganz anders gelagerter Fall, der durch Bauanalyse in Verbindung mit den Grabungsergebnissen von G. Meyer/P. Brunel ungewöhnliche Aussagen zur Bauentwicklung zuläßt. Der kleine quadratische Bergfried (6,94 m × 7,39 m) der auf den ersten Blick recht typischen »Frontturmburg« ist nämlich in drei Phasen entstanden (Abb. 15). Sockelgeschoß und erstes Obergeschoß bilden die erste Bauphase, wobei der Einstieg und ein Fenster im Obergeschoß sehr bald nach der Errichtung dieses Turmteiles – nämlich in praktisch gleicher, sorgfältiger Technik – vermauert wurden. Die Stratigraphie im Turminneren zeigt nun, daß der Turm in dieser ursprünglichen Phase intensiv bewohnt war[113]: in den

111 Vgl. Anm. 45.

112 Vgl. Anhang: Nr. 9.

113 G. Meyer/P. Brunel, Origines et vicissitudes du Wineck, vues à travers les fouilles de son donjon, in: AC 23, 1973, S. 79–93. Die Bauphasen des Turmes wurden von Meyer/Brunel nur unvollständig erkannt und interpretiert. Eine detaillierte Veröffentlichung der im folgenden skizzierten Interpretation ist vorgesehen, spätestens in Biller/Metz, Die Burgen im Elsaß – Architektur und Geschichte (in Vorb.).

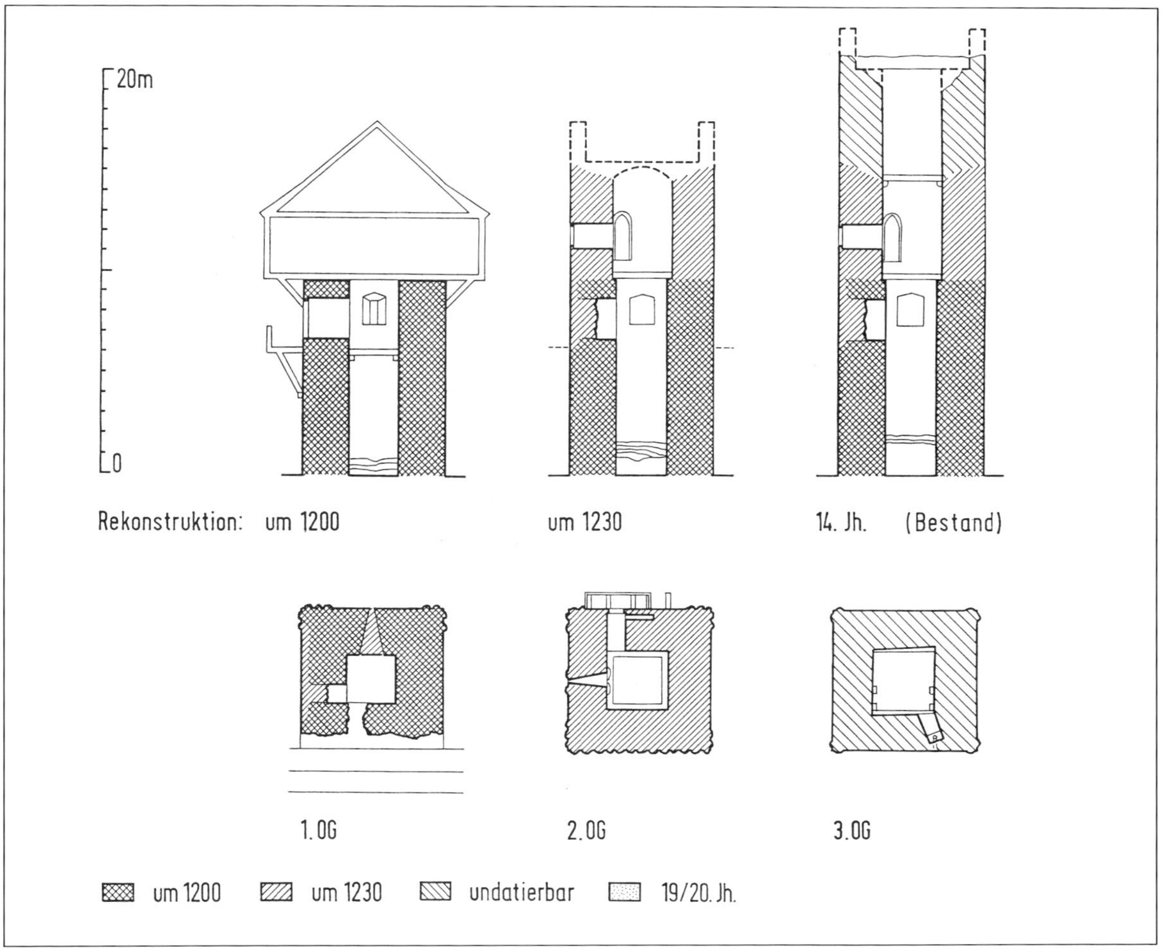

Abb. 15 Wineck. Entwicklung und Grundrisse des Turmes (Th. Biller).

entsprechenden Schichten (oben Abschnitt 2.3)[114] wurden u. a. Rinderknochen, Fischgräten, Eierschalen, Keramikscherben, Armbrustbolzen, Messerreste, Ringe und Messergriffe aus Knochen, bronzene Ziernägel, ein Glasknopf, eine Öllampe, Ofenkacheln und schließlich eine Münze Ludwigs VIII. von Frankreich (reg. 1223–26) gefunden. Derart intensives herrschaftliches Leben kann sich nicht in einem der Räume des steinernen Turmes abgespielt haben, denn diese waren nur etwa 5,7 m^2 groß. Hier muß also mit einem hölzernen Oberbau gerechnet werden, der auf den 10 m hohen Steinturm der ersten Phase aufgesetzt war und, etwas auskragend, Flächen von 70–80 m^2 pro Geschoß geboten haben kann; Holzkohle und Lehm in der Zerstörungsschicht (4) deuten auf Fachwerkkonstruktion hin. Vergleichsbeispiele für diese Art des Wohnturmes sind in der Schweiz teils noch erhalten (Mammertshofen, Hagenwil TG), teils durch Bauforschung erfaßt (Seedorf UR)[115] oder durch Abbildungen belegt[116]. Aber auch im weiteren südwestdeutschen Raum sind sie zumindest im Spätmittelalter belegbar[117].

114 Grabungsergebnisse und Numerierungen nach Meyer/Brunel (Anm. 113); die Zuordnung der Schichten zu den Bauphasen ist vor allem deswegen eindeutig möglich, weil jedem Umbau eindeutige Bauhorizonte entsprechen.

115 W. Meyer, Der Burgturm von Seedorf UR, in: NSBV 1981, 6, 42–52.

116 M.-L. Boscardin, Die Grottenburg Fracstein und ihre Ritzzeichnungen, in: M.-L. Boscardin, W. Meyer, Burgenforschung in Graubünden, Olten/Freiburg/Br. 1977.

117 Erhalten etwa das »Topplerschlößchen« bei Rothenburg o. d. T.; vgl. auch den Text der »Zimmerischen Chronik« bei M. Heyne, Das deutsche Wohnungswesen, Leipzig 1899, S. 360.

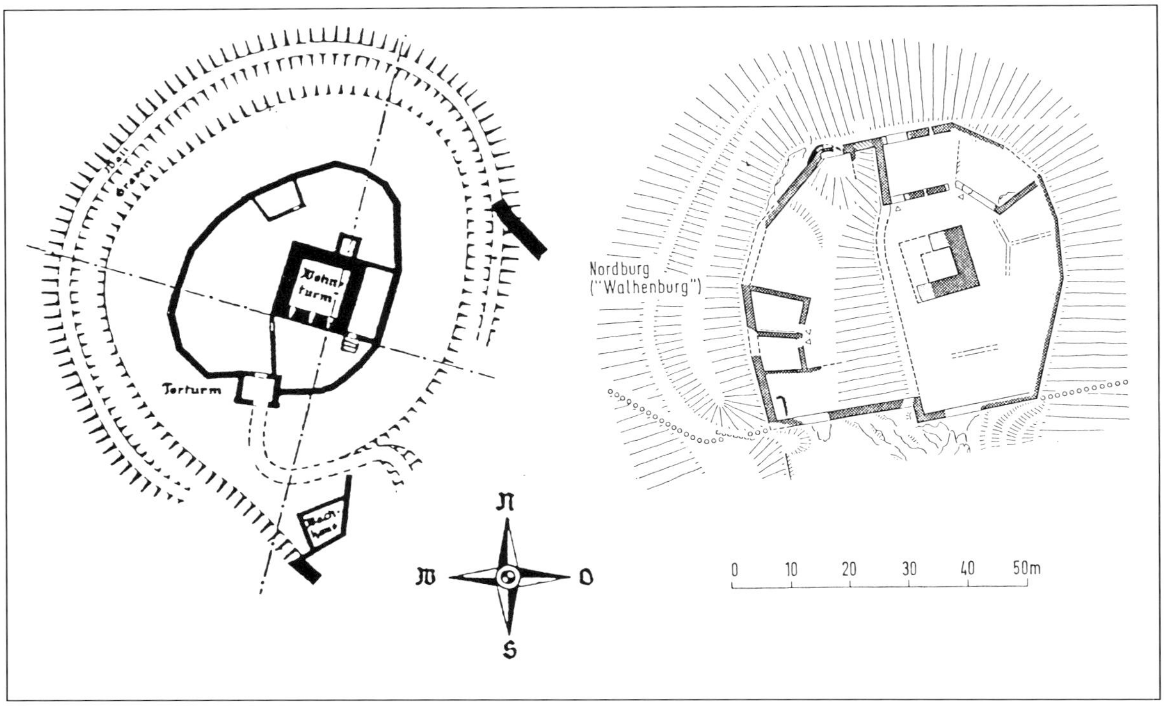

Abb. 16 Schlössel bei Klingenmünster (Pfalz) und Egisheim/Nord (F. Sprater in: Burgwart 39, 1938 und Th. Biller unter Verwendung des Grundrisses von H. Zumstein).

Man muß sich verdeutlichen, daß derartige Bauten sehr viel verbreiteter gewesen sein können, als der Forschung bisher bewußt wurde: jeder Turmstumpf, der bisher als Bergfried betrachtet wurde, kann ein Wohnturm dieser Art gewesen sein, und auch viele Bergfriede könnten bei genauerer Untersuchung ähnliche Umbauten erkennen lassen. Dies verdeutlicht gerade die weitere Entwicklung von Wineck; war der Turm anfangs – d. h. im späten 12. Jh. – durch ein angelehntes Gebäude, Palisade und wohl Graben ergänzt[118], so wurde dies schon in der ersten Hälfte des 13. Jhs.[119] zu einer klassischen Adelsburg umgestaltet. Der Wohnturm wurde zum Bergfried, indem man alles Hölzerne entfernte und einen Oberbau mit neuem Einstiegsgeschoß aufsetzte[120]; eine Ringmauer mit Wohnbau vervollständigte den moderneren Typus.

Unter den echten, d. h. den ausgesprochen siedlungsfernen und landschaftsbeherrschenden Höhenburgen ist es die Nordanlage von *Hoh-Egisheim*, die die Merkmale einer Turmburg besonders deutlich aufweist, zugleich aber schon in einigen zukunftweisenden Punkten über sie hinausgeht. Dies wird besonders deutlich, wenn man den klassischen Fall einer solchen Burg, das »Schlössel« bei Klingenmünster in der Pfalz, zum Vergleich heranzieht (Abb. 16).

118 G. Meyer, La restauration du château de Wineck, in AC 26, 1976/77, S. 73–84, m. Anm. 2, und ders., in Recht, Dictionnaire, S. 992.

119 Die Datierung ergibt sich aus den Bauformen der 2. Phase des Turmes, die der ersten Phase noch sehr nahestehen, und einem spoliierten Knospenkapitell des Wohnbaues; in der ursprünglichen Form mit dem auskragenden Fachwerkgeschoß muß der Turm mindestens bis 1223 bestanden haben, da die erwähnte Münze in dieser Schicht nicht vor diesem Jahr geprägt sein kann. Die Ausgräber geben an, daß in der ursprünglichen Bauschicht (1a) einige Scherben des Horizontes »Lobbedey C 2« gefunden wurden, der bei Lobbedey auf »1090–1150« datiert wird, den sie aber bis gegen 1200 für möglich halten. Die umfangreiche Keramik der Schichten 2 und 3 gehört zum Horizont »Lobbedey D 1«, den Lobbedey auf 1150–1220 datiert, wobei die Ausgräber ihre Keramik der späten Übergangsphase zuweisen und »gegen 1220–40« datieren. Es besteht also kein zwingender Grund, mit der Datierung der Phase 1 allzu weit vor die Zeit um 1200 zurückzugehen.

120 Eine weitere Erhöhung brachte den Turm im 14. Jh. auf die heutige Höhe.

Über die Datierung der Nordburg Hoh-Egisheim war oben schon gesprochen worden: sie entstand nach der dendrochronologischen Datierung[121] des Turmes und historischen wie stilgeschichtlichen Kriterien um die Mitte des 12. Jhs. Wie beim Schlössel handelt es sich bei der Nordburg um eine polygonale Ringmauer, in deren Zentrum ein quadratischer Turm steht. Seine Maße sind hier beachtlich (11,55 m × 11,55 m, innen im EG 5,55 m × 5,55 m), und für einen Bergfried ungewöhnlich sind auch die fünf gleichmäßig hohen Geschosse. In der Tat ist durchaus offen, ob es sich »noch« um einen Wohnturm handelte, oder »schon« um einen weitgehend unbewohnbaren Bergfried, denn zwei Wände mit ihren eventuellen Öffnungen, Kaminen usw. fehlen. Der obere Turmteil zeigt hammerrechte Kleinquader in sauberen Schichten, durchaus an das »salische« Mauerwerk des »Schlössel« (und des Trifels) erinnernd; Sockel und Ecken sind dagegen in wuchtigen, »frühen« Buckelquadern ausgeführt. Ähnliche Merkmale zeigt auch die Ringmauer, an die sich nördlich ein Wohnbau anlehnt. Darf man schon im zentralen Turm eine Übergangsform zur klassischen Burg mit ihrem Bergfried sehen, so ist auch der Wohnbau – immer verglichen mit dem »Schlössel« – etwas Neues, zumal seine Reste durchaus repräsentative Züge zeigen, insbesondere große Rundbogenfenster mit Seitensitzen[122] und einen Kamin mit Würfelkapitellen. Als progressiv gegenüber dem »Schlössel« darf wohl auch die Teilung der Gesamtanlage in einen höherliegenden herrschaftlichen Teil, mit Turm und Wohnbau, und einen Wirtschaftsteil gelten[123].

Der »Rest« der älteren Gesamtanlage von Egisheim wurde in Reaktion auf die neue Nordburg in einer Weise ausgebaut, die gleichfalls für den Übergang zum klassischen Burgentypus interessant erscheint (Abb. 4). Im Grunde entstand auch hier eine Turmburg. Da aber das Gelände eine langgezogene Form vorgab und die Nordburg die Sicherung dieser Seite nahelegte, rückte man den Turm aus dem Zentrum in diese Richtung und schuf so etwas, was den charakteristischen »Frontturmburgen« der Zeit um und nach 1200 schon sehr nahekam. Zudem ist dieser Turm, der gleichfalls noch ins mittlere 12. Jh. gesetzt werden kann, schon ein echter Bergfried, wenn auch mit bewohnbarem Einstiegsgeschoß; er besitzt, wie die zugehörige Ringmauer, schon eine Buckelquaderschale, die freilich noch Unsicherheiten zeigt, wie starke Durchmischung mit Glattquadern und Verwendung »normaler« Quader auch an gerundeten Partien der Ringmauer.

Verwandt mit dem Turm von Hoh-Egisheim/Nord scheint vor allem der Turm von *Greifenstein*[124], von dem aber nur der Stumpf in vergleichbaren Buckelquadern erhalten ist; mit rund 13 m im Quadrat übertrifft er seinen Verwandten noch deutlich. Im Einstiegsgeschoß besaß er mindestens einen Abort. Seine Funktion innerhalb der rund 100 m langen Gesamtanlage ist freilich schon ganz »modern«: er sichert direkt hinter dem Halsgraben die Angriffsseite. Eine freiadelige Familie von Greifenstein ist seit 1141 sicher bezeugt[125]; auch der Turm kann noch deutlich vor 1200 erbaut sein.

Auch die ältesten Reste der Burg *St. Ulrich* über Rappoltsweiler (zur Geschichte vgl. oben Abschnitt 3.3.; Abb. 17) weisen schon die Zweipoligkeit von Turm und Wohnbau auf, jedoch auf einer Felskuppe eng gedrängt – im Vergleich mit Hoh-Egisheim/Nord vielleicht auch Ausdruck des Statusunterschiedes zwischen gräflichem und nicht-gräflichem Adel? Der Baubefund weist hier zudem darauf hin, daß der Wohnbau früher als der Turm entstand. Ursprünglich wohl nur dreiräumig, aber in gutem Glattquaderwerk ausgeführt und mit Fenster- und Kaminornamentik ausgestattet, war er wohl der erste Steinbau, der auf die von Natur aus sichere Felskuppe gesetzt wurde. Die Forschung ist sich einig – aufgrund der Kapitellformen und des Quaderwerks –, daß dieser Bau um die Mitte des 12. Jhs. oder etwas früher

121 Fällungsdatum »1147 ± 10« publ. bei Wilsdorf, Haut-Eguisheim (Anm. 18), hier S. 166; G. Meyer, Colmar, danke ich für die briefliche Bestätigung dieser Datierung.

122 Als Spolien bzw. in Abb. des 19. Jhs. nachweisbar. Ihre Einzelformen stehen, wie die erhaltene Südpforte des Turmes, den romanischen Teilen (Querhaus, Westbau) der Klosterkirche Lautenbach nahe (um 1145–55; R. Kautzsch, Der romanische Kirchenbau im Elsaß, Freiburg i. Br. 1944, Abb. 194, S. 203; R. Will, Das romanische Elsaß [Alsace romane, dt.], La-Pierre-qui-vire 1966, S. 256).

123 Ansätze einer Trennungsmauer auf der Hangkante im Norden.

124 Inventaire, ct. de Saverne, S. 365–7, Abb. 597–602. Zu Ersterwähnung vgl. Anhang: Nr. 13.

125 Trouillat I 284; Erwähnungen seit »1123« (WUB I 355) sind in Wahrheit nicht eindeutig datiert.

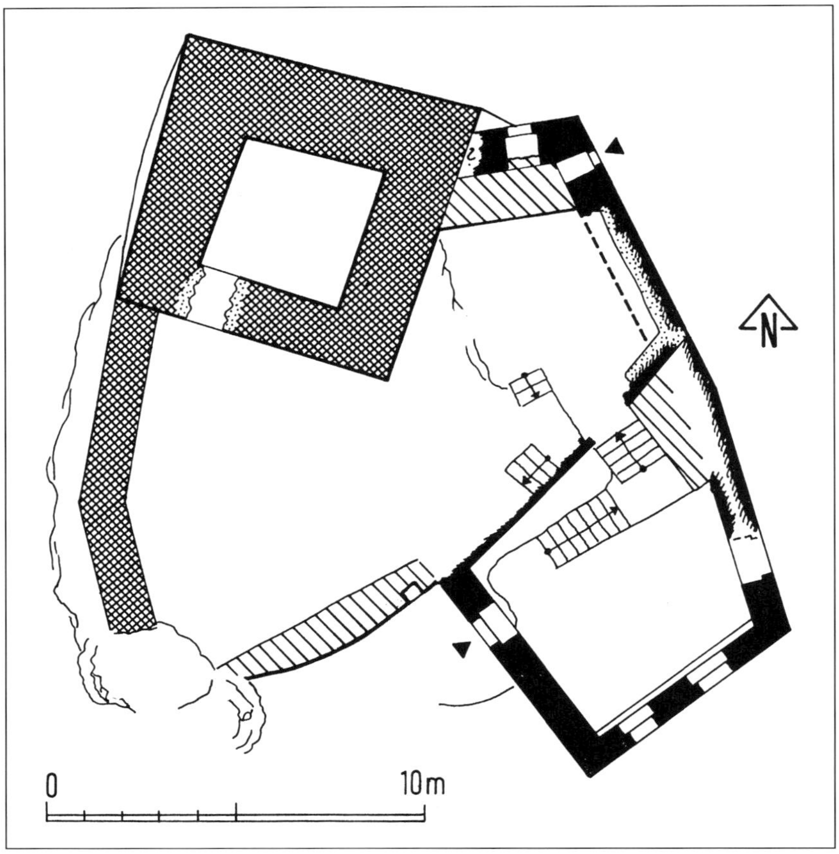

Abb. 17
St. Ulrich über Rappoltsweiler. Baualterplan der ältesten Teile (Wohnbau, Turm) auf dem nördlichen Felskopf (schwarz, kreuzschraffiert: Phasen des 12. Jhs., schraffiert: spätmittelalterlich) (Th. Biller unter Verwendung des Grundrisses von B. Ebhardt).

entstanden ist[126]. Daß der Turm – und ein im Verband stehendes Ringmauerstück – einer zweiten Phase angehört, belegt schon der Anschluß an den Wohnbau, der spitzwinklig ist und einen Teil des älteren Gebäudes abschneidet. Zudem läßt sich hier eine frühe Erhöhung ablesen, was bis in Details an den Turm von Wineck erinnert. Erd- und Einstieggeschoß zeigen nur angriffsseitig Sandsteinbuckelquader, sonst ein Mischmauerwerk mit anstehendem Gneis, innen sogar Gneis-Bruchstein. Demgegenüber sind oberstes Geschoß und Wehrplatte in bestem Sandsteinquaderwerk ausgeführt und auch in der Öffnungsform abgesetzt[127]; daß sie auch hier einen hölzernen, bewohnbaren Aufbau in der Art von Wineck ersetzten, liegt demnach recht nahe.

Als letzter, wieder anders gelagerter Fall, seien die frühesten Teile der Burg *Rathsamhausen* bei Ottrott erwähnt[128]. In die oben schon behandelte, ihrer Funktion nach unbekannte Gesamtanlage des 11. Jhs. (vgl. Abschnitt 3.2.) wurde Ende des 12. Jhs. eine kleine Burg hineingesetzt, die aus rechteckigem Wohnturm, direkt angelehntem Wohnbau und kleinem Hof bestand (Abb. 18). Klingt dies inzwischen schon ganz bekannt, so sind hier die Akzente wieder ganz anders als in den bisher vorgestellten, ja schon

126 Zuletzt G. Meyer, Les trois châteaux de Ribeauvillé, in: CAF, 136 (1978, Haute-Alsace), Paris 1982, S. 91–103; Vergleichsbeispiele für die Kapitellformen: Kautzsch (Anm. 122), S. 128 mit Abb. 109 (Marbach, Mitte 12. Jh. oder etwas früher, vierfach abgesetzter Schild), und 113 (Egisheim; die dreifach abgesetzen Kapitelle befinden sich scheinbar östlich am Westturm der 1. Hälfte des 13. Jhs., was auch Kautzsch irritierte. In Wahrheit handelt es sich um die Westwand des [zerstörten] älteren Schiffes, die in den Turm einbezogen wurde). Palmetten auf den Schilden findet man, wenn auch in wesentlich verfeinerter Form, z.B. in Maursmünster (Kautzsch [Anm. 122], Abb. 218, S. 308 u. S. 203: um 1140–50).

127 G. Meyer (Anm. 126) hat zudem vermutet, die dickeren angriffsseitigen Wände seien bei einer sekundären Verstärkung entstanden; dafür fehlen aber im Baubefund alle Hinweise.

128 Lit. vgl. Anm. 57.

Abb. 18
Rathsamhausen. Rekonstruktion des Zustandes um 1200 (Th. Biller).

sehr unterschiedlichen Fällen. Die drei Hauptgeschosse des Turmes sind nämlich aufwendig durchgestaltet, um sowohl den Wohnkomfort wie die formale Ausstattung zu steigern. Höhepunkt dessen war ein Saal mit säulengetragenen Kaminen, der das gesamte zweite Obergeschoß einnahm und so zu komplizierten Außentreppen zwang. Der nur halb so hohe Wohnbau, der sich hinter dem Turm versteckte, besaß im Gegensatz zum Turm nur einfache Rundbogenfenster, so daß man hier, knapp vor 1200, eben das Gegenteil der klassischen Burgkonzeption findet: einen Turm als herrschaftliche Wohnung von betontem Anspruch und daneben einen eher schmucklosen Wohnbau[129]. Im Vergleich mit der schon angesprochenen, vom gleichen Bautrupp errichteten Burg in Ottrott muß Rathsamhausen als der Versuch interpretiert werden, das traditionelle Konzept der Turmburg an stark gestiegene Ansprüche anzupassen; dem entspricht ja schon die landschaftswirksame Höhenlage gegenüber dem eher versteckten Ottrott. Dem Wunsch nach repräsentativen, gut zugänglichen und belichteten Innenräumen konnte sich der Wohnturm aber kaum gewachsen zeigen: dies konnte eben nur die klassische Burg mit ihrem funktional eindeutigen Wohnbau und dem Bergfried leisten, der an passiver Festigkeit und symbolischer Fernwirkung hinzugewann, aber auf jede Bewohnbarkeit verzichtete.

129 Verwandt dürfte die Erstanlage von Lützelstein gewesen sein, die aber in späteren Umbauten nur reduziert erhalten blieb (B. Metz, Le château et la ville de La Petite-Pierre/Lützelstein dans les sources écrites médiévales, und Th. Biller, Lützelstein/La Petite-Pierre, Die mittelalterliche Baugeschichte von Burg und Städtel, in: EM 4, 1986/87, S. 5–88). Neu-Windstein ist ein besonders später Vertreter des Typs, wo Wohnturm und Wohnbau völlig gleichberechtigt bzw. gleich aufwendig ausgestattet nebeneinander stehen (Th. Biller, Die Burgengruppe Windstein – Untersuchungen zur hochmittelalterlichen Herrschaftsbildung und zur Typenentwicklung der Adelsburg im 12. und 13. Jh. [Diss. TU Berlin 1984], Köln 1985 [Veröff. d. Abt. Architektur des Kunsthist. Inst. d. Univ. zu Köln, Bd. 30]).

Obwohl die Turmburg mit nur drei Elementen – Turm, herrschaftliche Wohnräume, (Ring-)Mauer – ein Konzept von größtmöglicher Einfachheit war, zeigt also die Betrachtung nur weniger Beispiele, welche Variationsbreite selbst auf dieser Ebene erreicht werden konnte. Rechteckiger und quadratischer Turm, Ausführung mit hölzernen Obergeschossen oder völlig in Stein, Integration der herrschaftlichen Wohn- und Repräsentationsfunktionen in den Turm oder Auslagerung in den Wohnbau, ausgedehnte oder auf das nötigste beschränkte Ringmauer oder gar völliger Verzicht auf sie, Anschluß einer Vorburg oder Weiterbenutzung einer älteren, größeren Anlage – allein mit diesen Möglichkeiten eröffnete sich eine geradezu erstaunliche Gestaltungsvielfalt. Indem sie immer wieder anders genutzt wurde, bewegten sich Bauherren und Baumeister tastend auf jene klassische Form der Adelsburg zu, die mit ihrer Funktionstrennung den adeligen Ansprüchen des hohen und späten Mittelalters lange und in einer Fülle von Bauten entsprechen konnte.

Zusammenfassung

Wie sich das Aufkommen der südwestdeutschen Adelsburg – d.h. insbesondere der namengebenden, statussymbolischen Höhenburg – in den Schriftquellen spiegelt, ist in jüngerer Zeit in viel beachteten Arbeiten dargelegt worden, und zwar sowohl für den südwestdeutschen Raum im Allgemeinen [130], wie auch für Teile des Elsasses [131]. Sind hierdurch der weiteren Forschung wichtige Eckwerte gegeben worden, so bleiben doch andere grundlegende Fragen auf diesem Wege nicht beantwortbar: mindestens alle jene nämlich, die sich auf die bauliche Form, auf deren Ableitung und Entwicklung beziehen. Insoweit können nur mit den Mitteln der Archäologie und der Bauforschung – d.h. mit viel Zeit- und Arbeitsaufwand – genauere Kenntnisse gewonnen werden. Die Wichtigkeit dieses zweiten Forschungsweges liegt dabei nicht zuletzt darin, daß die Quellen im 10.–12. Jh. die Realität ganz gewiß nur äußerst selektiv wiedergeben –, vor allem das, was sich unterhalb der höchsten Adelsschichten und der »großen Politik« abspielte, kommt in ihnen praktisch nicht vor, dürfte aber für die Entwicklung eines derartig verbreiteten Bautypus von zentraler Bedeutung gewesen sein.
Es ist durchaus unterstreichenswert, daß das Elsaß die frühesten Erwähnungen definitiver Adelsburgen im gesamten südwestdeutschen Raum aufweist: auf der Ebene der gräflichen Burgen ist dies (Hoh-)Egisheim (vor 1018), für die nicht-gräflichen Edelfreien Rappoltstein (1038). Der Stellenwert einer solchen Feststellung bleibt natürlich zu diskutieren. Bedenkt man, daß in Lothringen um 1000 nicht weniger als 25 Burgen namhaft gemacht werden können [132], während östlich des Rheins die Entwicklung erst in der 2. Hälfte des 11. Jhs. greifbar wird, so könnte man hier eine von Frankreich nach Osten fortschreitende Entwicklung erblicken, die der allgemeinen Entwicklung von Adel und adelig bestimmter Gesellschaftsform entspräche. Andererseits lehrt die Schweiz, daß eine intensive Burgenarchäologie die Zahl der frühen Burgen kräftig steigern kann. Das mahnt zur Vorsicht, wenn auch historische Erklärungsmodelle zur Verfügung stehen: der frühe Verfall der Zentralgewalt im burgundischen Königreich kann hier den Adel ähnlich ermutigt haben wie es die Randlage von Lothringen im Reich tat. Das Elsaß hingegen hatte es bis ins späte 12. Jh. mit einer durchaus starken Zentralgewalt zu tun, der sich zunächst nur die mächtigsten Adeligen ein wenig entziehen konnten.
Die Grafen, die spätestens im Investiturstreit beweisen, daß sie auch eine kaiserfeindliche, d.h. selbständige Politik betreiben können, sind auch jene Gruppe im elsässischen Adel, der man beim heutigen Forschungsstand am ehesten eine erkennbare Burgform zuweisen kann. Wo früh erwähnte Grafenburgen überhaupt im Gelände faßbar werden, da trifft man stets auf Anlagen von einer Größe, die die klassischen Burgen des 12./13. Jhs. um das mindestens Vier- bis Sechsfache übertrifft. Reste wirklich

130 Maurer, Entstehung (Anm. 26).
131 C. Wilsdorf, L'apparition des châteaux en Haute-Alsace d'après les textes (1000–1200), in: 101e congrès des Sociétés savantes, Lille 1976, Archéologie, S. 61–76.
132 M. Parisse, La noblesse lorraine, 11e–13e siècles (Habil.-Schr.), 2 Bde., Lille 1976; hier: I, S. 131–152, bes. S. 147.

repräsentativer Architektur sind kaum erkennbar – ein zentrales Haus auf dem Purpurkopf, der Torturm der Lützelburg/Zorn –, so daß die weitgedehnte Ummauerung den wenig landschaftswirksamen Eindruck bestimmt haben muß. In etlichen Fällen trifft man noch auf Reste von Trockenmauern, die freilich entweder älter oder bisher nicht wirklich datierbar sind. Insgesamt drängt sich der Eindruck auf, daß derartige Anlagen noch als Refugien für die Bevölkerung dienten, entsprechend der ursprünglichen Aufgabe der (Gau-)Grafen. Inwieweit sich in einer bisher vereinzelten Anlage wie dem Purpurkopf schon ein Übergangstypus zur Adelsburg spiegelt, indem ein Refugium durch ein vielleicht turmartiges »Grafenhaus« zentriert wird, das kann wirklich nur durch Grabungen überprüft werden.

Weitgehend außerhalb des Blickfeldes der Schriftquellen bewegt sich eine andere, deutlich größere und formal vielfältig gegliederte Art früher Burgen, die man trotz dieses Problems von historischer Seite auch im Oberrheingebiet für die folgenreichere Wurzel der klassischen Adelsburg halten möchte: die Gruppe der Motten und Turmburgen, vielleicht auch die der bisher etwas nebelhaften Dorftürme. Ihre beschränkte Größe, die den Ansprüchen der adeligen »Privatburg« (Maurer) entsprach, aber nicht mehr den Notwendigkeiten einer Fliehburg, ist dafür sicher ausschlaggebend gewesen. Hingegen entsprach die Betonung des Turmes dem Selbstdarstellungsbedürfnis – man könnte auch sagen: dem Architekturbedürfnis – des Adels, während seine gute Sichtbarkeit eine Fliehburg eher gefährdet hätte. Im Elsaß freilich ist bisher keine Motte oder Turmburg archäologisch bzw. baulich gesichert, die eindeutig vor das mittlere 12. Jh. zurückgeht. Jedoch zeigt der Bestand der 2. Hälfte des 12. Jhs. eine bemerkenswerte Variationsbreite, vor allem wenn es um die Formen und Funktionen der Türme bzw. um die Zuordnung des herrschaftlichen Wohnens zu den Türmen oder zu reinen Wohnbauten geht. Diese Zeit erweist sich damit als Übergangsphase von der Turmburg zur funktionsgetrennten klassischen Adelsburg mit Bergfried und Wohnbau/Palas, wie sie uns spätestens um 1200 gerade im Elsaß in bedeutenden, ausgereiften Beispielen gegenübertritt. Der Ausgangspunkt dieser Übergangsphase, die Motten und Turmburgen des 11. und frühen 12. Jhs., sind uns im Elsaß aber noch nicht konkret faßbar – hier bleibt der Mittelalterarchäologie eine wichtige Aufgabe für die Zukunft.

ANHANG:

ERSTERWÄHNUNGEN ELSÄSSISCHER BURGEN VON 900 BIS 1200

Eine Erstnennungsliste elsässischer Burgen befindet sich schon bei Rapp, Château-fort, S. 93 ff.; 1968 veröffentlicht, wurde sie schon 1948 abgefaßt. Die nachstehende Liste weicht nicht unerheblich davon ab. Auch manche in der übrigen Literatur kursierende Ersterwähnungen sind hier mit guten Gründen unberücksichtigt geblieben. Beides kann hier nicht im einzelnen gerechtfertigt werden. Doch sei auf ein Problem hingewiesen, das öfter auftaucht.

Viele frühe Burgen erscheinen zuerst dadurch, daß ein Adeliger sich nach ihnen benennt. Wenn etwa zu 1022 eine Bertha von Rappoltstein oder zu 1127 ein Otto von Geroldseck bezeugt werden, kann man daraus schließen, daß die Burgen Rappoltstein 1022 und Geroldseck 1127 schon bestehen. Aber nicht selten ergibt eine nähere Prüfung, daß die Urkunde (oder sonstige Aufzeichnung), die eine Handlung des Jahres 1022 bzw. 1127 überliefert, erst später niedergeschrieben wurde. In solchen Fällen muß man – gerade in einer Zeit, wo die Adeligen eben erst anfangen, sich nach ihren Burgen zu nennen – mit der Möglichkeit rechnen, daß etwa Otto sich erst *nach* 1127 den Namen »von Geroldseck« zugelegt hat, ja daß er womöglich erst *nach* 1127 die Burg Geroldseck erbaut hat, oder daß Bertha in einer Aufzeichnung aus einer Zeit, in welcher ihre Nachfahren sich »von Rappoltstein« genannt haben, gleichsam *rückwirkend* auch so genannt wurde.

Dieses Problem stellte sich bei Egisheim (Ersterwähnung angeblich 1002), Rappoltstein (ang. 1022), Hüneburg (ang. um 1120), Lützelburg (ang. 1126), Falkenstein (ang. um 1128), Geroldseck (ang. 1127), Girbaden und Ringelstein (ang. 1137), Hohbarr (ang. 1109/13), Frankenburg (ang. 1123), Hagenau (ang. 11. Jh.), Brandenburg (ang. vor 1039, bzw. 1041), Ortenberg (ang. 1000) und Fleckenstein (ang. 1129); es mag sich bei fortschreitender Quellenkritik noch in weiteren Fällen stellen (etwa Burgberg, Thannweiler, Dagsburg?).

Andererseits wird künftig für manche Burg eine frühere Erwähnung auftauchen als die erste hier angegebene. So kann eine derartige Liste nur den heutigen Stand einer stets in Fluß befindlichen Forschung widerspiegeln.

Bemerkt sei noch, daß die Erwähnung der *domus* Butenheim 1111 (vgl. oben Abschnitt 2.3.) in der Liste unberücksichtigt blieb, weil weder durch die Schriftquellen noch durch die bisherigen Grabungsergebnisse erwiesen ist, daß *domus* hier »Burg« bedeutet. B. Metz

Burg	Zeit	Wortlaut
1. Hohenburg (Odilienberg)	[913–33]	*Hugo comes Hohenburc regnans*[1]
2. »Burgberg« (Purpurkopf?)	[974]	*Burcberck ... cuius montis cacumine suum extitit castrum*[2]
3. Erstein	999	*actum infra castrum qui dicitur Arstena*[3]
4. (Hoh-)Egisheim	[vor 1018]	*dum ... apud nobile castrum Eginisheim nuncupatum moraretur*[4]
5. Rappoltstein	1038	*Reginbaldum de castello ... quod Reginbaldi petra dicitur*[5]
6. Thannweiler	1089	*in exstructione castri quod ad Tanvilariensem ... vicum factio principum erigebat*[6]
7. Dagsburg	1091	*comes Hugo de Dalbort*[7]
8. Pfirt	1100	*actum in strata publica circa castrum Ferretis*[8]
9. Isenburg	[um 1100]	*Acta sunt hec in Isenburg ... anno ... 662*[9]
10. Hüneburg	1125	*Folmarus comes de Huneburc*[10]
11. Lützelburg/Zorn	[vor 1133]	*comes Petrus, qui... in castro Lucelenburch considerat*[11]
12. Falkenstein	1141	*Reginaldus comes de Valchenstein*[12]
(Biederthal CH	[1141]	*Cono ... de Biederdan)*[13]
13. Greifenstein	1141	*Merebodo de Grifenstein*[14]
14. (Groß-)Geroldseck	1141	*Otto et Burchardus de Geroldisecco*[15]
15. Girbaden	[1141 ff.]	*capellam iuxta Girbadun apud Lobias*[16]
16. Ringelstein	[1141 ff.]	*Anselmus de Ringelstein*[17]
17. Hohbarr	[1141–43]	*Merboto de Borre*[18]

1 SUB I 44 Nr. 52; Quelle des 11. Jhs.; vgl. oben Abschnitt 1.

2 AD I 165 Nr. 208; die Anlage wurde nach dem Text der Quelle schon vor dem 12. Jh. aufgelassen; vgl. oben Abschnitt 2.1.

3 RI II/3 1309a; als *palatium* schon 953 erwähnt (MGH DD I 244f. Nr. 162f.); vgl. oben Abschnitt 3.1.

4 Vita Leonis IX., in: J. M. Watterich, Hg., Pontificum romanorum ... Vitae I, 131; die frühen Erwähnungen von Egisheim beziehen sich auf das heutige Hoh-Egisheim. Vgl. oben Abschnitt 2.2.

5 Jean de Bayon, Chronik (1326 unter Verwendung von Vorlagen des 11. Jhs. verfaßt), Auszug in H. Belhomme, Historia Mediani ... Monasterii, 1724, S. 241, und in RUB I 4 Nr. 6, mit Lesart *Regnibaldum*, hier nach C. Wilsdorf, Le château de Haut-Eguisheim jusqu'en 1251 (Régestes), in: RA 106, 1980, S. 21–36, hier: Nr. 7, verbessert; vgl. oben Abschnitt 3.3.

6 Jean de Bayon in Belhomme (Anm. 5), S. 255; für die Burg Thannweiler etwas zweifelhaft, weil diese danach erst im 16. Jh. wieder erwähnt wird.

7 Pater Benoit [Picart], Histoire ... de Toul, 1707, I, preuves S. 85; auch (nach Calmet) in Migne, Patrologia Latina 157, Sp. 431, mit abweichender Lesart *(de Dasborc)*; vgl. J. Choux, Recherches sur le diocèse de Toul au temps de la réforme grégorienne: l'épiscopat de Pibon (1069–1107), 1952, hier: S. 217 Reg. Nr. 53. Ein Vergleich mit Reg. Nr. 52 ebd. erweckt den Verdacht, auch diese Urkunde könnte erst nach 1107 niedergeschrieben sein. Andererseits ist das *castellum Cakibudi*, das Jean de Bayon (in Belhomme, Anm. 5), S. 265 (vgl. auch RBS I 340) zu 1086 erwähnt, vielleicht mit der Dagsburg gleichzusetzen (von der Chronik des Jean de Bayon sind nur schlechte Abschriften erhalten). Vgl. oben Abschnitt 2.4.

8 Zit. bei F. I. Dunod, Histoire de l'Eglise de Besançon, 1750, S. 138; es ist nur dieser Auszug der Urkunde überliefert. Vgl. oben Abschnitt 2.2.

9 SUB I 2 Nr. 1; Fälschung des 11. oder Anfang des 12. Jhs. zu 662; vgl. P. Wentzcke in ZGO 63, 1909, S. 23f. Vgl. oben Abschnitt 7.

10 Trouillat I 245 Nr. 166; vgl. oben Abschnitt 2.4.

11 AD I 229 Nr. 275 (um 1144 geschrieben, aber Graf Peter war 1133 schon tot: RBS I 451). Vgl. oben Abschnitt 2.4.

12 MGH DD IX 100 Nr. 57; Reinald von F. (sonst von Lützelburg genannt) ist der Sohn des Grafen Peter von Lützelburg (der nach seinem Tod in AD I 206 Nr. 254 = NSD VII 81 Nr. 30 Peter von F. genannt wird). Vgl. oben Anm. 46.

13 MGH DD IX 100 Nr. 57; das zugehörige (jüngere) Dorf liegt heute noch im Elsaß, die Burg selbst in der Schweiz.

14 MGH DD IX 100 Nr. 57; vgl. oben Abschnitt 7.

15 MGH DD IX 100 Nr. 57.

16 ABR D 37/1; Druck: NSD VII 96 Nr. 37. Die Kapelle in Laubenheim bei G. wurde 1137 geweiht, aber die Weiheurkunde frühestens 1141 (aber kaum lange danach) verfaßt: RBS I 462.

17 NSD VII 97 Nr. 37, RBS I 462 (Handlung 1137, Beurkundung 1141 oder bald danach); vgl. Nr. 15. Girbaden, und oben Abschnitt 3.4.

18 SUB I 68 Nr. 88; vgl. RBS I 393 u. 499.

Burg	Zeit	Wortlaut
18. Frankenburg	1143	*Sigelbertus de Franchenburch*[19]
19. Hagenau	1143	*castellum Hagenowe*[20]
20. Hohkönigsburg	1147	*de castro Estufin*[21]
21. Warthenberg (»Daubenschlagfels«?)	1158	*prata Warthenbergensi castro adiacenta*[22]
22. Horburg	1162	*eversa Horburch et captivatis his, qui in castro obsessi fuerant*[23]
23. Brandenburg	[vor 1163]	*dedit curtim castri Brandenbruch*[24]
24. Ortenberg	1166	*Wernerus de Orthenberch*[25]
25. Hohnack	[um 1162–68]	*Adelheidis et Detricus de Honach – Luprandus de Hohinnac*[26]
26. Fleckenstein	1174	*Godefridus de Flekenstein*[27]
27. Groß-Arnsberg	[3. V. 12. Jh.]	*Lu(de)wicus de Arnisberc*[28]
(Gutenburg D	1174	*Udalrich de Gudenburhc)*[29]
28. Stein/La Roche	1178	*Theodericus de Rupe*[30]
29. Bernstein	[1163–79]	*Thitemarus castellanus de Berenstein*[31]
30. (namenlose Burg)	[1163–79]	*per vallum retro vetus castrum, quod pater suus olim edificare voluit*[32]
31. Hungerstein	1179	*Heinricus Hungirstein*[33]
32. Kronenburg	[um 1140–80]	*castellum situm in monte iuxta stratam Tabernensem*[34]
33. Lützelstein	[vor 1180]	*Walterus de Parvapetra*[35]
34. Mörsberg/Morimont	1183	*Heinricus et Walterus de Morsberc*[36]
35. Werde (Wörth)	1185	*comes Sigebertus de Werde*[37]
36. Rougemont	1185	*dominus de Rotenberc*[38]
37. Girsberg (im Münstertal)	1186	*Tietricus de Girsperc*[39]

19 MGH DD IX 162 Nr. 91; vgl. oben Abschnitt 1.

20 MGH DD IX 162 Nr. 91; *castellum* meint hier vielleicht die Stadt, aber die Burg ist zweifellos früher als diese.

21 MGH SS XXVI 70; vgl. oben Anm. 107.

22 AD I 247 Nr. 298.

23 Annales Marbacenses MGH SS rer. germ. 5, S. 50; vgl. oben Abschnitt 1.

24 Nach dem um 1163 geschriebenen *Chronicon Ebersheimense* (MGH SS XXIII, 442; s. auch 432) wurde der zur Burg gehörige Hof zwischen 1001 und 1039 dem Kloster Ebersmünster geschenkt; nach einer Fälschung des 12. Jhs. zu 1041 (AD I 213 Nr. 262, vgl. RBS I 268) hieß die Schenkerin *Bertha de Brandenburg*. Vgl. oben Abschnitt 1.

25 RUB I 39 Nr. 28; vgl. WUB II 155 Nr. 388 (derselbe *Wernherus de Ortinberch* 1167).

26 ZGO 78, 1926, S. 56 Nr. 2 u. 60 Nr. 12, vgl. RUB I 39 Nr. 29 und 61 Nr. 49 (undatierte, in der 2. H. d. 12. Jhs. schriftlich fixierte Schenkungen).

27 MGH DD X/3 123 Nr. 628; die sonst zitierte Erstnennung 1129 (RBS I 442) beruht auf der nur in einer Abschrift des 16. Jhs. überlieferten spätmittelalterlichen Übersetzung einer in sich schon problematischen Aufzeichnung.

28 Cisterzienser-Chronik 61. 1954, S. 25; nur nach der Schrift datierbares Fragment.

29 RGS Nr. 55 (*Landolfus vir ingenuus de Gudenburc*, um 1170: UBS I 116). Die Gutenburg gehört staatsrechtlich zur Bundesrepublik, historisch aber zum Obermundatwald bzw. zu Weißenburg, was bis heute nicht endgültig geklärt ist.

30 NSD X 67 Nr. 25; vgl. *Theodericus castellanus de Rupe*: AD I 483 Nr. 685 (= NSD X 101 Nr. 33), Fälschung des späten 12. Jhs. (vgl. MGH DD X/3, 321) zu 1178.

31 ABR G 1308 (Abschr. d. 16. Jhs.); ungenauer Druck: NSD X 37 Nr. 13; zur Datierung: RBS I 595.

32 ABR G 1308; ungenauer Druck: NSD X 37 Nr. 13; zur Datierung s. RBS I 595. Die Burg wurde nach diesem Text, einer Grenzbeschreibung, vom Grafen Hugo von Dagsburg begonnen, aber nie vollendet. Sie muß in der Nähe des Buchberges (sw. von Hersweiler) gelegen haben.

33 AHR 10 G titres généraux 43/1; Heinrich ist murbachischer Ministeriale.

34 MGH DD merov. I 149 Nr. 30, angebliche Urk. d. Königs Dagobert, zwischen 1140 und 1180 gefälscht (so C. Wilsdorf, in RA 94, 1955, S. 59–65).

35 ADMM B 481/40; Druck: EM 4, 1987, S. 34.

36 Druck: ZGO 90, 1937, 457; Regest: Solothurnisches UB I 125 Nr. 228.

37 RUB I 54 Nr. 40 = RI IV/3 Nr. 4.

38 RGS 68.

39 RUB I 57 Nr. 43 = CSR 19 Nr. 17.

Burg	Zeit	Wortlaut
38. Ochsenstein	1186	*Otto dominus de Ossensten*[40]
39. Alt-Thann	1194	*in castro nostro Tanna*[41]
40. Scharrach	1194	*Ulricus de Scarlera*[42]
41. »Ottrotter Schlösser«	1196	*Cunradus de Luzelenburc*[43]
42. Haldenburg	1198	*Haldenburc presidium cepit – castrum Haldinburc ... funditus evertit*[44]
43. Epfig	1198	*cymiterium Epiaci confregit – castra in Ruvach et in Aphich expugnavit et confregit*[45]
44. Judenburg	[um 1200]	*Ulricus de Gotenburc*[46]
45. Landsberg	1200	*fundum in quo castrum suum Landesberc situm est*[47]

ABKÜRZUNGEN

(Archive, gedruckte Quellen, Zeitschriften, Reihen, Nachschlagewerke)

ABR
Archives Départementales du Bas-Rhin, Strasbourg

AC
Annuaire de Colmar, hg. v. d. Soc. d'hist. et d'archéol. de Colmar; 1, 1935ff.

AD
Johann Daniel Schöpflin (u. Andreas Lamey), Hg., Alsatia Diplomatica, 2 Bde., Mannheim 1772–75

ADBO
Annuaire de la Soc. d'hist. et d'archéol. de Dambach-la-Ville, Barr, Obernai, 1, 1967ff.

ADMM
Archives Départementales de Meurthe-et-Moselle, Nancy

AHR
Archives Départementales du Haut-Rhin, Colmar

AM
Archéologie Médiévale, Caen, 1, 1971ff.

ATG
Annuaire de la Soc. d'hist. des régions de Thann-Guebwiller, 1948/50ff.

BMHA
Bulletin de la Soc. pour la Conservation des Monuments Historiques d'Alsace, I/1ff., 1856/57ff.

BUB
Rudolf Wackernagel u. Rudolf Thommen, Hg., Urkundenbuch der Stadt Basel, 11 Bde., Basel 1890–1910

BuS
Burgen und Schlösser, hg. v. d. Deutschen Burgenvereinigung e.V., 1, 1959ff.

CAAAH
Cahiers alsaciens d'archéologie, d'art et d'histoire, 1, 1957ff.

CAF
Congrès archéologique de France, hg. v. d. Soc. française d'archéologie, Paris 1, 1846f.

40 ADMM H 544 (Abschriften d. 16. Jhs.).

41 AHR H Marbach 13/2.

42 NSD X 167 Nr. 58, RBS I 678 (dessen Register auf Sch. verweist); *Bernnandus de Schahroch* 1227: ABR G 728/1a; ungenauer Druck: AD I 360 Nr. 449; danach RBS II 924.

43 ABR G 1229/1d; Konrad ist Ministeriale von Hohenburg. Die neueren archäologischen Erkenntnisse machen es unmöglich zu sagen, welcher Bau im späten 12. Jh. den Namen »Lützelburg« trug (der Kernbau der später »Rathsamhausen« genannten Burg?), so daß hier die moderne, zusammenfassende Bezeichnung aller Baureste auf dem Bergsporn verwendet wird.

44 RBS I 701 zitiert Annales Marbacenses, MGH SS rer. germ. 5, 73 und MGH SS 23, 368.

45 RBS I 701 zitiert Annales Marbacenses, MGH SS rer. germ. 5, 73 und MGH SS 23, 368.

46 RUB I 61 Nr. 49; RUB I 62 Anm. 2 gibt Belege für einen Ulrich von Gutenburg 1172–86, der sich aber genauso gut nach der Gutenburg (Pfalz) nennen kann.

47 BMHA II/6, 1869, 173; die Quelle belegt, daß die Burg soeben erst errichtet wurde.

CAHA
Cahiers d'Archéologie et d'Histoire d'Alsace, 1, 1909–134, 1954 (Forts.: CAAAH)

CG
Château-Gaillard, Etudes de Castellologie médiévale, hg. v. Centre de Recherches Archéologiques Médiévales, Université de Caen, Bd. 1, 1962 ff.

CSR
Colmarer Stadtrechte, bearb. v. P. W. Finsterwalder, Bd. 1, 1938 (Oberrheinische Stadtrechte, Abt. 3,3)

EA
Encyclopédie de l'Alsace, Strasbourg 1982–86

EM
Etudes Médiévales (Soc. d'Hist. et d'Archéol. de Saverne et env., No. hors série) 1, 1983 ff.

HIMLY, Atlas
F. J. Himly u. a., Atlas des villes médiévales d'Alsace, 1970 (Publ. de la Fédération des Sociétés d'Histoire et d'Archéologie d'Alsace, Bd. 6)

INVENTAIRE
Inventaire général des monuments et richesses artistiques de la France, Paris, 1, 1969 ff. (Elsaß: bisher cts. de Guebwiller, Saverne, Thann)

MGH DD
Monumenta Germaniae Historica, Diplomata

MGH SS
Monumenta Germaniae Historica, Scriptores

NSBV
Nachrichten des Schweizerischen Burgenvereins, Zürich, Jg. 1, 1928 ff. (jährl. 6 Hefte)

NSD
Nova subsidia diplomatica, hrsg. v. S. A. Würdtwein, 14 Bde., Heidelberg 1781–92

OT
Opération Taupe (ab Heft 7, 1970: Chantiers d'Etudes Médiévales)

PA
Pays d'Alsace, 1969 ff. (1938–68: Soc. d'hist. et d'archéol. de Saverne, Bull. trimestriel)

RA
Revue d'Alsace, 1, 1834 ff.

RAPP, Château-fort
F. Rapp, Le château-fort dans la vie médiévale – le château-fort et la politique territoriale, Strasbourg 1968 (verfaßt 1948) (Recherches sur les châteaux-forts alsaciens, 1.); mit Erstnennungsliste

RBS
Regesten der Bischöfe von Straßburg, Bd. 1 (bis 1202, bearb. v. P. Wentzcke) und 2 (1202–1305, bearb. v. A. Hessel u. M. Krebs), Innsbruck 1908–28

RECHT, Dictionnaire
R. Recht (Hg.), Dictionnaire des châteaux de France, Alsace, 1980

RegA
Regesta Alsatiae aevi merovingici et karolingi 496–918, bearb. v. A. Bruckner, Bd. 1 (Quellen), Strasbourg/Zürich 1949

RGS
H. W. Herrmann, Geschichte der Grafschaft Saarwerden bis 1527, Saarbrücken 1957–62 (zit. wird Bd. I. Regesten)

RI
Regesta Imperii, bearb. v. J. F. Böhmer u. a., ersch. Bd. I–XI (Heinrich I.–Sigmund), Innsbruck u. Mainz 1830 ff.

RUB
Rappoltsteinisches Urkundenbuch 759–1500, hg. v. K. Albrecht, 5 Bde., Colmar 1891–99

SUB
Urkundenbuch der Stadt Straßburg, hg. von W. Wiegand u. a., 7 Bde., Straßburg 1879–1900

TROUILLAT
Monuments de l'histoire de l'ancien évêché de Bâle, hg. v. J. Trouillat, 5 Bde., Pruntrut/Porrentruy 1852–67

UBS
F. X. Remling, Urkundenbuch zur Geschichte der Bischöfe von Speyer, Mainz 1852–54

WUB
Wirtembergisches Urkundenbuch, 11 Bde., hg. v. d. Königl. Staatsarchiv in Stuttgart, Stuttgart 1849–1913

ZGO
Zeitschrift für die Geschichte des Oberrheins, 1, 1850 ff.

MICHEL COLARDELLE · ERIC VERDEL

L'HABITAT FORTIFIE MEDIEVAL DE COLLETIERE A CHARAVINES (ISERE)

Le lac de Paladru, situé à 40 km à l'ouest de Grenoble, au milieu de hautes collines formées par les moraines des glaciers würmiens du Rhône et de l'Isère, est l'une des plus grandes surfaces d'eau intérieures naturelles françaises (fig. 1). Actuellement surtout tournée vers le tourisme et l'artisanat, la région à laquelle il confère son unité a eu d'importantes fonctions agricoles et industrielles aux origines desquelles l'archéologie permet en partie d'accéder, les sources archivistiques étant des plus réduites. L'archéologie et les sciences de l'environnement qui lui sont aujourd'hui étroitement liées trouvent dans cette région un intérêt tout particulier, dû aux conditions très favorables de conservation des vestiges en milieu lacustre ou tourbeux. C'est la raison pour laquelle, après des tentatives au XIX° siècle interrompues par l'impossibilité de fouiller sous l'eau, une équipe pluridisciplinaire a entrepris depuis 1972 une étude systématique des habitats littoraux dans le contexte écologique, historique et archéologique d'un »pays« naturel formé par le bassin versant du lac*.

Les traces des occupations antérieures à l'an Mil (identifiables par la prospection intensive, la sédimentologie des dépôts lacustres, la palynologie) sont ténues. Au Néolithique final, un village littoral qui connaîtra deux occupations successives séparées par un abandon qui correspond à une remontée du lac; à l'époque romaine, entre la fin du I° siècle av. J. C. et le III° siècle, plusieurs installations agricoles de petite taille, éphémères, sur les rives du lac et dans les environs. Il faut sortir de la région et descendre dans les vallées qui l'encadrent, Isère, Ainan, Guiers, Bourbre, pour trouver, dans un contexte agricole d'ailleurs plus favorable, *villae* et centres de peuplement permanent. A noter l'absence quasi-complète, en l'état des travaux, de vestiges de la Protohistoire et du Haut Moyen-Age.

La physionomie de la région change radicalement autour de l'an Mil, entre 1003 et 1005 d'après la dendrochronologie. Trois habitats s'installent sur les rives du lac – Colletière à Charavines, le Pré d'Ars au Pin, les Grands Roseaux à Paladru – profitant d'une baisse sensible des eaux. Les diagrammes polliniques et les analyses sédimentologiques montrent la puissance de l'impact de cette colonisation sur le couvert végétal et le lac: régression drastique de la forêt, mise en culture, changement brutal des rythmes sédimentaires lacustres (fig. 2).

Il est difficile de tirer parti, pour la compréhension de ce phénomène, des sites de Paladru et du Pin: le premier, fouillé au XIX° siècle sans aucun relevé ni observation précise, est essentiellement connu par le mobilier publié par Ernest Chantre et partiellement conservé au Musée Dauphinois de Grenoble. Quant au second, des évènements géologiques récents l'ont fait glisser à grande profondeur, rendant impossible son exploitation et le détruisant en partie. Dendrochronologie, typologie du matériel, sédimentologie et évaluation des superficies révèlent pourtant la parenté avec Charavines, voire même l'exacte contemporanéité de leur fondation.

Le site de Colletière à Charavines est actuellement fouillé sur plus de la moitié de sa superficie, qui est de l'ordre de 1500 m² (fig. 4). Il occupe une ancienne plage de craie lacustre, sédiment meuble caractéristique des lacs alpins, qui, exondée au XI° siècle, se trouve aujourd'hui sous 1,50 à 6 m d'eau (fig. 3). Il est donc nécessaire de recourir à des techniques de fouilles subaquatiques, particulièrement difficiles en milieu froid et assez turbide dès lors que l'on déplace des sédiments pour fouiller. Le chantier de Colletière a été l'occasion de la mise au point de nombreux procédés adaptés à ce type de milieu.

Une puissante palissade de chêne, renforcée à intervalles réguliers par une armature de poteaux, dessine un grand quadrilatère défensif orienté nord-sud à l'intérieur duquel se situent la majorité des bâtiments. Sur trois côtés, l'eau du lac venait battre la fortification ou du moins ses abords immédiats; sur le quatrième, une dépression humide devait constituer en elle-même un obstacle efficace. Pour l'instant, le

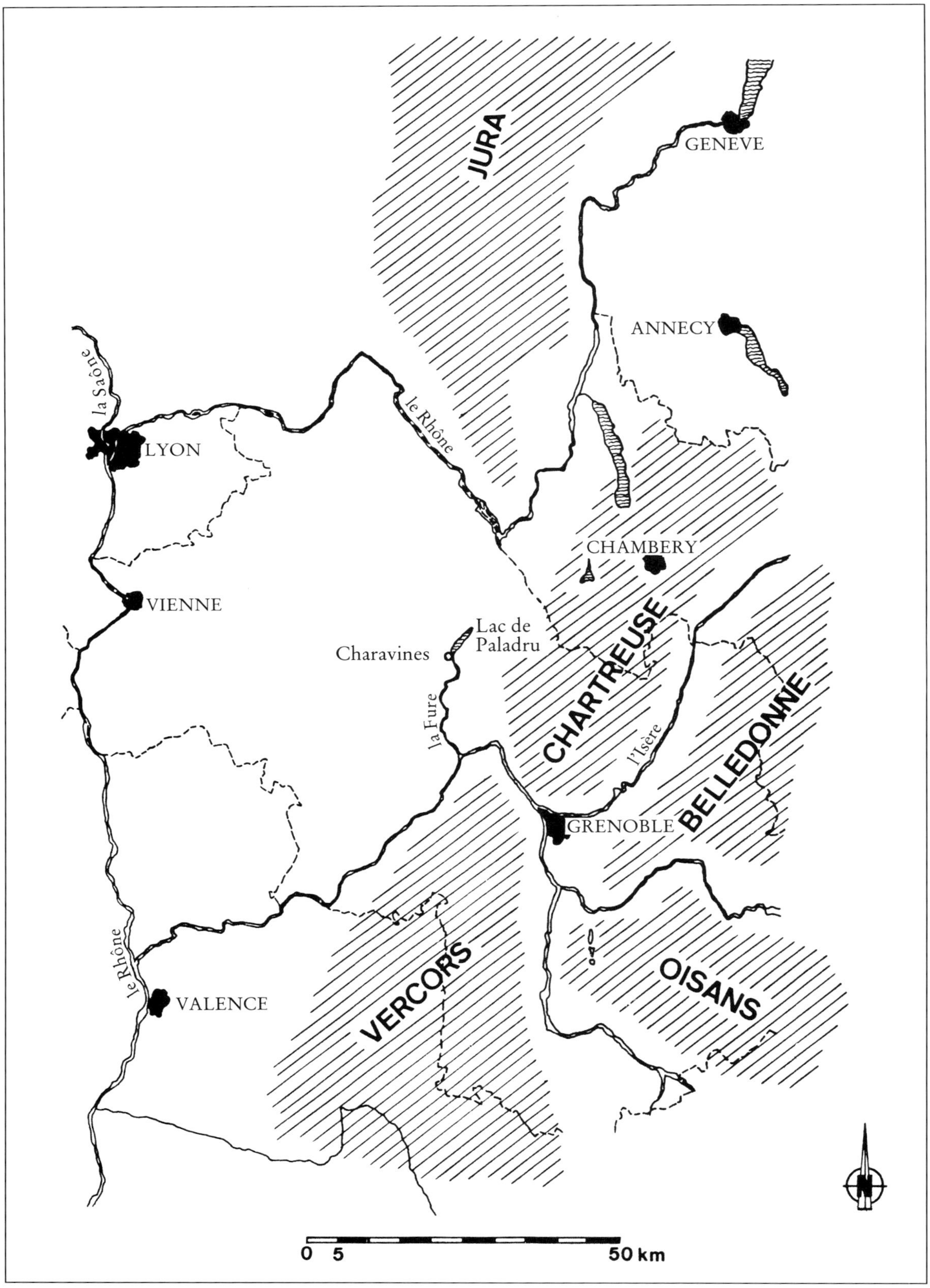

Fig. 1 Situation du lac de Paladru (Isère, France).

Fig. 2 Reconstitution des environs de Colletière au XIe siècle., d'après les données de la sédimentologie, de la palynologie et de la paléocarpologie. Dessin de M. N. Baudrand.

Fig. 3 Le site de Colletière en période d'étiage exceptionnel (hiver 1989–1990). Cliché Fouilles de Colletière.

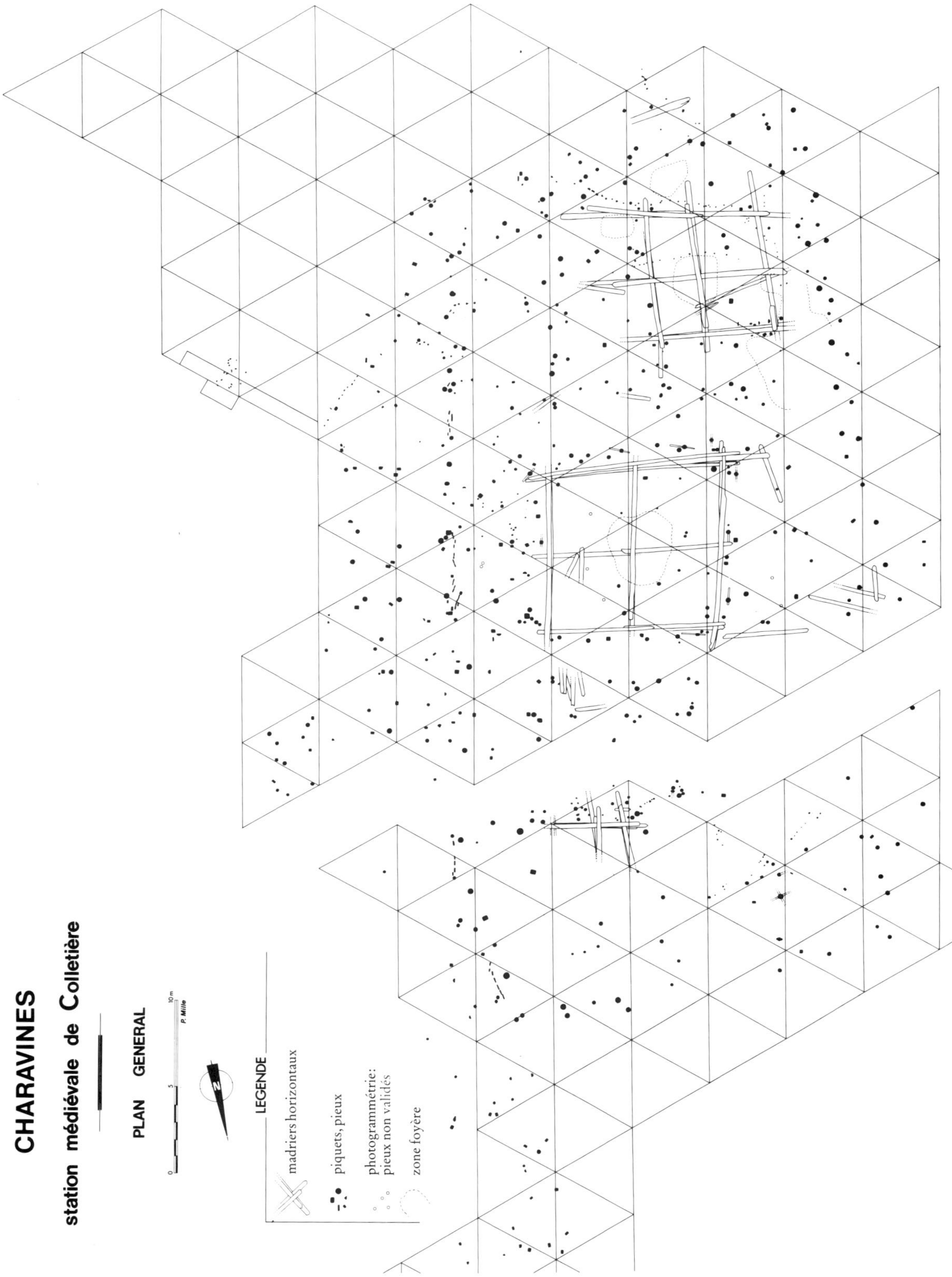

Fig. 4 Plan général du site de Colletière à Charavines.

Fig. 5
Reconstitution hypothétique d'un bâtiment.
Maquette Cl. Haudebourg.

Fig. 6
Reconstitution de la cheminée
du bâtiment central.
Cliché Fouilles de Colletière.

cheminement en dur (chemin de rondins comparable à ce que l'on trouve fréquemment en Europe du nord et de l'ouest et dans des îles britanniques) qui devait très certainement exister, n'a pas été retrouvé. En avant de la palissade, au nord-ouest, quelques poteaux moins nombreux révèlent l'existence d'annexes, qui n'ont pas encore été fouillées mais dont on connaît la faible extension.

A l'intérieur de l'enclos, l'essentiel de l'espace est bâti. Il est encore difficile aujourd'hui de proposer une restitution fiable des élévations, puisque l'étude est en cours. On peut néanmoins évoquer les techniques de construction, et les fonctions des parties principales de l'habitat.

Les éléments constitutifs de l'architecture sont bien connus. Il s'agit d'abord de grands pieux, le plus souvent non équarris mais écorcés, exclusivement en chêne. Progressivement appointés, ils sont enfoncés de 4 à 5 m dans la craie lacustre jusqu'à refus (contact avec la moraine sous-jacente ou solidification de la craie thixotropique, mise en phase liquide sous l'effet de la pression). C'est ainsi que sont formés des alignements de poteaux porteurs, sur lesquels sont bâties les parties hautes et les charpentes. Le second élément consiste en des troncs de chêne (bât. I) ou de hêtre (bât. II et III) enfoncés dans la craie lacustre et formant, par superposition et entrecroisement, une armature répartissant les charges, nécessaire dans un sédiment aussi instable. En dehors de la palissade défensive déjà citée, et formée d'épaisses planches de chêne jointives fichées en terre, les séparations verticales intérieures et extérieures sont faites d'alignements de piquets de bois sur lesquels étaient fixés des treillages en noisetier, tapissés d'argile (clayonnage).

Toute l'architecture semble s'ordonner autour d'un grand bâtiment (I) carré, de 12m de côté, dont les particularités constructives semblent indiquer une grande élévation (étage?) (fig. 5). Ce bâtiment, qui garde ses fonctions résidentielles inchangées durant toute la période d'occupation, possède en son centre une grande cheminée, dont la sole d'argile, de plan quadrangulaire, est contenue dans une structure de planches, et dont le manteau est soutenu par la charpente (fig. 6). De grands auvents, en particulier du côté du rivage, abritent des activités annexes. Le mobilier de ce bâtiment, particulièrement riche en instruments de musique, jeux, armes, dénote un habitat seigneurial, de même que le soin apporté à sa construction. En revanche, on ne connaît pas encore la forme exacte de l'élévation ni de la toiture qui en tout état de cause était, comme celle de tous les autres bâtiments, couverte de chaume.

Au sud de ce bâtiment, un second (bâtiment II) en grande partie calqué sur le premier, possède un plan plus complexe et moins lisible. Les troncs horizontaux de fondation sont en hêtre, et disposés plus irrégulièrement. Si certaines cloisons paraissent bien coïncider avec la trame de fondation il n'en est pas de même pour d'autres. Il est probable que l'on se trouve en présence d'un très grand ensemble à la fois résidentiel et utilitaire, dont les subdivisions et les aménagements (foyers, four domestique) ont évolué en fonction des besoins. Si le mobilier que l'on y trouve est de même type que celui du bâtiment I, si dans certaines zones il est très abondant, en revanche il est en moyenne moins riche, ce qui semble être l'indice d'une occupation par des familles de second rang.

Entre les bâtiments I et II, dans une partie de l'établissement peut-être couverte, des surfaces riches en excréments animaux indiquent une aire de stabulation du bétail. En revanche, à l'ouest du bâtiment II et au sud-ouest du bâtiment I, le long de la palissade, de gros amas d'argile et de cailloux comportant des traces de calcination et des scories métalliques mais pratiquement stériles en matériel archéologique proprement dit, sont certainement réservées au travail du fer, peut-être la métallurgie d'extraction dont les analyses de scories et de produits intermédiaires de fabrication ont démontré l'existence sur place.

Enfin, au nord-ouest, une partie du site où la palissade défensive semble s'interrompre, forme une zone d'accostage pour les pirogues (probablement identiques à celle, plus tardive, découverte dans le lac, à grande profondeur). Seule aire vraiment libre de construction, fréquemment inondée car plus basse que tout le reste du site, elle a été régulièrement remblayée par les déchets des activités de l'établissement. La partie la plus proche du bâtiment III, non encore fouillée, a été utilisée pour des activités artisanales (maréchalerie notamment).

L'ensemble du mobilier, très riche (plus de 4000 objets déjà découverts) et surtout très varié (fig. 7–29), laisse imaginer une cellule rurale fonctionnant en quasi-autarcie. Cependant les céramiques sont probablement importées, et les monnaies, assez nombreuses pour l'époque, deniers et oboles de Lyon et

Fig. 7 Vase à cuire avec décor de bandes rapportées.
Cliché C. A. H. M. G. I.

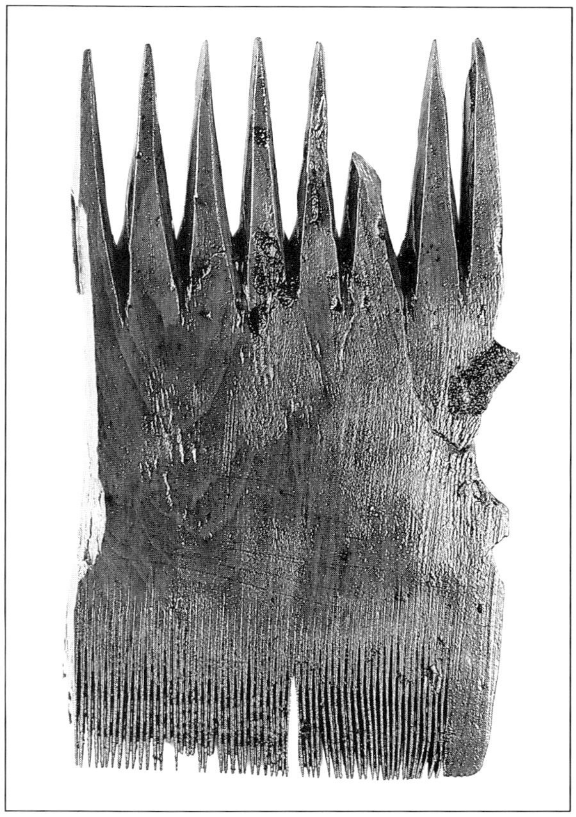

Fig. 8 Peigne en buis.
Cliché Arc-Nucleart (Grenoble). – Ech. ca. 1:2.

Fig. 9 Rabot à façonner les manches d'outils.
Cliché J. L. Ballat. – Ech. ca. 2:3.

Fig. 10 Douelle de baquet, en chêne.
Cliché Arc-Nucleart (Grenoble). Ech. 1:4.

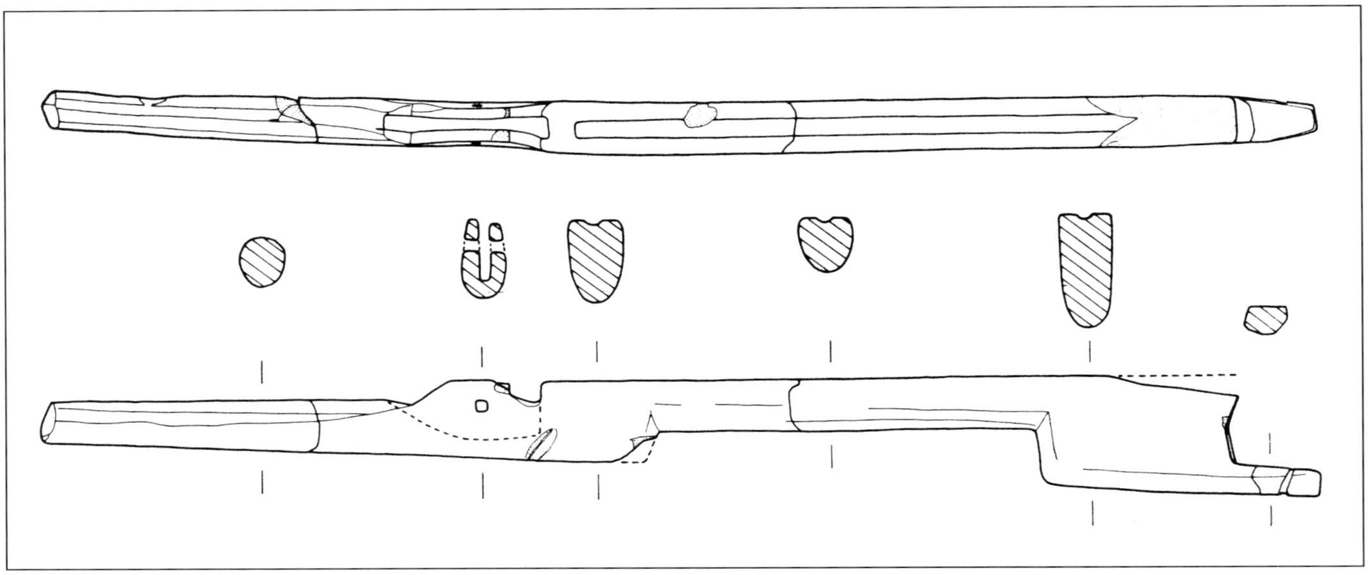

Fig. 11 Arbrier d'arbalète en bois. Dessin B. Dangreaux. – Ech. 1:3.

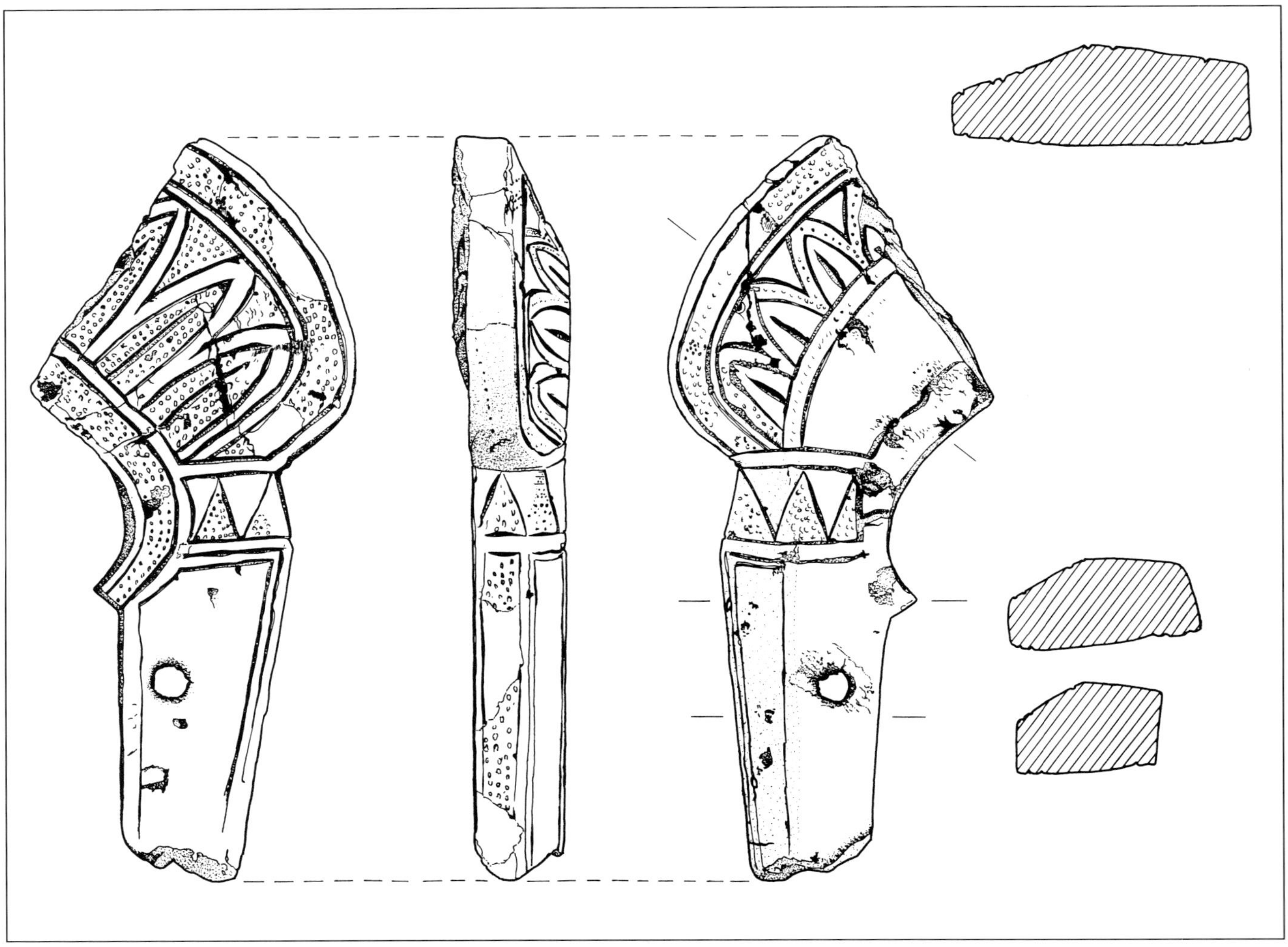

Fig. 12 Fragment d'arçon de selle décoré, en hêtre. Dessin L. Tostain. – Ech. 1:2.

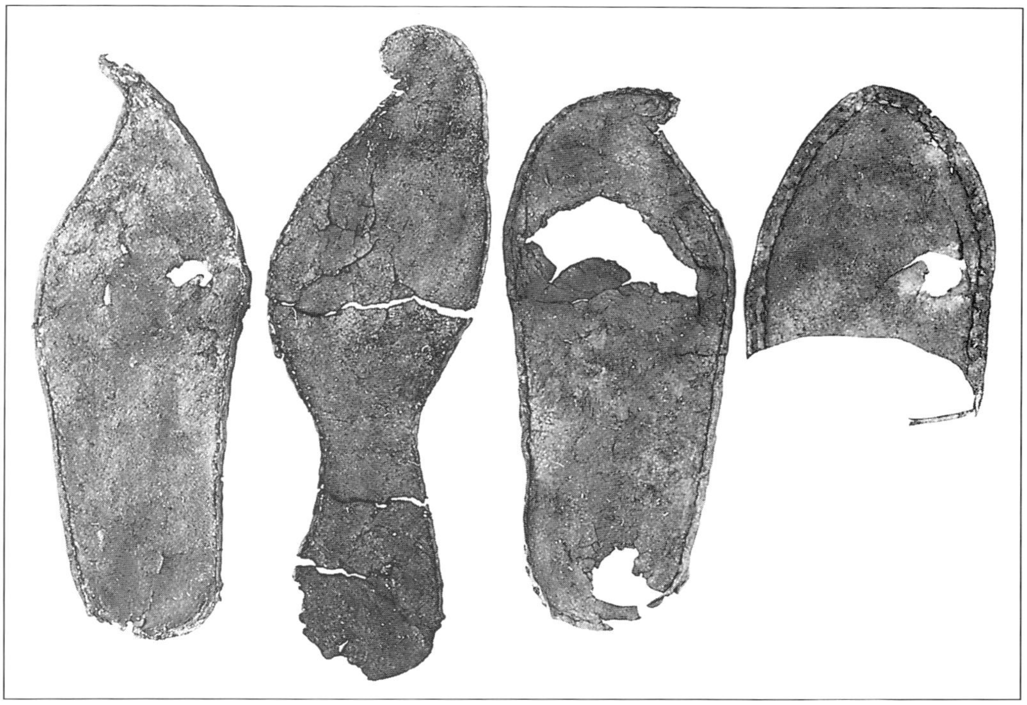

Fig. 13 Semelles de chaussure en cuir. Cliché J. F Lucas.

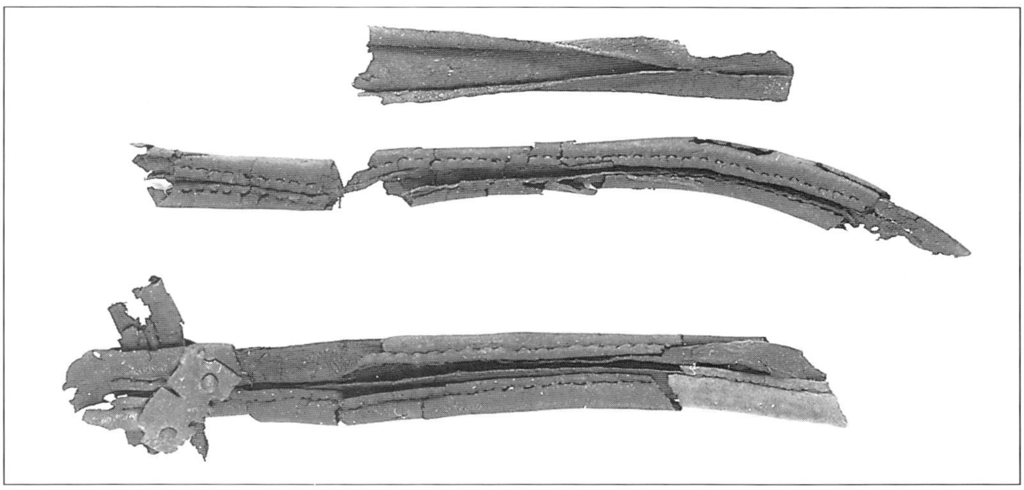

Fig. 14 Fragments de harnais en cuir. Cliché J. F Lucas.

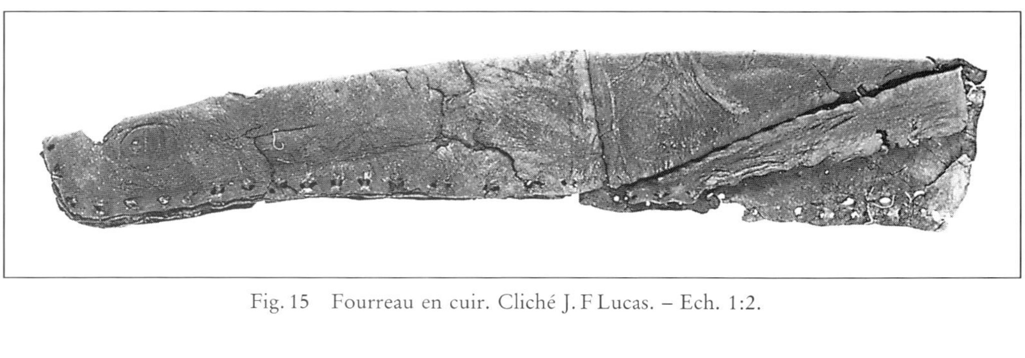

Fig. 15 Fourreau en cuir. Cliché J. F Lucas. – Ech. 1:2.

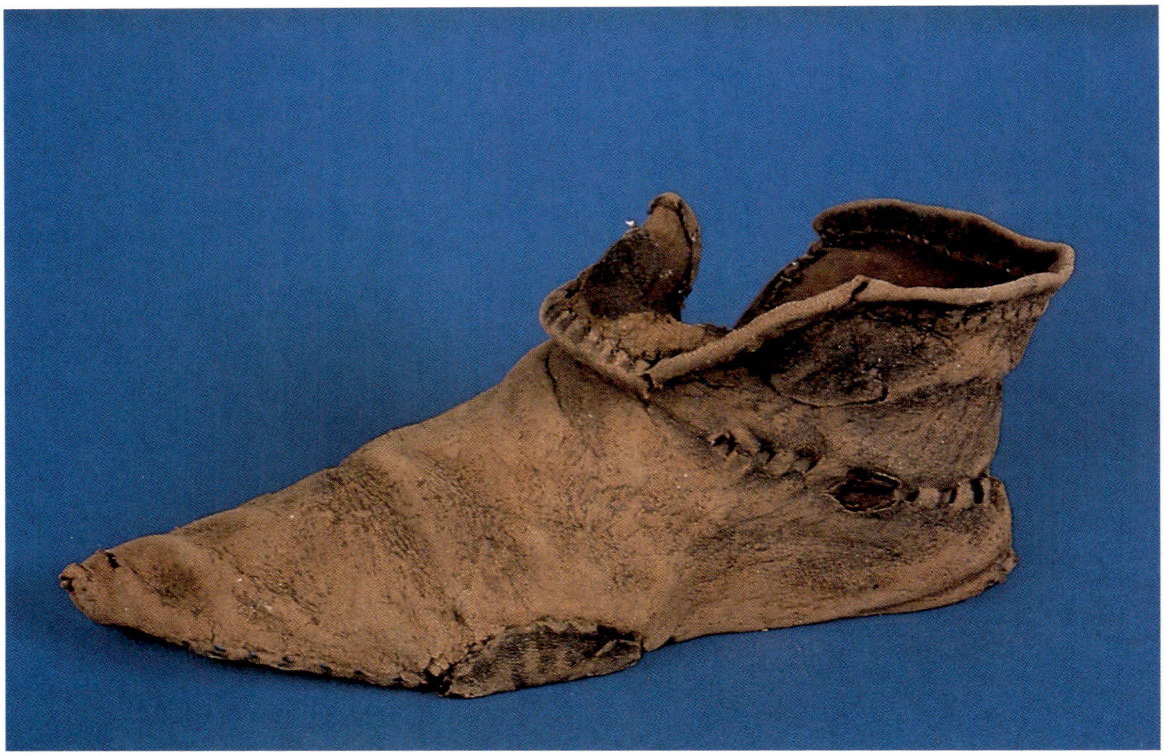

Fig. 16 Chaussure en cuir, après restauration. Cliché Y. Basq.

Fig. 17 Flageolets en bois et en os. Cliché Y. Basq.

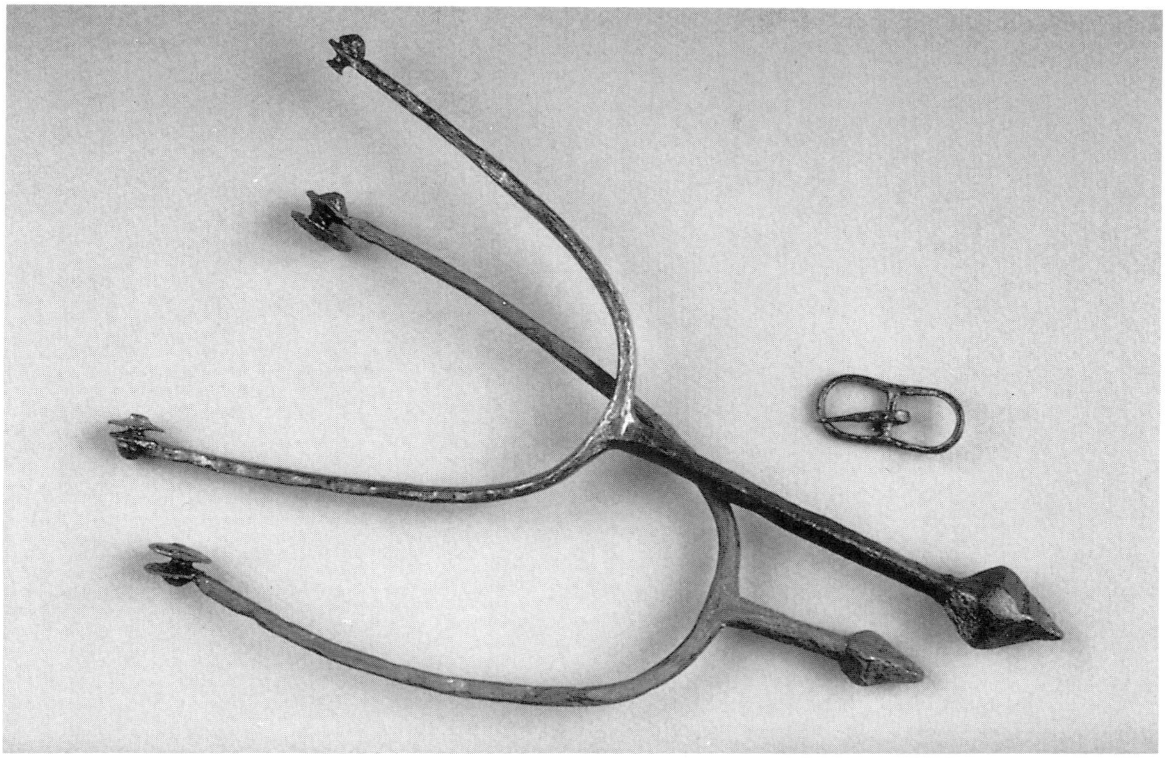

Fig. 18 Eperons en fer avec boucle de fixation. Cliché Y. Basq.

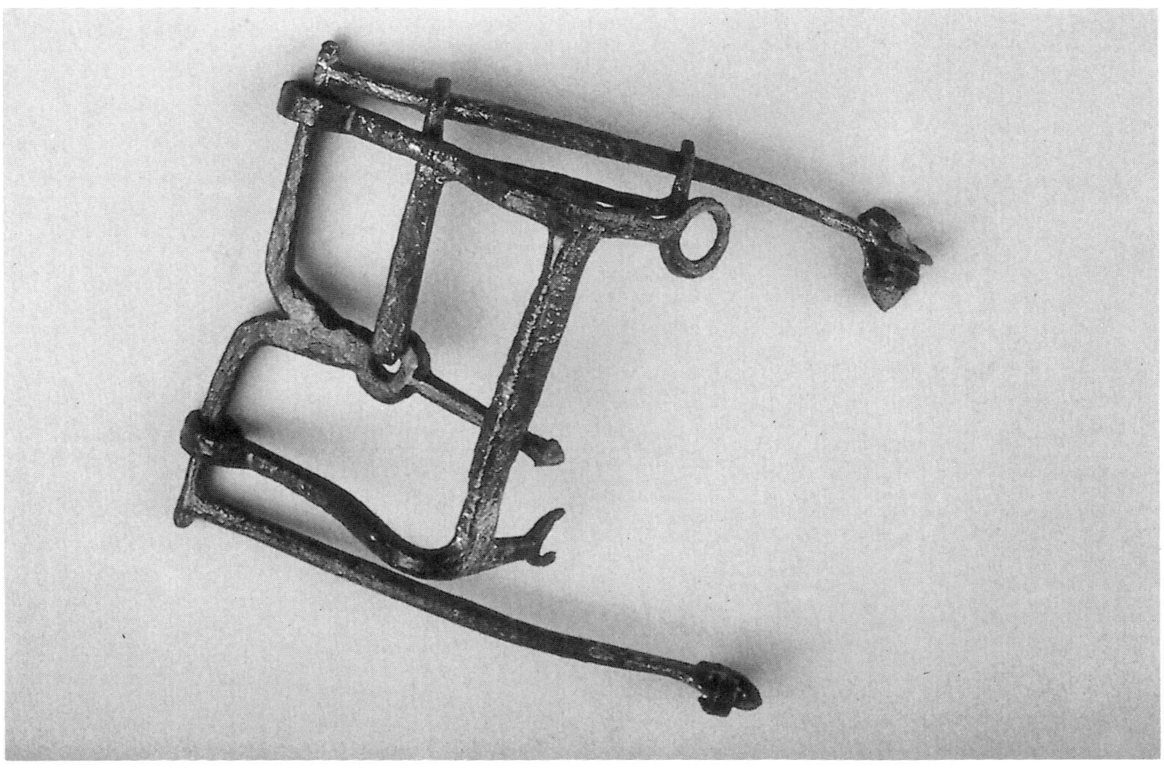

Fig. 19 Mors en fer. Cliché Y. Basq.

Fig. 20
Cabochon de harnais en laiton et émail.
Cliché Y. Basq.

Fig. 21
Pendentif en étain.
Cliché C. A. H. M. G. I. (Grenoble).

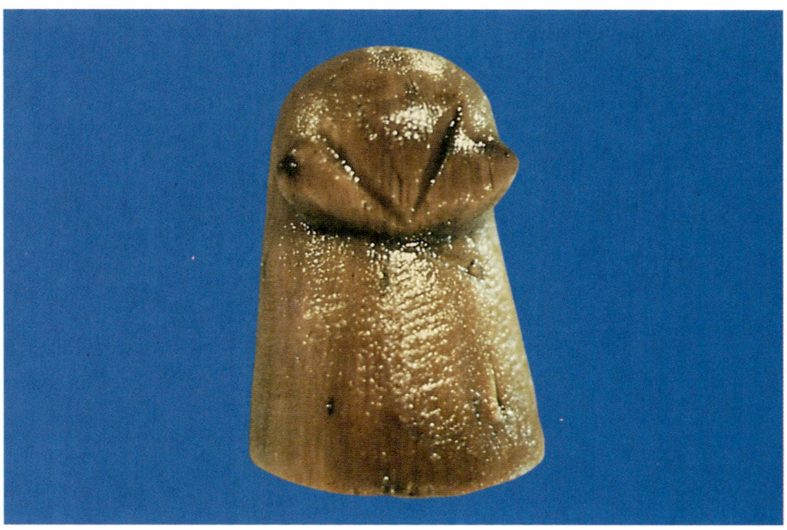

Fig. 22
Pièce de jeu d'échecs en noisetier: le fou.
Cliché C. A. H. M. G. I. (Grenoble).

Fig. 23
Epingles en laiton et verre.
Cliché C. A. H. M. G. I. (Grenoble).

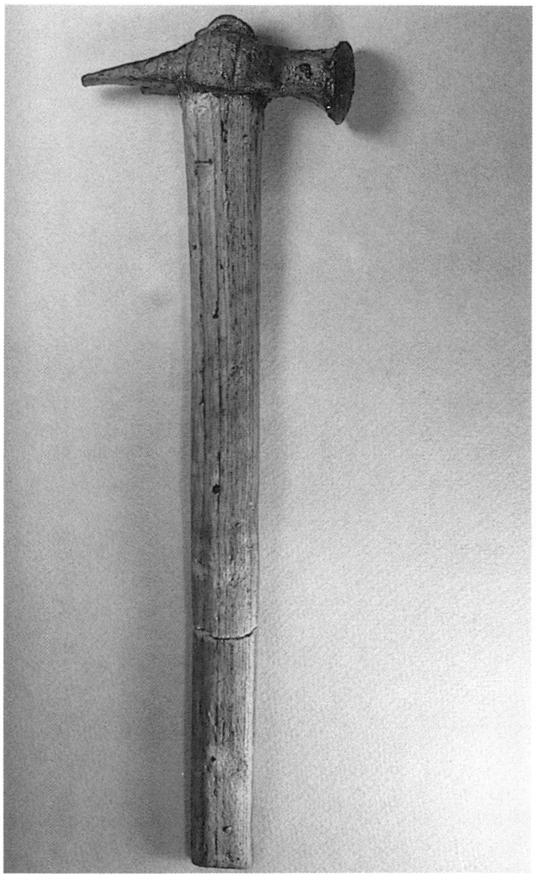

Fig. 24
Marteau de maréchal-ferrant avec son manche de frêne.
Cliché Fouilles de Colletière.

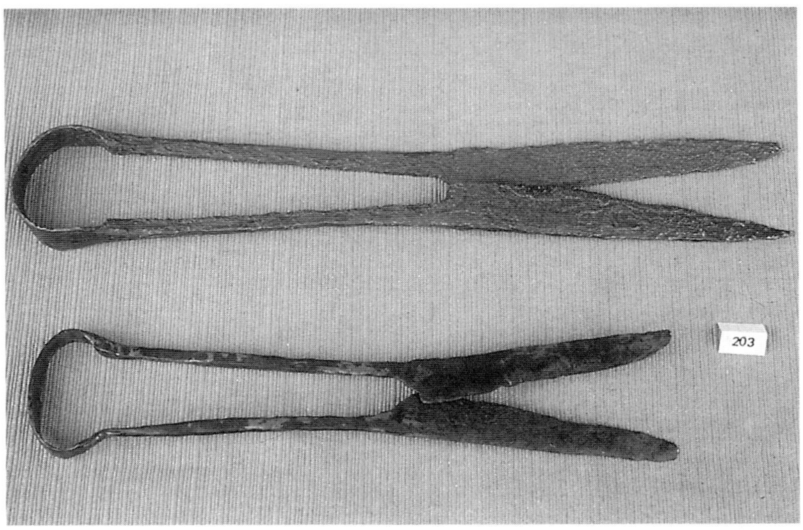

Fig. 25
Faucille avec son manche de peuplier.
Cliché Fouilles de Colletière.

Fig. 26
Hache d'armes en fer. Cliché Fouilles de Colletière.

Fig. 27
Forces en fer. Cliché C. A. H. M. G. I. (Grenoble).

Fig. 28 Flotteurs de filet en bois et en écorce. Cliché Fouilles de Colletière.

Fig. 29 Foëne en fer (station des Grands Roseaux à Paladru). Cliché Y. Basq.

de Vienne essentiellement, sont bien le témoignage d'échanges commerciaux. La présence d'une collection impressionnante d'accessoires de cavalerie, fers à cheval, étrilles, éperons (fig. 18), mors (fig. 19), éléments de harnais (fig. 20), de selles en bois quelquefois décorées (fig. 12), d'un bon nombre d'armes ou de fragments d'armes, épées, javelots, fers de flèches, carreaux d'arbalète et arbalète (fig. 11), ne laisse guère de doute sur la condition sociale des colons de Colletière. Ils appartiennent à une aristocratie militaire et foncière, très proche de celle qui bientôt édifiera les premières mottes castrales et découpera les premières seigneuries foncières. Très proche mais pas encore tout à fait identique: les fonctions sont polyvalentes, et dans les deux bâtiments fouillés on trouve, rangés ou égarés côte à côte, armes et outils agricoles (fig. 25), matériel domestique et culinaire et outils artisanaux (fig. 24), accessoires de cavalerie et jeux (fig. 23) ou instruments de musique (fig. 17), accessoires de batellerie et de pêche (fig. 28–29)...

On est donc plus près du modèle de la résidence fortifiée d'un propriétaire de domaine carolingien que d'un château (*curtis* davantage que *castrum*). Et le domaine rural qui en dépend, même s'il est de création récente, est très riche. Les études interdisciplinaires qui ont été menées sur le terroir montrent que prime la culture des céréales, seigle, froment, avoine et orge, avec quelques légumineuses, fèves et pois essentiellement, des plantes artisanales comme le lin et de chanvre (fig. 30). Arbres sélectionnés en forêt et sur les lisières et arbres greffés ou plantés fournissent une part abondante de l'alimentation des bêtes et des hommes: glands, faines, noisettes, prunelles, merises, nèfles, châtaignes, poires, pommes, raisin (fig. 31). L'élevage est également prospère: en dehors des chevaux, que l'on ne consomme pas, ce sont les porcs, les moutons et les chèvres, les bovidés, enfin les volailles. Si la pêche sur le lac apporte un complément de nourriture non négligeable, il n'en est pas de même pour la chasse, du moins celle au gros gibier, peu pratiquée (fig. 32).

L'abandon de Colletière et celui des deux autres habitats littoraux dont tout laisse penser que, superficie mise à part, ils sont tout-à-fait semblables, est pour l'instant une énigme. La cause la plus simple serait celle d'une montée des eaux, suffisamment importante (même s'il ne peut en aucun cas s'agir d'un évènement brutal) pour décider les habitants à s'installer plus loin.

A l'appui de ce qui reste une hypothèse impossible pour l'instant à confirmer, le trop grand nombre d'objets laissés sur place – à l'exception des gros outils agricoles, charrettes, araires – et l'état parfait de conservation des objets, bois en particulier, qui se seraient abîmés s'ils avaient été exposés longtemps à l'air. Mais une autre cause est possible, et peut d'ailleurs avoir coïncidé: l'évolution du système socio-économique vers la seigneurie foncière.

Autour de l'an Mil – selon les régions et les auteurs, un peu avant ou un peu après – la majeure partie de l'Europe occidentale se couvre de fortifications de terre et de bois, mottes et enceintes castrales où s'installent des familles, certaines d'ascendance carolingienne, la plupart nouvelles, qui formeront la souche des lignages féodaux. La région du lac de Paladru n'échappe pas à cette règle, et 6 mottes et enceintes ont été identifiées. Prospections, sondages et fouilles ont montré que le mobilier était contemporain (monnaies, types locaux particuliers de céramique qui possèdent des fonds bombés lenticulaires pourvus de marques en relief) ou légèrement postérieur à celui de Colletière. Comme l'ensemble des arguments de datation (numismatique, C-14 et dendrochronologie) confirme que Colletière, fondé entre 1003 et 1005, a été abandonné dès 1035–1040, les plus anciennes de ces fortifications – dont certaines extrêmement proches – ont peut-être été édifiées dès les années 1020–1030, les plus tardives autour de 1040–1050. Rien n'interdit de penser que cette période, tout à fait charnière pour la région en particulier puisque c'est celle de la naissance des principautés delphinale et savoyarde, fruit du démembrement du royaume de Bourgogne passé sous mouvance impériale, voit s'accélérer l'évolution socio-économique en supprimant les anciennes formes domaniales du pouvoir.

On serait donc, avec Colletière et les habitats littoraux du lac de Paladru, en présence d'un mouvement de colonisation agraire dans une région de moyenne montagne jusqu'alors faiblement peuplée, sauf au moment le plus prospère de la période gallo-romaine. Cette colonisation serait tout a fait conforme à l'essor démographique général à cette période en Occident, qui conduit régionalement à d'autres conquêtes du sol (massifs préalpins de moyenne altitude de la Chartreuse, du Vercors, du Trièves par

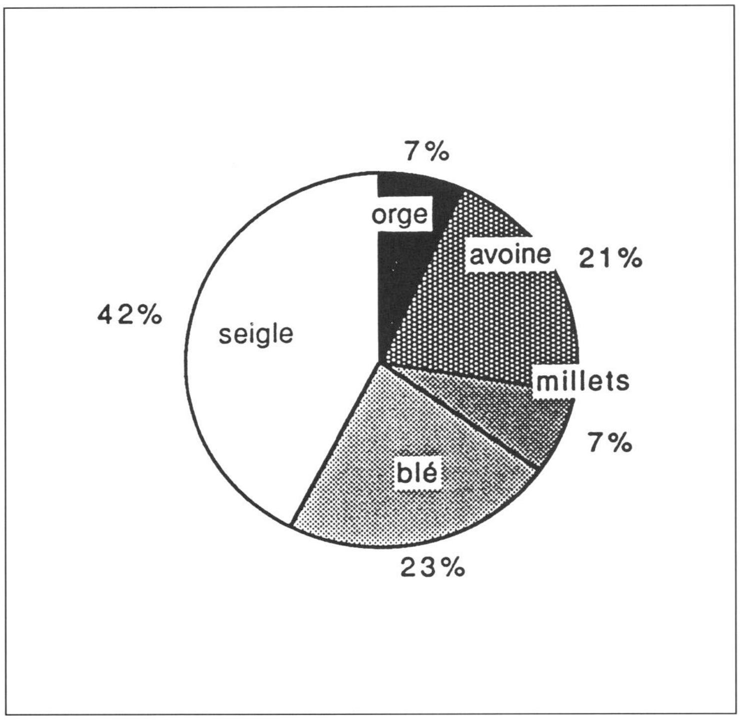

Fig. 30 Proportions des différentes céréales. Diagramme K. Lundstrom-Baudais.

Fig. 31 Macro-restes végétaux (noix, noisettes et cerises). Cliché C. A. H. M. G. I. (Grenoble).

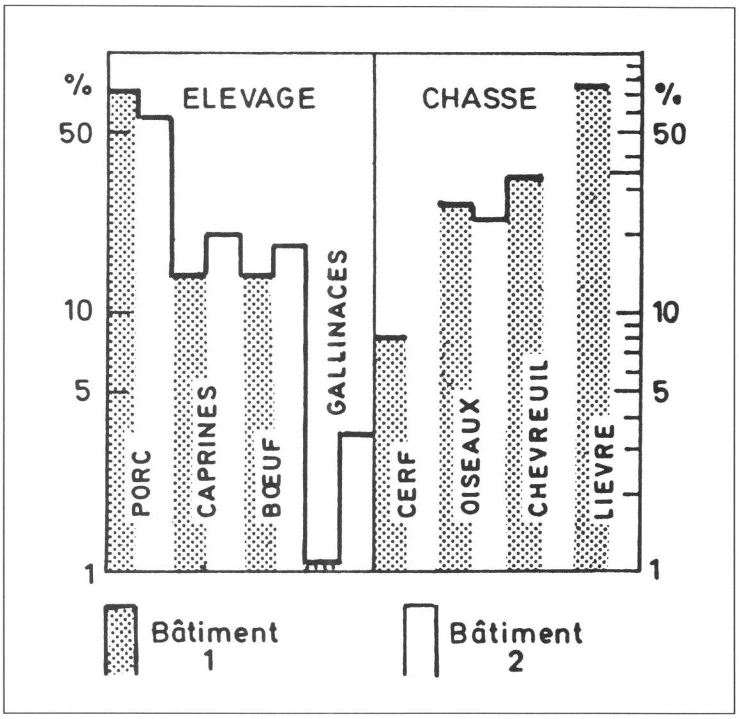

Fig. 32 Proportions des ossements animaux rencontrés dans les bâtiments I et II. Diagramme Cl. Olive.

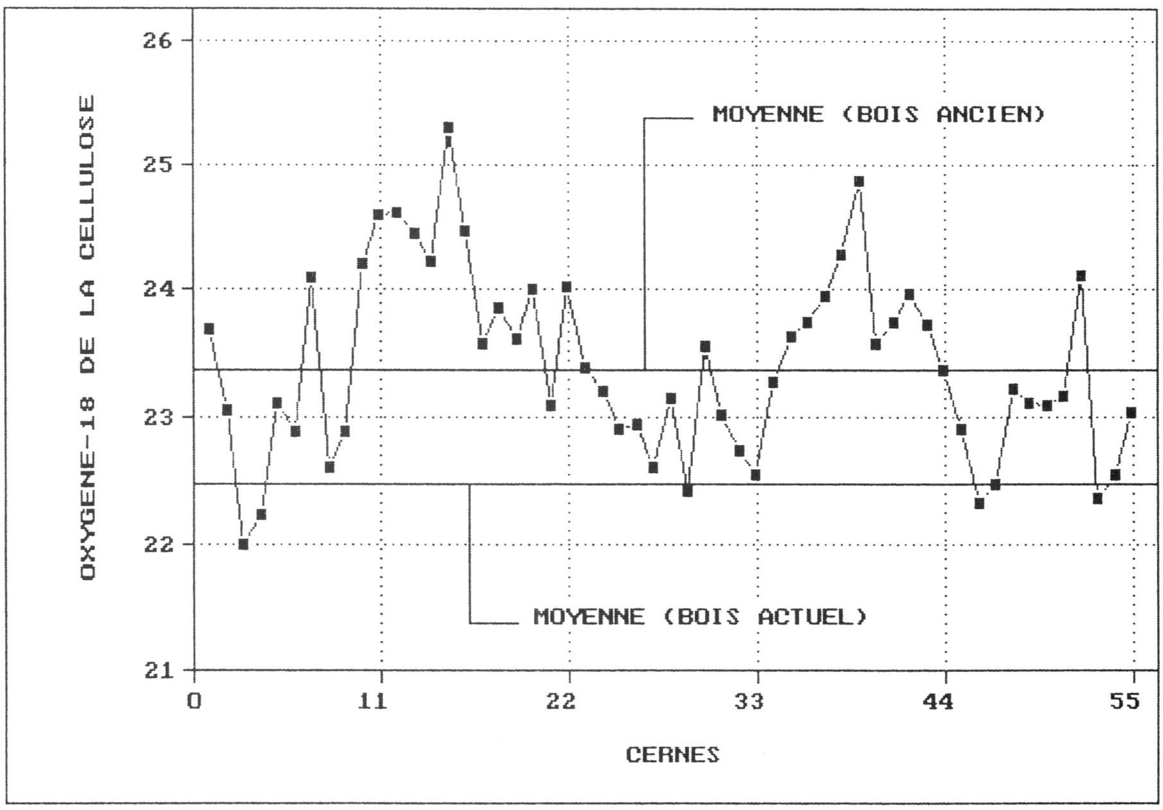

Fig. 33 Variations des teneurs en isotope 18 de l'oxygène sur un pieu de Colletière âgé de 110 ans au moment de son abattage. Chaque mesure a été effectuée sur deux cernes de croissances consécutifs. Diagramme A. Ferhi.

exemple). Elle se ferait selon des formes encore proches du système domanial hérité de l'Antiquité, bientôt supplantées par le système nouveau de la seigneurie foncière. La coincidence chronologique et géographique des trois habitats littoraux avec les trois principales seigneuries qui sont historiquement attestées dès le début du XII° siècle, Colletière-Clermont, le Pré d'Ars-Virieu et Les Grands Roseaux-Paladru, font penser qu'il pourrait y avoir simple passage de l'un à l'autre. En l'absence de textes, c'est malheureusement difficile à prouver, et bien d'autres schémas sont possibles, comme par exemple l'existence d'une phase de transition au cours de laquelle les habitants auraient émigré depuis les sites littoraux jusqu'aux fortifications de terre et de bois. Dans une seconde étape d'autres familles nouvellement arrivées et plus puissantes auraient réduit les pouvoirs antérieurement établis, peut-être de manière spontanée et sans aucun lien avec l'autorité centrale. Cela expliquerait l'abandon rapide des mottes et enceintes et la réduction de 6 à 3 du nombre des châteaux. Dans tous les cas, c'est de la colonisation de 1003–1005 que date l'aménagement du terroir et son utilisation permanente, qui ne connaîtra plus d'abandon.

Reste, parmi d'autres, une question que l'on ne peut passer sous silence: celle des raisons des mouvements du lac, régressions et transgressions qui sont intervenues avant la colonisation des plages (jusque là inondées) et peu, sinon immédiatement, après l'abandon. L'amplitude du mouvement des eaux est importante: au moins trois mètres.

L'étude du rapport $^{16}O/^{18}O$ dans la cellulose des cernes d'accroissement de bois de construction datés (fig. 33), alliée à d'autres méthodes, confirme qu'il s'agit bien d'un phénomène de nature climatique, lié à la chaleur et surtout à la pluviosité. Ce phénomène, d'allure cyclique – les cycles sont de l'ordre de 30 à 50 ans – se déroulent durant tout le X° siècle. L'occupation de Colletière au début du XI° siècle se situe semble-t-il – on ne dispose pas de bois plus tardifs jusqu'à présent – au début de l'un de ces cycles plus secs.

Cette constatation dépasse largement le contexte régional, même si l'on comprend mieux les conditions locales de la colonisation agraire de l'an Mil. Elle donne davantage de consistance à l'hypothèse (parmi d'autres et probablement au premier plan) d'une cause climatique à l'expansion démographique des X°–XII° siècles. Elle en est, pour tout dire, une preuve à l'échelle alpine. Un climat plus sec est en effet favorable à une céréaliculture exploitant surtout le seigle, du type de celle que l'on a mis en évidence à Charavines mais qui prédomine alors dans toute l'Europe.

Le lac de Paladru, ses établissements et ses terroirs du XI° siècle sont donc un excellent champ d'étude pluridisciplinaire pour les évènements écologiques, économiques, culturels et sociaux qui forment la toile de fond des mutations politiques de l'Europe de l'an Mil.

* Liste de l'équipe pluridisciplinaire: Jean Luc Borel, palynologie. – Jaques-Léopold Brochier, sédimentologie. – Jean Desse et Nathalie Desse-Berset, ichtyologie. – Jean Marcel Dorioz, pédologie. – Jean Claude Druart, diatomées. – André Ferhi, isotype 18 de l'oxygène. – Claude Forrieres, paléométallurgie. – Agnes Guigue, phytosociologie. – Joël Lambert, dendrochronologie. – Catherine Lavier, dendrochronologie. – Claude Olive, archéozoologie. – Philippe Olive, radiocarbone. – Guy Pautou, phytosociologie. – Louis de Roguin, archéozoologie.

BIBLIOGRAPHIE

Chantre, E., Les palafittes ou constructions lacustres du lac de Paladru près Voiron (Isère) (Lyon 1864)

Colardelle, R. et M., L'habitat médiéval immergé de Colletière à Charavines (Isère). Premier bilan des fouilles. Archéologie Médiévale X (1980) 167–269

Colardelle, M. et Verdel, E., L'habitat littoral de Charavines (Isère). Une colonisation de terroir au Moyen Age (XIe s.). Actes du Congrès Château-Gaillard XIV de septembre 1988, à paraître

Colardelle, M. et Verdel, E. (dir.), La formation d'un terroir au XIe siècle. Les habitats du lac de Paladru (Isère) dans leur contexte écologique. Documents d'Archéologie Française (1990) à paraître

WERNER MEYER

BURGENBAU UND HERRSCHAFTSBILDUNG ZWISCHEN ALPEN UND RHEIN IM ZEITALTER DER SALISCHEN HERRSCHER

I

Als mit der Wahl Konrads II. im Jahre 1024 der fränkischen Dynastie der Salier für ziemlich genau hundert Jahre die Königswürde im Römisch-Deutschen Imperium zufiel, hatte im Raume zwischen Alpen und Rhein der Prozeß der Bildung von burggestützten Adelsherrschaften schon längst begonnen [1]. Bei Konrads Herrschaftsantritt gehörte zwar nur der östliche Teil des nördlichen Alpenlandes zum Reich. Es handelte sich um ein Gebiet, das formell zum Herzogtum Schwaben zählte und vom Bodenseeraum her bis zur Linie reichte, die von der Aaremündung aus südlich bis zum Vierwaldstätter See und zum Alpenkamm bei den Paßübergängen der Grimsel und der Furka verlief [2]. Alles Gebiet westlich dieser Grenzscheide gehörte zum Königreich Burgund; auf dieses hatten die Ottonen zwar seit der Mitte des 10. Jahrhunderts einen immer stärkeren Einfluß ausgeübt und dank Heiratsverbindungen Erbansprüche auf Burgund begründet, die auch von Konrad II., dessen Gemahlin eine Nichte Rudolfs III. von Burgund war, aufrecht erhalten wurden [3]. Die erwähnte Grenzlinie zwischen dem burgundischen Aargau und dem schwäbischen Zürichgau, die der Linie Aare–Reuss–Brünig folgte, bestand um die Jahrtausendwende noch aus einer dünn besiedelten, etwa zehn bis zwanzig Kilometer breiten Wald- und Sumpfzone, die vom hochmittelalterlichen Landesausbau erst wenig berührt war. Diese seit dem Beginn des 10. Jahrhunderts trotz gelegentlicher Konflikte zwischen Burgund und den schwäbischen Herzögen einigermaßen stabilen Verhältnisse sollten im Verlaufe des 11. Jahrhunderts in Bewegung geraten, wodurch die Grenzen zwischen einer burgundischen und einer schwäbischen Machtsphäre schließlich weitgehend verwischt wurden [4]. Wohl nicht nur als Begleiterscheinung dieses Vorgangs, sondern auch als dessen Voraussetzung auf der Ebene der gekrönten Häupter haben wir den Anschluß Burgunds an das Reich zu deuten. Nachdem bereits kurz nach der Jahrtausendwende Kaiser Heinrich II. die Bischofsstadt Basel, den nordöstlichen Eckpfeiler Burgunds, ans Reich gezogen hatte [5], gelang es 1033/34 Konrad II. nach dem Tode Rudolfs III. des Faulen, unter Ausschaltung anderweitiger Erbanwärter das Königreich Burgund dem Römisch-Deutschen Imperium anzugliedern [6]. Da sich aber in Burgund nie eine starke Zentralgewalt hatte bilden können und unter Rudolf III. die letzten Reste königlicher Machtbefugnisse an die Bischöfe von Basel, Lausanne und Sitten übertragen worden waren, verfügte Konrad II. im burgundischen Raum von vornherein über einen schwachen Einfluß, der sich vor allem auf die genannten Bischöfe stützte. Zur Zeit Konrads II. und Heinrichs III. scheint dem *castrum* Solothurn eine gewisse Bedeutung als Schauplatz von Reichstagen, die burgundische Angelegenheiten betrafen, zugekommen zu sein [7].

1 W. Meyer, Frühe Adelsburgen zwischen Alpen und Rhein. In: J. Fleckenstein (Hg.), Das ritterliche Turnier im Mittelalter. Veröffentlichungen des Max-Planck-Institutes für Geschichte 80 (1985) 571 ff.

2 A. Hofmeister, Deutschland und Burgund im frühen Mittelalter (1914). – H. Büttner, Waadtland und Reich im Hochmittelalter. In: Deutsches Archiv für Geschichte des Mittelalters 7, 1944.

3 R. Poupardin, Le royaume de Bourgogne (1907).

4 H. Büttner, Staufer und Zähringer im politischen Kräftespiel zwischen Bodensee und Genfersee während des 12. Jahrhunderts. In: Mitteilungen der Antiquarischen Gesellschaft in Zürich 40, 1961.

5 H. Büttner, Basel, die Zähringer und Staufer. In: Basler Zeitschrift für Geschichte und Altertumskunde 57, 1958. – R. Massini, Das Bistum Basel im Investiturstreit. Basler Beiträge zur Geschichtswissenschaft 24 (1946) 6 ff.

6 Hofmeister (Anm. 2) und Büttner (Anm. 2). – Ferner L. Jacob, Le royaume de Bourgogne sous les empereurs Franconiens (1906).

7 Poupardin (Anm. 3) 265 ff. – J. R. Rahn, Die mittelalterlichen Kunstdenkmäler des Cantons Solothurn (Zürich 1893) 148 ff.

Ähnlich sah es im schwäbisch-ostschweizerischen Gebiet aus, wo der Herzogstitel von Schwaben zwar an Angehörige des ottonischen und salischen Herrscherhauses vergeben wurde, aber ohne nennenswerte Besitzgrundlage keine wirksame Zentralgewalt verkörperte. Den wichtigsten Stützpunkt der salischen Herrscher im südschwäbischen Raum bildete Zürich mit seiner befestigten Pfalz, auf der sich Konrad II. und vor allem Heinrich III. mehrmals aufhielten. Für Heinrich III. sind zwischen 1045 und 1055 sechs, zum Teil bedeutsame Aufenthalte bezeugt. Inhaber der zur Pfalz gehörigen Reichsvogtei waren im 11. Jahrhundert die Grafen von Lenzburg, die im Investiturstreit auf kaiserlicher Seite standen[8].
Als die wahren Machthaber im Raume zwischen Boden- und Genfersee haben die Adelsfamilien gräflichen und edelfreien Ranges zu gelten, die vom späten 10. Jahrhundert an in der schriftlichen Überlieferung immer deutlicher greifbar werden und die ihre Spuren außer in den von ihnen gestifteten Klöstern vor allem in den vielen Burgen, den Zentren der im Aufbau begriffenen Adelsherrschaften, hinterlassen haben[9].
Ausdehnung, Aufbau und Umrisse dieser Herrschaftskomplexe lassen sich für das 10. und 11. Jahrhundert allerdings nicht mehr rekonstruieren. Die Schriftquellen, vornehmlich Schenkungsurkunden für geistlich-kirchliche Institutionen, vermitteln bestenfalls Hinweise auf gewisse Besitzschwerpunkte oder auf die Lage von Streugütern, schweigen sich aber oft über den eng um die Burgen gruppierten Kernbesitz aus. Wenn uns einzelne Familien begegnen, die über weitläufig verteiltes Hausgut verfügen – genannt seien etwa die Grafen von Rheinfelden, von Lenzburg, von Nellenburg oder von Kyburg-Winterthur –, geht es unter keinen Umständen an, auf Grund derartigen weit zerstreuten Einzelbesitzes geschlossene Herrschaftsgebiete und Machtbereiche zu postulieren[10]. Denn in den Lücken zwischen den einzelnen Besitzkonzentrationen der großen Machthaber entwickelten sich – vornehmlich auf Rodungsland, wie später auszuführen ist – autonome Herrschaftskomplexe kleineren Ausmaßes, die wegen ihrer relativen Bedeutungslosigkeit in der schriftlichen Überlieferung selten auftauchen, die aber durch ihr bloßes Vorhandensein bis weit ins 13. Jahrhundert hinein jeden landesherrlichen Territorialisierungsprozeß verhinderten oder mindestens erschwerten[11].

II

Mit dem schon unter den Ottonen vorbereiteten und durch den Salier Konrad II. vollzogenen Anschluß Burgunds an das Reich scheint – wie bereits erwähnt – die Grenzlinie längs der Reuss zwischen dem burgundischen Aareraum und dem Einflußbereich der Herzöge von Schwaben ihre Bedeutung verloren zu haben und durch die Bildung grenzüberschreitender Herrschaftskomplexe politisch hinfällig geworden zu sein. (Inwieweit diese alte Grenzzone kulturell bis in die Neuzeit hinein wirksam geblieben ist, braucht hier nicht untersucht zu werden)[12]. Zu Beginn des 11. Jahrhunderts gelangten die Vögte von Schänis, Inhaber der Reichsvogtei Zürich und damit bedeutende Herren an der südlichen Peripherie des Herzogtums Schwaben, vermutlich durch Erbschaft in den Besitz der Grafschaftsrechte im Aargau, worauf sie sich auf der Lenzburg niederließen, nach der sie sich fortan nannten[13]. Ebenfalls um die Jahrtausendwende fielen einer alemannisch-elsässischen Adelsfamilie erbweise die Grafschaftsrechte

8 K. Weller, Geschichte des schwäbischen Stammes bis zum Untergang der Staufer (1944). – G. Tellenbach, Vom karolingischen Reichsadel zum deutschen Reichsfürstenstand. In: Adel und Bauern im deutschen Staat des Mittelalters (Hg. Th. Mayer; 1943) 39ff. – E. Vogt, Der Lindenhof in Zürich (1948).

9 Zum Standort der im vorliegenden Aufsatz mit Namen erwähnten Burgen vgl. Burgenkarte der Schweiz und des angrenzenden Auslandes, 4 Blätter, Wabern-Bern 1974–84.

10 P. Kläui, Hochmittelalterliche Adelsherrschaften im Zürichgau. In: Mitteilungen der Antiquarischen Gesellschaft in Zürich 40, 1960. – R. Sablonier, Adel im Wandel. Veröffentlichungen des Max-Planck-Institutes für Geschichte 66 (1979) 22ff.

11 W. Meyer, Rodung, Burg und Herrschaft. In: Burgen aus Holz und Stein. Schweizer Beiträge zur Kulturgeschichte und Archäologie des Mittelalters 5 (1979).

12 R. Weiss, Kulturgrenzen und ihre Bestimmung durch volkskundliche Karten. In: Studium Generale 5, 1952, 363ff.

13 H. Weis, Die Grafen von Lenzburg (Masch. Diss. Freiburg/Br. 1954).

von Genf zu[14], und eine mächtige, vor allem im Oberaargau und Waadtland begüterte, mit dem burgundischen Königshaus verwandte Familie erlangte im frühen 11. Jahrhundert dank einer Heiratsverbindung mit einer hochadligen Sippe am Oberrhein umfangreichen Besitz im schwäbischen Raum und dank der Verschwägerung mit dem salischen Herrscherhaus die Herzogswürde von Schwaben[15]. Rheinfelden, ein fester Platz, aber noch keine Stadt, bildete mit seinem Rheinübergang das wichtige Verbindungsglied zwischen den burgundischen und den schwäbisch-rechtsrheinischen Gütern, weshalb sich die Familie seit ca. 1050 nach diesem Ort benannte[16].

Daß die alte, um die Jahrtausendwende noch dünn besiedelte Grenzzone zwischen dem burgundischen Aargau und dem schwäbischen Zürichgau im Verlaufe des 11. Jahrhunderts durch Rodung erschlossen und in einen größeren Herrschaftsverband einbezogen wurde, beruhte auf der Tätigkeit der Habsburger und des von ihnen gestifteten Hausklosters Muri[17]. Ursprünglich im südlichen Elsaß begütert, wegen eines Konfliktes unbekannter Ursache mit Otto I. teilweise enteignet, verlagerte die wohl von den Etichonen abstammende Familie zu Beginn des 11. Jahrhunderts, vermutlich gestützt auf angeheiratete Besitzansprüche, ihre Aktivitäten in den Aargau, allerdings ohne ihre Positionen im Elsaß aufzugeben, errichtete doch die Familie um 1020/30 gleichzeitig mit dem Kloster Muri und der Habsburg im Aargau, nach der sie sich in der Folgezeit benannte, auch das Kloster Ottmarsheim im Sundgau[18].

Die Inhaber der bereits erwähnten, kleineren Herrschaftskomplexe sind schwerer zu fassen als die großen Machthaber. Oft müssen ihre Besitzverhältnisse – was wegen der nachträglich eingetretenen Verschiebungen stets problematisch bleibt – aus jüngeren Quellen des 12. oder gar 13. und 14. Jahrhunderts erschlossen werden[19]. Immer häufiger aber ergibt sich aus archäologischen Befunden auf Burgen, die nicht vor dem 13. Jahrhundert urkundlich als Zentren lehnsunabhängiger Herrschaftsverbände bezeugt sind, daß ihre Entstehung ins 11. oder gar ins 10. Jahrhundert zurückreicht[20].

Die ursprünglichen Mittelpunkte dieser Güterkomplexe gräflicher und edelfreier Familien lagen zu einem großen Teil – soviel ist aus der gesamthaft dürftigen Überlieferung zu erkennen – im frühmittelalterlichen Altsiedelland, gruppiert um Herrenhöfe in Dorfnähe. Die Burgen dagegen wurden mehrheitlich, abgesetzt von den bäuerlichen Siedlungen, in Rodungsland angelegt, das die adligen Herren offenbar als Eigengut beanspruchten und zu einem großen Teil bis ins Zeitalter des übermächtig werdenden landesherrlichen Territorialisierungsdruckes im 13. Jahrhundert auch zu behaupten vermochten[21].

In manchen Fällen erhalten archäologische Befunde auf Burgen, die vor dem frühen 12. Jahrhundert entstanden sind, durch die schriftliche Überlieferung überhaupt keine Stütze, so daß ihre Zuweisung an bestimmte Familien oder Herrschaftskomplexe durchaus hypothetisch bleibt. Dies trifft etwa für die Anlagen von Altenberg, Salbüel, Alt-Kienberg, Zunzgen oder Böbikon zu, auf die später in einem anderen Zusammenhang eingegangen werden soll[22].

Nicht wenige Burgplätze können aber trotz der Spärlichkeit an urkundlichen Zeugnissen recht glaubhaft mit bestimmten Geschlechtern und damit auch mit siedlungs- und herrschaftspolitischen Vorgängen in Verbindung gebracht werden. Eine ausgesprochene Konzentration von Burgengründungen des 11. Jahrhunderts läßt sich in den weitläufigen Rodungszonen des Juras und der Voralpen beobachten[23].

Gewisse Geschlechter scheinen schon vor der Wende vom 11. zum 12. Jahrhundert über einen Besitzstand verfügt zu haben, der zwar nicht an denjenigen der großen Machthaber heranreichte, sich

14 G. Duparc, Le comté de Genève. In: Mémoires et documents, publiés par la Société d'histoire et d'archéologie de Genève 39, 1955, 51 ff.

15 W. Gisi, Der Ursprung des Hauses Rheinfelden. In: Anzeiger für Schweizerische Geschichte NF 5, 1886–89, 25 ff.

16 H. Bruns, Das Gegenkönigtum Rudolfs von Rheinfelden und seine zeitpolitischen Voraussetzungen (Diss. Berlin 1939).

17 J. J. Siegrist, Die Acta Murensia und die Frühhabsburger und P. Frey, Die Habsburg im Aargau. Bericht über die Ausgrabungen von 1978–83. In: Argovia 98, 1986.

18 A. Wandruszka, Das Haus Habsburg (1956). – Genealogisches Handbuch zur Schweizer Geschichte 1 (Zürich 1900) Taf. 3.

19 Sablonier (Anm. 10) 26 ff.

20 Meyer (Anm. 1) 578 f.

21 Meyer (Anm. 11) 72 ff.

22 Siehe unten Anm. 74 und 76.

23 Vgl. Burgenkarte (Anm. 9); ferner Meyer (Anm. 1).

aber doch deutlich von den eher bescheidenen Güterkomplexen der meisten edelfreien Herren abhob. Zu dieser Schicht gehobenen Ranges zählten vor allem die Grafengeschlechter, die ihren Comes-Titel von Anfang an trugen, wohl aus karolingischen Traditionen heraus[24]. Daneben gab es auch einige Familien edelfreien Standes, die dank einer erfolgreichen Rodungstätigkeit ihren herrschaftlichen Besitzstand so zu mehren und zu organisieren verstanden, daß sie in den neu erschlossenen Gebieten die volle Gerichtsbarkeit ausüben konnten, was ihnen die Möglichkeit gab, sich den Grafentitel zuzulegen. Zu diesen Aufsteigerfamilien gehörten die Häuser Fenis-Neuenburg, Rapperswil oder Toggenburg[25].
Als wichtigste, weil zahlreichste Schicht des burgenbauenden Adels tritt uns die an sich recht heterogene Gruppe der Edelfreien, der *Nobiles* der lateinischen Urkunden, entgegen. Deren Güter dürften oft nur wenige Dörfer und Gehöfte im Rodungsland umfaßt haben[26]; nicht wenige Geschlechter verfügten aber über umfangreichen und weit zerstreuten Besitz, zu dem mehrere Burgen gehörten. Die genealogischen Zusammenhänge bei diesen Gruppen bleiben leider bis ins 13. Jahrhundert hinein oft schwer durchschaubar, nicht zuletzt, weil feste, von Burgen oder Dörfern mit Herrenhöfen abgeleitete Familiennamen sich später als bei den Grafen, d. h. erst im Verlaufe des 12. Jahrhunderts, durchzusetzen begannen[27]. Die reicheren und mächtigeren Edelfreien leisteten seit dem 12. Jahrhundert hartnäckig, wenn auch mit unterschiedlichem Erfolg, Widerstand gegen den Territorialisierungsdruck der landesherrlichen Machthaber, während die kleineren Familien mehrheitlich im ritterlichen Ministerialadel aufgingen[28].

III

Welche Rolle die Burgen in den politischen und kriegerischen Ereignissen gespielt haben, die sich im 11. Jahrhundert zwischen Alpen und Rhein zutrugen, ist aus der zeitgenössischen Überlieferung, insbesondere aus den Annalen und Chroniken, nicht klar ersichtlich[29]. Während wir aus der etwa bei den Habsburgern, Lenzburgern oder Frohburgern schon um 1100 nachweisbaren Sitte, einen festen Familiennamen zu führen, auf eine residenzartige Funktion der Haupt- oder Stammburg schließen und aus archäologischen sowie urkundlichen Befunden die allgemeine Rolle der Adelsburg als Herrschaftsmittelpunkt schon für die Zeit um 1000 als voll ausgebildet betrachten dürfen, bleibt die Bedeutung der Wehrhaftigkeit, speziell der militärisch-taktische Wert der Burg, schwer faßbar. Daß einzelne Anlagen im 11. Jahrhundert Schauplätze kriegerischer Auseinandersetzungen gewesen sind, wird durch historiographische Quellen hinlänglich belegt, doch werden wir über die Vorgänge im einzelnen nicht näher informiert[30]. Wenn berichtet wird, in den Kämpfen zwischen Kaiser Konrad II. und Herzog Ernst von Schwaben sei die Feste Kyburg (Abb. 1) drei Monate lang belagert worden, bevor den Kaiserlichen die Eroberung glückte, läßt das auf eine bedeutende Anlage schließen, die zahlreichem Volk Platz geboten haben muß[31]. Wie die befestigten Plätze von Murten und Neuenburg wirklich ausgesehen haben, die Konrad II. bei seiner Besitzergreifung von Burgund belagert hat, wissen wir nicht, sondern können es aufgrund von Analogieschlüssen höchstens vermuten[32]. Zu beachten bleibt der Hinweis Wipos, daß Konrad auf seinem Zug nach Payerne, wo er sich zum König von Burgund krönen lassen wollte, von den Burgen aus, die mit Truppen seines Widersachers Odo von Champagne besetzt waren, am Durchmarsch nicht gehindert wurde, daß er aber ein Jahr später, als er seine Herrschaftsrechte über Burgund durchzusetzen gedachte, eine Burg nach der anderen einnehmen mußte[33]. Demnach scheint eine taktische Sperrwirkung, wie sie in der Fachliteratur den mittelalterlichen Burgen gern zugeschrieben

24 G. Tellenbach, Vom karolingischen Reichsadel zum deutschen Reichsfürstenstand. In: Adel und Bauern im deutschen Staat des Mittelalters (1943).
25 Genealogisches Handbuch zur Schweizer Geschichte 1 (Zürich 1900–1908) 101 ff. – P. Kläui, Die Entstehung der Grafschaft Toggenburg. In: Zeitschrift für Geschichte des Oberrheins NF 51/2, 1937, 161 ff.
26 Sablonier (Anm. 10) 26 ff.
27 H. Boxler, Die Burgnamengebung in der Nordostschweiz und in Graubünden. Studia linguistica Alemannica 6 (1976).
28 Sablonier (Anm. 10) 87 ff.
29 Meyer (Anm. 1) 575 ff.
30 Meyer (Anm. 1) 577 f. – Vgl. auch unten Anm. 42.
31 H. Bresslau (Hg.), Die Werke Wipos. MGH SS rer. Germ. Annales Sangallenses maiores (3. Aufl. 1915/1956) 91.
32 Bresslau (Anm. 31) 51 und 92.
33 Bresslau (Anm. 31) 51 ff.

Abb. 1 Kyburg, Kt. Zürich. Der heutige Bau stammt aus dem 13. Jahrhundert. Im Fundamentbereich der Schildmauer scheint ältere Bausubstanz zu stecken.

wird, von diesen burgundischen Festen des 11. Jahrhunderts nicht ausgegangen zu sein. Daß für die Einnahme der Kyburg eine Belagerung von dreimonatiger Dauer nötig war, mag als Hinweis auf eine beachtliche, wohl auf ansehnliche Mannschaft gestützte Defensivstärke gedeutet werden, obwohl wir nicht wissen, wie intensiv der Belagerungskrieg tatsächlich geführt worden ist[34]. Immerhin haben sich auf der Kyburg die Reste eines recht weitläufigen Vorburgbezirkes erhalten, was zur Vermutung, im Kriegsfall hätten auf dem festen Platz waffenfähige Leute sowie Frauen und Kinder mit ihrer beweglichen Habe einschließlich des Viehs Zuflucht gefunden, passen würde[35]. Archäologische Untersuchungen sind auf dem weitläufigen Burgareal leider noch nie unternommen worden.
Der Name Kyburg, im 11. Jahrhundert als Chuigeburch und Cuiburg überliefert, wird übereinstimmend als »Kuhburg« gedeutet. Die Interpretation, damit bezeichne dieser Name ursprünglich eine bäuerliche Fluchtburg, ist allerdings nicht stichhaltig[36]. Rinder, insbesondere Milch- und Fleischrinder, galten im Hochmittelalter als Haustiere mit hohem Sozialprestige, die sich in größeren Mengen nur reiche Herren leisten konnten[37]. Der Name Kyburg/Kuhburg ist damit eher als Renommierbezeichnung zu verstehen, mit der die Burgherren auf ihren Reichtum aufmerksam machen wollten, was allerdings die Möglichkeit, daß die Burganlage in Kriegszeiten als Zufluchtsort für die bäuerlichen Untertanen der Umgebung gedient haben könnte, nicht ausschließt.

34 Der Bericht Wipos über die Belagerung von Ravenna darf kaum verallgemeinert werden. Bresslau (Anm. 31) 34. – Bilddarstellungen einer umkämpften Burg (Motte) des 11. Jahrhunderts in: F. Stenton u.a., Der Wandteppich von Bayeux (1957) Abb. 23; 25 und 26.

35 Zur Funktion früher Adelsburgen als Fluchtplätze vgl. J. Winiger, Pfungen-Sal. In: Jahrb. Schweiz. Ges. Urgesch. 60, 1977, 121 ff.

36 B. Boesch, Kyburg, Rätsel eines Burgennamens. In: Festschrift für Paul Zinsli (1971) 161 ff.

37 W. Meyer, Die mittelalterliche Burg als Wirtschaftszentrum. In: Château Gaillard 13 (1987) 131 ff.

Abb. 2 Rickenbach, Kt. Solothurn. Steinburg aus dem frühen 11. Jahrhundert. Aus der ersten Bauphase die Ringmauer und die Spuren eines Wohnbaues im Vordergrund. Aus dem späten 11. Jahrhundert der Rechteckbau im Hintergrund. Dieser diente im Erdgeschoß als Pferdestall, im Obergeschoß als Wohnbau.

In den Quellen über den Investiturstreit, der im Raume zwischen Alpen und Rhein den Rahmen für die Austragung zahlreicher Konflikte auf regionaler und nachbarschaftlicher Ebene abgab[38], treten die Burgen als Stützpunkte der beiden Parteien kaum in Erscheinung. Wir erfahren zwar, daß der Abt von St. Gallen die Kyburg erneut zerstört hat[39] oder daß der Bischof von Basel, ein bedingungsloser Anhänger des Kaisers, nicht nur die Stadt Basel befestigt, sondern auch Burgen – *munitiones et castella* – entweder neu errichtet oder, wenn sie schon bestanden, seiner Herrschaft einverleibt hat[40]. Welche Anlagen mit diesem urkundlichen Hinweis gemeint sind, bleibt unbekannt; lediglich für die Burgstelle von Rickenbach (Abb. 2), von der später noch ausführlicher die Rede sein wird, liegen kräftige Indizien für eine bischöfliche Ausbautätigkeit um 1080 herum vor[41]. Archäologische Hinweise auf kriegerische Ereignisse oder gar Zerstörungen, die in die Zeit des Investiturstreites zu datieren wären, sind bis jetzt auf keiner Burg zwischen Alpen und Rhein beobachtet worden, wobei noch einmal darauf hingewiesen werden muß, daß auf der Kyburg, deren Zerstörung für das Jahr 1079 schriftlich bezeugt ist, noch nie systematisch gegraben worden ist. Alles in allem wird man – wie bereits erwähnt – die militärische Bedeutung einer Burg des 11. Jahrhunderts nicht überschätzen dürfen. Größere Anlagen, wie die Kyburg, scheinen zwar einen gewissen Verteidigungswert besessen zu haben. Daß von einer einzelnen Burg eine sperrende oder geländebeherrschende Wirkung ausgegangen wäre, oder daß mehrere Anlagen

38 Massini (Anm. 5).

39 J. A. Pupikofer, Geschichte der Burgfeste Kyburg. Mitteilungen der Antiquarischen Gesellschaft in Zürich 33, 1869. – C. Brun, Geschichte der Grafen von Kyburg bis 1284 (1913).

40 Urkundenbuch der Stadt Basel, bearb. durch R. Wackernagel u. R. Thommen, 1 (Basel 1890) Nr. 14 (1101–1103).

41 W. Meyer, Die Burgstelle Rickenbach. In: Jahrbuch für solothurnische Geschichte 45, 1972, 317 ff.

gar ein strategisches System für operative Zwecke gebildet hätten, ist weder von den Schriftquellen noch von den Befunden im Gelände her zu belegen[42]. Eine hübsche Illustration dieses Sachverhaltes bietet der freilich erst im Spätmittelalter aufgezeichnete Bericht über die Gründung der Feste Habsburg[43]. Es wird erzählt, der Bruder des Grafen, der die Burg hatte erbauen lassen, der Bischof von Straßburg, habe sich über die bescheidenen Ausmaße der Anlage gewundert, worauf der Graf ihn eingeladen habe, am anderen Morgen wieder zu erscheinen. In der Nacht bot der Graf alle seine Gefolgsleute auf, die sich in großer Zahl versammelten und vom Habsburger seinem Bruder mit den Worten vorgestellt wurden: »... das sind min muren, die ich gebuwen hab; wan wie guot min huss wäre, das hulf mich nüt, hette ich kein fründ im land ...«. Klar drückt sich in diesen Worten der Gedanke aus, Macht beruhe nicht auf starken Festungen, sondern auf treuen und schlagkräftigen Truppen.

IV

In der schriftlichen Überlieferung des 11. Jahrhunderts finden sich für feste Plätze aller Art ganz verschiedene Bezeichnungen, aus denen ohne Stütze durch archäologische oder architektonische Befunde nicht klar hervorgeht, welche Kategorie von Wehranlage eigentlich gemeint ist[44]. Befestigte Plätze mit frühstädtischem Charakter werden als *oppida* oder *municipia* bezeichnet, größere Siedlungen auf römisch-antiker Grundlage als *civitates*. Der Begriff *urbs*, mehrheitlich als Synonym für *civitas* verwendet, dient an einer Stelle in den Annales Sangallenses maiores wohl als Sammelbezeichnung für feste Plätze schlechthin. Unter den *castella* und *munitiones*, die häufig mit und ohne Namen bezeugt sind, haben wir offenbar die – wie später zu zeigen sein wird – in unterschiedlicher Gestalt auftretenden Burgen im engeren Sinne des befestigten Adelssitzes zu verstehen, wobei in Einzelfällen freilich auch an improvisiert errichtete, nur kurzfristig belegte Befestigungen gedacht werden kann.
Ausgesprochen schillernd und vieldeutig tritt uns der oft verwendete Begriff *castrum* entgegen. In vielen Fällen bezeichnet er die Burg im Sinne von *castellum*; so erscheint beispielsweise Murten bald als *castrum*, bald als *castellum*, während die Kyburg ausschließlich *castrum* genannt wird. Ob der Begriff *castrum* im Unterschied zu *castellum/munitio* eher eine größere Anlage meint, läßt sich nicht beweisen. Sicher aber wird *castrum* auch für feste Plätze gebraucht, die nicht als Burgen im engeren Sinne gelten können. So tritt Solothurn wiederholt als *castrum* auf, was für das 11. Jahrhundert nichts anderes als die frühstädtische Siedlung innerhalb des römisch-antiken Mauerringes mit einer mutmaßlichen Pfalz des burgundischen Königtums bedeuten kann[45].
Als *castrum* wird im 11. Jahrhundert wiederholt auch Zürich bezeichnet. Hier kann nur die bis in karolingische Zeit zurückreichende, auf dem Hügel des Lindenhofs an der Stelle eines römischen Kastells errichtete Pfalz gemeint sein[46]. Diese ist bereits im 10. Jahrhundert als *castrum* bezeugt. Unsicher bleibt freilich die Datierung der Bauphasen, welche die Entwicklung von einer offenen Pfalz karolingischer Prägung zu einer befestigten Anlage vermutlich frühstaufischer Zeitstellung belegen. Neben der Bezeichnung *castrum* sind für die Pfalz von Zürich im 11. und 12. Jahrhundert auch die Ausdrücke *palatium* und *aula* bezeugt. Auch das Steinhaus, die *lapidea domus castri*, erwähnt in einer Urkunde von 1036/37, ist wohl im Bereich der Pfalz auf dem Lindenhof zu suchen. Wie der gesamte Gebäudekomplex im 11. Jahrhundert ausgesehen haben dürfte, wird später behandelt[47].
Zurück zum heiklen Begriff des *castrum*! Wenn Wipo zum Jahre 1027 berichtet, Herzog Ernst habe *supra Turicum* ein *castrum* gebaut, kann sich diese Nachricht nicht auf Zürich mit seiner Pfalz beziehen, sondern muß eine Anlage auf einer Anhöhe außerhalb des nachmaligen Stadtareals meinen. Am ehesten

42 Wipo erwähnt für den Slavenkrieg Konrads II. ein *castrum Wirbinam* (Werben b. Magdeburg), das offenbar eine Besatzung *(praesidia militum)* aufnehmen konnte, die feindliche Einfälle abfangen konnte. Bresslau (Anm. 31) 52.

43 A. Henne (Hg.), Die Klingenberger Chronik (1861) 18f.

44 Für die folgenden Belegstellen vgl. Bresslau (Anm. 31) Register.

45 Rahn (Anm. 7) 148ff.

46 Vogt (Anm. 8) 121ff.

47 Vogt (Anm. 8).

ist an die Wehranlage auf dem Üetliberg zu denken, vielleicht auch an die weiter südlich gelegene Burgstelle Baldern[48]. Ganz anders ist die Erwähnung mehrerer *castra* in der Umgebung von Murten *(circa castellum Murat)* zu deuten. Aus dem Textzusammenhang ergibt sich, daß mit diesen *castra* Feldlager bezeichnet werden, die von den Belagerungstruppen angelegt worden waren. Ob diese Lager befestigt waren, wissen wir nicht. Vielleicht ist die Wehranlage Ettenhusen auf einem Geländesporn nahe der Kyburg, die im 11. Jahrhundert zweimal belagert wurde, mit ihrer einfachen Wall- und Grabenbefestigung als Rest eines solchen Lagerplatzes zu deuten[49].

Eine burgenkundlich besonders bemerkenswerte, archäologisch leider nicht überprüfbare Nachricht übermittelt uns Wipo für die Zeit des Aufstandes des Herzogs Ernst. 1027 sei Ernst ins Burgundische eingefallen und habe oberhalb von Solothurn begonnen, eine Insel anzuschütten und mit einem Wall zu befestigen. Die Intervention König Rudolfs habe aber die Fertigstellung verhindert. Als Schauplatz dieses verhinderten Burgenbaues kommt nur die sumpfige Überschwemmungsebene westlich von Solothurn in Betracht. Die Textstelle, Ernst habe angefangen *insulam aggere et vallo firmare*, weist auf einen zwischen Alpen und Rhein häufigen Burgentyp hin, auf die Motte mit peripherer Ringwallbefestigung. Spuren dieser unvollendet gebliebenen Wehranlage des aufständischen Herzogs sind nicht erhalten geblieben[50].

Eine wichtige Gruppe von Wehranlagen tritt uns vor allem in der urkundlichen Überlieferung entgegen. Es handelt sich um die Fron- oder Herrenhöfe, die in den lateinischen Quellen als *curtes* oder *curiae* bezeichnet werden[51]. Ihr mehrheitlich frühmittelalterlicher oder karolingischer Ursprung ergibt sich – abgesehen von frühen Erwähnungen – aus ihrer Lage im Altsiedelland, mit der sie sich deutlich von den in Rodungszonen errichteten Burgen des 10. und 11. Jahrhunderts unterscheiden. *Curtes* als Wehranlagen zu bezeichnen ist insofern gerechtfertigt, als die wenigen archäologischen Untersuchungen, die bis jetzt durchgeführt worden sind, stets einen mit Wall und Palisade oder mit einer Umfassungsmauer und einem vorgelagerten Graben befestigten Kernbereich festgestellt haben[52].

V

Von der neueren Forschung wird die mittelalterliche Burg als Mehrzweckbau verstanden, in dem sowohl die praxisbezogenen Funktionen des Wohnens, des Verteidigens, der gewerblichen und landwirtschaftlichen Versorgung sowie der verwaltungsmäßigen Ausübung von Herrschaft untergebracht sind als auch die Bedürfnisse nach Macht- und Standesrepräsentation sichtbar zum Ausdruck gebracht werden[53]. Bis zur Mitte des 12. Jahrhunderts treten in den schriftlichen Quellen diese vielfältigen Funktionsbereiche der Burg wenig in Erscheinung. Wenn gewisse Familien gegen 1100 beginnen, einen von einer Burg abgeleiteten Familiennamen zu führen – wir erinnern an die Grafen von Lenzburg, von Kyburg, von Frohburg oder von Habsburg – mag das als Indiz dafür gewertet werden, daß die betreffende Burg der Familie als fester oder wenigstens als bevorzugter Wohnsitz gedient hat[54]. Bei den Frohburgern und bei den Habsburgern gewinnt diese Annahme noch an Wahrscheinlichkeit, weil für diese beiden Geschlechter keine anderweitigen Burgsitze belegt sind[55]. Bei den Lenzburgern sieht es schon unklarer aus, denn diese dürften außer auf der Lenzburg auch auf der Pfalz zu Zürich residiert haben, und für das gräfliche

48 H. Schneider, Die Burgen und ihre Bewohner. In: Der Üetliberg (1984) 53ff.

49 Bresslau (Anm. 31) 49.

50 Bresslau (Anm. 31) 39.

51 Meyer (Anm. 1) 583f. – K. S. Bader, Burghofstatt und Herrschaftseigen. Ländliche Nutzungformen im herrschaftlichen Bereich. In: Die Burgen im deutschen Sprachraum 2. Vorträge und Forschungen 19 (Hg. H. Patze; 1976) 249ff.

52 W. Meyer, Das »Alte Schloss« in Bümpliz, ein mittelalterlicher Adelssitz. In: Château Gaillard 7 (1975) 159ff. – H. Schneider, Die Burg von Zug. In: Zeitschrift für Schweiz. Archäologie und Kunstgeschichte 27, 1970, 201ff.

53 Meyer (Anm. 1) 572ff.

54 Meyer (Anm. 1) 577. – Boxler (Anm. 27) 43ff.

55 W. Meyer, Die Frohburg, Ausgrabungen 1973–1985. Schweizer Beiträge zur Kulturgeschichte und Archäologie des Mittelalters 16 (1989). – Siegrist (Anm. 17).

Haus Homberg-Thierstein kommt für die Zeit um 1100 außer den beiden Burgen Homberg und Thierstein im Fricktal auch die Feste Oedenburg als Aufenthaltsort in Betracht. Die Grafen von Kyburg, deren Stammfeste im 11. Jahrhundert gleich zweimal zerstört worden war, dürften ebenfalls über mehrere Burganlagen verfügt haben[56]. Wo die Grafen von Rheinfelden residiert haben, bleibt völlig unklar. Einige Burgen im Jura dürften zu ihrem Güterverband gehört, aber wegen ihrer bescheidenen Ausmaße kaum als gräfliche Wohnsitze gedient haben. Wie Rheinfelden, nach dem sich die Familie unbestrittenermaßen nannte, im 11. Jahrhundert ausgesehen hat, wissen wir nicht. Nur vermutungsweise kann für die Familie außer dem festen Platz von Rheinfelden auch die später zähringische Feste Burgdorf als Aufenthaltsort in Betracht gezogen werden[57]. Im Zusammenhang mit dem Landesausbau und der Herrschaftsentwicklung können Verlegungen des Hauptsitzes in Verbindung mit dem Wechsel des Familiennamens erfolgt sein. Dieser Vorgang ist auch bei den Gruppen der edelfreien Herren bescheideneren Ranges zu beobachten.

Undurchsichtige Verhältnisse liegen am Jurasüdfuß zwischen Bieler- und Neuenburgersee vor. Bei Vinelz erhob sich die frühe Burg Fenis, eine Großmotte, nach der sich ein Geschlecht ursprünglich edelfreien, später gräflichen Standes nannte. Im Laufe des 11. Jahrhunderts gelangte die Familie, offenbar mit Hilfe Konrads II. oder eines Nachfolgers, in den Besitz der Feste Neuenburg am See[58]. Von hier aus betrieb sie erfolgreich die Kolonisation des angrenzenden Juragebirges, und der feste Platz Neuenburg, spätestens um 1100 zum Hauptsitz geworden, gab dem in der Folge sich mehrfach verzweigenden Geschlecht den Namen. Der naheligende Schluß, der Name Neuenburg nehme Bezug auf die ältere Feste Fenis – quasi als jüngere Gründung –, kann aber nicht zutreffen, denn Neuenburg wird als *castellum Nuvenburch* bereits als königlicher Stützpunkt in den Kämpfen Konrads II. um die burgundische Krone im Jahre 1033 erwähnt. Der Name Neuenburg bleibt somit zunächst ungeklärt. Spielt er auf einen Neubau am Standort einer älteren Anlage an, oder – was wahrscheinlicher ist – bezeichnet er eine Neugründung, die von einer älteren Burg an unbekannter Stelle aus erfolgt ist? Klarer wird man erst sehen, wenn auf Grund systematischer Grabungen die Entstehungszeit der weitläufigen Wehranlage von Neuenburg ermittelt worden ist.

Gelegentlich scheint einer Burgengründung ein Provisorium vorausgegangen zu sein, das an einem topographisch günstigen Standort bezogen wurde – gewissermaßen um Besitzanspruch und herrschaftliche Präsenz sichtbar zu verkünden. Eine solche provisorische Burg gab es um 1100 auf der Gerstelfluh, bevor die Grafen von Frohburg die Feste Waldenburg errichteten, und die Habsburger scheinen sich vor dem Bau ihrer nachmaligen Stammfeste im Mauerring eines nahen Römerkastells an der Aare häuslich eingerichtet zu haben[59].

All diese Nachrichten weisen auf die zunehmende Bedeutung der Adelsburg als wehrhafter Wohnsitz im 11. Jahrhundert hin. Als Zentren eines Güter- und Herrschaftskomplexes sind die Burgen vor der Mitte des 12. Jahrhunderts quellenmäßig allerdings kaum zu fassen. Inwieweit aus jüngeren Quellen des 13. und 14. Jahrhunderts, die den Umfang und die Struktur eines grund- oder landesherrlichen, an eine Burg gebundenen Güterkomplexes beschreiben, auf Zustände im 12. oder gar 11. Jahrhundert geschlossen werden darf, bleibt – wie bereits erwähnt – im Hinblick auf die bisweilen dynamischen Veränderungen von Adelsherrschaften sehr unsicher[60]. Daß zu jeder Burg von Anfang an ein grundherrlich organisierter Umschwung zur Versorgung der Burgsassen mit Agrarprodukten gehört hat, darf als gesichert gelten, auch wenn die Quellenbelege weitestgehend fehlen. Grafschaftsrechte, wie sie urkundlich im Begriff des *comitatus* zusammengefaßt sind, scheinen vor dem 12. Jahrhundert keinen Burgen zugeordnet gewesen zu sein. Es fällt auf, daß frühe Grafenburgen von verhältnismäßig kleinen, nur wenige Dörfer und Höfe

56 W. Meyer, Der Burgenbau im kyburgischen Machtbereich. In: Die Grafen von Kyburg. Schweizer Beiträge zur Kulturgeschichte und Archäologie des Mittelalters 8 (1981) 69 ff. – Brun (Anm. 39).

57 Gisi (Anm. 15) 25 ff.

58 Bresslau (Anm. 31) 92 (Annales Sangallenses maiores) und 97 (Herimannus Augiensis). – Genealogisches Handbuch (Anm. 25) 121 ff.

59 L. Berger und F. Müller, Sondierungen auf der Gerstelfluh bei Waldenburg BL 1968 und 1974. In: Baselbieter Heimatbuch 14, 1981. – Siegrist (Anm. 17) 17 ff.

60 Sablonier (Anm. 10) 32 ff.

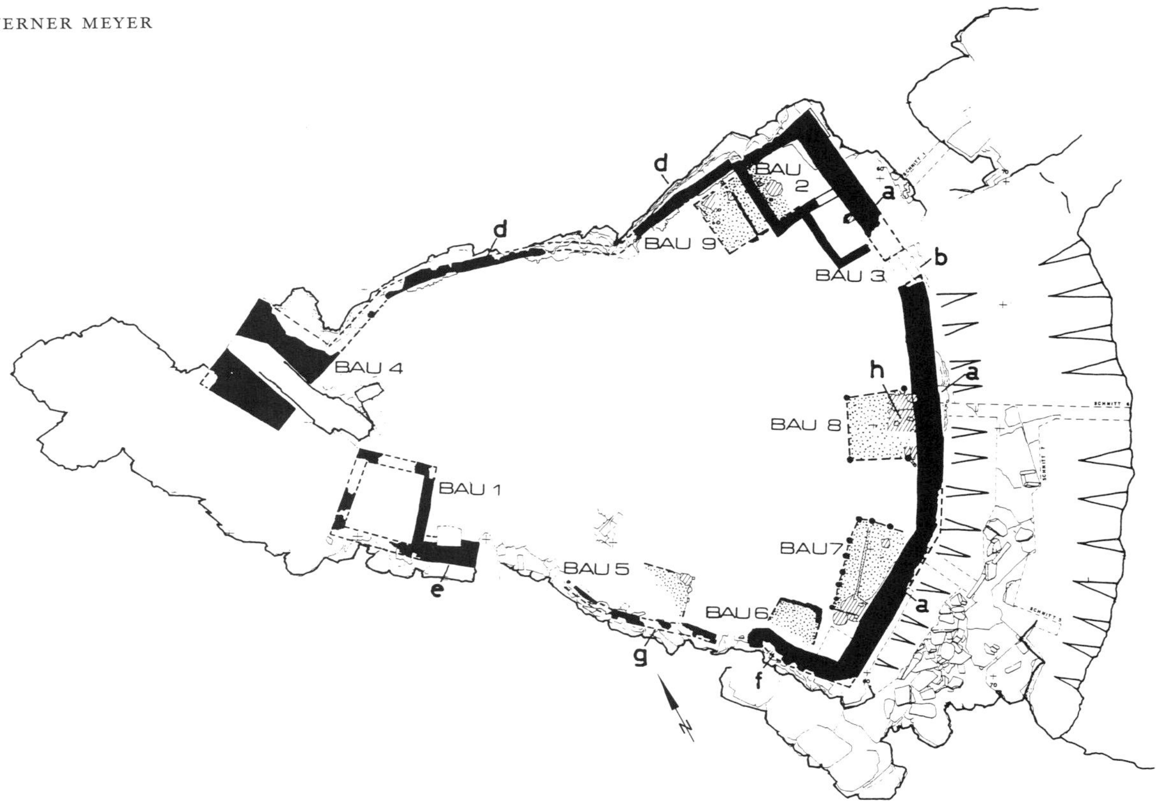

1

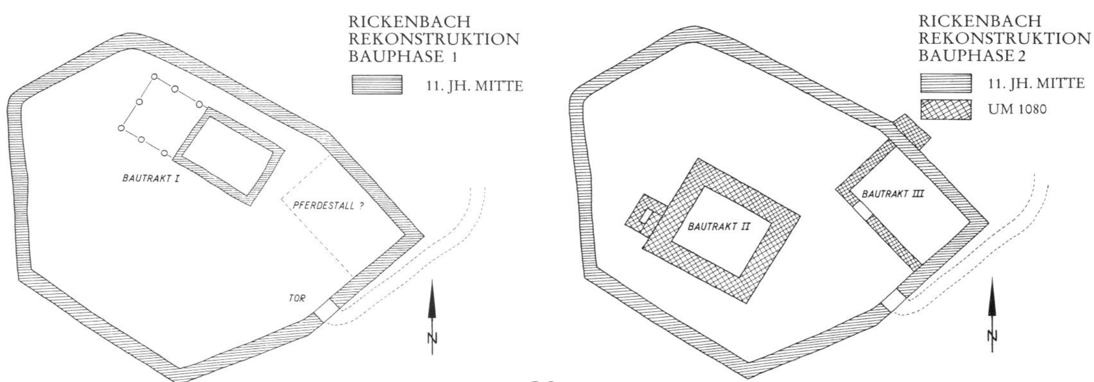

2a 2b

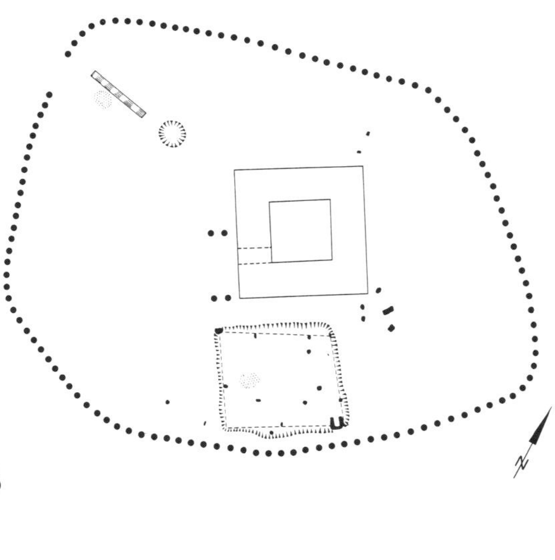

3

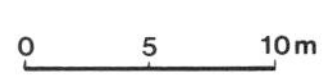

Abb. 3 Grundrisse ausgewählter Burgen des 11./12. Jahrhunderts in der Nordschweiz. 1 Oedenburg bei Wenslingen, Kt. Basel-Landschaft (nach J. Tauber in Nachr. d. Schweiz. Burgenvereins 1980, Nr. 1). – 2a–b Rickenbach, Kt. Solothurn. Bauphasen 1 und 2 (vgl. Anm. 41). – 3 Alt-Regensberg, Kt. Zürich (vgl. Anm. 78). – M = 1:600.

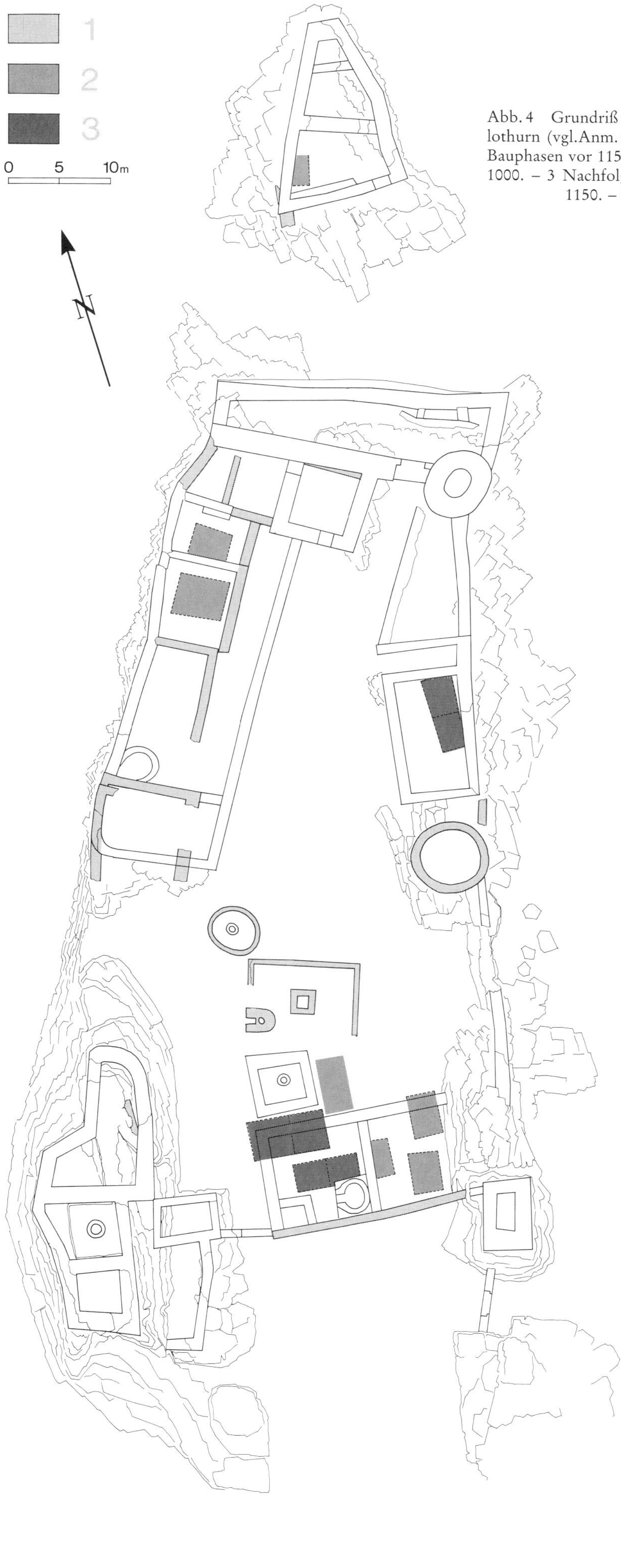

Abb. 4 Grundriß der Frohburg, Kt. Solothurn (vgl. Anm. 55). 1 Mauerwerk der Bauphasen vor 1150. – 2 Holzbauten vor 1000. – 3 Nachfolgende Holzbauten bis 1150. – M = 1:600.

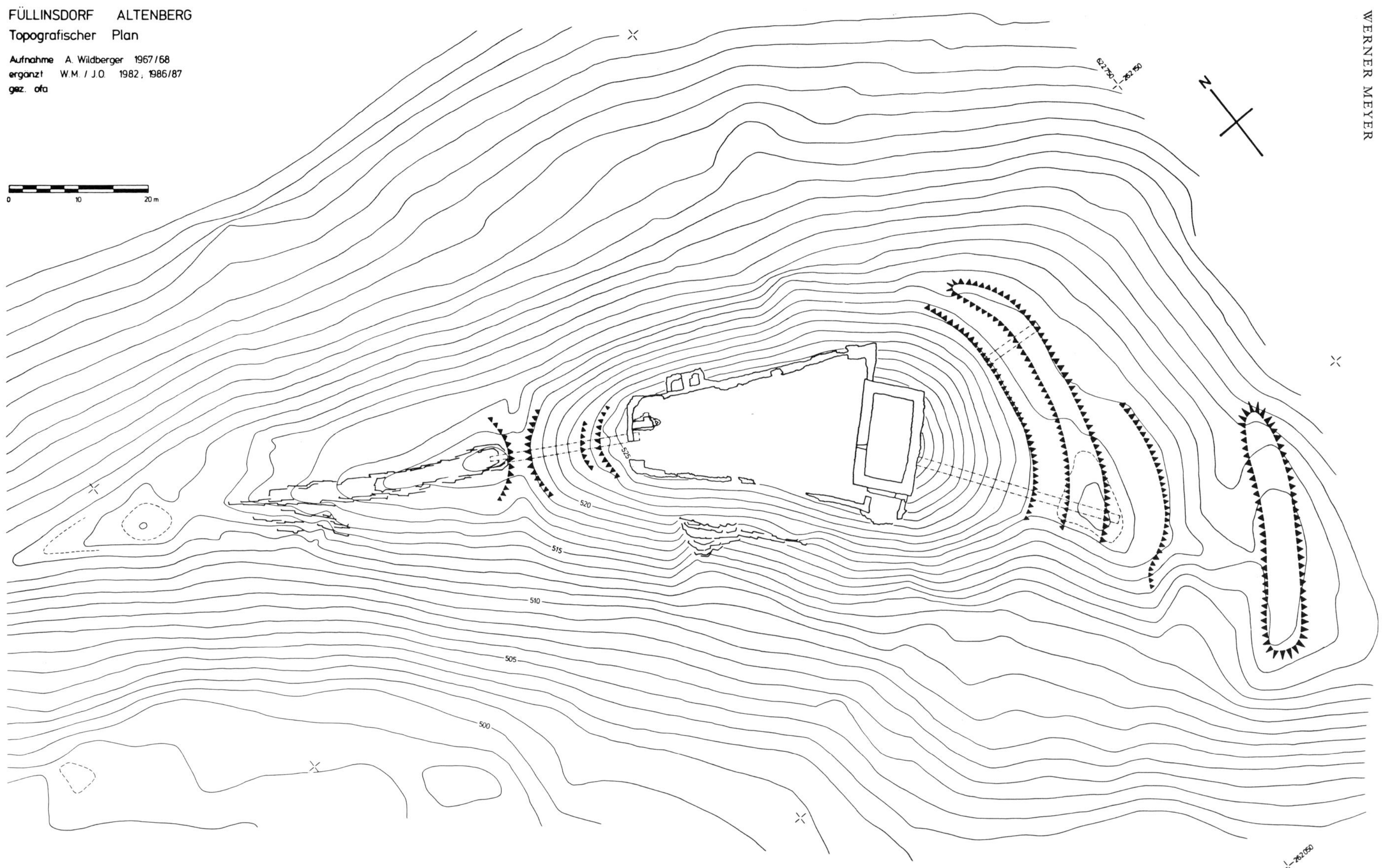

Abb. 5 Topographischer Übersichtsplan der Burg Altenberg bei Füllinsdorf, Kt. Basel-Landschaft (Abdruck mit freundl. Genehmigung von J. Tauber, Amt für Museen und Archäologie des Kantons Basel-Landschaft, Liestal).

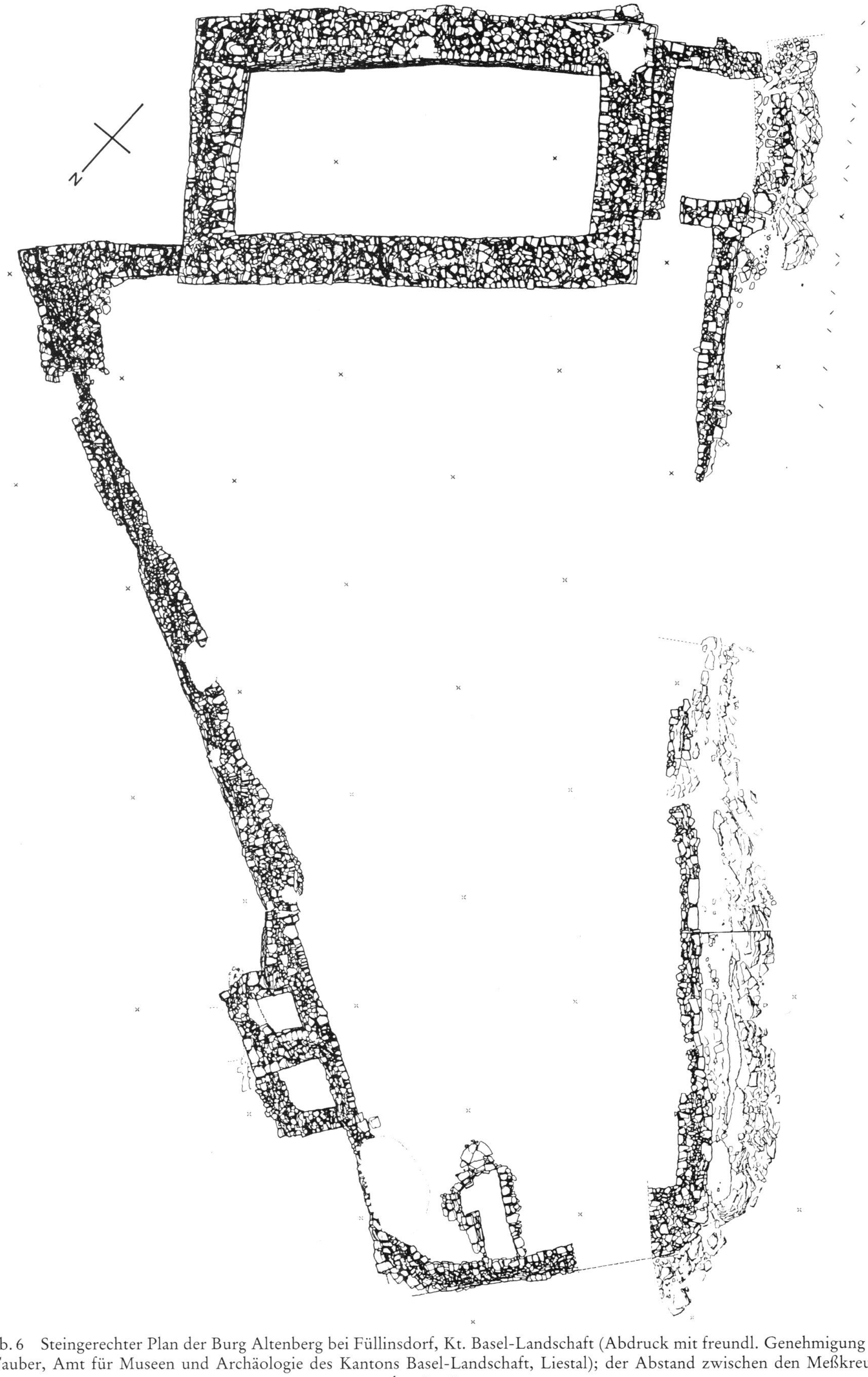

Abb. 6 Steingerechter Plan der Burg Altenberg bei Füllinsdorf, Kt. Basel-Landschaft (Abdruck mit freundl. Genehmigung von J. Tauber, Amt für Museen und Archäologie des Kantons Basel-Landschaft, Liestal); der Abstand zwischen den Meßkreuzen beträgt 5 m.

umfassenden Grundherrschaften umgeben sind, die in ihrer Gesamtheit den unmittelbaren Versorgungsraum für die Burgsassen gebildet haben dürften, aber niemals dem vollständigen Machtbereich der gräflichen Burgherren entsprachen[61]. Dies gilt auch für die Feste Wartenberg bei Muttenz, zu der lediglich ein Dinghof und ein Forst gehörten, in der aber ursprünglich eine hochburgundische Königsburg vermutet werden darf[62]. Als Sonderfall hat das *castrum* von Zürich zu gelten, das in Wirklichkeit eine dem Reiche zustehende Pfalz war, verbunden mit einer Reichsvogtei von freilich eher bescheidenen Ausmaßen. Wohl im Zusammenhang mit kaiserlichen Aufenthalten in Zürich sind in der Pfalz Münzen geschlagen worden, vor allem unter Heinrich III., doch hat es Zürich nie zum Range einer Reichsmünzstätte gebracht[63].
Erweisen sich somit die schriftlichen Zeugnisse des 11. Jahrhunderts in der Frage nach den Funktionen der Burgen eher als lückenhaft und unergiebig, liefert dafür die Archäologie eine Fülle wichtiger Hinweise, auf die im nächsten Abschnitt nun einzugehen ist.

VI

Auf den Burgen zwischen Alpen und Rhein hat sich am aufgehenden Mauerwerk wenig Bausubstanz aus der Zeit vor der Mitte des 12. Jahrhunderts erhalten. (Auf unhaltbare Frühdatierungen, die für Türme des 13. Jahrhunderts die Entstehungszeit ins 11. Jahrhundert rücken, braucht hier nicht eingegangen zu werden)[64]. Um einen Überblick über die Burgenarchitektur der salischen Zeit im nördlichen Alpenvorland zu erhalten, sind wir auf archäologische Befunde angewiesen. In gut dokumentierter, wissenschaftlich auswertbarer Form liegen solche freilich noch nicht in großer Zahl vor, und vor allem verteilen sie sich sehr ungleich über die Landkarte. Recht dicht erforscht sind der Nordwestschweizer Jura, der untere und mittlere Aareraum, die Innerschweiz und die Ostschweiz, vor allem der Kanton Zürich, während aus der französischen Schweiz einstweilen nur sehr wenige Grabungsergebnisse vorliegen[65]. Dank den archäologischen Untersuchungen sind bezüglich der topographischen Verhältnisse und der baulichen Anordnungen auch für unerforschte Anlagen Analogieschlüsse statthaft, vor allem wenn sich in der schriftlichen Überlieferung Hinweise auf eine frühe Entstehungszeit im 10. oder 11. Jahrhundert finden lassen.
Der Gesamtbestand, zusammengesetzt aus Bauresten, Geländestrukturen und archäologischen Befunden, erweckt einen ausgesprochen uneinheitlichen Eindruck und läßt sich – mindestens beim jetzigen Forschungsstand – bloß teilweise in eine typologische Ordnung bringen[66].
Auffallende Unterschiede zeigen sich bereits bei den Ausmaßen der einzelnen Anlagen (Abb. 3–6). Neben Großburgen, die eine befestigte Fläche von 2–3 ha umfassen, finden sich kleine Gebilde mit einem Durchmesser von 15–25 Metern. Freilich gilt es zu berücksichtigen, daß bei noch unerforschten Anlagen, die sich im Gelände nur noch topographisch – etwa durch Wälle oder Gräben – abzeichnen, außerhalb eines Beringes im Vorgelände Wirtschaftsbauten erhoben haben können, von denen keine Spuren mehr sichtbar sind. Eindeutig bevorzugte Geländeformationen, die als typisch für die Burgen des 11. Jahrhunderts zu gelten hätten, lassen sich nicht feststellen. Es scheint, daß Anlagen auf extrem exponierten, wild zerklüfteten Felsrippen eher erst im 12. und 13. Jahrhundert errichtet worden sind. Grundsätzlich finden wir Burgen des 11. Jahrhunderts in allen topographischen Situationen, die von der Natur vorgegeben

61 Meyer (Anm. 55) 88ff. u. 134ff.
62 W. Meyer, Burgen von A–Z. Burgenlexikon der Regio (1981) 136ff.
63 Vogt (Anm. 8) 127ff.
64 Meyer (Anm. 1) 571 Anm. 2 und (Anm. 56) 73ff.
65 Bibliographische Zusammenfassung des Forschungsstandes bis ca. 1956 bei Hans Erb, Burgenliteratur und Burgenforschung. In: Schweiz. Zeitschrift für Geschichte 8, 1958, 483ff. – Neuere Literatur ziemlich vollständig bei P. Degen, Die Grottenburg Riedfluh Eptingen BL Teil 1/2. In: Schweizer Beiträge zur Kulturgeschichte und Archäologie des Mittelalters 14 (1988) 164f.
66 Zur Problematik einer burgenkundlichen Typologie, die wissenschaftlichen Anforderungen genügt, vgl. Meyer (Anm. 55) 114ff.

Abb. 7 Höhlenburg Balm, Kt. Solothurn.
Nach Ausweis der Funde reichen die Anfänge der Besiedlung ins 11. Jahrhundert zurück.

sind: auf allseits abfallenden Anhöhen (Abb. 4)[67], auf spornartigen Vorsprüngen (Abb. 3,1)[68], auf natürlichen Inseln in Sümpfen und Gewässern[69], auf langgezogenen Höhenrücken (Abb. 5–6)[70], in schwer zugänglichen Höhlen (Abb. 7)[71] und auf sanften Hügeln (Abb. 3,2–3)[72]. Die Annäherungshindernisse, von denen sich in der Regel die deutlichsten Spuren erhalten haben, entsprechen den natürlichen Gegebenheiten im Gelände (Abb. 5). Wir finden kreisförmige Wälle und Gräben, Abschnittswälle, Halsgräben, Segmentgräben, Schild- und Umfassungsmauern. Hölzerne Befestigungselemente, etwa im Sinne von Palisaden, sind selbstverständlich nur noch durch Grabungen nachzuweisen. Der archäologischen Untersuchung bedarf auch die Frage, inwieweit das Burggelände durch künstliche Abtragungen oder Anschüttungen verändert worden ist[73]. Die gewissermaßen »klassische« Motte, der von der Basis aus mit Aushubmaterial vom umgebenden Ringgraben aufgeschüttete Burghügel (Abb. 8), ist in der welligen, zum Teil sogar felsig-gebirgigen Landschaft zwischen Alpen und Rhein nur selten anzutreffen; häufig finden sich dagegen Burgstellen auf natürlichen Hügeln, deren Kuppe durch Aufschüttung erhöht und deren Flanken künstlich angesteilt worden sind. Charakteristisch für die Burgen des 11. Jahrhunderts sind die oft verdoppelten, weit ins Vorgelände hinausgeschobenen Annäherungshindernisse in Form der erwähnten Gräben und Wälle. Größere Anlagen erscheinen topographisch gegliedert in eine kleinere, meist erhöhte Kernburg und eine Vorburg auf tiefer gelegener Geländeterrasse.

67 Beispiele: Lenzburg AG, Rotzberg NW, Frohburg SO.
68 Beispiele: Alt-Homberg AG, Vorder-Wartenberg BL, Oedenburg BL.
69 Beispiele: Chillon VD, Rheinfelden AG, Hallwil AG.
70 Beispiele: Altenberg BL, Habsburg AG, Outremont JU.
71 Beispiele: Balm SO, Riedfluh BL, Drachenloch NW (Zeitstellung unsicher).
72 Beispiele: Alt-Regensberg ZH, Rickenbach SO, Fenis BE.
73 Les fortifications de terre en Europe Occidentale du Xe au XIIe siècle (Colloque de Caen, 2–5 Octobre 1980). In: Archéologie Médiévale 11, 1982, 5 ff. u. 93 ff.

Abb. 8 Motte Henggart, Kt. Zürich. Rechts die Böschung der Motte, deutlich erkennbar der Ringgraben mit vorgelagertem Wall.

Vom ehemaligen Mauerwerk ist über dem Boden oft nichts mehr zu sehen außer Mörtelspuren; es hat aber auch Anlagen ohne Mörtelmauerwerk gegeben. Bis jetzt sind derartige »Holzburgen« im nördlichen Alpenvorland noch schlecht erforscht. Salbüel im Kanton Luzern bestand aus einer länglichen, zum Teil künstlich erhöhten Kuppe mit vorgelagertem Graben (Abb. 9)[74]. Das Plateau, ca. 15 m breit und 45 m lang, war am Rand von einer Palisade umgeben, hinter der sich ein Grubenhaus und drei Pfostenhäuser unterschiedlicher Größe bargen (Abb. 10). Die Kleinfunde belegen eine Benützung des Platzes zwischen dem Ende des 10. und der Mitte des 13. Jahrhunderts. Holzbauten hinter einem palisadenbewehrten Wall mit vorgelagertem Graben sind auf der Burgstelle von Grenchen beobachtet worden[75], während auf Schauenberg im Zürcher Oberland Holzbauten auf einem doppelgipfligen Hügel, um dessen Basis sich ein ovaler Wall zieht, festgestellt worden sind[76]. Die Niederungsburg Hallwil, angelegt auf zwei Inseln im Sumpfgelände am Ausfluß des Hallwilersees, bestand im 11. Jahrhundert aus einer mottenartigen Kernburg und einer Vorburg mit Holzhäusern und Knüppeldamm[77]. Was an konstruktiven Resten von Holzbauten bisher hat nachgewiesen werden können, stammt teils von Pfostenwänden mit Rutenlehmfüllung, teils von Stabbauwänden auf genuteter Holzschwelle.

74 W. Meyer, Die Erd-Holzburg »Salbüel« bei Hergiswil. Provisorischer Bericht über die Ausgrabung einer Holzburg im Luzerner Hinterland. In: Heimatkunde des Wiggertals 40 (1982) 113 ff.

75 W. Meyer, Die Burg Grenchen. In: Jahrbuch für Solothurnische Geschichte 36, 1963, 142 ff.

76 Dokumentation zu Schauenberg: Archiv der kantonalen Denkmalpflege Zürich. – R. Wyss, Der Büchel in Zunzgen. In: Baselbieter Heimatbuch 9, 1962.

77 N. Lithberg, Schloss Hallwil 2 (1932) 144 ff.

Abb. 9
Motte Salbüel, Kt. Luzern.
Situationsplan.
Die gerasterten Flächen
kennzeichnen die
nachgewiesenen Holzbauten.

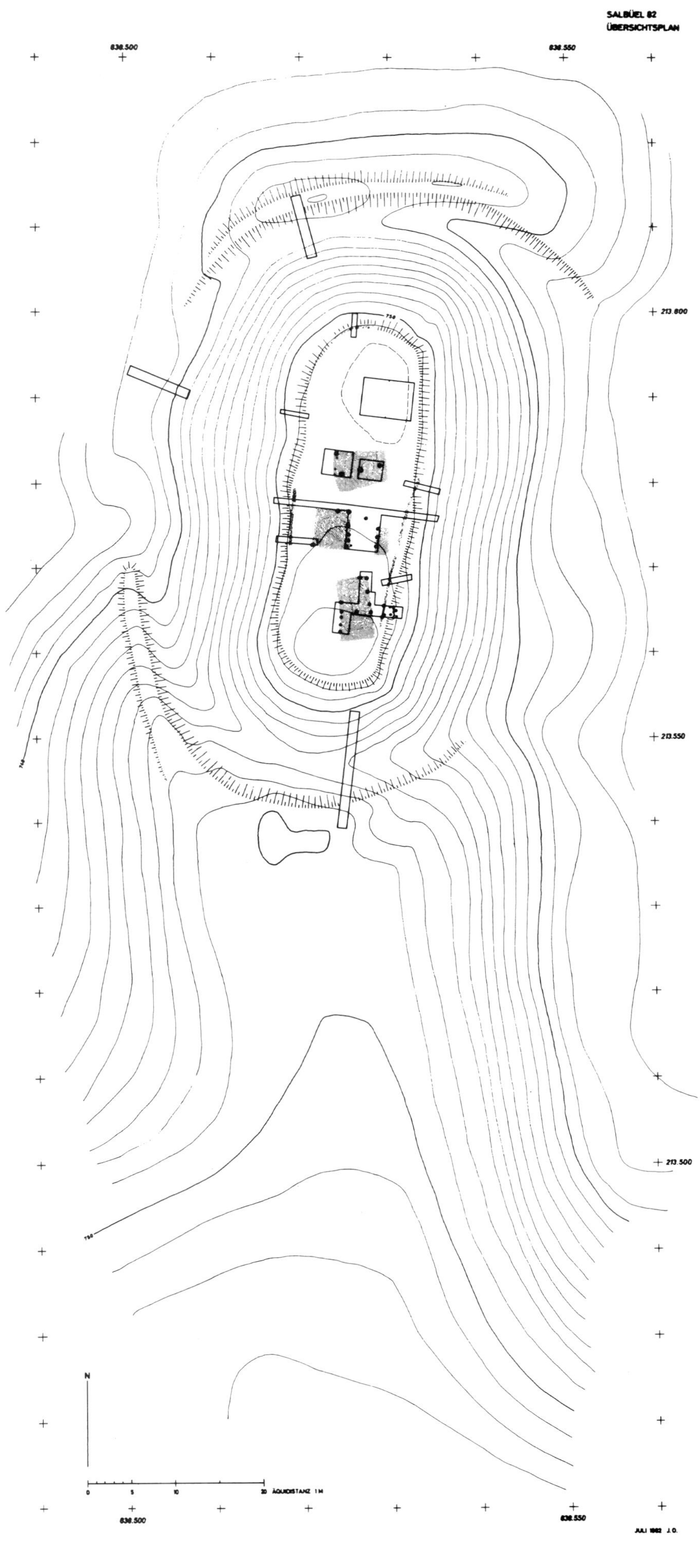

Abb. 10 Motte Salbüel, Kt. Luzern. Spuren eines Pfostenhauses aus dem 11. Jahrhundert.

Abb. 11 Frohburg, Kt. Solothurn. Fundamente eines Saalbaues mit zentraler Feuerstelle; um 1000. Im Vordergrund Eisenschmelze aus dem beginnenden 11. Jahrhundert.

Es scheint, daß sich im Molassegebiet des schweizerischen Mittellandes der Holzbau auf den Burgen länger hat halten können als im Jura und in den Alpen mit ihrem soliden Felsuntergrund. Umgekehrt konnte bei der Umwandlung einer Holz- in eine Steinburg bei gutem Baugrund der Standort in der Regel beibehalten werden, während im Mittelland der Burgplatz oft an einen baustatisch sichereren Ort verlegt werden mußte[78].

Der reine Holzbau, kombiniert mit Erdanschüttungen, erhielt im Raume zwischen Aare und Rhein bereits um die Jahrhundertwende Konkurrenz durch den Steinbau aus Mörtelmauerwerk, vermochte sich aber da und dort bis in die Zeit um 1200 zu behaupten. Der Übergang erfolgte allmählich und stufenweise. Leitbilder lieferten die Sakralbauten und die Pfalzen. Ein Saalbau mit zentraler Feuerstelle ist auf der Frohburg bereits für das späte 10. Jahrhundert nachgewiesen (Abb. 11)[79]. Einfachere, wohl nur ein- bis zweigeschossige Steinhäuser kommen im ganzen 11. Jahrhundert schon häufig vor (Abb. 12–16), repräsentative und wehrhafte Türme dagegen erst gegen Ende des 11. Jahrhunderts (siehe auch Abb. 22)[80]. Auf eine Gruppe früher Palasbauten ist man erst seit kurzem aufmerksam geworden. Es handelt sich um rechteckige, mehrgeschossige Wohntrakte mit Hocheingang, wie sie etwa auf Altenberg (Abb. 6 u. 17) und auf der Habsburg festgestellt worden sind. Zu datieren sind sie ins frühe 11. Jahrhundert[81].

78 Burgstellen des 11. Jahrhunderts im Molassegebiet mit Holz- und Steinbauten: H. Schneider, Sellenbüren. In: Zeitschrift für Schweiz. Archäologie und Kunstgeschichte 1953, 68ff. und H. Schneider, Die Burgruine Alt-Regensberg. Schweizer Beiträge zur Kulturgeschichte und Archäologie des Mittelalters 6 (1979).

79 Meyer (Anm. 55) 124f.

80 Meyer (Anm. 41) 364f. – Quadratischer Turm auf Böbikon AG (Anfang 12. Jahrhundert): J. Tauber, Herd und Ofen im Mittelalter. Schweizer Beiträge zur Kulturgeschichte und Archäologie des Mittelalters 7 (1980) 345ff. – Steinbau auf Alt-Kienberg SO (Ende 11. Jahrhundert): Unpublizierte Dokumentation auf der Kantonsarchäologie des Kantons Solothurn.

81 Dokumentation Altenberg: Amt für Museen und Archäologie des Kantons Basel-Landschaft. (Eine Publikation ist in Vorbereitung.) – Frey (Anm. 17).

Abb. 12 Frohburg, Kt. Solothurn. Nordwesttrakt, im 12. Jahrhundert aus Einzelbauten des 11. Jahrhunderts zusammengewachsen.

Abb. 13
Frohburg, Kt. Solothurn.
Inneres des Nordwesttraktes mit Bauresten aus dem 11. Jahrhundert.

Abb. 14
Frohburg, Kt. Solothurn.
Fundamente eines Rundhauses im Osttrakt (11. Jahrhundert).

Abb. 15 Frohburg, Kt. Solothurn. Südtrakt aus dem 12./13. Jahrhundert, angelehnt an die südliche Abschlußmauer aus dem 11. Jahrhundert.

Abb. 16 Frohburg, Kt. Solothurn. Südtrakt aus dem 12./13. Jahrhundert. Unter dem Gehhorizont des mächtigen Rechteckbaues sind Spuren älterer Holzhäuser zu erkennen.

Abb. 17 Altenberg, Kt. Basel-Landschaft. Hofseitige Ansicht des wehrhaften Palas aus dem frühen 11. Jahrhundert (Amt für Museen und Archäologie des Kt. Basel-Landschaft).

Abb. 18 Frohburg, Kt. Solothurn. Mauerwerk des 11. Jahrhunderts, von einem repräsentativen Wohnbau stammend.

Abb. 19 Frohburg, Kt. Solothurn. Eckverband eines Saalbaues aus dem späten 11. Jahrhundert.

Als häufigstes Element des frühen Steinbaues auf den Burgen des 11. Jahrhunderts ist aber die Umfassungsmauer zu nennen. Sie findet sich bei Höhen- und Niederungsburgen, auch bei den Herrenhöfen, wie die Beispiele von Bümpliz und Zug zeigen[82]. Je nach Gelände zieht sich die Mauer mehr oder weniger unregelmäßig um die ganze Anlage herum, oder sie erhebt sich nur an angriffsgefährdeten Partien; unter Umständen ist sie im Sinne einer Abschnittsbefestigung als frühe Form der Schildmauer konzipiert. Mauerwerk des 11. Jahrhunderts ist an der Verwendung kleiner, quaderförmig zurechtgeschlagener Hausteine in lagerhaftem Verband zu erkennen (Abb. 18). Die Eckkonstruktion bleibt in der Regel ohne besondere Auszeichnung (Abb. 19)[83].
Innerhalb des von einem Bering umgebenen Burgareals erheben sich in meist lockerer Anordnung Bauten aus Holz oder Stein. Für die Burgen des 11. Jahrhunderts gilt das dividierende Prinzip der

82 Siehe oben Anm. 52.
83 Meyer (Anm. 55) 17ff. u. 119f. – Weitere Belege: Rickenbach SO, Altenberg BL, Oedenburg BL, Basel/Stadtmauer des Bischofs Burkart von Fenis (um 1080).

Grundrißentwicklung, indem der Bering – Palisade oder Mauer – die Konstante bildet und die Innenüberbauung sich in diesem vorgegebenen Rahmen verändert. Das additive Prinzip des sich von einem festen Kern aus stetig erweiternden Grundrisses gehört einer späteren Zeit an[84].

Elemente ausgesprochener Wehrhaftigkeit im Sinne praktischer Verteidigungseinrichtungen sind auf den Burganlagen aus salischer Zeit in eher bescheidenem Ausmaß faßbar, was in erster Linie auf das Fehlen des aufgehenden Mauerwerks zurückzuführen ist. Einen Zinnenkranz scheint der noch ins späte 11. Jahrhundert zurückreichende Hauptturm von Chillon getragen zu haben[85]. Eigentliche Torbauten sind für die salische Zeit nicht bezeugt; vereinzelt aber waren die Toröffnungen in den Ringmauern in erhöhter Lage angebracht, was einen Überraschungsangriff gewiß erschwert haben dürfte[86]. Über die Konstruktion von Wehrgängen über Ring- und Schildmauern ist aus der Zeit vor 1150 nichts bekannt.

Burggräben konnten auch sekundär als Viehpferche genutzt werden, nicht aber solche mit V-Profil, wie sie etwa auf Salbüel und Rotzberg nachgewiesen sind. Diese »Spitzgräben« waren reine Annäherungshindernisse, deren Wirkung noch durch Fußangeln unterstützt wurde, deren Gebrauch für das 11. Jahrhundert in Rickenbach bezeugt ist[87].

Wehrhafte Elemente dienten nicht bloß als Verteidigungsmaßnahmen, sondern auch als sichtbare Zeichen der adligen Standesrepräsentation[88]. Das begann im 10. Jahrhundert mit der räumlichen Trennung von Burg und Dorf, die bei der *curtis* noch nicht vollzogen war, und wurde durch die vorgelagerten Annäherungshindernisse, die auch einen Rechtsbezirk abgrenzten, unterstrichen. Mit dem Aufkommen des Steinbaues entwickelten sich repräsentative Bauformen, die im Monumentalstil des »klassischen Burgenzeitalters« ihre Vollendung finden sollten. Mit dem wehrhaften Palas und dem hohen Hauptturm waren wichtige Bestandteile der repräsentativen Burgenarchitektur schon im 11. Jahrhundert voll ausgebildet, wobei im burgundischen Teil des nördlichen Alpenvorlandes die Entwicklung anscheinend schneller und konsequenter voranschritt als im ostschweizerisch-schwäbischen Raum.

Möglicherweise sind auch Konstruktionstraditionen aus der Zeit der Erdaufschüttungen als Repräsentationselemente zu deuten. Auf verschiedenen Steinburgen des 11. Jahrhunderts finden sich Anschüttungen, die weder verteidigungstechnisch noch baustatisch einen Sinn ergeben, am auffälligsten auf Altenberg, wo der wehrhafte Palas gegen außen mit einem mottenartigen Erdhügel von etwa 4 m Höhe umgeben worden ist (Abb. 5). Galt im frühen 11. Jahrhundert die Vorstellung, ein standesgemäßer Burgbau müsse eine Erdanschüttung aufweisen, oder hat man handwerkliche Traditionen weitergeführt, ohne ihre bautechnische Notwendigkeit zu hinterfragen? Das Problem sei hier einmal in den Raum gestellt[89].

Auf die Bedeutung der Pfalz zu Zürich in salischer Zeit ist schon mehrfach hingewiesen worden[90]. Im 11. Jahrhundert erhob sich im Kernbereich der Pfalz auf dem Lindenhof ein imposanter Gebäudekomplex aus dem 10. Jahrhundert, bestehend aus einem langgestreckten, mehrfach unterteilten Wohn- und Repräsentationstrakt mit mehreren Annexen, vor allem mit einem Kapellenanbau. Diese ottonische Pfalz ist nachträglich durch zwei Türme und eine Schildmauer mit vorgelagertem Doppelgraben befestigt worden. Ob diese Umbauten in salischer Zeit erfolgten, bleibt allerdings fraglich, sie scheinen – wie schon angedeutet – eher in die frühstaufische Zeit zu gehören.

Daß die ottonische Pfalz von Zürich im 11. Jahrhundert mit ihrer eindrücklichen Repräsentationsarchitektur den Burgenbau im nördlichen Alpenvorland unmittelbar beeinflußt hätte, ist nicht nachzuweisen.

84 Meyer (Anm. 55) 129 ff.
85 A. Naef, Chillon (Genf 1908) 1, Plan 2.
86 Beispiele: Frohburg SO, Oedenburg BL, Rotzberg NW, Rickenbach SO.
87 Meyer (Anm. 41) 344, Fundkatalog Nr. B4.
88 W. Meyer, Die Burg als repräsentatives Statussymbol. In: Zeitschrift für Schweiz. Archäologie und Kunstgeschichte 33, 1976, 173 ff.
89 Dokumentation Altenberg: Amt für Museen und Archäologie des Kantons Basel-Landschaft. (Eine Publikation ist in Vorbereitung.) – Meyer (Anm. 41) 329.
90 Vogt (Anm. 8).

Abb. 20 Frohburg, Kt. Solothurn. Doppelfeuerstelle aus der Mitte des 11. Jahrhunderts. Links die Kochfeuerstelle, rechts das Ofenfundament. Dazwischen die Unterlage für die Trennwand.

Abb. 21 Frohburg, Kt. Solothurn. Zisterne, zum Saalbau (Abb. 11) gehörig. Nachträglich wurde die Zisterne als Abfallgrube verwendet.

Abb. 22 Rickenbach, Kt. Solothurn. Hauptturm aus dem späten 11. Jahrhundert. Im Vordergrund Fundamente eines Abortschachtes.

Abb. 23 Frohburg, Kt. Solothurn. Fundamente einer Eisenschmelze aus dem frühen 12. Jahrhundert.

VII

In den baulichen Resten ist auf den Burgen des 11. Jahrhunderts neben Repräsentations- und Wehraufgaben vor allem die Wohnfunktion faßbar. Diese wird durch das Kleinfundmaterial noch zusätzlich beleuchtet. Um die Mitte des 11. Jahrhunderts begann sich auf den Burgen des nördlichen Alpenvorlandes die Ofenheizung durchzusetzen, was eine Teilung des bisherigen Einraumhauses mit Mehrzweckfeuerstelle in einen rauchfreien, ofengeheizten Wohnraum und eine Küche mit offenem Herdfeuer zur Folge hatte[91]. Auf der Frohburg ist diese Entwicklung besonders gut faßbar (Abb. 20). Auf den Höhenburgen des 11. Jahrhunderts scheinen feste Trinkwasserversorgungsanlagen nur ausnahmsweise eingerichtet gewesen zu sein. Eine Filterzisterne aus der Zeit um 1100 ist auf der Frohburg nachgewiesen (Abb. 21)[92].

Den gehobenen Lebensstil des Adels bezeugen viele Luxusobjekte aus vergoldetem Buntmetall und aus kostbarem Importglas – besonders reichhaltiges Material hat Altenberg geliefert –, doch verraten auch bauliche Einrichtungen wie repräsentativ ausgestaltete Heizkamine oder die hoch entwickelte Abortanlage von Rickenbach (Abb. 22) die Ansprüche der Burgsassen auf standesgemäßes Wohnen[93]. Sporen und sonstiger Reitbedarf, nur selten zutage tretende Waffenstücke und vor allem auch kostbare Brettspielsteine können als weitere Zeugnisse vornehmen Lebensstils gelten[94].

Eine weitere Kategorie von Kleinfunden – vornehmlich Tierknochen – entstammt den Schlacht-, Küchen- und Speiseabfällen. Dieses meist sehr umfangreiche Material belegt für das 11. Jahrhundert die große Bedeutung der von den Burggütern stammenden Produkte für die Selbstversorgung der Burgsassen. Wie wir aus spätmittelalterlichen Schriftquellen wissen, bestanden die Naturalsteuern der bäuerlichen Untertanen zur Hauptsache aus Getreide, während das in großen Mengen verzehrte Fleisch aus dem direkt von den Burgen aus bewirtschafteten Weideland stammte[95]. Die Ausgrabungsbefunde weisen auch für das 11. Jahrhundert einen hohen Verbrauch an Schweine- und Rindfleisch nach. Eher in den Hintergrund treten Schafe und Ziegen nebst verschiedenen Arten von Geflügel, während das Wildbret mit nur wenigen Prozenten an der Gesamtfleischmenge beteiligt ist[96].

Während der archäologische Nachweis einer erheblichen Bedeutung der landwirtschaftlichen Selbstversorgung im 11. Jahrhundert durch die Schriftquellen des Spätmittelalters bestätigt wird, belegen die Grabungsbefunde des 10. bis 12. Jahrhunderts auf großen Burganlagen auch gewerblich-handwerkliche Betriebe, über die sich die archivalischen Zeugnisse des späteren Mittelalters ausschweigen. Offensichtlich sind die fest eingerichteten Gewerbeanlagen auf den Burgen im Laufe des 12. und 13. Jahrhunderts als Folge des aufkommenden, konkurrenzstarken Städtewesens verschwunden[97].

Besonders aufschlußreiche Befunde sind auf der Frohburg zutage getreten, wo außer der Verarbeitung von Tierknochen auch die Eisengewinnung festgestellt wurde (Abb. 23). Es erweckt den Anschein, die im 9. Jahrhundert gegründete Feste sei anfänglich eine befestigte Gewerbesiedlung mit dem Schwergewicht auf der Produktion und Verarbeitung von Eisen gewesen, und das von den Grafen von Frohburg ausgeübte Eisenmonopol habe die Grundlage für ihre Machtstellung im Jura gebildet[98].

Zusammenfassend läßt sich festhalten, daß ein abgerundetes Bild über die Bedeutung der Burgen in salischer Zeit nur mit Hilfe der Archäologie gewonnen werden kann.

91 Tauber (Anm. 80). – Meyer (Anm. 55) 117 ff.
92 Meyer (Anm. 55) 128 ff.
93 Meyer (Anm. 41) 335 ff.
94 J. Tauber, Alltag und Fest auf der Burg im Spiegel der archäologischen Sachquellen. In: Fleckenstein (Anm. 1) 588 ff.
95 Degen u. a. (Anm. 65) Bd. 15, Teil 5, 279 ff. – Meyer (Anm. 1) 582 f.
96 Meyer (Anm. 55) 163 ff. (Beitrag von D. Markert).
97 W. Janssen, Die Bedeutung der mittelalterlichen Burg für die Wirtschafts- und Sozialgeschichte. In: Das Handwerk in vor- und frühgeschichtlicher Zeit, Teil 2. Bericht über die Kolloquien der Kommission für die Altertumskunde Mittel- und Nordeuropas 1977–1980 (1983) 261 ff.
98 Meyer (Anm. 55) 136 ff.

PETER FREY

DIE HABSBURG IM AARGAU*

Die Habsburg gilt als eine der bekanntesten Burganlagen des Kantons Aargau. Diese Popularität verdankt die ehemalige Doppelburg weniger den heute noch erhaltenen Bauten der Hinteren Burg als der Bedeutung, die ihr als namengebender Stammsitz der Habsburger zukommt (Abb. 1). Zudem ist die Habsburg eine der seltenen frühen Dynastenburgen, deren Gründung um 1020/30 durch schriftliche Quellen überliefert wird.

Damit bildet sie in zweifacher Hinsicht ein besonders wichtiges Forschungsobjekt:

1. als Quelle zur lückenhaften Geschichte der Frühhabsburger
2. als gut datiertes Studienobjekt für die Burgenkunde.

Kein Wunder, daß diese Kriterien bereits im 19. Jahrhundert zur Forschung anregten: 1857 legte Krieg von Hochfelden eine erste baugeschichtliche Studie über die Hintere Burg vor[1], die von Walther Merz 1896 präzisiert und ergänzt wurde[2].

Die damals von Merz vorgeschlagenen Grabungen im abgegangenen östlichen Burgteil kamen indessen nicht zustande und unterblieben selbst 1908, als im Bereich der ehemaligen Vorderen Burg ein Reservoir gebaut wurde[3].

Diese Forschungslücke konnte nun für die Vordere Burg – im Gefolge der Arbeiten zur Erweiterung des oben erwähnten Reservoirs (1978–83) – durch die Aargauische Kantonsarchäologie geschlossen werden.

Die Lage der Burg

Unter den althabsburgischen Besitzungen im Aargau nahm das Eigen, das im heutigen Sprachgebrauch »Eigenamt« genannte Gebiet zwischen Aare, Reuss und Kestenberg, eine besondere Stellung ein. Denn hier, am Tor zum schweizerischen Mittelland, verfügte die Familie seit dem 10. Jahrhundert über eine umfangreiche Grundherrschaft von großer verkehrsgeographischer Bedeutung, die sich aus der Vereinigung der drei schiffbaren Flüsse Aare, Reuss und Limmat bei Windisch einerseits und der Kreuzung wichtiger Fernstraßen andererseits ergab (Abb. 2–3)[4].

Im Zuge der inneren Kolonisation des Eigenamtes, und nicht zuletzt im Zusammenhang mit der Gründung des Klosters Muri[5], erbaute hier der Frühhabsburger Radbot um 1020/30 die Habsburg. Diese Anlage, die »Habichtsburg«, liegt auf dem Wülpelsberg, einem Jurahöhenzug, der sich dem rechten Aareufer entlang von Schinznach Bad gegen Brugg erstreckt. Die bewaldete Nordflanke des Berges fällt steil zum Fluß ab, während der offene Südhang in eine fruchtbare Hochterrasse übergeht, an deren Nordrand unterhalb der Burg das Dorf Habsburg liegt. Von hier aus erfolgte die Bewirtschaftung der Burggüter. Noch zu Beginn der Neuzeit zählte diese Siedlung lediglich fünf Haushaltungen[6].

* Dieser Aufsatz stellt die Zusammenfassung einer unter demselben Titel erschienen Arbeit von P. Frey dar, die in der Jahresschrift der Historischen Gesellschaft des Kantons Aargau Argovia 98, 1986, 23–116 publiziert wurde. Redaktionell betreut wurde die Zusammenfassung von Dr. Martin Hartmann. Die Numerierung der Fundobjekte auf Abb. 7 entspricht derjenigen in der Originalpublikation (dort abgebildet auf den Seiten 71; 73; 81 und 83).

1 Krieg von Hochfelden, Denkmäler des Hauses Habsburg in der Schweiz. Die Veste Habsburg im Aargau. Mitt. Antiqu. Ges. Zürich XI., H. 5, 1857.

2 W. Merz, Die Habsburg. Studie im Auftrag der Hochbaudirektion des Kantons Aargau (1896).

3 Immerhin wurde ein Plan der 1908 aufgedeckten Mauern aufgenommen. Plan im Archiv der Aargauischen Kantonsarchäologie.

4 Die eine Straße führte von der oberrheinischen Ebene über den Bözbergpaß zu den Bündnerpässen. Die andere Straße verband die Westschweiz mit Süddeutschland.

5 Vergleiche vorletzten Abschnitt.

6 R. Urech, Habsburg. In: Die Aargauer Gemeinden (1978).

Abb. 1 Ansicht der Habsburg aus allen vier Himmelsrichtungen. Aquarell von Albrecht Kauw, um 1675.

Von der einstmals sehr ausgedehnten, den Gipfelgrat des Wülpelsberges auf einer Länge von über hundert Metern einnehmenden Doppelburg waren vor Grabungsbeginn lediglich der Burggraben im Osten der Anlage und deren westlicher Teil, die Hintere Burg, zu sehen.

Die Vordere Burg, die den höchsten Geländepunkt (510 m ü. M.) einnahm, bildete bereits 1675, als Albrecht Kauw die Habsburg in mehreren Zeichnungen festhielt, einen stark zerfallenen Ruinenkomplex, der keine klaren Zusammenhänge mehr erkennen ließ. Das gleiche gilt für die Überbauung des zentral gelegenen Burghofes, an dessen Südseite sich noch 1634 die Burgkapelle erhob[7]. In der folgenden Zeit wurden alle diese Ruinen eingeebnet; seit 1815 bestand an der Stelle der Vorderen Burg eine Aussichtsterrasse[8].

Der Kernbau der Vorderen Burg

Im Südwestabschnitt der Vorderen Burg (Abb. 4) lagen massive Auffüll- und Schuttschichten, die am Terrassenrand über 2 m Mächtigkeit erlangten. Unter dieser frühneuzeitlichen Aufschüttung traten die Reste eines Steinbaus mit rechteckigem Grundriß zutage, der die südliche Gratflanke einnahm. Aufgrund der ermittelten Bauabfolge muß dieses Bauwerk aus der Gründungszeit der Habsburg um 1020/30 stammen und bildete, anfänglich noch ohne Annexbauten, den Kern der Vorderen Burg.

7 Die Kapelle ist auf dem 1634 entstandenen Aquarell von Hans Ulrich Fisch noch zu sehen.

8 Merz (Anm. 2) 61.

Eingedenk seiner frühen Entstehungszeit erstaunt dieser Kernbau durch seine beträchtlichen Ausmaße von 18,5 m × 13,2 m Seitenlänge (Abb. 5). Er übertrifft damit alle zeitgenössischen Burgbauten in unserer Gegend bei weitem. Verglichen mit ähnlichen Beispielen in Frankreich und Deutschland, auf die wir unten eingehen, handelt es sich beim Kernbau um ein zweifellos mehrgeschossiges Steinhaus wehrhaft-repräsentativen Charakters, was durch die Mauerbreite von 1,9 m unterstrichen wird.
Die bestenfalls noch knapp 2 m hoch erhaltenen Mauern des Kernbaus bestanden aus kleinen Hausteinen und wiesen tiefgreifende, den Mauerverband stellenweise unterbrechende Breschen auf. Trotz dieser frühneuzeitlichen Störungen konnten in der Ost- und Nordmauer je ein ebenerdiger Eingang ausgemacht werden. Von der ostseitigen Türe, die anfänglich den einzigen Zugang ins kellerartige Erdgeschoß gebildet hatte, sind leider nur Teile der nördlichen Leibung und des Schwellennegatives erhalten geblieben. Auch vom später angelegten Nordeingang zeugen lediglich dürftige Reste der Leibungen.

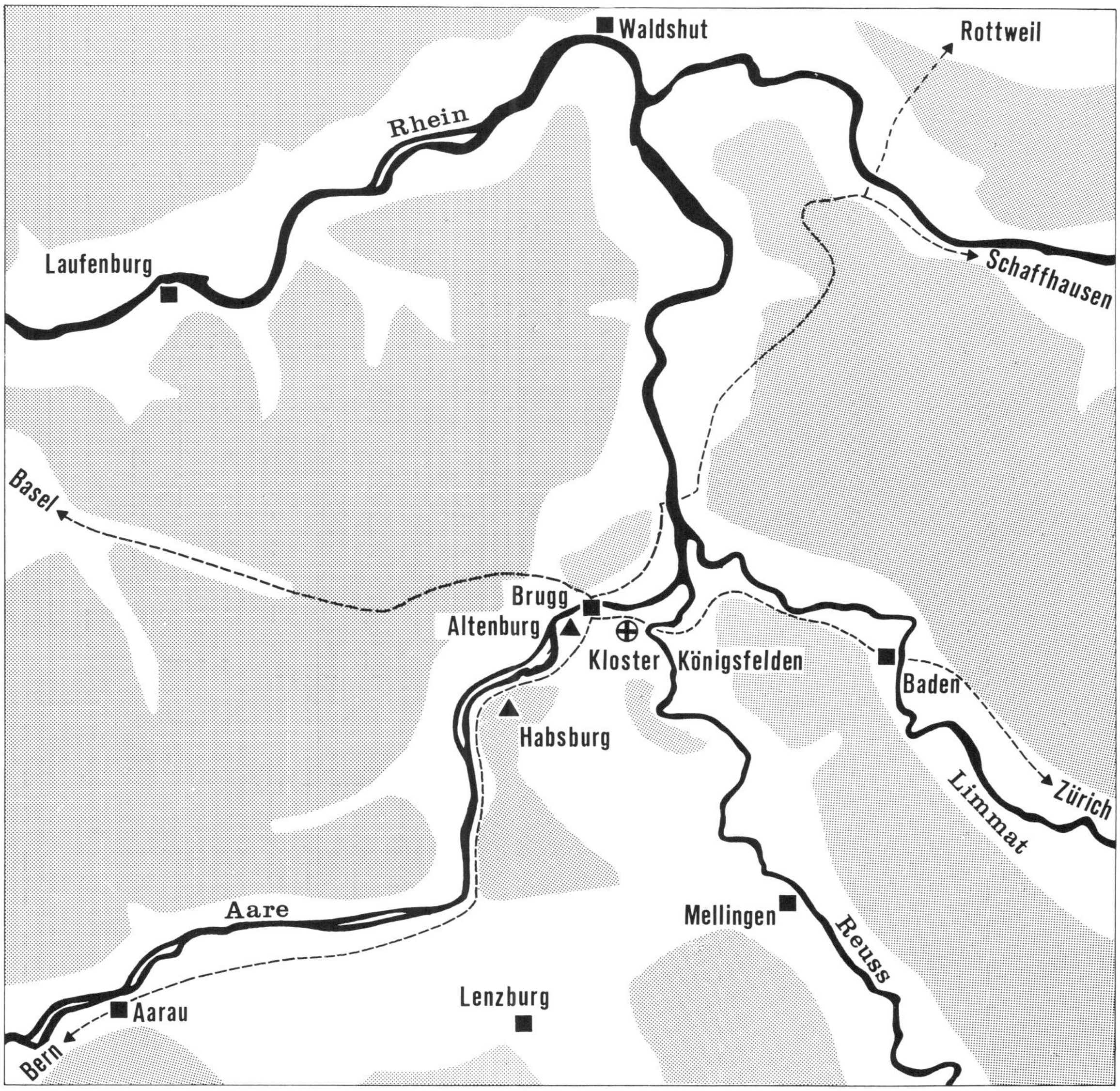

Abb. 2 Die verkehrsgeographische Lage der Habsburg am Zusammenfluß der drei großen Mittellandflüsse Aare, Reuss und Limmat. Zwischen Aare und Reuss das habsburgische Eigen mit den Burgen Altenburg und Habsburg sowie der Stadt Brugg und dem Kloster Königsfelden.

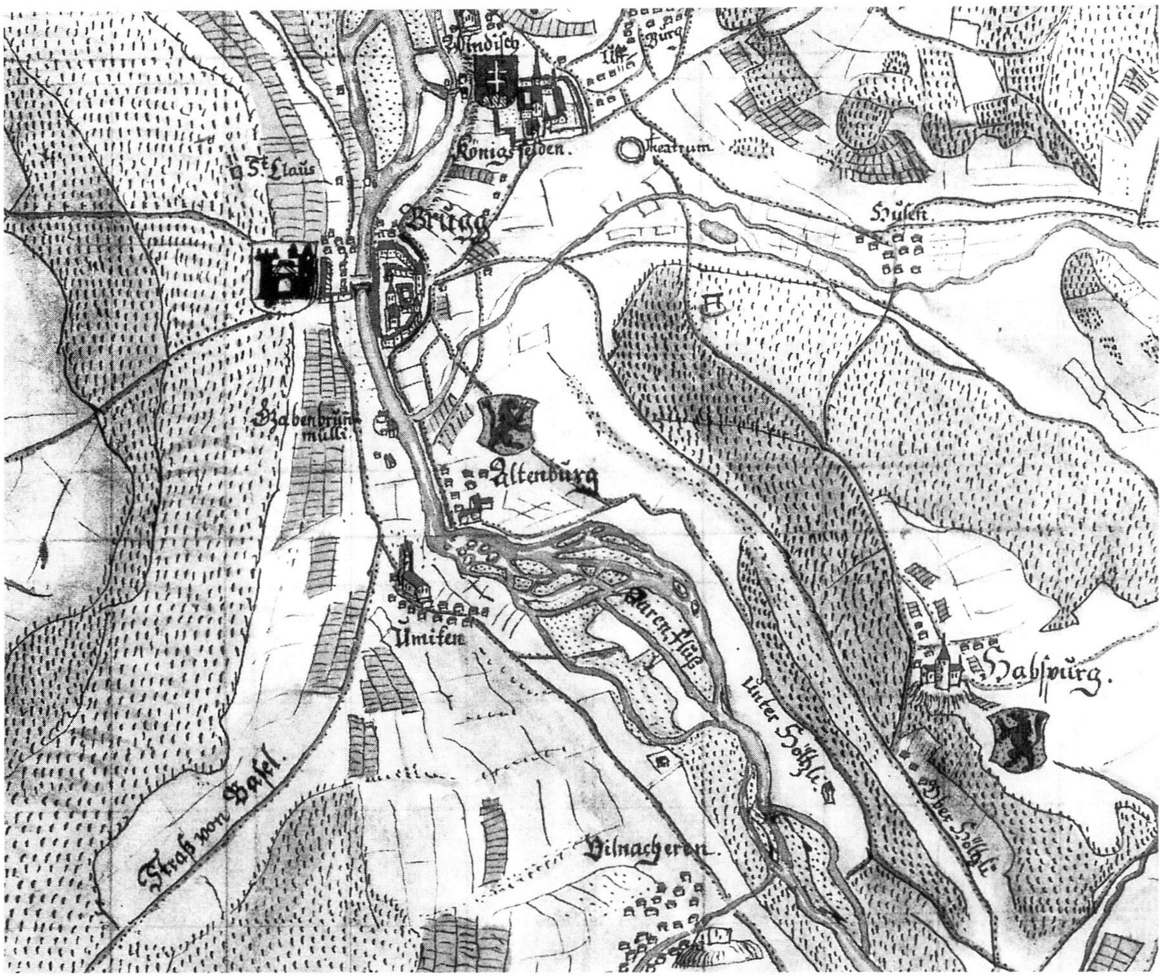

Abb. 3 Ausschnitt aus der Karte von Hans Konrad Gyger (1667).

Das Innere des Kernbaus wird durch eine sekundär eingezogene, später in zwei Etappen beidseitig verstärkte Quermauer unterteilt[9]. Quermauer und obiger Nordeingang stehen aufgrund von Mörtelvergleichen zweifellos in unmittelbarem Zusammenhang und entstanden gemäß der Lage der Nordtüre beim Ausbau der Burg im letzten Drittel des 11. Jahrhunderts. Im Verlauf des 12. Jahrhunderts erfolgte vermutlich eine Aufstockung des Gebäudes, was sich in den oben erwähnten Quermauerverstärkungen äußert. Im Zuge dieser späteren Bautätigkeit dürfen auch die beiden außen an die Nordmauer angefügten Mauerstümpfe entstanden sein; deren Funktion bleibt jedoch ungeklärt.
Kompliziert wurde die Interpretation der Schichtverhältnisse im Innern des Kernbaus, da dessen Westhälfte vom 1908 erbauten Reservoir eingenommen wird. Unsere Abklärungen hatten sich somit von vornherein auf den Bereich östlich der Quermauer zu beschränken, wo sie allerdings noch zusätzlich durch eine tiefgreifende Störung im Südteil erschwert wurden. Zwischen den eingangs genannten Schuttschichten und einer das Gelände ausnivellierenden Splittplanierung aus der Bauzeit des Kernbaus lagen im östlichen Raum Kulturschichten, die alle auf die Quermauer oder deren Verstärkung Bezug nahmen und lediglich Funde des 12. sowie vorwiegend des frühen 13. Jahrhunderts enthielten. Da eine älteste Kulturschicht aus der Frühzeit des Kernbaus fehlte, muß diese beim Bau der Quermauer, im Zuge

[9] Der im Grundrißplan des Kernbaus ergänzte Verlauf dieser Mauern ist durch die Planaufnahme von 1908 gesichert.

einer Planierung und Säuberung des Innenraumes, abgetragen worden sein. Tatsächlich ist aus dem unterschiedlichen Niveau der Fundamentoberkanten der Kernbausüdmauer sowie der Quermauer und deren Verstärkung ein schrittweises Anheben und Ausnivellieren des anfänglich stark nach Süden abfallenden Gehhorizontes zu ermitteln, ein Vorgang, der offenbar jeweils von der Säuberung des Kellerbodens begleitet wurde. Diesem Umstand entsprechend konnte die Datierung des Kernbaus nur aus der Bauabfolge gewonnen werden.

In diesem Zusammenhang erwiesen sich die Befunde unter dem Nordturm als besonders aufschlußreich: Unter dem ältesten Turmboden kam eine von Westen nach Osten ziehende Mauer (M17) zum Vorschein, die im letzten Drittel des 11. Jahrhunderts dem Nordturm hatte weichen müssen. Die zur Mauer 17 gehörenden Schichten – eine Kulturschicht über einem Splittbelag – überdeckten eine unterste Kulturschicht, die Mörtelbrocken des Kernbaus enthielt und folglich als Bau- und ältestes Hofniveau des Kernbaus gelten darf. Wie diese Schichtabfolge deutlicht macht, muß zwischen der Errichtung des Kernbaus und der Mauer 17 bzw. dem Nordturm ein längerer Zeitraum verstrichen sein, der unsere Datierung des Kernbaus in die Zeit um 1030 rechtfertigt.

Rätselhaft bleibt die Funktion der Mauer 17, die gemäß Bauabfolge in die Mitte des 11. Jahrhunderts zu datieren ist. Ohne ersichtlichen Grund endete diese 1 m breite Mauer im Osten in einem schwach gerundeten Haupt. Im Westen bricht sie nach einer Länge von 2,7 m ab (bedingt durch Steinraub); sie dürfte jedoch in dieser Richtung weitergeführt haben. Unter Berücksichtigung ihres Verlaufes entlang der Gratkante wird man die Mauer 17 mit gebührender Vorsicht als erste gemörtelte Ringmauer ansprechen dürfen, wobei sie allenfalls streckenweise einen mutmaßlichen ältesten Bering aus Trockenmauerwerk oder eine Palisade ersetzte.

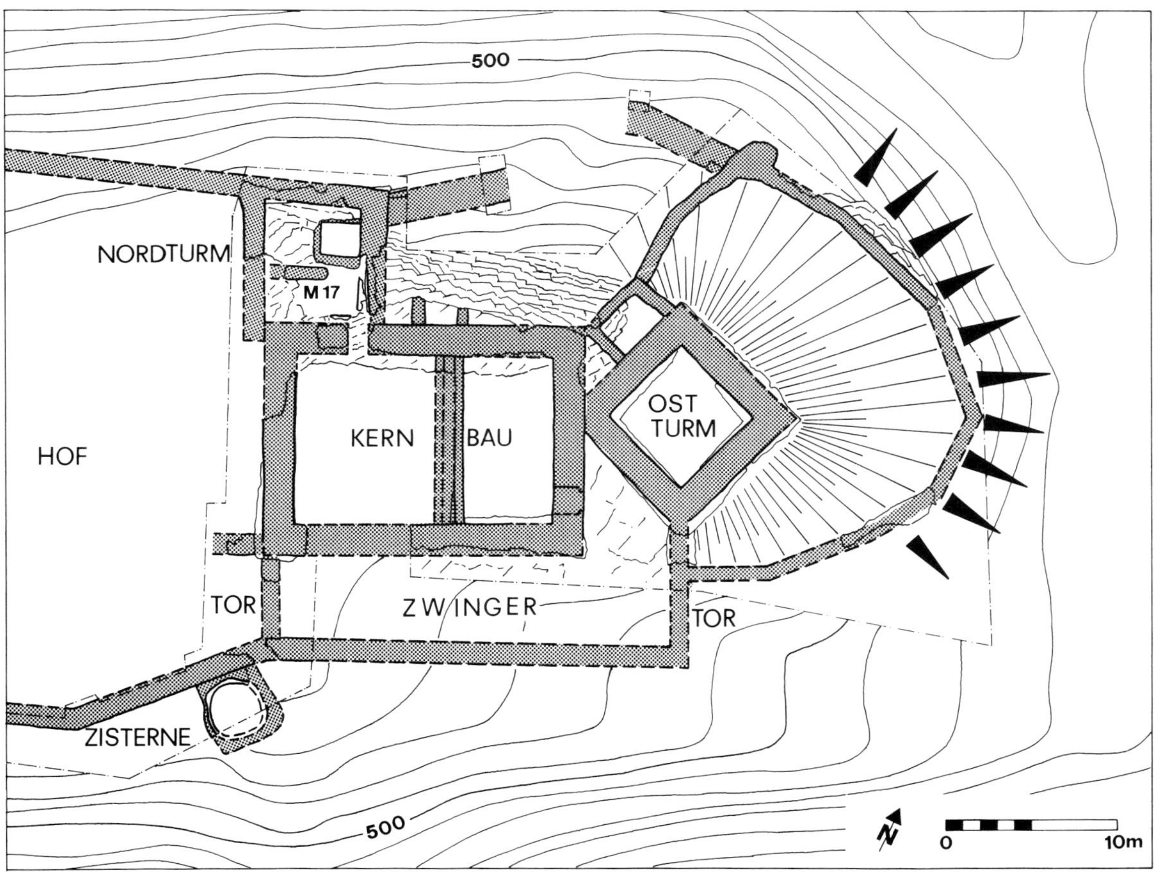

Abb. 4 Habsburg, Kt. Aargau. Detailplan der Vorderen Burg.

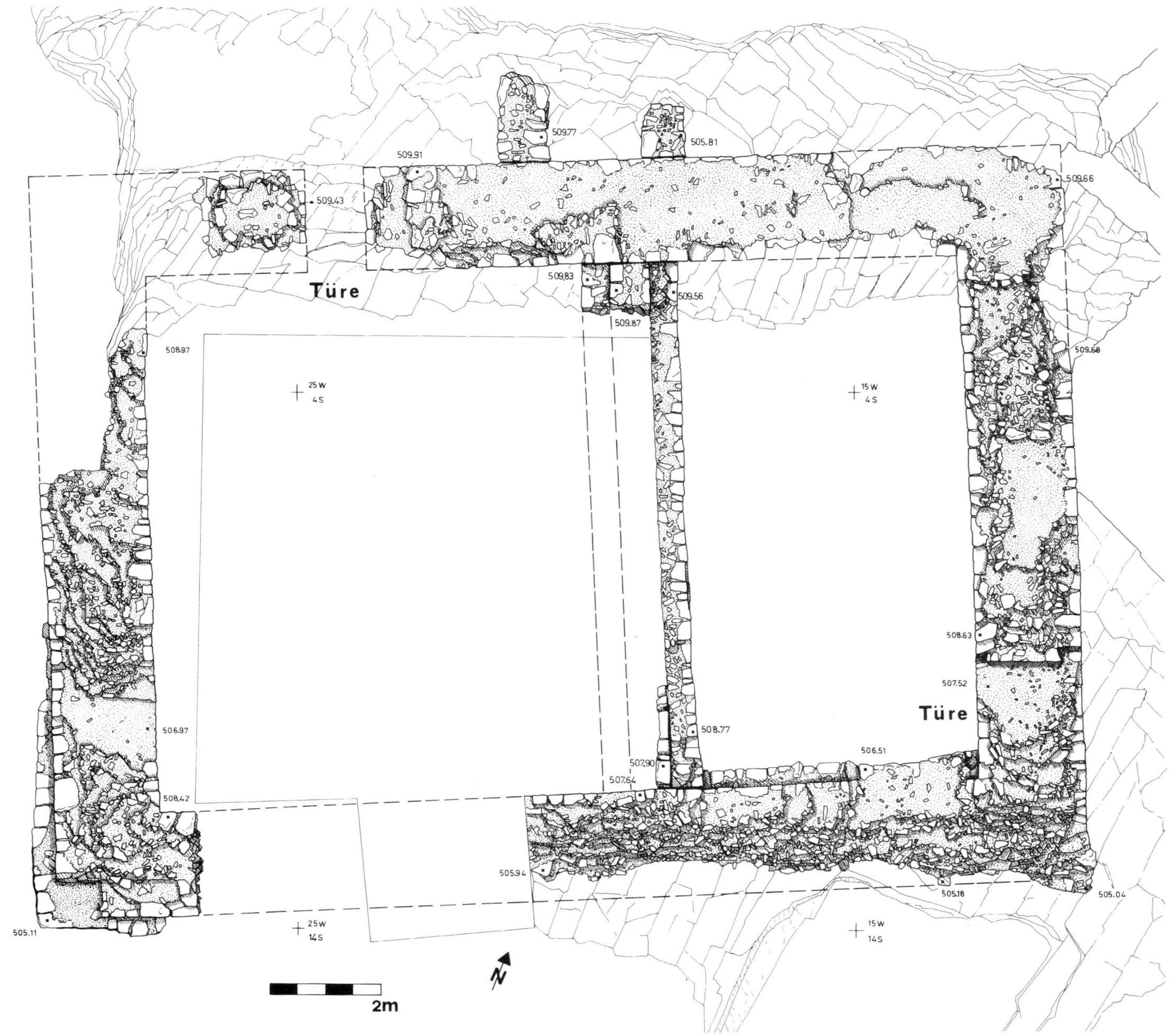

Abb. 5 Habsburg, Kt. Aargau. Kernbau; steingerechter Plan.

Der Ostturm

Unmittelbar östlich des Kernbaus, wo der Grat gegen den Burggraben zu abfällt, stießen wir unter der Planierung von 1815 auf eine alte Aufschüttung (Motte) aus lehmigem Kalksteinsplitt, die einen nach Norden, Osten und Süden abfallenden Hügel bildete, an dessen Basis sich der Ostbering hinzog. Ein kurzer, von Osten her in den Hügel vorgetriebener Sondierschnitt bestätigt, daß es sich um einen künstlichen Aufbau handelte: Ältere Siedlungsschichten konnten darunter nicht festgestellt werden. Gekrönt wurde die Motte durch den Ostturm (Abb. 6), der gemäß seiner stark abgetreppten und mehrmals in der Flucht korrigierten Fundamente im Zuge der Hügelschüttung errichtet worden war.

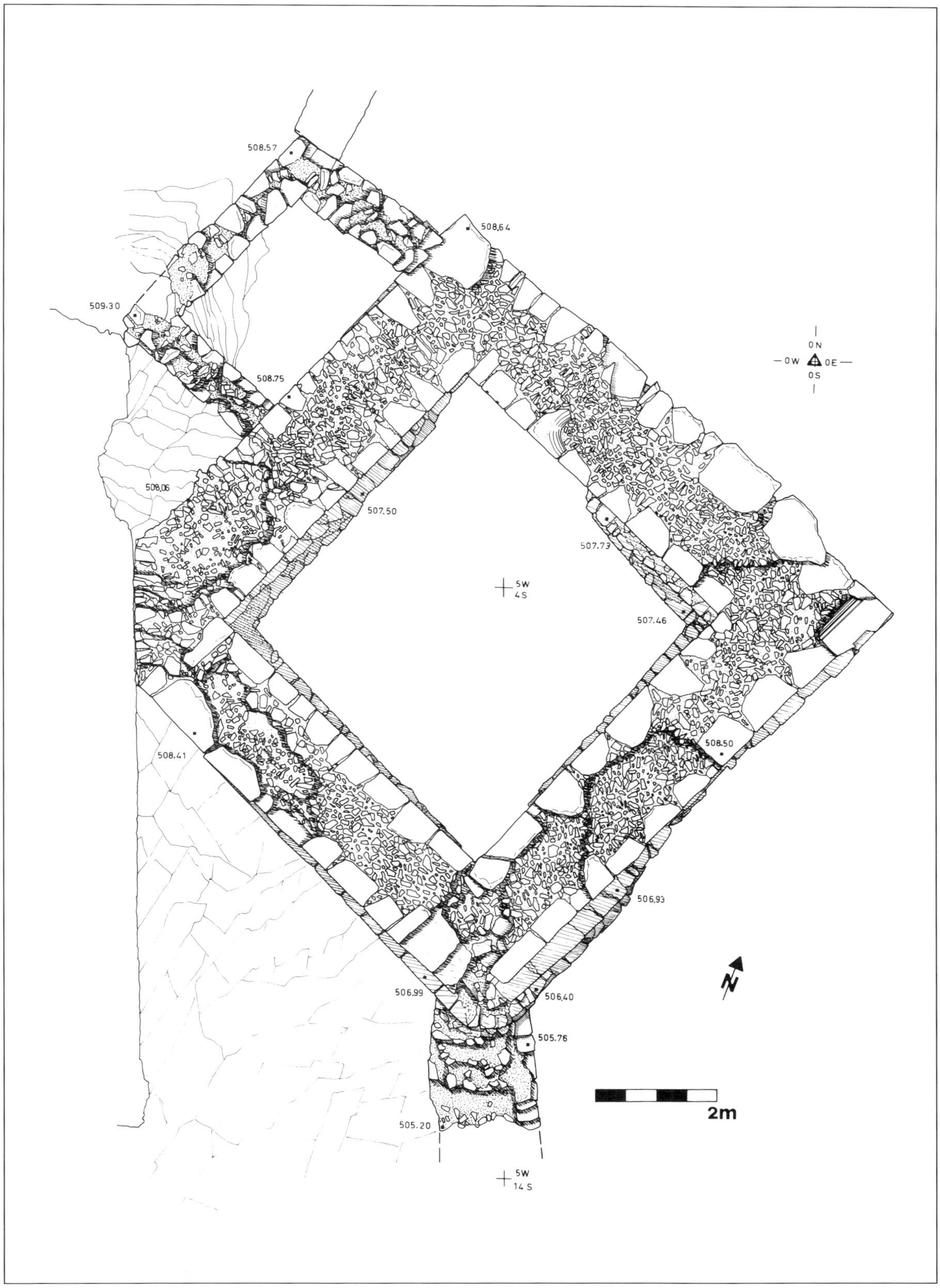

Abb. 6 Habsburg, Kr. Aargau. Ostturm; steingerechter Plan.

Dieser Turm von 9,5 m × 9,2 m Seitenlänge stößt über Eck gestellt an den Kernbau an und sicherte durch seine Ausrichtung vorzüglich die Grabenflanken. Sein 1,9 m breites Mauerwerk besteht aus zwei Schalen großer, etwas grob behauener Kalksteinquader von 45 cm Höhe bis zu 1,2 m Länge. Daneben fanden römische Spolien Verwendung, die man sich wohl in den Ruinen des römischen Legionslagers Vindonissa (Windisch) beschafft hatte. Den Mauerkern bildeten hochkant gestellte Bruchsteine in einer Mörtelpackung.
Im Innern des Turms, unter humosen Geröllschichten (Auffüllung der frühen Neuzeit) und einem verstürzten Lehm-Estrich (wohl der Belag der heruntergestürzten Wehrplattform), lagen zwei durch ein Splittniveau getrennte Kulturschichten, die zahlreiche Tierknochen (Speiseabfälle), Keramikscherben und Münzen des 11. bis 13. Jahrhunderts enthielten. Gestützt auf die Münzfunde konnte der Ostturm und damit auch der Ausbau der Burg (siehe unten) in die Zeit um 1070 datiert werden.

Der Nordturm

An die Nordwestecke des Kernbaus angefügt, kamen in geringer Tiefe die Reste des oben erwähnten Nordturmes zum Vorschein (vgl. Abb. 4). Dieser Bau geht nahtlos in den Nordabschnitt des Hofberings über und darf deshalb – bei Berücksichtigung der allgemeinen baugeschichtlichen Entwicklung der Habsburg – ebenfalls ins letzte Drittel des 11. Jahrhunderts datiert werden.
Im Grundriß beschreibt der Nordturm ein schwach verzogenes Rechteck von 8,5 m × 8,2 m Grundfläche. Seine Mauern, aus kleinen Hausteinen bestehend, übernehmen mit 1,3 m Breite die Stärke des Berings.

Die Funde

Den Hauptanteil der burgenzeitlichen Funde (Abb. 7) machen Tierknochen aus, die als Speiseabfälle in den Boden gelangt waren. Sie stammen – wie auch die übrigen Funde – vorwiegend aus dem Ostturm, seinem Latrinenschacht und dem Kernbau, was ein Schlaglicht auf die hygienischen Verhältnisse wirft, in denen man damals lebte. Leider steht eine Bestimmung dieser Tierknochen noch aus, so daß vorläufig keine Aussagen zur Tierhaltung und zum Speisezettel der Burgbewohner möglich sind. Immerhin sei auf die zahlreichen Geflügelknochen aus dem Ostturm hingewiesen, die von der Beliebtheit schmackhafter »Brathähnchen« und »Hühnerbrühen« zeugen.
Unter den Tierknochen besonders hervorzuheben sind Halbfabrikate und Abfälle handwerklicher Tätigkeit, die einmal mehr für eine Burg des 11. und 12. Jahrhunderts das Bein- und Hornschnitzer-Gewerbe belegen [10]. Überhaupt nahm das Gewerbe, wie neuere Untersuchungen gezeigt haben, neben Viehzucht und Ackerbau nicht selten einen festen Platz in der Wirtschaftsstruktur einer hochmittelalterlichen Burg ein, sei es primär zur Deckung des Eigenbedarfs oder in beschränktem Ausmaß für den Handel [11].
Im Vordergrund der Forschung steht jedoch nach wie vor die zeitliche Einordnung der mittelalterlichen Keramik. Eine auf der Formentwicklung der Topfränder beruhende Chronologie haben W. Meyer [12]

10 J. Tauber, Beinschnitzer auf der Frohburg. Ein Beitrag zur Geschichte eines Handwerks im Mittelalter. In: Festschrift Elisabeth Schmid (1977).

11 P. Frey u. W. Epprecht, Die Eisenschlacken von Freudenau. Ihre wirtschaftliche Bedeutung und Metallkunde. In: Badener Neujahrsblätter 1985 (1985).

12 W. Meyer, Die Burgstelle Rickenbach. Ein archäologischer Beitrag zur Geschichte des Buchsgaus im Hochmittelalter. Jahrbuch für Solothurnische Geschichte 45, 1972. – Ders., Die Burgruine Alt-Wartburg im Kanton Aargau. Bericht über die Forschungen 1966/67. Schweizer Beiträge zur Kulturgeschichte und Archäologie des Mittelalters (1974). – Ders., Burgen von A bis Z. Burgenlexikon der Regio (Basel 1981). – Ders., Salbüel 82. Provisorischer Bericht über die Ausgrabung einer Holzburg im Luzerner Hinterland. Nachr. Schweiz. Burgenverein 12, H. 5, 1982. – Ders., Die Untersuchungen auf der Burgruine Attinghausen. In: Die bösen Türnli. Archäologische Beiträge zur Burgenforschung in der Urschweiz. Schweizer Beiträge zur Kulturgeschichte und Archäologie des Mittelalters

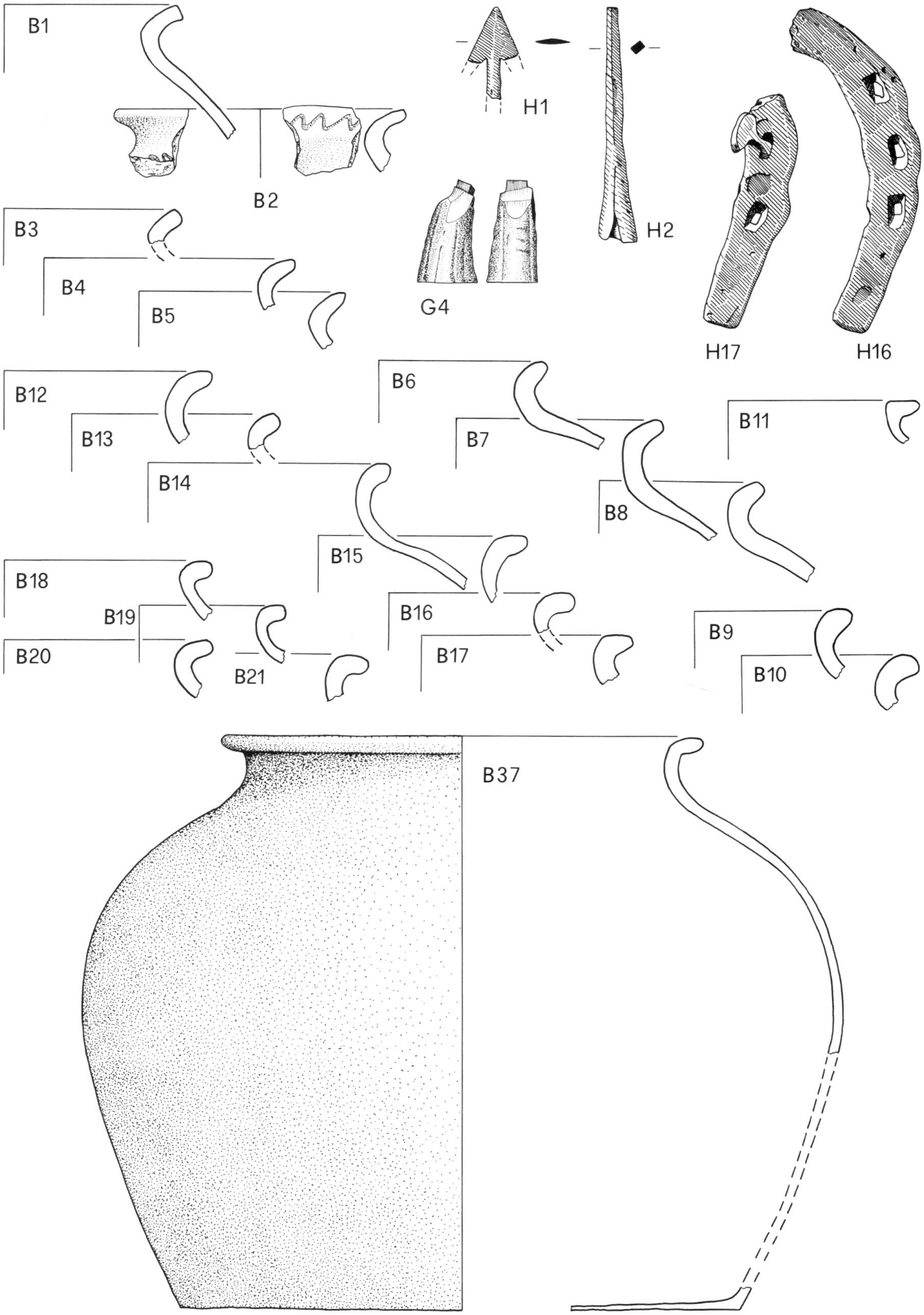

Abb. 7 Habsburg, Kt. Aargau. Auswahl von Kleinfunden des 11. Jahrhunderts (B = Gefäßkeramik; G 4 = Schachfigur aus Hirschgeweih; H = Eisen). – Maßstab B u. H = 1:2; G = 2:3.

und J. Tauber[13] für die Zentral- und Nordwestschweiz erarbeitet. Noch wenig ausgereift ist die Keramikchronologie in der Ostschweiz[14]. Immerhin zeichnen sich dort deutliche Unterschiede zur Nordwestschweiz ab, was die Frage nach der Keramikentwicklung in unserem Raum aufwirft. Die Fundauswertungen der Burgen Böbikon, Tegerfelden und Freudenau erbrachten schwerwiegende Gründe zugunsten der nordwestschweizerischen Chronologie[15]. Die Bestätigung findet sich nun in den Keramikfunden der Habsburg, wo im Bereich Ostturm dank gut stratifizierter, teils münzdatierter Fundkomplexe eine Feinchronologie der Topfränder für die Zeit zwischen 1020/30 und 1100 erarbeitet werden konnte. Generell umfaßt dieser Zeitabschnitt eine Entwicklung, die vom Trichterrand (B1/B2) über schwach ausschwingende Lippenränder (B3–B8) zu verdickten Randlippen (B9–B10) führt.
Allerdings treten die ältesten Randprofile (Trichterränder) der Habsburg erst in Schichten des späteren 11. Jahrhunderts auf, was teils auf Umlagerung der Scherben, teils auf die lange Gebrauchsdauer der Töpfe zurückgeht. So stammen die Trichterränder B1/B2 aus der Latrine des Ostturmes bzw. aus der Abfallschicht am Fuße des südlichen Hofberings.
Aus der motteartigen Aufschüttung, die von späteren Eingriffen verschont blieb, liegen Übergangsformen zum Lippenrand (B3) und schwach ausschwingende Lippenränder (B7/B8) vor, die auch im Latrinenschacht auftreten (B4–B6). Folglich datieren diese Formen aus der Bau- und frühen Benutzungszeit des Ostturmes oder, in Zahlen ausgedrückt, aus der Zeit um 1060/70. Bereits um 1100 – wie die beiden Randprofile (B9/B10) aus der unteren Kulturschicht des Ostturmes bestätigen – tritt eine deutliche Verdickung der Randlippe in Erscheinung.
Obige Entwicklung zusammenfassend, stellen wir fest, daß die Trichterränder im dritten Viertel des 11. Jahrhunderts durch Lippenränder abgelöst wurden, die bereits um 1100 eine Verdickung aufwiesen. Zum gleichen Ergebnis gelangte J. Tauber am Keramikmaterial der Frohburg[16].
Besonders zu erwähnen gilt es die beiden mittelalterlichen Münzen aus dem Ostturm, die für die Datierung der Befunde und Funde größte Bedeutung erlangten. Dabei sind sowohl die Umlaufzeit wie auch die Fundlage der Münzen wichtig.
Dem Bericht von H. U. Geiger entnehmen wir, daß es sich um Prägungen des Fraumünsters Zürich handelt, zu dessen Münzkreis der Aargau zählte. Die vermutlich ältere Münze – aus der unteren Kulturschicht des Ostturmes stammend – datiert Geiger in die Zeit zwischen ca. 1055 und 1100. Auch wenn diese Münze innerhalb der obigen Zeitspanne erst spät in den Boden gelangte, so bestätigt ihre Lage in der obersten Zone der Kulturschicht, daß der Ostturm einige Jahrzehnte früher entstand, was seine Datierung in die Zeit um 1060/70 rechtfertigt.
Bedingt durch ihren fragmentarischen Zustand war die zweite Münze zeitlich nicht genau bestimmbar. Sie kann ins 11. oder 12. Jahrhundert datiert werden und stammt aus dem unteren Abschnitt der oberen Kulturschicht des Ostturmes.

(1984). – Ders., Die Sondierungen und Bauuntersuchungen in der Burgruine Seedorf. In: Die bösen Türnli. Archäologische Beiträge zur Burgenforschung in der Urschweiz. Schweizer Beiträge zur Kulturgeschichte und Archäologie des Mittelalters (1984).

13 J. Tauber, Herd und Ofen im Mittelalter. Untersuchungen zur Kulturgeschichte am archäologischen Material vornehmlich der Nordwestschweiz (9. bis 14. Jahrhundert). Schweizer Beiträge zur Kulturgeschichte und Archäologie des Mittelalters (1980). – Ders., Die Oedenburg bei Wenslingen BL. Vorbericht über die Grabungen 1976–79. Nachr. Schweiz. Burgenverein 12, H. 1, 1982. – Ders., Die Keramikfunde der Riedflue. Nachr. Schweiz. Burgenverein 12, H. 1, 1982.

14 Aus der Ostschweiz liegen Einzeluntersuchungen vor, z. B.: R. Schnyder, Die Schalltöpfe von St. Arbogast in Oberwinterthur. Zeitschr. Schweiz. Arch. u. Kunstgesch. 38, 1981, 266 ff. – J. Schneider, D. Gutscher, H. U. Etter u. J. Hanser, Der Münsterhof in Zürich. Bericht über die Stadtkernforschung 1977/78. Schweizer Beiträge zur Kulturgeschichte und Archäologie des Mittelalters (1982). – D. Gutscher, Schaffhauser Feingerberei im 13. Jahrhundert. Ergebnisse der Grabungen im Areal der Häuser »zum Bogen« und »zum Kronsberg« in der Vorstadt. In: Schaffhauser Beiträge zur Geschichte 61 (1984).

15 Tauber, Herd und Ofen (Anm. 13) 20–22; 43–48. – M. Baumann u. P. Frey, Freudenau im unteren Aaretal. Burganlage und Flußübergang im Mittelalter (1983) 38 ff.

16 Tauber, Herd und Ofen (Anm. 13) 252.

Die bau- und siedlungsgeschichtliche Entwicklung der Burg (Abb. 8)

Um 1020/30 erfolgte die Gründung der Burg durch den Frühhabsburger Radbot. Ihre Entstehung erfolgte im Zuge der inneren Kolonisation des Eigenamtes. Als Rodungsburg im unbesiedelten Land entstanden, kann das Burggut noch heute unschwer in der inselförmigen, durch Wald umgrenzten Feldflur des Dorfes Habsburg erkannt werden.

Aus der Gründungszeit der Habsburg kennen wir vorläufig lediglich den Kernbau im Osten der Anlage. Weitere Gebäude, der Zeit entsprechend kleine, einräumige Holzhäuser[17] für Gesinde, Vieh und Vorräte, sind im Burghof anzunehmen. Die Gesamtanlage dürfte eine Ringmauer aus Trockenmauerwerk umgeben haben, die man vielleicht bereits um die Mitte des 11. Jahrhunderts streckenweise durch Mörtelmauerwerk ersetzte. Wir denken dabei an die früher erwähnte Mauer 17, die sich in der Bauabfolge – zeitlich gesehen – zwischen den Kernbau und den Nordturm einschiebt.

Beim ersten großen Ausbau der Habsburg, um ca. 1070, ersetzte man den alten Bering durch eine neue, im Norden streckenweise über den Grat in den Hang hinaus gebaute Ringmauer mit Torzwinger. In seinem Verlauf berücksichtigt dieser neue Bering bereits den Graben der Hinteren Burg, was den Schluß zuläßt, daß die Anfänge der Hinteren Burg bis ins 11. Jahrhundert zurückreichen. Möglicherweise stammt auch der kleine Turm der Hinteren Burg von diesem Ausbau.

Im Osten entstand damals eine in sich geschlossene Kernburg, die mit dem neu errichteten Ost- und Nordturm bereits monumentale Bauformen annahm[18]. Folglich dürfte die Burg nach wie vor der bevorzugte Wohnsitz der Habsburger gewesen sein. Hierfür spricht – neben dem bemerkenswert großzügigen Ausbau der Anlage – auch der Umstand, daß sich Otto II. (ermordet 1111) um 1100 als erster seiner Familie nach der Habsburg benannte[19].

Vielleicht hatte bereits Otto II., mit Sicherheit aber sein Sohn Werner († 1167), das Grafenamt im Oberelsaß inne[20], was zumindest einen zeitweisen Aufenthalt in jener Gegend nach sich gezogen haben mag. Trotzdem schritt der Ausbau der Habsburg im 12. Jahrhundert weiterhin voran. Im Osten läßt sich allerdings nur eine geringe Bautätigkeit nachweisen (Aufstockung des Kernbaus und Bering im Nordhang), doch dürften nun allmählich die aus Holz gebauten Gesinde- und Ökonomiebauten durch Steinhäuser ersetzt worden sein. Vermutlich noch vor 1200 erbaute man an der Stelle eines allfälligen profanen Vorgängerbaues die zweigeschossige Schloßkapelle[21].

Ein bedeutender Aufstieg der Habsburger ist nach dem Aussterben der Grafen von Lenzburg (1172/73) zu verzeichnen. Aus dem Lenzburger Erbe fielen den Habsburgern das Grafenamt im westlichen Zürichgau und vermutlich auch im Frickgau[22] zu, dann die Vogtei über das Frauenstift Säckingen (ausgenommen dessen Besitzungen in Glarus) und die lenzburgischen Eigengüter im südlichen Aargau und der Innerschweiz[23]. Schließlich übertrug König Philipp seinem Parteigänger Rudolf II. von Habsburg um 1200 das hochbedeutende Grafenamt im Aargau[24]. Dies mag den Ausbau der Habsburg nach Westen bewirkt haben, befand sich doch die Lenzburg als traditioneller Sitz der Aargauer Grafen damals noch in staufischer und der Stein zu Baden in kyburgischer Hand[25]. Diesem Ausbau im frühen

17 Derartige Bauten sind zum Beispiel auf der Frohburg nachgewiesen: W. Meyer, Frohburg. Vorläufiger Bericht über die Forschungen 1973–1977. Nachr. Schweiz. Burgenverein 12, H. 6, 1977, 112ff.

18 In der Regel treten monumentale Bauformen an Burgen erst ab der 2. Hälfte des 12. Jahrhunderts auf.

19 H. Dürst, Rittertum und Hochadel im Aargau (1962) 292.

20 Dürst (Anm. 19) 292.

21 Die Kapelle der Habsburg, eine Filiale der Pfarrei Windisch, war dem hl. Nikolaus geweiht und wird durch die Erwähnung eines Albertus clericus de Habesburg um 1260 erstmals belegt, dürfte aber älter sein. Genannt wird die Kapelle erstmals im Markenbuch des Bistums Konstanz von 1360/70. – Nach Piper scheinen in der Spätromanik zweigeschossige Burgkapellen wie diejenige der Habsburg nicht selten gewesen zu sein. Aus dem Aargau sei auf die Kapelle der Lenzburg verwiesen: Merz (Anm. 2) 33. – O. Pieper, Burgenkunde (Hrsg. W. Meyer; erweit. Aufl. 1967) 536–539. – W. Merz, Die Lenzburg (1904) 147ff.

22 J. Schneider, Die Grafen von Homberg. Genealogische, gütergeschichtliche und politische Aspekte einer süddeutschen Dynastie 11.–14. Jahrhundert. Argovia 89, 1977, 53f.

23 Dürst (Anm. 19) 292.

24 Dürst (Anm. 19) 292.

25 W. Merz, Die mittelalterlichen Burganlagen und Wehrbauten des Kantons Aargau (1906) 93 u. 327–328.

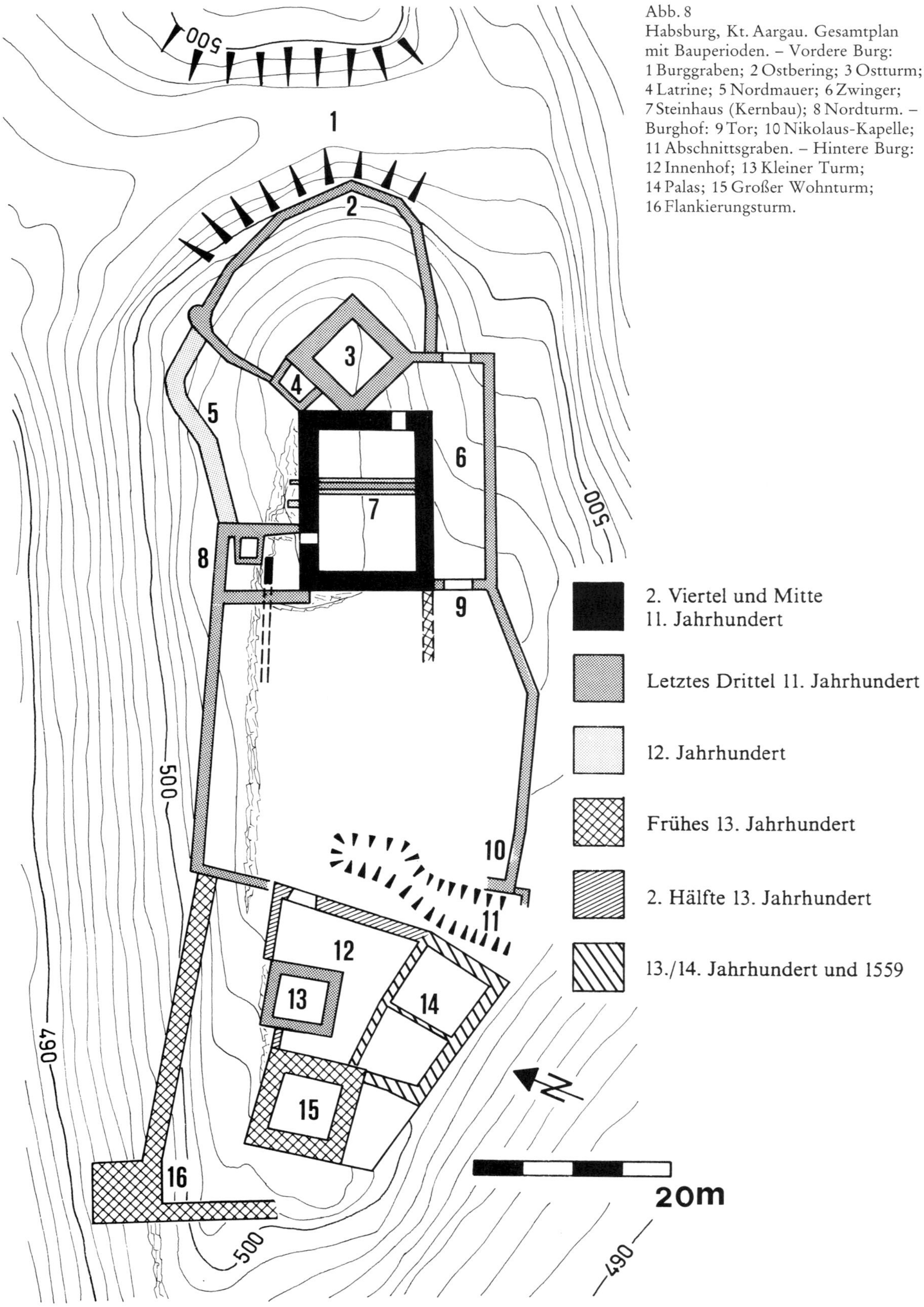

Abb. 8
Habsburg, Kt. Aargau. Gesamtplan mit Bauperioden. – Vordere Burg: 1 Burggraben; 2 Ostbering; 3 Ostturm; 4 Latrine; 5 Nordmauer; 6 Zwinger; 7 Steinhaus (Kernbau); 8 Nordturm. – Burghof: 9 Tor; 10 Nikolaus-Kapelle; 11 Abschnittsgraben. – Hintere Burg: 12 Innenhof; 13 Kleiner Turm; 14 Palas; 15 Großer Wohnturm; 16 Flankierungsturm.

13. Jahrhundert gehören die Ringmauererweiterung gegen Westen und der große Wohnturm der Hinteren Burg an. Ihr Megalithmauerwerk entspricht der damals in unserer Gegend weit verbreiteten Bauweise, erscheint jedoch im Vergleich zu den frühen Bauten eher provinziell.

Versuch einer typologischen Einordnung der frühen Bauten

Der Kernbau besticht für seine Entstehungszeit um 1030 durch die Größe seiner Grundfläche und die Mauerstärke. Zeitgenössische Bauten vergleichbarer Dimensionen finden sich in Frankreich und vereinzelt in Deutschland, nicht aber in unserem Raum (Abb. 9). Unter ersteren sei auf den »Donjon« von Langeais, Dép. Indre-et-Loire (entstanden um 1010) verwiesen, der neuerdings nicht mehr als Turm, sondern als mehrgeschossiges, repräsentatives Steinhaus bzw. »domicilium« gilt[26]. Ein weiteres besonders großflächiges Bauwerk dieser Art hat M. de Bouard in Doué-la-Fontaine, Dép. Maine-et-Loire (9. Jahrhundert) untersucht. Dieser zweigeschossige, später aufgestockte Bau mit ebenerdigem Eingang wird in Anlehnung an eine entsprechende Überlieferung in Angers von de Bouard als »aula« bezeichnet. In Blois wird offenbar ein gleichartiger Bau »palatium« genannt[27].
Allen diesen Bauten – wie immer man sie benennen will – war gemeinsam, daß sie bei rechteckigem Grundriß eine vertikale Raumeinteilung besaßen und folglich dem Bautyp des Saalgeschoßhauses angehörten, was auch für den Kernbau der Habsburg gilt. Im Frühmittelalter entstanden, bildete das Saalgeschoßhaus in Südeuropa den Normaltyp des städtischen Adelshauses. Es handelte sich dabei um einen mehrgeschossigen Steinbau über rechteckigem Grundriß, dessen Stockwerke meist nur aus je einem saalartigen Raum bestanden[28].
Die oben angeführten Beispiele aus mittelalterlichen Burgen unterscheiden sich von städtischen Saalgeschoßhäusern durch ihren besonders wehrhaften Charakter, der in den dicken Mauern zum Ausdruck kommt. Das Saalgeschoßhaus früher Burgen ist somit ein wehrhaft-repräsentatives Steinhaus mediterraner Herkunft. In diese Kategorie sind meines Erachtens auch die in der Literatur als Türme bezeichneten Steinbauten von Düren, Kr. Saarlouis (10./11. Jahrhundert) und Querfurt (10./11. Jahrhundert) zu verweisen[29]. Das gleiche gilt in unserem Raum neuestens für die Burg Altenberg und für den Palas der Lenzburg, der allerdings erst um 1100 entstand und als viergeschossiger, 18 m hoher Steinbau mit Hocheingang und Wehrplattform bereits eine Übergangsform zum Wohnturm mit rechteckigem Grundriß bildet[30].
Der Kernbau der Habsburg gehört somit zu einer kleinen Gruppe wehrhafter Saalgeschoßhäuser, die im Burgenbau als Vorläufer des Wohnturmes auftreten. Mit ihrer weiten Streuung dokumentieren sie die Bedeutung der Erbauer und deren weitreichenden Verbindungen.
In diesem Zusammenhang taucht die Frage auf, inwiefern Bischof Werner von Straßburg (1028), der Schwager des Burgengründers Radbot, am Bau der Habsburg beteiligt gewesen war. In seinem angeblichen Testament[31] wird Bischof Werner nämlich ausdrücklich als Gründer der Habsburg bezeichnet. Auch wenn es sich bei diesem Testament um eine Fälschung von 1086 handelt, dürfte diese zum Teil einen wahren Kern beinhalten, denn der Enkel von Radbot, der an der Fälschung mitwirkte, hätte kaum einen völlig unbeteiligten, wenn auch wichtigen Verwandten als Gründer der Stammburg akzeptiert. Allerdings glauben wir nicht, daß Bischof Werner tatsächlich die Habsburg gegründet hat. Vielmehr wird er, als welterfahrener Politiker und Diplomat über weitreichende Verbindungen verfügend, seinem Schwager die Bauleute bzw. den Baumeister vermittelt haben.
Fremdeinflüsse sind auch am Ostturm festzustellen, dessen Mauerwerk aus großen Quadersteinen für das 11. Jahrhundert im Burgenbau unserer Gegend beispiellos ist. Es muß folglich mit einem speziell für

26 H. Hinz, Motte und Donjon. Zeitschrift für Archäologie des Mittelalters, Beih. 1 (1981) 78.
27 Hinz (Anm. 26) 78.
28 W. Müller u. G. Vogel, dtv-Atlas zur Baukunst 2. Baugeschichte von der Romanik bis zur Gegenwart (1981) 345.
29 Hinz (Anm. 26) 85; 88.
30 P. Frey, Palas und Südtor der Lenzburg. Lenzburger Neujahrsblätter 1987, 167.
31 P. M. Kiem, Acta Murensia. In: Quellen zur Schweizer Geschichte III (1883).

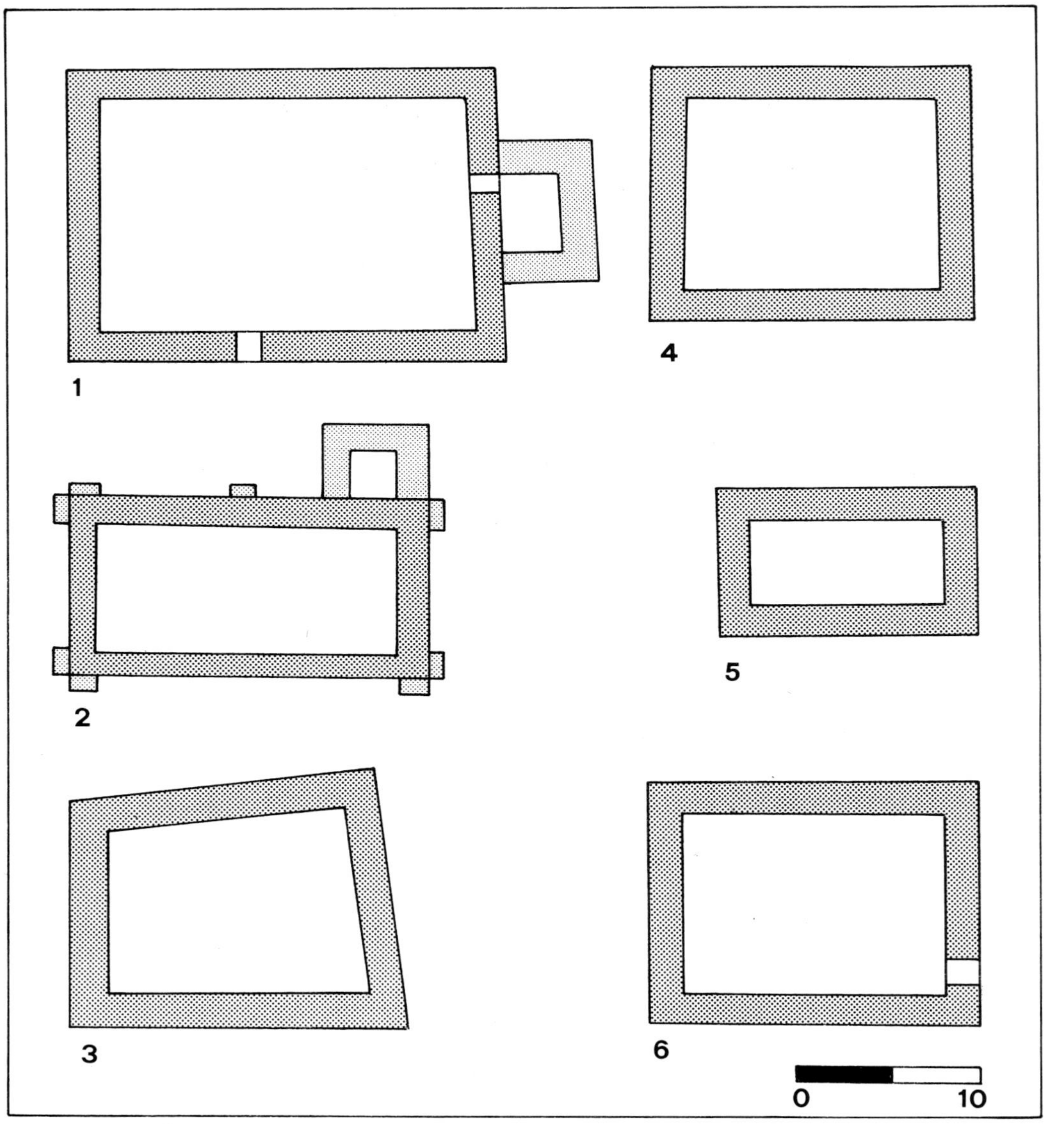

Abb. 9 Wehrkraft-repräsentative Saalgeschoßhäuser: 1 Doué-la-Fontaine. – 2 Langeais. – 3 Düren. – 4 Querfurt. – 5 Lenzburg (Palas). – 6 Habsburg (Kernbau).

den Bau dieses Turmes angeworbenen Bautrupp gerechnet werden, der mit der Bautechnik im west- und südeuropäischen Raum zumindest oberflächlich vertraut war. Tatsächlich unterscheidet sich der Mauermörtel des Ostturmes deutlich vom Mörtel der übrigen gleichzeitig errichteten Bauten, was obige Folgerung bestätigt. Im übrigen entsprechen Grundfläche und Mauerstärke recht gut den damals in unserem Raum aufkommenden Wohntürmen (Abb. 10), was – zumindest für die Mauerstärke – auch auf den Nordturm zutrifft. Diesen verstehen wir weniger als Turm im Sinne des Wortes, sondern vielmehr als turmartigen Annex des Kernbaus, was seine Parallelen in den sekundär angefügten »Treppentürmen« von Langeais, Dép. Indre-et-Loire und Doué-la-Fontaine, Dép. Maine-et-Loire, aber auch im Osttrakt der ottonischen Pfalz von Zürich findet[32].

32 E. Vogt, Der Lindenhof in Zürich. Zwölf Jahrhunderte Stadtgeschichte auf Grund der Ausgrabungen 1937/38 (1948) 90ff.

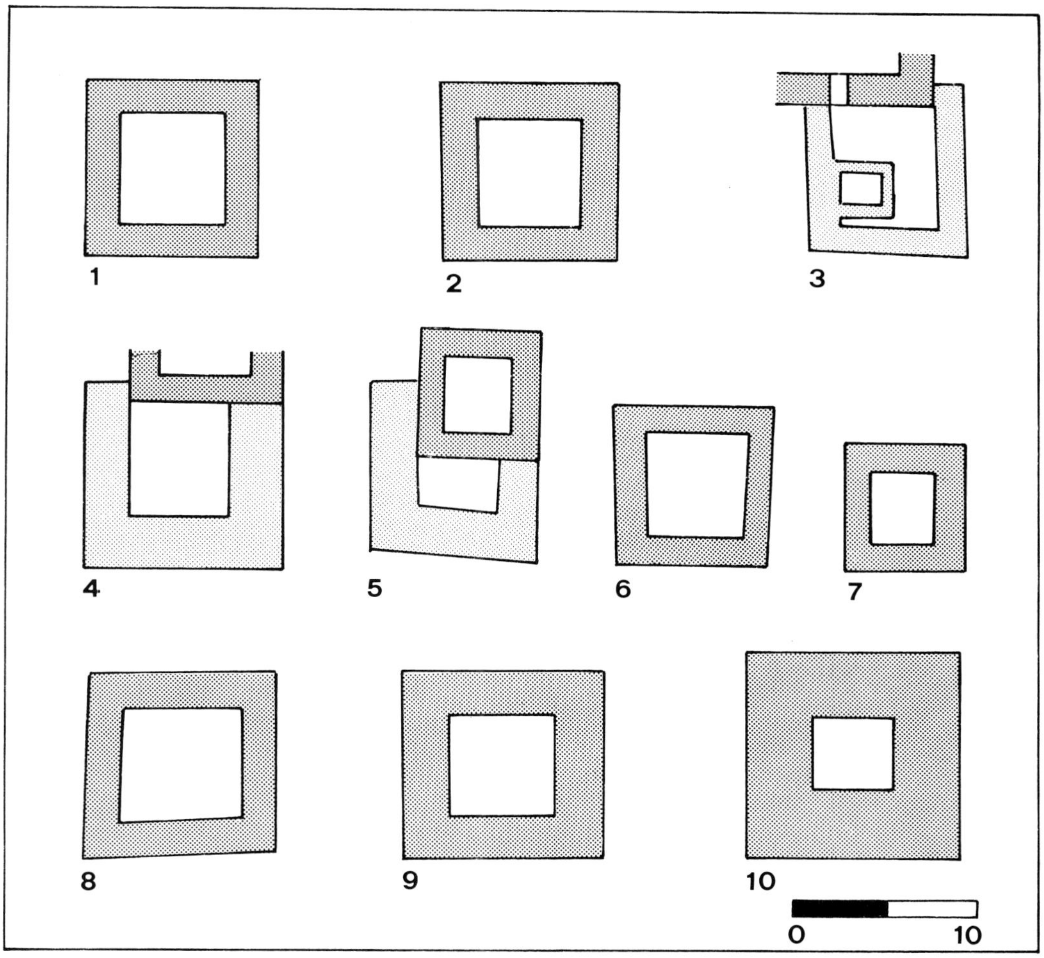

Abb. 10 Türme: 1 Rickenbach. – 2 Habsburg–Ostturm. – 3 Habsburg–Nordturm. – 4 Lenzburg–Südturm. – 5 Pfalzburg–Zürich. – 6 Nivagel–Steinhaus. – 7 Habsburg–Kleiner Turm. – 8 Habsburg–Megalithturm. – 9 Freudenau–Megalithturm. – 10 Aarau Schlössli–Megalithturm.

Der kleine Turm der Hinteren Burg kann bei seiner bescheidenen Grundfläche (7,5 m × 7 m) und Mauerstärke (im Obergeschoß lediglich 0,8 m bis 1 m) in die Gruppe der wehrhaft-repräsentativen Steinhäuser (Turmhäuser) des 11. und 12. Jahrhunderts eingeordnet werden. Als vergleichbare Bauten sei auf das Steinhaus von Nivagel im Kt. Graubünden (11. Jahrhundert), aber auch auf den älteren Turm der Pfalzburg von Zürich (11. Jahrhundert) verwiesen[33].

Die frühen Befestigungseinrichtungen

Über die frühen Befestigungsmaßnahmen sind wir, abgesehen vom Kernbau, auf Vermutungen angewiesen. Naheliegend erscheint, daß eine Palisade – oder eher eine Trockenmauer – die Gesamtanlage umgab. Um die Mitte des 11. Jahrhunderts dürfte man diesen mutmaßlichen Bering – zumindest streckenweise – durch eine Mörtelmauer (M17) von lediglich einem Meter Breite ersetzt haben.

33 W. Meyer, Nivagel GR. Provisorischer Bericht über die Sondiergrabung 1980. Nachr. Schweiz. Burgenverein 11, H. 5, 1980, 98 ff. – Vogt (Anm. 32) 105 ff.

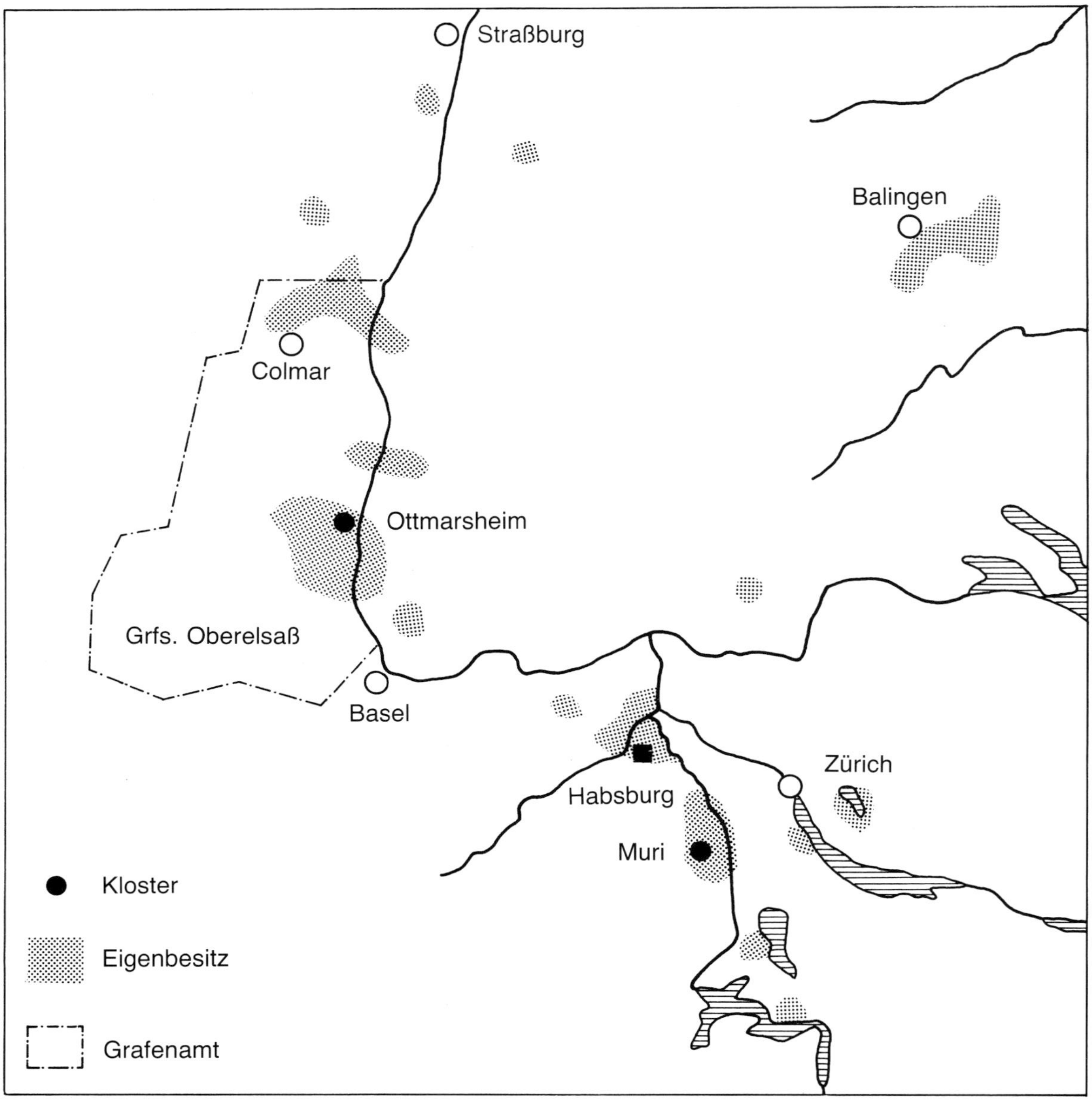

Abb. 12 Besitz der Habsburger um 1100.

Besonders hervorzuheben ist auch der Kernbau aus der Gründungszeit der Habsburg. Wie wir oben dargelegt haben, zählt er zu einer kleinen, weit gestreuten Gruppe wehrhaft-repräsentativer Saalgeschoßhäuser, die – soweit möglich – besonders bedeutenden Dynastien zugewiesen werden können[45]. Auf der Lenzburg, dem Sitz der Grafen des Aargaus, entstand ein derartiges Bauwerk erst 80 Jahre nach der Errichtung des Kernbaus der Habsburg, was die Bedeutung des Burgengründers Radbot unterstreicht.

In diesem Zusammenhang gilt es auf die Frühhabsburger einzugehen. Der in den Acta Murensia als Stammvater der Familie bezeichnete Guntram der Reiche wird mit einem gleichnamigen Grafen im elsässischen Nordgau identifiziert. Trifft dies zu, so stammen die Habsburger von der fränkischen Herzogsfamilie der Etichonen ab. Indessen ist diese Abstammung nicht unbestritten geblieben, wird heute aber mehrheitlich akzeptiert. Fest steht, daß die Habsburger – die Quellen reichen bis ins

11. Jahrhundert zurück – sowohl im Elsaß und im Breisgau wie auch im Aargau, Zürichgau und Frickgau über umfangreichen Streubesitz verfügten (Abb. 12), der unter die Brüder Radbot und Rudolf, den Enkeln Guntrams, geteilt wurde. Rudolf erhielt die Güter im Breisgau, Elsaß und Frickgau, Radbot die Besitzungen im Aargau und Zürichgau. Als wichtigstes Zentrum im Aargau ist das habsburgische Eigen zwischen Aare, Reuss und Kestenberg zu nennen, wo Radbot um 1020/30 die Habsburg erbaute. Eine weitere Güterkonzentration ist im unteren Reusstal im Raume Bremgarten faßbar. Von hier aus läßt sich bereits für Kanzelin, den Vater Radbots, ein Ausbau der Grundherrschaft im oberen Freiamt (Muri) feststellen.

Daß die beiden Brüder Rudolf und Radbot in ihrem Gebiet zu den mächtigsten Grundherren gehörten, geht zudem aus der Stiftung der Klöster Muri (1027 durch Radbot) und Ottmarsheim (um 1030 durch Rudolf) hervor. Besonders die Klosterkirche von Ottmarsheim, ein der Pfalzkapelle von Aachen nachempfundener Zentralbau, unterstreicht die hohe Stellung, die die Familie für sich in Anspruch nahm[46]. Noch deutlicher hervorgehoben wird die große Bedeutung der Frühhabsburger durch Radbots Heirat mit Ita von Lothringen, die sowohl väterlicher- wie mütterlicherseits von Karl dem Großen abstammte und zudem eine Nichte von Hugo Capet, dem Begründer des französischen Herrscherhauses, sowie eine Tante des späteren Gegenkönigs Rudolf von Rheinfelden war[47].

Die Gründung der Habsburg in historischen Quellen

In seinem angeblichen Testament, einer Fälschung aus den Jahren um 1080, wird Bischof Werner von Straßburg als Gründer der Habsburg bezeichnet. Wie wir oben dargelegt haben, ist seine Mithilfe am Bau der Burg nicht auszuschließen; als Gründer der Burg kommt Werner jedoch nicht in Betracht. Immerhin ergibt sich aus dem Testament ein Hinweis auf die Entstehungszeit der Burg, mit deren Bau wohl noch zu Lebzeiten Bischof Werners († 1028) begonnen wurde. Weitere Hinweise können aus den Acta Murensia gezogen werden[48]. Wie dort geschildert wird, nahm Radbot nach dem Tode seines Vaters Kanzelin von Altenburg[49] in Muri Wohnsitz. Die Fehde, die zwischen Radbot und seinem Bruder Rudolf um den Besitz von Muri entbrannte und zur Zerstörung des dortigen Herrenhofes (curtis) führte, könnte für Radbot den Anstoß zum Bau der Habsburg gegeben haben. Übertrug er vielleicht deshalb Muri seiner Gattin Ita als Morgengabe? Wir wissen es nicht, denn in den Acta ist von der Habsburg nie die Rede. Naheliegender erscheint, daß Radbot im Zusammenhang mit der Stiftung des Klosters Muri (1027), die eine Verlegung des Wohnsitzes nach sich zog, die Habsburg gründete. Bedenkt man die chronologische Abfolge der Ereignisse in Muri – Fehde um 1020/25, Heirat mit Ita von Lothringen und Klosterstiftung um 1027 –, so darf die Gründung der Habsburg um 1020/30 als gesichert gelten.

Nach Merz soll die Habsburg um 1020 als militärischer Stützpunkt von Radbot und Bischof Werner anläßlich der Kämpfe des Reiches und der alemannischen Großen gegen Burgund gebaut worden sein[50].

45 Als Erbauer von Langeais/Indre-et-Loire gilt Foulque Nerra, Graf von Anjou (972–1040). Querfurt ist möglicherweise eine Gründung von Erzbischof Bruno von Köln (925–965), dem Bruder Kaiser Ottos I. – Hinz (Anm. 26) 78; 85.

46 Die 1049 von Papst Leo IX. geweihte Klosterkirche, ein achteckiger Zentralbau, ist sehr eng an ihr Vorbild Aachen angelehnt und trägt auch deren Marienpatrozinium. Wie Aachen, die Grabstätte Karls des Großen, diente Ottmarsheim ihrem Stifter Rudolf als Begräbniskirche. Schließlich sollten Rudolfs Nachfolger hier, wie die deutsch-römischen Könige in Aachen, ihre Investitur erhalten. Damit übernahm die Klosterkirche von Ottmarsheim symbolisch die Funktion der Krönungskirche von Aachen. – Himmelspach, Ottmarsheim. Kunstführer.

47 Die Verwandtschaft von Ita mit Dietrich von Lothringen wird allerdings bezweifelt. Wir halten uns in diesem Zusammenhang an die Acta Murensia, die nach wie vor die wichtigste Quelle zur Genealogie der Frühhabsburger bilden.

48 P. M. Kiem, Acta Murensia; Acta Fundationis. In: Quellen zur Schweizer Geschichte III (1883).

49 Die Bezeichnung »von Altenburg« für Kanzelin wird von einigen Historikern auf seinen mutmaßlichen Wohnsitz im gleichnamigen römischen Flußkastell bei Brugg bezogen.

50 Merz (Anm. 25) 199.

Diese Meinung ist grundsätzlich abzulehnen, denn erstens lag die Burg weit im Hinterland, zweitens kommt eine Sperrfunktion der Straßen, wie Merz vermeinte, bei ihrer Lage nicht in Betracht, und drittens hat die neuere Forschung klar gezeigt, daß alle frühen Adelsburgen in unserem Lande außerhalb der alten Siedlungszone auf Rodungsland liegen und folglich als Herrschaftszentrum im Zuge des hochmittelalterlichen Landausbaus entstanden sind[51]. Letzteres trifft auch auf die Habsburg zu, die inmitten einer ausgedehnten Rodungszone liegt. Die weiter oben angeführten Ereignisse, die uns die Gründung der Habsburg in die Zeit um 1020/30 datieren lassen, gaben lediglich den Anstoß zur Gründung der Burg; der tiefere Grund zu ihrem Bau ist eher im Landausbau und im Herrschaftsanspruch des Gründers zu sehen.

51 Dies gilt für die bereits früh als »castra« bezeichneten Adelsburgen, während die in Dorfnähe gelegenen Adelssitze vor dem 12. Jh. stets als »curtes« umschrieben werden. – Meyer (Anm. 35) 76.

MARTIN KRENN

VORBERICHT ZU DEN UNTERSUCHUNGEN IN DER BURGANLAGE VON SACHSENDORF, NIEDERÖSTERREICH

Einleitung

Dieser Bericht soll die in den Jahren 1987 bis 1989 erfolgten Untersuchungen in der Burganlage von Sachsendorf vorstellen und einen ersten Einblick in die vorläufigen Ergebnisse geben. Da die Grabungen bei weitem noch nicht abgeschlossen sind und das Fundmaterial der ersten drei Kampagnen nicht vollständig ausgewertet ist, müssen Änderungen vorbehalten bleiben.

Der Ort Sachsendorf (Marktgemeinde Burgschleinitz-Kühnring, Verwaltungsbezirk Horn, Niederösterreich) liegt auf dem Rücken des Manhartsberges, der das Wein- vom Waldviertel trennt. Das Dorf ist etwa sieben Kilometer südwestlich von Eggenburg in eine sanfte, aber sehr feuchte Senke eingebettet, die durch einen kleinen Bach gespeist wird, welcher in der Flur »Im See« entspringt (Abb. 1).

Die Burg selbst liegt am westlichen Rand des Ortes am tiefsten Punkt der Senke. Es handelt sich bei der Anlage um eine Wasserburg, von der ein Teil des Wohnturmes und ein quadratischer Erdwall oberflächig erhalten sind. Die Innenfläche mit dem Wall bedeckt etwa 3600 Quadratmeter. Umgeben ist die Anlage von einem 10 m breiten Graben, der heute fast völlig zugeschüttet ist. In diesen springen aus dem Wall vier runde Bastionen vor, in und auf denen Wehrtürme gestanden haben. Der gewölbte Zugang des südlichen Wehrturmes ist noch erhalten (Abb. 2). Der Erhaltungszustand der Burg ist aus archäologischer Sicht hervorragend, da sie nach ihrer Zerstörung 1482 weder überbaut noch einer anderen Nutzung zugeführt wurde. Die meisten anderen kleinen Anlagen am Manhartsberg (Abb. 3) wurden komplett geschliffen (Buttendorf), als Schlösser oder Bauernhöfe weiter verwendet (Harmannsdorf, Loibersdorf) oder in Friedhöfe umgewandelt (Kühnring)[1].

Nach einer Katalogisierung der mittelalterlichen Wehranlagen im Kamptalbereich im Rahmen eines Forschungsprojektes von Univ. Prof. Dr. Herwig Friesinger wurde Sachsendorf für archäologische Arbeiten ausgewählt, da die Burg im besonderen Maße zur Klärung verschiedener Fragestellungen geeignet schien. So bestand vorrangig Interesse an gut stratifiziertem Keramikmaterial und an einer besseren Kenntnis kleiner und mittelgroßer Wehranlagen in Niederösterreich. Diese Fragestellungen resultierten aus einem Mangel an vollständig untersuchten mittelalterlichen Burgen oder Siedlungen in Österreich.

Mit den Grabungen wurde im April 1987 begonnen. Die erste Kampagne dauerte etwa 10 Wochen. Dabei wurde ein 33 × 2 m langer, Nord-Süd orientierter Testschnitt durch die Kernfläche geführt und ein zweiter Schnitt im nördlichen Wehrturm angelegt. In beiden Schnitten waren die Befunde derart vielversprechend, daß 1988 mit einer flächigen Untersuchung der Anlage begonnen worden ist (Abb. 4). Diese Kampagne nahm einen Zeitraum von drei Monaten in Anspruch. In Schnitt III wurde östlich des Wohnturmes eine romanische Kapelle freigelegt, Schnitt IV führte nordwestlich des Wohnturmes durch den Nordwall. Im Jahre 1989 wurde der größte Teil der Fläche nördlich der Kapelle (Schnitte VI–IX) ergraben und das Innere des Wohnturmes (Schnitt V) freigelegt. Es konnte rund um die Kapelle ein Friedhof mit derzeit 136 Gräbern freigelegt werden, an den westlich ein großer Steinbau in den Schnitten VIII und IX anschloß. Unter der Kapelle und dem Friedhof fand sich ein steinerner Vorgängerbau der Burg von 8,7 × 7,5 m Ausdehnung, dessen Mauern eine Stärke von ca. 1,5 m besaßen.

1 M. Krenn u. S. Renhart, Sachsendorf – Untersuchung eines mittelalterlichen Herrensitzes am Manhartsberg. In: B. Gaspar, Aus der Vergangenheit unserer Gemeinde (Festschrift Burgschleinitz; 1988) 91 ff.

GEOLOGISCHE KARTENSKIZZE DER GEMEINDE BURGSCHLEINITZ-KÜHNRING

(HUMUSSCHICHT NICHT DARGESTELLT)

FRITZ F. STEININGER / INSTITUT FÜR PALÄONTOLOGIE DER UNIVERSITÄT WIEN

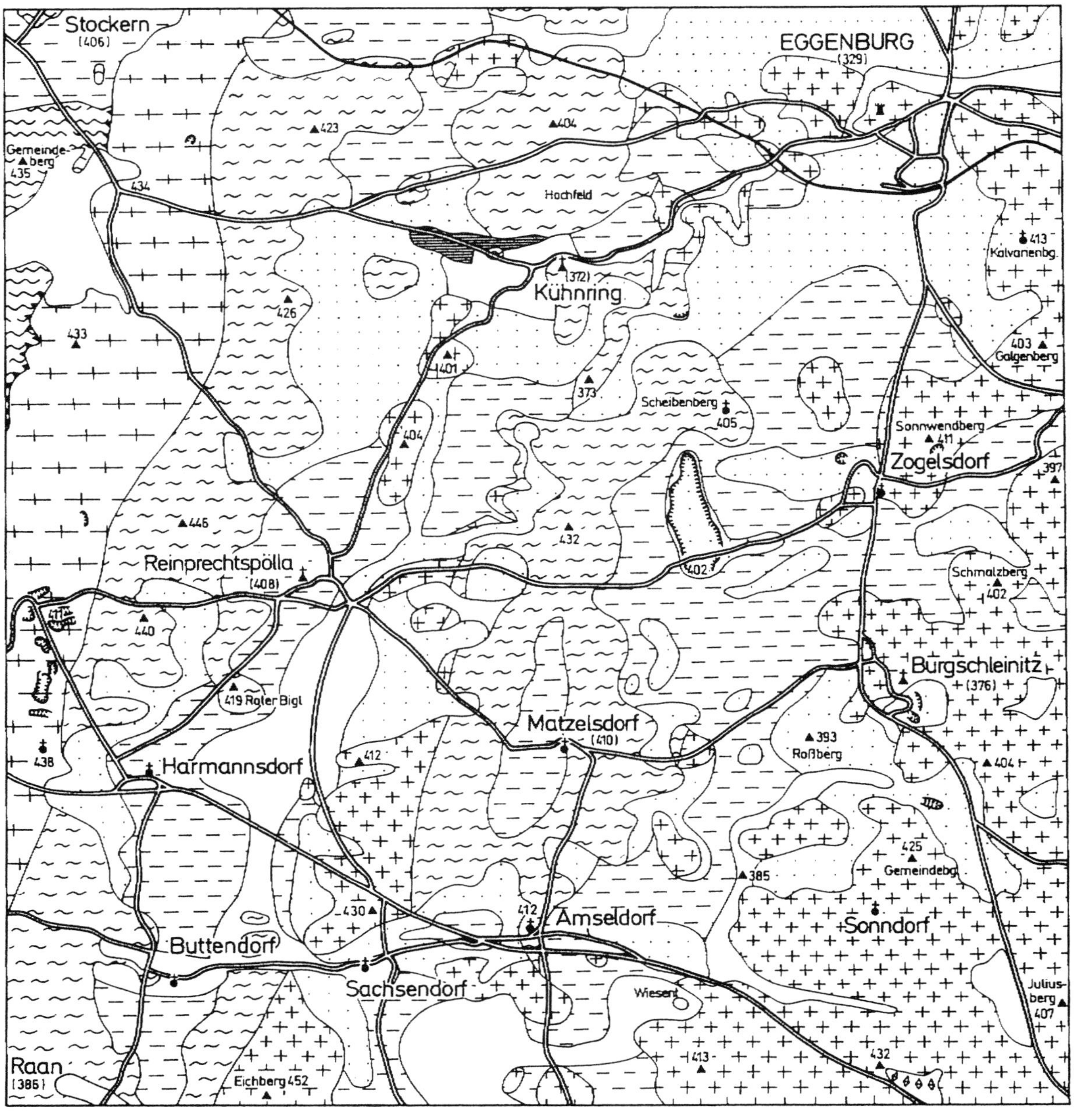

Zeichenerklärung:

Moldanubische Gesteine:

- Glimmerschiefer

Moravische Gesteine:

- Bittescher Gneis
- Glimmerschiefer, Marmore, Quarzite und Paragneise
- Maissauer Granit

Tertiäre und Quartäre Gesteine:

- nichtmarine Tone des Oligozäns („Letten", „Tachert")
- marine Tone, Sande und Kalke d. Unter-Miozäns (Eggenburgien)
- Lösse und Paläoböden des Quartärs
- junge Boden- und Humusschichten

Maßstab in Kilometer: 0 1 2 3

- Überschiebungslinie des Moldanubikums über das Moravikum
- Amethystader von Maissau
- Steinbrüche und Sandgruben

Besondere Schwierigkeiten während der Grabung ergaben sich durch Wassereinbrüche in den unteren Schichten und durch sehr lockeres Schuttmaterial in den Profilen. Aus diesen Gründen konnte ein unter dem Wall liegender, älterer Wassergraben nicht – wie geplant – vollständig dokumentiert werden. Für die Jahre 1990 und 1991 sind Untersuchungen in der Kernfläche und dem Eingangsbereich geplant. Eine komplette archäologische Aufnahme der Burg wird angestrebt.
Im Folgenden sollen die bis jetzt klar erkennbaren Bauphasen vorgestellt werden. Eine spätere Aufarbeitung wird in Einzelbereichen sicherlich Verschiebungen der Akzente bringen. Es sei auch darauf hingewiesen, daß die derzeit untersuchte Fläche erst etwa ein Drittel des Kernbereiches ausmacht.

Schriftliche Quellen[2]

Die erste Nennung eines Herren von Sachsendorf fällt in die Zeit zwischen 1180–1185. Hier wird ein Alhart de Sassendorf als Zeuge in einer Urkunde Hadmars II. von Kuenring genannt. Dieser Alhart wird noch einmal im Jahr 1196 in einer Urkunde des Klosters Wilhering angeführt.
1230 oder 1248 wird ein Ulrich von Sachsendorf in einer Zwettler Urkunde erwähnt. Er erhält vom Kloster Zwettl Zehentzahlungen von dessen Besitzungen in Sitzendorf. 1249 wird dieser Ulrich ein zweites Mal genannt. In dieser Urkunde bestätigt Hadmar von Kuenring, Marschall von Österreich, daß ihm über sein Ersuchen Konrad, Bischof von Freising, verschiedene Silbergeräte geliehen hat, wofür er sein Gut in »Urleigsdorf« verpfändet und verspricht, frei von List und Trug bis zur nächsten Sonnenwende alles zurückzustellen und, falls er dies nicht tun sollte, persönlich ebenso wie Engelschalk von Königsbrunn, Ulrich von Sachsendorf, Konrad von Kuenring und Friedrich, Engelschalks Sohn, nach der Stadt Passau zu kommen und dort als Bürgen so lange zu bleiben, bis dem Bischof alles ersetzt sei. Ein Ulrich von Sachsendorf wird auch im »Frauendienst« des Ulrich von Lichtenstein genannt. Dieser traf ihn 1240 bei seiner Reise nach Wiener Neustadt im Gefolge Herzog Friedrichs II. Daß dieser Ulrich von Sachsendorf mit dem Minnesänger »Der von Sachsendorf« aus der Manessischen Liederhandschrift identisch ist, wäre möglich.
1260 fällt nach dem Tod Rapotos von Schönberg ein Drittel Zehent von Sachsendorf an Passau zurück. 1293 und 1340 wird bei Zeugennennungen ein Ulrich, Zink von Sachsendorf, erwähnt. Die Familie der Zinken ist seit den achtziger Jahren des 13. Jahrhunderts im Gebiet des Manhartsberges bekannt. In der ersten Hälfte des 14. Jahrhunderts wird in einem Pfründenverzeichnis von Passau eine Benefiziatsstiftung bei Sachsendorf erwähnt. In der zweiten Hälfte dieses Jahrhunderts dürfte Niklas Pillung von St. Gilgenberg, der Hofmeister Herzog Albrechts III. von Österreich, im Besitz von Sachsendorf gewesen sein. 1430 fällt die Feste Sachsendorf an Konrad von Kreig, Hofmeister und Hauptmann in Kärnten. 1453 verkauften die Brüder Jörg und Wolfgang Wolfenreuter mit Zustimmung König Ladislaus als Lehensherr ein Drittel Zehent zu Sachsendorf auf der Feste und den Bauernhof an Ulrich von Eitzing. 1475 verkauft Wilhelm von Missingdorf die Feste den Brüdern Bernhard und Wiguleus, den Fellabrunnern zu Losensteinleiten. 1478 verwüstet der unbezahlte ungarische Hauptmann Zeleny trotz des Friedens von Klosterneuburg vom 1. Dezember 1477 zwischen Kaiser Friedrich III. und König Matthias von Ungarn den Ort. 1481 wird Sachsendorf vom ungarischen Söldnerführer Wenzel Martinksy erobert. Im darauffolgenden Jahr gelang den kaiserlichen Truppen unter der Führung des Hauptmanns von Eggenburg die Rückeroberung der Burg Sachsendorf. In demselben Jahr – 1482 – versprach Kaiser Friedrich III. dem Besitzer von Maissau, Georg von Eckartsau, daß die Burg nur mehr mit seiner Zustimmung wieder aufgebaut werden dürfe, was anscheinend nicht mehr geschah, da Sachsendorf ab diesem Zeitpunkt als öder Sitz genannt wird.

◁ Abb. 1
Gemeinde Burgschleinitz-Kühnring, Niederösterreich.
Geologische Übersicht.

2 Historische Bearbeitung nach B. Grohs, Wien. – E. Kranner, Ulrich von Sachsendorf. Ein höfischer Minnesänger im babenbergischen Österreich (1977).

Abb. 2 Burg Sachsendorf/NÖ. Luftbild, Blick von Osten (Freigabenummer: 13088/034-1.6/90).

Befunde

Phase 1: Erste Holzbauphase (Abb. 5)

In der untersten Schicht fanden sich Reste einer ältesten Siedlungs- oder Burgbauphase, die ausschließlich – soweit dies in der untersuchten Fläche beobachtet werden konnte – aus Holzbauten bestand. Im Bereich der Schnitte VI und VII lassen sich die Befunde derzeit noch nicht zu Hütten oder ähnlichen Konstruktionen verbinden, da es hier zu tiefgreifenden Störungen durch spätere Bebauungen gekommen ist. Klar dieser Phase zuzuordnen ist der in den gewachsenen Boden eingetiefte Ofen 1. Dabei handelt es sich um einen Kuppelofen mit etwa 80 cm Durchmesser, dessen Ofenplatte mit Bruchsteinen ausgelegt war, und der zum Teil durch spätere Bauteile zerstört worden ist. Die Erde im Kuppelbereich war durchschnittlich 5 cm gebrannt. Südlich der Kapelle in Schnitt I konnte ein Teil eines Grubenhauses von

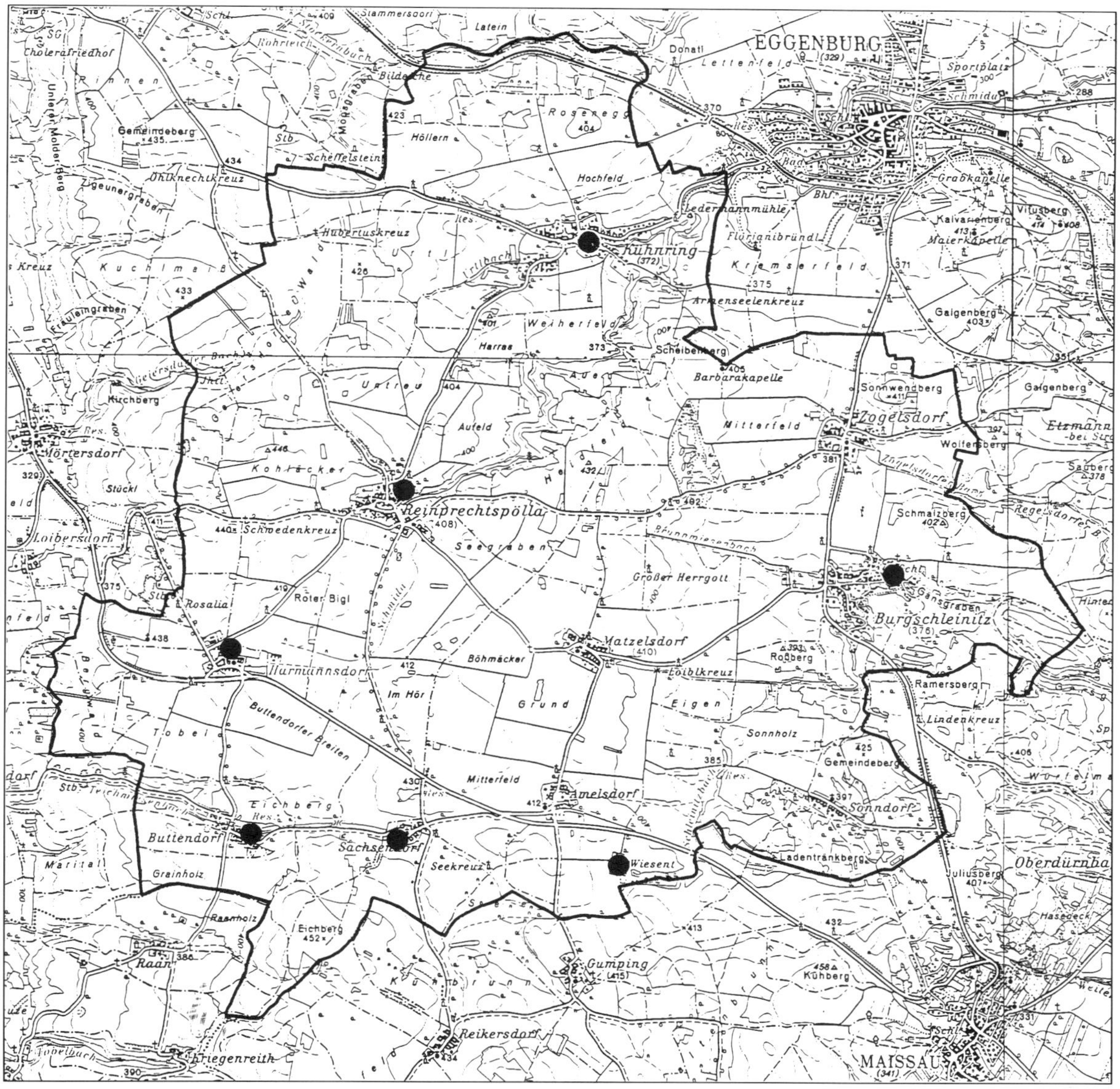

Abb. 3 Mittelalterliche Burganlagen in der Gemeinde Burgschleinitz-Kühnring/NÖ.

etwa 5,5 m Seitenlänge freigelegt werden (Abb. 5). In der nördlichen Ecke zeichnete sich deutlich die Steinsetzung eines Ofens ab, dessen Herdplatte nicht mehr erhalten war. Außerhalb des Hauses konnte eine ziegelrot gebrannte Herdplatte beobachtet werden, welche auf dem gewachsenen Boden auflag. Dieser Befund stand eindeutig im Zusammenhang mit der inneren Steinsetzung; es konnte allerdings nicht entschieden werden, ob die äußere Platte gleichzeitig oder kurz später verwendet worden war. Direkt an der Außenkante des Hauses befanden sich drei Pfostengruben mit einem Durchmesser von etwa 50 cm. Bei zweien dieser Pfosten konnte eine Keilsteinsetzung beobachtet werden. Ob es sich bei diesem Befund um ein Grubenhaus oder um das eingetiefte Fundament eines ersten Holzturmes handelt, kann derzeit nicht beantwortet werden. Im Bereich der Kapelle / Schnitt III wurde eine Grube dieser Bauphase vom Fundament des Turmes / Phase 2 geschnitten. Eine Umwehrung der Fläche konnte an keiner Stelle festgestellt werden. Anhand dieser Befunde kann davon ausgegangen werden, daß sich die Besiedlung der ersten Phase über einen Großteil der Anlage erstreckte.

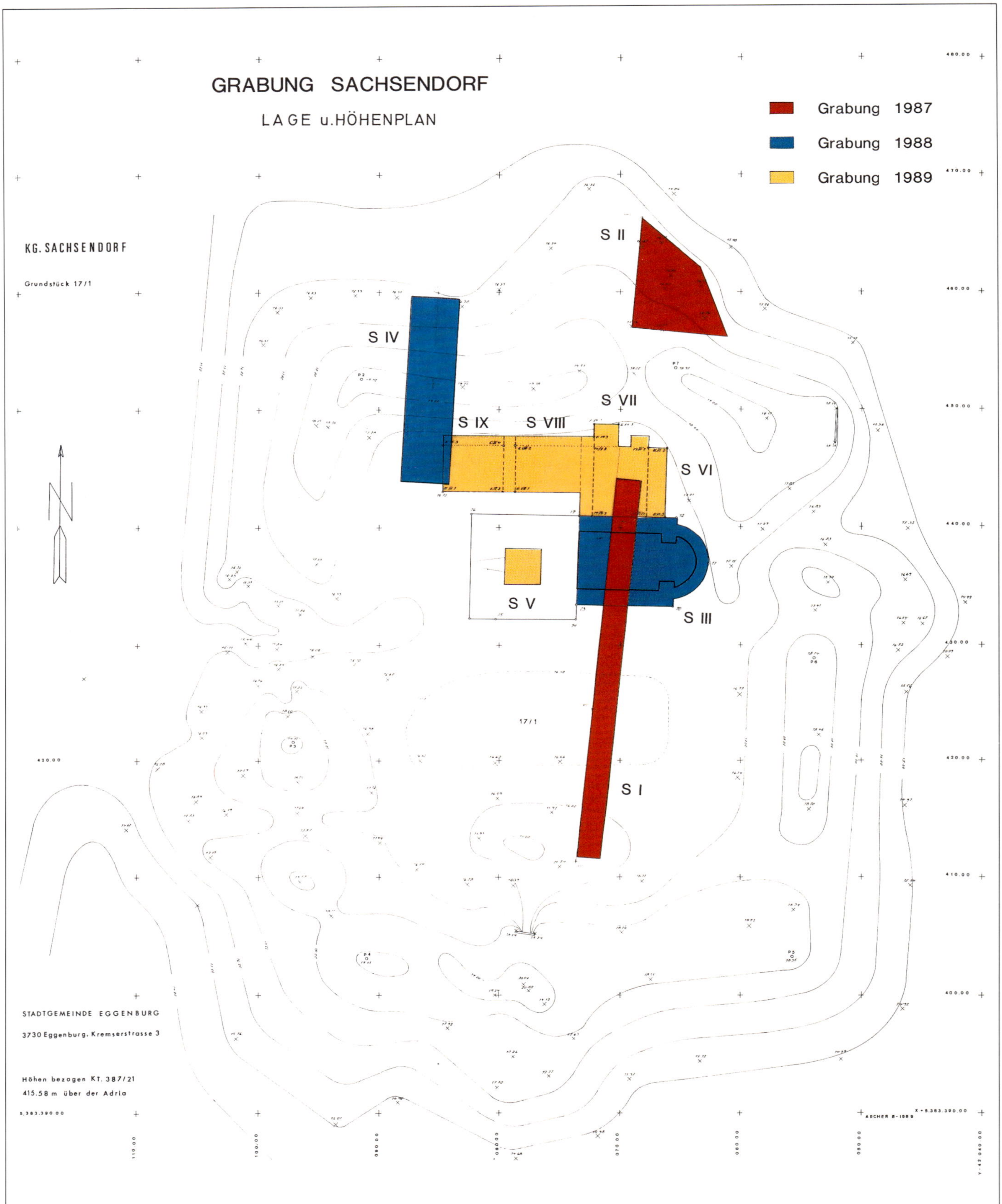

Abb. 4 Burg Sachsendorf/NÖ. Übersichtsplan.

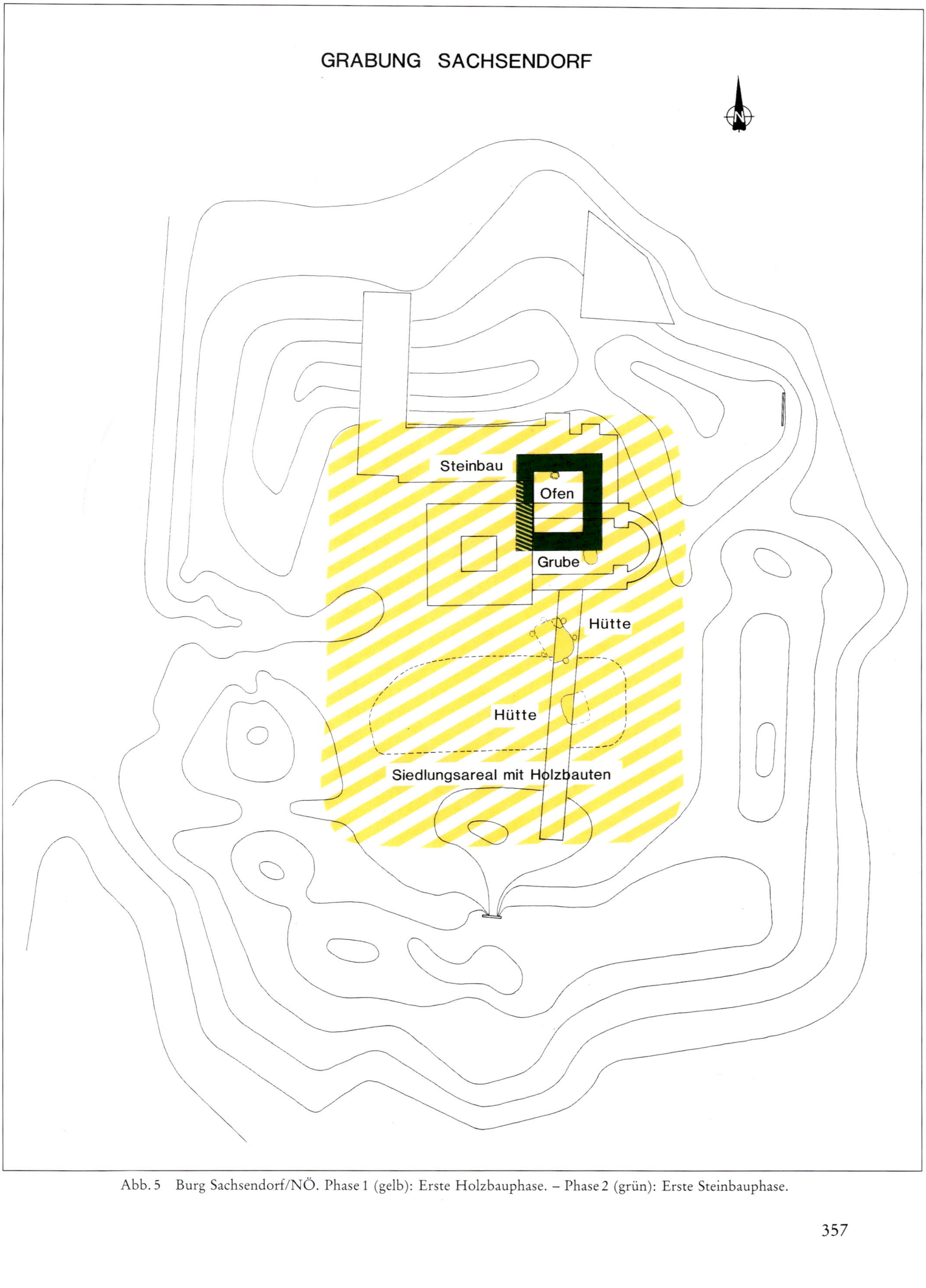

Abb. 5 Burg Sachsendorf/NÖ. Phase 1 (gelb): Erste Holzbauphase. – Phase 2 (grün): Erste Steinbauphase.

Datierung:

Aus der Bauphase 1 sind nur spärliche keramische Reste vorhanden. Es handelt sich dabei zumeist um handgeformte oder nachgedrehte Graphittonware, die Wellenband- oder Wellenlinienzier aufweist[3]. Holz- oder Metallfunde konnten in dieser Schicht nicht beobachtet werden. Eine Datierung kann daher nur ungefähr in das 10. Jahrhundert erfolgen.

Phase 2: Erste Steinbauphase (Abb. 5)

Nach der ersten Holzbauphase trat im Bereich der Schnitte III, VI und VII ein Steinbau mit einem rechteckigen Grundriß im Ausmaß von 8,70 zu 7,50 m auf. Die Fundamentmauer bestand aus einem zweischaligen Trockenmauerwerk mit einer Stärke von 1,5 m. Die Mauerschalen waren sehr kleinteilig ausgelegt, die Ecken dürften durch größere Steinplatten betont gewesen sein. Estrichreste oder ein Begehungsniveau konnten an keiner Stelle beobachtet werden, so daß Aussagen über den aufgehenden Bereich nicht gemacht werden können. Von der Dimension der Mauer her ist aber eine Holzkonstruktion auszuschließen.
Es dürfte sich bei diesem Gebäude um einen frühen Wohnturm gehandelt haben. Teilweise konnten in einer Entfernung von ca. 20–30 cm von der äußeren Mauerkante Pfostengruben beobachtet werden, die wahrscheinlich einer Gerüstkonstruktion zuzuordnen sind. Des weiteren wurden mehrere Pfostengruben im Umfeld des Turmes beobachtet, welche in einem zeitlichen Zusammenhang mit diesem standen.
Als Befestigung dieser Anlage diente wahrscheinlich ein im südlichen Teil von Schnitt I beobachteter Wassergraben, der wegen starker Wassereinbrüche nicht vollständig ergraben werden konnte. Eventuelle Palisaden oder eine Wehrmauer könnten durch einen späteren Wassergraben zerstört worden sein.

Datierung:

In Schnitt VII überlagert das Fundament des Turmes teilweise den Ofen 1, ebenso wird eine Grube in Schnitt III von diesem geschnitten. Es ist daher anzunehmen, daß der Steinbau erst nach einer teilweisen oder vollständigen Zerstörung der ersten Holzbauphase errichtet wurde. Zwischen diesen beiden Phasen konnte allerdings kein Zerstörungshorizont beobachtet werden.
In dieser Bauphase konnte ebenfalls wenig Fundmaterial geborgen werden. Die Graphittonkeramik scheint nun zumeist auf der Scheibe gedreht oder nachgedreht worden zu sein. Neben dieser tritt auch eine fein steinchenhaltige, oxidierend gebrannte Keramik von besserer Qualität auf. Die Errichtung des Turmes dürfte etwa in die zweite Hälfte des 10. Jahrhunderts fallen.

Phase 3: Zerstörung des ersten Wohnturmes

Die Zerstörung des Wohnturmes muß als eigene Phase herausgestellt werden, da es sich hierbei um einen intentionellen Vorgang gehandelt hat, der in der Entwicklung der Burg eine Zäsur setzte.
Im Befund der Schnitte III, VI und VII zeigte sich, daß der komplette Wohnturm abgetragen wurde. Einzig das Fundament der nördlichen Mauer blieb erhalten. Alle anderen Teile wurden entfernt, so daß nur die Fundamentgruben, in welchen geringe Reste des Schalenmauerwerks festgestellt wurden, freigelegt werden konnten.
Die offenen Fundamentgruben wurden einheitlich mit einem orange-braunen Lehm planiert.

3 S. Felgenhauer-Schmiedt, Katalog. In: Keramische Bodenfunde aus Wien (Wien o. J.).

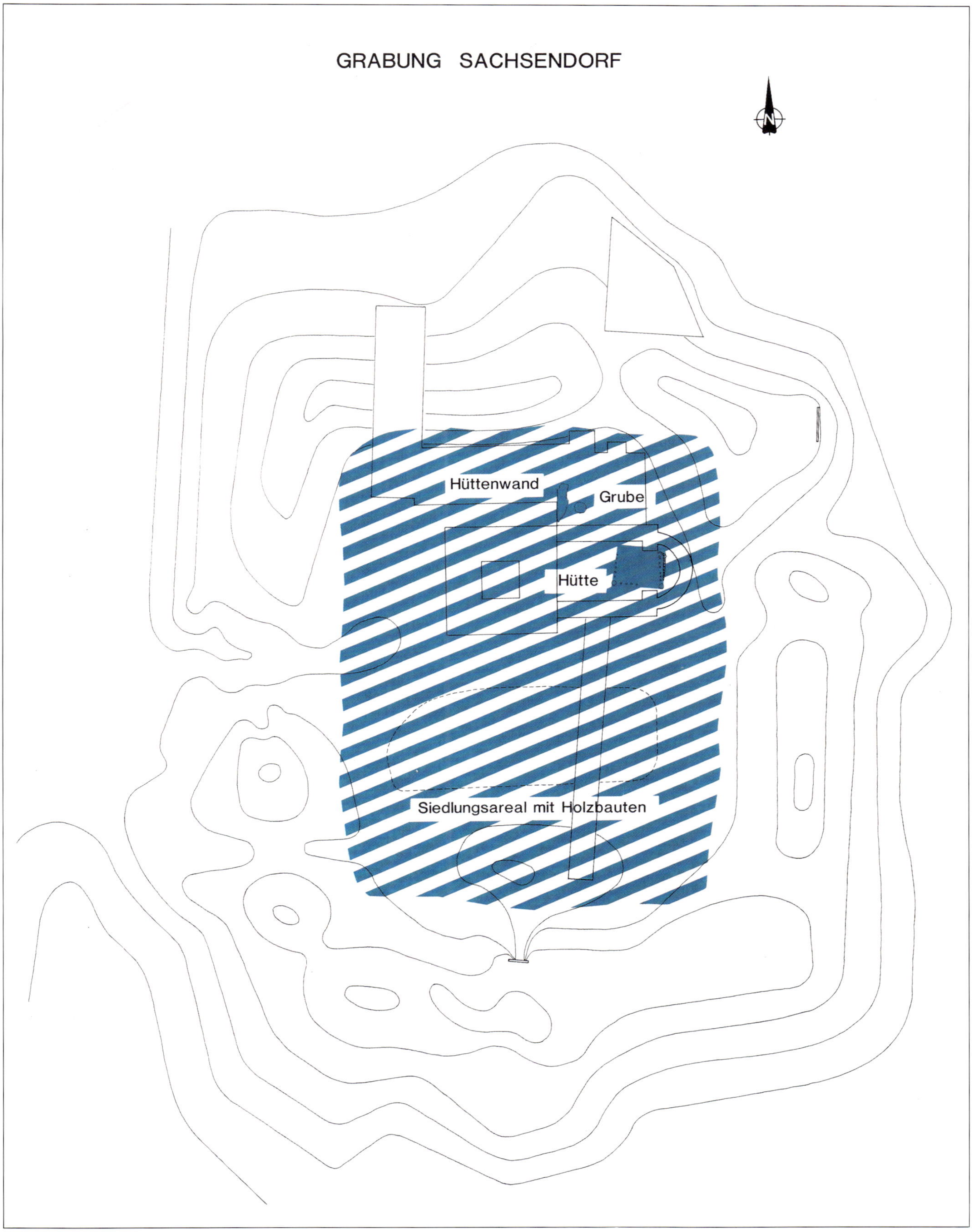

Abb. 6 Burg Sachsendorf/NÖ. Phase 4 und 5: Zweite und dritte Holzbauphase.

Wieso es zu dieser radikalen Schleifung des Bauwerks kam, ist derzeit nicht zu beantworten. Auch der Verbleib des Steinmaterials ist nicht geklärt. Es kann keinesfalls in einer hier beschriebenen späteren Bauphase (Phase 6: Kapelle; Phase 7: Wohnturm des 13. Jahrhunderts) verwendet worden sein. Möglicherweise kann darauf in einem noch nicht untersuchten Bereich eine befriedigende Antwort gefunden werden.

Datierung:

Aus dem Planierungsmaterial der Fundamentgruben wurde nur wenig Fundmaterial geborgen. Zumeist handelt es sich um Graphittonkeramik.
Eine Datierung der Abbruchphase des Wohnturmes kann nur durch die darüberliegenden Schichten erfolgen. Diese reichen noch in die zweite Hälfte des 11. Jahrhunderts zurück.
Ob eine Verbindung mit der Zerstörung der slawischen Burg auf der Schanze bei Gars/Thunau um die Mitte des 11. Jahrhunderts besteht, kann derzeit noch nicht diskutiert werden[4].

Phase 4 und 5: Zweite und dritte Holzbauphase (Abb. 6)

Hierbei handelt es sich um zumindest zwei zeitlich voneinander getrennte Holzbauphasen, die nicht klar faßbar sind.
Aus der zweiten Holzbauphase sind eine Hütte und zwei weitere Siedlungsobjekte vorhanden. Die Hütte stand im Bereich von Schnitt III/Kapelle. Sie besaß eine Seitenlänge von etwa 3 m im Quadrat. Die Ecken bestanden aus Pfosten mit ca. 20 cm Durchmesser, während von der Wandkonstruktion im Boden kleine Pfostenlöcher mit 6 cm Durchmesser zu erkennen waren, welche etwa alle 30 cm in einer Reihe auftraten.
Die Hüttenränder wurden am Bodenniveau mit Bruchsteinen verstärkt. Die Westwand war abgebrannt und nach innen gestürzt. Sie zeichnete sich durch eine Lage Holzkohle und eine Lage gebrannten Lehms ab. Es konnte kein ausgeprägtes Bodenniveau festgestellt werden.
Die schwache Dimension dieses Objektes läßt den Schluß zu, daß es sich nicht um einen Wohnraum gehandelt haben dürfte. Die zwei anderen Siedlungsobjekte dieser Phase sind jeweils Reste von Hütten, deren genaue Größe und Lage noch nicht festgestellt werden konnten. Im Schnitt VII wurde eine weitere umgefallene Hüttenwand – ähnlich der Wand in Schnitt III – beobachtet. Im Südteil von Schnitt I lag ein ähnlicher Befund vor. Die Zerstörung dieser zweiten Holzbauphase scheint durch Brand erfolgt zu sein.
Aus der dritten Holzbauphase ist eine Reihe von Pfostengruben vorhanden, doch auch hier ist die Aufarbeitung nicht abgeschlossen. Allgemein konnte bei diesen Pfostengruben eine größere Dimension beobachtet werden.

Datierung:

Die Westwand der Hütte in Schnitt III stand komplett in der Planierschicht der Fundamentgrube der Ostmauer des Wohnturmes Phase 3. Sie kann daher nur nach der Zerstörung des Baues und der darauffolgenden Planierung der Ausrißgruben errichtet worden sein.
Das gefundene Keramikmaterial steht noch in der Tradition des 11. Jahrhunderts. Fast ausschließlich handelt es sich um scheibengedrehte Graphittonkeramik. Für die zeitliche Einordnung dieser Schichten ist auch eine Münze (Bela I. von Ungarn) maßgebend. Sie datiert in die frühe zweite Hälfte des 11. Jahrhunderts.
In der dritten Holzbauphase tritt bereits Material des frühen 12. Jahrhunderts auf.

[4] H. Friesinger, Das Kamptalprojekt und die Ergebnisse der Ausgrabungen 1987 und 1988. Das Waldviertel 37, 1988, 233 ff. – Ders., Die vielen Väter Österreichs (1987) 136 ff.

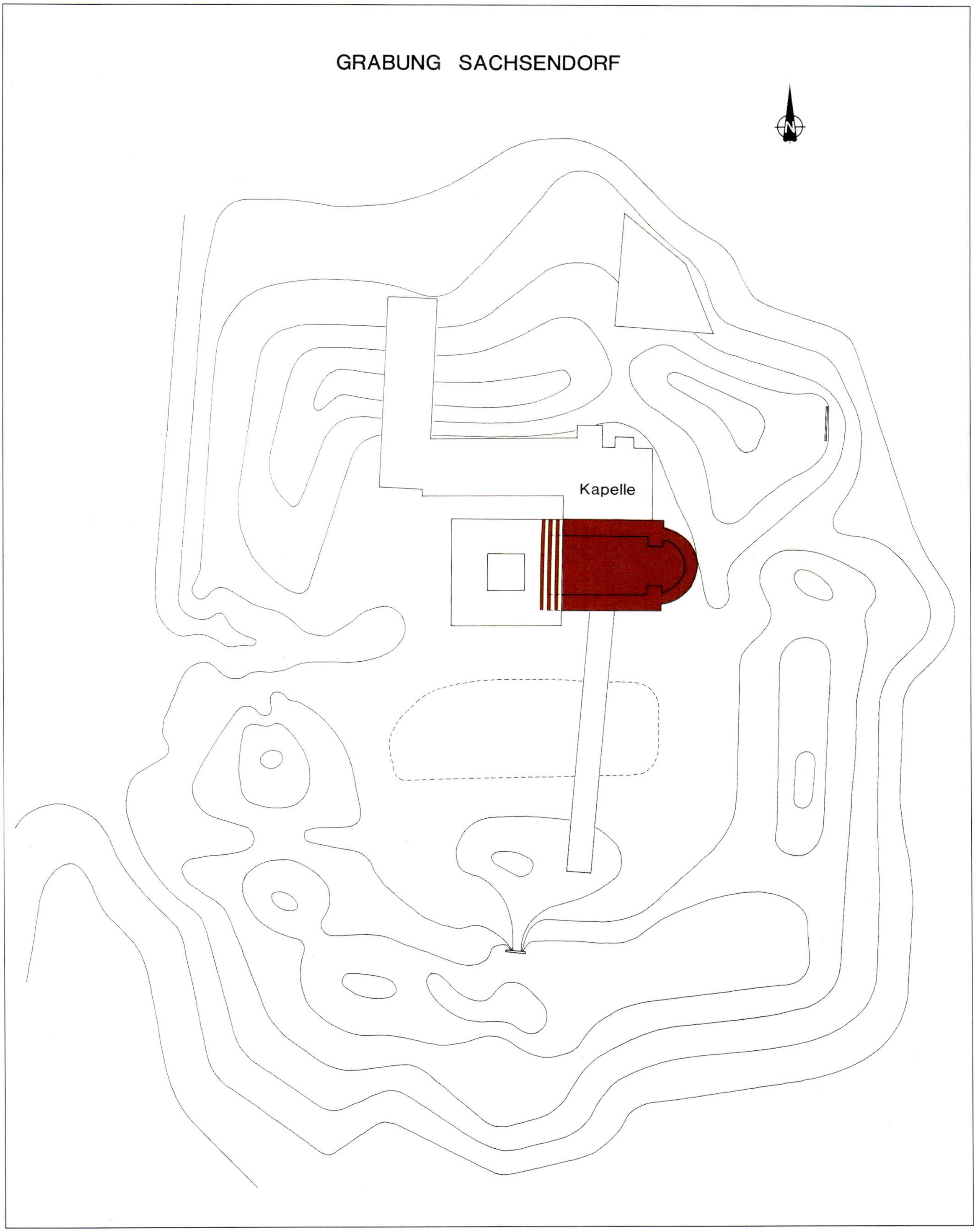

Abb. 7 Burg Sachsendorf/NÖ. Phase 6: Kapelle.

Phase 6: Kapelle (Abb. 7)

Bei der flächigen Untersuchung in Schnitt III wurden die Reste einer gut erhaltenen romanischen Burgkapelle freigelegt. Sie besitzt einen Rechtecksaal mit einer geosteten, relativ flachen Apsis, die vom Saal durch einspringende Triumphbogensockel getrennt ist.
Bevor auf die einzelnen Bauphasen der Kapelle eingegangen wird, soll ein allgemeiner Überblick zur Befundsituation gegeben werden (Abb. 8): Die äußere Länge der Kapelle beträgt etwa 11 m, ihre Breite 7,40 m, die Länge des Rechtecksaales etwas über 8 m. Die Innenfläche mißt 4,60 zu 6,80 m. Die Stärke des zweischaligen Mauerwerks beträgt etwa 1,40 bis 1,50 m. Die Mauer der Apsis ist ca. 1 m mächtig. Das aufgehende Mauerwerk ist durchschnittlich 1,50 m hoch erhalten, die Tiefe des Fundamentes beträgt 2 m. Die Struktur der Fundamentmauern zeigt, daß in der romanischen Bauphase der unterste Teil (ca. 1 m) trocken gelegt wurde. Darüber legte man etwa 1 m Fundament bis zum Fußbodenniveau. Wahrscheinlich ist die Verwendung eines Trockenmauerwerks im Fundament dadurch zu erklären, daß man ein Aufsteigen der Nässe verhindern wollte. An der Nord- und Südmauer fand sich je ein Eingang. An der Außenseite wies die Kapelle noch den romanischen Verschlußmörtel mit Fugenstrichzeichnung auf. Die Innenwände waren mit weißem Verputz verkleidet, der an einem Triumphbogensockel Reste einer roten Architekturmalerei zeigte. Von dieser Malerei konnten aus dem Schuttmaterial mehrere Teile geborgen werden. Neben der roten Farbe waren auch Gelb und Grün gebräuchlich.
Vom Altar waren der Großteil des Unterbaues und die Altarplatte vorhanden. Diese war senkrecht vor den Altar gestürzt. In den zwei östlichen Langhausecken konnten die Unterbauten zweier Seitenaltäre beobachtet werden. Vor dem südlichen Altar fand sich eine rechteckige, leere Grube, in die eine große Steinplatte gestürzt war. Hierbei könnte es sich um eine Ausnehmung für ein Reliquiar gehandelt haben. Der Boden der Kapelle war mit quadratischen, roten Fliesen ausgelegt.
Im östlichen Teil des Langhauses befand sich vor dem Altar eine Gruft, in welche schräg ein Grabstein gestürzt war.
Anschließend an diese grobe Beschreibung der Befundsituation soll im Folgenden eine Gliederung des Bauablaufes der Kapelle gegeben werden.

Datierung:

Der romanischen Phase gehören ein Großteil des erhaltenen Baukörpers, der gesamte Apsisbereich und der größte Teil des Rechtecksaales an.
Über die exakte Ausdehnung des Langhauses können bezüglich der Länge keine Angaben gemacht werden, da das Westwerk in einer späteren Phase komplett geschliffen worden ist. Im Apsisbereich fand sich eine ca. 2 m lange Ausbesserung des Mauerwerks, welche wahrscheinlich bereits während des Baugeschehens erfolgte.
Von der romanischen Eingangssituation war nur ein Balkenschub in der Nordmauer erhalten. Es ist daher anzunehmen, daß die Nordtür des 12. Jahrhunderts knapp östlich der jetzt erhaltenen gelegen hat. In dieser Bauphase wurde der Bereich des Kircheninneren um etwa 1 m aufgeschüttet, während das Begehungsniveau außerhalb nicht gehoben wurde. Dies zeichnete sich deutlich rund um die Kirche in Form eines Mörtelbandes ab. Auch der äußere Fugenstrich reichte bis in die Höhe dieses Begehungsniveaus. Dieses entsprach der oberen Grenze des Trockenmauerwerks.
Von der romanischen Bodengestaltung des Kapelleninneren waren keine Reste erhalten. Im aufgeschütteten Material fanden sich zahlreiche Keramikreste des 11. und frühen 12. Jahrhunderts. Parallel zu diesem Befund erfolgte eine kunsthistorische Datierung in die Zeit um 1160[5].
Ein Palas oder ein anderes Wohngebäude dieser Phase konnte bis jetzt nicht eindeutig festgestellt werden, obwohl einige mächtige Pfostengruben in Schnitt VIII und IX darauf hindeuten, daß ein solches Bauwerk aus Holz westlich der Kapelle gestanden haben könnte.

5 Freundliche Mitteilung Dr. G. Seebach.

Abb. 8 Burg Sachsendorf/NÖ. Kapelle, Planum 1.

Phase 7: Wohnturm des 13. Jahrhunderts – Umbau der Kapelle (Abb. 9)

In der Mitte des 13. Jahrhunderts wurde der Burgbereich großzügig umgebaut. Das westlich der Kapelle vermutete Wohngebäude des 12. Jahrhunderts wurde gleichzeitig mit dem vollständigen Westwerk der Kapelle entfernt. Der Befund zeigt, daß die Mauern bis in die untersten Fundamentlagen ausgerissen worden sind.
Anstelle dieser Bauteile errichtete man einen Wohnturm mit quadratischem Grundriß von 9 m Seitenlänge. Die erhaltenen Teile dieses Turmes weisen eine Mauerstärke von 3 m im untersten Geschoß auf. Das Bauwerk ist bis zum Beginn des zweiten Stockwerkes erhalten. Die Bruchsteinmauer ist sorgfältig zweischalig gearbeitet. Zwischen jede größere Steinlage wurde eine Ausgleichslage aus kleinen Steinplatten eingefügt. Die Ecken des Turmes waren durch Sandsteine betont.
Im untersten Geschoß ist ein nach Westen orientiertes Schlitzfenster erhalten. Das Fußbodenniveau lag etwa 2 m über dem äußeren Begehungshorizont. Im Zuge der Errichtung des Wohnturmes wurde die Burgkapelle umgebaut. Die Mauerteile zwischen den Bauteilen wurden neu aufgestellt. Die eingesetzte Mauer hob sich deutlich von der romanischen ab. Das jüngere Fundament war nicht, wie in der älteren Phase, teilweise trocken gelegt, sondern bis an die Fundamentunterkante gegossen. Der nördliche Eingang wurde, wie oben erwähnt, leicht nach Westen versetzt. An der Außenseite fügte man eine gemauerte Treppe an. In der Südmauer wurde eine Tür eingebaut.
Im Zuge dieser Umbauten muß auch der obere Apsisbereich verändert worden sein. Die Kämpfersteine des Triumphbogens und die Altarplatte dürften – nach Auskunft des Kunsthistorikers – nicht aus der ersten Bauphase stammen. Die romanische Traufkonsole wurde abgebaut und als Schwelle im Bereich

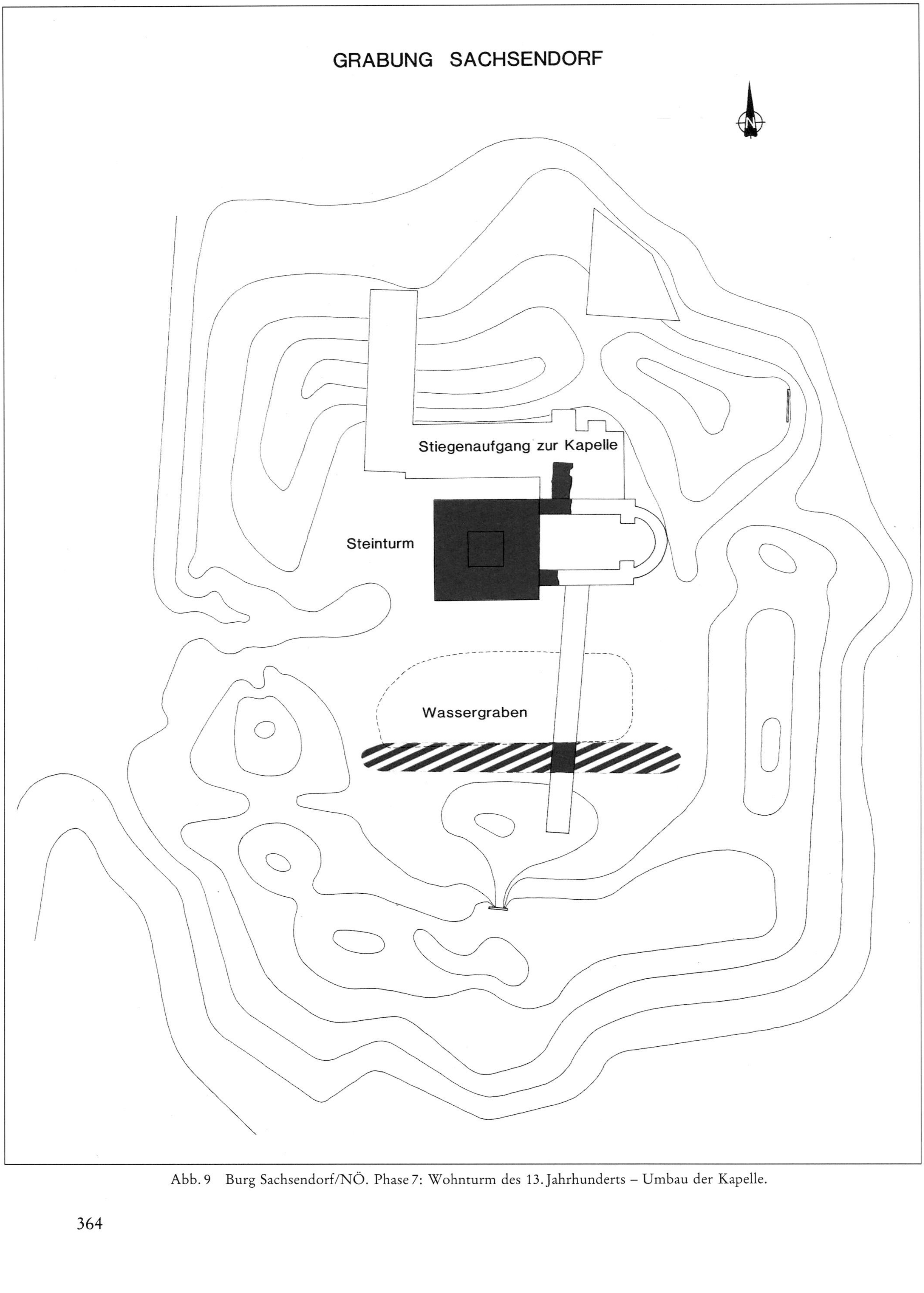

Abb. 9 Burg Sachsendorf/NÖ. Phase 7: Wohnturm des 13. Jahrhunderts – Umbau der Kapelle.

zwischen Apsis und Langhaus verwendet. Ob andere bearbeitete Steine (Teile von Zwillingsfenstern, Konsolenbruchstücke etc.) auch in dieser oder einer späteren Bauphase entfernt wurden, ist nicht zu entscheiden. Gegen Ende des Umbaues scheint die Gruft im Kircheninneren angelegt worden zu sein.

Datierung:

Zur Datierung der Bauzeit des Wohnturmes kann das Material aus der Ausrißgrube der romanischen Kapellenmauer herangezogen werden, die gleichzeitig auch als Baugrube für die westliche Turmmauer verwendet wurde. Hier fanden sich gut datierbare Keramikfragmente aus der Mitte des 13. Jahrhunderts. Die Keramikentwicklung hat ab der zweiten Hälfte des 12. Jahrhunderts in Niederösterreich eine Veränderung erfahren. Statt der im 10. und 11. Jahrhundert vorherrschenden Graphittonkeramik wird eine stark glimmerhaltige, oxidierend gebrannte Ware erzeugt. Die Mundsäume der Töpfe sind durchgehend dreieckig gestaltet.
Der Beginn der Umbauphase muß daher in die Zeit um 1250 gefallen sein. Das Ende dieser Phase könnte mit der Errichtung der Gruft datiert werden. Der Grabstein stammt aus der Zeit um 1300–1320 (vgl. Abb. 21). Bis zu diesem Datum müßte der Umbau der Kapelle und sicher auch der des Turmes abgeschlossen worden sein.

Phase 8: Friedhof und Bebauung des 14. Jahrhunderts (Abb. 10)

Friedhof:

Ein ungewöhnlicher Befund konnte im Bereich um die Burgkapelle gemacht werden. Unterhalb eines mächtigen Schuttpaketes und mehrerer Siedlungsstraten konnte eine große Anzahl von Gräbern freigelegt werden. Die Skelette waren West-Ost orientiert und beigabenlos. Sie lagen in gestreckter Rückenlage, die Arme waren bei den älteren Skeletten über dem Becken gekreuzt, bei den jüngeren über dem Bauch und schließlich über der Brust verschränkt.
In einigen Grabschächten konnten bis zu vier Bestattungen übereinander beobachtet werden. Teilweise wurden ältere Gräber auf die Seite geräumt oder auch sekundär auf die neue Bestattung gelegt. Zumeist wurde aber keine Rücksicht auf ältere Gräber genommen, so daß zahlreiche Skelette nur partiell vorhanden sind.
Bei einem einzelnen Grab (Grab 62) wurde ein Topf gefunden, der mit der Öffnung nach unten auf dem Becken stand. Das Innere des Topfes war mit Wasserstein überzogen. Abgesehen von diesem Gefäß fanden sich keinerlei echte Beigaben. Einige Eisenreste (vor allem Nägel) sind als Bestandteile von Särgen oder Totenbrettern anzusehen.
Insgesamt wurden 136 Bestattungen freigelegt; 40 % davon sind Kinderskelette. Die anthropologische Bearbeitung steht derzeit noch aus.

Datierung:

Dieser ungewöhnliche Befund muß mit äußerster Vorsicht behandelt werden. In den ersten beiden Grabungskampagnen wurde vermutet, daß die Gräber aus einer Phase nach 1482 – der Zerstörung der Anlage – stammen. Sie wurden daher vorläufig in das 16. Jahrhundert datiert.
Diese Vermutung konnte aber in der Grabungssaison 1989 falsifiziert werden. Über verschiedenen Gräbern im Bereich von Schnitt VI und VII konnte ein Bauhorizont festgestellt werden, der eindeutig aus dem 15. Jahrhundert stammt.
Die Gräber sind daher in das 14. und frühe 15. Jahrhundert zu datieren. Der Beginn der Grablegungen muß allerdings eine gewisse Zeit nach dem Umbau der Kapelle in der zweiten Hälfte des 13. Jahrhunderts erfolgt sein, da einige Gräber die oben erwähnte Treppe vor dem Nordeingang der Kapelle durchschlugen. Außerdem muß in der Zeit des frühen 14. Jahrhunderts das Burgniveau durch eine Planierung um ca. 25 cm gehoben worden sein. Diese Schicht wird von den Gräbern eindeutig durchschlagen.

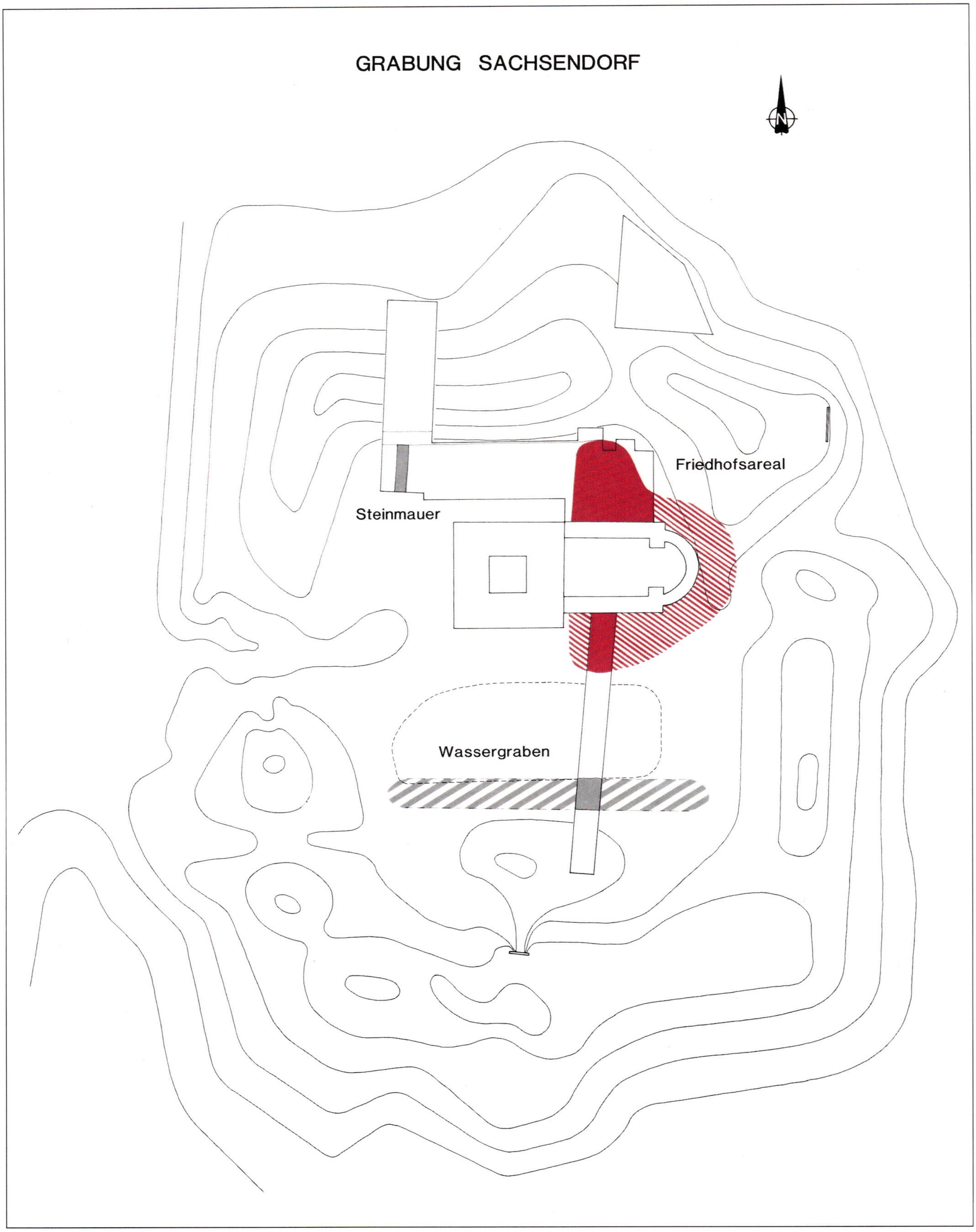

Abb. 10 Burg Sachsendorf/NÖ. Phase 8: Friedhof (rosa) und Bebauung des 14. Jahrhunderts (grau).

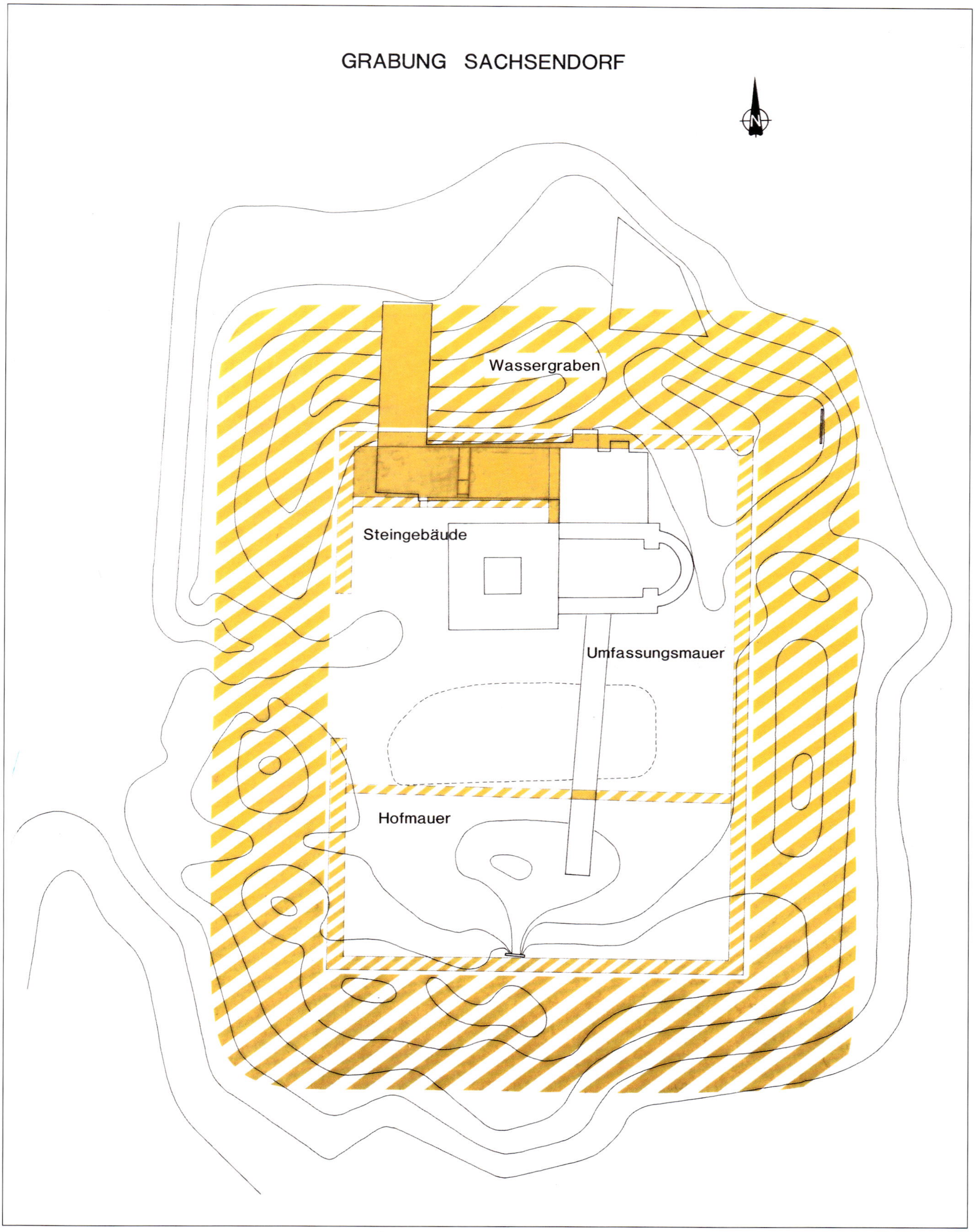

Abb. 11 Burg Sachsendorf/NÖ. Phase 9: Palas und Umfassungsmauer des 15. Jahrhunderts.

Auch die Datierung des Topfes aus Grab 62 geht damit konform. Es handelt sich dabei um einen Topf von gedrückter Form mit gerundetem, leicht untergriffigem, ausladendem Mundsaum, welcher in die zweite Hälfte des 14. Jahrhunderts zu stellen ist.
Wieso innerhalb des Burgbereiches im 14. Jahrhundert ein derart großer Friedhof angelegt worden ist (insgesamt sind etwa 300 Gräber zu erwarten), ist derzeit unklar. In keiner historischen Quelle konnten darauf Hinweise gefunden werden.

Bebauung des 14. Jahrhunderts:

Aus der Zeit des Friedhofes konnten einige Siedlungsreste festgestellt werden. Am markantesten ist der Rest einer im Schnitt IV befindlichen Mauer, deren Zweck erst durch spätere Untersuchungen geklärt werden kann.
Diese Mauer kann anhand der Keramikfunde in ihrer Baugrube eindeutig in das 14. Jahrhundert datiert werden. Ihre Zerstörung fiel mit der unten beschriebenen Bauphase 9 im 15. Jahrhundert zusammen. Im südlichen Teil von Schnitt I wurde in der heutigen Kernfläche ein Wassergraben aus dieser Zeit entdeckt.

Phase 9: Palas und Umfassungsmauer des 15. Jahrhunderts (Abb. 11)

Im 15. Jahrhundert fand ein tiefgreifender Umbau der gesamten Burganlage statt. Der oben erwähnte Wassergraben wurde zugeschüttet. Im Schuttmaterial stellte man eine Trockensteinmauer auf, an welche die Kernfläche aufplaniert worden ist. Dieser Bereich ist dadurch zwischen 0,5 bis 1 m gehoben worden. Man errichtete – die Anlage nach Süden vergrößernd – eine Umfassungsmauer von ca. 1,10 m Stärke. Dieser Mauer vorgelagert war ein 7 m breiter Wassergraben. Nördlich des Wohnturmes wurde gleichzeitig mit der Umfassungsmauer ein großes Gebäude angelegt, dessen nördlicher Abschluß ein Teil der Umfassungsmauer bildete. Das Gebäude besaß eine Länge von etwa 17 m und eine innere Breite von knapp 5 m. Zwischen dem Wohnturm und dem Bau blieb ein Zwischenraum von ca. 1 m. Die Ostwand lag in einer Flucht mit der Ostwand des Wohnturmes.
Das Gebäude muß zumindest zweistöckig gewesen sein, da der nahezu komplett erhaltene, aber eingestürzte Mörtelestrich des ersten Stockwerkes freigelegt werden konnte. Das untere Stockwerk war zweigeteilt. Das Begehungsniveau lag ungefähr 1,5 m unterhalb des Außenniveaus. Es dürfte daher als Keller gedient haben.
Diese Vermutung wird durch den Fund von sechs vollständig erhaltenen Töpfen, die in den Estrich eingelassen und mit Deckeln versehen waren, bestärkt. Anhand der Dimension des Gebäudes und des Mörtelestriches aus dem ersten Stock kann man darin einen Palas vermuten.

Datierung:

Die Umfassungsmauer und der Palas müssen in einer Zeit, als die Belegung des Friedhofs nicht mehr erfolgte, errichtet worden sein. Die Gräber dürften noch bekannt gewesen sein, da sie großteils respektiert und nicht überbaut worden sind. Nur die Fundamentgrube der Umfassungsmauer schnitt geringfügig in den Friedhofsbereich ein. Das Keramikmaterial kann allgemein in das 15. Jahrhundert datiert werden.

Phase 10: Umbau der Außenbefestigung (Abb. 12)

In dieser Phase wurde der Wassergraben der Phase 9 planiert und vor der Umfassungsmauer ein knapp 5 m hoher Erdwall errichtet. Auf der Wallkrone wurde eine Palisade aufgestellt. Innerhalb dieser verlief ein mit Steinen ausgelegter Wehrweg.

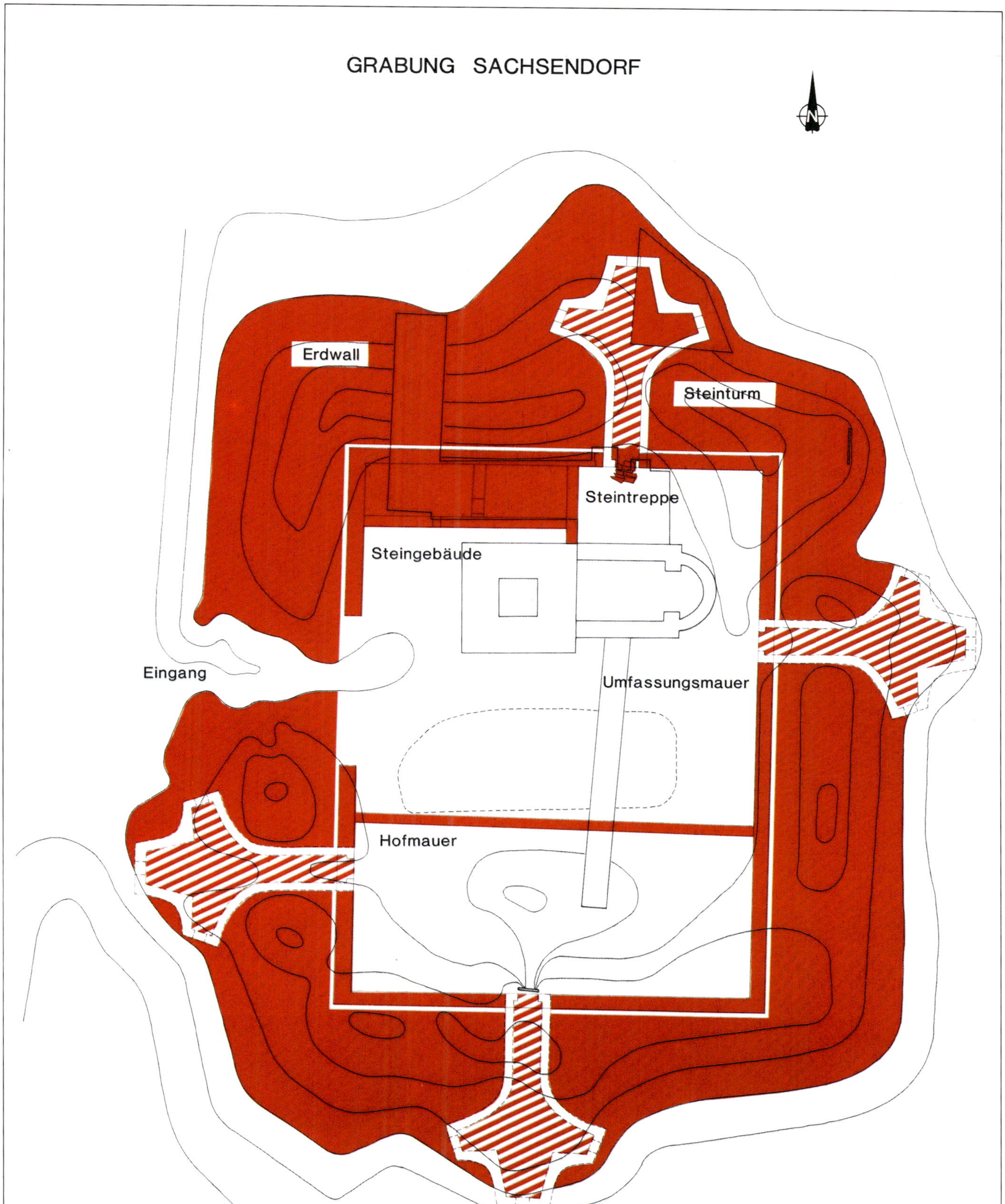

Abb. 12 Burg Sachsendorf/NÖ. Phase 10: Umbau der Außenbefestigung.

Im Zuge dieses Umbaues dürften ebenfalls die vier vorspringenden Befestigungstürme errichtet worden sein. Diese Türme besitzen einen sternförmigen, gewölbten Unterbau, welcher wahrscheinlich durch einen Rundturm nach oben abgeschlossen war. Der Zugang erfolgte durch einen gewölbten Gang, der über eine Steintreppe erreichbar war. Der gewölbte Unterbau war in eine massive Erdschüttung eingebaut, nur die Schmalseite jedes Armes war offen und wies je eine Fensteröffnung auf.
Der Nord- und Südturm stehen im Verlauf der Mittelachse der Anlage, während der Ost- und Westturm aus der Hauptachse verschoben waren. Dies ist mit der Lage des Einganges im Westwall zu erklären.

Datierung:

Der Umbau der Befestigung dürfte erst in der zweiten Hälfte des 15. Jahrhunderts stattgefunden haben, was sich im Keramikmaterial aus dem zugeschütteten Wassergraben manifestiert.

Phase 11: Zerstörung der Burganlage

Anhand der oben erwähnten urkundlichen Überlieferungen ist die Zerstörung der Burg in das Jahr 1482 zu setzen. Diese Datierung kann durch das reiche Fundmaterial aus der Zerstörungsschicht eindeutig bestätigt werden.
Es fanden sich vor allem im Wohnturm und im Keller des Palas zahlreiche Keramik- und Metallfunde, darunter auch Münzen, die nicht über das Jahr 1482 hinausreichen. Besonders schöne Funde sind ein grün glasierter Prunkbecher, ein durchbrochen gearbeiteter silberner Fingerring und mehrere eiserne Vorhängeschlösser.

Fundmaterial

Keramik

Im Fundmaterial von Sachsendorf läßt sich die Keramikentwicklung vom 10. bis ins späte 15. Jahrhundert nachvollziehen[6]. In der Mitte des 10. Jahrhunderts herrscht eine handgeformte Graphittonkeramik vor, die häufig durch Wellenbänder oder -linien verziert ist. Eine Formenvielfalt innerhalb der Keramik konnte nicht beobachtet werden. In der Mehrheit handelt es sich um Töpfe und seltener um Kannenfragmente. Mit fortgeschrittenem 10. und beginnendem 11. Jahrhundert wird die Graphittonkeramik zusehends auf der Drehscheibe gefertigt. Neben dieser Ware tritt vereinzelt eine hellere, feinere Keramik auf.
Die Keramik des späten 11. und beginnenden 12. Jahrhunderts steht noch in der Tradition der älteren Graphittonkeramik. Diese weist häufiger eine braune Oberfläche auf. Die Gefäßformen werden vielfältiger, zu den Töpfen und Kannen kommen in größerer Menge Schüsseln und Pfannen. Besonders auffällig sind in dieser Zeit Spinnwirtel, die aus Scherben sekundär gefertigt worden sind.
Mit der Wende des 12. zum 13. Jahrhundert ist eine Zäsur innerhalb der Keramikentwicklung zu beobachten. Der Graphitton wird zugunsten eines stark glimmerhaltigen Tones aufgegeben und steht nur noch bei Vorratsgefäßen in Verwendung. Die Mundsäume der Töpfe nehmen eine charakteristische dreieckige Form an.

6 Zur Keramikdatierung: S. Felgenhauer-Schmiedt, Das Fundmaterial des Hausbergs zu Gaiselberg. Archaeologia Austriaca 61/62, 1977, 209 ff. – Dies., Die hochmittelalterliche Burg von Möllersdorf. In: Beiträge zur Mittelalterarchäologie Österreichs 2 (1986) 1 ff. – B. Cech, Mittelalterliche Keramik aus dem Stadtmuseum in Wr. Neustadt. Archaeologia Austriaca 69, 1985, 251 ff. – Dies., Die mittelalterliche Keramik aus dem Kamptal und dem Horner Becken. Archaeologia Austriaca 71, 1987, 173 ff.

Abb. 13 Burg Sachsendorf/NÖ. Tontöpfe des 15. Jahrhunderts.

Gegen Ende des 13. Jahrhunderts tritt die sogenannte Schwarzhafnerkeramik des 14. und 15. Jahrhunderts in den Vordergrund. Dabei handelt es sich um eine reduzierend gebrannte Keramik, die in ihren Anfängen noch grob, später fein steinchengemagert wird. Die Topfform entwickelt sich von der gedrungenen, bauchigen zu einer gestreckt eiförmigen Variante des 15. Jahrhunderts (Abb. 13).
Im Formenspektrum kann eine reiche Vielfalt beobachtet werden. Besonders hervorzuheben ist ein grün glasierter Prunkbecher, der kreuzständig Löwenmasken und Beerenknubben aufweist. Er wurde in der Zerstörungsschicht des Nordturmes gefunden und datiert daher in die Zeit vor 1482[7]. Neben diesem, wahrscheinlich importierten Stück, treten Loschitzer Ware und einheimische, rädchenverzierte Becher auf (Abb. 14).
Des weiteren sind im Keramikspektrum Wasserleitungsrohre, Ofenkacheln, diverse Deckelformen, Fragmente von Aachenhörnern (Musikinstrumente) usw. hervorzuheben.

Eisen

In Sachsendorf konnten reiche Eisenfunde gemacht werden. Diese lassen sich meistens in das 14. und 15. Jahrhundert datieren. Aus den vorhergehenden Jahrhunderten konnten nur vereinzelt Stücke beobachtet werden, da die Erhaltungsbedingungen für Eisen in den unteren Schichten (stark wasserführend) ausgesprochen schlecht waren.
Besonders hervorzuheben sind diverse Messer mit Bein- oder Holzgriffen, die mit Bronzebeschlägen verziert waren (Abb. 15). Daneben konnte eine Vielfalt an Werkzeugen und Gerätschaften geborgen werden. Mehrere Vorhängeschlösser und Schlüssel weisen eine Kupferlötung auf (Abb. 16).

[7] A. Walcher von Molthein, Beiträge zur Geschichte mittelalterlicher Gefäßkeramik II. In: Kunst und Kunsthandwerk (1910) 385 ff.

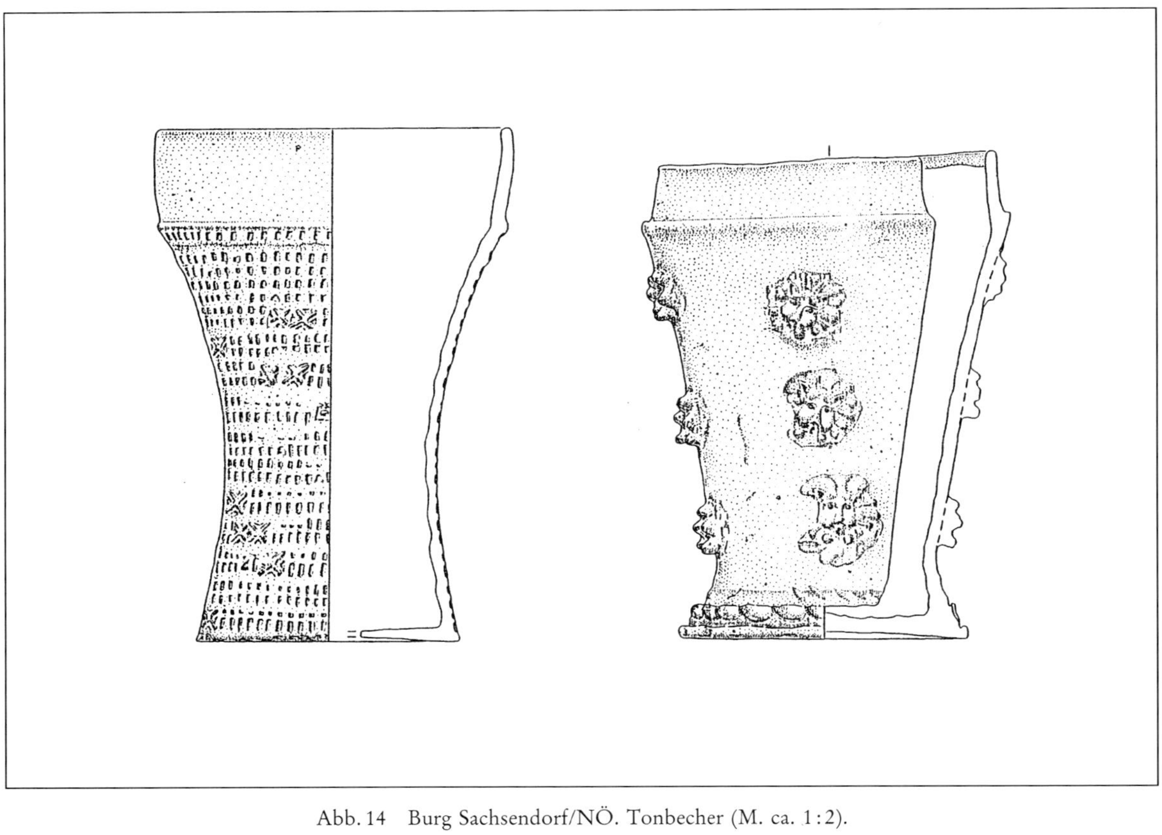

Abb. 14 Burg Sachsendorf/NÖ. Tonbecher (M. ca. 1:2).

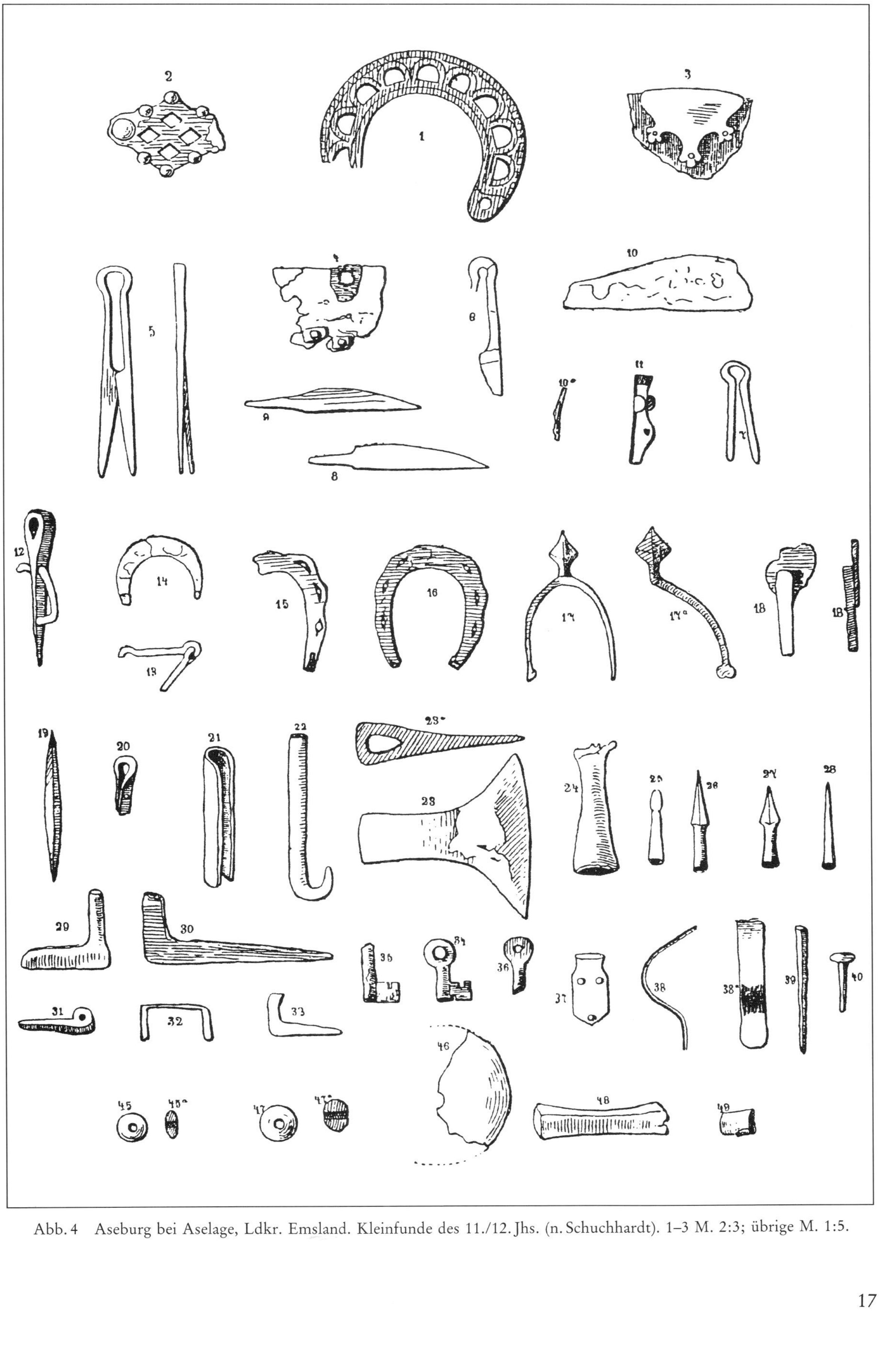

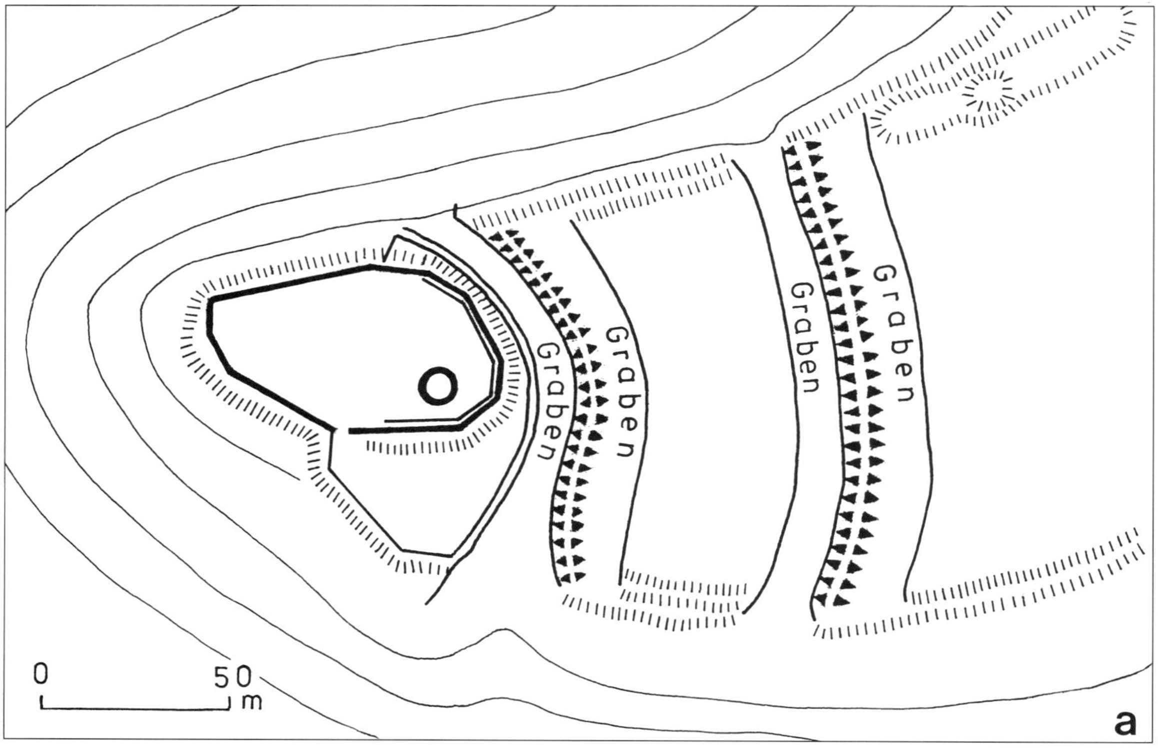

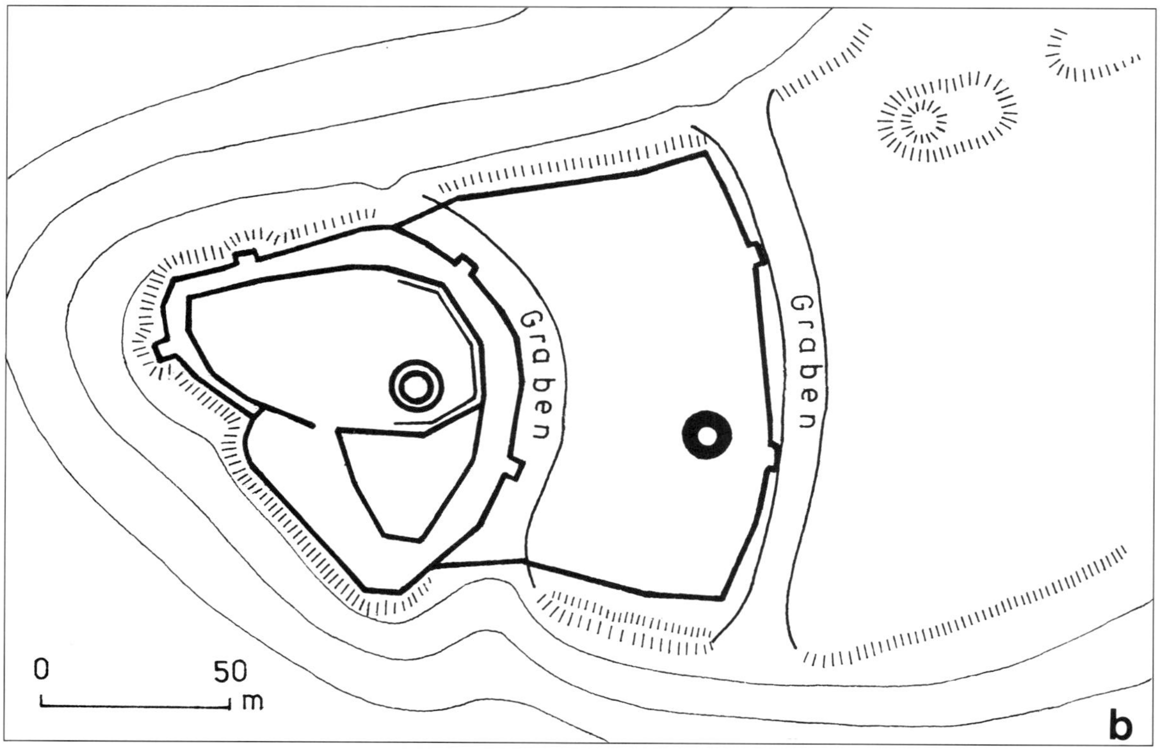

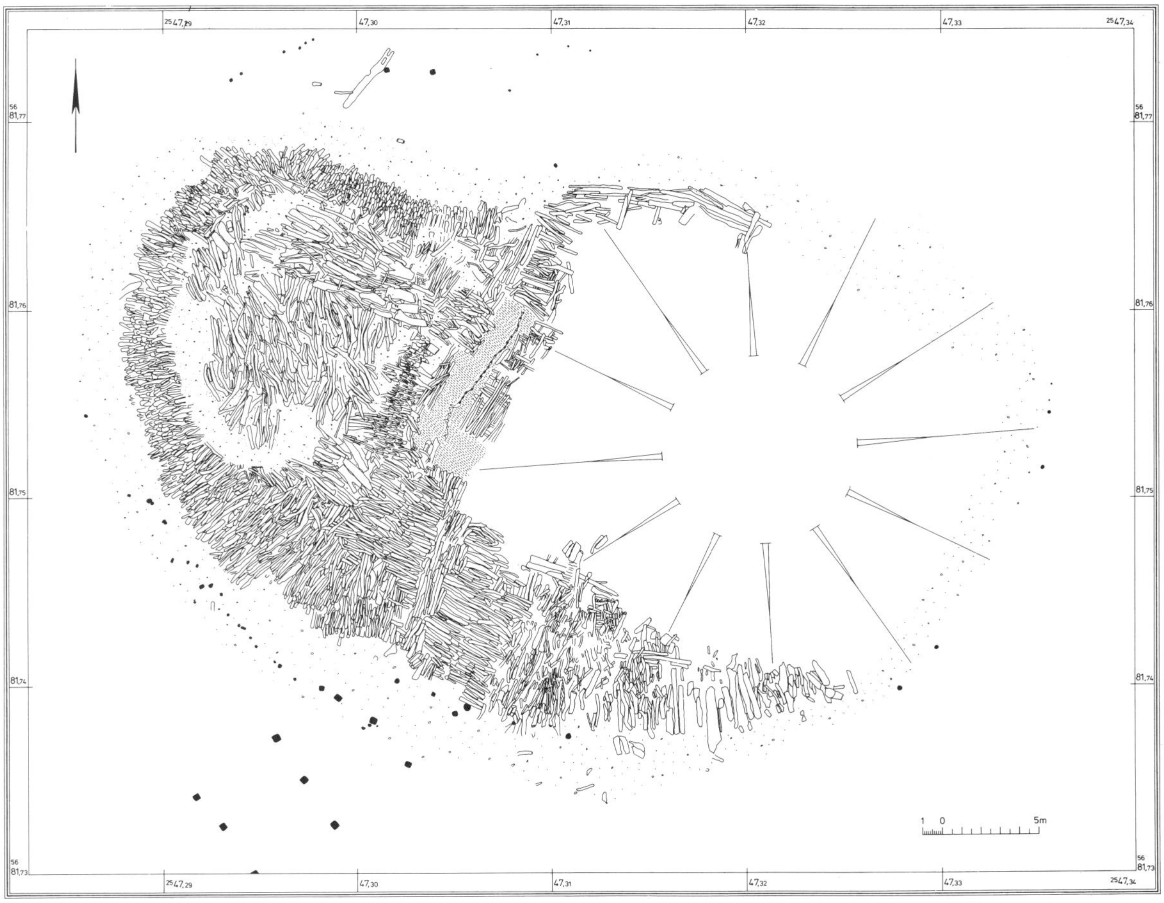

LEGENDE

Lehm, verworfen

Holz

Mottenhügel, rekonstruiert

Sand, kiesig

Pfosten

Abb. 9 Niederungsburg bei Haus Meer Periode B; Beginn der Aufschüttung eines Mottenhügels, Anlage der Vorburg nach Verfüllung des westlichen Grabenabschnitts und Errichtung der Holzbrücke (Plan des Rheinischen Landesmuseums Bonn, Dipl.-Ing. Klaus Grewe).

◁ Abb. 7 Niederungsburg bei Haus Meer. Gesamtplan der Siedlung in Periode A, Phase b, jüngere Flachsiedlung mit sechs Häusern (nach Vorlagen des Rheinischen Landesmuseums Bonn, Dipl.-Ing. Klaus Grewe).

Abb. 8 Niederungsburg bei Haus Meer. Gesamtplan der Besiedlung in Periode B, Stadium der sog. Kernmotte mit zweigeteilter Siedlung (nach Vorlagen des Rheinischen Landesmuseums Bonn, Dipl.-Ing. Klaus Grewe).

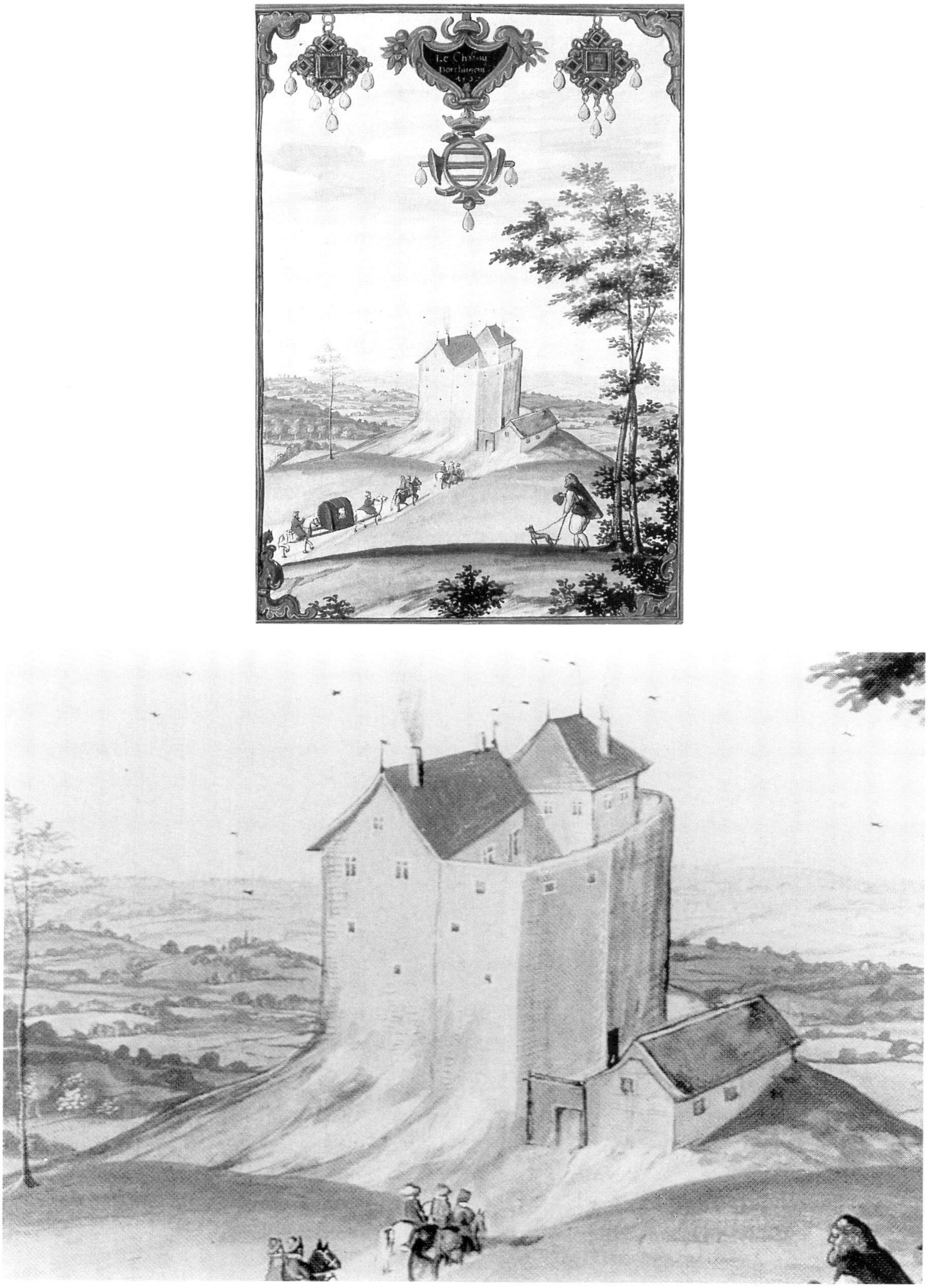

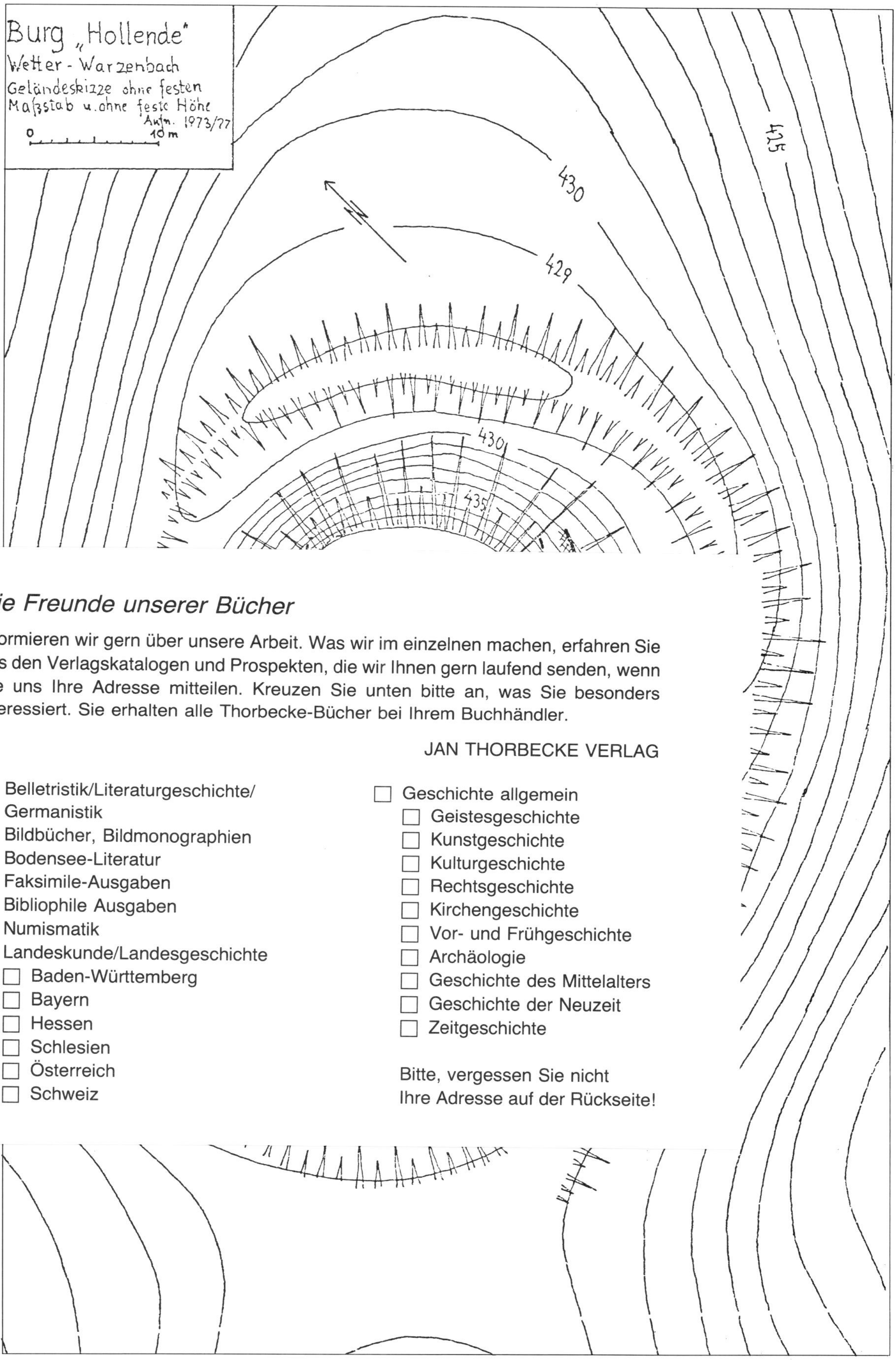

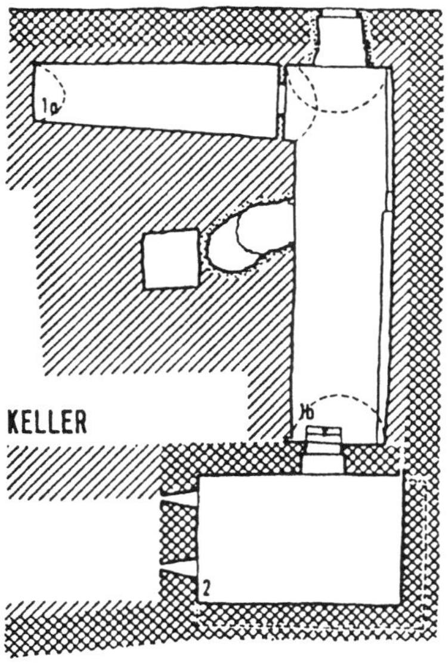

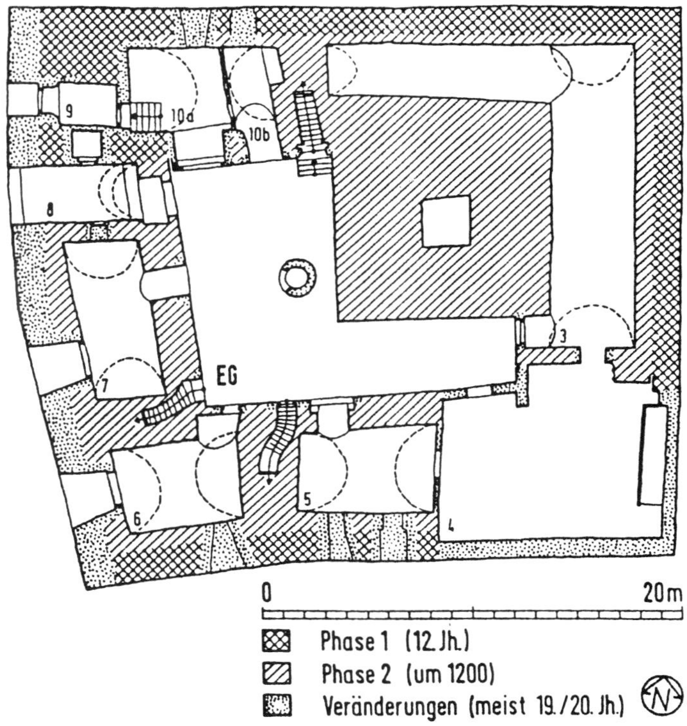

Grundriß der Reichsburg Trifels (nach B. Ebhardt, Fr. Sprater und K. Lenert)
Maßstab circa 1:800

rot = salische Reste (11. Jahrh.)
schwarz = staufische Bauten (13. Jahrh.)
blau = Mauerwerk des 15./16. Jahrh.

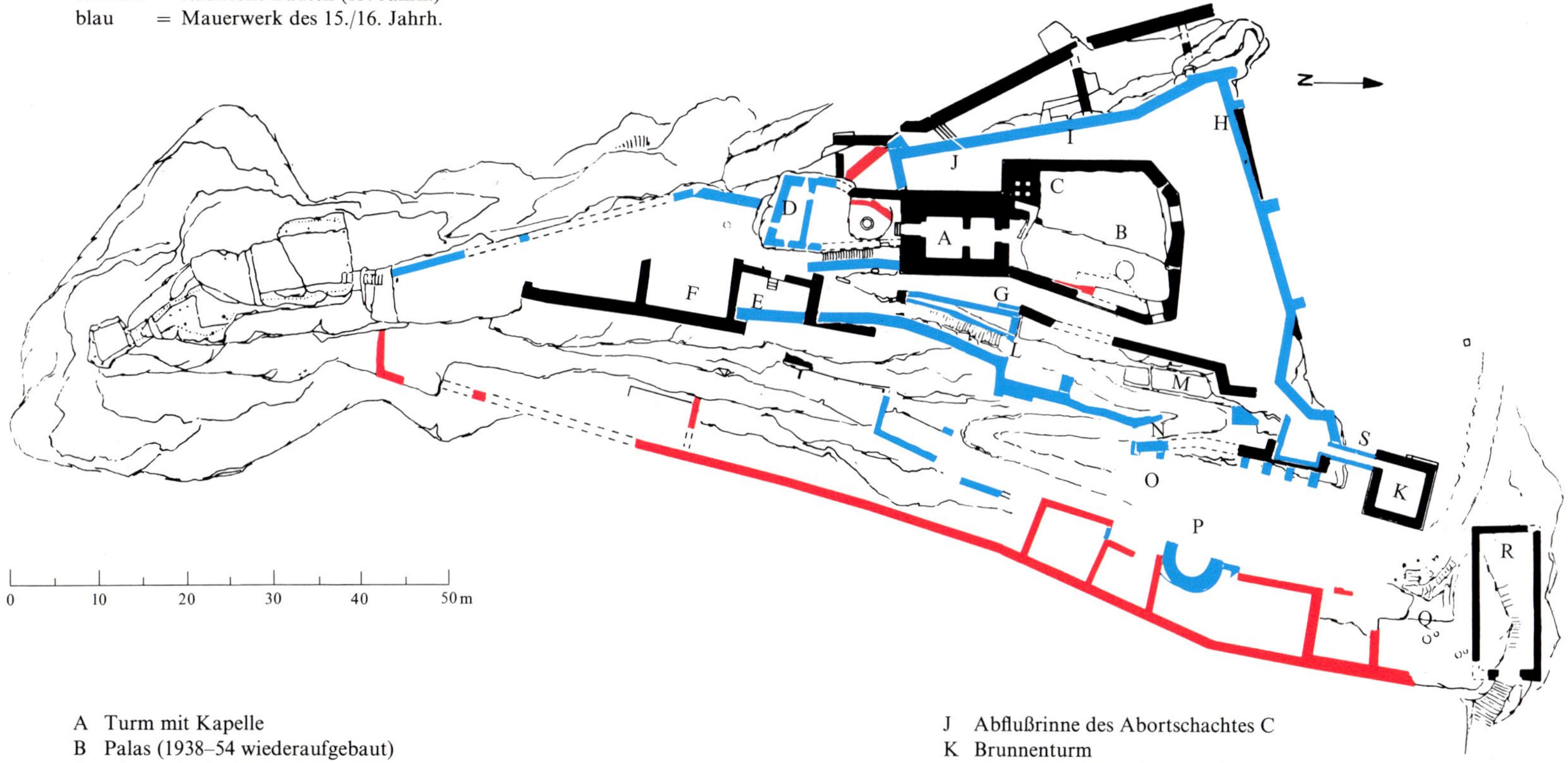

A Turm mit Kapelle
B Palas (1938–54 wiederaufgebaut)
C Abortschacht (1938 überbaut)
D Wachthaus (1958/59 restauriert)
E Stelle des ehemal. Ritterhauses
F Hof des Ritterhauses (jetzt Kastellansgebäude 1955/56)
G Östlicher Zwinger der Hauptburg
H Nördlicher Zwinger der Hauptburg (Stelle des Toiletten-baues 1960)
I Westlicher Zwinger der Hauptburg (nicht zugänglich!)
J Abflußrinne des Abortschachtes C
K Brunnenturm
L Zugang zur Hauptburg mit Pförtnerloge (1953)
M Zisternen (Viehtränken)
N Torbau von 1569 (1951 überwölbt)
O Vorburg
P Halbrunder Mauerturm (sogen. Schale)
Q Stelle der ehemal. Holzburg des 10. Jahrh.
R Staufisches Burghaus (Kapelle von 1581/1595?)
S Zugang zum Burgbereich unter dem Bogen von 1882

Abb. 53 Grundriß der Burg Trifels bei Annweiler (Nr. 39).

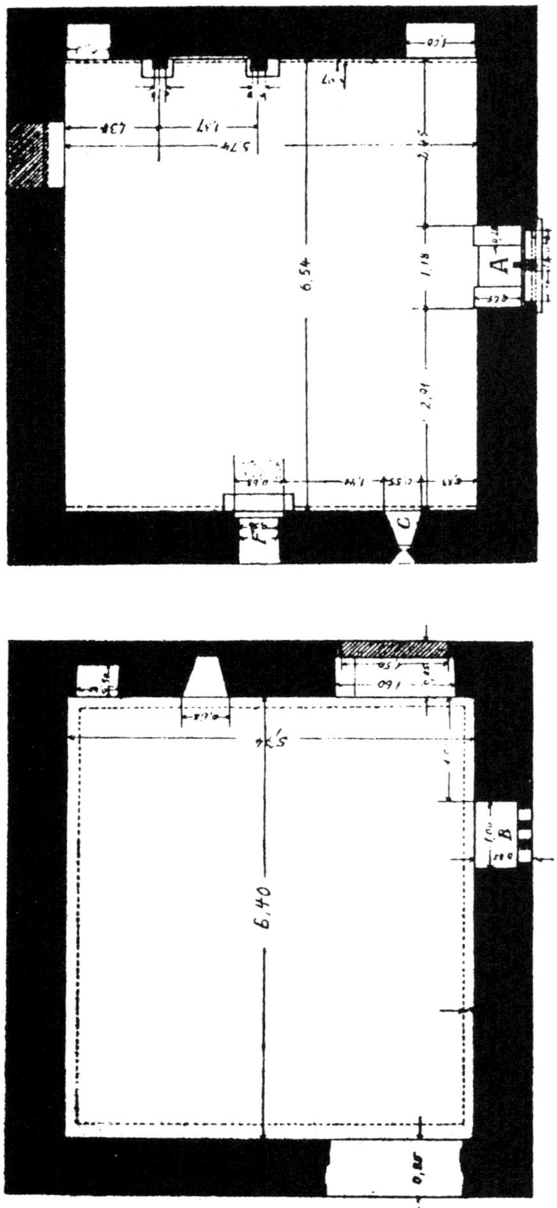

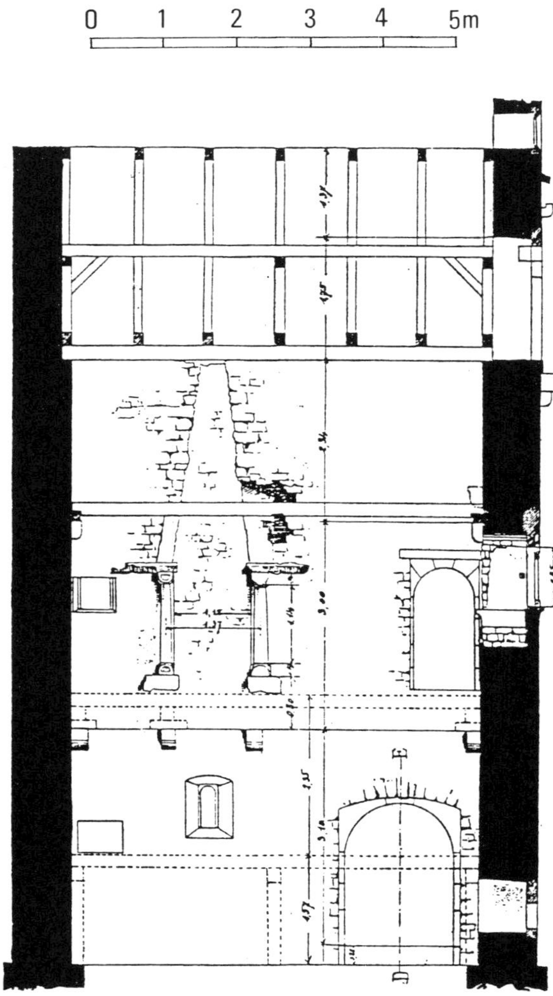

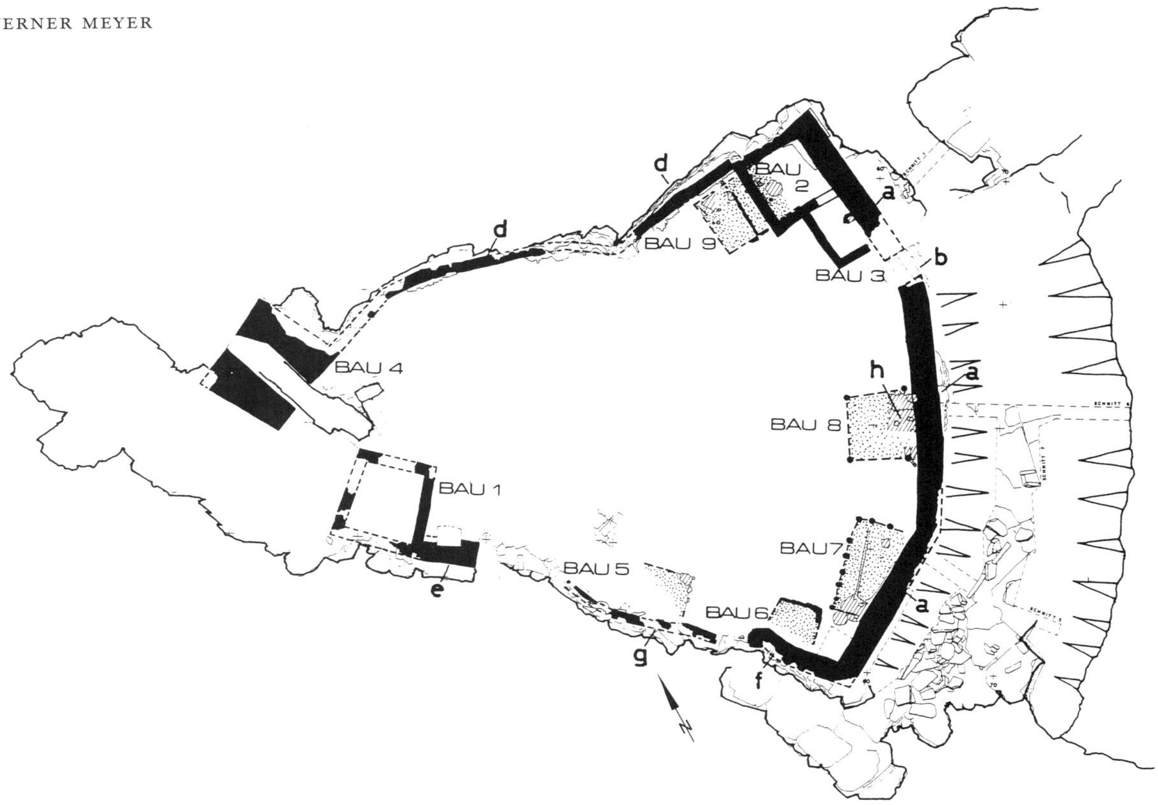

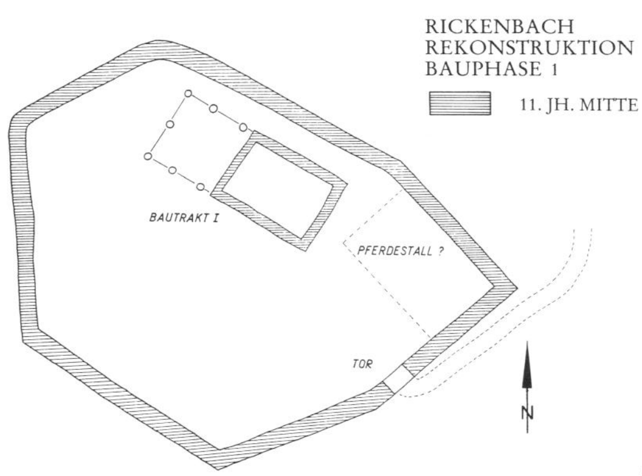

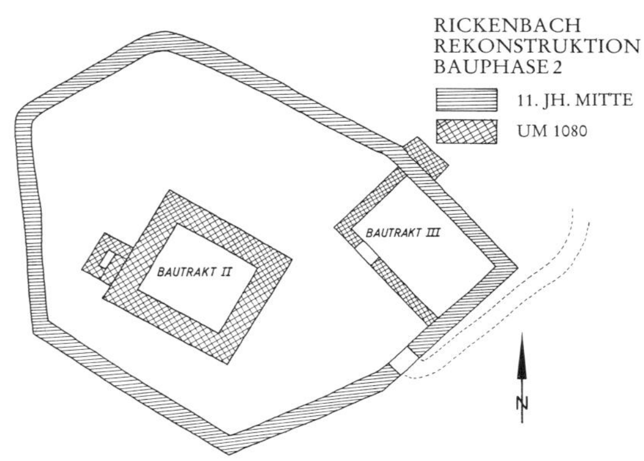

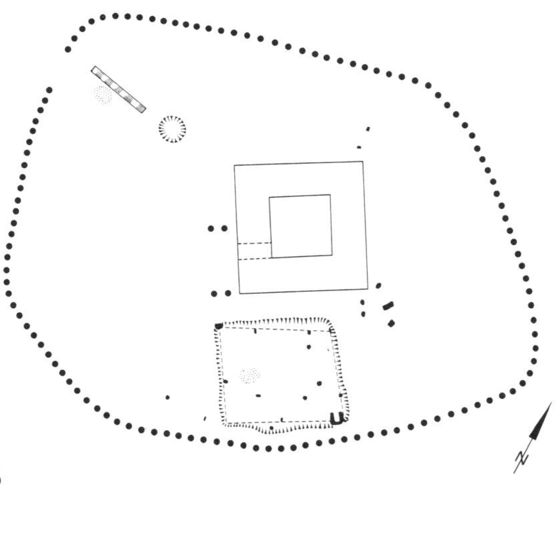

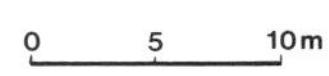

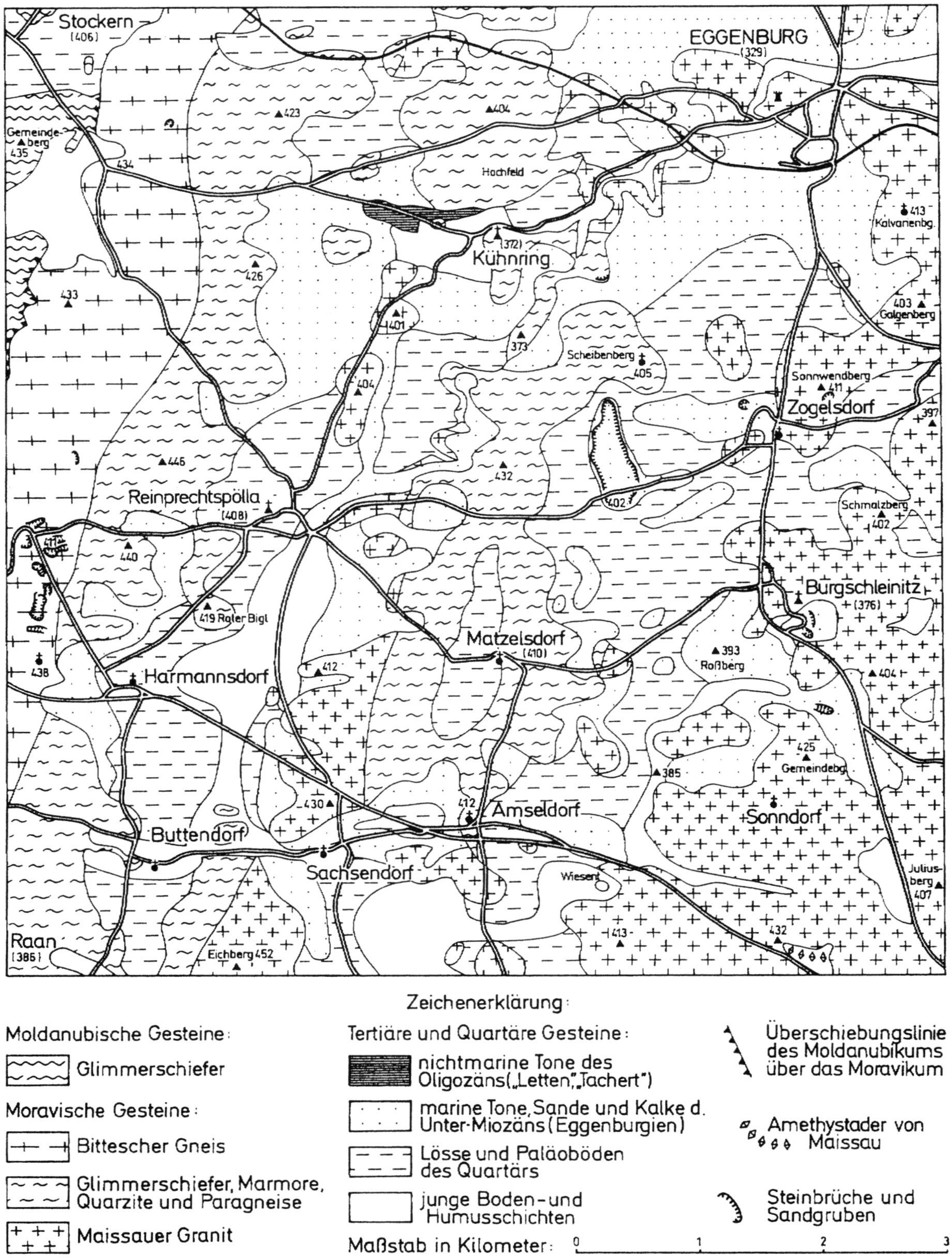

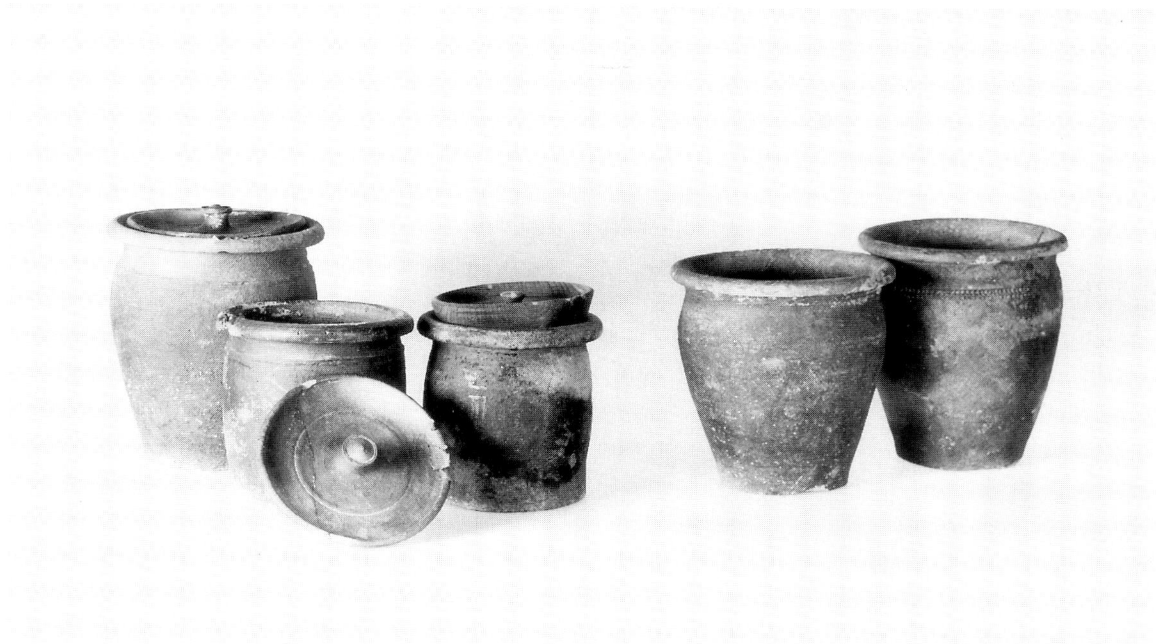

Abb. 15 Burg Sachsendorf/NÖ. Eisenmesser mit Beingriff und Bronzebeschlägen.

Abb. 16 Burg Sachsendorf/NÖ. Eiserne Schlüssel und Vorhängeschlösser.

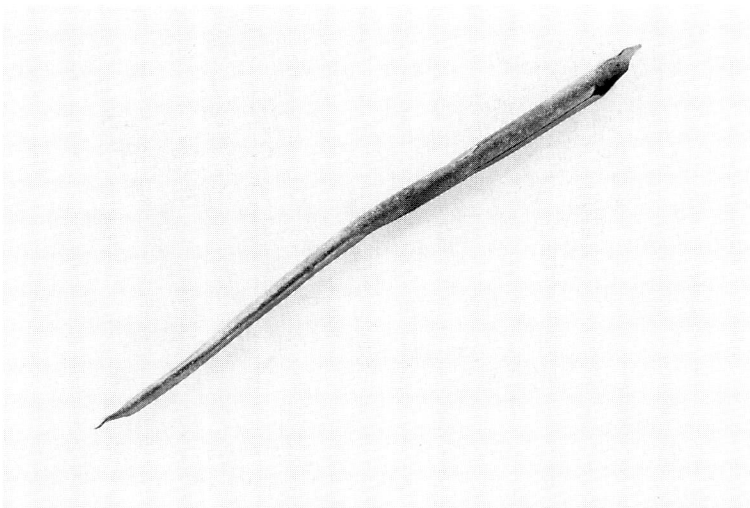

Abb. 17
Burg Sachsendorf/NÖ.
Schreibfeder aus Bronze.

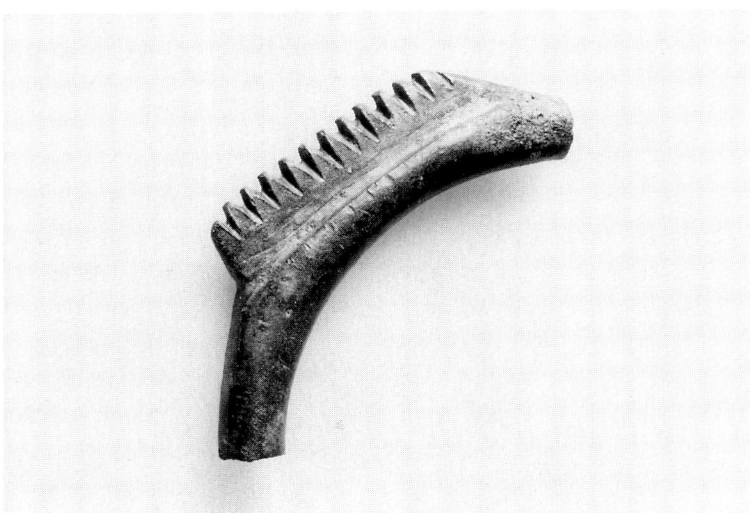

Abb. 18
Burg Sachsendorf/NÖ.
Henkelfragment
eines Bronze-Aquamaniles.

An Waffen- oder Rüstungsteilen konnten im Wallbereich Reste einer Brigantinerüstung gefunden werden[8]. Diese wird derzeit in Großbritannien restauriert und untersucht. Unzählige Armbrustbolzen wurden im gesamten Burgbereich beobachtet.

Im Bereich der nördlichen Kapellenmauer konnte ein Eisendepotfund gemacht werden. Es scheint sich dabei um den Bestand eines Schmiedes gehandelt zu haben. Zum Großteil enthielt das Depot Alteisenreste, die wahrscheinlich für eine Wiederverwendung vorgesehen waren, so beispielsweise ein zerbrochener Sporn, Reste von Türbeschlägen, Nägel, u. v. a. Daneben fanden sich Schmiedewerkzeuge, wie eine Zange und ein kleiner Amboß, welcher an seiner Oberseite Ausnehmungen zur Drahtherstellung aufweist. Dieser Befund dürfte im Zusammenhang mit den kriegerischen Auseinandersetzungen vor 1482 stehen.

8 Freundliche Mitteilung Dr. E. Szameit.

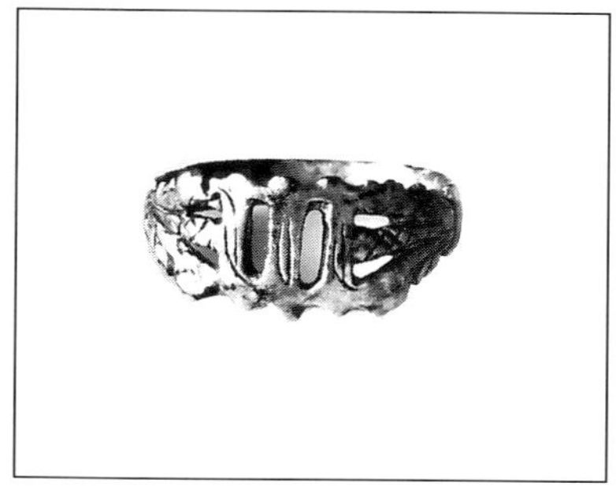

Abb. 19
Burg Sachsendorf/NÖ.
Riemenzunge aus Bronze.

Abb. 20
Burg Sachsendorf/NÖ.
Fingerring aus Silber (15. Jh.).

Bronze

An Bronzefunden konnten einige besondere Stücke beobachtet werden. Im Bereich der Kapelle fand sich eine bronzene Schreibfeder, die unter Vorbehalt in das 13. Jahrhundert zu datieren sein wird. Vergleichbare Stücke sind dem Verfasser derzeit nur aus römischer Zeit bekannt, werden aber in der Manessischen Liederhandschrift mehrmals abgebildet (Abb. 17).
Ein Henkelfragment eines Aquamaniles (Abb. 18), eine verzierte Riemenzunge (Abb. 19), das Fragment eines Kerzenhalters, ein Ring und verschiedene andere Bronzefunde konnten geborgen werden.

Silber

An Gegenständen aus Edelmetall, abgesehen von Münzen, konnte ein Silberring in der Zerstörungsschicht des Turmes gefunden werden. Der Ring ist durchbrochen gearbeitet und mit Ritzlinien verziert. Er stammt aus der Zeit vor 1482 (Abb. 20).

Glas

An Glasmaterial konnten nur kleine und wenige Fragmente beobachtet werden. Reste von Nuppenbechern waren im gesamten Burgbereich vorhanden. Aus der Kapelle und dem Palas des 15. Jahrhunderts wurden Fragmente von Butzenscheiben geborgen, die auf eine Verglasung der Fenster dieser beiden Gebäude hinweisen. Die meisten Glasfragmente waren aufgrund des aggressiven Bodens in einem schlechten Zustand.

Münzen

Das Münzspektrum der Grabung Sachsendorf erstreckt sich von der Mitte des 11. Jahrhunderts (Bela I.) bis in das 19. Jahrhundert. Der Schwerpunkt liegt eindeutig in der zweiten Hälfte des 15. Jahrhunderts. Alle später datierten Münzen stammen aus hochliegenden Schuttschichten.

Bearbeitetes Steinmaterial

Dieses Fundmaterial wird einerseits durch Kleinfunde, andererseits durch Bauteile repräsentiert. Bei den Kleinfunden sind Specksteinperlen und ein gelochtes Serpentinobjekt zu erwähnen. An Bauteilen fand sich eine große Anzahl von romanischen Konsolen- und Fenstergewandfragmenten. Das hervorragendste Stück ist aber sicherlich der in der Kapelle gefundene Grabstein (Abb. 21).

Abb. 21
Burg Sachsendorf/NÖ.
Hügelkreuz-Grabplatte mit Doppelwappen
aus der Zeit um 1300–1320.

Es handelt sich dabei um eine Sandsteinplatte mit einer Dimension von 1,60 × 0,70 × 0,25 m. Diese ist mit einem Hügelkreuz, zwei Wappen (ein springendes Einhorn im Schild sowie drei Herzen im Schild) und einer zweizeiligen Inschrift versehen. Diese wurde erst fragmentarisch transskribiert. Soweit bisher erkennbar ist, besagt sie, daß ein Mann namens Ulrich und seine Frau Elisabet in der Gruft bestattet worden waren. Von kunsthistorischer Seite wird der Grabstein in die Zeit um 1300–1320 datiert[9]. Zur Zeitstellung von Kreuzesdarstellung, Wappen und den beiden Inschriftzeilen läßt sich zusammenfassen: Bildfeldrahmung und Hügelkreuz sind primäre Instrumentierungen. Die Grabplatte dürfte also samt der Kreuzesdarstellung vorgefertigt worden sein; denn erst nachträglich sind linkes (heraldisch das rechte) Wappen und – zugehörig – die erste Inschriftzeile eingefügt worden. Noch später kamen das rechte Wappen und die zweite Inschriftzeile dazu.
Stilbild und Schriftformen widersprechen generell einer Entstehung vor 1300; die jüngere Schrift zeigt am ehesten Bezüge zu Inschriften gegen Ende des ersten Viertels des 14. Jahrhunderts.

9 Freundliche Mitteilung Dr. G. Seebach.

ERIK SZAMEIT

DER KROTTENTURM BEI ZWENTENDORF

ÜBER DIE WEITERVERWENDUNG ZWEIER SPÄTANTIKER WEHRBAUTEN DES ÖSTERREICHISCHEN DONAULIMES IM MITTELALTER: ZWENTENDORF UND TULLN

Im österreichischen Abschnitt des römischen Donaulimes lassen sich auch heute noch die verschiedensten Baureste ehemaliger römerzeitlicher Befestigungsbauten nachweisen[1]. Es handelt sich dabei um die verschiedensten Verteidigungsanlagen, die vom kleinen Wachturm bis zum Legionslager mit angeschlossener Zivilstadt reichen. Nach den gängigen historischen wie archäologischen Vorstellungen sind diese Anlagen meist schon in den Stürmen der Völkerwanderungszeit zerstört bzw. spätestens 488, nach dem von Odoaker befohlenen Abzug der Romanen aus Ufernoricum, sich selbst überlassen worden und verfallen. Diese Vermutungen treffen aber nur sehr bedingt zu und lassen sich durch noch existierende Gebäude, historische Erwähnungen und nicht zuletzt durch die archäologischen Befunde leicht widerlegen. Vielfach haben sich große Teile der Befestigungsanlagen noch lange aufrechtstehend erhalten. Vor allem die erst in spätantiker Zeit errichteten, besonders massiv gestalteten zusätzlichen Verteidigungsanlagen, wie etwa die vorspringenden Hufeisentürme an den Mauerflanken und die noch größeren Fächertürme an den Lagerecken haben die späteren Zeiten überdauert und wurden bereits in der Karolingerzeit zum Kristallisationspunkt neuer Gemeinwesen. Diese Entwicklung setzte sich dann im Lande unter der Enns, dem heutigen Niederösterreich, mit der Einrichtung der Ostmark in der zweiten Hälfte des 10. Jahrhunderts und dem daraus resultierenden Landesausbau weiter fort. Innerhalb der römischen Lagermauern entstanden neue Ansiedlungen, und was an Bausubstanz noch brauchbar war, wurde weiterverwendet bzw. aus- oder umgebaut. Einige wenige dieser Bauwerke stehen nach den mittelalterlichen und neuzeitlichen Adaptierungen z. T. noch immer in Verwendung oder sind zumindest noch als imposante Ruinen mit aufgehendem Mauerwerk vorhanden. Sie sind an Orten wie z. B. Mautern, Traismauer, Tulln oder Zeiselmauer in das bestehende Orts- bzw. Stadtbild eingebunden. In all diesen Fällen kann man annehmen bzw. nachweisen, daß diese Bauwerke während des Mittelalters genutzt und instandgehalten worden sind. Ein eher geringer Teil dieser Befestigungen ist letztlich aber von der Erdoberfläche verschwunden. Der Nachweis dieser Bauten und die Frage, ob und in welcher Form sie im Mittelalter genutzt worden sind, läßt sich dort, wo historische Quellen fehlen, nurmehr durch Ausgrabungen feststellen. Eine dieser völlig abgekommenen Anlagen ist das an der Donau liegende Kastell bei Zwentendorf in Niederösterreich.

1. Fundort und Fundgeschichte

Etwa einen Kilometer westlich der Ortschaft Zwentendorf in der Bezirks-Hauptmannschaft Tulln, Niederösterreich, befinden sich in einem kleinen Wäldchen zwischen der Bundesstraße 226 und dem ehemaligen Donauufer die Reste eines Erdwerkes[2]. Das Wäldchen wird als »Remise« bezeichnet und trägt im Volksmund den Namen »Weingartl«. Die heute bereits weitgehend zerstörte Anlage besteht aus einem fast vollständig eingeebneten, unregelmäßig gerundeten Erdwall, der einen stark zugewachsenen Innengraben und ein flaches, nur wenig erhöhtes Kernwerk umschließt (Abb. 1). Der Erdwall hat in

1 K. Genser, Der österreichische Donaulimes in der Römerzeit. Der römische Limes in Österreich 33 (1986). – Kurzgefaßt: M. Kandler u. H. Vetters, Der römische Limes in Österreich. Ein Führer (1986).

2 H. P. Schad'n, Die Hausberge und verwandte Wehranlagen in Niederösterreich. Mitt. d. Anthropolog. Gesell. Wien 80, 1953, 170.

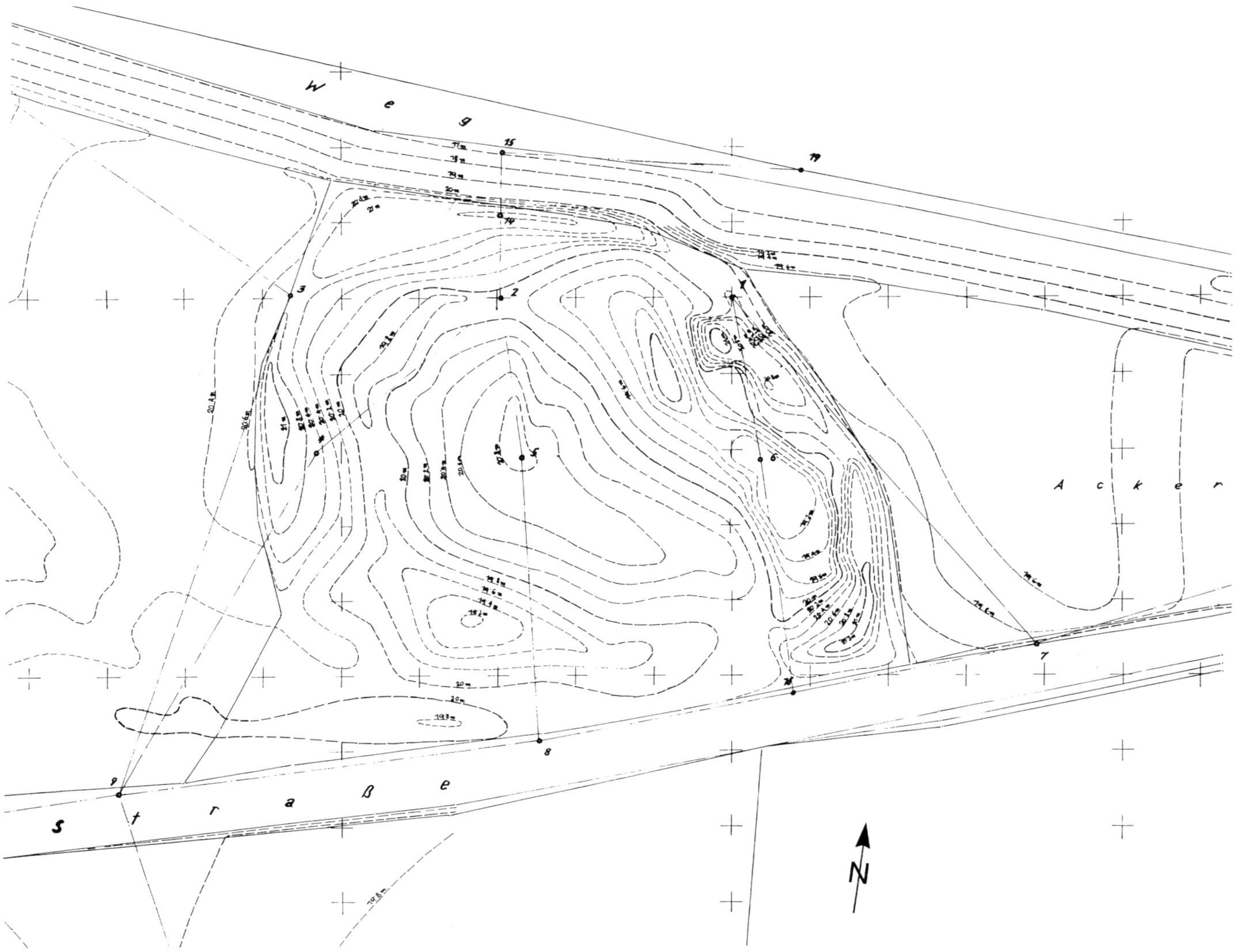

Abb. 1 Höhenschichtenplan des Erdwerks bei Zwentendorf (»Krottenburg« im Südostbereich des römischen Kastells) vor Beginn der Grabungen 1953 (Abstand zwischen den Fadenkreuzen = 10 m).

seiner W–O-Erstreckung einen äußeren Durchmesser von ca. 75 Metern. Das in seiner Längsachse etwa NW–SO gedrehte Kernwerk mißt ca. 50 × 30 Meter. Der nördliche Wallarm grenzt unmittelbar an den alten Donauabbruch und geht in dessen Böschung über. Hier befindet sich auch eine Öffnung zwischen dem nördlichen und dem östlichen Wallkörper. Im Süden wird die Anlage von der Bundesstraße begrenzt; hier sind Wall und Graben bereits völlig planiert. Im Westen und Osten schließen Ackerflächen an die stark eingeebneten Wälle an. Besser erhalten sind Wall und Graben nurmehr im nördlichen Teil der Anlage.

Bereits 1895 hat der Dorfschullehrer A. Zündel anläßlich einer Mitteilung an die K. K. Zentralkommission über seiner Meinung nach prähistorische Funde bei Zwentendorf die Anlage in ihrem damaligen Zustand beschrieben und dabei auf jüngere und jüngste Veränderungen derselben aufmerksam gemacht[3]. Nach seiner Beschreibung war der Erdwall damals noch durchschnittlich 2 Meter hoch und an

[3] A. Zündel, Bericht über prähistorische Funde bei Zwentendorf im Tullnerfeld. Mitt. d. k. k. Zentralkommission 21, 1895, 247 ff.

den Grundflächen 4–5 Meter breit gewesen. Der umschlossene Kern hat den Wall noch um ein geringes überragt. Nach dem Bericht Zündels wurde etwa um die Mitte des 19. Jahrhunderts von der Graf Althanschen Gutsverwaltung versucht, die bis dahin um das Erdwerk bestehende »Wildnis« in einen Weingarten zu verwandeln. Bei den Erdarbeiten stieß man damals auf eine große Zahl menschlicher Skelette »von gewaltiger Größe«, die aber wieder vergraben wurden. Die im Bereich des Kernwerks gepflanzten Rebsorten gediehen aber nicht, und so war der Weingarten bereits zu Zündels Lebzeit wieder eine wuchernde Wildnis. Auf dem Kernwerk und auf den anschließenden Ackerflächen waren noch in der zweiten Hälfte des 19. Jahrhunderts Mauerreste vorhanden gewesen. Es soll sich dabei um über die Ackerflächen emporragenden Reste eines runden Turmes und gerade verlaufender Mauerzüge gehandelt haben. Etwa zwölf Jahre vor Zündels Berichterstattung wurden diese Mauern vom Verwalter der Herrschaft Zwentendorf z.T. unter Zuhilfenahme von Sprengstoffen abgetragen und bei dieser Gelegenheit in den Fundamenten nach »verborgenen Schätzen« gegraben. Zündel wies darauf hin, daß man auf den das Erdwerk umgebenden Ackerflächen römische Münzen und römische wie keltische Keramik finden könne. Weiters teilte er in seinem überaus aufschlußreichen, von der Fachwelt aber weitgehend ignorierten Bericht mit, daß vor der mißglückten Anlage des Weingartens das Erdwerk die volkstümliche Bezeichnung »Krothenturm« und die Umgebung die Bezeichnung »Krothenau« innegehabt hatte.

Tatsächlich findet sich im Blatt »Zwentendorf« der Franziszeischen Karte die Bezeichnung »Grothenthurm Braiten« für die zwischen Straße und Donauabbruch liegende Parzelle 729[4]. Ein Ringwall, der »Ruine von Krottenburg« genannt wird, ist auf der Donaukarte des Christian de Lorenzo aus dem Jahre 1816/17 im Bereich von Zwentendorf eingezeichnet[5]. Vermutlich dürfte auch das auf der Schweickhardtschen Karte westlich von Zwentendorf eingetragene einzelne Gebäude als der Rest des ehemaligen Krottenturmes aufzufassen sein[6].

Als nächster befaßte sich der Vater der österreichischen Hausberg- bzw. Mottenforschung, H. P. Schad'n, mit der Anlage bei Zwentendorf, die er in seine Arbeit über die Hausberge und verwandte Wehranlagen in Niederösterreich aufnahm[7]. Schad'n übernahm zwar im wesentlichen die Angaben A. Zündels, erweiterte sie aber in einigen Punkten und Details, wobei er historische Quellen zitierte, die ein »Krottendorf« bei Zwentendorf erwähnen.

Der Heimatforscher K. Hetzer legte im Herbst 1952 dem Niederösterreichischen Landesmuseum einen Bericht vor, in dem er die Ansicht vertrat, im Bereich des »Weingartls« sei der auf der Tabula Peutingeriana erwähnte römerzeitliche Ort Pirotorto zu lokalisieren und außerdem eine mittelalterliche Nachfolgesiedlung, das Krottendorf bzw. der Krottenturm.

Nach Absprache mit dem Landesmuseum wurde im Frühjahr 1953 das Erdwerk amtlich vermessen und ein Höhenschichtenplan angelegt (Abb. 1). Danach wurde innerhalb des Erdwerks mit einer Probegrabung begonnen, die erste Aufschlüsse erbrachte. In der Folge führten das Niederösterreichische Landesmuseum und das Österreichische Archäologische Institut von 1953 bis 1962 gemeinsam die Ausgrabungsarbeiten im Bereich des Erdwerks und der anschließenden Ackerflächen durch. Als Ergebnis konnten ein mehrphasiger römischer Kastellbau (vgl. Abb. 3), ein großer Friedhof aus dem 10./11. Jahrhundert und die Reste einer mittelalterlichen Burganlage aufgedeckt werden. Die Funde und Grabungsunterlagen gelangten in das Archiv bzw. Depot des Niederösterreichischen Landesmuseums.

Während die Grabungsergebnisse der römischen Baureste 1975 von H. Stiglitz, der seinerzeitigen Grabungsleiterin des Österr. Arch. Instituts, vorgelegt wurden[8], stehen sowohl die Aufarbeitung und Publikation der römischen Kleinfunde als auch der Befunde und Funde aus dem Gräberfeld des

4 Franziszeischer Kataster 1817–1861 (1821), NÖ VoWW, Nr. 625.

5 NÖ-Landesbibliothek, Kartensammlung BII/82.

6 F. X. J. Schweickhardt, Perspectivkarte des Erzherzogtums Österreich unter der Enns 1831–1841.

7 H. P. Schad'n (Anm. 2).

8 H. Stiglitz, Das römische Donaukastell Zwentendorf in Niederösterreich. Der römische Limes in Österreich 26 (1975).

10./11. Jahrhunderts und der mittelalterlichen Burganlage noch aus. In den Jahren 1988/89 bearbeitete der Verf. die noch vorhandenen mittelalterlichen Keramikreste aus der Grabung und versuchte die Funde mit den seinerzeitigen Befunden in Einklang zu bringen[9]. Die nicht uninteressanten Ergebnisse, die allerdings eine Reihe weiterer Fragen aufwerfen, sollen hier in Kurzform zur Diskussion gestellt werden.

2. Die mittelalterlichen Befunde

Die hier vorgestellten Befunde sind der Versuch einer Zusammenfassung der die mittelalterliche Anlage betreffenden Befunde aus den leider nicht mehr vollständig vorhandenen (!) Grabungsprotokollen, verschiedenen (z. T. widersprüchlichen) Fundberichten und den Beschreibungen der römischen Lagerreste in der Publikation von H. Stiglitz. Es muß vorausgeschickt werden, daß das primäre Ziel der damaligen Ausgrabungen bei Zwentendorf der Nachweis römischen Mauerwerks und danach eine möglichst kostengünstige und umfassende Feststellung des Mauerverlaufes und allfälliger Lagerinnenbauten war. Es wurde daher in erster Linie mit langen, schmalen Suchschnitten und oberflächlichen Sondagen gearbeitet, deren archäologischer Aussagewert heute als zweifelhaft bezeichnet werden muß. Lediglich im Bereich des Kernwerks wurde – bedingt durch die große Anzahl von Gräbern – auch flächig gegraben. Die in die römischen Horizonte eingreifenden störenden mittelalterlichen und neuzeitlichen Veränderungen, die den Ausgräbern nach ein »recht verwirrendes Bild« boten, wurden nur am Rande beachtet.
Schon nach der ersten Probegrabung im Frühjahr 1953, bei der drei Suchschnitte über das Kernwerk, den Innengraben und den Außenwall gezogen wurden, stand aber fest, daß im Areal des Erdwerks römische Kulturschichten mit Mauerresten von einem Friedhof des 10./11. Jahrhunderts mit meist beigabenlosen W–O orientierten Bestattungen überlagert wurden, der seinerseits durch die Anlage eines mittelalterlichen Wall- und Grabensystems gestört bzw. überdeckt war. Der als flacher Sohlgraben ausgeführte mittelalterliche Innengraben (Abb. 2) erwies sich als 8–10 Meter breit und 2,2–2,5 Meter tief, der Außenwall an der Basis zwischen 5 und 7 Meter breit und noch max. 2 Meter hoch. Die Grabung 1954 deckte vor allem Teile des Gräberfeldes auf dem Kernwerk flächig auf. Es zeigte sich hier, daß über den römischen Schuttschichten eine ca. 70–120 cm mächtige Erdschicht auflagerte. Im Zuge der Grabung konnten vereinzelte mittelalterliche Pfostenlöcher ohne erkennbaren Zusammenhang festgestellt werden. Die Gräber des 10./11. Jahrhunderts waren unter der stark durchmengten, römische wie hochmittelalterliche Keramik enthaltenden Erdschicht z. T. in den darunterliegenden, offenbar planierten, römischen Bauschutthorizont eingetieft. Seltsame Knochennester und Störungsspuren zeigten, daß hier tatsächlich die im 19. Jahrhundert bei Anlage des Weingartens gestörten Bestattungen z. T. wiederbestattet worden waren. Am äußeren Rand des mittelalterlichen Grabens, gegen die offensichtliche Eingangsöffnung orientiert, fand sich eine 2,10 Meter lange, horizontal gelegte Steinlage in einer mächtigen Aschenschicht, die in den Graben hineinreichte. Dieser Befund wurde von den Ausgräbern als Auflager für einen, den Innengraben überspannenden, hölzernen Steg gedeutet, der abgebrannt war. Die Schnitte durch den Innengraben und den Außenwall boten jeweils ein ähnliches Bild. Über der Sohle des Innengrabens konnten zahlreiche Rinderskelette und andere Haustierreste festgestellt werden. Seltsamerweise fehlten in den mittleren und unteren Grabenbereichen Bauschutt, Küchenabfall und Keramik des Mittelalters. Lediglich im untersten Sohlbereich konnten vereinzelte hochmittelalterliche Scherben geborgen werden. Unter der Wallkrone fanden sich starke Aschenspuren, Holzkohle und gebrannte Lehmreste, die auf abgebrannte hölzerne Wallbekrönungen schließen ließen. Der Wall selbst war aus Erde und Lehm aufgeschüttet und enthielt u. a. auch römische Scherben und Bauschutt. In einem Schnitt im südöstlichen Bereich des Erdwerks konnten schräg in den mittelalterlichen Graben einfallende

[9] E. Szameit, Der Krottenturm. Eine mittelalterliche Burganlage bei Zwentendorf. Arch. Austriaca 73, 1989 (in Auslieferung). – Kurzgefaßt: E. Szameit, Die Burg von Krottendorf. Ein Erdwerk aus dem frühen Hochmittelalter. Mitteilungen II des heimatkundlichen Arbeitskreises für die Stadt und den Bezirk Tulln 1989, 46 ff.

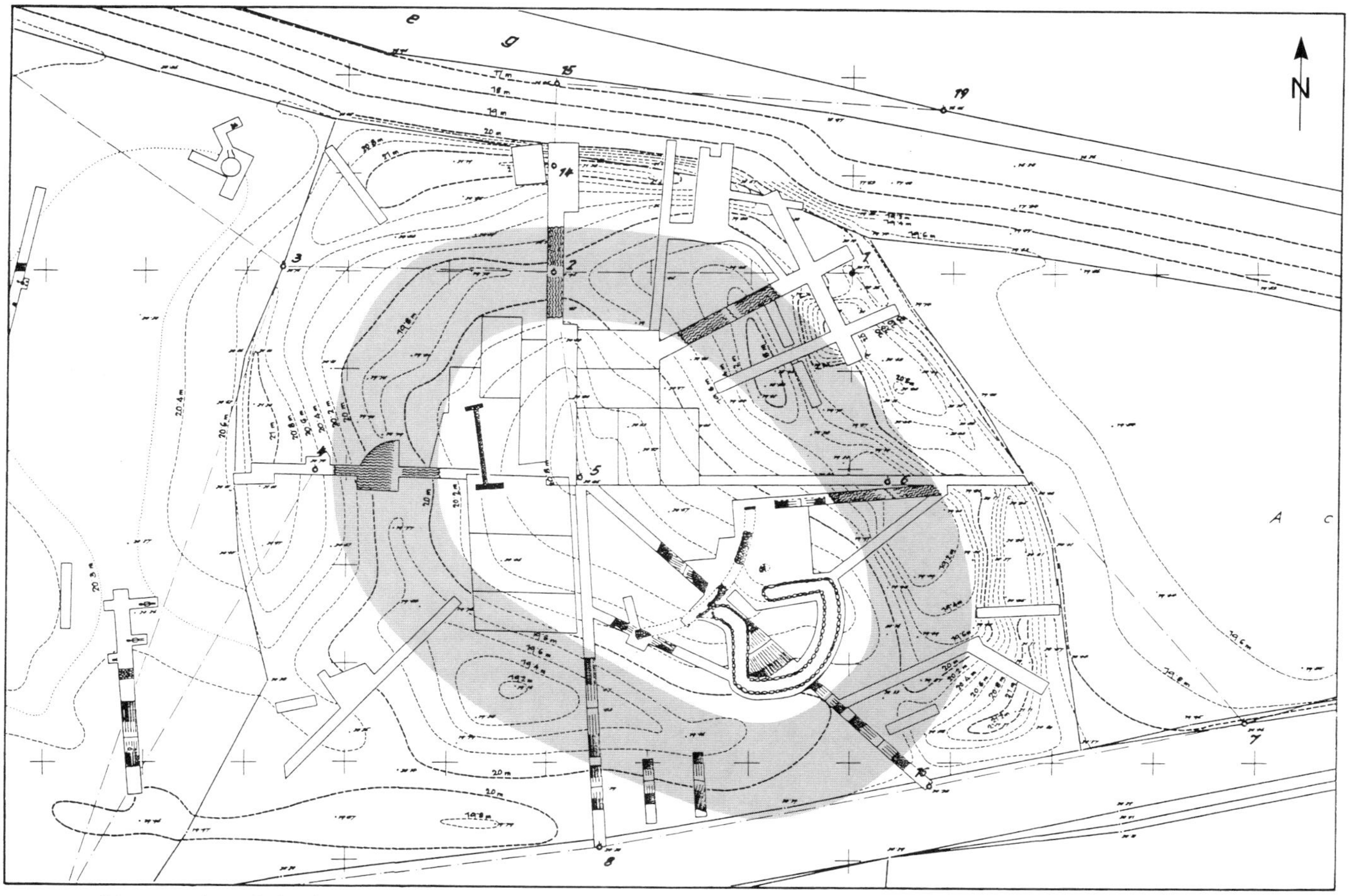

Abb. 2 Grabungsbefunde in der Südostecke des römischen Kastells von Zwentendorf (nach H. Stiglitz) mit Eintragung des mittelalterlichen Innengrabens der Krottenburg.

Bauschuttstraten und ein auf der Grabensohle aufliegendes, mächtiges Mauerstück freigelegt werden, von dem die Ausgräber annahmen, daß es sich um einen Teil des Krottenturmes handelte.
1955 waren weitere Flächen des Gräberfeldes im Bereich des Kernwerks abgedeckt worden, ohne daß konkrete mittelalterliche Einbauten festgestellt werden konnten.
Erst 1957 wurde im südöstlichen Bereich des Erdwerks die Grabung fortgesetzt, wobei die Reste der römischen Lagerecke mit dem vorspringenden Südosteckturm erfaßt wurden (Abb. 2). Dieser Turm, ein spätantiker Fächerturm, war über älteren, die Lagerecke deckenden Spitzgräben errichtet und entsprechend tief (1,40–2,00 Meter) fundamentiert worden. Er hatte eine Mauerstärke von 1,8 Meter, war aber zum Großteil bis auf das eigentliche Fundament ausgebrochen worden. Das Turmfundament wurde nun beidseitig umlaufend (!) durch Schlitzgräben freigelegt. In seinem Inneren fand sich über einem als spätantik eingestuften Horizont eine massive Brandschicht mit verkohlten Balken und Rundhölzern sowie große Mengen von Getreide und Feldfruchtresten, die später von Paläobotanikern als mittelalterlich eingestuft wurden. Schnitte durch den den Turmfundamenten vorgelagerten mittelalterlichen Graben zeigten, daß dieser entweder die älteren, tieferen römischen Gräben überlagerte oder schnitt. Wieder konnten über der Sohle zahlreiche Schweine- bzw. Pferdeskelette festgestellt werden. Bei einem der Pferdeskelette fanden sich noch lederne Sattelreste mit einer Börse, die eine Münze aus der Zeit um 1763 enthielt. Neuzeitliche glasierte Scherben und Steingutbruchstücke im südlichen Bereich des Innengrabens zeigten, daß hier der Graben erst in jüngerer Zeit aufgefüllt und planiert worden war.

In der letzten, offiziell das Erdwerk betreffenden Kampagne wurden im Jahre 1958 rund um die Turmfundamente weitere 62 Gräber des 10./11. Jahrhunderts freigelegt, die bis unmittelbar an die Mauern heranrückten. Mit einem weiteren Suchschnitt wurde die etwas erhöhte Bastion bei der nördlichen Eingangsöffnung geschnitten. Hier zeigte der Wall erstmals schräg liegende, hölzerne Einbauten. Unter der Wallkrone fanden sich Scherben des Hochmittelalters, die Verf. dem 11. und 13. Jahrhundert zuweist. Nach H. Stiglitz fand dann 1962 eine Nachuntersuchung im Bereich des Erdwerks »zur Klärung der mittelalterlichen Schichten im Zentrum der Remise« statt[10], über die aber mangels Unterlagen nichts in Erfahrung zu bringen war. Lediglich im Fundmaterial ist eine Reihe hochmittelalterlicher Scherben vorhanden, die eine Inventarnummer von 1962 tragen, deren Fundumstände und Fundort jedoch nicht feststellbar sind.

3. Die Funde

Das derzeit noch vorhandene, aus dem Bereich des Erdwerks stammende mittelalterliche Fundmaterial setzt sich ausschließlich aus den keramischen Resten von Töpfen, Schüsseln, Deckeln, Pfannen, Bügelkannen, Doppelhenkelkannen und Vorratsgefäßen zusammen. Bedingt durch eine leider äußerst mangel- und lückenhafte Dokumentation, ist der Aussagewert der Funde begrenzt. Dennoch läßt sich aus dem keramischen Spektrum zumindest die Nutzungsdauer der Anlage klar erschließen. Eine Kartierung der Funde zeigte, daß die überwiegende Mehrzahl der Keramik im Bereich der nordwestlich an den Turm grenzenden Kernwerksflächen geborgen wurde. Wie aus der Auswahl der Funde ersichtlich, sind bei der Grabung nur die größeren und charakteristischen Rand- und Bodenstücke der als mittelalterlich erkannten Keramik aufgehoben worden. Ebenso muß darauf hingewiesen werden, daß die sonst aus mittelalterlichen Anlagen so geläufigen Metall-, Horn-, Knochen- und Glasfunde von den Ausgräbern offenbar in ihrer Gesamtheit dem römischen Fundmaterial zugesellt wurden. Sie konnten daher bei der Auswertung nicht berücksichtigt werden.
Die aus dem Erdwerk geborgene Keramik kann in ihrer Gesamtheit als typisch für die im östlichen Österreich, vor allem im Donaunahbereich vertretene Ware des Hochmittelalters gelten[11]. Der überwiegende Teil der Keramik ist oxydierend gebrannt und enthält Graphit- und/oder Glimmerbeimengungen mit stark unterschiedlicher Variabilität. Die ältesten, noch der zweiten Hälfte des 11. Jahrhunderts und der Zeit um 1100 zuzuweisenden Stücke sind ohne Zuhilfenahme einer Drehscheibe aufgeformt worden. Sie bestehen aus massivem, aber relativ weichem Graphitton. Ihre Oberfläche ist meist grau bis schwärzlich gefärbt und glänzend; einige Stücke sind auch schon von hellbräunlicher Färbung. Die Ränder zeigen einfache, ausladende Formen; z. T. sind sie, wie vereinzelte feine Rillen andeuten, nachgedreht worden. An Verzierungen kommen grobe Wellenlinien und horizontalverlaufende Rillen vor.
Die Keramik des 12. Jahrhunderts zeigt mit dem Fortschreiten der Zeit eine Abnahme des Graphitgehaltes. Die Gefäße werden dünnwandiger; es erscheint ein gewisser Anteil an Drehscheibenware neben nachgedrehter Ware. Die Ränder weisen eine größere Formenvielfalt auf. Sie sind häufig verdickt und generell besser abgeformt. Als Verzierung dient die Wellenlinie. Neben der dominierenden Graphittonware verbreitet sich immer stärker die Glimmerware. Ein Großteil der Keramik zeigt im Bruch einen grauen, braunen oder schwarzen Kern, während die Oberfläche hellrötlich, gelblich, manchmal auch grau gebrannt ist. Neben den sehr bauchigen Töpfen stehen jetzt auch Pfannen und hochrandige Schüsseln als Kochgeschirr zur Verfügung; Vorratsgefäße und Deckel bezeugen die Vorratshaltung. Bügelkannen und Doppelhenkelkannen deuten auf eine aufwendigere Haushaltung und eine gehobenere Tischkultur hin.

10 Stiglitz (Anm. 8) 45.
11 Als Einführung zur Problematik der mittelalterlichen Keramik Ostösterreichs siehe: Keramische Bodenfunde aus Wien. Katalog des Historischen Museums der Stadt Wien (1982) 37 ff. – Weiters: S. Felgenhauer-Schmiedt, Die hochmittelalterliche Burg Möllersdorf. Beiträge zur Mittelalterarchäologie in Österreich 2, 1986 (mit weiterführender Literatur).

Gegen Ende des 12. und im 13. Jahrhundert dominiert eine gut gearbeitete, relativ dünnwandige Drehscheibenware mit nurmehr sehr geringen Graphit- und/oder Glimmerbeimengungen oder ohne jede Zusätze. Der Ton wird häufig noch oxydierend gebrannt und ist an der Oberfläche meist hell- bis ziegelrot gefärbt, und es kommt aber auch schon gleichmäßig reduzierend gebrannte, graue Ware vor. Die Ränder werden nun meist steildachförmig abgeformt, z.T. sind sie gut unterkehlt. Auffallend ist ein im Gegensatz zur älteren Keramik höherer Hals und ein schärferer Schulterumbruch.
Während die hochmittelalterliche Ware aus dem Erdwerk vom 11. bis ins fortgeschrittene 13. Jahrhundert in sehr gleichmäßiger Streuung vorliegt, fehlt die spätmittelalterliche Keramik des 14.–16. Jahrhunderts fast völlig. Bei den wenigen geborgenen Stücken handelt es sich meist um oberflächennahe Streufunde. Neuzeitliche, glasierte Ware stammte jeweils aus deutlich erkennbaren jüngsten Störungen bzw. Einfüllungen im Erdwerk.

4. Historische Quellen

Über das Erdwerk selbst liegen mit Ausnahme einer spätmittelalterlichen Quelle keinerlei konkret in Beziehung zu setzende Nachrichten vor. Allerdings werden Grundbesitzer und Grundbesitz in der abgekommenen Ortschaft »Krottendorf« genannt. Die früheste Nennung fällt in das Jahr 1233, als Probst Heinrich von St. Georgen-Herzogenburg mit Dietmar von Gutenbrunn einen Gütertausch einging[12]. Unter den Zeugen dieser Tauschhandlung findet sich an letzter Stelle, hinter den Rittern, ein Rudolf von Krottendorf. Weitere Nennungen dieses Rudolf von Krottendorf sind nicht bekannt.
Als frühester Grundherr in Krottendorf läßt sich das Stift Klosterneuburg nachweisen, in dessen Urbar 1258 ein Acker von 3 Joch Größe aufscheint[13]. Nach 1258 wird ein Otto von Krottendorf genannt, der ein Halblehen in diesem Ort an das Stift Klosterneuburg gegeben hat[14]. Auch dieser Otto scheint in keinen weiteren Quellen auf, sein Stand läßt sich daher kaum bestimmen. Möglicherweise stand er in verwandtschaftlicher Beziehung zu dem bereits genannten Rudolf von Krottendorf. Als Grundbesitzer könnte er seinen Sitz auf der Krottenburg gehabt haben. Die beiden Klosterneuburger Besitzungen erscheinen auch noch im vierten Stiftsurbar von 1340[15]. In der ersten Hälfte des 14. Jahrhunderts dürfte die Ortschaft bereits auf mehrere ortsfremde Gutsherren aufgeteilt gewesen sein, wobei ein wesentlicher Teil schon zur benachbarten Herrschaft Zwentendorf gehörte. Bei der Verpfändung des Dorfes Zwentendorf durch Ulrich und Eberhart von Kapellen werden auch entsprechende Erträge aus Krottendorf sowohl von behausten wie unbehausten Gütern aufgezählt[16].
Auch das Stift Herzogenburg hatte im Spätmittelalter nicht unbeträchtlichen Grundbesitz in Krottendorf. Nach dem Urbar von 1474 umfaßte der Besitz sowohl behauste wie Überlendgründe[17]. Im ausgehenden Spätmittelalter muß das Dorf entweder von türkischen Streifscharen (1529) oder durch Naturgewalten zugrunde gegangen sein. Die Herzogenburger Güter blieben jedenfalls nach der Nennung von 1474 bis über die siebziger Jahre des 16. Jahrhunderts hinaus ungestiftet. Im Beireitungsbuch des Stiftes von 1591 scheint Krottendorf nicht mehr auf[18].
Eine Notiz aus 1599 im Herzogenburger Stiftsarchiv erwähnt, daß in der wüst liegenden Gegend von Krottendorf der Besitzer von Zwentendorf, Graf Althan, starke Mauern eines ehemaligen Schlößls ausbrechen ließe und daß in dessen Nähe, nahe dem Donauarm, noch die Spuren von ehemals 12 Häusern zu sehen seien, die vor Zeiten wohl Krottendorf genannt worden sind[19].

12 A(rchiv) für Ö(sterreichische) G(eschichte) 9 (1853) 290ff.
13 Jahrbuch d. Stiftes Klosterneuburg V, 212.
14 F(ontes) R(erum) A(ustriacum) II/28, 146.
15 H. Waldmann, Das IV. Klosterneuburger Urbar von 1340 (Phil. Diss. Wien 1946) fol. 32r und 32v.
16 Notizblatt 1854, 320f.
17 Notizblatt 1853, 47f.
18 L. Hansen, Das Viertel OWW im Spiegel des Beireitungsbuches von 1591 (Phil. Diss. Wien, 1974).
19 H. Stiglitz (Anm. 8) 9, Anm. 5.

5. Ergebnisse

Die Grabungen in Zwentendorf erbrachten einen ausgedehnten Friedhof des 10. und 11. Jahrhunderts, der auf den Flächen im südöstlichen Bereich des ehemaligen Kastells bei Zwentendorf angelegt worden ist. Die alten, an den Südosteckturm anschließenden Lagermauern waren zu diesem Zeitpunkt bereits soweit eingestürzt und abgetragen, daß einige der Bestattungen unmittelbar auf die Reste der Mauer gebettet werden konnten. Der Eckturm selbst dürfte in dieser Zeit allerdings noch in sehr gutem Bauzustand, oder vielleicht schon renoviert gewesen sein, da in den um den Turm laufenden, in dieser Zeit schon stark zugewachsenen spätrömischen Spitzgräben keinerlei Mauerschutt bzw. Mauertrümmer lagen. Das Gräberfeld selbst weist eine Besonderheit auf. Es enthält in seinem mittleren Bereich eine größere, rechteckige Fläche, die – bis auf eine zentral liegende, beigabenlose Bestattung – völlig gräberfrei geblieben ist. H. Friesinger, der sich mit dem Material des Gräberfeldes beschäftigt hat und dessen Publikation vorbereitet, vermutet, daß hier neben dem Steinturm ein Holzbau mit Kirchen- bzw. Grabkapellenfunktion errichtet gewesen war, dessen Spuren von den Ausgräbern offensichtlich nicht erkannt wurden. Unbekannt sind jedenfalls die Besitzer und die Funktion, die der Turm zu dieser Zeit innehatte und damit seine Stellung zum Gräberfeld. Der Friedhof selbst wurde nach Aussage eines wohl in den achtziger Jahren des 10. Jahrhunderts geprägten, als Grabobolus beigegebenen Silberdenars Boleslavs II. von Böhmen zumindest bis in die erste Hälfte des 11. Jahrhunderts belegt.

Ausgehend von der Tatsache, daß das Land zwischen Enns und Wienerwald mit seinen noch vielfach benutzbaren römischen Militärbauten und Straßen nach der Eingliederung in das Frankenreich Karls des Großen am Ende des 8. Jahrhunderts als Königsland galt, mit dem der Herrscher und seine Nachfahren geistliche wie weltliche Herren großzügig bedachten[20], wäre es nicht völlig auszuschließen, daß sich die Liegenschaft um das Kastell bei Zwentendorf am Beginn des 10. Jahrhunderts im Besitz einer größeren geistlichen Institution befunden hat. Diese könnte auch nach den Ungarneinfällen des 10. Jahrhunderts an Ort und Stelle erhalten geblieben sein und im Lagerareal das Kirchen- und Begräbnisrecht für die umliegenden Dorfgemeinden innegehabt haben.

Völlig im dunkel liegen die Gründe, die nach Aussage der frühesten in den Erdschichten des Kernwerks gefundenen Keramik, etwa in der zweiten Hälfte des 11. Jahrhunderts, zu der Anlage der Erdbefestigung geführt haben (Abb. 3). Unbekannt sind auch die ersten Inhaber dieser Befestigung. Bemerkenswert ist lediglich die Tatsache, daß der Inhaber der Anlage ohne jede Rücksicht auf den Friedhof und die zweifellos noch sichtbaren Grabstellen Wall und Graben um den Turm aufwerfen lassen konnte. Dabei nahm der Turm in der Befestigung aber keine zentrale, sondern eine stark randliche Stellung ein. Gleichzeitig mit der Errichtung von Wall und Graben dürfte auch die Innenfläche des Kernwerks durch Erdauftragung erhöht worden sein. Es handelt sich daher bei der Krottenburg um eine nachträgliche Einmottung eines spätrömischen Wehrturmes (Abb. 4)[21].

Nach Auswertung der keramischen Funde läßt sich sagen, daß das Erdwerk und der Turm bis in das fortgeschrittene 13. Jahrhundert wahrscheinlich ohne größere Unterbrechungen oder Umbauten benutzt worden sind. Das Fehlen der typischen spätmittelalterlichen Keramik macht wahrscheinlich, daß die Befestigung spätestens am Ende des 13. Jahrhunderts aufgegeben wurde. Ob dies gewaltsam durch Zerstörung und Brand erfolgte, oder aus wirtschaftlichen und herrschaftsrechtlichen Gründen, kann vorläufig noch nicht gesagt werden. Die Brandspuren im Turm, unter der Wallkrone und im Eingangsbereich könnten auch aus späterer Zeit stammen. So hat schon H. P. Schad'n vermutet, daß die Eingangsöffnung in der Nordwestecke der Anlage und die flankierende Bastion spätere Einbauten zum Erdwerk sind. Tatsächlich erfahren wir aus einem Brief des Abtes von Stift Göttweig an den Passauer

20 H. Wolfram, Die Karolingerzeit in Niederösterreich, Wissenschaftliche Schriftenreihe Niederösterreich 4 (1980) 11. – Ders., Ethnogenesen im frühmittelalterlichen Donau- und Ostalpenraum (6. bis 10. Jahrhundert). In: Frühmittelalterliche Ethnogenese im Alpenraum. Nationes V (1985) 97ff.

21 H. Hinz, Motte und Donjon. Zur Frühgeschichte der mittelalterlichen Adelsburg. Zeitschrift für Archäologie des Mittelalters, Beiheft 1 (1981) bes. 98.

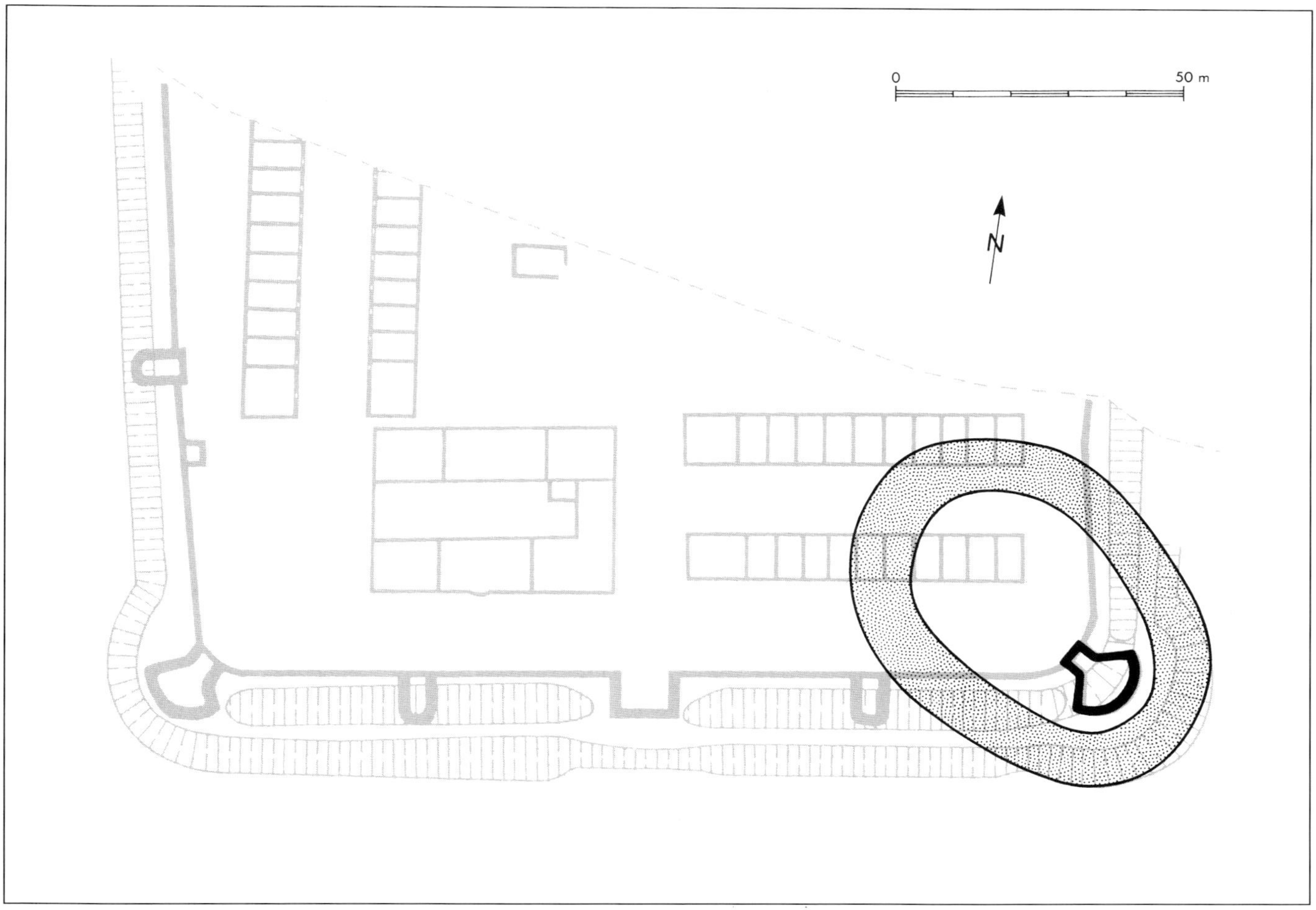

Abb. 3 Schematisierter Plan der spätrömischen Steinbauperiode des Kastells Zwentendorf mit Eintragung des weiterbenutzten Fächerturms und des zugehörigen, neu angelegten Innengrabens der mittelalterlichen Turmburg.

Bischof, daß sich 1465 Söldner des Wenzel Luczka von Wiltschek in einem »neuen Tabor« bei Zwentendorf verschanzt hätten und von dort aus die Gegend verunsicherten[22]. Da es rund um Zwentendorf keinen einzigen Nachweis eines spätmittelalterlichen Tabors gibt, liegt die Vermutung nahe, daß die Söldner die verfallene Krottenburg kurzfristig besetzt und instand gesetzt hatten. Abgesehen davon, daß sich die Renovierung des vorhandenen Erdwerks leichter und schneller bewerkstelligen ließ als eine völlige Neuanlage, spricht u. a. der so sorgfältig ausgeputzte und vom Schutt und Abfall des Hochmittelalters befreite Innengraben der Krottenburg für diese Annahme. Ebenso sind die wahrscheinlich nachträglich eingerichtete Eingangsöffnung am Nordrand und die sie flankierende, etwas überhöhte Bastion mit den hölzernen Einzügen Bauteile, die allgemein bei spätmittelalterlichen Erdwerken auftreten. Deshalb vermuteten schon die Ausgräber, daß dieses Erdwerk auch ein spätmittelalterlicher Tabor sei. Die in der Schüttung der Eingangsbastion vorhandenen Gefäßbruchstücke des 11.–13. Jahrhunderts weisen auf einen entsprechend jüngeren Zubau hin. Da die Söldner nur kurze Zeit im Besitz des Krottenturmes waren – sie zogen, wie wir aus der oben erwähnten historischen Nachricht wissen, nach einem Vergleich mit Kaiser Friedrich III. schon bald wieder ab – erklärt sich auch das Fehlen spätmittelalterlicher Einbauten und Funde auf dem Kernwerk. Die Brandschicht im Inneren des Turmes, unter der Wallkrone und beim vermuteten Übergang über den Graben könnte durch ein gezieltes

22 F(ontes) R(erum) A(ustriacum) II/44, 595f.

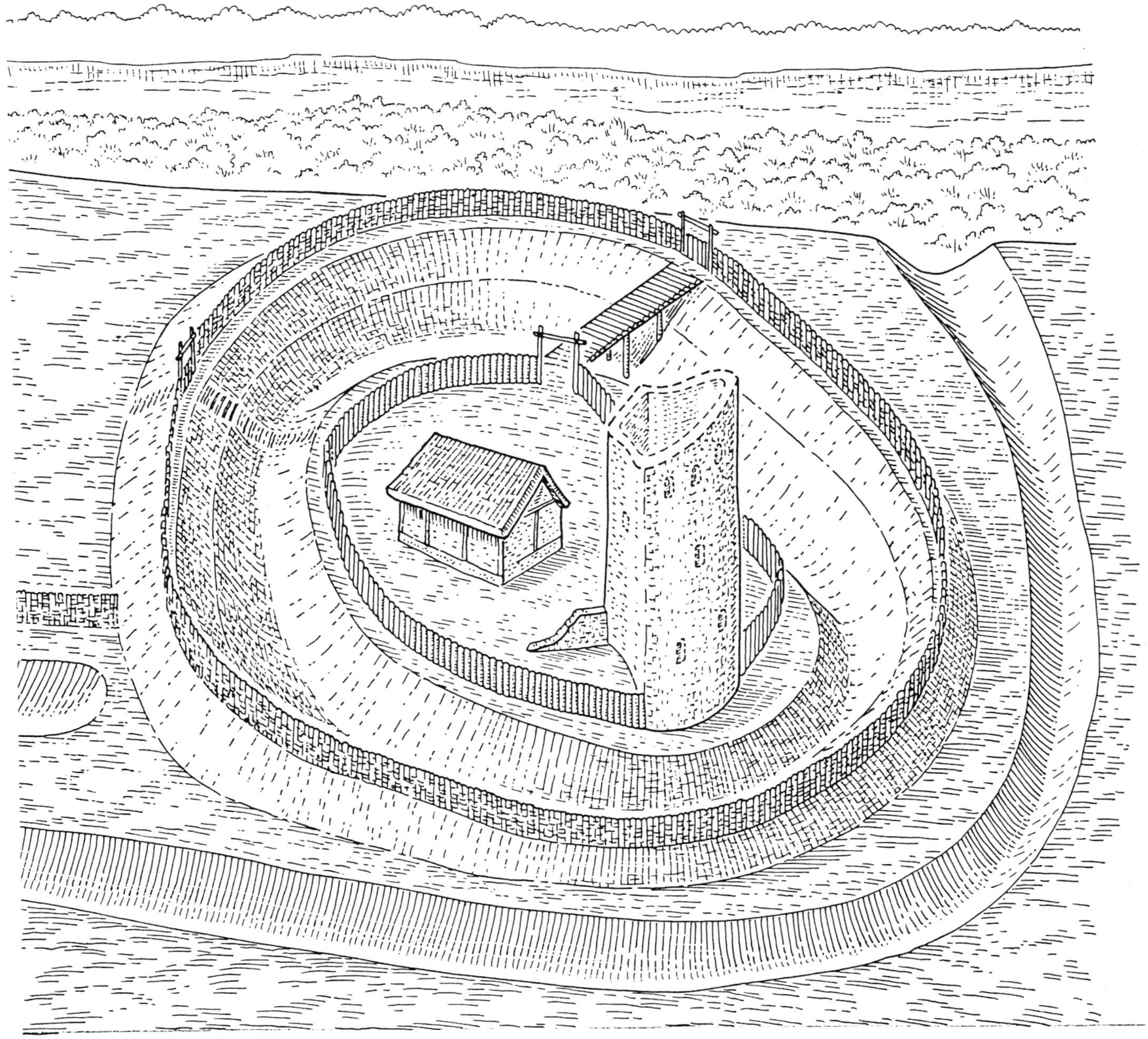

Abb. 4 Rekonstruktionsversuch der Krottenburg im 11./12. Jahrhundert.

Abbrennen der Anlage nach dem Verlassen durch die Söldner entstanden sein. Sie könnte aber auch mit einem Schadfeuer im Zusammenhang mit einer weiteren Söldnerfehde um Zwentendorf im Jahre 1471 zu erklären sein, bei der auch die Ortschaft selbst den Flammen zum Opfer fiel. Wie die Mauertrümmer über dem ausgeputzten Innengraben andeuten, dürfte der Turm jedenfalls bald nach diesen Ereignissen schweren Schaden erlitten haben und teilweise eingestürzt sein. Wie u. a. aus der Notiz im Herzogenburger Stiftsarchiv hervorgeht, wurde er bereits im 16. Jahrhundert langsam abgetragen bzw. seine Steine als Baumaterial abtransportiert. Das Erdwerk selbst verfiel, sein Graben aber wurde noch lange als Seuchendeponie und Schindanger verwendet.

6. Anhang

Keineswegs als Parallelfall zur Krottendorfer Burg ist der Südosteckturm des römischen Kastells von Tulln anzusehen, der erst jüngst in Teilen aufgedeckt werden konnte[23]. Das nordöstliche Viertel der kleinen, unmittelbar an der Donau liegenden Handels- und Messestadt nimmt den Raum des ehemaligen Kastells ein. Von den römischen Wehrbauten hat sich hier nur ein an der Westmauer des ehemaligen Lagers gelegener Hufeisenturm erhalten, der im Mittelalter u. a. als Lagerplatz für den Salzhandel diente und noch heute »Salzturm« genannt wird. Anhand dieses noch stehenden Bauwerks und weiterer, ergrabener römischer Baureste (Osttor, Südmauer) wurde der Südosteckturm im kleinen Schulhof der heutigen Haupt- und Sporthauptschule vermutet. Ein für 1990/91 geplanter Turnhallenneubau machte in diesem Bereich eine archäologische Untersuchung notwendig. Eine im Herbst 1989 und Frühjahr 1990 außerhalb der derzeitigen Gebäudesubstanz durchgeführte kleinräumige Grabung durch A. Kern und Verf. erbrachte aber interessante und in bezug auf die Nutzungsdauer dem Krottenturm ähnliche Ergebnisse. Bei den zwischen Herbst 1989 und Frühling 1990 durchgeführten Grabungen konnte ein großer Fächerturm festgestellt werden, von dem beide an die Lagermauer anschließenden Verbindungsstutzen und der anschließende Turmbereich, nicht jedoch die unter rezenter Gebäudesubstanz liegenden äußeren Mauerzüge erfaßt werden konnten. Die etwa 1,5 m unter der heutigen Oberfläche angeschnittenen Mauerreste waren bis zu 1,80 Meter hoch aufgehend erhalten und 1,55 Meter stark. Sie standen auf einer bis zu 1,80 Meter dicken und bis zu 0,80 Meter tiefen Fundamentierung.
Eine Sichtung der Funde und Befunde ergibt folgendes vorläufiges Bild:
Der in der Spätantike z. T. über älteren, zugeschütteten Gräben errichtete Fächerturm erfuhr noch während des 4./5. Jahrhunderts zwei Zerstörungsphasen mit Brandeinwirkung, die durch das eingeschlossene spätrömische Material und Ziegel mit dem OFARN-Stempel bestimmt werden können. Bereits in der Karolingerzeit wurde im Gelände rund um den Turm gesiedelt. Außerhalb des Turmes konnten die Reste frühmittelalterlicher Kuppelbacköfen und karolingerzeitliche Keramik unmittelbar über einem zugewachsenen, an der Ostseite an den Turm herangeführten spätrömischen Spitzgraben festgestellt werden. Dieser Spitzgraben ist in seinem unteren Teil mit Steinen und Schutt verfüllt, die entweder vom Turm oder der anschließenden Ostmauer stammen. Etwa im 11./12. Jahrhundert wurde an der Südwestflanke des Mauerstutzens, etwa 60 cm über der ursprünglichen Boden-(Fundament-)oberkante, eine sorgfältig gearbeitete Öffnung (Pforte) mit Schwellsteinen in das Mauerwerk gebrochen. In dieser Phase wurde auch im zur Lagermauer gelegenen Teil des Stutzens, der bereits in der Spätantike mit mehreren immer wieder erneuerten, sehr harten Estrichen mit Ziegelsplitt versehen worden war, mehrere neue »weiche« Estriche eingezogen, zwischen denen hochmittelalterliche Scherben des 11.–13. Jahrhunderts geborgen werden konnten. Das in diesem Teil vorhandene Keramikmaterial läßt den Schluß zu, daß der Turm zumindest vom 11. bis ins 13. Jahrhundert in Verwendung gestanden ist. In dieser Zeit soll sich im Ostteil des ehemaligen Lagers eine herzogliche Burganlage befunden haben. Ende des 13. Jahrhunderts wurde das Areal, auf dem der Turm stand, von Rudolf I. von Habsburg an ein auf den Flächen dieser Burganlage neugegründetes Frauenstift gegeben. Da der Turm zu dieser Zeit für das Nonnenkloster keine Funktion mehr übernehmen konnte und die Stadtgrenze bereits über die alten römischen Mauer- und Grabenreste hinausgerückt war, dürfte er auf Abbruch verkauft worden sein bzw. als Materiallieferant für den Klosterbau gedient haben. Dies ist insofern interessant, als das Gegenstück zu diesem Fächerturm, der Südwesteckturm des Lagers, bis in das 17. Jahrhundert weiter verwendet worden ist und von seinem Besitzer erst nach ausdrücklicher Genehmigung durch den Stadtrat abgebrochen werden durfte. Wie die in den Schutt- und Abbruchshorizonten außerhalb der Turmmauern aufgefundene spätmittelalterliche Keramik zeigt, muß das Mauerwerk spätestens im Laufe des 14. Jahrhunderts abgetragen worden sein. Eine Überraschung brachten vier N–S gerichtete Kinderbestattungen, davon zwei Säuglinge, deren Grabschächte bis in den ersten spätrömischen

[23] Grabung A. Kern und E. Szameit 1989/90. Unpubliziert.

Horizont eingetieft waren und die wahrscheinlich unmittelbar nach Abbruch des Turmes angelegt worden sind. Nach diesem Zeitpunkt wurden die z. T. noch etwa mannshoch erhaltenen Mauerreste zugeschüttet. Im 15. Jahrhundert ist es hier zur Errichtung einer unterirdisch eingetieften Ofenanlage mit zwei Kammern- bzw. Feuerungsöffnungen gekommen, wodurch zumindest eine weitere Bestattung (eines Erwachsenen?) zerstört wurde. Zur Errichtung dieser Anlage, deren Funktion vorläufig noch unbekannt ist (möglich erscheint ein Kalkbrennofen), wurde ein Teil der hinderlichen Turmmauern bis auf die Fundamentoberkante abgebrochen. Die Ofenanlage selbst ist als in Lehm gebettetes Trockenmauerwerk mit ca. 90 cm starker Front, aber nur 30–40 cm starken Seitenteilen errichtet worden. Vor den beiden Öffnungen fand sich eine ebenfalls in das Altmaterial eingetiefte ebene Arbeitsfläche mit hartgebrannter Oberfläche, einer aufliegenden schwarzen Asche- und Rußschicht und einem weißen, kalkigen Überzug. Oberhalb des Abbruchhorizontes dieser Anlage liegen nurmehr neuzeitliche Schichten, die bis in die Tage des Schulbaues in der zweiten Hälfte des 19. Jahrhunderts mannigfaltige Veränderungen erfahren haben. In diesem Bereich läßt sich jedenfalls spätestens im 17. Jahrhundert die Ökonomie des Klosters mit Speichern und Scheunen nachweisen. Nach Errichtung der Ofenanlage begann man offensichtlich auch in diesem Abschnitt die Reste der alten römischen Lagermauer auszubrechen, was anhand der bis auf die Fundamentunterkante reichenden Störungstrichter mit spätmittelalterlicher/frühneuzeitlicher Keramik zu belegen ist. Problematisch ist eine Beurteilung der mittelalterlichen Nutzung der Innenflächen des Turmes. Eine verbindliche Aussage ist hier vorerst nicht möglich, da sich im ergraben Teil des Turmes, mit Ausnahme des Stutzenendes, nur die römischen Bau- bzw. Zerstörungsniveaus erhalten haben und die früh- sowie hochmittelalterlichen Schichten bei Errichtung der Ofen- bzw. Brennanlage entfernt wurden.